Melhoramentos
Minidicionário de Sinônimos e Antônimos

André Guilherme Polito

Melhoramentos
Minidicionário de Sinônimos e Antônimos

MELHORAMENTOS

Dados Internacionais de Catalogação na Publicação (CIP)
(Câmara Brasileira do Livro, SP, Brasil)

Polito, André Guilherme
    Melhoramentos : minidicionário de sinônimos e antônimos /
André Guilherme Polito. – São Paulo : Companhia Melhoramentos,
1994.

ISBN 85-06-01988-5

1. Português – Sinônimos e antônimos – Dicionários I. Título.

94-3177   CDD-469.31

Índices para catálogo sistemático:
1. Antônimos : Dicionários : Português 469.31
2. Sinônimos : Dicionários : Português 469.31

Atendimento ao consumidor:
Caixa Postal 2547 – CEP 01065-970 – São Paulo – SP – Brasil

Edição: 10 9 8 7 6 5 4
Ano: 2000 99 98 97

Nx-XI

ISBN: 85-06-01988-5

Impresso no Brasil

Sumário

ORGANIZAÇÃO DO DICIONÁRIO

O **Melhoramentos Minidicionário de Sinônimos e Antônimos** divide-se em 3 partes distintas:
1. Definições das categorias nele apresentadas, a saber: sinônimos, antônimos, formas variantes, homônimos e parônimos;
2. Sinônimos, antônimos e formas variantes;
3. Relação de homônimos e parônimos.

1. Organização da Parte 2 (Sinônimos, Antônimos e Formas Variantes)

Os sinônimos, antônimos e formas variantes estão organizados da seguinte maneira:

a) Verbetes em negrito, com abreviaturas da categoria gramatical em itálico:
    riacho *sm* córrego, ribeiro, regato, arroio.

b) Abreviaturas de área de conhecimento, sentido figurado e outras, também em itálico:
    abacaxizeiro *sm Bot.* ananaseiro.
    abutre *sm Fig.* usurário, agiota, especulador.

c) Os significados diferentes de um mesmo verbete são numerados com algarismos em negrito:
    campanário *sm* **1** torre. **2** aldeia, lugarejo, freguesia.

d) Alguns verbetes podem apresentar, depois das abreviaturas e do número em negrito (se houver), uma explicação e/ou definição, separada dos sinônimos por dois pontos:
    bolota *sf Bot.* fruto do carvalho: glande.

e) Certos sinônimos podem ainda ser diferenciados com palavras em itálico e em maiúsculo:
    capataz *sm* **1** *DE TRABALHADORES* encarregado, chefe. **2** *DE FAZENDA* feitor, administrador.

f) Os sinônimos aparecem por ordem de uso, separados por vírgula. Os sinônimos diferenciados como no item "e" serão separados por ponto-e-vírgula ou conforme o item "c". As demais diferenciações também seguem o item "c":
    casaco *sm* **1** paletó. **2** *EM GERAL* capote, sobretudo; *FEMININO* mantô.

g) As formas variantes aparecerão em itálico, quando incluídas como sinônimos da variante mais usada, e em negrito e itálico, quando remissivas (ver item "h"):
    fação V. facção.
    facção *sf* partido, divisão, grupo, *fação*; *RELIGIOSA* seita, *fação*.

h) Os verbetes terão um antônimo para cada divisão numerada, precedido de A: (em negrito). Se o antônimo apresentado não for satisfatório, pode-se consultar os seus sinônimos. Em certos casos, indicamos os antônimos ao final do verbete, especificando a quais acepções eles se aplicam. Porém, é natural que nem todos os verbetes tenham antônimos (veja os exemplos anteriores).
    içar *vtd+vpr* erguer(-se), levantar(-se), alçar(-se), elevar(-se). **A:** abaixar(-se).
    impróprio *adj* **1** inadequado, inconveniente, inapropriado. **2** *NO TEMPO*

inoportuno, importuno, intempestivo. **3** inexato, impreciso, indeterminado. **4** indecente, indecoroso, obsceno. **A:** próprio (acepções 1 a 3); decente (acepção 4).

i) As remissivas serão indicadas assim:

    cauto V. cauteloso.

    rever V. revistar e revisar.

j) Entre um sinônimo e a vírgula (ou ponto, ou ponto-e-vírgula) pode haver uma abreviatura em itálico. Tal abreviatura será referente apenas ao sinônimo imediatamente anterior a ela.

    cavalgadura *sf* **1** montaria, besta. **2** *Fig.* grosso, malcriado, cavalo *fig*, animal *fig*. **A:** cavalheiro. (Significa que *cavalo* e *animal* são sinônimos de *cavalgadura* apenas quando usados em sentido figurado.)

    setuagenário *sm+adj* setentão *pop.* (Significa que *setentão* é um termo popular.)

l) As abreviaturas das diferentes categorias gramaticais de um mesmo verbete vêm antes dos algarismos em negrito:

    baliza *sf* **1** marco. **2** limite, fronteira, divisa. **3** *Náut.* bóia. **4** *Esp.* meta, alvo. *sm* **5** *Mil.* batedor, explorador.

m) Alguns verbetes (que não têm sinônimos, só antônimo) são apresentados só com a explicação e/ou definição, depois das abreviaturas e do número em negrito (se houver):

    bombordo *sm Náut.* lado esquerdo do navio. **A:** estibordo.

n) Nos casos em que os significados e usos dos verbetes possam ou devam ser exemplificados, damos exemplos de frases ou orações, precedidos de Ex: (em negrito), no final de cada divisão numerada:

    edificante *adj m+f* **1** exemplar, edificativo, edificador. **Ex:** Ações edificantes. **A:** imoral. **2** instrutivo, esclarecedor, informativo. **Ex:** Programa edificante.

o) Quando um sinônimo e/ou antônimo usado no singular referir-se a um verbete usado no plural, ou vice-versa, esse fato será indicado, respectivamente, pelas abreviaturas *sing* e *pl* após o sinônimo e/ou antônimo:

    balneário *sm* banhos *pl*.

    núpcias *sf pl* casamento *sing*, matrimônio *sing*, enlace *sing*, boda *sing*. **A:** divórcio *sing*.

p) Expressões formadas com o verbete aparecem ao seu final, antecedidos de asterisco:

    abóbada *sf* **1** *Arquit.* cúpula. **2** *Arquit.* arcada, arqueamento. * Abóbada celeste: céu, firmamento.

q) Palavras estrangeiras, quando verbetes ou remissivas, apresentam-se em itálico e negrito, com sua pronúncia entre parênteses, acompanhada da abreviatura que especifica a língua original. Quando sinônimos, vêm apenas em itálico:

    shopping (ingl.: chópin) V. *shopping center*.

    shopping center (ingl.: chópin cênter) *sm Com.* centro comercial, *shopping*.

    short (ingl.: chórt) *sm* calção.

r) Informações entre parênteses após os sinônimos servem apenas para esclarecimento, e não devem ser usadas como sinônimos do verbete. Parênteses em outras posições servem para indicar alternativas de expressão ou de construção:

>**marrão** *sm* martelo, malho (grande, para quebrar pedras).
>**meio-fio** *sm* guia (da calçada).
>**parte** *sf* **1** porção, pedaço, fragmento. **A:** todo. (. . .) * Ter (ou tomar) parte em: participar de.
>**partilhar** *vtd* **1** dividir, repartir, distribuir. **Ex:** Partilhar os bens. *vtd+vti* **2** compartilhar, participar, compartir. **Ex:** Partilho a (ou da) esperança dos outros na vitória.

s) Como último recurso (para evitar ambigüidades ou dar mais esclarecimentos), utilizamos observações, precedidas da abreviatura Obs.: (em negrito):

>**intacto** *adj* **1** íntegro, inteiro, perfeito. **2** ileso, incólume, são e salvo. **A:** leso. **3** imaculado, puro, incorrupto. **Obs.:** Nas três acepções, existe a variante *intato*.
>**matricular** *vtd+vpr* inscrever(-se), registrar(-se). **Obs.:** Em escola, colégio, faculdade, curso.

t) Quase todas as entradas têm inicial minúscula, mas alguns verbetes adquirem novo significado quando mudamos sua inicial para maiúscula. Há também entradas com inicial maiúscula, que mudam de significado quando usadas em minúscula. Tais alterações da letra inicial são indicadas por meio das abreviaturas *(em maiús.)* e *(em minús.):*

>**deus** *sm* **1** *Mit.* divindade (masculina). **2** *(em maiús.)* o Senhor, o Todo-poderoso, o Onipotente. (Na acepção **1**, escreve-se *deus*, na acepção **2**, *Deus*.)
>**Alcorão** *sm Rel.* **1** Corão. **2** *Por ext. (em minús.)* islamismo, maometismo, muçulmanismo. (Na acepção **1**, escreve-se *Alcorão*, na acepção **2**, *alcorão*.)

u) *Timbre das vogais E e O (ê, é, ô, ó):* É indicado entre parênteses, após o verbete, sempre que for fechado (ê), (ô), ou quando servir para diferenciar homônimos. Quando não houver indicação do timbre da vogal, subentende-se que ela é aberta (é), (ó):

>**sebo** (ê) *sm* gordura, unto, graxa.
>**sede** (é) *sf* **1** base, apoio, suporte. **2** centro, núcleo.
>**sede** (ê) *sf* **1** secura. **Ex:** Dê-me água, estou com sede. **2** *Fig.* desejo, cobiça, ambição. **Ex:** Sede de poder. **A:** desapego. **3** *Fig.* ansiedade, aflição, impaciência. **A:** paciência.

v) *Omissão dos particípios passados:* Para conhecer os sinônimos de um particípio passado (*comentado*, *pactuado*, etc.), basta procurar os sinônimos do verbo no infinitivo (*comentar*, *pactuar*, etc.), colocando-os também no particípio. Entretanto, alguns particípios têm, além do significado derivado do verbo, certos significados especiais. Em tais casos, apresentamos apenas esses sinônimos especiais, omitindo os derivados do verbo.

>**pautado** *part+adj* metódico, regular, organizado, ordenado. **A:** irregular. (Usando como base o verbo *pautar*, podemos formar outros sinônimos, como *riscado, traçado; relacionado; modelado, regulado*).

2. Organização da Parte 3 (Homônimos e Parônimos)

Os homônimos e parônimos serão apresentados numa relação separada, seguindo basicamente o mesmo procedimento da Parte 2 (Sinônimos, Antônimos e Formas Variantes). Entretanto, uma vez que nem todos os homônimos e parônimos têm sinônimos, damos apenas suas definições. Para mais detalhes, veja o cabeçalho da própria Parte 3.

DEFINIÇÕES DAS CATEGORIAS APRESENTADAS NESTA OBRA

1) SINÔNIMOS
São palavras que têm sentido igual ou quase idêntico.

Exs.: casa, moradia, residência e habitação
gentil, cortês, educado e amável
perito, especialista, prático e entendido
repetir, reiterar, reprisar e repisar

Obs.: São muito raros os sinônimos perfeitos, com sentido igual em todas as ocasiões. Como exemplo, teríamos *avaro* e *avarento*.

2) ANTÔNIMOS
São palavras que têm sentido contrário.

Exs.: bonito e feio
juntar e separar
luz e escuridão
sim e não

Obs.: Nos exemplos acima, os antônimos são palavras de origens diferentes. Porém, muitos antônimos originam-se da utilização de prefixos negativos ou opostos.
Exs.: fazer e desfazer, próprio e impróprio, bendizer e maldizer, simpatia e antipatia.

3) FORMAS VARIANTES
São as diferentes maneiras de se escrever uma mesma palavra, originárias da incerteza na fixação de uma ortografia definitiva. Às vezes é indiferente usar uma ou outra forma, mas em certos casos é preferível utilizar a mais comum.

Exs.: louro e loiro
assobiar e assoviar
liquidação e liqüidação
quota e cota
infeccionar, infecionar e inficionar

Obs.: Talvez o tipo mais comum de variante seja o do primeiro exemplo, em que existe alternância do ditongo *ou* com *oi*. Outros exemplos: touro e toiro, coisa e cousa, ancoradouro e ancoradoiro.

4) HOMÔNIMOS
São palavras que têm a mesma pronúncia e/ou mesma grafia, mas seus significados são diferentes. Dividem-se em 3 grupos.

a. homógrafos homofônicos, com mesma grafia e mesma pronúncia.
Exs.: venda (faixa) e venda (do verbo vender)
morro (colina) e morro (do verbo morrer)
cedo (do verbo ceder) e cedo (logo; prematuramente; de madrugada)
sede (necessidade ou vontade de beber) e sede (do verbo ser)

b. homógrafos heterofônicos, com mesma grafia e pronúncia diferente.
Exs.: acerto (com ê, ato de acertar) e acerto (com é, do verbo acertar)

acordo (com ô, ajuste, pacto) e acordo (com ó, do verbo acordar)
sobre (com ô, em cima de) e sobre (com ó, do verbo sobrar)
agência (escritório; filial) e agencia (do verbo agenciar)

Obs.: Às vezes, como no último exemplo, as regras da acentuação gráfica diferenciam os homônimos.

c. homófonos heterográficos, com mesma pronúncia e grafia diferente.
Exs.: hora (divisão do tempo), ora (do verbo orar) e ora (agora)
iço (do verbo içar) e isso (pronome demonstrativo)
incipiente (principiante) e insipiente (ignorante)
sedente (sedento, com sede) e cedente (aquele que cede)
sessão (de cinema, etc.), cessão (entrega, desistência) e seção/secção (parte; departamento de empresa, etc.)

Obs.: Os homônimos do grupo "a" chamam-se *homônimos perfeitos*, e os dos grupos "b" e "c", *homônimos imperfeitos*.

5) PARÔNIMOS
São vocábulos com pronúncias e grafias tão parecidas que podem ser confundidos. Porém, suas acepções são diversas, muitas vezes opostas.
Exs.: deferir (atender pedido) e diferir (adiar; ser diferente)
emergir (vir à tona) e imergir (mergulhar, afundar)
decente (correto; de bons costumes) e discente (relativo a aluno)
comprido (longo; alto; duradouro) e cumprido (do verbo cumprir)
caixeta (caixinha) e cacheta (um jogo de cartas)
coro (conjunto de cantores; refrão; parte da igreja) e couro (pele)
infligir (aplicar, impor) e infringir (desrespeitar, violar)
retificar (corrigir) e ratificar (confirmar)
cesta (cesto, recipiente) e sesta (hora de descanso após o almoço)

Obs.: (1) Os tipos mais comuns de parônimos são aqueles em que se confunde o som de *e* com *i* (os três primeiros exemplos), de *o* com *u* (*comprido/cumprido*) e de ditongo com vogal (*caixeta/cacheta*, *coro/couro*).
(2) Vocábulos como os do último exemplo parecem homônimos. Na verdade, são parônimos, porque não são homógrafos nem homófonos (*cesta* tem *e* fechado e *sesta* tem *e* aberto), e portanto não se enquadram em nenhum grupo de homônimos.

ABREVIATURAS

Aeron. Aeronáutica
Agr. Agricultura
Amaz. Amazônia, Amazonense
Anat. Anatomia
Ant. Antigo
Antig. Antigüidade
Apic. Apicultura
Arquit. Arquitetura
Art. Gráf. Artes Gráficas
Astr. Astronomia
Astrol. Astrologia
Astronáut. Astronáutica
Autom. Automobilismo
Av. Aviação
Bacter. Bacteriologia
Bel.-art. Belas-artes
Bíbl. Bíblico
Biol. Biologia
Bot. Botânica
Bras. Brasileirismo
Cin. Cinema
Cir. Cirurgia
CO Centro-Oeste
Com. Linguagem comercial
Constr. Construção
Cul. Culinária
Contab. Contabilidade
Cul. Culinária
Deprec. Depreciativo
Desus. Desusado
Dir. Direito
Ecles. Eclesiástico
Econ. Economia
Eletr. Eletricidade
Eletrôn. Eletrônica
em maiús. Usado com inicial maiúscula
em minús. Usado com inicial minúscula
Encad. Encadernação
Entom. Entomologia
Equit. Equitação
Escult. Escultura
Esp. Esporte
Espir. Espiritismo
Etnol. Etnologia
Fam. Linguagem familiar
Farm. Farmacologia
Fer. Ferrovia

Fig. Sentido figurado
Fil. Filosofia
Fin. Finanças
Fís. Física
Fisiol. Fisiologia
Folc. Folclore
Fon. Fonética
Fot. Fotografia
fr. Francês
Fut. Futebol
Gal. Galicismo
Genét. Genética
Geogr. Geografia
Geol. Geologia
Geom. Geometria
Gír. Gíria
GO Goiás
Gram. Gramática
Heráld. Haráldica
Herp. Herpetologia
Hip. Hipismo
Hist. História
Hum. Humor, Humorístico
Ictiol. Ictiologia
Impr. Impropriamente, Impróprio
Inf. Infantil
Inform. Informática
ingl. Inglês
Iron. Ironia
Jorn. Jornalismo
lat. Latim
Ling. Lingüística
Lit. Literatura; Linguagem literária
Liturg. Liturgia
Lóg. Lógica
Marc. Marcenaria
Mat. Matemática
Mec. Mecânica
Med. Medicina
Metal. Metalurgia
Meteor. Meteorologia
MG Minas Gerais
Mil. Militar
Min. Mineralogia
Mit. Mitologia
MT Mato Grosso
Mús. Música

N Norte
Náut. Náutica
NE Nordeste, Nordestino
Num. Numeral
Ornit. Ornitologia
Ópt. Óptica
P. us. Pouco usado
Patol. Patologia
Pec. Pecuária
Pej. Pejorativo
Pes. Pesca
Pint. Pintura
Poét. Poesia; Linguagem poética
Pol. Polícia, Policial
Polít. Política
Pop. Linguagem popular
Por ext. Por extensão
Psicol. Psicologia
Psiq. Psiquiatria
Pugil. Pugilismo
Quím. Química
Rád. Rádio
Radiotécn. Radiotécnica

Reg. Regional
Rel. Religião
Restr. Sentido restrito
Ret. Retórica
RJ Rio de Janeiro
RS Rio Grande do Sul
Sociol. Sociologia
S Sul
SP São Paulo
T. bíbl. Termo bíblico
tb Fig. Também sentido figurado
Teat. Teatro
Tecn. Tecnologia
Telev. Televisão
Teol. Teologia
Tip. Tipografia
Teol. Teologia
V. Ver
Vet. Veterinária
Vulg. Vulgar
Zool. Zoologia
Zootec. Zootecnia

adj adjetivo
adj m+f adjetivo masculino e feminino
adv+interj advérbio e interjeição
art def f artigo definido feminino
art def fpl artigo definido feminino plural
art def m artigo definido masculino
art def mpl artigo definido masculino plural
art ind m artigo indefinido masculino
aum aumentativo
conj coord conjunção coordenativa
conj coord adit conjunção coordenativa aditiva
conj coord advers conjunção coordenativa adversativa
conj coord alt conjunção coordenativa alternativa
conj sub conjunção subordinativa
dim diminutivo
flex v flexão do verbo
int interjeição
ger gerúndio
loc adv locução adverbial
loc prep locução preposicional
np nome próprio
num f numeral feminino
part+adj particípio passado e adjetivo

prep preposição
pron de trat pronome de tratamento
pron dem pronome demonstrativo
pron dem f pronome demonstrativo feminino
pron dem m pronome demonstrativo masculino
pron ind pronome indefinido
pron pess obl f pronome pessoal oblíquo feminino
pron pess obl m pronome pessoal oblíquo masculino
pron poss pronome possessivo
s e adj m+f substantivo e adjetivo masculino e feminino
s e adj m+f, sing+pl substantivo e adjetivo masculino e feminino, singular e plural
s m+f substantivo masculino e feminino
s m+f, sing+pl substantivo masculino e feminino, singular e plural
sf substantivo feminino
sf pl substantivo feminino plural
sm substantivo masculino
sm pl substantivo masculino plural
sm e adj m+f substantivo masculino e adjetivo masculino e feminino

sm e adj m+f, sing+pl substantivo masculino e adjetivo masculino e feminino, singular e plural
sm+adj substantivo masculino e adjetivo
sm+num substantivo masculino e numeral
sm, sing+pl substantivo masculino, singular e plural
v verbo

vlig verbo de ligação
vpr verbo pronominal ou reflexivo
vtd verbo transitivo direto
vtd impes verbo transitivo direto impessoal
vtd+vpr verbo transitivo direto e pronominal
vtd+vti verbo transitivo direto e indireto
vtd, vti+vi verbo transitivo direto, transitivo indireto e intransitivo

SINÔNIMOS
E
ANTÔNIMOS

A

a *pron dem f* **1** aquela. **Ex:** Mostre-me a que você escolheu. *pron pess obl f* **2** ela. **Ex:** Vejo-a todos os dias. *prep* **3** com nome de lugar, implica não permanência nele: para. **Ex:** Vamos a São Paulo amanhã (e voltaremos segunda-feira). **4** um a um, ou referindo-se a preços: por. **Ex:** gota a gota; vendido a tantos reais o quilo. **5** com pessoas: para. **Ex:** Não conte a ninguém, por favor. **6** usada com expressões de tempo: em. **Ex:** Chegamos a tempo de ver o final do filme; de ano a ano, nossa vida vai melhorando; a quinze de novembro de 1889 foi proclamada a República. *conj sub* **7** com verbos no infinitivo flexionado: se, caso. **Ex:** A continuarmos assim, nada resolveremos.

aba *sf* **1** em sentido geral: beira, borda, orla. **2** *DO TELHADO* beiral, beirada. **3** *DE RIOS* beira, margem, ribanceira. **4** *DE MONTANHAS* sopé, falda, fralda. **A:** cume. **5** *DO NARIZ* asa. *sf pl* **6** arredores, cercanias, proximidades. **Ex:** Chegamos às abas da capital. **7** proteção *sing*, abrigo *sing*, amparo *sing*. **Ex:** Entregou-se às abas da rainha.

ababadados *sm pl DE VESTIDO, SAIA* babado *sing*.

ababelado *adj* confuso, desordenado, desorganizado, babélico. **A:** organizado.

ababelar *vtd+vpr* confundir(-se), desorganizar(-se), embaralhar(-se), desordenar(-se).

abaçanar V. abacinar.

abacaxi *sm* **1** *Bot.* ananás. **2** *Gír. Mil.* granada de mão. **3** *Gír.* problema, dificuldade, pepino *fig.*

abacaxizeiro *sm Bot.* ananaseiro.

abacinar *vtd* escurecer, abaçanar. **A:** clarear.

ábaco *sm* **1** *Arquit.* parte superior do capitel: coroa. **2** aparador, bufê, balcão.

abade *sm Ecles.* prior, prelado, superior.

abadessa *sf* **1** madre superiora, superiora, prioresa, prelada. **2** *Gír.* cafetina.

abadia *sf* mosteiro, convento.

abafação *sf* **1** abafamento, abafo. **2** cansaço, canseira. **3** asfixia, sufocação, asma. **4** *Gír.* furto, roubo, abafamento, abafo. **5** sonegação, ocultação, abafo.

abafadiço *adj* **1** abafado, sufocante. **2** irritadiço, irascível, irritável.

abafado *part+adj* **1** abafadiço, sufocante. **2** *Pop.* aflito, agoniado, angustiado. **3** atarefado, muito ocupado.

abafador *sm* **1** agasalho, cobertura. **2** *Mús.* surdina. **3** *Gír.* larápio, gatuno, ladrão.

abafamento V. abafação.

abafar *vtd* **1** asfixiar, sufocar (também para matar). **2** cobrir (para reter calor). **3** ocultar, encobrir. **Ex:** Abafar um escândalo; abafar os próprios sentimentos. **4** apagar. **Ex:** Os bombeiros abafaram o incêndio rapidamente. **5** *SOM* amortecer, abrandar, diminuir. **Ex:** Abafou as marteladas para não incomodar os vizinhos. **6** conter, reprimir, refrear. **Ex:** A compaixão abafou seu desejo de vingança. **7** escurecer, toldar. **8** subjugar, dominar, vencer. **Ex:** O exército abafou a revolta dos camponeses. **9** *Gír.* furtar, roubar, surrupiar. **Ex:** Socorro, abafaram minha carteira! *vi* **10** *Gír.* destacar-se, sobressair-se, brilhar. **Ex:** Ela pensa que está abafando com esse vestido novo. *vpr* **11** sufocar-se, asfixiar-se. **12** agasalhar-se, cobrir-se, enroupar-se. **Ex:** Abafou-se para enfrentar a nevasca.

abafo *sm* **1** V. abafação. **2** agasalho. **3** afeto, carinho, atenção. **Ex:** Abafo materno. **4 e 5** V. abafação.

abagualar *vpr Fig.* embrutecer-se, abrutalhar-se, abrutar-se.

abainhar V. embainhar.

abaixa-luz V. abajur.

abaixar *vtd* **1** baixar, descer, arriar. **A:** erguer. **2** *SOM* baixar, diminuir. **Ex:** Abaixar a música. **A:** aumentar. **3** abrandar, minorar, suavizar. **A:** recrudescer. **4** aplanar, nivelar. **5** *Pop.* conter, reprimir, refrear (um impulso). *vi* **6** *TEMPERATURA* baixar, arrefecer. **Ex:** A febre abaixou depois que tomei o remédio. **A:** aumentar. *vi+vpr* **7** assentar, ceder, descer. **Ex:** A poeira já abaixou. *vpr* **8** inclinar-se, curvar-se, dobrar-se. **Ex:** Abaixei-me para pegar os pacotes. **A:** levantar-se. **9** humilhar-se, rebaixar-se, aviltar-se.

abaixo *adv* **1** em lugar inferior a outro: embaixo. **Ex:** O meu dicionário está ali, e o seu um pouco mais abaixo. **A:** acima. **2** da parte superior para a inferior: para baixo. **3** em categoria inferior: aquém. **Ex:** O valor está abaixo de minhas pretensões. **A:** além. **4** ao chão, ao solo, por terra. **Ex:** Durante a briga, jogou abaixo os livros da esposa. **5** depois, posteriormente, em frente. **Ex:** Os motivos abaixo mencionados. *interj* **6** fora! **Ex:** Abaixo a repressão! **A:** viva! * Abaixo de: sob, embaixo de. **A:** acima de.

abajur *sm* quebra-luz, abaixa-luz.

abalada *sf* **1** V. abalo. **2** corrida, carreira. **3** partida, saída, retirada.

abaladiço *adj* inseguro, instável.

abalamento V. abalo.

abalançar *vtd* **1** pesar (com balança). **2** avaliar, estimar, apreciar. **Ex:** Abalançar os prós e os contras. *vtd+vi* **3** balançar, balouçar. *vpr* **4** arriscar-se, aventurar-se, expor-se. **5** atrever-se, ousar.

abalar *vtd* **1** sacudir, agitar. **2** desassossegar, inquietar, incomodar. **Ex:** Abalar a nação, a opinião pública. **3** dissuadir, demover, despersuadir. **4** amotinar, convulsionar. **5** estimular, impulsionar. *vtd+vpr* **6** comover(-se), impressionar(-se), enternecer(-se). *vti* **7** atacar, arremeter, investir. *vi+vpr* **8** andar, caminhar, ir. **9** partir, sair, retirar-se.

abalizado *part+adj* idôneo, competente, ilustre, *balizado*. **Ex:** Buscamos opiniões de profissionais abalizados.

abalizador *sm* **1** baliza, vara de agrimensor. **2** agrimensor.

abalizar *vtd* **1** *balizar*. **2** assinalar, marcar, distinguir. *vpr* **3** distinguir-se, notabilizar-se, destacar-se.

abalo *sm* **1** abalamento, abalada. **2** estremecimento, trepidação, tremor. **3** comoção, perturbação, alvoroço. **Ex:** A morte da mãe causou-lhe um profundo abalo. **4** partida, saída, retirada. * Abalo sísmico: terremoto.

abaloar *vtd* dar forma de balão: abalonar.

abalonar V. abaloar.

abalroação V. abalroamento.

abalroamento *sm* **1** abalroação. **2** choque, colisão, batida. **3** *Náut.* abordagem, abordada, abordo.

abalroar *vtd* **1** atacar, enfrentar. *vtd+vti* **2** *Náut.* abordar, atracar, emproar. **3** brigar, contender, disputar com. *vi+vpr* **4** chocar-se, bater, encontrar-se.

abanação *sf* abanamento, abanadura, abano.

abanado *part+adj* **1** estouvado, estabanado. **2** *Pop.* adoentado, enfermiço, combalido. **A:** sadio.

abanador V. abano.

abanadura V. abanação.

abanamento V. abanação.

abana-moscas *sm, sing+pl* **1** abanador, enxota-moscas. **2** indolente, preguiçoso, vagabundo. **A:** trabalhador. **3** bagatela, ninharia, insignificância.

abananado *part+adj* **1** mole, flácido, brando. **2** *Fig.* apalermado, abobalhado, aparvalhado.

abananar *vtd+vpr* apalermar(-se), abobar(-se), aparvalhar(-se), atoleimar(-se).

abanão *sm* tranco, sacudida, repelão.

abanar *vtd+vpr* **1** refrescar(-se) (com leque, as mãos, etc.). *vtd* **2** sacudir, balançar, sacolejar. **Ex:** Abanar o rabo, a cabeça; ameaçou-o, abanando as cartas comprometedoras. **3** demover, dissuadir, abalar. *vi* **4** oscilar, tremer, balançar.

abancar *vi* **1** permanecer, ficar (muito tempo). *vpr* **2** sentar-se, assentar-se, acomodar-se (em cadeira).

abandalhação *sf* abandalhamento, depravação, corrupção.

abandalhamento V. abandalhação.

abandalhar *vtd+vpr* depravar(-se), aviltar(-se), envilecer(-se), deslustrar(-se).

abandar *vtd* **1** separar, colocar de lado. **2** reunir, juntar (em bando). *vpr* **3** abandoarse, unir-se, juntar-se, aderir a (partido, bando).

abandeirar V. embandeirar.

abandoar-se V. abandar.

abandonado *part+adj* **1** vazio, desocupado, vago. **Ex:** Os prédios abandonados do centro da cidade. **A:** habitado. **2** entregue. **Ex:** Abandonado ao próprio destino.

abandonar *vtd* **1** deixar, largar. **Ex:** Abandonar a casa dos pais. **2** renunciar a, desistir de. **Ex:** Abandonar um ideal. **3** desamparar, enjeitar. **4** *DOUTRINA* abjurar, renunciar a, renegar. **Ex:** Abandonar o catolicismo. **5** desertar de, fugir de. **6** desprezar, desdenhar. **Ex:** Abandonar os amigos de infância. *vpr* **7** entregar-se, renderse, dar-se. **Ex:** Abandonar-se à própria sorte.

abandono *sm* **1** renúncia, desistência. **2** desamparo, desabrigo. **3** abjuração, renúncia (a crença, doutrina). **4** deserção, fuga. **5** desprezo, desdém. **6** indolência, preguiça, moleza, imobilidade. * **Ao abandono:** desamparado, abandonado. **Ex:** Viver ao abandono.

abanico V. abano.

abano *sm* **1** V. abanação. **2** abanador, leque, ventarola, abanico. *sm pl* **3** *Pop.* orelhas.

abaratar *vtd* **1** *PREÇO* baratear. **A:** encarecer. **2** menosprezar, desdenhar, desprezar. **A:** prezar.

abarbar *vtd+vti* **1** nivelar, igualar, equiparar. *vtd+vpr* **2** defrontar(-se), enfrentar(-se), afrontar(-se). **3** *COM TRABALHO* sobrecarregar(-se). **4** atrapalhar(-se), embaraçar(-se).

abarbarar-se *vpr* embrutecer-se, abrutalhar-se, asselvajar-se.

abarcar *vtd* **1** abraçar. **2** abranger, envolver, incluir. **3** *Econ.* monopolizar, açambarcar, atravessar. **4** alcançar, atingir. **5** entender, compreender. **6** dominar, subordinar.

abarracamento *sm* acampamento, bivaque.

abarracar *vi+vpr* acampar.

abarrancar *vtd Fig.* **1** obstruir, atravancar. **2** impedir, embaraçar, estorvar.

abarreirar *vtd* **1** entrincheirar. **2** fortificar.

abarrotar *vtd* **1** encher, atulhar, atestar. *vpr* **2** *DE COMIDA* empanturrar-se, fartar-se, encher-se.

abastado *part+adj* **1** abundante, farto, copioso. **A:** escasso. **2** rico, endinheirado. **A:** necessitado.

abastamento V. abastança.

abastança *sf* **1** abastamento, abundância, fartura. **A:** escassez. **2** riqueza. **A:** pobreza.

abastar *vtd* **1** abastecer, prover, munir, sortir. *vi* **2** bastar, chegar, ser suficiente. *vpr* **3** abastecer-se, prover-se, sortir-se.

abastardar *vtd+vpr* **1** degenerar. **2** corromper(-se), perverter(-se), deturpar(-se). **A:** regenerar(-se). *vtd* **3** adulterar, falsificar, contrafazer.

abastecer *vtd* **1** prover, munir, aprovisionar. **A:** desprover. *vpr* **2** prover-se, munir-se, sortir-se.

abastecimento *sm* provisão, fornecimento, aprovisionamento. **A:** desprovimento.

abatatado *part+adj* **1** mal acabado. **2** grosso, largo. **Ex:** Rosto abatatado.

abatatar *vtd* **1** deformar, amassar, achatar. **2** humilhar, desmoralizar, vexar.

abate *sm* **1** *DE ANIMAIS* matança, corte, abatimento. **2** *DE ÁRVORES* derrubada, corte, abatimento. **3** *Com.* V. abatimento.

abatedoiro V. abatedouro.

abatedouro *sm* matadouro, abatedouro.

abater *vtd* **1** *ANIMAIS* matar. **2** *ÁRVORES* cortar, derrubar. **3** demolir, derrubar, arrasar. **A:** erguer. *vtd+vi* **4** *PREÇO* descontar, diminuir, reduzir. *vtd+vpr* **5** abaixar(-se), descer. **A:** subir. **6** derribar(-se), prostrar(-se). **7** humilhar(-se), rebaixar(-se), curvar(-se). **8** debilitar(-se), enfraquecer(-se). **A:** fortalecer(-se). *vi+vpr* **9** desmoronar, cair, desabar.

abatimento *sm* **1** e **2** V. abate. **3** *Com.* desconto, dedução, abate. **4** prostração. **5** humilhação, rebaixamento. **6** debilidade, fraqueza, enfraquecimento. **7** depressão. **8**

desânimo, desalento, acabrunhamento. **A:** ânimo.

abaulado *part+adj* curvo, convexo, arqueado, bojudo.

abaular *vtd* curvar, encurvar, arquear, arredondar.

abc V. á-bê-cê.

abdicação *sf* **1** renúncia (a cargo, poder, etc.). **2** em sentido geral: desistência, abandono, resignação.

abdicar *vtd+vi* **1** renunciar (a cargo, etc.). **Ex:** Abdicou o trono; D. Pedro I abdicou. *vtd* **2** em sentido geral: renunciar, abandonar, desistir de. *vpr* **3** resignar, desistir, ceder. * Abdicar a pátria: emigrar, exilar-se.

abdome *sm Anat.* ventre, barriga, pança *pop*, abdome.

abdômen V. abdome.

abdominoso *adj* ventrudo, barrigudo, pançudo *pop*.

abduzir *vtd* afastar, apartar, desviar, separar.

abeberar *vtd, vi+vpr* **1** dessedentar, saciar (a sede). *vtd+vpr* **2** encharcar(-se), ensopar(-se). **3** embeber(-se), banhar(-se), molhar(-se). *vpr* **4** aprender, instruir-se. **Ex:** Abeberar-se na fonte da ciência.

abecar *vtd* agarrar, agredir, abotoar *pop*, segurar (pela gola).

á-bê-cê *sm* **1** alfabeto, abecedário, abc, *abecê*. **2** *Fig.* noções *pl*, princípios *pl*, fundamentos *pl*.

abecê V. á-bê-cê.

abecedar *vtd* pôr em ordem alfabética: alfabetar.

abecedário *sm* **1** á-bê-cê, alfabeto, abecê, abc. **2** cartilha. *adj* **3** alfabético. **4** elementar, medíocre.

abeirar *vtd, vti+vpr* aproximar(-se), avizinhar(-se), achegar(-se), acercar(-se). **A:** afastar(-se).

abelha-mãe V. abelha-mestra.

abelha-mestra *sf Entom.* abelha-mãe, rainha.

abelha-operária *sf Entom.* obreira, operária.

abelhão *sm Entom.* **1** zangão. **2** mamangava, mamangaba.

abelheira V. abelheiro.

abelheiro *sm* **1** apicultor, apícola. **2** colméia, cortiço, abelheira.

abelhudice *sf* indiscrição, intromissão, atrevimento, curiosidade.

abelhudo *adj* **1** indiscreto, intrometido, curioso. **A:** discreto. **2** astuto, esperto, astucioso. **A:** ingênuo.

abemolado *adj Fig. SOM* melodioso, suave, harmonioso, harmônico.

abemolar *vtd+vpr* abrandar(-se), suavizar(-se), amenizar(-se), moderar(-se).

abençoado *adj* **1** bendito, bem-aventurado, beato. **A:** maldito. **2** feliz, afortunado, próspero. **A:** azarado. **3** fértil, fecundo, rico. **Ex:** Terra abençoada. **A:** infértil.

abençoar *vtd* **1** benzer, abendiçoar. **A:** amaldiçoar. **2** bendizer, glorificar, louvar. **A:** maldizer. **3** proteger, guardar, amparar. **Ex:** Deus abençoará esta união. *vpr* **4** benzer-se.

abendiçoar V. abençoar.

aberração *sf* **1** desvio, extravio, extravagância. **2** desarranjo, desordem, desvario. **3** deformidade. **4** anormalidade, irregularidade. **5** *Biol.* e *Anat.* anomalia. **6** *Med.* e *Vet.* monstro, teratismo.

aberrante *adj m+f* **1** extravagante. **2** desarranjado, desordenado. **3** disforme. **4** anormal, irregular. **5** *Biol.* e *Anat.* anômalo.

aberrar *vti+vpr* desviar-se, extraviar-se, transviar-se.

aberta *sf* **1** vão, espaço, lacuna. **2** V. abertura. **3** *EM FLORESTA* clareira, claro. **4** estiada (quando há céu nublado). **5** intervalo, folga, pausa. **6** *Fig.* solução, saída, resposta. **7** ensejo, oportunidade, ocasião. **8** enseada, baía.

aberto *part+adj* **1** descerrado, destampado, destapado. **A:** fechado. **2** *CAMPO* limpo, vasto, amplo. **3** *CÉU* claro, limpo, sereno. **A:** nublado. **4** desabrochado, desabotoado. **Ex:** Flor aberta. **5** franco, leal, sincero. **A:** falso. **6** acessível, livre, transponível. **A:** impedido. **7** descoberto. **A:** coberto. **8** desprotegido, desguarnecido. **A:** protegido. **9** não cicatrizado: lacerado, rasgado. **10** acentuado, agudo, distinto. **Ex:** Som aberto das rimas. * Em aberto: não definido, não delimitado. **Ex:** Assunto em aberto.

abertura *sf* **1** abrimento. **A:** fechamento. **2** fenda, rachadura, fresta, aberta. **Ex:** Uma abertura na parede. **3** buraco, orifício, furo.

4 entrada, acesso, boca. **A:** saída. **5** perfuração, escavação. **Ex:** A abertura de um canal ligando dois rios. **6** instauração. **Ex:** A abertura de um inquérito. **7** franqueza, lealdade, sinceridade. **A:** fingimento. **8** início, princípio, começo. **Ex:** A abertura dos trabalhos. **A:** encerramento. **9** *Mús.* introdução.

abespinhar *vtd+vpr* **1** enfurecer(-se), irritar(-se), exasperar(-se). **A:** acalmar(-se). *vpr* **2** magoar(-se), amuar-se, melindrar-se.

abestalhar-se *vpr* **1** bestificar-se, embrutecer-se, abrutalhar-se. **A:** civilizar-se. **2** abobalhar-se, apalermar-se.

abetumado *part+adj* **1** *Fig.* BISCOITO, BOLO, PÃO mal cozido, pesado, cru. **2** *Fig.* triste, melancólico, macambúzio.

abetumar *vtd* calafetar.

abezerrado *adj* **1** semelhante a bezerro: *embezerrado.* **2** teimoso, turrão, cabeçudo, *fig. embezerrado.*

abicar *vtd* **1** apontar, afinar, aguçar. *vtd, vti+vpr* **2** *Náut.* aportar, ancorar.

abichado *adj Fig.* reservado, introvertido, calado, retraído. **A:** extrovertido.

abichar *vi* **1** *FRUTA* bichar. *vtd* **2** *Pop.* V. abiscoitar.

abiscoitar *vtd* **1** *Pop.* papar, abichar *pop*, conseguir (algo vantajoso). **2** *Pop.* roubar, furtar, surrupiar.

abismal V. abissal.

abismático V. abissal.

abismar *EM VÍCIO* degradar-se, corromper-se, perverter-se.

abismo *sm* **1** precipício, voragem, abisso. **2** mar, oceano, pélago. **3** inferno. **A:** céu.

abissal *adj m+f* **1** abismal, abismático. **2** *Fig.* aterrador, tétrico, aterrorizante.

abissínio *sm+adj* etíope.

abisso V. abismo.

abjeção *sf* aviltamento, vileza, torpeza, labéu. **A:** dignidade.

abjeto *adj* vil, indigno, desprezível, ignóbil. **A:** digno.

abjuração *sf* renúncia, abandono, deserção, abjuramento.

abjuramento V. abjuração.

abjurar *vtd+vi* apostatar, desertar de, renunciar a. **Ex:** Abjurar uma doutrina, uma religião. **A:** aderir a.

ablação *sf Cir.* extirpação, extração, amputação, corte.

ablução *sf Rel.* lavagem, banho, purificação, limpeza.

abluir *vtd+vpr* lavar(-se), banhar(-se), purificar(-se). **A:** sujar.

abnegação *sf* **1** abjuração, renúncia, abstinência. **2** altruísmo, desprendimento, desinteresse. **A:** egoísmo.

abnegado *sm+adj* altruísta, desprendido, desinteressado, abnegativo. **A:** egoísta.

abnegar *vtd+vti* **1** abjurar, renunciar, abster-se. *vpr* **2** abster-se, sacrificar-se.

abnegativo V. abnegado.

abnormal V. anormal.

abnormalidade V. anormalidade.

abnormidade V. anomalia.

abnóxio (cs) *adj* inócuo, inofensivo, inocente. **A:** nocivo.

abóbada *sf* **1** *Arquit.* cúpula. **2** *Arquit.* arcada, arqueamento. * Abóbada celeste: céu, firmamento.

abobadar *vtd* arquear, curvar, recurvar, encurvar. **A:** endireitar.

abobado V. abobalhado.

abobalhado *adj* aparvalhado, tolo, apalermado, abobado.

abobar *vtd+vpr* aparvalhar(-se), apalermar(-se), apatetar(-se), atoleimar(-se).

abóbora *sf* **1** *Bot.* abobra *pop*, jerimum *ne.* **2** *Bot.* aboboreira, abobreira *pop*, jerimunzeiro *ne.* **3** cor de abóbora.

aboboral *sm Bot.* abobral *pop.*

aboboreira *sf Bot.* abobreira *pop*, jerimunzeiro *ne.*

abobra V. abóbora.

abobral V. aboboral.

abobreira V. aboboreira.

abocamento *sm* conversa, diálogo, bate-papo, colóquio.

abocanhar *vtd* **1** abocar, pegar (com a boca). **2** comer, devorar. **3** alcançar, conseguir, obter. **4** caluniar, difamar, infamar. **A:** elogiar. *vtd+vi* **5** morder.

abocar *vtd* **1** V. abocanhar. **2** *ARMA DE FOGO* apontar, mirar, dirigir. *vtd+vti*

3 chegar a, começar a entrar em, aparecer à entrada de. **Ex:** O exército inimigo abocou à fronteira. *vti* **4** desembocar em, dar em.

abodegado *adj* **1** *LOCAL* sujo, imundo, desasseado. **A:** limpo. **2** aborrecido, zangado, bravo. **A:** calmo.

abodegar *vtd* **1** emporcalhar, sujar, embodegar. **2** aborrecer, importunar, amolar.

aboiado V. aboio.

aboio *sm* aboiado, chamado (para reunir o gado).

aboletar *vtd* **1** *Mil.* aquartelar (soldados em casas particulares). *vtd+vpr* **2** *Por ext.* acomodar(-se), alojar(-se), instalar(-se). **A:** desalojar(-se).

abolição *sf* extinção, anulação, supressão, revogação.

abolir *vtd* extinguir, anular, suprimir, revogar.

abolorecer *vtd+vi* embolorar.

abominação *sf* ódio, aversão, repulsa, antipatia. **A:** simpatia.

abominando V. abominável.

abominar *vtd* **1** detestar, execrar, odiar, aborrecer. **A:** amar. *vpr* **2** detestar-se, odiar-se.

abominável *adj m+f* abominando, detestável, odiável, execrável, repelente. **A:** adorável.

abonação *sf* **1** e **2** V. abono. **3** recomendação, apresentação.

abonado *part+adj* abastado, rico. **A:** pobre.

abonamento V. abono.

abonançar *vtd+vpr* tranqüilizar(-se), acalmar(-se), serenar(-se), sossegar.

abonar *vtd* **1** afiançar, avalizar, garantir. **2** confirmar, provar, justificar. *vpr* **3** apadrinhar-se, amparar-se, defender-se.

abonecar V. embonecar.

abono *sm* **1** abonação, abonamento. **2** fiança, aval, caução, abonação. **3** *DE OPINIÃO, ETC.* apoio, reforço, defesa.

abordada V. abordagem.

abordagem *sf* *Náut.* abordo, abordada, abalroamento.

abordar *vtd* **1** *Náut.* abalroar, atacar, assaltar. **2** *UMA PESSOA* achegar-se, aproximar-se de, interpelar. **Ex:** Abordar estranhos na rua. **3** *ASSUNTO* tratar de, discutir, debater sobre.

abordo (ô) V. abordagem.

abordoar-se *vpr* apoiar-se, escorar-se, amparar-se, firmar-se em.

aborígine *sm* e *adj* *m+f* nativo, indígena, autóctone, natural. **A:** alienígena.

aborrecer *vtd* **1** abominar, detestar, execrar, ter aversão a. **A:** estimar. **2** amolar, importunar, chatear. *vtd+vpr* **3** entediar(-se), enfadar(-se), enfastiar(-se). **A:** divertir(-se).

aborrecido *part+adj* **1** triste, melancólico, deprimido. **A:** alegre. **2** detestável, odioso, abominável, aborrecível. **A:** adorável. **3** tedioso, cansativo, enfadonho. **A:** divertido.

aborrecimento *sm* **1** melancolia, desgosto, tristeza. **A:** alegria. **2** repugnância, ódio, antipatia. **A:** simpatia. **3** tédio, fastio, enfado. **A:** desenfado.

aborrecível V. aborrecido.

abortado *part+adj* *Pop.* afortunado, feliz, bem-aventurado, venturoso. **A:** azarado.

abortamento V. aborto.

abortar *vi* *Fig.* fracassar, falhar, malograr, frustrar-se. **A:** ter sucesso.

abortífero V. abortivo.

abortivo *adj* **1** que produz aborto: abortífero. **2** fracassado, malogrado, frustrado. **A:** bem-sucedido.

aborto *sm* **1** *Med.* e *Vet.* parto extemporâneo, abortamento. **2** *Fig.* fracasso, malogro, insucesso. **A:** sucesso.

abotoar *vtd* **1** *ROUPA* afivelar, fechar, apertar. **A:** desabotoar. *vtd+vi* **2** *Pop.* agarrar, segurar, abecar (pela gola). *vi* **3** *Bot.* germinar, brotar, desabrochar. * Abotoar o paletó *Gír.*: morrer, falecer.

abraçadeira V. braçadeira.

abraçar *vtd* **1** cercar, rodear, cingir. **2** adotar, seguir, professar. **Ex:** Abraçar uma doutrina, uma religião. **A:** renegar. **3** abranger, abarcar, encerrar. *vtd+vpr* **4** *COM OS BRAÇOS* apertar(-se), cingir(-se). **5** juntar(-se), unir(-se), ligar(-se). *vpr* **6** entrelaçar-se, entrançar-se, enlaçar-se. **Ex:** As árvores se abraçavam, formando uma massa compacta.

abraço *sm* **1** amplexo. **2** *Bot.* gavinha, cirro. **3** junção, união, ligação. * Abraço de tamanduá *Fig.*: deslealdade, traição.

abrandar *vtd+vi* **1** amolecer, amaciar(-se), amolentar(-se). **A:** endurecer. **2** *VELOCI-*

DADE, INTENSIDADE diminuir, reduzir(-se). **A:** aumentar. *vtd+vpr* **3** suavizar(-se), atenuar(-se), amenizar(-se), mitigar(-se). **A:** exacerbar(-se). **4** enternecer(-se), comover(-se), sensibilizar(-se). **A:** empedernir(-se).

abranger *vtd* **1** abarcar, cingir, abraçar. **2** conter, compreender, encerrar. **Ex:** Este livro abrange todos os períodos da História Antiga. **3** perceber, apreender, notar. **Ex:** Ele não consegue abranger as implicações de seus atos.

abrasado *part+adj* **1** aceso, incandescente, ardente. **2** afogueado, vermelho, corado. **3** *Fig.* entusiasmado, apaixonado, excitado. **A:** desanimado.

abrasador *adj* **1** abrasante. **Ex:** Fazia um calor abrasador. **2** *Fig.* arrebatador, ardente, apaixonante.

abrasamento *sm* **1** incandescência, ardência. **2** afogueamento, vermelhidão. **3** *Fig.* arrebatamento, entusiasmo, paixão. **A:** desânimo.

abrasante V. abrasador.

abrasão *sf tb Cir.* raspagem.

abrasar *vtd* **1** queimar, requeimar. *vtd+vi* **2** aquecer, esquentar. *vtd+vpr* **3** enrubescer(-se), afoguear(-se), corar. **4** entusiasmar(-se), exaltar(-se), excitar(-se). *vpr* **5** arder, queimar-se.

abrasileirar *vtd* tornar brasileiro: abrasilianar.

abrasilianar V. abrasileirar.

abrenhar V. embrenhar.

abreviação V. abreviatura.

abreviar *vtd* **1** encurtar, reduzir, diminuir. **A:** aumentar. **2** resumir, sintetizar, condensar. **3** apressar, precipitar, adiantar. **A:** atrasar. *vti* **4** terminar, concluir, finalizar. *vi* **5** *CONVERSA* atalhar, encurtar, cortar.

abreviatura *sf* **1** abreviação. **2** miniatura.

abricó V. abricoteiro.

abricoteiro *sm Bot.* abricó, *abricozeiro.*

abricozeiro V. abricoteiro.

abrideira *sf* **1** *Gír.* aperitivo, abridor. **2** *Pop.* cachaça, pinga, aguardente.

abridor V. abrideira.

abrigadouro V. abrigadouro.

abrigadouro *sm* **1** abrigo, refúgio, *abrigadoiro.* **2** *Geogr.* enseada, angra, baía.

abrigar *vtd* **1** acolher, hospedar, acomodar. **Ex:** Abrigar os viajantes. **A:** desabrigar. **2** amparar, defender, proteger. **Ex:** Abrigar os pobres. **A:** desamparar. **3** *Fig. NO ÍNTIMO* nutrir, alimentar, guardar. **Ex:** Ela abriga um sentimento de culpa pelo ocorrido. *vtd+vpr* **4** resguardar(-se), agasalhar(-se).

abrigo *sm* **1** abrigadouro. **2** cobertura, teto, galpão. **3** amparo, proteção, ajuda. **4** refúgio, guarida. **5** agasalho (impermeável). **6** *DE IDOSOS, MENORES, POBRES* asilo, albergue. **7** *Geogr.* enseada, angra.

abrilhantar *vtd* **1** polir, lustrar, brunir. **A:** embaciar. *vtd+vpr* **2** embelezar(-se), ornamentar(-se), ornar(-se). **Ex:** Sua presença abrilhantou a festa.

abrimento V. abertura.

abrir *vtd+vpr* **1** descerrar(-se). **Ex:** Abrir uma janela, uma caixa, os olhos. **A:** fechar. *vtd* **2** desimpedir, desobstruir, desembaraçar. **Ex:** Abrir caminho. **A:** impedir. **3** despregar, rasgar. **Ex:** Abrir um envelope. **A:** colar. **4** desdobrar, desenrolar, desatar. **Ex:** Abrir um mapa. **A:** fechar. **5** estender, esticar, alongar. **Ex:** Abrir os braços. **6** *Náut.* singrar, navegar, sulcar. **Ex:** Abrir os sete mares. **7** despertar, estimular, excitar. **Ex:** Abrir o apetite. **A:** desestimular. **8** estabelecer, fundar, instaurar. **Ex:** Abrir uma empresa. **A:** encerrar. **9** começar, iniciar, principiar. **Ex:** Abrir uma sessão, uma negociação. **A:** concluir. **10** *LIVRO* folhear, manusear. **11** *ESTRADA* construir. **12** *Tecn.* furar, perfurar, escavar. **Ex:** Abrir um poço de petróleo, um túnel. **13** *Com.* criar, formar, gerar. **Ex:** Abrir novos mercados. *vtd, vti, vi+vpr* **14** *Bot.* desabotoar, brotar. **Ex:** As laranjeiras abriram suas flores; na primavera, abrem-se flores multicoloridas. *vtd, vi+vpr* **15** fender(-se), rachar(-se), rasgar (-se). **Ex:** A parede abriu-se ao meio. *vpr* **16** fazer confidências: desabafar, desafogar-se. **Ex:** Abriu-se com os amigos. **A:** fechar-se. **17** partir, ir-se, ir embora. **Ex:** Abrir-se de um lugar. **18** expandir-se. **Ex:** Abrir-se em sorrisos.

abrochar *vtd ROUPA* abotoar, afivelar, fechar. **A:** desabrochar.

abrolhado V. abrolhoso.

abrolhar *vtd* **1** causar, originar, produzir. *vi* **2** germinar, desabrochar, brotar.

abrolho (ô) *sm* **1** *Bot.* espinho, acúleo, estrepe. **2** *Fig.* contrariedade, dificuldade, obstáculo. **3** *Fig.* tormento, aflição, tortura. **4** *Geogr.* recife, escolho.

abrolhoso *adj* **1** cheio de abrolhos: espinhoso, abrolhado. **2** *Fig.* árduo, difícil, penoso. **A:** fácil.

abrumar *vtd* **1** enevoar, anuviar. **2** escurecer, obscurecer, turvar. **A:** clarear. **3** entristecer.

abruptado V. abrupto.

abrupto *adj* **1** íngreme, escarpado, abruptado. **Ex:** Um penhasco abrupto. **2** inesperado, repentino, súbito. **Ex:** Uma reação abrupta. **3** *Fig.* bruto, áspero, rude. **Ex:** Modos abruptos. **A:** delicado.

abrutalhado *part+adj* grosseiro, grosso, indelicado, rude. **A:** cortês.

abrutalhar V. abrutar.

abrutamento *sm* brutalidade, aspereza, rudeza, estupidez. **A:** gentileza.

abrutar *vtd+vpr* embrutecer(-se), abrutalhar(-se), brutalizar(-se), asselvajar(-se). **A:** civilizar(-se).

abscesso *sm* *Med.* quisto, cisto, tumor, apostema.

absintado *adj* **1** amargo, amargoso, amargado. **2** *Fig.* aflito, angustiado, agoniado.

absinto *sm* **1** *Bot.* losna. **2** *Fig.* aflição, angústia, agonia.

absolutamente *adv* **1** completamente, inteiramente, totalmente. **Ex:** Está absolutamente correto. **2** de jeito nenhum, de maneira alguma. **Ex:** Você a enganou? Absolutamente!

absolutismo *sm* *Polít.* despotismo, tirania, ditadura. **A:** democracia.

absoluto *adj* **1** independente. **A:** dependente. **2** ilimitado, irrestrito. **Ex:** Poder absoluto. **A:** limitado. **3** autoritário, despótico, tirano. **A:** democrático. **4** incondicional. **5** incontestável, irrefutável, evidente. **Ex:** As verdades absolutas. **6** *Quím.* puro. **7** pleno, total, completo. **Ex:** Pobreza absoluta. **A:** relativo.

absolver *vtd* *EM GERAL* perdoar, desculpar, relevar; *PECADOS* remitir, remir, perdoar. **A:** condenar.

absolvição *sf* perdão, remissão, indulto. **A:** condenação.

absorção *sf* **1** ato ou efeito de absorver: absorvimento. **2** propriedade de absorver: absorvência, assimilação. **3** *Fig.* arrebatamento, êxtase, enlevo.

absorto *part+adj* **1** absorvido. **2** concentrado, pensativo, abstraído. **A:** aéreo. **3** arrebatado, extasiado, enlevado.

absorvedor V. absorvente.

absorvedouro *sm* sorvedouro, tragadouro, sumidouro, voragem.

absorvência V. absorção.

absorvente *adj* *m+f* **1** absorvedor. **2** atraente, cativante, sedutor. **3** dominador.

absorver *vtd* **1** sorver, chupar, embeber. **2** arrebatar, enlevar, extasiar. **3** açambarcar, monopolizar, abarcar. **4** dominar. **5** amortecer. **Ex:** Absorveu o impacto da queda. *vpr* **6** concentrar-se, dedicar-se, devotar-se. **Ex:** Absorver-se nos estudos. **7** ensimesmar-se, introverter-se. **A:** extroverter-se.

absorvido V. absorto.

absorvimento V. absorção.

abstemia *sf* moderação, sobriedade, frugalidade, abstinência.

abstêmio *adj* moderado, sóbrio, frugal, abstinente. **A:** alcoólatra.

abstenção *sf* **1** V. abstinência. **2** renúncia, desistência, recusa.

abster *vtd* **1** privar, impedir, estorvar. **Ex:** Abster alguém de falar. *vpr* **2** moderar-se, conter-se, refrear-se. **3** privar-se de, renunciar a, desistir de. **Ex:** Abster-se de fumar.

abstinência *sf* **1** privação, moderação, abstenção. **A:** intemperança. **2** jejum, dieta.

abstinente *s e adj* *m+f* **1** sóbrio, comedido, continente. **A:** incontinente. **2** asceta, eremita, anacoreta.

abstração *sf* **1** devaneio, distração, divagação, abstraimento. **A:** atenção. **2** conceito, idéia, imagem.

abstraído *part+adj* **1** absorto, pensativo, concentrado. **2** distraído, alheado.

abstraimento V. abstração.

abstrair *vtd* **1** separar, apartar, alhear. *vti* **2** prescindir, dispensar, não precisar de. *vti+vpr* **3** afastar-se, alhear-se, apartar-se.

abstrato *adj* **1** imaterial, impalpável, intangível. **Ex:** Conceito abstrato. **A:** concreto. **2** obscuro, incompreensível, confuso. **A:** claro. **3** *Bel.-art.* **Ex:** Pintura abstrata. **A:** figurativo.

abstruso *adj* **1** oculto, escondido, encoberto. **A:** patente. **2** obscuro, confuso, incompreensível.

absurdez V. absurdo.

absurdeza V. absurdo.

absurdidade V. absurdo.

absurdo *sm* **1** coisa absurda: absurdidade, absurdez, absurdeza. **2** disparate, barbaridade, despropósito. **3** quimera, utopia, sonho. *adj* **4** insensato, ilógico, irracional. **A:** sensato.

abundância *sf* **1** fartura, abastança, profusão. **A:** escassez. **2** opulência, riqueza. **A:** pobreza. **3** *Fig.* excesso, exagero, demasia. **A:** falta.

abundante *adj m+f* **1** farto, copioso, profuso. **A:** escasso. **2** opulento, rico. **A:** pobre. **3** numeroso.

abundar *vi* **1** sobrar, sobejar, superabundar. **A:** faltar. *vti* **2** concordar, anuir, assentir. **A:** discordar.

abusado *adj* **1** aborrecido, entediado, enfadado. **2** intrometido, confiado, atrevido.

abusão *sf* **1** abuso, descomedimento, excesso. **2** engano, ilusão, erro. **3** crendice, superstição, abuso.

abusar *vtd, vti+vi* **1** aproveitar-se, valer-se, prevalecer-se. **Ex:** Abusar da ingenuidade alheia. *vti+vi* **2** exceder-se, exagerar, descomedir-se. **A:** conter-se. *vti* **3** fartar-se, encher-se, empanturrar-se. **Ex:** Abusar dos doces faz mal à saúde. **4** desonrar, estuprar, desvirginar. **5** ridicularizar, zombar, avacalhar. **6** insultar, ofender, afrontar.

abusivo *adj* **1** condenável, reprovável, censurável. **A:** louvável. **2** exorbitante, demasiado, excessivo. **Ex:** Preços abusivos. **A:** razoável.

abuso *sm* **1** descomedimento, excesso, abusão. **2** crendice, superstição, abusão. **3** estupro, violação, defloramento. **4** insolên-

cia, atrevimento, desaforo. **5** *DE COMIDA, BEBIDA* enjôo, náusea. **6** aborrecimento, nojo.

abutre *sm Fig.* usurário, agiota, especulador.

aça *s e adj m+f* albino, sarará.

acabadiço *adj Pop.* adoentado, abatido, enfermiço, doentio. **A:** saudável.

acabado *adj* **1** excelente, primoroso, esmerado. **A:** relaxado. **2** arruinado, consumido, gasto. **Ex:** Roupas acabadas. **A:** novo. **3** abatido, enfraquecido, exausto. **4** *Fam.* avelhantado, envelhecido. **Ex:** Está muito acabado para um homem de 40 anos. **A:** conservado.

acabamento *sm* **1** aperfeiçoamento, primor, esmero. **A:** desleixo. **2** remate, arremate. **3** conclusão, desfecho, encerramento. **A:** início. **4** morte, falecimento. **5** aniquilamento, ruína, queda.

acabar *vtd* **1** aperfeiçoar, aprimorar, esmerar. **Ex:** Acabar uma obra de arte. **2** rematar, arrematar. *vtd+vti* **3** terminar, concluir, finalizar. **Ex:** Acabar um trabalho, um curso. **A:** principiar. **4** matar, aniquilar, destruir. *vtd+vi* **5** esgotar(-se), exaurir(-se), consumir(-se). *vi+vpr* **6** findar, terminar, concluir-se. *vi* **7** morrer, perecer, falecer.

acaboclado *part+adj* rústico, caipira, acaipirado.

acaboclar-se *vpr* acaipirar-se.

acabrunhado *adj* **1** desanimado, entristecido, triste. **A:** alegre. **2** abatido, prostrado, enfraquecido. **3** envergonhado, aviltado, humilhado.

acabrunhamento *sm* **1** desânimo, desalento, esmorecimento. **A:** ânimo. **2** abatimento, prostração, fraqueza. **3** vergonha, humilhação, vexame.

acabrunhar *vtd* **1** desanimar, desalentar, esmorecer. **A:** animar. *vtd+vpr* **2** abater(-se), prostrar(-se), enfraquecer(-se). **3** envergonhar(-se), aviltar(-se), humilhar(-se).

acaçapar *vtd* **1** abater, achatar, esmagar. *vtd+vpr* **2** abaixar(-se), encolher(-se), agachar(-se). **3** esconder(-se), ocultar(-se), encobrir(-se). **4** rebaixar(-se), aviltar(-se), humilhar(-se).

academia *sf* **1** faculdade, instituto, escola. **Ex:** A academia de direito. **2** agremiação, grêmio, corporação. **Ex:** A academia dos críticos de cinema.

academicismo *sm* 1 *Bel.-art.* imitação das obras dos mestres de uma escola: academismo. 2 pedantismo, formalismo.

acadêmico *sm* 1 universitário, estudante. **Ex:** Reunião dos acadêmicos de direito. *adj* 2 *Bel.-art.* clássico. 3 pretensioso, forçado, falso. **A:** simples. 4 especulativo, abstrato, teórico. **A:** prático.

academismo V. academicismo.

acafajestar-se *vpr* acanalhar-se, aviltar-se, rebaixar-se, envilecer-se.

açafate *sm* cestinho, cestinha.

açafrão *sm Bot.* urucum.

açaimar *vtd* 1 amordaçar. 2 reprimir, calar, silenciar.

açaimo *sm* focinheira, mordaça, *açamo*.

acaipirar-se V. acaboclar-se.

acaju *sm* 1 *Bot. NOME INDÍGENA* caju. 2 *COR* castanho-avermelhado.

acalanto V. acalento.

acalcanhar *vtd* 1 pisar, calcar, comprimir, acalcar. 2 *Fig.* humilhar, vexar, oprimir. *vtd+vi* 3 *SALTO DO SAPATO* entortar.

acalcar V. acalcanhar.

acalentar *vtd+vpr* 1 afagar(-se), embalar(-se), agasalhar(-se). *vtd* 2 sossegar, tranqüilizar, acalmar. 3 *DOR* aplacar, atenuar, amenizar. 4 incentivar, animar, estimular. **Ex:** Acalenta planos impossíveis de realizar. 5 guardar, trazer, nutrir. **Ex:** Acalenta um sonho em seu peito.

acalento *sm* 1 afago, carinho, carícia. 2 cantiga de ninar, *acalanto*.

acalmar *vtd* 1 apaziguar, aplacar, pacificar. *vtd+vpr* 2 tranqüilizar(-se), sossegar(-se). **A:** inquietar(-se). *vtd, vi+vpr* 3 abrandar, moderar, serenar. **A:** exacerbar. *vi+vpr* 4 *Meteor.* amainar, serenar, abonançar.

acalorado *adj* violento, exaltado, veemente, entusiasmado. **Ex:** Discussão acalorada.

acalorar *vtd* 1 aquecer, esquentar. *vtd+vpr* 2 exaltar(-se), entusiasmar(-se), exasperar(-se).

acamado *part+adj* adoentado, abatido, prostrado, enfermiço. **A:** saudável.

acamar *vtd* 1 derrubar, derribar, prostrar. 2 *MORALMENTE* humilhar, rebaixar, espe-

zinhar. 3 dispor em camadas: estratificar, encamar. *vi* 4 adoecer, enfermar, encamar.

açambarcação V. açambarque.

açambarcamento V. açambarque.

açambarcar *vtd* 1 monopolizar, abarcar, atravessar. **Ex:** Açambarcar o mercado de café. 2 apropriar-se, apoderar-se, usurpar. **Ex:** Açambarcar o governo. **A:** deixar.

açambarque *sm* monopólio, açambarcamento, açambarcação.

açamo V. açaimo.

acampamento *sm* 1 bivaque, abarracamento. 2 *camping*.

acampar *vti, vi+vpr* 1 abarracar. *vti* 2 *Pop.* habitar, morar, residir.

acanaladura *sf* estria, ranhura, sulco.

acanalar *vtd,* estriar, sulcar, riscar.

acanalhar *vtd+vpr* aviltar(-se), rebaixar(-se), envilecer(-se), desonrar(-se). **A:** honrar(-se).

acanhado *adj* 1 tímido, encabulado, embaraçado. **A:** desembaraçado. 2 *ESPAÇO* estreito, apertado, reduzido. **A:** amplo. 3 mesquinho, sovina, avarento. **A:** generoso.

acanhamento *sm* 1 timidez, vergonha, acanho. **A:** desenvoltura. 2 estreiteza, encolhimento. **A:** amplidão. 3 mesquinhez, sovinice, avareza. **A:** generosidade.

acanhar *vtd* 1 atrofiar, enfezar. 2 apoucar, menosprezar. 3 deprimir, envergonhar, humilhar. *vtd+vpr* 4 intimidar(-se), constranger(-se), embaraçar(-se). 5 apertar(-se), estreitar(-se), encolher(-se).

acanho V. acanhamento.

acanhoar V. acanhonear.

acanhonear *vtd* acanhoar, bombardear.

ação *sf* 1 ato, feito, obra. 2 atividade, energia, movimento. **A:** inércia. 3 efeito, resultado. **Ex:** O remédio teve ação imediata. 4 comportamento, atitude, procedimento. **Ex:** Boas e más ações. 5 *Com.* título. **Ex:** Aplicar no mercado de ações. 6 *Lit.* entrecho, assunto, tema. **Ex:** A ação de um romance. 7 *Cin.* e *Teat.* enredo, trama, intriga. 8 *Dir.* causa, demanda, pleito. 9 *Mil.* batalha, combate, luta. 10 *Bel.-art.* assunto geral do quadro ou qualquer parte dele: atitude, expressão, postura. 11 *Ret.* gesto, movimento, postura (do orador). 12 *Filos.* **A:** reação.

acarapinhar V. encarapinhar.

acarear *vtd* 1 *Dir.* confrontar. **Ex:** Acarear as testemunhas do processo. 2 comparar, cotejar, conferir. **Ex:** Acarear o original de um livro com sua tradução.

acaríase *sf Med.* e *Vet.* sarna.

acariciar *vtd* 1 afagar, acarinhar, cariciar *ant.* 2 lisonjear, adular, bajular. 3 seduzir, atrair, aliciar. 4 cofiar, alisar. **Ex:** Acariciar a barba, o bigode. 5 roçar, perpassar.

acarinhar V. acariciar.

acarneirado *part+adj Fig.* doce, meigo, terno, afável. **A:** rude.

acarpetar *vtd* carpetar.

acarretar *vtd* 1 carrear, transportar, carregar. 2 *Fig.* causar, ocasionar, originar. **Ex:** Sua desatenção acarretou muitos erros.

acasalar *vtd* 1 emparelhar, irmanar. **Ex:** Acasalar pares de sapatos. *vtd, vi+vpr* 2 *ANIMAIS* cruzar(-se), juntar(-se), unir(-se). *vpr* 3 *PESSOAS* amancebar-se, amasiar-se, amigar-se.

acaso *sm* 1 casualidade, eventualidade, imprevisto. 2 destino, fortuna, sorte. *adv* 3 porventura, talvez, quiçá. * Ao acaso: impensadamente, sem reflexão; a esmo, sem rumo, inadvertidamente. * Por acaso: casualmente, eventualmente, fortuitamente. **A:** de caso pensado.

acastelar *vtd+vpr* 1 fortificar(-se), encastelar(-se). 2 acumular(-se), amontoar(-se), aglomerar(-se). *vpr* 3 precaver-se, prevenir-se, acautelar-se. 4 refugiar-se, abrigar-se, proteger-se.

acatamento *sm* 1 respeito, veneração, reverência. **A:** desacato. 2 cumprimento, obediência, observação. **A:** desobedecer.

acatar *vtd* 1 respeitar, venerar, reverenciar. **Ex:** Acatar os pais. **A:** desacatar. 2 cumprir, obedecer, seguir. **Ex:** Acatar as ordens. **A:** desobedecer.

acatingado *adj* malcheiroso, catinguento, fedorento, fétido. **A:** perfumado.

acatruzar *vtd Pop.* amolar, apoquentar, torrar, perturbar.

acaturrar *vtd* 1 aborrecer, maçar, entediar, enfadar. **A:** divertir. *vpr* 2 teimar, obstinar-se, insistir.

acaudilhar *vtd* 1 comandar, chefiar, guiar. *vpr* 2 *EM PARTIDO* afiliar-se, alistar-se, arregimentar-se.

acautelado *part+adj* 1 precavido, prevenido, cauto. **A:** incauto. 2 astuto, manhoso, astucioso. **A:** simplório.

acautelamento *sm* precaução, cautela, prudência, cuidado. **A:** descuido.

acautelar *vtd* 1 defender, proteger, resguardar. *vtd+vpr* 2 precaver(-se), prevenir(-se), resguardar(-se).

acavalado *part+adj* 1 enorme, imenso, gigantesco. **A:** minúsculo. 2 grosseiro, bruto, estúpido. **A:** gentil.

acavalar *vtd* 1 *Vet.* cobrir, fecundar. *vtd+vpr* 2 acumular(-se), amontoar(-se), sobrepor(-se).

acavaletado *adj NARIZ* aquilino, arqueado, curvo.

acedência V. acessão.

aceder *vtd* 1 acrescer, acrescentar, adicionar. **Ex:** O professor acedeu novos exercícios aos que já havíamos resolvido. *vti+vi* 2 assentir, anuir, aceitar. **Ex:** Aceder a uma opinião, a uma proposta. **A:** reprovar.

acéfalo *adj* 1 *Por ext.* burro *fig*, estúpido, ignorante. **A:** inteligente. 2 *Fig.* desgovernado, desorientado, descontrolado.

aceirar *vtd* 1 *MATAGAL* desbastar, cortar. 2 rodear, circundar, andar à volta de. **Ex:** Antes de se aproximar, o urso aceirou a nossa cabana. 3 cobiçar, ambicionar, anelar.

aceitação *sf* 1 aceitamento, recebimento. 2 acolhida, admissão, acolhimento. **Ex:** Ter boa aceitação entre os consumidores. **A:** rejeição. 3 aplauso, aprovação, aclamação. **Ex:** Obter a aceitação do público. **A:** desaprovação. 4 estima, consideração, apreço. **A:** menosprezo.

aceitamento V. aceitação.

aceitar *vtd* 1 receber, tomar, pegar. **Ex:** Aceitar um presente. **A:** recusar. 2 anuir a, consentir em, concordar com. **Ex:** Aceitar uma proposta. **A:** rejeitar. 3 obedecer, seguir, acatar. **Ex:** Aceitar as regras. **A:** desobedecer.

aceitável *adj m+f* admissível, tolerável, suportável. **A:** inaceitável.

aceite *sm Com.* assinatura (em título de crédito).

aceito *part+adj* benquisto, querido, estimado, bem-amado. **A:** rejeitado.

aceleração *sf* **1** aceleramento, apressamento. **A:** atraso. **2** pressa, precipitação, rapidez.

acelerado *part+adj* **1** ligeiro, rápido, veloz. **Ex:** Passo acelerado. **A:** lento. **2** precipitado, impensado, irrefletido. **A:** ponderado.

aceleramento V. aceleração.

acelerar *vtd, vi+vpr* apressar(-se), precipitar(-se), adiantar(-se), antecipar(-se). **A:** atrasar(-se).

acenar *vti+vi* **1** gesticular, fazer sinais. *vti* **2** referir-se, mencionar, reportar-se. **Ex:** A declaração do ministro acena a mudanças na política.

acendedor *sm* isqueiro.

acender *vtd+vpr* **1** incendiar(-se), queimar(-se), inflamar(-se). **A:** apagar(-se). **2** *Fig.* enlevar(-se), extasiar(-se), arrebatar(-se). *vtd* **3** *LUZ* ligar. **A:** apagar. **4** *Fig.* estimular, entusiasmar, animar. **A:** desestimular. **5** *Fig.* instigar, atiçar, provocar.

aceno *sm* **1** gesto, sinal. **2** chamamento, chamado. **3** convite, convocação, proposta.

acento *sm* **1** inflexão, timbre, tom de voz. **2** *Gram.* sinal diacrítico. **3** *Mús.* consonância, harmonia. **4** *Fig.* ênfase, destaque, relevo.

acentuado *part+adj* **1** marcado com acento. **2** saliente, ressaltado, proeminente. **3** destacado, marcante, definido. **Ex:** Sabor acentuado de cebola. **A:** indefinido. **4** evidente, claro, nítido. **Ex:** Vocação acentuada para os esportes. **A:** oculto.

acentuar *vtd* **1** colocar acento em, empregar acento em. **Ex:** Acentuam-se todas as palavras proparoxítonas. **2** enfatizar, destacar, realçar. **Ex:** O orador discursou, acentuando os pontos positivos. *vpr* **3** aumentar, crescer, reforçar-se. **Ex:** Com a nova enchente, acentuaram-se os problemas dos desabrigados.

acepção *sf* **1** *DE PALAVRAS* sentido, significação, significado. **2** interpretação, compreensão, entendimento.

acepipe *sm* petisco, guloseima, pitéu *fam*, iguaria, gulodice.

acerar *vtd* **1** afiar, amolar, aguçar. **A:** embotar. **2** fortalecer, fortificar, robustecer. **Ex:** Acerar os músculos com muito exercício. **A:** enfraquecer.

acerbar *vtd* **1** tornar mais acerbo, mais intenso: exacerbar, intensificar, agravar. **A:** suavizar. **2** angustiar, atormentar, torturar.

acerbo *adj* **1** acre, azedo, amargo. **Ex:** Frutos acerbos. **A:** doce. **2** áspero, duro, rigoroso. **Ex:** Repreensão acerba. **A:** suave. **3** cruel, terrível, pungente. **Ex:** Dores acerbas. **A:** brando.

acercar *vtd+vpr* aproximar(-se), avizinhar(-se), achegar(-se), abeirar(-se). **A:** distanciar(-se).

acertado *part+adj* sensato, prudente, ajuizado, previdente. **A:** insensato.

acertar *vtd* **1** regular, calibrar. **Ex:** Acertar o relógio. **2** corrigir, emendar, consertar. **Ex:** Acertar um erro. **3** combinar, convencionar, tratar. **Ex:** Acertar os termos de um contrato. **4** combinar, harmonizar, igualar. **Ex:** Acertar o passo. *vtd+vti* **5** atingir, alcançar, tocar. **Ex:** Acertar o alvo (ou no alvo).

acerto *sm* **1** combinação, convenção, ajuste. **A:** divergência. **2** sensatez, prudência, juízo. **A:** insensatez.

acervo *sm* **1** patrimônio, cabedal. **Ex:** Acervo de uma biblioteca, de um museu. **2** acúmulo, pilha, montão.

aceso *part+adj* **1** excitado, furioso, irritado. **A:** calmo. **2** brilhante, vivo, vívido. **A:** apagado.

acessão *sf* **1** consentimento, anuência, assentimento, acedência. **Ex:** Obter a acessão dos pais. **A:** reprovação. **2** acréscimo, aumento, adição. **A:** diminuição. **3** *A UM CARGO* acesso, promoção.

acessível *adj m+f* **1** atingível, alcançável. **Ex:** Escalaram todas as montanhas acessíveis da cordilheira. **A:** inacessível. **2** compreensível, claro, inteligível. **A:** obscuro. **3** *PESSOA* tratável, afável, sociável. **A:** intratável. **4** *PREÇO* módico, baixo, reduzido. **A:** abusivo. **5** *PRODUTO* barato, econômico, em conta. **A:** caro.

acesso *sm* **1** entrada, ingresso. **Ex:** Não foi permitido o acesso dos jornalistas. **2** aproximação, chegada. **3** *A UM CARGO* promoção, elevação. **4** comunicação, trato, convivência. **Ex:** Ele é uma pessoa de difícil acesso. **5** passagem, trânsito, circulação. **Ex:** Os carros só podiam passar se fosse paga a taxa de acesso. **6** *Med.* ataque, crise. **Ex:** Teve um acesso de espirros. **7** ímpeto, impulso, arrebatamento.

acessório *sm* **1** anexo, complemento. *sm pl* **2** *DE MÁQUINA, INSTRUMENTO* pertences, peças. **3** apetrechos, utensílios. *adj* **4** complementar, secundário, suplementar. **A:** essencial.

acético *adj* ácido, azedo, acetoso, acre. **A:** doce.

acetificar *vtd+vpr* azedar(-se), avinagrar(-se), acidificar(-se), acidular(-se).

acetinado *part+adj* cetinoso, macio, lustroso.

acetinar *vtd* amaciar.

acetoso V. acético.

acha *sf* **1** madeira para o fogo: cavaco, lasca. **2** *Ant.* machadinha.

achacar *vtd* **1** acusar, imputar, incriminar. **Ex:** Achacou-o de roubo. **A:** inocentar. **2** tachar, classificar, julgar. **Ex:** Achacar alguém de incapaz. **3** maltratar, molestar, ofender. **4** *Gír.* extorquir, pedir dinheiro. *vi+vpr* **5** adoecer, enfermar, acamar.

achado *sm* **1** invento, invenção, descoberta. **2** sorte, felicidade. **Ex:** Foi um achado encontrá-la aqui. **3** pechincha. **Ex:** Esse vestido foi um achado.

achaque *sm* **1** indisposição, mal-estar, moléstia. **A:** disposição. **2** vício, defeito, mácula. **A:** virtude. **3** pretexto, motivo, desculpa.

achar *vtd* **1** encontrar, deparar, topar com. **Ex:** Achei este pacote na rua. **A:** perder. **2** inventar, descobrir, imaginar. **Ex:** Achar um novo método de ensino. **3** pensar, supor, acreditar. **Ex:** Acho que não poderei ir. **4** conseguir, obter, alcançar. **Ex:** Achar um emprego. **5** advertir, apontar, notar. **Ex:** O professor achou poucos erros nas provas. *vtd+vpr* **6** considerar(-se), julgar(-se), acreditar(-se). **Ex:** Achei muito feio o seu comportamento; ele se acha o máximo. *vpr* **7** estar, encontrar-se. **Ex:** Achar-se na cidade; achar-se em apuros.

achatar *vtd* **1** aplanar, aplainar, esmagar. *vtd+vpr* **2** rebaixar(-se), humilhar(-se), vexar(-se).

achavascado *adj* rústico, grosseiro, tosco, rude. **A:** refinado.

achega *sf* **1** acréscimo, aditamento, aumento. **2** ajuda, subsídio, auxílio, achego.

achegar *vtd* **1** ligar, unir, juntar. **A:** separar. *vtd+vpr* **2** aproximar(-se), avizinhar(-se), acercar(-se). **A:** afastar(-se). *vpr* **3** acrescentar-se, adicionar-se, somar-se. **4** amparar-se, abrigar-se, proteger-se.

achego V. achega.

achincalhação V. achincalhe.

achincalhamento V. achincalhe.

achincalhar *vtd* ridicularizar, chacotear, escarnecer de, gozar de.

achincalhe *sm* achincalhamento, achincalhação, chacota, gozação.

achocalhar *vtd* *UM SEGREDO* espalhar, propalar, divulgar. **A:** esconder.

achumbado *adj* *ROSTO* macilento, pálido, magro.

acicatar *vtd* **1** *CAVALGADURA* esporear. **2** *Fig.* estimular, incitar, instigar. **A:** conter.

acicate *sm* **1** espora. **2** *Fig.* estímulo, incitamento, instigação. **A:** contenção.

acidentado *part+adj* **1** *TERRENO* irregular, desigual, desnivelado. **A:** plano. **2** agitado, movimentado. **Ex:** Vida acidentada.

acidental *adj* *m+f* **1** casual, imprevisto, inesperado. **A:** esperado. **2** acessório, secundário, supérfluo. **A:** essencial.

acidentar *vtd+vpr* **1** modificar(-se), alterar(-se), variar(-se). **2** ferir(-se), machucar(-se), lesar(-se).

acidente *sm* **1** acaso, imprevisto, incidente. **2** desastre, desgraça. **Ex:** Acidentes de automóvel. **3** *DE TERRENO* desnível, irregularidade, desigualdade.

acidez *sf* azedume.

acidificar *vtd+vpr* azedar(-se), acetificar(-se), avinagrar(-se), acidular(-se).

ácido *sm* **1** *Gír.* ácido lisérgico. *adj* **2** azedo, acre, agro. **A:** doce. **3** *Quím.* **Ex:** Substância ácida. **A:** alcalino.

acidulado *part+adj* **1** acídulo, ácido, azedo. **2** zangado, irritado, enervado.

acidular V. acidificar.

acídulo V. acidulado.

aciganado *part+adj* Fig. manhoso, matreiro, ardiloso, trapaceiro.

acima *adv* 1 em lugar superior a outro: em cima. **Ex:** O meu caderno está ali, e o seu um pouco mais acima. **A:** abaixo. 2 da parte inferior para a superior: para cima. 3 em categoria superior: além. **Ex:** O valor está acima de minhas possibilidades. **A:** aquém. 4 antes, anteriormente, supra. **Ex:** O funcionário acima mencionado. **A:** abaixo.

acinte *sm* 1 malícia, provocação, maldade. **Ex:** Um discurso cheio de acinte. *adv* 2 de propósito, de caso pensado, intencionalmente. **A:** sem querer.

acintoso *adj* malicioso, provocativo, maldoso, provocante. **Ex:** Resposta acintosa, indivíduo acintoso.

acionar *vtd* 1 *Dir.* processar, demandar. 2 ligar, fazer funcionar. 3 *Com.* incorporar por ações (uma sociedade). *vtd+vi* 4 gesticular, acenar.

acionista *s e adj m+f Com.* sócio.

acirrado *part+adj* teimoso, obstinado, persistente, insistente. **A:** dócil.

acirrar *vtd* 1 *CÃES* açular; *EM GERAL* incitar, instigar, provocar. **Ex:** Acirrar a multidão. 2 exasperar, irritar, enfurecer. **Ex:** Acirrar os ânimos. **A:** tranqüilizar.

aclamação *sf* 1 aplauso, ovação, aprovação. **A:** vaia. 2 eleição, proclamação, nomeação. **A:** rejeição.

aclamar *vtd* 1 aplaudir, ovacionar, aprovar. **A:** vaiar. 2 eleger, proclamar, nomear. **A:** rejeitar.

aclaração *sf* esclarecimento, explicação, alucidação, aclaramento.

aclaramento V. aclaração.

aclarar *vtd* 1 purificar, clarificar, limpar. 2 averiguar, investigar, apurar. **Ex:** Vamos aclarar o que realmente aconteceu. *vtd+vpr* 3 clarear, iluminar(-se). **Ex:** A luz aclarou o ambiente. **A:** escurecer. 4 esclarecer(-se), explicar(-se), elucidar(-se). **Ex:** Aclarar dúvidas, enigmas. *vi+vpr* 5 *Meteor. CÉU* desanuviar-se, serenar, limpar. **A:** nublar-se.

aclimar V. aclimatar.

aclimatar *vtd+vpr* 1 aclimar(-se), aclimatizar(-se), climatizar(-se). **Ex:** Aclimatar-se ao frio da Antártida. 2 habituar(-se), acostumar(-se), adaptar(-se). **Ex:** Aclimatou-se àquele tipo de vida.

aclimatizar V. aclimatar.

aclive *sm* 1 inclinação, ladeira, rampa. **A:** declive. *adj* 2 íngreme, escarpado, alcantilado. **A:** plano.

acme *sm* auge, ápice, clímax, máximo.

acne *sf Med.* espinhas *pl.*

aço *sm* 1 arma branca. 2 *Fig.* força, vigor, energia.

acobardamento V. acovardamento.

acobardar V. acovardar.

acobertar *vtd+vpr* 1 cobrir(-se). **A:** descobrir(-se). 2 resguardar(-se), proteger(-se), defender(-se). **Ex:** Os escudos acobertavam os guerreiros. 3 dissimular(-se), disfarçar(-se), esconder(-se). **Ex:** Acobertar um crime. **A:** revelar(-se). 4 *CONTRA O FRIO* abrigar(-se), agasalhar(-se), resguardar(-se).

acobreado *part+adj* bronzeado, trigueiro, moreno, tostado. **A:** pálido.

acobrear *vtd* bronzear, tostar.

acochar *vtd* 1 apertar, calcar, comprimir. **A:** desapertar. *vpr* 2 apertar-se, comprimir-se, arrochar-se. 3 agachar-se, acocorar-se, abaixar-se. **A:** levantar-se.

acocho *sm* aperto, compressão, arrocho.

acocorar *vtd+vpr* 1 agachar(-se), abaixar(-se). 2 humilhar(-se), abater(-se), vexar(-se). *vtd* 3 mimar, amimar, acariciar.

açodado *part+adj* precipitado, apressado, ansioso, afoito. **A:** paciente.

açodamento *sm* precipitação, pressa, ansiedade, sofreguidão. **A:** paciência.

açodar *vtd* 1 açular, instigar, incitar. **Ex:** Açodar os cães a atacar. *vtd+vpr* 2 precipitar(-se), apressar(-se), acelerar(-se).

acoitar *vtd+vpr* 1 acolher(-se), agasalhar(-se), abrigar(-se). 2 defender(-se), proteger(-se). 3 esconder(-se), ocultar(-se), acobertar(-se). **A:** revelar(-se).

açoitar *vtd+vpr* 1 flagelar(-se), chicotear(-se), fustigar(-se). *vtd* 2 castigar, punir, repreender. 3 ferir, magoar, machucar. 4 bater, golpear. **Ex:** As ondas açoitavam o pequeno barco. 5 assolar, devastar, arrasar. **Ex:** As tribos bárbaras açoitaram as fronteiras do Império Romano.

açoite *sm* 1 chicote, flagelo, vergasta. 2 *Fig.* calamidade, flagelo, catástrofe.

acolá *adv* além, ao longe, naquele lugar. **A:** cá.

acolchoado *sm* edredom.

acolchoar *vtd* estofar, enchumaçar.

acolhedor *adj* hospitaleiro, aconchegante, agasalhador. **A:** inóspito.

acolher *vtd* 1 hospedar, alojar, asilar. **A:** desalojar. 2 *PEDIDO, REQUERIMENTO* deferir, atender, despachar. **A:** indeferir. 3 dar crédito a: ouvir, escutar. *vpr* 4 abrigar-se, refugiar-se, amparar-se. **A:** expor-se.

acolhida *sf* 1 recepção, recebimento, acolhimento. **Ex:** Teve boa acolhida por parte dos anfitriões. 2 atenção, consideração, respeito, acolhimento. 3 abrigo, refúgio, acolhimento.

acolhimento V. acolhida.

acolitar *vtd* 1 acompanhar, seguir. 2 ajudar, auxiliar, assistir.

acólito *sm* ajudante, auxiliar, assistente, assessor.

acomadrar-se *vpr* aliar-se, unir-se, associar-se, acompadrar-se.

acometer *vtd* 1 atacar, agredir, assaltar. **Ex:** O leão acometeu o caçador. 2 empreender, cometer, intentar. **Ex:** Acometer tarefas difíceis. 3 hostilizar, provocar, desafiar. **Ex:** Acometer um adversário. 4 abalroar, bater em, chocar-se com. **Ex:** O trem acometeu os automóveis que atravessavam a linha.

acometida V. acometimento.

acometimento *sm* 1 acometida, ataque, agressão. 2 empresa, empreendimento, tentativa.

acomodação *sf* 1 acomodamento, arranjo, arrumação. 2 aposento, cômodo. **Ex:** Verifique as acomodações dos hóspedes. 3 adaptação, adequação, aclimatação. **Ex:** Acomodação a um tipo de vida, a um ambiente. 4 indolência, preguiça, inércia.

acomodado *part+adj* 1 tranqüilo, sossegado, calmo. 2 indolente, preguiçoso. **A:** ativo.

acomodamento V. acomodação.

acomodar *vtd* 1 arranjar, arrumar, dispor. **A:** desacomodar. 2 alojar, hospedar, rece-

ber. **Ex:** Foi difícil acomodar todos os visitantes. **A:** desalojar. 3 adaptar, adequar, aclimatar. 4 apaziguar, conciliar, harmonizar. **Ex:** Acomodar os adversários. **A:** desunir. *vpr* 5 recolher-se, retirar-se (para seus aposentos).

acompadrar-se V. acomadrar-se.

acompanhamento *sm* cortejo, comitiva, séquito, companhia.

acompanhar *vtd* 1 seguir, escoltar, acolitar. **Ex:** Acompanhar uma procissão. 2 observar, seguir, assistir. **Ex:** Acompanhar o noticiário pela TV; acompanhou a ascensão profissional do amigo. 3 imitar, copiar, seguir. 4 associar, combinar, aliar. **Ex:** Acompanhar os atos com o discurso. **A:** separar. *vpr* 5 cercar-se, rodear-se. **Ex:** Acompanhar-se de pessoas importantes.

aconchegar *vtd+vpr* 1 aproximar(-se), achegar(-se), avizinhar(-se). **A:** apartar(-se). 2 agasalhar(-se), abrigar(-se), conchegar(-se).

aconchego *sm* 1 agasalho, abrigo, conchego. 2 comodidade, conforto. 3 amparo, arrimo, proteção.

acondicionamento *sm* 1 arranjo, arrumação, acomodação. 2 preservação. 3 embalagem, empacotamento. 4 adaptação, adequação, apropriação.

acondicionar *vtd* 1 arranjar, arrumar, ajeitar. 2 preservar, guardar. **Ex:** Acondicionar os alimentos na geladeira. 3 embalar, empacotar, embrulhar. **Ex:** Acondicionar mercadorias. *vtd+vpr* 4 adaptar(-se), adequar(-se), apropriar(-se).

aconselhar *vtd* 1 advertir, avisar, admoestar. 2 recomendar, indicar. **A:** desaconselhar. 3 orientar, guiar, encaminhar. 4 persuadir, convencer. **A:** dissuadir. *vpr* 5 consultar, consultar-se com.

aconselhável *adj* *m+f* prudente, sensato, ajuizado, avisado. **Ex:** Acho aconselhável você se preparar já para os exames. **A:** desaconselhável.

aconsoantar *vtd* *Poét.* rimar.

acontecer *vti+vi* realizar-se, sobrevir, suceder, verificar-se.

acontecido V. acontecimento.

acontecimento *sm* 1 fato, ocorrência, evento, acontecido. 2 fato memorável. **Ex:** O acontecimento do século. **3** sensação, êxito, sucesso. **Ex:** Essa peça tornou-se o acontecimento da temporada.

acoplagem V. acoplamento.

acoplamento *sm Eletr.* e *Astronáut.* acoplagem, junção, ligação, conexão. **Ex:** Ontem ocorreu o acoplamento da espaçonave com a estação orbital; fizemos o acoplamento dos circuitos.

acoplar *vtd+vpr Eletr.* e *Astronáut.* juntar(-se), ligar(-se), conectar(-se).

açor *sm Ornit.* falcão, gavião.

acordado *part+adj* **1** desperto, vigilante. **2** prudente, ajuizado, sensato. **A:** imprudente.

acórdão *sm Dir.* sentença, deliberação, resolução, decisão (dos tribunais).

acordar *vtd+vi* **1** despertar. **A:** adormecer. *vtd* **2** *Mús.* afinar, harmonizar. **A:** desafinar. *vtd+vti* **3** animar, avivar, excitar. **4** ajustar, combinar, pactuar. *vtd+vpr* **5** lembrar(-se), recordar(-se). **6** acomodar(-se), conciliar(-se), reconciliar(-se). *vti* **7** voltar a si, recobrar os sentidos. **A:** desmaiar.

acorde *sm* **1** harmonia, acordo, concordância. **A:** discordância. *adj m+f* **2** harmonioso, concorde, congruente. **A:** discorde. **3** *Mús.* harmônico.

acordeão *sm Mús.* sanfona, harmônica, *acordeom*.

acordeom V. acordeão.

acordo *sm* **1** harmonia, concordância, congruência. **A:** desacordo. **2** trato, pacto, convenção. **3** juízo, sensatez, tino. **A:** desatino.

acoroçoamento *sm* alento, animação, encorajamento, estímulo. **A:** desalento.

acoroçoar *vtd* alentar, animar, encorajar, estimular. **A:** desanimar.

acorrentar *vtd* **1** encadear, agrilhoar, prender. **A:** soltar. *vtd+vpr* **2** escravizar(-se), sujeitar(-se), submeter(-se). **A:** libertar(-se).

acorrer *vti* **1** acudir, correr, afluir. **Ex:** Todos acorreram para ver o que estava acontecendo. **2** vir em socorro: acudir. **3** valer, auxiliar, ajudar. **4** vir à mente: ocorrer. **Ex:** Neste momento não me acorre a resposta. *vpr* **5** recorrer a, servir-se de, socorrer-se de. **Ex:** Acorreu-se de um artifício para escapar daquela encrenca.

acossamento *sm* perseguição, encalço.

acossar *vtd* **1** perseguir, seguir, encalçar. **2** atormentar, maltratar, afligir.

acostamento *sm* encosto, apoio, arrimo.

acostar *vtd+vpr* **1** encostar(-se), apoiar(-se), arrimar(-se). *vpr* **2** deitar-se, recostar-se. **3** *Náut.* navegar junto à costa: costear.

acostumar *vtd+vpr* habituar(-se), afazer(-se), aclimatar(-se), aclimar(-se). **A:** desacostumar(-se).

acotovelar *vtd* **1** cotovelar. **2** empurrar, esbarrar em. *vpr* **3** *MULTIDÃO* aglomerar-se, apinhar-se, amontoar-se.

açougue *sm* **1** corte, matadouro. **2** *Fig.* carnificina, matança, massacre.

açougueiro *sm* carniceiro, magarefe.

acovardamento *sm* **1** covardia, medo, *acobardamento*. **2** coragem. **2** acanhamento, timidez, embaraço. **A:** desenvoltura.

acovardar *vtd+vpr* **1** amedrontar(-se), atemorizar(-se), *acobardar(-se)*. **A:** encorajar(-se). **2** acanhar(-se), intimidar(-se), embaraçar(-se). **A:** desembaraçar(-se).

acre *adj m+f* **1** azedo, ácido, acrimonioso. **A:** doce. **2** rude, ríspido, desabrido, acrimonioso. **A:** gentil. **3** picante, mordaz, sarcástico.

acreditar *vtd, vti+vi* **1** crer, confiar. **A:** descrer. *vtd* **2** afiançar, abonar, garantir. **A:** desabonar. *vtd+vpr* **3** crer(-se), julgar(-se), considerar(-se).

acreditável *adj m+f* crível, verossímil, plausível, provável. **A:** inacreditável.

acrescentamento V. acréscimo.

acrescentar *vtd* **1** adicionar, ajuntar, agregar. **A:** tirar. **2** aumentar, ampliar, engrandecer, acrescer. **A:** diminuir. **3** continuar, prosseguir, seguir. *vpr* **4** acrescer, ajuntar-se, somar-se.

acrescer *vtd* **1** V. acrescentar. *vti* **2** acrescentar-se, ajuntar-se, juntar-se. **Ex:** Os problemas financeiros acrescem à doença.

acréscimo *sm* **1** aumento, ampliação, acrescentamento. **A:** diminuição. **2** adição, aditamento. **A:** subtração.

acriançado *part+adj* **1** infantil, pueril, ameninado. **A:** adulto. **2** bobo, tolo, ingênuo. **A:** maduro.

acrimônia *sf* **1** acidez, azedume. **A:** doçura. **2** aspereza, rudeza, dureza. **A:** suavidade.

acrimonioso V. acre.

acrisolar *vtd* 1 purificar, apurar, depurar. *vtd+vpr* 2 aperfeiçoar(-se), esmerar(-se), melhorar.

acrobacia *sf* 1 acrobatismo. 2 *Fig.* habilidade, astúcia, esperteza.

acrobata *s m+f* equilibrista, funâmbulo, a-cróbata.

acróbata V. acrobata.

acrobatismo V. acrobacia.

acromático *adj* incolor, descolorido. **A:** colorido.

actínia *sf Zool.* anêmona-do-mar.

acuar *vtd* 1 *CAÇA* entocar, enfurnar; *INIMIGO* perseguir, cercar, acossar. *vi* 2 *CAVALGADURA* empacar, parar, emperrar. 3 recuar, retroceder, voltar atrás. **A:** avançar.

açúcar *sm* 1 *Quím.* sacarose. 2 *Fig.* doçura, suavidade, brandura.

açucarar *vtd* 1 adoçar. **Ex:** Açucarar o café. 2 *PESSOA, VOZ* abrandar, suavizar, moderar.

açucena *sf* 1 *Bot.* amarílis. 2 *Fig.* brancura, alvura. **A:** negrura. 3 *Fig.* pureza, candura, inocência. **A:** malícia.

açude *sm* barragem, represa, dique.

acudir *vti* 1 acorrer, socorrer, auxiliar. **Ex:** Acudir às vítimas do acidente. 2 *CHAMADO, ORDEM* obedecer, atender. **Ex:** Chamou-me, e acudi imediatamente. **A:** desobedecer. 3 vir à mente: ocorrer, acorrer. 4 retorquir, responder, retrucar. 5 recorrer a, consultar, valer-se de. **Ex:** Acudir a um especialista.

acuidade *sf* 1 qualidade de agudo: agudeza. 2 *MENTAL* finura, perspicácia, sagacidade. **A:** ingenuidade.

açular *vtd* 1 *CÃO* açodar, acirrar, incitar. 2 *EM GERAL* enfurecer, irritar, exacerbar. **A:** acalmar.

acúleo *sm* 1 aguilhão, pua, ferrão. 2 *Bot.* abrolho, estrepe. 3 *Fig.* estímulo, incentivo, incitamento. **A:** desestímulo.

acumulação *sf* 1 acúmulo, amontoamento. 2 acréscimo, aumento, ampliação. **A:** diminuição. 3 *DE ENERGIA* armazenamento. 4 *Geol.* depósito.

acumular *vtd+vpr* 1 amontoar(-se), ajuntar(-se), reunir(-se). *vtd* 2 acrescer, aumen-

tar, ampliar. 3 *ENERGIA* armazenar. *vpr* 4 aumentar, ampliar-se. **A:** diminuir.

acúmulo V. acumulação.

acurado *part+adj* esmerado, caprichado, apurado, meticuloso. **Ex:** Uma análise acurada dos fatos; um trabalho acurado. **A:** desleixado.

acurar *vtd* 1 aprimorar, apurar, aperfeiçoar. *vpr* 2 esmerar-se, caprichar, apurar-se em. **Ex:** Acurar-se na realização de uma tarefa. **A:** descuidar de.

acurralar V. encurralar.

acurvado V. encurvado.

acusação *sf* 1 denúncia, queixa, delação. **A:** defesa. 2 confissão.

acusado *sm Dir.* réu.

acusar *vtd* 1 incriminar, culpar, inculpar. **Ex:** Acusar alguém de ladrão. **A:** inocentar. 2 revelar, mostrar, denotar. **Ex:** O exame acusou a presença do vírus. 3 denunciar, delatar. 4 declarar, comunicar, participar. **Ex:** Favor acusar o recebimento. *vpr* 5 confessar.

adágio *sm* provérbio, ditado, refrão, rifão.

adamantino *adj* 1 diamantino, adiamantado. 2 íntegro, virtuoso, probo. **A:** corrupto.

adâmico *adj* primitivo, primeiro, inicial, primordial. **A:** atual.

adão V. pomo-de-adão.

adaptar *vtd+vpr* 1 ajustar(-se), acomodar(-se), adequar(-se). **A:** desajustar(-se). 2 *PEÇAS* encaixar(-se), justapor(-se). *vpr* 3 ambientar-se, aclimatar-se, aclimar-se.

adejar *vtd* 1 agitar, mover, abanar. **Ex:** Adejar uma bandeira, um lenço. 2 pairar, planar sobre. *vti+vi* 3 voejar, esvoaçar.

adejo *sm* voejo.

adelgaçado *part+adj* delgado, fino, afilado. **A:** grosso.

adelgaçar *vtd+vpr* 1 afinar(-se), afilar(-se), aguçar(-se). **A:** engrossar. 2 rarefazer(-se). *vtd* 3 diminuir, reduzir, cortar. **Ex:** Adelgaçar os gastos. **A:** aumentar. 4 apurar, aguçar, estimular. **Ex:** Adelgaçar a inteligência. **A:** embotar. *vtd, vi+vpr* 5 emagrecer, definhar. **A:** engordar. *vi+vpr* 6 estreitar-se, apertar-se, espremer-se.

ademais *adv* demais, além disso, de mais a mais, e depois.

adenda *sf* adendo, apêndice, complemento, suplemento.

adendo V. adenda.

adensar *vtd+vpr* **1** condensar(-se), espessar(-se), compactar(-se). **2** impregnar(-se), saturar(-se), encher(-se). *vpr* **3** acumular-se, aglomerar-se, ajuntar-se.

adentrar *vtd, vi+vpr* entrar, penetrar. **Ex:** Adentrou a casa; adentrar-se pela floresta. **A:** sair.

adentro *adv* **1** dentro, interiormente. **A:** fora. **2** para dentro. **A:** afora.

adepto *sm* partidário, sectário, seguidor, sequaz. **A:** opositor.

adequação *sf* **1** adaptação, acomodação, ajuste. **A:** inadequação. **2** identidade, igualdade, conformidade. **A:** desigualdade.

adequado *part+adj* apropriado, conveniente, próprio, justo. **A:** inadequado.

adequar *vtd+vpr* adaptar(-se), acomodar(-se), ajustar(-se), apropriar(-se).

adereçar *vtd+vpr* **1** enfeitar(-se), adornar(-se), ornar(-se). *vtd* **2** endereçar, enviar, expedir.

adereço *sm* **1** enfeite, adorno, ornato. **2** endereço. *sm pl* **3** *DE CAVALGADURA* jaez *sing*, arreios. **4** *Cin.* e *Teat.* objetos de cena. **5** *DE CASA* trastes, utensílios, objetos.

aderência V. adesão.

aderente *sm+f* **1** partidário, seguidor, adepto. *adj* **2** grudento, pegajoso, adesivo.

aderir *vtd* **1** *PEÇAS* adaptar, encaixar, justapor. *vti* **2** seguir, adotar, professar. **Ex:** Aderir a uma doutrina, a um partido. *vti+vi* **3** prender-se, ligar-se, unir-se. **A:** soltar-se. **4** colar-se, grudar-se, pegar. **A:** descolar-se. **5** conformar-se, resignar-se, concordar. **A:** discordar.

adernar *vi Náut.* inclinar-se.

adesão *sf* **1** aderência, ligação, união. **2** aprovação, anuência, consentimento, aderência. **A:** desaprovação. **3** *A MOVIMENTO OU CAUSA* apoio. **A:** oposição.

adesivo V. aderente.

adestrado *part+adj INDIVÍDUO* destro, hábil, habilidoso, treinado. **A:** inábil.

adestrar *vtd* **1** *ANIMAIS* amestrar, domesticar, domar. *vtd+vpr* **2** *PESSOAS* habilitar(-se), exercitar(-se), instruir(-se).

adeus *sm* **1** despedida, partida, separação. **Ex:** Cerimônia de adeus. *interj* **2** Deus o acompanhe! **3** Boa viagem! **4** Até a vista! Até a volta! Até logo! **5** E lá se foi! **Ex:** Adeus meu tempo de infância!

adiamantado V. adamantino.

adiantado *part+adj* **1** progressista, desenvolvido, próspero. **A:** atrasado. **2** intrometido, metido, abelhudo.

adiantamento *sm* **1** dianteira, vantagem, avanço. **Ex:** O adiantamento numa competição. **A:** desvantagem. **2** progresso, prosperidade, desenvolvimento. **Ex:** O adiantamento nos estudos; essas medidas visam o adiantamento da sociedade. **A:** atraso. **3** antecipação.

adiantar *vtd* **1** apressar, acelerar. **Ex:** Adiantar o trabalho. **A:** atrasar. **2** antecipar, precipitar. **Ex:** Adiantar o pagamento, um encontro, o ataque. **A:** adiar. **3** *RELÓGIO* avançar. **A:** atrasar. *vti+vpr* **4** progredir, melhorar, prosperar. **Ex:** Adiantar(-se) na escola. **A:** atrasar-se.

adiante *adv* **1** na dianteira, na frente, na vanguarda. **A:** atrás. **2** depois, em seguida, posteriormente. **A:** atrás. *interj* **3** avante! eia! à frente! **A:** para trás!

adiar *vtd* diferir, prorrogar, procrastinar, protelar. **Ex:** Adiar o prazo de entrega. **A:** antecipar.

adição *sf* **1** acréscimo, aumento, aditamento. **2** *Mat.* soma, total.

adicionado V. adicional.

adicional *adj m+f* **1** adicionado, acrescentado. **2** complementar, suplementar, extraordinário.

adicionar *vtd* somar, acrescentar, aditar, juntar. **A:** subtrair.

adicto *adj* **1** habituado, acostumado, afeito. **2** *DE DROGAS, ETC.* dependente, viciado.

adido *sm* delegado, encarregado.

adimplemento V. adimplência.

adimplência *sf Dir.* adimplemento, cumprimento, execução, preenchimento. **A:** inadimplência.

adimplir *vtd Dir. CONTRATO, OBRIGAÇÃO* cumprir, executar, completar, preencher. **A:** inadimplir.

adipose *sf Med.* gordura, obesidade, adiposidade. **A:** magreza.

adiposidade V. adipose.

adiposo *adj* gordo, obeso, gorduroso, balofo. **A:** magro.

adir *vtd* **1** adicionar, acrescentar, aditar. **2** *Dir.* DE HERANÇA receber, entrar na posse de.

aditar *vtd* acrescentar, adicionar, juntar, adir. **A:** diminuir.

aditivo *adj* adicional, complementar, suplementar, extraordinário.

adivinha *sf* **1** adivinhação, enigma, charada. **2** profetisa, pitonisa, sibila.

adivinhação *sf* **1** previsão, predição, divinação. **2** V. adivinha.

adivinhão V. adivinho.

adivinhar *vtd* **1** profetizar, predizer, pressagiar. **Ex:** Adivinhar o futuro. **2** resolver, decifrar, desvendar. **3** presumir, calcular, supor. **4** interpretar, explicar, elucidar.

adivinho *sm* profeta, vidente, adivinhador, agoureiro, adivinhão *pop.*

adjacência *sf* **1** proximidade, vizinhança, contiguidade. *sf pl* **2** vizinhanças, arredores, cercanias.

adjacente *adj m+f* próximo, vizinho, confinante, contíguo. **A:** distante.

adjetivar *vtd* **1** qualificar, classificar. *vtd+vpr* **2** ajustar(-se), harmonizar(-se), amoldar(-se).

adjudicar *vtd* **1** entregar, submeter. **2** conceder, conferir, atribuir. *vpr* **3** arrogar-se, atribuir-se.

adjunto *sm+adj* **1** auxiliar, ajudante, assessor. **2** substituto, suplente. *adj* **3** contíguo, junto, pegado. **A:** afastado.

adjutório *sm* **1** ajuda, auxílio, socorro. *sm+adj* **2** auxiliar, assessor, ajudante, *ajutório.*

adjuvante *adj m+f* auxiliar, ajudante, assessor, adjutório.

administração *sf* **1** gerência, direção, gestão. **2** DE MEDICAMENTOS aplicação. **3** diretoria, diretores *pl.*

administrador *sm+adj* gerente, dirigente, gestor, administrante.

administrante V. administrador.

administrar *vtd* **1** NEGÓCIOS gerir, dirigir, governar. **Ex:** Administrar uma empresa, uma repartição. **2** HONRA, SACRAMENTO ministrar, conferir. **Ex:** Administrar a

comunhão. **3** MEDICAMENTO dar, aplicar, ministrar. **Ex:** Administrar analgésicos duas vezes ao dia.

admiração *sf* **1** assombro, espanto, pasmo. **2** contemplação, observação. **3** estima, afeição, apreço. **A:** desprezo. **4** respeito, consideração, veneração. **A:** desrespeito.

admirador *sm* fã, apreciador.

admirando V. admirável.

admirar *vtd+vpr* **1** assombrar(-se), espantar(-se), pasmar(-se). *vtd* **2** contemplar, observar, olhar. **3** estimar, apreciar, prezar. **A:** desprezar. **4** respeitar, considerar, venerar. **A:** desrespeitar.

admirável *adj m+f* assombroso, espantoso, surpreendente, admirando. **A:** banal.

admissão *sf* **1** ingresso, acesso, entrada. **2** aceitação, reconhecimento, aprovação. **3** contratação, nomeação.

admissível *adj m+f* aceitável, tolerável, suportável. **A:** inadmissível.

admitir *vtd* **1** aceitar, receber, acolher. **2** aceitar, reconhecer, aprovar. **Ex:** Admitir um dogma. **A:** rejeitar. **3** permitir, consentir, tolerar. **Ex:** Não admite brincadeiras. **4** supor, imaginar, conjeturar. **Ex:** Vamos admitir que você está certo. **5** adotar, aceitar, abraçar. **Ex:** Admitir uma teoria. **6** EMPREGADO contratar, empregar, nomear. **Ex:** Admitir alguém como assistente.

admoestação *sf* **1** advertência, aviso, conselho. **2** repreensão, pito, bronca *pop.* **A:** elogio.

admoestar *vtd* **1** advertir, avisar, aconselhar. **2** repreender, censurar, bronquear com *pop.* **A:** elogiar.

adobe *sm* bloco, *adobo.*

adobo V. adobe.

adoção *sf* **1** escolha, preferência, opção. **A:** rejeição. **2** aplicação, utilização, uso. **Ex:** Adoção de medidas drásticas. **3** *Dir.* legitimação, perfilhação.

adoçar *vtd* **1** adocicar, açucarar. **Ex:** Adoçar o suco, o café. **A:** amargar. **2** atenuar, abrandar, suavizar. **Ex:** Adoçar o sofrimento. **A:** exacerbar. **3** aplanar, nivelar, amaciar. **Ex:** Adoçar a madeira, um caminho.

adocicar *vtd* **1** abrandar, atenuar, moderar. **A:** agravar. **2** VOZ suavizar.

adoecer *vi* enfermar, acamar, encamar. **A:** sarar.

adoentado *part+adj* enfermiço, combalido, doentio, valetudinário. **A:** saudável.

adoidado *part+adj* 1 louco, doido, amalucado. 2 imprudente, leviano, estouvado. **A:** ajuizado.

adoidar *vtd, vi+vpr* enlouquecer, endoidecer, amalucar(-se), desvairar(-se).

adolescência *sf* juventude, mocidade, puberdade. **A:** velhice.

adolescente *s e adj m+f* jovem, moço. **A:** velho.

adolescer *vi* 1 empubescer(-se). 2 crescer, desenvolver-se. **A:** atrofiar-se. 3 remoçar, rejuvenescer. **A:** envelhecer.

adoração *sf* 1 culto, veneração, idolatria. **Ex:** A adoração dos deuses egípcios. 2 *Fig.* paixão, amor, admiração. **Ex:** Ela tem uma verdadeira adoração por aquele ator.

adorador *sm+adj* 1 idólatra. 2 admirador, fã. **Ex:** Uma legião de adoradores acompanhou a cantora.

adorar *vtd Rel.* e *Fig.* cultuar, venerar, idolatrar, reverenciar. **Ex:** Adorar a Deus, uma divindade pagã, uma filha, um artista. **A:** abominar.

adorável *adj m+f* encantador, fascinante, cativante, simpático. **A:** detestável.

adormecer *vtd* 1 fazer dormir: adormentar. **A:** despertar. 2 entorpecer, insensibilizar, anestesiar, adormentar. 3 abrandar, enfraquecer, moderar. 4 acalentar, embalar. **Ex:** Adormeceu o bebê em seus braços. *vi* 5 dormir, pegar no sono. **Ex:** Estava cansada e adormeceu. **A:** acordar. 6 acalmar-se, serenar-se, aquietar-se. **Ex:** À noite, as ruas adormecem. 7 esfriar-se, arrefecer-se, desanimar. **Ex:** Seu entusiasmo adormeceu. 8 entorpecer-se, paralisar-se. **Ex:** Minhas pernas adormeceram.

adormecimento *sm* entorpecimento, insensibilidade, torpor, letargia.

adormentar *vtd* 1 e 2 V. adormecer. 3 entediar, cansar, aborrecer. *vtd+vpr* 4 abrandar(-se), suavizar(-se), moderar(-se).

adornar *vtd+vpr* enfeitar(-se), ornar(-se), embelezar(-se), ataviar(-se). **A:** desenfeitar(-se).

adorno *sm* enfeite, ornamento, ornato, atavio.

adotar *vtd* 1 escolher, preferir, optar por. **Ex:** Adotar um livro para o ano letivo. 2 seguir, abraçar, professar. **Ex:** Adotar uma filosofia de vida. 3 aplicar, praticar, utilizar. **Ex:** Adotar um certo procedimento. 4 tomar, assumir, usar. **Ex:** Adotar um disfarce, um nome, um tom de voz mais severo. *vtd+vi* 5 *Dir. CRIANÇA* legitimar, perfilhar.

adquirente *s e adj m+f* comprador, adquiridor. **A:** vendedor.

adquiridor V. adquirente.

adquirir *vtd* 1 alcançar, conseguir, obter. **A:** perder. 2 comprar. **Ex:** Adquirir um bem. **A:** vender. 3 granjear, conquistar, atrair. **Ex:** Adquirir a confiança de alguém. 4 assumir, tomar. **Ex:** No outono, as folhas das árvores adquiriram um tom cinzento.

adrede *adv* 1 de caso pensado, de propósito, intencionalmente. **Ex:** Fiz aquilo adrede, só para irritá-la. **A:** por acaso. 2 antes, antecipadamente, previamente. **Ex:** Os jurados foram adrede escolhidos. **A:** posteriormente.

adrenalina *sf Gír.* emoção.

adro *sm* 1 *DE IGREJA* pátio, terreiro, quintal. 2 cemitério.

adstringir *vtd+vpr* 1 apertar(-se), estreitar(-se), contrair(-se). 2 diminuir(-se), restringir(-se), limitar(-se). 3 ligar(-se), unir(-se), juntar(-se). **A:** separar(-se).

adstrito *part+adj* 1 apertado, estreito, contraído. 2 diminuto, restrito, limitado. **A:** irrestrito.

aduana *sf* alfândega.

aduanar *vtd* alfandegar.

aduaneiro *sm+adj* alfandegário.

adubação *sf* 1 *Agr.* adubagem, fertilização, estrumação. 2 *DE ALIMENTOS* tempero, condimento.

adubagem V. adubação.

adubar *vtd* 1 *Agr.* fertilizar, estrumar, estercar. 2 *ALIMENTOS* temperar, condimentar. 3 *COURO* curtir.

adubo *sm* 1 fertilizante, estrume, esterco. 2 tempero, condimento.

adufe *sm Mús.* pandeiro.

adulação *sf* bajulação, lisonja, subserviência, incenso, puxa-saquismo *vulg.* **A:** crítica.

adulador *sm+adj* bajulador, lisonjeador, subserviente, servil, puxa-saco *vulg.*

adular *vtd* bajular, lisonjear, incensar, puxar o saco de *vulg.* **A:** criticar.

adulatório *adj* lisonjeiro.

adulteração *sf* falsificação, contrafação.

adulterar *vtd* **1** falsificar, contrafazer. **2** alterar, mudar, modificar. *vi+vpr* **3** cometer adultério: trair, prevaricar. *vtd+vpr* **4** corromper(-se), viciar(-se), deturpar(-se).

adulterino *adj* **1** *RELACIONAMENTO* adúltero; *FILHO* bastardo, ilegítimo, espúrio. **A:** legítimo. **2** adulterado, falsificado, contrafeito. **A:** autêntico. **3** artificial.

adultério *sm* **1** traição, infidelidade, prevaricação. **2** adulteração, falsificação, contrafação.

adúltero *adj* **1** *RELACIONAMENTO* adulterino. **A:** legítimo. **2** falso. **A:** verdadeiro. **3** adulterado, falsificado, contrafeito. **A:** autêntico. **4** corrupto, vicioso, deturpado. **A:** virtuoso.

adulto *adj* maduro, crescido.

adunar *vtd* congregar, reunir, juntar, agrupar.

adunco *adj* curvo, recurvado, encurvado, recurvo; *NARIZ* aquilino. **A:** reto.

adurente *adj* *m+f* adustivo, cáustico, ardente, causticante.

adustão *sf* **1** abrasamento, ardência. **2** *Quím.* calcinação. **3** *Med.* cauterização.

adustivo V. adurente.

adusto *adj* **1** queimado, abrasado, seco. **2** ardente, abrasador, adurente. **Ex:** refrescante. **3** queimado, moreno, bronzeado. **A:** pálido.

adutor V. adutora.

adutora *sf* aqueduto, adutor, encanamento, galeria.

aduzir *vtd tb Dir.* expor, apresentar, alegar, arrolar. **Ex:** Aduzir provas, testemunhos, razões.

adventício *sm+adj* **1** estrangeiro, forasteiro, estranho. *adj* **2** acidental, fortuito, casual. **A:** proposital.

advento *sm* **1** vinda, chegada. **2** início, começo, aparecimento. **A:** término.

adversário *sm+adj* antagonista, rival, inimigo, competidor. **A:** aliado.

adversativo V. adverso.

adversidade *sf* **1** contrariedade, oposição, inversão. **2** desgraça, infortúnio, contratempo. **A:** felicidade.

adverso *adj* **1** contrário, oposto, inverso, adversativo. **2** desfavorável, impróprio,

inadequado. **Ex:** Plantar em condições adversas. **A:** favorável.

advertência *sf* **1** aviso, conselho, sugestão. **2** repreensão, crítica, censura. **A:** elogio.

advertido *part+adj* **1** prudente, cauteloso, cuidadoso. **A:** imprudente. **2** ponderado, sensato, ajuizado. **A:** insensato.

advertir *vtd* **1** avisar, aconselhar, sugerir. **2** repreender, criticar, censurar. **A:** elogiar. *vtd+vti* **3** observar, notar, perceber. **Ex:** Advertir o perigo. *vi* **4** informar, comunicar, participar. **Ex:** Advertiu que o horário do encontro havia mudado.

advir *vti* **1** resultar, proceder, provir. *vi* **2** acontecer, suceder, sobrevir.

advocacia *sf* defesa, proteção, patrocínio.

advogado *sm* **1** defensor, protetor, patrono. **2** mediador, árbitro, intercessor.

advogar *vtd* **1** defender, proteger, patrocinar. *vti* **2** interceder, pedir por. **Ex:** Advogar pelos amigos.

aeração *sf* arejamento, ventilação.

aéreo *adj* **1** *Fig.* vaporoso, leve, diáfano. **2** *Fig.* fantástico, imaginário, fictício. **A:** real. **3** *Fig.* distraído, desatento, alheado. **A:** atento. **4** *Fig.* alto, elevado, sublime. **A:** baixo. **5** *Fig.* fútil, frívolo, vão. **A:** sério.

aeróbio *adj Biol.* organismo que não vive sem oxigênio. **A:** anaeróbio.

aeródromo V. aeroporto.

aerograma *sm* radiograma.

aerólito *sm Astr.* meteorito, estrela cadente.

aeromoça *sf* comissária.

aeronáutica *sf* aviação, navegação aérea.

aeronave *sf* **1** avião, aeroplano. **2** jato. **3** helicóptero. **4** balão. **5** dirigível, zepelim. **Obs.:** *Aeronave* é o nome genérico para todos esses aparelhos.

aeroplano *sm* avião.

aeroporto *sm Aeron.* aeródromo.

aeróstato *sm* **1** balão. **2** dirigível, zepelim.

afã *sm* **1** cansaço, fadiga, exaustão. **A:** descanso. **2** trabalho, labuta, lida. **3** ânsia, sofreguidão, ambição. **A:** paciência. **4** cuidado, diligência, empenho. **A:** negligência.

afabilidade *sf* amabilidade, delicadeza, gentileza, cortesia. **A:** grosseria.

afadigar *vtd+vpr* **1** cansar(-se), fatigar(-se), esgotar(-se). **A:** descansar. *vtd* **2** importunar, maltratar, molestar. **3** acossar, perseguir, encalçar. *vpr* **4** afligir-se, atormentar-se, preocupar-se. **5** apressar-se.

afagar *vtd* **1** acariciar, acarinhar, amimar. **2** alisar, aplanar, aplainar. **Ex:** Afagar a madeira. **3** acalentar, nutrir, alimentar. **Ex:** Seu coração afaga muitas ilusões.

afago *sm* carícia, carinho, mimo, blandícia.

afaimado *part+adj* faminto, esfomeado, esfaimado. **A:** saciado.

afamado *part+adj* famoso, célebre, popular, renomado. **A:** desconhecido.

afamar *vtd+vpr* celebrizar(-se), notabilizar(-se).

afanação V. afano.

afanar *vtd* **1** *Gír.* furtar, roubar, surrupiar. *vi+vpr* **2** afadigar-se, apressar-se. **3** cansar-se, fatigar-se, exaurir-se, esgotar-se.

afano *sm* **1** afanação, cansaço, fadiga. **2** *Gír.* furto, roubo, abafo.

afastado *part+adj* distante, longínquo, remoto, apartado. **A:** próximo.

afastamento *sm* distância, apartamento, separação, longitude. **A:** aproximação.

afastar *vtd+vpr* **1** distanciar(-se), apartar(-se), separar(-se). **A:** avizinhar. *vtd* **2** arredar, tirar do caminho. **Ex:** Afaste os móveis para eu passar. **3** impedir, embaraçar, estorvar. **Ex:** A força de vontade do paciente afastou as possibilidades de recaída. **4** afugentar, expulsar. **Ex:** A fogueira afastava os animais selvagens.

afável *adj* *m+f* **1** amável, delicado, gentil. **A:** grosseiro. **2** afetuoso, terno, carinhoso.

afazer *vtd* **1** acostumar(-se), habituar(-se), avezar(-se). **A:** desafazer(-se). **2** aclimatar(-se), adaptar(-se), acomodar(-se).

afazeres *sm pl* trabalhos, ocupações, negócios, tarefas.

afear *vtd+vpr* enfear(-se), desfigurar(-se), deformar(-se), deturpar(-se). **A:** embelezar(-se).

afecção *sf* *Med.* doença, enfermidade, moléstia, mal.

afegane V. afegão.

afegão *sm+adj* do Afeganistão (Ásia): afegane.

afeição *sf* **1** afeto, amor. **A:** desafeto. **2** simpatia, admiração, estima. **A:** desprezo. **3** amizade. **A:** inimizade. **4** inclinação, pendor, propensão. **A:** aversão.

afeiçoado *sm* **1** amigo, companheiro, colega. *adj* **2** adaptado, adequado, apropriado. **Ex:** Procedimento afeiçoado à situação. **3** dedicado, devotado, afeto.

afeiçoar *vtd* **1** adaptar, adequar, acomodar. **2** modelar, formar, delinear. **A:** desafeiçoar. *vpr* **3** amar, gostar de, estimar. **Ex:** Afeiçoar-se a alguém, a um animal de estimação. **A:** detestar.

afeito *part+adj* acostumado, habituado, aclimatado. **A:** desacostumado.

afélio *sm* *Astr.* ponto mais afastado do Sol na órbita de um planeta. **A:** periélio.

afeminado V. efeminado.

afeminar V. efeminar.

aférese *sf* *Gram.* supressão, corte (de letra ou sílaba, em início de vocábulo). **Ex:** A palavra "tabaque" é derivada de "atabaque", por aférese.

aferição *sf* **1** conferência, comparação, cotejo. **2** avaliação, estimativa, cálculo.

aferir *vtd* **1** conferir, comparar, confrontar. **2** avaliar, estimar, calcular.

aferrado *part+adj* teimoso, persistente, insistente, obstinado. **A:** inconstante.

aferrar *vtd* **1** arpoar. **Ex:** Aferrar um peixe. *vtd+vti* **2** *Náut.* ancorar, fundear. *vtd+vpr* **3** acorrentar(-se), prender(-se), segurar(-se). **A:** desaferrar(-se). *vpr* **4** teimar, persistir, insistir. **Ex:** Aferrou-se à idéia de viajar. **A:** desistir.

aferro V. afinco.

aferroar *vtd* **1** espicaçar, aguilhoar, picar. **2** torturar, atormentar, afligir.

aferrolhar *vtd* **1** aprisionar, prender, encarcerar. **A:** libertar. **2** guardar.

aferventar *vtd* **1** ferver (rapidamente). **Ex:** Aferventar a carne. **2** cozer, cozinhar. **Ex:** Aferventar os legumes. **3** estimular, excitar, instigar. **Ex:** Suas atitudes aferventaram o ódio entre os dois.

afetação *sf* **1** pedantismo, presunção, pretensão. **A:** naturalidade. **2** fingimento, falsidade, dissimulação. **A:** sinceridade.

afetado *part+adj* **1** pedante, pernóstico, presunçoso. **A:** simples. **2** fingido, falso, artificial, dissimulado. **A:** sincero.

afetar *vtd* **1** aparentar, fingir, simular. **Ex:** Afetar cultura. **2** abalar, impressionar, tocar. **Ex:** A guerra sempre afeta as pessoas envolvidas. **3** contagiar, contaminar, acometer. **Ex:** Essa doença afetou várias pessoas. **4** referir-se, interessar, tocar. **Ex:** Isso afeta seus interesses. **5** imitar, arremedar, reproduzir. *vpr* **6** fingir-se, fazer-se de. **Ex:** Afetou-se de vítima. **7** *COM EXAGERO* apurar-se, esmerar-se, caprichar.

afetivo *adj* **1** afetuoso, amoroso, carinhoso. **Ex:** Acolhida bastante afetiva. **A:** frio. **2** afeiçoado, dedicado, devotado, afeto.

afeto *sm* **1** afeição, amor. **A:** desafeto. **2** simpatia, estima, admiração, benquerença. **A:** desprezo. **3** amizade. **A:** inimizade. *adj* **4** V. afetivo. **5** ligado, relacionado, referente.

afetuoso V. afetivo.

afiado *part+adj* **1** amolado, aguçado, cortante. **Ex:** Uma espada afiada. **A:** cego. **2** forte, bem preparado, entendido. **Ex:** É afiado em matemática. **A:** fraco.

afiançar *vtd* **1** abonar, garantir, endossar. **A:** desabonar. **2** afirmar, asseverar, assegurar. **A:** negar.

afiar *vtd* **1** amolar, aguçar, adelgaçar. **Ex:** Afiar as facas. **A:** cegar. *vtd+vpr* **2** apurar(-se), aperfeiçoar(-se), esmerar(-se). **Ex:** Afiar a mente; afiar-se numa matéria.

afidalgar *vtd+vpr* enobrecer(-se), nobilitar(-se), aristocratizar(-se).

afiguração *sf* **1** imagem, representação. **2** imaginação, fantasia, concepção.

afigurar *vtd* **1** moldar, formar, esculpir. **Ex:** Afigurar uma estátua em gesso. **2** imaginar, figurar, conceber. *vtd+vpr* **3** parecer(-se), assemelhar(-se), semelhar(-se). **Ex:** Ela afigurava uma princesa, de tão bela. *vpr* **4** parecer, figurar-se, bacorejar. **Ex:** Suas idéias afiguram-se-me um tanto equivocadas.

afilar *vtd* **1** *PESOS, MEDIDAS* aferir, comparar, cotejar. *vtd+vpr* **2** afinar(-se), adelgaçar(-se), aguçar(-se).

afilhadagem *sf* nepotismo, favoritismo, afilhadismo.

afilhadismo V. afilhadagem.

afilhado *sm* favorito, protegido, predileto, preferido.

afiliar *vtd+vpr* filiar(-se), associar(-se), inscrever(-se), juntar(-se). **Ex:** Afiliar-se a um partido, a uma sociedade. **A:** abandonar.

afim *s m+f* **1** *Dir.* parente afim, aliado. *adj m+f* **2** semelhante, parecido, análogo. **Ex:** Muitas tribos indígenas falam idiomas afins. **A:** diverso. **3** próximo, vizinho, contíguo. **Ex:** Cidades afins. **A:** distante.

afinação *sf* **1** afinamento, afilamento, aguçamento. **A:** engrossamento. **2** aprimoramento, apuro, apuração. **3** harmonia, sintonia, concórdia. **Ex:** Viver em total afinação. **A:** desarmonia.

afinal *adv* finalmente, enfim, por fim, afinal de contas.

afinamento V. afinação.

afinar *vtd+vpr* **1** afilar(-se), adelgaçar(-se), aguçar(-se). **A:** engrossar. **2** educar(-se), polir(-se), instruir(-se). *vtd* **3** *Mús.* temperar. **A:** desafinar. **4** refinar, purificar, depurar. **Ex:** Afinar ouro. *vtd+vti* **5** ajustar, harmonizar, adequar. **Ex:** Suas idéias não afinam com as minhas.

afincado *part+adj* teimoso, insistente, persistente, obstinado. **A:** inconstante.

afincar *vtd* **1** fincar, cravar, enterrar. **2** fitar, fixar. **Ex:** Afincar os olhos em alguém. *vti+vpr* **3** teimar, insistir, persistir. **Ex:** Afincar-se num propósito, a uma idéia. **A:** desistir.

afinco *sm* aferro, teimosia, insistência, persistência. **A:** inconstância.

afinidade *sf* **1** *Dir.* parentesco. **2** semelhança, analogia, conformidade. **A:** diferença. **3** simpatia. **Ex:** Sentem afinidade um pelo outro. **A:** antipatia.

afirmação *sf* **1** asserção, asseveração, certificação. **A:** negação. **2** afirmativa, confirmação, comprovação. **A:** negativa. **3** testemunho, prova.

afirmar *vtd+vpr* **1** *tb Fig.* firmar(-se), fixar(-se). **Ex:** Afirmar uma peça; afirmarse na vida, num emprego. **2** assegurar(-se), asseverar(-se), certificar(-se). **Ex:** Afirmou que nunca conhecera tal pessoa. *vtd* **3** confirmar, ratificar, comprovar.

afirmativa *sf* afirmação, confirmação, comprovação.

afirmativo *adj* positivo. **Ex:** Deu uma resposta afirmativa. **A:** negativo.

afivelar *vtd* 1 enfivelar, prender, atar. 2 *TRATO, NEGÓCIO* ajustar, firmar, contratar.

afixar (cs) *vtd* 1 tornar fixo: fixar, firmar, prender. 2 *CARTAZ, AVISO* pregar, colar.

aflar *vtd* 1 soprar, assoprar, insuflar. 2 inspirar, aspirar. 3 expirar. *vi* 3 ofegar, arfar, anelar. **Ex:** Aflar de cansaço.

aflautar *vtd* 1 tornar agudo: esganiçar, flautar. 2 tornar melodioso: abemolar, adocicar.

afleimar *vtd+vpr Pop.* afligir(-se), impacientar(-se), angustiar(-se), torturar(-se). **A:** acalmar(-se).

aflição *sf* 1 angústia, agonia, ansiedade. **A:** alívio. 2 padecimento, tormento, tortura. **A:** prazer. 3 mágoa, dor, pesar. **A:** alegria.

afligir *vtd+vpr* 1 angustiar(-se), agoniar(-se), mortificar(-se). *vtd* 2 assolar, devastar, destruir.

aflitivo *adj* angustiante, torturante, penoso.

aflito *part+adj* angustiado, agoniado, pesaroso, magoado.

aflorar *vtd* 1 nivelar, aplanar, igualar. 2 esboçar, delinear. **Ex:** Aflorar um sorriso. *vi* 3 emergir, assomar, aparecer. **Ex:** Pedras preciosas afloravam na margem do rio.

afluência *sf* 1 afluxo, concorrência, convergência. 2 *DE ÁGUA* corrente, torrente. 3 abundância, profusão, enxurrada. **Ex:** Uma afluência de pessoas, de coisas. **A:** escassez.

afluente *sm* 1 *Geogr. RIO* tributário. *adj* 2 abundante, copioso, numeroso. **A:** escasso. 3 convergente, confluente. **A:** divergente.

afluir *vti* 1 concorrer, convergir, correr. 2 abundar, sobejar, exuberar. **A:** faltar.

afluxo (cs) V. afluência.

afobação *sf* 1 *Pop.* afobamento, pressa, ansiedade, afogadela, afogadilho. **A:** calma. 2 cansaço, fadiga, afã. **A:** descanso.

afobamento V. afobação.

afobar *vtd+vpr* apressar(-se), atrapalhar(-se), atarantar(-se), agitar(-se). **A:** tranquilizar(-se).

afocinhar *vtd+vi* 1 fossar, fuçar, focinhar. *vi* 2 cair, tombar, mergulhar (de frente).

afofar *vtd, vi+vpr* 1 amolecer, amaciar(-se), amolentar(-se). 2 envaidecer(-se), ensoberbecer(-se), orgulhar(-se).

afogadela V. afogamento e afobação.

afogadilho V. afobação.

afogado *part+adj* 1 *LOCAL* abafadiço, abafado, sufocante. 2 *VOZ, SOM* baixo, cavernoso, cavo. 3 *VESTIDO* fechado (no pescoço). **A:** decotado.

afogador *sm* colar, gargantilha.

afogamento *sm* sufocação, asfixia, afogadela, abafação, abafo.

afogar *vtd* 1 asfixiar, sufocar, estrangular. **A:** desafogar. 2 reprimir, embargar, conter. **Ex:** Afogar o choro. 3 encobrir, ocultar, esconder. **Ex:** A névoa afogava o caminho. **A:** descobrir. 4 *Cul.* refogar. *vtd+vti* 5 embeber, ensopar, molhar. **Ex:** Afogar o biscoito no leite.

afogueado *part+adj* 1 esbraseado, vermelho. 2 *LOCAL* V. afogado. 3 entusiasmado, vibrante, caloroso.

afoguear *vtd+vpr* 1 queimar(-se), incendiar(-se), inflamar(-se). **A:** apagar(-se). 2 enrubescer(-se), corar, avermelhar(-se). 3 excitar(-se), entusiasmar(-se), exaltar(-se).

afoitar *vtd+vpr* encorajar(-se), animar(-se), incitar(-se), entusiasmar(-se). **A:** desanimar(-se).

afoiteza *sf* 1 coragem, ousadia, bravura. **A:** covardia. 2 valentia, arrojo, intrepidez. **A:** medo. 3 ansiedade, pressa, precipitação. **A:** paciência.

afoito *adj* 1 corajoso, ousado, bravo. **A:** covarde. 2 valente, arrojado, intrépido. **A:** medroso. 3 ansioso, apressado, impaciente. **A:** paciente.

afolhamento *sm Agr.* rotação de culturas.

afônico *adj* rouco.

afora *adv* 1 para fora. **A:** adentro. *prep* 2 exceto, menos, salvo. **A:** inclusive.

aforismo *sm* máxima, sentença, axioma, provérbio.

aformosar V. aformosear.

aformosear *vtd+vpr* 1 embelezar(-se), aformosar(-se). **A:** afear(-se). 2 enfeitar(-se), adornar(-se), ornamentar(-se). **A:** desenfeitar(-se).

afortunado *adj* feliz, ditoso, bem-aventurado, venturoso. **A:** desventurado.

afresco *sm Pint.* fresco.

africano *adj* afro, áfrico.

áfrico V. africano.

afro V. africano.

afrodisia *sf Med.* desejo sexual excessivo: *DA MULHER* ninfomania; *DO HOMEM* satiríase.

afrodisíaco *adj* sensual, lascivo, luxurioso, voluptuoso. **A:** casto.

afronta *sf* **1** afrontamento, afrontação, confronto. **2** ofensa, ultraje, insulto. **A:** elogio. **3** vergonha, vexame, humilhação. **4** ataque, investida, agressão. **5** cansaço, fadiga, esgotamento. **A:** descanso. **6** mal-estar, indisposição, achaque. **A:** bem-estar.

afrontação *sf* **1** V. afronta. **2** falta de ar, asma, afrontamento.

afrontamento V. afrontação e afronta.

afrontar *vtd* **1** pôr frente a frente: confrontar, defrontar, acarear. **Ex:** Afrontar as testemunhas. **2** encarar, enfrentar, arrostar. **Ex:** Afrontar as dificuldades. **3** insultar, ofender, desacatar. **A:** elogiar. **4** suportar, tolerar, agüentar. **Ex:** Afrontar o calor excessivo. *vpr* **5** esfalfar-se, fatigar-se, esgotar-se. **A:** descansar. **6** comparar-se, medir-se, bater-se.

afrontoso *adj* vergonhoso, aviltante, ultrajante, infame. **A:** honroso.

afrouxar *vtd+vi* **1** desapertar(-se), alargar(-se), folgar. **Ex:** Afrouxar o nó da gravata; as correias afrouxaram. **A:** apertar(-se). **2** desacelerar. **Ex:** Afrouxar a marcha. **A:** apertar. *vtd* **3** abrandar, suavizar, serenar. **Ex:** Afrouxar a punição. **A:** exasperar. *vi+vpr* **4** relaxar-se, descuidar-se, desmazelar-se.

afta *sf Med.* ulceração, sapinho, sapinhos *pl.*

afugentar *vtd* **1** espantar, enxotar, expulsar. **2** afastar, repelir, rechaçar.

afumar *vtd* **1** cobrir de fumo: enfumar. **2** enegrecer, denegrir, tisnar. **3** *ALIMENTOS* defumar. *vi* **4** fumegar, fumar, fumarar.

afundamento *sm* **1** submersão, mergulho, imersão. **Ex:** O afundamento de um navio. **A:** emersão. **2** ruína, deterioração, perda. **Ex:** O afundamento de um império.

afundar *vtd+vpr* **1** submergir, mergulhar, imergir. **Ex:** O submarino afundou os navios inimigos; o avião caiu no mar e afundou. **A:** emergir. *vtd* **2** aprofundar, profundar, escavar. *vi+vpr* **3** arruinar-se, deteriorar-se, perder-se. **Ex:** Nossa sociedade afundou.

afunilado *part+adj* **1** pontudo, pontiagudo, aguçado. **A:** achatado. **2** esguio, delgado, alongado. **A:** largo.

afunilar *vtd+vpr* estreitar(-se), afinar(-se), afilar(-se). **Ex:** A estrada afunila-se à nossa frente. **A:** alargar(-se).

agachado *part+adj* servil, subserviente, bajulador, adulador.

agachar-se *vpr* **1** acocorar-se, abaixar-se, acaçapar-se. **A:** levantar-se. **2** humilhar-se, sujeitar-se, entregar-se.

agadanhar *vtd* **1** arranhar, unhar, agatanhar. **2** agarrar, pegar, prender. **A:** largar. **3** roubar, furtar, surrupiar.

agaloar *vtd* **1** *COM GALÕES* debruar, cairelar, enfeitar. **2** *Fig.* enaltecer, exaltar, louvar. **A:** rebaixar.

ágape *sm* banquete, festim, refeição.

agárico *sm Bot.* cogumelo, fungo.

agarra V. agarramento.

agarração V. agarramento.

agarradiço *adj* importuno, maçante, impertinente, cacete. **A:** agradável.

agarrado *part+adj* **1** seguro, preso. **A:** solto. **2** *Fam.* dedicado, devotado, afeiçoado. **Ex:** É muito agarrado à mãe. **A:** indiferente. **3** avaro, mesquinho, sovina. **A:** generoso.

agarramento *sm* **1** agarra, agarração. **A:** soltura. **2** *Fam.* dedicação, devoção, apego. **A:** indiferença. **3** avareza, mesquinhez, sovinice. **A:** generosidade.

agarrar *vtd* **1** pegar, segurar, tomar. **A:** soltar. *vpr* **2** *tb Fig.* segurar-se. **Ex:** Agarrar-se a uma corda, a uma idéia.

agasalhadeiro *adj* hospitaleiro.

agasalhar *vtd+vpr* **1** hospedar(-se), alojar(-se), acolher(-se). **2** abrigar(-se), amparar(-se), socorrer(-se). **3** vestir(-se), enroupar(-se), cobrir(-se). **A:** agasalhar(-se). *vtd* **4** conter, abranger, compreender.

agasalho *sm* **1** hospedagem, alojamento. **2** abrigo, amparo, socorro. **A:** desabrigo. **3** roupa, vestimenta, veste. **4** calor, conforto.

agastadiço *adj* irritadiço, irascível, agressivo, colérico. **A:** calmo.

agastamento *sm* **1** irritação, zanga, ira. **A:** calma. **2** aborrecimento, enfado, fastio. **A:** desenfado.

agastar *vtd+vpr* **1** irritar(-se), zangar(-se), irar(-se). **A:** acalmar(-se). **2** aborrecer(-se), enfadar(-se), entediar(-se). **A:** divertir(-se).

agatanhar *vtd+vi* arranhar, unhar, escoriar, agadanhar.

agave *sf Bot.* piteira.

agência *sf* **1** filial, sucursal. **2** atividade, diligência, empenho.

agenciador *sm* **1** agente. *adj* **2** ativo, diligente, esforçado. **A:** negligente.

agenciar *vtd* **1** negociar, tratar, cuidar de. **2** diligenciar, esforçar-se, aplicar-se. **3** solicitar, requerer, requisitar.

agenda *sf* caderneta, ementário.

agente *s m+f* **1** agenciador. **2** procurador, encarregado, delegado. **3** autor, causador. *sm* **4** causa, razão, motivo. *adj m+f* **5** que age. **A:** paciente.

agigantado *part+adj* gigantesco, gigante, enorme, imenso. **A:** minúsculo.

agigantar *vtd+vpr* aumentar, engrandecer(-se), avolumar(-se), avultar. **A:** diminuir.

ágil *adj m+f* **1** habilidoso, hábil, destro. **Ex:** Mãos ágeis. **A:** inábil. **2** rápido, veloz, ligeiro. **A:** lento. **3** expedito, ativo, pronto. **A:** lerdo.

agilidade *sf* **1** habilidade, destreza, perícia. **A:** imperícia. **2** rapidez, velocidade, ligeireza. **A:** lentidão. **3** vivacidade, perspicácia, esperteza.

agilitar V. agilizar.

agilizar *vtd* **1** desenvolver, agilitar. **2** acelerar, apressar. **Ex:** Agilizar os trâmites legais.

ágio *sm* **1** lucro, comissão exagerada. **2** usura, especulação, agiotagem.

agiota *s e adj m+f* usurário, especulador.

agiotagem *sf* usura, especulação, ágio.

agiotar *vi* usurar, emprestar com ágio.

agir *vi* proceder, atuar, praticar, operar.

agitação *sf* **1** rebelião, revolta, sublevação. **2** inquietação, perturbação, preocupação. **A:** tranqüilidade. **3** tumulto, desordem, rebuliço. **A:** paz.

agitado *part+adj* inquieto, perturbado, preocupado, apreensivo. **A:** calmo.

agitador *sm* **1** rebelde, revoltoso, subversivo. **2** desordeiro, arruaceiro, anarquista.

agitar *vtd* **1** sacudir, balançar, abalar. **2** rebelar, revoltar, sublevar. **3** propor, sugerir, suscitar. **Ex:** Agitar uma questão. *vtd+vpr* **4** inquietar(-se), perturbar(-se), preocupar(-se). **A:** tranqüilizar(-se). *vpr* **5** mover-se, mexer-se, movimentar-se.

aglomeração *sf* aglomerado, acumulação, ajuntamento, agrupamento.

aglomerado V. aglomeração.

aglomerar *vtd+vpr* acumular(-se), ajuntar(-se), amontoar(-se), agrupar(-se). **A:** dispersar.

aglutinar *vtd* **1** colar, grudar, pregar. **A:** descolar. **2** ligar, unir, juntar. **A:** separar.

agonia *sf* **1** estertor. **2** angústia, aflição, ansiedade. **A:** alívio. **3** dor, amargura, tormento. **A:** deleite. **4** declínio, decadência, queda. **Ex:** A agonia de um sistema político.

agoniar *vtd+vpr* **1** angustiar(-se), afligir(-se), inquietar(-se). **A:** aliviar(-se). **2** amargurar(-se), atormentar(-se), torturar(-se). **A:** deleitar(-se). **3** irritar(-se), importunar(-se), aborrecer(-se).

agonizante *sm+adj* **1** moribundo. *adj* **2** decadente, decrépito.

agonizar *vtd* **1** afligir, agoniar, angustiar. *vi* **2** estertorar.

agora *adv* **1** neste momento, neste instante. **2** atualmente, presentemente. **A:** outrora. *conj* **3** repetido duas vezes: ora. **Ex:** Agora faz uma coisa, agora outra. **4** mas, porém, contudo.

agorinha *adv Pop.* agora mesmo, agora agora, ainda agora.

agourar *vtd* prever, predizer, profetizar, pressagiar.

agoureiro *sm* **1** adivinho, profeta, adivinhador. *adj* **2** V. agourento.

agourento *adj* **1** que agoura: agoureiro. **2** supersticioso, crédulo, agoureiro. **A:** incrédulo. **3** de mau agouro: sinistro, fatídico, funesto. **A:** propício.

agouro *sm* augúrio, presságio, vaticínio, profecia.

agraciar *vtd* **1** condecorar, homenagear, galardoar. **2** indultar, anistiar, perdoar.

agradar *vtd+vti* **1** contentar, satisfazer. **A:** descontentar. *vtd* **2** *Bras.* mimar, acarinhar, afagar. **Ex:** Os pais sempre agradam os filhos. *vti+vpr* **3** deleitar(-se), regozijar(-se), comprazer(-se). **A:** aborrecer(-se).

agradável *adj m+f* 1 ameno, aprazível. **A:** desagradável. 2 cortês, educado, gentil. **A:** descortês. 3 delicioso, deleitoso, gostoso. 4 alegre, divertido.

agradecer *vtd+vti* reconhecer, retribuir, recompensar, gratificar.

agradecido *part+adj* grato. **A:** ingrato.

agradecimento *sm* 1 gratidão, reconhecimento. **A:** ingratidão. 2 retribuição, recompensa, gratificação.

agrado *sm* 1 carinho, carícia, afago. 2 contentamento, satisfação. 3 cortesia, educação, gentileza. **A:** grosseria. 4 *Pop.* gratificação, gorjeta, caixinha. 5 beneplácito, consentimento, aprovação. **A:** desaprovação.

agrário *adj* 1 rural, campestre. **A:** urbano. 2 agrícola. 3 fundiário.

agravar *vtd* 1 sobrecarregar, oprimir, sobrepesar. **A:** aliviar. 2 aumentar, majorar, ampliar. **Ex:** Agravar as taxas. **A:** diminuir. 3 exacerbar, intensificar, exasperar. **Ex:** Agravar o sofrimento. **A:** atenuar. *vtd+vpr* 4 piorar. **Ex:** Agravar a situação de alguém; o seu estado de saúde se agravou. 5 magoar(-se), ofender(-se), melindrar(-se).

agravo *sm* 1 afronta, ofensa, injúria. **A:** desagravo. 2 dano, prejuízo, estrago.

agredir *vtd* 1 atacar, acometer, assaltar. 2 ofender, injuriar, insultar. **A:** elogiar.

agregação V. agregado.

agregado *sm* 1 agregação, conjunto, associação. *part+adj* 2 associado, adjunto, anexo.

agregar *vtd* 1 acumular, amontoar, empilhar. *vtd+vpr* 2 congregar(-se), reunir(-se), associar(-se). **A:** desagregar(-se).

agremiação *sf* associação, grêmio, sociedade, clube.

agremiar *vtd+vpr* associar(-se), reunir(-se), juntar(-se). **A:** desagregar(-se).

agressão *sf* 1 ataque, acometida, assalto. 2 ofensa, injúria, insulto. **A:** elogio.

agressivo *adj* hostil, adverso, contrário. **Ex:** Ambiente agressivo. **A:** ameno.

agressor *sm+adj* atacante, assaltante.

agreste *adj m+f* 1 campestre, silvestre, rural. 2 tosco, rústico, rude. **A:** fino. 3 indelicado, descortês, grosseiro. **Ex:** Sujeito agreste. **A:** educado.

agrestia *sf* 1 rusticidade, rudeza, grosseria. **A:** fineza. 2 indelicadeza, descortesia, grosseria. **A:** educação.

agrícola V. agricultor.

agricultor *sm* 1 lavrador, colono, camponês. *adj* 2 agrícola. **Ex:** Nações agricultoras.

agricultura *sf* lavoura, cultura.

agrilhoar *vtd* 1 acorrentar, encadear, prender. **A:** libertar. 2 *Fig.* reprimir, conter, prender. **Ex:** Agrilhoar a liberdade de alguém.

agrimensor *sm* abalizador.

agrinaldar V. engrinaldar.

agrisalhar *vtd* 1 embranquecer, branquear. **Ex:** O tempo agrisalhou os cabelos de papai. *vpr* 2 encanecer, embranquecer(-se), branquear.

agro *sm* 1 *Ant.* campo. *adj* 2 acre, azedo, ácido. **A:** doce. 3 inclemente, rigoroso, severo. **A:** brando.

agrupação V. agrupamento.

agrupamento *sm* grupo, grupamento, ajuntamento, agrupação.

agrupar *vtd* grupar(-se), reunir(-se), juntar(-se), associar(-se). **A:** separar(-se).

agrura *sf* 1 azedume, acidez. **A:** doçura. 2 inclemência, rigor, severidade. **A:** brandura. 3 dissabor, contratempo, contrariedade.

água *sf* 1 líquido, fluido. 2 chuva. 3 saliva. **Ex:** Ficou com água na boca. 4 lágrimas *pl*, choro. 5 suor. 6 infusão, solução. 7 limpidez, clareza, lustro. **Ex:** A água das pedras preciosas. 8 *Gír.* embriaguez, bebedeira, pileque. **A:** sobriedade. 9 *Arquit.* vertente. *sf pl* 10 mar, lago, rio. **Ex:** Navegar em águas revoltas.

aguaceiro *sm* 1 chuvarada, toró, pé-d'água. 2 contratempo, infortúnio, revés. 3 zanga, raiva, ira. **A:** calma.

aguacento *adj* 1 aquoso. 2 *TERRENO* pantanoso, alagadiço, encharcado. **A:** seco.

aguada *sf* 1 bebedouro. 2 chuvarada, aguaceiro, toró.

aguado *part+adj* insosso, insípido, insulso, dessaboroso. **Ex:** Mas que comida aguada! **A:** delicioso.

água-forte *sf* ácido nítrico.

água-furtada *sf Arquit.* trapeira, mansarda, lucerna, lucarna.

aguagem *sf* **1** aguamento, rega. **2** correnteza, corrente marítima.

aguamento V. aguagem.

aguar *vtd* **1** regar, borrifar, molhar. **2** *Fig.* frustrar, malograr, estragar. **Ex:** Aguaram nosso plano imediatamente.

aguardar *vtd* **1** esperar, esperar por, ficar à espera de. **Ex:** Aguardar um amigo; aguardamos ansiosamente o resultado. **2** respeitar, obedecer, seguir. **Ex:** Aguardar as regras. **3** vigiar, guardar, velar por. **Ex:** Os soldados aguardavam a entrada da fortaleza.

aguardente *sf* cachaça, pinga, bagaceira, cana.

água-viva *sf Zool.* medusa.

aguçado *part+adj* **1** afiado, cortante. **2** pontudo, pontiagudo, agudo. **3** perspicaz, sagaz, esperto. **4** *SENTIDO* penetrante, apurado, agudo. **Ex:** Olhar aguçado.

aguçar *vtd* **1** afiar, amolar. **Ex:** Aguçar uma faca. **2** apurar, avivar, sutilizar. **Ex:** Aguçar a mente. **3** estimular, excitar, ativar. **A:** desestimular. *vtd+vi* **4** adelgaçar(-se), afinar(-se), agudar(-se). **A:** engrossar. *vi* **5** *Bras.* fugir, escapulir.

agudar V. aguçar.

agudez V. agudeza.

agudeza *sf* **1** agudez. **2** perspicácia, sagacidade, esperteza. **3** violência, intensidade, veemência.

agudo *adj* **1** pontudo, aguçado, pontiagudo. **2** *Gram.* oxítono. **3** perspicaz, sagaz, esperto. **Ex:** Inteligência aguda. **4** violento, intenso, forte. **Ex:** Dor aguda. **A:** fraco. **5** *Mús.* alto. **A:** grave.

agüentar *vtd* **1** *CARGA, PESO* sustentar, suster, suportar. **2** tolerar, suportar, aturar. **Ex:** Não agüento mais esse barulho. *vpr* **3** manter-se, permanecer, conservar-se. **Ex:** Bebeu tanto que não se agüenta de pé. **4** arranjar-se, virar-se, haver-se. **Ex:** Não ouvi seu conselho, agora tenho que me agüentar sozinho.

aguerrido *part+adj* corajoso, valente, destemido, bravo. **A:** covarde.

águia *sm Fig.* espertalhão, astuto, malandro, manhoso. **A:** tolo.

aguilhão *sm* **1** ferrão, pua, acúleo. **2** bico, ponta. **3** *Fig.* estímulo, incentivo, incitamento. **A:** desestímulo.

aguilhar V. aguilhoar.

aguilhoada *sf* **1** ferroada, picada. **2** estímulo, incentivo, incitamento. **A:** repressão. **3** *DOR* pontada, agulhada, alfinetada.

aguilhoar *vtd* **1** ferroar, picar, aguilhar. **2** estimular, incentivar, incitar. **A:** desestimular. **3** magoar, atormentar, afligir.

agulha *sf DE RELÓGIO, BÚSSOLA* ponteiro, apontador, mão.

agulhada *sf* **1** picada (com agulha). **2** *DOR* pontada, aguilhoada, alfinetada. **3** enfiada.

agulhar *vtd* atormentar, torturar, angustiar, afligir.

ai *interj* **1** ui! *sm* **2** lamento, lamúria, choradeira.

aia *sf* **1** preceptora. **2** dama de companhia, ama. **3** camareira, criada de quarto.

ainda *adv* **1** até agora, até então, até este momento. **2** além disso, além do mais, também. **3** de novo, mais uma vez, novamente. **4** *NO FUTURO* um dia, algum dia, qualquer hora. **Ex:** Ainda consigo essa promoção.

aipim *sm Bot. Bras.* mandioca, macaxeira *n e ne.*

airado *adj* **1** aéreo, distraído, desatento. **A:** atento. **2** leviano, imprudente, irresponsável. **A:** responsável. **3** alucinado, desvairado, louco.

airoso *adj* **1** elegante, esbelto, garboso. **A:** desairoso. **2** amável, gentil, polido. **A:** grosso. **3** decente, digno, honroso. **A:** desairoso.

ajaezar *vtd+vpr* enfeitar(-se), adornar(-se), adereçar(-se), ataviar(-se). **A:** desenfeitar(-se).

ajeitar *vtd+vpr* acomodar(-se), arrumar(-se), arranjar(-se). **A:** desarranjar(-se).

ajoelhado *part+adj* de joelhos, genuflexo.

ajoelhar *vtd, vi+vpr* **1** ajoelhar(-se), genuflectir. *vi+vpr* **2** *Fig.* submeter-se, sujeitar-se, entregar-se.

ajoujar *vtd* **1** *ANIMAIS* atrelar, prender, jungir. **2** vexar, humilhar, oprimir. **Ex:** Ajoujar os indefesos. *vtd+vpr* **3** unir(-se), juntar(-se), ligar(-se). *vpr* **4** submeter-se, sujeitar-se, humilhar-se.

ajoujo *sm* para prender animais pelo pescoço: coleira, corda, correia, corrente.

ajuda *sf* auxílio, assistência, socorro, amparo.

ajudante *s e adj m+f* auxiliar, assistente, assessor, coadjuvante.

ajudar *vtd+vti* **1** auxiliar, assessorar, assistir. **Ex:** Foi contratado para ajudar o (ou ao) gerente. *vtd* **2** socorrer, acudir, valer a. **Ex:** Que Deus nos ajude! **3** facilitar, promover. **A:** atrapalhar. *vpr* **4** auxiliar-se. **5** aproveitar-se, valer-se, servir-se.

ajuizado *part+adj* sensato, prudente, ponderado, circunspecto. **A:** desajuizado.

ajuizar *vtd+vti* **1** avaliar, julgar, ponderar. **Ex:** Ajuizar as possibilidades de uma empreitada. *vtd* **2** supor, conjeturar, calcular. *vpr* **3** considerar-se, julgar-se, acreditar-se.

ajuntação V. ajuntamento.

ajuntamento *sm* **1** ajuntação, união, junção. **A:** separação. **2** *DE PESSOAS* grupo, reunião, agrupamento. **3** *Pop.* mancebia, concubinato.

ajuntar *vtd* **1** juntar, unir, aproximar. **Ex:** Ajuntar várias coisas ou pessoas. **A:** separar. **2** colecionar, reunir, juntar. **Ex:** Ajuntar selos comemorativos, moedas. **3** acumular, amontoar, aglomerar. **Ex:** Ajuntava muitos trastes sem valor no porão. **4** economizar, poupar, amealhar. **Ex:** Ajuntou uma fortuna. **A:** gastar. *vtd+vpr* **5** acrescentar(-se), aumentar(-se). **Ex:** Ajuntar uma coisa a outras. *vpr* **6** incluir-se, incorporar-se. **7** *Pop.* amasiar-se, amancebar-se. **A:** separar-se.

ajuramentar V. juramentar.

ajustado *sm* **1** acordo, trato, pacto. *part+adj* **2** conforme, concorde, consoante. **A:** discordante. **3** justo, apertado, estreito. **Ex:** Usava um vestido ajustado na cintura. **A:** largo.

ajustagem V. ajuste.

ajustamento *sm* **1** e **2** V. ajuste. **3** reconciliação, concórdia, harmonia. **A:** desavença.

ajustar *vtd* **1** *INSTRUMENTO* acertar, regular, justar *pop.* **Ex:** Ajustar os relógios. **A:** desajustar. **2** *PEÇAS* apertar, justar *pop.* **Ex:** Ajustar parafusos. **A:** desajustar. **3** combinar, estipular, contratar. **Ex:** Ajustar os termos de um contrato, o preço de algo. *vtd+vpr* **4** acomodar(-se), conformar(-se), adaptar(-se). **Ex:** Ajustar-se a um ambiente.

ajuste *sm* **1** ajustamento, ajustagem, regulagem. **Ex:** O ajuste dos instrumentos. **A:**

desajuste. **2** contrato, convenção, acordo, ajustamento.

ajutório V. adjutório.

ala *sf* **1** fila, fileira, renque. **Ex:** Alas de árvores; ala direita de um partido. **2** *Mil.* flanco, lado. **Ex:** As alas de um exército. **3** *DE EDIFÍCIO* lateral. **Ex:** O departamento que você procura fica na ala norte.

álacre *adj m+f* **1** alegre, feliz, contente. **A:** triste. **2** esperto, vivo, vivaz. **A:** lerdo.

alactamento V. aleitamento.

alado *adj* asado. **Ex:** Animais alados.

alagação V. alagamento.

alagadiço *adj* *TERRENO* pantanoso, encharcado, aguacento. **A:** seco.

alagamento *sm* **1** inundação, cheia, enchente, alagação. **2** *Fig.* destruição, ruína, estrago. **A:** reconstrução.

alagar *vtd+vpr* **1** inundar(-se), encharcar(-se), encher(-se). **A:** secar. *vtd* **2** *Fig.* destruir, arruinar, estragar. **A:** reconstruir.

alagartado *adj* sarapintado, mosqueado, salpicado, pintalgado.

alambicado *part+adj* afetado, presumido, pedante, presunçoso. **A:** simples.

alambicar *vtd* **1** destilar, estilar, espiritualizar. *vtd+vpr* **2** afetar(-se), apurar(-se), esmerar(-se).

alambique *sm* destilador.

alambrado *sm* aramado.

alameda *sf* **1** aléia, avenida (arborizada). **2** renque, aléia, fileira (de árvores).

álamo *sm Bot.* choupo, choupo-branco.

alancear V. lancear.

alar *vtd* **1** dar asas a. **Ex:** Alar a fantasia. **2** enfileirar, alinhar, perfilar. *vtd+vpr* **3** erguer(-se), levantar(-se), suspender(-se). **A:** abaixar(-se).

alaranjado *sm* laranja, cor de laranja.

alarde *sm* **1** ostentação, exibição, aparato. **2** vaidade, orgulho, presunção. **A:** modéstia.

alardear *vtd* **1** ostentar, exibir, jactar-se de. *vi+vpr* **2** gabar-se, vangloriar-se, presumir-se. **Ex:** Alardear-se de suas qualidades.

alargamento *sm* dilatação, extensão. **A:** estreitamento.

alargar *vtd* **1** prolongar, diferir, adiar. **Ex:** Alargar o prazo. **A:** encurtar. **2** afrouxar, desapertar, folgar. **Ex:** Alargar o cinto. **A:** apertar. **3** estender, estirar, esticar. **A:** encolher. *vtd+vpr* **4** ampliar(-se), aumentar(-se), dilatar(-se). **A:** estreitar(-se).

alarido *sm* **1** gritaria, berreiro, barulho. **2** choro, lamentação, reclamação.

alarife *sm* **1** arquiteto, construtor. **2** *Gír.* velhaco, patife, tratante.

alarma V. alarme.

alarmante *adj m+f* assustador, aterrador, terrível, apavorante.

alarmar *vtd+vpr* assustar(-se), aterrar(-se), apavorar(-se), alvoroçar(-se).

alarme *sm* **1** alarma, rebate. **2** susto, alvoroço, sobressalto. **3** gritaria, berreiro, algazarra.

alastrar *vtd* **1** lastrar, cobrir (com lastro). *vtd+vti* **2** cobrir, encher, encobrir. **Ex:** A fumaça do incêndio alastrou o ar da casa. *vtd, vi+vpr* **3** espalhar(-se), propagar(-se), difundir(-se). **Ex:** O vento alastra os germes; a epidemia se alastrou rapidamente.

alavanca *sf* **1** pé-de-cabra. **2** *Fig.* expediente, meio, recurso.

alazão *sm+adj* lazão. **Ex:** Cavalo alazão; lá vem ela, montada em seu alazão.

albergar *vtd+vpr* **1** hospedar(-se), abrigar(-se), alojar(-se). *vtd* **2** conter, guardar, encerrar. **Ex:** O seu diário alberga grandes segredos.

albergaria V. albergue.

albergue *sm* **1** hospedaria, estalagem, pousada, albergaria. **2** *PARA OS POBRES* asilo. **3** refúgio, abrigo, guarida.

albino *sm+adj* aça, sararás.

albume *sm* **1** *Bot.* endosperma, *albúmen*. **2** *DO OVO* clara, *albúmen*.

albúmen V. albume.

alça *sf* **1** argola, asa, puxador. **2** suspensório. **Ex:** Alça do sutiã, do biquíni.

alçada *sf* **1** âmbito, campo, esfera (de ação). **2** jurisdição, competência, atribuição.

alcagüete *sm* **1** cagüete, dedo-duro. **2** alcoviteiro, cafetão *bras*, rufião, cáften.

alcalino *adj* *Quím.* básico. **A:** ácido.

alcançar *vtd* **1** atingir, chegar a, tocar. **Ex:** Alcançar a parte mais alta de um lugar; não consigo alcançar os copos da última prateleira. **2** conseguir, obter, ganhar. **Ex:** Alcançar o sucesso, uma vitória. **3** compreender, entender, perceber. **Ex:** Alcançar o signi-

ficado de algo. **4** avistar, ver, enxergar. **Ex:** Daqui os olhos alcançam todo o horizonte.

alcance *sm* **1** consecução, obtenção, conquista. **2** encalço, busca, perseguição. **Ex:** A polícia saiu no alcance do assassino. **3** *DE TIRO* distância, tiro. **Ex:** Armas de longo alcance. **4** *Fig.* importância, peso, gravidade. **Ex:** É uma medida de grande alcance. **5** *Fig.* inteligência, esperteza, perspicácia. **A:** ingenuidade. **6** *Fig.* extensão, sentido, dimensão. **Ex:** O alcance das palavras.

alcantil *sm* **1** despenhadeiro, precipício, alcantilada. **2** cume, pico, cimo.

alcantilada V. alcantil.

alcantilado *adj* íngreme, escarpado, abrupto, inacessível.

alçapão *sm* **1** armadilha, arapuca. **2** *Fig.* cilada, embuste, ardil.

alçar *vtd+vpr* **1** erguer(-se), levantar(-se), elevar(-se). **A:** abaixar(-se). *vtd* **2** edificar, erigir, construir. **3** celebrar, exaltar, enaltecer. **A:** difamar.

alcatéia *sf* **1** *LOBOS* bando; *OUTROS ANIMAIS* manada, rebanho. **2** *BANDIDOS* quadrilha, bando, gangue.

alcatifa *sf* alfombra, tapete.

alcear *vtd* alçar, erguer, levantar, elevar. **A:** abaixar.

alcoólico *adj* espirituoso. **Ex:** Bebida alcoólica.

alcoolizado *part+adj* bêbado, embriagado, ébrio, avinhado. **A:** sóbrio.

alcoolizar *vtd+vpr* embebedar(-se), embriagar(-se), inebriar(-se).

Alcorão *sm Rel.* **1** Corão. **2** *Por ext.* (*em minús.*) islamismo, maometismo, muçulmanismo.

alcova *sf* camarinha, aposento, quarto de dormir.

alcovitar *vtd+vi* mexericar, fuxicar, intrigar, enredar.

alcoviteira *sf* **1** cafetina *bras*, caftina, proxeneta. **2** mexeriqueira, fuxiqueira, fofoqueira *pop*.

alcoviteiro *sm* **1** cafetão *bras*, rufião, cáften. **2** mexeriqueiro, fuxiqueiro, fofoqueiro *pop*.

alcunha *sf* apelido, cognome, epíteto, antonomásia.

alcunhar *vtd* apelidar, cognominar.

aldeão *sm* **1** camponês, colono, campônio. *adj* **2** rústico, tosco, camponês, campônio. **A:** refinado.

aldeia *sf* povoado, povoação, lugarejo.

aldraba V. aldrava.

aldrava *sf* batente, argola, *aldraba*.

aleatório *adj* eventual, fortuito, incerto, casual. **A:** previsto.

alegação *sf* **1** explicação, justificativa. **2** argumento, prova, indício. **3** pretexto, desculpa.

alegar *vtd* **1** expor, citar, referir. **2** desculpar, pretextar.

alegoria *sf* imagem, metáfora, símbolo, representação.

alegórico *adj* metafórico, simbólico, figurado, emblemático.

alegrar *vtd+vpr* **1** contentar(-se), divertir(-se), regozijar(-se). **Ex:** Alegrar as crianças. **A:** entristecer(-se). *vtd* **2** embriagar, inebriar, alcoolizar. **3** embelezar, aformosear, aformosar. **Ex:** Alegrar um ambiente. **A:** afear.

alegre *adj m+f* **1** contente, feliz, jovial. **A:** triste. **2** festivo, animado. **Ex:** Um ambiente alegre. **A:** triste. **3** *COLORIDO* vivo, brilhante.

alegria *sf* **1** contentamento, felicidade, jovialidade. **A:** tristeza. **2** festa, divertimento, diversão.

aléia V. alameda.

aleijão *sm* defeito, deformidade.

aleijar *vtd+vpr* **1** deformar(-se), mutilar(-se), estropiar(-se). *vtd* **2** deturpar, adulterar, alterar. **3** magoar, melindrar, ferir.

aleitação V. aleitamento.

aleitamento *sm* amamentação, aleitação, alactamento. **A:** desmame.

aleitar *vtd* amamentar, lactar. **A:** desmamar.

aleive V. aleivosia.

aleivosia *sf* **1** deslealdade, traição, aleive. **A:** lealdade. **2** fraude, dolo, aleive. **3** calúnia, injúria, aleive.

aleivoso *adj* **1** desleal, traidor, infiel. **A:** leal. **2** fraudulento, doloso, enganador.

aleluia *sm* **1** exultação, satisfação, júbilo. **A:** tristeza. **2** *Entom.* siriri.

além *sm* **1** horizonte, confins *pl.* **2** outro mundo, além-túmulo, além-mundo. *adv* **3** lá, acolá. **A:** aquém. * Além de: exceto, menos, salvo; acima de, mais que. **Ex:** Não quero nada além de paz e sossego; isto custa além de mil cruzeiros. * Além disso: além do mais, de mais a mais, também.

alemanizar V. germanizar.

alemão *adj* germânico, teutônico.

além-mar *sm+adv* ultramar. **A:** aquém-mar.

além-mundo V. além.

além-túmulo V. além.

alentado *part+adj* **1** corajoso, animado, esforçado. **A:** desanimado. **2** farto, abundante, lauto. **Ex:** Um jantar alentado. **A:** escasso. **3** grande, avantajado, desmedido. **A:** pequeno. **4** *LIVRO* volumoso.

alentar *vtd+vpr* **1** animar(-se), encorajar(-se), entusiasmar(-se). **A:** desanimar. *vtd* **2** alimentar, nutrir, sustentar. *vi* **3** respirar, resfolegar.

alento *sm* **1** bafo, respiração, hálito. **2** aragem, sopro. **3** coragem, ânimo, esforço. **A:** desânimo. **4** alimento, nutrição, sustento. **5** *Poét.* entusiasmo, estro, inspiração.

alergia *sf Fig.* ojeriza, aversão, antipatia, repulsa. **Ex:** Tenho alergia a esse tipo de gente. **A:** simpatia.

alerta *sm* **1** aviso, sinal. *adj* **2** atento, vigilante, cauteloso. *adv* **3** atentamente, vigilantemente. *interj* **4** atenção! cautela! cuidado!

aletria *sf Ictiol.* manjuba.

alevantar V. levantar.

alfabetar V. abecedar.

alfabetizado *sm, part+adj* **A:** analfabeto.

alfabeto *sm* abecedário, abecê, á-bê-cê, abc.

alfaia *sf* **1** enfeite, adorno, ornamento. **2** jóia. **3** *Ecles.* paramento (da igreja).

alfândega *sf* aduana.

alfandegário *adj* aduaneiro.

alfarrábio *sm* **1** calhamaço. **2** manuscrito, livro (antigo).

alfazema *sf Bot.* lavanda.

alfinetada *sf* **1** picada. **2** *DOR* pontada, agulhada, aguilhoada. **3** ironia, zombaria, crítica.

alfinetar *vtd* **1** picar, espetar, ferir. **2** ironizar, zombar de, criticar.

alfombra *sf* **1** alcatifa, tapete. **2** relva.

alforria sf libertação, liberdade. **A:** escravidão.

alforriar vtd+vpr libertar(-se).

algaravia V. algazarra.

algazarra sf gritaria, berreiro, alarido, algaravia. **A:** tranqüilidade.

algébrico adj Fig. preciso, exato, correto, certo. **A:** impreciso.

algema sf 1 grilhão, cadeia. 2 Fig. opressão, dominação, sujeição.

algemar vtd 1 manietar, agrilhoar, acorrentar. **Ex:** Algemar os prisioneiros. 2 Fig. oprimir, dominar, sujeitar. **Ex:** Algemar o povo. **A:** libertar.

algibeira sf bolso.

algidez sf gelo, frialdade, frieza.

álgido adj gélido, gelado, glacial, frio. **A:** abrasado.

algo pron ind 1 alguma coisa, qualquer coisa. **Ex:** Precisa de algo? **A:** nada. adv 2 um tanto, um pouco, algum tanto. **Ex:** Sua atitude foi algo precipitada.

algodoaria sf cotonifício.

algoz (ô) sm 1 carrasco, verdugo. 2 Fig. malvado, perverso. **A:** anjo fig.

alguém sm 1 pessoa, indivíduo, ser. **Ex:** Esse alguém que você procura não existe. pron ind 2 alguma pessoa. **Ex:** Alguém chegou. **A:** ninguém.

algum sm 1 Gír. dinheiro. pron ind 2 qualquer. **Ex:** Dê-me algum livro. **A:** nenhum. 3 um pouco de, um tanto de. **Ex:** Ela tem alguma vocação para a música. 4 posposto ao substantivo, em certos casos: nenhum. **Ex:** Não vejo motivo algum para continuarmos com isso; de modo algum. 5 um. **Ex:** Já faltei algum dia?

alhada sf Fig. intriga, embrulhada, confusão, enredo.

alheado part+adj 1 absorto, concentrado, pensativo. 2 enlevado, extasiado, encantado. 3 distraído, desatento. 4 alienado, louco, doido.

alhear vtd BENS alienar, ceder, transferir. vtd+vpr 2 afastar(-se), apartar(-se), desviar(-se). vpr 3 distrair-se. 4 alienar-se, enlouquecer, endoidecer. 5 enlevar-se, extasiar-se, encantar-se.

alheio adj 1 estrangeiro, estranho, alienígena. **Ex:** Viver em terra alheia. 2 impróprio, inadequado, inapropriado. **A:** ade-

quado. 3 distante, afastado, apartado. **Ex:** Permanecer alheio da política. **A:** próximo. 4 isento, livre, desobrigado. **Ex:** Alheio de todos os deveres. **A:** obrigado. 5 ignorante, insipiente. **Ex:** Estava alheio a tudo o que acontecia. 6 absorto, enlevado, extasiado. 7 alienado, doido, louco.

ali adv 1 lá, naquele lugar. **A:** aqui. 2 então, naquele tempo. **A:** agora.

aliá sf Zool. elefanta.

aliado sm 1 partidário, seguidor, adepto. 2 Dir. afim, parente afim.

aliança sf 1 acordo, pacto, trato. 2 casamento, matrimônio, núpcias pl. 3 liga, união, coligação. 4 Mil. confederação.

aliar vtd+vpr 1 unir(-se), ligar(-se), juntar(-se). **A:** desunir(-se). 2 Mil. confederar(-se). 3 casar(-se), desposar(-se), unir(-se). **A:** separar(-se).

aliás adv 1 de outra maneira, de outro modo. **Ex:** Gostamos muito de você, aliás, não o ajudaríamos. 2 digo, ou seja, ou por outra. **Ex:** Comprei duas camisas, aliás, três. 3 além disso, além do mais, de mais a mais. **Ex:** É uma menina desobediente, aliás, malcriada.

alicerçar vtd 1 Constr. embasar, cimentar. **Ex:** Alicerçar uma casa. 2 Fig. basear, apoiar, firmar. **Ex:** Alicerçou sua teoria nos fatos observados.

alicerce sm 1 Constr. embasamento, base, fundação. 2 Fig. base, fundamento, embasamento.

aliciação sf 1 aliciamento, atração, sedução. 2 suborno, peita, corrupção.

aliciamento V. aliciação.

aliciar vtd 1 atrair, seduzir, chamar. 2 alistar, recrutar. 3 subornar, peitar, corromper.

alienação sf 1 DE BENS cessão, transferência. 2 loucura, insanidade, maluquice. **A:** lucidez. 3 arrebatamento, êxtase, enlevo.

alienado part+adj louco, insano, maluco, desvairado. **A:** ajuizado.

alienar vtd 1 BENS ceder, transferir. **Ex:** Alienar um automóvel. 2 indispor, malquistar, inimizar. **Ex:** Alienar os ânimos dos amigos. 3 afastar, desviar, apartar. **Ex:** Alienar alguém do bom caminho. **A:** aproximar. vtd+vpr 4 endoidecer, enlouquecer, alucinar-se.

alienígena *s e adj m+f* **1** estrangeiro, estranho, forasteiro. **Ex:** Políticos alienígenas. **A:** autóctone. **2** extraterrestre. **Ex:** Invasões alienígenas são um tema constante da ficção científica. **A:** terráqueo.

alienista *s m+f Med.* psiquiatra.

aligeirar *vtd+vpr* **1** acelerar, apressar(-se), adiantar(-se). **A:** retardar(-se). **2** aliviar(-se), suavizar(-se), abrandar(-se). **A:** agravar(-se).

alijar *vtd* **1** aliviar-se, livrar-se, desembaraçar-se, libertar-se de. **Ex:** Alijar uma visita indesejada; alijaram-se da responsabilidade pelo ocorrido.

alimária *sf* **1** animal, animália. **2** animal de carga, besta. **3** *Fig.* cavalgadura, grosso, estúpido.

alimentação V. alimento.

alimentar *vtd* **1** estimular, promover, incrementar. **Ex:** Alimentar a discórdia entre duas partes. **A:** desestimular. **2** *Tecn.* munir, abastecer, suprir. **Ex:** Alimentar o computador com informações. *vtd+vpr* **3** nutrir(-se), sustentar(-se), manter(-se). **Ex:** Alimentar os animais; alimentou-se apenas de vegetais. **4** conservar(-se), manter(-se). **Ex:** Alimentar fantasias. *adj m+f* alimentício, nutritivo.

alimentício V. alimentar.

alimento *sm* **1** iguaria, prato, comida. **2** alimentação, nutrição, sustento. **3** *Fig.* estímulo, incentivo, incremento. **A:** desestímulo.

alindar *vtd+vpr* embelezar(-se), aformosear(-se), enfeitar(-se), adornar(-se). **A:** afear(-se).

alínea *sf* parágrafo, inciso, subdivisão.

alinhado *part+adj* elegante. **Ex:** Um terno bastante alinhado. **A:** desalinhado.

alinhamento V. alinho.

alinhar *vtd+vpr* **1** enfileirar(-se). **2** apurar(-se), esmerar(-se), aperfeiçoar(-se). *vpr* **3** equiparar-se, medir-se, comparar-se. **Ex:** Tentou se alinhar ao professor, mas não sabia o suficiente.

alinhavar *vtd* **1** coser. **2** aprontar, preparar. **3** esboçar, projetar, delinear.

alinhavo *sm* **1** preparação. **2** esboço, projeto, delineamento.

alinho *sm* **1** alinhamento, enfileiramento. **2** apuro, esmero, asseio. **A:** desalinho.

alíquota *sf* **1** quota, parte, fração. **2** percentual, porcentagem.

alisar *vtd* **1** aplanar, igualar, aplainar. **2** desenrugar. **A:** enrugar. *vtd+vpr* **3** *CABELOS* desencaracolar(-se), desencrespar(-se), desencarapinhar(-se). **A:** encaracolar(-se). **4** abrandar(-se), suavizar(-se), serenar(-se).

alistamento *sm* **1** lista, rol, relação. **2** *Mil.* recrutamento.

alistar *vtd* **1** relacionar, listar, arrolar. *vtd+vpr* **2** inscrever(-se), registrar(-se). **Ex:** Alistar-se num concurso. **3** *Mil.* recrutar(-se), engajar(-se), arrolar(-se).

aliviamento V. alívio.

aliviar *vtd* **1** serenar, acalmar, tranqüilizar. **2** descarregar, desoprimir, desafogar. **Ex:** Aliviar alguém de um peso. **A:** oprimir. **3** *Gír.* furtar, roubar. **Ex:** Aliviaram-no de todos os seus bens. *vtd+vi* **4** atenuar, diminuir, mitigar. **Ex:** Aliviar a dor. **A:** exacerbar. *vtd+vpr* **5** isentar(-se), eximir(-se), desobrigar(-se). **A:** obrigar(-se).

alívio *sm* **1** aliviamento. **2** descanso, repouso, tranqüilidade. **3** consolo, conforto, lenitivo.

aljôfar *sm* **1** pérola (miúda). **2** rocio, orvalho. **3** *Poét.* lágrimas *pl.* **Obs.:** Nas três acepções, existe a variante *aljofre.*

aljofre V. aljôfar.

alma *sf* **1** princípio vital. **2** *Teol.* espírito. **3** pessoa, indivíduo, criatura. **Ex:** Fulano é uma boa alma; não há viva alma aqui. **4** *Pop.* assombração, fantasma, aparição. **Ex:** À noite, viam-se almas no castelo. *sf pl* **5** habitantes, moradores. **Ex:** Uma cidade com quinhentas mil almas.

almejar *vtd+vti* desejar, ansiar por, aspirar a, cobiçar.

almejo *sm* desejo, ânsia, aspiração, cobiça.

almiscarado *part+adj* perfumado, cheiroso, aromático, oloroso *poét.* **A:** fétido.

almiscarar *vtd+vpr* perfumar(-se), aromatizar(-se), aromar(-se).

almocreve *sm* tocador, arrieiro.

almofada *sf* travesseiro, coxim.

almofadar *vtd* estofar, enchumaçar.

almofadinha *sm Pop. e Ant.* janota, casquilho, catita, pelintra.

almofariz *sm* pilão, gral.

alocar *vtd VERBA, RECURSOS FINANCEIROS* destinar, reservar. **Ex:** O ministro alocou vários milhões para a educação.

alóctone *sm e adj m+f* estrangeiro, alienígena. **A:** autóctone.

alocução *sf* discurso, fala, arenga.

aloés *sm Bot.* babosa *pop.*

aloirar V. alourar.

alojamento *sm* **1** *Mil.* aquartelamento, aboletamento. **2** aposento. **3** *Ant.* estalagem, hospedaria, pousada. **4** *Tecn.* sede, assento, base.

alojar *vtd* **1** *Mil.* aquartelar, aboletar. **Ex:** Alojar os soldados. **2** *DENTRO DE ALGO* armazenar, acomodar, guardar. **Ex:** Alojei todos os livros numa caixa. **3** comportar, conter, encerrar. **Ex:** O ônibus alojava dezenas de passageiros. **4** *Tecn.* assentar, apoiar. *vtd, vi+vpr* **5** hospedar(-se), acomodar(-se), agasalhar(-se). **Ex:** Alojaram as visitas em dois quartos; meus primos se alojaram no segundo andar. **6** penetrar, entrar, introduzir-se. **Ex:** A bala alojou-se perto do coração.

alombado *part+adj* **1** abaulado, curvo, arqueado. **A:** reto. **2** preguiçoso, indolente, vadio. **A:** ativo.

alombar *vtd* abaular, curvar, arquear, encurvar. **A:** endireitar.

alomorfia *sf* metamorfose, transformação.

alongamento *sm* **1** prolongamento, prorrogação. **2** demora, delonga, atraso. **A:** rapidez. **3** distância, afastamento, separação. **A:** proximidade.

alongar *vtd+vpr* **1** estender(-se), estirar(-se), esticar(-se). **A:** encolher(-se). **2** prolongar(-se), prorrogar(-se), ampliar(-se). **Ex:** Alongar o prazo de vencimento. **A:** antecipar(-se). **3** distanciar(-se), afastar(-se), apartar(-se). **A:** aproximar(-se).

alopata *s m+f Med.* médico alopata. **A:** homeopata.

alopatia *sf Med.* **A:** homeopatia.

alopático *adj Med.* referente à alopatia. **A:** homeopático.

alopecia *sf Med.* calvície.

aloucado *part+adj* louco, maluco, adoidado, demente. **A:** equilibrado.

aloucar *vtd+vpr* enlouquecer, endoidecer(-se), amalucar(-se), desvairar(-se).

alourar *vtd+vpr* enlourar(-se), enlourecer, *aloirar(-se)*.

alparcata V. alpargata.

alpargata *sf* sandália, *alparcata, alpercata.*

alpendre *sm* **1** telheiro, coberta. **2** *EM CASA DE CAMPO* varandado.

alpercata V. alpargata.

alquebrar *vtd* **1** curvar, encurvar, arquear. **A:** endireitar. *vtd+vpr* **2** enfraquecer, debilitar(-se), consumir(-se). **A:** fortalecer(-se).

alta *sf* **1** *Com.* elevação, aumento, subida. **Ex:** Alta das cotações, dos preços das mercadorias. **A:** baixa. **2** alta-roda, alta sociedade, elite. **A:** ralé.

altaneiro *adj* **1** alto, elevado. **Ex:** Vôo altaneiro. **A:** baixo. **2** altivo, arrogante, orgulhoso. **Ex:** Pessoa altaneira. **A:** humilde.

altar *sm* **1** *Fig.* culto, religião. **2** *Fig.* veneração, adoração, devoção.

alta-roda V. alta.

altear *vtd+vpr* **1** elevar(-se), levantar(-se), erguer(-se). **A:** abaixar(-se). **2** *Fig.* sublimar(-se), elevar(-se). **Ex:** Altear o estilo.

alteração *sf* **1** modificação, mudança, transformação. **2** adulteração, falsificação, contrafação. **3** agitação, inquietação, perturbação. **A:** tranqüilidade.

alterar *vtd+vpr* **1** modificar(-se), mudar, transformar(-se). **Ex:** Alterar uma situação, o sentido de algo; nada se alterou desde minha última visita. **2** irritar(-se), encolerizar(-se), agastar(-se). **Ex:** Não se altere, por favor. **A:** acalmar(-se). *vtd* **3** desorganizar, perturbar, desarranjar. **Ex:** A ventania alterou o penteado da noiva. **4** adulterar, falsificar, contrafazer. **Ex:** Alterar o peso de uma mercadoria.

altercação *sf* discussão, bate-boca, disputa, controvérsia.

altercar *vtd* discutir, brigar, disputar, contestar.

alternação V. alternância.

alternância *sf* **1** alternação, alternativa, revezamento. **2** intercalação.

alternar *vtd, vi+vpr* **1** revezar(-se), substituir(-se). **Ex:** Alterna momentos de entusiasmo com melancolia; os repórteres se alternavam nas perguntas. **2** intercalar(-se).

alternativa *sf* **1** escolha, opção, possibilidade. **Ex:** Só temos duas alternativas: ou assistimos ao filme, ou vamos ao teatro. **2** mudança, variação. **3** V. alternância.

alteroso *adj* **1** alto, elevado, altivo. **A:** baixo. **2** altaneiro, arrogante, orgulhoso. **A:** humilde. **3** imponente, majestoso, suntuoso. **A:** simples.

alteza *sf* **1** altura, elevação. **A:** baixeza. **2** *MORAL* grandeza, dignidade, nobreza. **A:** pequenez.

altiplano *sm Geogr.* planalto, platô, planura.

altissonante *adj m+f* **1** *SOM* retumbante, sonoro. **2** pomposo, luxuoso, faustoso. **A:** simples.

altitude *sf Geogr.* altura. **Ex:** Altitude de uma montanha.

altivez *sf* **1** altura, elevação. **A:** baixeza. **2** nobreza, distinção, excelência. **A:** vileza. **3** orgulho, arrogância, soberba. **A:** humildade.

altivo *adj* **1** alto, elevado, alteroso. **A:** baixo. **2** nobre, ilustre, distinto. **A:** vil. **3** orgulhoso, arrogante, soberbo. **A:** humilde.

alto *sm* **1** altura, elevação. **Ex:** Ter quatro metros de alto. **2** topo, cume, vértice. **Ex:** O alto da montanha. **3** morro, outeiro, colina. **4** saliência, protuberância. **5** *Fig.* céu. **Ex:** Deus nos observa, lá do alto. *adj* **6** elevado, erguido, levantado. **Ex:** Lugar alto, muro alto. **A:** baixo. **7** excelente, sublime, excelso. **A:** inferior. **8** ilustre, importante, insigne. **A:** obscuro. **9** *SOM* agudo. **A:** baixo. **10** *PREÇO* elevado. **Ex:** Preços altos. **A:** baixo. **11** *ÉPOCA, LUGAR* remoto, distante, longínquo. **Ex:** A alta Antiguidade; viajou para o alto interior. **12** penetrante, agudo, arguto. **Ex:** Tem uma alta inteligência. **13** *HORÁRIO* avançado, adiantado. **Ex:** Altas horas da madrugada. **14** vasto, amplo, extenso. **Ex:** Alto conhecimento. **A:** reduzido. **15** *ÁGUA, MAR* fundo, profundo. **A:** raso.

altruísmo *sm* abnegação, filantropia, desapego, desprendimento. **A:** egoísmo.

altruísta *s m+f* **1** abnegado, humanitário, filantropo. *adj m+f* **2** altruístico, desprendido, desinteressado. **A:** egoísta (nas duas acepções).

altruístico V. altruísta.

altura *sf* **1** alto, elevação. **2** estatura, porte. **Ex:** A altura de alguém. **3** tamanho, dimensão, grandeza. **Ex:** A altura de uma casa. **4** colina, morro, outeiro. **5** *DE ÁGUA, MAR* profundidade. **6** céu, firma-

mento. **Ex:** Observava a altura, procurando por discos voadores. **7** importância, valia, valor. **Ex:** Uma empresa de pouca altura. **A:** insignificância. **8** momento, instante, ponto. **Ex:** A certa altura da narração.

aluado *part+adj* lunático, louco, maluco, demente. **A:** ajuizado.

aluamento *sm* loucura, maluquice, demência, alienação. **A:** juízo.

aluar-se *vpr* enlouquecer, endoidecer, adoidar-se, amalucar-se.

alucinação *sf* **1** desvario, delírio, loucura. **2** devaneio, sonho, ilusão.

alucinar *vtd+vpr* **1** desvairar, enlouquecer, perturbar(-se). *vtd* **2** fascinar, encantar, seduzir.

alude *sm* avalancha, avalanche.

aludir *vti* referir-se a, mencionar, citar, reportar-se a. **Ex:** Aludir a um acontecimento do passado.

alugação V. aluguel.

alugamento V. aluguel.

alugar *vtd* **1** locar, arrendar. **2** assalariar.

aluguel *sm* locação, arrendamento, *aluguer*, alugação, alugamento.

aluguer V. aluguel.

aluir *vtd* **1** abalar, sacudir, agitar. *vi+vpr* **2** cair, desabar, desmoronar-se.

alumbrar *vtd+vpr* **1** V. alumiar. **2** deslumbrar(-se), maravilhar(-se), extasiar(-se).

alumiar *vtd, vi+vpr* **1** iluminar(-se), alumbrar(-se). **2** *MENTE, ESPÍRITO* ilustrar(-se), instruir(-se), iluminar(-se). *vi* **3** resplandecer, brilhar, reluzir.

alunar *vtd+vi Astronáut.* alunissar, pousar (na lua).

alunissar V. alunar.

aluno *sm* **1** estudante, discípulo, educando. **2** aprendiz, novato, principiante.

alusão *sf* referência, menção, citação.

alusivo *adj* referente, relativo, concernente, pertencente.

aluvião *sf* **1** inundação, cheia, enchente. **2** *Fig.* abundância, enxurrada *fig*, afluência, torrente. **Ex:** Um aluvião de turistas entrou no restaurante.

alva *sf* alvorada, aurora, alvor.

alvacento *adj* esbranquiçado, branquicento, brancacento, deslavado. **A:** escuro.

alvará *sm* licença, autorização, permissão.

alvejar *vtd* **1** branquear, embranquecer. **Ex:** Alvejar as roupas. **A:** enegrecer. **2** mirar, apontar para. **3** atirar em, disparar em. **Ex:** Alvejou o ladrão, ferindo-o. *vi* **4** branquear, branquejar. **A:** enegrecer-se. **5** *AURORA* alvorecer, despontar, raiar.

álveo *sm* **1** leito (de curso de água). **2** sulco, canal, ranhura.

alvéolo *sm* **1** cavidade. **2** *DO FAVO DE MEL* célula, cela. **3** casulo.

alvíssaras *sf pl Fig.* boas notícias, boas novas.

alvissareiro *adj* auspicioso, promissor, esperançoso, feliz. **Ex:** Trouxe-nos notícias alvissareiras. **A:** agoureiro.

alvitrar *vtd* **1** sugerir, aconselhar, recomendar. **2** arbitrar, julgar, resolver.

alvitre *sm* **1** sugestão, conselho, recomendação. **2** arbítrio, julgamento, parecer.

alvo *sm* **1** mira. **Ex:** Acertar bem no alvo. **2** *Fig.* fim, objetivo, escopo. **Ex:** O alvo das medidas é a estabilização econômica. **3** *COR* branco. *adj* **4** branco, cândido. **Ex:** Lençóis alvos. **5** claro. **6** *Fig.* cândido, puro, limpo. **A:** impuro.

alvor *sm* **1** alvorada, aurora, alva. **2** alvura, brancura, candura.

alvorada *sf* **1** aurora, alvor, alva. **2** *Fig.* início, princípio, começo. **Ex:** A alvorada da república. **A:** fim. * Alvorada da vida *Fig.*: juventude, mocidade, adolescência.

alvorecer *vtd* **1** amanhecer, aurora, alvorada. *vi* **2** *O DIA* raiar, nascer, despontar. **A:** anoitecer. **3** *Fig. IDÉIA, SENTIMENTO* aparecer, surgir, iniciar.

alvoroçado *part+adj* **1** agitado, inquieto. **A:** calmo. **2** alegre, entusiasmado, animado. **A:** desanimado. **Ex:** Nas duas acepções, existe a variante *alvorotado*.

alvoroçar *vtd+vpr* **1** agitar(-se), inquietar(-se), perturbar(-se). **Ex:** A notícia alvoroçou a vila. **A:** acalmar(-se). **2** alegrar(-se), entusiasmar(-se), animar(-se). **A:** desanimar. **3** assustar(-se), sobressaltar(-se), espantar(-se). **Ex:** O assaltante alvoroçou-se com o som do alarme. **A:** tranqüilizar(-se). **4** revoltar(-se), sublevar(-se), amotinar(-se). **Ex:** Os camponeses alvoroçaram-se. **A:** pacificar(-se). **Obs.:** Nas

quatro acepções, existe a variante *alvorotar(-se)*.

alvoroço *sm* **1** agitação, inquietação, perturbação. **2** alegria, entusiasmo, ânimo. **3** tumulto, desordem, confusão. **4** susto, sobressalto. **5** revolta, sublevação, motim. **Obs.:** Nas cinco acepções, existe a variante *alvoroto*.

alvorotado V. alvoroçado.

alvorotar V. alvoroçar.

alvoroto V. alvoroço.

alvura *sf* **1** brancura, candura, alvor. **2** *Fig.* candura, pureza, inocência. **A:** impureza.

ama *sf* **1** aia, criada. **2** governanta. **3** ama-de-leite, babá (que amamenta), nutriz *poét.* **4** ama-seca, babá (que não amamenta).

amabilidade *sf* **1** delicadeza, cortesia, atenção. **A:** indelicadeza. **2** favor, fineza, gentileza.

amacacado *adj* simiesco.

amaciar *vtd* **1** alisar, anediar. **Ex:** Amaciar os cabelos. **A:** encrespar. **2** abrandar, suavizar, atenuar. **Ex:** Amaciar a dor de alguém. **A:** exacerbar. **3** amolecer, amolentar. **Ex:** Amaciar os duros corações dos reis. **A:** endurecer.

ama-de-leite V. ama.

amadeirar V. madeirar.

amado *sm, part+adj* **1** querido, caro, estimado. **A:** odiado. **2** namorado, bem, tesouro.

amador *sm+adj* diletante, apreciador, entusiasta, fã. **A:** profissional.

amadorismo *sm* diletantismo. **A:** profissionalismo.

amadurado *part+adj* maduro, amadurecido, sazonado. **A:** verde.

amadurar V. amadurecer.

amadurecer *vtd+vpr* **1** maturar, madurar, sazonar. **2** aprimorar(-se), aperfeiçoar(-se), requintar(-se). **Ex:** Amadurecer um trabalho, um conceito. *vtd* **3** estudar, pensar, ponderar. **Ex:** Amadurecer um projeto.

âmago *sm* **1** *Bot.* parte mais dura de árvore: cerne, durame, medula. **2** *Por ext.* íntimo, interior, coração *fig.* **Ex:** Guarda uma grande tristeza em seu âmago. **3** *Por ext.* essência, substância, natureza. **Ex:** O âmago de um problema.

amainar *vtd+vi* **1** *Náut.* abaixar, colher, arriar (as velas). **A:** levantar. *vtd, vi+vpr* **2**

abrandar(-se), diminuir, serenar(-se). **A:** agravar(-se).

amaldiçoado *part+adj* maldito. **A:** bendito.

amaldiçoar *vtd* **1** maldizer, maldiçoar. **A:** bendizer. **2** odiar, detestar, abominar. **A:** adorar.

amálgama *sm* mistura, mescla, combinação, liga. **A:** separação.

amalgamar *vtd+vpr* misturar(-se), mesclar(-se), combinar(-se), ligar(-se). **A:** separar(-se).

amalucado *part+adj* louco, doido, maluco, maníaco. **A:** sensato.

amalucar *vtd+vpr* enlouquecer, endoidecer(-se), tresloucar(-se), desvairar(-se).

amamentação *sf* aleitamento, aleitação, alactamento.

amamentar *vtd* **1** aleitar, lactar. **2** alimentar, incentivar, promover. **A:** Amamentar vícios.

amancebamento *sm* mancebia, concubinato.

amancebar-se *vpr* **1** amasiar-se, amigar-se, concubinar-se. **2** *Pej.* ligar-se, unir-se, juntar-se.

amaneirado *part+adj* afetado, pedante, pernóstico, presunçoso. **A:** simples.

amaneirar *vtd+vpr* **1** enfeitar(-se), requintar(-se). **2** acomodar(-se), ajustar(-se), adaptar(-se).

amanhã *sm* futuro, porvir. **Ex:** O que será do amanhã? **A:** hoje.

amanhar *vtd* **1** *TERRA* cultivar, arar, lavrar. *vtd+vpr* **2** arrumar(-se), arranjar(-se), acomodar(-se). **Ex:** Amanhar os móveis. **3** enfeitar(-se), adornar(-se), ornamentar(-se). **Ex:** Amanhar-se para uma festa. **A:** desenfeitar(-se).

amanhecer *sm* **1** alvorecer, aurora, alvorada. **Ex:** Ficamos observando o amanhecer. **A:** ocaso. **2** *Fig.* origem, início, princípio. **Ex:** O amanhecer de uma nova era. *vi* **3** amanhecer. **Ex:** Já está amanhecendo. **A:** anoitecer. **4** raiar, despontar, nascer. **Ex:** O dia amanheceu chuvoso.

amanho *sm* **1** *DA TERRA* cultivo, lavra, lavoura. **2** arrumação, arranjo, acomodação.

amansar *vtd* **1** domesticar(-se). **2** aplacar(-se), sossegar, acalmar(-se). **A:** alvoroçar(-se). **3** moderar(-se), refrear(-se), conter(-se), reprimir(-se). **4** atenuar(-se), suavizar(-se), diminuir. **A:** agravar(-se).

amante *s m+f* **1** *HOMEM* amásio, amigo; *MULHER* amásia, concubina, amiga. *adj*

m+f **2** amador, apreciador, diletante. **Ex:** Um homem amante das artes.

amar *vtd* gostar de, benquerer, apreciar, estimar. **Ex:** Amar uma mulher, uma cidade, o próximo, a vida. **A:** odiar.

amarar *vtd+vi Aeron.* amerissar, pousar (no mar).

amarelado *part+adj* **1** amarelento. **2** pálido, lívido, amarelo. **A:** corado.

amarelão *sm Med. Bras.* ancilostomose, ancilostomíase, opilação.

amarelar *vtd, vi+vpr* **1** amarelecer(-se). *vtd+vi* **2** empalidecer, descorar, amarelecer. *vtd* **3** amadurecer, madurar, sazonar.

amarelecer V. amarelar.

amarelento V. amarelado.

amarelo *adj* **1** dourado, áureo, fulvo. **2** V. amarelado.

amarfanhar *vtd* **1** amarrotar, amassar. **A:** alisar. **2** maltratar, bater, judiar de. **3** humilhar, vexar, rebaixar.

amargar *vtd* **1** tornar amargo: amargurar. **A:** adoçar. **2** sofrer, padecer, suportar. **Ex:** Amargou um grande arrependimento. **3** expiar, pagar. **Ex:** Amargar todos os seus pecados. *vtd+vpr* **4** V. amargar.

amargo *adj* **1** amargoso, acre. **A:** doce. **2** *Fig.* doloroso, penoso, triste, amargoso. **3** áspero, cruel, rude. **Ex:** O gosto amargo da decepção. **4** *Pop.* azedo, ácido, acidulado. **A:** doce. **5** *Fig.* amargurado, sofrido, ressentido. **Ex:** Uma pessoa amarga. **A:** feliz.

amargor V. amargura.

amargoso V. amargo.

amargura *sf* **1** amargor, acrimônia. **A:** doçura. **2** aflição, angústia, desgosto. **3** *Pop.* acidez, azedume, amargor *pop.* **A:** doçura.

amargurado V. amargo.

amargurar *vtd* **1** V. amargar. *vtd+vpr* **2** angustiar(-se), afligir(-se), amargar(-se). **A:** aliviar(-se).

amarílis *sf sing+pl Bot.* açucena.

amarra *sf* **1** *Náut.* cabo, corda, corrente. **2** *Fig.* apoio, amparo, proteção.

amarrado *sm* **1** *Bras.* embrulho, pacote, volume. *part+adj* **2** *Gír.* gamado, apaixonado. **Ex:** Ficou amarrado na garota.

amarrar *vtd* **1** atar(-se), ligar(-se), prender(-se). **Ex:** Amarrar coisas. **A:** desamarrar(-se). *vtd* 2 atrapalhar, impedir, estorvar. **Ex:** Amarrar o plano de alguém. *vi* 3 *Náut.* atracar, fundear. *vpr* 4 teimar, obstinar-se, insistir. **Ex:** Amarrar-se a um propósito. 5 *Gír.* gamar-se, apaixonar-se. 6 *Pop.* casar-se.

amarrilho *sm* cordão, cordel, corda, fio.

amarrotar *vtd* 1 amarfanhar, amassar. **Ex:** Amarrotar a roupa. **A:** alisar. 2 subjugar, dominar, vencer. **Ex:** Amarrotar os inimigos. 3 contundir, machucar, ferir.

ama-seca V. ama.

amásia *sf* amante, concubina, amiga.

amasiar-se V. amancebar-se.

amásio *sm* amante, amigo.

amassado V. amassadura.

amassadura *sf* 1 amassamento, amassado. 2 mossa, marca, sinal (de pancada).

amassamento V. amassadura.

amassar *vtd* 1 sovar. **Ex:** Amassar o pão. 2 amarfanhar, amarrotar. **Ex:** Amassar uma folha de papel. 3 esmagar, pisar, achatar. **Ex:** Ela caiu sobre o pacote, amassando-o. 4 misturar, mesclar, embaralhar. **A:** separar.

amatilhar *vtd+vpr Pej.* congregar(-se), emparceirar(-se), reunir(-se), agrupar(-se). **A:** separar(-se).

amável *adj m+f* 1 delicado, cortês, atencioso. **A:** grosseiro. 2 que pode ser amado: amorável. **A:** detestável.

amazona *sf* cavaleira.

amazonense V. amazônico.

amazônico *adj* amazonense, amazônio.

amazônio V. amazônico.

ambição *sf* 1 desejo, aspiração, pretensão. 2 *ARDENTE* cobiça, ganância, fome *fig.* **A:** desambição.

ambicionar *vtd* 1 desejar, aspirar, pretender. 2 *ARDENTEMENTE* cobiçar. **A:** desinteressar-se.

ambicioso *adj* 1 cobiçoso, ganancioso, faminto *fig.* **A:** desapegado. 2 ousado, audacioso, arrojado. **Ex:** É um projeto ambicioso para as condições desta cidade. **A:** modesto.

ambiência V. ambiente.

ambientar *vtd+vpr* aclimatar(-se), adaptar(-se), acostumar(-se), habituar(-se). **A:** desacostumar(-se).

ambiente *sm* 1 meio ambiente, ambiência. 2 meio, círculo, grupo. **Ex:** Ambiente profissional. 3 atmosfera, ar, clima. **Ex:** Saímos

daquele ambiente depressivo. 4 recinto, lugar, ambiência. **Ex:** A sala ficará no ambiente mais arejado da casa.

ambigüidade *sf* incerteza, imprecisão, obscuridade. **A:** clareza.

ambíguo *adj* dúbio, incerto, impreciso, equívoco. **A:** claro.

âmbito *sm* 1 circunferência, círculo, perímetro. 2 recinto, espaço, ambiente. 3 *Fig.* esfera, campo (de atuação).

ambos *pron* e *num* os dois, um e outro.

ambulante *s m+f* 1 camelô. *adj m+f* 2 errante, errático, vagabundo. **A:** sedentário.

ameaça *sf* 1 advertência, intimidação, ameaço. 2 prenúncio, sinal, indício. **Ex:** Ameaça de guerra, de ataque cardíaco, de temporal.

ameaçador *adj* minaz *poét.*

ameaçar *vtd* 1 advertir, intimidar, assustar. 2 prenunciar, anunciar, prognosticar. **Ex:** Ameaça cair um temporal. 3 fingir, simular, aparentar. **Ex:** O jogador ameaçou chutar a bola, para enganar o goleiro.

ameaço V. ameaça.

amealhar *vtd* economizar, poupar, guardar, juntar. **A:** esbanjar.

amedrontador *adj* assustador, aterrorizante, pavoroso, apavorante. **A:** encantador.

amedrontar *vtd+vpr* assustar(-se), aterrorizar(-se), apavorar(-se), intimidar(-se). **A:** encantar(-se).

ameigado *part+adj* meigo, carinhoso, terno, afetuoso. **A:** rude.

ameigar *vtd* mimar, afagar, acariciar, amimar.

amém *sm* 1 concordância, aprovação, consentimento. **A:** desaprovação. *interj* 2 assim seja! âmen!

âmen V. amém.

amenidade *sf* 1 afabilidade, doçura, suavidade. **A:** aspereza. *sf pl* 2 assuntos gerais.

ameninado *part+adj* 1 infantil, pueril, acriançado. **A:** adulto. 2 fraco, frágil, delicado. **A:** forte.

ameninar-se *vpr* 1 remoçar, rejuvenescer. **A:** envelhecer. 2 enfraquecer, debilitar-se, abater-se. **A:** fortalecer-se.

amenizar *vtd+vpr* abrandar(-se), atenuar(-se), suavizar(-se), aliviar(-se). **A:** agravar(-se).

ameno *adj* 1 afável, doce, suave. **Ex:** Pessoa amena. **A:** rude. 2 agradável, aprazível, delicioso. **Ex:** Lugar ameno, leitura amena. **A:** desagradável. **3** *CLIMA* temperado, suave. **A:** rigoroso.

americano *sm+adj* norte-americano, ianque, estadunidense.

amerissar V. amarar.

amesquinhar *vtd+vpr* humilhar(-se), depreciar(-se), rebaixar(-se), degradar(-se). **A:** engrandecer(-se).

amestrar *vtd* **1** *ANIMAIS* adestrar, domesticar, domar. *vtd+vpr* **2** *PESSOAS* habilitar(-se), exercitar(-se), adestrar(-se).

amical V. amigável.

amídala *sf Anat. amígdala.*

amidalite *sf Med.* tonsilite, *amigdalite.*

amido *sm* fécula, polvilho.

amiga *sf* **1** V. amigo. **2** amante, amásia, concubina.

amigar-se *vpr* amasiar-se, amancebar-se, concubinar-se.

amigável *adj m+f* **1** amistoso, amigo, amical. **A:** inamistoso. **2** afetuoso, amável, cordial. **Ex:** Gesto amigável. **A:** indelicado. **3** conciliador. **Ex:** Um acordo amigável.

amígdala V. amídala.

amigdalite V. amidalite.

amigo *sm* **1** companheiro, colega, camarada. **A:** inimigo. **2** amador, apreciador, fã. **Ex:** Amigo das artes. **3** amante, amásio. **4** defensor, protetor, patrono. **Ex:** Amigo dos pobres. **5** partidário, adepto, seguidor. **Ex:** Amigo dos partidos conservadores. **A:** adversário. **6** aliado. **A:** adversário. *adj* **7** V. amigável. **8** favorável, benigno, propício.

amimar V. amimar.

amistoso *sm* **1** *Fut.* jogo amistoso. *adj* **2** amigo, amical, amigável. **A:** inamistoso.

amiudado *part+adj* freqüente, seguido, repetido, continuado. **A:** raro.

amiudar *vtd* **1** repetir, reiterar, renovar, freqüentar. **Ex:** Amiudar as viagens ao Exterior. **A:** rarear. *vi+vpr* **2** repetir-se, reiterar-se, renovar-se. **Ex:** Os ataques inimigos amiudaram. **A:** rarear.

amiúde *adv* freqüentemente, a miúdo, repetidas vezes, muitas vezes. **A:** raramente.

amizade *sf* **1** afeição, afeto, amor. **A:** inimizade. **2** estima, simpatia, apreço. **A:** desprezo. **3** benevolência, bondade, gentileza.

Ex: Tratamos os idosos com amizade. **A:** hostilidade.

amnésico *adj* esquecido, desmemoriado, deslembrado.

amo *sm* **1** dono da casa. **2** patrão, senhor, chefe.

amocambar-se *vpr* esconder-se, ocultar-se, encobrir-se, amoitar-se.

amodernar V. modernizar.

amodorrar *vtd* **1** adormecer, adormentar. *vi+vpr* **2** adormecer, dormir, pegar no sono. **3** entranhar-se, aprofundar-se, mergulhar.

amoedar *vtd* **1** *MOEDAS* cunhar. **2** criar, inventar, conceber. **Ex:** Amoedar novas expressões.

amofinado *part+adj* **1** aflito, aborrecido, atormentado. **2** desgraçado, infeliz, desventurado. **A:** afortunado.

amofinar *vtd+vpr* afligir(-se), aborrecer(-se), atormentar(-se), incomodar(-se).

amoitar-se *vpr* **1** esconder-se, ocultar-se, amocambar-se. **2** defender-se, proteger-se, amparar-se. **A:** expor-se (nas duas acepções).

amojar *vtd* **1** *Ant.* ordenhar. *vi+vpr* **2** *SEIO, ÚBERE* encher-se, intumescer-se (de leite).

amolação *sf* **1** amoladura, afiação. **2** aborrecimento, incômodo, chateação.

amoladeira *sf* esmeril, pedra de amolar, rebolo.

amoladura V. amolação.

amolante *adj m+f* maçante, importuno, enfadonho, chato *pop.* **A:** agradável.

amolar *vtd* **1** afiar, aguçar. **A:** embotar. *vtd+vpr* **2** aborrecer(-se), enfadar(-se), maçar(-se). **A:** divertir(-se).

amoldar *vtd+vpr* **1** modelar(-se), moldar(-se). **2** acostumar(-se), habituar(-se), afazer(-se). **A:** desacostumar(-se).

amolecar *vtd+vpr* ridicularizar(-se), rebaixar(-se), humilhar(-se), aviltar(-se). **A:** engrandecer(-se).

amolecer *vtd+vi* **1** amolentar(-se), amaciar(-se), abrandar(-se). **A:** endurecer. *vtd* **2** comover, enternecer, abalar.

amolecido *part+adj* mole, flácido, brando, frouxo. **A:** rígido.

amolentar *vtd+vpr* **1** V. amolecer. *vtd* **2** suavizar, atenuar, amenizar. **A:** agravar.

amolgar *vtd* **1** achatar, amassar, esmagar. **2** contundir, pisar, bater. **Ex:** Amolgou o rosto do adversário com um bastão. **3** acomodar, ajustar, conformar. **4** obrigar, forçar, coagir. **Ex:** A situação amolgou-o a ações extremas. **5** derrotar, vencer, desbaratar. **Ex:** Amolgar os inimigos. *vi+vpr* **6** ceder, render-se, entregar-se. **Ex:** Amolgar-se aos impulsos.

amontoação V. amontoado.

amontoado V. amontoamento.

amontoamento *sm* **1** ato ou efeito de amontoar(-se): amontoação, acumulação. **2** amontoado, monte, montão. **Ex:** Um amontoado de objetos sem valor.

amontoar *vtd+vpr* **1** aglomerar(-se), acumular(-se), ajuntar(-se). *vtd+vi* **2** arrecadar, juntar, amealhar. **Ex:** Amontoar muito dinheiro.

amor *sm* **1** afeição, afeto. **A:** ódio. **2** estima, simpatia, amizade. **3** adoração, devoção, culto. **4** paixão, atração, desejo. **5** atenção, diligência, cuidado.

amorável *adj m+f* **1** afável, afetuoso, carinhoso. **2** terno, meigo, doce. **A:** rude. **3** V. amável.

amordaçar *vtd* **1** açaimar. **2** reprimir, calar, silenciar.

amorenado *part+adj* trigueiro, moreno, bronzeado, triguenho.

amorfo *adj* informe, disforme.

amornar *vtd+vi* mornar.

amoroso *adj* carinhoso, afetuoso, terno, meigo, afável.

amor-próprio *sm* **1** brio, decoro, honradez. **A:** desonra. **2** orgulho, vaidade, altivez. **A:** humildade.

amortecer *vtd* **1** enfraquecer, diminuir, abafar. **Ex:** Amortecer ruídos. **2** absorver, neutralizar. **Ex:** Amortecer o impacto. *vtd+vpr* **3** abrandar(-se), suavizar(-se), atenuar(-se). **4** entorpecer(-se), adormecer. **Ex:** Amortecer os braços.

amortecido *part+adj* **1** PESSOA moribundo; COISA mortiço. **2** apagado, fosco, baço.

amortiçar *vtd+vpr* extinguir(-se), apagar(-se).

amortização *sf* **1** resgate, pagamento. **2** abatimento, desconto.

amortizar *vtd* **1** DÍVIDA resgatar, pagar (em prestações). **2** PARTE DA DÍVIDA abater, descontar. **Ex:** Amortizar 30%.

amostra *sf* **1** mostra, demonstração, apresentação. **2** exemplar, modelo, padrão. **Ex:** Ela é

uma amostra da simpatia brasileira. **3** indício, sinal, sintoma. **Ex:** Uma amostra de fraqueza.

amostrar V. mostrar.

amotinação *sf* motim, revolta, rebelião, amotinamento.

amotinamento V. amotinação.

amotinar *vtd+vpr* revoltar(-se), rebelar(-se), sublevar(-se), insurgir(-se). **Ex:** Amotinar a tripulação do navio; os presos amotinaram-se.

amparar *vtd+vpr* **1** apoiar(-se), encostar(-se), escorar(-se). **Ex:** Amparar o muro para que não caia; o bêbado amparou-se no poste. **A:** desamparar(-se). **2** abrigar(-se), proteger(-se), defender(-se). **Ex:** Amparar-se na lei. **A:** desamparar(-se). *vtd* **3** sustentar, cuidar de, tratar de. **Ex:** Os pais devem amparar seus filhos. **A:** desamparar. **4** favorecer, patrocinar, ajudar. **Ex:** Amparar um asilo de idosos.

amparo *sm* **1** apoio, encosto, arrimo. **2** abrigo, proteção, defesa. **Ex:** Ficar sob o amparo da lei. **3** favorecimento, patrocínio, auxílio. **Ex:** A instituição de caridade sobrevive graças ao amparo dos voluntários. **A:** desamparo.

ampersand (ingl.: émpersend) *sm* Com. e comercial (&).

amplexo (cs) *sm* abraço.

ampliar *vtd+vpr* **1** aumentar, alargar(-se), dilatar(-se). **Ex:** Ampliar o jardim de uma casa, as possibilidades, um desenho, uma fotografia, um discurso. **A:** reduzir(-se). *vtd* **2** exagerar. **Ex:** Ela amplia tudo o que lhe contam.

amplidão *sf* **1** *tb Fig.* vastidão, extensão, amplitude. **Ex:** A amplidão dos campos; é notável a amplidão de sua cultura. **2** céu, firmamento. **Ex:** Ficou com os olhos fixos na amplidão.

amplificar *vtd* ampliar, aumentar, alargar, dilatar. **A:** diminuir.

amplitude V. amplidão.

amplo *adj* **1** espaçoso, vasto, extenso. **Ex:** Casa ampla, terreno amplo. **A:** estreito. **2** abundante, farto, rico. **Ex:** Obter amplos lucros. **A:** escasso. **3** numeroso, copioso. **Ex:** Ter amplos conhecimentos. **A:** parco. **4** ilimitado, irrestrito. **Ex:** Dar ampla liberdade para alguém. **A:** restrito.

ampola *sf* 1 *Med.* vesícula, bolha, *empola*.
Ex: Ampolas na pele. 2 *DE LÍQUIDO*
bolha, borbulha, *empola*.

amputação *sf Cir.* corte, extirpação, ablação.

amputar *vtd* 1 *Cir.* cortar, mutilar, decepar.
Ex: Amputar um membro. 2 limitar, restringir. Ex: Amputar gastos, poderes. A:
ampliar. 3 eliminar, tirar, cancelar. Ex:
Amputar os itens supérfluos.

amuamento V. amuo.

amuar *vtd* 1 aborrecer, importunar, enfadar.
A: agradar. 2 *DINHEIRO* amontoar, juntar, guardar. Ex: Amuar uma fortuna em
dólares. *vi+vpr* 3 emburrar, aborrecer-se,
embezerrar.

amuleto *sm* talismã, mascote.

amulherado *adj* afeminado, efeminado.

amuo *sm* 1 aborrecimento, mau humor,
amuamento. A: satisfação. 2 *DE ANIMAL*
apatia, fraqueza.

amurada *sf* parede, paredão, muro de arrimo.

amuralhar V. amurar.

amurar *vtd* murar, amuralhar.

anacarado V. nacarado.

anacoreta *sm* eremita, asceta, ermitão, abstinente.

anacrônico *adj* obsoleto, antiquado, arcaico, ultrapassado. A: atual.

anaeróbio *adj Biol.* organismo que pode
viver sem oxigênio. A: aeróbio.

anais *sm pl* 1 história *sing*, crônica *sing*. 2
Por ext. memórias.

analfabetismo *sm* A: instrução.

analfabeto *adj* 1 iletrado. A: alfabetizado. 2
ignorante, inculto. A: culto.

analisar *vtd* 1 *Quím.* decompor. A: sintetizar. 2 esquadrinhar, esmiuçar. 3 examinar,
estudar, investigar. 4 criticar, comentar,
julgar.

análise *sf* 1 *Quím.* decomposição. 2 exame,
estudo, investigação. 3 crítica, comentário,
julgamento. A: síntese (acepções 1 e 2).

analista *s m+f* psiquiatra.

analítico *adj* minucioso, profundo, extensivo. A: sintético.

analogia *sf* semelhança, afinidade, conformidade, similitude. A: diferença.

análogo *adj* semelhante, afim, similar, parecido. A: diferente.

ananás *sm Bot.* abacaxi.

ananaseiro *sm Bot.* abacaxizeiro.

anão *sm* 1 *Deprec.* nanico, tampinha, pigmeu. A: gigante. *adj* 2 *tb* Fig. pequeno,
reduzido. Ex: Árvores anãs; inteligência
anã. A: grande. 3 raquítico, enfezado.

anarquia *sf* 1 confusão, desordem, caos.
Ex: Esta casa virou uma anarquia. A:
ordem. 2 desmoralização, desrespeito. Ex:
Anarquia para com os idosos. A: respeito.

anárquico *adj* confuso, desordenado, caótico, babélico. A: ordenado.

anarquista *s m+f* desordeiro, agitador,
arruaceiro.

anarquizar *vtd* 1 confundir, desordenar,
bagunçar. A: ordenar. 2 desmoralizar, desrespeitar. A: respeitar.

anátema *sm* 1 *Rel.* excomunhão. 2 reprovação, execração, maldição. *sm+adj* 3 exco-
mungado, maldito, amaldiçoado. Ex: Vou
esganar esse anátema!

anatematizar *vtd* 1 *Rel.* excomungar. 2
reprovar, execrar, amaldiçoar. A: abençoar
(nas duas acepções).

anatomia *sf* 1 *Med.* dissecação, autópsia. 2
análise, exame, estudo.

anatomizar *vtd* 1 *Med.* dissecar. Ex:
Anatomizar um cadáver. 2 analisar, examinar, estudar. Ex: Anatomizar um relatório.

anavalhado *part+adj* afiado, cortante, aguçado, apontado. A: cego.

ancas *sf pl* 1 *Zool.* quartos, garupa *sing*. 2
Anat. quadris, cadeiras, nádegas.

ancestrais *sm pl* antepassados, ascendentes,
avós, antecessores. A: descendentes.

ancestral *adj m+f* 1 antepassado, antigo,
antecessor. 2 antiquíssimo, antediluviano,
primitivo. Ex: Os instintos ancestrais do
homem.

anchova *sf Ictiol.* enchova.

ancião *adj* 1 *PESSOA* velho, idoso. A:
jovem. 2 *COISA* velho, antigo. A: novo. 3
respeitável, venerável, vetusto.

ancilostomíase V. ancilostomose.

ancilostomose *sf Med.* amarelão *bras*, ancilostomíase, opilação.

ancinho *sm* gadanho.

âncora *sf Fig.* apoio, arrimo, amparo, proteção.

ancoradoiro V. ancoradouro.

ancoradouro *sm Náut.* fundeadouro, *ancoradoiro.*

ancorar *vtd+vi* **1** *Náut.* fundear, lançar âncora, lançar ferros. *vti* **2** basear-se, fundamentar-se, fundar-se. **Ex:** Sua teoria ancora em suposições de outros cientistas.

ancoreta V. ancorote.

ancorote *sm* ancoreta, corote, barril (pequeno, para vinho).

andaço *sm* **1** *Fam.* epidemia. **2** mal-estar, indisposição, incômodo (ligeiro). **3** *Bras. Pop.* diarréia, disenteria.

andadura *sf* andar, modo de andar. **Ex:** A andadura de um cavalo.

andaime *sm Constr.* cadafalso.

andamento *sm* **1** andança, caminhada. **2** marcha, curso, andar. **Ex:** Nunca terminaremos o trabalho nesse andamento. **3** rumo, direção, rota. **Ex:** O andamento das investigações leva a outros suspeitos. **4** ritmo, cadência, compasso. **Ex:** O andamento de uma música.

andança *sf* **1** V. andamento. **2** jornada, viagem. **3** trabalho, labuta, lida.

andante *adj m+f* errante, errático, nômade, vagabundo, andejo. **A:** sedentário.

andar *sm* **1** modo de andar: andadura. **2** pavimento. **Ex:** Moramos no segundo andar do prédio. **3** andamento, marcha, curso. *vi* **4** caminhar, marchar. **Ex:** Andar pela rua. **5** mover-se, movimentar-se. **6** *TEMPO* passar, decorrer, transcorrer. **7** funcionar, trabalhar. **Ex:** Meu relógio está andando bem. **A:** parar. **8** estar, achar-se. **Ex:** Anda triste ultimamente. **9** agir, comportar-se, proceder. **Ex:** Andar direito; andar como um cavalheiro.

andejar *vi* errar, vagar, vaguear, perambular.

andejo V. andante.

andor *sm Liturg. charola, padiola.*

andrajo *sm* trapo, farrapo, frangalho, molambo.

andrajoso *adj* esfarrapado, maltrapilho.

androginia *sf Biol.* androginismo, hermafroditismo, bissexualidade.

androginismo V. androginia.

andrógino *adj Biol.* hermafrodito, hermafrodita, bissexual.

andróide *sm* robô, autômato.

anedota *sf* piada, chiste, pilhéria *pop*, facécia.

anedótico *adj* **1** fútil, vão, frívolo. **A:** sério. **2** grotesco, ridículo, cômico.

anedotista *s m+f* piadista.

anel *sm* **1** argola, aro, arco. **2** *DOS CABELOS* cacho, caracol. **3** *DA CORRENTE* elo.

anelação *sf* ânsia, ofego, arquejo.

anelado V. anelídeo.

anelante *adj m+f* ofegante, arquejante.

anelar *vtd* **1** *CABELOS* encaracolar, cachear. **A:** alisar. *vi* **2** ofegar, arquejar, arfar. *vtd+vti* **3** aspirar a, desejar, ansiar por. **Ex:** Anelar a fama; anelar pela vitória. *adj m+f* **4** anular. **Ex:** Dedo anelar.

anelídeo *sm+adj Zool.* anelado. **Ex:** Vermes anelídeos; a minhoca é um anelídeo.

anelo *sm* aspiração, desejo, anseio, ambição.

anemia *sf Fig.* fraqueza, debilidade, abatimento, enfraquecimento. **A:** energia.

anêmico *adj* **1** *Fig.* pálido, amarelado, lívido. **A:** corado. **2** fraco, debilitado, abatido. **A:** forte.

anêmona-do-mar *sf Zool.* actínia.

anestesiar *vtd Fig.* narcotizar, insensibilizar.

anexar (cs) *vtd+vpr* juntar(-se), ligar(-se), unir(-se), agregar(-se). **Ex:** Anexar documentos a um processo; o Uruguai foi outrora anexado ao Brasil.

anexim (ch) (sm) provérbio, adágio, rifão, ditado.

anexo (cs) *sm+adj* **1** apenso, acessório. *sm* **2** dependência. **Ex:** Os anexos de um edifício. *adj* **3** incluído, incluso, agregado. **Ex:** Documentos anexos à pasta. **4** ligado, junto, contíguo. **Ex:** O quarto anexo.

anfibologia *sf Gram.* ambigüidade, duplo sentido, imprecisão, incerteza. **A:** clareza.

anfibológico *adj* ambíguo, dúbio, duvidoso, impreciso. **A:** claro.

ânfora *sf Antig.* vaso, jarro, jarra, cântaro.

anfractuoso *adj* sinuoso, saliente, irregular, acidentado.

angariar *vtd* **1** obter, conseguir, alcançar. **Ex:** Angariar fundos, donativos. **2** aliciar, recrutar, arrolar. **Ex:** Angariar soldados para a guerra.

angelical *adj m+f* **1** angélico. **A:** diabólico. **2** imaculado, puro, cândido. **Ex:** Ela tem um ar angelical. **3** perfeito, belo, formoso. **Ex:** Um rosto angelical.

angélico V. angelical.

anglicizar vtd inglesar.

angola sf Ornit. galinha-d'angola, angolinha.

angolano sm+adj de Angola (África): angolense.

angolense V. angolano.

angolinha V. angola.

angra sf enseada, baía, recôncavo, porto.

angu sm 1 pirão. 2 Pop. confusão, desordem, bagunça, anguzada. A: ordem. 3 Pop. banzé, bode, embrulhada fam. 4 Pop. mexerico, fuxico, intriga, anguzada.

angulado V. anguloso.

angular V. anguloso.

ângulo sm 1 aresta, canto, quina. Ex: Um objeto cheio de ângulos. 2 Fig. ponto de vista, perspectiva, aspecto. Ex: Analisar os dados de um ângulo diferente.

anguloso adj 1 angular, angulado. 2 ossudo. Ex: Um rosto anguloso.

angústia sf 1 estreiteza, aperto. Ex: A angústia de uma sala. A: largueza. 2 aflição, ansiedade, agonia. Ex: Sentia uma angústia profunda. A: alívio. 3 carência, falta, necessidade. A: excesso.

angustiante adj m+f angustioso, aflitivo, penoso, torturante. A: agradável.

angustiar vtd+vpr afligir(-se), agoniar(-se), atormentar(-se), inquietar(-se). A: aliviar(-se).

angustioso V. angustiante.

anguzada V. angu.

anil sm 1 SUBSTÂNCIA índigo. sm+adj 2 azul.

anilar vtd+vpr azular(-se), azulejar(-se).

animação sf 1 alegria, entusiasmo, vibração. A: indiferença. 2 movimento, agitação, movimentação. 3 vigor, energia, vida. A: desânimo.

animado part+adj 1 alegre, entusiasmado, vibrante. A: indiferente. 2 movimentado, agitado. 3 vivo, vivaz. 4 decidido, resoluto. A: indeciso.

animador sm 1 apresentador. Ex: Animador de televisão. adj 2 promissor, auspicioso, próspero. A: desanimador.

animadversão sf 1 repreensão, censura, admoestação. A: elogio. 2 aversão, ódio, abominação. A: simpatia.

animal sm 1 bicho, besta, animália, alimária. 2 Fig. cavalo, cavalgadura, estúpido.

A: cavalheiro. adj 3 próprio de animal: animalesco. Ex: Instinto animal. 4 carnal, material. A: espiritual. 5 sensual, lascivo, libidinoso. A: casto.

animalesco adj 1 animal. 2 bestial, brutal, grosseiro.

animália sf 1 V. animal. 2 animal de carga, besta. 3 fera, animal feroz.

animalizar vtd+vpr embrutecer(-se), brutalizar(-se), asselvajar(-se). A: civilizar(-se).

animar vtd 1 estimular, incitar, encorajar. Ex: Animar alguém a fazer alguma coisa. A: desanimar. 2 incentivar, fomentar, desenvolver. Ex: Animar a atividade econômica. 3 inflamar, acender, avivar. Ex: Animar o fogo. A: apagar. 4 apresentar. Ex: Animar um programa de televisão. vpr 5 entusiasmar-se, encantar-se, arrebatar-se. 6 resolver-se, decidir-se. A: 7 atrever-se, ousar.

anímico adj psíquico.

ânimo sm 1 coragem, alento, valor. A: desânimo. 2 alma, espírito, mente. 3 gênio, índole, temperamento. 4 desejo, intenção, vontade.

animosidade sf aversão, ódio, rancor, antipatia. A: simpatia.

animoso adj corajoso, valoroso, brioso, audaz. A: covarde.

aninhar vtd+vpr 1 abrigar(-se), aconchegar(-se), recolher(-se). 2 esconder(-se), ocultar(-se), encobrir(-se). A: mostrar(-se).

aniquilação sf extermínio, destruição, aniquilamento, exterminação.

aniquilamento V. aniquilação.

aniquilar vtd 1 anular, nulificar. Ex: Aniquilar direitos. 2 exterminar, destruir, matar. Ex: Aniquilar os inimigos. vtd+vpr 3 humilhar(-se), rebaixar(-se), abater(-se). A: engrandecer(-se).

anis sm Bot. erva-doce.

anistia sf perdão, desculpa, indulto, absolvição. A: condenação.

anistiar vtd perdoar, desculpar, indultar, absolver. A: condenar.

anódino sm 1 Farm. paliativo. adj 2 inofensivo, inócuo, inocente. A: nocivo. 3 insignificante, medíocre, reles. A: importante.

anoitecer sm 1 crepúsculo, lusco-fusco. A: amanhecer. vtd 2 escurecer, obscurecer. **A:** clarear. *vi* **3** escurecer, enoitecer. **A:** amanhecer.

anomalia *sf* **1** abnormidade, anormalidade, abnormalidade. **A:** normalidade. **2** *Biol.* e *Anat.* aberração.

anômalo V. anormal.

anônimo *adj* incógnito, desconhecido. **A:** manifesto.

anorexia (cs) *sf Med.* inapetência, falta de apetite, fastio. **A:** apetite.

anorgânico V. inorgânico.

anormal *s m+f* **1** tarado, desequilibrado. **2** excepcional, deficiente mental. *adj m+f* **3** anômalo, irregular, aberrante, abnormal. **A:** normal. **4** incomum, singular, excepcional. **A:** corriqueiro.

anormalidade *sf* **1** tara, desequilíbrio. **2** V. anomalia.

anoso *adj* idoso, velho, ancião, antigo. **A:** novo.

anotação *sf* nota, apontamento, comentário, registro.

anotar *vtd* apontar, comentar, registrar, escrever.

anovelar V. enovelar.

anseio *sm* ambição, desejo, ânsia, aspiração.

ânsia *sf* **1** aflição, angústia, ansiedade. **A:** alívio. **2** agonia, estertor. **3** ofego, arquejo, anelação. **4** anseio, desejo, ambição. **5** náusea, enjôo.

ansiar *vtd* **1** afligir, angustiar, inquietar. **Ex:** A dúvida me ansiava. **A:** aliviar. *vtd+vti* **2** desejar, ambicionar, aspirar a. **Ex:** Anseia pelo sucesso dos filhos. *vi+vpr* **3** ofegar, arfar, arquejar. **Ex:** Ansiava de tanto correr.

ansiedade *sf* **1** V. ânsia. **2** impaciência, sofreguidão. **A:** calma.

ansioso *adj* **1** aflito, angustiado, inquieto. **A:** tranqüilo. **2** desejoso, ávido, cobiçoso. **3** impaciente, sôfrego. **A:** calmo.

anta *sf* **1** *Zool.* tapir. **2** *Fig.* estúpido, burro *fig*, tapado. **A:** gênio.

antagônico *adj* contrário, oposto, contrastante, contraditório. **Ex:** Os dois têm interesses antagônicos, portanto nunca serão amigos. **A:** concordante.

antagonismo *sm* **1** oposição, contrariedade, adversidade. **2** inimizade, rivalidade, hostilidade. **Ex:** Há um forte antagonismo entre os dois irmãos. **A:** amizade.

antagonista *s* e *adj m+f* opositor, adversário, rival, inimigo. **A:** amigo.

antártico *adj* austral, meridional. **A:** ártico.

ante *prep* diante de, na presença de. **Ex:** Comparecer ante alguém.

antecâmara *sf* vestíbulo, ante-sala, átrio.

antecedência *sf* anterioridade, precedência, prioridade.

antecedente *adj m+f* **1** anterior, precedente, prévio. **A:** posterior. **2** *Fil.* premissa.

anteceder *vtd* **1** exceder, superar, sobrepujar. *vtd+vti* **2** preceder, antepor-se, antecipar-se. **Ex:** A depressão antecede as doenças. **A:** suceder.

antecessor *sm* predecessor, precursor, antepassado. **A:** sucessor.

antecipação *sf* **1** adiantamento, precipitação. **Ex:** A antecipação dos pagamentos. **A:** adiamento. **2** previsão, profecia, presságio. **Ex:** A antecipação dos fatos do próximo ano.

antecipar *vtd* **1** adiantar, precipitar. **Ex:** Antecipar as eleições. **A:** adiar. **2** prever, predizer, adivinhar. **Ex:** A vidente antecipou vários acontecimentos importantes. *vpr* **3** anteceder, preceder, antepor-se. **A:** suceder.

antediluviano *adj* antiqüíssimo, primitivo, remoto, antigo. **A:** atual.

antemanhã *sf* alvorada, aurora, amanhecer, alvor. **A:** anoitecer.

antemão *adv* * De antemão: antes, antecipadamente, previamente, preliminarmente. **A:** depois.

antenupcial *adj m+f* pré-nupcial.

anteolhos V. antolhos.

anteontem *adv* antes de ontem.

anteparar *vtd+vpr* **1** defender(-se), proteger(-se), resguardar(-se). **A:** expor(-se). *vi+vpr* **2** deter-se, parar, estacar. **A:** continuar.

anteparo *sm* defesa, proteção, resguardo, abrigo.

antepassado *sm* **1** ascendente, ancestral. *sm pl* **2** ascendentes, ancestrais, avós. **A:** descendentes. *adj* **3** antecedente, anterior, precedente. **A:** posterior.

antepasto *sm* aperitivo.

antepor *vtd* **1** prepor. **A:** pospor. **2** preferir. **Ex:** Antepor a saúde ao dinheiro. **3** contrapor, opor. **Ex:** Antepunha a astúcia à força bruta.

anteposição *sf* preferência, precedência, primazia, predileção.

anteprojeto *sm* esboço, rascunho, delineamento, minuta.

anterior *adj m+f* **1** frontal. **2** antecedente, precedente, preliminar. **A:** posterior (nas duas acepções).

anterioridade *sf* antecedência, precedência, prioridade. **A:** posteridade.

antes *adv* **1** anteriormente, primeiro, primeiramente. **Ex:** Eles querem estes lugares, mas nós chegamos antes. **A:** depois. **2** dantes, antigamente, outrora. **Ex:** Antes não havia tanta violência. **3** de preferência, antes de tudo, preferencialmente. **Ex:** Antes não tivéssemos vindo! **4** do contrário, pelo contrário. **Ex:** Pensei que isso seria fácil, mas é, antes, muito complicado. **5** realmente, efetivamente, na realidade.

ante-sala *sf* antecâmara, sala de espera, vestíbulo.

antever *vtd* prever, predizer, antecipar, pressagiar. **Ex:** Antevimos o futuro de nosso relacionamento.

antevisão *sf* previsão, antecipação, presságio, prognóstico.

anticoncepcional *s e adj m+f* contraceptivo.

antídoto *sm Farm.* contraveneno, antitóxico. **A:** veneno.

antiestético *adj* feio, de mau gosto. **A:** estético.

antifebril *adj m+f* febrífugo, antipirético.

antigo *adj* **1** velho, vetusto, idoso. **A:** novo. **2** arcaico, antiquado, desusado. **A:** moderno.

antigualha V. antiqualha.

antiguidade V. antiguidade.

antiguidade *sf* **1** *antiguidade*, velhice. **2** velharia, antiqualha. **3** *Hist.* (*em maiús.*) Era Antiga.

antinomia V. antítese.

antipatia *sf* aversão, repulsa, ojeriza, repugnância. **A:** simpatia.

antipático *adj* **1** repulsivo, nojento, repugnante. **Ex:** Que sujeito antipático. **A:** simpático. **2** adverso, contrário, oposto. **Ex:** Ser antipático a uma idéia. **3** divergente, discordante, discorde. **Ex:** Ter opiniões antipáticas. **A:** convergente.

antipatizar *vti* detestar. **Ex:** Antipatizamos imediatamente com aquela mulher. **A:** simpatizar.

antipirético V. antifebril.

antípoda *sm+adj Fig.* contrário, oposto, inverso.

antiquado *adj* obsoleto, ultrapassado, desusado, arcaico. **Ex:** Ela tem idéias muito antiquadas para uma mulher de 30 anos. **A:** moderno.

antiqualha *sf* **1** V. antiguidade. **2** ferro-velho.

anti-sepsia *sf Med.* desinfecção.

anti-séptico *sm+adj Med.* desinfetante.

antítese *sf* oposição, contradição, contraste, antinomia.

antitóxico (cs) *adj Farm.* antídoto, antiveneno. **A:** tóxico.

antolhos *sm pl* **1** anteolhos, tapa *sing.* **2** *Fig.* limitação, estreiteza (intelectual).

antologia *sf Lit.* coletânea, compilação, seleta, florilégio.

antonímia *sf* oposição (de significados). **A:** sinonímia.

antônimo *sm+adj* contrário, oposto. **A:** sinônimo.

antonomásia *sf* apelido, alcunha, cognome, epíteto.

antraz *sm Vet.* e *Med.* carbúnculo.

antro *sm* **1** caverna, covil, gruta. **2** lugar de perdição. **3** *Anat.* cavidade dentro de osso: seio.

antropofagia *sf* canibalismo.

antropófago *sm+adj* canibal.

antropóide *sm* **1** antropomorfo. **Ex:** O chimpanzé é um antropóide. *adj* **2** antropomórfico, antropomorfo.

antropomórfico V. antropóide.

antropomorfo V. antropóide.

anual *adj* ânuo. **Ex:** Encontro anual.

anuência *sf* consentimento, assentimento, aprovação, aderência. **A:** desaprovação.

anuir *vti* assentir, aderir, aprovar, aceitar. **Ex:** Anuir a uma causa.

anular *sm* **1** dedo anular, seu-vizinho *pop.* *adj* **2** anelar. **Ex:** Dedo anular. *vtd* **3** invalidar, nulificar, cancelar. **4** aniquilar, eliminar, destruir.

anunciação *sf* aviso, notificação, comunicação, mensagem.

anunciar *vtd* **1** avisar, notificar, comunicar. **Ex:** Anunciaram pelo alto-falante que não haveria aula. **2** predizer, prever, pressagiar. **Ex:** O profeta anunciou a vinda do Salvador. **3** manifestar, revelar, mostrar. **Ex:** Sua atitude anuncia a sua falta de confiança.

anúncio *sm* **1** aviso, comunicado, notícia. **2** previsão, presságio, profecia. **Ex:** O anúncio de grandes acontecimentos. **3** sinal, indício, manifestação. **Ex:** Essa dor de cabeça é anúncio de alguma doença. **4** propaganda, publicidade, reclame. **Ex:** Anúncio de um produto.

ânuo V. anual.

anuro *sm+adj* Zool. batráquio.

ânus *sm* Anat. cu *vulg.*

anuviar *vtd+vpr* nublar(-se), toldar(-se), encobrir(-se), escurecer(-se). **A:** desanuviar(-se).

anverso *sm* face, frente. **A:** verso.

anzol *sm* Fig. isca, engodo, armadilha, arapuca.

aonde *adv* para onde.

apache *sm* Fig. malfeitor, bandido, ladrão, gatuno.

apadrinhamento *sm* favorecimento, proteção, patrocínio, favoritismo.

apadrinhar *vtd* **1** favorecer, patrocinar, proteger. **A:** desapadrinhar. *vpr* **2** autorizar-se, abonar-se, justificar-se.

apagar *vtd* **1** rasurar, raspar. **Ex:** Apagar uma palavra. *vtd+vpr* **2** extinguir(-se). **Ex:** Apagar um incêndio. **A:** acender(-se). **3** desbotar, desvanecer, empalidecer. **Ex:** Apagar as cores. **4** embaciar(-se), embaçar(-se), empanar(-se).

apaixonado *part+adj* **1** parcial, injusto, faccioso. **Ex:** Um julgamento apaixonado. **A:** imparcial. **2** enamorado, gamado *gír.*, caído. **Ex:** Apaixonado por alguém. **3** fanático, maníaco, doente *pop.* **Ex:** Apaixonado por futebol. **A:** indiferente.

apaixonante *adj* entusiasmante, cativante, arrebatador, atraente.

apaixonar *vtd+vpr* **1** entusiasmar(-se), exaltar(-se), arrebatar(-se). *vpr* **2** enamorar-se, enrabichar-se, afeiçoar-se. **Ex:** Apaixonar-se por alguém. **3** dedicar-se, entregar-se, devotar-se. **Ex:** Apaixonar-se pelo trabalho.

apajear *vtd* adular, lisonjear, bajular, puxar o saco *vulg.* **A:** criticar.

apalavrar *vtd* **1** pactuar, combinar, ajustar. **A:** descombinar. *vpr* **2** comprometer-se, obrigar-se, penhorar-se.

apalermado *part+adj* palerma, bobo, parvo, aparvalhado. **A:** esperto.

apalermar *vtd+vpr* abobar(-se), aparvalhar(-se), atoleimar(-se), apatetar(-se).

apalpar *vtd* **1** palpar, tatear, tocar. **Ex:** No escuro, apalpava as paredes à procura do interruptor. **2** examinar, investigar, sondar. **Ex:** Apalpar o terreno antes de se aventurar. **3** experimentar, tentar, provar. **Ex:** Apalpar os meios disponíveis.

apanágio *sm* atributo, característica, propriedade, qualidade.

apanha *sf* **1** recolhimento, apanhação, apanhamento. **2** Agr. colheita.

apanhação V. apanha.

apanhado *sm* resumo, síntese, sinopse, compêndio.

apanhamento V. apanha.

apanhar *vtd* **1** colher, recolher. **Ex:** Apanhar frutas. **2** pegar, segurar, tomar. **Ex:** Apanhe as ferramentas; a polícia apanhou os criminosos. **3** PEIXE pescar; OUTROS ANIMAIS caçar. **4** DOENÇA pegar, contrair, adquirir. **Ex:** Apanhei uma gripe. **5** surpreender, pegar. **Ex:** Apanhei-o em flagrante. *vi* **6** levar uma surra, levar pancadas, ser espancado. **Ex:** Os meninos apanharam da mãe. **7** perder, ser derrotado. **A:** ganhar.

apara *sf* DE PAPEL sobra; DE OUTROS MATERIAIS lasca, limalha.

aparador *sm* bufê, bufete.

aparafusar V. parafusar.

aparamentar V. paramentar.

aparar *vtd* **1** segurar, receber, tomar. **Ex:** Jogaram-me a bola, e eu a aparei; aparar um golpe. **2** cortar. **Ex:** Aparar o cabelo, a grama. **3** apontar, aguçar, afiar. **Ex:** Aparar o lápis. **4** alisar, aplainar, aplanar. **Ex:** O marceneiro apara a madeira.

aparatar *vtd* enfeitar, adornar, ataviar, ornamentar. **A:** desenfeitar.

aparato *sm* fausto, ostentação, pompa, esplendor. **A:** singeleza.

aparatoso *adj* faustoso, ostentoso, pomposo, esplendoroso. **A:** singelo.

aparceirar *vtd+vpr* **1** associar(-se), juntar(-se), aliar(-se). **A:** desassociar(-se). *vpr* **2** mancomunar-se, conluiar-se, conchavar-se.

aparecer *vti* **1** comparecer, ir, vir. **Ex:** Ela não apareceu na reunião. *vti+vi* **2** apresentar-se, mostrar-se, exibir-se. **Ex:** O presidente apareceu na televisão. **3** manifestar-se, revelar-se, patentear-se. **Ex:** Sua bondade aparece em todos os seus atos. **A:** esconder-se. *vi* **4** surgir. **Ex:** Apareceu o livro que eu procurava. **A:** desaparecer. **5** pavonear-se, exibir-se. **Ex:** Ela gosta de aparecer.

aparecimento *sm* **1** aparição, surgimento, vinda. **Ex:** O aparecimento de novos remédios. **A:** desaparecimento. **2** comparecimento, apresentação. **3** *Fig.* início, princípio, aparição. **A:** fim.

aparelhado *part+adj* **1** pronto, preparado, disposto. **2** apropriado, adequado, próprio. **A:** inapropriado.

aparelhagem *sf* **1** aparelhamento, preparação, preparo. **2** aparelhos *pl*.

aparelhamento V. aparelhagem.

aparelhar *vtd+vpr* **1** aprontar(-se), preparar(-se), dispor(-se). **Ex:** Aparelhar-se para a viagem. **2** prover(-se), armar(-se). **Ex:** Aparelhar-se com todos os equipamentos. **3** enfeitar(-se), adornar(-se), ornamentar(-se). *vtd* **4** *MADEIRA, PEDRA* desbastar, lavrar, aplainar. **5** *CAVALGADURA* arrear.

aparelho *sm* **1** aparelhamento, aparelhagem, preparo. **2** máquina, instrumento, ferramenta. **Ex:** Aparelho de barbear. **3** baixela, serviço. **Ex:** Aparelho de jantar. **4** *Aeron.* avião, aeronave. **5** *DE CAVALGADURA* arreios *pl*.

aparência *sf* **1** aspecto, fachada, ar. **Ex:** Tem aparência de pessoa educada. **2** fingimento, dissimulação, disfarce. **Ex:** Sua preocupação com o amigo é apenas aparência.

aparentar *vtd* **1** mostrar, demonstrar. **Ex:** Ele não aparenta a idade que tem. *vtd+vpr* **2** fingir(-se), afetar(-se), inculcar(-se). **Ex:** Ela aparenta generosidade, mas é egoísta; ele gosta de aparentar-se sábio. *vpr* **3** parecer, assemelhar-se, semelhar-se. **Ex:** Aparenta-se muito ao pai.

aparente *adj m+f* **1** visível, evidente, claro. **A:** oculto. **2** falso, fingido, afetado. **Ex:** Ela exibe uma tranqüilidade aparente.

aparição *sf* **1** V. aparecimento. **2** assombração, fantasma, espectro. **3** *Fig.* V. aparecimento.

apartação V. apartamento.

apartamento *sm* **1** apartação, separação, distanciamento. **A:** aproximação. **2** aposento, quarto, cômodo.

apartar *vtd* **1** escolher, selecionar, joeirar. **2** separar, apaziguar, acalmar. **Ex:** Apartar pessoas que estão brigando. *vtd+vpr* **3** separar(-se), desunir(-se), desligar(-se). **Ex:** Apartar-se do grupo. **A:** juntar(-se). **4** afastar(-se), desviar(-se), distanciar(-se). **Ex:** Apartar-se do caminho certo. **A:** aproximar(-se).

aparte *sm* **1** *Pec.* apartação, separação (do gado). **2** interrupção, interpelação, apóstrofe. **Ex:** Alguns participantes da assembléia fizeram apartes.

apartear *vtd+vi* interromper, interpelar, apostrofar.

aparvalhado *part+adj* palerma, parvo, apalermado, abobalhado. **A:** esperto.

aparvalhar *vtd+vpr* **1** apalermar(-se), abobar(-se), atoleimar(-se). **2** atrapalhar(-se), desnortear(-se), atarantar(-se).

apascentar *vtd* **1** pastorear. **Ex:** Apascentar o gado. **2** doutrinar, instruir, guiar. **Ex:** Apascentar os discípulos.

apatetado *part+adj* abobalhado, bobo, tolo, parvo. **A:** sabido.

apatetar *vtd+vpr* abobalhar(-se), amalucar(-se), abobar(-se), apalermar(-se).

apatia *sf* **1** indiferença, frieza, insensibilidade. **A:** interesse. **2** indolência, preguiça, ociosidade. **A:** energia.

apático *adj* **1** indiferente, frio, insensível. **A:** interessado. **2** indolente, preguiçoso, ocioso. **A:** ativo.

apavorador V. apavorante.

apavorante *adj m+f* aterrador, assustador, horrível, apavorador. **A:** encantador.

apavorar *vtd+vpr* aterrar(-se), assustar(-se), aterrorizar(-se), espantar(-se).

apaziguar *vtd+vpr* **1** pacificar(-se), acalmar(-se), tranqüilizar(-se). **2** conciliar(-se), reconciliar(-se), harmonizar(-se).

apear *vtd, vi+vpr* **1** *DE VEÍCULO* descer de; *DE MONTARIA* desmontar, descer de. **A:** subir em. *vtd* **2** demolir, abater, derrubar, arrasar. **A:** erguer. **3** demitir, despedir. **A:** admitir.

apedrejamento *sm* lapidação.

apedrejar *vtd* **1** lapidar. **2** ofender, insultar, injuriar. **A:** elogiar.

apegadiço *adj* **1** contagioso. **2** pegajoso, viscoso, grudento.

apegar *vtd* **1** contagiar. **2** colar, juntar, prender. **A:** soltar. **3** adaptar, amoldar, moldar. *vpr* **4** aderir, colar, juntar-se. **Ex:** A poeira apegou-se às minhas roupas. **A:** soltar-se. **5** valer-se de, recorrer a, apelar para. **Ex:** Apegar-se aos santos. **6** afeiçoar-se de, devotar-se, dedicar-se. **Ex:** Apegar-se aos filhos. **A:** desapegar-se.

apego *sm* **1** afeto, devoção, agarramento *fam.* **A:** desapego. **2** afinco, aferro, insistência. **A:** inconstância.

apelação *sf* **1** *Dir.* recurso. **2** V. apelo. **3** recurso, remédio, solução. **Ex:** Não existe apelação para esse problema.

apelar *vti* **1** *Dir.* recorrer a. **Ex:** Apelar para uma instância superior. **2** chamar, invocar, pedir ajuda para. **Ex:** Apelar para os amigos.

apelidar *vtd* alcunhar, cognominar.

apelido *sm* **1** sobrenome, cognome (de família). **2** alcunha, cognome, epíteto.

apelo *sm* chamamento, chamado, apelação, invocação. **Ex:** Atenderam aos meus apelos.

apenas *adv* **1** só, somente, unicamente. **Ex:** Conheço apenas uma pessoa dessa casa. *conj sub* **2** logo que, mal, assim que. **Ex:** Apenas cheguei em casa, o telefone tocou.

apêndice *sm* **1** suplemento, anexo, apenso. **2** acréscimo, aditamento.

apenso *sm* **1** V. apêndice. *adj* **2** junto, ligado, anexo. **A:** separado.

apequenar *vtd+vpr* **1** diminuir, reduzir(-se), encolher(-se). **A:** aumentar. **2** humilhar(-se), rebaixar(-se), amesquinhar(-se).

aperceber *vtd* **1** perceber, distinguir, notar. **Ex:** Aperceber vultos. *vtd+vpr* **2** aparelhar(-se), aprestar(-se), preparar(-se). **Ex:** Aperceber os soldados para a guerra. **3** abastecer(-se), prover(-se), munir(-se). **Ex:** Aperceber-se de mantimentos e com-

bustível. *vpr* **4** perceber, notar, tocar-se. **Ex:** Apercebeu-se de que esquecera as fotos.

aperfeiçoamento *sm* **1** retoque, arremate, acabamento. **2** refinamento, melhoramento, apuro. **A:** piora. **3** especialização.

aperfeiçoar *vtd* **1** retocar, arrematar, acabar. *vtd+vpr* **2** refinar(-se), melhorar, apurar(-se). **Ex:** Aperfeiçoar o inglês. **A:** piorar. *vpr* **3** especializar-se, aprofundar-se. **Ex:** Aperfeiçoar-se numa ciência.

aperitivo *sm* *COMIDA* antepasto; *BEBIDA* drinque, coquetel.

aperreação *sf* **1** aperreamento, apoquentação, irritação. **2** apuro, dificuldade, aperto.

aperreamento V. aperreação.

aperrear *vtd+vpr* apoquentar(-se), amolar(-se), atormentar(-se), incomodar(-se).

apertado *part+adj* **1** estreito, estreitado. **Ex:** Passamos por um corredor apertado. **A:** largo. **2** ajustado. **Ex:** Roupa apertada, parafuso apertado. **A:** folgado. **3** difícil, dificultoso, duro. **Ex:** Levar uma vida apertada. **4** severo, rigoroso, rígido. **Ex:** Uma moral apertada. **A:** brando. **5** aflito, angustiado, torturado. **Ex:** Ficamos de coração apertado. **A:** aliviado.

apertar *vtd* **1** premer, comprimir, espremer. **A:** desapertar. **2** segurar, agarrar (com força). **Ex:** Apertava as mãos de nervoso. **3** estreitar, cingir. **Ex:** Apertou o filho nos braços. **4** ajustar, justar *pop.* **Ex:** Apertar parafusos. **A:** desapertar. **5** apressar, acelerar, precipitar. **Ex:** Apertar o passo. **A:** desapertar. *vtd+vti* **6** instar com, insistir, teimar. **Ex:** Apertar num argumento. *vtd, vti+vpr* **7** aproximar(-se), juntar(-se), unir(-se). *vtd+vpr* **8** intensificar(-se), ativar(-se), reforçar(-se). **Ex:** Apertar o controle, a vigilância. **A:** diminuir. **9** angustiar(-se), afligir(-se), torturar(-se). **Ex:** O sofrimento apertava o coração de todos. **A:** acalmar(-se).

aperto *sm* **1** ajustamento. **2** pressão. **3** angústia, aflição, tormento. **4** miséria, necessidade, penúria. **A:** fartura. **5** pressa, impaciência, afobação. **A:** calma. **6** severidade, rigor, rigidez. **A:** brandura.

apesar de *loc prep* a despeito de, não obstante, malgrado. **Ex:** Apesar do cansaço, teve ânimo para correr no parque. * Apesar de que: ainda que, embora.

apessoado V. bem-apessoado.

apetecer *vtd* 1 querer, desejar. 2 ambicionar, cobiçar, almejar. *vti* 3 agradar, satisfazer, aprazer. **Ex:** Não me apetece ficar aqui. **A:** desagradar.

apetência V. apetite.

apetite *sm* 1 fome, apetência. **A:** inapetência. 2 *Por ext.* desejo, vontade, querer. 2 *Por ext.* ambição, cobiça, ganância. **A:** desapego. 3 *Por ext.* preferência, predileção, precedência, primazia. 4 *Por ext.* libido, desejo (sexual).

apetitivo *adj* 1 V. apetitoso. 2 sensual, lascivo, libidinoso.

apetitoso *adj* 1 apetitivo. **Ex:** Comida apetitosa. 2 gostoso, saboroso, delicioso. **A:** ruim. 3 ambicioso, cobiçoso, ganancioso.

apetrechar *vtd+vpr* petrechar(-se), munir(-se), prover(-se), aparelhar(-se).

apetrechos *sm pl* petrechos, aprestos, utensílios, equipamento *sing*.

ápice *sm* 1 vértice, cume, pico. **Ex:** O ápice da montanha. **A:** sopé. 2 apogeu, máximo, cúmulo. **Ex:** O ápice da ignorância.

apícola V. apicultor.

apicultor *sm* apícola, abelheiro.

apiedar-se *vpr* compadecer-se, condoer-se, comiserar-se, comover-se.

apimentado *adj* 1 picante. 2 excitante, estimulante, provocante. 3 *Fig.* mordaz, malicioso, corrosivo.

apimentar *vtd* excitar, estimular, provocar.

apinhado *part+adj* amontoado, aglomerado, cheio, repleto. **A:** vazio.

apinhar *vtd+vpr* amontoar(-se), aglomerar(-se), empilhar(-se), encher(-se).

apitar *vi* 1 assobiar, assoviar, silvar. *vtd* 2 *Esp.* marcar, assinalar. **Ex:** O juiz apitou um gol. 3 *Esp.* arbitrar. **Ex:** Um juiz inglês apitará o jogo.

apito *sm* assobio, assovio, silvo.

aplacar *vtd, vi+vpr* 1 apaziguar(-se), acalmar(-se), tranqüilizar(-se). 2 abrandar(-se), suavizar(-se), moderar(-se).

aplainado *part+adj* 1 liso, alisado. 2 plano, chão.

aplainamento *sm* 1 aplanamento, nivelamento. 2 facilitação, favorecimento, auxílio.

aplainar *vtd* 1 alisar. 2 V. aplanar.

aplanamento V. aplainamento.

aplanar *vtd+vpr* 1 aplainar(-se), nivelar(-se), igualar(-se). **Ex:** Aplanar o terreno. *vtd* 2 facilitar, favorecer, aplainar. **Ex:** Aplanar uma negociação. 3 *OBSTÁCULOS, DIFICULDADES* superar, sobrepujar, aplainar.

aplaudir *vtd+vi* 1 ovacionar, aclamar. **A:** vaiar. 2 louvar, elogiar. **A:** criticar. 3 apoiar, aprovar. **A:** reprovar. *vpr* 4 gabar-se, vangloriar-se, orgulhar-se. **A:** envergonhar-se.

aplauso *sm* 1 ovação, aclamação. **A:** vaia. 2 louvor, elogio. **A:** crítica. 3 apoio, aprovação. **A:** reprovação.

aplicação *sf* 1 emprego, utilização, destino. **Ex:** Aplicação de recursos financeiros. 2 afinco, atenção, diligência. **Ex:** Aplicação ao trabalho, ao estudo. **A:** desleixo. 3 *DE PENA* execução, cumprimento. 4 prática, uso, utilização. **Ex:** A aplicação de uma técnica de tratamento.

aplicado *part+adj* estudioso, diligente, dedicado, esforçado. **A:** desleixado.

aplicar *vtd* 1 adaptar, justapor, ajuntar. **Ex:** Aplicar enfeites, um emplastro. 2 empregar, utilizar, usar. **Ex:** Aplicar uma técnica de terapia. 3 *CAPITAL* empregar, investir, inverter. 4 adequar, apropriar, ajustar. **Ex:** Aplicou o método às suas necessidades. 5 administrar, ministrar, receitar. **Ex:** Aplicar um medicamento. 6 *GOLPE* dar, desferir, assentar. **Ex:** Aplicou um soco no estômago do adversário. *vtd+vpr* 7 dedicar(-se), entregar(-se), consagrar(-se). **Ex:** Aplicar duas horas ao estudo; aplicar-se ao trabalho.

apocalipse *sm Fig.* cataclismo, hecatombe, catástrofe, calamidade.

apocalíptico *adj* 1 pavoroso, terrível, assustador. 2 incompreensível, obscuro, enigmático. **A:** claro.

apócrifo *adj* falso, fingido, espúrio, incerto. **A:** autêntico.

apoderar-se *vpr* 1 apossar-se, apropriar-se, senhorear-se. **A:** desfazer-se. 2 conquistar, dominar, usurpar.

apodrecer *vtd+vi* 1 putrefazer(-se). **Ex:** O excesso de calor apodreceu a comida; a fruta apodreceu. 2 *tb Fig.* corromper(-se), deteriorar(-se), estragar(-se). **Ex:** A sociedade apodreceu. **A:** regenerar(-se).

apogeu *sm* 1 *Astr.* zênite. **A:** perigeu. 2 *Fig.* auge, ápice, máximo. **Ex:** O apogeu do Império Romano.

apoiado *sm* 1 apoio, aplauso, aprovação. **A:** desaprovação. *interj* 2 muito bem! isso mesmo!

apoiar *vtd* 1 aplaudir, aprovar. **Ex:** Apoiamos sua iniciativa. **A:** desaprovar. 2 patrocinar, favorecer, ajudar. **Ex:** Apoiar uma instituição. **A:** desamparar. *vtd+vpr* 3 assentar(-se), firmar(-se), segurar(-se). **Ex:** Apoiou-se à parede para não cair. 4 fundamentar(-se), basear(-se), fundar(-se). **Ex:** Toda a minha teoria se apóia em fatos.

apoio *sm* 1 aplauso, aprovação, anuência. **A:** desaprovação. 2 *Mec.* e *Constr.* base, suporte, sapata. 3 amparo, socorro, auxílio. **A:** desamparo. 4 fundamento, base, embasamento.

apojar *vi SEIO, ÚBERE* encher-se, intumescer-se, amojar-se (de leite).

apólice *sf Com.* título, certificado, ação.

apolíneo *adj* belo, formoso, lindo, gracioso. **A:** feio.

apologético *adj* elogioso, laudatório, panegírico, encomiástico. **Ex:** Discurso apologético, que louva.

apologia *sf* 1 discurso de louvor: panegírico. 2 elogio, louvor, encômio. **A:** crítica.

apontador *sm DE RELÓGIO, BÚSSOLA* ponteiro, agulha, mão, indicador.

apontamento *sm* nota, anotação, registro, comentário.

apontar *vtd* 1 afinar, aguçar, adelgaçar. **Ex:** Apontar os lápis. 2 indicar, mostrar, indigitar. **Ex:** Apontar a saída, uma pessoa. 3 citar, mencionar, nomear. **Ex:** Apontar os suspeitos. 4 assinalar, marcar, notar. **Ex:** Apontar os erros gramaticais de uma redação. 5 anotar, registrar, escrever. **Ex:** Apontamos os pontos principais das conferências. 6 mirar, dirigir, assestar. **Ex:** Apontou o revólver para cima. *vi* 7 despontar, surgir, aparecer.

Ex: A lua já apontou no céu. **A:** sumir. 8 germinar, brotar, desabrochar. **Ex:** Flores brancas apontam no pomar.

apopléctico V. apoplético.

apoplético *adj* 1 *Med. apopléctico.* 2 irritado, irado, colérico. **A:** tranqüilo.

apoplexia (cs) *sf Med.* derrame, congestão.

apoquentação *sf* amolação, incômodo, chateação, aporrinhação *pop.*

apoquentar *vtd+vpr* amolar(-se), incomodar(-se), aborrecer(-se), aporrinhar(-se) *pop.*

apor *vtd* 1 juntar, justapor, sobrepor. 2 acrescentar, adicionar, aditar. **A:** subtrair. 3 *ASSINATURA* aplicar, dar.

aporrinhação V. apoquentação.

aporrinhar V. apoquentar.

aportar *vti* 1 *Náut.* abicar, ancorar. 2 *Náut.* chegar, entrar (no porto). *vtd* 3 encaminhar, conduzir, levar. **Ex:** Bons motivos te aportam por aqui.

após *prep* 1 atrás de, depois de. *adv* 2 depois, em seguida, posteriormente. **A:** antes.

aposentadoria *sf* 1 inatividade, reforma, jubilação. 2 hospedagem, alojamento, hospedaria.

aposentar *vtd+vpr* 1 reformar(-se), jubilar(-se). **Ex:** Aposentou-se por invalidez. 2 hospedar(-se), alojar(-se), albergar(-se). *vtd* 3 abandonar, desistir de, deixar de lado. **Ex:** Aposentei esse projeto há tempos.

aposento *sm* 1 moradia, residência, habitação. 2 quarto, apartamento, cômodo.

apossar-se *vpr* 1 apoderar-se, apropriar-se, senhorear-se. **A:** desfazer-se. 2 tomar, dominar, prender. **Ex:** Uma grande alegria apossou-se dela.

aposta *sf* 1 ajuste, parada, jogo. 2 *Por ext.* desafio, disputa, competição.

apostar *vtd* 1 arriscar, jogar. 2 afirmar, asseverar, sustentar. **Ex:** Aposto que ele não vem. 3 disputar, pleitear, competir. **Ex:** Vamos apostar uma partida de xadrez.

apostasia *sf* abjuração, renúncia, deserção, abandono.

apóstata *s m+f* desertor, renegado, traidor.

apostatar *vti+vi* abjurar, renunciar a, desertar de, renegar. **Ex:** Apostatar da fé, da lei. **A:** seguir.

apostema *sm Med.* abscesso, tumor, quisto, neoplasma.

apostemar *vtd* **1** *Med.* infectar, infeccionar. **2** corromper, estragar, deteriorar. **3** supurar. *vpr* **4** irritar-se, irar-se, zangar-se. **A:** acalmar-se.

apostila *sf* **1** nota, comentário, *apostilha.* **2** pós-escrito, *apostilha.*

apostilar *vtd* anotar, comentar, emendar, glosar.

apostilha V. apostila.

aposto *part+adj* preparado, pronto, disposto, prestes. **Ex:** Fiquem todos apostos.

apostolado *sm* pregação, evangelização, ministério, propaganda. **Ex:** Apostolado de uma religião, de uma doutrina.

apostolar *vtd* **1** pregar, evangelizar, propagar. **Ex:** Apostolar o Evangelho, uma doutrina. *adj* **2** apostólico. **3** edificante, exemplar, moralizador. **A:** desmoralizante.

apostólico *adj* **1** apostolar. **2** papal, pontifício.

apóstolo *sm* pregador, evangelizador, missionário, enviado.

apostrofar *vtd Ret.* apartear, interpelar, interromper.

apóstrofe *sf Ret.* aparte, interpelação, interrupção.

apoteosar *vtd* glorificar, exaltar, enaltecer, louvar. **A:** rebaixar.

apoteose *sf* glorificação, exaltação, louvor, engrandecimento. **A:** rebaixamento.

apoteótico *adj* **1** *Fig.* elogioso, lisonjeiro, apologético. **2** *Fig.* triunfal, glorioso, triunfante. **Ex:** Uma entrada apoteótica.

apoucado *part+adj* **1** restrito, limitado, escasso. **A:** abundante. **2** acanhado, mirrado, raquítico. **A:** crescido.

apoucamento *sm* menosprezo, menoscabo, desprezo, desdém.

apoucar *vtd* **1** menosprezar, menoscabar, depreciar. **Ex:** Os adversários apoucavam sua capacidade de vitória. **A:** exaltar. *vtd+vpr* **2** restringir(-se), limitar(-se). **3** diminuir, reduzir(-se), encolher(-se). **Ex:** Apoucar os gastos. **4** humilhar(-se), rebaixar(-se), aviltar(-se). **Ex:**

aprazar *vtd* **1** *PRAZO, TEMPO, LUGAR* determinar, estipular, marcar. **Ex:** Aprazar a data do noivado; os diplomatas apraza-

ram um local para a assinatura do tratado. **2** convocar, citar, chamar. **Ex:** Todos os diretores foram aprazados. **3** ajustar, combinar, convencionar.

aprazer *vtd* agradar, contentar, deleitar, deliciar. **A:** desagradar.

aprazimento *sm* **1** prazer, contentamento, deleite. **A:** desprazer. **2** aprovação, consentimento, permissão. **A:** desaprovação.

aprazível *adj m+f* agradável, ameno, prazeroso, prazenteiro. **Ex:** Um lugar aprazível.

apreçar *vtd* orçar, avaliar, estimar, ajustar.

apreciação *sf* **1** avaliação, análise, exame. **2** conceito, opinião, juízo.

apreciador *sm+adj* admirador, fã.

apreciar *vtd* **1** gostar de, estimar, prezar. **Ex:** Apreciamos boa música. **2** avaliar, julgar, analisar. **Ex:** Apreciar as possibilidades.

apreciável *adj m+f* considerável, grande, vultoso, significativo. **Ex:** Ofereceram-me um valor apreciável. **A:** insignificante.

apreço *sm* **1** estima, consideração, respeito. **Ex:** Sente grande apreço pelos pais. **A:** desapreço. **2** valor, importância, valia.

apreender *vtd* **1** *Dir.* confiscar, seqüestrar, tomar. **Ex:** Apreender mercadorias. **2** entender, compreender, assimilar. **Ex:** Apreender o sentido de uma palavra.

apreensão *sf* **1** *Dir.* confisco, seqüestro. **2** entendimento, compreensão, percepção. **3** preocupação, receio, temor. **A:** despreocupação.

apreensivo *adj* preocupado, receoso, inquieto, ansioso. **A:** despreocupado.

apregoar *vtd* pregar, anunciar, divulgar, pregoar.

aprender *vtd+vti* estudar, assimilar, memorizar, decorar. **Ex:** Amanhã aprenderemos novas coisas; aprender uma língua.

aprendiz *sm* **1** novato, estagiário, principiante. **A:** mestre. **2** inexperiente. **A:** perito.

aprendizado V. aprendizagem.

aprendizagem *sf* aprendizado, estágio, tirocínio, noviciado.

apresar *vtd* agarrar, capturar, aprisionar, prender. **A:** soltar.

apresentação *sf* **1** expressão, manifestação. **2** recomendação. **Ex:** Carta de apresentação. **3** adução, alegação, exposição. **4** oferta, entrega. **5** mostra, exibição. **6** aparência, aspecto, fachada, ar.

apresentar *vtd* **1** exprimir, expressar, manifestar. **Ex:** Apresentar os pêsames à família do morto. **2** recomendar. **Ex:** Apresentar uma amiga para um emprego. **3** aduzir, alegar, expor. **Ex:** Apresentar motivos, argumentos. **4** oferecer, entregar, dar. *vtd+vpr* **5** mostrar(-se), exibir(-se), expor(-se). **Ex:** Apresentar um relatório; ela se apresenta muito bem. *vpr* **6** comparecer, aparecer, ir. **Ex:** Apresentou-se ao consulado. **7** surgir, aparecer. **Ex:** Apresentaram-se novos obstáculos. **8** parecer, afigurar-se. **Ex:** A solução do problema apresenta-se distante.

apressado *part+adj* **1** acelerado, rápido, veloz. **A:** lento. **2** urgente, iminente. **3** precipitado, impaciente, pressuroso. **A:** tranqüilo.

apressar *vtd+vpr* **1** acelerar(-se). **A:** desacelerar(-se). **2** abreviar(-se), antecipar(-se), adiantar(-se). *vtd* **3** estimular, incitar, induzir.

aprestamento V. apresto.

aprestar *vtd+vpr* **1** aprontar(-se), preparar(-se), dispor(-se). **2** aparelhar(-se), prover(-se), armar(-se).

apresto *sm* **1** preparação, preparo, aprestamento, disposição. *sm pl* **2** apetrechos, petrechos, utensílios.

aprimorado *part+adj* perfeito, primoroso, completo, excelente.

aprimorar *vtd+vpr* aperfeiçoar(-se), esmerar(-se), apurar(-se), refinar(-se).

aprisco *sm* **1** redil, ovil, curral (para carneiros). **2** covil, toca, caverna. **3** *Por ext.* casa, lar, morada.

aprisionar *vtd* prender, encarcerar, apresar, deter. **A:** libertar.

aproar *vtd+vti* **1** *Náut.* emproar. **Ex:** Aproar o barco na direção do vento. *vti* **2** *Por ext.* encaminhar-se, dirigir-se a.

aprobativo V. aprovativo.

aprobatório V. aprovativo.

aprofundar *vtd* **1** escavar, cavar. **Ex:** Aprofundar uma vala. *vtd* **2** estudar, examinar, investigar. **Ex:** Aprofundar um tema. *vpr* **3** embrenhar-se, entranhar-se, penetrar. **Ex:** Aprofundar-se na mata. **4** dedicar-se, aplicar-se, entregar-se. **Ex:** Aprofundar-se num estudo.

aprontar *vtd+vpr* **1** preparar(-se), dispor(-se), aprestar(-se). *vpr* **2** *Fam.* vestir-se, trocar-se, arrumar-se. **Ex:** A noiva já se aprontou.

apropinquar *vtd+vpr* aproximar(-se), avizinhar(-se), achegar(-se), acercar(-se). **A:** afastar(-se).

apropriado *part+adj* **1** próprio, adequado, conveniente. **Ex:** Uma roupa apropriada para a ocasião. **A:** inapropriado. **2** oportuno. **Ex:** No momento apropriado, contaremos tudo. **A:** inoportuno.

apropriar *vtd* **1** adequar, adaptar, ajustar. *vpr* **2** apossar-se, apoderar-se, assenhorear-se.

aprovação *sf* **1** consentimento, permissão, autorização. **Ex:** Ela nunca faz nada sem a aprovação dos pais. **2** aplauso, apoio, louvor. **Ex:** Seu discurso obteve a aprovação de todos. **3** confirmação, homologação, sanção. **A:** veto.

aprovar *vtd* **1** consentir em, permitir, autorizar. **Ex:** O autor não aprovou as mudanças. **A:** desaprovar. **2** ratificar, sancionar, confirmar. **Ex:** O presidente aprovou as novas medidas. **A:** vetar. **3** qualificar, classificar. **Ex:** Aprovar candidatos num concurso.

aprovativo *adj* aprobatório, *aprobativo*.

aproveitado *part+adj* **1** proveitoso, vantajoso, útil. **A:** inconveniente. **2** *Por ext.* econômico, moderado, parcimonioso. **A:** perdulário.

aproveitador *sm+adj* explorador, vampiro *fig*, parasita *fig*.

aproveitamento *sm* **1** usufruto, gozo, desfrute. **2** utilidade, proveito, uso. **A:** desperdício. **3** progresso, adiantamento, avanço. **A:** retrocesso.

aproveitar *vtd* **1** empregar, utilizar, usar. **Ex:** Aproveitar bem os recursos disponíveis. **A:** desperdiçar. **2** usufruir, gozar, desfrutar. **Ex:** Aproveitar a vida. *vtd, vti+vpr* **3** utilizar(-se), valer(-se), prevalecer(-se). **Ex:** Aproveitou a minha distração para me enganar; aproveitar-se da ingenuidade alheia. *vti* **4** explorar, aproveitar-se. **Ex:** Aproveitar dos pobres. *vi* **5** progredir, adiantar-se, avançar. **Ex:** Tenho aproveitado muito nos estudos. *vpr* **6** *Bras.* desvirginar, deflorar, violentar. **Ex:** Ele aproveitou-se da moça.

aproveitável *adj m+f* útil, proveitoso, vantajoso, lucrativo. **A:** inútil.

aprovisionamento *sm* abastecimento, provisão, fornecimento. **A:** desprovimento.

aprovisionar *vtd* abastecer, prover, sortir, munir. **A:** desprover.

aproximação (ss) *sf* **1** avizinhação, apropinquação, achegamento. **A:** afastamento. **2** *Mat.* estimativa, cálculo aproximado. **3** afinidade, semelhança, conformidade.

aproximar (ss) *vtd+vpr* **1** avizinhar(-se), apropinquar(-se), achegar(-se). **Ex:** Aproximamo-nos da casa. **A:** afastar(-se). **2** relacionar(-se), associar(-se), unir(-se). **Ex:** As dificuldades da vida os aproximaram. *vtd* **3** adiantar, antecipar, precipitar. **Ex:** Aproximou o momento da partida. **A:** atrasar. *vpr* **4** parecer-se, assemelhar-se, semelhar-se. **Ex:** Os dois trabalhos se aproximam.

aprumado *part+adj* **1** vertical, perpendicular. **A:** horizontal. **2** *INDIVÍDUO* ereto, empertigado, direito. **A:** encurvado. **3** *Fig. INDIVÍDUO* alinhado, elegante. **A:** relaxado.

aprumar *vtd+vpr* **1** empertigar(-se), endireitar(-se). **Ex:** Aprumou-se para fazer o juramento. **A:** desaprumar(-se). *vpr* **2** *NO VESTIR* apurar-se, esmerar-se. **A:** relaxar.

aprumo *sm* **1** *Fig.* altivez, orgulho, soberba. **A:** humildade. **2** *Fig.* alinho, elegância. **A:** relaxo.

aptidão *sf* **1** vocação, tendência, queda. **Ex:** Aptidão para a música. **2** habilidade, capacidade, competência. **Ex:** Tem muita aptidão para esse trabalho. **A:** inaptidão.

apto *adj* hábil, capaz, competente, habilitado. **A:** inapto.

apunhalar *vtd Fig.* magoar, ferir, melindrar, ofender.

apupar *vtd* **1** vaiar. **A:** ovacionar. **2** zombar de, escarnecer de, ridicularizar.

apupo *sm* **1** vaia. **A:** ovação. **2** zombaria, escárnio, troça.

apuração *sf* **1** V. apuro. **2** escolha, seleção, separação. **3** averiguação, investigação, verificação. **4** *DE VOTOS* contagem, cálculo.

apurado *part+adj* **1** alinhado, elegante, aprumado. **A:** relaxado. **2** *GOSTO* delicado, requintado, fino. **A:** grosseiro.

apuramento V. apuro.

apurar *vtd+vpr* **1** purificar(-se), depurar(-se), purgar(-se). **A:** sujar(-se). **2** aperfeiçoar(-se), refinar(-se), corrigir(-se). *vtd* **3** escolher,

selecionar, separar. **4** averiguar, investigar, verificar. **5** conseguir, obter, alcançar. **6** *VOTOS* contar, calcular. **7** *METAIS* afinar. *vpr* **8** *NO VESTIR* esmerar-se, aprumar-se.

apurativo *adj* purificante, depurativo.

apuro *sm* **1** apuração, apuramento, purificação. **2** esmero, capricho, requinte. **A:** desleixo. **3** dificuldade, sinuca *pop*, impasse.

aquartelamento *sm* **1** alojamento (ação). **2** quartel, caserna.

aquartelar *vtd* **1** *Mil.* aboletar. *vi+vpr* **2** *Mil.* alojar-se. **3** *Por ext.* hospedar-se, instalar-se, acomodar-se. **Ex:** Todos os parentes se aquartelaram aqui.

aquático *adj* **1** referente à água, ou que vive na água. **A:** terrestre. **2** aquoso, áqüeo.

aquecer *vtd, vi+vpr* **1** esquentar(-se), aquentar(-se). **A:** esfriar. *vtd+vpr* **2** animar(-se), entusiasmar(-se), encantar(-se). **A:** desanimar(-se). **3** encolerizar(-se), irar(-se), zangar(-se). **A:** acalmar(-se). *vpr* **4** *Esp.* exercitar-se, preparar-se. **Ex:** Aquecer-se antes do jogo.

aqueduto *sm* cano, encanamento.

aquém *adv* aqui, cá. **A:** além. * Aquém de: abaixo de, menos que. **Ex:** O preço deste artigo está aquém de mil reais.

aquentar *vtd+vpr* **1** aquecer(-se), esquentar(-se). **A:** esfriar(-se). **2** reanimar(-se), revigorar(-se), animar(-se). **A:** esmorecer.

áqüeo V. aquático.

aquerenciar *vtd+vpr* habituar(-se), acostumar(-se), afazer(-se).

aqui *adv* **1** cá. **Ex:** Estou aqui. **A:** ali. **2** para cá. **Ex:** Venho aqui todos os meses. **A:** ali. **3** nisto, agora, neste momento. **4** atualmente, hoje, agora.

aquiescência *sf* anuência, consentimento, aprovação, assentimento. **A:** desaprovação.

aquiescer *vti+vi* anuir, consentir, aprovar, assentir. **A:** desaprovar.

aquietar *vtd+vpr* acalmar(-se), serenar(-se), tranqüilizar(-se), apaziguar(-se). **A:** enfurecer(-se).

aquilatar *vtd* **1** apreciar, avaliar, estimar. *vtd+vpr* **2** aperfeiçoar(-se), apurar(-se), melhorar.

aquilino *adj* **1** *NARIZ* adunco, curvo, recurvo. **2** *VISÃO, OLHAR* penetrante, aguçado.

aquinhoar *vtd* **1** dividir, repartir, partilhar, distribuir. **Ex:** Aquinhoar os doces entre as crianças. **2** beneficiar, favorecer, dotar, contemplar. **Ex:** A sorte sempre o aquinhoou.

aquisição *sf* **1** compra. **A:** venda. **2** obtenção, conquista, conseguimento. **A:** perda.

aquoso V. aquático.

ar *sm* **1** atmosfera. **2** vento, brisa, aragem. **3** clima. **4** vácuo, vazio, espaço. **5** graça, elegância, garbo. **6** expressão, semblante, fisionomia. **7** modo, maneira, jeito. **8** aparência, aspecto, fachada. **9** indício, sinal, mostra.

árabe *s m+f* **1** mouro, sarraceno. *Por ext.* muçulmano *impr. adj m+f* **2** arábico.

arabesco *sm* rabisco, garatuja.

arábico V. árabe.

arado *sm* **1** *Agr.* charrua. *adj* **2** *Pop.* faminto, esfomeado, esfaimado. **A:** saciado.

arador *sm* lavrador, agricultor, camponês.

aragem *sf* **1** brisa, viração, bafejo. **2** *Fig.* oportunidade, ensejo, ocasião.

aramado *sm* alambrado.

arame *sm* *Pop.* dinheiro, gaita *gír*, grana *gír*, ouro.

aranhar *vi* tardar, demorar.

aranheiro V. aranhol.

aranhol *sm* **1** esconderijo da aranha: aranheiro. **2** armadilha, rede, arapuca (para caçar pássaros).

aranzel *sm* **1** ladainha, lengalenga, arenga. **2** confusão, bafafá *pop*, rolo *pop*.

araponga *sf* *Ornit.* ferreiro.

arapuca *sf* **1** armadilha, urupuca, arataca. **2** *Fig.* embuste, cilada, ardil.

arar *vtd* **1** *Agr.* lavrar, cultivar, amanhar. **2** *Náut.* singrar, navegar.

arara *sf* *Fig.* zangado, irritado, aborrecido, nervoso. **Ex:** Ficou uma arara quando soube da mentira da irmã.

arataca *sf* arapuca, urupuca, armadilha.

arauto *sm* *Por ext.* mensageiro, emissário, enviado, embaixador.

arbitral V. arbitrário.

arbitrar *vtd* **1** julgar, sentenciar, ajuizar. **2** *Fut.* apitar. **3** decidir, resolver, deliberar. **Ex:** Arbitrou abandonar o cargo. **4** *Dir.* atribuir, conferir, adjudicar. **Ex:** Arbitraram todos os bens a um só herdeiro.

arbitrariedade *sf* abuso, injustiça, excesso, descomedimento.

arbitrário *adj* **1** parcial, injusto, autoritário, arbitral. **A:** imparcial. **2** desnecessário, facultativo, dispensável. **A:** essencial.

arbítrio *sm* julgamento, sentença, juízo, arbitragem.

árbitro *sm* **1** juiz, mediador. **2** senhor, soberano. **Ex:** O destino é árbitro da vida dos homens. **3** padrão, exemplo, modelo. **Ex:** É um árbitro da inteligência.

arborizar *vtd* arvorar.

arca *sf* **1** cofre, baú, burra. **2** tesouro.

arcabouço *sm* **1** esqueleto. **2** peito, tórax. **3** armação, estrutura. **Ex:** Os operários construíram o arcabouço do prédio.

arcada *sf* *Arquit.* abóbada, cúpula, domo.

arcado V. arqueado.

arcaico *adj* antiquado, obsoleto, desusado, antigo. **A:** moderno.

arcaísmo *sm* **A:** neologismo.

arcar *vtd+vpr* **1** arquear(-se), curvar(-se), encurvar(-se). **A:** endireitar(-se). *vti* **2** assumir, enfrentar, arrostar. **Ex:** Arcar com as conseqüências.

arcebispado *sm* *Rel.* arquiepiscopado.

arcebispal *adj* *Rel.* arquiepiscopal.

archote *sm* tocha, facho.

arco *sm* **1** aro, anel, círculo. **2** *Fut.* gol, meta. **3** *Arquit.* curva, curvatura (de abóbada). **4** *Mat.* segmento (da circunferência).

arco-íris *sm* *Meteor.* íris.

ardência *sf* **1** ardor, ardimento. **2** vivacidade, energia, vigor.

ardente *adj m+f* **1** abrasado, incandescente, aceso. **2** acre, picante, ácido. **A:** doce. **3** veemente, intenso, violento.

arder *vti+vi* **1** desejar, ansiar por, ambicionar. **Ex:** Arde por realizar seus sonhos. *vi* **2** queimar-se, abrasar-se, inflamar-se. **Ex:** A madeira ardia na lareira. **3** brilhar, cintilar, resplandecer. **Ex:** As luzes ardiam ao longe.

ardidez *sf* coragem, intrepidez, ousadia, destemor. **A:** covardia.

ardido *part+adj* **1** picante, ácido, azedo. **Ex:** Comida ardida. **A:** doce. **2** fermentado, azedo. **3** corajoso, intrépido, ousado. **A:** covarde.

ardil *sm* 1 manha, astúcia, sutileza. **A:** ingenuidade. 2 armadilha, emboscada, cilada.

ardileza V. ardil.

ardiloso *adj* astucioso, astuto, manhoso, matreiro. **A:** ingênuo.

ardimento V. ardência.

ardor *sm* 1 ardência, ardimento. 2 calor. 3 paixão, entusiasmo, energia.

ardoroso *adj* entusiasta, apaixonado, fervoroso, exaltado. **A:** indiferente.

ardósia *sf* lousa.

árduo *adj* 1 íngreme, alcantilado, escarpado. 2 difícil, penoso, cansativo. **Ex:** Um trabalho árduo. **A:** fácil.

área *sf* 1 superfície, espaço. 2 *Constr.* pátio. 3 *Fig.* campo, âmbito, domínio. **Ex:** Área de atuação.

areal *sm* 1 areão. 2 praia, litoral, orla.

areão V. areal.

arear *vtd* 1 limpar, polir, esfregar. 2 *AÇÚCAR* refinar.

areento V. arenoso.

areia *sf* 1 saibro. 2 *Por ext.* praia, beira-mar, orla. 3 *Por ext.* pó. 4 *Med.* cálculo, pedra. 5 *Fam.* tolice, asneira, besteira.

arejar *vtd* 1 ventilar, aventar, refrescar. *vpr* 2 espairecer, distrair-se, entreter-se. 3 refrescar-se.

arena *sf* 1 *PARA TORNEIO, COMBATE* liça, campo, estacada. 2 *Fig.* disputa, discussão, controvérsia.

arenga *sf* 1 ladainha, lengalenga, aranzel. 2 discurso, oração, fala. 3 *Fam.* intriga, mexerico, enredo.

arengar *vti+vi* 1 discursar, falar, discorrer. **Ex:** O professor arengou sobre a situação econômica. 2 discutir, disputar, altercar. **Ex:** Eles não se dão, vivem arengando. 3 *Fam.* mexericar, fuxicar, intrigar.

arengueiro *adj* 1 teimoso, obstinado, persistente. 2 *Fam.* mexeriqueiro, fuxiqueiro, intrigante.

arenoso *adj* areento, saibroso.

aréola *sf* 1 canteiro. 2 *Astr.* e *Anat.* halo.

aresta *sf* canto, quina, esquina, ângulo.

arfagem *sf* 1 ofego, arquejo, ânsia. 2 balanço, balouço, oscilação.

arfar *vi* 1 ofegar, arquejar, ansiar. 2 balançar, balouçar, oscilar. 3 *Náut.* jogar, balançar-se.

argamassa *sf Constr.* betume.

argênteo V. argentino.

argentino *adj* 1 prateado, argênteo. 2 *SOM* fino, agudo, vibrante.

argila *sf* 1 barro. **Ex:** Potes de argila. 2 *BRANCA* caulim, barro forte, barro branco. 3 *Fig.* fragilidade, debilidade, fraqueza.

argiláceo V. argiloso.

argiloso *adj* argiláceo. **Ex:** Terreno argiloso.

argola *sf* 1 anel, aro, arco. 2 aldrava, batente, aldraba. 3 brinco, pingente. 4 puxador, asa, alça.

argúcia *sf* astúcia, esperteza, manha, sutileza. **A:** ingenuidade.

argucioso *adj* astucioso, astuto, esperto, manhoso. **A:** ingênuo.

argueiro *sm* 1 lasquinha, palhinha. 2 *NOS OLHOS* cisco. 3 corpúsculo, grão de poeira. 4 bagatela, ninharia, insignificância.

argüição *sf* 1 acusação, incriminação. 2 censura, reprovação, desaprovação. **A:** aprovação. 3 exame, prova, questionário (oral). 4 discussão, disputa, argumentação.

argüir *vtd* 1 acusar, culpar, incriminar. **Ex:** Argüíram-no de traição. 2 censurar, reprovar, desaprovar. **Ex:** Ele sempre argüiu as atitudes dos filhos. **A:** aprovar. 3 demonstrar, provar, evidenciar. **Ex:** Sua expressão argüi a sua decepção. 4 examinar, questionar, perguntar. **Ex:** O professor argüiu os alunos. *vti+vi* 5 discutir, disputar, argumentar. *vpr* 6 acusar-se.

argumentação *sf* 1 raciocínio, exposição, explanação. 2 discussão, controvérsia, disputa.

argumentar *vtd* 1 alegar, expor, citar. **Ex:** Argumentaram que haviam perdido os convites. *vti* 2 deduzir, concluir, inferir. *vi* 3 discutir, brigar, debater.

argumento *sm* 1 prova, indício, sinal. 2 tema, assunto, enredo. 3 *Lit.* sumário, resumo, sinopse. 4 *Fam.* discussão, briga, contenda.

arguto *adj* 1 astuto, astucioso, argucioso. **A:** ingênuo. 2 *SOM* canoro, afinado, harmonioso.

ária *sf* 1 *Mús.* cantiga, canção, melodia. *adj* 2 *Etnol.* ariano.

ariano V. ária.

aridez *sf* 1 esterilidade, secura, infertilidade. **Ex:** A aridez dos campos. **A:** fertilidade. 2 *Fig.* rudeza, severidade, aspereza. **A:** brandura.

árido *adj* 1 estéril, seco, improdutivo. **Ex:** Terras áridas. **A:** fecundo. 2 *Fig.* cansativo, tedioso, enfadonho. **Ex:** O professor fez uma palestra árida. 3 *Fig.* insensível, frio. **Ex:** Tem um coração árido. **A:** humano. 4 *Fig.* rude, severo, áspero. **A:** brando.

Áries *sm Astr.* e *Astrol.* Carneiro.

aríete *sm Poét.* carneiro.

ariscar *vtd+vpr Pop.* assustar(-se), espantar(-se), espavorir(-se), sobressaltar(-se).

arisco *adj* 1 arredio, tímido, acanhado. 2 *ANIMAL* bravio, selvagem. 3 insociável, intratável, misantropo. **A:** sociável. 4 esquivo, desconfiado.

aristocracia *sf* nobreza, fidalguia. **A:** plebe.

aristocrata *s m+f* nobre, fidalgo. **A:** plebeu.

aristocrático *adj* 1 nobre, fidalgo. **A:** plebeu. 2 fino, distinto, nobre. **A:** grosseiro.

aristocratizar *vtd+vpr* enobrecer(-se), afidalgar(-se), nobilitar(-se).

arlequim *sm* 1 farsante, palhaço, bufão. 2 fanfarrão, farofeiro, brigão.

arlequinada *sf* 1 farsa, palhaçada, bufonaria. 2 fanfarronice, fanfarronada, farofa.

arma *sf* 1 armamento. 2 revólver, pistola. 3 fuzil, espingarda, carabina. 4 recurso, meio, expediente. **Ex:** Sua arma é a esperteza. *sf pl* 5 insígnia *sing*, brasão *sing*, escudo *sing*. **Ex:** As armas de um país. 6 *Zool.* cornos, chifres, armação *sing*. 7 tropas.

armação *sf* 1 preparação. 2 montagem, construção, fabricação. 3 estrutura, arcabouço. 4 para reforçar uma obra: armadura. 5 *Gír.* golpe. 6 V. arma.

armada *sf* 1 *Náut.* marinha de guerra. 2 *Náut.* esquadra, frota.

armadilha *sf* 1 arapuca, urupuca, arataca. 2 cilada, ardil, estratagema.

armadura *sf* 1 arnês; *DE MALHA* cota. **Ex:** As armaduras dos cavaleiros medievais. 2 *Constr.* vigamento, madeiramento. 3 V. armação.

armamento *sm* 1 arma. 2 *Mil.* arsenal, armaria, depósito (de armas).

armar *vtd+vpr* 1 *tb Fig.* munir(-se), prover(-se), abastecer(-se). **Ex:** Os soldados armaram-se até os dentes; armou-se de coragem e partiu. *vtd* 2 *MECANISMO* preparar. **Ex:** Armar uma arapuca. **A:** desarmar. 3 montar, construir, fabricar. **Ex:** Armar uma barraca. **A:** desarmar. 4 *ARMA DE FOGO* engatilhar. **A:** desarmar. 5 tramar, inventar, maquinar. **Ex:** Armar uma revolta. *vpr* 6 precaver-se, prevenir-se, resguardar-se. **Ex:** Armou-se contra as intempéries.

armaria *sf* 1 heráldica. 2 *Mil.* V. armamento.

armarinho *sm Pop.* loja (de miudezas).

armazém *sm* 1 depósito. 2 mercearia, venda, empório.

armazenar *vtd* 1 depositar, guardar, conservar. 2 acumular, juntar, reunir.

arminho *sm Fig.* alvura, brancura, candura, alvor. **A:** negrura.

armistício *sm Mil.* trégua, suspensão, interrupção (de hostilidades).

aro *sm* arco, anel, argola, círculo.

aroma *sm* perfume, fragrância, cheiro, odor. **A:** fedor.

aromar V. aromatizar.

aromático *adj* perfumado, perfumoso, cheiroso, odorífico. **A:** fétido.

aromatizar *vtd+vpr* perfumar(-se), aromar(-se), embalsamar(-se).

arpão *sm* arpéu, fisga.

arpar V. arpoar.

arpear V. arpoar.

arpéu V. arpão.

arpoar *vtd* 1 fisgar, arpar, arpear. 2 *Fig.* seduzir, cativar, atrair.

arqueação *sf* 1 arqueamento, arqueadura, dobramento. 2 *DE UM ARCO* curvatura.

arqueado *part+adj* curvo, arcado, recurvado, vergado. **A:** reto.

arqueadura V. arqueação.

arqueamento V. arqueação.

arquear *vtd+vpr* curvar(-se), arcar(-se), dobrar(-se), vergar(-se). **A:** endireitar(-se).

arqueiro *sm Fut.* goleiro, guardião.

arquejamento V. arquejo.

arquejar *vti+vi* ansiar, arfar, ofegar, anelar.

arquejo *sm* ofego, ânsia, arquejamento, arfagem.

arquétipo *sm* modelo, paradigma, padrão, protótipo.

arquiepiscopado V. arcebispado.

arquiepiscopal V. arcebispal.

arquimilionário *sm+adj* multimilionário, ricaço. **A:** miserável.

arquitetar *vtd* **1** edificar, construir. **Ex:** Arquitetar um edifício. **2** *Fig.* planejar, idealizar, imaginar. **Ex:** Os presos arquitetavam um plano de fuga.

arquiteto *sm Fig.* criador, idealizador, inventor, artífice.

arquitetura *sf* **1** forma, estrutura, construção. **2** *Fig.* plano, projeto, programa.

arquivar *vtd* **1** *DOCUMENTOS* guardar, catalogar, classificar. **2** *NA MEMÓRIA* memorizar, decorar, reter. **3** abandonar, deixar, desistir de. **Ex:** Arquivar uma idéia, um projeto.

arquivo *sm* catálogo, registro, tombo.

arrabalde *sm DE CIDADE* subúrbio, cercanias *pl.*

arraia *sf* **1** *Ictiol.* raia. **2** *BRINQUEDO* papagaio, pipa, quadrado.

arraial *sm* **1** *Mil.* acampamento. **2** aldeia, lugarejo, vila.

arraigar *vtd* **1** *PLANTA* enraizar. **A:** desarraigar. *vtd+vpr* **2** *Fig.* enraizar(-se), radicar(-se), firmar(-se). **Ex:** Arraigar uma idéia; esse costume arraigou-se. **A:** extinguir(-se). *vi* **3** *PLANTA* enraizar-se, radicar-se. *vpr* **4** *NUM LOCAL* estabelecer-se, fixar-se, firmar-se. **Ex:** Arraigou-se na nova cidade. **A:** partir.

arrancada *sf* arranque, impulso, ímpeto, arranco.

arrancar *vtd* **1** extrair, tirar, puxar. **Ex:** arrancar um dente. **2** desarraigar, desenraizar. **Ex:** Arrancar as ervas daninhas da plantação. **3** provocar, suscitar, causar. **Ex:** A cena arrancou lágrimas da multidão. **4** tirar à força: extorquir, arrebatar. **Ex:** Arrancar a confissão dos prisioneiros. *vti, vi+vpr* **5** partir, sair, abalar-se. **Ex:** Os cavalos arrancaram pela estrada; o automóvel arrancou logo em seguida.

arranca-rabo *sm Pop.* rolo, confusão, banzé, angu *pop.*

arranchar *vtd+vpr* albergar(-se), hospedar(-se), alojar(-se), acomodar(-se).

arranco V. arranque.

arranhadura V. arranhão.

arranhão *sm* arranhadura, escoriação, esfoladela, esfoladura.

arranhar *vtd+vpr* **1** escoriar(-se), esfolar(-se). *vtd* **2** *LÍNGUA* falar mal; *INSTRUMENTO MUSICAL* tocar mal.

arranjar *vtd* **1** arrumar, ordenar, organizar. **Ex:** Arranjar os livros na estante. **A:** desarranjar. **2** conseguir, obter, alcançar. **Ex:** Arranjar um emprego. **A:** perder. **3** consertar, reparar, endireitar. **Ex:** Arranjou todos os brinquedos quebrados. **4** conciliar, resolver, harmonizar. **Ex:** Os adversários finalmente arranjaram a disputa. *vpr* **5** virar-se, avir-se, arrumar-se. **Ex:** Cada um se arranja como pode.

arranjo *sm* **1** arrumação, organização, disposição. **2** conchavo, cambalacho, conluio. **3** negociata, mamata.

arranque *sm* **1** arranco, arrancada, impulso. **2** agonia, estertor.

arrasar *vtd+vpr* **1** nivelar(-se), aplanar(-se), igualar(-se). *vtd* **2** demolir, derrubar, destruir. **A:** erguer. **3** arruinar, estragar, deteriorar. **4** abater, humilhar, rebaixar. **A:** exaltar.

arrastado *part+adj* lento, demorado, vagaroso, moroso. **Ex:** Tinha uma voz arrastada; foi um negócio arrastado. **A:** rápido.

arrasta-pé *sm Pop.* forró, bate-coxa, baileco, forrobodó.

arrastar *vtd* **1** puxar, levar, trazer. **Ex:** Arrastaram os prisioneiros para fora da cela; os vaqueiros arrastaram o boi para o pasto. **2** atrair, induzir, incitar. **Ex:** A depressão o arrastou ao vício. *vi+vpr* **3** rastejar. **Ex:** O bebê se arrastava pela casa.

arrazoado *part+adj* **1** congruente, coerente, lógico. **2** acertado, justo, apropriado. **A:** desarrazoado (nas duas acepções).

arrazoar *vti+vi* discorrer, discutir, falar, tratar. **Ex:** Arrazoar sobre um tema.

arreamento V. arreio.

arrear *vtd* **1** *CAVALGADURA* enchilar, aparelhar. **2** mobiliar, mobilhar. *vtd+vpr* **3** adornar(-se), enfeitar(-se), ataviar(-se). **A:** desenfeitar(-se).

arrebanhar *vtd+vpr tb Fig.* rebanhar(-se), juntar(-se), reunir(-se), agrupar(-se). **Ex:** Arrebanhar o gado; a multidão arrebanhava-se ao redor do prédio. **A:** dispersar(-se).

arrebatado *part+adj* **1** impulsivo, impetuoso, violento. **A:** calmo. **2** imprudente, impensado, inconsiderado. **A:** prudente.

arrebatador *adj* sedutor, cativante, atraente, encantador. **A:** repulsivo.

arrebatamento *sm* **1** êxtase, enlevo, arroubo. **2** fúria, ira, zanga.

arrebatar *vtd* **1** arrancar, tomar, tirar. **2** roubar, furtar, extorquir. **Ex:** O ladrão arrebatou-lhe a bolsa. **A:** devolver. **3** atrair, induzir, instigar. **4** raptar. *vtd+vpr* **5** encantar(-se), extasiar(-se), enlevar(-se). **Ex:** A beleza da garota arrebatou a todos. **A:** desencantar(-se). **6** enfurecer(-se), irar(-se), zangar(-se). **Ex:** Aquela resposta o arrebatou, e houve discussão. **A:** acalmar(-se).

arrebentação *sf* **1** quebra, rompimento, arrebentamento. **2** *DAS ONDAS* rebentação.

arrebentamento V. arrebentação.

arrebentar *vtd* **1** romper, quebrar, rebentar. *vti* **2** *Fig.* morrer de, explodir de, rebentar de. **Ex:** Arrebentar de alegria. *vi* **3** estourar, explodir, detonar, rebentar. **Ex:** As bombas dos terroristas arrebentaram. **4** despedaçar-se, quebrar-se, romper-se, rebentar. **Ex:** O vaso caiu e arrebentou. **5** irromper, manifestar-se, aparecer, rebentar. **Ex:** Arrebentou uma guerra civil. **6** brotar, germinar, desabrochar, rebentar. **Ex:** As flores arrebentam na primavera. **7** *ONDAS* quebrar-se, rebentar, desfazer-se (em espuma). **8** estrondear, ribombar, troar. **9** *Com.* quebrar, falir, arruinar-se.

arrebento V. rebento.

arrebicar *vtd+vpr* amaneirar(-se), requintar(-se), afetar(-se).

arrebique *sm* **1** cosmético. **2** artifício, enfeite exagerado. **3** afetação, pedantismo, pretensão.

arrebitado *part+adj* **1** esperto, vivo, matreiro. **A:** ingênuo. **2** petulante, atrevido, insolente. **A:** respeitoso.

arrebitar-se *vpr* **1** levantar-se, erguer-se, alçar-se. **A:** abaixar-se. **2** ensoberbecer-se, emproar-se, empertigar-se. **A:** humilhar-se. **3** irritar-se, enfurecer-se, zangar-se. **A:** acalmar-se.

arrebol *sm Fig.* princípio, início, começo, primórdio.

arrecadação *sf DE IMPOSTOS* cobrança, recebimento, recolhimento, arrecadamento.

arrecadamento V. arrecadação.

arrecadar *vtd* **1** guardar, conservar, preservar. **2** *IMPOSTOS* cobrar, receber, recolher.

arredar *vtd+vpr* **1** afastar(-se), distanciar(-se), separar(-se). **A:** aproximar(-se). *vi* **2** recuar, retroceder, retrogradar. **A:** avançar.

arredio *adj* **1** arisco, tímido, acanhado. **2** *GADO* desgarrado, extraviado, perdido.

arredondar *vtd* **1** abaular, bolear. **2** *QUANTIA* completar, inteirar, perfazer. **Ex:** Arredondamos os preços, para facilitar o troco. **3** harmonizar, embelezar, aperfeiçoar. **Ex:** Arredondar o estilo do texto.

arredor *adj m+f* **1** limítrofe, fronteiriço, circunvizinho. *adv* **2** ao redor, em redor, em volta de. *sm pl* **3** cercanias, imediações, redondezas.

arrefecer *vtd, vi+vpr* **1** esfriar(-se), resfriar(-se). **A:** esquentar(-se). **2** *Fig.* desanimar(-se), esmorecer, abater(-se). **A:** entusiasmar(-se).

arrefecimento *sm* **1** esfriamento, resfriamento. **A:** aquecimento. **2** *Fig.* desânimo, esmorecimento, abatimento. **A:** ânimo.

arregaçar *vtd* **1** regaçar, puxar, suspender. **Ex:** Arregaçar as mangas, a barra da saia. *vtd+vpr* **2** *LÁBIOS* levantar(-se), contrair(-se), enrugar(-se).

arregalar *vtd OLHOS* esbugalhar. **Ex:** Arregalou os olhos de tanta satisfação.

arreganhamento V. arreganho.

arreganhar *vtd* **1** *DENTES* mostrar. *vi* **2** *FRUTO* rachar, fender, abrir. *vpr* **3** *Fig.* irar-se, enfurecer-se, irritar-se. **A:** acalmar-se.

arreganho *sm* **1** arreganhamento. **2** intrepidez, ousadia, valentia. **A:** covardia. **3** ameaça, intimidação, advertência. **Ex:** Não tenho medo de seus arreganhos.

arregimentar *vtd+vpr* **1** *Mil.* alistar(-se). **2** reunir(-se), agrupar(-se), associar(-se). **A:** separar(-se).

arreio *sm* **1** *DE CAVALGADURA* arreamento. **2** enfeite, adorno, ornamento.

arrelia *sf* **1** aborrecimento, irritação, zanga. **2** mau agouro, mau pressentimento. **3** rolo *pop*, fuzuê, confusão.

arreliar *vtd+vpr* aborrecer(-se), irritar(-se), zangar(-se), apoquentar(-se).

arreliento *adj* encrenqueiro, briguento, brigão.

arrematar *vtd* **1** *EM LEILÃO* comprar, adquirir. **Ex:** A senhora de azul arrematou os melhores quadros. **2** acabar, terminar, concluir. **A:** começar. *vi* **3** *Fut.* finalizar (jogada a gol).

arremate *sm* acabamento, conclusão, arremate.

arremedar *vtd* **1** remedar, macaquear, imitar. **Ex:** As crianças arremedavam o irmão mais velho. **2** parecer, assemelhar-se a, semelhar-se a, remedar. **Ex:** Sua voz arremeda a de uma cantora lírica.

arremedo (ê) *sm* imitação, cópia, reprodução, paródia.

arremessamento V. arremesso.

arremessar *vtd+vpr* **1** lançar(-se), jogar(-se), atirar(-se), remessar(-se). **Ex:** Arremessar uma pedra, a lança contra o adversário. *vtd* **2** repelir, repudiar, rechaçar. **Ex:** Ela arremessa todas as tentativas de aproximação. **3** impelir, impulsionar, remessar. *vpr* **4** investir, acometer, arremeter. **Ex:** Arremessou-se contra o inimigo. **5** expor-se, arriscar-se, aventurar-se. **Ex:** Arremessou-se a uma tarefa difícil.

arremesso *sm* **1** lançamento, arremessamento, remesso. **2** investida, ataque, acometimento. **3** ameaça, intimidação, advertência. *sm pl* **4** aparências, mostras, indícios. **Ex:** Desde menina, já apresentava arremessos de independência.

arremeter *vtd* **1** *ANIMAL* açodar, incitar, acirrar. **Ex:** O jóquei arremete o cavalo. *vti+vi* **2** investir, acometer, atacar. **Ex:** Os leões arremeteram contra o caçador.

arremetida *sf* investida, ataque, acometimento, agressão, remetida.

arrendador *sm* proprietário, locador, senhorio. **A:** arrendatário.

arrendamento *sm* aluguel, locação, transferência, cessão.

arrendar *vtd* **1** dar em arrendamento: alugar, locar, transferir. **2** receber em arrendamento: alugar, locar.

arrendatário *sm* inquilino, locatário. **A:** arrendador.

arrenegação *sf* **1** renúncia, abjuração, abandono. **Ex:** Arrenegação de uma doutrina. **2** zanga, raiva, irritação. **A:** calma.

arrenegar *vtd* **1** renegar, renunciar a, abjurar. **Ex:** Arrenegar a religião. **2** amaldiçoar, maldizer, maldiçoar. **Ex:** Arrenega o dia em que o conheceu. **A:** bendizer. **3** execrar, abominar, detestar. **A:** amar. *vpr* **4** zangar-se, encolerizar-se, irritar-se. **Ex:** Ele não se arrenega por qualquer coisa. **A:** tranqüilizar-se.

arrepanhado *part+adj* avarento, sovina, mesquinho, pão-duro *pop*. **A:** generoso.

arrepanhar *vtd* **1** enrugar, dobrar, encarquilhar. **A:** alisar. **2** apanhar, recolher, pegar. **3** economizar, poupar, juntar (com avareza). **4** arrebatar, tomar, arrancar.

arrepelação V. arrepelão.

arrepelão *sm* **1** puxão, arrepelação. **2** empurrão, encontrão, repelão.

arrepelar *vtd* **1** *CABELOS, PÊLOS, PENAS* puxar, arrancar, tirar. *vpr* **2** *Fig.* lamentar-se, lastimar-se, queixar-se. **3** *Fig.* arrepender-se, doer-se.

arrepender-se *vpr* **1** doer-se, arrepelar-se *fig*. **2** penitenciar-se, mortificar-se. **3** mudar de idéia. **Ex:** Disse que viria, mas se arrependeu e não veio.

arrependido *part+adj* contrito, pesaroso.

arrependimento *sm* contrição, pesar, remorso, compunção.

arrepiado *part+adj* desconfiado, esquivo, arisco.

arrepiamento V. arrepio.

arrepiante *adj m+f* assustador, apavorante, pavoroso, aterrador.

arrepiar *vtd+vpr* **1** eriçar(-se), ouriçar(-se), encrespar(-se). **Ex:** O frio arrepiava todos os pêlos do seu braço. **2** horripilar, horrorizar, apavorar. **Ex:** Suas histórias arrepiavam a irmãzinha.

arrepio *sm* **1** arrepiamento, eriçamento. **2** calafrio, tremor, tremedeira *pop*.

arrestar *vtd* *Dir.* embargar, confiscar, apreender, seqüestrar. **A:** desembargar.

arresto *sm* *Dir.* embargo, confisco, apreensão, seqüestro. **A:** desembargo.

arrevesado *part+adj* complicado, difícil, confuso, intricado. **A:** simples.

arrevesar *vtd* **1** inverter, reverter, alterar. **2** complicar, dificultar, confundir. **A:** simplificar.

arriado *part+adj Fig.* prostrado, debilitado, extenuado, abatido.

arriar *vtd* **1** baixar, descer, abaixar. **A:** arriar. *vi* **2** *Fig.* desanimar, desistir, desalentar. **3** *Autom.* descarregar. **Ex:** A bateria arriou. *vi+vpr* **4** *COM O PESO* vergar, dobrar-se, ceder.

arriba *adv+interj* **1** acima, para cima. **A:** para baixo. **2** adiante, para diante. **A:** para trás.

arribar *vtd* **1** erguer, levantar, elevar. **A:** arriar. *vti+vi* **2** *Náut.* aportar, chegar, tocar (num porto fora da escala). **Ex:** O navio arribou ao Rio de Janeiro para descarregar os clandestinos. **3** sair, ausentar-se (sem autorização). *vi* **4** *DOENTE* melhorar, restabelecer-se, recuperar-se. **5** *AVE* migrar.

arrieiro *sm* tocador, almocreve.

arrimar *vtd* **1** arrumar, ordenar, arranjar. **Ex:** Arrimar os móveis da casa. **A:** desarrumar. **2** amparar, sustentar, cuidar de. **Ex:** Ela arrima a família desde que o pai se aposentou. **A:** desarrimar. *vtd+vpr* **3** encostar(-se), apoiar(-se), escorar(-se). **Ex:** Arrimar-se à parede. **A:** desencostar(-se).

arrimo *sm* **1** apoio, encosto, esteio. **2** amparo, socorro, proteção.

arriscado *part+adj* arrojado, perigoso, ousado, atrevido. **A:** seguro.

arriscar *vtd+vpr* aventurar(-se), expor(-se), abalançar(-se), ousar. **Ex:** Arriscar a vida em acrobacias aéreas; arriscou-se a perder o emprego.

arritmia *sf Med.* **A:** eurritmia.

arrochar *vtd* apertar, comprimir, espremer, acochar. **A:** desarrochar.

arrocho *sm* **1** aperto, compressão. **2** *Fig.* aperto, necessidade, dificuldades *pl.*

arrogância *sf* **1** orgulho, altivez, presunção. **A:** modéstia. **2** insolência, atrevimento, petulância. **A:** humildade.

arrogante *adj m+f* **1** orgulhoso, altivo, presunçoso. **A:** modesto. **2** insolente, atrevido, petulante. **A:** reverente.

arrogar-se *vtd* **1** apropriar-se, apossar-se, apoderar-se. *vpr* **2** atribuir-se, reclamar, reivindicar.

arroio *sm* riacho, ribeiro, regato, córrego.

arrojado *part+adj* **1** audaz, destemido, valente. **A:** covarde. **2** temerário, arriscado, perigoso. **Ex:** É uma atitude arrojada. **A:** seguro. **3** ousado, revolucionário, inovador. **Ex:** O pintor fez um quadro arrojado para a época. **A:** convencional.

arrojar *vtd+vpr* **1** lançar(-se), atirar(-se), jogar(-se). **Ex:** Arrojou a lança contra o inimigo. *vtd* **2** arrastar, puxar, rojar. **Ex:** Arrojava a pesada caixa para fora do quarto. *vpr* **3** arrastar-se, rastejar, rojar. **Ex:** Seu filho vive se arrojando pelos cantos da casa. **4** *Fig.* humilhar-se, rebaixar-se, aviltar-se. **A:** engrandecer-se. **5** despenhar-se, precipitar-se, lançar-se. **6** atrever-se, ousar, aventurar-se.

arrojo *sm* **1** arremesso, lançamento, remesso. **2** pompa, aparato, ostentação. **A:** simplicidade. **3** ousadia, atrevimento, audácia. **A:** timidez.

arrolar *vtd* **1** relacionar, listar, inventariar. **2** classificar, catalogar, fichar. *vtd+vpr* **3** alistar(-se), arregimentar(-se), recrutar(-se).

arrolhar *vtd* **1** *GARRAFA* tapar, tampar. **A:** desarrolhar. **2** silenciar, calar, emudecer.

arrombar *vtd* **1** romper, abrir. **Ex:** Arrombar a porta; a enxurrada arrombou a barragem. **2** despedaçar, quebrar, partir. **3** prostrar, abater, humilhar. **Ex:** Arrombar a coragem de alguém. **4** derrotar, vencer, debelar.

arrostar *vtd* **1** afrontar, encarar, defrontar. *vti* **2** resistir a, enfrentar, encarar. *vpr* **3** afrontar-se, combater, bater-se.

arrotar *vtd+vi* **1** eructar. *vtd+vti* **2** *Fig.* alardear, exibir, ostentar. **Ex:** Vive arrotando sabedoria, mas é um tolo. *vi* **3** *Fig.* gabar-se, vangloriar-se, jactar-se.

arrotear *vtd* **1** cultivar, lavrar, arar. **2** educar, instruir, ensinar.

arroto *sm* **1** eructação. **2** *DE CAVERNA* respiradouro.

arroubamento V. arroubo.

arroubar *vtd+vpr* extasiar(-se), exaltar(-se), enlevar(-se), arrebatar(-se). **A:** desencantar(-se).

arroubo *sm* êxtase, enlevo, arrebatamento, arroubamento. **A:** desencanto.

arruaça *sf* **1** desordem, tumulto, alvoroço. **2** confusão, rolo *pop*, fuzuê.

arruaceiro *sm+adj* desordeiro, bagunceiro, arruador.

arruador V. arruaceiro.

arruar *vtd* **1** *RUAS* abrir, traçar, demarcar. *vi* **2** vadiar, vagar, perambular.

arruela *sf Mec.* ruela.

arrufar *vtd+vpr* **1** irritar(-se), irar(-se), enfadar(-se). **2** encrespar(-se), arrepiar(-se), eriçar(-se). *vpr* **3** amuar, emburrar, empacar.

arrufo *sm* amuo, enfado, aborrecimento, zanga. **A:** satisfação.

arrugar V. enrugar.

arruinar *vtd+vpr* **1** destruir(-se), estragar(-se), danificar(-se). **2** empobrecer(-se), depauperar(-se). **A:** enriquecer. **3** enfermar(-se). **A:** curar(-se). *vpr* **4** *Com.* falir, quebrar, arrebentar.

arrumação *sf* **1** arranjo, ordem, organização. **Ex:** A arrumação do quarto. **2** emprego, colocação. **3** fraude, trapaça, falcatrua.

arrumar *vtd* **1** ajeitar, arranjar, ordenar. **Ex:** Arrume essa bagunça! **2** conseguir, obter, alcançar. **Ex:** Arrumar um emprego. **3** empregar, colocar. **Ex:** Arrumou os parentes no banco onde trabalha. **4** dirigir, encaminhar, conduzir. *vpr* **5** arranjar-se, virar-se, avir-se. **Ex:** Não quis minha ajuda, agora vai ter que se arrumar sozinho. **6** estabelecer-se, empregar-se, colocar-se. **7** *Fam.* vestir-se, aprontar-se, trocar-se. **Ex:** Arrumou-se rapidamente para a festa.

arsenal *sm* **1** *Mil.* armaria, armamento. **2** *Fig.* porção, conjunto, depósito *fig*. **Ex:** Ele tem um arsenal de mentiras para enganar os outros.

arte *sf* **1** ofício, profissão, ocupação. **Ex:** A arte de sapateiro. **2** dom, habilidade, aptidão. **Ex:** Ele tem a arte de persuadir as pessoas. **3** *DE CRIANÇA* traquinagem, travessura, diabrura. **4** artimanha, artifício, truque. **Ex:** Usou todas as artes da sedução para conquistá-la. **5** maneira, modo, jeito. **Ex:** Dissimulou-se de tal arte que enganou a todos.

artefato *sm* produto, peça, artigo.

arteiro *adj* **1** travesso, endiabrado, levado. **Ex:** Crianças arteiras. **A:** comportado. **2** ardiloso, astuto, esperto. **A:** ingênuo.

artelho *sm* **1** *Anat.* tornozelo. **2** dedo (do pé).

artéria *sf* **1** *Anat.* vaso, duto, conduto. **2** *Fig.* via, rua, avenida.

artesão *sm* artífice, artista, operário, obreiro.

ártico *adj Geogr.* boreal, setentrional. **A:** antártico.

articulação *sf* **1** *Anat.* e *Bot.* nó (dos dedos, de folhas). **2** *Fon.* pronúncia, pronunciação, dicção. **3** *Mec.* junta. **4** *Dir.* libelo, exposição. **5** *Fig.* trama, conspiração, conluio.

articular *vtd+vpr* **1** encadear(-se), ligar(-se), unir(-se). **A:** desarticular(-se). *vtd* **2** *Fon.* pronunciar, proferir, falar. **Ex:** Articular palavras, sílabas.

artífice *s m+f* **1** artesão, artista, operário. **2** criador, inventor, autor.

artificial *adj m+f* **1** falso, fingido, dissimulado. **Ex:** Exibe uma alegria artificial. **A:** natural. **2** postiço. **Ex:** Unhas artificiais.

artifício *sm* **1** meio, modo, método. **2** esperteza, perspicácia, sagacidade. **3** artimanha, ardil, astúcia, manha.

artificioso *adj* astucioso, manhoso, ardiloso, astuto. **A:** ingênuo,

artigo *sm* **1** mercadoria, mercancia. **2** *Dir.* parágrafo, item. **3** assunto, tópico, tema. **4** *DE JORNAL OU REVISTA* reportagem, escrito, escrita. **5** conjuntura, situação, conjunção.

artimanha V. artifício.

artista *s m+f* **1** artesão, artífice, obreiro. **2** ator. *adj m+f* **3** talentoso, habilidoso, hábil. **4** *Pej.* arteiro, astuto, ardiloso. **A:** inocente.

arvorar *vtd* **1** arborizar. **2** elevar, erguer, levantar. **A:** desarvorar. **3** *BANDEIRA* hastear, içar; *VELAS* desfraldar, soltar. *vpr* **4** eleger-se. **Ex:** Arvorar-se em chefe.

árvore *sf* **1** *Náut.* mastro, tronco. **2** *Mec.* eixo, veio.

árvore-da-borracha *sf Bot.* seringueira.

asa *sf* **1** alça, puxador, argola. **Ex:** A asa da xícara, de um objeto qualquer. **2** *Pop.* braço.

asado V. alado.

ascárida *sf Zool.* lombriga, bicha.

ascendência *sf* **1** ascensão, elevação, subida. **A:** descida. **2** estirpe, antepassados *pl*, genealogia. **A:** descendência. **3** influência, prestígio, domínio.

ascendente *sm* **1** antepassado, ancestral, antecessor. *adj m+f* **2** que sobe. **Ex:**

Caminho ascendente. **3** crescente, progressivo. **A:** descendente (nas três acepções).

ascender *vti+vi* elevar-se, subir, erguer-se, alçar-se. **A:** descer.

ascensão *sf* **1** ascendência, elevação, subida. **A:** descida. **2** promoção, elevação. **Ex:** Ascensão a um cargo de diretoria.

asceta *s m+f* eremita, ermitão, anacoreta, abstinente.

ascético *adj* devoto, místico, contemplativo.

asco *sm* **1** nojo, repugnância, náusea. **2** aversão, antipatia, desprezo. **A:** simpatia.

asfixia (cs) *sf* **1** *Med.* sufocação, abafação, estrangulamento. **2** *Fig.* repressão, tolhimento, proibição.

asfixiar (cs) *vtd* **1** sufocar, abafar, estrangular, afogar. **Ex:** O assassino asfixiou a vítima. **2** *Fig.* reprimir, tolher, proibir. **Ex:** Asfixiar a revolta dos camponeses. *vi* **3** sufocar-se, abafar-se.

asiano V. asiático.

asiático *sm+adj* **1** asiano. **Ex:** Fauna asiática e européia. *adj* **2** *Fig.* apático, indolente, ocioso. **A:** ativo. **3** *LUXO* exagerado, excessivo. **A:** moderado.

asilar *vtd+vpr* **1** hospedar(-se), alojar(-se), acomodar(-se). **2** abrigar(-se), proteger(-se), amparar(-se).

asilo *sm* **1** *PARA CRIANÇAS* orfanato; *PARA OS POBRES* albergue; *PARA LOUCOS* hospício. **2** abrigo, proteção, refúgio.

asinino *adj Fig.* estúpido, bronco, burro *fig*, asnático, asneiro. **A:** inteligente.

asnada V. asneira.

asnático V. asinino.

asnear *vi* dizer asneiras: disparatar, bobear, bestar.

asneira *sf* besteira, tolice, asnada, asnice.

asneiro V. asinino.

asnice V. asneira.

asno *sm* **1** *Zool.* jumento, burro. **2** *Fig.* estúpido, imbecil, burro *fig*. **A:** gênio.

aspas *sf pl* **1** *Zool.* chifres, cornos, armação *sing*. **2** *Gram.* vírgulas dobradas. **3** cruz de Santo André *sing*.

aspar *vtd* **1** crucificar. **2** *Fig.* maltratar, martirizar, torturar.

aspargo *sm Bot.* espargo.

aspecto *sm* **1** aparência, fachada, *aspeto*. **2** fisionomia, semblante, *aspeto*. **3** ponto de vista, perspectiva, ângulo, *aspeto*.

aspereza *sf* **1** rugosidade, escabrosidade, crespidão. **A:** lisura. **2** desigualdade, desnível. **3** azedume, acidez, agrura. **4** rispidez, rudeza, grosseria. **A:** delicadeza.

aspergir *vtd* borrifar, esborrifar, respingar, orvalhar.

áspero *adj* **1** rugoso, escabroso, crespo. **Ex:** Superfície áspera. **A:** liso. **2** *TERRENO* acidentado, irregular, desigual. **A:** plano. **3** *SABOR* azedo, ácido, acre. **A:** agradável. **4** *SOM* agudo, penetrante, pungente. **A:** suave. **5** *PESSOA, MODOS* ríspido, rude, severo. **A:** gentil. **6** duro, rijo. **A:** mole.

aspersão *sf* borrifo, esborrifo, respingo.

aspeto V. aspecto.

aspiração *sf* **1** respiração, inalação, inspiração. **2** sucção, absorção. **3** ambição, desejo, anseio.

aspirar *vtd* **1** respirar, inalar, inspirar. **Ex:** Aspiramos o ar do campo. **2** cheirar, sorver. **Ex:** Aspirar o perfume das flores. **3** absorver, sugar, sorver. **Ex:** As bombas aspiravam a água; o vampiro aspirou o sangue da vítima. *vti* **4** *Fig.* almejar, desejar, ansiar por. **Ex:** Aspiramos a melhores condições de vida.

asqueroso *adj* nojento, repugnante, repulsivo, torpe. **A:** atrativo.

assado *sm* **1** V. assadura. *part+adj* **2** *Fig.* bravo, zangado, irritado. **A:** calmo.

assadura *sf Med.* assado, inflamação, queimadura.

assalariado *sm+adj* salariado, empregado. **A:** autônomo.

assalariar *vtd+vpr* **1** empregar(-se), contratar(-se). *vtd* **2** subornar, comprar, corromper. *vpr* **3** vender-se, corromper-se.

assaltador V. assaltante.

assaltante *s e adj m+f* **1** ladrão, salteador, assaltador. **2** atacante, agressor.

assaltar *vtd* **1** atacar, acometer, agredir. **Ex:** Quatro homens assaltaram uma senhora; os soldados assaltaram a fortaleza inimiga. **2** ocorrer, acorrer, vir à mente. **Ex:** Assaltou-me a solução do problema. **3** V. assediar.

assalto *sm* 1 ataque, acometida, agressão. 2 *Esp. round.* **Ex:** Venceu a luta de boxe no terceiro assalto.

assanhado *part+adj* 1 furioso, irritado, raivoso. **A:** calmo. 2 desavergonhado, despudorado, indecente. **Ex:** Uma mulher assanhada. **A:** recatado. 3 irrequieto, levado, travesso. **Ex:** Menino assanhado. **A:** tranqüilo. 4 *CABELO* revolto, despenteado, desgrenhado. **A:** alinhado. 5 *MAR* agitado, tempestuoso, revolto. **A:** sereno.

assanhamento *sm* 1 assanho, fúria, raiva. 2 excitação, agitação, inquietação. **A:** calma (nas duas acepções).

assanhar *vtd+vpr* 1 enfurecer(-se), irritar(-se), enraivecer(-se). **Ex:** Assanhar um animal, uma pessoa. **A:** acalmar(-se). 2 *CABELO* despentear(-se), desgrenhar(-se), arrepiar(-se). **A:** pentear(-se).

assanho V. assanhamento.

assar *vtd* 1 tostar, crestar. 2 queimar. 3 abrasar, aquecer, esquentar. 4 *Med.* inflamar, queimar. *vi* 5 tostar-se, crestar-se.

assassinar *vtd* 1 matar, trucidar. 2 *Fig.* destruir, aniquilar, eliminar. 3 *Fig. MÚSICA* arranhar, tocar mal; *LÍNGUA* arranhar, falar mal; *TEATRO* representar mal.

assassinato *sm* assassínio, homicídio.

assassínio V. assassinato.

assassino *sm* 1 homicida, matador. 2 *Fig.* destruidor, aniquilador. **Ex:** O assassino da esperança.

assaz *adv* 1 bastante, suficientemente. **Ex:** O remédio está assaz escondido para que as crianças consigam encontrá-lo. 2 muito. **Ex:** É uma pessoa assaz inteligente. **A:** pouco.

assazonado *adj* sazonado, maduro, amadurecido. **Ex:** Frutos assazonados. **A:** verde.

asseado *part+adj* 1 limpo, lavado. **A:** desasseado. 2 *TRABALHO* esmerado, caprichado, correto. **A:** imperfeito.

assear *vtd+vpr* limpar(-se), lavar(-se). **A:** sujar(-se).

assecla *s m+f* seguidor, adepto, partidário, sectário.

assediar *vtd* 1 *Mil.* sitiar, cercar, bloquear. **Ex:** O exército assediava o castelo. 2 perseguir. **Ex:** A moça assediou o pai até que este a deixasse viajar. 3 *COM PERGUN-*

TAS importunar, assaltar, aborrecer. **Ex:** Os políticos corruptos foram assediados pelos repórteres.

assédio *sm* 1 *Mil.* sítio, cerco, bloqueio. 2 insistência, impertinência, perseguição. **Ex:** O assédio da imprensa.

assegurar *vtd* 1 garantir, certificar, afiançar. **Ex:** Assegurou que não havia visto nada; o governo deveria assegurar uma renda mínima para o desempregado. *vpr* 2 apoiar-se, firmar-se, fixar-se. **Ex:** Todo o plano se assegura na sua colaboração. 3 certificar-se, convencer-se, persuadir-se. **Ex:** Quero me assegurar de que minhas sugestões serão avaliadas.

asseio *sm* 1 limpeza, higiene. **A:** desasseio. 2 *NO ESCREVER* correção, perfeição. 3 esmero, capricho, apuro. **A:** relaxo.

asselvajado *part+adj* bruto, rude, abrutalhado, grosso. **A:** educado.

asselvajar *vtd+vpr* embrutecer(-se), abrutar(-se), abrutalhar(-se), brutalizar(-se). **A:** civilizar(-se).

assembléia *sf* 1 congresso, parlamento, câmara. 2 conferência, reunião, convenção. 3 corporação, sociedade, associação.

assemelhar *vtd* 1 comparar, igualar. 2 imitar, simular, reproduzir. *vtd+vpr* 3 semelhar(-se), parecer(-se), assimilar(-se).

assenhorear *vtd* 1 dominar, comandar, controlar. **Ex:** A sua família assenhoreia todo o município. *vpr* 2 apoderar-se, apossar-se, senhorear-se.

assentamento *sm* nota, registro, apontamento, lançamento, assento.

assentar *vtd* 1 estabelecer, determinar, estipular. **Ex:** Assentar as cláusulas de um contrato. 2 pôr, colocar, fixar. **Ex:** Assentar os tijolos. 3 ajustar, adequar, adaptar. **Ex:** Assentar os atos àquilo que se diz. 4 anotar, inscrever, registrar. **Ex:** O escrivão assentou o nascimento do bebê. 5 *GOLPE* dar, aplicar, desferir. *vti* 6 basear-se, firmar-se, fundamentar-se. **Ex:** Sua teoria não assenta em fatos concretos. 7 cair, ficar, ajustar-se. **Ex:** O vestido azul assenta-lhe bem. *vi* 8 *SEDIMENTOS, PARTÍCULAS* depositar-se, baixar, descer. **Ex:** Quando a poeira assentar, poderemos ver melhor; o açúcar assentou no fundo do copo. *vi+vpr* **9** sentar-se.

assente *adj m+f* **1** firme, estável, assentado. **A:** instável. **2** estabelecido, determinado, estipulado.

assentimento *sm* **1** consentimento, permissão, admissão. **A:** proibição. **2** aprovação, aquiescência, anuência. **A:** desaprovação.

assentir *vti+vi* **1** consentir, permitir, admitir. **Ex:** Os pais assentiram na viagem da filha. **A:** proibir. **2** concordar com, aprovar, aquiescer a. **Ex:** Sempre assente às atitudes do irmão. **A:** desaprovar.

assento *sm* **1** banco, cadeira, poltrona. **2** base, suporte, apoio. **3** nádegas *pl*, bunda *vulg*, traseiro *pop*. **4** V. assentamento. **5** *DE BICICLETA* selim; *DE ARREIO* sela.

asserção *sf* assertiva, asserto, afirmação, afirmativa. **A:** negação.

assertiva V. asserção.

assertivo *adj* afirmativo, positivo. **A:** negativo.

asserto V. asserção.

assessor *sm* auxiliar, ajudante, assistente, adjunto.

assessorar *vtd* auxiliar, ajudar, assistir, coadjuvar.

assestar *vtd* mirar, apontar, dirigir, visar.

asseverar *vtd* **1** afirmar, assegurar, garantir. **2** certificar, confirmar, atestar.

assiduidade *sf* **1** constância, freqüência. **A:** inconstância. **2** dedicação, diligência, aplicação. **A:** negligência.

assíduo *adj* **1** constante, freqüente, contínuo. **A:** inconstante. **2** dedicado, diligente, aplicado. **A:** negligente.

assim *adv* **1** deste modo, desta maneira, deste jeito. **Ex:** É assim que se faz um bolo. **2** igualmente, do mesmo modo, da mesma maneira. **Ex:** Ficamos doentes, e assim todos os que comeram ali. *conj coord* **3** portanto, por conseguinte, conseqüentemente. **Ex:** Temos muito o que fazer: assim, não podemos perder tempo.

assimetria *sf* dessimetria, dissimetria. **A:** simetria.

assimétrico *adj* dessimétrico, dissimétrico. **A:** simétrico.

assimilar *vtd* **1** *IDÉIAS, SENTIMENTOS* absorver, incorporar, apropriar-se de. **Ex:**

Assimilou a melancolia das companheiras. **2** apreender, compreender, entender. **Ex:** Os alunos não conseguiam assimilar suas explicações. *vtd+vpr* **3** V. assemelhar(-se).

assinalado *part+adj* notável, célebre, ilustre, famoso. **A:** desconhecido.

assinalar *vtd* **1** sinalar, marcar, assinar. **Ex:** Assinale a alternativa correta. **2** indicar, mostrar, apontar. **Ex:** Um crucifixo assinala o local do acidente. **3** *GADO* marcar. *vtd+vpr* **4** distinguir(-se), destacar(-se), sobressair(-se). **Ex:** Assinalou-se pelo seu talento.

assinante *s m+f* subscritor. **Ex:** Os assinantes desta revista não estão satisfeitos.

assinar *vtd+vi* **1** *DOCUMENTOS, PAPÉIS* firmar, rubricar, subscrever. **Ex:** Assinar uma declaração, uma escritura. **2** *PUBLICAÇÕES* subscrever. **Ex:** assinar uma revista, um jornal. *vtd* **3** assinalar, sinalar, marcar. **4** ajustar, determinar, fixar. **Ex:** Assinar o local de entrega, o horário de uma entrevista.

assinatura *sf* **1** firma, rubrica, subscrição. **Ex:** Apor sua assinatura num documento. **2** *DE PUBLICAÇÕES* subscrição. **Ex:** Minha assinatura desta revista vence daqui a dois meses.

assistência *sf* **1** presença. **Ex:** Firmar um contrato com a assistência de duas testemunhas. **2** platéia, público, auditório. **Ex:** A assistência aplaudiu os atores. **3** ajuda, socorro, auxílio. **Ex:** Fugiu sem dar assistência aos feridos. **4** *Pop.* ambulância.

assistente *s e adj m+f* **1** auxiliar, ajudante, assessor. **Ex:** Os assistentes da diretoria; o médico assistente ainda não chegou. *s m+f* **2** espectador, ouvinte. **3** morador, residente, habitante.

assistir *vtd* **1** ajudar, socorrer, auxiliar. **2** *DOENTE, MORIBUNDO, PARTURIENTE* acompanhar, confortar. **Ex:** O médico o assistiu até o fim. *vti* **3** presenciar, testemunhar, comparecer. **Ex:** Assistiu à cena, horrorizada. **4** caber, pertencer. **Ex:** Não lhe assiste esse direito. **5** morar, residir, habitar. **Ex:** Assiste no interior.

assoalhar *vtd* **1** soalhar. **2** divulgar, espalhar, propalar.

assoalho *sm* soalho, piso, pavimento.

assoberbado *part+adj* **1** orgulhoso, altivo, arrogante. **A:** humilde. **2** atarefado, sobrecarregado, abafado. **A:** desocupado.

assoberbar *vtd* **1** humilhar, rebaixar, aviltar. **2** atarefar, sobrecarregar. *vtd+vpr* **3** ensoberbecer(-se), envaidecer(-se), orgulhar(-se). **A:** envergonhar(-se).

assobiada *sf* vaia, apupo.

assobiar *vtd, vti+vi* **1** *assoviar.* **Ex:** Assobiar uma canção; entrou em casa assobiando; assobiou para o cachorro, que veio correndo. *vtd+vi* **2** vaiar, apupar, *assoviar.* **Ex:** A platéia assobiou a apresentação. *vti+vi* **3** sibilar, apitar, silvar, *assoviar.* **Ex:** O vento assobia.

assobio *sm* **1** *SOM* sibilo, apito, silvo, *assovio.* **Ex:** O carro parou ante o assobio do guarda. **2** *INSTRUMENTO* apito, *assovio.* **Ex:** Os organizadores da passeata distribuíam assobios para os participantes.

associação *sf* **1** sociedade, agremiação, grêmio. **2** união, liga, grupo.

associado *sm+adj* sócio, parceiro, membro.

associar *vtd+vpr* **1** agregar(-se), unir(-se), ligar(-se). **A:** dissociar(-se). *vpr* **2** contribuir, cooperar, colaborar.

assolação *sm* devastação, destruição, ruína, estrago.

assolar *vtd* **1** devastar, destruir, arrasar. **Ex:** Os bárbaros assolavam as fronteiras do império. **2** afligir, angustiar, atormentar. **Ex:** Essa indefinição econômica assola a todos.

assomado *part+adj* **1** irritadiço, irascível, irritável. **A:** calmo. **2** assustadiço, arisco, esquivo.

assomar *vtd+vpr* **1** irritar(-se), encolerizar(-se), irar(-se). **A:** acalmar(-se). *vti* **2** subir, escalar, elevar-se. **Ex:** Os alpinistas assomaram à montanha. *vti+vi* **3** aparecer, surgir, aflorar. **4** manifestar-se, mostrar-se, revelar-se.

assombração *sf* fantasma, aparição, espectro, assombro, sombração *pop.*

assombrar *vtd+vpr* **1** ensombrar(-se), encobrir(-se), toldar(-se). **2** assustar(-se), espantar(-se), atemorizar(-se). **3** maravilhar(-se), admirar(-se), deslumbrar(-se).

assombrear V. sombrear.

assombro *sm* **1** susto, espanto, temor. **2** maravilha, admiração, deslumbramento. **3** V. assombração.

assombroso *adj* espantoso, maravilhoso, admirável, deslumbrante.

assomo *sm* **1** aparecimento, surgimento. **A:** desaparecimento. **2** indício, sinal, mostra. **3** suspeita, presunção, desconfiança. **4** irritação, zanga, raiva. **A:** calma.

assoprar V. soprar.

assopro V. sopro.

assoviar V. assobiar.

assovio V. assobio.

assuada *sf* **1** arruaça, desordem, tumulto. **2** vaia, apupo.

assuar *vtd* vaiar, apupar, assobiar.

assumir *vtd* **1** atribuir-se, avocar, reclamar. **Ex:** A organização terrorista assumiu a autoria do atentado. **2** encarregar-se de, incumbir-se de. **Ex:** Assumir uma tarefa. **3** exibir, adotar, ostentar. **Ex:** Assumir um ar de orgulho. **4** atingir, alcançar, tomar. **Ex:** Nossos problemas assumem uma dimensão universal.

assuntar *vtd* **1** observar, prestar atenção a. **Ex:** Os seguranças assuntam os fregueses. **2** apurar, verificar, investigar. **Ex:** Assuntar os fatos. *vti* **3** considerar, meditar, pensar. **Ex:** Assuntar num problema. *vi* **4** vigiar, espreitar, observar. **Ex:** Os guardas ficaram na torre, assuntando.

assunto *sm* tema, argumento, matéria, objeto.

assustadiço *adj* espantadiço, arisco, esquivo, assomado.

assustado *part+adj* **1** apavorado, espantado, aterrorizado. **2** medroso, receoso, acanhado. **A:** desembaraçado. **3** indeciso, vacilante, hesitante. **A:** decidido.

assustador *adj* apavorante, espantoso, aterrador, pavoroso. **A:** encantador.

assustar *vtd+vpr* apavorar(-se), espantar(-se), aterrorizar(-se), sobressaltar(-se). **A:** encantar(-se).

astenia *sf Med.* atonia, marasmo, fraqueza, debilidade.

asterisco *sm Tip.* estrelinha.

astral *sm* **1** *Gír.* estado de espírito, humor. *adj m+f* **2** sideral, estelar, celeste.

astro *sm* **1** *EM GERAL* corpo celeste. **2** estrela. **3** planeta. **4** cometa. **5** lua, satélite. **6** *Cin., Teat.* e *Telev.* celebridade.

astronauta *s m+f* cosmonauta.

astronáutica *sf* cosmonáutica.

astronave *sf* nave espacial, cosmonave.

astronômico *adj Fig. NÚMERO* exorbitante, elevado, altíssimo, exagerado. **Ex:** Paguei uma quantia astronômica por esta casa. **A:** irrisório.

astúcia *sf* 1 manha, truque, artimanha. 2 esperteza, sagacidade, habilidade. **A:** ingenuidade.

astucioso *adj* astuto, ardiloso, esperto, velhaco. **A:** ingênuo.

astuto V. astucioso.

ata *sf* 1 relatório, súmula. **Ex:** A secretária fez a ata da reunião. 2 registro, apontamento, anotação. **Ex:** Ata de venda de um imóvel. 3 *Bot.* fruta-do-conde, pinha.

atabalhoar *vtd* 1 fazer mal e às pressas: atamancar. *vtd+vpr* 2 atrapalhar(-se), embaraçar(-se), confundir(-se).

atabaque *sm Folc.* tabaque, tambor.

atacadista *s e adj m+f Com.* grossista. **A:** varejista.

atacado *sm Com.* 1 **A:** varejo. * Por atacado: em grosso. **A:** a varejo. *part+adj* 2 *Gír.* mal-humorado, invocado, irritado. **Ex:** Está atacada hoje. **A:** bem-humorado.

atacante *s m+f* 1 agressor, assaltante. *sm* 2 *Fut.* dianteiro, avante.

atacar *vtd* 1 agredir, assaltar, investir contra. **Ex:** Os soldados atacaram os inimigos. **A:** defender. 2 hostilizar, combater, acusar. **Ex:** O governador fez um pronunciamento atacando os opositores. 3 criticar, censurar, reprovar. **Ex:** Atacar os costumes dos jovens. **A:** elogiar. 4 iniciar, começar, principiar. **Ex:** Atacar um diálogo. **A:** terminar. 5 *DOENÇA* acometer. 6 *Pop. FOGO* tacar *pop*, atear, pôr. 7 *Pop.* tacar, atirar, arremessar. **Ex:** Atacar pedras. 8 atar, amarrar, prender. **A:** desatacar. 9 *ROUPA* abotoar, afivelar, apertar. **A:** desatacar.

atado *sm* 1 feixe, molho, braçada. 2 embrulho, pacote, trouxa. *part+adj* 3 desajeitado, desastrado, estabanado. **A:** habilidoso.

atadura *sf* 1 V. atamento. 2 bandagem, ligadura, faixa. 3 ligação, conexão, vínculo.

atalaia *s m+f* 1 sentinela, vigia, guarda. *sf* 2 torre de vigia: guarita, vigia. * De atalaia: de sobreaviso, à espreita.

atalhar *vtd* 1 *CRESCIMENTO, PROPAGAÇÃO, AVANÇO* impedir, embaraçar, tolher. **A:** desimpedir. 2 *CAMINHO* obstruir, atravancar, bloquear. **A:** desobstruir. 3 abreviar, encurtar, resumir. **A:** alongar. 4 *DIZENDO ALGO* interromper, apartear, apostrofar.

atalho *sm* 1 trilha, senda, vereda. 2 empecilho, impedimento, obstáculo.

atamancar *vtd* fazer mal e apressadamente: atabalhoar.

atamento *sm* 1 atadura, amarramento. 2 embaraço, acanhamento, timidez. **A:** desembaraço.

atanazar V. atazanar.

ataque *sm* 1 assalto, agressão, investida. **Ex:** Sofreram um ataque das forças inimigas. **A:** defesa. 2 *Med.* acesso, crise. **Ex:** Teve um ataque de asma. 3 ofensa, insulto, afronta. 4 *Fut.* linha. **A:** defesa.

atar *vtd+vpr* 1 amarrar(-se). 2 prender(-se), ligar(-se), vincular(-se). **A:** desatar(-se) (nas duas acepções).

atarantar *vtd+vpr* atrapalhar(-se), desnortear(-se), confundir(-se), aparvalhar(-se).

atarefar *vtd* 1 azafamar, sobrecarregar, assoberbar. *vpr* 2 dedicar-se, aplicar-se, devotar-se.

atarracado *part+adj* retaco, socado. **A:** esguio.

atarracar *vtd* 1 apertar, arrochar, acochar. 2 confundir, desorientar, desnortear.

atarraxar *vtd* 1 parafusar, aparafusar, tarraxar. **A:** desparafusar. 2 *Fig.* amarrar, atar, prender. **A:** desprender.

ataúde *sm* 1 caixão, esquife, féretro. 2 *Por ext.* sepultura, sepulcro, túmulo.

ataviar *vtd+vpr* enfeitar(-se), adereçar(-se), adornar(-se), ornar(-se). **A:** desataviar(-se).

atávico *adj Impr.* hereditário, inato, congênito, natural. **A:** adquirido.

atavio *sm* enfeite, adereço, adorno, ornamento.

atavismo *sm Impr.* hereditariedade.

atazanar *vtd* 1 *Fig.* afligir, torturar, *atenazar*, *atanazar*. 2 importunar, aborrecer, *atenazar*, *atanazar*.

até *adv* ainda, também, mesmo. **Ex:** Ela cumprimentou todos os convidados, até os que não conhecia.

atear *vtd* 1 *FOGO* pôr, colocar, tacar *pop*. 2 *FOGO, CHAMA* atiçar, avivar. **A:** apagar. 3

provocar, fomentar, estimular. **Ex:** Atear uma guerra, a discórdia. **A:** desestimular. *vi+vpr* **4** *FOGO* avivar-se, alastrar-se, propagar-se. **Ex:** O incêndio ateou-se. *vpr* **5** crescer, aumentar, intensificar-se. **A:** diminuir.

ateísta V. ateu.

ateliê *sm DE ARTESÃO* oficina; *DE PINTOR, ESCULTOR* estúdio.

atemorizador V. atemorizante.

atemorizante *adj m+f* aterrador, assustador, apavorante, atemorizador. **A:** atraente.

atemorizar *vtd+vpr* assustar(-se), apavorar(-se), espantar(-se), aterrar(-se). **A:** encantar(-se).

atenazar V. atazanar.

atenção *sf* **1** dedicação, cuidado, concentração. **Ex:** Fazemos tudo com atenção. **A:** desatenção. **2** importância, crédito, reparo. **Ex:** Não dê atenção aos seus insultos. **A:** descaso. **3** consideração, cortesia, gentileza. **Ex:** É cheia de atenções para com a mãe. **A:** desrespeito. *interj* **4** cuidado! alerta! olhe!

atencioso *adj* **1** cuidadoso, atento, atentado. **2** respeitoso, cortês, gentil. **A:** desatencioso (nas duas acepções).

atender *vtd* **1** acolher, receber. **Ex:** Atender as visitas. **2** seguir, ouvir, escutar. **Ex:** Não atende os meus conselhos. **A:** ignorar. **3** deferir, despachar. **Ex:** Atender as reivindicações dos grevistas. **A:** indeferir. *vtd+vti* **4** observar, reparar em, atentar. **Ex:** Escondido, atendia todos (ou a todos) os passos do inimigo. *vi* **5** esperar, aguardar. **Ex:** Atenda e alcançará seus objetivos.

atentado *sm* **1** infração, transgressão, violação. **Ex:** Atentado aos bons costumes. *part+adj* **2** V. atencioso. **3** prudente, cauteloso, previdente. **A:** imprudente. **4** *Pop.* travesso, levado, traquinas. **A:** comportado.

atentar *vtd* **1** empreender, cometer, realizar. *vtd+vti* **2** reparar em, atender a, observar. **Ex:** Atente o que (ou no que) está fazendo, para evitar acidentes. *vtd, vti+vi* **3** refletir sobre, ponderar, meditar. **Ex:** Atentamos as (ou nas) possibilidades. *vti* **4** cuidar de, preocupar-se com, tratar de. **Ex:** Atente pelo bem-estar de sua família.

atento *adj* **1** cuidadoso, atencioso, atentado. **A:** desatento. **2** cuidadoso, cauteloso, pru-

dente. **A:** desatento. **3** respeitoso, atencioso, reverente. **A:** desatencioso.

atenuação *sf* **1** debilidade, enfraquecimento, fraqueza. **2** diminuição, redução. **3** abrandamento. **A:** agravamento.

atenuar *vtd* **1** debilitar, fragilizar, enfraquecer. **2** diminuir, reduzir. *vtd+vpr* **3** afinar(-se), afilar(-se), adelgaçar(-se). **A:** engrossar(-se). **4** abrandar(-se), amenizar(-se), suavizar(-se). **A:** agravar(-se).

aterrado V. aterro.

aterragem *sf* **1** V. aterro. **2** *Aeron.* pouso, aterrissagem. **A:** decolagem.

aterrar *vtd* **1** arrasar, derrubar, demolir. **2** *TERRENO* nivelar, igualar, altear. *vi* **3** *Aeron.* pousar, aterrissar. **A:** decolar. *vtd+vpr* **4** V. atemorizar(-se).

aterrissagem V. aterragem.

aterrissar V. aterrar.

aterro *sm* **1** *DE TERRENO* aterragem, nivelamento. **2** *material para aterrar:* terra, entulho. **3** o terreno nivelado: aterrado.

aterrorizador V. aterrorizante.

aterrorizante *adj m+f* assustador, horrível, apavorante, aterrorizador. **A:** encantador.

aterrorizar *vtd+vpr* assustar(-se), apavorar(-se), terrorizar(-se), espantar(-se). **A:** encantar(-se).

ater-se *vpr* **1** aproximar-se, encostar-se, achegar-se. **Ex:** Ateve-se à parede para não cair. **2** limitar-se, restringir-se. **Ex:** Não se ateve apenas ao estudo teórico. **3** fiar-se, confiar, acreditar. **Ex:** Ater-se à palavra de alguém. **4** conformar-se, resignar-se, concordar. **A:** discordar.

atestação V. atestado.

atestado *sm* **1** *O ATO* atestação, certificação. **2** *O DOCUMENTO* certificado, declaração, certidão. **Ex:** Atestado médico, de pobreza. **3** demonstração, prova, testemunho. **Ex:** Sua indecisão é um atestado de fraqueza.

atestar *vtd* **1** certificar, declarar, depor. **2** demonstrar, provar, testemunhar. **3** abarrotar, encher, atulhar. **A:** esvaziar. *vpr* **4** *DE COMIDA, BEBIDA* empanturrar-se, fartarse, encher-se.

ateu *sm* ateísta, ímpio, descrente, incrédulo. **A:** crente.

atiçar *vtd* **1** *FOGO* avivar, atear. **A:** apagar. **2** provocar, fomentar, incitar. **Ex:** atiçar a intriga, o ódio, a desavença. **3** estimular, avivar, despertar. **Ex:** Atiçar a inveja, a fome. *vtd+vpr* **4** irritar(-se), assanhar(-se), enfurecer(-se). **Ex:** Atiçar os cães, uma pessoa. **A:** acalmar(-se).

atijolar *vtd* ladrilhar.

atilado *part+adj* **1** esmerado, apurado, caprichado. **A:** relaxado. **2** exato, correto, pontual. **Ex:** É um homem atilado em suas obrigações. **A:** negligente. **3** ajuizado, sensato, ponderado. **A:** desajuizado. **4** esperto, sagaz, perspicaz. **A:** ingênuo.

atilamento *sm* **1** esmero, apuro, primor. **A:** desleixo. **2** exatidão, correção, pontualidade. **A:** negligência. **3** juízo, sensatez, discernimento. **A:** insensatez.

atilar *vtd* **1** aperfeiçoar, aprimorar, apurar. *vpr* **2** enfeitar-se, ornar-se, ataviar-se. **A:** desenfeitar-se.

atilho *sm* tira, fita, cordão, barbante.

átimo *sm* instante, momento, átomo. * Num átimo: num piscar de olhos, instantaneamente.

atinado *part+adj* **1** astuto, esperto, astucioso. **A:** tolo. **2** prudente, ponderado, sensato. **A:** imprudente.

atinar *vtd+vti* **1** encontrar, descobrir, achar. **Ex:** Não consigo atinar a solução deste problema. *vtd* **2** notar, perceber, compreender. **Ex:** Pela expressão da mãe, atinou que algo terrível acontecera.

atinente *adj m+f* referente, relativo, pertinente, tocante.

atingir *vtd* **1** alcançar, chegar a, tocar. **Ex:** A flecha atingiu o inimigo; atingimos o máximo. **2** interessar, tocar, dizer respeito a. **Ex:** Seus insultos não me atingem. **3** conseguir, obter, alcançar. **Ex:** Finalmente atingiram o seu intuito. *vtd+vti* **4** compreender, entender, assimilar. **Ex:** Não consigo atingir o significado de seus atos.

atípico *adj* anormal, anômalo, estranho, insólito. **A:** típico.

atiradeira *sf* estilingue, bodoque, funda.

atirar *vtd+vpr* **1** arremessar(-se), lançar(-se), jogar(-se). *vti* **2** alvejar, balear, disparar em. **Ex:** O policial atirou no ladrão. *vi* **3** disparar. **Ex:** Ao serem surpreendidos, os assaltantes atiraram. *vpr* **4** atacar, arremeter contra, acometer. **Ex:** O louco atirou-se contra os médicos. **5** aventurar-se, atrever-se, arrojar-se. **Ex:** Atirou-se a empreendimentos arriscados.

atitude *sf* **1** postura, porte, posição. **Ex:** Manter-se em atitude ereta. **2** conduta, comportamento, procedimento. **Ex:** Que atitude devemos tomar para resolver essa questão? **3** afetação, fingimento, simulação. **Ex:** Sua atenção para conosco é só atitude.

ativar *vtd* **1** impulsionar, apressar, acelerar. **A:** desacelerar. *vtd+vpr* **2** intensificar(-se), reforçar(-se), fortalecer(-se). **A:** enfraquecer(-se).

atividade *sf* **1** ação. **A:** passividade. **2** diligência, empenho, esforço. **A:** indolência. **3** trabalho. **Ex:** As atividades industriais. **4** ocupação, profissão, ofício. **Ex:** Suas atividades anteriores incluem o magistério e o turismo. **5** presteza, prontidão, energia. **A:** vagareza.

ativista *s e adj m+f* *Polít.* militante.

ativo *adj* **1** atuante, participante. **A:** passivo. **2** diligente, esforçado, trabalhador. **A:** indolente. **3** eficaz, eficiente, enérgico. **A:** ineficaz. **4** ágil, rápido, ligeiro. **A:** lerdo.

atleta *s m+f* **1** esportista, ginasta. **2** *NA GRÉCIA ANTIGA* lutador. **3** *Fig.* defensor, campeão, paladino. **Ex:** Um atleta da causa humanitária.

atlético *adj* forte, robusto, vigoroso, musculoso. **A:** franzino.

atletismo *sm* ginástica.

atmosfera *sf* **1** *Meteor.* ar. **2** *Fig.* ambiente, ar, clima. **Ex:** Havia uma atmosfera de tristeza.

ato *sm* **1** ação, feito, obra. **Ex:** Será julgado pelos seus atos; um ato de bravura. **2** *Teat.* parte. **Ex:** A peça é dividida em três atos. **3** solenidade, cerimônia, rito. **4** *Dir.* declaração. **Ex:** Ato institucional.

à-toa *adj m+f, sing+pl* **1** impensado, imprudente, precipitado. **A:** prudente. **2** inútil, imprestável. **A:** útil. **3** baixo, reles, vil. **Ex:** Sujeitinho à-toa. **A:** nobre. **4** insignificante. **Ex:** Problema à-toa. **A:** importante.

atocaiar V. tocaiar.

atochar *vtd* **1** atulhar, abarrotar, entulhar. **2** socar, entalar, enfiar (com força).

atoladiço *adj* alagadiço, lamacento, pantanoso, encharcado. **A:** seco.

atolador V. atoleiro.

atoladouro V. atoleiro.

atolar *vtd+vpr* **1** abalhar(-se), apalermar(-se), atoleimar(-se). **2** *EM ATOLEIRO* mergulhar, afundar, enterrar(-se). *vpr* **3** *EM DIFICULDADES* envolver-se, complicar-se, embaraçar-se. **4** *EM PRAZERES, VÍCIOS* chafurdar, entregar-se, render-se.

atoleimado *part+adj* bobo, parvo, palerma, abobalhado. **A:** esperto.

atoleimar *vtd+vpr* abobar(-se), apalermar(-se), aparvalhar(-se), abobalhar(-se).

atoleiro *sm* **1** lamaçal, atoladouro, atolador *pop.* **2** *Fig.* enrascada, apuro, dificuldade.

átomo *sm* **1** átimo, instante, momento. **2** partícula, corpúsculo.

atonia *sf* **1** *Med.* astenia, marasmo, debilidade, fraqueza.

atônico V. átono.

atônito *adj* estupefato, pasmado, perplexo, confuso.

átono *adj Gram.* atônico. **A:** tônico.

atopetar *vtd Pop.* abarrotar, encher, atulhar, atestar. **A:** esvaziar.

ator *sm* **1** artista, intérprete. **2** comediante, cômico.

atorar *vtd* despedaçar, cortar, partir, talhar.

atordoado *part+adj* tonto, confuso, zonzo, aturdido.

atordoamento *sm* **1** aturdimento, perturbação. **2** maravilha, assombro, deslumbramento. **3** vertigem, tontura, tonteira.

atordoar *vtd* **1** maravilhar, assombrar, deslumbrar. *vtd+vpr* **2** aturdir(-se), estontear(-se), confundir(-se).

atormentação *sf* **1** aborrecimento, chateação *pop*, chatice *pop.* **2** aflição, angústia, agonia.

atormentar *vtd* **1** importunar, aborrecer, amolar. **2** torturar, supliciar, flagelar. *vtd+vpr* **3** afligir(-se), angustiar(-se), agoniar(-se).

atracadoiro V. atracadouro.

atracador V. atracadouro.

atracadouro *sm Náut.* atracador, *atracadoiro.*

atração *sf* **1** atrativo, fascínio, encanto. **2** tendência, inclinação, propensão. **3** simpatia, afeição, admiração. **A:** repulsa.

atracar *vtd, vti+vi* **1** *Náut.* fundear, amarrar, ancorar. *vpr* **2** engalfinhar-se, pegar-se, brigar.

atraente *adj m+f* **1** chamativo. **2** sedutor, encantador, fascinante, atrativo. **A:** repulsivo.

atraiçoar *vtd+vpr* **1** trair(-se). **2** denunciar(-se), delatar(-se). *vtd* **3** enganar, iludir, ludibriar.

atrair *vtd* **1** chamar. **Ex:** Seus gritos atraíram a mãe. **2** seduzir, encantar, fascinar. **Ex:** Desde pequeno, a arte o atraía. **A:** afastar. **3** provocar, suscitar, causar. **Ex:** Seu descaso atraiu a fúria da namorada.

atrapalhação *sf* **1** embaraço, confusão, perturbação. **2** embaraço, timidez, acanhamento. **A:** desembaraço.

atrapalhar *vtd* **1** estorvar, embaraçar, dificultar. **Ex:** Ela quis ajudar, mas só atrapalhou. **A:** ajudar. *vtd+vpr* **2** embaraçar(-se), confundir(-se), atarantar(-se). **Ex:** Atrapalhou-se na hora de falar com o chefe.

atrás *adv* **1** detrás. **Ex:** Estamos ali atrás. **A:** em frente. **2** após, depois, posteriormente. **Ex:** Ela chegou ao meio-dia, e nós um pouco atrás. **A:** antes. **3** antes, anteriormente. **Ex:** Conversamos uma semana atrás; anos atrás, éramos mais felizes do que hoje. * Atrás de: detrás de; após, depois de; no encalço de; em busca de, à procura de.

atrasado *part+adj* **1** obsoleto, antiquado, arcaico. **Ex:** Seu pai tem idéias atrasadas para os dias de hoje. **A:** moderno. **2** subdesenvolvido. **Ex:** Os países atrasados da África. **A:** desenvolvido. **3** retrasado. **Ex:** Comecei o trabalho na semana atrasada.

atrasar *vtd* **1** recuar, retrogradar. **Ex:** Atrasar o relógio. **2** retardar, delongar. **Ex:** Atrasar o andamento de um processo. **A:** antecipar. **3** adiar, protelar, diferir. **Ex:** Atrasava sempre a data da viagem porque tinha medo de avião. **A:** adiantar. **3** prejudicar, estorvar, embaraçar. **Ex:** A doença atrasou o desenvolvimento da criança. **A:** ajudar. *vpr* **4** recuar, retroceder, retrogradar.

atraso *sm* **1** demora, delonga, retardamento. **A:** adiantamento. **2** subdesenvolvimento. **A:** desenvolvimento. **3** decadência, declínio, ruína. **A:** progresso.

atrativo *sm* **1** graça, beleza, formosura. **2** incentivo, estímulo. **Ex:** O banco oferecia muitos atrativos para os investidores. *adj 3* V. atraente.

atravancar *vtd* estorvar, atrapalhar, dificultar, impedir. **A:** desatravancar.

através *adv* de través, de lado a lado, transversalmente. * Através de: por, de um para outro lado de; por entre; durante, no decurso de. **Ex:** Tivemos que passar através de montes e vales; podia ver a rua através da janela; o homem foi evoluindo através dos séculos.

atravessado *part+adj* 1 oblíquo, transversal, transverso. **A:** reto. 2 cruzado, em cruz. 3 irritado, rancoroso, ruim. **Ex:** Deu-me uma resposta atravessada.

atravessador *sm Com.* intermediário.

atravessar *vtd* 1 cruzar, cortar, passar. **Ex:** Atravessar a montanha. 2 *NO TEMPO* subsistir, manter-se, persistir. **Ex:** Essa tradição atravessou os séculos. 3 varar, traspassar, trespassar. **Ex:** A flecha atravessou o corpo do soldado. 4 *Com.* açambarcar, monopolizar, abarcar. **Ex:** Atravessar o mercado. 5 passar, sofrer, padecer. **Ex:** Atravessar dificuldades. *vtd+vpr* 6 impedir, atrapalhar, estorvar. **Ex:** A guerra atravessa a evolução humana. **A:** ajudar.

atrelar *vtd* 1 *ANIMAIS* jungir, emparelhar, ajoujar; *VAGÕES* engatar. **A:** desatrelar. 2 *PESSOAS* atrair, seduzir, lograr. **Ex:** Atrelar alguém com promessas. 3 subjugar, sujeitar, submeter. **Ex:** As dificuldades da vida atrelaram seu orgulho.

atrever-se *vpr* 1 ousar, arriscar-se, aventurar-se. **Ex:** Atreveu-se a desafiá-lo. 2 enfrentar, afrontar, defrontar. **Ex:** Atreveu-se aos inimigos que o cercavam.

atrevido *adj* 1 ousado, corajoso, audacioso. **Ex:** É um lutador atrevido. **A:** medroso. 2 insolente, petulante, irreverente. **A:** respeitoso.

atrevimento *sm* 1 ousadia, coragem, audácia. **A:** covardia. 2 insolência, petulância, irreverência. **Ex:** Mas que atrevimento, falar comigo desse jeito! **A:** respeito.

atribuição *sf* 1 função, encargo, obrigação. **Ex:** Executa a contento todas as atribuições do cargo. 2 prerrogativa, privilégio, regalia. *sf pl* 3 jurisdição *sing*, poderes, alçada *sing*. **Ex:** As atribuições de uma autoridade.

atribuir *vtd* 1 conceder, conferir, outorgar. **Ex:** Atribuir funções, prêmios. 2 imputar. **Ex:** Atribuíram os danos aos empregados. *vpr* 3 reclamar, reivindicar, arrogar-se. **Ex:** Atribuiu-se todos os privilégios.

atribulação *sf* aflição, tribulação, angústia, tormento. **A:** ventura.

atribulado *part+adj* 1 aflito, angustiado, pesaroso. 2 adverso, penoso, trabalhoso. **Ex:** Levar uma vida atribulada. **A:** tranqüilo.

atribular *vtd+vpr* afligir(-se), angustiar(-se), atormentar(-se), torturar(-se).

atributo *sm* 1 característica, propriedade, qualidade. 2 símbolo, emblema, insígnia.

atrição *sf* 1 V. atrito. 2 desgaste, corrosão, gasto.

átrio *sm* 1 pátio. 2 vestíbulo.

atritar *vtd+vpr* friccionar(-se), esfregar(-se), roçar.

atrito *sm* 1 fricção, atrição, esfregação. 2 desentendimento, discussão, desavença.

atroada *sf* estrondo, estouro, estampido, barulho, bulha.

atroar *vtd* 1 estremecer, sacudir, abalar. 2 *Fig.* aturdir, atordoar, estontear. *vi* 3 estrondear, retumbar, trovejar.

atrocidade *sf* crueldade, desumanidade, perversidade, malvadeza. **A:** bondade.

atrofia *sf* 1 *Med.* atrofiamento, definhamento, enfraquecimento. 2 *Fig.* decadência, degeneração, declínio.

atrofiamento V. atrofia.

atrofiar *vtd+vpr* definhar(-se), enfraquecer, debilitar(-se), depauperar(-se).

atropelação V. atropelo.

atropelamento V. atropelo.

atropelar *vtd* 1 empurrar, esbarrar em, acotovelar. **Ex:** Entrou atropelando as pessoas que estavam na porta. 2 desprezar, desrespeitar, postergar. **Ex:** Atropelar a lei, a ordem dos fatos. *vpr* 3 abalroar-se, chocar-se, bater.

atropelo *sm* 1 atropelamento, atropelação. 2 confusão, desordem, embrulhada *fam.*

atroz *adj m+f* 1 cruel, desumano, perverso. **A:** bondoso. 2 lancinante, pungente, intolerável. **Ex:** Dor atroz, sofrimento atroz. 3 monstruoso, pavoroso, horrível. **Ex:** Crime atroz.

atual *adj m+f* **1** presente, corrente. **Ex:** Os fatos atuais, o mês atual. **A:** passado. **2** moderno, contemporâneo, novo. **Ex:** O tema do filme é bastante atual. **A:** antigo. **3** efetivo, real, imediato.

atualidade *sf* **1** presente, hoje, época atual. **Ex:** Temas da atualidade. **2** oportunidade, ensejo, ocasião. *sf pl* **3** notícias, novas, informações.

atualizar *vtd+vpr* modernizar(-se), amodernar(-se).

atuante *adj m+f* **1** ativo, participante. **Ex:** É o membro mais atuante do grupo, apesar da idade. **A:** passivo. **2** influente, dominante.

atuar *vti+vi* **1** agir, operar, obrar. **Ex:** A polícia já sabe onde atua a quadrilha. *vti* **2** influir, influenciar. **Ex:** As manifestações populares atuaram na decisão dos políticos. **3** pressionar, coagir. **Ex:** Atuaram sobre ele para que mudasse de idéia.

atulhar *vtd* abarrotar, atestar, encher, entulhar. **A:** esvaziar.

aturado *part+adj* constante, perseverante, ininterrupto, contínuo. **A:** intermitente.

aturar *vtd* **1** suportar, tolerar, agüentar. **Ex:** Precisei aturar sua irritação. **2** sustentar, comportar, manter. **Ex:** O orçamento não atura tantas despesas. *vti* **3** continuar, perseverar, permanecer. **Ex:** Aturou dois anos naquele trabalho. *vi* **4** perdurar, durar, subsistir. **Ex:** Isso ainda vai aturar muitos anos.

aturdido *part+adj* **1** estupefato, assombrado, surpreso. **2** tonto, atônito, confuso.

aturdimento *sm* **1** atordoamento, perturbação. **2** precipitação, imprudência, estouvamento. **A:** tranqüilidade.

aturdir *vtd* **1** assombrar, espantar, surpreender. **Ex:** A beleza da moça o aturdia. **2** atroar, estremecer, sacudir. **Ex:** Uma explosão aturdiu o ar. *vtd+vpr* **3** atordoar(-se), confundir(-se), perturbar(-se).

audácia *sf* **1** ousadia, valentia, bravura. **A:** covardia. **2** insolência, petulância, irreverência. **A:** reverência.

audacioso *adj* **1** ousado, audaz, valente. **Ex:** A princesa foi salva por um audacioso cavaleiro. **A:** covarde. **2** insolente, petulante, irreverente. **A:** reverente. **3** arriscado,

perigoso, temerário. **Ex:** Cuidado, é um negócio audacioso. **A:** seguro.

audaz V. audacioso.

audição *sf* **1** V. audiência. **2** *Mús.* concerto, recital.

audiência *sf* **1** ato de ouvir: audição. **2** *DE AUTORIDADE* recepção. **Ex:** O prefeito concedeu-nos uma audiência. **3** platéia, público, assistência. **4** *DE RÁDIO, TELEVISÃO* ouvintes *pl*, espectadores *pl*, telespectadores *pl*. **5** *Dir.* sessão, julgamento. **6** atenção. **Ex:** Não deu audiência às suas reclamações.

auditor *sm* **1** quem ouve: ouvinte. **2** *Dir.* ouvidor. **3** *Contab.* perito.

auditório *sm* **1** *LOCAL* platéia, anfiteatro. **2** *PESSOAS* público, assistência, platéia.

auferir *vtd* receber, obter, conseguir, tirar. **Ex:** Auferir lucros, ganhos, vantagens.

auge *sm* **1** cume, topo, pico. **Ex:** Alcançamos o auge do monte. **2** apogeu, máximo, ápice. **Ex:** Estava no auge da fama quando morreu.

augurar *vtd* **1** predizer, prever, profetizar. **Ex:** O feiticeiro augurou desgraças ao rei. *vtd* **2** desejar. **Ex:** Augurar sucesso a alguém.

augúrio *sm* previsão, agouro, profecia, vaticínio.

aula *sf* **1** lição, preleção. **Ex:** Tivemos hoje duas aulas de português e uma de matemática. **2** *Ant.* corte, palácio, paço.

áulico *sm+adj* cortesão, palaciano.

aumentar *vtd* **1** ampliar, alargar, dilatar. **Ex:** Com mais treino, você aumentará suas possibilidades de vitória; o microscópio aumenta os objetos. **A:** reduzir. *vtd, vi+vpr* **2** agravar(-se), exacerbar(-se), intensificar(-se). **Ex:** A noite aumentou a sua solidão; sua dor nas costas aumentou depois da queda. **A:** amenizar(-se). *vti* **3** prosperar, melhorar, progredir. **Ex:** O programa está aumentando em popularidade. *vi+vpr* **4** crescer, ampliar-se, elevar-se. **Ex:** As despesas aumentaram muito. **A:** diminuir.

aumentativo *sm Gram.* **A:** diminutivo.

aumento *sm* **1** ampliação, amplificação, acréscimo. **A:** redução. **2** melhoria, progresso, desenvolvimento. **A:** declínio.

aura *sf* **1** brisa, aragem, sopro. **2** fama, renome, popularidade.

áureo *adj* **1** dourado, amarelo, loiro. **2** *Fig.* brilhante, nobre, elegante. **Ex:** Estilo áureo. **3** *Fig.* magnífico, grandioso, esplêndido. **Ex:** Viveram na época áurea do cinema.

auréola *sf* **1** halo, nimbo, resplendor. **2** *Fig.* glória, prestígio, brilho.

aureolar *vtd* **1** coroar. **2** cingir, envolver, circundar. **Ex:** Os cabelos negros aureolam sua cabeça. *vtd+vpr* **3** glorificar(-se), elevar(-se), engrandecer(-se). **A:** humilhar(-se).

aurora *sf* **1** alvorada, alva, alvor. **2** *Fig.* início, começo, princípio. **3** *Fig.* infância, juventude, mocidade.

auscultador *sm Med.* estetoscópio.

auscultar *vtd* **1** *Med.* escutar *pop.* **2** sondar, inquirir, perscrutar.

ausência *sf* **1** afastamento. **Ex:** Ela não notou a sua ausência. **2** falta. **Ex:** Esse aluno já teve duas ausências esta semana. **3** carência, inexistência, falta. **Ex:** Nosso país sofre de ausência de médicos. **4** *Psicol.* lapso de memória.

ausentar-se *vpr* **1** afastar-se, apartar-se, distanciar-se. **Ex:** Ausentou-se daquele partido porque não concordava com alguns de seus membros. **2** ir-se, retirar-se, sair. **Ex:** Precisei me ausentar por alguns minutos. **3** desaparecer, acabar-se, sumir. **Ex:** Viajou para o Exterior, e seus problemas se ausentaram. **A:** aparecer.

ausente *adj m+f* **1 A:** presente. **2** afastado, distante, apartado. **A:** próximo.

auspiciar *vtd* prever, predizer, prognosticar, augurar.

auspício *sm* **1** augúrio, prenúncio, presságio. **2** promessa, voto. *sm pl* **3** patrocínio *sing*, assistência *sing*, proteção *sing*. **Ex:** Viver sob os auspícios de alguém.

auspicioso *adj* promissor, próspero, animador, esperançoso. **Ex:** Ela tem um futuro auspicioso. **A:** desanimador.

austeridade *sf* **1** severidade, rigidez, rigor. **A:** brandura. **2** dureza, rigor, dificuldade. **A:** facilidade. **3** sisudez, seriedade, circunspecção. **A:** leviandade. **4** simplicidade, despojamento. **5** rispidez, rudeza, grosseria. **A:** delicadeza.

austero *adj* **1** severo, rígido, rigoroso. **Ex:** Um juiz austero. **A:** brando. **2** duro, rigo-

roso, penoso. **Ex:** Levar uma vida austera. **A:** fácil. **3** sisudo, sério, circunspecto. **Ex:** É um senhor muito austero. **A:** leviano. **4** *ESTILO* simples, despojado, enxuto. **5** ríspido, rude, grosso. **Ex:** Respondeu-nos em tom austero.

austral *adj m+f* meridional, antártico. **A:** boreal.

autarquia V. autonomia.

autárquico V. autônomo.

autêntica *sf* certidão, certificado, declaração.

autenticação *sf* selo, timbre, marca, carimbo.

autenticar *vtd* legalizar, certificar, reconhecer, validar.

autêntico *adj* **1** verdadeiro, real, verídico. **Ex:** É uma história autêntica. **A:** falso. **2** genuíno, legítimo, puro. **A:** ilegítimo. **3** legalizado, autenticado. **Ex:** Um documento autêntico.

auto *sm* **1** solenidade, cerimônia, rito. **2** peça, comédia, alegoria. **Ex:** Os autos de Gil Vicente. **3** V. automóvel. *sm pl* **4** *Dir.* processo *sing*.

autóctone *s e adj m+f* aborígine, indígena, nativo, natural. **A:** alóctone.

auto-estrada *sf* rodovia, estrada, autopista.

automação V. automatização.

automático *adj Fig.* inconsciente, involuntário, mecânico, maquinal. **Ex:** Assustou-se e fechou os olhos, num gesto automático. **A:** consciente.

automatização *sf* automação.

autômato *sm* **1** robô. **2** *Fig.* pessoa sem vontade própria: fantoche, títere, testa-de-ferro.

automotriz *sf Fer.* litorina.

automóvel *sm* carro, auto, veículo.

autonomia *sf* **1** autarquia. **2** independência, liberdade. **A:** dependência.

autonômico V. autônomo.

autônomo *sm* **1** trabalhador autônomo. *adj* **2** independente, livre, autonômico, autárquico.

autopista V. auto-estrada.

autopsia V. autópsia.

autópsia *sf* **1** *Med.* necropsia, *autopsia*. **2** análise, exame, crítica.

autor *sm* **1** agente, causador. **2** criador, inventor, descobridor. **3** pai, fundador. **4** *Lit.* escritor. **5** *Mús.* compositor.

autoria *sf* lavra.

autoridade *sf* **1** jurisdição, alçada, competência. **2** influência, prestígio, ascendência. **3** V. autorização.

autoritário *adj* **1** despótico, tirânico, ditatorial. **Ex:** Um governo autoritário. **A:** liberal. **2** prepotente, dominador, mandão. **3** violento, impetuoso, forte.

autoritarismo *sm* tirania, despotismo, absolutismo, ditadura.

autorização *sf* permissão, licença, consentimento, autoridade. **Ex:** Não tenho autorização para fazer declarações sobre o caso. **A:** proibição.

autorizado *part+adj* respeitável, conceituado, competente, abalizado.

autorizar *vtd* **1** permitir, consentir, deixar. **A:** proibir. **2** confirmar, comprovar, ratificar. *vtd+vpr* **3** justificar(-se), apoiar(-se), fundamentar(-se).

autuar *vtd* **1** *Dir.* lavrar (um auto). **2** *Dir.* processar.

auxiliar (ss) *s e adj m+f* **1** ajudante, assistente, assessor. *vtd* **2** ajudar, assistir, assessorar. **A:** estorvar.

auxílio (ss) *sm* **1** ajuda, assistência, assessoria. **Ex:** Não conseguiríamos concluir o trabalho sem o seu auxílio. **2** amparo, proteção, apoio. **Ex:** Entidade de auxílio aos idosos. **3** *Fam.* esmola, donativo, óbolo. **Ex:** Dar um auxílio aos mendigos.

avacalhado *part+adj Pop.* desleixado, relaxado, desmazelado, negligente. **Ex:** Trabalho avacalhado, roupas avacalhadas. **A:** esmerado.

avacalhar *vtd+vpr* **1** *Pop.* desmoralizar(-se), ridicularizar(-se), aviltar(-se). **A:** engrandecer(-se). **2** *Pop.* desleixar(-se), relaxar(-se), desmazelar(-se). **A:** esmerar(-se).

aval *sm* **1** *Dir.* caução, garantia, endosso. **2** *Fig.* apoio, aprovação, aplauso. **Ex:** Fez todas aquelas barbaridades com o aval dos pais. **A:** desaprovação.

avalancha *sf* **1** alude, *avalanche*. **2** *Fig.* multidão, massa, enxurrada *fig.*

avalanche V. avalancha.

avalentoar-se *vpr* insurgir-se, rebelar-se, revoltar-se, sublevar-se.

avaliação *sf* **1** apreciação, análise, exame. **2** estimativa, cálculo, contagem.

avaliar *vtd* **1** apreciar, estimar, examinar. **Ex:** Avaliar um bem. **2** calcular, contar, orçar. **Ex:** Avaliar os custos de um empreendimento. **3** pesar, ponderar, medir. **Ex:** Avalie bem todas as probabilidades antes de fechar o negócio.

avalista *s m+f Dir.* fiador.

avalizar *vtd Dir.* afiançar, abonar, endossar, garantir. **A:** desabonar.

avançada *sf* **1** V. avanço. **2** *Mil.* assalto, ataque, investida. **3** dianteira, frente, vanguarda. **A:** traseira.

avançado *part+adj* **1** evoluído. **A:** retrógrado. **2** progressista. **3** exótico, estranho, extravagante. **A:** banal.

avançamento V. avanço.

avançar *vtd* **1** exceder, superar, suplantar. **Ex:** Seus conhecimentos avançam os meus. **2** expor, enunciar, exprimir. **Ex:** Avançar uma idéia, uma proposta. *vti* **3** atacar, acometer, investir contra. **Ex:** O cachorro avançou contra o ladrão. *vi* **4** adiantar-se, progredir, desenvolver-se. **A:** regredir.

avanço *sm* **1** avançada, avançamento, adiantamento. **A:** retrocesso. **2** progresso, melhoria, desenvolvimento. **A:** atraso. **3** acréscimo, aumento, ampliação. **A:** redução.

avantajado *part+adj* corpulento, volumoso, grande. **Ex:** Um homem de porte avantajado. **A:** pequeno.

avantajar *vtd* **1** exceder, superar, ultrapassar. **Ex:** Avantajar os adversários numa corrida. **2** elevar, melhorar, engrandecer. *vpr* **3** sobressair, distinguir-se, destacar-se.

avante *sm* **1** *Fut.* atacante, dianteiro. *adv* **2** adiante, na frente, na dianteira. **A:** atrás. **3** para diante, para a frente. *interj* **4** adiante! vamos! eia! **A:** para trás!

avarento *sm+adj* avaro, sovina, mesquinho, pão-duro *pop.* **A:** pródigo.

avareza *sf* **1** sovinice, mesquinhez, pão-durismo *pop.* **A:** prodigalidade. **2** *Por ext.* ciúmes *pl*, zelos *pl*.

avaria *sf* dano, estrago, prejuízo, deterioração.

avariar *vtd+vpr* danificar(-se), estragar(-se), deteriorar(-se), desgastar(-se).

avaro V. avarento.

avassalar *vtd* **1** dominar, imperar em, predominar. **Ex:** Sua família avassala toda a aldeia. **2** afligir, atormentar, oprimir. **Ex:** A espera o avassala. **3** cativar, seduzir, fascinar. **vtd+vpr 4** submeter(-se), sujeitar(-se). **Ex:** Avassalar-se à vontade alheia.

ave *sf* **1** *Zool.* pássaro, passarinho. *interj* **2** salve! **Ex:** Ave César!

avelaneira V. aveleira.

avelãzeira V. aveleira.

aveleira *sf Bot.* avelaneira, avelãzeira.

avelórios *sm pl* **1** miçangas, vidrilhos, contas. **2** bagatelas, ninharias, insignificâncias.

aveludado *part+adj* **1** veludoso. **2** *Fig.* melodioso, melódico, suave. **Ex:** Ao telefone sua voz era aveludada. **A:** estridente. **3** *Fig.* meigo, terno, afetuoso. **Ex:** Olhar aveludado. **A:** rude.

aveludar *vtd+vpr Fig.* abrandar(-se), suavizar(-se), atenuar(-se), amaciar(-se). **A:** acentuar(-se).

avenca *sf Bot.* capilária.

avenida *sf ARBORIZADA* bulevar, alameda, aléia.

avental *sm DE MÉDICO, DENTISTA, ETC.* jaleco, guarda-pó, bata, blusa.

aventar *vtd* **1** ventilar. **2** *IDÉIA, PROPOSTA* enunciar, exprimir, expressar. **3** entrever, pressentir, perceber. **Ex:** Aventou oportunidades de sucesso. **4** *ANIMAL* farejar.

aventura *sf* **1** risco, perigo. **Ex:** Participar de uma maratona sem o preparo necessário é uma aventura. **2** peripécia, incidente, imprevisto. **Ex:** Contou as aventuras da viagem. **3** proeza, façanha, feito. **Ex:** As aventuras de um cavaleiro medieval. **4** acaso, sorte, destino. **5** caso, flerte, namorico.

aventurar *vtd* **1** expor, arriscar. *vpr* **2** arriscar-se, arrojar-se, expor-se.

aventureiro *adj* **1** ousado, arrojado, audacioso. **Ex:** Um indivíduo aventureiro. **A:** covarde. **2** arriscado, perigoso, incerto. **Ex:** Um negócio aventureiro. **A:** seguro.

averbar *vtd* **1** registrar, exarar, anotar. **2** qualificar, acusar, classificar. **Ex:** Averbar alguém de incompetente.

averiguar *vtd* **1** indagar, interrogar, pesquisar. **Ex:** A polícia averiguou os antecedentes de todos os suspeitos. **2** apurar, verificar, certificar-se de. **Ex:** Fomos averiguar o que realmente acontecia ali.

avermelhar *vtd+vpr* **1** encarnar, vermelhar. **2** corar(-se), enrubescer(-se).

aversão *sf* **1** nojo, asco, repugnância. **2** ódio, rancor, antipatia. **A:** simpatia.

avessas *(é) sf pl* opostos. * Às avessas: ao contrário, inversamente, em sentido oposto.

avesso *(ê) sm* **1** reverso. **Ex:** O avesso da moeda, do tecido. **A:** direito. **2** defeito, imperfeição, falha. **A:** qualidade. *adj* **3** contrário, inverso, oposto. **Ex:** O lado avesso. **4** adverso, desfavorável, hostil. **Ex:** Vivia sob condições avessas. **A:** favorável.

avezar *vtd+vpr* acostumar(-se), habituar(-se), afazer(-se), aclimatar(-se). **A:** desavezar(-se).

aviação *sf* aeronáutica, navegação aérea.

aviador *sm Aeron.* piloto.

aviamento *sm* **1** material, apetrechos *pl*, aprestos *pl*. **2** ajuda, auxílio, assistência. **3** andamento, marcha, curso.

avião *sm Aeron.* aeronave, aeroplano. * Avião a jato: jato.

aviar *vtd* **1** executar, aprontar, concluir. **Ex:** Aviar obras. **2** *Farm.* preparar. **Ex:** Queira aviar esta receita, por favor. **3** despachar, enviar, expedir. **Ex:** Aviar encomendas.

aviário *sm* **1** viveiro (de aves). *adj* **2** relativo a aves: avícola.

avícola V. avícola e avicultor.

avicultor *sm* avícola, criador (de aves).

avidez *sf* **1** ambição, ganância, cobiça. **A:** desapego. **2** ansiedade, sofreguidão, impaciência. **A:** paciência. **3** *POR COMIDA* voracidade; *POR BEBIDA* sede.

ávido *adj* **1** ambicioso, ganancioso, cobiçoso. **Ex:** Ávido por ouro. **A:** desapegado. **2** ansioso, sôfrego, impaciente. **Ex:** Estava ávido por emoções. **A:** paciente. **3** *POR COMIDA* voraz, comilão, esfomeado; *POR BEBIDA* sedento, sequioso.

avigorar *vtd+vpr* **1** fortalecer(-se), robustecer(-se), fortificar(-se). **A:** enfraquecer. **2** consolidar(-se), firmar(-se), estabilizar(-se).

aviltação V. aviltamento.

aviltamento *sm* **1** aviltação, desonra, humilhação. **A:** honra. **2** *Com. DA MOEDA* depreciação, desvalorização. **A:** valorização. **3** *Com. DE PREÇO* baixa, redução, queda. **A:** alta.

aviltante *adj m+f* humilhante, deprimente, vergonhoso, infame. **A:** honroso.

aviltar *vtd+vpr* **1** envilecer(-se), abandalhar(-se), depravar(-se). **Ex:** Aviltou-se ao agir de maneira tão baixa. **2** humilhar(-se), rebaixar(-se), curvar(-se). **Ex:** Aviltar alguém com ofensas. **A:** engrandecer(-se). **3** *PREÇO* depreciar(-se), desvalorizar(-se). **Ex:** Os produtores aviltaram os legumes. **A:** valorizar.

avinagrado *part+adj* **1** envinagrado. **2** azedo, ácido, acre. **A:** doce.

avinagrar *vtd* **1** envinagrar. *vtd+vpr* **2** azedar(-se), acidificar(-se), acidular(-se). **3** irritar(-se), enervar(-se), zangar(-se). **A:** tranqüilizar(-se).

avinhado *sm* **1** *Ornit.* curió. *part+adj* **2** bêbado, embriagado, ébrio. **A:** sóbrio.

avinhar *vtd+vpr* embriagar(-se), embebedar(-se), inebriar(-se), alcoolizar(-se).

avir *vtd* **1** combinar, ajustar, pactuar. *vtd+vpr* **2** conciliar(-se), harmonizar(-se), reconciliar(-se). **A:** desavir(-se). *vpr* **3** virar-se, arranjar-se, arrumar-se. **Ex:** Ele que se avenha sozinho.

avisado *part+adj* **1** discreto, reservado, sério. **A:** indiscreto. **2** sensato, prudente, cauteloso. **A** desavisado.

avisar *vtd* **1** anunciar, informar, comunicar. **Ex:** Avisou-me sobre a reunião. **2** advertir, admoestar, lembrar. **Ex:** Avisei-o do perigo, mas ele não me ouviu. *vpr* **3** informar-se, inteirar-se, pesquisar. **Ex:** Avisar-se de um problema para poder resolvê-lo. **4** acautelar-se, prevenir-se, precaver-se. **Ex:** Avisou-se dos possíveis obstáculos. **A:** descuidar-se.

aviso *sm* **1** anúncio, comunicado, notícia. **2** advertência, admoestação, conselho. **Ex:** Que isso lhe sirva de aviso! **3** discrição, juízo, discernimento. **Ex:** É pessoa de muito aviso. **A:** indiscrição. **4** opinião, parecer, conceito. **Ex:** Pedimos o aviso de um especialista.

avistar *vtd* **1** divisar, entrever, distinguir. **Ex:** Mal avistou o pai, saiu correndo. **2** ver, enxergar. **Ex:** Daqui pode-se avistar todo o bairro. *vpr* **3** encontrar-se. **Ex:** Sempre nos avistamos quando saímos de casa.

avivar *vtd+vpr* **1** animar(-se), estimular(-se), excitar(-se). **Ex:** O animador avivou o espírito dos competidores. **A:** desanimar(-se). **2** exacerbar(-se), agravar(-se), intensificar(-se). **Ex:** A dor avivou-se. **A:** suavizar(-se). **3** realçar(-se), salientar(-se), destacar(-se). **Ex:** A raiva avivou o rubor de seu rosto.

avizinhar *vtd+vpr* **1** aproximar(-se), achegar(-se), acercar(-se). **A:** afastar(-se). *vtd* **2** confinar com, limitar-se com. **Ex:** O Brasil avizinha quase todos os países da América do Sul.

avó *sf* vovó *fam.*

avô *sm* vovô *fam.*

avoado *adj* tonto, amalucado, doido, maluco.

avocar *vtd* **1** atrair, chamar. **2** arrogar-se, atribuir-se, reivindicar. **Ex:** Avoca todos os direitos a si mesmo.

avolumar *vtd* **1** aumentar, ampliar, alargar. **Ex:** Esses gastos avolumam o déficit público. *vtd+vi* **2** encher, abarrotar, obstruir. **Ex:** Avoluma os armários com objetos inúteis. *vpr* **3** crescer, aumentar, ampliar-se. **Ex:** A quantidade de trabalho avolumou-se depois que ela saiu de férias.

à-vontade *sm* desembaraço, naturalidade, desenvoltura, agilidade. **A:** acanhamento.

avós *sm pl* antepassados, ancestrais, ascendentes. **A:** descendentes.

avulso *adj* solto, separado, desligado, independente. **A:** ligado.

avultado *part+adj* grande, volumoso, vultoso, avultoso. **A:** minúsculo.

avultar *vtd* **1** aumentar, ampliar, avolumar. **A:** reduzir. **2** exagerar. *vti* **3** importar, atingir, chegar a. **Ex:** A cotação do ouro avultou a doze reais. *vi* **4** crescer, aumentar, alargar-se. **Ex:** Seu desânimo avultava a cada decepção. **A:** diminuir. **5** sobressair, destacar-se, distinguir-se. **Ex:** As cores vivas do cartaz avultam por entre o cinza dos prédios.

avultoso V. avultado.

axadrezar (ch) V. enxadrezar.

axila (cs) *sf Anat.* sovaco *pop*, sobaco *pop*.

axioma (cs ou ss) *sm* provérbio, ditado, máxima, refrão.

axiomático (cs ou ss) *adj* claro, evidente, incontestável, patente. **A:** duvidoso.

azado *adj* 1 cômodo, jeitoso. **A:** incômodo. 2 oportuno, conveniente, propício. **A:** inoportuno.

azáfama *sf* 1 pressa, precipitação, urgência. 2 labuta, lida, afã. 3 atrapalhação, perturbação, confusão.

azafamar *vtd* 1 apressar, acelerar, precipitar. **A:** retardar. 2 atarefar, sobrecarregar, assoberbar. 3 conturbar, alvoroçar, agitar.

azagaia *sf* zagaia, lança.

azar *sm* 1 má sorte, peso, urucubaca *pop.* **A:** sorte. 2 infortúnio, revés, contratempo. 3 acaso, casualidade, eventualidade.

azarado *part+adj* infeliz, desditoso, desventurado, azarento. **A:** felizardo.

azarento V. azarado.

azarar *vtd* tornar azarado: infelicitar, encaiporar. **A:** felicitar.

azedar *vtd+vpr* 1 acidificar(-se), acidular(-se), avinagrar(-se). 2 irritar(-se), enervar(-se), exasperar(-se). **A:** acalmar(-se).

azedo *sm* 1 V. azedume. *adj* 2 ácido, acre, acidulado. **Ex:** Fruta azeda. 3 doce. 3 fermentado. **Ex:** Leite azedo. 4 *Fig.* mal-humorado, irritado, zangado. **A:** bem-humorado. 5 *Fig.* rude, duro, áspero. **Ex:** Deu-lhe uma resposta azeda. **A:** gentil. 6 *Fig.* mordaz, sarcástico, irônico. **Ex:** Humor azedo.

azedume *sm* 1 acidez, azedo. **A:** doçura. 2 *Fig.* irritação, mau humor, zanga. **A:** bom humor.

azeitar *vtd* lubrificar, untar, olear.

azeite *sm* óleo.

azeitona *sf Bot.* oliva.

azenha *sf* moinho a água.

azia *sf Med.* pirose, acidez.

aziago *adj* 1 agourento, sinistro, fatídico. **Ex:** Um dia aziago. **A:** alvissareiro. 2 infeliz, triste, desgraçado. **A:** alegre.

azinhavre *sm Quím.* zinabre *pop.*

azo *sm* ensejo, ocasião, oportunidade, pretexto.

azoada *sf* 1 zoeira, barulho, azoamento. 2 zanga, amolação, aborrecimento.

azoamento V. azoada.

azoar *vtd* 1 atordoar, aturdir, perturbar. *vtd+vpr* 2 zangar(-se), aborrecer(-se), enfadar(-se). **A:** acalmar(-se).

azoratado V. azoretado.

azoratar V. azoretar.

azoretado *part+adj* 1 desnorteado, desorientado, *azoratado*. 2 maluco, doido, doidivanas, *azoratado*.

azoretar *vtd+vpr* 1 desnortear(-se), entontecer(-se), transtornar(-se), *azoratar(-se)*. 2 enlouquecer, endoidecer(-se), amalucar(-se), *azoratar(-se)*.

azorrague *sm* 1 açoite, chicote, chibata. 2 castigo, punição, corretivo. **A:** recompensa.

azoto *sm Quím.* nitrogênio.

azougado *part+adj* 1 inquieto, buliçoso, vivo. **A:** quieto. 2 sabido, manhoso, matreiro. **A:** ingênuo. 3 colérico, furioso, irritadiço. **A:** calmo.

azougar *vtd* 1 amalgamar. 2 avivar, despertar, estimular. 3 inquietar, perturbar, intranqüilizar. **A:** acalmar. *vi* 4 definhar, enfraquecer, debilitar-se. **A:** fortalecer-se.

azougue *sm Pop.* mercúrio.

azucrinar *vtd+vi* chatear, importunar, maçar, aborrecer.

azul *sm e adj m+f* 1 anil. *sm* 2 céu, firmamento, ares *pl. adj m+f* 3 *CÉU* limpo, sereno, desanuviado. **A:** nublado. 4 *Fig.* desnorteado, desorientado, atrapalhado. 5 *Fig.* embriagado, bêbado, alcoolizado. **A:** sóbrio.

azular *vtd, vi+vpr* 1 anilar(-se), azulejar(-se). *vti+vi* 2 fugir, escapulir, desaparecer.

azulejar V. azular.

azurrar V. zurrar.

B

baba *sf* saliva, babugem.

babá *sf* 1 ama-de-leite, ama, nutriz *poét.* 2 ama-seca, ama.

babaca V. basbaque.

babado *sm* 1 *DE VESTIDO, SAIA* ababadados *pl.* 2 *Gír.* problema, dificuldade, grilo *gír. part+adj* 3 *Fig.* apaixonado, enamorado.

babadoiro V. babador.

babador *sm* babeiro, *babadouro*, *babadoiro*.

babadouro V. babador.

babão *sm+adj* 1 que baba: baboso. 2 tolo, pateta, baboso. **A:** esperto.

babaquice V. basbaquice.

babar *vtd* babujar. *vi+vpr* 2 salivar, espumar, escumar *pop. vpr* 3 adorar, amar, deliciar-se com. **Ex:** Baba-se por sorvete de chocolate. 4 apaixonar-se, enamorar-se.

babeiro V. babador.

babel *sf* 1 *Fig.* confusão, bagunça *gír.*, caos. **A:** ordem. 2 *Fig.* algazarra, gritaria, berreiro.

babélico *adj Fig.* confuso, desordenado, bagunçado *gír.*, caótico. **A:** organizado.

babilônico V. babilônio.

babilônio *sm+adj* 1 *Hist.* babilônico. *adj* 2 *Fig.* enorme, gigantesco, colossal. **A:** minúsculo.

babosa *sm Bot. Pop.* aloés.

baboseira *sf* besteira, tolice, asneira, disparate.

baboso V. babão.

babugem *sf* 1 baba, saliva. 2 espuma, escuma *pop.* 3 restos *pl*, sobras *pl*, refugo. 4 bagatela, ninharia, insignificância.

babujar *vtd+vpr* 1 babar(-se). *vtd* 2 lisonjear, bajular, adular. **A:** criticar. *vi* 3 chuviscar, garoar, borrifar.

bacalhau *sm Fig.* magricela, magrelo.

bacamarte *sm* trabuco.

bacana *sm* 1 *Gír.* grã-fino, ricaço. **A:** pobretão. *adj m+f* 2 *Gír.* legal *pop.*, bom, bonito.

bacanal *sf* 1 orgia, suruba, surubada. *adj* 2 orgíaco, devasso, bacântico. **Ex:** Deu uma festa bacanal na casa de praia.

bacante *sf* 1 mênade, tíade, sacerdotisa (de Baco). 2 *Fig.* libertina, devassa, lasciva.

bacântico V. bacanal.

bacharel *sm* 1 bacharelado. **Ex:** Formou-se bacharel em Letras. 2 *Pop.* advogado. 3 *Fam.* tagarela, falador, linguarudo.

bacharelado *sm* 1 bacharelato. 2 V. bacharel.

bacharelar *vi* 1 tagarelar, palavrear, parolar. *vpr* 2 formar-se, colar grau (de bacharel).

bacharelato V. bacharelado.

bacharelismo *sm* palavreado, tagarelice, palavrório, falação.

bacia *sf* 1 bandeja, salva. 2 urinol, penico, bacio. 3 braseiro, fogareiro. 4 *DA BALAN-ÇA* prato. 5 *Anat.* pelve, pélvis.

bacio *sm* urinol, penico, vaso, bacia.

baço *adj* embaçado, embasiado, empanado. **A:** brilhante.

bacorejar *vtd* 1 adivinhar, prever, predizer. 2 insinuar, sugerir, lembrar. *vti* 3 parecer, afigurar-se, figurar-se. **Ex:** Bacoreja-me que não será possível atender ao seu pedido. *vi* 4 *LEITÃO* grunhir.

bacorejo *sm* adivinhação, previsão, pressentimento, presságio.

bacorinho V. bácoro.

bácoro *sm* leitão, bacorinho.

bactéria *sf Biol.* micróbio, microrganismo, germe.

báculo *sm* 1 bastão (dos bispos). 2 bordão, cajado.

bacuri *sm Pop.* menino, garoto, criança, guri *pop.*

badalação *sf* bajulação, adulação, lisonja, puxa-saquismo *vulg.* **A:** crítica.

badalado *part+adj Pop.* comentado, falado.

badalar *vtd+vi* **1** tocar, bater, soar. **Ex:** Os sinos badalavam; ouvimos o padre badalar o sino da catedral. *vtd* **2** *Pop.* espalhar, revelar, divulgar. **Ex:** A fofoqueira badalou todos os segredos da vizinha. **3** *Pop.* promover. **Ex:** A imprensa badalou muito o lançamento do novo livro. *vtd+vi* **4** *Gír.* bajular, adular, lisonjear.

badejo (é) ou (ê) *adj* **1** *Pop.* extraordinário, incrível, maravilhoso. **2** grande, imenso, enorme. **A:** pequeno. **3** vistoso, belo, encantador.

baderna *sf* **1** farra, folia, pândega. **2** bando, corja, malta. **3** bagunça *gír*, confusão, desordem. **A:** ordem.

badernar *vi* **1** farrear, foliar, pandegar. **2** bagunçar *gír*, confundir, desordenar. **A:** ordenar.

baderneiro *sm+adj* bagunceiro, desordeiro, arruaceiro, badernista.

badernista V. baderneiro.

badulaque *sm* **1** balangandã, penduricalho, pingente. *sm pl* **2** cacarecos, trastes, bugigangas.

bafafá *sm Pop.* confusão, quebra-pau *gír*, rolo *pop*, frege *pop*.

bafagem *sf* **1** brisa, aragem, bafejo. **2** *Fig.* alento, inspiração, incentivo. **3** *Fig.* ajuda, proteção, bafejo, bafo.

bafejar *vtd* **1** acalentar, acariciar, afagar. **A:** maltratar. **2** inspirar, incentivar, estimular. **A:** desestimular. **3** ajudar, favorecer, auxiliar. **Ex:** Foi bafejado pela sorte. **A:** desamparar. *vtd+vi* **4** soprar. **Ex:** Um vento fresco bafejava naquela tarde.

bafejo V. bafagem.

bafio *sm CHEIRO* mofo, bolor.

bafo *sm* **1** hálito, respiração. **2** mormaço, calor, calmaria. **3** *Pop.* conversa fiada, papo furado *gír*, lero-lero. **4** *Fig.* V. bafagem.

baforada *sf* **1** mau hálito. **2** *DE FUMAÇA* golfada. **Ex:** Deu duas baforadas e apagou o charuto. **3** *Fig.* bravata, fanfarronada, gabolice.

baforar *vtd* **1** soprar, expelir. **Ex:** Baforou a fumaça do cigarro. **2** pronunciar, dizer, falar. **Ex:** Baforava insultos. *vi* **3** bravatear, fanfarronar. **4** vangloriar-se, gabar-se, orgulhar-se.

baga *sf* **1** *DE SUOR, ORVALHO* gota, pingo. **2** *Bot.* mamona.

bagaçada *sf* palavreado, palavrório, falação, falatório.

bagaceira *sf* **1** aguardente, cachaça, pinga (de bagaço). **2** resto, sobra, restolho. **3** ralé, plebe, gentalha. **A:** elite.

bagaço *sm DE FRUTAS* resto, resíduo, sobra, sobejo. **Ex:** Bagaço de laranja. * Um bagaço *Fig.*: *PESSOA* acabado, abatido; *COISA* gasto, consumido, batido. **Ex:** Ficou um bagaço de tanto trabalhar; meus sapatos estão um bagaço.

bagageiro *sm Autom.* porta-malas.

bagagem *sf* **1** malas *pl*, equipagem. **2** *Fig.* produção, obras *pl*, realizações *pl*. **Ex:** A bagagem de um escritor, de um pintor. **3** *Fig.* conhecimentos *pl*. **Ex:** Bagagem cultural.

bagana *sf* **1** *Gír.* guimba *pop*, ponta (de cigarro, charuto). **2** V. bagatela.

bagatela *sf* ninharia, mixaria, insignificância, bagana.

bago *sm* **1** *Bot.* grão, semente. **2** *DO ROSÁRIO* conta. **3** *Vulg.* testículo.

bagual *adj m+f* **1** *POTRO* recém-domado. **2** *Fig.* arisco, esquivo, assustadiço. **3** *Fig.* grosseiro, rude, rústico.

bagulho *sm* **1** *Bot.* semente, caroço (de uva, pêra). **2** *Gír.* pessoa feia: canhão *gír*, bofe *pop*, dragão *gír*. *sm pl* **3** bugigangas, cacarecos, trastes.

bagunça *sf Gír.* confusão, desordem, baderna, caos. **A:** ordem.

bagunçado *adj Gír.* confuso, desordenado, caótico, babélico. **A:** ordenado.

bagunçar *vtd Gír.* confundir, desordenar, badernar, embaralhar. **A:** ordenar.

bagunceiro *sm+adj* baderneiro, arruaceiro, desordeiro, badernista.

baia *sf* compartimento da cavalariça: boxe. **Ex:** Cada cavalo em sua baia.

baía *sf* angra, enseada, porto, recôncavo.

bailadeira V. bailarina.

bailado 1 e **2** V. baile.

bailar *vtd+vi* **1** dançar. **Ex:** Entramos no salão e vimos os casais bailando. *vi* **2** tremer, oscilar, vacilar. **Ex:** A chama da vela bailava.

bailarina *sf* dançarina, bailadeira.

bailarino *sm* dançarino.

baile *sm* **1** *ESPETÁCULO* balé, bailado. **2** *FESTA* bailado, dança. * Dar um baile em *Fig.*: dominar, derrotar, vencer. **Ex:** Deu um baile nos adversários.

baileco *sm Pop.* arrasta-pé, forró, bate-coxa, forrobodó.

bainha *sf* **1** *PARA ESPADA* estojo. **2** *DE ROUPA* cercadura.

bainhar V. embainhar.

baio *adj* **1** *ANIMAL* castanho. **2** *INDIVÍDUO* moreno, trigueiro, bronzeado. **A:** pálido.

bairrismo *sm* regionalismo.

baita *adj m+f Pop.* grande, imenso, enorme, gigantesco. **Ex:** Levamos um baita susto. **A:** pequeno.

baitaca V. maritaca.

baiúca *sf* **1** bodega, tasca, taberna. **2** casebre, maloca, choupana. **A:** palacete.

baixa *sf* **1** *DO TERRENO* V. baixada. **2** *DE PREÇO* diminuição, redução. **Ex:** A baixa dos preços deve-se à grande safra deste ano. **A:** alta. **3** *Mil.* perda (em combate). **Ex:** Os soldados conquistaram a fortaleza, com poucas baixas. **4** *Mil.* dispensa, licença (do serviço militar). **5** *Fig.* decadência, declínio, ruína. **A:** ascensão.

baixada *sf* **1** depressão, baixos *pl*, baixa. **2** planície (entre montanhas).

baixa-mar *sf* vazante, refluxo, maré baixa. **A:** preamar.

baixar *vtd* **1** abaixar, descer, arriar. **A:** levantar. **2** *SOM* abaixar, diminuir. **Ex:** Baixe esse rádio, por favor. **A:** aumentar. **3** *AVISO, ORDEM, ETC.,* expedir, mandar, publicar. **Ex:** O governo baixou novas medidas econômicas. **4** *PREÇO* depreciar, desvalorizar. **Ex:** O aumento da oferta baixou o preço dos alimentos. **A:** aumentar. *vti* **5** internar-se em. **Ex:** Os feridos baixaram ao hospital. **6** *ESPÍRITO* incorporar. *vi+vpr* **7** *POEIRA, SEDIMENTO* assentar, abaixar, ceder. **Ex:** A nuvem de poeira está baixando. **A:** levantar. **8** *TEMPERATURA* abaixar, arrefecer. **Ex:** A febre do bebê ainda não baixou. **A:** elevar-se. **9** *DE UM LUGAR* descer. **A:** subir. *vpr* **10** abaixar-se, inclinar-se, curvar-se. **Ex:** Baixei-me para recolher os papéis do chão. **A:** erguer-se.

baixela *sf* aparelho, serviço. **Ex:** No jantar, usarei minha baixela de prata.

baixeza *sf* **1** pequenez. **2** inferioridade. **3** humilhação, rebaixamento, abatimento. **4** indignidade, vileza, sordidez. **A:** nobreza.

baixinho *sm dim* baixote, nanico, tampinha.

baixio *sm* banco de areia.

baixo *sm* **1** parte inferior. **A:** alto. *adj* **2** pequeno. **Ex:** Prédio baixo, pessoa baixa. **A:** alto. **3** inferior. **A:** superior. **4** *PREÇO* módico, reduzido, diminuto. **A:** alto. **5** vil, reles, ordinário. **A:** nobre. **6** chulo, vulgar, grosseiro. **Ex:** Linguagem baixa. **A:** educado. **7** *Mús.* grave. **A:** alto. *adv* **8** em voz baixa. **Ex:** Falar baixo. **A:** alto.

baixo-relevo *sm Escult.* **A:** alto-relevo.

baixote V. baixinho.

bajulação *sf* adulação, lisonja, badalação *gír*, puxa-saquismo *vulg*, bajulice. **A:** crítica.

bajulador *sm+adj* adulador, puxa-saco *vulg*, lisonjeador, servil.

bajular *vtd* adular, lisonjear, badalar *gír*, puxar o saco *vulg*. **A:** criticar.

bajulice V. bajulação.

bala *sf* **1** projétil. **Ex:** Colocou as balas no revólver. **2** caramelo, confeito, rebuçado. **Ex:** Temos balas de frutas, quer uma? **3** fardo, pacote, embrulho.

balaço *sm* balázio.

balada *sf Lit.* poema, canção.

balaio *sm* **1** cesto, cesta, canastra. **2** *Pop.* quadris *pl*, cadeiras *pl*, ancas *pl*.

balança *sf* **1** *Astr.* e *Astrol.* (*em maiús.*) Libra. **2** *Fig.* equilíbrio, ponderação, sensatez. **A:** desequilíbrio. **3** *Fig.* comparação, cotejo, paralelo.

balançar *vtd* **1** balouçar, balancear, abalançar. **Ex:** Balançar a cabeça. **2** comparar, cotejar, confrontar. **Ex:** Balançar os prós e os contras. **3** compensar, equilibrar, contrabalançar. **Ex:** A satisfação da vitória balançou tanto tempo de espera. *vi+vpr* **4** balouçar, abalançar, oscilar. **5** *Fig.* hesitar, vacilar, titubear.

balancear V. balançar.

balanço *sm* **1** balouço, embalo. **2** oscilação. **3** abalo, sacudidela, solavanco. **4** agitação, revolta, tumulto. **5** *Contab.* acerto, verificação. **6** *Fig.* exame, análise, estudo.

balangandã *sm Por ext.* penduricalho, badulaque, pingente.

balão *sm* 1 aeróstato. **Ex:** balão meteorológico. 2 globo. 3 bola, esfera, pelota. 4 bexiga. **Ex:** Decorou a casa com balões coloridos. 5 boato, balela, mentira.

balar V. balir.

balaustrada *sf* grade, corrimão.

balázio V. balaço.

balbuciar *vtd+vi* gaguejar, tartamudear.

balbucio *sm* 1 balbuciação. 2 *Fig.* ensaio, experiência, tentativa.

balbúrdia *sf* confusão, desordem, pandemônio, rebuliço. **A:** ordem.

balburdiar *vtd* confundir, desordenar, bagunçar *gír*, perturbar.

balcão *sm* 1 varanda, sacada. 2 *Teat.* galeria. 3 *DE LOJA* banco.

balda *sf* veneta, mania, telha *fam*, capricho.

baldado V. baldo.

baldaquim V. baldaquino.

baldaquino *sm* dossel, sobrecéu, pálio, *baldaquim*.

baldar *vtd+vpr* 1 frustrar(-se), malograr(-se), gorar. **Ex:** Baldar esforços. *vpr* 2 NO CARTEADO, livrar-se de cartas inúteis: descartar-se.

baldear *vtd* 1 *LÍQUIDO* decantar, transvasar, trasfegar. 2 de um veículo para outro: transferir, passar. 3 balançar, agitar, sacudir. 4 arremessar, atirar, jogar.

baldio *adj* 1 inútil, frustrado, vão, baldo. **A:** bem-sucedido. 2 inculto, estéril, infecundo. **Ex:** Terras baldias. **A:** cultivado.

baldo *adj* 1 falto, carente, necessitado, carecido. 2 V. baldio. 3. vão, unútil, frustrado. **A:** bem-sucedido.

baldoso *adj* 1 *CAVALO* manhoso. 2 *Por ext.* caprichoso, extravagante, excêntrico.

balela *sf* boato, rumor, mentira, balão.

balido V. balir.

balir *vm* 1 balido. *vi* 2 *OVELHAS* balar.

baliza *sf* 1 marco. 2 limite, fronteira, divisa. 3 *Náut.* bóia. 4 *Esp.* meta, alvo. *sm* 5 *Mil.* batedor, explorador.

balizado V. abalizado.

balizar V. abalizar.

balneário *sm* banhos *pl*.

balofo *adj* 1 volumoso, grande. 2 fofo, mole, macio. **A:** sólido. 3 afetado, aparente, vão. **A:** verdadeiro. 4 gordo, obeso, adiposo. **A:** magro.

balouçar V. balançar.

balouço V. balanço.

balsa *sf Náut.* jangada, barcaça.

balsamar *vtd* 1 perfumar, aromatizar, aromar. 2 *Fig.* aliviar, confortar, consolar.

balsâmico *adj* 1 perfumado, aromático, cheiroso. **A:** fétido. 2 *Fig.* confortante, confortador, animador.

bálsamo *sm* 1 perfume, aroma, fragrância. 2 *Fig.* alívio, consolo, conforto.

baluarte *sm* 1 bastião. 2 fortaleza, castelo, fortificação. 3 *Fig.* apoio, base, fundamento.

bamba *sm+adj* 1 *Pop.* valentão, peitudo. *adj* 2 perito, experiente, traquejado. **Ex:** Ser bamba em algum assunto.

bambear *vtd+vi* 1 afrouxar(-se), alargar (-se), folgar(-se). **Ex:** Bambear as amarras. **A:** retesar(-se). *vi* 2 hesitar, vacilar, titubear.

bambeza *sf* frouxidão, relaxamento, lassidão, moleza. **A:** tensão.

bambo *adj* 1 frouxo, relaxado, lasso. **A:** tenso. 2 indeciso, hesitante, vacilante. **A:** decidido.

bambolear *vtd* 1 balançar, menear, balancear. *vi+vpr* 2 gingar, requebrar, menear-se. 3 oscilar, balançar-se, balouçar-se.

bamboleio *sm* ginga, requebro, saracoteio, meneio.

banal *adj m+f* trivial, comum, corriqueiro, vulgar. **A:** original.

banalidade *sf* trivialidade, vulgaridade, vulgarismo. **A:** originalidade.

banalizar *vtd+vpr* vulgarizar(-se).

banana *s m+f Fig.* palerma, idiota, imbecil, tolo.

banca *sf* 1 *DE ADVOGADO* escritório. 2 carteira, mesa. 3 banca examinadora, comissão, júri. * Botar banca *Gír.*: gabar-se, vangloriar-se.

bancada V. banco.

bancar *vtd* 1 fingir-se, fazer-se de. **Ex:** Bancar o gênio. 2 financiar, custear, pagar. **Ex:** Vamos bancar o seu projeto.

bancarrota *sf* 1 *Com.* falência, quebra. 2 *Fig.* ruína, decadência, declínio. **Ex:** A bancarrota de um império. **A:** ascensão.

banco *sm* **1** assento, escabelo, mocho. **2** *DE LOJA* balcão. **3** *DE CARPINTEIROS, MARCENEIROS, ETC.* bancada. **4** ilhota de aluvião. * Banco de areia: baixio. * Banco de sangue: hemocentro.

banda *sf* **1** lado, lateral, flanco. **2** faixa, lista, cinta. **3** grupo, facção, ala. **Ex:** Passou para a banda adversária. **4** *Mús.* grupo, conjunto. *sf pl* **5** direção *sing*, rumo *sing*. **Ex:** Houve um clarão vindo das bandas do rio. **6** lugar *sing*, local *sing*, localidade *sing*. **Ex:** Mudou-se para outras bandas.

bandagem *sf* atadura, ligadura, faixa.

bandalheira *sf* pouca-vergonha, safadeza, patifaria, sacanagem, bandalhice.

bandalhice V. bandalheira.

bandalho *sm* **1** trapo, farrapo, frangalho. **2** safado, patife, sacana.

bandear *vtd+vpr* **1** coligar(-se), juntar(-se), unir(-se). *vi* **2** passar-se para. **Ex:** Bandeou para o partido adversário.

bandeira *sf* **1** estandarte, pavilhão, pendão. **2** *Fig.* facção, partido, grupo. **3** *Fig.* lema, divisa, emblema. **4** *Hist.* expedição.

bandeirante *sm* **1** *Hist.* sertanista. *s m+f* **2** paulista.

bandeirinha *sf* **1** bandeirola, flâmula. *sm* **2** *Esp.* juiz de linha.

bandeirola V. bandeirinha.

bandeja *sf* tabuleiro, salva, bacia.

bandido *sm* criminoso, malfeitor, facínora, bandoleiro.

bando *sm* **1** *DE PESSOAS* multidão, grupo, agrupamento; *DE LOBOS* alcatéia; *DE PORCOS* vara, manada; *DE CRIMINOSOS* quadrilha, gangue, corja. **2** facção, partido, ala.

bandoleiro V. bandido.

bandulho *sm Pop.* barriga, ventre, abdome, pança *pop*.

banguê *sm* padiola (para materiais de construção).

bangue-bangue *sm Cin.* faroeste.

banguela *s e adj m+f* desdentado.

banha *sf* **1** *DE ANIMAL* gordura. **2** *HUMANA* gordura, obesidade, adiposidade. **A:** magreza. **3** brilhantina, pomada.

banhado *sm* charco, brejo, pântano, palude.

banhar *vtd+vpr* **1** lavar(-se). **Ex:** A enfermeira banhou o doente. *vtd* **2** molhar, embeber, mergulhar. **Ex:** Banhei os talheres de prata num produto de limpeza. **3** ensopar, encharcar, alagar. **Ex:** A chuva banhou suas roupas. **4** *RIO, LAGO, MAR* cercar, circundar, correr por. **Ex:** O Oceano Atlântico banha o Brasil.

banheira *sf* **1** *Gír.* calhambeque. **2** *Esp.* impedimento.

banheiro *sm* toalete, sanitário, WC, *water-closet*.

banho *sm* **1** lavagem, lavatório, ablução. **2** imersão, mergulho. **3** exposição. **Ex:** Banho de sol. **4** *Esp. Gír.* derrota esmagadora: surra. **Ex:** Nosso time levou um banho do adversário. *sm pl* **5** balneário *sing*. **6** proclamas (de casamento).

banimento *sm* desterro, exílio, degredo, expatriação. **A:** repatriação.

banir *vtd* **1** *DA PÁTRIA* desterrar, exilar, degredar, expatriar. **Ex:** Baniram os terroristas. **A:** repatriar. **2** *DE GRUPO* expulsar, excluir. **Ex:** Baniram os membros que não cumpriam o regulamento. **A:** admitir. **3** abolir, proscrever, eliminar. **Ex:** Banir os jogos de azar.

banqueiro *sm Fig.* capitalista, ricaço. **A:** pobre.

banquete *sm* festim, repasto, boda *por ext.*

banzar *vtd* **1** espantar, pasmar, surpreender. *vti+vi* **2** meditar, matutar, refletir. *vi* **3** vaguear, errar, perambular.

banzé *sm* **1** festança. **2** confusão, embrulhada *fam*, rolo *pop*.

banzeiro *adj* **1** *MAR* revolto, agitado. **2** triste, melancólico, pensativo, banzo. **A:** alegre.

banzo *sm* **1** melancolia, nostalgia (dos escravos africanos). *adj* **2** V. banzeiro.

baque *sm* **1** estrondo, barulho, ruído. **2** queda, tombo, caída. **3** *Fig.* revés, contratempo, infortúnio.

baquear *vi* **1** cair, desabar, ruir. **2** *Fig.* falir, quebrar, arruinar-se.

baqueta *sf* vareta.

bar *sm* **1** balcão (de bebidas). **2** boteco, botequim. **3** *EM TEATRO, ESTAÇÃO FERROVIÁRIA, ETC.*, bufê, bufete.

barafunda *sf* 1 baderna, bagunça *gír*, confusão, baralhada. **A:** ordem. 2 algazarra, gritaria, alarido.

barafustar *vti* 1 *COM VIOLÊNCIA* entrar, penetrar, irromper. **Ex:** Barafustou pela casa adentro. *vi* 2 espernear, estrebuchar, debater-se.

baralhada V. barafunda.

baralhar V. embaralhar.

baralho *sm* cartas *pl*.

barateamento *sm* baixa, redução, barateio. **A:** encarecimento.

baratear *vtd+vi* 1 tornar(-se) barato. **A:** encarecer. *vtd* 2 regatear, pechinchar. **Ex:** Na feira, sempre barateia o preço das frutas. 3 menosprezar, depreciar, desprezar. **Ex:** É fácil baratear os esforços alheios. *vpr* 4 depreciar-se, rebaixar-se, humilhar-se. **Ex:** Barateou-se ao não exigir seus direitos.

barateio V. barateamento.

barateiro *adj* **Ex:** Um comerciante barateiro. **A:** careiro.

barato *sm* 1 *Gír*. curtição. *adj* 2 econômico, acessível, em conta. **Ex:** Mercadorias baratas. *adv* 3 modicamente. **Ex:** Vender barato. **A:** caro (acepções 2 e 3).

barbante *sm* cordel, cordão, fio, atilho.

barbaria V. barbaridade.

barbaridade *sf* 1 ato de bárbaro: crueldade, selvageria, brutalidade, barbaria. 2 disparate, absurdo, desatino.

barbárie *sf* estado de bárbaro: selvageria, rudeza, incivilidade, barbarismo. **A:** civilização.

barbarismo V. barbárie.

barbarizar *vtd* embrutecer, brutalizar, asselvajar, abrutalhar. **A:** civilizar.

bárbaro *adj* 1 selvagem, rude, inculto. **Ex:** Povos bárbaros. **A:** civilizado. 2 desumano, cruel, bestial. **Ex:** Crime bárbaro. **A:** piedoso. 3 bacana *gír*, legal *pop*, ótimo.

barbearia V. barbeiro.

barbeiragem *sf Pop*. imperícia, inabilidade, incompetência, inaptidão. **A:** perícia.

barbeiro *sm+adj Pop*. 1 imperito, inábil, incompetente. **A:** perito. *sm* 2 barbearia. **Ex:** Foi ao barbeiro.

barbela *sf* 1 *DO BOI* papada. 2 *DO ANZOL* farpa, fisga, fisgo. 3 V. barbicacho.

barbicacho *sm* 1 cordão que segura o chapéu: barbela. 2 *Fig*. sujeição, submissão, dependência. 3 *Fig*. obstáculo, empecilho, transtorno.

barcaça *sf Náut*. chata.

barco *sm* 1 bote, batel, canoa. 2 navio, embarcação, nau.

bardo *sm* 1 poeta, vate. 2 trovador, menestrel.

barganha *sf* 1 troca, permuta, *berganha*. 2 trapaça, fraude, falcatrua.

barganhar *vtd* 1 trocar, permutar, *berganhar*. 2 trapacear, fraudar, burlar.

barlavento *sm Náut*. direção de onde sopra o vento e bordo de embarcação voltado nessa direção. **A:** sotavento.

barnabé *sm Pop*. funcionário público.

barra *sf* 1 bloco. **Ex:** Barra de sabão, de chocolate. 2 borda inferior de calça, vestido: fímbria. 3 enfeite que circunda algo: debrum, cercadura, guarnição. 4 *Geogr*. *DE RIO* foz, desembocadura, estuário. 5 *Geogr*. *DE PORTO* entrada estreita. 6 *Esp*. haltere, halter. 7 *Gír*. situação. **Ex:** Vamos embora, que a barra vai pesar.

barraca *sf* 1 tenda. **Ex:** Barraca de acampamento. 2 cabana, choupana, choça.

barracão *sm* 1 telheiro, alpendre. 2 barraco, casebre, maloca. **Ex:** Os barracões das favelas.

barraco V. barracão.

barragem *sf* 1 represa, dique, açude. 2 *Fig*. obstrução, obstáculo, impedimento.

barranca V. barranco.

barranceira V. barranco.

barranco *sm* 1 escavação, buraco, cova. 2 precipício, despenhadeiro, abismo. 3 *DE RIO* ribanceira, barranceira, barranca. 4 *Fig*. estorvo, obstáculo, empecilho.

barrar *vtd* 1 impedir, proibir, vetar. **Ex:** Os membros do grupo barraram a sua admissão; o segurança barrava a entrada de penetras na festa. **A:** permitir. 2 barrear, rebocar. 3 barrear, abetumar, tapar.

barrear V. barrar.

barreira *sf* 1 estacada, trincheira (de paus). 2 alvo, interesse, mira. 3 posto fiscal. 4 *Fig*. obstáculo, impedimento, empecilho. 5 V. barreiro.

barreiro *sm* 1 terra alagadiça: barro. 2 lugar de onde se extrai barro: barreira.

barrela *sf* lixívia, decoada.

barrento *adj* barroso. **Ex:** Águas barrentas.

barrete *sm* **1** carapuça, gorro, casquete. **2** *Rel.* solidéu.

barrica V. barril.

barricada *sf* trincheira, entrincheiramento (provisório).

barrido *sm* barrito. **Ex:** O barrido do elefante.

barriga *sf* **1** abdome, ventre, pança *pop.* **2** bojo, saliência, protuberância. * Barriga da perna *Anat.* : batata da perna. * Estar de barriga: estar grávida.

barrigada *sf* **1** pançada. **Ex:** Deu uma barrigada no adversário. **2** *DE ANIMAIS ABATIDOS* vísceras *pl*, entranhas *pl*, intestinos *pl*. **3** ninhada. **4** *Pop.* gravidez, gestação, prenhez *zool* e *pej*.

barriga-verde *s* e *adj m+f* catarinense.

barriguda *sf+adj* **1** *PESSOA* grávida, gestante. **2** *ANIMAL* prenhe, prenha, grávida.

barrigudo *adj* ventrudo, pançudo *pop*, abdominoso.

barril *sm* barrica, tonel, pipa.

barrito V. barrido.

barro *sm* **1** argila. **2** lodo, lama. **3** V. barreiro. * Barro branco ou barro forte: caulim, argila (branca).

barroca *sf* **1** barranco, escavação, buraco. **2** despenhadeiro, precipício, abismo.

barroco *adj* **1** pesado, exagerado, afetado. **A:** simples. **2** *Fig.* extravagante, esquisito, estrambótico *pop*.

barroso V. barrento.

barrote *sm* trave, viga.

barulhada V. barulheira.

barulheira *sf* algazarra, gritaria, berreiro, barulhada.

barulhento *adj* **1** ruidoso, rumoroso, estrondoso, barulhoso. **A:** silencioso. **2** desordeiro, bagunceiro, baderneiro, barulhoso. **A:** ordeiro.

barulho *sm* **1** ruído, rumor, estrondo. **A:** silêncio. **2** desordem, tumulto, alvoroço. **A:** ordem. **3** alarde, ostentação, exibição. **4** motim, revolta, insurreição.

barulhoso V. barulhento.

basbaque *sm* idiota, imbecil, palerma, tonto, babaca *gír*.

basbaquice *sf* idiotice, imbecilidade, tolice, babaquice *gír*.

base *sf* **1** alicerce, fundação, embasamento. **2** *Fig.* fundamento, rudimento, noção. **3** *Fig.* origem, princípio, início. **4** preparo. **Ex:** Esse aluno tem uma boa base de matemática. **5** *Escult.* pedestal. **6** *Mil.* base militar.

basear *vtd+vpr tb Fig.* fundamentar(-se), fundar(-se), apoiar(-se), assentar(-se). **Ex:** Nosso relatório baseia-se em investigações minuciosas.

básico *adj* **1** basilar. **2** essencial, fundamental, primordial. **A:** secundário. **3** *Quím.* alcalino. **A:** ácido.

basilar V. básico.

basquete *sm Esp.* basquetebol, bola-ao-cesto.

basquetebol V. basquete.

bastante *adj m+f* **1** suficiente. **Ex:** A acusação tem provas bastantes para condenar o réu. **A:** insuficiente. *pron indef* **2** muito, numeroso, copioso. **Ex:** Tentamos resolver o problema bastantes vezes. *adv* **3** muito, suficientemente, em quantidade. **Ex:** Ela fala bastante.

bastião *sm* **1** bordão, cajado, báculo. **2** bengala.

bastar *vti+vi* **1** chegar, ser suficiente. **Ex:** Esse salário não basta para meus gastos mensais; já não basta o que ela me fez, você ainda me critica! **2** satisfazer. **Ex:** Nossa renda não basta para as condições do financiamento.

bastardia *sf* **1** *DE RAÇA, ANIMAL, PLANTA, ETC.*, abastardamento, degeneração. **A:** pureza. **2** adulteração, corrupção, deturpação. **A:** regeneração.

bastardo *sm* **1** filho ilegítimo. *adj* **2** *FILHO* ilegítimo, adulterino, espúrio. **A:** legítimo. **3** degenerado. **A:** puro. **4** adulterado, corrupto, deturpado. **A:** regenerado.

bastião *sm* baluarte.

basto *adj* **1** cerrado, espesso, denso. **Ex:** Matagal basto. **A:** ralo. **2** abundante, copioso, farto. **Ex:** Basta cabeleira. **A:** escasso.

bastonete *sm dim* vareta, varinha.

bata *sf* **1** *DE MULHER* blusa. **Ex:** Ela usava uma bata indiana multicolorida. **2** *DE MÉDICO, DENTISTA, ETC.*, jaleco, guarda-pó, avental.

batalha *sf* 1 *Mil.* combate, luta. 2 *Fig.* empenho, esforço, luta. 3 discussão, controvérsia, disputa.

batalhação *sf* persistência, perseverança, obstinação, teimosia.

batalhão *sm* 1 *Mil.* corpo. 2 *Fam.* multidão, aglomeração, quantidade. **Ex:** Um batalhão de consumidoras invadiu as lojas.

batalhar *vti* 1 empenhar-se, esforçar-se, lutar para. **Ex:** Batalhou para que reconhecessem seu trabalho. 2 discutir, disputar, argumentar. *vi* 3 combater, lutar, bater-se.

batata *sf* 1 *Bot.* batata-inglesa. 2 *Bot.* batatinha. 3 *Fig.* asneira, besteira, tolice.

batata-inglesa V. batata.

batatinha V. batata.

batavo *sm+adj* holandês.

bate-boca *sm* 1 discussão, briga, altercação. 2 V. bate-papo.

bate-coxa *sm* *Pop.* arrasta-pé, forró, baileco, bate-pé.

batedeira *sf* 1 *Pop.* palpitação, pulsação (do coração). 2 *Pop.* maleita, malária, impaludismo.

batedor *sm* 1 *Mil.* explorador, baliza. 2 *Fig.* precursor, predecessor, antecessor.

bátega *sf* aguaceiro, chuvarada, pé-d'água, temporal.

batel *sm* bote, escaler, barco, canoa.

batelada *sf* monte, montão, aglomeração, enxurrada *fig.* **Ex:** Trouxe-me uma batelada de papéis para ler.

batente *sm* DA PORTA ombreira. 2 aldrava, aldraba, argola. 3 *Gír* trabalho, ocupação, serviço. **Ex:** Ela não quer saber do batente.

bate-papo *sm* papo, conversa, diálogo, conversação.

bate-pé *sm* 1 sapateado. 2 V. bate-coxa.

bater *vtd* 1 martelar, malhar. **Ex:** Bater o ferro. 2 agitar, remexer, mexer. **Ex:** Bater as claras em neve. 3 derrotar, vencer, ganhar de. **Ex:** Nossos soldados bateram o exército inimigo; bater alguém numa competição. 4 furtar, roubar, afanar *gír.* **Ex:** Bater carteira. 5 cravar, fincar, pregar. **Ex:** Bater pregos na madeira. 6 *FOTOGRAFIA* tirar. 7 *Gír.* comer. **Ex:** Bateu um rango na casa do amigo. 8 soar, dar, anunciar. **Ex:** O relógio bateu meia-noite. *vti* 9 esbarrar em,

abalroar. **Ex:** O carro bateu no poste. 10 espancar, surrar, açoitar. **Ex:** Batiam muito nos filhos. 11 conferir, coincidir, combinar. **Ex:** Meus cálculos não batem com os seus. *vi* 12 soar, tocar. **Ex:** Os sinos batem. 13 latejar, pulsar, palpitar. **Ex:** Meu coração batia como louco. 14 chocar-se, colidir, trombar. **Ex:** Os carros bateram. *vpr* 15 combater, lutar, batalhar. **Ex:** Os gladiadores batiam-se até a morte. 16 debater-se, espernear, estrebuchar. **Ex:** Batia-se para se soltar das cordas.

bateria *sf* 1 utensílios de cozinha *pl.* 2 *Eletr.* pilha. 3 *Mús.* percussão.

baticum *sm* 1 *Pop.* V. batimento. 2 bateboca, discussão, briga.

batida *sf* 1 batimento, batedura, batido. 2 *Mil.* exploração. 3 choque, colisão, trombada, batimento. **Ex:** Batida de automóveis. 4 censura, repreensão, reprimenda. 5 rastro, pista, vestígio. 6 *Pol.* diligência, canastra *gír*, canoa *gír*.

batido *part+adj* 1 pisado, calcado. **Ex:** Terra batida. 2 vulgar, trivial, comum, banal. **Ex:** Assunto muito batido. 3 gasto, desgastado, surrado. **Ex:** Sapatos batidos.

batimento *sm* 1 e 2 V. batida. 3 *Med.* pulsação, palpitação, tique-taque, baticum *pop.*

batina *sf Rel.* sotaina.

batismo *sm* 1 *Teol.* batizado. 2 ablução, imersão. 3 *Fig.* inauguração, estréia, abertura.

batizado V. batismo.

batizar *vtd* 1 benzer, sagrar, consagrar. 2 *Fig.* inaugurar, estrear, abrir. **Ex:** Batizar um navio. 3 nomear, denominar, intitular. **Ex:** Batizou o livro de "Minhas Memórias". 4 apelidar, alcunhar, cognominar. **Ex:** Os colegas de classe batizaram-no "bolinha".

batoque *sm* 1 rolha (de tonel). 2 *botoque.* **Ex:** Alguns índios usavam batoque nas duas orelhas.

batota *sf* 1 trapaça, ladroeira, fraude, patota. 2 casa de jogo. 3 jogo de azar.

batráquio *sm+adj Zool.* anuro.

batucada V. batuque.

batucar *vtd* 1 bater, percutir. **Ex:** Batucava um samba na caixa de fósforo. *vi* 2 bater, martelar.

batuíra *sf Ornit.* maçarico.

batuque *sm* batucada.

batuta *sf* **1** *Fig.* comando, direção, regência (na expressão *sob a batuta de*). **Ex:** Trabalhavam sob a batuta do diretor. *adj* **2** *Pop.* exímio, perito, traquejado. **A:** inexperiente.

baú *sm* cofre, arca, burra.

bazar *sm* **1** mercado (oriental). **2** loja. **Ex:** Bazar de brinquedos.

bazófia *sf* fanfarronice, prosa, fanfarrice, farofa.

bê-á-bá *sm* **1** abecedário, alfabeto, abecê. **2** noções *pl*, rudimentos *pl*, princípios *pl*.

beata V. beato.

bataria V. beatice.

beatice *sf* carolice, fanatismo, beataria, beatismo.

beatificado *part+adj* bem-aventurado.

beatificar *vtd* **1** *Rel.* declarar beato. **2** *COM EXAGERO* louvar, elogiar, aclamar.

beatismo V. beatice.

beatitude *sf* **1** *Rel.* bem-aventurança, felicidade, glória. **A:** perdição. **2** bem-estar, tranqüilidade, serenidade, paz. **A:** intranqüilidade.

beato *adj+sm* **1** devoto, religioso. **A:** ateu. **2** *Pej.* carola, fanático. **Ex:** Os beatos e beatas da cidade sempre a criticavam. **3** *Rel.* bem-aventurado, santo. *adj* **4** felizardo, feliz, venturoso. **A:** infeliz.

bêbado V. bêbedo.

bebê *sm* nenê, neném, criancinha.

bebedeira *sf* embriaguez, pileque, porre *pop*, carraspana *pop*. **A:** sobriedade.

bêbedo *sm+adj* embriagado, ébrio, *bêbado*, chumbado *pop*. **A:** sóbrio.

beber *vtd* **1** tomar, sorver, tragar. **2** absorver, chupar, sorver. **Ex:** O pano bebeu todo o líquido do chão. *vi* **3** embriagar-se, embebedar-se, inebriar-se.

beberagem *sf* **1** poção, filtro. **2** xarope, remédio.

beberrão *sm+adj* pau-d'água *pop*, esponja *fig*, gambá *pop*.

bebida *sf ALCOÓLICA* drinque.

beca *sf* **1** *Dir.* toga. **2** *Fig.* magistratura, toga *fig*.

beco *sm* viela. * Beco sem saída *Fig.:* sinuca *pop*, impasse, dificuldade.

bedelho *sm* **1** *DE PORTA* ferrolho, trinco, tarjeta. **2** fedelho. * Meter o bedelho *Fig.* : intrometer-se, meter-se, ingerir-se.

beduíno *sm* **1** árabe (do deserto). **2** nômade, errante, erradio. **A:** sedentário.

beiço *sm* **1** lábio. **2** bordo, rebordo.

beiçola *sm* **1** beiço grande: beiçorra. *sm+adj* **2** que tem beiços grandes: beiçudo.

beiçorra V. beiçola.

beiçudo V. beiçola.

beijador V. beijoqueiro.

beija-flor *sm* *Ornit.* colibri, binga.

beijar *vtd* oscular.

beijo *sm* **1** ósculo. **2** contato, toque. **Ex:** Sentia no rosto o beijo da brisa.

beijoca *sf* bicota.

beijoqueiro *sm+adj* beijador.

beiju *sm* *Cul.* biju.

beira *sf* **1** borda, beirada, margem, orla. **Ex:** A beira do rio. **2** proximidade, vizinhança, iminência. **Ex:** Estava à beira da loucura. **3** V. beiral.

beirada *sf* **1** beira, margem, borda. **2** *Pop.* bocado, pedaço, parte. **Ex:** Quero uma beirada desse bolo. **3** vizinhanças *pl*, arredores *pl*, cercanias *pl*.

beiral *sm DE TELHADO* beira, beirada, aba.

beira-mar *sf* **1** litoral, costa. **2** praia.

beirar *vtd* **1** abeirar-se, aproximar-se, avizinhar-se. **A:** afastar-se. **2** orçar. **Ex:** Vovó beira os noventa anos. *vti* **3** confinar com, limitar-se com, avizinhar de. **Ex:** Minhas terras beiram com as suas.

bela V. beldade.

belas-artes *sf pl* artes plásticas.

beldade *sf* **1** beleza, formosura, boniteza. **A:** fealdade. **2** *MULHER* bela, deusa *fig*, diva *fig*. **Ex:** O milionário estava sempre acompanhado de beldades de vários países.

beleza *sf* formosura, boniteza, lindeza, graça. **A:** feiúra.

bélico *adj* militar, marcial. **Ex:** Material bélico.

belicoso *adj* **1** guerreiro, beligerante. **Ex:** Espírito belicoso. **A:** pacífico. **2** agitado, revolto. **A:** calmo.

beligerante V. belicoso.

beliscar *vtd* **1** estorcegar, estortegar. **Ex:** A menina beliscou a irmã mais nova. *vtd+vi*

2 lambiscar, debicar. **Ex:** Não almocei hoje, só belisquei.

belo *adj* **1** bonito, lindo, formoso. **Ex:** Uma bela jovem, um belo quadro. **A:** feio. **2** agradável, ameno, aprazível. **Ex:** Mas que belo dia hoje! **A:** desagradável. **3** nobre, grandioso, elevado. **Ex:** Renunciar a tudo foi um belo gesto de sua parte. **A:** baixo. **4** considerável, respeitável. **Ex:** Tem uma bela coleção de obras de arte. **A:** pequeno. **5** certo. **Ex:** E assim, um belo dia, ela se vai. **6** lucrativo, vantajoso, proveitoso. **Ex:** Fechamos um belo negócio com os proprietários. **A:** prejudicial. **7** bom, bondoso, generoso. **Ex:** Tem uma bela alma, apesar da aparência de mau. **A:** maldoso.

belonave *sf Náut.* navio de guerra.

bel-prazer *sm* arbítrio, vontade, desejo, querer. * A seu bel-prazer: segundo sua vontade.

belzebu *sm* satanás, diabo, demônio, capeta.

bem *sm* **1** virtude. **Ex:** Praticar o bem. **A:** mal. **2** benefício, favor, proveito. **Ex:** Fez tudo aquilo por bem dos filhos. **3** felicidade, prosperidade, ventura. **Ex:** Siga meus conselhos, para seu próprio bem. **A:** infelicidade. **4** amado, querido, amor. **Ex:** Não, meu bem! *sm pl* **5** posses, propriedades, riqueza *sing. adv* **6** convenientemente. **Ex:** Aplicar bem o dinheiro. **A:** mal. **7** muito, bastante, assaz. **Ex:** Fale bem devagar. **A:** pouco. **8** nitidamente, claramente. **Ex:** Não consigo ver bem com essa neblina. **A:** vagamente.

bem-amado V. benquisto.

bem-apessoado *adj* elegante, formoso, bonito. **A:** deselegante.

bem-aventurado *sm+adj* **1** *Rel.* beato, santo. *adj* **2** felizardo, feliz, afortunado. **A:** infeliz.

bem-aventurança *sf Rel.* felicidade, glória.

bem-estar *sm* conforto, comodidade, aconchego. **A:** desconforto.

bem-feito *part+adj* **1** esmerado, caprichado, correto. **Ex:** Trabalho bem-feito. **A:** malfeito. **2** elegante, gracioso, garboso. **A:** deselegante.

bem-humorado *adj* alegre, animado, disposto, satisfeito. **A:** mal-humorado.

bem-me-quer *sm Bot.* malmequer, calêndula.

bemol *sm Mús.* sinal que abaixa de um semitom a nota que está à sua direita. **A:** sustenido.

bem-posto *adj* elegante, bem vestido. **A:** malposto.

bem-querer *sm* **1** V. benquerença. **2** bem-amado. *vtd* **3** querer bem a, estimar, amar, prezar. **A:** malquerer.

bem-sucedido *adj* vitorioso. **A:** fracassado.

bênção *sf* graça, mercê.

bendito *part+adj* **1** abençoado, bento, bem-aventurado. **A:** maldito. **2** feliz, afortunado, felizardo. **A:** azarado.

bendizer *vtd* **1** louvar, elogiar, aplaudir. **Ex:** Os professores bendizem os esforços dos alunos. **A:** condenar. **2** benzer, abençoar, abendiçoar. **Ex:** O padre bendisse os noivos. **A:** maldizer.

beneficência *sf* caridade, filantropia, bondade, magnanimidade. **A:** maleficência.

beneficente *adj* benfazejo, benéfico, filantrópico, caridoso.

beneficiado V. beneficiário.

beneficiar *vtd* **1** favorecer, proteger, auxiliar. **Ex:** A nova lei beneficia os aposentados. **A:** prejudicar. **2** consertar, reformar, restaurar. **Ex:** Beneficiar uma casa. **3** aperfeiçoar, apurar, refinar. **Ex:** Beneficiar grãos.

beneficiário *sm+adj* beneficiado, favorecido.

benefício *sm* **1** favor, graça, bem. **2** vantagem, proveito, lucro. **Ex:** Ele só pensa no benefício da família. **3** benfeitoria, melhoramento.

benéfico *adj* **1** benfazejo, bondoso, caridoso. **A:** maléfico. **2** saudável, salutar, salubre. **A:** insalubre. **3** útil, proveitoso, vantajoso. **A:** maléfico. **4** favorável, propício. **A:** desfavorável.

benemerente V. benemérito.

benemérito *adj* **1** digno de honras: benemerente, honorável. **2** distinto, ilustre, famoso. **A:** desconhecido.

beneplácito *sm* permissão, consentimento, licença, aprovação. **A:** desaprovação.

benesse *sm Ecles.* emolumento paroquial.

benevolência *sf* **1** complacência, tolerância, condescendência. **A:** intolerância. **2** estima, afeto, simpatia. **A:** desprezo.

benevolente V. benévolo.

benévolo adj **1** bondoso, benfeitor, benevolente. **A:** malévolo. **2** benéfico, benigno, benevolente. **A:** malevolente. **3** tolerante, complacente, indulgente. **A:** intolerante.

benfazejo adj **1** benéfico, proveitoso, útil. **A:** prejudicial. **2** caridoso, beneficente, filantrópico.

benfeitor V. benévolo.

benfeitoria sf melhoramento, benefício. **Ex:** As benfeitorias de uma propriedade rural.

bengala sf bastão.

benigno adj **1** bondoso, benfeitor, benévolo. **2** benéfico, benevolente, benévolo. **A:** maligno (nas duas acepções).

benquerença sf estima, afeto, apreço, simpatia, bem-querer. **A:** malquerença.

benquisto part+adj querido, estimado, amado, prezado. **A:** odiado.

bentinhos sm pl escapulário, patuá.

bento adj bendito, abençoado, bem-aventurado, beato.

benzedeiro sm **1** curandeiro, benzedor. **2** bruxo, feiticeiro, mago.

benzedor V. benzedeiro.

benzedura sf pajelança.

benzer vtd **1** abençoar, abendiçoar. **Ex:** Que Deus benza o teu caminho! **A:** amaldiçoar. vpr **2** persignar-se. **Ex:** Ao ver as garotas de biquíni, as beatas se benziam.

beócio sm+adj Fig. idiota, bobo, imbecil, palerma. **A:** espertalhão.

beque sm **1** Pop. narigão, penca pop, bicanca pop. **2** Esp. zagueiro.

berço sm **1** PARA BEBÊ cama, leito. **2** primeira infância. **Ex:** Desde o berço, demonstrava mau gênio. **3** pátria, terra natal, nação. **4** Fig. origem, princípio, fonte. **Ex:** O berço da civilização.

bereba V. pereba.

bereva V. pereba.

berganha V. barganha.

berganhar V. barganhar.

bergamota sf Bot. tangerina, mexerica.

berrador V. berrante.

berrante sm **1** Reg. buzina (de chifre de boi). adj m+f **2** que berra: berrador. **3** COLORIDO muito vivo: chamativo, gritante. **Ex:** Todas usavam vestidos discretos, e ela um rosa berrante. **4** muito evidente: gritante, clamoroso. **Ex:** É berrante a diferença de idade entre os dois.

berrar vtd+vi **1** PESSOA gritar, bradar, exclamar. **Ex:** De longe, berrou que não viria; o bebê berrava de dor; os assaltantes entraram berrando. **A:** sussurrar. vi **2** ANIMAL rugir, bramir.

berreiro sm **1** gritaria, algazarra, alarido. **2** DE CRIANÇA choro.

berro sm **1** DE PESSOA grito, brado, exclamação; DE ANIMAL rugido, bramido. **2** Gír. revólver, arma.

berruga V. verruga.

besta (ê) sf **1** Zool. mula, jumento, burro. s e adj m+f **2** Fig. estúpido, ignorante, imbecil. **3** afetado, presunçoso, pedante. adj m+f **4** Fam. insignificante, à-toa, desprezível. **Ex:** Não precisa abrir o guarda-chuva por causa dessa chuvinha besta.

bestalhão sm+adj paspalhão, bobalhão, palerma, pateta. **A:** esperto.

bestar vi **1** dizer besteiras: asnear, disparatar, bobear. **2** vagar, perambular, vadiar.

besteira sf asneira, disparate, tolice, bobagem, bestice.

bestial adj m+f **1** selvagem, animalesco, brutal. **2** estúpido, grosseiro, rude. **A:** gentil. **3** abominável, repugnante, execrável. **Ex:** Espancar os bebês é um ato bestial. **A:** louvável.

bestialógico adj Pop. absurdo, insensato, despropositado, disparatado.

bestice V. besteira.

bestificado part+adj perplexo, boquiaberto, espantado, pasmado. **Ex:** A moça ficou bestificada.

bestificar vtd+vpr **1** embrutecer(-se), abrutalhar(-se), brutalizar(-se). **A:** educar(-se). **2** espantar(-se), pasmar(-se), embasbacar(-se).

besuntar vtd **1** untar, engordurar. **2** sujar, lambuzar, emporcalhar. **A:** lavar.

betoneira sf Constr. misturador.

bétula sf Bot. vidoeiro.

betume sm **1** Miner. pez mineral. **2** Constr. argamassa, massa.

bexiga *sf* **1** balão. **Ex:** As crianças saíam da festa levando bexigas coloridas. **2** *Pop.* varíola.

bexigoso V. bexiguento.

bexiguento *adj* que tem bexigas (varíola) ou marcas causadas pela doença: bexigoso. **Ex:** Rosto bexiguento.

bezerro *sm Zootec.* novilho, vitelo, garrote.

Bíblia *sf* Escritura, Sagrada Escritura, Livros Sagrados *pl.*

biboca *sf* **1** *NA TERRA* fenda, escavação, cova. **2** casebre, maloca, choupana **A:** palácio. **3** bodega, taberna, baiúca.

bicada *sf* **1** picada. **2** gole, trago, sorvo.

bicanca *sf* **1** *Pop.* narigão, penca *pop*, beque *pop*. **2** *Fut.* V. bico.

bicar *vtd+vi* **1** picar. *vtd* **2** bebericar.

bíceps *sm sing+pl Anat.* nome de certos músculos: bicípite.

bicha *sf* **1** *Zool.* lombriga, ascárida. **2** *Zool.* sanguessuga. **3** *Pop.* galão, fita, divisa. **4** *Vulg.* veado, pederasta, homossexual. **5** *Gír. NE* cachaça, pinga, aguardente.

bichano *sm* **1** gatinho. **2** gato.

bicharada *sf* grande número de bichos *zool* ou bichas *vulg*: bicharia.

bicharia V. bicharada.

bicho *sm* **1** *Zool.* animal, besta, fera. **2** *Zool.* verme. **3** *Zool.* inseto. **4** *Zool.* cupim, térmite. **5** *Zool.* traça. **6** *Zool.* bicho-de-pé. **7** *Fam.* piolho. **8** jogo do bicho. **9** *Gír.* calouro, novato. **A:** veterano. **10** *Gír.* cara, amigo, meu chapa. **Ex:** Falou, bicho! **11** *Gír.* perito, especialista, experto. **12** *Pop.* bicho-de-pé. **13** *Esp. Gír.* gratificação, prêmio, bonificação. * Virar bicho *Fig.* : enfurecer-se, encolerizar-se, irar-se. **A:** acalmar-se.

bicho-de-pé V. bicho.

bicho-papão V. papão.

bicípite V. bíceps.

bico *sm* **1** *Ornit.* rostro. **2** *Pop.* boca. **Ex:** É melhor ficar de bico calado. **3** ponta, extremidade. **4** *Gír.* biscate, gancho, galho *pop*, extra. **5** *Fut.* bicanca.

bicota V. beijoca.

bicudo *adj* **1** pontudo, pontiagudo, agudo. **A:** rombo. **2** *Fam.* difícil, complicado, intrincado. **Ex:** Questão bicuda. **A:** fácil. **3** *Fam.* duro, árduo, difícil. **Ex:** Vivemos

tempos bicudos. **A:** fácil. **4** *Fam.* zangado, amuado, aborrecido. **A:** calmo.

bifronte *adj m+f* **1** *Fig.* falso, fingido, hipócrita. **A:** franco. **2** *Fig.* traiçoeiro, traidor, desleal. **A:** leal. **3** *Fig.* volúvel, inconstante, instável. **A:** estável.

bifurcar *vtd+vpr* **1** forquear(-se), bipartir (-se). **2** escarranchar(-se).

bigode *sm* **1** *Fam.* descompostura, sabão, bronca *pop*. **2** *Fig.* engano, trapaça, tapeação *pop*.

bigodear *vtd* **1** enganar, iludir, tapear *pop*. **2** escarnecer, zombar, gozar de.

biju V. beiju.

bilateral *adj m+f* recíproco, mútuo. **Ex:** Acordo bilateral.

bile V. bílis.

bilha *sf* moringa, quartinha, moringue.

bilhar *sm* sinuca.

bilhete *sm* **1** recado, aviso, mensagem. **2** ingresso, entrada. **Ex:** Bilhete de teatro, de cinema. **3** *DE JOGO* cédula. **Ex:** bilhete de loteria. **4** *DE MEIO DE TRANSPORTE* passagem. **Ex:** Bilhete de trem, de metrô.

bilionário *sm+adj* multimilionário.

bilioso *adj Fig.* genioso, irritadiço, irascível, colérico. **A:** calmo.

bílis *sf* **1** *Fisiol.* bile, fel. **2** *Fig.* mau humor, neurastenia *pop*, irritabilidade. **3** *Fig.* melancolia, hipocondria.

bilontra *sm* espertalhão, malandro, matreiro, manhoso. **A:** tolo.

biltre *sm* canalha, patife, tratante, safado. **A:** honesto.

bimba *sm* **1** *Pop.* pipi. **2** *Vulg.* pênis, falo, pinto *vulg*.

bimbada *sf Vulg.* coito, transa *gir*, trepada *vulg*.

bimbalhar *vi SINOS* repicar, bater, repenicar, soar.

bimbar *vi Vulg.* fazer amor, copular, transar *gir*, trepar *vulg*.

bimensal *adj m+f* quinzenal. **Ex:** Edição bimensal de uma revista.

bimestral *adj m+f* bimestre.

bimestre V. bimestral.

binga *s m+f* **1** *Zool.* chifre, corno, aspa. **2** tabaqueira (de chifre). **3** lampião (de querosene). **4** *Ornit.* beija-flor, colibri.

bingo *sm Impr.* loto.

bioco *sm* **1** mantilha. **2** capuz. **3** *Fig.* falsa modéstia, afetação, dissimulação.

biografia *sf* vida (descrição ou relato).

biombo *sm* tabique.

biônico *adj Bras. Iron.* nomeado (sem eleição). **Ex:** Governador biônico.

biopse V. biopsia.

biopsia *sf Med.* biopse, *biópsia*.

biópsia V. biopsia.

bioquímica *sf Biol.* química biológica, química fisiológica.

biotério *sm* viveiro.

bióxido *sm Quím.* dióxido.

bipartir *vtd+vpr* bifurcar(-se), forquear(-se).

bípede *adj m+f* dípode.

biqueira *sf* **1** ponteira. **2** calha, goteira. **3** *S* boquilha, piteira.

biquíni *sm* maiô de duas peças.

birra *sf* **1** teimosia, obstinação, insistência. **2** zanga, aborrecimento, irritação. **3** cerveja.

birrar *vi* embirrar, teimar, obstinar-se, persistir.

birrento *adj* **1** teimoso, obstinado, persistente. **Ex:** Mas que sujeito birrento, não consigo convencê-lo! **2** nervoso, irritadiço, irascível. **Ex:** Criança birrenta. **A:** calmo.

biruta *s e adj m+f Pop.* maluco, louco, doido, tonto.

bis *sm* repetição, reiteração.

bisar *vtd* repetir, reiterar. **Ex:** Bisar um número musical, uma façanha.

bisbilhotar *vtd+vi* **1** esquadrinhar, investigar, examinar. **Ex:** Bisbilhotar a vida alheia. **2** mexericar, fuxicar, fofocar.

bisbilhoteiro *adj* **1** curioso, abelhudo, intrometido. **2** mexeriqueiro, fuxiqueiro, fofoqueiro.

bisbilhotice *sf* **1** curiosidade, intromissão, indiscrição. **2** mexerico, fuxico, fofoca.

bisca *sf* **1** sem-vergonha, safado, canalha. **Ex:** Esse sujeito é uma boa bisca. **2** V. biscate.

biscate *sm* **1** *Gír.* bico, gancho, extra. *sf* **2** *Gír.* prostituta, meretriz, rameira, bisca.

biscoito *sm* **1** bolacha, *biscouto*. **2** *Fig.* bofetão, tabefe, sopapo, bolacha *fig.*

biscouto V. biscoito.

bisonho *adj* **1** inexperiente, imperito, inexperto. **A:** traquejado. **2** principiante, nova-

to, aprendiz. **3** acanhado, tímido, envergonhado. **A:** desenvolto.

bispado *sm Ecles.* diocese, episcopado.

bispar *vtd* **1** avistar, divisar, distinguir. **2** surrupiar, furtar, afanar *gír. vpr* **3** escapulir, esgueirar-se, evadir-se.

bispo *sm* **1** *Ecles.* prelado. **2** *Ecles.* presbítero. **3** *Fam.* uropígio *zool*, sobrecu *pop*.

bissexual (cs) *s e adj m+f* **1** *Biol.* hermafrodita, hermafrodito, andrógino. *s m+f* **2** gilete *gír*.

bissexualidade (cs) *sf Biol.* hermafroditismo, androginia, androginismo.

bissílabo *adj Gram.* dissílabo, dissilábico.

bisturi *sm Cir.* escalpelo.

bit (ingl.: bite) V. bite.

bite *sm Inform.* dígito binário, *bit*.

bitola *sf* **1** padrão, norma, modelo. **2** *Náut.* grossura (do cabo).

bitolado *part+adj* estreito, limitado, tacanho, atrasado. **Ex:** Mentalidade bitolada; fulano é muito bitolado naquilo que faz.

bitolar *vtd* **1** avaliar, julgar, apreciar. *vpr* **2** limitar-se. **Ex:** Bitolar-se num assunto.

bitu *sm* **1** *Inf.* bicho-papão, papão, cuca. **2** cantiga popular. **3** *Entom.* macho da saúva: sabitu, savitu.

bivaque *sm Mil.* acampamento, abarracamento.

bizarria *sf* **1** elegância, garbo, galhardia. **A:** deselegância. **2** generosidade, nobreza, magnanimidade. **A:** mesquinhez. **3** luxo, ostentação, pompa. **A:** simplicidade. **4** prosa, fanfarrice, farofa, bizarrice.

bizarrice V. bizarria.

bizarro *adj* **1** elegante, garboso, bem-apessoado. **A:** deselegante. **2** generoso, nobre, magnânimo. **A:** mesquinho. **3** vaidoso, arrogante, orgulhoso. **A:** modesto. **4** extravagante, excêntrico, esquisito. **A:** comum.

black-out (ingl.: blecaute) V. blecaute.

blandícia *sf* **1** carícia, carinho, *blandície*. **2** meiguice, ternura, *blandície*. **A:** dureza.

blandície V. blandícia.

blasfemar *vtd* **1** amaldiçoar, maldizer, maldiçoar. **A:** bendizer. *vi* **2** praguejar.

blasfêmia *sf* **1** praga, maldição, imprecação. **2** heresia.

blasonar *vtd* **1** alardear, ostentar, exibir. **Ex:** Blasona a riqueza que conseguiu. *vti+vi* **2** vangloriar-se, orgulhar-se, envaidecer-se. **Ex:** Blasonava da inteligência do filho.

blazer (ingl.: blêizer) *sm* japona *pop,* jaqueta.

blecaute *sm* black-out.

blefar *vtd* enganar, iludir, ludibriar, tapear *pop.*

blefe *sm* engano, ilusão, tapeação *pop,* logro.

blenorragia *sf Med.* gonorréia, esquentamento *pop.*

blindar *vtd* **1** encouraçar, couraçar, revestir. **Ex:** Blindar um navio. *vtd+vpr* **2** proteger(-se), resguardar(-se), abrigar(-se).

bloco *sm* **1** massa. **Ex:** Bloco de pedra ou de gelo. **2** *Fig.* grupo, conjunto, união. **Ex:** Um bloco de pessoas. **3** caderneta. **Ex:** Bloco de notas. **4** *CARNAVALESCO* cordão.

bloquear *sm* **1** *Mil.* sitiar, cercar, assediar. **Ex:** A frota bloqueou o porto. **2** obstruir, impedir, embaraçar. **Ex:** Seu carro está bloqueando a saída do prédio. **A:** desbloquear (nas duas acepções).

bloqueio *sm* **1** *Mil.* sítio, cerco, assédio. **2** obstrução, impedimento, dificuldade.

blusa *sf* **1** bata, camisa (feminina). **2** *DE MÉDICO, DENTISTA, ETC.,.,* guarda-pó, avental, jaleco.

boa *sf* **1** *Herp.* jibóia. **2** *Fig.* enrascada, encrenca *gír,* dificuldade. **Ex:** Livrou-se de uma boa. *sf+adj* **3** *Gír.* boazuda. **Ex:** Aquela dona é muito boa!

boate *sf* cabaré, casa noturna.

boato *sm* balela, rumor, peta, mentira.

boa-vida *s m+f Pop.* vagabundo, vadio, preguiçoso, mandrião. **A:** trabalhador.

boazuda V. boa.

bobagem *sf* **1** asneira, besteira, imbecilidade, bobice. **Ex:** Não diga mais essa bobagem. **2** insignificância, futilidade, frivolidade, bobice. **Ex:** Brigar por bobagens.

bobalhão *sm+adj* paspalhão, paspalho, bestalhão, bronca. **A:** esperto.

bobear *vi* **1** dizer bobagens: asnear, disparatar, bestar. **2** *Pop.* dormir de touca *fam,* cochilar *fam,* marcar bobeira *gír.*

bobeira *sf* asneira, besteira, disparate, tolice. * Marcar bobeira *Gír.*: V. bobear.

bobice V. bobagem.

bobina *sf* carretel, rolo, cilindro.

bobinar *vtd PAPEL* enrolar.

bobo *sm* **1** bufão, bobo da corte, truão. *sm+adj* **2** tolo, imbecil, idiota. **A:** sabido.

boboca V. bobalhão.

boca *sf* **1** *Anat.* lábios *pl.* **2** abertura. **Ex:** Boca da garrafa. **3** entrada, acesso. **Ex:** Boca do túnel. **A:** saída. **4** *DE RIO* foz, embocadura, estuário. **5** *Fig.* pessoa. **Ex:** Com o nascimento do bebê, temos mais uma boca para alimentar. * Com a boca na botija: em flagrante. **Ex:** Peguei-a com a boca na botija. * Botar a boca no mundo: gritar, berrar, exclamar. * Botar a boca no trombone: denunciar, delatar, dedurar *gír;* reclamar, protestar, queixar-se. * De boca aberta: surpreso, boquiaberto, pasmo.

boca-de-lobo *sm* bueiro (da sarjeta).

bocada *sf* **1** porção de alimento que se leva à boca de uma vez: bocado. **2** mordida, dentada, mordidela.

bocado *sm* **1** V. bocada. **2** pedaço, porção, naco, teco *gír.*

bocal *sm* **1** boca. **Ex:** Bocal de cano, castiçal, vaso, frasco. **2** *Mús.* embocadura, boquim. **Ex:** O bocal da flauta.

boçal *adj* *m+f* estúpido, grosseiro, rude, indelicado. **A:** educado.

bocejar *vi* boquejar.

bocejo *sm* boquejo.

boceta *sf* **1** caixinha. **2** caixa de rapé. **3** *Vulg.* vulva *anat.*

bócio *sm Med.* papo, papeira.

bocó *s e adj m+f Pop.* tonto, bobo, pato *pop,* tolo. **A:** esperto.

boda (ô) *sf* **1** núpcias *pl,* casamento, matrimônio, enlace. **2** *Por ext.* banquete, festim, repasto.

bode *sm* **1** *Zool.* cabrão. **2** *Pej.* mestiço, mulato. **3** encrenca, complicação, confusão. **4** rolo *pop,* arranca-rabo *pop,* banzé.

bodega *sf* **1** baiúca, tasca, taberna. **2** imundície, sujeira, porcaria. **A:** limpeza.

bodegueiro *sm* taberneiro, taverneiro.

bodocada *sf* **1** estilingada. **2** *Fig.* indireta, remoque, carapuça *fig.*

bodoque *sm* estilingue, atiradeira, funda.

bodum *sm* catinga, mau cheiro, fedor, fedentina. **A:** perfume.

boemia V. boêmia.

boêmia *sf boemia*, farra, gandaia *pop*, pândega, orgia.

boêmio *sm*+*adj* **1** farrista, gandaieiro *pop*, pândego. **2** cigano.

bofe *sm* **1** *Gír.* homem. **2** *Pop.* pessoa feia: dragão *gír*, bagulho *gír*, canhão *gír*. **3** *Pop.* pulmão. **4** meretriz, prostituta, rameira. *sm pl* **5** *DE ANIMAL* fressura *sing*. **6** *Fig.* temperamento *sing*, índole *sing*, gênio *sing*. **Ex:** Fulano tem maus bofes.

bofetada *sf* **1** bofetão, tapa, tabefe *pop*, bolacha *fig*. **2** *Fig.* desfeita, ofensa, insulto. **A:** elogio.

bofetão V. bofetada.

bofetear V. esbofetear.

bóia *sf Pop.* comida, refeição, almoço, jantar.

boiada *sf* manada (de bois).

boiar *vi* **1** flutuar, sobrenadar. **A:** afundar. **2** hesitar, vacilar, titubear. **3** *Gír.* não entender. **4** *Pop.* comer, almoçar, jantar.

boicotagem V. boicote.

boi-bumbá V. bumba-meu-boi.

boicote *sm* boicotagem.

boitatá *sm* **1** *Folc.* fogo-fátuo. **2** *Folc.* bichopapão, papão, cuca *inf.*

boiúna *sf* **1** *Herp. Amaz.* sucuri, sicuri. **2** *Folc.* mãe-do-rio, cobra-grande.

bojo *sm* **1** *DE OBJETO* barriga, ventre. **Ex:** O bojo de um vaso. **2** capacidade, envergadura, competência. **Ex:** Ele tem bojo suficiente para cumprir essa missão. **3** íntimo, âmago, cerne. **Ex:** No bojo da revolução havia sentimentos de vingança.

bojudo *adj OBJETO* arredondado, barrigudo.

bola *sf* **1** esfera, globo. **2** pelota, péla. **3** *Fam.* cabeça, juízo, senso. **Ex:** Fulano não bate bem da bola. **4** piada, anedota, chiste. * Trocar as bolas: enganar-se, confundir-se, errar.

bola-ao-cesto V. basquete.

bolacha *sf* **1** biscoito. **2** *Fig.* tapa, bofetada, bofetão, tabefe *pop*. **3** *Gír.* disco, *long-play*, LP.

bolada *sf* **1** pancada, cacetada (com bola). **2** dinheirão, dinheirama, dinheirada. **Ex:** Ganhar uma bolada na loteria. **3** vez, oca-sião, oportunidade. **Ex:** Conseguiu tudo de uma bolada só.

bolar *vtd Pop.* inventar, imaginar, arquitetar, conceber. **Ex:** Bolar um plano, uma campanha publicitária.

bolchevique *s e adj m*+*f* **1** bolchevista. **2** *Por ext.* comunista.

bolchevista V. bolchevique.

boldrié *sm* **1** tiracolo. **2** cinturão (para armas, dinheiro, ETC.,.).

bolear *vtd* **1** arredondar, abaular, bombear. **2** aperfeiçoar, aprimorar, polir. *vi*+*vpr* **3** rebolar(-se), requebrar(-se), gingar.

boletim *sm* **1** resenha. **Ex:** Boletim policial. **2** periódico. **Ex:** O boletim da associação. **3** *ESCOLAR* caderneta.

bolha *sf* **1** *Med.* vesícula, empola, borbulha. **2** *DE LÍQUIDO* borbulha, empola. *sm* **3** *Gír.* chato, importuno, cacete *gír*.

bólide V. bólido.

bólido *sm Astr. bólide*, meteorito.

bolinar *vtd*+*vi Vulg.* passarinhar.

bolo *sm* **1** multidão, aglomeração, turba. **Ex:** Havia um bolo de repórteres no saguão do hotel. **2** prêmio. **Ex:** Ganhar o bolo de um jogo. **3** briga, confusão, conflito. **4** *Pop.* engano, logro. **Ex:** Dar bolo em alguém.

bolor *sm* **1** *Biol.* mofo, fungo. **2** *CHEIRO* bafio, mofo. **3** *Fig.* velhice, decadência, senilidade. **A:** juventude.

bolorento *adj* **1** embolorado, mofado. **2** *Fig.* velho, decadente, senil. **A:** jovem.

bolota *sf Bot.* fruto do carvalho: glande.

bolsa *sf* **1** carteira. **2** sacola. **3** bornal, embornal. **4** bolsa de estudo. **5** *Econ.* bolsa de valores.

bolso *sm* algibeira. * De bolso: pequeno. **Ex:** Livro de bolso.

bom *adj* **1** benévolo, bondoso, benevolente. **Ex:** Ter bom coração. **A:** mau. **2** competente, hábil, capaz. **Ex:** Um bom profissional. **A:** incompetente. **3** apropriado, adequado, próprio. **A:** impróprio. **4** agradável, ameno, aprazível. **Ex:** Tivemos boas férias. **A:** desagradável. **5** cortês, gentil, delicado. **Ex:** Ter boa índole. **A:** rude. **6** gostoso, delicioso, saboroso. **Ex:** Deu uma festa com boa comida e ótimos vinhos. **A:** insosso. **7** seguro, garantido, assegurado. **Ex:** Bom investimento. **A:** arriscado. **8** lucrativo, rendoso, vantajoso. **Ex:** Bom negócio. **A:** desvantajoso. **9** saudável, salutar, benéfico. **Ex:** Clima bom para os doentes. **A:** insalubre. **10** favorável, propício. **Ex:** Fulano tem boa estrela. **A:** desfavorável. **11** obediente, educado, disciplinado. **Ex:** Seja um bom menino, filho. **A:** desobediente.

bomba *sf* **1** explosivo, petardo. **2** *Fam.* porcaria, droga *gír*, lixo. **Ex:** Esse filme é uma bomba. **3** *Gír.* pau, reprovação. **Ex:** Levou bomba no colégio. **A:** aprovação.

bombardear *vtd* bombear, canhonear.

bombástico *adj* **1** estrondoso, ruidoso, retumbante. **A:** silencioso. **2** *Fig. ESTILO* empolado, afetado, pomposo. **A:** simples.

bombear *vtd* **1** arredondar, abaular, bolear. **2** *Pop. EM EXAME* reprovar. **3** V. bombardear.

bombeiro *sm* **1** soldado do fogo. **2** *RJ* encanador.

bombo V. bumbo.

bombordo *sm Náut.* lado esquerdo do navio. **A:** estibordo.

bom-tom *sm* elegância, fineza, civilidade, etiqueta.

bonachão *sm+adj* bonacheirão, simples, ingênuo, simplório.

bonacheirão V. bonachão.

bonança *sf* **1** *Náut.* calmaria, calma. **A:** tormenta. **2** *Fig.* tranqüilidade, sossego, paz. **A:** agitação.

bonançoso *adj PESSOA, MAR* calmo, sereno, tranqüilo, quieto. **A:** agitado.

bondade *sf* **1** benevolência, benignidade, bonomia. **A:** maldade. **2** cortesia, gentileza, fineza. **Ex:** Tenha a bondade de sair da sala.

bondoso *adj* **1** bom, benévolo, benevolente. **A:** malvado. **2** caridoso, caritativo, humanitário. **A:** desumano. **3** complacente, condescendente, indulgente. **A:** inclemente.

boneca V. boneco.

boneco *sm* **1** *BRINQUEDO* boneca. **2** *Art. Gráf.* boneca, projeto gráfico. **3** *Fig.* almofadinha *pop* e *ant*, janota, casquilho. **4** *Fig.* testa-de-ferro, fantoche, títere.

bonificação *sf* gratificação, prêmio, recompensa, remuneração.

bonificar *vtd* **1** gratificar, premiar, recompensar. **2** beneficiar, melhorar, apurar.

boniteza *sf* beleza, lindeza, formosura, beldade. **A:** feiúra.

bonito *adj* **1** belo, lindo, formoso. **Ex:** Casa bonita, menina bonita. **A:** feio. **2** belo, nobre, magnânimo. **Ex:** Bonita atitude. **3** claro, límpido, luminoso. **Ex:** Os dias bonitos de verão. **A:** nublado. **4** *Iron.* lamentável, censurável, repreensível. **Ex:** Muito bonito! Escondendo os brinquedos da irmã! *adv* **6** *Pop.* bem. **Ex:** Falou bonito!

bonomia *sf* **1** V. bondade. **2** simplicidade, ingenuidade, singeleza. **3** pachorra, paciência, serenidade. **A:** impaciência.

bônus *sm sing+pl* **1** prêmio, bonificação, gratificação. **2** título, ação.

boqueirão *sm* embocadura, foz, estuário, desembocadura.

boquejar *vtd* **1** murmurar, sussurrar, cochichar. **Ex:** Boquejou algum segredo. *vti* **2** falar mal de, criticar, censurar. **Ex:** Boquejar de alguém. *vi* **3** bocejar.

boquejo *sm* bocejo.

boquiaberto *adj* pasmado, admirado, estupefato, perplexo.

boquilha *sf* **1** piteira, biqueira. **2** encaixe (para caixilhos).

boquim *sm Mús.* bocal, embocadura. **Ex:** O boquim da tuba.

boquinha *sf* **1** beijo, beijoca. **2** refeição rápida.

borboleta *sf* catraca, roleta. **Ex:** A bolsa da mulher ficou presa na borboleta do ônibus.

borboletear *vi* **1** *Fig.* vagar, vaguear, perambular. **Ex:** Borboletear pelo salão. **2** *Fig.* devanear, fantasiar, sonhar.

borbotão *sm* **1** *DE LÍQUIDO* jato, jorro, golfada. **2** *DE AR* lufada, rajada.

borbotar *vi* **1** jorrar, esguichar, espirrar. **2** *Bot.* germinar, brotar, rebentar, borbulhar.

borbulha *sf* **1** *DE LÍQUIDO* bolha, empola, ampola. **2** *Bot.* broto, rebento, gomo. **3** *Agr.* gema (para enxerto). **4** *Med.* vesícula, bolha, empola.

borbulhar *vi* **1** sair em borbulhas: ferver, referver. **2** *Bot.* V. borbotar.

borda *sf* **1** beira, beirada, orla. **2** *DE RIO* margem, ribanceira, praia.

bordadura *sf* guarnição, ornato, orla, adorno.

bordão *sm* **1** bastão, cajado, báculo. **2** cacete, porrete, maça, borduna. **3** palavra ou frase repetida. **Ex:** O humor do programa baseia-se nos bordões dos personagens. **4** *Fig.* proteção, abrigo, amparo.

bordar *vtd* **1** guarnecer, ornar, debruar. **2** fantasiar, imaginar, criar. **Ex:** Bordar uma história.

bordel *sm* prostíbulo, lupanar, puteiro *vulg.*

bordo (ó) *sm* **1** borda, beira, margem. **2** *Fig.* propósito, intenção, intuito.

bordoada *sf* cacetada, paulada, porretada, pancada.

borduna V. bordão.

boreal *adj m+f Geogr.* setentrional, ártico, hiperbóreo. **A:** austral.

bornal *sm* embornal, bolsa.

borra (ô) *sf EM LÍQUIDO* sedimento, fezes *pl,* depósito.

borracha *sf SUBSTÂNCIA* caucho, cautchu.

borrada *sf* porcaria, sujeira, imundície, sujidade. **A:** limpeza.

borrador *sm* **1** *Fam.* mau escritor: escrevinhador, escrevedor. **2** *Com.* livro de rascunho dos comerciantes: borrão.

borralha V. borralheiro.

borralheira V. borralheiro.

borralheiro *sm* **1** lugar onde se acumula a borralha: borralheira. *adj* **2** caseiro, sedentário.

borralho *sm* **1** braseiro, brasido, *borralha.* **2** rescaldo, cinzas quentes *pl, borralha.* **3** *Fig.* lar, lareira, fogão.

borrão *sm* **1** mancha, nódoa, mácula (de tinta). **2** rascunho, esboço, bosquejo. **3** *Com.* V. borrador. **4** *Fig.* desonra, mácula *fig,* descrédito. **A:** mérito.

borrar *vtd* **1** *COM BORRÕES* manchar, sujar, enodoar. **2** rabiscar, riscar. **Ex:** Borrar um texto para que ninguém o leia. **3** pintar mal. *vpr* **4** *Vulg.* cagar-se *vulg,* defecar-se, obrar-se.

borrasca *sf* **1** tormenta, tempestade, temporal. **A:** bonança. **2** *Fig.* contrariedade, contratempo, dificuldade. **3** *Fig.* raiva, cólera, fúria. **A:** calma.

borrego *sm* cordeiro.

borrifar *vtd* **1** esborrifar, aspergir, respingar. **2** orvalhar, rociar. *vi* **3** chuviscar, garoar, babujar.

borrifo *sm* **1** esborrifo, aspersão, respingo. **2** chuvisco, garoa, peneira.

bosque *sm* mata, floresta, selva.

bosquejar *vtd* **1** esboçar, delinear, rascunhar. **2** resumir, sintetizar, condensar. **A:** desenvolver.

bosquejo *sm* **1** esboço, delineamento, rascunho. **2** resumo, síntese, sinopse. **A:** desenvolvimento.

bossa *sf* **1** inchaço, galo, inchação. **2** protuberância, saliência. **3** *Zool.* corcova, giba, corcunda. **Ex:** O camelo tem duas bossas. **4** elevação, relevo, ressalto. **5** aptidão, vocação, tendência. **Ex:** Esse menino tem bossa para a pintura.

bosta *sf Vulg.* fezes *pl,* excremento, merda *vulg,* cocô *inf* e *pop.*

bota *sf DE CANO CURTO* botina; *ALTA* coturno. * Bater as botas *Pop.:* morrer, falecer, empacotar *gír.* * Lamber as botas de *Pop.:* adular, bajular.

botão *sm* **1** *Bot.* rebento, gomo, borbulha. **2** *Med.* verruga, berruga *pop.*

botar *vtd* **1** lançar, jogar, atirar. **Ex:** Botar sangue pela boca; botei fora todas as revistas velhas. **2** colocar, pôr. **Ex:** Bota o livro ali. **3** vestir. **Ex:** Botou a blusa, pois estava com frio. **4** calçar. **Ex:** Botar as luvas. **5** deitar, estender, estirar. **Ex:** Botou a toalha sobre a mesa. **6** enfiar, introduzir, meter. **Ex:** O menino botou o dedo na tomada. *vtd+vi* **7** pôr. **Ex:** A galinha botou um ovo. *vpr* **8** lançar-se, atirar-se, arremessar-se. **9** atrever-se, aventurar-se, arrojar-se. **Ex:** Botou-se a uma tarefa arriscada.

bote *sm* **1** *Náut.* escaler, batel, canoa. **2** *DE ANIMAL* salto. **Ex:** O bote da cobra, do gato. **3** *COM ARMA BRANCA* estocada, golpe. **4** ataque, agressão, investida.

boteco V. botequim.

botequim *sm* boteco, bar.

botica *sf Ant.* farmácia.

boticário *sm Ant.* farmacêutico.

botijão *sm* bujão. **Ex:** Botijão de gás.

botina *sf* bota (de cano curto).

botocudo *sm* 1 *Fig.* caipira, matuto, capiau. 2 *Fig.* grosso, cavalgadura *fig*, ignorante.

botoque V. batoque.

bovídeo V. bovino.

bovino *sm Zool.* bovídeo.

boxador V. boxeador.

boxe (cs) *sm* 1 *Esp.* pugilismo. 2 baia. As divisões da cavalariça chamam-se boxes. 3 compartimento, divisão. **Ex:** Os boxes de um mercado.

boxeador (cs) *sm Esp.* pugilista, *boxador*, boxista.

boxista V. boxeador.

brabeza V. braveza.

brabo V. bravo.

braçadeira *sf* abraçadeira.

braçal *adj* m+f *TRABALHO, TAREFA* mecânico. **A:** intelectual.

bracear V. bracejar.

bracejar *vtd* 1 agitar, balançar, sacudir. **Ex:** Enquanto o presidente passava, as crianças bracejavam as bandeirinhas. *vi* 2 gesticular, *bracear*. **Ex:** Ele bracejava para avisá-la do perigo. 3 agitar-se, mover-se, movimentar-se. **Ex:** Os galhos das árvores bracejavam ao sabor do vento.

bracelete *sm* 1 pulseira. 2 algema, cadeia, grilhão.

braço *sm* 1 *DO POLVO* tentáculo. 2 *DE ÁRVORE* ramo, galho. 3 trabalhador, operário, empregado. **Ex:** Precisamos de mais braços na lavoura. 4 poder, influência, força. **Ex:** O longo braço da lei. 5 coragem, bravura, intrepidez. **Ex:** Não teve braço para enfrentar o problema. **A:** covardia.

bradar *vtd+vi* 1 gritar, berrar, exclamar. **Ex:** O povo bradava o nome do rei; ele já entrou bradando e batendo em todos. *vtd+vti* 2 clamar, pedir, reclamar. **Ex:** Bradar socorro; bradar por comida. *vi* 3 rugir, bramir, bramar. **Ex:** A tempestade bradava.

brado *sm* 1 grito, berro, exclamação. 2 queixa, reclamação, protesto. 3 fama, renome, reputação.

bramar *vi* 1 *VEADO, TIGRE, VACA, ETC.,* *bramir*, rugir, gritar. 2 *PESSOA* gritar, berrar, bradar, *bramir*. 3 enfurecer-se, zangar-se, irritar-se. **A:** acalmar-se. 4 *bramir*, estrondear, ribombar.

bramido *sm* 1 *DE ANIMAIS* rugido, grito. 2 *DE PESSOA* grito, berro, brado. 3 estampido, estrondo, barulho.

bramir V. bramar.

brancacento V. branquicento.

branco *sm* 1 *COR BRANCA* alvo. **A:** preto. 2 espaço, lacuna. **Ex:** Preenchi todos os brancos do formulário. *adj* 3 alvo, níveo, cândido. **A:** preto. 4 claro. **Ex:** Vinho branco. **A:** escuro. 5 caucasóide. **Ex:** Raça branca. **A:** negro. 6 *CABELO* encanecido. 7 pálido, lívido, descorado. **A:** corado. 8 *Fig.* puro, cândido, virtuoso. * Branco do olho *Anat.*: esclerótica, clara.

brancura *sf* alvura, candura, alvor. **A:** negrura.

brandir *vtd* 1 agitar, mover, sacudir. **Ex:** Brandir as mãos. 2 erguer, levantar. **Ex:** Brandir a espada, o revólver. **A:** abaixar. *vpr* 3 oscilar, vibrar, balançar-se.

brando *adj* 1 macio, mole, tenro. **Ex:** Carne branda. **A:** duro. 2 meigo, terno, doce. **Ex:** Olhar brando. **A:** rude. 3 fraco, moderado. **Ex:** O governo tomou medidas brandas. **A:** enérgico. 4 suave, ameno, delicado. **Ex:** Calor brando. **A:** forte.

brandura *sf* 1 maciez, moleza. **A:** dureza. 2 meiguice, ternura, doçura. **A:** rudeza. 3 fraqueza, moderação. **A:** rigidez. 4 suavidade, amenidade, delicadeza. **A:** força.

branquear *vtd* 1 embranquecer, alvejar. **A:** enegrecer. *vi* 2 embranquecer(-se), alvejar, *branquejar*. **A:** enegrecer-se. 3 *CABELOS* encanecer.

branquejar V. branquear.

brânquia *sf Zool.* guelra.

branquicento *adj* esbranquiçado, alvacento, *brancacento*, deslavado. **A:** escuro.

branquinha *sf* aguardente, cachaça, pinga, cana.

brasa *sf* 1 carvão incandescente. 2 *Fig.* ardor, paixão, entusiasmo. **A:** desânimo. 3 *Fig.* raiva, cólera, ira. **A:** calma.

brasão *sm* 1 escudo de armas. 2 emblema, insígnia, distintivo. 3 *Fig.* honra, glória, fama.

braseiro *sm* 1 vaso para brasas: bacia, fogareiro. 2 porção de brasas: brasido.

brasido V. braseiro.

brasil V. pau-brasil.

brasiliano V. brasileiro.

brasileiro *sm+adj* brasiliense, brasiliano, brasílio, brasílico.

brasílico V. brasileiro.

brasiliense V. brasileiro.

brasílio V. brasileiro.

bravata *sf* 1 ameaça, intimidação, advertência. 2 fanfarronice, prosa, farofa.

bravatear *vtd* 1 ameaçar, intimidar, advertir. 2 fanfarronar, gabar-se, vangloriar-se.

braveza *sf* 1 ferocidade, fereza, *brabeza pop.* **A:** mansidão. 2 bravura, coragem, intrepidez, *brabeza pop.* **A:** covardia.

bravio *adj* 1 V. bravo. 2 *VEGETAL* agreste, silvestre. **Ex:** Cerejas bravias. **A:** cultivado. 3 áspero, difícil, árduo. **Ex:** Caminhos bravios. **A:** suave. 4 *MAR* tempestuoso, tormentoso, bravo. **A:** calmo. 5 rude, bruto, grosseiro. **Ex:** Pessoa bravia, palavras bravias. **A:** gentil.

bravo *adj* 1 corajoso, valente, destemido, *brabo pop.* **Ex:** A donzela foi salva pelo bravo guerreiro. **A:** covarde. 2 irritadiço, agressivo, *brabo pop.* **A:** pacato. 3 furioso, irado, irritado, *brabo pop.* **Ex:** Não fique bravo comigo por causa disso. **A:** calmo. 4 *ANIMAL* bravio, feroz, selvagem. **Ex:** Domar um cavalo bravio. **A:** domesticado. 5 *MAR* tempestuoso, tormentoso, bravio. **A:** bonançoso. *int* 6 muito bem!

bravura *sf* coragem, valentia, destemor, intrepidez. **A:** covardia.

breca *sf* cãibra, cãimbra. * Levado da breca: travesso, levado, arteiro. **A:** comportado.

brecar *vtd* 1 *Autom.* frear, enfrear. 2 refrear, conter, reprimir. **A:** estimular.

brecha *sf* 1 fenda, rachadura, greta. **Ex:** Brecha na parede. 2 lacuna, vazio, espaço. 3 ocasião, oportunidade, ensejo. **Ex:** Aproveitar a brecha.

brega *sf* 1 *NE* zona, meretrício. *s e adj m+f* 2 cafona, jeca, ridículo. **A:** chique.

brejal V. brejo.

brejeiro *adj* 1 malicioso, gaiato, maroto. **Ex:** Sorriso brejeiro. 2 vicioso, vadio, preguiçoso. **A:** trabalhador. 3 ordinário, grosseiro, reles. **A:** fino.

brejo *sm* pântano, charco, atoleiro, lamaçal; *GRANDE* brejal.

brenha *sf* 1 matagal, mata, mataria. 2 *Fig.* complicação, confusão, desordem. **A:** ordem. 3 *Fig.* segredo, mistério, enigma.

breque *sm Autom.* freio.

breu *sm* piche, pez.

breve *adj m+f* 1 curto, efêmero, transitório. **Ex:** A vida é breve. **A:** longo. 2 conciso, resumido, sintético. **Ex:** O presidente fez um breve pronunciamento à Nação. **A:** prolixo. 3 curto, pequeno, reduzido. **Ex:** Espaço breve. **A:** comprido. *adv* 4 logo, brevemente, em breve.

breviário *sm* resumo, síntese, sinopse, compêndio.

brida *sf* rédea.

briga *sf* 1 luta, combate, confronto. 2 rixa, litígio, contenda. 3 inimizade, desavença, discórdia. **A:** amizade.

brigão V. briguento.

brigar *vti* 1 disputar, discutir, contender. **Ex:** Briguei com ele, mas de nada adiantou. *vti+vi* 2 destoar, divergir, discrepar. **Ex:** A cor do seu vestido briga com a de seus olhos. *vi* 3 lutar, combater, bater-se. **Ex:** Os inimigos vivem brigando.

briguento *sm+adj* brigão, rixento. **A:** pacífico.

brilhante *sm* 1 diamante (lapidado). *adj m+f* 2 cintilante, reluzente, resplandecente. **A:** obscuro. 3 ilustre, célebre, famoso. **Ex:** É um escritor brilhante. **A:** obscuro. 4 próspero, feliz, venturoso. **Ex:** Ela terá um futuro brilhante. **A:** sombrio. 5 talentoso, inteligente, genial. **Ex:** Um aluno brilhante. 6 luxuoso, pomposo, suntuoso. **Ex:** Festa brilhante. **A:** simples.

brilhantismo V. brilho.

brilhar *vi* 1 cintilar, reluzir, resplandecer. **Ex:** O sol brilha, as lâmpadas brilham. 2 destacar-se, distinguir-se, notabilizar-se. **Ex:** Nosso filho brilhou no festival estudantil. 3 revelar-se, manifestar-se, evidenciar-se. **Ex:** O ódio brilhava em seus olhos. **A:** ocultar-se.

brilho *sm* 1 esplendor, resplandecência, cintilação. **A:** obscuridade. 2 *DE COR* luminosidade, claridade. 3 *DE ESTILO* vivacidade, expressividade, brilhantismo. **A:**

inexpressividade. **4** *Fig.* luxo, pompa, suntuosidade, brilhantismo. **A:** simplicidade. **5** *Fig.* fama, celebridade, glória, brilhantismo. **A:** obscuridade.

brincadeira *sf* **1** diversão, divertimento, recreação. **2** *DE CRIANÇA* brinquedo, jogo. **3** piada, anedota, chiste. **4** zombaria, gozação, chacota.

brincador V. brincalhão.

brincalhão *sm+adj* folgazão, zombeteiro, galhofeiro, brincador, trocista. **A:** sério.

brincar *vti+vi* **1** divertir-se, entreter-se, distrair-se. **Ex:** A menina brincava com suas bonecas; as crianças estão lá fora brincando. **2** zombar, gozar, escarnecer. **Ex:** Não brinque com o que você não compreende; ele não leva nada a sério, está sempre brincando.

brinco *sm* **1** argola, pingente. **2** *Fig.* beleza, primor. **Ex:** O jardim ficou um brinco depois da reforma.

brinco-de-princesa *sm Bot.* fúcsia.

brindar *vtd* **1** presentear, mimosear, obsequiar. **Ex:** As empresas brindam os clientes; brindou-o com uma caneta de ouro. *vtd+vti* **2** saudar, cumprimentar, homenagear. **Ex:** Brindamos o ano-novo (ou ao ano-novo).

brinde *sm* **1** presente, mimo, oferta. **2** saudação, cumprimento, homenagem.

brinquedo *sm* **1** *DE CRIANÇA* brincadeira, jogo. **2** divertimento, passatempo, diversão. **3** festa, folia, folguedo.

brio *sm* **1** amor-próprio, decoro, honradez. **A:** desbrio. **2** ânimo, coragem, valentia. **A:** covardia.

brioso *adj* **1** honrado, decoroso, digno. **A:** indecoroso. **2** valoroso, corajoso, valente. **A:** covarde. **3** orgulhoso, vaidoso, altivo. **A:** humilde. **4** generoso, liberal, magnânimo. **A:** mesquinho. **5** *CAVALO* fogoso, garboso.

brisa *sf* aragem, viração, sopro, aura.

britânico *sm+adj* inglês.

britar *vtd* **1** quebrar, fragmentar, partir. **2** triturar, moer, pulverizar. **3** *Fig.* destruir, anular, invalidar.

broca *sf* **1** verruma, pua. **2** furo, orifício, buraco.

brocar *vtd+vi* broquear, perfurar, furar (com broca).

brocha *sf* tacha, prego.

brochar *vtd* pregar, fixar, cravar, encravar. **Ex:** Brochar a sola do sapato.

brochura *sf* **1** livro brochado. **2** folheto, opúsculo.

brócolis V. brócolos.

brócolos *sm pl Bot.* brócolis, brocos.

brocos V. brócolos.

bromar *vtd* **1** roer, corroer. **2** estragar, danificar, deteriorar.

bronca *sf Pop.* sabão, repreensão, descompostura, reprimenda. **A:** elogio.

bronco *adj* **1** burro *fig*, tapado, estúpido. **A:** inteligente. **2** ignorante, grosseiro, rude. **A:** delicado. **3** *OBJETO* tosco, rústico, grosseiro. **A:** fino.

bronquear *vti+vi Pop.* repreender, censurar, criticar, ralhar com. **A:** elogiar.

bronquice *sf* **1** burrice *fig*, estupidez. **A:** inteligência. **2** ignorância, grosseria, rudeza. **A:** delicadeza.

bronze *sm* **1** sino. **2** *Fig.* dureza, insensibilidade, indiferença. **3** *Pop.* dinheiro, gaita *gír*, grana *gír*.

bronzeado *part+adj* moreno, trigueiro, amorenado, triguenho. **A:** pálido.

bronzear *vtd+vpr* queimar(-se), tostar(-se), escurecer(-se). **Ex:** O sol bronzeia nossa pele; ficamos nos bronzeando na areia da praia.

brônzeo *adj Fig.* insensível, frio, indiferente, impassível. **A:** sensível.

broquear V. brocar.

brotar *vtd* **1** *Bot.* lançar. **Ex:** As plantas brotam rebentos. **2** segregar, expelir, soltar. **Ex:** A ferida brota pus. **3** dizer, pronunciar, proferir. **Ex:** Seus lábios brotam juras de amor. **4** derivar, proceder, provir de. **Ex:** Da meditação brotam soluções. **5** irromper, romper, prorromper. **Ex:** Brotar em pranto. *vti+vi* **6** jorrar, golfar, esguichar. **Ex:** A água brota da terra. *vi* **7** *Bot.* terminar, desabrochar, rebentar. **Ex:** As flores brotam. **8** surgir, aparecer, despontar. **Ex:** Novas técnicas brotam todos os dias.

brotinho V. broto.

broto *sm* 1 *Bot.* rebento, gomo, renovo. 2 *Pop.* brotinho, moça, rapaz. 3 *Pop.* namorado, xodó. 4 *Pop.* namorada, garota *pop*, pequena.

broxa *sf* 1 pincel grande. *sm+adj* 2 *Vulg.* impotente.

broxar *vtd* 1 *COM BROXA* pintar, pincelar. *vi* 2 *Vulg.* falhar.

bruaca *sf* 1 bolsa, mala, saco. 2 mulher feia: bruxa, canhão *gír*, bucho *gír*. **A:** beldade. 3 meretriz, prostituta, vaca *fig*.

bruma *sf* 1 névoa, neblina, nevoeiro. 2 *Fig.* mistério, segredo, incerteza. **Ex:** Tememos as brumas do futuro.

brumado V. brumoso.

brumal *adj m+f Fig.* triste, melancólico, tristonho, sombrio. **A:** alegre.

brumoso *adj* 1 brumado, nevoento, nebuloso, enevoado. 2 *Fig.* vago, incerto, indefinido. **A:** nítido.

brunir *vtd* 1 polir, lustrar. 2 aperfeiçoar, apurar, aprimorar. 3 *ROUPA* engomar.

brusco *adj* 1 *PESSOA* ríspido, rude, áspero. **A:** delicado. 2 *MOVIMENTO, ATO* imprevisto, inesperado, repentino. **Ex:** Uma mudança brusca nos planos. 3 *TEMPO* nublado, enevoado, fechado. **A:** claro.

brusquidão *sf* rispidez, rudeza, aspereza, grosseria. **A:** delicadeza.

brutal *adj m+f* 1 animal, animalesco, bestial. **A:** humano. 2 desumano, cruel, bárbaro. **Ex:** Crime brutal. **A:** humano. 3 impetuoso, violento, forte. **Ex:** Tem um gênio brutal. 4 excessivo, exagerado, desmedido, bruto. **Ex:** Tinha um ódio brutal dos vizinhos; sentia um bruto medo do escuro. 5 V. bruto.

brutalidade *sf* 1 desumanidade, crueldade, barbaridade. **Ex:** Cometeram brutalidades com a vítima. 2 impetuosidade, violência, força. **Ex:** Reagir com brutalidade. 3 rudeza, grosseria, estupidez. **A:** cortesia. 4 insolência, desaforo, grosseria. **Ex:** Dizer brutalidades.

brutalizar *vtd+vpr* 1 embrutecer(-se), asselvajar(-se), abrutalhar(-se). **A:** civilizar(-se). *vtd* 2 maltratar, seviciar, torturar.

brutamonte V. brutamontes.

brutamontes *sm sing+pl* 1 *Pop.* gigante, hipopótamo *fig*. 2 *Pop.* bruto, ignorante, selvagem, *brutamonte*.

bruto *sm* 1 animal, fera, irracional. **Ex:** O homem controla os brutos. 2 V. brutamontes. *adj* 3 irracional, animal. **A:** racional. 4 não manufaturado, natural. **Ex:** Minério bruto. **A:** manufaturado. 5 rude, grosseiro, estúpido, brutal. **Ex:** Pessoa bruta, resposta bruta. **A:** cortês. 6 *AÇÚCAR, ÓLEO* não refinado. **A:** refinado. 7 *PESO, VALOR* total, integral, inteiro. **A:** líquido. 8 V. brutal. 9 *TERRA, TERRENO* árido, improdutivo, estéril. **Ex:** Terra bruta. **A:** produtivo. 10 *POVO* rústico, rude, incivilizado. **A:** civilizado. 11 tosco, rústico, grosseiro. **Ex:** Móvel bruto. **A:** fino.

bruxa *sf* 1 feiticeira, maga, mágica. 2 boneca de pano. 3 mulher feia: canhão *gír*, bucho *gír*, bruaca. **A:** bela.

bruxaria *sf* feitiçaria, mágica, malefício, mandinga.

bruxo *sm* feiticeiro, mago, mágico.

bruxulear *vi* 1 tremeluzir, tremular, cintilar. **Ex:** Uma luzinha bruxuleava, indicando que havia alguém na caverna. 2 extinguir-se, apagar-se. **Ex:** A vela bruxuleava por causa do vento.

bubão *sm Patol.* íngua.

bucal *adj m+f* relativo à boca: oral.

bucha *sf* 1 tampão. 2 engano, trapaça, logro. * Na bucha *Pop.*: sem demora, imediatamente.

buchada *sf* 1 *DE ANIMAIS* estômago, vísceras *pl*, intestinos *pl*. 2 chateação, amolação, maçada.

bucho *sm* 1 *DE ANIMAL* estômago. 2 *Pop.* barriga, ventre, abdome. 3 *Gír.* V. bruxa.

bucólico *adj* 1 campestre, pastoril. **Ex:** Poesia bucólica. 2 simples, singelo, puro. **Ex:** Vida bucólica.

bueiro *sm* 1 *DA SARJETA* boca-de-lobo. 2 *DE ESGOTO* tubulação, tubagem. 3 *DE FORNALHA* respiradouro.

bufão *sm* 1 fanfarrão, gabola, farofeiro *pop*. 2 *Ant.* palhaço, bufo, saltimbanco.

bufar *vti* 1 gabar-se, vangloriar-se, jactar-se. **Ex:** Bufava de suas qualidades. *vi* 2 fumegar, fumarar, fumar. **Ex:** O trem chegou bufando. **3** zangar-se, enfurecer-se, irritar-se. **A:** acalmar-se.

bufê *sm* **1** aparador, bufete. **2** *EM TEATRO, ESTAÇÃO DE TREM, ETC.*, bar, bufete. **3** serviço de bufê.

bufete (ê) V. bufê.

bufo *sm* **1** sopro, assopro. **2** V. bufão. *adj* **3** burlesco, cômico, engraçado. **A:** trágico.

bufonaria *sf* palhaçada, farsa, truanice, arlequinada.

bufonear *vi* gracejar, troçar, chalacear, chocarrear.

bufunfa *sf Gír.* dinheiro, grana *gír*, gaita *gír*, arame *pop*.

buganvília *sf Bot.* primavera.

bugiganga *sf* quinquilharia, miudeza, bagatela, ninharia.

bugio *sm* **1** *Zool.* guariba. **2** *Por ext.* macaco, símio, mono. **3** *Mec.* macaco. **Ex:** Erguem-se pesos com o bugio.

bugre *sm* índio, indígena, selvagem, silvícola.

bujão V. botijão.

bula *sf* **1** *DE REMÉDIO* prospecto, prospeto. **2** *Rel.* carta pontifícia.

bulevar *sm* avenida, alameda, aléia.

bulha *sf* **1** ruído, barulho, rumor. **A:** silêncio. **2** briga, discussão, disputa. **3** algazarra, gritaria, alarido. **4** desordem, confusão, tumulto. **A:** ordem.

bulhufas *sf pl* nada *sing*. * Não entender bulhufas: não entender nada.

bulício *sm* **1** V. burburinho. **2** murmúrio, sussurro. **Ex:** O bulício do rio, das folhagens. **3** rebelião, revolta, motim. **4** V. burburinho.

buliçoso *adj* **1** agitado, movediço, inquieto. **Ex:** O mar buliçoso. **A:** imóvel. **2** esperto, vivo, ativo. **3** travesso, traquinas, irrequieto. **Ex:** Menino buliçoso. **A:** comportado.

bulir *vti* **1** agitar, sacudir, balançar. **Ex:** Ela caminha bulindo com os longos cabelos. **2** mexer em, tocar em. **Ex:** Pediu que não bulíssemos nas suas coisas. **3** aborrecer, incomodar, amolar. **Ex:** Bulir com alguém. **4** caçoar, zombar, gozar de. **Ex:** Ficaram bulindo com o coitado, só porque havia cometido um erro. *vi+vpr* **5** mexer-se, mover-se, movimentar-se (levemente).

bumba-meu-boi *sm Folc.* boi-bumbá.

bumbar *vtd* espancar, surrar, bater em, açoitar.

bumbo *sm Mús.* zabumba, *bombo*.

bumbum *sm* **1** estrondo, barulho, ruído. **2** *Pop.* V. bunda.

bunda *sf Vulg.* nádegas *pl*, bumbum *pop*, traseiro *pop*, rabo *pop*.

buquê *sm* **1** *DE FLORES* ramalhete. **2** *DO VINHO* aroma, perfume, fragrância.

buraco *sm* **1** furo, orifício. **Ex:** Olhou pelo buraco da fechadura. **2** cavidade. **Ex:** A rua está cheia de buracos. **3** cova, toca, covil. **Ex:** O buraco da raposa. **4** vazio, espaço, vácuo. **Ex:** Sinto um buraco no estômago. **5** escavação. **Ex:** Fizeram buracos para instalar os postes. **6** fenda, rachadura, brecha. **7** casebre, maloca, choupana. **Ex:** Fulano mora num buraco. **8** branco, lacuna. **9** *DA AGULHA* olho. **10** *Fig.* encrenca, complicação, dificuldade. **Ex:** Estamos num buraco.

burburinho *sm* **1** murmurinho, bulício. **Ex:** O burburinho da feira, do auditório. **2** agitação, rebuliço, tumulto, bulício. **Ex:** Mudamo-nos para o campo, longe do burburinho da cidade. **A:** tranquilidade.

burguês *sm* **1** *Deprec.* rico, ricaço. *adj* **2** *Deprec.* medíocre, ordinário, trivial. **A:** elevado. *sm+adj* **3** *Polít. Deprec.* conservador, reacionário, tradicionalista. **A:** revolucionário.

burilar *vtd* **1** gravar, entalhar, esculpir. **2** apurar, aprimorar, refinar.

burla *sf* **1** engano, fraude, tapeação *pop*. **2** zombaria, gozação, deboche.

burlar *vtd* **1** enganar, fraudar, tapear *pop*. **2** zombar, gozar, debochar de.

burlesco *adj* **1** cômico, jocoso, engraçado. **A:** trágico. **2** grotesco, ridículo, caricato. **3** satírico, irônico, sarcástico.

burra *sf* **1** *Zool.* mula, besta. **2** *Zool.* jumenta. **3** cofre, arca, baú.

burrada *sf* **1** burrama, burricada, manada (de burros). **2** asneira, burrice, besteira, burricada.

burrama V. burrada.

burricada V. burrada.

burrice *sf* 1 *QUALIDADE* estupidez, idiotice, imbecilidade. **Ex:** Sua burrice me espanta. **A:** inteligência. 2 *ATO* asneira, besteira, burrada. **Ex:** Foi burrice partir tão cedo.

burrico *sm* jumento, burrinho.

burrinho *sm* 1 *Zool.* V. burrico. 2 *Zool.* V. burro. 3 bomba (para aspirar líquidos).

burro *sm* 1 *Zool.* besta, mulo, mu. 2 *Zool.* jumento, asno, jerico *fam*, burrinho. 3 *Fam.* estúpido, imbecil, anta *fig*. *adj* 4 *Fam.* estúpido, bronco, imbecil. **A:** inteligente. * Pra burro *Gír.*: pra cachorro, muito, em demasia. **Ex:** Ela fala pra burro.

busca *sf* 1 procura, caça, cata. 2 investigação, pesquisa, averiguação. 3 revista, inspeção, vistoria.

buscar 1 procurar, caçar, catar. **Ex:** Buscar as crianças. 2 investigar, pesquisar, averiguar. **Ex:** Buscar os motivos de algo. 3 tentar, procurar, intentar. **Ex:** Busquei resolver o problema o mais cedo possível. 4 imaginar, planejar, idealizar. **Ex:** Buscar soluções. 5 recorrer a, valer-se de, utilizar-se de. **Ex:** Buscar a ajuda de um especialista. 6 ir, dirigir-se para. **Ex:** Os pássaros buscam os lugares quentes.

bússola *sf Fig.* orientação, rumo, guia, direção.

busto *sm Anat. EM GERAL* torso, tórax, peito; *FEMININO* seios *pl*, peito.

butique *sf* loja (pequena).

buzina *sf* 1 trompa, trombeta, corneta, búzio. 2 porta-voz, megafone. *adj* 3 zangado, bravo, furioso. **Ex:** Fica buzina quando não fazem o que ele quer.

buzinar *vti* 1 insistir, repetir, reiterar. 2 amolar, aborrecer, importunar. *vi* 3 *Autom.* fonfonar. 4 soprar, assoprar. 5 zangar-se, enfurecer-se, irritar-se, irar-se. **A:** acalmar-se.

búzio *sm* 1 *Zool.* concha, valva. 2 V. buzina.

C

cá *adv* **1** aqui, neste lugar. **A:** lá. **2** entre nós, nesta terra. **3** *MOVIMENTO* aqui, para este lugar. **Ex:** Venha cá! **A:** lá.

cã V. cãs.

caapora V. caipora.

caatinga *sf Geogr.* catinga.

cabaça *sf* cuia, cabaço.

cabaceira *sf Bot.* cuieira.

cabaço *sm* **1** V. cabaça. **2** *Vulg.* hímen. **3** *Vulg.* virgindade. **4** *Vulg. HOMEM OU MULHER* virgem.

cabal *adj m+f* **1** completo, perfeito, pleno. **A:** incompleto. **2** rigoroso, severo, rígido. **A:** brando.

cabala *sf* **1** ocultismo, magia, mágica. **2** conluio, trama, conspiração.

cabalar *vi* tramar, conspirar, intrigar, enredar.

cabalístico *adj Fig.* enigmático, misterioso, secreto, incompreensível. **A:** claro.

cabana *sf* casebre, choça, choupana, mocambo. **A:** palacete.

cabaré *sm* **1** boate, casa noturna. **2** bordel, prostíbulo, lupanar.

cabaz *sm* cesto, cesta.

cabeça *sf* **1** *Anat.* crânio, coco *pop.* **2** inteligência, cuca *gír.* **Ex:** Ter boa cabeça. **3** memória, lembrança. **Ex:** Suas declarações não me saem da cabeça. **4** talento, capacidade, aptidão. **Ex:** Tem cabeça para as ciências. **5** gênio, sábio. **Ex:** Rui Barbosa foi uma das grandes cabeças de seu tempo. **A:** inculto. **6** juízo, razão, cachola *pop.* **A:** insensatez. **7** indivíduo. **Ex:** A conta ficou em tantos reais por cabeça. **8** começo, princípio, início. **Ex:** Cabeça da lista. **A:** final. **9** *Pop.* extremidade do pênis: glande. *sm* **10** *Fig.* chefe, comandante, dirigente. **Ex:** A polícia prendeu o cabeça do bando. * Cabeça fria: calma. **Ex:** Manter a cabeça fria.

cabeçada *sf Fig.* bobagem, tolice, asneira, besteira. **2** cordão colorido das extremidades do lombo do livro: cabeceado, cabeceira.

cabeça-de-vento *s m+f* estabanado, imprudente, leviano, doidivanas.

cabeça-dura *s m+f* **1** bronco, estúpido, burro *fig.* **2** teimoso, cabeçudo, obstinado.

cabeçalho *sm* cabeçário; *DE JORNAL* cabeço.

cabeçário V. cabeçalho.

cabeceado V. cabeçalho.

cabecear *vi* pescar *pop*, cochilar, toscanejar.

cabeceira *sf* **1** almofada, travesseiro. **2** dianteira, frente, vanguarda. **3** *Geogr.* nascente (de rio). **4** V. cabeçada.

cabeço V. cabeçalho.

cabeçuda *sf Pop.* saúva.

cabeçudo *sm+adj* teimoso, obstinado, cabeça-dura, casmurro.

cabedal *sm* **1** capital, bens *pl*, posses *pl*. **2** conhecimentos *pl*. **3** importância, apreço, valor. **4** batelada, mundo, monte.

cabeleira *sf* **1** *HUMANA* coma, guedelha. **2** *ANIMAL* crina, coma. **3** *POSTIÇA* peruca.

cabeleireiro *sm* **1** penteador. **2** salão de beleza.

cabelo *sm* de animais, e partes do corpo humano, exceto a cabeça: pêlo. * Ter cabelo na venta: ser valente; ser briguento. * Ter cabelo no coração: ter coração de pedra, ser insensível. * De arrepiar os cabelos: assustador, apavorante, aterrador.

cabeludo *adj* **1** peludo, hirsuto, peloso. **A:** careca. **2** *Fig.* complicado, difícil, intricado. **Ex:** Questão cabeluda. **A:** fácil. **3** *Fig.* imoral, obsceno, indecoroso. **Ex:** Piada cabeluda. **A:** decente.

caber *vti* **1** tocar, cumprir, competir. **Ex:** Cabe a ela resolver esse problema. **2** *EM PARTILHA* tocar a. **Ex:** Coube-me toda a riqueza do falecido. **3** *DENTRO DE UM PRAZO* realizar-se, acontecer, efetuar-se. **Ex:** A palestra caberá em duas horas. *vi* **4** ter cabimento. **Ex:** Não cabem dúvidas a esta altura da discussão.

cabida *sf* cabimento, aceitação, admissão, acolhida. **A:** rejeição.

cabidela *sf* miúdos *pl*, vísceras *pl*, entranhas *pl*. **Obs.:** Apenas de aves.

cabido *sm* **1** V. capítulo. *part+adj* **2** apropriado, adequado, oportuno, cabível. **A:** descabido. **3** devido, merecido, justo. **A:** indevido.

cabimento *sm* **1** aceitação, acolhimento, acolhida. **A:** rejeição. **2** conveniência, oportunidade.

cabina *sf* **1** *DE PASSAGEIROS* camarote, *cabine*. **2** *Aeron.* carlinga, *cabine*. **3** *Fer.* guarita. **4** compartimento, boxe, divisão.

cabine V. cabina.

cabisbaixo *adj Fig.* humilhado, envergonhado, abatido, vexado. **A:** orgulhoso.

cabível V. cabido.

cabo *sm* **1** chefe, cabeça, comandante. **2** *Geogr.* promontório. **3** extremo, fim, termo. **4** *Náut.* corda, amarra, corrente. **5** *Eletr.* fio. * Ao cabo de: ao término de, no final de. * De cabo a rabo: do princípio ao fim. * Levar a cabo: concluir, terminar; realizar, executar. * Dar cabo de: matar, assassinar; dizimar, destruir.

caboclada *sf* **1** grupo de caboclos: caipirada. **2** desconfiança, suspeita, receio. **A:** confiança. **3** traição, infidelidade, deslealdade. **A:** fidelidade.

caboclo *sm* **1** caipira, sertanejo, roceiro. **2** mestiço (de índio e branco). **3** V. caburé. **4** *Ant.* índio, indígena, bugre. *adj* **5** moreno, bronzeado, acobreado.

caborteiro *sm+adj* **1** velhaco, manhoso, *cavorteiro*. **A:** ingênuo. **2** embusteiro, mentiroso, *cavorteiro*.

cabotinagem *sf* afetação, presunção, pedantismo, cabotinismo. **A:** simplicidade.

cabotinismo V. cabotinagem.

cabotino *sm* **1** cômico ambulante. **2** *Fig.* exibicionista, presunçoso, pretensioso.

cabra *sf* **1** *Zool.* cabrita. *sm* **2** mulato, mestiço. **3** capanga, jagunço, pistoleiro. **Ex:** O coronel chegou acompanhado de seus cabras. **4** sujeito, indivíduo, elemento. **Ex:** Cabra safado.

cabrão *sm* **1** *Zool.* bode. **2** *Pop.* marido traído: corno, chifrudo, cornudo.

cabreiro *sm* **1** pastor de cabras. *adj* **2** *Pop.* esperto, vivo, ladino. **A:** ingênuo. **3** desconfiado, arisco, esquivo.

cabriola *sf* cambalhota, salto, cambota.

cabrita *sf* **1** *Zool.* cabra. **2** *Pop.* moça, jovem.

cabritar *vi* saltar, pular.

cabrito *sm* **1** bode pequeno: chibo. **2** moreno, mulato. **3** *Pop.* menino, moleque, garoto.

cabrocha *sm* **1** mulato, pardo, mestiço. *sf* **2** mulata.

cabrum V. caprino.

cabular *vi ESTUDANTE* gazetear, gazear; *EM GERAL* vadiar, vagabundear, mandriar.

caburé *sm* **1** caboclo (de cabelos lisos e pele acobreada). **2** V. cafuzo. **3** caipira, matuto, capiau.

caca *sf* **1** excremento, fezes *pl*, cocô *inf* e *pop*. **2** imundície, sujeira, porcaria. **A:** limpeza.

caça *sf* **1** *DE ANIMAIS* caçada. **2** *DE ALGUMA COISA* busca, procura, cata. **3** *DE ALGUÉM* encalço, perseguição, acossamento. *sm* **4** *Aeron.* avião de caça.

cacaborrada *sf* **1** *Pop.* asneira, bobagem, despropósito. **2** *Pop.* coisa malfeita.

caçada V. caça.

caçapo *sm* coelho novo: láparo.

caçar *vtd* **1** perseguir, apanhar, matar. **Ex:** Caçar patos selvagens. **2** procurar, buscar, catar. **Ex:** Caçar marido. **3** *Náut.* recolher, colher. **Ex:** Caçar as velas, os cabos.

cacarecos *sm pl* bugigangas, trastes, bagulhos, cacaréus.

cacarejador *adj* **1** cacarejante. **2** *Fig.* mexeriqueiro, fofoqueiro, bisbilhoteiro. **3** *Fig.* tagarela, linguarudo, falador.

cacarejante V. cacarejador.

cacarejar *vi* **1** *GALINHA, ETC.*, cantar. **2** *Fig.* tagarelar, palavrear, palrar.

cacarejo *sm* **1** *DA GALINHA* canto. **2** *Fig.* tagarelice, falação, parolagem.

cacaréus V. cacarecos.

cacatua *sf Ornit.* catatua.

cacaueiro *sm Bot.* pé de cacau: cacauzeiro.

cacauzeiro V. cacaueiro.

cacetada *sf* **1** paulada, bordoada, porrada. **2** chateação, amolação, incômodo.

cacetar V. cacetear.

cacete *sm* **1** porrete, bordão, moca. **2** *Vulg.* pênis, falo, pinto *vulg. s e adj m+f* **3** *Gír.* chato *pop*, impertinente.

cacetear *vtd* **1** cacetar, bater. **2** chatear, amolar, importunar.

cachaça *sf* **1** pinga, caninha, aguardente. **2** *Fig.* paixão, gosto. **3** *Fig.* mania, cacoete, vício. **4** *Fig.* inclinação, vocação, tendência. *sm* **5** bêbado, pinguço, ébrio.

cachação *sm* pescoção, safanão, empurrão, pancada (no cachaço).

cachaceiro *sm+adj* bêbado, pinguço, beberrão, pau-d'água *pop*.

cachaço *sm Anat.* nuca, cangote, cogote, toutiço.

cachê *sm Teat., Cin.* e *Telev.* pagamento, salário, ordenado. **Ex:** O cachê milionário de uma cantora.

cachear *vtd CABELOS* encaracolar, anelar, encrespar, ondear.

cachimbar *vi* **1** pitar. *vtd+vti* **2** meditar, pensar, ponderar. **Ex:** Cachimbar num assunto. *vti* **3** desprezar, menosprezar, desdenhar. **Ex:** Cachimbou da ameaça do inimigo.

cachimbo *sm* pito.

cacho *sm* **1** *Bot.* penca, racemo, racimo. **2** *DOS CABELOS* anel, caracol. **3** *Gír.* caso, aventura. **Ex:** Fulano tem um cacho com a vizinha.

cachoeira *sf Geogr.* cascata, salto, queda-d'água, catarata.

cachola *sf Pop.* juízo, razão, bom senso, cabeça.

cachorra *sf Zool.* cadela.

cachorrada *sf* **1** matilha, cainçada, cainçalha. **2** *Fig.* cafajestada, canalhice, cachorrismo, cachorrice.

cachorrice V. cachorrada.

cachorrismo V. cachorrada.

cachorro *sm* **1** cão, perro. **2** filhote, cria (de leão, lobo, tigre, urso, etc.). **Ex:** A onça esconde seus cachorros na caverna. **3** *Fig.* cafajeste, canalha, patife.

cacifo *sm* caixa, cofre, arca, burra.

cacimba *sf* **1** *ARTIFICIAL* poço, escavação, cova. **2** *NATURAL* olho-d'água, fonte, nascente.

cacique *sm* **1** *Etnol.* morubixaba, chefe. **2** *Fig.* caudilho, mandachuva, chefão.

caco *sm* **1** pedaço, fragmento, lasca. **Ex:** Recolheu os cacos do prato que quebrou. **2** traste, bugiganga, bagulho. **3** *Fig.* juízo, sensatez, cabeça. **Ex:** Essas crianças não têm caco. **A:** insensatez.

caçoada *sf* zombaria, gozação, troça, chacota.

caçoar *vtd, vti+vi* zombar, gozar, troçar, escarnecer de. **Ex:** Caçoava dos colegas; vivia caçoando. **A:** respeitar.

cacoete *sm* **1** tique, trejeito, tico. **Ex:** Tinha o cacoete de piscar os olhos e virar a cabeça. **2** mania, hábito, vício. **Ex:** Você precisa parar com esse cacoete de imitar os outros.

cacófato *sm Gram.* cacofonia. **Ex:** Na frase "gostei da música dela" há um cacófato.

cacofonia V. cacófato.

cacografia *sf Gram.* cacografismo. **A:** ortografia.

cacografismo V. cacografia.

caçoísta *s e adj m+f* gozador, brincalhão, zombeteiro, trocista.

cacunda *sf* **1** costas *pl*, dorso, lombo. **2** corcunda, corcova, bossa. **3** *Fig.* protetor, defensor.

cada *pron indef* todo, qualquer. **Ex:** Cada pessoa tem um dom. **A:** nenhum.

cadafalso *sm* **1** patíbulo, forca. **2** palanque, tablado, estrado. **3** *Constr.* andaime.

cadarço *sm* **1** fitilho, nastro, fita. **2** *DO SAPATO* cordão.

cadastrar *vtd* **1** registrar, catalogar, arquivar. **2** recensear.

cadastro *sm* **1** registro, catálogo, arquivo. **2** censo, recenseamento.

cadáver *sm* **1** defunto, morto, presunto *gír.* **2** *Gír.* credor. **A:** devedor.

cadavérico *adj* **1** cadaveroso. **Ex:** Rigidez cadavérica. **2** esquelético, mirrado, seco. **A:** robusto. **3** pálido, lívido, esquálido. **A:** corado.

cadaveroso V. cadavérico.

cadê *adv Fam.* e *Pop.* que é de? *quedê? quede?* onde está? **Ex:** Menino, cadê sua mãe?

cadeado *sm* **1** fechadura portátil. **2** *Fig.* obstáculo, impedimento, estorvo. **3** *Fig.* sujeição, submissão, dependência.

cadeia *sf* **1** corrente. **2** algema, grilhão. **3** prisão, cárcere, xadrez *pop.* **Ex:** Os criminosos fugiram da cadeia. **4** série, sucessão, continuidade. **Ex:** Cadeia de acontecimentos. **5** *DE MONTANHAS* cordilheira, espinhaço, serrania. **6** *Fig.* vínculo, ligação, laço (moral). **Ex:** Libertou-se das cadeias sentimentais que o prendiam à família.

cadeira *sf* **1** assento. **2** *DE PROFESSOR* cátedra. **Ex:** Ele é o titular da cadeira de filosofia desta universidade. **3** *DE CURSO* disciplina, matéria. *sf pl* **4** quadris, ancas. **Ex:** Ela caminhava, requebrando as cadeiras.

cadela *sf* **1** *Zool.* cachorra. **2** *Fig.* prostituta, meretriz, puta *vulg.*

cadência *sf* **1** *DE SONS, MOVIMENTOS* ritmo, compasso, andamento. **A:** descompasso. **2** *DE PALAVRAS, FRASES* harmonia. **A:** desarmonia.

cadenciar *vtd* ritmar, compassar.

cadente *adj m+f* cadenciado, ritmado, compassado.

caderneta *sf* **1** *DE ANOTAÇÕES* livrete, caderno, carteira. **2** *Com.* livro, registro, diário.

caderno *sm* **1** *DE ANOTAÇÕES* caderneta, livrete. **2** *Jorn.* seção, suplemento. **Ex:** Mamãe lê o caderno feminino todos os domingos.

cadinho *sm* crisol. **Ex:** O cadinho para a fusão de um metal.

caducar *vi* **1** envelhecer. **2** desvairar, delirar. **3** *Dir.* prescrever, anular-se, invalidar-se. **Ex:** Não temos mais direitos, pois o contrato caducou há dois meses.

caducidade V. caduquice.

caduco *adj* **1** velho, decrépito, senil. **A:** jovem. **2** gagá, esclerosado, decrépito. **3** transitório, passageiro, efêmero. **A:** duradouro. **4** *Dir.* prescrito, nulo, inválido. **A:** vigente. **5** *Bot.* decíduo. **Ex:** Folhas caducas. **A:** perene.

caduquice *sf* **1** velhice, decrepitude, senilidade. **A:** juventude. **2** decrepitude, senilidade, demência (resultante da velhice). **3** transitoriedade, efemeridade, caducidade.

cafajestada *sf* canalhice, baixeza, cafajestice, cafajestismo.

cafajeste *sm* canalha, patife, velhaco, tratante.

cafajestice V. cafajestada.

cafajestismo V. cafajestada.

café *sm* **1** *Bot.* cafeeiro, cafezeiro. **2** café da manhã, desjejum.

cafeeiro V. café.

cafetão *sm Bras.* rufião, alcoviteiro, *cáften*, alcaguete.

cafetina *sf Bras.* alcoviteira, *caftina*, proxeneta.

cafezeiro V. café.

cáfila *sf* **1** *DE MERCADORES* caravana, comboio. **2** *Fig.* corja, bando, cambada.

cafona *s* e *adj m+f* brega, jeca, ridículo. **A:** chique.

cáften V. cafetão.

caftina V. cafetina.

cafua *sf* **1** caverna, furna, antro. **2** esconderijo, covil, refúgio. **3** casebre, tapera, choupana. **4** V. cafundó.

cafumango *sm* vagabundo, vadio, preguiçoso, mandrião. **A:** trabalhador.

cafundéu V. cafundó.

cafundó *sm* **1** fim do mundo, *cafundéu*, cafundó-do-judas. **Ex:** Não visitamos seu irmão porque ele mora lá no cafundó. **2** quarto escuro onde se prendiam alunos, como castigo: cafua.

cafundó-do-judas V. cafundó.

cafuné *sm* carinho, carícia, afago, mimo.

cafuz V. cafuzo.

cafuzo *sm* mestiço de negro e índio: caburé, *cafuz*.

cagaço *sm Vulg.* medo, susto, pavor, temor. **A:** coragem.

cágado *sm* **1** *Herp.* jabuti. **2** *Fig.* pessoa lenta: tartaruga *fig*, lesma *fig*, lerdo.

caga-fogo *sm* **1** *Entom.* vaga-lume, pirilampo, caga-lume. **2** *Entom.* tataíra, abelha silvestre. **3** *Pop.* arma de fogo, revólver, espingarda.

caga-lume V. caga-fogo.

caganeira *sf Vulg.* diarréia, desarranjo, soltura, destempero *pop.*

cagar *vi Vulg.* defecar, evacuar, dejetar, obrar *pop.*

cagüete V. alcagüete.

cagüira *sf* 1 azar (no jogo). 2 peso, urucubaca *pop.*, inhaca *pop.* A: sorte. 3 medo, receio, temor. A: coragem.

caiar *vtd* 1 pintar (com cal). Ex: Caiar as paredes. 2 *O ROSTO* maquilar, maquiar. 3 disfarçar, mascarar, dissimular. A: mostrar.

cãibra *sf Med.* breca, câimbra.

caiçara *sf* 1 estacada, paliçada, cercado. Ex: Uma caiçara protegia a aldeia dos índios. 2 palhoça, choça, cabana. Ex: Os pescadores guardam os barcos nas caiçaras. 3 *Pes.* curral, armadilha. *sm* 4 *SP* praiano. 5 caipira, matuto, capiau. 6 *Pej.* vagabundo, vadio, preguiçoso. A: trabalhador.

caída *sf* 1 queda, tombo, caimento. 2 *DE MONTE, SERRA* vertente, encosta, declive. 3 decadência, declínio, ruína. A: ascensão.

caído *part+adj* 1 *Fig.* apaixonado, enamorado, gamado. Ex: Ficou caído por aquela linda garota. A: indiferente. 2 *Fig.* triste, deprimido, desanimado. A: alegre. 3 *Fig.* abatido, combalido, fraco. A: robusto.

caieira *sf* sambaqui.

câimbra V. cãibra.

caimento *sm* 1 queda, tombo, caída. 2 decadência, derrocada, ruína. 3 abatimento, prostração, debilidade. 4 *DE ROUPA* queda. Ex: Seu terno tem um caimento perfeito.

cainçada *sf* 1 cachorrada, matilha, cainçalha. 2 latidos *pl*, ladridos *pl*.

cainçalha V. cainçada.

cainhar *vi CÃO* ganir, uivar, gemer, latir.

cainho *sm* 1 *DO CÃO* ganido, uivo, gemido. *adj* 2 canino. 3 avarento, mesquinho, sovina. A: generoso.

caipira *sm* matuto, sertanejo, caboclo, jeca.

caipirada *sf* rusticidade, caipiragem, caipirice, caipirismo.

caipiragem V. caipirada.

caipirice V. caipirada.

caipirismo V. caipirada.

caipora *sm* 1 *Folc.* caapora. *s e adj m+f* 2 azarado, infeliz, desventurado. A: bem-aventurado. *sf* 3 urucubaca *pop*, peso, caiporismo. A: sorte.

caiporismo V. caipora.

cair *vti* 1 incorrer, incidir, cometer. Ex: Cair em erro. 2 ocorrer, acontecer, dar-se. Ex: O aniversário de mamãe cairá num domingo. 3 assentar, ficar, ajustar-se. Ex: O vestido caiu-lhe muito bem. *vi* 4 tombar, ruir, desabar. Ex: A ponte caiu. 5 morrer, perecer, sucumbir. Ex: Muitos soldados caíram na batalha. 6 capitular, render-se, entregar-se. Ex: A fortaleza caiu. A: resistir. 7 despenhar-se, precipitar-se, lançar-se. Ex: Caiu do segundo andar do prédio. 8 desvalorizar-se. Ex: O dólar caiu hoje. A: valorizar-se. 9 fraquejar, esmorecer, afrouxar-se. A: fortalecer-se.

cairel *sm* 1 debrum, galão. 2 beira, borda, beirada.

cairelar *vtd* debruar.

cais *sm Náut.* desembarcadouro, embarcadouro.

caititu *sm Zool.* cateto, pecari.

caixa *sf* 1 arca, baú, cofre. 2 estojo. 3 *DE ÁGUA* reservatório. 4 *Mús.* tambor. 5 V. caixote.

caixão *sm aum* 1 ataúde, esquife, féretro. 2 V. caixote.

caixeta V. caixinha.

caixilho *sm* moldura. Ex: O quadro foi colocado num caixilho de jacarandá.

caixinha *sf dim* 1 caixeta, caixote. 2 *Pop.* gorjeta, gratificação.

caixote *sm dim* 1 V. caixinha. 2 de madeira, para embalagens: caixa, caixão.

cajá V. cajazeira.

cajado *sm* 1 bordão, báculo, bastão. 2 *Fig.* amparo, arrimo, esteio.

cajazeira *sf Bot.* cajazeiro, cajá (árvore).

cajazeiro V. cajazeira.

caju V. cajueiro.

cajual V. cajueiral.

cajueiral *sm Bot.* plantação de cajueiros: cajual.

cajueiro *sm Bot.* cajuzeiro, caju (árvore).

cajuzeiro V. cajueiro.

cala *sf* 1 *Geogr.* enseada, baía, angra (entre rochedos). 2 *Bot.* copo-de-leite. 3 corte em fruta ou queijo, para provar: calado.

calaboiço V. calabouço.

calabouço *sm* masmorra, cárcere, prisão, *calaboiço.*

calada *sf* silêncio. **Ex:** Na calada da noite. **A:** ruído.

calado *sm* 1 V. cala. *part+adj* 2 silencioso, quieto, mudo, tácito *poét.* **A:** falador.

calafetar *vtd* 1 abetumar. 2 vedar, tapar, tampar. **Ex:** Calafetar fendas, buracos.

calafrio *sm* arrepio, tremor, tremedeira *pop*, estremecimento.

calamidade *sf* 1 *PÚBLICA* catástrofe, flagelo, desastre. **Ex:** A última enchente foi uma calamidade. 2 *PARTICULAR* desgraça, infelicidade, infortúnio. **Ex:** A perda daquele emprego foi uma calamidade para mim.

calamitoso *adj* catastrófico, trágico, funesto, infausto. **A:** feliz.

calango *sm* *Herp.* lagarto.

calão *sm* linguagem grosseira, baixa: gíria, jargão, geringonça; *SÓ DOS MARGINAIS* calô.

calar *vtd* 1 silenciar, emudecer. **Ex:** Sua resposta incisiva calou os adversários. 2 não dizer: ocultar, encobrir, esconder. **Ex:** Calou os seus sentimentos, para não magoá-la. 3 *Ant.* abaixar, arriar, descer. **A:** levantar. *vti* 4 penetrar, repercutir, entrar. **Ex:** O que você disse calou-me fundo na alma. *vi+vpr* 5 silenciar, emudecer. **Ex:** Quem cala consente; a orquestra calou-se. **A:** falar.

calça *sf* 1 calças *pl*. **Ex:** Levou a calça do pai à tinturaria. 2 V. calcinha.

calçada *sf* passeio.

calçado *sm* 1 sapato. *part+adj* 2 que está usando sapatos. **A:** descalço.

calcanhar *sm* *Anat.* talão.

calcanhar-de-aquiles *sm* ponto fraco. **Ex:** A falta de organização é o calcanhar-de-aquiles do seu projeto.

calcanhar-de-judas *sm* cafundó, fim do mundo, cafundó-do-judas, cafundéu.

calção *sm* short.

calcar *vtd* 1 pisar. 2 esmagar, amassar, comprimir. **Ex:** Calcar o barro. 3 conter, refrear, reprimir. **Ex:** Calcava todos os ímpetos de vingança. **A:** incentivar. 4

decalcar, copiar, reproduzir. **Ex:** Calcar um desenho.

calçar *vtd* 1 *SAPATO* pôr; *LUVA, MEIA* vestir, pôr. **A:** descalçar. 2 pavimentar, calcetar, empedrar.

calças V. calça.

calcetar V. calçar.

calcinar *vtd* 1 aquecer, esquentar, abrasar. **A:** esfriar. 2 *Fig.* excitar, animar, estimular. **A:** acalmar.

calcinha *sf* *dim* calcinhas *pl*, calças *pl*, calça. **Ex:** Comprou uma calcinha rendada para a namorada.

calcinhas V. calcinha.

calculador V. calculista.

calcular *vtd* 1 contar, computar, orçar. **Ex:** Calcular um valor, um preço. 2 avaliar, estimar, aquilatar. **Ex:** Calculei as possibilidades de sucesso e concluí que deveria esperar mais um pouco. 3 supor, presumir, pensar. **Ex:** Calculo que a esta hora o trabalho já terminou.

calculista *s e adj m+f* interesseiro, calculador.

cálculo *sm* 1 conta, contagem, cômputo. **Ex:** Seus cálculos estão errados. 2 avaliação, estimativa, análise. 3 suposição, presunção, conjetura. 4 *Med.* pedra. **Ex:** Cálculo renal. 5 *Fig.* interesse, egoísmo.

calda *sf* 1 xarope. **Ex:** A calda do pudim. *sf pl* 2 termas, águas termais.

caldear *vtd* 1 *METAIS* soldar, ligar. 2 misturar, mesclar, amalgamar. **Ex:** O filme caldeia imagens reais com cenas de ficção. **A:** separar. 3 mestiçar, cruzar. **Ex:** Caldear raças.

caldeirão *sm* tacho.

caldo *sm* suco, sumo. **Ex:** Caldo de laranja, de cana, de carne.

calefação *sf* aquecimento.

caleidoscópio *sm* 1 *calidoscópio.* 2 *Fig.* série, seqüência, sucessão. **Ex:** Esse grupo é um caleidoscópio de tipos exóticos e interessantes.

calejado *part+adj* 1 caloso. **Ex:** Pés calejados. 2 *Fig.* experiente, conhecedor, perito. **Ex:** Um profissional calejado. **A:** inexperiente.

calejar *vtd Fig.* insensibilizar, endurecer, empedernir. **Ex:** O sofrimento calejou o seu coração.

calendário *sm DE PAREDE* folhinha.

calêndula *sf Bot.* malmequer, bem-me-quer.

calha *sf* goteira, biqueira.

calhamaço *sm* alfarrábio.

calhambeque *sm Pej.* carro velho: carroça.

calhar *vi* **1** encaixar, ajustar-se, adaptar-se. **2** acontecer, suceder, ocorrer. **Ex:** Hoje calhou que precisei sair. **3** coincidir. **Ex:** Calhou irmos à mesma loja. **4** convir, servir, quadrar. **Ex:** Sua proposta não calha.

calhau *sm* seixo, pedra.

calhorda *s* e *adj m+f* cafajeste, canalha, patife, velhaco.

calibre *sm* **1** *DE PROJÉTIL, CANO* diâmetro. **2** *DE RECIPIENTE* capacidade. **3** *Fig.* dimensão, tamanho, volume. **4** *Fig.* importância, influência, valor. **Ex:** Dois cientistas do mesmo calibre. **5** *Fig.* tipo, espécie, classe. **Ex:** Havia gente de todos os calibres.

cálice *sm* **1** copinho. **2** *Liturg.* e *Bot.* cálix. **Ex:** O padre ergueu o cálice sagrado; o cálice das flores.

calidez *sf* calor, quentura. **A:** frigidez.

cálido *adj* **1** quente. **A:** frio. **2** *Fig.* apaixonado, ardoroso, fervoroso. **A:** indiferente.

calidoscópio V. caleidoscópio.

caligem *sf* **1** nevoeiro, cerração, bruma. **2** escuridão, trevas *pl.* **A:** claridade.

caliginoso *adj* tenebroso, escuro, sombrio. **A:** claro.

caligrafia *sf Por ext.* letra, escrita, escritura. **Ex:** Caligrafia legível.

calista *s m+f HOMEM* pedicuro; *MULHER* pedicure, pedicura.

calma *sf* **1** tranqüilidade, serenidade, sossego. **A:** intranqüilidade. **2** *Náut.* calmaria, bonança. **A:** borrasca. **3** mormaço, calor, calmaria. **A:** frescor.

calmante *sm+adj Med.* sedativo, tranqüilizante.

calmar V. acalmar.

calmaria V. calma.

calmo *adj* **1** tranqüilo, sereno, sossegado. **A:** agitado. **2** *Náut.* bonançoso. **A:** tempestuoso. **3** quente, abafadiço, calmoso. **A:** fresco.

calmoso V. calmo.

calo *sm* **1** calosidade. **2** *Fig.* insensibilidade, frieza, indiferença.

calô V. calão.

calombo *sm* galo, inchaço, inchação, protuberância.

calor *sm* **1** quentura, calidez. **A:** frio. **2** mormaço, calmaria, calma. **A:** frescor. **3** *Fig.* animação, entusiasmo, vivacidade. **A:** desânimo.

caloroso *adj* **1** enérgico, veemente, ardoroso. **A:** brando. **2** cordial, afetuoso, carinhoso. **A:** frio. **3** calmoso, abafado, quente. **A:** fresco.

calosidade V. calo.

caloso V. calejado.

calouro *sm* bicho *gír,* novato. **A:** veterano.

calundu *sm* mau humor, irritação, aborrecimento, amuo. **A:** bom humor.

calúnia *sf* **1** difamação, injúria, detração. **A:** elogio. **2** mentira, lorota, falsidade. **A:** verdade.

caluniar *vtd* difamar, infamar, injuriar, detrair. **A:** elogiar.

calva *sf* careca. **Ex:** O vovô escondia a calva com o chapéu.

calvário *sm* **1** monte, morro, elevação. **2** *DO CRUCIFIXO* peanha, pedestal, base. **3** *Fig.* sofrimento, martírio, tormento.

calvície *sf Med.* alopecia.

calvo *sm+adj* **1** careca. **A:** cabeludo. *adj* **2** *TERRENO* sem vegetação: árido, nu, escalvado.

cama *sf* **1** leito. **2** *RÚSTICA* catre. **3** camada. **Ex:** Deitou-se sobre uma cama de folhas.

camada *sf* **1** de substância macia: cama. **2** classe, categoria, casta. **Ex:** As camadas da sociedade.

camaleão *sm* **1** *Herp.* papa-vento. **2** *Fig.* vira-casaca, oportunista.

câmara *sf* **1** quarto, cômodo, aposento. **2** compartimento. **Ex:** Câmara frigorífica. **3** assembléia, parlamento, congresso. **4** *Cin.* câmera. **5** *Fot.* máquina fotográfica, câmera. **6** corporação, associação. **Ex:** Câmara de comércio. *s m+f* **7** pessoa que opera o equipamento: *câmera.* **Ex:** Hoje, no estúdio de televisão, havia apenas dois câmaras trabalhando.

camarada *s m+f* **1** companheiro, colega, amigo. **A:** inimigo. **2** sujeito, indivíduo, cara *gír*. **Ex:** Esse camarada está me irritando. **3** amante, amásio. *adj m+f* **4** simpático, amistoso, amável. **Ex:** Pessoa camarada. **A:** antipático. **5** *PREÇO* acessível, módico, baixo. **6** propício, favorável. **Ex:** O destino foi camarada comigo.

camaradagem *sf* amizade, companheirismo, coleguismo, intimidade. **A:** inimizade.

camareira *sf* **1** *DE RAINHA, PRINCESA* aia, criada de quarto. **2** *DE HOTEL* arrumadeira.

camarinha *sf* alcova, aposento, quarto de dormir.

camarote *sm* **1** *DE NAVIO* cabina, cabine. **2** *Teat*. frisa.

cambada *sf* **1** enfiada, réstia, cambulhada. **2** molho de chaves. **3** corja, bando, malta.

cambado V. cambaio.

cambaio *adj* **1** de pernas tortas: cambeta, cambado, cambão. **2** manco, estropiado, trôpego.

cambalacho *sm* **1** troca, barganha, permuta. **2** tramóia, artimanha, ardil. **3** conspiração, trama, conluio.

cambalear *vi* cambar, cambetear, tropeçar.

cambalhota *sf* **1** salto, cabriola, cambota. **2** queda, tombo, trambolhão *pop*.

cambão V. cambaio.

cambar *vtd+vi* **1** arquear(-se), curvar(-se), entortar(-se). *vi* **2** cambalear, cambetear, tropeçar.

cambaxirra *sf Ornit*. corruíra, garrincha, carriça.

cambeta V. cambaio.

cambetear *vi* **1** cambalear, cambar, tropeçar. **2** coxear, capengar.

cambiante *sm* **1** *DE COR*, *tb Fig*. nuança, matiz, gradação. *adj m+f* **2** furta-cor, irisado.

cambiar *vtd+vti* **1** transformar, mudar, metamorfosear. **Ex:** Cambiar uma coisa em outra; cambiar de idéia. **2** *MOEDAS* trocar, permutar.

câmbio *sm* **1** troca, permuta, barganha. **2** transformação, mudança, metamorfose. **3** *Autom*. mudança. * Câmbio negro: câmbio paralelo.

cambito *sm* **1** pernil (de porco). **2** perna fina: *gambito*, caniço *gír*. * Esticar o cambito: esticar as canelas, falecer, morrer.

cambota V. cambalhota.

cambulhada *sf* cambada, enfiada, réstia.

camelo *sm Fig*. burro, estúpido, bronco, tapado. **A:** gênio.

camelô *sm* ambulante.

câmera V. câmara.

caminhada *sf* passeio, jornada, pernada, marcha.

caminhar *vtd* **1** percorrer, andar por, correr. **Ex:** Caminhou dois quilômetros. *vi* **2** andar. **Ex:** Vovó está muito fraca, não consegue caminhar. **3** passear, marchar, jornadear. **4** encaminhar-se, dirigir-se, seguir. **Ex:** Caminhou para a saída do edifício. **5** *Náut*. navegar, velejar. **6** *Fig*. progredir, avançar, desenvolver-se. **A:** estagnar-se.

caminho *sm* **1** estrada, via, trilha. **Ex:** Siga este caminho e chegará à praça. **2** rumo, direção, rota. **Ex:** Seguimos no mesmo caminho. **3** maneira, modo, jeito. **Ex:** Este é o único caminho para conseguirmos o que desejamos. **4** *Rel*. via de salvação. **Ex:** Jesus disse: eu sou o Caminho, a Verdade e a Vida. * Caminho de ferro: ferrovia, estrada de ferro. * Caminho de Santiago *Astr*.: Via-láctea, Galáxia.

caminhoneta V. caminhonete.

caminhonete *sf* **1** utilitário, *caminhoneta*, *camioneta*. **2** para passageiros: perua.

camioneta V. caminhonete.

camisa *sf FEMININA* blusa, bata.

camisa-de-vênus V. camisinha.

camiseira V. camiseiro.

camiseiro *sm* móvel para se guardar camisas: camiseira.

camisinha *sf* camisa-de-vênus, preservativo.

camomila *sf Bot*. macela, marcela.

camorra *sf* **1** máfia napolitana. **2** *Por ext*. quadrilha, máfia.

campa *sf* **1** lápide, lousa tumular, lápida. **2** sepultura, túmulo, sepulcro.

campainha *sf* **1** sineta, campana, sininho. **2** *Anat*. úvula. **3** *Bot*. ampânula.

campana V. campainha.

campanário *sm* **1** torre. **2** aldeia, lugarejo, freguesia.

campanha *sf* **1** campo, campina, prado. **2** *Mil.* expedição, empresa, jornada. **3** *Mil.* batalha, combate, luta. **4** *Fig.* esforço, lida, luta.

campanudo *adj* *Fig.* bombástico, empolado, pomposo, barroco. **A:** simples.

campânula *sf* **1** redoma. **Ex:** As jóias eram protegidas por uma campânula à prova de balas. **2** *Bot.* campainha.

campeão *sm* **1** defensor, protetor, paladino. **Ex:** Um campeão da justiça. **2** *Esp.* vencedor, ganhador. **Ex:** O campeão do torneio.

campear *vtd* **1** *Pop.* buscar, procurar, caçar. **Ex:** Campear uma solução. *vti* **2** elevar-se, erguer-se, sobressair-se. **Ex:** Os altos pinheiros campeiam sobre a paisagem. **3** destacar-se, sobressair, distinguir-se. **Ex:** Nessa área, campeia sobre os outros cientistas. **4** batalhar, combater, guerrear. **5** dominar, prevalecer, predominar. **Ex:** O pessimismo campeava por toda a nação.

campeiro V. campestre.

campeonato *sm* torneio, certame, disputa.

campesino V. campestre.

campestre *adj m+f* rural, campesino, campeiro. **A:** urbano.

campina *sf* **1** prado, campo, campanha. **2** planície, planura.

camping (ingl.: câmpim) *sm* acampamento.

campo *sm* **1** campina, prado, campanha. **2** plantação. **Ex:** Um campo de algodão. **3** *Esp.* gramado, cancha. **4** *PARA TORNEIO, COMBATE* liça, estacada, arena. **5** área, espaço, superfície. **6** esfera, domínio, âmbito. **Ex:** Isso foge ao meu campo de atuação. **7** ensejo, ocasião, oportunidade. **Ex:** Conseguiu campo para discutir suas idéias. **8** *Mil.* acampamento.

camponês *sm* **1** campônio, agricultor, lavrador. *adj* **2** rural, campesino, rústico. **A:** urbano.

campônio V. camponês.

campo-santo V. cemitério.

camuflar *vtd* *Mil.* e *Fig.* disfarçar, dissimular, esconder, ocultar. **Ex:** Os soldados camuflaram os tanques; camuflou suas intenções.

camundongo *sm* *Zool.* ratinho.

cana *sf* **1** *Bot.* cana-de-açúcar, cana doce. **2** *Bot. DAS GRAMÍNEAS* caule, colmo, talo.

3 *Pop.* cachaça, pinga, aguardente. **4** *Gír.* prisão, xadrez *pop*, xilindró *gír*. **5** *Pop.* embriaguez, bebedeira, porre *pop*. **A:** sobriedade.

cana-de-açúcar V. cana.

canal *sm* **1** escavação, fosso, rego. **2** *Geogr.* estreito. **3** cano, tubo, ducto. **4** *Anat.* conduto, meato, ducto. **5** *DE RIO* leito, curso, álveo. *sm pl* **6** *Fig.* meios, trâmites, vias. **Ex:** Conseguir algo através dos canais legais.

canalha *sf* **1** gentalha, ralé, populacho. **A:** elite. *s e adj m+f* **2** velhaco, patife, infame.

canalhice *sf* canalhismo, patifaria, baixeza, infâmia.

canalhismo V. canalhice.

canalizar *vtd* **1** encanar. *vtd+vti* **2** dirigir, encaminhar, conduzir. **Ex:** Canalizar esforços para conseguir algo.

canastra *sf* **1** cesta, cesto. **2** mala, arca, baú. **3** costas *pl*, dorso, cacunda. **4** *Gír.* batida (policial), diligência, canoa *gír*. **5** *Teat.*, *Cin.* e *Telev.* canastrão. **Ex:** Aquele ator é um grande canastra.

canastrão V. canastra.

canção *sf* cantiga, cântico, moda, toada *folc*.

cancela *sf* porteira.

cancelar *vtd* **1** riscar. **Ex:** Cancelou alguns nomes da lista. **2** anular, invalidar, nulificar. **Ex:** O presidente cancelou os decretos do vice. **A:** validar. **3** eliminar, excluir, abolir. **Ex:** O tribunal cancelou algumas prerrogativas dos deputados. **A:** incluir. **4** *Dir.* concluir, encerrar, fechar. **Ex:** Cancelar um processo.

câncer *sm* **1** *Astr.* e *Astrol.* (*em maiús.*) Caranguejo. **2** *Med.* tumor maligno, carcinoma, neoplasma maligno.

cancha *sf* **1** *PARA CORRIDA DE CAVALOS* raia, pista. **2** *Esp.* campo, gramado. **3** *Fig.* experiência, prática, tarimba. **A:** inexperiência.

cancro *sm* *Med.* úlcera, lesão, ulceração, ferida (venérea).

cande *adj* AÇÚCAR cândi.

candeeiro *sm* lampião.

candelabro *sm* lustre, lampadário, serpentina.

candente *adj m+f* **1** esbraseado, afogueado, ardente. **2** *Fig.* ardoroso, arrebatado, impetuoso. **A:** calmo.

cândi V. cande.

candidatar-se *vpr* concorrer, pretender, aspirar, almejar. **Ex:** Candidatar-se a um cargo.

candidato *sm* concorrente, pretendente, aspirante, requerente.

candidez V. candura.

cândido *adj* **1** branco, alvo, níveo. **Ex:** Os senadores romanos vestiam cândidas túnicas. **A:** preto. **2** *Fig.* puro, imaculado, virtuoso. **A:** impuro. **3** *Fig.* ingênuo, inocente, singelo. **A:** malicioso.

candor V. candura.

candura *sf* **1** brancura, candidez, candor. **A:** negrura. **2** *Fig.* pureza, virtude, castidade. **A:** impureza. **3** *Fig.* ingenuidade, inocência, singeleza. **A:** malícia.

caneca V. caneco.

caneco *sm* **1** caneca (alta e estreita). **2** *Esp. Pop.* copa, taça, troféu. **3** *Pop.* diabo, tinhoso, satanás.

canelura *sf Arquit.* e *Bot.* ranhura, estria, sulco. **Ex:** As caneluras das pilastras; as caneluras do caule.

canga *sf* **1** peça que liga: jugo. **2** *Fig.* domínio, dominação, sujeição. **3** instrumento de tortura: ganga.

cangaceiro *sm* bandoleiro, salteador, bandido.

cangalha *sf* **1** domínio, jugo, opressão. *sf pl* **2** *Pop.* óculos.

cangambá *sm Zool.* jaritataca.

cangote *sm Pop.* nuca, cachaço, toutiço, cogote, congote.

canha V. canhota.

canhão *sm* **1** *Gír.* pessoa feia: dragão *gír.*, bofe *pop.*, bagulho *gír.* **2** *Gír.* mulher feia: bucho *gír.*, bruxa, bruaca. **A:** beldade. **3** *Geogr.* garganta, cânion.

canhestro (ê) *adj* **1** desajeitado, desengonçado, desastrado. **Ex:** É um funcionário canhestro no atendimento ao público. **A:** jeitoso. **2** acanhado, tímido, encabulado. **Ex:** Ficamos canhestros na festa, pois não conhecíamos ninguém. **A:** desembaraçado.

canhonear *vtd* **1** bombardear, bombear. **2** criticar, censurar, atacar. **A:** elogiar.

canhota *sf Pop.* mão esquerda, canha *pop*, sinistra. **A:** destra.

canhoteiro V. canhoto.

canhoto *sm+adj* **1** canhoteiro. **A:** destro. *sm* **2** talão. **Ex:** Dê-me o cheque e guarde o canhoto. **3** *Pop.* diabo, tinhoso, cão. *adj* **4** *Fig.* desajeitado, desastrado, inábil.

canibal *s* e *adj m+f* antropófago.

canibalismo *sm* **1** antropofagia. **2** selvageria, ferocidade, brutalidade.

caniço *sm* **1** vara de pescar. **2** *Gír.* gambito, cambito. **3** *Gír.* magrela, magricela. **A:** gordo.

canícula *sf* calor, mormaço, calmaria. **A:** frescor.

canicular *adj m+f* quente, abafado, calmoso. **A:** fresco.

caninha *sf* pinga, cachaça, bagaceira, cana.

canino *sm* dente canino, presa.

cânion V. canhão.

canja *sf Fam.* sopa, moleza. **Ex:** Essa prova vai ser canja.

canjica *sf* **1** *Cul. S* e *CO* milho branco pilado cozido em leite e açúcar: munguzá, munguzá, mugunzá. **2** *Cul.* papa de milho verde, açúcar e leite: curau *sp, mt, go*, coral *mg, rj*.

canjirão *sm* jarro, jarra, garrafão (para vinho).

cano *sm* tubo, ducto. * Dar o cano *Pop.*: faltar, falhar. * Entrar pelo cano *Gír.*: trumbicar-se *pop*, estrepar-se, dar-se mal.

canoa *sf* **1** bote, barco, batel; *INDÍGENA* igara, ubá. **2** *Gír.* batida (policial), diligência, canastra *gír.*

cânon *sm* **1** preceito, regra, *cânone*. **Ex:** Os cânones de uma religião. **2** lista, catálogo, relação. **3** padrão, modelo, paradigma. **Ex:** Desobedecer os cânones da sociedade.

cânone V. cânon.

canonizar *vtd* **1** *Rel.* santificar. **2** *EM EXCESSO* louvar, elogiar, enaltecer. **A:** criticar.

canoro *adj* melodioso, harmonioso, sonoro, suave. **Ex:** Ouvia-se a voz canora da soprano. **A:** desafinado.

cansaço *sm* fadiga, canseira, exaustão, esgotamento. **A:** descanso.

cansado *part+adj* **1** exausto, esgotado, fatigado. **A:** descansado. **2** cheio, farto, enfastiado. **Ex:** Estou cansado da sua implicância.

cansar *vtd, vi+vpr* **1** fatigar(-se), afadigar(-se), esgotar(-se). **Ex:** Esse trabalho me cansa; caminhou muito e ainda não cansou; o doente cansou-se rapidamente. **A:** descansar. *vtd+vpr* **2** encher(-se), chatear(-se), enfastiar(-se). *vti+vpr* **3** parar, deixar, cessar de. **Ex:** Cansei de ajudá-lo; ela não se cansa de repetir os avisos.

cansativo *adj* **1** fatigante, estafante. **A:** repousante. **2** chato *pop*, tedioso, maçante.

canseira *sf* **1** cansaço, fadiga, exaustão. **A:** descanso. **2** labuta, lida, afã.

cantada *sf* sedução, cantata. **Ex:** Ela não resistiu à cantada do vizinho. * Passar uma cantada em: cantar *pop*, seduzir, dar uma cantada em.

cantar *vtd* **1** entoar, modular. **2** *AVES* gorjear, trinar, chilrear. **3** celebrar, exaltar, enaltecer. **Ex:** Cantar as aventuras de um herói. **4** *Pop.* V. cantada.

cantarejar V. cantarolar.

cantarejo V. cantoria.

cântaro *sm* vaso (para líquidos). * Chover a cântaros: chover torrencialmente.

cantarola V. cantoria.

cantarolar *vtd+vi* trautear, cantarejar.

cantata *sf* **1** *Mús.* poema lírico. **2** *Pop.* lábia, astúcia, manha. **3** V. cantada.

cântico *sm* **1** hino, canto, canção. **2** poema, ode.

cantiga *sf* **1** *Mús.* canção, canto. **2** *Mús.* trova, moda, toada. **3** *Pop.* lábia, conversa, palavreado. **Ex:** Sua cantiga ainda não me convenceu.

cantilena *sf* **1** *Mús.* cantiga, canção. **2** *Fam.* ladainha, lengalenga, litania.

canto *sm* **1** *Mús.* canção, cantiga, cântico. **2** *Lit.* poesia lírica. **3** *DE AVES* gorjeio, trinado, chilreio. **4** quina, ângulo, aresta. **Ex:** O canto da mesa. **5** recanto, local, sítio. **Ex:** Procurou-o por todos os cantos da cidade.

cantoneira *sf* **1** armário (de canto). **2** prateleira (de canto).

cantoria *sf* cantarola, cantarejo.

canudo *sm* **1** tubo, cano. **2** *Pop.* diploma, certificado, patente. **Ex:** Os estudantes receberam seus canudos na formatura. **3** *Gír.* embaraço, confusão, atrapalhação.

cão *sm* **1** *Zool.* cachorro, perro. **2** *Pej.* canalha, patife, sem-vergonha. **3** *Pop.* diabo, demônio, tinhoso.

caolho *sm+adj* zarolho, vesgo, estrábico.

caos *sm sing+pl* **1** *Filos.* **A:** cosmos. **2** *Por ext.* confusão, desordem, bagunça *gír.* **A:** ordem.

caótico *adj* confuso, desordenado, bagunçado *gír*, baélico *fig.* **A:** ordenado.

capa *sf* **1** manto, capote. **2** cobertura, revestimento. **3** invólucro, envoltório. **4** *Fig.* aparência, fachada, ar. **Ex:** Sob uma capa de educação, esconde-se um perigoso bandido. **5** *Fig.* proteção, amparo, abrigo.

capacete *sm DE ARMADURA* elmo, casco.

capacho *sm Fig.* pelego, puxa-saco *vulg*, servil, adulador.

capacidade *sf* **1** *DE RECIPIENTE* volume, continência. **Ex:** Qual a capacidade deste garrafão? **2** competência, aptidão, habilidade. **Ex:** Não tinha capacidade de exercer aquela função. **A:** incapacidade. **3** *PESSOA* celebridade, sumidade. **Ex:** Fulano é uma capacidade.

capacitar *vtd* **1** habilitar, preparar. **A:** incapacitar. *vtd+vpr* **2** convencer(-se), persuadir(-se). **Ex:** Capacitou o irmão de que era tudo verdade. **A:** dissuadir.

capanga *sm* **1** jagunço, cabra, pistoleiro. *sf* **2** bolsa de mão. **Ex:** Ele carregava uma capanga marrom, cheia de documentos.

capar *vtd MACHOS* castrar, emascular, desvirilizar; *FÊMEAS* castrar.

capataz *sm* **1** *DE TRABALHADORES* encarregado, chefe. **2** *DE FAZENDA* feitor, administrador.

capaz *adj m+f* **1** competente, apto, hábil. **Ex:** Necessitamos de profissionais mais capazes. **A:** incapaz. **2** possível, provável, plausível. **Ex:** É capaz que ela mude de opinião. **A:** impossível. **3** bom, adequado, conveniente. **Ex:** Para esse trabalho, precisaremos de equipamento capaz. **4** honesto, honrado, probo. **A:** desonesto. *interj* **5** *Pop.* Nunca! De modo nenhum!

capcioso *adj* **1** enganador, caviloso, insidioso. **Ex:** Não me faça perguntas capciosas! **2** manhoso, ardiloso, astuto. **Ex:** Ele é capcioso e sempre consegue o que deseja. **3** sedutor, insinuante, envolvente. **Ex:** Sentíamos uma atmosfera capciosa.

capear *vtd* **1** encapar, revestir, vestir. **Ex:** Capear os cadernos. **2** ocultar, esconder, encobrir. **3** enganar, iludir, tapear *pop*.

capela *sf* **1** santuário, ermida. **2** oratório, edícula.

capenga *s e adj m+f* coxo, manco, manquitola, cambeta.

capengar *vi* coxear, mancar, claudicar, cambetear.

capeta *sm* **1** diabo, tinhoso, demônio. **2** traquinas, travesso, endiabrado. **Ex:** Seu filho é um capeta!

capetagem *sf* diabrura, traquinagem, travessura, arte.

capiau *sm* caipira, matuto, caboclo, sertanejo.

capilária *sf Bot.* avenca.

capim *sm* **1** *Bot.* grama. **2** *Gír.* dinheiro, grana *gír*, bufunfa *gír*.

capina *sf* **1** capinação, carpa, sacha. **2** bronca *pop*, repreensão, descompostura.

capinação V. capina.

capinar *vtd* carpir, mondar, limpar, sachar.

capital *sm* **1** patrimônio, posses *pl*, bens *pl*. **2** dinheiro. **3** valor aplicado: principal. *adj m+f* **4** principal, fundamental, básico. **A:** secundário. **5** *PECADO* mortal, imperdoável, grave. **A:** venial. **6** maiúsculo, capitular. **Ex:** Letra capital. **A:** minúsculo.

capitalista *s m+f* rico, milionário, ricaço, bilionário. **A:** pobretão.

capitalizar *vtd DINHEIRO* acumular, juntar, reunir, ajuntar.

capitanear *vtd* comandar, chefiar, dirigir, reger.

capitania *sf* comando, chefia, direção, regência.

capitão *sm* comandante, chefe, cabeça, guia.

capitulação *sf* **1** rendição, submissão. **A:** resistência. **2** cessão, transigência.

capitular *vtd* **1** enumerar, citar, relacionar. **Ex:** O professor capitulou todos os erros cometidos pelos alunos. **2** classificar, qualificar, tachar. **Ex:** Capitularam-no de incompetente. *vi* **3** render-se, entregar-se, submeter-se. **Ex:** O nosso exército capitulou. **A:** resistir. **4** ceder, transigir. *adj* **5** V. capital.

capítulo *sm* **1** *DE LIVRO* divisão, parte; *DE TRATADO, LEI* artigo. **2** *Ecles.* assembléia, cabido.

capixaba *s e adj m+f* espírito-santense.

capotar *vi AUTOMÓVEL, AVIÃO* emborcar, virar, tombar.

capote *sm* **1** capa, manto. **2** casaco. **3** disfarce, fingimento, simulação.

caprichar *vti* **1** esmerar-se, aprimorar-se, apurar-se. **Ex:** Caprichou na apresentação do trabalho. **A:** relaxar. **2** teimar, insistir, obstinar-se. **Ex:** Caprichou em continuar com os exercícios, mesmo contra o conselho do médico.

capricho *sm* **1** esmero, primor, apuro. **Ex:** Demonstra capricho em todos os trabalhos. **A:** relaxo. **2** extravagância, excentricidade. **Ex:** Essa cantora é uma estrela cheia de caprichos. **3** teima, insistência, obstinação. **Ex:** Fez aquilo por simples capricho. **4** inconstância, volubilidade, instabilidade. **Ex:** Os caprichos do destino. **5** dignidade, honra, pundonor. **A:** indignidade.

caprichoso *adj* **1** esmerado, primoroso, apurado. **A:** desleixado. **2** extravagante, excêntrico. **3** teimoso, insistente, obstinado. **4** inconstante, volúvel, instável. **5** digno, honrado, brioso. **A:** indigno.

caprídeo V. caprino.

caprino *adj* cabrum, caprídeo.

cápsula *sf* **1** estojo, invólucro. **2** *Astronáut.* módulo.

captar *vtd* **1** conquistar, ganhar, granjear. **Ex:** O cavaleiro captou as graças do rei. **2** *ÁGUA CORRENTE* aproveitar, colher, desviar. **3** sintonizar. **Ex:** Captar uma emissora de TV, uma estação de rádio.

capturar *vtd* prender, aprisionar, deter, encarcerar. **Ex:** Capturar bandidos, animais. **A:** libertar.

capuz *sm* bioco.

cara *sf* **1** rosto, face. **2** fisionomia, semblante. **3** *Fig.* aparência, aspecto, ar. **Ex:** Este salgadinho não está com uma cara muito boa. **4** audácia, atrevimento, ousadia. **Ex:** Não teve cara de ofendê-la. **5** *DE MOEDA* anverso, efígie. *s m+f* **6** *Gír.* sujeito, indivíduo. **Ex:** Quem é esse cara? * Cara a cara: frente a frente, face a face. * Dar as caras: aparecer, mostrar-se. * Encher a cara *Pop.*: embriagar-se, embebedar-se. * Fechar a cara: emburrar, zangar-se. **A:** desemburrar. * Ir com a cara de *Fam.*: simpatizar com, gostar de.

carabina *sf* fuzil, espingarda.

caracará V. carcará.

caracol *sm* **1** *DOS CABELOS* cacho, anel. **2** *Anat.* cóclea. **3** espiral. **4** ziguezague, sinuosidade.

caracteres *sm pl* letras, tipos. **Ex:** O português utiliza caracteres romanos. **Obs.:** O *sm pl caracteres* é mais usado do que o *sing caráter*.

característica *sf* particularidade, propriedade, característico, *caraterística*.

característico *sm* **1** V. característica. **adj 2** típico, particular, peculiar, *caraterístico*.

caracterizar *vtd+vpr* distinguir(-se), individualizar(-se), particularizar(-se), *caraterizar(-se)*. **A:** descaracterizar(-se).

caracu *sm* tutano, medula.

cara-de-pau *s e adj m+f* **1** cínico, sem-vergonha, caradura. **2** descarado, atrevido, caradura. **A:** tímido.

caradura V. cara-de-pau.

caradurismo *sm* **1** cinismo, sem-vergonhice, desfaçatez. **2** descaramento, atrevimento, desembaraço. **A:** timidez.

caramanchão *sm* pérgula, pérgola, pavilhão.

carambola *sf* *Fig.* trapaça, tapeação *pop*, embuste, carambolice.

carambolar *vi* trapacear, tapear *pop*, enganar, ludibriar.

caramboleiro *sm+adj* trapaceiro, embusteiro, enganador, impostor.

carambolice V. carambola.

caramelo *sm* bala, confeito, doce, rebuçado.

caraminguás *sm pl* **1** bugigangas, cacarecos, tralha *sing*. **2** troco *sing*, trocado *sing*, dinheiro miúdo *sing*.

caraminhola *sf* **1** cabelo desgrenhado: grenha, guedelha. *sf pl* **2** invenções, fantasias, idéias. **Ex:** Depois que entrou para aquela seita, ficou com a cabeça cheia de caraminholas. **3** mentiras, lorotas, patranhas.

carango *sm* *Gír.* automóvel, carro.

caranguejar *vi* *Fig.* hesitar, vacilar, titubear, duvidar.

caranguejo *sm* *Astr.* e *Astrol.* câncer.

carantonha *sf* **1** cara feia, carranca, carão. **2** careta, trejeito, momice.

carão *sm* **1** V. carantonha. **2** bronca *pop*, advertência, repreensão. **Ex:** Passou-lhe um carão na frente de todos. **A:** elogio.

carapaça *sf* casco, couraça. **Ex:** Carapaça da tartaruga, do tatu.

carapinha *sf* pixaim, carrapicho, pixainho.

carapuça *sf* **1** barrete, gorro, casquete. **2** *Fig.* indireta, remoque, bodocada *fig*.

caráter *sm* **1** V. caracteres. **2** cunho, feição, natureza. **Ex:** Medidas de caráter urgente. **3** temperamento, índole, gênio. **Ex:** Tem um caráter bastante tranqüilo. **4** honestidade, honradez, dignidade. **A:** desonestidade. **Ex:** Pessoa sem caráter. **5** natureza, modo de ser. **Ex:** O caráter brasileiro é alegre. **6** título, qualidade, posição. **Ex:** Apresentou-se aos diplomatas no caráter de embaixador. **7** firmeza, determinação, resolução. **Ex:** Demonstra caráter naquilo que faz.

caraterística V. característica.

caraterístico V. característico.

caraterizar V. caracterizar.

caravana *sf* **1** *DE MERCADORES* comboio, cáfila. **2** *EM GERAL* grupo. **Ex:** Várias caravanas vieram do interior para o programa de televisão.

carboidrato *sm* *Quím.* glucídio, sacarídeo, glicídio.

carboneto *sm* *Quím.* carbureto.

carbonizar *vd* queimar, incinerar, cremar.

carbono *sm* papel-carbono.

carbúnculo *sm* *Vet.* e *Med.* antraz.

carbureto V. carboneto.

carcaça *sf* **1** *DE ANIMAL* esqueleto, ossada, arcabouço. **2** *DE OBJETO* armação, estrutura, arcabouço. **3** *DE NAVIO* casco.

carcará *sm* *Zool.* caracará.

cárcere *sm* **1** *SUBTERRÂNEO* calabouço, masmorra; *EM GERAL* prisão, cadeia, xadrez *pop*. **2** *Fig.* obstáculo, impedimento, estorvo.

carcinoma *sm* *Med.* câncer, tumor maligno, neoplasma maligno.

carcoma V. caruncho.

carcomer *vtd* **1** roer, corroer. **Ex:** Os cupins carcomeram a mesa. **2** *Fig.* arruinar, destruir, estragar. **A:** reparar.

carcomido. *part+adj* **1** *Fig.* gasto, estragado, minado. **2** *Fig.* abatido, acabado, emagrecido. **Ex:** Rosto carcomido.

carda V. cardação.

cardápio *sm* menu.

cardação *sf* carda, cardadura, cardagem. **Ex:** A cardação da lã.

cardadura V. cardação.

cardagem V. cardação.

cardar *vtd* **1** *LÃ* pentear, desenredar, destrinçar. **2** *Pop.* furtar, extorquir, roubar.

cardeal *sm* **1** *Rel.* prelado. *adj* **2** principal, fundamental, essencial, cardinal. **A:** secundário.

cardinal V. cardeal.

cardiopalmia *sf Med.* palpitação, pulsação.

cardume *sm* **1** *DE PEIXES EM GERAL* manta, bando; *DE SARDINHAS* corso. **2** *Fig.* multidão, turba, aglomeração. **Ex:** Um cardume de crianças. **3** *Fig.* amontoado, monte, montão. **Ex:** Um cardume de pacotes.

careca *sf* **1** calva. **Ex:** Cobria a careca com um boné. *s e adj m+f* **2** calvo. **A:** cabeludo. *adj* **3** *PNEU* gasto, consumido, usado. **4** *Pop.* cansado, cheio, farto. **Ex:** Está careca de saber.

carecer *vtd+vti* **1** *Pop.* precisar, necessitar, demandar. **Ex:** Você não carece ficar aqui; ela carece de ajuda. **2** não ter, não possuir. **Ex:** Suas teorias carecem de fundamento.

careiro *adj* **Ex:** Não gosto dessa loja, que é muito careira. **A:** barateiro.

carena *sf Náut.* querena, quilha.

carência *sf* **1** necessidade, precisão. **Ex:** Carência de afeto. **2** falta, privação, ausência. **Ex:** Carência de alimentos, de remédios. **A:** abundância.

carente *adj m+f* **1** necessitado, precisado. **Ex:** Os idosos são carentes de companhia. **2** falto, privado, desprovido. **Ex:** Nossa cidade é carente de bons hospitais. **A:** farto.

carestia *sf* **1** *DE PREÇOS* alta, elevação, aumento. **A:** baixa. **2** escassez, carência, falta. **A:** fartura.

careta *sf* **1** trejeito, momice, visagem. **2** máscara. *s e adj m+f* **3** *Gír.* quadrado, antiquado, retrógrado.

carga *sf* **1** ato de carregar: carregamento, carregação, carrego. **Ex:** Carga e descarga de um veículo. **2** peso, fardo, volume. **3** embaraço, incômodo, opressão. **Ex:** Livrar-se de uma carga. **A:** alívio. **4** ataque, investida, assalto. **Ex:** A carga do exército. **5** acusação, imputação, denúncia. **6** encargo, incumbência, tarefa. **Ex:** Coube-lhe a carga de limpar o recinto. **7** porção, quantidade, monte. **Ex:** Juntou uma carga de coisas.

cargo *sm* **1** encargo, missão, incumbência. **2** função, emprego, ofício. **Ex:** Cargo público. **3** responsabilidade, obrigação, dever.

cargueiro V. navio.

cariar *vtd+vi* apodrecer, estragar(-se), deteriorar(-se), corromper(-se).

caricato *adj* grotesco, ridículo, burlesco.

carícia *sf* carinho, afago, mimo, blandícia.

cariciar V. acariciar.

caricioso V. carinhoso.

caridade *sf* **1** benevolência, compaixão, bondade. **A:** desumanidade. **2** esmola, donativo, auxílio *fam.*

caridoso *adj* **1** benevolente, bondoso, benévolo. **A:** desumano. **2** caritativo, benfazejo, beneficente.

cárie *sf* **1** *Med.* cárie dentária, ulceração. **2** *Fig.* destruição, gasto, consumição.

caril *sm Cul.* um tempero indiano: *curry*.

carimbar *vtd* selar, timbrar, marcar (com carimbo).

carimbo *sm* selo, sinete, timbre, marca.

carinho *sm* **1** carícia, afago, mimo. **2** meiguice, ternura, doçura. **A:** rudeza. **3** cuidado, atenção, desvelo. **A:** descuido.

carinhoso *adj* meigo, terno, afetuoso, caricioso. **A:** rude.

caritativo V. caridoso.

carlinga *sf Aeron.* cabina, cabine.

carmesim V. carmim.

carmim *sm* **1** matéria corante: magenta. *sm+adj* **2** *COR* carmesim, rubro, magenta.

carnagem V. carnificina.

carnal *adj m+f* **1** *Fig.* sensual, lascivo, licencioso. **Ex:** Amor carnal. **A:** casto. **2** *Fig. IRMÃO, PRIMO* consangüíneo.

carnaval *sm* **1** *Folc.* entrudo. **2** *Fig.* confusão, escândalo, alvoroço. **Ex:** Faz um carnaval por qualquer coisa.

carnavalesco *adj* ridículo, grotesco, caricato, cômico. **A:** sério.

carne *sf* **1** matéria, corpo. **Ex:** A carne é fraca. **A:** espírito. **2** parentesco, consangüinidade, afinidade. **3** *Fig.* sensualidade, luxúria, lascívia. **A:** castidade.

carnear *vi* charquear.

carnegão *sm Med.* parte dura e purulenta de tumores e furúnculos: *carnição*.

carneira *sf S* ovelha.

carneiro *sm* **1** *Zool.* aríete *poét*; *NOVO* cordeiro. **2** *Astr.* e *Astrol.* (*em maiús.*) Áries. **3** ossuário, ossaria. **4** jazigo, sepulcro, sepultura. **5** cemitério, campo-santo, necrópole. **6** *Entom.* caruncho, carcoma.

carne-seca V. charque.

carniça *sf* **1** carne podre. **2** V. carnificina.

carnição V. carnegão.

carniceiro *sm* **1** açougueiro, magarefe. *adj* **2** *ANIMAL* carnívoro. **A:** herbívoro. **3** *Fig.* cruel, sanguinário, desumano. **A:** piedoso.

carnificina *sf* chacina, matança, morticínio, carniça.

carnoso V. carnudo.

carnudo *adj* roliço, polpudo, carnoso, gordo. **Ex:** Boca carnuda, pernas carnudas. **A:** fino.

caro *adj* **1** *PREÇO* custoso, dispendioso, salgado *pop*. **Ex:** Produtos caros. **A:** barato. **2** querido, estimado, prezado. **Ex:** Caros amigos. **3** árduo, difícil, duro. **Ex:** A cara batalha pela sobrevivência. **A:** fácil. *adv* **4** **Ex:** Vender caro. **A:** barato.

caroço *sm* **1** semente. **Ex:** Caroço de uva, do algodão. **2** *Med.* íngua. **3** *Pop.* erupção cutânea. **4** *Cul.* grumo, grânulo. **Ex:** O mingau do bebê está cheio de caroços.

carola *s e adj m+f Pej.* beato, fanático. **A:** descrente.

carolice *sf* beatice, fanatismo, beataria, beatismo. **A:** descrença.

carpa V. capina.

carpetar V. acarpetar.

carpideira *sf* **1** choradeira. **Ex:** As carpideiras vieram ao enterro. **2** choradeira, lamentação, lamúria.

carpir *vtd* **1** capinar, mondar, limpar. **Ex:** Carpir a roça. **2** arrancar, colher, extrair. **Ex:** O agricultor carpia as ervas daninhas. **3** chorar, lastimar, prantear. **Ex:** Carpir o falecimento de um parente. *vpr* **4** lastimar-se, lamentar-se, reclamar.

carquilha *sf* dobra, prega, ruga, vinco.

carranca *sf* **1** cara feia, cenho, carantonha. **2** máscara.

carrancudo *adj* **1** aborrecido, emburrado, amuado. **2** carregado, fechado. **Ex:** Rosto carrancudo. **A:** alegre (nas duas acepções).

carrapateira *sf Bot.* mamoneiro, mamona.

carrapato *sm* **1** *Bot.* mamona. **2** *Fig.* chato *pop*, importuno, inconveniente.

carrapicho V. carapinha.

carrasco *sm* **1** algoz, verdugo. **2** *Fig.* tirano, mandão, déspota.

carraspana *sf* **1** *Pop.* bebedeira, pileque, porre *pop*. **A:** sobriedade. **2** *Pop.* bronca, chamada, repreensão.

carreador V. carreadouro.

carreadouro *sm* picada, trilha, senda, carreador.

carrear *vtd* **1** carregar, transportar, levar. **2** acarretar, causar, provocar. **3** arrastar, puxar.

carregação *sf* **1** V. carregamento. **2** montão, mundo, enxurrada *fig.* **3** doença, enfermidade, afecção.

carregado *part+adj* **1** *AMBIENTE* tenso, pesado. **2** *ESTILO* pesado. **Ex:** A arquitetura carregada dos edifícios antigos. **3** *CÉU, TEMPO* escuro, nublado, encoberto. **A:** claro. **4** *COLORIDO* forte, intenso. **Ex:** Ela trajava um vestido de um azul carregado. **A:** suave. **5** V. carrancudo.

carregamento *sm* carga, carregação, carrego. **A:** descarregamento.

carregar *vtd* **1** pôr carga em. **Ex:** Os operários carregaram o caminhão. **A:** descarregar. **2** transportar, levar, portar. **Ex:** Entrou na sala, carregando vários pacotes. **3** sobrecarregar, oprimir, sobrepesar. **Ex:** Não carreguem demais o pobre burrico. **A:** aliviar. **4** alimentar, encher, abastecer. **Ex:** Carregar uma fornalha. **5** impregnar, encher, saturar. **Ex:** O seu perfume carregava o ar. *vti+vi* **6** atacar, investir contra, acometer. **Ex:** Os soldados carregaram contra o inimigo. *vpr* **7** *CÉU, TEMPO* escurecer(-se), nublar(-se), anuviar(-se). **Ex:** O céu carregou-se, e logo depois caiu uma tempestade. **A:** clarear.

carrego *sm* **1** V. carregamento. **2** fardo, volume, carga. **3** remorso, arrependimento.

carreira *sf* **1** corrida, disparada, correria. **Ex:** Fugiu em desabalada carreira. **2** profissão, ocupação, emprego. **Ex:** Carreira diplomática. **3** fileira, fila, linha. **Ex:** Havia uma carreira de copos sujos sobre a pia. **4** curso, trajetória, percurso. **Ex:** A carreira de uma aeronave. **5** picada, trilha, carreiro. **6** caminho de carro: carril.

carreiro V. carreira.

carreta *sf* **1** carroça. **2** jamanta *pop*, cegonha. **Ex:** A carreta transportava quatro automóveis.

carretagem V. carreto.

carretel *sm* **1** *DE LINHA, ETC.*, bobina. **2** *Pes.* molinete, carretilha.

carretilha *sf* **1** roldana. **2** V. carretel.

carreto *sm Com.* carretagem, frete.

carriça *sf Ornit.* corruíra, cambaxirra, garrincha.

carril *sm* **1** caminho de carro: carreira. **2** *Fer.* trilho.

carro *sm* automóvel, auto, veículo, viatura.

carroça *sf* **1** carreta. **2** *Pej.* automóvel velho: calhambeque.

carroçaria V. carroceria.

carroceria *sf Autom.* parte externa dos veículos; carroçaria.

carruagem *sf* **1** antiga e luxuosa: coche. **2** grande, para transporte coletivo: diligência.

carta *sf* **1** missiva, epístola. **2** mapa. **Ex:** A carta topográfica de uma região. **3** *SP* carteira de motorista, carteira de habilitação. **4** diploma. * Carta branca *Fig.*: plenos poderes *pl*. **Ex:** O chefe deu-lhe carta branca. * Carta magna ou carta constitucional *Polít.*: constituição, magna-carta. * Pôr as cartas na mesa: abrir o jogo, falar francamente.

cartada *sf* **1** *NO JOGO DE CARTAS* jogada, lance. **2** *Fig.* jogada, golpe, lance. **Ex:** Cartada de mestre.

cartão *sm* **1** *MAIS FINO* cartolina; *MAIS GROSSO* papelão. **2** cartão de visita, bilhete de visita. **3** cartão de crédito.

cartaz *sm* **1** anúncio. **2** *Pop.* popularidade, fama, prestígio. **Ex:** Fulano tem muito cartaz.

cartear *vtd* **1** *CARTAS* jogar. **Ex:** Na mesa da cozinha, carteávamos o vinte-e-um. *vpr* **2** corresponder-se, escrever-se. **Ex:** Carteavam-se há muitos anos.

carteira *sf* **1** bolsa. **Ex:** Minha carteira estava cheia de papéis importantes. **2** *ESCOLAR* escrivaninha. **Ex:** Todos os alunos estavam sentados em suas carteiras. **3** documento. **Ex:** Carteira de identidade. * Carteira de motorista: carteira de habilitação, carta *sp*.

carteiro *sm* correio *pop*, mensageiro (postal).

cartilha *sf* **1** silabário. **2** abecedário *fig*, rudimentos *pl*, fundamentos *pl*. **Ex:** Estudar a cartilha de uma ciência ou doutrina. **3** *Fig.* norma, modelo, padrão. **Ex:** Obedecem à cartilha dos pais.

cartola *sm* **1** *Gír.* grã-fino, ricaço, bacana. **A:** pobretão. **2** *Gír. Esp.* mandachuva, maioral. **Ex:** O técnico foi despedido pelos cartolas do clube.

cartorário *sm* **1** funcionário de cartório. *adj* **2** cartorial. **Ex:** Expediente cartorário.

cartorial V. cartorário.

cartucheira *sf* patrona.

cartucho *sm* **1** embalagem, pacote, invólucro. **Ex:** Os cartuchos de arroz da mercearia. **2** *Pop.* pistolão, proteção, empenho. **Ex:** Conseguiu este emprego graças a um cartucho.

carunchento *adj* **1** carcomido, podre, carunchoso. **2** *Fig.* gasto, estragado, arruinado. **A:** novo. **3** *Fig.* debilitado, abatido, fraco. **A:** saudável.

caruncho *sm* **1** *Entom.* carcoma, carneiro. **2** *Fig.* podridão, deterioração, apodrecimento.

carunchoso V. carunchento.

carvão *sm* **1** hulha, carvão mineral, carvão-de-pedra. **2** carvão vegetal.

carvão-de-pedra V. carvão.

carvoaria *sf* carvoeira.

carvoeira V. carvoaria.

cãs *sf pl* cabelos brancos, cã *sing*.

casa *sf* **1** moradia, residência, habitação. **Ex:** Construímos nossa casa. **2** lar, morada. **Ex:** Voltou para casa, após uma longa viagem. **3** *COMERCIAL* empresa, firma, companhia. **Ex:** Casa bancária. **4** dinastia, família, estirpe. **Ex:** A Casa de Bragança. * Casa de cômodos: cortiço.

casaco *sm* **1** paletó. **2** *EM GERAL* capote, sobretudo; *FEMININO* mantô.

casadeiro V. casadouro.

casadoiro V. casadouro.

casadouro *adj* casadeiro, núbil, *casadoiro.* **Ex:** O rei convidou todas as donzelas casadouras para o baile.

casal *sm* **1** *PESSOAS OU ANIMAIS* par; *ANIMAIS* parelha. **Ex:** Os casais dançavam no salão; compramos um casal de periquitos. **2** aldeia, povoado, lugarejo. **3** sítio, chácara, granja.

casamento *sm* **1** matrimônio, casório *pop*, núpcias *pl*. **A:** divórcio. **2** união, ligação, aliança. **A:** separação. **3** harmonia, combinação, conformidade. **A:** desarmonia.

casar *vtd* matrimoniar. **A:** divorciar. *vtd, vi+vpr* **2** unir(-se), ligar(-se), aliar(-se). **A:** separar(-se). *vi+vpr* **3** matrimoniar-se, desposar-se, consorciar-se. **A:** divorciar-se. **4** harmonizar-se, combinar. **A:** destoar.

casarão *sm aum* **1** casa grande. **A:** casebre. **2** casa luxuosa: mansão, palacete, palácio. **A:** casebre.

casaria V. casario.

casario *sm* série de casas: casaria.

casca *sf* **1** invólucro, envoltório. **2** *DE CERTAS ÁRVORES* cortiça. **3** *DO CARACOL* concha. **4** *DA TARTARUGA* casco. **5** *DO PÃO* côdea, crosta. **6** *Fig.* aparência, fachada, ar. **A:** interior *fig*.

casca-grossa *sm* malcriado, grosso, cavalgadura *fig*, grosseirão. **A:** cavalheiro.

cascalho *sm* pedra miúda: calhau, seixo.

cascão *sm* *DE SUJEIRA* crosta; *DE FERIDA* casca, crosta.

cascar *vtd* **1** descascar. *vtd+vti* **2** *PANCADA* desferir, assentar, dar. **Ex:** Cascou-lhe um soco na cara.

cascata *sf* **1** *Geogr.* ccatarata, cachoeira, salto. **2** *Gír.* mentira, lorota,. **Ex:** Sua história é pura cascata. **A:** verdade. **3** *Gír.* bravata, prosa, fanfarronice. **Ex:** Toda essa valentia é apenas cascata.

cascavel *sf* **1** *Herp.* crótalo. **2** *Fig.* mulher geniosa: megera, víbora *fig*, jararaca *pop*. *sm* **3** guizo.

casco *sm* **1** *Zool.* unha. **Ex:** Casco de cavalo. **2** garrafa. **Ex:** Cascos de refrigerante. **3** *Fig.* inteligência, miolos *pl*, juízo. **4** *DE ARMADURA* elmo, capacete.

cascudo *sm* **1** pancada na cabeça com o nó dos dedos: coque, cocorote. *adj* **2** casquudo.

casebre *sm* **1** casinha, casinhola, casinholo. **A:** casarão. **2** casa pobre: cabana, choça, choupana. **A:** palacete.

caseiro *adj* **1** doméstico, familiar, íntimo. **Ex:** Problemas caseiros, vida caseira. **2** sedentário. **Ex:** Pessoa caseira.

caserna *sf Mil.* quartel, aquartelamento.

casinhola V. casebre.

casinholo V. casebre.

casmurrice *sf* **1** teimosia, obstinação, persistência. **2** tristeza, melancolia, infelicidade. **A:** alegria.

casmurro *sm+adj* **1** teimoso, cabeçudo, obstinado. **2** triste, melancólico, tristonho. **A:** alegre.

caso *sm* **1** acontecimento, fato, evento. **Ex:** É um caso muito triste. **2** acaso, casualidade, eventualidade. **3** problema, dificuldade, obstáculo. **Ex:** Vive criando caso. **4** conto, história, narrativa. **Ex:** Contar um caso. **5** *AMOROSO* aventura, flerte, romance. **Ex:** Ela teve um caso com o chefe. **6** circunstância, conjuntura, situação. **Ex:** Nesse caso, nada posso fazer. **7** *Pop.* briga, desentendimento, discórdia. **Ex:** Houve um caso entre os amigos. **A:** harmonia. * Fazer caso de: dar atenção a, levar em consideração. **Ex:** Não faz caso dos problemas dos outros, só pensa em si mesmo.

casório *sm Pop.* casamento, matrimônio, enlace, núpcias *pl*. **A:** divórcio.

casquete *sm* barrete, carapuça, gorro.

casquilho *sm* **1** almofadinha *pop* e *ant*, janota, catita *fam*. *adj* **2** garrido, janota, catita *fam*.

cassar *vtd* anular, invalidar, cancelar, suspender. **Ex:** Cassar direitos políticos.

cassetete *sm* cacete, porrete, bordão.

cassino *sm* casa de jogo, tavolagem.

casta *sf* **1** classe social. **Ex:** As castas da Índia. **2** *Fig.* qualidade, tipo, variedade. **Ex:** Casta de uva.

castanheira V. castanheiro.

castanheiro *sm Bot.* castanheira, castanho.

castanho *sm* **1** *Bot.* V. castanheiro. *sm+adj* **2** marrom, pardo; *CLARO* havana.

castelhanismo *sm Ling.* espanholismo, hispanismo.

castelhano *sm+adj* espanhol.

castelo *sm* fortaleza, cidadela, forte, fortificação.

castiço *adj Fig.* vernáculo, puro, correto, genuíno. **Ex:** Falava um português castiço.

castidade *sf* **1** virgindade, pureza. **A:** impureza. **2** abstinência, abstenção, continência. **Ex:** Voto de castidade.

castigar *vtd* **1** punir, corrigir. **Ex:** O pai castigou os filhos. **A:** recompensar. **2** repreender, advertir, censurar. **Ex:** Fez um longo discurso, castigando os adversários. **A:** elogiar. *vpr* **3** penitenciar-se, disciplinar-se.

castigo *sm* **1** punição, pena, corretivo. **A:** recompensa. **2** repreensão, advertência, bronca *pop.* **3** tormento, aflição, tortura. **Ex:** É um filme muito longo e confuso, um verdadeiro castigo.

casto *adj* virgem, imaculado, virginal, puro. **Ex:** Mulher casta. **A:** impuro.

castrar *vtd MACHOS* capar, emascular, desvirilizar; *FÊMEAS* capar.

casual *adj m+f* fortuito, eventual, acidental, imprevisto. **Ex:** Encontros casuais. **A:** premeditado.

casualidade *sf* acaso, eventualidade, acidente, imprevisto. **Ex:** Foi pura casualidade procurá-lo aqui.

cata *sf* busca, procura, caça. * À cata de: à procura de, em busca de. **Ex:** O diretor saiu à cata de novos talentos para o novo filme.

cataclismo *sm* **1** inundação, dilúvio, enchente. **2** *SOCIAL* revolta, convulsão, revolução. **3** ruína, derrocada, falência. **Ex:** O cataclismo de um projeto.

catacumba *sf* sepultura, túmulo, sepulcro, tumba. **Ex:** As catacumbas de um cemitério.

catadupa *sf Geogr.* cachoeira, catarata, cascata, queda-d'água.

catafalco *sm* estrado onde se coloca o caixão: essa.

catalogar *vtd* cadastrar, inventariar, registrar, relacionar. **Ex:** Catalogamos as peças do museu.

catálogo *sm* cadastro, inventário, registro, relação. **Ex:** O catálogo dos livros da biblioteca.

catapora *sf Med.* varicela.

catar *vtd* **1** buscar, procurar, caçar. **2** pesquisar. **Ex:** Catei a resposta a essa pergunta numa enciclopédia. **3** recolher. **Ex:** Ficaram no quintal, catando flores. **4** examinar, estudar, analisar.

catarata *sf Geogr.* cachoeira, cascata, salto, queda-d'água.

catarinense *s e adj m+f* barriga-verde.

catarreira *sf Fam.* resfriado, constipação *pop*, defluxo.

catarse *sf* purgação, purificação, limpeza *fig*.

catástrofe *sf* tragédia, desgraça, desastre, calamidade. **Ex:** A catástrofe da seca; sua derrota nas eleições foi uma catástrofe para o país.

catastrófico *adj* trágico, desastroso, calamitoso, funesto. **A:** feliz.

catatau *sm* **1** baixinho, nanico, tampinha. **Ex:** Fulano é um catatau. **2** berreiro, gritaria, discussão. **3** castigo físico: pancada, surra, sova.

catatua V. cacatua.

cata-vento *sm* **1** ventoinha. **2** moinho de vento. **3** *Fig.* ventoinha, pessoa volúvel.

catecismo *sm Por ext.* rudimentos *pl*, princípios *pl*, abecedário *fig*, elementos *pl*. **Ex:** O catecismo de uma ciência.

catecúmeno *sm* noviço, iniciado, neófito, aprendiz. **A:** veterano.

cátedra *sf* **1** cadeira (de professor). **Ex:** A cátedra de história antiga de uma faculdade. **2** matéria, disciplina.

catedrático *sm* **1** professor titular. **2** especialista, perito, experto. **Ex:** Ser catedrático num assunto. *adj* **3** *Fig.* grave, doutoral, sério. **Ex:** Falar em tom catedrático.

categoria *sf* **1** classe, qualidade, tipo. **Ex:** Temos produtos de várias categorias. **2** hierarquia, grau, gradação. **Ex:** Havia gente de todas as categorias.

categórico *adj* taxativo, terminante, definido, claro. **Ex:** Resposta categórica. **A:** duvidoso.

categorizado *part+adj* **1** importante, ilustre, eminente. **A:** desconhecido. **2** abalizado, competente, idôneo. **Ex:** Profissional categorizado.

categorizar *vtd* classificar, qualificar.

catequese *sf* **1** *Rel.* catequização, evangelização. **2** *Por ext.* doutrinação, instrução, ensino.

catequização V. catequese.

catequizar *vtd* **1** *Rel.* evangelizar, apostolar. **Ex:** Catequizar os índios. **2** *Por ext.* doutrinar, instruir, ensinar. **3** aliciar, convidar, atrair. **Ex:** Catequizar seguidores.

caterva *sf* **1** *DE PESSOAS* multidão, turba, aglomeração. **2** *DE COISAS* monte, mundo, batelada. **3** *DE VADIOS* bando, corja, súcia.

cateter *sm* *Cir.* sonda.

cateterismo *sm* *Med.* sondagem.

cateto *sm* *Zool.* caititu, pecari.

catinga *sf* **1** fedor, fedentina, inhaca. **A:** perfume. **2** *Geogr.* V. caatinga.

catingante V. catinguento.

catingar *vi* feder, cheirar mal.

catingoso V. catinguento.

catingudo V. catinguento.

catinguento *adj* fedorento, fedido, catingoso, catingudo, catingante. **A:** perfumado.

catita *s e adj* *m+f* **1** *Fam.* janota, casquilho, pelintra. *adj m+f* **2** elegante, airoso, formoso.

cativar *vtd* **1** aprisionar, prender, capturar. **Ex:** Cativamos os soldados inimigos. **A:** libertar. **2** encantar, seduzir, fascinar. **Ex:** Essa história cativa a todos. **A:** horrorizar. **3** atrair, ganhar, granjear. **Ex:** Cativar a amizade de alguém. **A:** afastar. *vpr* **4** enamorar-se, apaixonar-se, afeiçoar-se.

cativeiro *sm* **1** prisão, reclusão, clausura. **Ex:** Libertar os reféns do cativeiro. **A:** liberdade. **2** escravidão, servidão, submissão. **A:** liberdade. **3** *Fig.* domínio, tirania, dominação. **Ex:** O cativeiro dos medos impedia-o de agir.

cativo *sm+adj* **1** preso, prisioneiro. **2** escravo, servo. **A:** liberto. *adj* **3** encantado, seduzido, fascinado. **Ex:** O herói tornou-se cativo da beleza da donzela. **4** dominado,

submisso, sujeito. **Ex:** Ele é cativo dos desejos da esposa. **A:** insubmisso.

catodo V. cátodo.

cátodo *sm* *Fís.* catodo, eletrodo negativo.

católico *adj* **1** universal, comum, coletivo. **A:** individual. **2** *Rel.* papista. **3** *Fam.* correto, perfeito, certo. **Ex:** Seu trabalho não está muito católico. **A:** errado. **4** *Fam.* são, disposto, saudável. **Ex:** Não estou muito católico hoje.

catraca *sf* borboleta, roleta. **Ex:** Passamos pela catraca do estádio e sentamo-nos na arquibancada.

catraia *sf* prostituta, puta *vulg*, rameira, meretriz.

catre *sm* enxerga, cama rústica.

catucar V. cutucar.

caturra *s e adj* *m+f* teimoso, cabeça-dura, turrão, cabeçudo.

caturrar *vti+vi* teimar, turrar, discutir, brigar. **Ex:** Vive caturrando com os pais.

caturrice *sf* teimosia, teima, obstinação, cisma.

caução *sf* **1** *Com.* garantia, fiança, aval. **2** *Com.* penhor, hipoteca. **3** cautela, cuidado, precaução.

caucasiano *adj* *Geogr.* caucásico, caucásio.

caucásico V. caucasiano.

caucásio V. caucasiano.

caucho *sm* borracha, cautchu.

caucionar *vtd* *Com.* garantir, afiançar, avalizar, abonar.

cauda *sf* **1** rabo. **Ex:** A cauda de um animal, do avião. **2** *DE COMETA* rastro, rasto.

caudal *s* *m+f* **1** torrente, corrente. **2** *Fig.* enxurrada *fig*, batelada, mundo. **Ex:** Um caudal de súplicas e lamentações. *adj m+f* **3** V. caudaloso.

caudaloso *adj* **1** *RIO* caudal, torrencial, impetuoso. **2** abundante, farto, copioso. **A:** escasso.

caudatário *sm* **1** adepto, seguidor, partidário. **A:** opositor. **2** puxa-saco *vulg*, capacho *fig*, pelego. *adj* **3** servil, adulador, subserviente.

caudilho *sm* **1** comandante, capitão, chefe militar. **2** mandachuva, maioral. **Ex:** O caudilho de um grupo.

caule *sm* *Bot.* tronco, fuste, haste.

caulim *sm* barro forte, barro branco, argila (branca).

causa *sf* 1 motivo, razão, princípio, causal. **Ex:** A causa de uma doença. **A:** efeito. 2 *Dir.* ação, demanda, pleito. **Ex:** Causa cível. 3 partido, lado, facção. **Ex:** Abraçar uma causa. 4 assunto, matéria, tema. **Ex:** Falar com conhecimento de causa.

causal V. causa.

causar *vtd* motivar, originar, produzir, provocar.

causídico *sm Dir.* advogado, defensor.

causticante *adj m+f* 1 V. cáustico. 2 *Fig.* chato *pop*, importuno, impertinente. **Ex:** Sujeito causticante.

causticar *vtd* 1 V. cauterizar. 2 *Fig.* encher, importunar, molestar.

cáustico *sm* 1 *Med.* V. cautério. *adj* 2 que cauteriza: causticante. 3 corrosivo, mordente. **Ex:** Soda cáustica. 4 *Fig.* irônico, mordaz, sarcástico. **Ex:** Piadas cáusticas.

cautchu V. caucho.

cautela *sf* 1 cuidado, precaução, previdência. **A:** descuido. 2 *Com. DE CASA DE PENHORES* recibo. 3 *Com.* certificado, título provisório. **Ex:** Cautela de ações.

cauteloso *adj* cuidadoso, precavido, previdente, cauto. **A:** descuidado.

cautério *sm* 1 *Med.* cáustico. 2 *Fig.* castigo, pena, correção.

cauterizar *vtd* 1 *Med.* queimar, causticar. **Ex:** Cauterizar uma ferida. 2 *Fig.* afligir, atormentar, penalizar. **Ex:** Cauterizar o espírito. **A:** aliviar. 3 *Fig.* corrigir, consertar, emendar. **Ex:** Cauterizar erros.

cauto V. cauteloso.

cava *sf* 1 escavação. 2 cova, fossa, cavidade. 3 cavado. **Ex:** A cava de um vestido.

cavaco *sm* 1 lasca, apara, estilha (de madeira). 2 papo, bate-papo, bate-boca.

cavado *sm* 1 buraco, cavidade, cova. 2 cava. **Ex:** O cavado do casaco. *part+adj* 3 *OLHO* fundo, encovado. 4 côncavo, escavado. **A:** convexo.

cavador *adj* esforçado, diligente, aplicado, trabalhador. **Ex:** Empregado cavador. **A:** desleixado.

cavalar *adj m+f* 1 eqüino. **Ex:** Gado cavalar. 2 *Fig.* exagerado, enorme, gigantesco. **Ex:** Tomou doses cavalares de remédios.

cavalaria *sf* 1 *Mil.* cavaleria. **Ex:** Tropa de cavalaria. 2 *Esp.* equitação. 3 feito, proeza, façanha.

cavalariano V. cavaleiro.

cavalariça *sf* cocheira, estrebaria.

cavaleiro *sm* 1 ginete. 2 *Mil.* cavalariano, soldado de cavalaria. 3 paladino, cavaleiro andante. *adj* 4 bravo, valoroso, denodado. **Ex:** Gente cavaleira. 5 alto, elevado, sobranceiro. **Ex:** Uma torre cavaleira dominava o campo. **A:** baixo.

cavaleria V. cavalaria.

cavalgadura *sf* 1 montaria, besta. 2 *Fig.* grosso, malcriado, cavalo *fig*, animal *fig*. **A:** cavaleiro.

cavalgar *vtd, vti+vi* 1 montar. **Ex:** Os soldados cavalgavam velozes corcéis. **A:** apear. *vtd* 2 pular, galgar, transpor. **Ex:** Os ladrões cavalgaram o muro.

cavalheiresco *adj* 1 próprio de cavalheiro: cavalheiroso, cavalheiro. 2 nobre, distinto, brioso.

cavalheirismo *sm* 1 nobreza, distinção, brio. 2 gentileza, delicadeza, educação. **A:** grosseria.

cavalheiro *sm* 1 **Ex:** Ele é um cavalheiro, sempre tão gentil. **A:** cavalo *fig*. *adj* 2 V. cavalheiresco.

cavalheiroso V. cavalheiresco.

cavalo *sm* 1 *VELOZ* corcel; *ADESTRADO* ginete. 2 *Fig.* grosso, animal *fig*, cavalgadura *fig*. **A:** cavaleiro.

cavalo-marinho *sm Ictiol.* hipocampo.

cavaquear *vti+vi Fam.* conversar, papear *pop*, tagarelar, palavrear.

cavar *vtd* 1 *TERRA* revolver. 2 escavar. **Ex:** Cavar uma fossa. **A:** tapar. 3 esburacar, furar. **Ex:** Cavar o muro. 4 abrir. **Ex:** Cavar uma sepultura. **A:** fechar. 5 batalhar por, lutar por, esforçar-se por. **Ex:** Venho cavando esta oportunidade há anos. 6 *MINÉRIOS* extrair, retirar, tirar.

caverna *sf* covil, gruta, furna, antro.

cavernoso *adj SOM* cavo, abafado, rouco, profundo. **Ex:** Voz cavernosa. **A:** agudo.

cavidade *sf* buraco, depressão, cova, concavidade. **A:** saliência.

cavilação *sf* 1 artimanha, truque, artifício. 2 embuste, tapeação *pop*, engodo. 3 ironia, sarcasmo, malícia.

caviloso *adj* 1 manhoso, ardiloso, matreiro. **A:** ingênuo. 2 capcioso, enganador, insidioso. **Ex:** Pergunta cavilosa. **A:** sincero.

cavo *adj* 1 oco, vazio, vão. **A:** cheio. 2 côncavo, escavado, fundo. **Ex:** Superfície cava. **A:** convexo. 3 *SOM* cavernoso, rouco, abafado. **Ex:** Voz cava. **A:** agudo.

cavorteiro V. caborteiro.

cavoucar *vtd+vi* escavar, cavar.

cavouco *sm* escavação, vala, valeta, fosso.

caxinguelê *sm Zool.* esquilo, serelepe.

caxumba *sf Med.* parotidite, trasorelho, orelhão.

ceder *vtd+vti* 1 *Dir.* transferir, transmitir, passar. **Ex:** Ceder um direito. 2 emprestar, entregar, conceder. **Ex:** Ele me cedeu os livros necessários à pesquisa. *vti+vi* 3 sucumbir, curvar-se, dobrar-se. **Ex:** Ceder à pressão. 4 concordar, condescender, transigir. **Ex:** Ceder a uma solicitação; a menina pediu tanto a boneca que o pai cedeu. **A:** resistir. *vi* 5 diminuir, baixar, reduzir-se. **Ex:** A febre cedeu. **A:** aumentar. 6 afundar-se, descer. **Ex:** O assoalho cedeu.

cediço *adj* 1 estagnado, parado. **Ex:** Águas cediças. 2 antigo, velho, obsoleto. **Ex:** Doutrina cediça. **A:** novo. 3 conhecido, público, notório. **Ex:** Fato bastante cediço. **A:** desconhecido.

cedo *adv* 1 prematuramente. **Ex:** Casou cedo. **A:** tarde. 2 de madrugada, ao alvorecer. **Ex:** Levantou-se muito cedo. **A:** tarde. 3 logo, depressa, de pronto. **Ex:** Acabamos cedo o trabalho e fomos para casa. **A:** tarde.

cédula *sf* 1 nota. **Ex:** Uma cédula de cinco reais. 2 documento, declaração, atestado. 3 voto. **Ex:** Coloque sua cédula naquela urna.

cefalalgia V. cefaléia.

cefaléia *sf Med.* dor de cabeça, cefalalgia.

cegar *vtd* 1 *LUZ* ofuscar, deslumbrar, encandear. **Ex:** O farol cegou-o momentaneamente. 2 *Fig.* deslumbrar, encantar, fascinar. **Ex:** Sua beleza cegou-me. 3 *Fig.*

alucinar, enlouquecer, desvairar. **Ex:** O amor cegou-o. 4 *INSTRUMENTO CORTANTE* embotar, desafiar. **Ex:** Cegou a faca, batendo-a na pedra. **A:** afiar. 5 *Fig.* enganar, iludir, lograr. **Ex:** Suas promessas cegaram os candidatos ao emprego.

cego *adj* 1 *Fig.* deslumbrado, encantado, fascinado. **Ex:** Ficou cego com tanto luxo. 2 *Fig.* alucinado, louco, desvairado. **Ex:** Cego de dor. 3 embotado. **Ex:** Esta tesoura está cega. **A:** afiado. 4 *Fig.* irrestrito, absoluto, total. **Ex:** Obediência cega. **A:** restrito.

cegonha *sf* carreta, jamanta *pop*. **Ex:** As cegonhas transportam automóveis.

cegueira *sf* 1 *Fig.* paixão, adoração, veneração. **Ex:** Ele tem cegueira por aquela mulher. 2 *Fig.* loucura, insensatez, perturbação. **A:** lucidez.

ceifadeira *sf* segadeira.

ceifa *sf* 1 *Agr.* sega, segadura, segada. **A:** plantação. 2 *Fig.* matança, massacre, carnificina.

ceifar *vtd* 1 *Agr.* segar, foiçar, cortar. **A:** plantar. 2 *Fig.* arrebatar, tirar, acabar com. **Ex:** A guerra ceifa muitas vidas.

cela *sf* 1 *DE PRISÃO, CONVENTO* cubículo. 2 *DO FAVO DE MEL* alvéolo, célula.

celebrar *vtd* 1 praticar, realizar, efetuar. **Ex:** Celebrar a missa. 2 comemorar, festejar, solenizar. **Ex:** Celebrar um aniversário. 3 exaltar, louvar, cantar. **Ex:** Esse poema celebra o poder do amor. **A:** criticar.

célebre *adj m+f* 1 famoso, renomado, conhecido. **Ex:** Um célebre pintor. **A:** desconhecido. 2 *Fam.* esquisito, extravagante, singular. **Ex:** Manias célebres. **A:** normal.

celebridade *sf* 1 fama, renome, notoriedade. **A:** obscuridade. 2 *PESSOA* personagem, figura, vulto. **Ex:** Ela é uma celebridade nacional. **A:** desconhecido.

celebrizar *vtd* 1 celebrar, comemorar, festejar. *vtd+vpr* 2 afamar(-se), notabilizar(-se).

celeiro *sm* tulha, paiol, granel.

celerado *sm+adj* 1 criminoso, malfeitor, facínora. 2 malvado, perverso.

célere *adj m+f* veloz, rápido, ligeiro, acelerado. **A:** vagaroso.

celeste *adj m+f* 1 do céu: celestial. **A:** infernal. 2 divino, celestial, sobrenatural. **Ex:** O poder celeste. **3** perfeito, sublime, celestial. **Ex:** Beleza celeste.

celestial V. celeste.

celeuma *sf* **1** algazarra, gritaria, berreiro. **A:** silêncio. **2** polêmica, controvérsia, discussão. **Ex:** Suas declarações causaram celeuma.

celibatário *sm+adj* **1** solteiro. **A:** casado. **2** solteirão.

célula *sf DO FAVO DE MEL* cela, alvéolo.

cemitério *sm* necrópole, campo-santo, carneiro.

cena *sf* **1** cenário. **Ex:** A cena da peça era muito simples, apenas umas cadeiras e cortinas. **2** palco. **3** situação no decorrer de uma peça, filme, novela, etc.: episódio. **4** escândalo, escarcéu, esparramo. **Ex:** Fez uma cena ao encontrar a inimiga. **5** panorama, paisagem, cenário. **Ex:** As árvores e os arbustos completavam a cena; a cena política.

cenário V. cena.

cenarista V. cenógrafo.

cenho *sm* **1** carranca, cara feia, carantonha. **2** rosto, semblante, face.

cenógrafo *sm Teat.* cenarista.

censo *sm* recenseamento.

censor *sm* crítico.

censura *sf* **1** exame crítico: crítica, comentário, análise. **2** repreensão, bronca *pop*, pito, admoestação. **A:** elogio. **3** reprovação, condenação, desaprovação. **A:** aprovação.

censurar *vtd* **1** *OBRAS* criticar, comentar, analisar. **2** repreender, advertir, admoestar. **A:** elogiar. **3** reprovar, condenar, desaprovar. **A:** aprovar.

centavo V. centésimo.

centelha *sf* **1** faísca, fagulha, chispa. **2** lampejo, inspiração (repentina).

centena *sf* cento, centúria, cem. **Ex:** Uma centena de livros.

centenário *sm* **1** século, centúria. *adj* **2** cêntuplo, centuplicado. **3** secular. **Ex:** Uma instituição centenária.

centésimo *sm* centésima parte: centavo.

cento V. centena.

centopéia *sf Zool.* lacraia, escolopendra.

central *sf* **1** sede. **Ex:** A central de uma empresa. *adj m+f* **2** situado no centro: medial, médio. **3** *Fig.* principal, fundamental, essencial. **Ex:** O problema central. **A:** secundário.

centralizar *vtd* **1** pôr no centro: centrar. **Ex:** Cen-

tralize o texto da capa. **A:** descentralizar. **2** atrair, reunir, chamar. **Ex:** Ela centralizava todas as atenções. **A:** afastar. *vpr* **3** concentrar-se. **Ex:** As atividades do congresso centralizaram-se naquele auditório. **A:** dispersar-se.

centrar V. centralizar.

centrífugo *adj Fís.* que se afasta do centro. **Ex:** Força centrífuga. **A:** centrípeto.

centrípeto *adj Fís.* que se aproxima do centro. **Ex:** Força centrípeta. **A:** centrífugo.

centro *sm* **1** meio. **Ex:** O centro do círculo, da praça. **2** interior, fundo, profundeza. **Ex:** O centro da Terra. **3** associação, sociedade, grêmio. **Ex:** Centro de estudos. **4** núcleo, eixo. **Ex:** O centro da rebelião localizou-se na capital do país.

centuplicado V. cêntuplo.

centuplicar *vtd Fig.* aumentar, ampliar, alargar, avolumar. **Ex:** Precisamos centuplicar nossos esforços. **A:** diminuir.

cêntuplo *num* centuplicado, centenário.

centúria *sf* **1** centena, cento, cem. **Ex:** Uma centúria de caixas. **2** século, centenário.

cepa *sf* **1** *Bot.* cepo, tronco. **2** *DE UMA FAMÍLIA* estirpe, linhagem, origem.

cepo V. cepa.

cepticismo V. ceticismo.

céptico V. cético.

cera *sf* secreção do ouvido: cerume, *cerúmen*.

cerâmica *sf LOCAL* olaria.

cerca *sf* **1** tapume, sebe, valado. * Cerca de: aproximadamente, quase, mais ou menos. **Ex:** Na casa havia cerca de dez pessoas.

cercadura *sf* **1** *DE ROUPA* bainha. **2** enfeite no contorno de algo: orla, barra, debrum.

cercanias *sf pl* arredores, proximidades, vizinhança *sing*, imediações.

cercar *vtd* **1** rodear, circundar, contornar, cingir. **Ex:** Cercar um terreno; uma faixa colorida cercava-lhe a cabeça. **2** *Mil.* sitiar, assediar. **Ex:** O exército cercou a cidade.

cerce *adv* rente, pela base, pela raiz. **Ex:** Cortar cerce.

cercear *vtd* **1** cortar, aparar. **2** diminuir, limitar, reduzir. **Ex:** O ditador cerceou as liberdades individuais. **3** destruir, acabar com, desfazer. **Ex:** As mudanças cercearam seus sonhos.

cerco *sm Mil.* sítio, assédio. **Ex:** O cerco à vila durou dois meses.

cereais *sm pl Agr.* searas, messes.

cerebral *adj m+f* **1** do cérebro: cerebrino. **2** mental, intelectual, intelectivo. **Ex:** Trabalho cerebral. **A:** braçal.

cerebrino *adj* **1** fantástico, exótico, esquisito, extraordinário. **A:** comum. **2** V. cerebral.

cérebro *sm Fig.* inteligência, engenho, talento, gênio. * Cérebro eletrônico *Inform.*: computador.

cerimônia *sf* **1** solenidade, comemoração, festejo. **2** etiqueta, protocolo, formalidade. **A:** familiaridade. **3** embaraço, constrangimento. **Ex:** Deixe de cerimônias.

cerimonial *sm* etiqueta, formalidade, rito, ritual.

cerimonioso *adj* reverente, respeitoso, reverencioso, cortês. **Ex:** Tratamento cerimonioso. **A:** simples.

cerne *sm* **1** *Bot.* parte mais dura da árvore: durame, âmago, medula. **2** *Por ext.* íntimo, interior, coração *fig.*

cerração *sf* **1** nevoeiro, caligem. **2** escuridão, trevas *pl.* **A:** claridade.

cerrado *part+adj* **1** compacto, denso, espesso. **Ex:** Barba cerrada. **A:** ralo. **2** *DIA, CÉU* nublado, escuro, encoberto. **A:** claro.

cerrar *vtd, vi+vpr* **1** fechar(-se). **Ex:** Cerrar as portas. **A:** abrir(-se). *vtd+vpr* **2** encerrar(-se), concluir(-se), terminar(-se). **Ex:** O escritor cerrou a novela com uma cena emocionante. **A:** começar. *vtd* **3** cobrir, encobrir, esconder. **Ex:** O morro cerrava nossa vista para o mar. **A:** descobrir. *vpr CÉU, DIA* nublar-se, anuviar-se, encobrir-se. **A:** clarear.

cerro *sm* **1** colina, morro, outeiro. **2** pico, montanha, monte.

certa *sf Pop.* * Na certa ou à certa: com certeza, sem dúvida, por certo. **Ex:** Na certa virá amanhã.

certame *sm* **1** combate, luta, embate. **2** debate, discussão, controvérsia. **3** concurso, competição.

certeiro *adj* **1** certo, preciso, correto. **Ex:** Tiro certeiro. **A:** errado. **2** acertado, sensato, ajuizado. **Ex:** Tomou uma decisão certeira. **A:** impensado.

certeza *sf* **1** correção. **A:** incorreção. **2** convicção, segurança, persuasão. **Ex:** Tenho certeza de que tudo acabará bem. **A:** incerteza.

certidão V. certificado.

certificado *sm* **1** certidão, atestado, declaração. **2** diploma, canudo, patente.

certificar *vtd* **1** atestar, declarar, afirmar. **Ex:** A testemunha certificou a sua inocência. **2** cientificar, comunicar, inteirar. **Ex:** Certificar alguém do acontecido. *vpr* **3** averiguar, convencer-se, persuadir-se. **Ex:** Certificou-se de que tudo estava em ordem.

certo *adj* **1** correto. **Ex:** A resposta está certa. **A:** incorreto. **2** exato, preciso. **Ex:** O cálculo está certo. **A:** inexato. **3** infalível, seguro, inevitável. **Ex:** Esse procedimento é garantia certa de um bom resultado. **A:** duvidoso. **4** contratado, pactuado, ajustado. **Ex:** Telefonaram no dia certo. **5** seguro, convencido, persuadido. **Ex:** Estou certo de que tudo está entre nós. *pron indef* **6** um, algum, qualquer. **Ex:** Certas pessoas não sabem se controlar. *adv* **7** certamente, com certeza, por certo. **Ex:** Certo não sabe o que faz.

cerume *sm* cera, cerúmen.

cerúmen V. cerume.

cerveja *sf* **1** birra. **2** *FRESCA, DE BARRIL* chope.

cerviz *sf* **1** *Anat.* nuca, cangote, cachaço. **2** *Por ext.* pescoço, colo. **3** *Por ext.* cabeça, crânio.

cervo *sm Zool.* veado, corço.

cerzir *vtd* **1** costurar, coser, remendar. **A:** descosturar. **2** unir, juntar, reunir. **A:** desunir.

cesárea V. cesariana.

cesariana *sf+adj Cir.* cesárea.

cessão *sf* **1** *Dir.* transferência. **Ex:** Cessão de um direito. **2** empréstimo, concessão. **Ex:** Agradeço a cessão dos materiais de que precisava.

cessar *vtd* **1** parar com, interromper, suspender. **Ex:** O bebê cessou o choro. **A:** prosseguir. *vti* **2** desistir, deixar, parar de. **Ex:** Ela não cessa de tentar, mas nada consegue. *vi* **3** acabar, terminar, parar. **Ex:** A chuva cessou. **A:** prosseguir.

cesta *sf* cesto, cabaz.

cesto V. cesta.

cesura *sf* **1** corte, talho. **2** cicatriz. **3** incisão, lancetada.

ceticismo *sm* **1** descrença, incredulidade, *cepticismo*. **A:** crença. **2** pessimismo. **A:** otimismo.

cético *sm+adj* **1** descrente, incrédulo, *céptico*. **A:** crente. **2** pessimista. **A:** otimista.

cetinoso V. acetinado.

cetro *sm* **1** bastão real. **2** superioridade, primazia, preeminência. **A:** inferioridade. **3** despotismo, tirania, absolutismo.

céu *sm* **1** firmamento, abóbada celeste. **2** ar, atmosfera. **3** paraíso, glória, bem-aventurança. **Ex:** Morreu e foi para o céu. **A:** inferno.

ceva *sf* **1** alimentação, nutrição, alimento. **A:** desnutrição. **2** *DE ANIMAIS* engorda.

cevar *vtd+vpr* **1** alimentar(-se), nutrir(-se), sustentar(-se). **Ex:** Os passarinhos cevaram os filhotes. **2** saciar(-se), satisfazer(-se), fartar(-se). **Ex:** Cevar o apetite, uma vontade. *vtd* **3** *ANIMAIS* engordar. **Ex:** O fazendeiro cevava os porcos. **4** estimular, fomentar, promover. **Ex:** Cevar o comércio internacional. **A:** desestimular.

chá *sm* **1** infusão. **2** *MEDICINAL* infusão, tisana. **Ex:** Chá para emagrecer. **3** vício, mania.

chácara *sf* **1** sítio, granja. **2** casa de campo.

chacina *sf* carnificina, massacre, matança, morticínio.

chacinar *vtd* massacrar, trucidar, assassinar, matar.

chacoalhar *vtd+vi Pop.* sacolejar, sacudir, chocalhar.

chacota *sf* gozação, troça, deboche, escárnio.

chacotear *vti+vi* gozar, troçar, debochar, escarnecer de. **Ex:** Chacotear dos amigos.

chafariz *sm* fonte.

chafurda *sf* **1** chiqueiro, pocilga. **Ex:** Os porcos atolam-se na chafurda. **2** imundície, sujeira, porcaria. **A:** limpeza.

chafurdar *vtd* **1** macular, sujar, manchar. **Ex:** Chafurdou o bom nome da família. **A:** limpar. *vti+vi* **2** revolver-se, mergulhar, afundar-se. **Ex:** Os porcos chafurdam no chiqueiro. **3** atolar-se, corromper-se, perverter-se. **Ex:** Os acusados chafurda-

vam na lama da corrupção; chafurdar em vícios.

chaga *sf* **1** ferida, úlcera. **Ex:** As chagas de Cristo. **2** *Fig.* dor, aflição, mágoa. **Ex:** A saudade é uma chaga para quem perde um ente querido. **A:** alegria. **3** *Fig.* desgraça, mal, calamidade. **Ex:** As chagas trazidas pela guerra. **A:** bem.

chagado *part+adj* **1** chaguento, ulcerado. **2** aflito, magoado, martirizado. **Ex:** Coração chagado pelo arrependimento. **A:** alegre.

chagar *vtd+vpr* **1** ferir(-se), ulcerar(-se). *vtd* **2** afligir, magoar, martirizar. **A:** alegrar.

chaguento V. chagado.

chalaça *sf* **1** *INOFENSIVA* gozação, deboche, zombaria. **2** *GROSSEIRA* gracejo, chocarrice.

chalacear *vtd* **1** ridicularizar, avacalhar *pop*, desmoralizar. **Ex:** Chalaceou o discurso do adversário. *vti+vi* **2** caçoar, zombar, gozar de. *vi* **3** gracejar, chocarrear.

chaleira *s e adj m+f Fam.* adulador, bajulador, puxa-saco *vulg*, lisonjeador.

chaleirar *vtd Fam.* adular, bajular, puxar o saco *vulg*, lisonjear.

chama *sf* **1** luz, lume. **Ex:** Iluminados pela chama da vela. **2** labareda, língua de fogo. **Ex:** A casa estava em chamas. **3** *Fig.* ardor, paixão, fogo *fig*. **Ex:** A chama da juventude. **4** V. chamariz.

chamada *sf* **1** V. chamado. **2** bronca *pop*, repreensão, sabão. **Ex:** Levou uma chamada da mãe. **3** nota, anotação, apontamento. **Ex:** O revisor fez várias chamadas no texto.

chamado *sm* chamada, chamamento, convite, convocação. **Ex:** Meus amigos atenderam ao meu chamado; o chamado do amor.

chamamento V. chamado.

chamar *vtd* **1** convidar, convocar. **Ex:** Chamar os amigos. **2** nomear, denominar, batizar. **Ex:** Vamos chamar nosso cachorro de Fido. **3** atrair. **Ex:** Dinheiro chama dinheiro. **A:** afastar. **4** invocar, apelar para. **Ex:** Quando apanhava do irmão, chamava a mãe. *vpr* **5** *COISAS* denominar-se, intitular-se, designar-se. **Ex:** O livro chama-se "Memórias".

chamariz *sm* isca, engodo, negaça, chama.

chá-mate V. mate.

chamativo *adj* 1 vistoso, atraente. **Ex:** Pessoa chamativa. 2 *COLORIDO* berrante, gritante. **Ex:** Vestia uma calça de um azul chamativo. **A:** discreto (nas duas acepções).

chambre *sm* roupão.

chamego (ê) *sm* 1 xodó, paixão, menina dos olhos. 2 namoro.

chamejante *adj m+f* flamejante, brilhante, fulgurante, resplandecente.

chamejar *vtd* 1 flamejar, lançar, dardejar. **Ex:** Seu olhar dardejava um intenso desprezo. *vi* 2 arder, queimar, inflamar-se. 3 cintilar, resplandecer, fulgurar. **Ex:** O sol chamejava. 4 zangar-se, irar-se, encolerizar-se. **A:** acalmar-se. 5 apaixonar-se, arrebatar-se, exaltar-se.

chaminé *sf* fumeiro.

champanha *sm* champanhe, vinho espumante.

champanhe V. champanha.

chamusca V. chamusco.

chamuscadura V. chamusco.

chamuscar *vtd+vpr* tostar(-se), crestar(-se), queimar(-se), requeimar(-se).

chamusco *sm* 1 chamusca, chamuscadura, tostadura. 2 *S* tiroteio, luta, combate.

chance *sf Gal.* oportunidade, ensejo, ocasião.

chancela *sf* 1 selo, timbre, carimbo. 2 rubrica, firma.

chancelar *vtd* 1 selar, timbrar, carimbar. 2 rubricar, firmar. 3 aprovar, ratificar, sancionar. **A:** desaprovar.

chanceler *sm* 1 primeiro-ministro. 2 ministro das Relações Exteriores.

chantagear *vtd* extorquir.

chão *sm* 1 solo, terra. **Ex:** Cair no chão. 2 piso, pavimento. **Ex:** Chão de ladrilhos. 3 *Pop.* distância. **Ex:** Daqui até a estação temos muito chão pela frente. *adj* 4 liso, plano, chato. **Ex:** Superfície chã. **A:** áspero. 5 *MAR* bonançoso, tranqüilo, calmo. **A:** turbulento. 6 franco, sincero, verdadeiro. **Ex:** Falou de modo chão. **A:** falso. 7 afeito, acostumado, habituado. **A:** descostumado. 8 vulgar, baixo, rasteiro. **Ex:** Vocabulário chão. **A:** elevado.

chapa *sf* 1 placa, lâmina, folha. **Ex:** Chapa de metal. 2 *DE VEÍCULO* placa. **Ex:** Anotamos o número da chapa do automóvel. 3 radiografia. **Ex:** Chapa do pulmão. 4 chapa eleitoral, candidatos *pl.* **Ex:** Votamos na chapa B. 5 chavão, clichê, lugar-comum. *s m+f* 6 *Pop.* amigo, parceiro, companheiro. **Ex:** Fulano é meu chapa.

chapada *sf Geogr.* planalto, platô, altiplano, planura.

chapar *vtd* 1 chapear, revestir, recobrir (com chapas). 2 marcar, estampar, imprimir. **Ex:** Chapou o papel com desenhos. 3 cunhar. **Ex:** Chapar moedas. 4 enfeitar, ornar, guarnecer. *vpr* 5 estatelar-se, cair, esborrachar-se. **Ex:** Chapou-se no assoalho.

chapear V. chapar.

chapéu *sm* 1 guarda-chuva, sombrinha, umbela. 2 *DE PRAIA* guarda-sol, chapéu-de-sol.

chapéu-de-sol V. chapéu.

charada *sf* enigma, adivinha, adivinhação, problema.

charco *sm* pântano, brejo, atoleiro, banhado.

charcoso *adj TERRENO* pantanoso, alagadiço, encharcado, lamacento. **A:** seco.

charlatanice V. charlatanismo.

charlatanismo *sm* vigarice, trapaça, charlatanice, logro.

charlatão *sm* 1 curandeiro, benzedor, benzedeiro. 2 vigarista, trapaceiro, embusteiro.

charme *sm* 1 encanto, fascínio, sedução. 2 beleza, graça, formosura. **A:** feiúra.

charola *sf Liturg.* andor, padiola.

charque *sm* carne-seca, jabá.

charqueada *sf* estabelecimento onde se prepara o charque: saladeiro.

charquear *vi* carnear.

charrua *sf* 1 *Agr.* arado. 2 *Fig.* agricultura, lavoura.

chasco *sm* zombaria, gozação, deboche, escárnio.

chasquear *vtd, vti+vi* zombar, gozar, debochar, escarnecer de. **Ex:** Chasqueou o amigo (ou do amigo); ela vive chasqueando.

chasquento *adj* 1 *S* engraçado, interessante, bonito. 2 *S* elegante, bem-posto, bem trajado. **A:** maltrapilho.

chata *sf Náut.* barcaça.

chateação *sf* chatice, aborrecimento, amolação, maçada.

chatear *vtd+vpr* **1** aborrecer(-se), amolar(-se), aporrinhar(-se) *pop*. **Ex:** Não me chateie com suas reclamações; chateou-se porque foi mal atendido na loja. **2** entediar(-se), enfadar(-se), enfastiar(-se). **Ex:** Suas longas explicações chateavam os alunos.

chatice V. chateação.

chato *sm+adj* **1** cacete *gír*, importuno, impertinente. **Ex:** Fulano é um chato; pessoa chata. *adj* **2** liso, plano, chão. **Ex:** Superfície chata. **A:** áspero. **3** *Pop.* monótono, enfadonho, aborrecido. **Ex:** História chata. **A:** divertido.

chavão *sm* **1** padrão, modelo, tipo. **2** clichê, lugar-comum, estereótipo.

chave *sf* **1** *Mús.* clave. **2** solução, resolução, explicação. **Ex:** A chave de uma questão, de um problema. **3** controle, autoridade, poder. **Ex:** As chaves da cidade. **4** *Lit.* início, começo, princípio. **Ex:** O poema abre com chave de ouro. **5** *Lit.* remate, fecho, final. **Ex:** Fechar o conto com chave de ouro. * Chave grifo ou chave de cano: grifo.

chaveiro *sm* porta-chaves. **Ex:** Perdi meu chaveiro e não pude entrar em casa.

chávena *sf* xícara.

checape V. check-up.

checar *vtd* conferir, verificar, aferir, comparar.

check-up (ingl.: checápi) *sm Med.* checape.

checo V. tchecoslovaco.

checoslovaco V. tchecoslovaco.

chefatura V. chefia.

chefe *sm* **1** diretor, comandante, dirigente. **Ex:** O chefe de uma empresa. **2** cabeça, líder. **Ex:** O chefe de uma quadrilha.

chefia *sf* **1** escritório do chefe: chefatura. **2** direção, comando, governo. **3** liderança.

chefiar *vtd* **1** dirigir, comandar, governar. **Ex:** Chefiar um grupo de funcionários. **2** encabeçar, liderar. **Ex:** Chefiar uma rebelião.

chegada *sf* **1** regresso, volta, vinda. **Ex:** A chegada de uma viagem. **A:** partida. **2** aparecimento, surgimento, advento. **Ex:** A chegada de novos medicamentos ao mercado. **A:** desaparecimento.

chegado *part+adj* **1** próximo, vizinho, junto. **Ex:** Conhecíamos os moradores das casas mais chegadas à nossa. **A:** afastado. **2** dado, inclinado, propenso. **Ex:** É chegado

a acessos de raiva. **3** íntimo. **Ex:** Ele é um amigo muito chegado.

chegar *vti* **1** *LOCAL* atingir, alcançar, tocar. **Ex:** O homem já chegou à Lua. **2** *GRANDEZA, DIMENSÃO* atingir, alcançar, igualar. **Ex:** Muitas crianças desnutridas não chegam a essa altura; a última obra desse artista não chega aos pés das anteriores. **3** conseguir, poder. **Ex:** Não cheguei a realizar meu intento. **4** bastar, ser suficiente. **Ex:** Esse valor não chega para as despesas; já chega disso. **5** orçar por, montar a, importar em. **Ex:** Seu salário chega a tantos reais. *vti+vi* **6** vir, voltar, regressar. **Ex:** Chegar de viagem. **A:** partir. *vi* **7** começar, iniciar, principiar. **Ex:** Chegou a primavera. **A:** terminar. **8** acontecer, suceder, realizar-se. **Ex:** Uma desgraça nunca chega só. *vtd+vpr* **9** aproximar(-se), avizinhar(-se), achegar(-se). **A:** afastar(-se).

cheia *sf* **1** enchente, inundação, alagamento. **2** *Fig.* porção, enxurrada *fig*, torrente. **Ex:** Tenho uma cheia de problemas para resolver.

cheio *adj* **1** repleto, pleno, abarrotado. **Ex:** Ônibus cheio; recipiente cheio. **A:** vazio. **2** farto, cansado. **Ex:** Já estou cheio das suas lamentações. **3** gordo, nutrido, encorpado. **Ex:** Rosto cheio e saudável. **A:** magro. **4** contínuo. **Ex:** Linha cheia. **A:** interrompido. **5** maciço, compacto, sólido. **A:** oco. **6** abundante, rico, repleto. **Ex:** Texto cheio de erros. **A:** raro. * Em cheio: plenamente, completamente, em cheio.

cheirar *vtd* **1** farejar, aventar. **Ex:** O cão cheirou a casa inteira. **2** *Fig.* procurar, bisbilhotar, pesquisar. **Ex:** Que foi você foi cheirar ali? **3** *Fig.* farejar, suspeitar de, adivinhar. **Ex:** Cheirou as vantagens que conseguiria. *vti+vi* **4** recender. **Ex:** Ela entrou, cheirando a perfume barato. *vti* **5** *Pop.* parecer, soar, figurar-se. **Ex:** Sua atitude não me cheira bem; isso está me cheirando a trapaça.

cheiro *sm* **1** *EM GERAL* odor. **Ex:** Sinto cheiro de carne assada. **2** *AGRADÁVEL* aroma, perfume, fragrância. **Ex:** Que cheiro de rosas! **A:** fedor. **3** *DESAGRADÁVEL* fedor, fedentina, bodum. **Ex:** Cheiro de coisa estragada. **A:** perfume. **4** olfato, faro. **5** essência, perfume. **Ex:** Coleciona frascos de cheiros importados. **6** indício, sinal, rastro. **Ex:** Sentiu o cheiro do sucesso.

cheiroso *adj* perfumado, aromático, odoroso, fragrante. **A:** fedorento.

chiada V. chiado.

chiado *sm* **1** chio, chiada, rangido. **2** berreiro, gritaria, algazarra.

chiar *vi* **1** ranger. **Ex:** As rodas da carroça chiavam. **2** guinchar. **Ex:** Os ratos chiavam. **3** *DE RAIVA* gritar, berrar, vociferar. **4** *Pop.* protestar, reclamar, queixar-se. **Ex:** Tomei as decisões sem consultá-la, mas ela nem chiou.

chibante *adj* **1** orgulhoso, presunçoso, arrogante. **A:** humilde. **2** brigão, briguento, valentão. **A:** pacífico. **3** janota, casquilho, almofadinha *pop ant.*

chibata V. chicote.

chibatear V. chicotear.

chibo *sm* cabrito.

chicana *sf* cambalacho, tramóia, artimanha, ardil.

chicaneiro *sm+adj* trapaceiro, embusteiro, enganador.

chicle V. chiclete.

chiclete *sm* chicle, goma de mascar.

chicote *sm* chibata, açoite, flagelo, relho.

chicotear *vtd* açoitar, fustigar, chibatear, flagelar.

chifrada *sf* cornada, guampada, guampaço.

chifrar *vtd* **1** cornear, marrar, escornar. **Ex:** O touro chifrou o toureiro. **2** *Pop.* cornear, trair. **Ex:** Chifrar o marido.

chifre *sm* **1** *Zool.* corno, guampa, galho. **Ex:** O chifre do boi. **2** ponta, bico, extremidade. **Ex:** O chifre da bigorna.

chifrudo *adj* **1** cornudo, guampudo. **Ex:** Boi chifrudo. *sm* **2** *Vulg.* marido traído: cornudo, corno, cabrão.

chilique *sm Pop.* faniquito *fam*, ataque, desmaio, fanico *fam.*

chilrada V. chilreio.

chilrar V. chilrear.

chilreada V. chilreio.

chilrear *vtd* **1** *AVES* cantar, gorjear, trinar. **Ex:** Os passarinhos chilreavam suaves canções. *vi* **2** *AVES* pipilar, chilrar. **Ex:** Os pardais chilreiam nos galhos. **3** *PESSOAS* tagarelar, papear, palavrear. **Ex:** As mulheres chilreavam na cozinha.

chilreio *sm DE AVES* gorjeio, trinado, chilreada, chilrada, chilro.

chilro V. chilreio.

chimpanzé *sm Zool. chipanzé.*

chinela V. chinelo.

chinelo *sm* chinela; *PARA AGASALHO* pantufo, pantufa.

chinfrim *sm* **1** *Pop.* arrasta-pé, forró, bate-coxa. **2** *Pop.* confusão, banzé, angu *fam.* **3** *Pop.* algazarra, gritaria, alarido. **4** *Pop.* desordem, balbúrdia, rebuliço. **A:** ordem. *adj* **5** *Pop.* ordinário, mixuruca, reles. **Ex:** Comprou uma roupinha chinfrim.

chio *sm* **1** V. chiado. **2** *DE ANIMAIS* guincho.

chipanzé V. chimpanzé.

chique *adj m+f* **1** requintado, refinado, fino. **Ex:** Fomos a uma festa chique. **A:** feio. **2** elegante, alinhado, bem-vestido. **Ex:** Como você está chique hoje! **A:** maltrapilho.

chiqueiro *sm* **1** pocilga, chafurda. **2** *Fig.* espelunca, pocilga *gír.*, cloaca *fig.* **Ex:** Esta sala está um chiqueiro!

chispa *sf* **1** faísca, centelha, fagulha. **2** clarão, fulgor, lampejo. **3** talento, gênio, vocação.

chispar *vi* **1** faiscar, fagulhar. **2** fulgurar, lampejar. **3** *Fig.* correr, disparar, voar. **A:** parar. **4** *Fig.* zangar-se, encolerizar-se, irar-se. **A:** acalmar-se.

chiste *sm* graça, gracejo, piada, brincadeira.

chistoso *adj* engraçado, espirituoso, divertido, jocoso. **A:** insosso.

choça *sf* choupana, casebre, cabana, mocambo. **A:** palacete.

chocadeira *sf* incubadora.

chocalhar *vtd* **1** sacolejar, sacudir, chacoalhar. **2** espalhar, propalar, divulgar. **Ex:** Chocalhar segredos. *vi* **3** *Fig.* gargalhar.

chocar *vtd* **1** incubar. **Ex:** A galinha choca os ovos. **2** escandalizar, ofender, desagradar. **Ex:** Suas palavras chocaram a mãe. **A:** agradar. **3** premeditar, maquinar, tramar. **Ex:** Os criminosos chocaram um assalto. *vti+vpr* **4** colidir, bater, abalroar. **Ex:** O caminhão chocou no muro; os aviões chocaram-se ao sobrevoar o oceano.

chocarrear *vi* chalacear, gracejar.

chocarrice *sf* chalaça, gracejo (grosseiro).

chocho *adj* 1 *FRUTO* seco, peco. **A:** viçoso. 2 *Fig.* insosso, desenxabido, insípido. **Ex:** Assunto chocho. 3 *Fig.* fraco, débil, enfraquecido. **A:** forte. 4 *Fig.* vão, fútil, vazio. **Ex:** Discurso chocho. 5 V. choco.

choco *sm* 1 incubação. *adj* 2 *OVO* goro, chocho. 3 podre, estragado, putrefato.

chofer *sm* motorista, condutor.

chofre *sm* choque, batida, pancada. * De chofre: de repente, repentinamente, subitamente.

chope *sm* cerveja (fresca, de barril).

choque *sm* 1 colisão, batida, impacto. **Ex:** O choque de dois automóveis. 2 conflito, oposição, antagonismo. **Ex:** Choque de idéias. 3 *EMOCIONAL* abalo, comoção. **Ex:** A notícia foi um choque para eles. 4 *ELÉTRICO* descarga. 5 combate, luta, batalha. **Ex:** O choque dos exércitos inimigos deixou muitas baixas.

choradeira *sf* 1 lamentação, lamúria, gemido. 2 carpideira. **Ex:** As choradeiras compareceram ao funeral.

choramingar *vi* lamentar-se, lamuriar, gemer, queixar-se.

chorão *sm Bot.* salgueiro, vimeiro, vime.

chorar *vtd* 1 prantear, lamentar, lastimar. **Ex:** Chorar as perdas. **A:** aplaudir. *vi* 2 prantear, lacrimejar, lagrimejar. **Ex:** A menina caiu da escada e chorou. **A:** rir. 3 lamentar-se, lastimar-se, queixar-se. **Ex:** Ela parece ter muitos problemas, pois chora o dia todo. **A:** regozijar-se.

choro *sm* 1 pranto, lágrimas *pl.* **A:** riso. 2 lamento, lamúria, queixa.

choroso *adj* 1 que chora: lastimoso, lacrimoso. **A:** risonho. 2 triste, sentido, magoado. **A:** alegre.

chorrilho *sm* série, seqüência, sucessão, enfiada.

choupana *sf* choça, cabana, casebre, mocambo. **A:** mansão.

choupo *sm* álamo, choupo-branco.

choupo-branco V. choupo.

chuchar *vtd* 1 chupar, sugar. **Ex:** Chuchar a chupeta. 2 mamar. **Ex:** Chuchar o leite. 3 cutucar, tocar. **Ex:** Chuchou a irmã, para ver se estava acordada. 4 levar, tomar,

receber. **Ex:** Vai chuchar umas boas palmadas. 5 *Pop.* caçoar, gozar, zombar de. **Ex:** Não chuche o coitado.

chulé *sm Gír.* mau cheiro, fedor (dos pés).

chulice *sf* vulgaridade, obscenidade, grosseria, baixeza. **A:** educação.

chulo *adj* vulgar, obsceno, grosseiro, baixo. **Ex:** Linguagem chula. **A:** educado.

chumaço *sm* estofo, entretela, forra, enchido.

chumbado *part+adj* 1 *Pop.* embriagado, bêbado, ébrio. **Ex:** Saiu da festa totalmente chumbado. **A:** sóbrio. 2 *Pop.* apaixonado, gamado *gír.*, enamorado. **Ex:** Ficou chumbada pelo rapaz.

chumbar *vtd* 1 soldar. **Ex:** Chumbar uma peça. 2 *tb Fig.* prender, fixar, ligar. **Ex:** A insegurança chumbava-o em casa. **A:** soltar. 3 fechar, tapar, tampar. **Ex:** Chumbar uma fenda. **A:** abrir. 4 atirar, disparar em. **Ex:** O policial chumbou o ladrão. 5 *DENTE Pop.* obturar. 6 *Pop.* embriagar, embebedar, alcoolizar.

chupada *sf* 1 chupadela. 2 *Pop.* repreensão, bronca *pop*, descompostura. 3 chupão. **Ex:** Uma chupada no pescoço.

chupadela V. chupada.

chupado *adj Fam.* esquelético, magro, cadavérico, mirrado. **Ex:** Rosto chupado. **A:** robusto.

chupão V. chupada.

chupar *vtd* 1 sugar, chuchar. **Ex:** O bebê chupava o seio da mãe. 2 absorver, sugar, sorver. **Ex:** A toalha chupou toda a água derramada. 3 consumir, gastar, esbanjar. **Ex:** Chupar a fortuna de alguém. 4 copiar, roubar, aproveitar-se de. **Ex:** Chuparam todas as minhas idéias.

chupim *sm* 1 *Ornit.* vira-bosta. 2 *Pop.* marido que vive às custas da esposa: parasita *fig*, aproveitador.

chutar *vtd Gír.* desprezar, desdenhar, livrar-se de, rejeitar. **Ex:** Chutou a esposa, trocando-a por uma mulher mais nova.

chute *sm* pontapé.

chuva *sf* 1 *FORTE* temporal, aguaceiro, pé-d'água; *MIÚDA* chuvisco, garoa, chuvisqueiro. 2 *Fig.* montão, mundo, enxurrada *fig.* **Ex:** Ganhei uma chuva de presentes. 3 bebedeira, porre *pop*, pileque. **A:** sobriedade.

chuvarada *sf* aguaceiro, toró, temporal, pé-d'água.

chuviscar *vi* garoar, borrifar, babujar, peneirar.

chuvisco *sm* garoa, borrifo, chuvisqueiro, peneira.

chuvisqueiro V. chuvisco.

chuvoso *adj* pluvioso *poét*. **Ex:** Dia chuvoso. **A:** seco.

cicatriz *sf* **1** marca, sinal. **Ex:** Uma cicatriz no rosto. **2** *Fig. DE DESTRUIÇÃO* vestígio, restos *pl*, resquícios *pl*. **Ex:** As cicatrizes deixadas pela guerra. **3** *Fig. DE DOR MORAL* lembrança, reminiscência, memória. **Ex:** Os seus insultos deixaram-lhe uma cicatriz dolorosa no coração.

cicatrizar *vtd* **1** *tb Fig.* curar, sanar, sarar. **Ex:** Esse remédio cicatrizará seu ferimento; o tempo cicatriza todas as feridas. *vi+vpr* **2** fechar(-se), secar. **Ex:** O corte cicatrizou(-se). **3** *DOR MORAL* desvanecer, dissipar-se, desfazer-se. **Ex:** A mágoa já cicatrizou.

cicerone *sm* guia.

ciciar *vtd+vi* **1** cochichar, sussurrar, murmurar. **Ex:** Ciciou qualquer coisa no ouvido da amiga e saiu. **A:** gritar. *vi* **2** rumorejar, murmurejar, murmurinhar. **Ex:** As folhas das árvores ciciavam.

cicio *sm* **1** cochicho, sussurro, murmúrio. **A:** grito. **2** rumorejo, murmurinho, burburinho.

cíclico *adj* periódico, intermitente, recorrente, alternado.

ciclo *sm* circuito, período, intervalo, fase.

ciclone *sm Meteor.* tufão, furacão, vendaval, turbilhão.

cidadão *sm* **1** habitante, morador. **Ex:** Os cidadãos de São Paulo. **2** *Pop.* sujeito, indivíduo, pessoa. **Ex:** Ontem, veio aqui um cidadão, dizendo-se fiscal.

cidade *sf* **1** urbe, povoação. **2** centro (da cidade). **Ex:** Fomos à cidade, fazer compras. **A:** periferia.

cidadela *sf* **1** fortaleza, forte, baluarte. **2** *Fut.* gol, meta, arco.

ciência *sf* **1** conhecimento, saber, sabedoria. **Ex:** Empregamos toda nossa ciência para resolver o problema. **A:** ignorância. **2** disciplina, matéria, doutrina. **Ex:** A química é uma ciência.

ciente *adj* **1** sábio, erudito, culto. **A:** ignorante. **2** consciente, sabedor, conhecedor. **Ex:** Somos cientes de nossos direitos. **A:** insciente.

cientificar *vtd* informar, comunicar, notificar, participar. **Ex:** O colega cientificou-o das mudanças no projeto.

cientista *s m+f* sábio, especialista.

cifra *sf* **1** *Mat.* zero. **2** *Mat.* algarismo, número. **3** *Mat.* soma, total, importância. **Ex:** As despesas atingiram uma cifra exorbitante. **4** código. **Ex:** Para ler essa mensagem secreta, é preciso saber a cifra. **5** monograma. **Ex:** Ela usava um roupão com uma cifra bordada. *sf pl* **6** contabilidade *sing*. **7** cálculo *sing*.

cifrar *vtd* **1** escrever em cifra: codificar. **Ex:** Cifrar uma mensagem. **A:** decifrar. *vtd+vpr* **2** resumir(-se), limitar(-se), reduzir(-se). **Ex:** Sua carta cifrou-se em umas poucas linhas.

ciganada *sf* **1** multidão de ciganos: ciganaria. **2** *Pej.* ação de cigano: ciganice, ciganaria, trapaça, artimanha.

ciganaria V. ciganada.

ciganear *vi* errar, vaguear, vagar, perambular.

ciganice V. ciganada.

cigano *sm* **1** *Etnol.* zíngaro. *sm+adj* **2** nômade, errante, vagabundo. **A:** sedentário. **3** *Pej.* trapaceiro, embusteiro, velhaco. *adj* **4** esperto, astuto, ladino. **A:** ingênuo.

cigarreira *sf* porta-cigarros.

cilada *sf* **1** emboscada, tocaia, espera. **Ex:** Os índios prepararam uma cilada para os soldados. **2** armadilha, arapuca *fig*, ardil. **Ex:** Essa propaganda é uma cilada para enganar os consumidores. **3** deslealdade, traição, falsidade. **A:** lealdade.

cilhar *vtd* apertar, cingir, estreitar, arrochar. **Ex:** Cilhou o pescoço da vítima com a gravata. **A:** desapertar.

cilício *sm* sofrimento, tortura, martírio, suplício. **A:** prazer.

cilíndrico *adj* redondo, roliço.

cílio *sm Anat.* pestana.

cima *sf* cume, topo, alto. **Ex:** A cima do morro. **A:** pé. * Em cima (de): no alto (de).

Ex: Suba a montanha, a cabana fica lá em cima; o livro estava em cima da mesa. **A:** embaixo (de).

cimentar *vtd* **1** *Constr.* alicerçar, embasar. **Ex:** Cimentou o edifício. *vtd+vpr* **2** *Fig.* consolidar(-se), firmar(-se), fundamentar(-se). **Ex:** Nossa equipe cimentou sua posição de liderança no campeonato. **A:** abalar(-se).

cimento *sm Fig.* base, fundamento, apoio, alicerce *fig.* **Ex:** O cimento do casamento é a confiança mútua.

cimo *sm* **1** topo, alto, vértice. **Ex:** O cimo do poste. **A:** base. **2** *DE MONTANHA* cume, crista, cocuruto. **A:** sopé.

cindir *vtd* **1** dividir, separar, desmembrar. **Ex:** Cindir as partes de um todo. **A:** juntar. **2** cortar, atravessar, cruzar. **Ex:** Os pássaros cindem o céu da cidade; as caravelas cindiam o Oceano Atlântico. **3** *AMIGOS* indispor, inimizar, malquistar. **A:** conciliar.

cine V. cinema.

cinema *sm* **1** *ARTE* cinematografia. **2** *LOCAL* cine. **Ex:** Fomos ao cinema.

cinematografar *vtd* filmar.

cinematografia V. cinema.

cingir *vtd* **1** cercar, circundar, contornar. **Ex:** Um fosso cingia o castelo. **2** coroar, ornar, adornar. **Ex:** Flores silvestres cingiam a cabeça da camponesa. **3** apertar, atar, amarrar. **Ex:** Cingir uma faixa na cintura. **A:** afrouxar. **4** abraçar, cingir, apertar (nos braços). **Ex:** O pai cingiu o filho, emocionado. *vpr* **5** aproximar-se, acercar-se, achegar-se. **Ex:** Cingiu-se ao portão, para olhar a rua. **A:** afastar-se. **6** restringir-se, limitar-se, reduzir-se. **Ex:** Cingiu-se aos resultados já comprovados, dispensando as hipóteses.

cínico *sm+adj* cara-de-pau, caradura, sem-vergonha, impudente.

cinismo *sm* caradurismo, sem-vergonhice, desfaçatez, impudência.

cinqüentão *sm+adj* *Pop.* qüinquagenário.

cinta *sf* **1** cinto, cinturão. **Ex:** Colocou a cinta para as calças não caírem. **2** *Anat.* cintura. **3** faixa, tira. **Ex:** Cinta de papel, de pano.

cintilação *sf* resplendor, brilho, fulgor, esplendor.

cintilar *vi* **1** resplandecer, brilhar, reluzir. **Ex:** As estrelas cintilavam. **2** faiscar, fagulhar, chispar. **Ex:** Seus olhos cintilavam de raiva.

cinto *sm* **1** cinta, cinturão. **2** cerca, sebe, tapume.

cintura *sf Anat.* cinta.

cinturão *sm* **1** cinta, cinto. **2** boldrié. **Ex:** No cinturão do pistoleiro havia duas cartucheiras de couro. **3** faixa, zona, área. **Ex:** O cinturão de corais abrigava várias espécies de peixes.

cinza *sf* **1** pó. **Ex:** A cinza do carvão. *sf pl* **2** restos mortais. **Ex:** Colocaram as cinzas do morto na urna. **3** *QUENTES* rescaldo *sing*, borralho *sing*, borralha *sing*. *sm+adj* **4** *COR* cinzento.

cinzelar *vtd* **1** lavrar, gravar, esculpir. **2** aprimorar, aperfeiçoar, refinar.

cinzento *sm+adj* cinza.

cio *sm* estro, lua *pop.* **Ex:** A gata está no cio.

cioso *adj* **1** ciumento, zeloso. **Ex:** Marido cioso. **2** atencioso, cuidadoso, zeloso. **Ex:** Cioso dos deveres. **A:** descuidado.

cipoada *sf* **1** V. cipoal. **2** *Fig.* trapaça, embuste, tapeação *pop.*

cipoal *sm* **1** mata abundante de cipós: cipoada. **2** *Fig.* labirinto, embrulhada *fam*, sinuca *pop.*

cipreste *sm Fig.* luto, tristeza, dor, pesar. **A:** alegria.

ciranda *sf* **1** peneira, joeira. **2** *Folc.* cirandinha.

cirandar *vtd* peneirar, joeirar.

cirandinha V. ciranda.

circo *sm* **1** *Hist.* coliseu. **Ex:** Os romanos assistiam aos jogos no circo. **2** circo de cavalinhos. **3** V. círculo.

circuito *sm* **1** perímetro, contorno. **Ex:** O circuito de uma área fechada. **2** circunferência, periferia, âmbito. **3** giro, volta. **Ex:** Para chegarmos ali, precisamos fazer um circuito de dois quarteirões. **4** *Elet.* curto-circuito. **5** ciclo, período, intervalo. **6** cerca, tapume, sebe.

circulação *sf* **1** curso, marcha, trajeto. **Ex:** A circulação da água no encanamento. **2** trânsito, movimento, passagem. **Ex:** Os carros estacionados na calçada impediam a circulação dos pedestres.

circular *sf* **1** carta circular. **Ex:** Todos os departamentos receberam a circular número 50. *adj* **2** redondo, orbicular, encíclico. **Ex:** Uma forma circular. *vtd* **3** rodear, circundar, contornar. **Ex:** Circulou a resposta certa com lápis vermelho; as crianças circulavam a piscina. **4** percorrer, correr, andar por. **Ex:** O pai procurava o filho, circulando todo o acampamento. *vi* **5** transitar, passar, andar. **Ex:** Por esta rua comercial circulam muitos consumidores.

círculo *sm* **1** *Impr.* circunferência. **2** anel, arco, aro. **3** volta, giro, rodeio. **4** área, extensão, limite. **Ex:** Círculo de amizades. **5** associação, sociedade, grêmio. **Ex:** O círculo dos imigrantes italianos.

circuncidado V. circunciso.

circuncisão *sf Fig.* corte, supressão, eliminação, extinção.

circunciso *sm* **1** circuncidado. **2** *Pej.* judeu, hebreu.

circundar *vtd* cercar, cingir, rodear, contornar. **Ex:** O mar azul circundava as ilhas.

circunferência *sf* **1** círculo *impr.* **2** periferia, circuito, âmbito.

circunlocução V. circunlóquio.

circunlóquio *sm* circunlocução, perífrase, rodeio (de palavras).

circunscrever *vtd* **1** abranger, conter, compreender. **Ex:** O trabalho circunscreve pesquisas de 1980 a 1990. *vtd+vpr* **2** limitar(-se), restringir(-se), reduzir(-se). **Ex:** O decreto circunscrevia os poderes do ministro.

circunscrição *sf* divisão territorial; *JUDICIÁRIA* comarca.

circunscrito *part+adj* **1** limitado, restrito, reduzido. **Ex:** Poder circunscrito à esfera municipal. **A:** ilimitado. **2** localizado. **Ex:** Tumor circunscrito. **A:** generalizado.

circunspeção V. circunspecção.

circunspecção *sf* cautela, prudência, ponderação, sensatez, circunspeção. **A:** leviandade.

circunspecto *adj* **1** cauteloso, prudente, ponderado. **A:** leviano. **2** sério, sisudo, severo. **A:** alegre. **Obs.:** Nas duas acepções, existe a variante *circunspeto.*

circunspeto V. circunspecto.

circunstância *sf* **1** situação, condição, estado. **2** causa, motivo, razão. **Ex:** Não pude ajudá-la por circunstâncias alheias à minha vontade. **3** *SOCIAL* importância, destaque, influência. **Ex:** É um membro de grande circunstância em nosso grupo.

circunstanciar *vtd* detalhar, pormenorizar, particularizar, esmiuçar. **A:** generalizar.

circunvagar *vi* errar, vagar, vaguear, perambular.

circunvizinhança *sf* **1** proximidade, vizinhança, adjacência. **2** arredores *pl,* cercanias *pl,* imediações *pl.*

circunvizinho *adj* **1** próximo, vizinho, adjacente. **A:** distante. **2** confinante, limítrofe, fronteiro.

círio *sm* vela (grande, de cera).

cirurgia *sf Med.* operação, intervenção cirúrgica.

cirurgião *sm* **1** *Med.* operador. **2** *Pop.* médico, clínico, facultativo.

cirurgião-dentista *sm* dentista, odontólogo, odontologista.

cisão *sf* **1** discórdia, desacordo, divergência. **Ex:** Houve uma cisão entre os generais. **A:** concórdia. **2** cisma, dissidência, dissensão. **Ex:** As cisões da Igreja.

ciscar *vtd* **1** limpar, livrar, desinfestar. **Ex:** Ciscar a plantação. *vtd+vi* **2** *GALINHA* esgravatar, esgravatar. *vpr* **3** *Pop.* escapulir, safar-se, evadir-se. **Ex:** O ladrão ciscou-se antes que os donos da casa chegassem.

cisco *sm* **1** lixo, detritos *pl,* sujeira. **2** *NOS OLHOS* argueiro.

cisma *sf* **1** sonho, fantasia, devaneio. **2** aflição, preocupação, inquietação. **A:** calma. **3** teimosia, teima, obstinação. **Ex:** A cisma de fazer algo. **4** suspeita, desconfiança, receio. **Ex:** Tenho cisma desse tipo de oferta. **5** implicância, antipatia, rixa. **Ex:** Ter cisma com alguém. *sm* **6** V. cisão.

cismar *vtd, vti+vi* **1** meditar, pensar, matutar. **Ex:** Cismava os planos (ou nos planos) para o ano que vem; ficou deitado na grama, cismando. *vtd* **2** encasquetar, encafifar, meter na cabeça. **Ex:** Cismou que faria aquilo, e ninguém conseguiu fazê-lo mudar de idéia. *vti* **3** suspeitar, desconfiar. **Ex:** Cismei com tamanha gentileza, e rejeitei o convite. **A:** confiar. **4** implicar, embirrar, antipatizar. **Ex:** Cismou comigo, e fica me perturbando. **A:** simpatizar.

vi **5** afligir-se, preocupar-se, inquietar-se. **A:** acalmar-se.

cisplatino *adj Geogr.* que fica do lado de cá do Rio da Prata. **A:** transplatino.

cissura *sf* **1** fenda, fissura, greta. **Ex:** Uma cissura na parede. **2** *NUM RELACIONA-MENTO* ruptura, rompimento, separação. **Ex:** Houve uma cissura entre os dois amigos. **A:** reatamento.

cisterna *sf* **1** reservatório (de água da chuva). **2** poço, cacimba.

cisto V. quisto.

citação *sf* **1** referência, menção, alusão. **A:** omissão. **2** *Dir.* intimação, notificação.

citadino *adj* relativo à cidade: urbano. **A:** rural.

citar *vtd* **1** referir, mencionar, aludir a. **A:** omitir. **2** *Dir.* intimar, notificar, emprazar.

ciumaria V. ciumeira.

ciúme *sm* **1** inveja, emulação. *sm pl* **2** zelos. **Ex:** Tem ciúmes da namorada. **Obs.:** Na acepção 2, o *sing* é menos usado.

ciumeira *sf Pop.* ciúme exagerado: ciumaria.

ciumento *adj* zeloso, cioso. **Ex:** Marido ciumento.

cível *adj m+f Dir.* civil. **Ex:** Causa cível. **A:** criminal.

cívico *adj* patriótico. **Ex:** Comemoração cívica.

civil *s e adj m+f* **1** paisano. **A:** militar. *adj m+f* **2** *Dir.* cível. **A:** criminal. **3** educado, cortês, gentil. **A:** grosseiro.

civilidade *sf* educação, cortesia, gentileza, polidez. **A:** grosseria.

civilismo V. civismo.

civilização *sf* cultura, progresso, desenvolvimento, adiantamento. **A:** barbárie.

civilizado *part+adj* **1** culto, esclarecido, instruído. **A:** ignorante. **2** educado, gentil, amável. **A:** malcriado.

civilizar *vtd+vpr* educar(-se), instruir(-se), polir(-se). **A:** abrutalhar(-se).

civismo *sm* patriotismo, nacionalismo, civilismo.

cizânia *sf* **1** *Bot.* joio. **2** *Fig.* inimizade, desavença, discórdia. **A:** amizade.

clã *sm* **1** tribo. **2** partido, facção, grupo.

clamar *vtd+vi* **1** gritar, berrar, bradar. **Ex:** As crianças clamavam. **A:** sussurrar. *vtd* **2** suplicar, implorar, rogar. **Ex:** Os criminosos clamavam perdão. **3** exigir, reclamar, reivindicar. **Ex:** Clamar justiça. *vti* **4** protestar, reclamar, opor-se. **Ex:** O povo clamou contra a nova lei. **A:** apoiar.

clamor *sm* **1** grito, berro, brado. **A:** sussurro. **2** súplica, rogo. **3** protesto, reclamação, queixa. **A:** apoio.

clamoroso *adj* **1** queixoso, lamentoso, choroso. **2** insistente, instante, reiterado. **Ex:** Pedidos clamorosos. **3** muito evidente: berrante, gritante. **Ex:** Diferença clamorosa.

clandestino *adj* **1** furtivo, escondido, oculto. **Ex:** Namoro clandestino. **A:** público. **2** ilegal, ilegítimo, ilícito. **Ex:** Organização clandestina. **A:** legal.

clara *sf* **1** *DO OVO* albume, albúmen. **2** *Anat.* branco do olho, esclerótica.

clarabóia *sf Arquit.* lucerna, lanterna.

clarão *sm* **1** claridade. **A:** escuridão. **2** fulgor, lampejo, cintilação.

clarear *vtd+vi* **1** aclarar(-se), iluminar(-se), clarificar(-se). **Ex:** A luz do sol clareava meu quarto. **A:** escurecer. *vi* **2** *CÉU, DIA* limpar, desanuviar-se, descobrir-se. **Ex:** Depois da chuva, o céu clareou. **A:** anuviar-se.

clareira *sf* **1** *EM FLORESTA* aberta, claro. **2** lacuna, espaço, vão.

clareza *sf* **1** simplicidade, facilidade, naturalidade. **Ex:** A clareza de um texto. **A:** complexidade. **2** limpidez, transparência, nitidez. **A:** opacidade.

claridade *sf* **1** brilho, luminosidade. **A:** escuridão. **2** clarão, esplendor, fulgor. **Ex:** A claridade da chama. **3** brancura, alvura, alvor. **A:** negrura.

clarificar *vtd+vpr* **1** *LÍQUIDOS* clarear, aclarar(-se). **A:** turvar(-se). **2** purificar(-se), depurar(-se), purgar(-se). **A:** sujar(-se).

clarim *sm Mús.* trombeta, corneta, trompa.

clarineta V. clarinete.

clarinete *sm Mús.* instrumento de sopro e palheta simples; clarineta.

clarividente *adj m+f* **1** esperto, vivo, perspicaz. **A:** ingênuo. **2** prudente, ajuizado, cauteloso. **A:** imprudente.

claro *sm* **1** parte clara. **Ex:** Aqui não consigo ver nada, vamos para o claro. **A:** escuro. **2** lacuna, espaço, vazio. **3** V. clareira. *adj* **4** brilhante, luminoso, cintilante. **Ex:**

Trocamos a lâmpada porque era muito clara. **A:** escuro. **5** iluminado, alumiado. **Ex:** Quarto claro. **A:** escuro. **6** cristalino, límpido, transparente. **Ex:** Águas claras. **A:** opaco. **7** *CÉU, DIA* desanuviado, limpo, sereno. **A:** nublado. **8** branco, alvo, níveo. **Ex:** Pele clara. **A:** negro. **9** compreensível, simples, fácil. **Ex:** Linguagem clara. **A:** confuso. **10** evidente, manifesto, visível. **Ex:** Suas intenções são pouco claras. **A:** oculto. **11** inequívoco, explícito, certo. **Ex:** A lei é bastante clara a esse respeito. **A:** dúbio.

classe *sf* **1** gênero, espécie, variedade. **Ex:** Classes de animais. **2** categoria, qualidade, ordem. **Ex:** Produtos de primeira classe. **3** sala (de aula). **Ex:** Todos os alunos entraram na classe. **4** turma, sala. **Ex:** Nossa classe venceu a gincana; a escola tem quatro classes de sétima série. **5** elegância, distinção, educação. **Ex:** Fulano tem muita classe. **A:** deselegância. * Classe social: casta.

clássico *adj* **1** tradicional, antigo. **A:** moderno. **2** habitual, costumeiro, usual. **A:** inusitado. **3** simples, sóbrio, parco. **Ex:** Estilo clássico. **A:** rebuscado. **4** exemplar, modelar, perfeito. **Ex:** Atitude clássica.

classificar *vtd* **1** catalogar, relacionar, fichar. **Ex:** O cientista classificou os tipos de vírus. **2** arrumar, ordenar, arranjar. **Ex:** Classificar documentos. **3** aprovar, qualificar. **Ex:** O júri classificou dois candidatos. *vtd+vpr* **4** chamar(-se), denominar(-se), qualificar(-se). **Ex:** Classificaram-no de incompetente; classificou-se de representante do povo. *vpr* **5** passar, qualificar-se. **Ex:** Classificou-se em primeiro lugar no concurso.

claudicação *sf* **1** *Fig.* erro, falha, engano. **A:** acerto. **2** *Fig.* defeito, imperfeição, mácula *fig.* **A:** qualidade.

claudicante *adj m+f* **1** manco, coxo, manquitola. **2** *Fig.* indeciso, vacilante, hesitante. **A:** decidido.

claudicar *vi* **1** coxear, mancar, capengar. **2** *Fig.* errar, falhar, enganar-se. **A:** acertar.

claustro *sm* convento, mosteiro, clausura, monastério.

cláusula *sf* artigo, condição, disposição, preceito. **Ex:** As cláusulas de um contrato.

clausura *sf* **1** V. claustro. **2** reclusão, retiro, isolamento.

clava *sf* maça.

clave *sf Mús.* chave. **Ex:** A clave de fá.

clemência *sf* **1** indulgência, complacência, tolerância. **2** bondade, benevolência, benignidade. **3** *DO CLIMA, TEMPO* suavidade, brandura, amenidade. **A:** inclemência (nas três acepções).

clemente *adj m+f* **1** indulgente, complacente, tolerante. **2** bom, benevolente, benigno. **3** *CLIMA, TEMPO* suave, brando, ameno. **A:** inclemente (nas três acepções).

clerical *adj m+f* eclesiástico. **A:** leigo.

clérigo *sm* sacerdote, eclesiástico, padre. **A:** leigo.

clero *sm* igreja, sacerdotes *pl*, padres *pl*. **Ex:** O clero manifestou-se contra o aborto. **A:** leigos *pl*.

clichê *sm* **1** *Tip.* estereótipo. **2** *Fig.* chavão, lugar-comum, chapa.

cliente *sm* **1** *DE COMÉRCIO* freguês; *DE MÉDICO* doente, paciente; *DE ADVOGADO, PROCURADOR* constituinte. **2** protegido, favorito, afilhado.

clientela *sf DE COMÉRCIO* freguesia; *DE MÉDICO* clínica.

clima *sm Fig.* ambiente, meio, atmosfera, ar. **Ex:** O clima da casa não era agradável, por isso saímos.

climático *adj* climatológico. **Ex:** As condições climáticas.

climatizar V. aclimatar.

climatológico V. climático.

clímax *sm* apogeu, auge, máximo, ápice. **Ex:** Atingir o clímax.

clínica *sm* **1** V. clientela. **2** casa de saúde. **3** *PARA CONVALESCENÇA* sanatório.

clínico *sm* médico, facultativo.

clister *sm Med.* lavagem.

clitóris *sm sing+pl Anat.* grelo *vulg.*

cloaca *sf* **1** privada, latrina, sentina. **2** *Fig.* lugar imundo: chiqueiro.

clube *sm* centro, associação, grêmio, agremiação.

côa V. coação.

coabitar *vtd+vti* conviver. **Ex:** Eles coabitam a mesma casa há dez anos; coabitarão com mais duas pessoas.

coação *sf* 1 *DE COAR* côa. 2 *DE COAGIR* constrangimento, imposição, coerção *dir.*

coadjuvante *s e adj m+f* 1 ajudante, auxiliar, assistente. 2 *Teat., Cin.* e *Telev.* ator secundário.

coadjuvar *vtd* ajudar, auxiliar, assistir, cooperar com. **A:** atrapalhar.

coadunar *vtd* 1 juntar, reunir, unir. **Ex:** Ela coaduna beleza e inteligência. **A:** separar. *vtd+vpr* 2 harmonizar(-se), combinar(-se), conformar(-se). **Ex:** Sua atitude não se coaduna com suas declarações. **A:** desarmonizar(-se).

coagir *vtd* constranger, forçar, obrigar, violentar. **Ex:** Coagiram-no a fazer declarações falsas.

coagulação *sf* coalhadura, solidificação. **Ex:** A coagulação do leite.

coagular *vtd+vpr* 1 coalhar(-se), solidificar(-se). *vi+vpr* 2 *LEITE* coalhar(-se), talhar(-se).

coágulo *sm* coalho, coalhadura. **Ex:** Um coágulo sangüíneo.

coalhadura *sf* coágulo e coagulação.

coalhar V. coagular.

coalho V. coágulo.

coalizão *sf* 1 coligação, acordo, pacto. **Ex:** Coalizão de partidos. 2 federação, liga, confederação. **Ex:** Coalizão de países.

coar *vtd* 1 filtrar. **Ex:** Coar uma mistura, para separar os seus elementos. 2 *METAL FUNDIDO* vazar, verter, despejar. *vti* 3 insinuar-se, introduzir-se, penetrar. **Ex:** A raiva coava em sua alma.

co-autor *sm DE OBRA, TRABALHO* colaborador; *DE CRIME* cúmplice, comparsa.

coaxar *vi* grasnar, grasnir. **Ex:** O sapo coaxa.

cobaia *sf Zool.* porquinho-da-índia.

cobarde V. covarde.

cobardia V. covardia.

coberta *sf* 1 V. cobertor. 2 cobertura, revestimento, capa. 3 *Arquit.* telheiro, alpendre. 4 *Arquit.* V. cobertura.

cobertor *sm* coberta, manta, colcha.

cobertura *sf* 1 coberta, capa, revestimento. 2 *Arquit.* telhado, teto, coberta. 3 *Econ.* fiança, garantia, aval. 4 *Econ.* pagamento, quitação, liqüidação. **Ex:** A cobertura de uma dívida.

cobiça *sf* ambição, ganância, fome *fig*, avidez. **A:** desapego.

cobiçar *vtd* ambicionar, desejar (ardentemente). **Ex:** Não cobiçar a mulher do próximo. **A:** desapegar-se.

cobiçoso *adj* ambicioso, ganancioso, faminto *fig*, ávido. **Ex:** Cobiçoso de prestígio. **A:** desapegado.

cobra *sf* 1 *Zool.* serpente, víbora, áspide. 2 *Fig.* malvado, víbora *fig*, cascavel *fig*. **Ex:** Fulano é uma cobra. 3 *Gír.* perito, especialista. **Ex:** Ele é cobra em matemática.

cobra-coral V. coral.

cobra-grande *sf Folc.* mãe-do-rio, boiúna.

cobrança *sf* arrecadação, coleta, recebimento, recolhimento. **A:** pagamento.

cobrar *vtd* 1 arrecadar, receber, recolher. **Ex:** Cobrar impostos. **A:** pagar. 2 exigir, pedir, reivindicar. **Ex:** O povo cobrava medidas drásticas. 3 recobrar, recuperar, readquirir. **Ex:** Cobrar energia. *vpr* 4 recuperar-se, restabelecer-se.

cobre *sm Pop.* dinheiro, grana *gír*, gaita *gír*, bufunfa *gír*.

cobreiro V. cobrelo.

cobrelo *sm Med.* um tipo de doença da pele: cobreiro *pop.*

cobrir *vtd* 1 tapar, encobrir, tampar. **Ex:** O tapete cobria os buracos do assoalho. **A:** descobrir. 2 esconder, disfarçar, encobrir. **Ex:** Não podia cobrir a sua decepção. **A:** descobrir. 3 *SOM* abafar, amortecer. **Ex:** A música alta cobria as vozes das pessoas. 4 vencer, percorrer, correr. **Ex:** Cobríamos grandes distâncias todos os dias. 5 *Econ.* afiançar, garantir, avalizar. **Ex:** O seguro cobre os riscos. 6 *Econ.* pagar, quitar, liqüidar. **Ex:** Cobrir uma dívida. *vtd+vpr* 7 proteger(-se), defender(-se), amparar(-se). **Ex:** Os outros soldados cobriram nossa fuga. **A:** descobrir(-se). 8 vestir(-se), enroupar(-se), envolver(-se). **Ex:** Cobriu-se porque fazia muito frio. **A:** desnudar(-se).

coca V. cocaína.

coça *sf* surra, espancamento, sova, esfrega.

cocaína sf Quím. coca.

cocar sm penacho. **Ex:** Os índios chegaram com seus cocares multicoloridos.

coçar vtd+vpr **1** esfregar(-se), roçar(-se). **Ex:** Coçou-se até ficar com a pele irritada. vtd **2** surrar, espancar, bater em. vi **3** comichar, prurir, pruir. **Ex:** Como isso coça!

cocção sf cozimento, cozedura.

coccige V. cóccix.

cóccix sm sing+pl Anat. ossinho do extremo inferior da coluna vertebral: coccige.

cócega V. cócegas.

cócegas sf pl **1** cócega sing. **Ex:** Sinto cócegas nos pés. **2** Fig. desejo, vontade, tentação. **Ex:** Está com cócegas de comer um doce. **3** Fig. impaciência, pressa, inquietação. **Ex:** Estou com cócegas, não agüento esperar. **A:** paciência.

coceira sf prurido, comichão, já-começa fam.

coche sm carruagem.

cocheira sf cavalariça, estrebaria.

cochichar vtd+vi sussurrar, murmurar, ciciar. **Ex:** As duas cochichavam e riam. **A:** gritar.

cochicho sm sussurro, murmúrio, cicio. **A:** grito.

cochilar vi **1** dormitar, pescar pop, cabecear. **2** Fig. errar, enganar-se, descuidar-se. **A:** acertar. **3** Fam. bobear pop, dormir de touca fam, dormir no ponto fam.

cochilo sm Fig. erro, engano, descuido, falha. **A:** acerto.

cociente V. quociente.

cóclea sf Anat. caracol.

coco (ó) sm Bacter. bactéria, micróbio, microrganismo (arredondado).

coco (ô) sm **1** Bot. ÁRVORE coqueiro, coco-da-baía, coqueiro-da-baía; FRUTO coco-da-baía. **2** Pop. cabeça, crânio.

cocô sm Inf. e Pop. fezes pl, excremento, merda vulg.

coco-da-baía V. coco.

cocorote sm pancada na cabeça com o nó dos dedos: coque, cascudo.

cocoruto sm **1** topo, alto, vértice. **A:** pé. **2** DE MONTANHA cume, crista, cimo. **A:** sopé. **3** DO ZEBU corcova, giba, bossa.

côdea sf casca, crosta. **Ex:** A côdea do pão.

codificar vtd **1** escrever em código: cifrar. **Ex:** O espião codificou a mensagem secreta. **A:** decodificar. **2** compilar, coligir, reunir. **Ex:** O autor codificou poesias antigas.

código sm **1** cifra. **Ex:** Não posso ler a correspondência sem o código. **2** compilação, coleção, seleção. **Ex:** Esse código reúne textos arcaicos portugueses. **3** regulamento, norma, regra.

codorna sf Ornit. codorniz.

codorniz V. codorna.

coeficiente sm **1** Mat. multiplicador. **2** grau, nível. **Ex:** O coeficiente de resistência. **3** Fig. fator, causa, motivo. **Ex:** A boa alimentação é um dos coeficientes da saúde.

coerção sf **1** Dir. coação, constrangimento, imposição. **Ex:** Agir sob coerção. **2** repressão, proibição, impedimento.

coerência sf **1** conexão, coesão, harmonia. **Ex:** Coerência entre as partes de um todo. **A:** incoerência. **2** lógica, nexo, congruência. **A:** incoerência.

coerente adj m+f **1** conexo, coeso, harmonioso. **Ex:** As duas partes não são coerentes. **A:** incoerente. **2** lógico, racional, congruente. **Ex:** Ser coerente com seus ideais. **A:** incoerente.

coesão sf **1** adesão, união, ligação. **Ex:** Coesão das partes. **A:** separação. **2** harmonia, acordo, concordância. **Ex:** Havia coesão entre as opiniões dos membros. **A:** desarmonia.

coeso adj **1** aderente, unido, ligado. **A:** separado. **2** harmônico, concorde, conforme. **A:** desarmônico.

coevo V. contemporâneo.

coetâneo V. contemporâneo.

coexistência sf convivência. **Ex:** A coexistência pacífica de dois povos.

coexistir vti+vi conviver. **Ex:** Aqui coexistem povos de várias religiões.

cofiar vtd afagar, alisar (barba, bigode).

cofre sm **1** arca, baú, burra. **2** tesouro, erário, fisco. **Ex:** O cofre da Nação.

cogitar vtd **1** imaginar, conceber, inventar. **Ex:** Cogitar um plano. vti+vi **2** pensar, refletir, meditar. **Ex:** Cogito sobre o que farei amanhã.

cognição sf compreensão, entendimento, percepção, conhecimento.

cognome *sm* 1 apelido, alcunha, epíteto. 2 sobrenome.

cognominar *vtd* alcunhar, apelidar.

cogote V. cangote.

cogumelo *sm Bot.* fungo, agárico.

coibir *vtd* 1 impedir, proibir, embaraçar. **Ex:** O medo coibiu-o de prosseguir. *vtd+vpr* 2 conter(-se), reprimir(-se), refrear(-se). **Ex:** Coibir abusos; coibiu-se ante os insultos.

coice *sm* 1 patada. 2 *Fam.* malcriação, grosseria, indelicadeza. 3 *DE ARMA DE FOGO* recuo.

coicear V. escoicear.

coifa *sf* 1 rede de cabelo. 2 touca, turbante.

coincidência *sf* 1 identidade, igualdade, conformidade. **Ex:** Coincidência de opiniões. **A:** diferença. 2 *NO ESPAÇO* sobreposição, justaposição. **Ex:** A coincidência de duas figuras. 3 *NO TEMPO* simultaneidade, sincronia, sincronismo. **Ex:** A coincidência de dois acontecimentos. 4 acaso, casualidade, imprevisto. **Ex:** Foi mera coincidência encontrarmo-nos aqui.

coincidente *adj m+f* 1 idêntico, igual, conforme. **A:** diferente. 2 sobreposto, justaposto. 3 *NO TEMPO* simultâneo, sincrônico, concomitante.

coincidir *vti+vi* 1 igualar(-se), assemelhar(-se), equiparar(-se). **Ex:** Nossas idéias coincidem. **A:** diferenciar(-se). 2 sobrepor(-se), justapor(-se), ajustar(-se). **Ex:** As duas linhas coincidem. 3 combinar, concordar, afinar. **Ex:** Seus atos não coincidem com suas palavras. **A:** destoar.

coió *sm+adj Pop.* bobo, bocó *pop*, idiota, palerma. **A:** espertalhão.

coisa *sf* 1 objeto. **Ex:** Dê-me aquela coisa verde que está em cima da mesa. 2 fato, realidade. **Ex:** Tais coisas valem mais do que a teoria. 3 acontecimento, evento, episódio. **Ex:** Contou-me coisas incríveis. 4 assunto, conversa, matéria. **Ex:** Agora falaremos de coisas sérias. 5 causa, motivo, razão. **Ex:** Alguma coisa fez com que eles brigassem. 6 mistério, segredo, enigma. **Ex:** Aí tem coisa! 7 troço *pop*, joça *gír*, negócio *pop*. **Ex:** Mas quem mandou você comprar essa coisa? *sf pl* 8 bens, propriedades, posses. **Ex:** Guarde suas coisas no cofre. 9 negócios, interesses, afazeres. **Ex:** Vou tratar de minhas coisas. **Obs.:** Em todas as acepções, existe a variante *cousa*. * Não dizer coisa com coisa: delirar, disparatar, desatinar.

coitado *sm+adj* infeliz, desgraçado, desventurado, mísero. **Ex:** Fulano é um coitado. * Coitado! *interj* pobre dele! ai dele!

coito *sm* cópula, copulação, *couto*, transa *gír.*

cola *sf* 1 goma, grude. 2 *Pop.* cópia. **Ex:** Cola de português. 3 encalço, rastro, caça. **Ex:** Ficar na cola de alguém. 4 *DE ANIMAIS* cauda, rabo.

colaboração *sf* cooperação, assistência, ajuda, assessoria.

colaborar *vti* cooperar com, assistir, ajudar, assessorar. **A:** atrapalhar.

colação *sf* comparação, confronto, cotejo. **Ex:** Colação de um texto e sua tradução. * Colação de grau: formatura.

colapso *sm* 1 desmaio, desfalecimento, síncope. 2 *Fig.* falência, crise, ruína. **Ex:** O colapso do sistema de saúde.

colar *sm* 1 gola. 2 colarinho. *vtd+vi* 3 grudar, pegar, pregar. 4 *Pop.* copiar. **Ex:** Colou na prova de matemática. *vtd+vpr* 5 encostar(-se), juntar(-se), unir(-se). **Ex:** Colou o ouvido na porta para escutar a conversa. *vi* 6 *Pop.* ter sucesso, dar certo, dar resultado. **Ex:** Suas desculpas não colaram.

colarinho V. colar.

colateral *sm* 1 parente colateral. *adj m+f* 2 paralelo, transversal.

colchetes *sm pl* parênteses retos.

colear *vi+vpr* serpentear, serpear, ziguezaguear, serpentar.

coleção *sf* 1 *Lit.* coletânea, antologia, compilação. **Ex:** Coleção de poemas. 2 conjunto, reunião, ajuntamento. **Ex:** Coleção de quadros e esculturas.

colecionar *vtd* 1 compilar, coligir. **Ex:** Colecionar todas as obras de um autor. 2 reunir, agrupar, ajuntar.

colega *s m+f* companheiro, camarada, amigo. **A:** rival.

colegial *s m+f* 1 aluno, estudante, escolar. *sm* 2 segundo grau, secundário. **Ex:** Começou este ano o colegial.

colégio sm 1 escola, ginásio, liceu. 2 grê-mio, associação, corporação. Ex: Um colégio de cientistas.

coleguismo sm camaradagem, companhei-rismo, amizade, intimidade. A: rivalidade.

colendo adj respeitável, venerável, veneran-do.

cólera sf 1 ira, raiva, fúria. A: calma. 2 Patol. mordexim, cólera-morbo. 3 Fig. agitação, ímpeto, fúria fig. A: serenidade. Ex: A cólera do mar deixou a tripulação amedrontada.

cólera-morbo V. cólera.

colérico adj 1 furioso, bravo, irritadiço. A: calmo. 2 Fig. agitado, impetuoso, furioso fig. A: sereno.

coleta V. colheita.

coletânea sf Lit. antologia, compilação, coleção, seleta.

coletar vtd 1 IMPOSTOS cobrar, arrecadar, recolher. A: pagar. 2 tributar, taxar. Ex: Coletar uma firma. 3 INFORMAÇÕES colher, recolher, reunir.

colete sm 1 espartilho. 2 DE VAQUEIRO gibão.

coletividade sf 1 comunidade, sociedade, povo. Ex: Defender os interesses da cole-tividade. A: indivíduo. 2 conjunto, grupo, agremiação.

coletivo sm 1 ônibus. 2 trem. adj 3 comum, grupal, geral. A: individual.

colheita sf 1 ATO apanha. Ex: Procedemos à colheira do café. A: semeadura. 2 OS PRODUTOS safra. Ex: Vender toda a colheita. 3 DE IMPOSTOS, CONTRIBUI-ÇÕES arrecadação, cobrança, coleta.

colher (é) sf colherada. Ex: Dê-me uma colher de café, por favor. * Colher de chá Gír.: ajuda, auxílio.

colher (ê) vtd 1 FRUTAS, FLORES, FOLHAS apanhar, recolher. Ex: Colher laranjas; a menina colhia rosas no jardim. A: plantar. 2 colecionar, juntar, reunir. Ex: Colher dados. 3 arrecadar, cobrar, coletar. Ex: Colher contribuições, taxas. A: pagar. 4 conseguir, obter, alcançar. Ex: Colher os louros da vitória. 5 apanhar, surpreender, pegar. Ex: Colhi-o em flagrante. 6 Náut.

abaixar, arriar, recolher. Ex: Colher as velas. A: levantar.

colherada V. colher.

colibri sm Ornit. beija-flor, binga.

colidir vti+vi 1 chocar-se, bater, abalroar. Ex: O caminhão colidiu com o ônibus; os automóveis colidiram. vi 2 contradizer-se, opor-se. Ex: Nossas opiniões colidem. A: coincidir.

coligação sf 1 união, ligação, junção. Ex: Coligação das partes. A: separação. 2 aliança, liga, coalizão. Ex: Coligação de partidos.

coligar vtd+vpr 1 unir(-se), ligar(-se), jun-tar(-se). A: separar(-se). 2 aliar(-se), asso-ciar(-se).

coligir vtd 1 colecionar, compilar, reunir. Ex: Coligir trabalhos literários. 2 concluir, deduzir, inferir. Ex: Coligimos que todos os dados eram corretos.

colimar vtd 1 mirar, apontar, visar. Ex: Colimar o telescópio. 2 Fig. visar, preten-der, intentar. Ex: Colimar um propósito.

colina sf 1 morro, outeiro, cerro. 2 encosta, vertente, quebrada.

colisão sf 1 choque, batida, trombada. Ex: Colisão de automóveis. 2 desacordo, con-tradição, divergência. Ex: Colisão de opi-niões. A: acordo. 3 luta, combate, conflito. Ex: Colisão entre facções.

coliseu V. circo.

colmeia (ê) V. colméia.

colméia sf 1 Apic. cortiço, abelheiro, col-meia. 2 Apic. enxame, colmeia. 3 Fig. monte, aglomeração, ajuntamento. Ex: Uma colméia de coisas sem valor.

colmo sm Bot. DAS GRAMÍNEAS caule, cana, talo.

colo sm 1 Anat. pescoço. 2 Anat. regaço. Ex: Colocou o bebê no colo. 3 Anat. certa parte do intestino: cólon. 4 DE OBJETO gargalo, pescoço. Ex: O colo da garrafa.

colocação sf 1 emprego, cargo, posição. 2 Com. venda, vendagem, saída. 3 DE IDÉIAS, FATOS apresentação, exposição. Ex: Gostei muito de suas colocações.

colocar vtd+vpr 1 pôr(-se). Ex: Colocou o livro na caixa; colocou-se bem à frente do grupo. 2 empregar(-se). Ex: Colocou os

parentes no ministério. **A:** demitir(-se). *vtd*
3 apresentar, expor. **Ex:** Colocar uma
questão. **4** situar. **Ex:** Colocaram-no em
maus lençóis. **5** investir, aplicar, empregar.
Ex: Colocou todo o dinheiro em ações. **6**
vender. **Ex:** Colocar mercadorias. **7** abrir,
estabelecer, instalar. **Ex:** Colocar uma loja.

cólon V. colo.

colônia *sf* possessão, domínio. **Ex:** O Brasil
foi colônia de Portugal. **A:** metrópole.

colono *sm* **1** agricultor, lavrador, camponês.
2 povoador.

coloquial *adj m+f* informal. **A:** formal.

colóquio *sm* conversa, diálogo, conversação, palestra.

colorar V. colorir.

coloração V. colorido.

colorido *sm* **1** cor, coloração. **Ex:** Tecido de
coloridos suaves. **2** brilho, vivacidade, brilhantismo. **Ex:** Encantou-me o colorido de
sua fala. **3** *Pint.* matiz, tonalidade, tom.

colorir *vtd* **1** pintar, tingir, colorar. **A:** descolorir. **2** enfeitar, adornar, ornamentar.
Ex: Rosas e cravos coloriam a mesa. **3**
realçar, avivar, reforçar. **Ex:** Coloriu a
redação com descrições minuciosas.
vi+vpr **4** tingir-se. **Ex:** A tarde coloria-se
de rubro.

colossal *adj m+f* **1** gigantesco, enorme,
imenso. **Ex:** Um buraco colossal. **A:**
minúsculo. **2** *Fig.* extraordinário, excepcional, prodigioso. **Ex:** Inteligência colossal. **A:** comum.

colosso *sm* **1** *Fig.* gigante, titã. **Ex:** Camões
é um colosso da literatura portuguesa. **2**
Pop. maravilha. **Ex:** Esses salgadinhos são
um colosso. **A:** porcaria.

columbino *adj Fig.* puro, inocente, cândido,
virginal. **Ex:** Alma columbina. **A:** impuro.

coluna *sf* **1** *Arquit.* pilar. **2** pilha, monte. **Ex:**
No chão do quarto, erguia-se uma coluna
de livros. **3** *Fig.* base, apoio, esteio. **Ex:**
Essa teoria é uma das colunas de nossa
organização. * Coluna vertebral *Anat.*:
espinha *pop*, espinhaço *pop*.

colunista *s m+f* cronista, crítico, comentarista. **Ex:** Colunista social.

com *prep* **1** *AÇÃO EM COMUM* junto com,
junto a. **Ex:** Trabalhamos com ele. **2**

COMPANHIA em companhia de, junto
com. **Ex:** Viajei com meu pai. **A:** sem. **3**
CAUSA por causa de, devido a, graças a.
Ex: As rosas murcharam com o calor. **4**
OPOSIÇÃO, COMPETIÇÃO contra.
Ex: O soldado lutou com o índio; disputei a
vaga com dez candidatos. **5** *INSTRUMEN-
TO, MEIO* por meio de, através de. **Ex:**
Curou o doente com remédios caseiros.

coma *sm* **1** *Med.* letargia, letargo, torpor.
Ex: Ficou em estado de coma por dois
dias. **2** *Fig.* apatia, indiferença, desinteresse. **A:** interesse. *sf* **3** *HUMANA* cabeleira,
guedelha. **4** *DE CAVALO* crina, cabeleira;
DO LEÃO juba. **5** *ENFEITE* penacho. **Ex:**
A coma do chapéu. **6** *DE ÁRVORE* copa,
fronde.

comadre *sf* **1** *Fam.* amiga, companheira,
colega. **A:** inimiga. **2** *Pej.* fofoqueira, bis-
bilhoteira, mexeriqueira. **3** *Fam.* parteira. **4**
urinol, penico (usados nos hospitais).

comandante *sm* chefe, capitão, dirigente,
guia.

comandar *vtd* chefiar, dirigir, capitanear,
guiar.

comando *sm* chefia, direção, mando, governo.

comarca *sf* circunscrição (judiciária).

combalir *vtd* **1** abalar, abater, deprimir. **Ex:**
O falecimento da mãe combaliu os filhos.
2 deteriorar, apodrecer, estragar. **Ex:** O
calor excessivo combaliu as frutas.
vtd+vpr **3** enfraquecer(-se), debilitar(-se),
abater(-se). **Ex:** A doença o combaliu. **A:**
fortificar(-se).

combate *sm* **1** luta, batalha, peleja. **Ex:** O
combate final de uma guerra. **2** choque,
conflito, antagonismo. **Ex:** O combate
entre duas religiões.

combater *vtd, vi+vpr* **1** lutar, batalhar, pelejar. **Ex:** O exército combateu os invasores;
os dois grupos combatiam (ou combatiam-
se). *vtd* **2** opor-se a, atacar, contestar. **Ex:**
Fez um discurso, combatendo os oponen-
tes. **A:** defender.

combatível *adj m+f* discutível, contestável.
A: indiscutível.

combinação *sf* **1** acordo, ajuste, contrato.
A: desacordo. **2** ligação, mistura, fusão.
Ex: Combinação de elementos químicos.

A: separação. **3** harmonia, proporção, conformidade. **Ex:** Combinação de cores. **A:** desarmonia.

combinado *sm Esp.* seleção, selecionado.

combinar *vtd* **1** ordenar, organizar, agrupar. **Ex:** Combinar ideias. **A:** desordenar. **2** ajustar, pactuar, acordar. **Ex:** Os representantes das empresas combinaram todos os pormenores do negócio. **A:** desajustar. *vtd+vti* **3** aliar, harmonizar, conciliar. **Ex:** Ela combina o talento a uma inteligência incomum. **A:** desarmonizar. *vtd, vti+vpr* **4** unir(-se), ligar(-se), associar(-se). **Ex:** Combinar elementos químicos. **A:** separar(-se). *vi* **5** condizer, harmonizar-se, concertar-se. **Ex:** Suas personalidades combinam em todos os sentidos. **A:** desarmonizar-se.

comboiar *vtd* **1** escoltar, acompanhar, seguir. **2** conduzir, transportar, carregar.

comboio *sm* **1** *Fer.* trem. **2** *DE MERCADORES* caravana, cáfila.

combustão *sf* queima, incêndio, cremação, queimação.

começar *vtd+vi* iniciar, principiar. **Ex:** Começou o discurso com uma anedota; o filme já começou. **A:** terminar.

começo *sm* início, princípio, origem, primórdio. **A:** término.

comédia *sf* **1** farsa. **A:** tragédia. **2** *Fig.* fingimento, dissimulação, disfarce. **Ex:** Sua bondade é apenas comédia.

comediante *s m+f* **1** *Teat.* cômico. **A:** trágico. **2** *Fig.* embusteiro, farsante, impostor.

comedido *part+adj* moderado, modesto, sóbrio, prudente. **A:** descomedido.

comedimento *sm* moderação, modéstia, sobriedade, prudência. **A:** descomedimento.

comedir *vtd+vpr* moderar(-se), conter(-se), refrear(-se), regular(-se). **Ex:** Comedir os gastos; precisa comedir-se, para não ofender os outros.

comedor V. comilão.

comemoração *sf* festejo, celebração, solenidade, festa.

comemorar *vtd* festejar, celebrar, solenizar. **Ex:** Comemorar um acontecimento.

comensal *s m+f* convidado, conviva.

comensurar *vtd* **1** medir, avaliar, calcular. **Ex:** Comensurar uma distância. **2** igualar,

equiparar, assemelhar. **Ex:** Comensurar uma coisa a outra.

comentador V. comentarista.

comentar *vtd* **1** explicar, interpretar, esclarecer. **Ex:** O professor comentou o texto. **2** discutir, conversar sobre, falar de. **Ex:** Todos os vizinhos comentavam o acidente. **3** criticar, analisar, avaliar. **Ex:** O jornalista comentou o filme.

comentário *sm* **1** explicação, interpretação, esclarecimento. **2** crítica, análise, avaliação. **3** crítica maliciosa. **Ex:** Ela foi alvo de comentários de toda a vizinhança.

comentarista *s m+f* crítico, comentador. **Ex:** Comentarista de futebol.

comer *sm* **1** V. comida. *vtd* **2** alimentar-se de, nutrir-se de. **3** ingerir, engolir. **4** papar *inf,* boiar *pop.* **5** *AVIDAMENTE* devorar, tragar. **6** *POUCO* beliscar, petiscar, lambiscar. **7** *COM GOSTO* saborear. **8** *Fig.* gastar, esbanjar, dissipar. **Ex:** Comeu toda a fortuna da família no jogo. **A:** economizar. **9** *Fig.* omitir, suprimir, pular. **Ex:** Sempre que lia alguma coisa, comia palavras. **10** carcomer, roer, corroer. **Ex:** A ferrugem comeu a roda da bicicleta. **11** *Vulg.* fazer amor com, traçar *pop,* transar com.

comercial *sm* **1** anúncio, propaganda, publicidade. **Ex:** Nunca assistimos aos comerciais da televisão. *adj m+f* **2** mercantil.

comercializar *vtd* vender. **A:** comprar.

comerciante *s m+f* negociante, mercador, mercante.

comerciar *vtd+vi* negociar, traficar, mercadejar.

comércio *sm* negócio, tráfico, mercado, negociação.

comestível *adj m+f* **1** comível, comezinho. *sm pl* **2** víveres, mantimentos, alimentos.

cometer *vtd* **1** *AÇÕES EM GERAL* fazer, praticar, realizar; *CRIME* perpetrar, praticar. **2** confiar, entregar, encarregar de. **Ex:** Cometeu a administração da empresa aos filhos. **3** oferecer, propor. **Ex:** Cometer um negócio, um acordo a alguém. **4** empreender, tentar, experimentar. **Ex:** Cometer uma empresa.

cometida *sf* ataque, investida, acometida, agressão.

cometimento *sm* empresa, empreendimento, tentativa, acometimento.

comezaina *sf Pop.* grupo de pessoas reunidas para comer e beber: patuscada.

comezinho *adj* 1 comestível, comível. 2 comum, corriqueiro, banal. **A:** incomum.

comichão *sf* 1 coceira, prurido, já-começa *fam.* 2 *Fig.* ânsia, desejo, ambição. **Ex:** Ela tem comichão de viajar.

comichar *vi* coçar, prurir, pruir.

comício *sm* assembléia, reunião, grupo, agrupamento.

cômico *sm* 1 *Teat.* comediante. **A:** trágico. *adj* 2 *Teat.* burlesco. **A:** trágico. 3 engraçado, divertido, jocoso. **A:** triste.

comida *sf* alimento, iguaria, prato, refeição, comer.

comigo *pron* 1 em minha companhia. **Ex:** Ela mora comigo. 2 a meu respeito. **Ex:** A indireta foi comigo, mas fingi que não ouvi. 3 comigo mesmo, com meus botões, de mim para mim. **Ex:** É melhor ir embora, pensei comigo.

comilão *sm+adj* glutão, guloso, voraz, comedor.

cominar *vtd* decretar, prescrever, determinar, impor. **Ex:** Cominar um castigo, uma pena.

comiseração V. compaixão.

comiserar-se *vpr* compadecer-se, apiedar-se, condoer-se, comover-se.

comissão *sf* 1 comitê, junta. **Ex:** A comissão de educação analisará o seu pedido. 2 gratificação, porcentagem, remuneração. **Ex:** A comissão de uma venda. 3 encargo, incumbência, obrigação. 4 delegação, representação. **Ex:** O governador recebeu uma comissão de grevistas.

comissária *sf* aeromoça.

comissário *sm* 1 quem exerce comissão: comissionado. **A:** comitente. 2 delegado, representante, deputado. 3 comissário de bordo.

comissionado V. comissário.

comissionar *vtd* encarregar, incumbir, confiar, delegar.

comissura *sf* junta, articulação, junção, juntura.

comitê V. comissão.

comitente *s m+f* quem dá comissão. **A:** comissionado.

comitiva *sf* cortejo, séquito, acompanhamento, préstito.

comível V. comestível.

como *adv* 1 de que modo, de que maneira, de que jeito. **Ex:** Como você fez isso? 2 quanto, quão, a que ponto. **Ex:** Como são altas essas torres! *conj sub* 3 porque, pois, visto que, uma vez que. **Ex:** Como não havia estudado, foi reprovado no teste. 4 tal como, tal e qual, que nem. **Ex:** Ele chorava como um bebê. 5 conforme, segundo, consoante. **Ex:** Fizemos tudo como nos foi ensinado. 6 quanto. **Ex:** Ela trabalha tanto como eu. * Como quê: muito, demais, em grande quantidade. **Ex:** Ontem choveu como quê. * Como também: assim como, bem como. **Ex:** Ela veio, como também as outras moças.

comoção *sf* 1 choque, abalo, perturbação. **Ex:** Sofreu uma forte comoção pela morte do pai. 2 revolta, revolução, rebelião. **Ex:** As comoções camponesas.

comodidade *sf* bem-estar, conforto, aconchego. **A:** desconforto.

cômodo *sm* 1 aposento, câmara, quarto. **Ex:** Os cômodos da casa. *adj* 2 útil, vantajoso, proveitoso. 3 adequado, próprio, apropriado. 4 tranqüilo, sossegado, calmo. **A:** incômodo (acepções 2 a 4).

comovedor V. comovente.

comovente *adj m+f* emocionante, comovedor, tocante, emocional.

comover *vtd* 1 agitar, movimentar, sacudir. **Ex:** O vento comovia as bandeiras. *vtd+vpr* 2 emocionar(-se), impressionar(-se), sensibilizar(-se). **Ex:** O filme comoveu toda a platéia.

compacto *adj* denso, espesso, cerrado, basto. **Ex:** A mata era bastante compacta. **A:** ralo.

compadecer *vtd* 1 lamentar, lastimar, prantear. **Ex:** Compadecia o sofrimento do irmão. *vpr* apiedar-se, comiserar-se, condoer-se.

compadre *sm* 1 *Fam.* amigo, companheiro, colega. **A:** inimigo. 2 vaso usado pelos pacientes do sexo masculino, para urinar sem sair do leito: papagaio, urinol.

compadrice V. compadrio.

compadrio *sm* 1 relações entre compadres: compadrice. 2 intimidade, familiaridade. 3 favoritismo, nepotismo, proteção.

compaixão *sf* comiseração, pena, piedade, dó. **A:** indiferença.

companheiro *sm* 1 amigo, colega, camarada. **A:** inimigo. 2 esposo, marido, cônjuge.

companhia *sf* 1 convivência, intimidade, convívio. **Ex:** Viver na companhia de gente importante. 2 sociedade, empresa, firma. **Ex:** A companhia faliu. 3 comitiva, cortejo, séquito. **Ex:** A companhia do rei.

comparação *sf* cotejo, confronto, paralelo, acareação.

comparar *vtd* 1 cotejar, confrontar, acarear. **Ex:** Comparamos o texto antigo com a nova versão. *vtd+vpr* 2 igualar(-se), equiparar(-se), nivelar(-se). **Ex:** Comparar um poeta a outro; ela nem se compara a você! **A:** diferenciar(-se).

comparecer *vti+vi* apresentar-se, vir, ir, aparecer. **Ex:** Não compareceu ao encontro. **A:** ausentar-se.

comparecimento *sm* presença, vinda, ida, aparecimento. **Ex:** Agradecemos o seu comparecimento à nossa reunião. **A:** ausência.

comparsa *s m+f* 1 *Cin.* e *Teat.* figurante, extra. 2 *DE CRIME* cúmplice, co-autor. 3 *Fam.* amigo, companheiro, camarada. **A:** adversário.

compartilhar *vtd+vti* participar, partilhar, compartir. **Ex:** Não compartilho a (ou da) sua confiança nos políticos.

compartimento *sm* divisão, repartição, seção.

compartir *vtd+vti* 1 V. compartilhar. *vtd* repartir, partilhar, distribuir. **Ex:** O patrão compartiu o lucro entre os empregados.

compassado *part+adj* 1 pausado, arrastado, lento. **A:** rápido. 2 cadenciado, ritmado, harmônico. **A:** descompassado.

compassar *vtd* 1 cadenciar, ritmar. **Ex:** Compassar a fala. 2 espaçar, intervalar, espacejar. **Ex:** Os repórteres compassavam as perguntas, dando um bom tempo para as

respostas. 3 moderar, controlar, regular. **Ex:** Compassar as atitudes.

compassivo *adj* piedoso, sensível, compadecido, enternecido. **Ex:** Ela ouvia, compassiva, as nossas lamentações. **A:** indiferente.

compasso *sm* 1 cadência, andamento, ritmo. **Ex:** Compasso musical; o compasso dos movimentos. **A:** descompasso. 2 regra, norma, medida.

compatível *adj m+f* conciliável, harmonizável, adaptável. **Ex:** Sua atitude não é compatível com os nossos padrões de comportamento. **A:** incompatível.

compatrício V. compatriota.

compatriota *s e adj m+f* conterrâneo, concidadão, compatrício. **A:** estrangeiro.

compelir *vtd* 1 constranger, forçar, obrigar. **Ex:** A necessidade o compelia a mentir. 2 empurrar, impelir, empuxar. **Ex:** Os amigos o compeliam. **A:** puxar.

compendiar *vtd* resumir, sintetizar, sumariar, recopilar. **Ex:** Compendiar uma história. **A:** desenvolver.

compêndio *sm* 1 resumo, síntese, sumário, sinopse. **A:** desenvolvimento. 2 tratado, manual, guia. **Ex:** Compêndio de matemática.

compenetrar *vtd+vpr* convencer(-se), persuadir(-se). **Ex:** Compenetrou-se da falta de segurança daquela viagem, e desistiu na última hora. **A:** dissuadir(-se).

compensação *sf* 1 reparação, indenização, ressarcimento. **Ex:** Compensação dos prejuízos. 2 equilíbrio, igualdade, proporção. **Ex:** Existe uma compensação entre os bons e maus momentos. **A:** desequilíbrio.

compensar *vtd* 1 reparar, indenizar, ressarcir. **Ex:** Compensar os danos causados a alguém. 2 equilibrar, contrabalançar, contrapesar. **Ex:** Compensar os pesos numa balança. **A:** desequilibrar. 3 suprir, substituir. **Ex:** A sua dedicação aos estudos compensava suas limitações.

competência *sf* 1 capacidade, aptidão, habilidade. **Ex:** Não tem competência para essa função. **A:** incompetência. 2 alçada, jurisdição, atribuição. **Ex:** Tal assunto está fora de sua competência, senhor delegado. 3 conflito, oposição, discórdia. **A:** harmonia.

competente *adj m+f* **1** capaz, apto, hábil. **Ex:** Funcionários competentes. **A:** incompetente. **2** adequado, apropriado, próprio. **Ex:** Devemos recorrer aos órgãos municipais competentes. **A:** inadequado.

competição *sf* **1** disputa, concurso, certame. **Ex:** Nosso time venceu a competição. **2** concorrência, rivalidade, antagonismo. **Ex:** É impressionante a competição entre as duas irmãs.

competidor *sm+adj* adversário, antagonista, rival, oponente, opositor. **A:** aliado.

competir *vti* **1** disputar, concorrer, rivalizar. **Ex:** Nosso campeão competirá com fortes adversários. **2** caber, tocar, cumprir. **Ex:** Compete a mim resolver esse problema. **3** pertencer, tocar, caber. **Ex:** Competiu à viúva a posse da casa e do automóvel.

compilação *sf* coleção, reunião, seleção, *copilação*. **Ex:** Compilação de textos de um autor.

compilar *vtd* coligir, reunir, selecionar, *copilar*. **Ex:** Compilar leis, documentos, contos.

complacência *sf* **1** agrado, satisfação, contentamento. **Ex:** Observava o progresso da filha com complacência. **A:** desagrado. **2** benevolência, condescendência, tolerância. **Ex:** Tudo aconteceu com a complacência das autoridades. **A:** intolerância.

complacente *adj m+f* benevolente, condescendente, tolerante, indulgente. **Ex:** O juiz foi complacente para com o réu. **A:** intolerante.

compleição *sf* **1** constituição, físico. **Ex:** Era uma moça delicada, de compleição frágil. **2** temperamento, índole, gênio. **Ex:** Compleição agressiva.

complementar *vtd* **1** V. completar. *adj m+f* **2** suplementar, adicional, extraordinário. **Ex:** Trabalhos complementares.

complemento *sm* acabamento, conclusão, remate, arremate.

completar *vtd* **1** tornar completo: inteirar, integrar, complementar. **Ex:** Estes nomes completam a minha lista de convidados. **2** concluir, finalizar, arrematar, complementar. **Ex:** Completar uma obra. **A:** iniciar. **3** *IDADE* fazer, atingir. **Ex:** Ela completou

quinze anos ontem. **4** preencher, encher, perfazer. **Ex:** Complete os espaços em branco com a resposta correta.

completo *adj* inteiro, integral, total, perfeito. **Ex:** A coleção completa tem dez volumes. **A:** incompleto.

complexão *sf* função, conjunto, encadeamento, encadeação (das partes de um todo).

complexidade V. complicação.

complexo *sm* **1** conjunto, grupo, composto. **Ex:** Um complexo de indústrias. *adj* **2** composto, múltiplo, misto. **Ex:** Um todo complexo tem várias partes. **A:** simples. **3** complicado, difícil, intrincado. **Ex:** Questão complexa. **A:** fácil.

complicação *sf* **1** complexidade, dificuldade, confusão. **A:** facilidade. **2** problema, obstáculo, embaraço. **Ex:** Enfrentamos algumas complicações pelo caminho, mas chegamos sãos e salvos.

complicado V. complexo.

complicar *vtd+vpr* **1** dificultar(-se), intrincar(-se), embaraçar(-se). **Ex:** O excesso de regras complica a compreensão. **A:** facilitar(-se). **2** enrascar(-se), encrencar(-se) *gír*, embaraçar(-se). **A:** safar(-se). *vtd* **3** comprometer, envolver, implicar. **Ex:** Isso vai complicá-lo em dificuldades.

componente *sm* **1** *DE UM TODO* elemento, parte, ingrediente. **2** *DE UM GRUPO* membro, elemento.

compor *vtd+vpr* **1** constituir(-se), formar(-se). **Ex:** Compôs um ambiente aconchegante; a obra compõe-se de dois volumes. **A:** decompor(-se). **2** apaziguar(-se), reconciliar(-se), conciliar(-se). **Ex:** Compor os oponentes. **A:** opor(-se). *vtd* **3** escrever, redigir, produzir. **Ex:** Compus um poema em sua homenagem. **4** arrumar, ajustar, arranjar. **Ex:** Ela compôs o penteado, quase desfeito pelo vento. **A:** desarrumar.

comportamento *sm* conduta, procedimento, modos *pl*, norma.

comportar *vtd* **1** admitir, permitir. **Ex:** Comportar abusos. **2** suportar, tolerar, agüentar. **Ex:** Comportar dores. *vpr* **3** portar-se, agir, proceder. **Ex:** Comportar-se mal.

composição *sf* **1** constituição, formação, compostura. **Ex:** A composição de um ambiente. **A:** decomposição. **2** redação. **Ex:** Os alunos entregaram suas composições à professora. **3** *Mús.* obra. **Ex:** As composições clássicas. **4** acordo, conciliação, concórdia. **Ex:** A composição entre as partes adversárias. **A:** desacordo.

compósito V. composto.

compositor *sm* músico (que compõe).

composto *sm* **1** conjunto, grupo, todo. **Ex:** Ela é um composto de honestidade e ingenuidade. **A:** parte. *adj* **2** mesclado, heterogêneo, compósito. **A:** simples. **3** arrumado, ordenado, ajustado. **Ex:** O traje bem composto indicava que era uma pessoa asseada. **A:** desarrumado. **4** discreto, recatado, comedido. **Ex:** Pessoa de modos compostos. **A:** indiscreto.

compostura *sf* **1** V. composição. **2** arranjo, arrumação, disposição. **3** discrição, recato, comedimento. **A:** indiscrição.

compra *sf* **1** aquisição. **Ex:** A compra de mercadorias. **A:** venda. **2** suborno, corrupção, peita.

comprador V. consumidor.

comprar *vtd* **1** adquirir. **A:** vender. **2** subornar, corromper, peitar.

compreender *vtd* **1** incluir, abranger, encerrar. **Ex:** O livro compreende todos os períodos históricos. **A:** excluir. **2** entender, alcançar, perceber. **Ex:** Não compreendo o que você diz.

compreensão *sf* **1** entendimento, apreensão, percepção. **2** complacência, indulgência, condescendência. **A:** incompreensão.

compressão *sf* **1** aperto, pressão. **A:** descompressão. **2** repressão, controle, opressão. **A:** liberação. **3** condensação, encolhimento. **A:** dilatação.

comprido *adj* extenso, longo, alongado. **Ex:** Fio comprido, palestra comprida. **A:** curto.

comprimento *sm* **1** extensão, dimensão. **2** grandeza, tamanho.

comprimido *sm Farm.* pílula, tablóide.

comprimir *vtd+vpr* **1** apertar(-se), espremer(-se), calcar(-se). **Ex:** Comprimiu meu braço, num sinal de insegurança. **A:** des-

comprimir(-se). *vtd+vpr* **2** condensar(-se), reduzir(-se), encolher(-se). **Ex:** Comprimir um gás. **A:** dilatar(-se). *vtd* **3** reprimir, conter, refrear. **Ex:** Comprimir o nervosismo. **A:** liberar.

comprobação V. comprovação.

comprobatório V. comprovante.

comprometedor *adj* perigoso, arriscado, temerário. **Ex:** Atitude comprometedora.

comprometer *vtd* **1** obrigar, empenhar. **Ex:** Comprometer a palavra. **A:** desobrigar. **2** prejudicar, atrapalhar. **Ex:** A falta de verbas compromete a realização do projeto. *vtd+vpr* **3** arriscar(-se), expor(-se), aventurar(-se). **Ex:** Isso pode comprometer o seu futuro profissional. **4** implicar(-se), envolver(-se). *vpr* **5** prometer, obrigar-se a, ficar de. **Ex:** Comprometeu-se a não faltar mais. **A:** desobrigar-se.

comprometimento V. compromisso.

compromisso *sm* **1** acordo, trato, convenção. **A:** desacordo. **2** promessa, obrigação. **Ex:** Foi embora, com o compromisso de voltar amanhã. **3** ato ou efeito de comprometer(-se): comprometimento. **A:** desobrigação.

comprovação *sf* **1** prova, confirmação, evidência, *comprobação*. **Ex:** Isso é uma comprovação de sua honestidade. **2** V. comprovante.

comprovador V. comprovante.

comprovante *sm* **1** *DOCUMENTO* comprovação. *adj* **2** comprovador, comprovativo, comprobatório.

comprovar *vtd* provar, confirmar, evidenciar, demonstrar.

comprovativo V. comprovante.

compulsar *vtd* folhear, manusear, consultar, percorrer (com os olhos). **Ex:** Compulsar um livro, um documento.

compulsório *adj* obrigatório, forçoso, imprescindível, necessário. **Ex:** Aposentadoria compulsória. **A:** facultativo.

compunção *sf* **1** arrependimento, remorso, contrição. **2** dor, mágoa, aflição.

compungir *vtd* **1** magoar, afligir, pungir. **Ex:** Essas lembranças ainda o compungem. **A:** confortar. **2** comover, enternecer, sensibilizar. **Ex:** A doença do amigo o compungiu. **A:** insensibilizar. *vpr* **3** arrepender-se.

computação V. cômputo.

computador *sm Inform.* cérebro eletrônico.

computar *vtd* **1** calcular, contar, orçar. **Ex:** Computar votos. **2** avaliar, estimar, aquilatar. **Ex:** Computar uma distância.

cômputo *sm* contagem, cálculo, conta, computação.

comum *sm* **1** maioria, pluralidade, o geral. **Ex:** O comum das pessoas gosta de música. **A:** minoria. *adj m+f* **2** geral, universal, coletivo. **Ex:** O bem comum. **A:** particular. **3** habitual, normal, usual. **Ex:** Método comum. **A:** incomum. **4** ordinário, banal, vulgar. **Ex:** Pessoa bem comum. **A:** incomum. * Comum de dois gêneros *loc adj Gram.*: sobrecomum, comum-de-dois.

comum-de-dois V. comum.

comuna *sf* **1** município. **2** V. comunista.

comungar *vtd+vti* partilhar, compartilhar, participar de, compartir. **Ex:** Comungar os (ou dos, ou nos) mesmos ideais.

comunhão *sf* **1** *Rel.* eucaristia. **2** harmonia, união, concórdia. **Ex:** Comunhão de ideais. **A:** desarmonia. **3** V. comunidade.

comunicação *sf* **1** aviso, notícia, comunicado, participação. **2** amizade, convivência, intimidade. **Ex:** É plebeu, mas tem comunicação com a nobreza. **3** acesso, passagem, corredor.

comunicado V. comunicação.

comunicar *vtd* **1** avisar, noticiar, informar, participar. **2** ligar, unir. **Ex:** A estrada comunica as duas cidades. **A:** separar. *vtd+vpr* **3** transmitir(-se), disseminar(-se), alastrar(-se). **Ex:** Comunica sua alegria a todos que conversam com ele; comunicar uma doença a alguém; a tristeza comunicou-se a todos; a gripe comunicou-se rapidamente.

comunicativo *adj* **1** expansivo, franco, comunicável. **Ex:** Pessoa comunicativa. **A:** fechado. **2** contagioso, contagiante, pegadiço. **Ex:** Doença comunicativa, entusiasmo comunicativo.

comunicável V. comunicativo.

comunidade *sf* **1** comunhão, identidade, uniformidade. **Ex:** Comunidade de intenções. **A:** oposição. **2** sociedade. **Ex:** Defendemos os interesses da comunidade. **3** congregação. **Ex:** Comunidade religiosa.

comunista *s m+f* comuna *pop.*

comutar *vtd* **1** permutar, trocar, cambiar. **Ex:** Quis comutar os produtos com o comerciante vizinho. **2** *Dir.* converter, mudar, substituir. **Ex:** O juiz comutou a pena de morte em prisão perpétua.

concatenar *vtd* **1** encadear, ligar, coordenar. **Ex:** Concatenar os pensamentos. **A:** separar. **2** relacionar. **Ex:** Concatenar os fatos.

concavidade *sf* **1** cavidade, buraco, cova, côncavo. **A:** convexidade. **2** *DO TERRENO* depressão. **A:** saliência.

côncavo *sm* **1** V. concavidade. *adj* **2** cavado, escavado. **A:** convexo.

conceber *vtd+vi* **1** gerar, procriar. **Ex:** Conceber um bebê; ela nunca concebeu, pois é estéril. *vtd* **2** criar, inventar, imaginar. **Ex:** Conceber um projeto. **3** entender, compreender, perceber. **Ex:** Não consigo conceber o que pode ter causado isso.

conceder *vtd* **1** dar, outorgar, ceder. **Ex:** Conceder licenças. **A:** recusar. **2** permitir, facultar, consentir. **Ex:** Conceder a entrada. **A:** proibir.

conceito *sm* **1** *Filos.* idéia, abstração, imagem. **2** reputação, nome, crédito. **Ex:** Ter um bom conceito na praça. **3** avaliação, noção, opinião. **Ex:** Ter conceito formado sobre algo. **4** sentença, máxima, adágio.

conceituado *adj* renomado, prestigioso, respeitado, ilustre. **Ex:** Um autor conceituado. **A:** desprestigiado.

conceituar *vtd* **1** avaliar, julgar, apreciar. **Ex:** Conceituava os pretendentes ao cargo. **2** qualificar, classificar, tachar. **Ex:** Conceituaram-no de genial.

conceituoso *adj* engenhoso, esperto, sagaz, atilado. **A:** ingênuo.

concentração *sf* **1** convergência, concorrência, afluência. **Ex:** Uma concentração de gente. **A:** dispersão. **2** condensação. **Ex:** A concentração de uma substância. **A:** rarefação. **3** atenção, aplicação, dedicação.

Ex: Ninguém tira a sua concentração quando ele está estudando. **A:** dispersão.

concentrado *adj* **1** absorto, pensativo, abstraído. **Ex:** Concentrado em seu projetos. **A:** aéreo. **2** limitado, apertado, estreito. **Ex:** Espaço concentrado. **A:** amplo. **3** introvertido, reservado, retraído. **A:** extrovertido. **4** oculto, latente, disfarçado. **Ex:** Ódio concentrado. **A:** evidente. **5** *Quím.* forte. **Ex:** Substância concentrada.

concentrar *vtd* **1** centralizar. **Ex:** Concentrar os raios solares. **2** condensar. **Ex:** Concentrar uma solução. **A:** rarefazer. *vtd+vpr* **3** juntar(-se), reunir(-se), unir(-se). **Ex:** Concentrar esforços; os manifestantes concentraram-se na entrada do edifício. **A:** dispersar. *vpr* **4** aplicar-se, dedicar-se, devotar-se. **Ex:** Concentrar-se no trabalho. **A:** desconcentrar-se.

concepção *sf* **1** geração, procriação. **Ex:** Geração de um bebê. **2** criação, invenção, imaginação. **Ex:** A concepção de um equipamento. **3** entendimento, compreensão, percepção. **4** opinião, ponto de vista, conceito. **Ex:** Na minha concepção, tudo isso está errado.

concernência *sf* relação, referência, respeito, conexão.

concernente *adj m+f* relativo, referente, pertinente, tocante.

concernir *vi* dizer respeito a: relacionar-se, referir-se, tocar, tanger. **Ex:** No que concerne ao seu pedido, já tomamos todas as providências necessárias.

concertado *adj* **1** calmo, sereno, brando. **Ex:** Tempo concertado. **A:** agitado. **2** afetado, presumido, presunçoso. **Ex:** Estilo concertado. **A:** simples. **3** recatado, discreto, composto. **Ex:** Comportamento concertado. **A:** indiscreto. **4** *Dir.* conferido, verificado, cotejado. **Ex:** Contas concertadas.

concertar *vtd+vpr* **1** conciliar(-se), harmonizar(-se), reconciliar(-se). **A:** desconcertar(-se). *vtd* **2** arrumar, endireitar, ajustar. **Ex:** Concertar a gravata. **A:** desarrumar. **3** combinar, pactuar, contratar. **Ex:** Concertaram todos os detalhes do plano. *vti+vpr* **4** combinar, condizer, harmonizar-se. **Ex:** Seu

gênio concerta com o meu; nossas opiniões não se concertam. **A:** desconcertar(-se).

concertina *sf Mús.* acordeão, sanfona, harmônica, acordeom.

concerto *sm* **1** harmonia, acordo, concordância. **A:** desconcerto. **2** pacto, ajuste, combinação. **3** *DE SONS, INSTRUMENTOS, CANTO* harmonia, consonância. **A:** desarmonia.

concessão *sf* **1** cessão, outorga. **A:** recusa. **2** permissão, consentimento, licença. **A:** proibição.

concha *sf Zool.* búzio, valva.

conchavar *vtd* **1** combinar, ajustar, tratar. **Ex:** Conchavar um encontro. **2** encaixar, embutir, introduzir. **Ex:** Conchavar peças. *vpr* **3** conluiar-se, mancomunar-se. **Ex:** Conchavaram-se para enganá-lo.

conchavo *sm* **1** combinação, ajuste, trato. **3** conluio, mancomunação, conspiração.

conchegar V. aconchegar.

conchego V. aconchego.

concho *adj Pop.* vaidoso, orgulhoso, presunçoso, enfatuado. **A:** humilde.

concidadão *sm* compatriota, compatrício, conterrâneo. **A:** estrangeiro.

conciliar *vtd+vpr* **1** reconciliar(-se), congraçar(-se), harmonizar(-se). **Ex:** Conciliar os adversários; os antigos inimigos conciliaram-se. **A:** desunir(-se). *vtd* **2** ligar, juntar, agregar. **Ex:** Conciliar substâncias. **A:** desligar. **3** combinar, aliar, harmonizar. **Ex:** Ela consegue conciliar o trabalho com o estudo. **4** atrair, granjear, captar. **Ex:** Conciliar a admiração dos outros. **A:** afastar.

concílio *sm Ecles.* assembléia, conferência, reunião, sínodo (de prelados).

concisão *sf* **1** brevidade, laconismo. **A:** prolixidade. **2** precisão, exatidão, certeza. **A:** imprecisão.

conciso *adj* **1** sucinto, breve, resumido. **Ex:** Discurso conciso. **A:** prolixo. **2** preciso, exato, certo. **Ex:** Sua linguagem é clara e concisa. **A:** impreciso.

concitar *vtd* incitar, instigar, estimular, compelir. **A:** desestimular.

conclamar *vtd* **1** convocar, chamar, invocar. **Ex:** Conclamo os companheiros para que me acompanhem. **2** aclamar, eleger, proclamar. **Ex:** A multidão conclamou o governador; conclamaram-no rei. *vtd+vi* **3** gritar, bradar, exclamar. **Ex:** O povo conclamava na praça. **A:** sussurrar.

conclave *sm* assembléia, reunião, conferência, grupo (de cardeais ou quaisquer pessoas).

concludente *adj m+f* incontestável, conclusivo, categórico, terminante. **Ex:** Provas concludentes. **A:** inconcludente.

concluir *vtd+vti* **1** acabar, terminar, finalizar. **Ex:** Concluir o raciocínio; o filme conclui com uma cena romântica. **A:** começar. **2** deduzir, inferir, depreender. **Ex:** Concluímos que havia algo errado entre os dois.

conclusão *sf* **1** fim, término, final. **Ex:** A conclusão de um processo. **A:** começo. **2** dedução, inferência, ilação. **Ex:** A conclusão é que os dados estavam corretos. **3** resultado, desfecho, desenlace. **Ex:** Chegamos a uma conclusão satisfatória. **4** epílogo, fecho, final. **Ex:** A conclusão de uma história.

conclusivo V. concludente.

concomitância *sf* simultaneidade, sincronia, sincronismo, coincidência.

concomitante *adj m+f* simultâneo, sincrônico, coincidente. **Ex:** Fatos concomitantes.

concordância *sf* harmonia, consonância, conformidade, acordo. **Ex:** Concordância de opiniões. **A:** discordância.

concordante *adj m+f* concorde, harmônico, consoante, conforme. **Ex:** Dados concordantes. **A:** discordante.

concordar *vtd* **1** conciliar, harmonizar, concertar. **Ex:** Concordar facções adversárias. *vti+vi* **2** combinar, ajustar-se, harmonizar-se. **Ex:** Concordam em tudo. **A:** discordar. **3** consentir, aprovar, assentir. **Ex:** Concordo com a sua partida, desde que leve suas coisas consigo.

concordata *sf* acordo, entendimento, trato, ajuste (entre comerciante falido e credores).

concorde V. concordante.

concórdia *sf* **1** concordância, consonância, conformidade. **A:** discordância. **2** paz, amizade, harmonia. **Ex:** A concórdia entre os homens. **A:** discórdia.

concorrência *sf* **1** competição, rivalidade, antagonismo. **2** concurso, afluência, afluxo. **Ex:** Era grande a concorrência de visitantes.

concorrente *s m+f* **1** competidor, rival, adversário. **Ex:** Os concorrentes numa disputa. **A:** parceiro. **2** candidato, pretendente, requerente. **Ex:** Concorrentes a um cargo.

concorrer *vti* **1** competir, disputar, rivalizar. **Ex:** Concorreu ao prêmio com alguns amigos. **2** candidatar-se, pretender, aspirar. **Ex:** Concorrer a um cargo público. **3** contribuir com, cooperar, ajudar. **Ex:** Concorrer para o sucesso de um empreendimento. **A:** atrapalhar. *vti+vi* **4** afluir, acorrer, acudir. **Ex:** Todas as crianças concorreram à barraquinha de doces.

concretizar *vtd+vpr* realizar(-se), efetivar(-se). **Ex:** Concretizar um sonho; nosso desejo concretizou-se.

concreto *adj* **1** material, palpável, corpóreo. **A:** abstrato. **2** real, efetivo, verdadeiro. **Ex:** Temos uma possibilidade concreta de vitória. **A:** suposto. **3** fundamentado, definido, determinado. **A:** infundado.

concubina *sf* amante, amásia, manceba, amiga.

concubinato *sm* mancebia, amancebamento.

concupiscência *sf* **1** cobiça, ganância, ambição. **Ex:** Concupiscência por bens materiais. **A:** desinteresse. **2** libidinagem, luxúria, lascívia. **A:** pureza.

concupiscente *adj m+f* **1** cobiçoso, ganancioso, ambicioso. **A:** desinteressado. **2** libidinoso, libertino, lascivo. **A:** puro.

concurso *sm* **1** competição, certame. **Ex:** Concurso de beleza. **2** afluxo, afluência, concorrência. **Ex:** Houve um grande concurso de fiéis à missa. **3** contribuição, cooperação, ajuda. **Ex:** Nada conseguiríamos sem o seu concurso. **4** encontro, união. **A:** desencontro.

condão *sm* dom, faculdade, poder, capacidade. **Ex:** Ele tem o condão de convencer os outros.

conde *sm NAS CARTAS DO BARALHO* valete.

condecoração *sf* **1** homenagem, agraciamento. **2** insígnia, medalha, galardão.

condecorar *vtd* homenagear, agraciar, premiar, galardoar.

condenado *sm+adj* **1** *Teol.* danado, réprobo, maldito. **A:** bem-aventurado. **2** *Dir.* criminoso. *adj* **3** *DOENTE* incurável.

condenação *sf* **1** sentença, pena. **2** crítica, reprovação, censura. **Ex:** Apesar da condenação por parte da família, eles se casaram. **A:** aprovação.

condenar *vtd* **1** *Dir.* sentenciar. **Ex:** Condenaram o réu a dez anos de prisão. **A:** absolver. **2** criticar, reprovar, censurar. **Ex:** Os ecologistas condenam a destruição das matas. **A:** aprovar. **3** *Teol.* danar. **Ex:** Condenar os pecadores ao fogo eterno. **A:** abençoar. *vpr* **4** culpar-se, responsabilizar-se. **A:** inocentar-se.

condensar *vtd+vpr* **1** adensar(-se), espessar(-se), compactar(-se). **A:** rarefazer(-se). *vtd* **2** *GASES, VAPORES* liquefazer. **3** resumir, sintetizar, compendiar. **Ex:** Condensar um texto. **A:** desenvolver.

condescendente *adj m+f* transigente, indulgente, bondoso, tolerante. **A:** intransigente.

condescender *vti+vi* transigir, ceder, contemporizar, concordar. **A:** opor-se.

condição *sf* **1** estado, circunstância, situação. **2** natureza, índole, temperamento. **Ex:** A condição humana. **3** cláusula, obrigação, disposição. **Ex:** As condições de um contrato. **4** classe social, casta. **Ex:** Homem de alta condição.

condicionar *vtd* **1** regular, regularizar, regrar. **Ex:** O clima condiciona o comportamento humano? *vpr* **2** acostumar-se, habituar-se, aclimatar-se. **Ex:** Ainda não se condicionou àquele ambiente.

condigno *adj* **1** proporcional, equivalente, adequado. **Ex:** Conseguiu o sucesso condigno do seu talento. **A:** desproporcional. **2** devido, merecido, justo. **Ex:** Recebeu um salário condigno. **A:** indevido.

condimentar *vtd* temperar (alimentos).

condimento *sm* tempero, especiaria.

condiscípulo *sm* colega, companheiro (de classe).

condizente *adj m+f* adequado, apropriado, conveniente, harmônico. **A:** discrepante.

condizer *vti+vi* combinar, convir, harmonizar-se, concertar-se. **Ex:** Uma atitude dessas não condiz com sua educação. **A:** destoar.

condoer-se *vpr* apiedar-se, compadecer-se, comiserar-se, comover-se.

condolência *sf* **1** compaixão, piedade, comiseração. *sf pl* **2** pêsames, sentimentos. **Ex:** Minhas condolências pelo falecimento de seu pai. **A:** parabéns.

condoreiro *adj Lit.* exagerado, hiperbólico. **Ex:** Estilo condoreiro.

condução *sf* **1** comando, direção, governo. **2** transporte, carregamento, transportação. **3** carro, automóvel, veículo. **Ex:** Você vai de condução ou de ônibus?

conducente *adj m+f* tendente.

conduta *sf* comportamento, procedimento, modos *pl*, norma.

conduto *sm Anat.* canal, duto, via, meato. **Ex:** Conduto auditivo.

condutor *sm* **1** comandante, dirigente, diretor. **2** motorista, chofer. **Ex:** O condutor do ônibus.

conduzir *vtd* **1** comandar, dirigir, governar. **Ex:** Conduzir um automóvel, um país. **2** acompanhar, guiar, escoltar. **Ex:** O mordomo conduziu-me até o salão. **3** transportar, carregar, levar. **Ex:** O caminhão conduzia os caixotes para o armazém. **4** *Fís.* transmitir. **Ex:** Conduzir eletricidade. *vti* **5** levar a, trazer. **Ex:** Esta rua conduz à estrada principal; suas atitudes nos conduziram a uma situação embaraçosa. *vpr* **6** comportar-se, agir, proceder. **Ex:** Ela sabe se conduzir muito bem numa festa.

conectar *vtd* unir, ligar, juntar, agregar. **A:** desconectar.

conexão *sf* **1** união, ligação, junção. **2** nexo, coerência, lógica. **3** analogia, semelhança, afinidade. **A:** desconexão (nas três acepções).

conexo *adj* afim, relacionado, ligado. **Ex:** Um assunto conexo com outro. **A:** desconexo.

confabular *vti+vi* **1** conversar, falar, papear *pop.* **2** *ASSUNTOS SECRETOS* conspirar, tramar, conjurar.

confecção *sf* **1** fabricação, manufatura. **2** preparação. **3** arremate, acabamento, conclusão. **4** roupa. **Ex:** Loja de confecções.

confeccionar *vtd* **1** fazer, fabricar, manufaturar. **Ex:** Confeccionar brinquedos. **2** *MEDICAMENTO* preparar. **3** arrematar, acabar, concluir.

confederação *sf* **1** *Mil.* aliança. **2** associação, união, coligação.

confederar *vtd+vpr* **1** *Mil.* aliar(-se). **2** associar(-se), unir(-se), coligar(-se). **A:** desassociar(-se).

confeitar *vtd* **1** cobrir (de açúcar). **2** *Fig.* adoçar, suavizar, disfarçar. **Ex:** Confeitar as palavras para iludir alguém.

confeiteira *sf* doceira.

conferência *sf* **1** comparação, confronto, cotejo. **2** assembléia, convenção, reunião. **3** palestra, preleção, discurso.

conferenciar *vti+vi* **1** debater, discutir, deliberar. **Ex:** Os deputados conferenciavam sobre o projeto. **2** prelecionar, discursar, discorrer. **Ex:** Conferenciar sobre um assunto. **3** conversar, falar, dialogar. **Ex:** Conferenciaram muito pelo telefone.

conferir *vtd* **1** comparar, confrontar, cotejar. **2** conceder, dar, outorgar. **Ex:** Conferir perdão, poderes, uma graça. *vti+vi* **3** bater, coincidir, combinar. **Ex:** Meus dados não conferem com os que você forneceu. **A:** diferir.

confessar *vtd* **1** declarar, revelar, manifestar. **Ex:** Confessar um crime, um pecado. **A:** encobrir. **2** professar, seguir, adotar. **Ex:** Confessar uma religião, uma doutrina. **A:** abandonar. *vpr* **3** declarar-se, reconhecer-se, dar-se por. **Ex:** Confessar-se culpado; confessou-se vencido.

confesso *sm* **1** monge. *adj* **2** convertido (ao cristianismo).

confete *sm Fam.* elogio, lisonja, amabilidade, galanteio. **A:** crítica.

confiado *adj* **1** confiante, esperançoso. **A:** desesperançoso. **2** atrevido, insolente, petulante. **A:** respeitoso.

confiança *sf* **1** segurança, certeza, convicção. **Ex:** Não tem confiança naquilo que faz. **A:** insegurança. **2** crédito, fé. **Ex:** Digno de confiança. **A:** desconfiança. **3** boa fama, boa reputação. **Ex:** Gente de confiança. **A:** má fama. **4** esperança, fé. **Ex:** Confiança no futuro. **A:** desesperança. **5** familiaridade, intimidade. **Ex:** Tratar

alguém com confiança. **A:** cerimônia. **6** *Pop.* atrevimento, insolência, petulância. **Ex:** Muita confiança sua, vir à minha casa assim! **A:** respeito.

confiante V. confiado.

confiar *vti+vi* **1** acreditar, fiar-se, crer. **A:** desconfiar. **Ex:** Confio em você. *vtd* **2** entregar, consignar, recomendar. **Ex:** Confiou a chave da casa à vizinha. **3** incumbir de, encarregar de, encomendar. **Ex:** Confiar uma missão a alguém. **A:** desincumbir de. **4** revelar, declarar, comunicar. **Ex:** Confiar segredos a alguém.

confidência *sf* segredo, sigilo, revelação.

confidencial *adj m+f* secreto, sigiloso, privado, reservado. **Ex:** Informação confidencial **A:** público.

confidenciar *vtd* segredar. **A:** revelar.

configuração *sf* formato, feitio, figura, conformação.

configurar *vtd* representar, formar, figurar, conformar.

confim *adj m+f* **1** confinante, fronteiriço, contíguo, confrontante. **A:** afastado. *sm pl* **2** fronteiras, raias, limites. **3** extremo.

confinante V. confim.

confinar *vtd* **1** enclausurar, aprisionar, encarcerar. **Ex:** Os guardas confinaram os acusados. **A:** libertar. **2** circunscrever, limitar, delimitar. *vti* **3** limitar-se, avizinhar. **Ex:** Meu município confina com o seu.

confirmação *sf* **1** ratificação, comprovação. **A:** negação. **2** aprovação, sanção, admissão. **A:** veto. **3** *Rel.* crisma.

confirmar *vtd* **1** ratificar, comprovar, corroborar. **Ex:** Confirmar uma declaração. **A:** negar. **2** conservar, manter, preservar. **Ex:** O presidente confirmou-o no cargo de ministro. **A:** afastar. **3** aprovar, sancionar, homologar. **A:** vetar. *vtd+vpr* **4** *Rel.* crismar(-se). *vpr* **5** realizar-se, acontecer, suceder. **Ex:** Confirmou-se a profecia.

confiscação V. confisco.

confiscar *vtd* embargar, apreender, seqüestrar, arrestar.

confisco *sm* embargo, apreensão, seqüestro, confiscação.

confissão sf 1 declaração, revelação, manifestação. **A:** ocultação. 2 *Rel.* profissão. 3 *Rel. Por ext.* seita cristã.

conflagração sf 1 incêndio, fogo. 2 *Fig.* agitação, exaltação, excitação. **A:** calma. 3 revolução, insurreição, rebelião. 4 guerra, conflito. **A:** paz.

conflagrar vtd 1 incendiar, queimar, pôr fogo em. **A:** apagar. 2 agitar, tumultuar, convulsionar. **Ex:** Conflagrar o povo. **A:** apaziguar.

conflito sm 1 luta, combate, batalha. **Ex:** Conflito armado. 2 choque, desacordo, divergência. **Ex:** Conflito de idéias. 3 guerra, conflagração. **A:** paz. 4 discussão, bate-boca, briga. 5 desavença, rixa, discórdia. **A:** acordo. 6 confusão, desordem, tumulto.

confluência sf convergência, afluência, concorrência, concentração. **A:** divergência.

confluir vti convergir, afluir, concorrer. **A:** divergir.

conformação sf 1 forma, configuração, feitio. 2 resignação, submissão, conformidade. **A:** inconformação.

conformado V. conforme.

conformar vtd 1 configurar, representar, formar. 2 conciliar, congraçar, reconciliar. **A:** dividir. vti+vpr 3 corresponder, adequar-se, ajustar-se. vpr 4 resignar-se, submeter-se. **Ex:** Não se conforma com a perda.

conforme adj m+f 1 idêntico, semelhante, similar. **A:** desconforme. 2 concordante, concorde, harmônico. **A:** desconforme. 3 conformado, resignado. **A:** inconformado. prep 4 de acordo com, consoante. **Ex:** Agir conforme a lei. conj sub 5 segundo, como, consoante. **Ex:** Executamos o serviço conforme nos solicitaram.

conformidade sf 1 identidade, semelhança, similaridade. **A:** diferença. 2 concordância, harmonia, consonância. **A:** discordância. 3 V. conformação.

confortar vtd+vpr 1 consolar(-se), aliviar(-se), alentar(-se). **A:** desconsolar(-se). 2 fortalecer(-se), fortificar(-se), robustecer(-se). **A:** enfraquecer(-se).

confortável adj m+f cômodo, aconchegante. **Ex:** Lugar confortável. **A:** desconfortável.

conforto sm 1 comodidade, aconchego. 2 consolo, alívio, alento. **A:** desconforto (nas duas acepções).

confrade sm 1 *Ecles.* congregado. 2 companheiro, colega, camarada. **A:** rival.

confranger vtd 1 apertar, contrair, estreitar. **A:** dilatar. 2 esmigalhar, moer, triturar. vtd+vpr 3 afligir(-se), angustiar(-se), atormentar(-se). vpr 4 contorcer-se, contrair-se, torcer-se (de dor).

confraria sf 1 *Ecles.* irmandade, congregação, comunidade. 2 sociedade, associação.

confrontação sf 1 comparação, cotejo, confronto. 2 *Dir.* acareação.

confrontante V. confim.

confrontar vtd 1 comparar, cotejar, conferir. 2 *Dir.* acarear. **Ex:** Confrontar os acusados. vti+vpr 3 defrontar(-se). **Ex:** Minha casa confronta ao sul com a avenida.

confronto sm 1 V. confrontação. 2 luta, briga, combate. **Ex:** Muitos ficaram feridos no confronto entre os grupos adversários.

confundir vtd 1 perturbar, atordoar, transtornar. vtd+vpr 2 misturar(-se), embaralhar(-se), baralhar(-se). **A:** distinguir(-se). 3 identificar(-se). **Ex:** Os dois sons são tão parecidos que se confundem. **A:** diferenciar(-se). vtd 4 equivocar, tomar por (outra coisa ou pessoa). **Ex:** Confundiu liberdade com libertinagem. **A:** distinguir. vpr 5 atrapalhar-se, equivocar-se, enganar-se. **Ex:** Confundiu-se com todos aqueles nomes estrangeiros. **A:** acertar.

confusão sf 1 desordem, bagunça gír, baderna. **Ex:** A confusão da sala. **A:** ordem. 2 tumulto, agitação, conflito. **A:** paz. 3 bafafá pop, rolo pop, quebra-pau gír. 4 atrapalhação, embaraço, perturbação. 5 incerteza, ambigüidade, imprecisão. **Ex:** A confusão da frase impede a sua compreensão. **A:** clareza. 6 equívoco. **Ex:** Confusão de nomes diferentes. **A:** distinção.

confuso adj 1 desordenado, misturado, bagunçado gír. **A:** ordenado. 2 obscuro, indistinto, ambíguo. **Ex:** Texto confuso. **A:** claro. 3 atrapalhado, atarantado, embaraçado. **A:** desembaraçado.

congelar vtd+vpr gelar(-se), regelar(-se), enregelar(-se). **A:** descongelar(-se). vtd+vpr

2 *VOZ* embargar(-se), embaraçar(-se), afogar(-se). **3** *PREÇOS, SALÁRIOS* estabilizar, fixar. **A:** descongelar.

congênere *adj m+f* idêntico, parecido, semelhante, similar. **A:** diferente.

congênito *adj* inato, natural, ingênito, nativo. **Ex:** Doença congênita. **A:** adquirido.

congestionado *part+adj* corado, ruborizado, afogueado, vermelho. **Ex:** Rosto congestionado. **A:** pálido.

congestionamento *sm* engarrafamento.

congestionar *vtd+vpr* *TRÂNSITO* engarrafar. **A:** descongestionar(-se). *vpr* **2** corar, ruborizar-se, enrubescer-se.

conglobar *vtd+vpr* **1** acumular(-se), amontoar(-se), aglomerar(-se). *vtd+vti* **2** resumir, sintetizar, condensar. **Ex:** Conglobar muitas informações em poucas linhas.

conglomeração V. conglomerado.

conglomerado *sm* amontoado, aglomerado, conglomeração, acumulação.

conglomerar *vtd+vpr* amontoar(-se), ajuntar(-se), aglomerar(-se), acumular(-se). **A:** dispersar(-se).

congote V. cangote.

congraçar *vtd+vpr* reconciliar(-se), conciliar(-se), harmonizar(-se), apaziguar(-se). **Ex:** Congraçar os antigos inimigos. **A:** separar(-se).

congratulações *sf pl* felicitações, parabéns, cumprimentos. **A:** pêsames.

congratular *vtd* **1** felicitar, parabenizar, cumprimentar. *vpr* **2** contentar-se, regozijar-se, rejubilar-se. **Ex:** Congratular-se com o sucesso de alguém. **A:** lamentar.

congregação *sf* **1** *Ecles.* confraria, irmandade, associação. **2** reunião, assembléia, convenção. **3** *DE ESCOLA SECUNDÁRIA, UNIVERSIDADE* conselho dos professores.

congregado V. confrade.

congregar *vtd* **1** convocar, convidar, chamar. **Ex:** O rei congregou todos os sábios do reino para resolver o mistério. *vtd+vpr* **2** reunir(-se), juntar(-se), ajuntar(-se). **Ex:** Os estudiosos congregaram-se para discutir a questão. **A:** dispersar(-se). **3** combinar(-se), fundir(-se), mesclar(-se). **Ex:** Congregar substâncias químicas; nele

congregam-se o respeito e a dedicação ao próximo. **A:** separar(-se).

congresso *sm* **1** assembléia, parlamento, câmara. **Ex:** O congresso de um país. **2** conferência, reunião, simpósio. **Ex:** Congresso de medicina pediátrica.

congruência *sf* **1** coerência, lógica, nexo. **A:** incongruência. **2** conveniência, propriedade, apropriação. **A:** incongruência.

congruente *adj m+f* **1** coerente, lógico, racional. **A:** incongruente. **2** apropriado, conveniente, próprio. **A:** incongruente.

conhecedor *sm+adj* **1** perito, especialista, prático. **2** ciente, consciente, sabedor. **A:** desconhecedor.

conhecer *vtd* **1** saber. **Ex:** Conhecer um idioma. **A:** desconhecer. **2** distinguir, reconhecer, diferenciar. **Ex:** O cego conhecia as pessoas pela voz. **A:** confundir. **3** travar conhecimento: familiarizar-se com, relacionar-se com. **Ex:** Quando chegou, quis conhecer todos os vizinhos.

conhecido *part+adj* **1** sabido, notório, público. **Ex:** Fato conhecido. **A:** desconhecido. **2** experiente, perito, versado. **Ex:** Ser conhecido numa profissão. **A:** inexperiente. **3** famoso, célebre, ilustre. **Ex:** Um conhecido pintor. **A:** desconhecido.

conhecimento *sm* **1** consciência, ciência. **A:** desconhecimento. **2** idéia, noção. **3** notícia, informação, informe. **Ex:** Ter conhecimento do que acontece. *sm pl* **4** saber, erudição, instrução. **A:** ignorância. **5** perícia, experiência, destreza. **A:** imperícia.

conivente *adj m+f Dir.* cúmplice.

conjectura *sf* suposição, hipótese, suspeita, *conjetura.*

conjectural *adj m+f* suposto, hipotético, pressuposto, *conjetural.*

conjecturar *vtd* **1** supor, presumir, pressupor, *conjeturar.* **2** prever, predizer, antever, *conjeturar.*

conjetura V. conjectura.

conjetural V. conjectural.

conjeturar V. conjecturar.

conjugação *sf* junção, união, ligação, reunião. **A:** separação.

conjugal *adj m+f* matrimonial, marital, nupcial, marital.

conjugar *vtd+vpr* juntar(-se), unir(-se), ligar(-se), reunir(-se). **A:** separar(-se).

cônjuge *sm+f SEXO FEMININO* esposa, mulher, consorte; *SEXO MASCULINO* esposo, marido, consorte.

conjunção *sf* **1** união, junção, ligação. **Ex:** A conjunção de duas pessoas. **A:** separação. **2** e **3** V. conjuntura.

conjunto *sm* **1** grupo, complexo, composto. **2** totalidade. **Ex:** O conjunto dos estudantes compareceu às aulas. **3** *Mús.* grupo, banda. **4** equipe, pessoal, quadro. **Ex:** Conjunto de cientistas. *adj* **5** próximo, chegado, vizinho. **A:** afastado.

conjuntura *sf* **1** situação, conjunção, condição. **Ex:** Na atual conjuntura, precisamos tomar mais cuidado. **2** acontecimento, fato, evento. **3** dificuldade, impedimento, embaraço. **4** ensejo, oportunidade, ocasião, conjunção. **Ex:** Aproveitar a conjuntura.

conjuração *sf* **1** conspiração, trama, conluio. **2** esconjuro, exorcismo, conjuro.

conjurar *vtd* **1** tramar, maquinar. **Ex:** Conjurar o assassinato do rei. **2** esconjurar, exorcizar, exorcismar. **Ex:** Conjurar o demônio. **3** afastar, repelir, evitar. **Ex:** Conjurar o perigo. **4** rogar, implorar, suplicar. *vti+vpr* **5** revoltar-se, insurgir-se, levantar-se. **Ex:** Os nativos conjuraram contra os conquistadores.

conjuro V. conjuração.

conluiar *vtd* **1** tramar, conspirar, maquinar. *vpr* **2** conchavar-se, mancomunar-se.

conluio *sm* trama, conspiração, maquinação, conjuração.

conosco *pron* **1** em nossa companhia. **Ex:** Ela está conosco. **2** a nosso respeito. **Ex:** Conosco o caso é diferente. **3** de nós para nós, com nossos botões. **Ex:** Pensamos conosco que era melhor não ir.

conotação *sf Ling.* sentido subjetivo de uma palavra. **A:** denotação.

conquanto *conj* ainda que, embora, não obstante, posto que. **Ex:** Conquanto estivesse cansada, não conseguiu dormir.

conquista *sf* **1** vitória, triunfo, êxito. **A:** derrota. **2** conseguimento, obtenção. **A:** perda.

conquistador *sm* **1** vencedor, dominador. **2** *Fam.* mulherengo, sedutor.

conquistar *vtd* **1** vencer, dominar, derrotar. **Ex:** Os espanhóis conquistaram os incas. **A:** perder. **2** alcançar, conseguir, obter. **Ex:** Conquistar a fama. **A:** perder. **3** atrair, adquirir, granjear. **Ex:** Conquistar a simpatia de alguém.

consagrar *vtd* **1** *Rel.* sagrar, santificar, abençoar. **2** *Rel.* votar, oferecer, sacrificar. **Ex:** Consagrar a vida à igreja. **3** dedicar, oferecer, ofertar. **Ex:** Consagrar um poema a alguém. **4** confirmar, ratificar, sancionar. **Ex:** A prática consagrou esses procedimentos. **A:** negar. **5** aclamar, eleger, proclamar. **Ex:** Consagraram-no herói nacional. *vtd+vpr* **6** dedicar(-se), aplicar(-se), entregar(-se). **Ex:** Consagrou vários dias àquele trabalho; consagrei-me ao estudo da história.

consangüíneo *adj* carnal. **Ex:** Irmão consangüíneo.

consciência *sf* **1** conhecimento, ciência. **Ex:** Ter consciência das próprias limitações. **A:** inconsciência. **2** cuidado, escrúpulo, meticulosidade. **3** honestidade, honradez, dignidade. **A:** desonestidade.

consciencioso *adj* **1** cuidadoso, escrupuloso, meticuloso. **Ex:** Análise conscienciosa. **A:** descuidado. **2** honesto, honrado, digno. **A:** desonesto.

consciente *adj m+f* cônscio, ciente, sabedor, conhecedor. **A:** inconsciente.

cônscio V. consciente.

consecução *sf* conseguimento, obtenção, conquista, aquisição. **A:** perda.

consecutivo *adj* seguido, sucessivo, subseqüente, conseguinte. **Ex:** Não conseguiu dormir por três dias consecutivos.

conseguimento V. consecução.

conseguinte *adj m+f* V. consecutivo. * Por conseguinte: conseqüentemente, portanto, logo, por isso.

conseguir *vtd* obter, alcançar, ganhar, lograr. **Ex:** Conseguiu o que queria. **A:** perder.

conselho *sm* **1** opinião, parecer, juízo. **2** sugestão, advertência, aviso. **3** reunião, assembléia, conferência. **4** tribunal, júri, junta.

consenso V. consentimento.

consentâneo *adj* **1** adequado, apropriado, conveniente. **A:** inadequado. **2** coerente, lógico, racional. **A:** incoerente.

consentimento *sm* **1** permissão, autorização, licença. **A:** proibição. **2** aprovação, consenso, anuência. **A:** desaprovação.

consentir *vtd* **1** permitir, admitir, deixar. **Ex:** Não consentiu que ela saísse. **A:** proibir. *vti+vi* **2** concordar com, aprovar, assentir. **Ex:** Você não devia consentir em tal coisa. **A:** discordar de.

consequência *sf* **1** coerência, lógica, congruência. **A:** inconsequência. **2** efeito, resultado, seguimento. **A:** causa. **3** importância, peso, alcance *fig.* **Ex:** Resolução de grande consequência.

consequente *adj m+f* coerente, lógico, racional, congruente. **A:** inconsequente.

consertar *vtd* **1** reparar, restaurar, reformar. **Ex:** Consertar uma máquina. **2** ajustar, arrumar, arranjar. **Ex:** Vestia-se bem, mas nunca consertava o colarinho. **A:** desconsertar (nas duas acepções).

conserto *sm* **1** reparo, restauração, reforma. **A:** estrago. **2** ajuste, arrumação, arranjo. **A:** desajuste.

conservador *sm+adj Polít.* burguês, reacionário, tradicionalista. **A:** revolucionário.

conservadorismo *sm Polít.* tradicionalismo, reação, conservantismo.

conservantismo V. conservadorismo.

conservar *vtd* **1** guardar, manter, preservar. **Ex:** Conservar os alimentos, as tradições. **A:** perder. *vpr* **2** permanecer, ficar, manter-se. **Ex:** Conservou-se de pé.

consideração *sf* **1** raciocínio, reflexão, ponderação. **2** estima, respeito, apreço. **A:** desconsideração.

considerando *sm* argumento, motivo, razão, consideração.

considerar *vtd* **1** estimar, respeitar, prezar. **Ex:** Considero-a muito. **A:** desconsiderar. **2** avaliar, pesar, examinar. **Ex:** Considere todas as alternativas. **A:** desconsiderar. *vtd+vpr* **2** julgar(-se), acreditar(-se), reputar(-se). **Ex:** Considera-se imbatível, mas não é. *vti+vi* **3** meditar, pensar em, ponderar. **Ex:** Considerar nos planos para o futuro.

considerável *adj m+f* **1** significativo, notável, importante. **2** grande, avultado, vultoso. **A:** insignificante (nas duas acepções).

consignar *vtd* **1** assinalar, marcar, registrar. **Ex:** Consignou uma observação no documento. **2** entregar, confiar, recomendar. **Ex:** Consignar uma mercadoria.

consigo *pron* **1** em sua companhia. **Ex:** Trazia consigo uma menina. **2** a seu respeito. **Ex:** Essa indireta foi consigo. **3** consigo mesmo, com seus botões, de si para si. **Ex:** Disse consigo que nunca mais voltaria.

consistência *sf* **1** dureza, solidez, rigidez. **A:** inconsistência. **2** constância, perseverança, persistência. **A:** inconstância.

consistente *adj m+f* **1** formado, constituído, constante. **Ex:** Objeto consistente de duas peças. **2** duro, sólido, rijo. **Ex:** Substância consistente. **A:** inconsistente.

consistir *vti* **1** compor-se, constar, formar-se de. **Ex:** O tratamento consiste na aplicação de injeções. **2** basear-se, fundamentar-se, fundar-se. **Ex:** Suas teorias consistem nos dados da experiência.

consoante *sf* **1** *Gram.* fonema consoante. **A:** vogal. **2** rima, consonância. *adj* **3** consonante, concordante. *prep* **4** conforme, de acordo com. **Ex:** Agir consoante o plano. *conj sub* **5** segundo, como, conforme. **Ex:** Fizemos o trabalho consoante nos solicitaram.

consociar *vtd+vpr* **1** associar(-se), unir(-se), juntar(-se). **A:** dissociar(-se). **2** conciliar(-se), harmonizar(-se), congraçar(-se). **A:** separar(-se).

consócio *sm* **1** sócio. **2** companheiro, camarada, colega. **A:** rival.

consolação V. consolo.

consolado *part+adj* contente, prazeroso, satisfeito, alegre. **A:** desconsolado.

consolar *vtd+vpr* confortar(-se), aliviar(-se), alentar(-se), animar(-se). **A:** desconsolar(-se).

console V. consolo.

consolidar *vtd+vpr* fixar(-se), firmar(-se), estabilizar(-se), solidificar(-se). **A:** abalar(-se).

consolo (ó) *sm* console, suporte.

consolo (ô) *sm* consolação, alívio, conforto, refrigério. **A:** desconsolo.

consonância *sf* 1 *Mús.* harmonia, concerto. **A:** dissonância. 2 V. consoante. 3 concordância, acordo, combinação. **A:** discordância.

consonante V. consoante.

consorciar *vtd+vpr* 1 associar(-se), ligar(-se), unir(-se). **A:** separar(-se). *vpr* 2 casar-se, desposar-se, matrimoniar-se. **A:** divorciar-se.

consórcio *sm* 1 associação, ligação, união. 2 casamento, matrimônio, enlace. **A:** divórcio.

consorte V. cônjuge.

conspícuo *adj* 1 visível, aparente, perceptível. **A:** invisível. 2 distinto, ilustre, nobre. **A:** vil. 3 sério, sisudo, circunspecto. **A:** alegre.

conspiração *sf* trama, conjuração, conluio, maquinação.

conspirar *vti+vi* tramar, conjurar, maquinar, confabular.

conspurcar *vtd+vpr* 1 manchar(-se), macular(-se), enodoar(-se). **A:** limpar(-se). 2 corromper(-se), perverter(-se), aviltar(-se). **A:** regenerar(-se).

constância *sf* perseverança, persistência, obstinação, tenacidade. **A:** inconstância.

constante *adj m+f* 1 contínuo, ininterrupto, seguido. **Ex:** Alegria constante. **A:** inconstante. 2 mencionado, citado, escrito. **Ex:** Nomes constantes da lista. 3 constituído, formado, consistente. **Ex:** Um todo constante de três partes.

constar *vti* 1 consistir, compor-se, formar-se de. **Ex:** A obra consta de quatro capítulos. 2 deduzir-se, concluir-se, inferir-se. **Ex:** Consta das provas que o réu é culpado. *vti+vi* 3 dizer-se, comentar-se, contar-se. **Ex:** Consta que ela é muito inteligente. 4 incluir-se. **Ex:** Este nome consta da lista de alunos?

constatar *vtd* averiguar, verificar, apurar, certificar-se de. **Ex:** Constatou a falta de preparo do candidato, e reprovou-o.

constelar *vtd+vpr* 1 *CÉU* estrelar(-se). 2 bordar(-se), recamar(-se). **Ex:** Constelou o vestido com paetês.

consternação *sf* desolação, pesar, mágoa, desconsolo. **A:** consolo.

consternado *part+adj* desconsolado, pesaroso, sentido, magoado. **A:** consolado.

consternar *vtd* 1 desconsolar, desolar, magoar. **A:** consolar. *vpr* 2 horrorizar-se, espantar-se, aterrorizar-se.

constipação *sf* 1 *Med.* prisão de ventre. 2 *Pop.* resfriado, gripe, defluxo.

constipar-se *vpr Pop.* resfriar-se, gripar-se, endefluxar-se.

constituição *sf* 1 formação, composição. 2 *DO CORPO HUMANO* compleição, físico. 3 temperamento, índole, caráter. 4 *DE EMPRESA, CORPORAÇÃO, ETC.*, regimento, estatuto, regulamento; *DO PAÍS* carta constitucional, carta magna, magna-carta.

constituinte *s m+f* cliente (de advogado, procurador).

constituir *vtd+vpr* 1 formar(-se), compor(-se). **Ex:** Constituir família; a coleção constitui-se de nove volumes. *vtd* 2 instituir, fundar, estabelecer. **Ex:** Constituir uma empresa. 3 nomear, designar, indicar. **Ex:** Constituí-o meu representante.

constitutivo *adj* característico, típico, peculiar, distintivo. **A:** incaracterístico.

constranger *vtd* 1 apertar. **Ex:** A roupa me constrange. 2 *LIBERDADE* cercear, restringir, limitar. *vtd+vti* 3 coagir, forçar, obrigar. **Ex:** As ameaças por telefone constrangeram-no a modificar o depoimento. *vpr* 4 acanhar-se, intimidar-se, embaraçar-se. **A:** desembaraçar-se.

constrangido V. constrito.

constrangimento *sm* 1 coação, imposição, violência. 2 embaraço, acanhamento, vergonha. **A:** desembaraço.

constrição *sf* aperto, contração, compressão.

constringir *vtd+vpr* apertar(-se), contrair(-se), estreitar(-se), comprimir(-se). **A:** dilatar(-se).

constrito *adj* 1 constrangido, forçado, obrigado. 2 apertado, estreito, comprimido. **A:** dilatado.

construção *sf* 1 *ATO* edificação. **Ex:** A construção de um conjunto habitacional. **A:** destruição. 2 edifício, prédio, edificação. **Ex:** As edificações de uma cidade. 3 *Gram.* sintaxe, colocação. **Ex:** A construção de uma oração. 4 *Fig.* concepção, criação, idealização.

construir *vtd* 1 edificar, arquitetar. **Ex:** Construir uma casa. **A:** destruir. 2 ordenar, organizar, dispor. **Ex:** Construir frases. 3 formar, conceber, idealizar. **Ex:** Construir projetos.

construtivo *adj* positivo, útil, produtivo, benéfico. **Ex:** Crítica construtiva. **A:** destrutivo.

consubstanciação *sf* harmonia, acordo, concordância, conformidade. **Ex:** Consubstanciação de idéias. **A:** desarmonia.

consubstanciar *vtd+vpr* unificar(-se), consolidar(-se), ligar(-se), unir(-se). **Ex:** Consubstanciar todas as opiniões numa só.

consuetudinário *adj* habitual, costumeiro, usual, costumado. **A:** incomum.

consulta *sf* 1 entrevista. **Ex:** Tenho uma consulta com o médico hoje. 2 parecer, conselho, opinião.

consultar *vtd* 1 aconselhar-se com, perguntar a, informar-se com. **Ex:** Consultar um especialista. 2 indagar, examinar, sondar. **Ex:** Consultou seus próprios sentimentos antes de aceitar o pedido de casamento.

consumação *sf* 1 conclusão, término. **A:** início. 2 V. consumo.

consumado *part+adj* 1 exímio, perito, perfeito. **Ex:** Profissional consumado. **A:** imperito. 2 irremediável, irrevogável. **Ex:** Fato consumado. **A:** remediável.

consumar *vtd* 1 executar, praticar, realizar. **Ex:** Consumar um ato. *vtd+vpr* 2 acabar(-se), completar(-se), terminar(-se). **Ex:** Consumar um negócio. **A:** iniciar(-se). *vpr* 3 aperfeiçoar-se, melhorar, corrigir-se. **Ex:** Consumar-se num ofício. **A:** piorar.

consumição *sf* 1 V. consumo. 2 aflição, tormento, preocupação. **A:** alívio.

consumidor *sm* comprador, cliente, freguês. **A:** vendedor.

consumir *vtd* 1 usar, empregar, utilizar. **Ex:** Consumir um certo produto. *vtd+vpr* 2

gastar(-se), destruir(-se), esgotar(-se). **Ex:** O fogo consumiu todos os documentos. 3 afligir(-se), atormentar(-se), angustiar(-se). **Ex:** Seus problemas o consomem. **A:** aliviar(-se). 4 abater(-se), enfraquecer(-se), debilitar(-se). **Ex:** A doença consumiu suas energias. **A:** fortalecer(-se).

consumo *sm* 1 gasto, uso, utilização, consumição. 2 despesa, gasto, consumação.

conta *sf* 1 cálculo, cômputo, contagem. **Ex:** Fazer uma conta. 2 nota, fatura. **Ex:** Conta de luz. 3 encargo, responsabilidade. **Ex:** Agora é por sua conta. 4 informação, notícia. **Ex:** Prestar contas do que faz. *sf pl* 5 miçangas, vidrilhos, avelórios. * Em conta: barato, acessível, econômico. **Ex:** Os produtos desta loja estão mais em conta que os outros. **A:** caro.

contabilidade *sf* 1 escrituração, escrita. **Ex:** A contabilidade de uma empresa. 2 conta, cálculo, cômputo.

contabilista V. contador.

contacto V. contato.

contador *sm* 1 contabilista. 2 aparelho para contagem de água, eletricidade, gás: medidor *sp*.

contagem *sf* 1 cálculo, conta, cômputo. 2 *Esp.* placar, pontuação, escore.

contagiante V. contagioso.

contagiar V. contaminar.

contágio V. contaminação.

contagioso *adj* contagiante, transmissível.

contaminação *sf* 1 *Med.* contágio, infecção, propagação. **A:** descontaminação. 2 corrupção, perversão, depravação. **A:** regeneração.

contaminar *vtd+vpr* 1 *Med.* contagiar(-se), infectar(-se), infeccionar(-se). **A:** descontaminar(-se). *vtd* 2 corromper, perverter, viciar. **Ex:** Seus maus hábitos contaminaram todos os colegas. **A:** regenerar.

contanto que *loc conj* desde que, dado que. **Ex:** Irei à festa, contanto que ela não esteja lá.

contar *vtd* 1 narrar, relatar, expor. **Ex:** Contar uma história. *vtd+vi* 2 calcular, computar. *vti* 3 confiar em, esperar. **Ex:** Sempre poderei contar com eles.

contato *sm* 1 toque, *contacto*. **Ex:** O contato com certos tecidos irrita minha pele. 2

convivência, trato, relação, *contacto*. **Ex:** Ter contato com alguém.

contemplação *sf* **1** admiração, observação. **2** meditação, reflexão. **3** consideração, deferência, benevolência. **Ex:** Castigou a todos, sem contemplação. **A:** desconsideração.

contemplar *vtd* **1** admirar, olhar, observar. **Ex:** Contemplar a paisagem. **2** premiar, gratificar, recompensar. **Ex:** Os juízes contemplaram o vencedor com uma medalha. *vtd, vti+vi* **3** meditar, refletir, pensar. **Ex:** Contemplar o (ou no) sentido da vida; o monge vai para as montanhas e fica contemplando. *vtd+vpr* **4** olhar(-se), fitar(-se), mirar(-se). **Ex:** Contemplou o céu; contemplar-se no espelho.

contemplativo *adj* **1** absorto, extasiado, enlevado. **2** místico, ascético, devoto.

contemporâneo *adj* **1** coevo, coetâneo. **Ex:** Seu tataravô foi contemporâneo do imperador. **2** atual, moderno, hodierno. **Ex:** Arte contemporânea. **A:** antigo.

contemporizar *vtd* **1** entreter, prolongar, paliar. **Ex:** Contemporizar as esperanças. *vti* **2** tolerar, transigir, condescender. **Ex:** Não contemporiza com esse tipo de abuso. **A:** opor-se.

contenção *sf* **1** V. contenda. **2** controle, moderação, repressão. **Ex:** Contenção de despesas. **A:** descontrole.

contenda *sf* **1** briga, discussão, disputa, contenção. **2** combate, luta, confronto.

contendedor V. contendor.

contender *vti* **1** competir, disputar, concorrer. **Ex:** Contendeu com fortes adversários. **2** discutir, brigar, litigar. **Ex:** Ficou calado porque não queria contender com ele.

contendor *sm* competidor, oponente, rival, antagonista, contendedor. **A:** parceiro.

contensão *sf* aplicação, esforço, dedicação, diligência. **A:** relaxo.

contentamento *sm* alegria, satisfação, prazer, júbilo. **A:** descontentamento.

contentar *vtd+vpr* **1** alegrar(-se), satisfazer(-se), rejubilar(-se). **Ex:** Contentou-se em vê-la. **A:** descontentar(-se). *vtd* **2** apaziguar, sossegar, acalmar. **Ex:** Fez de tudo para contentar a criança.

contente *adj m+f* alegre, satisfeito, feliz, prazeroso. **Ex:** Estou contente com os resultados. **A:** descontente.

contento *sm* V. contentamento. * A contento *adv:* satisfatoriamente.

conter *vtd* **1** incluir, abranger, compreender. **Ex:** Este livro contém todas as respostas. **A:** excluir. *vtd+vpr* **2** moderar(-se), reprimir(-se), controlar(-se). **Ex:** Conter os próprios desejos; a polícia conteve a multidão. **A:** incitar(-se).

conterrâneo *sm+adj* compatriota, compatrício, concidadão. **A:** estrangeiro.

contestação *sf* **1** controvérsia, debate, discussão. **A:** acordo. **2** negação, desmentido, contradição. **A:** confirmação.

contestar *vtd* **1** atestar, afirmar, declarar. **Ex:** É o que contesta a Bíblia. **A:** negar. **2** contradizer, refutar, contrariar. **Ex:** Não se pode contestar a sua afirmação. **A:** admitir. *vti* **3** responder, replicar, retrucar. **Ex:** Não contestou às nossas indagações. **A:** perguntar. *vi* **4** discutir, questionar, disputar. **Ex:** Não contestem, aceitem o que foi proposto. **A:** aceitar.

conteste *adj m+f* comprobatório, comprovativo, afirmativo.

conteúdo *sm* **1** aquilo que está contido. **A:** continente. **2** teor, assunto, tema. **Ex:** O conteúdo de uma obra.

contexto *sm* **1** *DAS IDÉIAS NUM TEXTO* contextura, encadeamento. **2** situação, quadro. **Ex:** No contexto atual, é difícil fazer previsões. **3** argumento, assunto, tema.

contextura V. contexto.

contigo *pron* **1** em tua companhia. **Ex:** Ficarei contigo. **2** a teu respeito. **Ex:** A crítica é contigo, defenda-se. **3** contigo mesmo, com teus botões, de ti para ti. **Ex:** Você deve ter pensado aí contigo, que eu estava errado.

contíguo *adj* adjacente, junto, próximo, imediato. **A:** distante.

continência *sf* **1** *SEXUAL* castidade, abstenção; *EM GERAL* moderação, comedimento, temperança. **Ex:** Comer e beber com continência. **A:** incontinência. **2** *Mil.* saudação, cumprimento. **3** *DE RECIPIENTE* volume, capacidade.

continente *sm* **1** aquilo que contém algo. **A:** conteúdo. *adj m+f* **2** *SEXUAL* casto, abstêmio; *EM GERAL* moderado, comedido, contido. **A:** incontinente.

contingência *sf* eventualidade, acaso, casualidade, probabilidade.

contingente *sm* **1** cota, quota, quinhão. *adj m+f* **2** eventual, incerto, acidental, casual. **Ex:** É um caso contingente, mas não podemos ignorá-lo. **A:** certo.

continuação *sf* **1** prosseguimento, seguimento, persistência. **A:** interrupção. **2** extensão, prolongamento, prorrogação. **A:** cessação.

continuado V. contínuo.

continuar *vtd, vti+vi* **1** prosseguir, seguir, persistir. **Ex:** O governo continuou a campanha de esclarecimento sobre a doença; continuar na luta; a vida continua. **A:** interromper(-se). *vtd, vi+vpr* **2** estender(-se), prolongar(-se), prorrogar(-se). **Ex:** Continuaram a conversa até a madrugada; a palestra continuou por mais duas horas. **A:** cessar.

contínuo *adj* ininterrupto, constante, continuado, seguido. **Ex:** Suas tentativas contínuas de convencer o pai não deram resultado. **A:** interrompido. * De contínuo: continuamente, constantemente, seguidamente.

conto *sm* **1** historieta, história, narração. **2** fábula, lenda. **3** conto-do-vigário, tapeação *pop*, embuste. **4** *DE LANÇA* ponta, extremidade, bico.

conto-do-vigário V. conto.

contorção *sf* **1** *Med.* contração (muscular). **2** torção, torcedura.

contorcer *vtd+vpr* contrair(-se), torcer(-se), dobrar(-se).

contornar *vtd* **1** contornear, dar a volta a. **Ex:** Para não escalar a montanha, precisamos contorná-la. **2** cercar, circundar, rodear, contornear. **Ex:** Um muro contorna todo o parque.

contornear V. contornar.

contorno *sm* perímetro, circuito, volta.

contra *sm* **1** obstáculo, inconveniente, dificuldade. **Ex:** Superamos todos os contras, e vencemos. **2** objeção, oposição, negação.

Ex: Ouvi vários contras, mas não desisti. *prep* **3** em luta com, versus. **Ex:** Um exército contra outro. **4** em oposição a. **Ex:** Sua palavra contra a minha. **5** em direção oposta a. **Ex:** Velejar contra o vento. **A:** a favor de. **6** de encontro a. **Ex:** O avião bateu contra a parede. **7** junto a. **Ex:** Apertou-o contra o peito. *adv* **8** contrariamente. **Ex:** Todos votaram contra. **A:** favoravelmente.

contrabalançar *vtd* **1** equilibrar, igualar (em peso); *COM CONTRAPESO* contrapesar. **A:** desequilibrar. **2** compensar, contrapesar. **Ex:** Para contrabalançar a falta de sorte, esforçou-se mais do que os outros.

contrabandista *s m+f* muambeiro, fraudador.

contrabando *sm* **1** *AÇÃO* fraude. **2** *MERCADORIA* muamba. **3** tráfico. **Ex:** Contrabando de drogas.

contração *sf* **1** estreitamento, encolhimento, redução. **A:** dilatação. **2** *Med.* convulsão, espasmo.

contraceptivo *sm+adj* anticoncepcional.

contradança *sf* **1** *DANÇA* quadrilha. **2** instabilidade, inconstância, volubilidade. **A:** estabilidade.

contradição *sf* **1** desmentido, contestação, contradita *dir*. **A:** confirmação. **2** desacordo, incoerência, incongruência. **Ex:** Contradição entre duas declarações. **A:** coerência.

contradita V. contradição.

contraditar V. contradizer.

contraditório *adj* oposto, contrastante, discrepante, contrário. **Ex:** Sentimentos contraditórios.

contradizer *vtd* **1** desmentir, contestar, contraditar *dir*. **A:** confirmar. *vpr* **2** desmentir-se, contrariar-se. **Ex:** A testemunha não se contradisse uma vez sequer. **3** divergir, destoar, discrepar. **Ex:** As duas afirmações se contradizem. **A:** concordar.

contrafação *sf* **1** arremedo, imitação, paródia. **2** falsificação, adulteração. **3** fingimento, dissimulação, simulação.

contrafazer *vtd* **1** arremedar, remedar, imitar. **Ex:** Contrafazer alguém por brincadeira; é um escritor medíocre, que contrafaz as obras dos grandes mestres. **2** falsificar, adulterar. **Ex:** Contrafazer uísque, uma assinatura. **3** constranger, obrigar, forçar. **Ex:** Contrafazer alguém. *vpr* **4** fingir-se, fazer-se, afetar-se de. **Ex:** Contrafazer-se bonzinho.

contraforte *sm* anteparo, defesa, abrigo, proteção.

contragosto *sm* antipatia, aversão, repulsa, ojeriza. **A:** simpatia.

contraído *part+adj* acanhado, tímido, encabulado, embaraçado. **Ex:** Você estava muito contraído na festa. **A:** desembaraçado.

contrair *vtd+vpr* **1** estreitar(-se), encolher(-se), apertar(-se). **Ex:** Contrair o rosto; suas pupilas se contraíram. **A:** dilatar(-se). *vtd* **2** apanhar, pegar, adquirir. **Ex:** Muitas pessoas contraem doenças por falta de higiene. **3** assumir, incumbir-se de, encarregar-se de. **Ex:** Contrair compromissos. **4** contratar, combinar, ajustar. **Ex:** Contrair um empréstimo.

contrapartida *sf* **1** compensação. **Ex:** Ele esqueceu seu aniversário, e, em contrapartida, deu-lhe um lindo anel de presente. **2** equivalência, correspondência, conformidade.

contrapesar *vtd* **1** contrabalançar (com contrapeso). **2** compensar, ressarcir, reparar. **Ex:** Contrapesar um prejuízo.

contrapeso *sm* **1** sobrepeso, sobrecarga. **2** *Fig.* compensação, ressarcimento, reparação.

contrapor *vtd* **1** opor. **2** refutar, contestar, objetar. **A:** aceitar. *vpr* **3** opor-se a, resistir a, contrastar. **Ex:** Contrapôs-se à implantação da fábrica naquele lugar. **A:** apoiar.

contraposto *part+adj* oposto, contrário, inverso, invertido. **Ex:** Partiram em direções contrapostas.

contraproducente *adj m+f* prejudicial, negativo, danoso, nocivo. **Ex:** Medidas contraproducentes. **A:** benéfico.

contrariar *vtd* **1** aborrecer, desgostar, desagradar. **Ex:** Seu comportamento contrariou a esposa. **A:** agradar. *vtd+vpr* **2** atrapalhar(-se), embaraçar(-se), estorvar(-se). **Ex:** Contrariar os planos de alguém. *vpr* **3** contradizer-se, desmentir-se. **Ex:** O suspeito se contrariou, e os policiais desconfiaram.

contrariedade *sf* **1** contratempo, dificuldade, transtorno. **2** desgosto, aborrecimento, desagrado.

contrário *sm* **1** oposto, inverso. **Ex:** Você fez o contrário do que pedi. **2** inimigo, adversário, rival. **A:** amigo. *adj* **3** oposto, inverso, antagônico. **Ex:** Direções contrárias. **4** desfavorável, impróprio, inconveniente. **Ex:** As condições são contrárias à realização da viagem. **A:** favorável.

contra-senso *sm* absurdo, disparate, despropósito, tolice.

contrastar *vtd* **1** opor-se, contrapor-se, objetar a. **Ex:** Contrastar as idéias de alguém. **A:** apoiar. *vti* **2** divergir, destoar, discrepar. **Ex:** Sua beleza contrasta com seus modos rudes. **A:** combinar.

contraste *sm* **1** oposição, resistência, objeção. **A:** apoio. **2** divergência, discrepância. **A:** combinação.

contratar *vtd* **1** pactuar, ajustar, combinar. **Ex:** Contratar um serviço. *vtd+vpr* **2** empregar(-se), assalariar(-se). **Ex:** Contratar operários.

contratempo *sm* adversidade, dificuldade, revés, obstáculo.

contrato *sm* pacto, ajuste, acordo, trato.

contratorpedeiro *sm Náut.* destróier.

contravenção *sf Dir.* infração, transgressão, violação. **A:** cumprimento.

contraveneno *sm Farm.* antídoto. **A:** veneno.

contraventor *sm+adj* infrator, transgressor, violador. **A:** cumpridor.

contravir *vtd* **1** infringir, transgredir, violar. **A:** cumprir. **2** responder, retrucar, replicar. **A:** perguntar.

contribuição *sf* **1** tributo, imposto, taxa. **2** doação, donativo. **Ex:** Nossa associação aceita contribuições. **3** auxílio, ajuda, subsídio. **Ex:** Não conseguiríamos nada sem a contribuição dos amigos.

contribuir *vti+vi* colaborar, cooperar, auxiliar, ajudar. **Ex:** Todos contribuíram para o sucesso de nosso empreendimento. **A:** atrapalhar.

contrição *sf Teol.* arrependimento, pesar, remorso, compunção.

contristação *sf* aflição, pesar, pena, mágoa. **A:** alegria.

contristar *vtd+vpr* afligir(-se), penalizar(-se), magoar(-se), entristecer(-se). **A:** alegrar(-se).

contrito *adj* arrependido, pesaroso.

controlado *part+adj* moderado, prudente, ponderado, comedido. **A:** descontrolado.

controlar *vtd* **1** fiscalizar, vistoriar, inspecionar. **Ex:** Controlar as instalações da fábrica. *vtd+vpr* **2** conter(-se), moderar(-se), dominar(-se). **Ex:** Ele não controla os próprios impulsos; controlou-se para não fazer nenhuma besteira. **A:** descontrolar(-se).

controle *sm* **1** fiscalização, vistoria, inspeção. **2** domínio, comando, direção. **Ex:** Ele detém o controle da empresa. **3** equilíbrio, moderação, comedimento. **Ex:** Controle emocional. **A:** descontrole.

controvérsia *sf* polêmica, debate, discussão, disputa. **Ex:** Esse assunto gerou muita controvérsia entre os especialistas. **A:** concordância.

controverso *adj* polêmico, discutível. **Ex:** Tema controverso. **A:** indiscutível.

controverter *vtd* questionar, contestar, discutir, debater. **Ex:** Nosso plano foi posto em prática imediatamente, já que ninguém o controverteu. **A:** apoiar.

contudo *conj coord* entretanto, não obstante, porém, todavia.

contumácia *sf* **1** teimosia, obstinação, teima. **2** *Dir.* revelia, rebeldia.

contumaz *s e adj m+f* **1** teimoso, obstinado, perseverante. **2** *Dir.* revel, rebelde.

contundente *adj m+f* **1** decisivo, incisivo, categórico. **Ex:** Argumento contundente. **A:** duvidoso. **2** agressivo, hostil. **Ex:** Temperamento contundente. **A:** calmo.

contundir *vtd* **1** pisar, machucar, bater. *vpr* **2** machucar-se, ferir-se. **Ex:** O jogador contundiu-se e não pôde participar do campeonato.

conturbar *vtd+vpr* **1** perturbar(-se), confundir(-se), agitar(-se). **Ex:** A tragédia conturbou-o. **A:** acalmar(-se). **2** rebelar(-se), amotinar(-se), sublevar(-se). **Ex:** Os camponeses conturbaram-se. **A:** pacificar(-se).

contusão *sf* **1** mossa, pisadura, machucadura. **2** *Fig.* abalo, comoção, choque.

conubial *adj m+f* conjugal, matrimonial, nupcial.

conúbio *sm* casamento, matrimônio, núpcias *pl*, enlace.

convalescença *sf Med.* recuperação, restabelecimento, melhora. **A:** recaída.

convalescer *vi* recuperar-se, restabelecer-se, melhorar. **A:** recair.

convenção *sf* **1** acordo, pacto, ajuste. **2** reunião, assembléia, congresso. **Ex:** Convenção das bruxas. * Convenções sociais: conveniências.

convencer *vtd* **1** persuadir, compenetrar. **A:** dissuadir. *vpr* **2** persuadir-se, certificar-se, compenetrar-se. **Ex:** Ainda não me convenci da realidade. **A:** dissuadir-se.

convencido *part+adj* **1** persuadido, convicto, certo, seguro. **Ex:** Agora estou convencido de que estava com a razão. **A:** dissuadido. **2** vaidoso, presunçoso, afetado. **Ex:** Não gosto dela, porque é muito convencida. **A:** modesto.

convencimento *sm* **1** persuasão, convicção, certeza. **A:** dissuasão. **2** vaidade, presunção, afetação. **A:** modéstia.

convencionar *vtd* ajustar, combinar, estipular, pactuar.

conveniência *sf* **1** interesse, vantagem, utilidade. **Ex:** Namorava por conveniência. **2** decência, decoro, respeito. **A:** inconveniência. **3** propriedade, adequação, apropriação. **A:** inconveniência. *sf pl* **4** convenções sociais.

conveniente *adj m+f* **1** interessante, vantajoso, útil. **Ex:** Permaneceu calado, pois era mais conveniente para seus propósitos. **2** apropriado, adequado, justo. **Ex:** Esperar pelo momento mais conveniente. **3** decente, decoroso, respeitoso. **A:** inconveniente (acepções **1** a **3**).

convênio *sm* acordo, contrato, ajuste, combinação.

convento *sm* mosteiro, monastério, claustro, clausura.

convergência *sf* **1** afluência, confluência, concorrência. *2 DE OPINIÕES, ETC.,* concordância, harmonia, consonância. **A:** divergência (nas duas acepções).

convergir *vti* **1** afluir, confluir, concorrer. **Ex:** Muitas pessoas convergiram para a loja. **2** dirigir-se, tender, encaminhar-se para (um mesmo ponto). **Ex:** Todas as luzes convergiam para lá. **3** combinar, condizer, harmonizar(-se). **A:** divergir (nas três acepções).

conversa *sf* **1** conversação, diálogo, papo *pop*, colóquio. **2** *Pop.* palavreado, palavrório *pej.* **3** *Pop.* lábia. **Ex:** Convencia a todos com sua conversa. **4** mentira, lorota, embuste. **Ex:** Não acredito nisso, é conversa! **A:** verdade. **5** ajuste de contas. **Ex:** Agora vamos ter uma conversa. * Conversa fiada ou conversa mole *Pop.*: lero-lero, papo-furado *gír*, léria.

conversação *sf* **1** V. conversa. **2** convivência, familiaridade, intimidade. **A:** cerimônia.

conversão *sf* **1** transformação, metamorfose, transmutação. **Ex:** Conversão de ferro em ouro. **2** troca, substituição, comutação. **Ex:** Conversão de moedas.

conversar *vti+vi* **1** falar, dialogar, papear *pop*. **Ex:** Converse comigo. **A:** calar. **2** falar de, discutir, tratar de. **Ex:** Conversamos sobre política e futebol.

converso *Ecles.* leigo. *part+adj* **2** convertido, transformado, metamorfoseado.

converter *vtd+vpr* **1** transformar(-se), metamorfosear(-se), transmutar(-se). **Ex:** O mágico converteu a princesa em pássaro; o antigo amor convertera-se em ódio. *vtd* **2** trocar, substituir, comutar. **Ex:** Converter reais em dólares; o juiz converteu a pena de prisão em prestação de serviços.

convertido V. converso e confesso.

convescote *sm P. us.* piquenique.

convexidade *sf* curvatura exterior. **A:** concavidade.

convexo *adj* abaulado, bojudo, arqueado, curvado. **A:** côncavo.

convicção V. convencimento.

convicto V. convencido.

convidado *sm DE BANQUETE, ALMOÇO, ETC.,* conviva, comensal. **Ex:** Todos os convidados estavam à mesa.

convidar *vtd* **1** convocar, chamar. **Ex:** Convidar alguém para uma festa. **2** solicitar, pedir, instar. **Ex:** Convidaram-no a deixar o recin-

to. **3** atrair, encantar, seduzir. **Ex:** A noite nos convida para um passeio ao ar livre.

convidativo *adj* atraente, encantador, sedutor, cativante. **Ex:** Deu um sorriso convidativo. **A:** repulsivo.

convincente *adj m+f* persuasivo, eloquente. **Ex:** Resposta convincente. **A:** dissuasivo.

convir *vti* **1** concordar, admitir, aceitar. **Ex:** Conveio em que minha opinião era a correta. **A:** discordar. **2** condizer, combinar, conformar-se. **Ex:** Essa atitude não convém a uma senhora de classe. *vti+vi* **3** importar, ser melhor. **Ex:** Convém ficarmos calados. **4** servir, quadrar. **Ex:** Isto me convém.

convite *sm* **1** convocação, chamado. **2** solicitação, pedido, instância.

conviva V. convidado.

convivência V. convívio.

convívio *sm* convivência, familiaridade, intimidade, trato. **A:** cerimônia.

convizinhar *vti* **1** aproximar-se, avizinhar-se, achegar-se. **Ex:** Um estranho convizinhou de minha irmã e disse-lhe algo. **A:** afastar-se. *vti+vi* **2** assemelhar-se, parecer, semelhar-se. **Ex:** Seus olhos convizinham com os do pai; nossos projetos convizinham. **A:** diferenciar-se.

convizinho *adj* **1** próximo, vizinho, perto. **A:** distante. **2** semelhante, parecido, análogo. **A:** diferente.

convocar *vtd* **1** convidar, chamar. **Ex:** Convocar alguém para uma reunião. **2** constituir, formar, estabelecer. **Ex:** Convocar um júri.

convosco *pron* **1** em vossa companhia. **Ex:** Voltaremos convosco. **2** a vosso respeito. **Ex:** A observação é convosco. **3** de vós para vós, com vossos botões. **Ex:** Penseis convosco, qual a melhor solução. **4** entre vós. **Ex:** Amanhã estarei aí convosco.

convulsão *sf* **1** *Med.* contração, espasmo. **2** *SOCIAL* revolução, revolta, agitação.

convulsionar *vtd* revolucionar, agitar, levantar, sublevar. **Ex:** Os líderes camponeses convulsionaram o povo. **A:** pacificar.

convulso *adj* trêmulo, agitado, tremelicoso.

cooperação *sf* colaboração, ajuda, auxílio, assistência.

cooperar *vti* colaborar com, ajudar, auxiliar, assistir. **A:** atrapalhar.

cooptar *vtd* agregar, associar, juntar, congregar. **A:** desagregar.

coordenar *vtd* organizar, arranjar, ordenar, sistematizar. **Ex:** Coordenar um serviço. **A:** desorganizar.

coorte *sf* **1** tropa, legião, soldados *pl.* **2** multidão, massa, turba.

copa *sf* **1** *DE ÁRVORE* fronde, coma. **2** *DA CASA* despensa. **3** *Esp.* taça, troféu, caneco *pop.*

copado *adj* frondoso, frondejante, umbroso, folhento. **Ex:** Árvore copada.

cópia *sf* **1** *DE TEXTO* reprodução, transcrição, traslado. **A:** original. **2** *EM GERAL* imitação, reprodução. **3** *DESONESTA* plágio. **4** abundância, fartura, profusão. **A:** escassez.

copiador V. copista.

copiar *vtd* **1** *TEXTO* reproduzir, transcrever, trasladar. **2** *EM GERAL* imitar, reproduzir. **3** *DESONESTAMENTE* plagiar.

copilação V. compilação.

copilar V. compilar.

copioso *adj* **1** abundante, farto, profuso. **Ex:** Refeição copiosa. **A:** escasso. **2** grande, extenso, longo. **A:** pequeno.

copista *s m+f* **1** pessoa que copia: copiador. **2** escrevente, escriturário. **3** plagiário, imitador. **4** pessoa que copiava manuscritos: escriba.

copo *sm* taça; *PEQUENO* cálice, copinho.

copo-de-leite *sm Bot.* cala.

cópula *sf* **1** copulação, ligação, união. **A:** separação. **2** coito, transa *gír.*, copulação.

copular *vtd* **1** ligar, unir, emparelhar. **A:** separar. *vti+vi* **2** *ANIMAIS* acasalar-se; *PESSOAS* transar *gír.*, fazer amor.

coque *sm* pancada na cabeça com o nó dos dedos: cascudo, cocorote.

coqueiro V. coco (ô).

coqueiro-da-baía V. coco (ô).

coqueluche *sf* **1** *Med.* tosse comprida. **2** *Fam.* moda, onda *gír.*, voga. **Ex:** Essas calças são a coqueluche da temporada.

coquetel *sm* **1** drinque, aperitivo. **2** reunião, recepção.

cor (ó) *sm Ant.* coração. * De cor: de memória, de cabeça.

cor (ô) *sf* **1** colorido, coloração. **2** *Fig.* relevo, destaque, realce. **Ex:** Dei um pouco de cor ao personagem. **3** *Fig.* aparência, aspecto, fachada. **Ex:** Apresenta-se com cor de força, mas é um fraco. **A:** interior.

coração *sm* **1** *Por ext.* peito. **Ex:** Apertou-a junto do coração. **2** *Fig.* amor, afeto, afeição. **Ex:** Ofereço-lhe este presente de todo o coração. **A:** desamor. **3** *Fig.* caráter, índole, temperamento. **Ex:** Tem o coração frio. **4** *Fig.* amado, querido, tesouro. **Ex:** Está com saudades do seu coração. **5** *Fig.* ânimo, coragem, valor. **Ex:** Não tem coração para lutar. **A:** desânimo. **6** *Fig.* centro, interior, âmago. **Ex:** Vivemos no coração do nosso país.

corado *part+adj* **1** tinto, colorido, tingido. **A:** descorado. **2** ruborizado, afogueado, vermelho. **Ex:** Rosto corado. **A:** pálido. **3** *Fig.* envergonhado, tímido, acanhado. **A:** extrovertido.

coradoiro V. coradouro.

coradouro *sm* onde se põe roupa para corar: quarador, quaradouro, *coradoiro.*

coragem *sf* **1** bravura, valentia, denodo. **Ex:** A coragem dos soldados. **A:** covardia. **2** determinação, firmeza, decisão. **Ex:** Suportar a dor com coragem. **A:** fraqueza. **3** ousadia, atrevimento. **Ex:** É muita coragem de sua parte, vir aqui para me ofender!

corajoso *adj* bravo, valente, destemido, intrépido. **A:** covarde.

coral *sm* **1** *Mús.* canto coral. **2** *Cul. MG, RJ* papa de milho verde, açúcar e leite: curau *sp, mt, go*, canjica. *sf* **3** *Herp.* cobra-coral. *adj* **4** *COR* coralino, vermelho. **Ex:** Ela usava uma blusa coral.

coralino V. coral.

corar *vtd* **1** colorir, tingir, colorar. **Ex:** Toda a tribo corou o rosto de vermelho. **A:** descorar. **2** quarar. **Ex:** Corar roupas, tecidos. *vti* **3** *Fig.* envergonhar-se. **Ex:** Não core de seus erros. **A:** orgulhar-se. *vtd+vi* **4** enrubescer(-se), ruborizar(-se). **Ex:** Deu-lhe um beijo, e ela corou.

corcel *sm* cavalo (veloz).

corcova V. corcunda.

corcovo sm pinote, salto.

corcunda sf 1 corcova, bossa, giba. s m+f 2 giboso. **Ex:** Quando chegamos, fomos atendidos por um corcunda. adj m+f 3 giboso, geboso, gebo.

corda sf cabo, amarra náut, corrente náut.

cordame sm Náut. cordoalha, cabos pl (de um navio).

cordão sm 1 cordel, barbante, fio, atilho. 2 corrente. **Ex:** Usava um cordão de ouro, com uma medalha de Nossa Senhora. 3 DO SAPATO cadarço. 4 CARNAVALESCO bloco.

cordato adj sensato, prudente, ajuizado, judicioso. **A:** insensato.

cordeiro sm carneiro (novo).

cordel V. cordão.

cor-de-rosa sm e adj m+f, sing+pl rosado, róseo.

cordial adj m+f 1 afetuoso, amoroso, terno. **A:** frio. 2 franco, sincero, verdadeiro. **A:** falso.

cordilheira sf Geogr. espinhaço, serrania, cadeia de montanhas.

cordoalha V. cordame.

coriscar vtd 1 lançar, atirar, dardejar. **Ex:** Coriscar ameaças. vi 2 coruscar, relampejar, relampaguear. **Ex:** O céu coriscava.

corisco sm 1 faísca, centelha, fagulha. 2 relâmpago, raio.

coriza sf Med. defluxo.

corja sf Pej. bando, quadrilha, malta, súcia.

cornear vtd 1 chifrar, marrar, escornar. **Ex:** A vaca corneou o fazendeiro. 2 Pop. trair, chifrar pop. **Ex:** Corneava a esposa freqüentemente.

córner sm Fut. escanteio.

corneta sf 1 Mús. trombeta, trompa, clarim. 2 Mús. corneteiro.

corneteiro V. corneta.

corno sm 1 Zool. chifre, guampa, haste. 2 bico, ponta. **Ex:** O corno da bigorna. 3 Pop. marido traído: chifrudo vulg, cabrão, cornudo.

cornudo V. corno.

coroa sf 1 diadema; DE FLORES grinalda, guirlanda, festão; DE LOUROS laurel, láurea ant. 2 Ecles. tonsura. 3 alto, cume, cimo. **A:** sopé. 4 Arquit. parte superior do capitel: ábaco. 5 Fig. monarquia, realeza. 6 Gír. velho, idoso. **A:** jovem.

coroação V. coroamento.

coroamento sm 1 coroação. **Ex:** Assistimos ao coroamento da rainha. 2 conclusão, remate, término.

coroar vtd 1 cingir, rodear, adornar (com coroa). **Ex:** Coroaram-na com um arranjo de flores. 2 premiar, laurear, recompensar. **Ex:** Coroaram sua dedicação. 3 arrematar, terminar, completar. **Ex:** O romance coroa a obra do grande escritor. 4 aclamar, proclamar, eleger. **Ex:** Coroaram-na rainha.

coroca adj m+f decrépito, caduco, senil. **Ex:** Velha coroca. **A:** jovem.

corolário sm conseqüência, resultado, decorrência.

corote V. ancorote.

corpete (ê) sm 1 corpinho. 2 sutiã, porta-seios.

corpinho V. corpete.

corpo sm 1 Anat. tronco. 2 cadáver, defunto, morto. **Ex:** Os policiais encontraram um corpo no matagal. 3 corporação, classe, grupo. **Ex:** Corpo administrativo. 4 Mil. batalhão. **Ex:** Corpo de infantaria. 5 importância, realce, vulto. **Ex:** O noticiário deu corpo aos boatos. 6 forma, dimensão, consistência. **Ex:** Seus planos foram tomando corpo.

corporação sf associação, agremiação, sociedade, congregação.

corporal V. corpóreo.

corpóreo adj 1 relativo ao corpo: corporal. 2 material, concreto, palpável. **A:** espiritual.

corporificar vtd concretizar, realizar, efetivar. **Ex:** Corporificar um desejo.

corpulento adj 1 encorpado, desenvolvido, forte. **A:** franzino. 2 obeso, gordo. **A:** magro.

corpúsculo sm partícula.

correção sf 1 certeza. **A:** incorreção. 2 exatidão, precisão. **A:** incorreção. 3 perfeição, esmero, requinte. **A:** imperfeição. 4 honestidade, integridade, honradez. **A:** desonestidade. 5 DA LINGUAGEM elegância, pureza. **A:** incorreção. 6 Tip. emenda. **Ex:** Fizemos correções nas provas tipográficas.

corre-corre V. correria.

corredeira *sf* queda, rápido. **Ex:** As corredeiras do rio.

corrediço *adj* 1 corredio. **Ex:** Janela corrediça. 2 liso, macio. **Ex:** Superfície corrediça. **A:** áspero.

corredio V. corrediço.

corredor *sm* galeria, passadiço, passagem.

córrego *sm* riacho, ribeiro, regato, arroio.

correia *sf* 1 cinta, faixa. 2 *DO ESTRIBO* estribeira, loro.

correio *sm* 1 *REPARTIÇÃO* posta. 2 mensageiro, emissário. 3 *Pop.* carteiro. 4 correspondência.

correlação *sf* correspondência, analogia, ligação, nexo. **Ex:** Correlação entre dois termos.

correlativo V. correlato.

correlato *adj* correlativo, correspondente, análogo, ligado.

correligionário *sm* partidário, seguidor, adepto, sectário. **A:** adversário.

corrente *sf* 1 *DO RIO* correnteza; *DE AR* correnteza, vento. 2 cadeia. **Ex:** Corrente de ferro. 3 *Náut.* cabo, corda, amarra. 4 decorrer, decurso, passagem. **Ex:** A corrente do tempo. 5 corrente elétrica. *adj m+f* 6 fluente, desembaraçado, natural. **Ex:** Estilo corrente. **A:** difícil. 7 comum, vulgar, trivial. **Ex:** Frase corrente. 8 atual, presente. **Ex:** O ano corrente. *adv* 9 correntemente, fluentemente. **Ex:** Falar corrente.

correnteza *sf* 1 V. corrente. 2 fluência, desembaraço, facilidade. **Ex:** Ele se comunica com correnteza. **A:** dificuldade.

correr *vtd* 1 expulsar, escorraçar. **Ex:** Corra-o daqui. *vti+vi* 2 escorrer, escoar-se, cair. **Ex:** Do ferimento corria sangue. *vi* 3 disparar, chispar *fig*, voar. 4 percorrer, passar por, visitar. **Ex:** Correu todas as lojas, procurando um presente adequado. 5 *TEMPO* passar, decorrer, transcorrer. 6 divulgar-se, espalhar-se, propalar-se. **Ex:** Correm boatos.

correria *sf* 1 debandada, corre-corre, fuga (desordenada). **Ex:** Uma bomba explodiu no aeroporto, e houve correria. 2 pressa, corre-corre, afã, lufa-lufa. **Ex:** A correria da vida diária.

correspondência *sf* 1 correlação, conformidade, proporção, relação. **Ex:** Correspondência entre as partes. **A:** discordância. 2 cartas *pl*. **Ex:** Vamos agora cuidar da correspondência.

correspondente *adj* 1 correlato, equivalente, proporcional. **Ex:** Teve a recompensa correspondente ao seu mérito. 2 apropriado, adequado, conveniente. **A:** inapropriado.

corresponder *vti+vi* 1 adequar-se, conformar-se, ajustar-se. **Ex:** A roupa corresponde ao seu tamanho. *vti* 2 retribuir, recompensar, compensar. **Ex:** Corresponder a um favor. 3 satisfazer, cumprir, observar. **Ex:** Corresponder às exigências. *vpr* 4 cartear-se, escrever-se. **Ex:** Correspondem-se há alguns meses.

corretivo *sm* 1 castigo, punição, pena. **Ex:** Aplicou-lhe um corretivo. **A:** recompensa. 2 repreensão, bronca *pop*, sabão. **Ex:** Irritado com os seus erros, passou-lhe um corretivo na presença de todos. **A:** elogio.

correto *adj* 1 certo. **Ex:** Resposta correta. **A:** incorreto. 2 exato, preciso, justo. **Ex:** Soma correta. **A:** incorreto. 3 perfeito, irrepreensível, impecável. **Ex:** Trabalho correto. **A:** imperfeito. 4 honesto, íntegro, honrado. **Ex:** Uma pessoa muito correta. **A:** desonesto. 5 corrigido, emendado. 6 elegante, puro. **Ex:** Linguagem correta, estilo correto.

corretor *sm* 1 *Com.* intermediário, agente, agenciador. 2 *Tip.* revisor.

corrida *sf* 1 carreira, disparada, correria. 2 tourada.

corrigenda *sf Tip.* lista de erros encontrados após a impressão da obra, anexada no final ou no seu início: errata.

corrigir *vtd* 1 consertar, emendar, retificar. **Ex:** Corrigir provas. 2 repreender, censurar, advertir. **Ex:** Corrigiu o empregado. **A:** elogiar. 3 castigar, punir. **Ex:** Corrigir um criminoso. **A:** recompensar. *vpr* 4 emendar-se, regenerar-se, reabilitar-se. **A:** degenerar-se.

corrimão *sm* balaustrada, grade.

corrimento *sm Med.* secreção, fluxo.

corriola *sf* 1 vaia, apupo, assuada. **A:** ovação. 2 *Fam.* embuste, ardil, engano. 3 *Pop.* bando, quadrilha, corja.

corriqueiro *adj* comum, banal, trivial, vulgar. **A:** incomum.

corroborar *vtd* 1 confirmar, comprovar, ratificar. **Ex:** As provas corroboram o seu depoimento. **A:** negar. 2 fortificar, fortalecer, robustecer. **Ex:** Esses exercícios corroboram os músculos. **A:** enfraquecer.

corroer *vtd* 1 carcomer, gastar, roer. **Ex:** A ferrugem corroeu as peças. 2 destruir, danificar, deteriorar. **Ex:** As brigas corroem o nosso relacionamento. 3 V. corromper.

corromper *vtd+vpr* 1 decompor(-se), estragar(-se), deteriorar(-se). **Ex:** O calor corrompeu as frutas. 2 alterar(-se), adulterar(-se), desnaturar(-se). **Ex:** Corrompeu a minha declaração, para usá-la contra mim. 3 perverter(-se), depravar(-se), viciar(-se), corroer(-se). **Ex:** Maus hábitos nos corrompem. **A:** regenerar(-se). *vtd* 4 subornar, peitar, comprar. **Ex:** Corromper as testemunhas.

corrosivo *adj* 1 cáustico, mordente. **Ex:** Substância corrosiva. 2 *Fig.* sarcástico, mordaz, irônico. **Ex:** Humor corrosivo.

corrução V. corrupção.

corrugar *vtd* enrugar, encarquilhar, encrespar. **A:** alisar.

corruíra *sf Ornit.* carriça, cambaxirra, garrincha.

corrupção *sf* 1 decomposição, deterioração, putrefação. 2 perversão, depravação, devassidão. **A:** pureza. 3 suborno, peita, compra. **Obs.:** Em todas as acepções, existe a variante *corrução*.

corrupiar *vi* rodopiar, girar, virar, rodar.

corrupio *sm* cata-vento.

corruptela *sf* 1 corrupção, deterioração, *corrutela*. 2 alteração, modificação, mudança, *corrutela*.

corrupto *adj* 1 podre, deteriorado, putrefato. **A:** incorrupto. 2 pervertido, depravado, devasso. **A:** puro. 3 corruptível, venal. **Ex:** Funcionário corrupto. **A:** incorruptível. **Obs.:** Em todas as acepções, existe a variante *corruto*.

corrutela V. corruptela.

corruto V. corrupto.

corsário *sm* pirata.

corso *sm* 1 pirataria. 2 desfile. **Ex:** Corso de carruagens. 3 *DE SARDINHAS* cardume, manta.

cortado *sm* 1 apuros *pl*, aperto, dificuldades *pl*, necessidade. **Ex:** Passar um cortado. *part+adj* 2 magoado, aflito, pesaroso. **Ex:** Coração cortado.

cortador V. cortante.

cortante *adj m+f* 1 cortador. 2 *SOM* agudo, estridente, estrídulo. 3 frio, gelado. **Ex:** Vento cortante.

cortar *vtd* 1 dividir, separar, partir. **Ex:** Cortar o bolo. 2 aparar. **Ex:** Cortar o cabelo. 3 talhar, golpear. **Ex:** Cortou o dedo com a faca. 4 eliminar, suprimir, riscar. **Ex:** Cortar um trecho do texto. **A:** acrescentar. 5 excluir, afastar, tirar. **Ex:** O técnico cortou alguns jogadores do time. **A:** incluir. 6 atravessar, cruzar, passar por. **Ex:** Os carros cortavam a estrada; correu na direção da cerca, cortando o campo. 7 interromper, interceptar, impedir. **Ex:** Cortar as comunicações. 8 sulcar, singrar, navegar. **Ex:** O navio cortava os mares. 9 diminuir, reduzir. **Ex:** Cortar as despesas. 10 ceifar, segar. **Ex:** Cortar o trigo. 11 *Autom.* fechar. **Ex:** O caminhão cortou o ônibus, causando um acidente. *vpr* 12 ferir-se, machucar-se. **Ex:** Cortou-se com a faca.

corte (ó) *sm* 1 talho, incisão, golpe. 2 fio, gume. **Ex:** O corte da faca. 3 *DE VESTIDO* talhe. 4 diminuição, redução. **Ex:** Corte dos gastos. 5 interrupção, suspensão. **Ex:** Corte no fornecimento de alimentos. **A:** prosseguimento. 6 eliminação, supressão. **Ex:** O corte dos zeros. **A:** acréscimo. 7 açougue, matadouro.

corte (ô) *sf* 1 paço, palácio. 2 cortesãos *pl*, palacianos *pl*, áulicos *pl*. **Ex:** A corte reuniu-se. 3 *Fig.* aduladores *pl*, bajuladores *pl*. 4 galanteio, lisonja, fineza. **Ex:** Fez a corte à dama. 5 tribunal.

cortejar *vtd* 1 cumprimentar, saudar, salvar. **Ex:** Cortejava os passantes, erguendo o chapéu. 2 galantear, lisonjear, requestar.

cortejo *sm* 1 cumprimento, mesura, cortesia. 2 comitiva, séquito, acompanhamento.

cortês *adj m+f* educado, gentil, fino, polido. **A:** descortês.

cortesã *sf* prostituta, meretriz (elegante, luxuosa).

cortesão *sm+adj* palaciano, áulico.

cortesia *sf* **1** educação, gentileza, fineza. **Ex:** Agradecemos sua cortesia. **A:** descortesia. **2** mesura, reverência, cumprimento. **Ex:** Fez uma cortesia e apresentou-se. **3** homenagem, preito. **Ex:** Recebeu a cortesia dos militares.

córtex *sm* **1** *Bot.* córtice, cortiça, casca (das árvores). **2** *Anat.* camada exterior de um órgão: córtice. **Ex:** Córtex cerebral.

córtice V. córtex.

cortiço *sm* **1** *Apic.* colméia, abelheiro, *colmeia*. **2** casa de cômodos. **Ex:** Eram pobres, e moravam num cortiço.

cortina *sf* cortinado, véu. **Ex:** A sala era decorada com cortinas rendadas.

cortinado V. cortina.

cortinar *vtd* encobrir, ocultar, esconder, tapar. **Ex:** O morro cortinava a vista da praia. **A:** descortinar.

coruscar V. coriscar.

corvejar V. crocitar.

coscorão *sm* casca (de ferida).

coser *vtd* **1** costurar. **A:** descoser. *vtd+vpr* **2** encostar(-se), unir(-se). **Ex:** Coseu o ouvido à porta; coseu-se à parede da casa, para não tomar chuva.

cosmo *sm* universo, mundo, *cosmos*.

cosmonauta *s m+f* astronauta.

cosmonáutica *sf* astronáutica.

cosmonave *sf* nave espacial, astronave.

cosmos V. cosmo.

costa *sf* **1** *Geogr.* litoral, beira-mar. *sf pl* **2** dorso *sing*, costado *pop sing*, lombo *sing*. **3** verso *sing*, reverso *sing*. **Ex:** As costas da fotografia. **A:** frente *sing*. **4** *DE CADEIRA, BANCO, ETC.,* encosto *sing*, espaldar *sing*, recosto *sing*.

costado V. costa.

costear *vtd* **1** *Náut.* perlongar, navegar (junto da costa). **Ex:** O navio costeava a ilha. **2** rodear, contornar, circundar. **Ex:** Um muro costeava o jardim.

costela V. costeleta.

costeleta *sf* costela. **Ex:** Costeleta de porco, de vaca.

costumado *part+adj* **1** costumeiro, habitual, usual. **Ex:** É um fato costumado. **A:** excepcional. **2** acostumado, habituado, afeito. **Ex:** Está costumado a esse tipo de coisa. **A:** desacostumado.

costumar *vtd* **1** usar. **Ex:** Ela costuma sair à noite. *vtd+vpr* **2** acostumar(-se), habituar(-se), afazer(-se). **Ex:** Costumou-se à vida do campo. *vi* **3** soer. **Ex:** Aqui costuma chover à tarde.

costume *sm* **1** hábito, uso, prática. **Ex:** Tem o costume de falar alto. **2** *EM GERAL* roupa, vestimenta, fato; *MASCULINO* terno; *FEMININO* saia e casaco, *tailleur*. **3** moda, onda *gír*, voga. **Ex:** O costume atual. *sm pl* **4** comportamento *sing*, conduta *sing*, modos.

costumeiro *adj* habitual, usual, comum, freqüente. **A:** incomum.

costura *sf* *Cir.* sutura.

costurar *vtd* **1** coser. **A:** descosturar. **2** *Cir.* suturar.

costureira *sf* modista.

cota *sf* **1** parte, quinhão, *quota*. **2** parcela, prestação, *quota*. **3** *DE CAPITAL, INVESTIMENTO* fração, *quota*. **Ex:** Cada sócio tem sua cota. **4** armadura (de malha). **Ex:** As cotas dos cavaleiros medievais.

cotação *sf* **1** *Com.* preço, valor. **Ex:** A cotação da soja no mercado. **2** *Fig.* conceito, reputação, apreço. **Ex:** Tem uma elevada cotação na política nacional.

cotar *vtd* **1** *Com.* fixar o preço de: cotizar, quotizar. **Ex:** Cotar as mercadorias. **2** avaliar, apreciar, estimar. **Ex:** Cotar um imóvel.

cotejar *vtd* comparar, confrontar, conferir, acarear. **Ex:** Cotejar os textos.

cotejo *sm* comparação, confrontação, paralelo, conferência, acareação.

cotidiano *sm* **1** *quotidiano*. **Ex:** O cotidiano das cidades. *adj* **2** diário, *quotidiano*. **Ex:** O trabalho cotidiano. **3** habitual, costumeiro, usual. **Ex:** Entre seus passatempos cotidianos, destaca-se a leitura. **A:** raro.

cotizar *vtd* **1** V. cotar. **2** distribuir, dividir, repartir (por cota).

cotização V. cotação.

coto *sm DE VELA* toco.
cotó *adj m+f* rabicó. **Ex:** Cachorro cotó.
cotonifício *sm* algodoaria.
cotovelar V. acotovelar.
coturno *sm* bota (alta).
coudelaria *sf* fazenda de criação de cavalos: haras.
couraça *sf* 1 *Zool.* casco, carapaça. 2 *Fig.* proteção, defesa, abrigo. **Ex:** Couraça contra as ofensas. 3 *Náut.* revestimento metálico. **Ex:** A couraça dos navios de guerra.
couraçado V. encouraçado.
couraçar V. encouraçar.
couro *sm* 1 pele. 2 *Fam.* couro cabeludo. 3 surra, sova, coça. **Ex:** Deu um couro no menino.
cousa V. coisa.
couto V. coito.
cova *sf* 1 buraco, cavidade, escavação. 2 depressão. 3 toca, caverna, furna. 4 sepultura, túmulo, sepulcro.
covarde *s e adj m+f* medroso, poltrão, temeroso, *cobarde*. **A:** corajoso.
covardia *sf* medo, temor, poltronaria, *cobardia*. **A:** coragem.
covil *sm* 1 *DE ANIMAL* toca, caverna, furna. **Ex:** O covil da raposa. 2 *Fig.* esconderijo, antro, refúgio. **Ex:** Um covil de ladrões.
covo *adj* côncavo, cavo, fundo, profundo. **A:** convexo.
coxear *vi* 1 mancar, claudicar, capengar. 2 vacilar, hesitar, titubear.
coxim *sm* 1 almofada. 2 divã, sofá (sem encosto).
coxo *adj* 1 manco, manquitola, capenga. 2 *Fig.* imperfeito, incompleto, falho. **Ex:** Deu uma explicação coxa que não convenceu ninguém. **A:** perfeito.
cozedura V. cocção.
cozer V. cozinhar.
cozimento V. cocção.
cozinhar *vtd+vi* 1 cozer. **Ex:** Cozinhamos a carne e os legumes. *vtd* 2 *Fisiol.* digerir, cozer. **Ex:** O estômago cozinha os alimentos.
cozinheiro *sm* cuca, mestre-cuca.
crachá *sm* 1 identificação. **Ex:** Crachá de funcionário. 2 condecoração, medalha, venera.

crânio *sm* 1 *Anat.* cabeça, coco *pop.* 2 *Fig.* gênio, inteligência. **Ex:** Fulano é um crânio.
crápula *sf* 1 devassidão, perversão, libertinagem. **A:** pureza. *sm* 2 devasso, pervertido, libertino. **A:** puro. 3 canalha, patife, cafajeste.
crase *sf* 1 *Gram.* contração, fusão. **Ex:** A crase do artigo "a" com o pronome "a". 2 *Por ext.* acento grave. **Ex:** Coloque a crase onde for necessário. 3 temperamento, índole, caráter.
crasso *adj* 1 espesso, cerrado, denso. **Ex:** Material crasso. **A:** ralo. 2 *ERRO* grosseiro. 3 completo, grande, perfeito. **Ex:** Ignorância crassa.
cravar *vtd* 1 encravar, fincar, enterrar. **Ex:** Cravar um prego na parede. **A:** desencravar. 2 *PEDRA PRECIOSA* engastar, cravejar, encastoar. **A:** desencravar. *vtd+vpr* 3 fitar(-se), fixar(-se). **Ex:** Cravar os olhos em alguém; seu olhar cravou-se na pintura.
cravejar V. cravar.
cravo *sm* prego (para ferradura, para crucificar).
creditar *vtd* 1 lançar em crédito. **A:** debitar. 2 garantir, abonar, avalizar. **A:** desabonar.
crédito *sm* 1 confiança, fé. **Ex:** Dar crédito às afirmações de alguém. **A:** descrédito. 2 boa fama, boa reputação. **Ex:** Conquistou crédito entre os colegas. **A:** descrédito. 3 prazo. **Ex:** Comprar a crédito. 4 autoridade, influência, prestígio. **Ex:** Crédito no meio científico. **A:** descrédito. 5 *Contab.* haver. **A:** débito.
credo *sm* 1 doutrina, programa. **Ex:** Credo político. 2 preceitos *pl*, normas *pl*, cânones *pl.* **Ex:** Credo religioso. *interj* 3 indica espanto, horror: cruzes!
credor *sm* 1 pessoa a quem se deve. **A:** devedor. *sm+adj* 2 merecedor, digno. **Ex:** Ele é credor de todas as honras. **A:** indigno.
crédulo *sm+adj* 1 ingênuo, simplório, simples. **A:** incrédulo.
cremar *vtd* incinerar, queimar, carbonizar.
creme *sm DO LEITE* nata.
crença *sf* fé, convicção. **Ex:** Crença religiosa; tenho crença na bondade do homem. **A:** descrença.
crendice *sf* superstição.

crente *s m+f* **1** fiel, seguidor, adepto. **2** *Pej.* protestante, evangélico. *s e adj m+f* **3** quem crê. **A:** descrente.

crepe *sm* **1** luto, dor, mágoa. **2** *Pop.* problema, pepino *pop.* **Ex:** Deu um crepe no trabalho.

crepitar *vi* estalar. **Ex:** A madeira da fogueira crepitava.

crepúsculo *sm* **1** *NOTURNO* ocaso, pôr-do-sol, poente. **2** *Fig.* decadência, declínio, queda. **Ex:** O crepúsculo de uma civilização.

crer *vtd+vti* **1** acreditar, confiar. **Ex:** Creiam-me; creio em Deus. **A:** descrer. *vtd* **2** julgar, considerar, reputar. **Ex:** Creio-a honesta. **3** supor, presumir, imaginar. **Ex:** Creio que esteja tudo bem.

crescendo *sm* aumento, progressão, gradação. **Ex:** O medo vem num crescendo, e toma conta de sua mente.

crescente *sm* **1** quarto crescente, meia-lua. **2** *Fig.* islamismo, maometismo. *adj* **3** progressivo. **A:** decrescente.

crescer *vi* **1** aumentar, ampliar-se, dilatar-se. **Ex:** Sua inteligência cresce a cada dia. **A:** aumentar. **2** desenvolver-se, medrar. **Ex:** A roseira cresceu. **3** subir, elevar-se, ascender. **Ex:** O nível das águas do rio cresceu com as chuvas. **A:** baixar. **4** prosperar, progredir, florescer. **Ex:** Nossa empresa está crescendo. **A:** regredir. **5** avolumar-se, aumentar, inchar. **Ex:** O bolo cresce no forno.

crescimento *sm* **1** aumento, ampliação. **A:** aumento. **2** desenvolvimento. **3** elevação, subida, ascensão. **A:** baixa. **4** prosperidade, progresso, florescimento. **5** evolução.

crespo *adj* **1** áspero, rugoso, escabroso. **A:** liso. **2** *CABELO* cacheado, encaracolado, ondeado. **A:** liso. **3** *MAR* agitado, revolto, turbulento. **A:** bonançoso.

crestar *vtd+vpr* **1** chamuscar(-se), tostar(-se), requeimar(-se). **2** secar(-se), queimar(-se). **Ex:** A plantação crestou devido à geada de ontem. *vtd* **3** bronzear, queimar. **Ex:** O sol crestou nossa pele.

cretinice *sf* estupidez, imbecilidade, idiotice, cretinismo. **A:** inteligência.

cretinismo V. cretinice.

cretino *sm+adj* estúpido, imbecil, idiota, mentecapto. **A:** inteligente.

cria *sf* filhote. **Ex:** A gata protege suas crias.

criação *sf* **1** formação, geração. **Ex:** A criação do mundo. **A:** destruição. **2** invenção, invento, produção. **Ex:** Criações artísticas. **3** fundação, instituição, estabelecimento. **Ex:** A criação de uma entidade filantrópica. **4** alimentação, nutrição, amamentação. **5** educação, instrução, formação. **Ex:** Ela tem uma boa criação. **6** mundo, universo. **Ex:** Assombra-nos a beleza da criação.

criado *sm* empregado, servidor, doméstico, servo.

criador *sm* **1** inventor. **2** fundador. **3** autor. **4** (em maiús.) Deus, Todo-Poderoso, Onipotente.

criança *sf* *DO SEXO MASCULINO* menino, garoto, guri *pop*; *DO SEXO FEMININO* menina, garota, guria *pop.*

criançada *sf* **1** grupo de crianças: meninada, gurizada *pop*, petizada *fam.* **2** infantilidade, criancice. **3** leviandade, imprudência, precipitação. **A:** prudência.

criancice V. criançada.

criar *vtd* **1** formar, gerar, originar. **Ex:** Deus criou o mundo. **A:** destruir. **2** imaginar, inventar, produzir. **Ex:** O escritor criou uma história. **3** fundar, instituir, estabelecer. **Ex:** Criar uma empresa de transportes. **4** alimentar, nutrir, amamentar. **Ex:** A amade-leite criava um bebê. **5** cobrar, recobrar, adquirir. **Ex:** Criar coragem. **A:** perder. *vtd+vpr* **6** educar(-se), instruir(-se), formar(-se). **Ex:** Ela cria os filhos com severidade; criei-me na religião católica. *vpr* **7** crescer, desenvolver-se. **Ex:** O pobre rapaz criou-se nas ruas.

criativo *adj* imaginativo, inventivo, engenhoso, fecundo.

criatura *sf* **1** ser, pessoa, indivíduo. **2** animal, besta, bicho.

crime *sm* **1** *Dir.* delito, infração, transgressão. **2** falta, erro, pecado.

criminoso *sm* **1** réu. **2** bandido, malfeitor, delinqüente. *adj* **3** em que há crime: delituoso, culposo.

crina *sf* *EM GERAL* cabeleira; *DE LEÃO* juba, grenha.

crioulo *sm* **1** negro, preto. **A:** branco. **2** *RS* pessoas nascidas no estado: nativo, natural.

cripta *sf* caverna, gruta, galeria subterrânea.

crisálida sf Entom. ninfa, pupa, crisálide.

crisálide V. crisálida.

crise sf 1 Med. ataque, acesso. **Ex:** Crise de asma. 2 dificuldade. **Ex:** Crise familiar. 3 falta, escassez, carência. **Ex:** Crise do petróleo.

crisma sf Rel. confirmação.

crismar vtd+vpr Rel. confirmar(-se).

crisol sm cadinho. **Ex:** Crisol para fundir metais.

crispar vtd+vpr 1 encrespar(-se), franzir(-se), enrugar(-se). **Ex:** Crispar uma folha de papel. **A:** alisar(-se). 2 contrair(-se), encolher(-se). **Ex:** Os seus músculos crisparam-se. **A:** descontrair(-se).

crista sf 1 Zool. penacho. 2 DE MONTANHA topo, cume, cimo. **A:** sopé.

cristal sm Poét. transparência, limpidez, clareza, nitidez. **Ex:** O cristal das águas. **A:** turvação.

cristalino adj transparente, límpido, claro, translúcido. **A:** turvo.

critério sm 1 discernimento, sensatez, juízo. **Ex:** Agir com critério. **A:** insensatez. 2 método, sistema, processo. **Ex:** Critérios de avaliação.

criterioso adj sensato, cauteloso, ajuizado, judicioso. **Ex:** Análise criteriosa. **A:** insensato.

crítica sf 1 análise, comentário, apreciação. **Ex:** A crítica de uma obra. 2 censura, desaprovação, maledicência. **Ex:** A crítica dos invejosos. **A:** aprovação. 3 critério, discernimento, tino.

criticar vtd 1 analisar, comentar, apreciar. 2 censurar, desaprovar, reprovar. **A:** aprovar.

crítico sm 1 comentarista, cronista, colunista. 2 maledicente, caluniador, maldizente. adj 3 grave, difícil, delicado. **Ex:** Situação crítica. **A:** fácil. 4 decisivo, crucial, nevrálgico. **Ex:** Momento crítico para a solução de um problema.

crivar vtd 1 peneirar, joeirar. 2 furar, trespassar, transpassar. **Ex:** Os assaltantes crivaram a parede de balas. vtd+vpr 3 encher(-se), cobrir(-se). **Ex:** O peito do herói foi crivado de medalhas; o jornal crivou-se de más notícias.

crível adj m+f acreditável, plausível, verossímil, provável. **A:** incrível.

crivo sm 1 peneira, joeira. 2 Fig. exame, análise, estudo (minucioso). **Ex:** Passar pelo crivo da censura.

crocitar vi CORVO, ABUTRE corvejar, grasnar, grasnir, gralhar.

crocito sm grasnado, grasnido.

crocodilo sm Zool. NO BRASIL jacaré.

cromo sm Tip. figurinha, estampa colorida.

crônica sf narração, história, relato, anais pl. **Ex:** A crônica dos tempos do Império.

crônico adj 1 Med. permanente, duradouro. **Ex:** Doença crônica. **A:** agudo. 2 Fig. inveterado, repetido, habitual. **Ex:** Sofre de uma preguiça crônica que o impede de trabalhar. **A:** passageiro.

cronista V. crítico.

croqui sm esboço, rascunho, delineamento, bosquejo. **Obs.:** Apenas de pintura ou desenho.

crosta sf casca, côdea. **Ex:** A crosta do pão.

crótalo sm Herp. cascavel.

cru adj 1 não cozido. **Ex:** Comida crua. **A:** cozido. 2 não curtido. **Ex:** Couro cru. **A:** curtido. 3 rude, ríspido, áspero. **Ex:** Linguagem crua. **A:** gentil. 4 sangrento, cruento, sanguinolento. **Ex:** Batalha crua. 5 cruel, desumano, bárbaro. **Ex:** Pessoa crua. **A:** piedoso.

crucial adj m+f 1 decisivo, crítico, nevrálgico. **Ex:** Momento crucial. 2 difícil, árduo, penoso. **Ex:** Vivemos uma situação crucial. **A:** fácil.

crucificar vtd 1 crucifixar, pregar na cruz. 2 Fig. afligir, atormentar, martirizar. **Ex:** Esse problema me crucifica. **A:** deleitar.

crucifixar V. crucificar.

cruel adj m+f 1 desumano, impiedoso, bárbaro. **Ex:** Ditador cruel. **A:** humano. 2 duro, insensível, frio. **Ex:** Alma cruel. **A:** sensível. 3 atroz, doloroso, pungente. **Ex:** São lembranças cruéis que prefiro esquecer. **A:** agradável. 4 sangrento, cruento, sanguinolento. **Ex:** Guerra cruel. **A:** incruento.

crueldade sf 1 desumanidade, barbaridade, selvageria. **Ex:** A crueldade de um criminoso. **A:** humanidade. 2 atrocidade, malvadeza, crueza. **Ex:** Nas guerras cometem-se muitas crueldades. **A:** bondade. **3** insensibilidade, dureza, frieza. **Ex:** A crueldade do seu coração. **A:** sensibilidade.

cruento adj **1** coberto de sangue: ensangüentado. **2** sanguinário, sanguinolento, cruel. **Ex:** Batalha cruenta. **A:** incruento.

crueza V. crueldade.

cruz sf **1** madeiro. **2** Fig. sofrimento, aflição, tormento. **Ex:** Cada um com sua cruz. **A:** deleite. **3** Fig. cristianismo. interj **4** indica espanto, horror: credo! **Ex:** Cruzes! O que aconteceu?

cruzada sf Fig. campanha, empenho, luta, batalha. **Ex:** Cruzada contra a fome.

cruzamento sm **1** encruzilhada, entroncamento. **2** mestiçagem, miscigenação. **Ex:** Este cão é um cruzamento de pastor alemão e dinamarquês.

cruzar vtd **1** atravessar, cortar, passar por. **Ex:** Um gato preto cruzou o nosso caminho. **2** singrar, sulcar, velejar. **Ex:** O navio cruzou os mares. vtd+vpr **3** ANIMAIS acasalar(-se), juntar(-se), unir(-se).

cu sm **1** Vulg. ânus. **2** Vulg. nádegas pl, bunda vulg; traseiro.

cuba sf tina.

cubículo sm DE PRISÃO, CONVENTO cela.

cuca sf **1** Inf. papão, bicho-papão, boitatá folc. **2** mulher feia: bruxa, canhão gír, bucho gír. **A:** beldade. **3** Gír. inteligência, cabeça. **Ex:** Fulano tem boa cuca. sm **4** cozinheiro, mestre-cuca.

cu-de-judas sm Vulg. fim do mundo, cafundó, cafundó-do-judas.

cueiro sm fralda.

cuia sf cabaça, cabaço.

cuidado sm **1** atenção, diligência, desvelo. **Ex:** Ter cuidado com o que não lhe pertence. **A:** negligência. **2** cautela, precaução, previdência. **Ex:** Quando estiver na mata, tome cuidado com as cobras. **A:** descuido. **3** responsabilidade, encargo, conta. **Ex:** Deixo as crianças aos seus cuidados. interj **4** atenção!

cuidadoso adj **1** atencioso, diligente, solícito. **Ex:** Funcionário cuidadoso. **A:** descuidado. **2** cauteloso, precavido, previdente.

Ex: É sempre cuidadoso ao entrar num lugar desconhecido. **A:** descuidado. **3** meticuloso, minucioso, escrupuloso. **Ex:** Análise cuidadosa. **A:** superficial.

cuidar vtd, vti+vi **1** pensar, refletir, meditar. **Ex:** Cuidar um plano; cuidar num tema; ele fica sempre ali, parado, cuidando. vti **2** ocupar-se de, tratar de, tomar conta de. **Ex:** Cuidar da própria vida. **A:** abandonar. **3** SAÚDE tratar de, medicar, curar. **Ex:** Cuidar dos doentes. vpr **4** achar-se, considerar-se, julgar-se. **Ex:** Cuida-se muito esperto, mas é mesmo um bobo.

cuieira sf Bot. cabaceira.

cujo sm **1** Pop. fulano, cara gír, sujeito. **Ex:** Quem é o cujo? pron **2** de que, de quem, do qual, da qual, dos quais, das quais. **Ex:** É um livro cujas histórias me aborrecem; ele é o menino cujo pai é médico.

culminação V. culminância.

culminância sf auge, apogeu, ápice, máximo, culminação. **Ex:** A culminância da fama.

culminante adj m+f mais elevado: máximo. **A:** mínimo.

culpa sf **1** responsabilidade. **Ex:** A culpa de termos perdido o ônibus é toda sua. **2** falta, transgressão, delito. **Ex:** Mentir é uma grande culpa. **3** Rel. pecado, falta.

culpar vtd **1** acusar, incriminar, inculpar. **Ex:** Culparam o vizinho pelo acontecido. **A:** inocentar. vpr **2** condenar-se, responsabilizar-se. **Ex:** Culpou-se por todas as tragédias. **A:** inocentar-se.

culposo V. criminoso.

cultivação V. cultivo.

cultivador sm **1** o que cultiva: cultor. **Ex:** Cultivador de orquídeas. **2** agricultor, lavrador, colono.

cultivar vtd **1** Agric. arar, lavrar, amanhar. **Ex:** Cultivar a terra, os campos. **2** desenvolver, aperfeiçoar, apurar. **Ex:** Cultivar o raciocínio. **3** atrofiar. **3** aplicar-se, dedicar-se, consagrar-se a. **Ex:** Cultivar a arte. **4** manter, conservar, preservar. **Ex:** Cultivar as amizades.

cultivo sm **1** Agr. cultura, lavra, amanho, cultivação. **2** desenvolvimento, aperfeiçoamento, refinamento. **3** manutenção, conservação, preservação.

culto *sm* **1** ritual, rito, liturgia. **Ex:** O culto católico. **2** *Fig.* adoração, veneração, devoção. **Ex:** O culto a um artista; o culto ao corpo virou moda. *adj* **3** *Agr.* cultivado. **Ex:** Terras cultas. **A:** inculto. **4** erudito, letrado, douto. **Ex:** Pessoa culta. **A:** inculto. **5** adiantado, civilizado, desenvolvido. **Ex:** Nação culta. **A:** atrasado.

cultor *sm* **1** V. cultivador. **2** estudioso, conhecedor. **Ex:** Cultor das ciências. **3** partidário, seguidor, adepto. **A:** adversário.

cultura *sf* **1** V. cultivo. **2** agricultura, lavoura. **3** estudo, erudição, conhecimento. **Ex:** Ele tem muita cultura. **4** civilização, progresso, desenvolvimento. **Ex:** A cultura de um país. **A:** atraso.

cume *sm* **1** *Geogr.* cimo, topo, crista, cumeeira. **A:** sopé. **2** máximo, apogeu, auge. **Ex:** O cume da celebridade.

cumeada V. cumeeira.

cumeeira *sf* **1** parte mais alta do telhado: cumeada. **2** V. cume.

cúmplice *s m+f* **1** *Dir.* comparsa, co-autor. *adj* **2** *Dir.* conivente.

cumprimentar *vtd* **1** saudar, cortejar, salvar. **2** elogiar, aplaudir, louvar. **Ex:** Cumprimentaram nossa iniciativa. **A:** criticar. **3** felicitar, parabenizar, congratular. **A:** recriminar.

cumprimento *sm* **1** execução, obediência, desempenho. **Ex:** O cumprimento das ordens. **A:** desobediência. **2** elogio, aplauso, louvor. **A:** crítica. *sm pl* **3** felicitações, parabéns, congratulações. **Ex:** Meus cumprimentos pelo nascimento do bebê. **A:** pêsames.

cumprir *vtd* **1** sujeitar-se, submeter-se a. **Ex:** Cumprir pena. *vtd+vti* **2** executar, obedecer, desempenhar. **Ex:** Cumpriu a vontade do pai; cumprimos com nosso dever. **A:** descumprir. *vtd+vpr* **3** realizar(-se), efetivar(-se). **Ex:** A profecia se cumpriu. *vti* **4** competir, caber, tocar. **Ex:** Cumpre-lhe reparar esse erro. *vpr* **5** vencer, terminar, acabar. **Ex:** Cumpriu-se o prazo.

cúmulo *sm* **1** acúmulo, amontoamento, monte. **2** auge, máximo, ápice. **Ex:** Isso é o cúmulo da ignorância.

cunha *sf Fig.* cartucho *pop*, pistolão, empenho, proteção.

cunhar *vtd* **1** *MOEDAS* amoedar. **2** evidenciar, ressaltar, salientar. **Ex:** Cunhar um detalhe. **3** inventar, criar, imaginar. **Ex:** Cunhar uma expressão nova.

cunho *sm* **1** *Fig.* marca, sinal, distintivo. **Ex:** Suas palavras tinham o cunho da sabedoria. **2** *Fig.* caráter, feição, natureza. **Ex:** Obra de cunho científico.

cupão V. cupom.

cupidez *sf* ambição, avidez, cobiça, ganância. **A:** desinteresse.

cúpido *adj* ambicioso, ávido, cobiçoso, ganancioso. **A:** desinteressado.

cupim *sm* **1** *Entom.* térmite, térmita, bicho. **2** ninho de cupins: cupinzeiro. **3** corcova, giba, bossa (do zebu).

cupinzeiro V. cupim.

cupom *sm* cédula, cupão.

cúpula *sf* **1** *Arquit.* abóbada. **2** *Arquit.* domo, zimbório. **3** direção, chefia, diretoria. **Ex:** A cúpula do partido, de uma empresa.

cura *sf* **1** remédio. **Ex:** Doença sem cura. **2** tratamento, medicação, terapia. **Ex:** Algumas curas são piores que os sintomas da doença. *sm* **3** pároco, vigário *pop*.

curador *sm* **1** *Dir.* tutor. **2** V. curandeiro.

curandeiro *sm* charlatão, benzedor, curador, benzedeiro.

curar *vtd* **1** *A DOENÇA* debelar; *O DOENTE* sarar. **Ex:** Curar a gripe; o médico curou-a da pneumonia. *vpr* **2** sarar, restabelecer-se, recuperar-se. **Ex:** Ela estava enferma, mas curou-se. **A:** adoecer.

curativo *sm* **1** *Med.* penso. *adj* **2** medicinal, terapêutico, medicamentoso.

curau *sm* papa de milho verde, açúcar e leite: coral *mg, rj*, canjica.

curial *adj m+f* conveniente, adequado, apropriado, próprio. **A:** inconveniente.

curió *sm Ornit.* avinhado.

curiosidade *sf* **1** interesse. **Ex:** Curiosidade de aprender. **A:** desinteresse. **2** intromissão, indiscrição, abelhudice. **Ex:** Sua curiosidade a torna uma pessoa inconveniente. **A:** discrição. **3** raridade, preciosidade. **Ex:** Loja de curiosidades. **A:** banalidade.

curioso *sm+adj* **1** intrometido, indiscreto, abelhudo. **Ex:** Ele é um curioso, sempre querendo saber de tudo; temos uma vizinha curiosa e fofoqueira. **A:** discreto. **2** surpreendente, estranho, bizarro. **Ex:** O curioso nisso tudo é termos esquecido de um fato tão marcante; presenciei um fato muito curioso. *adj* **3** raro, precioso, original. **Ex:** Pinturas curiosas. **A:** banal.

curra *sf Gír.* estupro (por grupo de pessoas).

curral *sm* **1** *EM GERAL* malhada, estacada; *DE CARNEIROS* redil, ovil, aprisco. **2** *Pes.* caiçara, armadilha.

currículo *sm* **1** *ESCOLAR* curso, matérias *pl.* **Ex:** O currículo da quinta série ginasial. **2** *PROFISSIONAL* curriculum vitae.

curriculum vitae (lat.: currículum vite) V. currículo.

curry (ingl.: câri) V. caril.

cursar *vtd* **1** percorrer, andar por, viajar por. **Ex:** Cursar terras estrangeiras. **2** freqüentar, estudar em. **Ex:** Cursar uma faculdade. **3** estudar, seguir. **Ex:** Cursar medicina.

curso *sm* **1** ato de correr: corrida, carreira. **2** fluxo, corrente. **Ex:** Curso das águas, de veículos. **3** rumo, direção, rota. **Ex:** Seguir um certo curso. **4** percurso, caminho, distância. **Ex:** Vôo de longo curso. **5** decurso, seqüência, sucessão. **Ex:** O curso das eras. **6** lições *pl*, aulas *pl*. **Ex:** Curso de português.

curtição *sf* **1** curtimento, curtidura. **Ex:** A curtição do couro. **2** *Gír.* barato *gír.*

curtidura V. curtição.

curtimento V. curtição.

curtir *vtd* **1** *COURO, PELES* preparar, surrar; *ALIMENTOS* preparar, conservar. **2** agüentar, padecer, sofrer. **Ex:** Curtir uma dor, uma tristeza. **3** *Gír.* gozar, desfrutar, aproveitar. **Ex:** Curtir uma festa.

curto *adj* **1** *NO ESPAÇO* pequeno, reduzido, breve. **Ex:** Pernas curtas. **A:** comprido. **2** *NO TEMPO* breve, rápido, efêmero. **Ex:** Vida curta. **A:** longo. **3** limitado, restrito, tacanho. **Ex:** Vista curta. **A:** ilimitado. **4** escasso, minguado, pouco. **Ex:** Dinheiro curto. **A:** farto. **5** resumido, conciso, lacônico. **Ex:** Texto curto. **A:** prolixo.

curto-circuito *sm Eletr.* circuito.

curva *sf* **1** *EM GERAL* volta, sinuosidade; *DE RUA, ESTRADA* volta; *DE RIO* meandro, volta, sinuosidade; *DE ESPIRAL* rosca, volta. **A:** reta. **2** *Arquit.* arco, curvatura (de abóbada).

curvar *vtd+vpr* **1** encurvar(-se), arquear(-se), dobrar(-se), vergar(-se). **A:** endireitar(-se). **2** *Fig.* submeter(-se), sujeitar(-se). **Ex:** Curvar-se aos desejos de alguém.

curvatura *sf* **1** V. curva. **2** arqueamento, arqueadura, dobramento.

curvo *adj* **1** curvado, arqueado, recurvo. **A:** reto. **2** *NARIZ* aquilino, adunco, recurvo. **A:** reto.

cuspe *sm* saliva, *cuspo*, esputo.

cuspideira *sf* **1** escarradeira, escarrador. **2** *Zool.* naja.

cuspir *vtd* **1** escarrar, expectorar, expelir. **Ex:** Cuspir sangue. **2** proferir, lançar, vomitar. **Ex:** Cuspir ofensas, injúrias. **3** *ARMA DE FOGO* disparar, lançar, expelir. **Ex:** As metralhadoras cuspiam centenas de balas. *vi* **4** salivar, esputar.

cuspo V. cuspe.

custa *sf* **1** *Ant.* despesa, gasto, dispêndio. * À custa de: a expensas de; com o auxílio de, à força de. **Ex:** Vivem à custa dos pais; só concordou conosco à custa de muita conversa.

custar *vtd* **1** valer. **Ex:** Esse carro custou uma fortuna. *vti+vi* **2** ser difícil, ser duro. **Ex:** Custa-me dizer-lhe que vá embora; custa muito reparar esses erros. **3** demorar, tardar. **Ex:** Ele custou a chegar; custou, mas ela compreendeu tudo.

custeamento V. custeio.

custear *vtd* pagar. **Ex:** O pai custeou as despesas do filho; o governo custeia escolas.

custeio *sm* pagamento, custeamento.

custo *sm* **1** preço, valor. **2** *Fig.* dificuldade, esforço, trabalho. **Ex:** Foi um custo fazê-lo desistir. **A:** facilidade. * A custo: com dificuldade, dificilmente.

custódia *sf* segurança, guarda, proteção, tutela. **Ex:** A criança ficou sob a custódia dos tios.

custodiar *vtd* guardar, proteger, vigiar, tutelar.

custoso *adj* **1** caro, dispendioso, salgado *pop.* **Ex:** Mercadoria custosa. **A:** barato. **2**

trabalhoso, difícil, árduo. **Ex:** Tarefa custosa. **A:** fácil.

cutícula *sf Anat.* camada superficial da pele: epiderme, película, cútis.

cútis *sf* **1** *Anat.* tez, pele (humana). **2** *Anat.* V. cutícula.

cutucar *vtd catucar.* ***Ex:*** *Cutucar a onça com vara curta.*

czar V. tzar.

czarina V. tzarina.

czarismo V. tzarismo.

D

dactilografar V. datilografar.

dactilografia V. datilografia.

dactilógrafo V. datilógrafo.

dádiva *sf* presente, oferta, dom, donativo.

dadivoso *adj* generoso, liberal, magnânimo, munificente. **A:** mesquinho.

dado *sm* **1** informação, base, elemento. **Ex:** Dados para uma pesquisa. *part+adj* **2** permitido, lícito, facultado. **Ex:** Tentamos todos os procedimentos dados. **A:** proibido. **3** gratuito, grátis, gracioso. **A:** pago. **4** acostumado, habituado, afeito. **A:** desacostumado. **5** tratável, afável, sociável. **Ex:** Pessoa muito dada. **A:** intratável. **6** propenso, inclinado, tendente. **Ex:** Dado ao vício. **A:** avesso.

dálmata *s e adj m+f* da Dalmácia (Europa): dalmatense.

dalmatense V. dálmata.

dama *sf* **1** aristocrata, nobre, fidalga. **2** senhora, dona. **3** *NO BARALHO E NO XADREZ* rainha.

damasceno V. damasquino.

damasquino *adj* de Damasco (Síria): damasceno.

danação *sf* **1** fúria, raiva, ira. **A:** calma. **2** condenação, maldição, desgraça. **Ex:** Danação eterna. **3** *Vet.* raiva, hidrofobia, moléstia *pop.* **4** *NE* confusão, trapalhada, bagunça *gír.* **A:** ordem.

danado *part+adj* **1** *Teol.* condenado, maldito, réprobo. **A:** bem-aventurado. **2** furioso, irado, zangado. **A:** calmo. **3** hábil, jeitoso, esperto. **Ex:** Danado para o comércio. **A:** inábil. **4** extraordinário, incrível, espantoso. **A:** Apetite danado. **A:** banal. **5** *ANIMAL* raivoso, hidrófobo, louco. **6** travesso, endiabrado, levado. **Ex:** Menino danado. **A:** comportado.

danar *vtd* **1** prejudicar, arruinar, estragar. **2** *Teol.* condenar. **A:** abençoar. *vtd+vpr* **3** enfurecer(-se), irar(-se), zangar(-se). **A:** acalmar(-se).

dança *sf* **1** *FESTA* baile, bailado. **2** *Fig.* embrulhada, encrenca, confusão. **Ex:** Meter-se na dança.

dançar *vtd+vi* **1** bailar. *vi* **2** agitar-se, tremer, oscilar. **Ex:** Luzes coloridas dançavam. **3** *Gír.* estrepar-se, dar-se mal, sair-se mal. **Ex:** Fez um negócio arriscado e dançou. **A:** ter sucesso.

dançarina *sf* bailarina, dançatriz, bailadeira.

dançarino *sm* bailarino.

dançatriz V. dançarina.

danceteria *sf* discoteca.

danificação V. dano.

danificar *vtd* prejudicar, lesar, estragar, arruinar, daninhar. **A:** consertar.

daninhar V. danificar.

daninho *adj* **1** V. danoso. **2** *NE* travesso, levado, traquinas. **A:** comportado.

dano *sm* **1** prejuízo, estrago, danificação. **2** perda. **A:** ganho.

danoso *adj* prejudicial, nocivo, maléfico, daninho. **A:** benéfico.

dantesco *adj* horroroso, pavoroso, horripilante, tétrico. **Ex:** Cena dantesca. **A:** maravilhoso.

dar *vtd* **1** emitir, soltar, lançar. **Ex:** Dar um grito. **2** *OPINIÃO* proferir, exprimir, enunciar. **3** executar, realizar, praticar. **Ex:** Dar uma festa, um passo. **4** bater, soar, tocar. **Ex:** O relógio deu meio-dia. **5** produzir, gerar, originar. **Ex:** Nosso esforço deu bons frutos; esta árvore dá frutinhas saborosas. *vtd+vti* **6** entregar, ceder, conceder. **Ex:** Dê-me aquilo que me pertence. **7** doar. **Ex:** Deu roupas usadas para os pobres. **8** trocar, permutar, barganhar. **Ex:** Dar alguma coisa por outra. **9** pagar. **Ex:** Deu muito dinheiro por aquela casa. **10** conferir, outorgar, atribuir. **Ex:** Dar poderes a alguém. **A:** recusar. **11** presentear, oferecer, brindar. **Ex:** Deu-lhe uma boneca no aniversário. **12** desferir, assentar, desfechar. **Ex:** Deu-lhe um tapa. **13** informar, comunicar, participar. **Ex:** Dar uma notícia. *vti* **14** bastar, chegar, ser suficiente. **Ex:** Esse valor não dá para os gastos. **15** bater em, surrar, espancar. **Ex:** Deu no irmão menor. **A:** apanhar. **16** resultar, redundar, importar em. **Ex:** Sua luta não deu em nada. *vpr* **17** sentir-se. **Ex:** Dar-se bem num lugar. **18** acontecer, realizar-se, efetuar-se. **Ex:** Deu-se um fato curioso. **19** dedicar-se, aplicar-se, devotar-se. **Ex:** Dar-se aos estudos. **20** combinar, harmonizar-se. **Ex:** Eles se dão muito bem apesar da diferença de idade. **21** entregar-se, render-se, submeter-se. **Ex:** Dar-se a alguém. * Dar-se mal: estrepar-se, sair-se mal, dançar *gír.* **A:** ter sucesso. * Dar-se por vencido: entregar os pontos. **A:** resistir.

dardejar *vtd* **1** lançar, emitir, soltar. **Ex:** Dardejar raios luminosos. *vi* **2** cintilar, resplandecer, reluzir.

dardo *sm* **1** lança, hasta, zagaia. **2** *Fig.* crítica, maledicência, censura. **A:** elogio.

data *sf* tempo, época, era, período. **Ex:** Naquela data, tudo era mais fácil.

datilografar *vtd* bater, *dactilografar*.

datilografia *sf dactilografia*.

datilógrafo *sm dactilógrafo*.

deão V. decano.

debaixo *adv* inferiormente, por baixo, embaixo. **A:** em cima. * Debaixo de: sob, por baixo de, embaixo de. **A:** em cima de.

debandada *sf* correria, corre-corre, fuga (desordenada).

debandar *vtd* **1** afugentar, espantar, enxotar. *vi+vpr* **2** fugir, correr, dispersar-se.

debate *sm* **1** mesa-redonda, discussão. **Ex:** Debate político. **2** controvérsia, polêmica, disputa. **Ex:** Suas teorias não permitem debates. **3** discussão, briga, bate-boca.

debater *vtd* **1** discutir, abordar, tratar de. **Ex:** Debater a situação política. *vti+vi* **2**

discutir, contestar, disputar. *vpr* **3** estrebuchar, espernear, agitar-se.

debelar *vtd* **1** dominar, vencer, derrotar. **2** destruir, eliminar, extinguir. **Ex:** Debelar uma epidemia. **3** *DOENÇA* curar.

debênture *sf Com.* obrigação, título de dívida.

debicar *vtd* **1** bicar, picar. *vtd+vi* **2** *COMIDA* beliscar, lambiscar. *vtd, vti+vi* **3** caçoar, zombar, gozar de.

débil *adj m+f* **1** fraco, frágil, franzino. **A:** forte. **2** frouxo, indeciso, tíbio. **Ex:** Vontade débil. **A:** forte. **3** insignificante, diminuto, ridículo. **Ex:** Resultados débeis. **A:** significativo.

debilidade *sf* **1** fraqueza, fragilidade. **Ex:** A debilidade de sua situação o preocupa. **2** fraqueza, prostração, abatimento. **Ex:** Debilidade física. **3** frouxidão, indecisão, tibiez. **A:** força (nas três acepções).

debilitar *vtd+vpr* enfraquecer(-se), abater(-se), consumir(-se), enervar(-se). **A:** fortalecer(-se).

debique *sm* caçoada, zombaria, gozação, troça.

debitar *vtd* lançar em débito. **A:** creditar.

débito *sm* **1** *Contab.* dívida, obrigação, despesa. **A:** crédito. **2** obrigação, dever, compromisso. **Ex:** Ter um débito para com alguém.

deblaterar *vtd+vi* **1** gritar, berrar, clamar. *vti* **2** protestar, reclamar, clamar. **Ex:** Deblaterar contra algo. **A:** aplaudir.

debochado *adj* **1** devasso, libertino, depravado. **A:** puro. **2** zombeteiro, gozador, brincalhão.

debochar *vtd+vti* **1** zombar, gozar, troçar de. *vtd+vpr* **2** perverter(-se), depravar(-se), corromper(-se). **A:** regenerar(-se).

deboche *sm* **1** devassidão, libertinagem, depravação. **A:** pureza. **2** zombaria, gozação, troça.

debruar *vtd* **1** *ROUPA* cairelar, agaloar. **2** enfeitar em volta: guarnecer, orlar, adornar. **Ex:** Debruar uma pintura. **3** margear, ladear, marginar. **Ex:** As árvores debruavam toda a praça. **4** *Fig.* apurar, aprimorar, trabalhar. **Ex:** Debruar um texto.

debruçar *vtd+vpr* **1** pôr(-se) de bruços. **2** curvar(-se), inclinar(-se), encurvar(-se).

Ex: Debruçou-se para pegar os papéis do chão. **A:** endireitar(-se).

debrum *sm* **1** cairel, galão. **2** orla, guarnição, cercadura.

debulhar *vtd* **1** descascar. **Ex:** Debulhar arroz. *vpr* **2** desatar-se, desfazer-se, desmanchar-se. **Ex:** Debulhar-se em lágrimas.

debuxar *vtd* **1** esboçar, rascunhar, bosquejar. **2** imaginar, figurar, supor.

debuxo *sm* esboço, rascunho, delineamento, bosquejo.

década *sf* **1** série de dez coisas: dezena. **2** espaço de dez dias: decêndio. **3** espaço de dez anos: decênio.

decadência *sf* **1** declínio, queda, derrocada. **Ex:** Decadência de um império. **2** deterioração, degeneração, decaída. **Ex:** Decadência moral. **A:** progresso (nas duas acepções).

decaída *sf* **1** V. decadência. **2** prostituta, meretriz, rameira.

decair *vi* **1** deteriorar-se, estragar-se, degenerar-se. **A:** progredir. **2** baixar, declinar, pender. **A:** erguer-se. **3** entrar em decadência: declinar, degringolar, desandar.

decalcar *vtd* **1** calcar, copiar, reproduzir. **Ex:** Decalcar uma ilustração. **2** *Fig.* plagiar, imitar, arremedar.

decalco V. decalque.

decalque *sm* decalco, cópia, reprodução.

decano *sm* dignatário eclesiástico ou membro mais antigo de uma corporação: deão.

decantar *vtd* **1** celebrar, exaltar, louvar. **A:** criticar. **2** *Quím.* transvasar, transfundir. **3** purificar, depurar, purgar. **A:** poluir.

decapitar *vtd* degolar, decepar, descabeçar.

decência *sf* **1** decoro, compostura, discrição. **A:** indecência. **2** asseio, limpeza, higiene. **A:** desasseio.

decêndio V. década.

decênio V. década.

decente *adj m+f* **1** decoroso, digno, discreto. **A:** indecente. **2** asseado, limpo, higiênico. **A:** sujo.

decepar *vtd* **1** cortar, amputar, mutilar. **Ex:** Decepar um dedo. **2** decapitar, degolar, descabeçar. **3** *Fig.* interromper, truncar, cortar. **Ex:** Decepar uma conversa.

decepção *sf* desapontamento, desilusão, desencanto, desengano.

decepcionar *vtd+vpr* desapontar(-se), desiludir(-se), desencantar(-se), desenganar(-se).

decerto *adv* com certeza, por certo, certamente, certo.

decidido *part+adj* **1** corajoso, arrojado, animoso. **A:** covarde. **2** resoluto, determinado, seguro. **A:** indeciso.

decidir *vtd* **1** resolver, solucionar, dirimir. **Ex:** Decidir uma questão. *vtd, vti+vpr* **2** resolver(-se), determinar(-se), deliberar(-se). **Ex:** Decidiu voltar para casa; o diretor decidirá do procedimento correto; decidiram-se a mudar, depois de muita reflexão. *vtd+vti* **3** sentenciar, julgar. **Ex:** Decidir um pleito. *vpr* **4** escolher, optar, preferir. **Ex:** Decidir-se por um partido.

decíduo *adj Bot.* caduco. **Ex:** Folhas decíduas. **A:** perene.

decifrar *vtd* **1** decodificar. **Ex:** Decifrar uma mensagem. **A:** cifrar. **2** interpretar, compreender, entender. **Ex:** O mago decifrava os presságios. **3** desvendar, descobrir, revelar. **Ex:** Decifrar um mistério. **4** adivinhar, prever, predizer. **Ex:** Decifrar o que está por vir.

décima *sf* **1** a décima parte: décimo, dízimo. **2** *IMPOSTO* dízimo, dízima.

décimo V. décima.

decisão *sf* **1** resolução, deliberação. **Ex:** Acatamos a decisão do chefe. **2** firmeza, determinação, coragem. **Ex:** Agir com decisão. **A:** indecisão.

decisivo *adj* **1** definitivo, categórico, incontestável. **Ex:** Resposta decisiva. **A:** duvidoso. **2** crítico, crucial, supremo. **Ex:** Momento decisivo.

declamar *vtd+vti* recitar.

declamatório *adj* empolado, pomposo, afetado, enfático. **Ex:** Discurso declamatório. **A:** simples.

declaração *sf* **1** exposição, manifestação, revelação. **A:** ocultação. **2** *Dir.* depoimento, testemunho. **3** confissão. **4** documento, atestado, certidão.

declarado *part+adj* **1** manifesto, confesso, revelado. **Ex:** Inimigos declarados. **2** claro, evidente, patente. **Ex:** Intenções declaradas. **A:** oculto (nas duas acepções).

declarante *s e adj m+f Dir.* depoente, testemunha.

declarar *vtd* 1 expor, manifestar, revelar. **A:** ocultar. 2 *Dir.* depor, testemunhar. *vtd+vpr* 3 designar(-se), nomear(-se), eleger(-se). **Ex:** Declarou-o herdeiro; o príncipe declarou-se sucessor do rei. *vpr* 4 confessar-se. **Ex:** Declarou-se culpado.

declinação V. declínio.

declinar *vtd* 1 dizer, revelar, indicar. **Ex:** A testemunha declinou o nome do assaltante. **A:** esconder. *vtd+vti* 2 recusar, rejeitar, eximir-se a. **Ex:** Declinar um (ou de um) convite. **A:** aceitar. *vti+vi* 3 enfraquecer-se, debilitar-se, consumir-se. **A:** revigorar-se. 4 diminuir, abaixar, reduzir-se. **Ex:** A temperatura declinou. **A:** aumentar. 5 entrar em decadência: decair, degringolar, desandar. 6 desviar-se, afastar-se, distanciar-se. **Ex:** Declinar de um assunto, do rumo. **A:** aproximar-se. 7 inclinar-se, baixar, pender. **Ex:** O assoalho declina, formando uma rampa. **A:** elevar-se.

declínio *sm* 1 V. declive. 2 decadência, derrocada, declinação. **A:** progresso. 3 diminuição, redução, declinação. **A:** aumento. 4 enfraquecimento, abatimento, debilidade. **A:** fortalecimento.

declive *sm* 1 inclinação, declínio, descida. *adj m+f* 2 inclinado, pendente. **A:** aclive (nas duas acepções).

decoada *sf* barrela, lixívia.

decodificar V. decifrar.

decolar *vi Aeron.* levantar vôo, descolar. **A:** aterrissar.

decompor *vtd* 1 dividir, separar, dissecar. **A:** compor. 2 analisar, estudar, examinar. 3 *Mat.* reduzir, simplificar. **Ex:** Decompor frações. *vtd+vpr* 4 alterar(-se), modificar(-se), transformar(-se). 5 deteriorar(-se), estragar(-se), corromper(-se). **A:** conservar(-se).

decomposição *sf* 1 divisão, separação, dissecação. **A:** composição. 2 análise, estudo, exame. 3 *Mat.* redução, simplificação. 4 alteração, modificação, transformação. 5 deterioração, corrupção, putrefação. **A:** conservação.

decoração *sf* 1 enfeite, adorno, ornamento. 2 memorização, fixação.

decorar *vtd* 1 enfeitar, adornar, ornamentar. **Ex:** Decorar a casa. **A:** desenfeitar. 2 memorizar, fixar, gravar. **Ex:** Decorar números de telefone. **A:** esquecer.

decoro (ô) *sm* 1 decência, compostura, discrição. **A:** indecência. 2 dignidade, honestidade, honradez. **A:** indignidade.

decoroso *adj* 1 decente, discreto, recatado. 2 digno, honesto, honrado. **A:** indecoroso (nas duas acepções).

decorrer *vti* 1 derivar, resultar, vir de. *vti+vi* 2 *TEMPO* passar, transcorrer, perpassar. 3 *ACONTECIMENTOS* suceder, passar-se, ocorrer.

decotar *vtd+vi* aparar, podar, cortar (por cima ou em volta).

decrépito *adj* 1 velho, senil, caduco. **A:** jovem. 2 gagá, esclerosado, caduco. 3 *Por ext.* gasto, arruinado, acabado. **A:** novo.

decrepitude *sf* 1 caduquice, senilidade, velhice. **A:** juventude. 2 demência resultante da velhice: caduquice, senilidade.

decrescente *adj m+f* que decresce. **Ex:** Ditongo decrescente; o entusiasmo decrescente da platéia desanimou os atores. **A:** crescente.

decrescer *vti+vi* diminuir, reduzir-se, ceder, abaixar. **A:** crescer.

decréscimo *sm* diminuição, redução, declínio, decrescimento. **A:** crescimento.

decrescimento V. decréscimo.

decretar *vtd* determinar, ordenar, mandar, deliberar.

decreto *sm* 1 determinação, ordem, prescrição. 2 vontade, desígnio, intenção.

decuplar V. decuplicar.

decuplicar *vtd* multiplicar por dez: decuplar.

decurso *sm* 1 *DO TEMPO* passagem, transcurso. 2 *NO ESPAÇO* percurso, trajeto, caminho.

dédalo *sm* 1 labirinto. 2 *Fig.* confusão, complicação, salada *fig.*

dedar *vtd Gír.* dedurar, delatar, entregar, incriminar.

dedicação *sf* devoção, veneração, amor, adoração.

dedicar *vtd* 1 oferecer, ofertar, dar. **Ex:** Dedicamos esta música à nossa mãe. 2 aplicar, empregar, usar. **Ex:** Dedicou alguns dias à meditação. *vtd+vpr* **3** *Rel.* e *Fig.* devotar(-se), votar(-se), sacrificar(-se). **Ex:** Dedicar-se ao sacerdócio; dedicou-se aos pais, já idosos. *vpr* **4** empenhar-se, entregar-se, ocupar-se. **Ex:** Dedicar-se ao trabalho.

dedicatória *sf* oferecimento.

dedo *sm* **1** *Fig.* mão *fig*, marca, estilo. **Ex:** Aqui tem o dedo do seu pai. **2** *Fig.* aptidão, jeito, vocação. **Ex:** Ela tem dedo para a medicina. * Dedo polegar *Anat.:* polegar, mata-piolho *pop*, pólice. * Dedo indicador *Anat.:* indicador, fura-bolo *pop*. * Dedo médio *Anat.:* médio, pai-de-todos *pop*. * Dedo anular *Anat.:* anular, seu-vizinho *pop*. * Dedo mínimo *Anat.:* mínimo, mindinho *pop*.

dedo-duro *sm* *Gír.* alcagüete, cagüete.

dedução *sf* **1** desconto, abatimento, diminuição. **A:** acréscimo. **2** conclusão, inferência, ilação.

dedurar V. dedar.

deduzir *vtd* **1** descontar, abater, diminuir. **A:** acrescentar. **2** concluir, inferir, depreender.

defecação V. dejeto.

defecar *vtd* **1** depurar, purificar, purgar. *vi* **2** evacuar, dejetar, cagar *vulg*.

defectivo V. defeituoso.

defeito *sm* imperfeição, falha, deformidade, senão. **A:** qualidade.

defeituoso *adj* imperfeito, incompleto, defectivo, falho. **A:** perfeito.

defendente V. defensor.

defender *vtd* **1** proteger, salvaguardar. **A:** atacar. **2** auxiliar, amparar, socorrer. **3** interceder, intervir, pedir por. **4** advogar. **A:** acusar. **5** patrocinar, apadrinhar. **6** proibir, impedir, interditar. **A:** permitir. *vtd+vpr* **7** abrigar(-se), resguardar(-se), livrar(-se). *vpr* **8** resistir.

defendível V. defensável.

defensável *adj m+f* que pode ser defendido: defendível. **A:** indefensável.

defensiva *sf* defesa. **Ex:** Ficar na defensiva. **A:** ofensiva.

defensivo *adj* próprio para defesa. **Ex:** Gesto defensivo. **A:** ofensivo.

defensor *sm+adj* **1** que defende: protetor, defendente. **A:** atacante. **2** patrono, padrinho. **3** advogado.

deferência *sf* respeito, consideração, atenção, reverência. **A:** desrespeito.

deferir *vtd* **1** conceder, conferir, outorgar. **Ex:** Deferir um prêmio a alguém. **2** atender, despachar. **Ex:** Deferir um requerimento. **A:** indeferir (nas duas acepções).

defesa *sf* **1** proteção, salvaguarda. **A:** ataque. **2** auxílio, amparo, socorro. **3** resistência. **4** intercessão, intervenção. **5** resguardo, anteparo, abrigo. **6** proibição, impedimento, interdição. **A:** permissão.

defeso *adj* proibido, impedido, interdito, vedado. **A:** permitido.

deficiência *sf* **1** falta, carência, privação. **Ex:** Há uma deficiência de bons empregados. **A:** abundância. **2** defeito, imperfeição, falha. **Ex:** Seu trabalho apresenta deficiências. **A:** qualidade. **3** insuficiência. **A:** suficiência.

deficiente *adj m+f* **1** carente, falto, deficitário. **A:** farto. **2** defeituoso, imperfeito, falho. **A:** perfeito. **3** insuficiente. **A:** suficiente.

déficit *sm* **1** saldo devedor. **2** deficiência, falta, carência. **A:** superávit (nas duas acepções).

deficitário V. deficiente.

definhar *vtd, vi+vpr* **1** emagrecer, emaciar, mirrar. **A:** engordar. *vi* **2** murchar, secar, mirrar. **A:** vicejar. *vi+vpr* **3** enfraquecer-se, abater-se, debilitar-se. **A:** revigorar-se.

definição *sf* **1** explicação, exposição, elucidação. **2** determinação, fixação, demarcação. **3** decisão, escolha, opção.

definir *vtd* **1** explicar, expor, elucidar. **Ex:** Definir um termo. **2** determinar, fixar, demarcar. **Ex:** Definir um prazo. *vpr* **3** decidir-se, escolher, optar. **Ex:** Definir-se por um partido.

definitivo *adj* **1** último, final, total. **Ex:** Solução definitiva. **A:** provisório. **2** decisivo, categórico, terminante. **Ex:** Resposta definitiva. **A:** duvidoso.

deflação *sf* **1** *Econ.* redução da circulação de dinheiro. **2** *Econ.* redução dos preços. **A:** inflação (nas duas acepções).

deflagrar *vtd* **1** *Fig.* provocar, causar, iniciar. **Ex:** Deflagrar uma revolta. *vi* **2** arder, inflamar-se, queimar-se. **3** *Fig.* irromper, estourar, começar (repentinamente). **Ex:** A guerra deflagrou.

defloração *sf* **1** *Bot.* defloramento. **2** estupro, violação, defloramento. **Obs.:** Nas duas acepções, também são usadas as formas *desfloração* e *desfloramento*.

defloramento V. defloração.

deflorar *vtd* **1** *Bot.* tirar as flores de: desflorar. **Ex:** O vento deflorou as laranjeiras. **2** estuprar, violentar, desflorar.

defluxo *sm* **1** *Med.* coriza. **2** *Med.* resfriado, constipação *pop*, catarreira *fam*.

deformação V. deformidade.

deformar *vtd+vpr* **1** desfigurar(-se), afear(-se), enfear(-se). **A:** embelezar(-se). **2** deturpar(-se), adulterar(-se), corromper(-se).

deformidade *sf* **1** defeito, aleijão. **2** vício, perversão, depravação. **3** *Med.* deformação, má-formação, malformação.

defraudar *vtd* fraudar, burlar, espoliar, ludibriar.

defrontar *vti+vpr* **1** confrontar(-se). **Ex:** Meu edifício defronta com o seu; nossas casas defrontam-se. *vtd+vpr* **2** enfrentar, encarar, afrontar. **Ex:** Defrontar (ou defrontar-se com) um poderoso adversário. **A:** fugir.

defronte *adv* em face, frente a frente, face a face. * Defronte de: em frente de, diante de. **A:** atrás de.

defumar *vtd* **1** fumar, fumigar, curar (ao fumo). **Ex:** Defumar carne, peixe. *vtd+vpr* **2** perfumar(-se), aromatizar(-se), aromar(-se).

defunto *sm* **1** cadáver, corpo, presunto *gír*. *adj* **2** morto, finado, falecido. **A:** vivo. **3** extinto, acabado, destruído. **4** esquecido, olvidado. **A:** lembrado.

degelar *vtd, vi+vpr* **1** derreter(-se), descongelar(-se), desgelar(-se). **A:** gelar(-se). *vtd+vpr* **2** reanimar(-se), entusiasmar(-se), aquecer(-se). **A:** desanimar(-se).

degeneração *sf* **1** abastardamento. **2** corrupção, degenerescência, adulteração. **A:** regeneração.

degenerar *vti+vi* **1** *RAÇA, ANIMAL, PLANTA, INDIVÍDUO* abastardar(-se). *vtd, vti, vi+vpr* **2** corromper(-se), adulterar(-se), desnaturar(-se). **A:** regenerar(-se).

degenerescência V. degeneração.

deglutir *vtd+vi* engolir, ingerir.

degolar *vtd* **1** decapitar, decepar, descabeçar. **2** cortar, amputar, mutilar.

degradação *sf* **1** graduação, atenuação, diminuição. **2** destituição, exoneração, demissão. **A:** admissão. **3** desgaste, deterioração, ruína. **4** desonra, infâmia, aviltamento. **A:** honra.

degradante *adj m+f* desonroso, infame, aviltante, humilhante. **A:** honroso.

degradar *vtd* **1** graduar, regular, atenuar. **Ex:** Degradar a luz, as cores. **2** *DE CARGO* destituir, exonerar, demitir. **A:** admitir. **3** desgastar, deteriorar, arruinar. **Ex:** O tempo degradou as construções. *vtd+vpr* **4** desonrar(-se), rebaixar(-se), aviltar(-se). **A:** honrar(-se).

degrau *sm* *Por ext.* escalão, grau, nível, graduação. **Ex:** Para conseguir esse cargo, passou por todos os degraus da hierarquia da empresa.

degredar *vtd* desterrar, exilar, banir, expatriar. **A:** repatriar.

degredo *sm* desterro, exílio, banimento, expatriação. **A:** repatriação.

degringolada *sf* **1** *Fig.* decadência, queda, ruína. **2** *Fig.* falência, quebra, bancarrota.

degringolar *vi* **1** cair, rolar, tombar. **2** *Fig.* entrar em decadência: decair, declinar. **3** *Fig. EMPRESA* arruinar-se, falir, quebrar. **4** *Fig.* desorganizar-se, desarranjar-se, desordenar-se. **A:** organizar-se.

degustar *vtd* provar, experimentar, saborear, gostar.

deitar *vtd+vpr* **1** estender(-se), estirar(-se). **Ex:** Deitar-se na cama. **A:** levantar(-se). *vtd* **2** expelir, lançar, jorrar. **Ex:** O dragão deitava fogo pelas ventas. **3** brotar, lançar, produzir. **Ex:** A árvore deita raízes. **4** abater, derrubar, prostrar. **Ex:** O lutador deitou o adversário por terra. **A:** erguer. **5** derramar, entornar, verter. **Ex:** Deitou fora o vinho. **6** arremessar, atirar, jogar. **Ex:** Deitou uma pedra na janela do vizinho.

deixa *sf* **1** herança, legado, patrimônio. **2** *Gír.* oportunidade, ocasião. **Ex:** Aproveitar a deixa.

deixar *vtd* **1** largar, soltar, libertar. **A:** prender. **2** permitir, autorizar, admitir. **Ex:** Deixou a filha viajar sozinha. **A:** proibir. **3** abandonar, renunciar a, prescindir de. **Ex:** Deixar o vício. **4** demitir-se de, abandonar, destituir-se de. **Ex:** Deixar o emprego. **A:** assumir. **5** omitir, excluir, pular. **Ex:** Copiamos o texto, deixando os pontos ambíguos. **A:** incluir. **6** legar. **Ex:** Deixar uma herança para alguém. **7** pôr, tornar, converter em. **Ex:** Ela me deixa louco. *vti* **8** abster-se, parar, cessar de. **Ex:** Deixar de fumar.

dejeção V. dejeto.

dejetar *vi* defecar, evacuar, cagar *vulg*, obrar *pop*.

dejeto *sm* **1** dejeção, defecação, evacuação. **2** fezes *pl*, dejeção, excremento.

delação *sf* denúncia, acusação, incriminação, queixa.

delambido *adj Fam.* afetado, presunçoso, presumido, deslambido. **A:** simples.

delatar *vtd* **1** denunciar, incriminar, dedurar *gír. vpr* **2** confessar, acusar-se.

delegação *sf* **1** representação, comissão. **2** *Dir.* cessão, transmissão, transferência.

delegado *sm* **1** representante, comissário, deputado. **2** enviado, emissário, mensageiro.

delegar *vtd* **1** ceder, transmitir, transferir. **Ex:** Delegar poderes. **2** incumbir de, encarregar de, confiar. **Ex:** Delegaram a direção do grupo ao funcionário mais competente.

deleitamento V. deleite.

deleitar V. deliciar.

deleitável V. delicioso.

deleite V. delícia.

deleitoso V. delicioso.

deletério *adj* nocivo, danoso, prejudicial. **A:** benéfico. **2** que faz mal à saúde: insalubre, venenoso. **A:** salubre.

delfim *sm Zool.* golfinho.

delgado *adj* **1** fino, magro, esguio. **Ex:** Cintura delgada, dedos delgados. **2** tênue, sutil, leve. **A:** grosso (nas duas acepções).

deliberar *vtd+vpr* **1** decidir(-se), resolver(-se), determinar(-se). **Ex:** O juiz deliberou a libertação do prisioneiro; deliberei-me a partir imediatamente. *vti* **2** discutir, debater, refletir sobre. **Ex:** Deliberar sobre algum assunto.

delicadeza *sf* **1** maciez, suavidade, moleza. **A:** aspereza. **2** fraqueza, fragilidade, debi-

lidade. **A:** robustez. **3** educação, gentileza, cortesia. **Ex:** Tratou-nos com muita delicadeza. **A:** grosseria. **4** dificuldade, embaraço, complicação. **Ex:** Não compreende a delicadeza da situação. **A:** facilidade. **5** meiguice, ternura, doçura. **A:** rudeza. **6** sensibilidade, melindre, suscetibilidade. **A:** insensibilidade.

delicado *adj* **1** macio, suave, mole. **Ex:** Pele delicada. **A:** áspero. **2** fraco, frágil, débil. **Ex:** Cuidado com esse instrumento, é muito delicado. **A:** robusto. **3** educado, gentil, cortês. **Ex:** Pessoa delicada. **A:** grosso. **4** difícil, intrincado, embaraçoso. **Ex:** Situação delicada. **A:** fácil. **5** meigo, terno, doce. **Ex:** Tentou convencê-la com palavras delicadas. **A:** rude. **6** sensível, melindroso, suscetível. **Ex:** É muito delicado, ofende-se facilmente. **A:** insensível.

delícia *sf* **1** prazer, deleite, gosto. **A:** desprazer. **2** êxtase, arrebatamento, encanto.

deliciar *vtd+vpr* deleitar(-se), comprazer(-se), regozijar(-se), agradar(-se). **A:** aborrecer(-se).

delicioso *adj* **1** deleitoso, gostoso, agradável, deleitável. **Ex:** Comida deliciosa. **A:** ruim. **2** excelente, perfeito, apurado. **Ex:** Obra de arte deliciosa. **A:** desleixado.

delimitar *vtd* **1** demarcar, marcar, estremar. **2** limitar, circunscrever, restringir.

delineamento *sm* **1** esboço, rascunho, bosquejo. **2** delimitação, demarcação, traçado (de limites).

delinear *vtd* **1** esboçar, rascunhar, bosquejar. **2** delimitar, demarcar, traçar (limites).

delinqüente *s e adj m+f* criminoso, bandido, malfeitor, facínora.

delinqüido *adj* **1** *Pop.* magro, raquítico, enfezado. **A:** robusto. **2** pálido, descorado, desmaiado. **A:** corado.

deliqüescência V. delíquio.

delíquio *sm* **1** desfalecimento, desmaio, síncope. **2** *Quím.* propriedade dos corpos de se desagregarem, absorvendo a umidade do ar: deliqüescência.

delirado V. delirante.

delirante *adj m+f* **1** louco, desvairado, delirado. **A:** ajuizado. **2** extravagante, excêntrico, maluco. **Ex:** Imaginação delirante. **3**

arrebatador, fascinante, encantador. **Ex:** A cantora fez uma apresentação delirante.

delirar *vi* **1** desvairar-se, alucinar-se, endoidecer. **2** exaltar-se, entusiasmar-se, animar-se. **Ex:** Delirar de alegria.

delírio *sm* **1** alucinação, loucura, desvario. **2** êxtase, arrebatamento, enlevo.

delito *sm Dir.* crime, infração, transgressão, culpa.

delituoso *adj* em que há delito: criminoso, culposo.

delonga V. demora.

delongar V. demorar.

demais *adj* **1** excessivo, demasiado, exorbitante. **Ex:** Há pessoas demais nesta sala. **A:** escasso. *adv* **2** demasiado, excessivamente, demasiadamente. **Ex:** Ela é pequena demais. **A:** escassamente. *pron adj indef pl* **3** outros(as), restantes. **Ex:** Onde estão os demais?

demanda *sf* **1** *Dir.* pleito, litígio, causa. **2** pedido, requerimento, solicitação. **3** procura, busca, cata. **4** disputa, briga, contenda. **5** *Econ.* procura. **A:** oferta. * Em demanda de: à procura de, em busca de, à cata de.

demandante *s m+f Dir.* quem intenta demandas: pleiteador, demandista.

demandar *vtd+vi* **1** *Dir.* pleitear, litigiar, litigar. *vtd* **2** pedir, requerer, solicitar. **3** exigir, precisar, necessitar de. **Ex:** Isso demanda muito esforço. **A:** procurar, buscar, catar. *vi* **5** disputar, brigar, contender. **6** perguntar, indagar, interrogar. **A:** responder.

demandista V. demandante.

demão *sf* **1** *DE TINTA, CAL* mão. **2** ajuda, auxílio, mão.

demarcar *vtd* **1** delimitar, marcar, estremar. **2** definir, estabelecer, fixar. **Ex:** Demarcar o prazo.

demasia *sf* **1** excesso, exagero, exorbitância. **A:** escassez. **2** abuso, descomedimento, desregramento. **A:** comedimento.

demasiado V. demais.

demasiar-se *vpr* exceder-se, abusar, exagerar, descomedir-se. **A:** comedir-se.

dementar *vtd+vpr* enlouquecer, endoidecer, desvairar(-se), amalucar(-se).

demente *s e adj m+f* **1** louco, doido, desvairado. **2** insensato, desajuizado, imprudente. **A:** sensato.

demérito *sm* desmerecimento. **A:** mérito.

demissão *sf* dispensa, exoneração, destituição. **A:** admissão.

demissionário *adj* que se demitiu ou pediu demissão: demitente.

demitente V. demissionário.

demitir *vtd* **1** despedir, dispensar, exonerar. **A:** admitir. *vpr* **2** deixar, abandonar, exonerar-se.

demo *sm Pop.* diabo, capeta, demônio, tinhoso.

democrata V. democrático.

democrático *adj* relativo à democracia: democrata, popular, liberal. **A:** ditatorial.

democratizar *vtd+vpr* popularizar(-se).

demolir *vtd* **1** *CONSTRUÇÕES* derrubar, abater, desmantelar. **A:** construir. **2** *Fig.* destruir, arruinar, estragar. **Ex:** Os movimentos dos estudantes demoliram as tradições.

demoníaco *adj* diabólico, satânico, infernal. **A:** angelical.

demônio *sm* **1** *Rel.* diabo, satanás, belzebu. **2** *Mit.* nas religiões da Antiguidade: gênio, espírito, divindade. **3** *Fam.* travesso, traquinas, endiabrado. **Ex:** Seu filhinho é um demônio.

demonstração *sf* **1** prova, comprovação, evidência. **2** lição, explicação, explanação. **3** manifestação, mostra, sinal. **Ex:** Demonstração de respeito.

demonstrar *vtd* **1** provar, comprovar, evidenciar. **Ex:** Demonstrar uma teoria. **2** ensinar, explicar, explanar (com exemplos). **Ex:** O professor demonstrou a força magnética do ímã. **3** manifestar, mostrar, revelar. **Ex:** Demonstra antipatia pelos vizinhos. **A:** ocultar.

demora *sf* **1** atraso, delonga, dilação. **A:** urgência. **2** pausa, espera, parada. **Ex:** Há uma demora de cinco minutos entre um trem e outro. **3** permanência, estada. **Ex:** Minha demora no Exterior foi longa.

demorar *vtd* **1** deter, reter. **Ex:** Demorar alguém num lugar. **2** atrasar, retardar, delongar. **Ex:** Ela demorou a entrega do trabalho. **A:** apressar. *vti, vi+vpr* **3** custar, tardar. **Ex:** Demorou a voltar; demorou, mas consegui convencê-la. *vti+vpr* **4** ficar, permanecer, estacionar. **Ex:** Demorei-me um pouco no jardim, e depois entrei. *vi+vpr* **5** tardar, atrasar-se, retardar-se. **Ex:** Demorou tanto que perdeu o trem. **A:** apressar-se.

demover *vtd* **1** deslocar, mover, remover. *vtd+vpr* **2** dissuadir(-se), despersuadir(-se). **A:** convencer(-se).

demudar *vtd, vti+vpr* alterar(-se), modificar(-se), transformar(-se), mudar(-se).

denegar *vtd* **1** negar, recusar, negacear. **Ex:** Denegar auxílio. **A:** dar. **2** indeferir, desatender, negar. **Ex:** Denegar uma solicitação. **A:** deferir. **3** impedir, proibir, obstar a. **Ex:** As autoridades denegaram a sua saída do país. **A:** permitir. **4** desmentir, contradizer, refutar. **Ex:** As evidências denegam sua declaração. **A:** confirmar. *vpr* **5** negar-se, recusar-se. **Ex:** Denego-me a continuar com isso. **A:** aceitar.

denegrir *vtd+vpr* **1** escurecer(-se), enegrecer(-se). **A:** clarear. *vtd* **2** *Fig.* difamar, infamar, desonrar. **A:** enaltecer.

dengo *sm* **1** *DE CRIANÇA* birra, manha, dengue. **2** faceirice, denguice, dengue.

dengoso *adj* **1** birrento, manhoso, chorão. **Ex:** Criança dengosa. **2** faceiro, afetado, elegante. **Ex:** Moça dengosa.

dengue V. dengo.

denguice V. dengo.

denodado *part+adj* bravo, ousado, corajoso, intrépido. **A:** covarde.

denodar *vtd* desatar, desembaraçar, desamarrar, desprender. **A:** atar.

denodo *sm* bravura, ousadia, coragem, intrepidez. **A:** covardia.

denominação *sf* nome, título, designação, qualificação.

denominar *vtd+vpr* chamar(-se), intitular(-se), designar(-se), nomear(-se).

denotação *sf* **1** indicação, sinal, indício. **2** *Ling.* sentido próprio e objetivo de uma palavra. **A:** conotação.

denotar *vtd* **1** indicar, manifestar, mostrar. **Ex:** Suas palavras denotam um certo descaso pelo próximo. **2** significar, simboli-

zar, representar. **Ex:** O verde denota a esperança.

densidade *sf* densidão, espessura, condensação.

densidão V. densidade.

denso *adj* **1** espesso, compacto, cerrado. **A:** ralo. **2** *Fig.* escuro, carregado, sombrio. **A:** claro.

dentada *sf* mordida, bocada, mordidela, mordedura.

dentar *vtd* **1** morder, abocanhar. **2** dentear, recortar, cortar.

dente *sm* **1** *DE CERTOS OBJETOS* ponta. **2** *DE ENGRENAGEM* saliência. * Dente canino: presa, canino.

dentear V. dentar.

dentista *s m+f* cirurgião-dentista, odontólogo, odontologista.

dentro *adv* interiormente, no interior, do lado interior. **A:** fora. * Dentro de: no interior de, do lado interior de; no espaço de. **Ex:** Coloque isso dentro da caixa; dentro de dois anos.

denudar V. desnudar.

denúncia *sf* delação, acusação, incriminação, queixa.

denunciar *vtd* **1** delatar, incriminar, dedar *gír.* **2** comunicar, noticiar, participar. **Ex:** Denunciou o desaparecimento da arma à polícia. **3** revelar, demonstrar, mostrar. **Ex:** Seu nervosismo denuncia sua falta de preparo. **A:** ocultar.

deparar *vtd, vti+vpr* **1** topar com, achar, encontrar com. **Ex:** Deparamos um (ou com um) objeto estranho; deparei-me com amigos que não via há anos. *vpr* **2** aparecer, apresentar-se, surgir. **Ex:** Deparou-se-me uma situação difícil.

departamento *sm* **1** repartição pública. **2** *DE EMPRESA* divisão, seção.

depauperar *vtd+vpr* **1** empobrecer(-se), arruinar(-se). **A:** enriquecer. **2** esgotar(-se), extenuar(-se), enfraquecer(-se). **A:** fortalecer(-se).

depenar *vtd* **1** despenar, desplumar. **2** emplumar. **2** *Fam.* espoliar, extorquir, roubar. **Ex:** Ele depenou os outros jogadores.

dependência *sf* **1** obediência, subordinação, submissão. **A:** independência. **2** anexo.

Ex: Os empregados dormem numa dependência do edifício principal. **3** cômodo, aposento, quarto. **Ex:** Sala e demais dependências.

dependente *adj m+f* **1** subalterno, subordinado, submisso. **A:** independente. **2** ligado, vinculado, anexo. **A:** independente. **3** derivado, proveniente, oriundo.

depender *vti* **1** obedecer, subordinar-se, submeter-se. **Ex:** Depende dos pais. **A:** independer. **2** derivar, proceder, nascer de. **Ex:** Bons resultados dependem de muito esforço.

dependura V. pendura.

dependurar V. pendurar.

depilar *vtd+vpr* pelar(-se), raspar(-se), rapar(-se).

deplorar *vtd* **1** lamentar, lastimar, prantear. **A:** aplaudir. *vpr* **2** lamentar-se, queixar-se, prantear-se. **A:** rejubilar-se.

deplorável *adj m+f* **1** lamentável, lastimável. **Ex:** Estado deplorável. **2** *Fam.* detestável, abominável, péssimo. **Ex:** Comportamento deplorável.

depoente *s e adj m+f Dir.* testemunha, declarante.

depoimento *sm Dir.* testemunho, declaração, deposição.

depois *adv* **1** *NO TEMPO E NO ESPAÇO* posteriormente, em seguida, após. **A:** antes. **2** além disso, ainda, além do mais. **Ex:** Não posso sair porque estou cansado, e depois, não tenho para onde ir mesmo. * Depois de: em seguida a, após. **A:** antes de.

depor *vtd* **1** colocar, pôr, depositar. **Ex:** Depôs o livro sobre a mesa. **2** destituir, derrubar, demitir. **Ex:** O povo depôs o rei. **A:** emposar. *vtd+vi* **3** *Dir.* testemunhar, declarar.

deportação *sf* degredo, desterro, exílio, banimento. **A:** repatriação.

deportar *vtd* degredar, desterrar, exilar, banir. **A:** repatriar.

deposição *sf* **1** destituição, demissão, exoneração. **A:** admissão. **2** V. depoimento.

depositar *vtd* **1** V. depor. **2** guardar. **Ex:** Depositar dinheiro no banco. **3** consignar, entregar, confiar. **Ex:** Deposito documentos importantes aos meus cuidados. *vpr* **4**

sedimentar-se, assentar, baixar. **Ex:** As partículas da mistura depositaram-se no fundo do copo.

depósito *sm* **1** consignação. **2** sedimento, borra, fezes *pl.* **3** *EM GERAL* armazém; *DE ARMAS* arsenal, armaria, armamento; *DE LÍQUIDOS* reservatório, tanque; *DE CEREAIS, GRÃOS* celeiro, paiol, tulha.

depravação *sf* perversão, libertinagem, devassidão, licenciosidade. **A:** castidade.

depravado *sm, part+adj* **1** pervertido, libertino, devasso. **A:** puro. *part+adj* **2** perverso, malvado, cruel. **A:** bondoso.

depravar *vtd+vpr* perverter(-se), corromper(-se), desmoralizar(-se), viciar(-se). **A:** regenerar(-se).

deprecar *vtd* **1** suplicar, implorar, rogar por. **Ex:** A mulher deprecou clemência ao soldado. *vti* **2** orar, rezar, rogar. **Ex:** Deprecar a Deus.

depreciar *vtd+vpr* **1** desvalorizar(-se), aviltar(-se). **A:** valorizar(-se). *vtd* **2** desprezar, menosprezar, desestimar.

depredação *sf* **1** saque, pilhagem, roubo. **2** devastação, assolação, ruína.

depredar *vtd* **1** saquear, pilhar, roubar. **2** devastar, assolar, arruinar.

depreender *vtd* **1** compreender, entender, alcançar. **2** deduzir, inferir, concluir.

depressa *adv* rapidamente, rápido, velozmente, sem demora. **A:** devagar.

depressão *sf* **1** *DO TERRENO* baixada, baixos *pl*, vale. **2** cavidade, buraco, concavidade. **3** tristeza, abatimento. **4** debilidade, enfraquecimento, fraqueza. **A:** força.

depressivo *adj* **1** deprimido, triste, angustiado. **A:** alegre. **2** V. deprimente.

deprimente *adj* **1** angustiante, depressivo. **A:** prazeroso. **2** humilhante, degradante, desonroso. **A:** honroso.

deprimido V. depressivo.

deprimir *vtd* **1** abaixar, diminuir, descer. **Ex:** Os comprimidos deprimiram a febre. **A:** elevar. **2** debilitar, enfraquecer, consumir. **A:** fortificar. *vtd+vpr* **3** abater(-se), entristecer(-se), angustiar(-se). **A:** alegrar(-se). **4** humilhar(-se), rebaixar(-se), curvar(-se). **A:** enaltecer(-se).

depurar *vtd+vpr* purificar(-se), purgar(-se), limpar(-se), apurar(-se). **A:** sujar(-se).

deputado *sm* **1** delegado, representante, comissário. **2** *Polít.* parlamentar.

deputar *vtd* **1** delegar, ceder, transmitir. **Ex:** Deputar poderes. **2** incumbir de, encarregar de, comissionar. **Ex:** Deputar uma missão a alguém.

derivação *sf* **1** desvio. **2** *Gram.* etimologia, étimo, origem (de uma palavra). **3** *Fig.* proveniência, fonte, procedência.

derivar *vtd* **1** desviar (curso de águas). *vti* **2** *Náut.* desviar-se, descair, descambar. *vti+vpr* **3** originar-se, provir, vir de. **Ex:** Essa palavra derivou(-se) do latim.

derma V. derme.

derme *sf* *Anat.* derma, pele, couro.

derradeiro *adj* **1** último, final. **A:** primeiro. **2** extremo. **Ex:** O derradeiro recurso foi chamar a polícia.

derrama V. derrame.

derramamento V. derrame.

derramar *vtd* **1** *ÁRVORE* desramar, desfolhar, desenramar (os ramos). **2** *LÍQUIDO* entornar, verter, despejar. **3** *LUZ* emitir, difundir; *CHEIRO* exalar. **4** espalhar, espargir, esparzir. **Ex:** Derramaram flores na entrada da igreja. *vtd+vpr* **5** propagar(-se), divulgar(-se), vulgarizar(-se). **Ex:** Derramar uma idéia. *vpr* **6** espalhar-se, difundir-se, disseminar-se.

derrame *sm* **1** derramamento, derrama. **Ex:** O derrame de um líquido. **2** *Pop.* hemorragia cerebral.

derrapar *vi* *Autom.* deslizar, escorregar, resvalar.

derrear *vtd* **1** descadeirar, desancar, escadeirar. *vtd+vpr* **2** vergar(-se), curvar(-se), dobrar(-se). **A:** endireitar(-se). **3** cansar(-se), extenuar(-se), prostrar(-se).

derredor *adv* em torno, em volta, à roda, em derredor. * Ao derredor de ou em derredor de: em torno de, em volta de, à roda de.

derreter *vtd+vpr* **1** fundir(-se), liquefazer(-se), dissolver(-se). **Ex:** Derreter o chocolate. **A:** solidificar(-se). **2** enternecer(-se), comover(-se), sensibilizar(-se). **Ex:** A cena derreteu seu coração de gelo. **3** descongelar(-se), degelar(-se), desgelar(-se). **A:** congelar(-se). *vpr* **4** apaixonar-se, enamorar-se, enrabichar-se. **Ex:** Derreter-se por alguém.

derretimento *sm* **1** fusão, liquefação, dissolução. **A:** solidificação. **2** *Fam.* dengo, afetação, requebro.

derribar V. derrubar.

derriça *sf* **1** briga, disputa, rixa, contenda. **2** V. derriço.

derriçar *vtd* **1** desembaraçar, desemaranhar, desenredar. **A:** embaraçar. *vi* **2** brigar, disputar, contender. **3** gozar, zombar, caçoar. **4** namorar.

derriço *sm* **1** *Pop.* amolação, chateação, impertinência. **2** *Pop.* namorado. **3** *Pop.* namoro, xodó. **4** *Pop.* gozação, zombaria, derriça.

derrisão *sf* zombaria, gozação, troça, escárnio.

derrocada *sf* **1** desmoronamento, desabamento, derrocamento, derruimento. **2** decadência, declínio, queda. **A:** progresso.

derrocamento V. derrocada.

derrocar *vtd* **1** demolir, destruir, derrubar. **A:** construir. **2** humilhar, rebaixar, abater. *vpr* **3** desabar, desmoronar, ruir.

derrogar *vtd* *Dir.* abolir, revogar, anular, suprimir (uma lei, parcialmente).

derrota *sf* **1** *Mil.* desbarato, desbaratamento. **A:** vitória. **2** contratempo, revés, desgraça. **3** estrago, ruína, prejuízo.

derrotar *vtd* **1** *Mil.* desbaratar, bater, vencer. **2** *NUMA COMPETIÇÃO* vencer, ganhar de, triunfar de. **A:** perder de. **3** fatigar, extenuar, cansar. **A:** descansar.

derrotismo *sm* pessimismo, ceticismo. **A:** otimismo.

derrotista *s e adj m+f* pessimista, cético. **A:** otimista.

derrubada *sf* *Agr.* derribada.

derrubar *vtd* **1** demolir, derruir, abater, derribar. **A:** construir. **2** destituir, depor, derribar. **Ex:** Derrubar um governante. **A:** empossar. *vtd+vpr* **3** prostrar(-se), debilitar(-se), enfraquecer(-se). **A:** fortalecer(-se).

derruimento V. derrocada.

derruir *vtd* **1** demolir, derrubar, destruir. **A:** construir. **2** anular, invalidar, cancelar. *vpr* **3** desmoronar, ruir, desabar.

dervis V. dervixe.

dervixe *sm Rel.* religioso muçulmano: *dervis*.

desabafado *part+adj* **1** livre, desimpedido, desembaraçado. **A:** impedido. **2** calmo, tranqüilo, sereno. **A:** nervoso.

desabafamento V. desabafo.

desabafar *vtd* **1** livrar, desimpedir, desembaraçar. **A:** impedir. *vtd+vpr* **2** desagasalhar(-se), descobrir(-se), desafogar(-se). **A:** agasalhar(-se). *vtd* **3** aliviar, descarregar, desafogar. **Ex:** Desabafar as mágoas. *vi* **4** desembuchar, abrir-se, desafogar-se. **Ex:** Estava muito irritada, e precisava desabafar.

desabafo *sm* alívio, desafogo, expansão, desabafamento.

desabalado *adj* **1** desenfreado, desembestado, precipitado. **Ex:** Desabalada carreira. **2** *Pop.* imenso, desmedido, descomunal. **A:** minúsculo.

desabamento V. derrocada.

desabar *vi* **1** desmoronar, ruir, vir abaixo. **2** *CHUVA, TEMPESTADE* desencadear-se, cair, irromper.

desabitar *vtd* despovoar, desolar, desertar. **A:** habitar.

desabituar *vtd+vpr* desacostumar(-se), desavezar(-se), desafazer(-se). **A:** habituar(-se).

desabonar *vtd+vpr* desacreditar(-se), difamar(-se), desonrar(-se), desprestigiar(-se). **A:** prestigiar(-se).

desabono *sm* descrédito, difamação, desonra, vergonha. **A:** crédito.

desabotoar *vtd* **1** *ROUPA* desafivelar, desapertar, desatacar. **A:** abotoar. *vi+vpr* **2** *FLORES* desabrochar, abrir, brotar.

desabrido *adj* **1** violento, impetuoso, forte. **Ex:** Ventania desabrida. **A:** suave. **2** rude, ríspido, grosseiro. **Ex:** Modos desabridos. **A:** amável. **3** insolente, petulante, atrevido. **Ex:** Palavras desabridas. **A:** reverente.

desabrigar *vtd* **1** desagasalhar, descobrir, desnudar. **2** desamparar, desproteger, abandonar. **A:** abrigar (nas duas acepções).

desabrigo *sm* **1** desagasalho. **2** desamparo, desproteção, abandono. **A:** abrigo (nas duas acepções).

desabrochar *vtd* **1** *ROUPA* desabotoar, desapertar, desafivelar. **A:** abrochar. **2** descerrar, abrir, entreabrir. **Ex:** Desabrochar

os lábios. **A:** cerrar. *vi+vpr* **3** *FLORES* abrir, desabrolhar, rebentar.

desabrolhar V. desabrochar.

desabusado *adj* insolente, petulante, irreverente, desaforado. **A:** reverente.

desacatamento V. desacato.

desacatar *vtd* **1** desrespeitar, desobedecer. **Ex:** Desacatar a autoridade. **A:** acatar. **2** insultar, ofender, afrontar. **3** desprezar, menosprezar, menoscabar. **A:** prezar. **4** profanar. **Ex:** Desacatar um preceito religioso. **A:** respeitar.

desacato *sm* **1** desrespeito, desobediência, desacatamento. **A:** respeito. **2** insulto, ofensa, afronta. **3** desprezo, menosprezo, menoscabo. **A:** consideração. **4** profanação. **A:** respeito.

desacautelar *vtd* **1** descuidar de, negligenciar, descurar. **A:** cuidar de. *vpr* **2** descuidar-se, desprevenir-se, desaperceber-se. **A:** acautelar-se.

desacelerar *vtd* retardar, atrasar, demorar, delongar. **A:** acelerar.

desacertado *part+adj* **1** errado, errôneo, incorreto. **A:** certo. **2** inconveniente, descabido, despropositado. **A:** acertado.

desacertar *vtd* **1** desarrumar, desarranjar, desorganizar. **A:** arrumar. *vtd+vi* **2** errar, enganar-se, falhar. **A:** acertar. *vpr* **3** frustrar-se, malograr-se, gorar. **A:** dar certo.

desacerto *sm* **1** erro, engano, lapso. **A:** acerto. **2** disparate, despropósito, tolice.

desacomodar *vtd* desarranjar, desordenar, desorganizar, bagunçar *gír.* **A:** acomodar.

desacompanhado *part+adj* sozinho, só, solitário, isolado. **A:** acompanhado.

desacompanhar *vtd* **1** não seguir. **A:** acompanhar. **2** desamparar, desproteger, abandonar. **A:** amparar.

desaconselhar *vtd* dissuadir, despersuadir, demover. **A:** aconselhar.

desacordar *vtd* **1** discordar de, divergir de, opor-se a. **A:** concordar com. *vi* **2** desmaiar, desfalecer, esmorecer. **A:** acordar.

desacordo *sm* **1** discordância, divergência, oposição. **A:** acordo. **2** desmaio, desfalecimento, síncope.

desacoroçoar *vtd+vi* desanimar, desalentar(-se), *descoroçoar, descorçoar*. **A:** animar(-se).

desacostumar *vtd+vpr* desabituar(-se), desavezar(-se), desafazer(-se). **A:** acostumar(-se).

desacreditar *vtd* **1** descrer, negar, renegar. **Ex:** Desacreditamos sua versão dos acontecimentos. **A:** acreditar em. **2** depreciar, desvalorizar, desmerecer. **Ex:** O desleixo desacredita todo o seu trabalho. **A:** valorizar. *vtd+vpr* **3** desprestigiar(-se), difamar(-se), desonrar(-se). **A:** prestigiar(-se).

desafazer *vtd+vpr* desacostumar(-se), desabituar(-se), desavezar(-se). **A:** afazer(-se).

desafeição V. desafeto.

desafeiçoado V. desafeto.

desafeiçoar *vtd* **1** desfigurar, deformar, afear. **A:** afeiçoar. *vpr* **2** desapegar-se, despegar-se. **A:** afeiçoar-se.

desaferrar *vtd+vpr* desprender(-se), soltar(-se), desatar(-se), desligar(-se). **A:** aferrar(-se).

desafeto *sm* **1** desafeição, desamor, ódio. **A:** afeto. **2** inimigo, adversário, desafeiçoado. **A:** amigo.

desafiador V. desafiante.

desafiante *s m+f* **1** quem desafia: adversário, competidor, desafiador. *adj m+f* **2** provocador, tentador, desafiador.

desafiar *vtd* **1** provocar, instigar, incitar. **Ex:** Desafiar os oponentes. **2** enfrentar, encarar, afrontar. **Ex:** Desafiar as dificuldades. **3** *INSTRUMENTO CORTANTE* embotar, cegar. **A:** afiar.

desafinar *vtd* **1** *Mús.* tirar a afinação de. **Ex:** Desafinar um violão. **A:** afinar. *vi* **2** *Mús.* perder a afinação: dissonar, destoar, desentoar. **Ex:** O cantor desafinou e foi desclassificado.

desafio *sm* **1** provocação, instigação, repto. **2** disputa, competição, contenda.

desafogar *vtd+vpr* **1** aliviar(-se), desoprimir(-se), descarregar(-se). **A:** oprimir(-se). **2** desagasalhar(-se), descobrir(-se), desabafar(-se). **A:** agasalhar(-se). *vtd* **3** aliviar, desabafar, descarregar. **Ex:** Desafogou toda a raiva contida durante anos. *vpr* **4** desabafar, abrir-se.

desafogo *sm* **1** desabafo, consolação, desabafamento. **2** fartura, folga, abastança. **A:** escassez.

desafoguear *vtd* refrigerar, refrescar, esfriar, arrefecer. **A:** aquecer.

desaforado *part+adj* atrevido, insolente, descarado, petulante. **A:** reverente.

desaforamento V. desaforo.

desaforar-se *vpr* privar-se de, abster-se de, abandonar, renunciar a.

desaforo *sm* **1** atrevimento, insolência, desaforamento. **2** reverência. **2** indecência, imoralidade, pouca-vergonha.

desafortunado *adj* infeliz, desventurado, desgraçado, desditoso. **A:** afortunado.

desafronta *sf* vingança, desforra, represália, retaliação.

desafrontar *vtd+vpr* vingar(-se), desforrar(-se), desagravar(-se), despicar(-se).

desagasalhar *vtd+vpr* descobrir(-se), desnudar(-se), desvestir(-se), desabafar(-se). **A:** agasalhar(-se).

desagasalho V. desabrigo.

deságio *sm* *DA MOEDA* desvalorização, depreciação, aviltamento. **A:** valorização.

desagradar *vti+vpr* desgostar(-se), descontentar(-se), desprazer. **A:** agradar(-se).

desagradável *adj m+f* **1** feio, repulsivo, repugnante. **Ex:** Aparência desagradável. **A:** atraente. **2** delicado, complicado, embaraçoso. **Ex:** Situação desagradável. **A:** fácil. **3** *SABOR* ruim. **A:** agradável. **4** antipático, odioso. **Ex:** Sujeito desagradável. **A:** agradável.

desagrado *sm* desgosto, descontentamento, contrariedade, aborrecimento. **A:** agrado.

desagravar *vtd* **1** aliviar, atenuar, suavizar. **Ex:** O choro não desagravou o seu sofrimento. **A:** agravar. *vtd+vpr* **2** vingar(-se), desforrar(-se), desafrontar(-se).

desagravo *sm* vingança, desforra, reparação, desafronta.

desagregar *vtd+vpr* separar(-se), fragmentar(-se), dividir(-se), dissociar(-se). **A:** agregar(-se).

desagrilhoar *vtd* libertar, soltar, desacorrentar, desamarrar. **A:** agrilhoar.

desaguadoiro V. desaguadouro.

desaguadouro *sm* esgoto, sarjeta, vala, *desaguadoiro*.

desaguar *vtd* **1** despejar, vazar. **Ex:** O Amazonas deságua suas águas no Oceano Atlântico. *vti+vpr* **2** desembocar, despejar-se, lançar-se. **Ex:** Alguns rios deságuam(-se) em lagos. *vi* **3** urinar, fazer xixi *fam*, mijar *vulg*.

desaire *sm* **1** deselegância, desalinho. **A:** elegância. **2** indecência, indignidade, despudor. **A:** decência. **3** desonra, mácula, mancha. **A:** honra.

desairoso *adj* **1** deselegante, desalinhado. **A:** airoso. **2** indecoroso, indecente, indigno. **A:** airoso. **3** desajeitado, desastrado, desjeitoso. **A:** jeitoso.

desajeitado *adj* **1** desastrado, desjeitoso, desairoso. **A:** jeitoso. **2** inábil, incompetente, inepto. **A:** hábil. **3** imbecil, idiota, pateta. **A:** esperto.

desajeitar *vtd* **1** desarrumar, desordenar, bagunçar *gír*. **A:** ajeitar. **2** deformar, desfigurar, afear. **A:** embelezar.

desajuizado *part+adj* **1** insensato, louco, insano. **A:** são. **2** imprudente, precipitado, leviano. **A:** ajuizado.

desajuizar *vtd* **1** desvairar, enlouquecer, endoidecer. **2** aturdir, atordoar, estontear.

desajuntar *vtd* desligar, desunir, separar, desprender. **A:** ajuntar.

desajustar *vtd* **1** *PEÇAS* separar, desunir, desligar. **A:** ajustar. **2** *ACORDO* romper, quebrar, desfazer. **A:** combinar. **3** *INSTRUMENTO* desregular. **A:** ajustar. **4** transtornar, desarrumar, desordenar. **A:** arrumar.

desalentar *vtd+vpr* desanimar(-se), esmorecer, esfriar(-se), descorçoar. **A:** alentar(-se).

desalento *sm* desânimo, esmorecimento, abatimento, melancolia. **A:** alento.

desalijar *vtd* descarregar, despejar, aliviar, evacuar. **A:** carregar.

desalinhar *vtd+vpr* **1** desarranjar(-se), desarrumar(-se), desordenar(-se). **A:** arranjar(-se). *vpr* **2** *NO TRAJAR* desleixar-se, desmazelar-se, relaxar. **A:** esmerar-se.

desalinho *sm* *NO TRAJAR* deselegância, desleixo, desmazelo. **A:** alinho.

desalmado *adj* cruel, impiedoso, perverso, desumano. **A:** piedoso.

desalojar *vtd* expulsar, desaninhar, repelir, desabrigar. **Ex:** A polícia desalojou os invasores do prédio. **A:** alojar.

desalterar *vtd+vpr* **1** acalmar(-se), serenar(-se), aplacar(-se). **A:** alterar(-se). *vtd* **2** *FOME, SEDE* saciar, satisfazer; *SEDE* abeberar, dessedentar.

desalumiado *adj* **1** escuro, sombrio, obscuro. **Ex:** Lugar desalumiado. **A:** claro. **2** *Fig.* ignorante, analfabeto, iletrado. **A:** iluminado.

desamamentar V. desmamar.

desamarrar *vtd+vpr* desatar(-se), soltar(-se), desprender(-se), desligar(-se). **A:** amarrar(-se).

desamarrotar *vtd* desenrugar, alisar, desencarquilhar. **A:** amarrotar.

desamassar *vtd* endireitar, alisar, desamolgar. **A:** amassar.

desambição *sf* **1** desapego, abnegação, desprendimento. **A:** ambição. **2** modéstia, despretensão, naturalidade. **A:** pretensão.

desamolgar *vtd* aplanar, endireitar, alisar. **A:** amolgar.

desamor *sm* desafeição, desapego, desprezo, desdém. **A:** amor.

desamparado *part+adj* *LUGAR* ermo, solitário, deserto, desabitado. **A:** povoado.

desamparar *vtd+vpr* **1** desencostar(-se), afastar(-se) (do amparo). **A:** amparar(-se). *vtd* **2** abandonar, desarrimar. **Ex:** Desamparar a família. **A:** amparar. **3** desproteger, desabrigar. **A:** amparar.

desamparo *sm* **1** abandono, desproteção, desabrigo. **A:** amparo. **2** pobreza, miséria, penúria. **A:** riqueza. **3** solidão, ermo, isolamento.

desamuar *vi+vpr* alegrar-se, divertir-se, desemburrar(-se), desembezerrar(-se) *pop*. **A:** amuar(-se).

desancar *vtd* **1** descadeirar, escadeirar, derrear. **2** espancar, bater em, surrar. **3** *Fig.* criticar, censurar, repreender. **A:** elogiar.

desancorar *vtd+vi* *Náut.* desatracar, levantar âncora. **A:** ancorar.

desanda *sf* *Pop.* repreensão, bronca *pop*, descompostura, pito.

desandar *vti+vi* **1** retroceder, voltar, recuar. **A:** avançar. **2** resultar, dar, acabar em. **Ex:** Toda aquela dedicação desandou em obsessão. *vi* **3** entrar em decadência: declinar, decair, degringolar.

desanimar *vtd+vpr* **1** desalentar(-se), esmorecer, arrefecer(-se). **A:** animar(-se). *vti+vi* **2** desistir, deixar, cessar de. **A:** continuar a.

desânimo *sm* desalento, esmorecimento, abatimento, arrefecimento. **A:** ânimo.

desaninhar *vtd* desalojar, expulsar, deslocar, desabrigar. **A:** aninhar.

desanuviar *vtd* **1** *CÉU, DIA* desenevoar, desnublar. **A:** anuviar. *vtd+vpr* **2** serenar(-se), tranqüilizar(-se), acalmar(-se). **Ex:** Aquilo desanuviou sua alma; seu aspecto desanuviou-se, limpar, clarear. **A:** anuviar(-se).

desapadrinhar *vtd* desproteger, desamparar, abandonar, desfavorecer. **A:** apadrinhar.

desaparecer *vti+vi* **1** sumir. **A:** aparecer. *vi* **2** ocultar-se, esconder-se, encobrir-se. **Ex:** Desapareceu na fumaça. **3** perder-se, extraviar-se. **Ex:** Meus óculos desapareceram. **A:** aparecer. **4** esquivar-se, esgueirar-se, safar-se. **Ex:** O ladrão desapareceu pela janela. **5** morrer, falecer, expirar. **A:** nascer.

desaparição V. desaparecimento.

desaparecimento *sm* **1** desaparição, sumiço. **A:** aparecimento. **2** perda, extravio. **Ex:** Não se deu conta do desaparecimento dos documentos. **A:** aparecimento. **3** morte, falecimento, óbito. **A:** nascimento.

desaparelhar *vtd* **1** desguarnecer. **A:** aparelhar. **2** desenfeitar, desataviar. **A:** enfeitar.

desapegado *part+adj* indiferente, desinteressado, abnegado, desprendido. **A:** apegado.

desapegar *vtd+vpr* **1** descolar(-se), desgrudar(-se), despegar(-se). **A:** pegar. *vpr* **2** desafeiçoar-se, despegar-se. **A:** apegar-se.

desapego *sm* **1** desamor, desafeto, desafeição. **A:** apego. **2** indiferença, desinteresse, abnegação. **A:** interesse.

desaperceber *vtd* **1** desprover, desabastecer. **A:** aperceber. *vpr* **2** desprevenir-se, descuidar-se, desacautelar-se. **Ex:** Confiante na vitória, desapercebeu-se. **A:** prevenir-se.

desapertar *vtd* **1** afrouxar, alargar, folgar. **A:** apertar. **2** *ROUPA* desabotoar, desafivelar, abrir. **A:** abotoar. **3** desacelerar, diminuir, reduzir. **Ex:** Desapertar o passo. **A:** apertar. **4** aliviar, desoprimir, desafogar. **Ex:** Desapertar o coração de alguém. **A:** oprimir. *vtd+vpr* **5** soltar(-se), livrar(-se), liberar(-se). **Ex:** Desapertou-a da influência do marido. **A:** prender(-se).

desaperto *sm* afrouxamento, alargamento, folga, largu`eza. **A:** aperto.

desapiedado *adj* impiedoso, inclemente, cruel, desumano. **A:** piedoso.

desapontamento *sm* decepção, desilusão, desencanto, desaponto.

desapontar *vtd* decepcionar(-se), desiludir(-se), desencantar(-se), desenganar(-se).

desaponto V. desapontamento.

desapossar V. desempossar.

desapreço *sm* desprezo, desconsideração, menosprezo, desestima. **A:** apreço.

desaprender *vtd+vti* esquecer, olvidar. **A:** aprender.

desapropriar *vtd* expropriar, desempossar, despojar, privar. **Ex:** Desapropriar alguém de seus bens. **A:** restituir.

desaprovar *vtd* reprovar, rejeitar, condenar, censurar. **A:** aprovar.

desaprumar *vtd, vi+vpr* inclinar(-se), pender, abaixar(-se), curvar(-se). **A:** aprumar(-se).

desarmado *part+adj* indefeso, inerme, indefenso. **A:** armado.

desarmar *vtd* **1** tirar as armas de. **Ex:** Desarmar um exército. **A:** armar. **2** *MECANISMO, BOMBA* desmontar, desmantelar. **A:** armar. **3** *ARMA DE FOGO* desengatilhar. **A:** armar. **4** acalmar, apaziguar, serenar. **A:** irritar. *vpr* **5** depor as armas. **A:** armar-se.

desarmonia *sf* **1** *Mús.* desafinação, dissonância, discordância. **2** desacordo, discordância, divergência. **3** desproporção, deselegância, dessimetria. **Ex:** A desarmonia das formas de um objeto. **A:** harmonia (nas três acepções).

desarmonizar *vtd* **1** desajustar, desconcertar, desarranjar. **Ex:** Suas medidas desarmonizaram o sistema da empresa. **A:** harmonizar. *vpr* **2** destoar, discordar, divergir. **Ex:** Suas opiniões nunca se desarmonizam. **A:** harmonizar-se. *vtd+vpr* **3** indispor(-se), desavir(-se), malquistar(-se). **Ex:** Desarmonizar os amigos. **A:** harmonizar(-se).

desarraigar *vtd* **1** arrancar (planta) pela raiz: desenraizar, desarraigar. **A:** arraigar. **2** *Fig.* erradicar, extinguir, acabar com. **Ex:** A campanha visa desarraigar certos hábitos nocivos à saúde. **A:** radicar.

desarranjar *vtd* **1** desarrumar, desordenar, desorganizar. **A:** arranjar. **2** perturbar, transtornar, atrapalhar. **Ex:** Sua decisão desarranjou nosso projeto. **A:** ajudar. *vpr* **3** enguiçar, quebrar, encrencar *gír.*

desarranjo *sm* **1** desordem, desorganização, bagunça *gír.* **A:** arranjo. **2** transtorno, contratempo, revés. **3** enguiço. **Ex:** Desarranjo no motor. **4** *Pop.* diarréia, cagaaneira *vulg*, soltura.

desarrazoado *adj* **1** incongruente, incoerente, ilógico. **2** descabido, desacertado, inconveniente. **A:** arrazoado (nas duas acepções).

desarrimar *vtd* **1** desencostar, desamparar, afastar (do arrimo). **Ex:** Desarrimou o quadro da parede. **2** desamparar, abandonar. **Ex:** Desarrimar os filhos. **A:** arrimar (nas duas acepções).

desarrochar *vtd* desapertar, afrouxar, folgar, descomprimir. **A:** arrochar.

desarrolhar *vtd* destapar, destampar. **A:** arrolhar.

desarrumar *vtd* desarranjar, desordenar, desorganizar, bagunçar *gír.* **A:** arrumar.

desarticular *vtd* **1** *Anat.* torcer, destroncar, luxar. **Ex:** Desarticular o pulso. *vtd+vpr* **2** *Fig.* desunir(-se), separar(-se), desligar(-se). **Ex:** O grupo desarticulou-se. **A:** articular(-se).

desarvorar *vtd* **1** arriar, baixar, descer. **A:** arvorar. *vtd+vpr* **2** desorientar(-se), desnortear(-se), aturdir(-se). **A:** orientar(-se). *vi* **3** fugir, desaparecer, sumir.

desasseado *part+adj* sujo, porco, imundo, sórdido. **A:** asseado.

desassear *vtd* sujar, emporcalhar, manchar, enxovalhar. **A:** limpar.

desasseio *sm* sujeira, imundície, porcaria, sujidade. **A:** asseio.

desassimilar *vtd* alterar, modificar, transformar, mudar.

desassisar *vtd+vi* desatinar, desvairar, enlouquecer, endoidecer.

desassociar *vtd+vpr* desligar(-se), desunir(-se), separar(-se), desagregar(-se). **A:** associar(-se).

desassombrado *part+adj* **1** ensolarado, iluminado, claro. **A:** escuro. **2** corajoso, destemido, bravo. **A:** covarde. **3** *TERRENO* aberto, extenso, amplo. **A:** fechado.

desassombrar *vtd* **1** clarear, iluminar, desanuviar. **A:** assombrar. **2** serenar, acalmar, tranqüilizar. *vpr* **3** perder o medo. **A:** assombrar-se.

desassombro *sm* **1** coragem, destemor, bravura. **A:** covardia. **2** firmeza, decisão, determinação. **A:** indecisão.

desassossegar *vtd* inquietar, intranqüilizar, perturbar, afligir. **A:** sossegar.

desassossego *sm* inquietação, intranqüilidade, perturbação, aflição. **A:** sossego.

desastrado *adj* **1** desajeitado, desjeitoso, desairoso. **A:** jeitoso. **2** V. desastroso.

desastre *sm* **1** acidente, sinistro. **2** desgraça, fatalidade, infortúnio.

desastroso *adj* infeliz, desgraçado, calamitoso, desastrado. **Ex:** Fato desastroso. **A:** feliz.

desatacar *vtd* **1** desatar, desamarrar, desprender. **A:** atacar. **2** *ROUPA* desabotoar, desafivelar, desapertar. **A:** atacar. **3** tirar a carga de uma arma: descarregar. **A:** carregar.

desatado *part+adj* desobrigado, livre, isento, dispensado. **A:** obrigado.

desatar *vtd+vpr* **1** desamarrar(-se). **A:** atar(-se). **2** soltar(-se), desligar(-se). **A:** atar(-se). **3** desobrigar(-se), livrar(-se), isentar(-se). **A:** obrigar(-se). *vtd* **4** *VELAS* desfraldar, largar, desferir. *vti* **5** começar, prorromper, romper. **Ex:** Desatou a chorar. **A:** parar.

desataviado *part+adj* sem enfeites: desenfeitado, simples, singelo, natural. **A:** ataviado.

desataviar *vtd+vpr* desenfeitar(-se), desguarnecer(-se), desparamentar(-se). **A:** ataviar(-se).

desatenção *sf* **1** distração, divagação, alheamento. **A:** atenção. **2** grosseria, descortesia, indelicadeza. **A:** atenção. **3** imprudência, imprevidência, inadvertência. **A:** prudência.

desatencioso *adj* **1** distraído, descuidado, alienado. **A:** atencioso. **2** grosso, descortês, indelicado. **A:** atencioso. **3** imprudente, imprevidente, inadvertido. **A:** prudente.

desatender *vtd* **1** desprezar, desconsiderar, ignorar. **A:** prezar. *vtd* **2** indeferir. **A:** atender.

desatento *adj* **1** distraído, descuidado, abstraído. **2** imprudente, leviano, imponderado. **A:** atento (nas duas acepções).

desaterrar V. desbarrancar.

desatinado *part+adj* desvairado, insensato, insano, desequilibrado. **A:** atinado.

desatinar *vtd+vi* desvairar, enlouquecer, endoidecer, tresloucar.

desatino *sm* **1** loucura, insanidade, maluquice. **A:** sanidade. **2** disparate, absurdo, despropósito.

desatracar *vtd+vpr* **1** desprender(-se), soltar(-se), desligar(-se). **A:** prender(-se). *vtd*, *vti+vi* **2** *Náut.* desancorar, levantar âncora. **A:** atracar.

desatravancar *vtd* **1** destravancar. **2** *Fam.* desobstruir, desimpedir, desembaraçar. **A:** atravancar.

desatrelar *vtd* **1** *ANIMAIS* desjungir, desemparelhar, desengatar; *VAGÕES* desengatar. **A:** atrelar. *vtd+vpr* **2** *Por ext.* desprender(-se), soltar(-se), separar(-se). **A:** prender(-se).

desautorar *vtd* **1** *DE HONRAS, ENCARGOS* destituir, privar, despojar. **A:** restituir. **2** desacatar, desobedecer, desconsiderar. **Ex:** Os rebeldes desautoraram os guardas. **A:** acatar. *vtd+vpr* **3** V. desautorizar.

desautorizar *vtd+vpr* desacreditar(-se), rebaixar(-se), desprestigiar(-se), desautorar(-se). **A:** prestigiar(-se).

desavença *sf* inimizade, discórdia, dissensão, desarmonia. **A:** amizade.

desavergonhado V. descarado.

desavergonhar V. descarar.

desavezar *vtd+vpr* desacostumar(-se), desabituar(-se), desafazer(-se). **A:** avezar(-se).

desavir *vtd+vpr* **1** indispor(-se), inimizar(-se), malquistar(-se). **A:** avir(-se). *vpr* **2** divergir, discordar, dissentir. **Ex:** Desaviram-se no valor do imóvel. **A:** concordar.

desavisado *adj* imprudente, leviano, irrefletido, impensado. **A:** avisado.

desazado *adj* **1** inábil, inapto, incompetente. **A:** hábil. **2** desajeitado, desastrado, des-

jeitoso. **A:** jeitoso. **3** relaxado, desleixado, desmazelado. **A:** cuidadoso.

desazo *sm* **1** inabilidade, inaptidão, incompetência. **A:** habilidade. **2** relaxo, desleixo, desmazelo. **A:** cuidado.

desbancar *vtd* superar, vencer, suplantar, sobrepujar. **Ex:** Desbancou os adversários.

desbaratar *vtd* **1** derrotar, vencer, bater. **Ex:** Os guerreiros desbarataram o exército invasor. **A:** perder de. **2** desperdiçar, esbanjar, malbaratar. **Ex:** Desbaratar o patrimônio, o tempo. **A:** economizar. *vtd+vpr* **3** arruinar(-se), estragar(-se), danificar(-se). **Ex:** O álcool desbaratou sua saúde.

desbarrancado *sm* despenhadeiro, precipício, abismo, alcantil.

desbarrancar *vtd* **1** escavar, cavar, desaterrar. **2** aplanar, nivelar, aplainar.

desbastar *vtd* **1** adelgaçar, desmoitar, rarear. **Ex:** Desbastar um matagal. **2** *OBJETO DE MADEIRA, PEDRA OU MÁRMORE* desengrossar, afinar, afilar. **3** *Fig.* aperfeiçoar, apurar, refinar. **Ex:** Desbastei o estilo de minha redação. **A:** piorar.

desbeiçar *vtd* esbeiçar, esborcinar. **Ex:** Desbeiçar um vaso.

desbloquear *vtd* **1** levantar o cerco. **2** desimpedir, desobstruir, desembaraçar. **A:** bloquear (nas duas acepções).

desbocado *part+adj Fig.* malcriado, despudorado, imoral, desbragado. **Ex:** Linguagem desbocada, pessoa desbocada. **A:** educado.

desbocamento *sm* malcriação, despudor, imoralidade, desbragamento. **A:** educação.

desbocar *vtd* **1** despejar, entornar, derramar. *vpr* **2** *NA LINGUAGEM* exceder-se, abusar, descomedir-se.

desbordar *vtd+vi* transbordar, extravasar, derramar, entornar.

desboroar V. esboroar.

desbotado *part+adj* descorado, pálido, desmaiado, esmaecido. **A:** corado.

desbotar *vtd, vi+vpr* descorar(-se), empalidecer, desmaiar(-se), descolorir(-se). **A:** colorir(-se).

desbragado V. desbocado.

desbragamento V. desbocamento.

desbravar *vtd* **1** *ANIMAL* domar, domesticar, amansar. **2** *TERRENO* lavrar, amanhar, arrotear. **3** *MATO* abrir, limpar, mondar. **4** explorar. **Ex:** Desbravar uma terra desconhecida.

desbriado *adj* descarado, insolente, petulante, desavergonhado. **A:** respeitoso.

desbrio *sm* descaramento, insolência, petulância, atrevimento. **A:** brio.

descabeçado *part+adj* desmiolado, maluco, amalucado, desvairado. **A:** sensato.

descabeçar *vtd* **1** decapitar, degolar, decepar. **2** cortar a ponta de: despontar, aparar, espontar.

descabelar *vtd* **1** *CABELOS* arrancar, puxar, arrepelar, escabelar. *vtd+vpr* **2** despentear(-se), desgrenhar(-se), escabelar(-se). **A:** pentear(-se).

descabido *adj* despropositado, desacertado, impróprio, inconveniente. **A:** cabido.

descadeirar *vtd* desancar, escadeirar, derrear.

descaída *sf* **1** inclinação, descaimento, tombamento. **A:** levantamento. **2** *Fam.* descuido, erro, lapso.

descaimento *sm* **1** V. descaída. **2** decadência, declínio, queda. **A:** progresso. **3** abatimento, prostração, quebranto.

descair *vtd* **1** deixar cair: pender, tombar, inclinar. **Ex:** Descair a cabeça. **A:** levantar. *vti* **2** descambar, degenerar, desandar em. **Ex:** Suas roupas, antes exóticas, descaíram em mau gosto. *vi* **3** cair, pender. **Ex:** Seus braços descaíam. **A:** levantar-se. **4** inclinar-se, baixar, descer. **Ex:** O sol descaía. **5** curvar-se, dobrar-se, vergar. **Ex:** As árvores descaíam com a ventania. **6** entrar em decadência: declinar, degringolar, decair. **Ex:** Seu prestígio descaiu nos últimos anos.

descalabro *sm* **1** dano, prejuízo, ruína. **A:** lucro. **2** desgraça, contratempo, revés.

descalçadeira *sf* *Fig.* descompostura, repreensão, bronca *pop*, descalçadela *pop*. **A:** elogio.

descalçadela V. descalçadeira.

descalçar *vtd* *SAPATO* tirar; *LUVA, MEIA* desvestir, tirar. **A:** calçar.

descalço *adj* que está sem sapatos. **A:** calçado.

descamar V. escamar.

descambada *sf* **1** ladeira, encosta, descambado. **2** erro, engano, descuido.

descambado V. descambada.

descambar *vti* **1** degenerar em, descair em, desandar em. **Ex:** O debate descambou em briga. **2** *tb* *Náut.* derivar, desviar-se, tender. **Ex:** O carro descambou para a direita; o navio descambou para o norte. *vi* **3** declinar, baixar, descer. **Ex:** O sol descambava no horizonte. **4** *CHUVA, TEMPESTADE* desabar, cair, irromper.

descaminhar V. desencaminhar.

descaminho *sm* extravio, perda, sumiço, desvio. **A:** encontro.

descampado *sm* **1** campo aberto e inculto: escampado. *adj* **2** desabitado, deserto, ermo. **Ex:** Local descampado. **A:** habitado.

descansado *part+adj* **1** sossegado, tranqüilo, calmo. **Ex:** Fique descansado, já resolvi tudo. **A:** nervoso. **2** vagaroso, lento, moroso. **Ex:** Trabalhador descansado, fala descansada. **A:** rápido.

descansar *vtd* **1** apoiar, encostar, assentar. **Ex:** Descansou a cabeça no ombro do amigo. *vtd+vti* **2** repousar. **A:** cansar. *vtd+vi* **3** sossegar(-se), tranqüilizar(-se), acalmar(-se). **Ex:** A carta da filha descansou-a; não descansará enquanto não souber a verdade. **A:** inquietar(-se). *vti* **4** apoiar-se, escorar-se, assentar-se. **Ex:** A cabana da beira do rio descansa sobre palafitas. *vi* **5** jazer. **Ex:** Aqui jaz fulano de tal; à porta jaz um pacote. **6** falecer, morrer, expirar.

descanso *sm* **1** apoio, encosto, suporte. **2** repouso. **A:** cansaço. **3** lazer, folga, ócio. **A:** trabalho. **4** sossego, tranqüilidade, calma. **A:** inquietação. **5** vagar, lentidão, morosidade. **A:** rapidez.

descarado *sm+adj* **1** sem-vergonha, desavergonhado, despudorado. **A:** envergonhado. **2** insolente, atrevido, desavergonhado. **A:** respeitoso.

descaramento *sm* **1** sem-vergonhice, despudor, imoralidade. **A:** pudor. **2** insolência, atrevimento, desaforo. **A:** respeito.

descarar *vtd+vpr* desavergonhar(-se). **A:** envergonhar(-se).

descarga *sf* 1 descarregamento. **A:** carregamento. 2 *DE ARMA, CANHÃO* tiro, disparo. 3 *Med.* evacuação, dejeção, defecação. 4 *ELÉTRICA* choque.

descarnado *part+adj* magro, esquelético, cadavérico, macilento. **A:** gordo.

descarnar *vtd* 1 tirar a carne de: escarnar, esburgar, esbrugar. *vtd+vpr* 2 emagrecer, emaciar, definhar. **A:** engordar.

descarregamento V. descarga.

descarregar *vtd* 1 tirar a carga de. **Ex:** Descarregaram o caminhão; descarregou a arma e guardou-a na gaveta. **A:** carregar. 2 disparar, desengatilhar, desfechar. **Ex:** Descarregou o revólver na direção do alvo. 3 desabafar, desafogar. **Ex:** Descarregar a frustração. *vtd+vpr* 4 aliviar(-se), desoprimir(-se), desafogar(-se). **A:** carregar(-se). *vi* 5 *Autom.* arriar. **Ex:** A bateria descarregou.

descarrilar V. descarrilhar.

descarrilhar *vtd+vi* 1 *Fer. descarrilar.* **Ex:** O deslizamento de terra descarrilhou o trem; nosso trem descarrilhou. **A:** encarrilhar. *vi* 2 *Fig.* desviar-se do bom caminho: desencaminhar-se, perder-se, *descarrilar.* **A:** encarrilhar. 3 *Fig.* desvairar, desatinar, *descarrilar.*

descartar *vtd* 1 *CARTA, NO JOGO* rejeitar, recusar. **Ex:** Descartei um dez de paus e um ás. **A:** aceitar. 2 excluir, rejeitar, afastar. **Ex:** Descartaram as hipóteses que lhes pareciam absurdas. *vpr* 3 livrar-se de cartas inúteis, no jogo: baldar-se. 4 *Fam.* livrar-se, desvencilhar-se, desembaraçar-se. **Ex:** Tentou descartar-se dos fãs que a perseguiam.

descarte *sm Fam.* evasiva, desculpa, rodeios *pl*, subterfúgio.

descasar *vtd+vpr* 1 *Fam.* divorciar(-se), desquitar(-se), separar(-se). **A:** casar(-se). 2 *ANIMAIS* desacasalar(-se), separar(-se). 3 *Fig.* desunir(-se), desligar(-se), desjuntar(-se). **A:** casar(-se).

descascar *vtd* 1 descortiçar, escorchar; *ARROZ* debulhar; *PELE, ETC.*, descamar, escamar. 2 *Fig.* repreender, criticar, bronquear com *pop.* **A:** elogiar.

descaso *sm* 1 desprezo, desdém, menosprezo. **A:** apreço. 2 desatenção, negligência, inadvertência. **A:** atenção.

descendência *sf* geração, prole, progênie, posteridade. **A:** ascendência.

descendente *s m+f* 1 procedente, oriundo, originário. **Ex:** Descendente de italianos. *sm pl* 2 sucessores, netos, pósteros. **A:** ascendentes. *adj m+f* 3 que desce. **Ex:** Caminho descendente. 4 decrescente. **A:** ascendente (acepções 1, 3 e 4).

descender *vti* 1 descer, baixar. **A:** subir. 2 *PESSOA* proceder, provir, nascer de. **Ex:** Descende de artistas. 3 *COISA* originar-se, vir, provir de. **Ex:** O francês descende do latim.

descentralizar *vtd* afastar do centro: descentrar, desconcentrar. **A:** centralizar.

descentrar V. descentralizar.

descer *vtd* 1 abaixar, baixar, arriar. **Ex:** Descer o pano. **A:** erguer. *vti* 2 *DE CAVALGADURA* apear, desmontar de; *DE VEÍCULO* apear de. **A:** subir em. 3 rebaixar-se, degradar-se, desonrar-se. **Ex:** Desceu à condição de subalterno. **A:** honrar-se. *vi* 4 abaixar-se, baixar, abater-se. **Ex:** Suas pálpebras desceram. **A:** subir. 5 diminuir, reduzir-se, baixar. **Ex:** Os preços desceram; a temperatura desceu. **A:** subir. 6 *SEDIMENTO, POEIRA* assentar, abaixar, ceder.

descerrar *vtd+vpr* 1 abrir(-se), entreabrir(-se). **A:** cerrar(-se). 2 revelar(-se), manifestar(-se), descobrir(-se). **Ex:** Descerrou-se um futuro brilhante. *vtd* 3 desapertar, afrouxar, alargar. **Ex:** Descerrar os nós. **A:** apertar.

descida *sf* 1 ladeira, declive, inclinação. **A:** subida. 2 diminuição, redução, baixa. **A:** alta. 3 *Fig.* decadência, declínio, derrocada. **A:** progresso.

desclassificado *part+adj Fig.* desqualificado, indigno, desprezível, vil. **A:** digno.

desclassificar *vtd* 1 *CONCORRENTE, CANDIDATO* desqualificar, reprovar, eliminar. **A:** classificar. 2 desprestigiar, desacreditar, desmoralizar. **A:** prestigiar.

descoberta *sf* **1** ato ou efeito de descobrir: descobrimento. **2** invento, invenção, achado. **Ex:** A descoberta da penicilina.

descobrimento V. descoberta.

descobrir *vtd* **1** achar, encontrar. **Ex:** Descobrimos um baú no porão. **2** inventar, imaginar. **Ex:** O cientista descobriu um novo processo de purificação; os ladrões descobriram uma maneira de entrar na casa. **3** revelar, patentear, evidenciar. **Ex:** Descobrir segredos, confidências. **A:** cobrir. **4** avistar, divisar, descortinar. **Ex:** Do alto do morro, descobríamos toda a praia. *vtd+vpr* **5** abrir(-se), destampar(-se), destapar(-se). **Ex:** Descobrir uma panela, uma caixa. **A:** fechar(-se). **6** expor(-se), desproteger(-se). **A:** cobrir(-se). *vi+vpr* **7** *CÉU, TEMPO* desanuviar-se, clarear, limpar. **A:** encobrir. *vpr* **8** aparecer, mostrar-se, surgir. **Ex:** O Sol descobria-se por trás das montanhas. **A:** desaparecer.

descolar *vtd+vi* **1** desgrudar(-se), despregar(-se), desunir(-se). **A:** colar. *vtd* **2** *Gír.* conseguir, obter, alcançar. **Ex:** Descolei uma vaga no curso. **A:** perder. *vi* **3** *Aeron.* decolar, levantar vôo. **A:** pousar.

descolorar V. descolorir.

descolorir *vtd, vi+vpr* descorar(-se), desbotar(-se), descolorar(-se), desmaiar(-se). **A:** colorir(-se).

descomedido *part+adj* **1** imoderado, desregrado, desenfreado. **A:** comedido. **2** excessivo, exagerado, desmedido. **A:** reduzido.

descomedimento *sm* **1** imoderação, desregramento, descontrole. **A:** comedimento. **2** excesso, exagero, demasia. **A:** falta.

descomedir-se *vpr* exceder-se, abusar, exagerar, demasiar-se. **A:** comedir-se.

descomodidade *sf* desconforto, descômodo. **A:** comodidade.

descômodo V. descomodidade.

descompasso *sm* **1** irregularidade, desarmonia. **A:** compasso. **2** desacordo, divergência, discordância. **A:** acordo.

descompor *vtd* **1** repreender, admoestar, censurar. **A:** elogiar. **2** desarrumar, desajustar, desarranjar. **A:** compor. *vtd+vpr* **3** alterar(-se), transtornar(-se), desfigurar(-se). **4** desnudar(-se), despir(-se),

denudar(-se). **A:** vestir(-se). *vpr* **5** descomedir-se, exceder-se, exagerar. **A:** moderar-se.

descompostura *sf* **1** repreensão, bronca *pop*, pito. **A:** elogio. **2** desordem, baderna, bagunça *gír.* **A:** ordem.

descomunal *adj m+f* **1** incomum, anormal, excepcional. **A:** comum. **2** excessivo, exagerado, demasiado. **A:** pequeno.

desconcentrar *vtd* **1** descentralizar, descentrar. **A:** concentrar. **2** tirar a concentração de: distrair. *vpr* **3** distrair-se, alienar-se, abstrair-se. **A:** desconcentrar-se.

desconcertante *adj m+f* perturbador.

desconcertar *vtd* **1** desordenar, desarranjar, transtornar. **A:** ordenar. *vtd+vpr* **2** atrapalhar(-se), desnortear(-se), atarantar(-se). **A:** orientar(-se). **3** indispor(-se), desavir(-se). indispor(-se). **A:** concertar(-se). *vti+vi* **4** discordar, divergir, dissentir. **A:** concertar(-se).

desconcerto *sm* **1** desordem, desarranjo, transtorno. **A:** ordem. **2** desarmonia, discordância, discórdia. **A:** concerto.

desconchavar *vtd* **1** *PEÇAS* desencaixar, desligar, desembutir. **A:** conchavar. *vpr* **2** indispor-se, desarmonizar-se, desavir-se. **Ex:** Desconchavou-se com os vizinhos. **A:** conciliar-se.

desconectar *vtd* separar, desunir, desligar, desagregar. **A:** conectar.

desconexão *sf* **1** separação, desunião, desligamento. **2** incoerência, incongruência. **3** diferença, desigualdade, dessemelhança. **A:** conexão (nas três acepções).

desconexo *adj* **1** separado, desunido, desligado. **2** incoerente, incongruente, ilógico. **A:** conexo (nas duas acepções).

desconfiado *part+adj* **1** cabreiro, receoso, suspeitoso. **A:** confiante. **2** *Fam.* sensível, melindroso, suscetível. **A:** insensível.

desconfiança *sf* **1** suspeita, receio, suspeição. **A:** confiança. **2** *Fam.* sensibilidade, melindre, suscetibilidade. **A:** insensibilidade.

desconfiar *vtd* **1** supor, presumir, imaginar. **Ex:** Desconfio que ele não virá mais. *vti+vi* **2** suspeitar de, duvidar de, recear. **Ex:** Desconfio de quem não conheço. **A:** confiar em. *vti* **3** *Fam.* melindrar-se, ofender-se, magoar-se.

desconforme *adj m+f* **1** diferente, desigual, dessemelhante. **A:** conforme. **2** discordante, discorde, desarmônico. **A:** conforme. **3** desproporcionado, desmedido, enorme. **A:** reduzido.

desconforto *sm* **1** descomodidade, descômodo. **2** pesar, aflição, desconsolo. **A:** conforto (nas duas acepções).

descongelar *vtd+vpr* **1** degelar(-se), desgelar(-se), derreter(-se). **A:** congelar(-se). *vtd* **2** *PREÇOS, SALÁRIOS* liberar. **A:** congelar.

descongestionar *vtd+vpr* restabelecer(-se) a fluência do trânsito. **A:** congestionar(-se).

desconhecer *vtd* **1** ignorar. **Ex:** Desconheço o valor da transação. **A:** conhecer. **2** estranhar. **Ex:** Disfarçou-se tão bem que o desconheceram. **A:** reconhecer. **3** negar, desmentir, denegar. **Ex:** Desconheceu que estivesse presente na hora do crime. **A:** reconhecer.

desconhecido *part+adj* **1** ignorado, incógnito, ignoto. **A:** conhecido. **2** anônimo, obscuro. **Ex:** Um pintor desconhecido. **A:** conhecido. **3** ingrato, mal-agradecido. **A:** reconhecido.

desconhecimento *sm* **1** ignorância, insciência. **A:** conhecimento. **2** ingratidão. **A:** reconhecimento.

desconjuntar *vtd* **1** deslocar, luxar, torcer. **Ex:** Desconjuntar o pé. *vtd+vpr* **2** desunir(-se), separar(-se), desligar(-se). **A:** unir(-se). **3** desmantelar(-se), desmanchar(-se), desfazer(-se).

desconsertar *vtd* **1** quebrar, estragar, danificar. **2** desajustar, desarrumar, desarranjar. **A:** consertar (nas duas acepções).

desconsideração *sf* **1** desrespeito, desprezo, desestima. **A:** consideração. **2** ofensa, afronta, insulto.

desconsiderar *vtd* **1** desprezar, ignorar, menosprezar. **Ex:** Não desconsideramos nenhuma possibilidade. **A:** considerar. **2** desrespeitar, ofender, insultar. **Ex:** Desconsidera os mais velhos. **A:** considerar. **3** desacatar, desobedecer, desrespeitar. **Ex:** desconsiderar as ordens. **a:** acatar. **4** desabonar, desacreditar, desprestigiar. **Ex:** Sua atitude o desconsidera perante o público. **A:** prestigiar. **5** *Mat.* desprezar. **Ex:** No cálculo, desprezou os decimais.

desconsolação V. desconsolo.

desconsolado *part+adj* **1** consternado, aflito, magoado, pesaroso. **A:** consolado. **2** *Fam.* sem graça: desenxabido, insosso, insípido. **Ex:** Pessoa desconsolada, história desconsolada. **A:** interessante.

desconsolar *vtd+vpr* afligir(-se), magoar(-se), desalentar(-se), entristecer(-se). **A:** consolar(-se).

desconsolo *sm* aflição, mágoa, desalento, desconsolação. **A:** consolo.

descontar *vtd* abater, deduzir, tirar, diminuir.

descontentamento *sm* desgosto, desagrado, aborrecimento, insatisfação. **A:** contentamento.

descontentar *vtd+vpr* desgostar(-se), desagradar(-se), desprazer. **A:** contentar(-se).

descontente *adj* desgostoso, insatisfeito, aborrecido, triste. **A:** contente.

descontinuado V. descontínuo.

descontínuo *adj* interrompido, inconstante, intermitente, descontinuado. **A:** contínuo.

desconto *sm* abatimento, redução, diminuição.

descontrolar *vtd* **1** desequilibrar, enlouquecer, desvairar. **A:** controlar. *vpr* **2** desequilibrar-se, desgovernar-se, exceder-se. **A:** controlar-se.

descontrole *sm* desequilíbrio, desgoverno, excesso, desregramento. **A:** controle.

desconversar *vi* mudar de assunto, disfarçar, dissimular.

descorado *part+adj* desbotado, pálido, esmaecido, desmaiado. **A:** corado.

descorar *vtd, vi+vpr* desbotar(-se), descolorir(-se), desmaiar(-se), descolorar(-se). **A:** colorir(-se).

descorçoar V. desacoroçoar.

descoroçoar V. desacoroçoar.

descortês *adj m+f* mal-educado, malcriado, grosseiro, indelicado. **A:** cortês.

descortesia *sf* má-criação, grosseria, indelicadeza, impolidez. **A:** cortesia.

descortiçar *vtd* descascar, escorchar, despelar.

descortinar *vtd* **1** avistar, divisar, distinguir. **Ex:** Descortinar alguém ao longe. **2** descobrir, achar, atinar. *vtd+vpr* **3** revelar(-se), evidenciar(-se), patentear(-se). **A:** ocultar(-se).

descortino *sm* perspicácia, sagacidade, esperteza, agudeza. **A:** ingenuidade.

descoser *vtd* **1** descosturar. **A:** coser. **2** desconjuntar, desmantelar, desmanchar. **Ex:** A queda descoseu o equipamento.

descosturar V. descoser.

descosido *part+adj Fig.* incoerente, desconexo, incongruente, ilógico. **A:** coerente.

descrédito *sm* desabono, desonra, vergonha, desdouro. **A:** crédito.

descrença *sf* incredulidade, ceticismo, dúvida, cepticismo. **A:** crença.

descrente *s e adj m+f* **1** incrédulo, cético, céptico. **2** *Rel.* ateu, ímpio, herege. **A:** crente (nas duas acepções).

descrer *vtd* **1** negar, rejeitar, denegar. **Ex:** Descrê tudo o que não vê com os próprios olhos. *vti* **2** *Rel.* renegar, apostatar, abjurar. **Ex:** Descrer da fé católica. *vti+vi* **3** não acreditar. **Ex:** Descreio de (ou em) você. **A:** crer em.

descrever *vtd* **1** retratar, delinear, representar. **Ex:** Descrever uma pessoa. **2** contar, narrar, expor. **Ex:** Descrever uma viagem. **3** traçar, riscar, desenhar. **Ex:** O projétil descreveu uma linha reta.

descrição *sf* **1** retrato, representação, esboço. **2** narração, exposição, relato.

descriminar *vtd* inocentar, absolver, perdoar, desculpar. **A:** incriminar.

descuidado *part+adj* **1** imprudente, incauto, imprevidente. **A:** cuidadoso. **2** desatencioso, negligente, relapso. **A:** cuidadoso. **3** desleixado, desmazelado, descuidoso. **A:** esmerado.

descuidar *vtd+vti* **1** negligenciar, descurar, desleixar. **Ex:** Descuidar os negócios; descuidou das crianças por um momento e elas se perderam. **A:** cuidar de. *vpr* **2** desprevenir-se, desacautelar-se, desaperceber-se. **Ex:** Por excesso de confiança, descuidou-se. **A:** cuidar-se. **3** desleixar-se, desmazelar-se, relaxar-se. **Ex:** Descuidava-se no trabalho e foi despedido. **A:** esmerar-se.

descuido *sm* **1** negligência, desleixo, incúria. **A:** cuidado. **2** distração, desatenção, lapso. **A:** atenção. **3** deslize, engano, erro.

descuidoso V. descuidado.

desculpa *sf* **1** perdão, absolvição, escusa. **A:** condenação. **2** evasiva, pretexto, rodeios *pl.* **3** justificativa.

desculpar *vtd* **1** perdoar, absolver, escusar. **Ex:** Desculpou o amigo pela ofensa. **A:** condenar. *vtd+vpr* **2** justificar(-se). **Ex:** Desculpou a falta à reunião alegando que estava doente.

descumprimento *sm DE PRAZO* inadimplência, inadimplemento; *DE ORDENS* desobediência, desacato, desrespeito. **A:** cumprimento.

descumprir *vtd PRAZO* inadimplir; *ORDENS* desobedecer, desacatar, desrespeitar. **A:** cumprir.

descurar *vtd* **1** descuidar de, negligenciar, desleixar. **A:** cuidar de. *vpr* **2** descuidar-se, desmazelar-se, desleixar-se. **A:** esmerar-se.

desde *prep* a partir de, a começar de. **Ex:** Desde ontem. * Desde já: a partir de agora. * Desde que: uma vez que, visto que, já que.

desdém *sm* **1** desprezo, descaso, indiferença. **A:** respeito. **2** arrogância, altivez, orgulho. **A:** humildade.

desdenhar *vtd+vti* desprezar, menosprezar, apoucar, menoscabar. **A:** respeitar.

desdenhoso *adj* arrogante, altivo, orgulhoso, soberbo. **A:** humilde.

desdita *sf* desgraça, desventura, infelicidade, infortúnio. **A:** ventura.

desditado V. desditoso.

desditoso *adj* desgraçado, desventurado, infeliz, desditado. **A:** venturoso.

desdizer *vtd* **1** desmentir, contradizer, contestar. **Ex:** Uma testemunha desdiz a outra. **A:** confirmar. *vi+vpr* **2** retratar-se. **Ex:** Ele se desdisse perante todos.

desdobrar *vtd+vpr* **1** estender(-se), abrir(-se), desenrolar(-se). **A:** dobrar(-se). *vtd* **2** desenvolver, incrementar, fomentar. **A:** inibir. *vpr* **3** desenvolver-se, incrementar-se, progredir. **A:** regredir.

desdoirar V. desdourar.

desdoiro V. desdouro.

desdourar *vtd+vpr* **1** tirar ou perder a cor dourada: *desdoirar(-se).* **A:** dourar(-se). **2** *Fig.* desmoralizar(-se), desonrar(-se), deslustrar(-se), *desdoirar(-se).* **A:** honrar(-se).

desdouro *sm* 1 *desdoiro*. **Ex:** O desdouro das jóias foi causado pelo tempo. 2 *Fig.* desonra, mácula, deslustre, *desdoiro*.

desejar *vtd* querer, apetecer; *ARDENTE-MENTE* cobiçar, ambicionar, ansiar por, almejar.

desejo *sm* 1 vontade, querer; *ARDENTE* cobiça, ambição, sede; *SEXUAL* apetite, tesão *vulg*; *POR COMIDA* apetite. 2 intento, intenção, propósito. 3 capricho, mania, veneta. **Ex:** Ele sempre satisfaz os desejos da filhinha mimada.

desejoso *adj* ávido, cobiçoso, ambicioso, faminto *fig*. **Ex:** Desejoso de vingança. **A:** indiferente.

deselegância *sf* 1 vulgaridade, grosseria. 2 *DAS FORMAS, DAS LINHAS* desarmonia, desproporção, dessimetria. 3 *NO VESTIR* desalinho, desleixo, desmazelo. 4 indelicadeza, descortesia, rudeza. **A:** elegância (nas quatro acepções).

deselegante *adj m+f* 1 ordinário, vulgar, grosseiro. 2 desengonçado, desarmonioso, desgracioso. 3 indelicado, descortês, rude. 4 mal vestido: desalinhado, desleixado, desmazelado. **A:** elegante (nas quatro acepções).

desemaranhar *vtd* 1 desembaraçar, desenredar, desenlear. **A:** emaranhar. 2 esclarecer, decifrar, resolver. **Ex:** Desemaranhar um mistério.

desembainhar *vtd* 1 descosturar, descoser, desmanchar (uma bainha). 2 *ESPADA* sacar. **A:** embainhar (nas duas acepções).

desembalar *vtd* desembrulhar, desempacotar, desenfardar. **A:** embalar.

desembaraçado *part+adj* 1 expedito, ágil, ligeiro. **A:** lerdo. 2 desinibido, desenvolto, despachado. **A:** embaraçado. 3 livre, desimpedido, franco.

desembaraçar *vtd* 1 desemaranhar, desenredar, desenlear. **A:** embaraçar. 2 desimpedir, desobstruir, desatravancar *fam.* **A:** embaraçar. *vtd+vpr* 3 desenrascar(-se), safar(-se), livrar(-se). **Ex:** Desembaraçar alguém de problemas. 4 desinibir(-se), desenvolver(-se). **A:** inibir(-se). *vpr* 5 livrar-se, desvencilhar-se, desfazer-se. **Ex:** Desembaraçou-se daquelas pessoas intrometidas.

desembaraço *sm* 1 ligeireza, prontidão, agilidade. **A:** lerdeza. 2 desinibição, desenvoltura, despacho. **A:** embaraço.

desembaralhar *vtd* 1 *CARTAS DO BARALHO* separar. 2 distinguir, diferenciar, discernir. **A:** embaralhar (nas duas acepções).

desembarcadoiro V. desembarcadouro.

desembarcadouro *sm Náut.* cais, embarcadouro, *desembarcadoiro*.

desembarcar *vtd+vi* tirar ou sair de embarcação ou veículo. **Ex:** Desembarcaram a mercadoria no porto; desembarcamos do avião, do trem; a que horas desembarcaremos em Santos? **A:** embarcar.

desembargar *vtd* 1 *Dir.* tirar o embargo a. 2 desimpedir, desobstruir, facilitar. 3 desembaraçar, safar, livrar. **A:** embargar (acepções 1 e 2).

desembestada *sf* disparada, correria, carreira, corrida (de cavalo ou outro animal).

desembestado *part+adj* 1 desenfreado, descontrolado, infrene. **Ex:** Corrida desembestada. 2 descomedido, desregrado, imoderado. **A:** comedido.

desembestar *vtd* 1 proferir, soltar, dizer. **Ex:** Desembestar ofensas. *vi* 2 correr, disparar, chispar *fig.* **Ex:** Desembestou porta afora.

desembezerrar V. desemburrar.

desembocadura *sf Geogr.* foz, embocadura, estuário, barra.

desembocar *vti* 1 *RIO* desaguar(-se), despejar-se, lançar-se. 2 *RUA, AVENIDA, ESTRADA* dar em, abocar em.

desembolsar *vtd* 1 tirar da bolsa. **A:** embolsar. 2 *DINHEIRO* gastar, despender. **A:** economizar.

desembotar *vtd* afiar, amolar, aguçar, adelgaçar. **Ex:** Desembotar facas. **A:** embotar.

desembravecer *vtd, vi+vpr* 1 amansar(-se), desbravar(-se), domesticar(-se). 2 acalmar(-se), serenar(-se), tranqüilizar(-se). **A:** embravecer(-se).

desembrear *vtd+vi Autom.* desengatar, desengrenar. **A:** embrear.

desembrulhar *vtd* 1 desembalar, desempacotar, desenfardar. **A:** embrulhar. 2 desenrolar, desdobrar, desenvolver. **Ex:** Desembrulhou a bandeira para hasteá-la. **A:** embrulhar. 3 resolver, solucionar, esclarecer. **Ex:** Desembrulhar uma situação, um problema.

desembrutecer *vtd* educar, instruir, ensinar, civilizar. **A:** embrutecer.

desembuçar *vtd* revelar, mostrar, manifestar, patentear. **A:** embuçar.

desembuchar *vtd* 1 confessar, revelar, declarar. **Ex:** Desembuche o que sente realmente. **A:** ocultar. *vi* 2 desabafar, abrirse, desafogar-se. **Ex:** Vamos, menina, desembucha!

desemburrar *vtd+vpr* 1 educar(-se), instruir(-se), civilizar(-se). **A:** embrutecer(-se). *vpr* 2 desamuar(-se), alegrarse, desembezerrar(-se) *pop.* **A:** emburrar.

desembutir *vtd PEDRA PRECIOSA* desengastar, desencastoar, desencravar, tirar. **A:** embutir.

desempacar V. desemperrar.

desempachar *vtd* 1 desimpedir, desobstruir, desembaraçar. **A:** empachar. *vpr* 2 livrarse, desvencilhar-se, desembaraçar-se.

desempacotar *vtd* desembrulhar, desenfardar, desempapelar. **A:** empacotar.

desempapelar V. desempacotar.

desemparelhar *vtd* 1 separar, desunir, apartar. 2 *ANIMAIS* desatrelar, desjungir, desengatar. **A:** emparelhar (nas duas acepções).

desempatar *vtd* 1 *Esp.* acabar com o empate de. **A:** empatar. *vtd+vpr* 2 resolver(-se), solucionar(-se), decidir(-se). **Ex:** Desempatar uma questão.

desempenado *part+adj* 1 direito, reto. **A:** empenado. 2 elegante, gracioso, garboso. **A:** deselegante.

desempenar *vtd+vpr* endireitar(-se), retificar(-se). **A:** empenar(-se).

desempenhar *vtd* 1 *DO PENHOR* resgatar. **Ex:** Conseguiu o dinheiro para desempenhar as jóias. **A:** empenhar. 2 cumprir, satisfazer, desobrigar-se de. **Ex:** Desempenhar um dever. **A:** descumprir. 3 exercer, executar, praticar. **Ex:** Desempenhar suas funções. 4 representar, interpretar, fazer. **Ex:** Desempenhar um papel numa peça.

desempenho *sm* 1 *DO PENHOR* resgate. **A:** empenho. 2 cumprimento, satisfação, desobrigação. **Ex:** Desempenho de uma promessa. **A:** descumprimento. 3 exercí-

cio, execução, prática. **Ex:** Desempenho de função. 4 representação, interpretação. **Ex:** O desempenho do ator foi brilhante.

desemperrar *vtd* 1 soltar, desprender, livrar. **Ex:** Desemperrar a porta. 2 *CAVALGADURA* desempacar. 3 emperrar (nas duas acepções).

desempestar *vtd* desinfetar, desinfeccionar, descontaminar, descontagiar. **A:** empestear.

desempoado *part+adj* tratável, afável, sociável, lhano. **A:** intratável.

desempoar *vtd* tirar o pó de: espanar, desempoeirar, limpar, sacudir. **A:** empoar.

desempoeirar V. desempoar.

desempolar *vtd+vpr* 1 desfazer ou desaparecer as empolas (bolhas) de. **A:** empolar(-se). *vtd* 2 alisar, aplanar, aplainar, nivelar.

desempossar *vtd* despojar, privar, espoliar, desapossar. **A:** empossar.

desempregar *vtd* despedir, demitir, dispensar, exonerar. **A:** empregar.

desencadear *vtd+vpr* 1 desatar(-se), soltar(-se), desprender(-se). 2 desunir(-se), separar(-se), desligar(-se). 3 *SENTIMENTOS, GUERRA* provocar, excitar, estimular. **Ex:** Desencadear violenta paixão. *vpr* 4 *SENTIMENTOS, GUERRA, TEMPESTADE* começar súbita e violentamente: explodir, irromper, rebentar.

desencaixar *vtd* 1 tirar do encaixe: desembutir, separar, desligar. **A:** encaixar. 2 V. desencaixotar. 3 deslocar, torcer, luxar. 4 desempregar, despedir, demitir. **A:** empregar. *vpr* 5 desconjuntar-se, desmantelar-se, desfazer-se.

desencaixotar *vtd* tirar da caixa: desencaixar. **A:** encaixotar.

desencalacrar V. desendividar.

desencalhar *vtd+vi* 1 *Náut.* tirar do encalhe. **A:** encalhar. *vtd* 2 desimpedir, desobstruir, desembaraçar.

desencaminhar *vtd* 1 desorientar, descaminhar, desencarreirar. **Ex:** A tempestade de neve desencaminhou os exploradores. **A:** encaminhar. 2 perder, extraviar. **Ex:** Desencaminhou o crachá e não pôde entrar. **A:** encontrar. *vtd+vpr* 3 perder(-se), corromper(-se), transviar(-se). **A:** regenerar(-se). *vpr* **4** perder-se, extraviar-se, descaminhar-se. **A:** orientar-se.

desencantamento V. desencanto.

desencantar *vtd* **1** desenfeitiçar. **Ex:** A fada desencantou o príncipe. **A:** encantar. **2** descobrir, desencovar, desencavar. **Ex:** O pesquisador desencantou livros muito raros. *vtd+vpr* **3** decepcionar(-se), desapontar(-se), desiludir(-se). **A:** encantar(-se).

desencanto *sm* decepção, desapontamento, desilusão, desencantamento. **A:** encanto.

desencapotar *vtd+vpr* **1** descobrir(-se). **A:** encapotar(-se). *vtd* **2** *Fig.* revelar, mostrar, patentear. **A:** encapotar.

desencaracolar V. desencrespar.

desencarapelar V. desencrespar.

desencarapinhar V. desencrespar.

desencarcerar *vtd* libertar, soltar, livrar. **A:** encarcerar.

desencardir *vtd* **1** lavar, limpar. **A:** encardir. **2** *ROUPA* branquear, alvejar, clarear. **A:** encardir. **3** *Fig.* purificar, depurar, purgar. **A:** sujar.

desencarecer *vtd* depreciar, rebaixar, desprezar, menosprezar. **A:** encarecer.

desencarnar *vi* morrer, falecer, expirar, finar-se. **A:** encarnar.

desencarquilhar *vtd+vpr* desenrugar(-se), alisar(-se), desencrespar(-se), desencoscorar(-se). **A:** encarquilhar(-se).

desencarregar *vtd+vpr* desobrigar(-se), dispensar(-se), isentar(-se), eximir(-se). **Ex:** Desencarregar alguém de uma obrigação. **A:** encarregar(-se).

desencarreirar V. desencaminhar.

desencasquetar *vtd Fam.* dissuadir, demover, despersuadir. **Ex:** Desencasquetar alguém de uma idéia. **A:** encasquetar.

desencastoar V. desengastar.

desencavar *vtd* **1** cavar, escavar. **2** descobrir, desencovar, desencantar. **Ex:** Desencavar textos antigos, desconhecidos.

desencharcar *vtd* enxugar, secar, desensopar. **A:** encharcar.

desencontrado *part+adj* discordante, divergente, contrário, oposto. **Ex:** Idéias desencontradas. **A:** concordante.

desencontrar *vi+vpr* divergir, discordar, discrepar, desarmonizar-se. **Ex:** Suas idéias desencontram(-se). **A:** concordar.

desencontro *sm* divergência, discordância, discrepância, desarmonia. **Ex:** Desencontro de opiniões. **A:** concordância.

desencorajar *vtd* desanimar, desalentar, abater, esmorecer. **A:** encorajar.

desencoscorar *vtd+vpr* desenrugar(-se), desencrespar(-se), desencarquilhar(-se), alisar(-se). **A:** encoscorar(-se).

desencostar *vtd* **1** desarrimar, desamparar, afastar (do encosto). **A:** encostar. *vpr* **2** desamparar-se, afastar-se. **A:** encostar-se.

desencovar V. desencavar.

desencravar *vtd* **1** arrancar, despregar, soltar. **Ex:** Desencravar um prego. **2** *PEDRA PRECIOSA* desengastar, desencastoar, desembutir. **A:** encravar (nas duas acepções).

desencrencar *vtd* desembaraçar, livrar, safar (de encrenca). **A:** encrencar.

desencrespar *vtd+vpr* **1** desencaracolar(-se), desencarapinhar(-se), desencarapelar(-se). **A:** encrespar(-se). **2** desenrugar(-se), desencarquilhar(-se), desencoscorar(-se). **A:** encrespar(-se). *vi+vpr* **3** serenar-se, desanuviar-se, acalmar-se. **Ex:** Seu rosto desencrespou(-se). **A:** encrespar(-se).

desencurralar *vtd* **1** *GADO* soltar (do curral). **A:** encurralar. **2** *Por ext.* soltar, libertar, liberar. **A:** prender.

desencurvar *vtd+vpr* endireitar(-se), desentortar(-se). **A:** encurvar(-se).

desendividar *vtd+vpr* desobrigar(-se), desonerar(-se), exonerar(-se), desencalacrar(-se). **A:** endividar(-se).

desenervar *vtd* tonificar, fortificar, fortalecer, revigorar. **A:** enervar.

desenevoar *vtd* **1** *CÉU, DIA* desanuviar. **A:** enevoar. *vtd+vpr* **2** serenar(-se), sossegar(-se), acalmar(-se). *vpr* **3** *CÉU, DIA* desanuviar-se, clarear, limpar. **A:** enevoar-se.

desenfadamento V. desenfado.

desenfadar *vtd+vpr* divertir(-se), distrair(-se), entreter(-se), recrear(-se). **A:** enfadar(-se).

desenfado *sm* divertimento, distração, recreação, desenfadamento. **A:** enfado.

desenfardar *vtd* desempacotar, desembrulhar, desembalar. **A:** enfardar.

desenfastiar *vtd* desentediar, divertir, alegrar, recrear. **A:** enfastiar.

desenfeitar *vtd+vpr* desataviar(-se), desparamentar(-se), desguarnecer(-se). **A:** enfeitar(-se).

desenfeitiçar *vtd* **1** desencantar. **A:** enfeitiçar. **2** *Fig.* soltar, libertar, livrar. **A:** prender.

desenfeixar *vtd* separar, desunir, desmanchar, desprender. **A:** enfeixar.

desenferrujar *vtd* **1** limpar da ferrugem. **A:** enferrujar. **2** *Fig.* exercitar, desentorpecer. **Ex:** Desenferrujar as pernas.

desenfreado *part+adj* **1** que está sem freio: infrene. **A:** enfreado. **2** desembestado, descontrolado, infrene. **A:** controlado. **3** descomedido, desregrado, imoderado. **A:** comedido.

desenfrear *vtd* **1** tirar o freio de. **A:** enfrear. **2** dar asas a: soltar, liberar. **Ex:** Desenfrear a criatividade. **A:** enfrear. *vpr* **3** arremessar-se, lançar-se, atirar-se. **4** descomedir-se, exceder-se, descontrolar-se. **A:** enfrear-se.

desenfronhar *vtd* **1** tirar da fronha. **A:** enfronhar. **2** despir, desnudar, descobrir. **A:** enfronhar. **3** *Fig.* revelar, mostrar, patentear. **A:** esconder.

desengaiolar *vtd* **1** tirar da gaiola. **2** *Fig. DE PRISÃO* libertar, soltar, livrar. **A:** engaiolar (nas duas acepções).

desenganar *vtd+vpr* decepcionar(-se), desapontar(-se), desiludir(-se), desencantar(-se).

desengano *sm* **1** decepção, desapontamento, desilusão. **2** franqueza, sinceridade, lisura. **A:** hipocrisia.

desengastar *vtd PEDRA PRECIOSA* desencastoar, desembutir, desencravar, tirar. **Ex:** Desengastar o brilhante do anel. **A:** engastar.

desengatar *vtd* **1** *ANIMAIS* desatrelar, desjungir, desemparelhar; *VAGÕES* desatrelar. *vtd+vi* **2** *Autom.* desembrear, desengrenar. **A:** engatar (nas duas acepções).

desengatilhar *vtd* **1** desarmar. **Ex:** O soldado desengatilhou a arma ao reconhecer o seu comandante. **A:** engatilhar. **2** disparar, descarregar, desfechar. **Ex:** O caçador desengatilhou a espingarda. **3** mudar, modificar, alterar. **Ex:** Desengatilhar a fisionomia.

desengonçado *part+adj* desajeitado, deselegante, desjeitoso, desgracioso. **A:** jeitoso.

desengonçar *vtd+vpr* desconjuntar(-se), desmantelar(-se), desfazer(-se).

desengranzar *vtd Mec.* desengrenar, desentrosar, *desengrazar*. **A:** engranzar.

desengrazar V. desengrenar.

desengrenar *vtd* **1** *Mec.* desengranzar, desentrosar, desengrazar. *vtd+vi* **2** *Autom.* desengatar, desembrear. **A:** engrenar (nas duas acepções).

desengrossar *vtd* **1** afinar, aguçar, adelgaçar. **A:** engrossar. **2** *OBJETO DE MADEIRA, PEDRA OU MÁRMORE* desbastar, afinar, afilar. *vi* **3** desinchar. **A:** inchar.

desengulhar V. desenjoar.

desenhar *vtd* **1** traçar, riscar. **2** descrever, retratar, representar. **Ex:** O escritor desenhou personagens irreais. **3** destacar, realçar, ressaltar. **Ex:** O vestido justo desenhava suas formas. **4** conceber, imaginar, idealizar. **Ex:** Desenhar um plano. *vpr* **5** destacar-se, sobressair, ressaltar.

desenhista *s m+f* ilustrador.

desenho *sm* **1** ilustração, gravura, figura. **2** traço, risco, traçado. **3** plano, projeto, planta. **Ex:** O desenho de uma construção. **4** *Fig.* intenção, intuito, desígnio.

desenjoar *vtd* **1** desengulhar. **A:** enjoar. **2** desentediar, entreter, divertir. **A:** entediar.

desenlaçar *vtd* **1** desamarrar, desatar, desligar. **A:** enlaçar. **2** esclarecer, dirimir, elucidar. **Ex:** Desenlaçar um mistério.

desenlace *sm* **1** *DE OBRA LITERÁRIA* desfecho, final, epílogo; *DE PROBLEMA, HISTÓRIA* solução, conclusão, desfecho. **2** falecimento, morte, óbito. **A:** nascimento.

desenleado *part+adj* despachado, desembaraçado, expedito, ágil. **A:** lerdo.

desenlear *vtd* **1** desembaraçar, desemaranhar, desenredar. **A:** enlear. **2** esclarecer, resolver, solucionar. *vtd+vpr* **3** desprender(-se), soltar(-se), desligar(-se). **A:** enlear(-se).

desenodoar *vtd* limpar, desnodoar. **A:** enodoar.

desenovelar *vtd+vpr* **1** desenrolar(-se), estender(-se), desenvolver(-se). **A:** enovelar(-se).

vpr **2** desenrolar-se, acontecer, ocorrer. **Ex:** Fatos estranhos desenovelaram-se.

desenraizar V. desarraigar.

desenramar V. derramar.

desenrascar *vtd+vpr* safar(-se), desembaraçar(-se), livrar(-se). **A:** enrascar(-se).

desenredar *vtd* **1** desembaraçar, desemaranhar, desenlear. **A:** enredar. **2** resolver, solucionar. **Ex:** Desenredar um problema. **3** esclarecer, elucidar, destrinchar. **Ex:** Desenredar um mistério.

desenredo *sm* desenlace, desfecho, final, solução.

desenregelar *vtd* **1** descongelar, degelar, desgelar. **A:** enregelar. **2** aquecer, esquentar, aquentar. **A:** esfriar.

desenrijar *vtd+vpr* amolecer, amaciar(-se), abrandar(-se), amolentar(-se). **A:** enrijar (-se).

desenrolar *vtd+vpr* **1** estender(-se), desdobrar(-se), desenvolver(-se). **A:** enrolar (-se). *vtd* **2** explicar, expor, contar. **Ex:** Desenrolou toda a história. *vpr* **3** ocorrer, passar-se, suceder. **Ex:** Desenrolam-se os fatos.

desenroscar *vtd+vpr* **1** desenrolar(-se), estirar(-se), estender(-se). **A:** enroscar(-se). *vtd* **2** desparafusar. **A:** enroscar.

desenrugar *vtd+vpr* desencarquilhar(-se), alisar(-se), desencrespar(-se), desencoscorar(-se). **A:** enrugar.

desensopar *vtd* desencharcar, secar, enxugar. **A:** ensopar.

desentaipar *vtd* **1** tirar de entre as taipas. **2** libertar, soltar, liberar. **A:** entaipar (nas duas acepções).

desentalar *vtd* **1** desapertar. *vtd+vpr* **2** *DE APUROS, DIFICULDADES* desenrascar(-se), safar(-se), livrar(-se). **A:** entalar(-se).

desentediar *vtd* entreter, divertir, alegrar, desenfastiar. **A:** entediar.

desentender *vtd* **1** não compreender. **A:** entender. *vpr* **2** discutir, brigar, litigar. **Ex:** Desentenderam-se por causa das crianças.

desentendimento *sm* **1** desavença, briga, desinteligência. **A:** entendimento. **2** burrice, estupidez, imbecilidade. **A:** inteligência.

desenterrar *vtd* **1** exumar. **A:** enterrar. **2** descobrir, desencavar, desencovar. **Ex:**

Desenterraram obras inéditas daquele autor.

desentesar *vtd* afrouxar, relaxar, folgar, bambear. **Ex:** Desentesar uma corda. **A:** entesar.

desentoar *vi* **1** *Mús.* desafinar, dissonar, destoar. *vi+vpr* **2** disparatar, despropositar, desatinar.

desentorpecer *vtd+vpr* **1** tirar ou sair do entorpecimento. **2** *Fig.* reanimar(-se), revigorar(-se), animar(-se). **Ex:** A meditação desentorpeceu sua mente. **A:** entorpecer(-se) (nas duas acepções).

desentortar *vtd+vpr* endireitar(-se), desencurvar(-se). **A:** entortar(-se).

desentrançar *vtd* destrançar, desmanchar, desfazer, separar. **A:** entrançar.

desentranhar *vtd* **1** estripar, eviscerar. *vtd+vti* **2** *DE LOCAL OCULTO* tirar, extrair, arrancar. **Ex:** Desentranhou da memória muitas lembranças; desentranhava várias bugigangas da bolsa, mas não conseguia encontrar a chave. **A:** entranhar.

desentravar *vtd* desimpedir, facilitar, desobstruir, desatravancar *fam.* **A:** entravar.

desentronizar V. destronar.

desentrosar *vtd* *Mec.* desengrenar, desengranzar, desengrazar. **A:** entrosar.

desentulhar *vtd* **1** esvaziar, desentupir, desobstruir. **A:** entulhar. **2** desimpedir, facilitar, desembaraçar. **A:** impedir.

desentupir *vtd* **1** desentulhar, destampar, desobstruir. **A:** entupir. **2** desembaraçar, desimpedir, desembargar.

desenvergar *vtd* **1** *Náut.* tirar (a vela) da verga. **2** endireitar, desencurvar, desdobrar. **A:** envergar (nas duas acepções).

desenvolto *adj* **1** desembaraçado, desinibido, despachado. **A:** embaraçado. **2** libertino, impudico, obsceno. **A:** pudico. **3** travesso, endiabrado, arteiro. **A:** comportado.

desenvoltura *sf* **1** desembaraço, desinibição, despacho. **A:** embaraço. **2** indecência, imoralidade, descaramento. **A:** decência. **3** travessura, traquinagem, diabrura.

desenvolver *vtd* **1** aperfeiçoar, melhorar, apurar. **Ex:** Esses exercícios desenvolvem a capacidade de compreensão. **A:** piorar. **2** expor, esmiuçar, explicar. **Ex:** Desenvolver um projeto. **3** criar, gerar, produzir. **Ex:** A vacina desenvolve imunidade nos pacientes. **4** desenrolar, desembrulhar, abrir. **Ex:** Desenvolver pacotes. **A:** envolver. *vtd+vpr* **5** desinibir(-se), desembaraçar(-se). **A:** inibir(-se). *vpr* **6** crescer, medrar. **Ex** As crianças se desenvolvem muito em certos períodos. **7** progredir, prosperar, aumentar. **Ex:** O comércio desenvolveu-se. **A:** regredir.

desenvolvimento *sm* **1** aperfeiçoamento, melhora, apuração. **A:** piora. **2** exposição, explicação, explanação. **3** crescimento. **Ex:** O desenvolvimento das crianças. **4** progresso, prosperidade, adiantamento.

desenxabido *adj* **1** sem sabor: insípido, insosso, insulso. **A:** saboroso. **2** sem graça: monótono, maçante, aborrecido. **A:** interessante.

desenxovalhar *vtd* **1** lavar, limpar, assear. **2** vingar, desforrar, desafrontar. **A:** enxovalhar (nas duas acepções).

desequilibrar *vtd+vpr* **1** tirar ou sair do equilíbrio. **Ex:** O peso desequilibrou a balança; desequilibrou-se e caiu. **A:** equilibrar(-se). **2** enlouquecer, endoidecer, desvairar. **Ex:** O acidente desequilibrou-a; desequilibrou-se ao saber que sua empresa fora à falência.

desequilíbrio *sm* **1** desigualdade, diferença, disparidade. **Ex:** Desequilíbrio de forças. **2** desarmonia, discordância, desacordo. **3** instabilidade, mobilidade. **4** descontrole, descomedimento, desregramento. **A:** equilíbrio (nas quatro acepções).

deserção *sf* **1** desistência, renúncia, abandono. **2** fuga.

deserdar *vtd* **1** privar, despojar, desapossar. **Ex:** A sorte o deserdou de sua riqueza. *vpr* **2** privar-se de, abandonar, abster-se de. **Ex:** Deserdou-se dos direitos já adquiridos.

desertar *vtd* **1** despovoar, desabitar, desolar. **A:** povoar. **2** abandonar, deixar, largar. **Ex:** Desertar responsabilidades, alguém, a escola. *vti+vi* **3** fugir, retirar-se, ausentar-se. **Ex:** Desertou de casa. **4** desistir de, renunciar a, abandonar. **Ex:** Desertar de um ideal.

deserto *sm* **1** lugar solitário: ermo, retiro, solidão. *adj* **2** despovoado, desabitado, ermo. **A:** povoado.

desertor *sm* Mil. trânsfuga, traidor.

desesperação V. desespero.

desesperança V. desespero.

desesperançar V. desesperar.

desesperar *vtd+vpr* **1** desanimar(-se), desalentar(-se), desesperançar(-se). **A:** esperançar(-se). **2** afligir(-se), angustiar(-se), atormentar(-se). **A:** aliviar(-se). **3** irritar(-se), zangar(-se), encolerizar(-se). **A:** acalmar(-se).

desespero *sm* **1** desesperação, desânimo, desesperança. **A:** ânimo. **2** aflição, angústia, ânsia. **A:** alívio. **3** raiva, zanga, cólera. **A:** calma.

desfaçatez *sf* cinismo, sem-vergonhice, descaramento, impudência.

desfalcar *vtd* **1** diminuir, reduzir, minorar. **A:** aumentar. **2** fraudar, desviar, roubar.

desfalecer *vtd* **1** enfraquecer, debilitar, abater. *vtd+vi* **2** desanimar(-se), desalentar(-se), esmorecer. **A:** animar(-se). *vi* **3** desmaiar. **A:** voltar a si.

desfalecimento *sm* desmaio, faniquito, chilique *pop*, fanico *fam*.

desfalque *sm* **1** diminuição, redução. **A:** aumento. **2** fraude, desvio, roubo.

desfavorável *adj m+f* **1** adverso, contrário, oposto. **Ex:** A resolução do governo foi desfavorável aos consumidores. **2** prejudicial, desvantajoso, inconveniente. **Ex:** Condições desfavoráveis. **A:** favorável (nas duas acepções).

desfavorecer *vtd* atrapalhar, impedir, embaraçar, estorvar. **A:** favorecer.

desfazer *vtd+vpr* **1** desmanchar(-se), desarrumar(-se), desarranjar(-se). **Ex:** Desfazer a cama. **A:** fazer(-se). **2** despedaçar(-se), quebrar(-se), espatifar(-se). **3** desunir(-se), dispersar(-se), separar(-se). **Ex:** Desfazer um grupo. **A:** reunir(-se). **4** anular(-se), cancelar(-se), revogar(-se). **Ex:** Desfazer um casamento. **A:** homologar(-se). **5** dissolver(-se), diluir(-se), desmanchar(-se). **Ex:** O comprimido desfez-se na água. **6** *NÓ* desatar(-se), desamarrar(-se), desmanchar(-se). **A:** atar(-se). *vti* **7** desmerecer, menosprezar, apoucar. **Ex:** Não pretendo desfazer de seu trabalho, mas tenho algumas críticas. **A:** elogiar. *vpr* **8** despojar-se, privar-se, desapossar-se. **Ex:** Desfez-se dos objetos antigos. **9** esclarecer-se, resolver-se, dirimir-se. **Ex:** Desfez-se o mal-entendido, a dúvida. **10** desatar-se, debulhar-se, desmanchar-se. **Ex:** Desfez-se em lágrimas.

desfechar *vtd* **1** abrir, descerrar. **2** *ARMA DE FOGO* disparar, descarregar, desengatilhar. **3** *GOLPE* dar, desferir, vibrar. *vi* **4** *TEMPESTADE, CHUVA* desencadear-se, irromper, desabar.

desfecho *sm* **1** *DE OBRA LITERÁRIA* desenlace, epílogo, final; *DE PROBLEMA, HISTÓRIA* solução, conclusão, desenlace.

desfeita *sf* ofensa, insulto, afronta, desconsideração. **A:** homenagem.

desfeitear *vtd* ofender, insultar, afrontar, desconsiderar. **A:** homenagear.

desferir *vtd* **1** lançar, atirar, arremessar. **Ex:** Desferir uma lança. **2** *GOLPE* dar, desfechar, assentar. **3** *CORDA DE INSTRUMENTO* tanger, tocar, dedilhar. **4** *Náut. VELAS* desfraldar, soltar, desferrar. **A:** prender.

desferrar V. desferir.

desfiar *vtd+vpr* **1** esfiapar(-se), esfiar(-se), desfazer(-se) (em fios). *vtd* **2** esmiuçar, narrar, contar. **Ex:** Desfiou uma longa história.

desfibrar *vtd* analisar, dissecar, esquadrinhar, examinar. **Ex:** Desfibrar sentimentos.

desfigurar *vtd+vpr* **1** adulterar(-se), deturpar(-se), corromper(-se). **2** deformar(-se), afear(-se), enfear(-se). **A:** embelezar(-se).

desfiladeiro *sm* **1** *Geogr.* garganta, estreito. **2** *Fig.* dificuldade, sinuca *pop*, impasse.

desfilar *vi* suceder-se, seguir-se.

desfile *sm DE CARROS, CARRUAGENS* corso; *MILITAR* parada.

desfloração V. defloração.

desfloramento V. defloração.

desflorar V. deflorar.

desflorestar *vtd* desmatar. **A:** reflorestar.

desforra *sf* vingança, represália, desafronta, retaliação. **A:** afronta.

desforrar *vtd+vpr* **1** vingar(-se), desafrontar(-se), desagravar(-se). **2** *DAS PERDAS NO JOGO* ressarcir(-se), reparar(-se), recuperar(-se).

desfraldar *vtd* **1** *Náut. VELAS* soltar, desferir, desferrar. **A:** prender. **2** *BANDEIRA* abrir, soltar, largar (ao vento). *vpr* **3** *BANDEIRA* tremular, agitar-se, mover-se (ao vento).

desfranzir *vtd EM GERAL* alisar, desenrugar; *TESTA* desenrugar. **A:** franzir.

desfrutar *vtd+vti* **1** gozar, usufruir, fruir. **Ex:** Desfrutar prazeres (ou de prazeres). *vtd* **2** zombar de, gozar de, ridicularizar.

desfrute *sm* **1** gozo, usufruto, fruição. **2** zombaria, gozação, chacota.

desgarrar *vtd+vi* **1** *Náut.* desviar(-se), apartar(-se), afastar(-se). **Ex:** Os amotinados desgarraram o navio; nosso barco desgarrou. *vtd+vpr* **2** desencaminhar(-se), perder(-se), corromper(-se). **Ex:** O mau exemplo desgarrou a moça. **A:** regenerar(-se). *vti* **3** desviar-se, afastar-se, apartar-se. **Ex:** O orador desgarrou do assunto várias vezes. *vi+vpr* **4** extraviar-se, desencaminhar-se, tresmalhar-se. **Ex:** A ovelha desgarrou(-se).

desgarre *sm* **1** audácia, ousadia, atrevimento. **2** elegância, garbo, bizarria. **A:** deselegância.

desgastar *vtd+vpr* **1** gastar(-se), corroer(-se), consumir(-se). **Ex:** O atrito desgasta as superfícies. **2** destruir(-se), arruinar(-se), deteriorar(-se). **Ex:** As brigas constantes desgastaram seu relacionamento.

desgelar V. degelar.

desgostar *vtd* **1** descontentar(-se), desagradar(-se), desprazer. **A:** contentar(-se). *vtd+vpr* **2** magoar(-se), melindrar(-se), ofender(-se). **A:** alegrar(-se).

desgosto *sm* **1** descontentamento, desprazer, insatisfação. **A:** gosto. **2** mágoa, pesar, dor. **A:** alegria.

desgostoso *adj* **1** descontente, insatisfeito, aborrecido. **A:** satisfeito. **2** magoado, pesaroso, triste. **A:** alegre.

desgovernar *vtd* **1** governar mal. **2** corromper, desencaminhar, viciar. **A:** regenerar. **3** desperdiçar, esbanjar, dissipar. **A:** economizar. *vpr* **4** descontrolar-se, desequilibrar-se, exceder-se. **A:** governar-se. **5** desorientar-se, desnortear-se, perder-se. **A:** orientar-se.

desgoverno *sm* **1** mau governo. **2** desperdício, esbanjamento, dissipação. **A:** economia. **3** descontrole, desequilíbrio, desregramento. **A:** controle. **4** desorientação, desnorteamento. **A:** orientação.

desgraça *sf* **1** infelicidade, infortúnio, desventura. **A:** felicidade. **2** miséria, penúria, indigência. **A:** riqueza.

desgraçado *part+adj* **1** infeliz, desafortunado, desventurado. **A:** felizardo. **2** miserável, pobre, indigente. **A:** rico. **3** funesto, sinistro, infausto. **A:** propício.

desgraçar *vtd+vpr* **1** infelicitar(-se). *vtd* **2** violentar, desvirginar, deflorar.

desgracioso *adj* deselegante, desajeitado, desengonçado, desarmonioso. **A:** gracioso.

desgrenhar *vtd+vpr* despentear(-se), descabelar(-se), desguedelhar(-se), esguedelhar(-se). **A:** pentear(-se).

desgrudar *vtd+vpr* descolar, despregar(-se), soltar(-se), desunir(-se). **A:** grudar(-se).

desguarnecer *vtd* **1** desmobiliar, desmobilhar, desmobilar. **A:** mobiliar. **2** desprover, privar. **A:** guarnecer. *vtd+vpr* **3** desenfeitar(-se), desataviar(-se), desparamentar(-se). **A:** guarnecer(-se).

desguedelhar V. desgrenhar.

desguiar *vi Gír.* afastar-se, ir embora, dar o fora.

desiderato *sm* alvo, mira, aspiração, pretensão.

desídia *sf* **1** indolência, preguiça, inércia. **2** descaso, negligência, incúria. **A:** atenção.

designar *vtd* **1** nomear, indicar, apontar. **Ex:** Designar um representante. **2** determinar, fixar, estabelecer. **Ex:** Designamos a data da entrega. **3** assinalar, marcar, sinalar. **Ex:** A escritura designa os limites da propriedade. **4** simbolizar, significar, denotar. **Ex:** O verde designa a esperança. *vtd+vpr* **5** denominar(-se), intitular(-se), chamar(-se). **Ex:** Designavam-no protetor das crianças.

desígnio *sm* propósito, intento, plano, projeto.

desigual *adj m+f* **1** diferente, diverso, dessemelhante. **A:** igual. **2** irregular, variável. **Ex:** Ritmo desigual. **A:** uniforme. **3** *TERRENO* acidentado, desnivelado, irregular.

A: regular. **4** volúvel, inconstante, instável. **Ex:** Temperamento desigual. **A:** constante. **5** desproporcional, desproporcionado. **Ex:** Disputa entre forças desiguais. **A:** proporcional.

desigualar *vtd, vti+vpr* diferenciar(-se), distinguir(-se), diferençar(-se). **Ex:** O pai não pode desigualar seus filhos; isto desiguala daquilo; os dois modelos desigualam-se. **A:** igualar(-se).

desiludir *vtd+vpr* decepcionar(-se), desapontar(-se), desencantar(-se), desenganar(-se). **A:** encantar(-se).

desilusão *sf* decepção, desapontamento, desencanto, desengano.

desimpedir *vtd* desobstruir, desbloquear, desembaraçar, desatravancar *fam.* **A:** impedir.

desinchar *vtd, vi+vpr* desintumescer. **Ex:** Meu pé já desinchou. **A:** inchar(-se).

desinclinar *vtd* endireitar, erguer, levantar, aprumar. **A:** inclinar.

desincorporar *vtd+vpr* **1** desfazer(-se) a incorporação. **2** separar(-se), desmembrar(-se), desagregar(-se). **A:** incorporar(-se) (nas duas acepções).

desincumbir-se *vpr* cumprir, desobrigar-se, executar, desempenhar. **Ex:** Desincumbiu-se da tarefa. **A:** incumbir-se.

desinência *sf* **1** *Gram.* terminação. **Ex:** A desinência "a" nos substantivos geralmente indica o gênero feminino. **2** extremidade, ponta, fim.

desinfeção V. desinfecção.

desinfecção *sf Med. desinfeção*, anti-sepsia. **A:** infecção.

desinfeccionar *vtd* **1** *Med.* descontaminar, descontagiar, *desinfecionar*. **A:** infeccionar. **2** *Med.* desinfetar, esterilizar, sanear.

desinfecionar V. desinfeccionar.

desinfetante *sm+adj Med.* anti-séptico.

desinfetar V. desinfeccionar.

desinibir *vtd+vpr* desembaraçar(-se), desenvolver(-se). **A:** inibir(-se).

desinquietar *vtd* **1** intranqüilizar, inquietar, desassossegar. **Ex:** A espera o desinquieta. **A:** tranqüilizar. **2** importunar, amolar, aborrecer. **Ex:** Não me desinquiete!

desinquieto *adj* 1 *Fam.* intranqüilo, inquieto, desassossegado. **A:** tranqüilo. 2 travesso, levado, traquinas. **Ex:** Menino desinquieto. **A:** comportado.

desintegrar *vtd+vpr* desagregar(-se), fragmentar(-se), dissociar(-se), dividir(-se). **A:** agregar(-se).

desinteligência *sf* 1 desentendimento, divergência, desavença. **A:** entendimento. 2 inimizade, malquerença, rivalidade. **A:** amizade.

desinteressado *part+adj* 1 altruísta, abnegado, desprendido. **A:** interesseiro. 2 imparcial, isento, neutro. **Ex:** Julgamento desinteressado. **A:** parcial.

desinteressar *vtd* 1 desencantar, repelir. **A:** interessar. *vpr* 2 abandonar, desistir de. **A:** interessar-se. 3 sacrificar-se, abnegar-se.

desinteresse *sm* 1 altruísmo, abnegação, desprendimento. 2 indiferença, apatia, frieza. **A:** interesse (nas duas acepções).

desistência *sf* abandono, renúncia, resignação, abdicação. **A:** persistência.

desistir *vti* 1 abandonar, deixar, renunciar a. **Ex:** Desistir do cargo, da viagem. 2 parar, cessar, deixar. Desistiu de tentar. **A:** continuar. *vi* 3 render-se, entregar-se, ceder. **Ex:** As dificuldades são muitas, mas ela não desiste. **A:** persistir.

desjeitoso V. desajeitado.

desjejuar *vtd* quebrar o jejum. **A:** jejuar.

desjejum *sm* 1 **A:** jejum. 2 café da manhã.

desjungir *vtd* 1 *ANIMAIS* desatrelar, desemparelhar, desengatar, disjungir. 2 separar, desunir, desligar, disjungir. **A:** jungir (nas duas acepções).

deslambido V. delambido.

deslavado *part+adj Fig.* descarado, atrevido, desaforado, insolente. **A:** respeitoso.

deslavamento *sm* 1 descoramento, desbotamento. **A:** tingimento. 2 *Fig.* descaramento, atrevimento, desaforo. **A:** respeito.

deslavar *vtd* 1 destingir, descorar, desbotar. **A:** tingir. 2 *Fig.* desavergonhar, descarar.

desleal *adj m+f* infiel, falso, traidor, traiçoeiro. **A:** leal.

deslealdade *sf* infidelidade, falsidade, traição, perfídia. **A:** lealdade.

desleixado *part+adj* desmazelado, relaxado, negligente, relapso. **A:** cuidadoso.

desleixamento V. desleixo.

desleixar *vtd* 1 negligenciar, descuidar de, descurar. **Ex:** Não devemos desleixar os estudos. **A:** cuidar de. *vpr* 2 desmazelar-se, relaxar-se, descuidar-se. **A:** esmerar-se.

desleixo *sm* negligência, descuido, desmazelo, desleixamento. **A:** esmero.

deslembrança *sf* esquecimento, olvido.

deslembrar *vtd* 1 esquecer, olvidar. **A:** lembrar. *vpr* 2 esquecer-se, olvidar-se, desmemoriar-se. **A:** lembrar-se.

desligado *part+adj Pop.* distraído, desatento, desatencioso, aéreo *fig.* **A:** atento.

desligar *vtd+vpr* separar(-se), soltar(-se), desprender(-se), desatar(-se). **A:** ligar(-se).

deslindar *vtd* 1 demarcar, delimitar, estremar. **Ex:** Deslindar uma área. 2 esclarecer, elucidar, desenredar. **Ex:** Deslindar um mistério.

deslinguado *adj* desbocado, malcriado, mal-educado, inconveniente. **A:** educado.

deslizamento V. deslize.

deslizar *vi+vti* 1 escorregar, resvalar. **Ex:** O navio deslizava sobre as águas. *vti+vpr* 2 afastar-se, desviar-se, apartar-se. **Ex:** Deslizou da religião dos pais. **A:** aproximar-se.

deslize *sm* 1 deslizamento, escorregão, escorregadela. 2 engano, descuido, equívoco.

deslocado *part+adj* inconveniente, impróprio, inadequado, inoportuno. **A:** conveniente.

deslocar *vtd+vpr* 1 mover(-se), afastar(-se), desviar(-se). **Ex:** Deslocamos o armário. *vtd* 2 luxar, torcer, desconjuntar. **Ex:** Deslocou o pé ao cair. *vpr* 3 dirigir-se, ir, encaminhar-se. **Ex:** Deslocamo-nos até a cidade mais próxima.

deslumbramento *sm* 1 *DA VISÃO* ofuscação, escurecimento. 2 *Fig.* fascinação, encanto, maravilha.

deslumbrante *adj m+f* 1 ofuscante. **Ex:** Luz forte e deslumbrante. 2 *Fig.* fascinante, encantador, maravilhoso.

deslumbrar *vtd* 1 *A VISÃO* ofuscar, cegar, encandear. **Ex:** O farol deslumbrou-a. *vtd+vpr* 2 *Fig.* fascinar(-se), encantar(-se), maravilhar(-se).

deslustrar *vtd+vpr* **1** embaçar(-se), embaciar, empanar(-se). **A:** polir(-se). **2** desonrar(-se), macular(-se), sujar(-se). **A:** enobrecer(-se).

desmaiar *vtd, vi+vpr* **1** desbotar(-se), descorar(-se), descolorir(-se). **A:** colorir(-se). *vi* **2** desfalecer. **A:** voltar a si.

desmaio *sm* desfalecimento, síncope, faniquito, chilique *pop.*

desmama V. desmame.

desmamar *vtd* desamamentar.

desmame *sm* desmama.

desmanchar *vtd* **1** *ACORDO, CONTRATO* rescindir, revogar, anular. **2** *BAINHA* desembainhar, descosturar, descoser. **3** demolir, derrubar, desmantelar. **Ex:** Desmanchar um muro. *vtd, vi+vpr* **4** desarranjar(-se), desarrumar(-se), desfazer(-se). *vtd+vpr* **5** desmantelar(-se), desfazer(-se), desconjuntar(-se). **6** dissolver(-se), diluir(-se), desfazer(-se). **Ex:** A bala desmanchou-se na sua boca. **7** *NÓ* desatar(-se), desamarrar(-se), soltar(-se). *vpr* **8** debulhar-se, desatar-se, desfazer-se. **Ex:** Desmanchou-se em pranto.

desmancho *sm* desordem, desorganização, desarranjo, confusão. **A:** ordem.

desmandar-se *vpr* descomedir-se, exceder-se, abusar, desregrar-se. **A:** comedir-se.

desmando *sm* descomedimento, excesso, abuso, desregramento. **A:** comedimento.

desmantelar *vtd* **1** demolir, derrubar, derruir. **Ex:** Desmantelar uma muralha, uma fortificação. **A:** construir. **2** desmontar, desarmar. **Ex:** Desmantelar um equipamento. **A:** montar. *vpr* **3** desmoronar, desabar, ruir. **Ex:** As paredes desmantelaram-se com o terremoto.

desmarcar *vtd* **1** tirar as marcas (ou marcos) de. **2** desfazer, cancelar, descombinar. **Ex:** Desmarcar um encontro, um compromisso. **A:** marcar (nas duas acepções).

desmascarar *vtd+vpr* **1** tirar a máscara. **A:** mascarar(-se). *vtd* **2** desmoralizar, desprestigiar, desacreditar. **Ex:** Desmascaramos nossos adversários. *vpr* **3** revelar-se, manifestar-se, mostrar-se (como realmente é). **A:** dissimular-se.

desmatar *vtd* desflorestar. **A:** reflorestar.

desmazelado *part+adj* desleixado, relaxado, relapso, negligente. **A:** cuidadoso.

desmazelar-se *vpr* desleixar-se, relaxar-se, descuidar-se, descurar-se. **A:** apurar-se.

desmazelo *sm* desleixo, negligência, relaxo, descuido. **A:** apuro.

desmedido *adj* incomensurável, desmesurado, excessivo, imenso. **A:** diminuto.

desmedrado *adj* franzino, raquítico, mirrado, enfezado. **Ex:** Menino desmedrado, planta desmedrada. **A:** robusto.

desmembrar *vtd+vpr* dividir(-se), separar(-se), seccionar(-se), desagregar(-se). **A:** unir(-se).

desmemoriado *part+adj* **1** esquecido. **Ex:** Pessoa desmemoriada. **2** distraído, aéreo *fig*, desatento. **A:** atento.

desmemoriar-se esquecer-se, olvidar-se, deslembrar-se. **A:** lembrar-se.

desmentido *sm* negação, contradição, contestação, contradita *dir*. **A:** confirmação.

desmentir *vtd* **1** contradizer, contestar, desdizer. **Ex:** O menino desmentiu o pai. **A:** confirmar. **2** desconhecer, negar, denegar. **Ex:** Desmentiu que tivesse voltado mais cedo. **A:** reconhecer. *vtd+vti* **3** destoar, divergir, discordar de. **Ex:** Seus atos desmentem o respeito que alega ter pelos mais idosos. **A:** concordar com. *vpr* **4** contradizer-se, contrariar-se. **Ex:** Desmentiu-se, e percebemos que estava escondendo algo.

desmerecedor *adj* indigno. **A:** merecedor.

desmerecer *vtd+vti* **1** não merecer. **Ex:** Desmerece todas (ou de todas) essas gentilezas. **A:** merecer. **2** rebaixar, menosprezar, desfazer de. **Ex:** Não desmerecendo a (ou na) sua obra, prefiro a do seu colega.

desmerecimento *sm* demérito. **A:** merecimento.

desmesurado V. desmedido.

desmiolado *sm, part+adj Fig.* maluco, louco, desajuizado, amalucado. **A:** ajuizado.

desmiolar *vtd Fig.* enlouquecer, endoidecer, desajuizar, desvairar.

desmobilar V. desmobiliar.

desmobilhar V. desmobiliar.

desmobiliar *vtd* desguarnecer, desmobilar, *desmobilhar*. **A:** mobiliar.

desmoitar *vtd* 1 *ÁRVORE, ARBUSTO* desbastar, adelgaçar, *desmoutar*. 2 *Fig.* educar, instruir, *desmoutar*. A: embrutecer.

desmontar *vtd* 1 *MECANISMO, APARELHO* desmantelar, desarmar. *vti* 2 apear, descer de. Ex: Desmontar do cavalo. A: montar em.

desmoralizar *vtd* 1 desacreditar, desprestigiar, desabonar. A: prestigiar. *vtd+vpr* 2 corromper(-se), perverter(-se), depravar(-se). A: regenerar(-se). *vpr* 3 rebaixar-se, desonrar-se, aviltar-se. A: enaltecer-se.

desmoronamento *sm* desabamento, derrocada, derrocamento, derruimento.

desmoronar *vtd* 1 demolir, derrubar, abater. A: construir. *vpr* 2 ruir, desabar, derrocar.

desmoutar V. desmoitar.

desmunhecado *sm+adj* efeminado, afeminado, fresco *vulg*, maricas. A: másculo.

desmunhecar *vi Gír.* afeminar-se, efeminar-se. A: masculinizar.

desnaturado *part+adj* desumano, cruel, impiedoso, bárbaro. A: humano.

desnaturar *vtd* deturpar, adulterar, alterar, contrafazer.

desnecessário *adj* dispensável, supérfluo, escusado, inútil. A: necessário.

desnodoar V. desenodoar.

desnortear *vtd* 1 desviar do rumo: desorientar, desencaminhar, desencarreirar. A: nortear. *vtd, vi+vpr* 2 atrapalhar(-se), aturdir(-se), perturbar(-se). *vpr* 3 sair do rumo: desorientar-se, perder-se, extraviar-se. A: nortear-se.

desnublar *vtd* 1 *CÉU, DIA* desanuviar, desenevoar. A: nublar. *vpr* 2 *CÉU, DIA* desanuviar-se, desenevoar-se, clarear. A: nublar-se.

desnudar *vtd+vpr* 1 denudar(-se), despir(-se), desvestir(-se). 2 revelar(-se), mostrar(-se), manifestar(-se).

desnudo *adj* despido, nu, pelado. A: vestido.

desnutrir *vtd+vpr* 1 não alimentar(-se). A: nutrir(-se). *vpr* 2 emagrecer, definhar, emaciar. A: engordar.

desobedecer *vti* 1 não obedecer. Ex: Desobedecer aos pais. 2 infringir, transgredir, violar. Ex: Desobedecer à lei. A: obedecer (nas duas acepções).

desobediência *sf* 1 indisciplina, rebeldia, insubordinação. 2 infração, transgressão, violação. A: obediência (nas duas acepções).

desobediente *adj m+f* 1 indisciplinado, rebelde, insubordinado. 2 infrator, transgressor, violador. A: obediente (nas duas acepções).

desobrigar *vtd+vpr* 1 *OBRIGAÇÃO* isentar(-se), eximir(-se), dispensar(-se). Ex: O professor desobrigou-o da apresentação do trabalho. A: obrigar(-se). 2 *DÍVIDA* desonerar(-se), exonerar(-se), desendividar(-se). A: endividar(-se). *vpr* 3 desempenhar, cumprir, satisfazer. Ex: Desobrigar-se de um dever. A: descumprir.

desobstruir *vtd* 1 desentupir, desentulhar, destampar. 2 desimpedir, desembaraçar, desatravancar *fam.* A: obstruir (nas duas acepções).

desocupação *sf* 1 ócio, ociosidade, vadiagem. 2 lazer, descanso, vagar. 3 *DE IMÓVEL, LUGAR* despejo, evacuação. A: ocupação (nas três acepções).

desocupado *adj* 1 *INDIVÍDUO* ocioso, vadio. 2 *LOCAL* vazio, vago, desabitado. Ex: Apartamento desocupado. A: ocupado (nas duas acepções).

desocupar *vtd* 1 mudar-se de, deixar, sair de. Ex: Desocupou a casa e foi para o interior. 2 evacuar, despejar. *vpr* 3 desembaraçar-se, livrar-se, safar-se. Ex: Desocupar-se de encargos.

desolação *sf* 1 devastação, destruição, assolação. 2 aflição, angústia, tormento. A: alívio.

desolar *vtd* 1 devastar, destruir, assolar. 2 despovoar, desabitar, desertar. A: povoar. 3 afligir, angustiar, atormentar. A: aliviar. *vpr* 4 despovoar-se. A: povoar-se.

desonerar *vtd+vpr* isentar(-se), desobrigar(-se), dispensar(-se), exonerar(-se). Ex: Desonerou-o do comparecimento ao tribunal. A: obrigar(-se).

desonesto *adj* 1 ímprobo. 2 indecoroso, obsceno, impudico. A: honesto (nas duas acepções).

desonra *sf* descrédito, vergonha, desdouro, desabono. A: honra.

desonrante V. desonroso.

desonrar *vtd* **1** estuprar, desvirginar, deflorar. *vtd+vpr* **2** degradar(-se), desprestigiar(-se), infamar(-se). **A:** honrar(-se).

desonroso *adj* vergonhoso, humilhante, degradante, desonrante. **A:** honroso.

desopilar *vtd Med.* desobstruir, aliviar, desentupir, desempachar. **A:** opilar.

desopressão *sf* alívio, consolo, conforto, desafogo. **A:** opressão.

desoprimir *vtd+vpr* aliviar(-se), descarregar(-se), desafogar(-se), libertar(-se). **A:** oprimir(-se).

desorbitar V. exorbitar.

desordeiro *sm+adj* arruaceiro, bagunceiro, baderneiro, arruador. **A:** ordeiro.

desordem *sf* **1** confusão, baderna, caos. **2** barulho, alvoroço, comoção. **3** *Polít.* perturbação da ordem pública: tumulto, rebelião, motim. **4** rolo *pop*, banzé, arrancarabo *pop*. **A:** ordem (acepções 1, 2 e 3).

desordenar *vtd* **1** desarrumar, desarranjar, badernar. **A:** ordenar. **2** amotinar, rebelar, sublevar. *vpr* **3** descomedir-se, exceder-se, exagerar. **A:** comedir-se.

desorganização *sf* desordem, desarrumação, bagunça *gír*, desarranjo. **A:** organização.

desorganizar *vtd* desordenar, desarrumar, bagunçar *gír*, desarranjar. **A:** organizar.

desorientar *vtd* **1** desviar do rumo: desnortear, desencaminhar, descaminhar. **A:** orientar. *vtd+vpr* **2** perturbar(-se), atrapalhar(-se), aturdir(-se). *vpr* **3** desnortear-se, perder-se, extraviar-se. **A:** orientar-se.

desovar *vtd Pop.* revelar, desembuchar, confessar. **Ex:** Desovar um segredo.

desoxidar V. desenferrujar.

desoxigenar V. desenferrujar.

despachado *part+adj* **1** desembaraçado, expedito, ágil. **A:** lerdo. **2** desinibido, desembaraçado, desenvolto. **A:** inibido.

despachar *vtd* **1** resolver, decidir, deliberar. **Ex:** O diretor despacha os assuntos da empresa. **2** enviar, expedir, remeter. **Ex:** Despachar mercadorias. **3** demitir, dispensar. **Ex:** Despachar uma empregada. **A:** admitir. *vpr* **4** apressar-se, acelerar. **A:** atrasar-se.

despacho *sm* **1** resolução, decisão, deliberação. **2** envio, expedição, remessa. **3** desinibição, desembaraço, desenvoltura. **A:** inibição. **4** prontidão, agilidade, desembaraço. **A:** lerdeza. **5** *Folc.* macumba, feitiçaria, bruxaria.

desparafusar *vtd* desenroscar. **A:** parafusar.

desparamentar *vtd+vpr* desenfeitar(-se), desataviar(-se), desguarnecer(-se). **A:** paramentar(-se).

despedaçar *vtd+vpr* **1** partir(-se), quebrar(-se), espedaçar(-se). **2** *Fig.* machucar(-se), magoar(-se), pungir(-se). **Ex:** O acidente despedaçou sua alma; o coração da moça espedaçou-se quando o noivo a abandonou.

despedida *sf* **1** demissão, dispensa, exoneração. **A:** admissão. **2** arremesso, lançamento, remesso. **3** partida, adeus, separação.

despedir *vtd* **1** demitir, dispensar, exonerar. **A:** admitir. **2** arremessar, atirar, lançar. **Ex:** Despedir uma flecha. *vpr* **3** partir, ir-se embora, retirar-se. **4** dizer adeus, dar adeus.

despegar V. desapegar.

despeitar *vtd+vpr* **1** aborrecer(-se), irritar(-se), zangar(-se). *vpr* **2** magoar-se, ofender-se, melindrar-se.

despeito *sm* desgosto, ressentimento, pesar, mágoa. * A despeito de: não obstante, apesar de, malgrado.

despejado *part+adj* **1** desocupado, vazio, vago. **Ex:** Imóvel despejado. **2** descarado, sem-vergonha, desavergonhado. **A:** pudico.

despejamento V. despejo.

despejar *vtd* **1** entornar, derramar, verter. **Ex:** Despejar a água da jarra. **2** expulsar, escorraçar, correr. **Ex:** Despejei-o de minha casa. **3** desocupar, evacuar. **Ex:** Despejar um apartamento. **A:** ocupar.

despejo *sm* **1** despejamento, derramamento. **2** *DE IMÓVEL, LUGAR* desocupação, evacuação. **A:** ocupação. **3** lixo, sujeira, imundície. **4** descaramento, sem-vergonhice, despudor. **A:** pudor.

despelar *vtd* **1** pelar, esfolar. **2** descascar, descortiçar, escorchar.

despenar V. depenar.

despencar *vti+vi* cair, precipitar-se. **Ex:** Despencou da escada e quebrou o pé.

despender *vtd* **1** gastar, expender. **A:** poupar. **2** larguear, prodigalizar, liberalizar. **Ex:** Despender alegria.

despenhadeiro *sm* precipício, abismo, alcantil, pego.

despenhar *vtd+vpr* precipitar(-se), atirar(-se), jogar(-se), lançar(-se). **Ex:** Despenhou-se do abismo.

despentear *vtd+vpr* descabelar(-se), desgrenhar(-se), desguedelhar(-se), esguedelhar(-se). **A:** pentear(-se).

desperceber *vtd* **1** não notar. **A:** perceber. *vpr* **2** desprevenir-se, desacautelar-se, descuidar-se. **A:** prevenir-se.

desperdiçar *vtd VALORES* esbanjar, dissipar, dilapidar; *TEMPO* perder. **A:** economizar.

desperdício *sm DE VALORES* esbanjamento, dissipação, dilapidação; *DE TEMPO* perda. **A:** economia.

despersuadir *vtd* **1** dissuadir, desaconselhar, demover. **A:** persuadir. *vpr* **2** dissuadir-se, demover-se. **A:** persuadir-se.

despersuasão *sf* dissuasão. **A:** persuasão.

despertar *vtd+vi* **1** acordar, espertar. **A:** adormecer. *vtd* **2** animar, estimular, avivar. **Ex:** Esse exercício desperta a criatividade. **A:** desanimar. **3** provocar, originar, causar. **Ex:** Despertar paixões. *vpr* **4** aparecer, manifestar-se, revelar-se. **Ex:** A sua raiva despertou. **A:** ocultar-se.

desperto *adj* acordado, esperto. **A:** adormecido.

despesa *sf* **1** gasto, dispêndio. **A:** economia. **2** *Contab.* débito, obrigação, deve. **A:** crédito.

despicar *td+vpr* vingar(-se), desforrar(-se), desafrontar(-se), desagravar(-se).

despido *part+adj* **1** nu, pelado, desnudo. **A:** vestido. **2** desprovido, livre, destituído. **Ex:** Pessoa despida de medo. **A:** provido.

despique *sm* vingança, desforra, revide, retaliação.

despir *vtd+vpr* **1** desnudar(-se), denudar(-se), desvestir(-se). **A:** vestir(-se). **2** despojar-se de, libertar-se de, abandonar. **Ex:** Despiu o orgulho e pediu desculpas; despir-se de todos os preconceitos.

despistar *vtd* **1** desnortear, desorientar, desencaminhar. **A:** nortear. **2** iludir, enganar, ludibriar.

desplante *sm* atrevimento, descaramento, audácia, ousadia. **A:** respeito.

desplumar V. depenar.

despojar *vtd* **1** desempossar, espoliar, desapossar. **A:** empossar. **2** roubar, saquear, pilhar. **Ex:** Os soldados inimigos despojaram as vilas conquistadas. *vpr* **3** V. despir.

despojo (ô) *sm* **1** *DE GUERRA* presa, espólio. **2** espoliação, esbulho. *sm pl* **3** restos, sobras, resíduo *sing*. **4** restos mortais.

despontar *vtd* **1** aparar, espontar, cortar (as pontas). **2** embotar, cegar, gastar. **Ex:** Despontar uma faca. **A:** afiar. *vti* **3** lembrar, ocorrer, acudir. **Ex:** Despontou-me uma idéia. *vi* **4** nascer, surgir, aparecer. **Ex:** A Lua despontou no céu. **A:** desaparecer.

desporte V. esporte.

desportista V. esportista.

desportivo V. esportivo.

desporto V. esporte.

desposar *vtd* **1** casar com, esposar. **Ex:** Desposou uma bela moça. **A:** divorciar-se de. **2** casar, matrimoniar. **Ex:** O pai desposou a filha com o sobrinho da vizinha. **A:** divorciar. *vpr* **3** casar-se, esposar-se, matrimoniar-se. **A:** divorciar-se.

déspota *s m+f* **1** tirano, ditador. **A:** democrata. **2** mandão, prepotente, autoritário. *adj m+f* **3** despótico, tirânico, ditatorial. **A:** democrático.

despótico V. déspota.

despotismo *sm* **1** tirania, ditadura, autoritarismo. **2** *Fig.* batelada, montão, enxurrada *fig*.

despovoar *vtd* **1** desabitar, desertar, desolar. **A:** povoar. *vpr* **2** desolar-se. **A:** povoar-se.

desprazer *sm* **1** descontentamento, desgosto, contrariedade. **A:** prazer. *vti+vi* **2** descontentar(-se), desgostar(-se), desagradar(-se). **A:** aprazer.

despregar *vtd* **1** tirar, desviar, afastar. **Ex:** Não despregou os olhos dela. **A:** pregar. *vtd+vpr* **2** descravar(-se), soltar(-se), separar(-se). **A:** pregar(-se).

desprender *vtd* **1** emitir, proferir, soltar. **Ex:** Desprender gritos, gemidos. **2** libertar, soltar, desencarcerar. **A:** prender. *vtd+vpr* **3** soltar(-se), desatar(-se), desamarrar(-se). **A:** prender(-se).

desprendido *part+adj* desapegado, desinteressado, abnegado, indiferente. **A:** apegado.

desprendimento *sm* desapego, desinteresse, abnegação, indiferença. **A:** apego.

despreparo *sm* **1** inaptidão, incompetência, incapacidade. **Ex:** Despreparo para um cargo. **A:** preparo. **2** desordem, desorganização, desarrumação. **A:** ordem.

desprestigiar *vtd+vpr* desacreditar(-se), desabonar(-se), difamar(-se), desonrar(-se). **A:** prestigiar(-se).

despretensão *sf* modéstia, naturalidade, simplicidade, singeleza. **A:** pretensão.

despretensioso *adj* modesto, natural, simples, singelo. **A:** pretensioso.

desprevenido *part+adj* descuidado, incauto, imprudente, imprevidente. **A:** prevenido.

desprevenir *vtd* **1** descuidar de, negligenciar, desacautelar. **A:** prevenir. *vpr* **2** descuidar-se, desacautelar-se, desaperceber-se. **A:** prevenir-se.

desprezar *vtd* **1** desdenhar, menosprezar, menoscabar. **A:** prezar. **2** *Mat.* desconsiderar. **Ex:** Fez os cálculos, desprezando os decimais. **A:** considerar. **3** recusar, rejeitar, enjeitar. **Ex:** Desprezar uma proposta. **A:** aceitar. *vpr* **4** rebaixar-se, humilhar-se, aviltar-se. **A:** prezar-se.

desprezível *adj m+f* baixo, vil, indigno, miserável. **A:** nobre.

desprezo *sm* desdém, menosprezo, descaso, menoscabo. **A:** consideração.

desproporcionado *part+adj* **1** desproporcional, desigual. **A:** proporcional. **2** desmedido, descomunal, exagerado. **A:** reduzido.

desproporcional V. desproporcionado.

despropositado *part+adj* **1** inoportuno, inconveniente, impróprio. **A:** oportuno. **2** descabido, desarrazoado, desacertado. **A:** cabível. **3** imprudente, estouvado, impensado. **A:** prudente.

despropositar *vi* delirar, disparatar, desatinar, desvairar.

despropósito *sm* **1** disparate, desatino, absurdo. **2** imprudência, estouvamento, leviandade. **A:** prudência. **3** mundo, batelada, monte.

desproteger *vtd* **1** abandonar, desfavorecer, desapadrinhar. **2** desamparar, desabrigar. **A:** proteger (nas duas acepções).

desprover *vtd* **1** desabastecer, desaperceber. **2** privar, desguarnecer. **A:** prover (nas duas acepções).

desprovido *part+adj* destituído, privado, falto, carente. **Ex:** Desprovido de ambição. **A:** provido.

desprovimento *sm* privação, falta, necessidade, carência. **A:** provimento.

despudor *sm* sem-vergonhice, indecência, imoralidade, impudor. **A:** pudor.

despudorado *adj* desavergonhado, sem-vergonha, imoral, impudico. **A:** pudico.

desqualificado *part+adj* **1** incapaz, incompetente, inábil. **A:** qualificado. **2** desclassificado, indigno, desprezível. **A:** digno.

desqualificar *vtd CONCORRENTE, CANDIDATO* desclassificar, reprovar, eliminar. **A:** qualificar.

desquitar *vtd+vpr* **1** *CASAIS* separar(-se). *vtd+vti* **2** isentar, desobrigar, eximir. **Ex:** Desquitar alguém de um dever. **A:** obrigar.

desquite *sm* separação.

desraigar V. desarraigar.

desramar V. derramar.

desregrado *part+adj* **1** descomedido, imoderado, desenfreado. **A:** regrado. **2** perdulário, gastador, esbanjador. **A:** econômico. **3** devasso, libertino, depravado. **A:** puro.

desregramento *sm* **1** descomedimento, imoderação, descontrole. **A:** comedimento. **2** abuso, excesso, abusão. **3** anarquia, desordem, caos. **A:** ordem. **4** devassidão, libertinagem, depravação. **A:** pureza.

desregrar *vtd* **1** tornar desregrado: destemperar. **A:** regrar. *vpr* **2** descomedir-se, exceder-se, abusar. **A:** comedir-se.

desrespeitar *vtd* desacatar, desobedecer. **A:** respeitar.

desrespeito *sm* desacato, desobediência, insubordinação, desacatamento. **A:** respeito.

dessaborido *adj* **1** sem gosto ou sem graça: insosso, insulso, desenxabido. **2** de gosto mau: ruim, desagradável. **A:** saboroso (nas duas acepções).

dessecar *vtd* **1** secar, enxugar. **A:** molhar. *vtd+vpr* **2** emagrecer, definhar(-se), mirrar(-se). **Ex:** A doença o dessecou. **A:** engordar. **3** insensibilizar(-se), desumanizar(-se), empedernir(-se). **A:** sensibilizar(-se).

dessedentar *vtd+vpr* matar a sede: abeberar(-se), saciar(-se).

dessemelhança *sf* diferença, diversidade, desigualdade, distinção. **A:** semelhança.

dessemelhante *adj m+f* diferente, diverso, desigual, distinto. **A:** semelhante.

dessimetria *sf* assimetria, dissimetria. **A:** simetria.

dessimétrico *adj* assimétrico, dissimétrico. **A:** simétrico.

destabocado *part+adj* **1** estabanado, estouvado, adoidado. **A:** ajuizado. **2** corajoso, destemido, valente. **A:** covarde.

destacar *vtd* **1** *Mil.* mandar, enviar, expedir (um destacamento). **2** salientar, realçar, evidenciar. *vtd+vpr* **3** separar(-se), apartar(-se), afastar(-se). **A:** juntar(-se). *vpr* **4** sobressair, distinguir-se, ressaltar.

destampar *vtd* **1** destapar, descobrir, abrir. **A:** tampar. *vti* **2** desatar, prorromper, romper. **Ex:** Destampar em choro. **A:** parar.

destapar *vtd* destampar, descobrir, abrir, desarrolhar. **A:** tapar.

destaque *sm* relevo, evidência, realce, ressalto.

destecer *vtd* **1** *TECIDO* desenredar, desmanchar, desfazer. **A:** tecer. **2** *Fig.* esclarecer, elucidar, explicar. **Ex:** Destecer intrigas.

destemido *adj* corajoso, audaz, intrépido, valente. **A:** covarde.

destemor *sm* coragem, audácia, intrepidez, valentia. **A:** covardia.

destemperança V. intemperança.

destemperar *vtd* **1** tornar desregrado: desregrar. **A:** temperar. **2** *Mús.* desafinar. **A:** temperar. *vi+vpr* **3** desregrar-se, descomedir-se, exceder-se. **A:** temperar-se.

destempero *sm* **1** disparate, absurdo, despropósito. **2** desordem, bagunça *gír*, desorganização. **A:** ordem. **3** *Pop.* diarréia, caganeira *vulg*, desarranjo. **4** descomedimento, desregramento, imoderação. **A:** comedimento.

desterrar *vtd* **1** afugentar, expulsar, enxotar. **2** exilar, banir, degredar. **A:** repatriar.

desterro *sm* exílio, banimento, degredo, expatriação. **A:** repatriação.

destilador *sm* alambique.

destilar *vtd* **1** *BEBIDAS* alambicar, espiritualizar, estilar. **2** *Fig.* insinuar, instigar, insuflar. **Ex:** Destilou o veneno da inveja em sua alma. *vtd+vi* **3** pingar, gotejar, estilar.

destinação V. destino.

destinar *vtd* **1** determinar, decidir, fixar. **Ex:** A sorte destina o futuro do homem? **2** reservar, designar. **Ex:** Destinar verbas para um determinado fim. *vpr* **3** dedicar-se, devotar-se, consagrar-se. **Ex:** Destinar-se a uma carreira.

destingir *vtd*, *vi+vpr* desbotar(-se), descorar(-se), descolorir(-se), desmaiar(-se). **A:** tingir(-se).

destino *sm* **1** sorte, sina, fado. **2** futuro. **Ex:** Qual o destino dessas crianças? **3** aplicação, destinação, emprego. **Ex:** Conhecemos o destino dos impostos arrecadados. **4** direção, rumo, destinação. **Ex:** Sair com destino a algum lugar.

destituído V. desprovido.

destituir *vtd* **1** demitir, depor, exonerar. **Ex:** Destituir um ministro. **A:** admitir. *vtd+vti* **2** privar, despojar, desempossar. **Ex:** Destituir alguém de seus bens. **A:** empossar.

destoar *vti* **1** contrastar, divergir, discordar. **Ex:** Seus gestos aristocráticos destoam da simplicidade de suas roupas. **A:** combinar. *vi* **2** *Mús.* desafinar, dissonar, desentoar. **Ex:** Os músicos destoaram.

destoldar *vtd* **1** descobrir. **A:** toldar. *vtd+vpr* **2** *Fig.* desanuviar(-se), clarear, desenevoar(-se). **A:** toldar(-se).

destorcer *vtd* endireitar, retificar, desentortar. **A:** torcer.

destra *sf* direita, mão direita. **A:** sinistra.

destrambelhado *part+adj* **1** desorganizado, confuso, desordenado. **A:** metódico. **2** adoidado, maluco, louco. **A:** equilibrado.

destrambelhar *vi* **1** adoidar, desvairar, delirar. **2** escangalhar-se, desconjuntar-se, desmantelar-se.

destrançar V. desentrançar.

destratar *vtd* ofender, maltratar, insultar, desacatar.

destravancar V. desatravancar.

destravar *vtd+vpr* afrouxar(-se), desapertar (-se), soltar(-se), desprender(-se). **A:** travar.

destreza *sf* **1** agilidade, rapidez, velocidade. **A:** lentidão. **2** perícia, aptidão, habilidade. **A:** imperícia. **3** esperteza, astúcia, sagacidade. **A:** ingenuidade.

destrinçar V. destrinchar.

destrinchar *vtd* **1** FIOS desenredar, desenlear, desembaraçar. **A:** enredar. **2** resolver, solucionar. **Ex:** Destrinchar um problema. **3** esmiuçar, pormenorizar, detalhar. **Ex:** Destrinchar uma história. **Obs.:** Nas três acepções, existe a variante *destrinçar*.

destripar V. estripar.

destro *adj* **1** direito. **A:** canhoto. **2** ágil, rápido, veloz. **A:** lento. **3** competente, capaz, hábil. **A:** incapaz. **4** esperto, astuto, sagaz. **A:** ingênuo.

destroçar *vtd* **1** debandar, dispersar, espantar. **2** desbaratar, derrotar, arrasar. **A:** perder de. **3** assolar, devastar, arruinar. **4** esbanjar, desperdiçar, dissipar. **Ex:** Destroçar uma fortuna, um patrimônio. **A:** poupar.

destroços (ó) *sm pl* ruínas, escombros, restos.

destróier *sm Náut.* contratorpedeiro.

destronar *vtd* **1** desentronizar, destronizar, depor. **A:** entronizar. **2** *Fig.* humilhar, rebaixar, aviltar.

destroncar *vtd* **1** decepar, mutilar, amputar. **2** luxar, torcer, deslocar. **3** ÁRVORE desramar, desenramar, derramar.

destronizar V. destronar.

destruição *sf* **1** demolição, desmantelamento, arrasamento. **A:** construção. **2** extermínio, extinção, aniquilamento. **3** derrota, desbarato, desbaratamento. **A:** vitória.

destruir *vtd* **1** demolir, derrubar, arrasar. **Ex:** Destruir uma muralha. **A:** construir. **2** exterminar, extinguir, aniquilar. **3** derrotar, desbaratar, vencer. **Ex:** O exército destruiu o inimigo.

destruidor V. destrutivo.

destrutivo *adj* destruidor. **A:** construtivo.

desumanizar *vtd+vpr* insensibilizar(-se), empedernir(-se), petrificar(-se), empedrar(-se). **A:** sensibilizar(-se).

desumano *adj* **1** bestial, animalesco, ferino. **2** cruel, impiedoso, bárbaro. **A:** humano (nas duas acepções).

desunião *sf* **1** separação, desligamento, desagregação. **A:** união. **2** desavença, discórdia, rixa. **A:** conciliação.

desunir *vtd* **1** separar, desligar, desagregar. **Ex:** Desunir as partes. **A:** unir. **2** desavir, indispor, malquistar. **Ex:** Desunir os amigos. **A:** conciliar.

desusado *adj* **1** antiquado, arcaico, obsoleto. **A:** moderno. **2** anormal, insólito, extraordinário. **A:** usual.

desvairamento *sm* **1** alucinação, delírio, loucura. **2** desorientação, desnorteamento, desgoverno. **A:** orientação.

desvairar *vtd* **1** iludir, enganar, ludibriar. *vtd+vi* **2** alucinar(-se), enlouquecer, endoidecer. *vti* **3** discordar, divergir, discrepar. **A:** concordar. *vpr* **4** errar, vagar, vaguear.

desvalia V. desvalimento.

desvalido *adj* **1** pobre, miserável, infeliz. **A:** afortunado. **2** indefeso, desamparado, desprotegido. **A:** valido.

desvalimento *sm* desamparo, desproteção, abandono, desvalia. **A:** amparo.

desvalorizar *vtd+vpr* depreciar(-se), aviltar(-se). **A:** valorizar(-se).

desvanecer *vtd+vpr* **1** dissipar(-se), extinguir(-se), apagar(-se). **Ex:** A névoa desvaneceu; o tempo desvaneceu o ressentimento. **2** envaidecer(-se), orgulhar(-se), assoberbar(-se). **Ex:** O talento do filho a desvanecia. **A:** humilhar(-se). *vpr* **3** desbotar, esmaecer, descorar. **A:** colorir-se.

desvanecimento *sm* vaidade, orgulho, presunção, soberba. **A:** humildade.

desvantagem *sf* **1** inferioridade. **Ex:** Estamos em desvantagem na competição. **2** prejuízo, dano, perda. **3** Há muitas desvantagens nesse empreendimento. **A:** vantagem (nas duas acepções).

desvantajoso *adj* desfavorável, prejudicial, inconveniente, inútil. **A:** vantajoso.

desvão *sm* **1** *Arquit.* água-furtada, mansarda, trapeira. **2** esconderijo, refúgio, covil *fig.*

desvario *sm* **1** delírio, alucinação, loucura. **2** desacerto, erro, falha. **A:** acerto.

desvelado *part+adj* **1** carinhoso, cuidadoso, atencioso. **Ex:** Desvelado para com os filhos. **A:** descuidado. **2** desnudo, descoberto, despido. **A:** velado. **3** evidente, manifesto, patente. **Ex:** Intenções desveladas. **A:** velado.

desvelar *vtd* **1** desnudar, descobrir, despir. **A:** velar. *vtd+vpr* **2** revelar(-se), manifestar(-se), mostrar(-se). **A:** velar(-se). *vpr* **3** esforçar-se, empenhar-se, diligenciar. **Ex:** Desvelou-se em satisfazê-la.

desvelo *sm* carinho, cuidado, atenção, zelo. **A:** descuido.

desvencilhar *vtd+vpr* **1** desprender(-se), soltar(-se), desamarrar(-se). **Ex:** Desvencilhou-se das cordas. **A:** prender(-se). *vpr* **2** livrar-se, desfazer-se, desembaraçar-se. **Ex:** Desvencilhou-se dos repórteres.

desvendar *vtd* **1** tirar a venda de. **Ex:** Desvendaram o prisioneiro. **A:** vendar. *vtd+vpr* **2** revelar(-se), manifestar(-se), patentear(-se). **A:** ocultar(-se).

desventura *sf* infortúnio, desgraça, infelicidade, adversidade. **A:** ventura.

desventurado *adj* infortunado, desgraçado, infeliz, desafortunado. **A:** venturoso.

desvestir *vtd* despir(-se), desnudar(-se), denudar(-se). **A:** vestir(-se).

desviar *vtd* **1** desfalcar, fraudar, roubar. **Ex:** Desviar verbas. **2** dissuadir, demover, despersuadir. **Ex:** Desviou-o daquele plano. **A:** persuadir. *vtd+vpr* **3** afastar(-se), distanciar(-se), arredar(-se). **Ex:** Desviou-se da rota. **A:** aproximar(-se).

desvigorar V. desvitalizar.

desvincular *vtd+vpr FÍSICA OU MORALMENTE* desligar(-se), desatar(-se), desprender(-se), separar(-se). **Ex:** Desvincular coisas; desvinculou-se do grupo. **A:** vincular(-se).

desvio *sm* **1** curva, volta, sinuosidade. **2** deslize, erro, falta. **Ex:** Perdoem meu desvio. **A:** acerto. **3** *Dir.* peculato. **Ex:** Desvio de verbas, de bens públicos. **4** afastamento, distanciamento, apartamento. **Ex:** Desvio da rota. **A:** aproximação. **5** extravio, perda, sumiço. **Ex:** Desvio da correspondência. **A:** encontro.

desvirginar *vtd* deflorar, violentar, desonrar, desvirginizar.

desvirginizar V. desvirginar.

desvirilizar *vtd* capar, castrar, emascular.

desvirtuar *vtd* **1** deturpar, distorcer, adulterar. **Ex:** Desvirtuar o sentido das palavras. **2** desprestigiar, depreciar, desacreditar. **A:** prestigiar.

desvitalizar *vtd* extenuar, desvigorar, enfraquecer, debilitar. **A:** vitalizar.

detalhar *vtd* **1** pormenorizar, particularizar, esmiuçar. **A:** generalizar. **2** delinear, planejar, projetar.

detalhe *sm* pormenor, particular, minúcia, minudência.

detectar *vtd* descobrir, revelar, mostrar, anunciar. **Ex:** O radar detectou a presença de aviões inimigos.

detenção *sf* **1** prisão, aprisionamento, encarceramento. **A:** soltura. **2** prisão, cadeia, cárcere (provisório).

detento *sm* preso, prisioneiro, detido, cativo.

deter *vtd* **1** suspender, interromper, sustar. **Ex:** Deter a marcha. **A:** continuar. **2** reter, guardar, conservar. **Ex:** Deter um objeto em seu poder. **3** prender, aprisionar, encarcerar. **Ex:** Deter um criminoso. **A:** libertar. *vpr* **4** parar, estacar, estacar. **Ex:** Deter-se para observar a paisagem. **A:** prosseguir. **5** demorar-se, ficar, permanecer. **Ex:** Deter-se alguns dias num local.

detergir *vtd* purificar, limpar, depurar, purgar. **A:** sujar.

deterioração *sf* **1** decomposição, putrefação, corrupção. **Ex:** Deterioração de alimentos. **A:** conservação. **2** piora, agravamento, degeneração. **A:** melhora.

deteriorar *vtd* **1** danificar, prejudicar, lesar. *vtd+vpr* **2** estragar(-se), decompor(-se), corromper(-se). **Ex:** A comida deteriorou-se. **A:** conservar(-se). *vpr* **3** piorar, agravar-se, degenerar-se. **Ex:** O seu relacionamento com os pais deteriorou-se. **A:** melhorar.

determinação *sf* **1** prescrição, ordem, decreto. **Ex:** Todos obedeceram à determinação do diretor. **2** decisão, resolução, deliberação. **Ex:** Respeitaremos sua determinação de mudar de emprego. **3** decisão, firmeza, coragem. **Ex:** Pessoa de muita determinação. **A:** indecisão.

determinado *part+adj* **1** preciso, definido. **2** decidido, resoluto, seguro. **Ex:** É bastante determinado, apesar da pouca idade. **A:** indeterminado (nas duas acepções).

determinar *vtd* **1** delimitar, demarcar, marcar. **Ex:** Determinar fronteiras. **2** precisar, definir, fixar. **Ex:** Determinar uma data, um prazo. **3** causar, motivar, ocasionar. **Ex:** A boa preparação determinará nossa vitória. **4** prescrever, decretar, ordenar. **Ex:** A lei determina o procedimento correto. **5** especificar, discriminar, distinguir. **Ex:** A análise determinará os componentes da substância. *vtd+vpr* **6** decidir(-se), resolver(-se), deliberar(-se). **Ex:** Determinamos voltar para casa.

detestar *vtd* **1** odiar, abominar, execrar. **A:** adorar. **2** antipatizar com. **A:** simpatizar com. *vpr* **3** odiar-se, abominar-se.

detestável *adj m+f* **1** abominável, odioso, execrável. **2** insuportável, intolerável, intragável. **A:** agradável (nas duas acepções).

detetive *sm* investigador.

detido *sm* **1** V. detento. *adj* **2** retardado, atrasado, demorado. **A:** adiantado.

detonar *vtd+vi* **1** explodir, estourar. *vi* **2** ribombar, retumbar, troar.

detração *sf* difamação, calúnia, infamação, desonra.

detrair *vtd* difamar, denegrir, infamar, detratar. **A:** enaltecer.

detrás *adv* **1** atrás. **Ex:** Ficaremos ali detrás. **A:** em frente. **2** depois, após, em seguida. **Ex:** Viajaremos às nove, e eles algumas horas detrás. **A:** antes.

detratar V. detrair.

detrimento *sm* dano, perda, prejuízo, desvantagem. **A:** lucro.

detritos *sm pl* resíduo *sing*, restos, sobras, despojos.

deturpar *vtd* **1** desfigurar, deformar, enfear. **Ex:** As pichações deturparam os monumentos. **A:** embelezar. **2** MORALMENTE corromper, viciar, perverter. **Ex:** Aquele ambiente o deturpou. **A:** regenerar. **3** adulterar, alterar, corromper. **Ex:** O tempo deturpa o sentido de muitas palavras.

deus *sm* **1** *Mit.* divindade (masculina). **2** (*em maiús.*) o Senhor, o Todo-poderoso, o Onipotente.

deusa *sf* **1** diva, divindade (feminina). **2** *Fig.* beldade, bela, diva.

devagar *adv* lentamente, vagarosamente, morosamente. **A:** rápido.

devanear *vtd* **1** fantasiar, sonhar, imaginar. *vi* **2** desatinar, delirar, desvairar.

devaneio *sm* **1** fantasia, sonho, imaginação. **2** desatino, delírio, desvario.

devassa *sf* sindicância, inquérito, investigação, inquirição.

devassar *vtd* **1** invadir, penetrar em. **Ex:** Devassar os registros do inimigo. **2** observar, espiar, espreitar. *vtd+vpr* **3** depravar(-se), perverter(-se), corromper(-se). **A:** regenerar(-se). *vti* **4** interrogar, indagar, perguntar. *vpr* **5** vulgarizar-se, generalizar-se, popularizar-se.

devassidão *sf* libertinagem, perversão, depravação, licenciosidade. **A:** pureza.

devasso *sm+adj* libertino, pervertido, depravado, licencioso. **A:** puro.

devastação *sf* **1** destruição, assolação, desolação. **2** dano, estrago, ruína.

devastar *vtd* **1** despovoar, desabitar, desertar. **A:** povoar. **2** destruir, assolar, desolar. **3** danificar, estragar, arruinar.

deve *sm Contab.* débito, despesa, dívida, obrigação. **A:** haver.

dever *sm* **1** obrigação, incumbência, encargo. *vtd* **2** ter de, precisar. **Ex:** Deve estudar mais.

deveras *adv* **1** verdadeiramente, realmente. **2** muito, bastante. **Ex:** Ela tem viajado deveras. **A:** pouco.

devoção *sf* **1** dedicação, veneração, adoração. **2** afeto, afeição, estima. **3** *RELIGIOSA* piedade, religiosidade, fervor.

devolução *sf* restituição, entrega, remissão.

devoluto *adj* desabitado, vago, desocupado, vazio. **Ex:** Imóvel devoluto, terras devolutas. **A:** habitado.

devolver *vtd+vti* **1** restituir, entregar, remitir. **Ex:** Encontrei uma carteira e devolvi-a ao dono. **2** *DIREITO, PROPRIEDADE* ceder, transmitir, transferir. *vtd* **3** reenviar, recambiar, reconduzir. **Ex:** Devolver algo pelo correio. **4** replicar, retrucar, responder. **Ex:** Devolver uma fala. **5** recusar, rejeitar, enjeitar. **Ex:** Devolver uma mercadoria, uma proposta. **A:** aceitar.

devorador *sm+adj* comilão, glutão, voraz, guloso.

devorar *vtd* **1** engolir, tragar. **2** consumir, destruir. **Ex:** O incêndio devorou o edifício. **3** esbanjar, desperdiçar, dissipar. **Ex:** Devorou a fortuna no jogo. **A:** poupar. **4** afligir, atormentar, angustiar. **Ex:** O medo devora a sua alma. **A:** aliviar.

devotado V. devoto.

devotar *vtd+vpr* dedicar(-se), entregar(-se), votar(-se), consagrar(-se). **Ex:** Devota muito afeto aos pais; devotou-se ao estudo das ciências.

devoto *sm+adj* **1** religioso, beato. **A:** ateu. *sm* **2** admirador, apreciador, fã. *adj* **3** devotado, dedicado, afetuoso. **4** piedoso, religioso. **5** dedicado, diligente, zeloso. **A:** negligente.

dextrose *sf Quím.* glicose.

diabo *sm* demônio, belzebu, demo, tinhoso, diacho *pop.*

diabólico *adj* **1** demoníaco, satânico, infernal. **A:** angelical. **2** difícil, complicado, intricado. **Ex:** Trabalho diabólico. **A:** fácil. **3** terrível, insuportável, infernal. **Ex:** Dor diabólica. **4** travesso, levado, arteiro. **Ex:** Menino diabólico. **A:** comportado.

diabrura *sf* travessura, traquinagem, arte, maldade.

diacho V. diabo.

diadema *sm* coroa; *DE FLORES* grinalda, guirlanda, festão.

diáfano *adj* transparente, translúcido. **A:** opaco.

diagnose V. diagnóstico.

diagnóstico *sm Med.* diagnose, indicação.

diagonal *adj* transversal, oblíquo, enviesado, transverso. **A:** reto.

diagrama *sm* gráfico, esquema.

dialética *sf* **1** *Filos.* lógica. **2** *Filos.* argumentação, exposição, raciocínio.

dialeto *sm Ling.* falar.

dialogar *vti+vi* falar, conversar, papear *pop*, discutir.

diálogo *sm* conversa, conversação, papo *pop*, colóquio.

diamante *sm LAPIDADO* brilhante.

diamba *sf* maconha, haxixe, erva *gír*, fumo *gír.*

diante de *loc prep* em frente de, defronte de. **A:** atrás de.

dianteira *sf* frente, vanguarda. **A:** traseira.

dianteiro *sm Fut.* atacante, avante.

diapasão *sm* **1** *Mús.* lamiré. **2** *Mús.* tom, timbre, tonalidade. **3** *Fig.* padrão, modelo, medida.

diária *sf* féria, jornal, salário (pago diariamente).

diário *sm* **1** jornal, relatório (dos fatos do dia). **Ex:** O capitão do navio registra tudo em seu diário. **2** jornal, gazeta, periódico. **3** *Com.* registro, livro, caderneta. *adj* **4** cotidiano, quotidiano, jornaleiro. **Ex:** As tarefas diárias.

diarista *s m+f* **1** jornalista. **2** trabalhador que recebe por dia: jornaleiro.

diarréia *sf Med.* cagaineira *vulg*, desarranjo, soltura, destempero *pop.*

diástole *sf Med.* dilatação do coração. **A:** sístole.

dição V. dicção.

dicção *sf* **1** articulação, pronúncia, pronunciação, *dição.* **2** vocábulo, palavra, termo, *dição.*

dichote *sm* gracejo, chalaça, chocarrice.

dicionário *sm* léxico, vocabulário, glossário, pai-dos-burros *gír.* * Dicionário analógico: tesouro.

dicionarista *s m+f* lexicógrafo, lexicólogo.

dicionarizar *vtd+vi* lexicografar.

didático *adj* pedagógico, educativo, instrutivo.

dieta *sf* **1** *Med.* regime. **2** *Med.* jejum, abstinência. **3** *Polít.* assembléia, parlamento, congresso.

difamação *sf* infamação, detração, calúnia, desonra.

difamador V. difamatório.

difamar *vtd+vpr* infamar(-se), desacreditar(-se), desprestigiar(-se), desonrar(-se). **A:** prestigiar(-se).

difamatório *adj* aviltante, degradante, difamador, injurioso. **A:** elogioso.

diferença *sf* **1** desigualdade, diversidade, dessemelhança. **A:** igualdade. **2** desavença, discórdia, divergência. **A:** acordo. **3** mudança, transformação, modificação. **4** inexatidão, incorreção, imprecisão. **A:** exatidão.

diferençar V. diferenciar.

diferenciar *vtd+vti* **1** distinguir, discernir, diferençar. **Ex:** Não consegue diferenciar um do outro. **A:** confundir. *vtd+vpr* **2** distinguir(-se), diferençar(-se). **Ex:** Diferencia-se dos irmãos pelos cabelos louros. **A:** igualar(-se).

diferente *adj m+f* **1** desigual, diverso, dessemelhante. **A:** igual. **2** mudado, transformado, modificado. *pron ind pl* **3** vários, diversos, muitos. **Ex:** Chegaram diferentes pessoas.

diferir *vtd* **1** adiar, prorrogar, protelar. **Ex:** Diferir um prazo. **A:** antecipar. *vti+vi* **2** divergir, discordar, discrepar. **Ex:** Minha opinião difere da sua. **A:** concordar. **3** diferenciar-se, distinguir-se, diferençar-se. **Ex:** A teoria e a prática às vezes diferem. **A:** igualar-se.

difícil *adj* **1** trabalhoso, custoso, dificultoso. **Ex:** Tarefa difícil. **A:** fácil. **2** complicado, complexo, intrincado. **Ex:** Problema difícil. **A:** fácil. **3** delicado, grave, embaraçoso. **Ex:** Situação difícil. **A:** fácil. **4** insociável, intratável, arisco. **Ex:** É uma pessoa difícil. **A:** sociável. **5** improvável, incerto, duvidoso. **Ex:** É difícil que ele chegue mais cedo. **A:** provável.

dificuldade *sf* **1** trabalho, custo, esforço. **2** complicação, complexidade, confusão. **Ex:** A dificuldade de um texto. **3** delicadeza, gravidade, embaraço. **Ex:** A delicadeza da situação. **4** obstáculo, impedimento, estorvo. **5** crise. **Ex:** O comércio está em dificuldade. **6** apuro, sinuca *pop*, impasse. **7** contratempo, transtorno, revés. **A:** facilidade (acepções 1 a 4).

dificultar *vtd* **1** atrapalhar, impedir, estorvar. **A:** facilitar. *vtd+vpr* **2** complicar(-se), intrincar(-se), confundir(-se). **A:** facilitar(-se).

dificultoso V. difícil.

difundir *vtd* **1** *LUZ* irradiar, emitir, lançar. *vtd+vpr* **2** espalhar(-se), alastrar(-se), dis-

seminar(-se). **Ex:** As flores difundem um aroma delicioso. **3** divulgar(-se), propagar(-se), espalhar(-se). **Ex:** As notícias difundem-se num piscar de olhos.

difusão *sf* **1** irradiação, emissão, lançamento. **2** alastramento, disseminação, espargimento. **3** divulgação, propagação, espalhamento. **4** prolixidade, redundância, loquacidade. **A:** concisão.

difuso *adj* prolixo, redundante, loquaz, verboso. **A:** conciso.

digerir *vtd* **1** *Fisiol.* cozer, cozinhar. **2** *Fig.* compreender, entender, apreender. **Ex:** Digerir uma idéia. **3** *Fig.* suportar, sofrer, agüentar. **Ex:** Digerir ofensas.

digerível V. digestível.

digestão *sf* *Fig.* compreensão, entendimento, apreensão, percepção.

digestível *adj m+f* digerível. **A:** indigesto.

digestivo *adj* **1** *Fisiol.* digestor. **2** *Fig.* leve, superficial, ligeiro. **Ex:** Um livro digestivo. **A:** denso.

digestor V. digestivo.

digladiar *vi+vpr* **1** esgrimir, combater, lutar (com espada). **2** discutir, disputar, questionar. **Ex:** Os adversários digladiaram-se durante toda a conferência.

dignidade *sf* **1** cargo, função, ofício. **2** nobreza, grandeza, elevação. **3** honra, honestidade, honradez. **4** decência, decoro, pudor. **A:** indignidade (acepções 2 a 4)

dignificar *vtd+vpr* honrar(-se), enobrecer(-se), engrandecer(-se), nobilitar(-se). **A:** desonrar(-se).

digno *adj* **1** merecedor. **Ex:** Digno de compaixão. **2** apropriado, adequado, conveniente. **3** nobre, grande, elevado. **4** honrado, honesto, correto. **5** decente, decoroso, pudico. **A:** indigno (em todas as acepções).

dígrafo *sm* *Gram.* digrama. **Ex:** "LH" é um dígrafo.

digrama V. dígrafo.

digressão *sf* **1** desvio, afastamento, distanciamento. **Ex:** Digressão da rota. **A:** aproximação. **2** *DO ASSUNTO* divagação. **Ex:** Perdeu-se em digressões. **3** passeio, excursão, passeata. **4** evasiva, desculpa, subterfúgio.

digressionar *vi* divagar.

dilação *sf* **1** demora, delonga, tardança. **A:** urgência. **2** adiamento, prorrogação, protelação. **A:** antecipação. **3** prazo, termo.

dilacerar *vtd* **1** rasgar, cortar, lacerar. **Ex:** Dilacerar a carne. *vtd+vpr* **2** afligir(-se), atormentar(-se), torturar(-se). **Ex:** A dor dilacera seu coração. **A:** aliviar(-se).

dilapidar *vtd* **1** desperdiçar, esbanjar, dissipar. **A:** economizar. **2** destruir, arrasar, arruinar. **A:** construir.

dilatar *vtd+vpr* **1** ampliar(-se), aumentar, alargar(-se). **A:** diminuir. **2** distender(-se), estirar(-se), esticar(-se). **A:** contrair(-se). **3** *NO TEMPO* prolongar(-se), alongar(-se), prorrogar(-se). **Ex:** Dilatar o prazo. **A:** reduzir(-se). *vtd* **4** divulgar, propagar, propalar. **Ex:** Dilataram a doutrina de seu mestre por toda a cidade. **5** retardar, adiar, diferir. **Ex:** Dilatar um compromisso. **A:** antecipar.

dileção *sf* afeição, afeto, estima, amor. **A:** desafeição.

dilema *sm* dúvida, dubiedade, escolha difícil.

diletante *s e adj m+f* amador, apreciador, entusiasta, fã. **A:** profissional.

dileto *adj* amado, querido, caro, estimado. **A:** odiado.

diligência *sf* **1** aplicação, zelo, empenho. **Ex:** Trabalhar com diligência. **A:** negligência. **2** investigação, busca, procura. **Ex:** Diligência para encontrar um fugitivo. **3** presteza, rapidez, prontidão. **Ex:** Aquele funcionário atende os clientes com diligência. **A:** lentidão. **4** carruagem (grande, para transporte coletivo).

diligenciar *vtd+vti* empenhar-se, esforçar-se, dedicar-se, aplicar-se. **Ex:** Diligencia aperfeiçoar (ou por aperfeiçoar) seus conhecimentos.

diligente *adj m+f* **1** aplicado, esforçado, zeloso. **2** rápido, pronto, ágil. **A:** negligente (nas duas acepções).

diluir *vtd+vpr* dissolver(-se), desfazer(-se), solver(-se), desmanchar(-se). **A:** concentrar(-se).

diluviano *adj Fig.* torrencial, abundante, copioso. **Ex:** Chuva diluviana. **A:** escasso.

dilúvio *sm* cheia, enchente, inundação. **2** *Fig.* montão, enxurrada *fig*, abundância. **A:** escassez.

dimanar *vti* **1** nascer, originar-se, provir de. *vti+vi* **2** fluir, correr, escorrer. **Ex:** O rio dimana por entre vales.

dimensão *sf* **1** extensão, tamanho, grandeza. **2** *Fig.* importância, influência, peso. **Ex:** Gente de grande dimensão.

diminuição *sf* **1** redução, encolhimento, contração. **A:** aumento. **2** dedução, desconto, subtração. **A:** acréscimo.

diminuir *vtd* **1** deduzir, descontar, subtrair. **A:** acrescentar. **2** abreviar, encurtar, reduzir. **A:** aumentar. *vtd+vi* **3** reduzir(-se), encolher(-se), encurtar(-se). **A:** aumentar. **4** abrandar(-se), amenizar(-se), suavizar(-se). **A:** exacerbar(-se). *vpr* **5** humilhar-se, rebaixar-se, dobrar-se. **A:** engrandecer-se.

diminuto *adj* **1** pequeno, reduzido, minguado. **A:** grande. **2** escasso, raro, parco. **A:** farto. **3** miúdo, minúsculo, mínimo. **A:** graúdo.

dinâmico *adj* **1** movimentado. **Ex:** O filme é bastante dinâmico. **A:** parado. **2** *PESSOA* empreendedor, ativo, arrojado. **A:** inativo.

dinamismo *sm* atividade, energia, ação, movimento. **A:** inatividade.

dinastia *sf* casa, estirpe, família, linhagem.

dinheirada V. dinheirão.

dinheirama V. dinheirão.

dinheirame V. dinheirão.

dinheirão *sm* fortuna, dinheirada, dinheirama, dinheirame. **Ex:** Pagamos um dinheirão por aquele aparelho, e nunca funcionou. **A:** ninharia.

dinheiro *sm* **1** gaita *gír*, grana *gír*, cobre *pop*. **2** numerário, quantia, importância.

diocese *sf Ecles.* bispado, episcopado.

dióxido *sm Quím.* bióxido.

diploma *sm* certificado, canudo, patente, título.

diplomar-se *vpr EM GERAL* formar-se; *EM UNIVERSIDADE* graduar-se.

diplomacia *sf* **1** esperteza, habilidade, astúcia. **A:** ingenuidade. **2** fineza, delicadeza, educação. **A:** grosseria. **3** ponderação, sensatez, circunspecção. **A:** leviandade.

diplomático *adj* **1** esperto, hábil, astucioso. **A:** ingênuo. **2** fino, delicado, educado. **A:** grosseiro. **3** ponderado, sensato, circunspecto. **A:** leviano.

dípode V. bípede.

dique *sm* 1 represa, barragem, açude. 2 *Fig.* obstáculo, empecilho, impedimento.

direção *sf* 1 diretoria. **Ex:** A direção da empresa reuniu-se. 2 comando, governo, chefia. 3 administração, gerência, superintendência. 4 rumo, destino, orientação. **Ex:** Ir numa direção. 5 *Autom.* volante. 6 *DE BICICLETA* guidão, guidom. 7 diretriz, norma, procedimento. **Ex:** Direções a serem seguidas.

direcionar *vtd* orientar, encaminhar, dirigir, conduzir.

direita *sf* 1 mão direita, destra. 2 lado direito. 3 *Polít.* conservadores *pl*, reacionários *pl*, tradicionalistas *pl*. **A:** esquerda (nas três acepções).

direito *sm* 1 privilégio, prerrogativa, regalia. **Ex:** É importante conhecermos nossos direitos. **A:** dever. 2 jurisprudência, legislação. **Ex:** Estudantes de direito. 3 taxa, tributo, imposto. 4 frente, anverso, face. **Ex:** O direito de um tecido. **A:** avesso. *adj* 5 destro. **A:** canhoto. 6 reto, retilíneo, direto. **Ex:** Linha direita. **A:** oblíquo. 7 correto, honesto, íntegro. **Ex:** Pessoa direita. **A:** desonesto. 8 ereto, vertical, aprumado. **A:** inclinado. *adv* 9 corretamente, acertadamente. **Ex:** Responder direito. **A:** errado.

direto *adj* 1 V. direito. 2 imediato. **Ex:** Contato direto. 3 claro, franco, aberto. **Ex:** Resposta direta. **A:** indireto (acepções 2 e 3).

diretor *sm* 1 guia, condutor, piloto. 2 comandante, governante, chefe, dirigente. 3 administrador, gerente, superintendente, dirigente.

diretoria V. direção.

diretriz *sm* 1 direção, rumo, sentido. 2 conduta, procedimento, norma.

dirigente V. diretor.

dirigir *vtd* 1 encaminhar, orientar, guiar. **Ex:** Dirigiram o filho na carreira militar. 2 *AUTOMÓVEL* guiar, pilotar. 3 comandar, governar, chefiar. **Ex:** Dirigir o batalhão. 4 administrar, gerir, superintender. **Ex:** Dirigir uma empresa. 5 endereçar, enviar, remeter. **Ex:** Dirija o requerimento ao escritório do diretor. 6 voltar, virar, volver. **Ex:** Dirigir a vista, a atenção para algo. *vpr* 7 ir, encaminhar-se. **Ex:** Dirigiram-se

para casa. 8 recorrer a, procurar, apelar para. **Ex:** Dirijam-se ao funcionário responsável.

dirigível *sm* Aeron. zepelim.

dirimir *vtd* 1 anular, cancelar, invalidar. **Ex:** Dirimir uma sentença, um decreto. **A:** validar. 2 decidir, resolver, solucionar. **Ex:** Dirimir uma dúvida.

discente *adj m+f* estudantil. **A:** docente.

discernimento *sm* 1 critério, juízo, tino. **A:** insensatez. 2 astúcia, perspicácia, sagacidade. **A:** ingenuidade.

discernir *vtd* 1 avaliar, estimar, apreciar. **Ex:** Discernir o valor de algo. 2 reconhecer, identificar, distinguir. **Ex:** Consegue discernir objetos de valor. *vti* 3 distinguir, diferenciar, separar. **Ex:** Discernir entre o certo e o errado. **A:** confundir.

disciplina *sf* 1 ordem, organização. **Ex:** Manter a disciplina do grupo. **A:** indisciplina. 2 obediência, subordinação, sujeição. **Ex:** A disciplina do aluno em relação ao professor. **A:** indisciplina. 3 matéria, ciência, doutrina. **Ex:** As disciplinas de química e física. 4 castigo, pena, punição. **A:** recompensa. 5 ensino, educação, instrução. 6 regra, norma, método.

disciplinar *vtd* 1 ensinar, educar, instruir. 2 regulamentar, regular, regularizar. **Ex:** Os decretos do governo disciplinam o mercado de investimentos. 3 castigar, punir, corrigir. **Ex:** Os guardas disciplinaram o prisioneiro. **A:** recompensar. *vtd+vpr* 4 sujeitar(-se), submeter(-se), corrigir(-se). **Ex:** Disciplinar a índole de alguém. *vpr* 5 castigar-se, penitenciar-se.

discípulo *sm* 1 *DE UM PROFESSOR* aluno, estudante, aprendiz. 2 *DE DOUTRINA, ETC.*, seguidor, adepto, partidário. **A:** opositor.

disco *sm* 1 figura circular: roda. 2 *FONOGRÁFICO* LP, bolacha *gír*, *long-play*.

díscolo *adj* 1 grosseiro, rude, ríspido. **A:** gentil. 2 brigão, briguento, rixento. **A:** pacífico. 3 dissidente, separatista. **A:** partidário.

discordância *sf* 1 divergência, discrepância, discórdia. **A:** concordância. 2 desigualdade, disparidade, dessemelhança. **A:** igualdade. 3 *Mús.* desafinação, desarmonia, dissonância. **A:** afinação. **4** incompatibilidade, inconciliabilidade. **A:** compatibilidade.

discordante *adj m+f* **1** divergente, discrepante, discorde. **A:** concordante. **2** desigual, díspar, dessemelhante. **A:** igual. **3** *Mús.* desafinado, dissonante, discorde. **A:** afinado. **4** incompatível, inconciliável. **A:** compatível.

discordar *vti+vi* **1** divergir, discrepar, dissentir. **A:** condizer. **2** *Mús.* desafinar, dissonar, destoar.

discorde V. discordante.

discórdia *sf* **1** V. discordância. **2** desavença, desentendimento, briga. **A:** concórdia.

discorrer *vti+vi* **1** falar de, tratar de, discursar sobre. **Ex:** O orador discorre brilhantemente sobre economia. *vi* **2** espalhar-se difundir-se, alastrar-se.

discoteca *sf* danceteria.

discrepância V. discordância.

discrepante V. discordante.

discrepar *vti* discordar, divergir, dissentir, diferir. **Ex:** Minhas conclusões discrepam das suas. **A:** concordar.

discreto *adj* **1** circunspecto, prudente, reservado. **Ex:** Pessoa discreta. **A:** indiscreto. **2** recatado, modesto, decente. **A:** Vestido discreto. **A:** indiscreto **3** pequeno, reduzido, diminuto. **Ex:** Tinha uma discreta pinta no rosto. **A:** grande.

discrição *sf* **1** circunspecção, prudência, reserva. **A:** indiscrição. **2** recato, modéstia, decência. **A:** indiscrição. **3** discernimento, juízo, critério. **A:** insensatez.

discriminar *vtd* **1** distinguir, diferenciar, discernir. **Ex:** Discrimine as respostas corretas e as erradas. **A:** misturar. **2** relacionar, especificar, classificar. **Ex:** Discriminamos todos os motivos para a nossa partida.

discursar *vtd* **1** explicar, expor, tratar de. **Ex:** O livro discursa alguns métodos revolucionários. *vti* **2** falar de, tratar de, discorrer sobre. *vi* **3** falar (em público).

discursivo *adj* tagarela, falador, linguarudo, loquaz. **A:** calado.

discurso *sm* **1** fala, oração, arenga. **2** palestra, conferência, preleção. **3** *Fam.* falatório, palavreado, palavrório. **4** *Fam.* sermão, pregação, repreensão.

discussão *sf* **1** debate, mesa-redonda. **Ex:** Discussão sobre a situação do menor abandonado. **2** briga, bate-boca, contenda. **Ex:** Foi a primeira discussão do casal.

discutir *vtd* **1** debater, abordar, tratar de. **Ex:** Hoje, discutiremos a situação do País. **2** questionar, contestar, refutar. **Ex:** Não podemos discutir seu talento para a música. **A:** admitir. *vti+vi* **3** brigar, altercar, disputar. **Ex:** Discutiram muito e nunca mais se falaram.

discutível *adj m+f* duvidoso, incerto, problemático, contestável. **Ex:** Esta é uma prova discutível. **A:** indiscutível.

disfarçar *vtd+vpr* mascarar(-se). *vtd* **2** encobrir, ocultar, acobertar. **A:** revelar. **3** dissimular, fingir, simular.

disfarce *sm* **1** máscara. **2** dissimulação, fingimento, simulação. **A:** franqueza. **3** *Fig.* fachada, casca *fig,* aparência. **A:** interior *fig.*

disforia *sf Med.* mal-estar, indisposição, achaque, incômodo. **A:** euforia.

disforme *adj m+f* **1** desmedido, descomunal, enorme. **A:** reduzido. **2** monstruoso, horrível, horroroso. **A:** belo.

disjungir V. desjungir.

díspar *adj m+f* diferente, desigual, diverso, dessemelhante. **A:** igual.

disparada *sf* **1** *DE BOIADA* estouro. **2** correria, carreira, desembestada.

disparar *vtd* **1** arremessar, lançar, jogar. **Ex:** Disparar flechas, pedras. **2** *ARMA DE FOGO* descarregar, desengatilhar, desfechar. **3** dar, soltar, proferir. **Ex:** Disparar palavras, um grito. *vi* **4** desembestar, correr, chispar *fig.*

disparatar *vi* delirar, desatinar, despropositar, desvairar.

disparate *sm* **1** delírio, desatino, desvario. **2** absurdo, tolice, asneira.

disparo *sm* tiro, explosão. **Ex:** Os disparos do revólver.

dispêndio *sm* **1** despesa, gasto. **A:** economia. **2** dano, prejuízo, perda. **A:** ganho.

dispendioso *adj* caro, custoso, salgado *pop.* **A:** barato.

dispensa *sf* **1** isenção, desobrigação, liberação. **A:** obrigação. **2** licença, permissão, autorização (para não fazer algo).

dispensar *vtd+vpr* **1** desobrigar(-se), isentar(-se), eximir(-se). **A:** obrigar(-se). *vtd* **2** prescindir de, renunciar a, escusar. **Ex:** Dispensou o nosso auxílio. **A:** precisar de. **3** conceder, conferir, outorgar. **Ex:** Dispensar favores, honras.

dispensável *adj m+f* desnecessário, supérfluo, inútil, escusado. **A:** indispensável.

dispersar *vtd* **1** espalhar, esparramar, disseminar. **Ex:** O vento dispersa as folhas das árvores. **A:** concentrar. **2** enxotar, afugentar, debandar. **Ex:** Os soldados dispersaram a multidão. *vtd+vpr* **3** dissipar(-se), desfazer(-se), esvair(-se). **Ex:** A fumaça dispersou-se. *vpr* **4** debandar, fugir, correr. **Ex:** Os manifestantes dispersaram-se.

displicência *sf* **1** descontentamento, desgosto, aborrecimento. **A:** contentamento. **2** desleixo, relaxo, negligência. **A:** dedicação.

displicente *adj m+f* **1** descontente, desgostoso, aborrecido. **A:** contente. **2** desleixado, relaxado, negligente. **A:** dedicado.

disponível *adj m+f* LUGAR, TEMPO livre, desocupado, vago, ocioso. **A:** indisponível.

dispor *vtd* **1** ordenar, arrumar, arranjar. **Ex:** Dispor os discos nas prateleiras. **A:** desordenar. **2** coordenar, sistematizar. **Ex:** Dispor os parágrafos de um texto. **3** preparar, aprontar, aparelhar. **Ex:** Dispôs a mala para a viagem. **4** determinar, prescrever, preceituar. **Ex:** A lei dispõe muitas coisas. *vti* **5** servir-se de, utilizar-se de, empregar. **Ex:** Dispor dos préstimos de alguém. **6** ter, possuir. **Ex:** Dispor de muito tempo. *vpr* **7** decidir-se, resolver-se, determinar-se. **Ex:** Dispôs-se a superar todos os obstáculos.

disposição *sf* **1** ordem, arrumação, arranjo. **A:** desordem. **2** coordenação, sistematização. **3** preparação, preparo, apresto. **4** determinação, prescrição, preceito. **5** tendência, vocação, inclinação. **Ex:** Ter disposição para as artes. **6** DE SAÚDE estado, condição; DE ESPÍRITO humor. **7** vontade, desejo, intenção. **8** DE UM CONTRATO condição, cláusula, obrigação.

dispositivo *sm* **1** regra, preceito, norma. **2** Dir. artigo, parágrafo, item. **3** Mec. mecanismo, maquinismo.

disposto *part+adj* **1** pronto, preparado, capaz. **Ex:** Disposto a tudo. **2** dado, propenso, inclinado. **Ex:** Disposto a piadas. **A:** avesso. **3** animado, entusiasmado, vibrante. **A:** indisposto.

disputa *sf* **1** briga, bate-boca, litígio. **2** competição, concurso, certame.

disputar *vtd* **1** pleitear, litigiar, demandar dir. **2** competir por, concorrer a, pleitear. **Ex:** Disputar um prêmio, uma vaga numa empresa. *vti* **3** Esp. competir, concorrer, rivalizar com. **Ex:** Nosso time disputará com fortes adversários. *vti+vi* **4** discutir, brigar, altercar. **Ex:** Disputou com a vizinha por causa das crianças; meus irmãos sempre disputam.

dissabor *sm* **1** desprazer, desgosto, insatisfação. **A:** prazer. **2** contratempo, revés, adversidade. **3** mágoa, pesar, pena. **A:** alegria.

dissecação *sf* **1** Med. dissecção. **2** Fig. análise, exame, avaliação.

dissecar *vtd* **1** Med. anatomizar. **2** Fig. analisar, examinar, avaliar.

dissecção V. dissecação.

disseminar *vtd+vpr* espalhar(-se), propagar(-se), alastrar(-se), difundir(-se). **A:** concentrar(-se).

dissensão *sf* **1** DE OPINIÕES divergência, discordância, discrepância. **A:** concordância. **2** desavença, discórdia, desentendimento. **A:** concórdia. **3** V. dissidência. **Obs.:** Nas acepções 1 e 2, também são sinônimos: *dissentimento* e *dissídio*.

dissentimento V. dissensão.

dissentir *vti* **1** divergir, discrepar, discordar. **Ex:** Dissentir de uma opinião. **A:** concordar com. **2** não combinar: contrastar, destoar. **Ex:** Seus modos dissentiam de sua educação. **A:** combinar.

dissertação *sf* **1** exposição, tratado, estudo. **2** discurso, preleção, conferência.

dissertar *vti+vi* tratar de, discursar, discutir, discorrer sobre. **Ex:** Dissertar sobre economia.

dissidência *sf* **1** desarmonia, desavença, discórdia. **A:** harmonia. **2** cisma, cisão, dissensão. **Ex:** A dissidência de um partido político.

dissidente *s e adj m+f* 1 separatista, díscolo. **A:** partidário. *adj m+f* 2 discordante, contraditório, divergente. **A:** concordante.

dissídio V. dissensão.

dissilábico V. bissílabo.

dissílabo V. bissílabo.

dissimetria V. dessimetria.

dissimétrico V. dessimétrico.

dissimilar *adj m+f* heterogêneo, diverso, diferente, dessemelhante. **A:** similar.

dissimilar-se *vpr* diferenciar-se, distinguir-se, diferençar-se. **A:** igualar-se.

dissimulação *sf* 1 disfarce, ocultação, acobertamento. **A:** revelação. 2 fingimento, hipocrisia, simulação. **A:** franqueza.

dissimular *vtd+vpr* 1 disfarçar(-se), ocultar(-se), acobertar(-se). **A:** revelar(-se). *vtd* 2 fingir, simular, aparentar. **Ex:** Dissimulava tranquilidade, mas estava nervosa.

dissipar *vtd* 1 desperdiçar, esbanjar, desbaratar. **Ex:** Dissipar uma fortuna. **A:** poupar. 2 extinguir, eliminar, apagar. **Ex:** O tempo dissipa as mágoas. *vtd+vpr* 3 dispersar(-se), desvanecer(-se), espalhar(-se). **Ex:** O Sol dissipou as nuvens. *vpr* 4 desaparecer, extinguir-se, acabar. **Ex:** Seu receio dissipou-se ao ver um rosto conhecido.

dissociar *vtd+vpr* desagregar(-se), desunir(-se), desligar(-se), desassociar(-se). **A:** associar(-se).

dissolução *sf* 1 dissolvência. 2 *Quím.* solução. 3 perversão, devassidão, depravação. **A:** castidade. 4 anulação, cancelamento, invalidação.

dissoluto *adj* pervertido, devasso, depravado, libertino. **A:** casto.

dissolvência V. dissolução.

dissolver *vtd+vpr* 1 diluir(-se), solver(-se), desmanchar(-se). **Ex:** Dissolver uma substância. 2 extinguir(-se), desfazer(-se), dispersar(-se). **Ex:** Dissolver uma união. **A:** reunir(-se). *vtd* 3 anular, cancelar, invalidar. **Ex:** Dissolver um matrimônio.

dissonância *sf* 1 *Mús.* desafinação, discordância, desarmonia. **A:** consonância. 2 *Fig.* discrepância, divergência, desacordo. **A:** acordo.

dissonante *adj m+f Mús.* desafinado, discordante, discorde. **A:** consonante.

dissonar *vi Mús.* desafinar, discordar, destoar, desentoar.

dissuadir *vtd* 1 despersuadir, demover, desaconselhar. **A:** persuadir. *vpr* 2 despersuadir-se, demover-se. **A:** persuadir-se.

dissuasão *sf* despersuasão. **A:** persuasão.

distância *sf* 1 intervalo, espaço. 2 lonjura, longitude. 3 separação, afastamento. **A:** aproximação.

distanciar *vtd+vpr* afastar(-se), apartar(-se), separar(-se). **A:** aproximar(-se).

distante *adj m+f* 1 afastado, remoto, longínquo. **A:** próximo. 2 *Fig.* frio, reservado, indiferente. **A:** caloroso.

distender *vtd+vpr* 1 estirar(-se), esticar(-se), retesar(-se). **A:** encolher(-se). 2 dilatar(-se), inchar(-se), aumentar(-se). **A:** contrair(-se).

distenso *adj* 1 estirado, esticado, teso. **A:** encolhido. 2 dilatado, inchado. **A:** contraído.

dístico 1 letreiro, rótulo, legenda. 2 emblema, divisa, lema.

distinção *sf* 1 diferença, diversidade, dessemelhança. **Ex:** Fazer distinção entre duas coisas. **A:** igualdade. 2 privilégio, prerrogativa, honraria. **Ex:** Receber distinções do governo. 3 elegância, gentileza, educação. **Ex:** Pessoa fina, de muita distinção. **A:** grosseria. 4 importância, eminência, ilustração. **A:** obscuridade.

distinguir *vtd* 1 SOM ouvir, perceber; IMAGEM avistar, divisar, entrever. **Ex:** Ao longe, podíamos distinguir a voz e o vulto de alguém conhecido. 2 condecorar, homenagear, agraciar. *vtd+vti* 3 diferenciar, discernir, discriminar. **Ex:** Não distingue o bem do mal. **A:** confundir. *vtd+vpr* 4 caracterizar(-se), individualizar(-se), particularizar(-se). **Ex:** Estes quadros distinguem-se pelo uso das cores vivas. 5 destacar(-se), notabilizar(-se), sobressair(-se). **Ex:** Distingue-se pela inteligência. *vpr* 6 diferenciar-se, diferençar-se, diferir-se. **Ex:** Distinguir-se dos demais. **A:** igualar-se.

distintivo *sm* insígnia, emblema, divisa *mil*, venera *mil*.

distinto *adj* 1 diferente, diverso, dessemelhante. **Ex:** São termos distintos, que não devem ser confundidos. **A:** igual. 2 elegante, gentil, educado. **Ex:** Um distinto cavalheiro. **A:** grosseiro. **3** claro, compreensível, inteligível. **Ex:** Sua voz era pouco distinta. **A:** confuso. **4** ilustre, eminente, notável. **Ex:** Um distinto político. **A:** obscuro.

distorcer *vtd* deturpar, desvirtuar, adulterar, torcer. **Ex:** Distorcer o sentido de uma palavra.

distração *sf* **1** desatenção, descuido, irreflexão. **A:** atenção. **2** divagação, abstração, devaneio. **A:** atenção. **3** divertimento, diversão, recreação.

distraído *part+adj* **1** desatento, descuidado, desligado *pop.* **2** abstraído, alheado. **A:** atento (nas duas acepções).

distrair *vtd* **1** entreter, deter, demorar (alguém, com palavras vãs, etc.). **Ex:** Distraiu os guardas para que entrássemos no castelo. *vtd+vpr* **2** divertir(-se), entreter(-se), recrear(-se). **A:** aborrecer(-se). *vpr* **3** alhear-se. **A:** concentrar-se. **4** descuidar-se, esquecer-se.

distribuir *vtd* **1** repartir, partilhar, dividir. **Ex:** Distribuir donativos; distribuímos os doces entre as crianças. **2** espalhar, levar, difundir. **Ex:** O encanamento distribui água pela cidade. **3** classificar, ordenar, arranjar. **Ex:** Distribuímos os assuntos por ordem de importância. **A:** desordenar.

distúrbio *sm* **1** perturbação, alteração, transtorno. **2** desordem, rebuliço, confusão. **3** travessura, traquinice, diabrura.

dita *sf* sorte, felicidade, fortuna, ventura. **A:** azar.

ditado *sm* provérbio, adágio, refrão, dito.

ditador *sm* déspota, tirano, absolutista. **A:** democrata.

ditadura *sf* despotismo, tirania, absolutismo. **A:** democracia.

ditame *sm* **1** conselho, advertência, aviso. **Ex:** Os ditames da consciência. **2** regra, preceito, princípio. **Ex:** Os ditames da legislação.

ditar *vtd+vti* **1** aconselhar, sugerir, advertir. **Ex:** A prudência dita os procedimentos corretos. **2** prescrever, impor, estabelecer. **Ex:** Ditar regras.

dito *sm* **1** palavra, expressão, termo. **2** sentença, frase, máxima. **3** V. ditado.

ditoso *adj* feliz, felizardo, afortunado, venturoso. **A:** desventurado.

diurno *adj* do dia. **A:** noturno.

diuturno *adj* duradouro, longo, prolongado, perene. **A:** breve.

diva *sf* **1** deusa. **2** *Fig.* beldade, bela, deusa.

divã *sm* sofá.

divagação *sf* **1** digressão. **Ex:** Divagações sobre um assunto. **2** devaneio, fantasia, sonho.

divagar *vi* **1** digressionar. **2** vagar, vaguear, perambular. **3** devanear, fantasiar, sonhar.

divergência *sf* **1** desvio, afastamento, separação. **2** discordância, discrepância, desacordo. **A:** convergência (nas duas acepções).

divergir *vti+vi* **1** desviar-se, afastar-se, separar-se. **Ex:** Nossos caminhos divergiam. **2** discordar, destoar, discrepar. **Ex:** Minha opinião diverge da sua; nossos ideais divergem. **A:** convergir (nas duas acepções).

diversão *sf* divertimento, recreação, passatempo, entretenimento.

diversicolor *adj m+f* multicor, variegado, multicolorido, matizado.

diversidade *sf* **1** diferença, dessemelhança, variedade. **A:** semelhança. **2** oposição, discordância, divergência. **A:** concordância.

diversificar *vtd* **1** variar, diferenciar. **A:** uniformizar. *vti+vi* **2** variar, variegar, matizar. **A:** uniformizar-se.

diverso *adj* **1** diferente, distinto, dessemelhante. **A:** igual. **2** oposto, discordante, divergente. **A:** concordante. *pron ind pl* **3** vários, muitos, diferentes.

divertido *adj* **1** alegre, engraçado, folgazão. **Ex:** Fulano é muito divertido. **A:** triste. **2** engraçado, agradável, alegre. **Ex:** Filme divertido. **A:** aborrecido.

divertimento V. diversão.

divertir *vtd* **1** *DE UM FIM, OBJETIVO* distrair, desviar, afastar. *vtd+vpr* **2** distrair(-se), entreter(-se), recrear(-se). **A:** aborrecer(-se).

dívida *sf* **1** *Contab.* débito, obrigação, despesa. **A:** crédito. **2** obrigação, dever, compromisso.

dividendo *sm Com.* **1** lucro, ganho. **A:** prejuízo. **2** *Com.* quota, cota, parte.

dividir *vtd+vpr* **1** separar(-se), subdividir(-se), partir(-se). **Ex:** Dividimos o bolo em várias partes. **A:** unir(-se). *vtd+vi* **2** *Mat.* fazer uma divisão. **A:** multiplicar. *vtd* **3** demarcar, delimitar, limitar. **Ex:** Dividir um terreno. **4** indispor, desavir, malquistar. **Ex:** Dividir os amigos. **A:** conciliar. **5** repartir, partilhar, distribuir. **Ex:** Dividiram o prêmio entre os apostadores. *vpr* **6** discordar, divergir, dissentir. **Ex:** Dividiram-se as opiniões. **A:** concordar.

divinação *sf* **1** adivinhação, previsão, profecia. **2** pressentimento, intuição, palpite.

divinal V. divino.

divindade *sf DO SEXO MASCULINO* deus; *DO SEXO FEMININO* deusa, diva. **Ex:** Mercúrio é uma divindade romana; Afrodite é uma divindade grega.

divinizar *vtd* **1** considerar divino: endeusar. **Ex:** Os povos antigos divinizavam os fenômenos naturais. **2** *Fig.* enaltecer, exaltar, elevar. **Ex:** Ela divinizava o namorado. **A:** rebaixar.

divino *adj* **1** de Deus: divinal. **2** sobrenatural, celeste, celestial. **Ex:** Justiça divina. **A:** terreno. **3** excelente, perfeito, divinal. **Ex:** Fizemos uma refeição divina. **A:** ruim. **4** lindo, bonito, maravilhoso. **Ex:** Comprou um vestido divino. **A:** feio.

divisa *sf* **1** limite, fronteira, raia. **Ex:** A divisa de um Estado. **2** lema, mote, sentença. **Ex:** O lema de um partido. **3** *Mil.* venera, insígnia, distintivo. *sf pl* **4** *Econ.* reservas cambiais.

divisão *sf* **1** separação, subdivisão, partição. **A:** união. **2** *Mat.* **A:** multiplicação. **3** repartição, partilha, distribuição. **4** porção, parcela, parte. **5** discórdia, divergência, dissensão. **A:** união. **6** compartimento, repartição, seção. **Ex:** As divisões de uma gaveta. **7** e **8** V. divisória.

divisar *vtd* **1** avistar, entrever, distinguir. **Ex:** Divisou um vulto na neblina. **2** notar, perceber, observar. **Ex:** Divisar uma evidência.

divisória *sf* **1** linha divisória: divisão, limite, estrema. **2** tabique, divisão.

divorciar *vtd+vpr* **1** *Dir.* separar(-se). **Ex:** O casal divorciou-se. **A:** casar(-se). **2** desligar(-se), separar(-se), apartar(-se). **Ex:**

Divorciar uma coisa de outra; divorciou-se da vida pública. **A:** ligar(-se).

divórcio *sm* **1** *Dir.* separação. **2** desunião, separação, desligamento. **A:** união.

divulgar *vtd* **1** publicar, difundir, anunciar. **Ex:** A imprensa divulgou as notícias. *vtd+vpr* **2** propagar(-se), espalhar(-se), difundir(-se). **Ex:** Divulgaram nossas idéias em toda a escola; divulgou-se um boato na cidade.

dizer *sm* **1** palavra, expressão, dito. *vtd* **2** enunciar, pronunciar, proferir. **Ex:** Dizia palavras consoladoras. **3** afirmar, assegurar, garantir. **Ex:** Digo que sou inocente. **4** exprimir, expressar, manifestar. **Ex:** Disse seus temores. **5** determinar, prescrever, preceituar. **Ex:** A lei diz que isso é proibido. **6** recitar, declamar. **Ex:** Dizer versos. **7** *ORAÇÕES* entoar, proferir, rezar. **8** *MISSA* celebrar, realizar, praticar. *vtd+vti* **9** narrar, contar, expor. **Ex:** Diga o que aconteceu. *vi* **10** falar. **Ex:** Não sabíamos o que dizer. *vpr* **11** considerar-se, julgar-se, acreditar-se. **Ex:** Ela se diz a funcionária mais competente da empresa.

dízima V. dízimo.

dizimar *vtd* **1** exterminar, aniquilar, destruir. **Ex:** Uma praga dizimou os animais da fazenda. **2** *Fig.* diminuir, reduzir, desfalcar. **Ex:** A timidez dizima sua criatividade. **A:** aumentar.

dízimo *sm* **1** a décima parte: décimo, décima. **2** *IMPOSTO* dízima, décima.

diz-que-diz *sm, sing+pl* boato, falatório, mexerico, diz-que-diz-que.

diz-que-diz-que V. diz-que-diz.

dó *sm* **1** pena, compaixão, piedade. **A:** indiferença. **2** dor, tristeza, luto. **A:** alegria.

doação *sf* donativo, oferta, oferecimento, presente.

doar *vtd* **1** dar, oferecer, presentear. *vpr* **2** dedicar-se, aplicar-se, devotar-se.

dobar *vtd* enrolar, enovelar, anovelar. **Ex:** Dobar lã, fios. **A:** desenrolar.

dobra *sf* prega, ruga, vinco, carquilha.

dobrada *sf* quebrada, declive, encosta, vertente.

dobradiça *sf* gonzo, engonço.

dobradiço *adj* flexível, maleável, elástico. **A:** inflexível.

dobrado *part+adj* **1** duplicado, duplo, dobre. **2** corpulento, robusto, forte. **A:** franzino. **3** *Mil.* marcha.

dobrar *vtd+vi* **1** duplicar(-se). *vtd* **2** *ESQUINA* virar, contornar, quebrar. **3** dominar, vencer, domar. **Ex:** Dobrar a resistência de alguém. *vtd+vpr* **4** vergar(-se), curvar(-se), inclinar(-se). **A:** desdobrar(-se). **5** submeter(-se), sujeitar(-se), render(-se). *vi* **6** *SINO* soar, badalar, bater. **7** *PÁSSARO* gorjear, trinar, cantar.

dobre *sm* **1** toque (dos sinos). *adj m+f* **2** V. dobrado.

dobro *sm* **1** duplo. **2** duplicação, repetição.

doce *adj* **1** açucarado. **Ex:** Alimentos doces. **A:** azedo. **2** suave, ameno, delicado. **Ex:** Luz doce, cor doce. **A:** forte. **3** agradável, aprazível, benigno. **Ex:** Doce vida. **A:** duro. **4** meigo, terno, afetuoso. **Ex:** Pessoa doce. **A:** rude. **5** *Metal.* macio, brando, mole. **Ex:** Ferro doce.

doceira *sf* confeiteira.

docência *sf* exercício do cargo de professor: ensino, magistério, professorado.

docente *s m+f* **1** professor, educador, lente. *adj m+f* **2** relativo a professor. **A:** discente. * Corpo docente: professorado, professores *pl*.

dócil *adj m+f* **1** *PESSOA* submisso, maleável, flexível. **Ex:** Menina dócil, temperamento dócil. **2** *ANIMAL* manso, domesticado, domado. **A:** indócil (nas duas acepções).

documentar *vtd* **1** comprovar, provar, demonstrar, evidenciar (com documentos). **Ex:** Documentou suas declarações com atestados. **2** *Fig.* registrar. **Ex:** O pintor foi o primeiro a documentar os costumes dos índios.

documento *sm* **1** certidão, atestado, declaração. **2** *DE PROPRIEDADE* escritura, título. **3** comprovação, prova, demonstração. **Ex:** Suas notas são documento de sua inteligência. **4** *Fig.* registro. **Ex:** Seus desenhos são importantes documentos científicos.

doçura *sf* **1** qualidade de doce. **A:** acidez. **2** suavidade, amenidade, delicadeza. **A:** força. **3** meiguice, ternura, afetuosidade. **A:** rudeza.

dodói *sm* **1** *Inf.* dor. **2** *Inf.* doença, enfermidade, moléstia. **3** *Inf.* machucado, ferimento, lesão. *adj m+f* **4** *Inf.* doente, enfermo. **A:** saudável.

doença *sf* **1** enfermidade, moléstia, mal. **2** *Fig.* vício, mania. **Ex:** Sua obsessão por comida é uma verdadeira doença.

doente *s e adj m+f* **1** enfermo. *adj m+f* **2** enfermo, dodói *inf.* **A:** saudável. **3** fraco, enfermado, enfermiço. **A:** saudável. **4** *Pop.* apaixonado, fanático, maníaco. **Ex:** Ele é doente por aquele time de futebol. **A:** indiferente.

doentio *adj* **1** enfermiço, fraco, adoentado. **A:** saudável. **2** insalubre, mórbido, nocivo. **A:** saudável. **3** mórbido, patológico, excessivo. **Ex:** Ciúmes doentios.

doer *vi* **1** magoar, pesar. **Ex:** Dói vê-lo triste assim. *vpr* **2** melindrar-se, ressentir-se, magoar-se. **Ex:** Doeu-se da indiferença do amigo. **3** condoer-se, apiedar-se, compadecer-se. **Ex:** Doía-se do sofrimento alheio. **4** arrepender-se, arrepelar-se *fig.* **Ex:** Doeu-se de ter feito aquilo.

dogma *sm* preceito, norma, mandamento, prescrição. **Ex:** Os dogmas de uma doutrina.

dogmático *adj Fig.* sentencioso, catedrático, doutoral, pedante. **Ex:** Falar em tom dogmático.

doidaria V. doideira.

doideira *sf* **1** loucura, maluquice, insanidade. **A:** juízo. **2** excesso, exagero, abuso. **Ex:** É uma doideira o que ela gasta com os filhos. **3** leviandade, imprudência, insensatez. **A:** prudência. **Obs.:** Nas três acepções, também são sinônimos: *doidice* e *doidaria*.

doidejar *vi* **1** desvairar, desatinar, disparatar. **2** brincar, divertir-se, foliar. **Ex:** Ficaram doidejando no pátio. **3** errar, vagar, perambular. **Ex:** Doidejar pela cidade.

doidice V. doideira.

doidivanas *s m+f, sing+pl* estouvado, leviano, imprudente, desajuizado. **A:** prudente.

doido *sm+adj* **1** louco, maluco, demente. *adj* **2** insensato, imprudente, irrefletido. **Ex:** Atitude doida. **A:** sensato. **3** exagerado, excessivo, demasiado. **Ex:** Raiva doida. **A:** reduzido. **4** apaixonado, fanático, entusiasmado. **Ex:** É doido por música. **A:** indiferente.

doído *part+adj* **1** dolorido, dorido. **Ex:** Estou com os braços doloridos de tanto fazer força. **2** doloroso, pungente, lancinante. **Ex:** Essa injeção é muito doída. **3** *Fig.* magoado, sentido, consternado, dorido. **A:** consolado.

dolência *sf* mágoa, aflição, dor, tormento.

dolente *adj m+f* **1** doloroso, pungente, lancinante. **2** plangente, lamentoso, lamuriento. **Ex:** Música dolente. **A:** alegre.

dolo *sm Dir.* fraude, logro, má-fé, engano.

dolorido V. doído.

dolorosa *sf Gír.* conta, nota. **Ex:** Pedimos a dolorosa ao garçom.

doloroso *adj* **1** pungente, lancinante, doído. **Ex:** Mordida dolorosa. **2** angustiado, aflito, agoniado. **A:** consolado. **3** lastimável, lamentável, deplorável. **Ex:** Fatos dolorosos.

doloso *adj* fraudulento, falso, enganador, insidioso. **A:** honesto.

dom *sm* **1** presente, dádiva, donativo. **2** merecimento, mérito, capacidade. **Ex:** Venceu por seus próprios dons. **3** talento, aptidão, inclinação. **Ex:** Ter dom para as artes. **4** poder, virtude, predicado. **Ex:** Ela tem o dom de cativar a todos.

domar *vtd* **1** ANIMAIS domesticar, amansar. **2** subjugar, dominar, vencer. **Ex:** Domamos a sua rebeldia. *vtd+vpr* **3** refrear(-se), conter(-se), reprimir(-se). **Ex:** Domar os impulsos.

domesticar *vtd+vpr* **1** ANIMAIS amansar(-se). **2** civilizar(-se), educar(-se), polir(-se). **A:** asselvajar(-se).

doméstico *sm* **1** empregado, criado, servidor. *adj* **2** caseiro, familiar.

domiciliar *vtd* **1** hospedar, alojar, acolher. *vpr* **2** estabelecer-se, fixar-se, radicar-se. **Ex:** Domiciliou-se em São Paulo. *adj m+f* **3** domiciliário. **Ex:** Entrega domiciliar.

domiciliário V. domiciliar.

domicílio *sm* residência, moradia, habitação, morada.

dominação V. domínio.

dominador *adj m+f* **1** que domina: dominante. **2** autoritário, prepotente, mandão.

dominante *adj m+f* **1** V. dominador. **2** atuante, influente. **3** predominante, preponderante, principal. **Ex:** A característica dominante de sua personalidade é a agressividade.

dominar *vtd* **1** imperar sobre, subjugar, sujeitar. **Ex:** Ele domina os irmãos. **2** conter, refrear, controlar. **Ex:** Dominar os instintos. **3** sobressair, distinguir-se, ressaltar-se. **Ex:** Prédios altos dominam a paisagem da cidade. *vtd+vti* **4** preponderar, predominar, prevalecer. **Ex:** A crítica social domina nas obras deste escritor.

domingueiro *adj* TRAJE festivo, alegre, vistoso, enfeitado. **A:** simples.

domínio *sm* **1** poder, comando, dominação. **2** influência, ascendência, prestígio. **3** colônia, possessão. **Ex:** Os domínios de Portugal. **A:** metrópole. **4** DE ATUAÇÃO âmbito, campo, esfera. **Ex:** Os domínios da ciência. **5** alçada, competência, jurisdição. **Ex:** O domínio do ministério.

domo *sm Arquit.* cúpula, zimbório.

dona *sf* **1** proprietária, senhora, patroa. **2** dama, senhora. **3** esposa, mulher.

donaire *sf* **1** elegância, garbo, galhardia. **A:** deselegância. **2** enfeite, adorno, ornamento. **3** graça, gracejo, chiste.

donairoso *adj* **1** elegante, garboso, galhardo. **A:** deselegante. **2** engraçado, espirituoso, jocoso. **A:** desenxabido.

donativo *sm* **1** dom, dádiva, presente. **2** esmola, óbolo.

dono *sm* proprietário, senhor, possuidor, patrão.

donzel *sm Hist.* escudeiro, pajem.

donzela *sf* **1** virgem. **2** *Hist.* moça nobre.

dor *sm* **1** FÍSICA sofrimento. **2** MORAL sofrimento, pesar, pena. **A:** prazer. **3** dó, piedade, compaixão. **A:** indiferença. **4** remorso, arrependimento, contrição.

doravante *adv* de hoje em diante, de agora em diante. **Ex:** Doravante não darei mais atenção às suas lamentações.

dorido V. doído.

dormência *sf* **1** torpor, entorpecimento, adormecimento. **2** sonolência, soneira *pop*, modorra, dormideira.

dormente *adj m+f* **1** entorpecido, adormecido, insensível. **2** sonolento, modorrento. **A:** desperto. **3** calmo, tranqüilo, quieto. **4** estagnado, parado. **Ex:** Águas dormentes.

dormida *sf* pernoite.

dormideira V. dormência.

dormir *vi* 1 descansar, deitar-se, nanar *inf.* **A:** despertar. 2 bobear *pop*, cochilar *fam*, dormir no ponto *fam*. **Ex:** Dormiu e perdeu uma grande oportunidade. *vti* 3 fazer amor, transar *gír*, copular com.

dormitar *vi* cochilar.

dormitório *sm* quarto de dormir, aposento, alcova, camarinha.

dorso *sm* 1 *Anat.* costas *pl*, costado *pop*, lombo. 2 *DE OBJETOS EM GERAL* costas *pl*, reverso, verso; *DE LIVROS* lombada, lombo.

dosar *vtd* 1 dividir em doses. **Ex:** Dosar o remédio. 2 *Fig.* graduar, racionar, controlar.

dose *sf* quantidade, porção, parte, ração.

dossel *sm* baldaquim, sobrecéu, pálio, baldaquino.

dotar *vtd* 1 dar, doar, oferecer (dote). 2 favorecer, prendar, brindar. **Ex:** A Natureza o dotou de inteligência. 3 prover, munir, municionar. **Ex:** Dotar a empresa dos instrumentos necessários. **A:** desprover.

dote *sm* 1 bens *pl*, propriedade, posses *pl*. **Ex:** O dote da noiva. 2 *Fig.* qualidade, predicado, virtude. **Ex:** Tem o dote da simpatia.

dourar *vtd* 1 abrilhantar, realçar, embelezar. **Ex:** Seu talento dramático dourou a apresentação. 2 alegrar, divertir. **Ex:** Os bons momentos douram a vida. **A:** entristecer.

douto *adj* culto, erudito, sábio, letrado. **A:** inculto.

doutor *sm* 1 *Pop.* médico, clínico, terapeuta. 2 *Pop.* advogado, bacharel.

doutoral *adj m+f Pej.* pedante, pernóstico, sentencioso, categórico.

doutrina *sf* 1 ciência, disciplina, matéria. 2 teoria, sistema. 3 *Rel.* credo, cânones *pl*, preceitos *pl*. 4 sabedoria, saber, erudição. **A:** ignorância.

doutrinar *vtd* 1 ensinar, instruir, educar. 2 *Rel.* catequizar, evangelizar, apostolar. *vi* 3 *Rel.* pregar.

dozena V. dúzia.

draconiano *adj* severo, rigoroso, rígido, inflexível. **A:** brando.

dragão *sm* 1 *Mitol.* monstro. 2 *Gír.* pessoa feia: bofe *pop*, bagulho *gír*, canhão *gír*.

drama *sm* 1 *Teat.* peça. 2 *Fig.* desgraça, tragédia, desastre.

dramático *adj* comovente, patético, tocante, enternecedor.

drapear V. drapejar.

drapejar *vtd* 1 *TECIDO, ROUPA* drapear. *vi* 2 ondular, agitar-se, tremular. **Ex:** Drapejar ao vento.

drástico *adj* enérgico, violento. **Ex:** Medidas drásticas. **A:** brando.

dreno *sm NO SOLO* vala, fosso, rego, valeta.

driblar *vtd Fut.* fintar.

drible *sm Fut.* finta.

droga *sf* 1 *Farm.* medicamento, remédio, preparado. 2 *Farm.* ingrediente, substância. 3 entorpecente, narcótico, tóxico. 4 *Gír.* coisa imprestável: porcaria. 5 *Fig.* ninharia, mixaria, bagatela.

dubiedade *sf* 1 incerteza, indefinição, indeterminação. **A:** certeza. 2 hesitação, indecisão, vacilação. **A:** decisão. 3 ambigüidade, imprecisão, obscuridade. **A:** clareza.

dúbio *adj* 1 incerto, indefinido, vago. **A:** certo. 2 hesitante, indeciso, vacilante. **A:** decidido. 3 ambíguo, impreciso, equívoco. **A:** claro.

ducha *sf* 1 banho (de chuveiro). 2 *Fig.* bronca *pop*, repreensão, descompostura. **A:** elogio.

dúctil *adj m+f* 1 *MATERIAL* flexível, maleável, elástico. **A:** inflexível. 2 *PESSOA* dócil, submisso, obediente. **A:** indócil.

ducto *sm Anat.* canal, conduto, meato, *duto*.

duelar *vi+vpr* bater-se, lutar, combater, pelejar.

duelista *s m+f* espadachim *por ext.*

duelo *sm* luta, combate, batalha, peleja.

duende *sm* fantasma, espírito, espectro, assombração.

dueto *sm Mús.* duo.

dulcificar *vtd* 1 adoçar, adocicar, açucarar. **A:** amargar. 2 suavizar, amenizar, abrandar. **A:** agravar.

duo V. dueto.

duodécimo *num* décimo segundo.

dúplex V. dúplice.

duplicação *sf* dobro, repetição, renovação, reiteração.

duplicado V. duplo e duplicata.

duplicar V. dobrar.

duplicata *sf* cópia, traslado, reprodução, duplicado.

dúplice *num* 1 duplo, dobrado, dúplex. 2 *Fig.* fingido, falso, hipócrita. **A:** sincero.

duplicidade *sf Fig.* fingimento, falsidade, hipocrisia, dissimulação. **A:** sinceridade.

duplo *sm* 1 dobro. *num* 2 dobrado, duplicado, dúplice.

duração *sf* 1 conservação, permanência, persistência. 2 extensão. **Ex:** Qual a duração do filme?

duradouro *adj* durável, prolongado, constante, longo. **A:** passageiro.

durame *sm Bot.* parte mais dura da árvore: cerne, âmago, medula, *durâmen*.

durâmen V. durame.

durante *prep* 1 no espaço de. **Ex:** Durante três horas. 2 no decurso de. **Ex:** Durante o dia.

durar *vi* 1 conservar-se, manter-se, permanecer. **Ex:** Os alimentos duram mais na geladeira. 2 persistir, perdurar, continuar. **Ex:** Essa situação vai durar muito tempo. 3 existir, viver, subsistir. **Ex:** Apesar de muito doente, durou muitos anos.

durável V. duradouro.

dureza *sf* 1 rijeza, rigidez. **A:** moleza. 2 solidez, consistência. **A:** inconsistência. 3 energia, austeridade, severidade. **Ex:** A dureza da repreensão deixou-a envergonhada. **A:** brandura. 4 rigor, intensidade, inclemência. **Ex:** A dureza do inverno. **A:** suavidade. 5 dificuldade. **Ex:** A dureza da vida. **A:** facilidade. 6 severidade, implacabilidade, inflexibilidade. **Ex:** A dureza de uma lei. **A:** flexibilidade. 7 crueldade, insensibilidade, frieza. **Ex:** A dureza de sua alma revoltou a todos. **A:** sensibilidade. 8 falta de dinheiro: pindaíba *pop.*, quebradeira, lisura *gír.*

duro *adj* 1 rijo, rígido, teso. **A:** mole. 2 sólido, consistente, maciço. **A:** inconsistente. 3 enérgico, austero, severo. **Ex:** Foram palavras duras. **A:** brando. 4 rigoroso, intenso, inclemente. **Ex:** O duro inverno. **A:** suave. 5 difícil, pesado, penoso. **Ex:** Trabalho duro. **A:** fácil. 6 severo, implacável, inflexível. **Ex:** Lei dura. **A:** flexível. 7 cruel, insensível, frio. **Ex:** Coração duro. **A:** sensível. 8 *SOM* áspero, agudo, penetrante. **A:** suave. 9 quebrado, liso *gír*, pronto *pop.* **Ex:** Estou duro, não tenho um tostão no bolso. **A:** endinheirado.

duto V. ducto.

dúvida *sf* 1 hesitação, vacilação, indecisão. **Ex:** Estar em dúvida se fica em casa ou não. **A:** decisão. 2 ceticismo, descrença, incredulidade. **A:** crença. 3 suspeita, desconfiança, receio. **A:** confiança. 4 objeção, obstáculo, dificuldade. **Ex:** Levantar dúvidas.

duvidar *vti+vi* 1 hesitar, vacilar, titubear. 2 descrer, não acreditar. **Ex:** Duvidei das suas desculpas. **A:** crer em. 3 desconfiar de, suspeitar de, recear. **A:** confiar em.

duvidoso *adj* 1 dúbio, indefinido, indistinto. **Ex:** Explicação duvidosa. **A:** definido. 2 hesitante, vacilante, indeciso. **A:** resoluto. 3 suspeito, suspeitoso, equívoco. **Ex:** Levar uma vida duvidosa. 4 desconfiado, receoso, cabreiro. **Ex:** Está duvidoso de tanta honestidade. **A:** confiante. 5 improvável, incerto, hipotético. **A:** certo.

dúzia *sf* 1 dozena. *sf pl* 2 *Fam.* montão, porção, batelada. **Ex:** Ganhamos uma dúzia de presentes e não tínhamos onde guardá-los.

E

e *conj coord adit* **1** **Ex:** Água e ar; saímos e fomos ao cinema. *conj coord advers* **2** mas, contudo, porém. **Ex:** Pedi-lhe uma coisa e você fez outra. * E comercial: *ampersand* (&).

ébrio *sm+adj* **1** bêbado, bêbedo, embriagado. **A:** sóbrio. **2** viciado em bebida: beberrão, pau-d'água *pop*, cachaceiro. **A:** abstêmio. *adj* **3** *Fig.* extasiado, entusiasmado, arrebatado. **Ex:** Ébrio de prazer. **4** *Fig.* louco, alucinado, desvairado. **Ex:** Ébrio de raiva, de amor.

ebulição *sf* **1** fervura, efervescência. **Ex:** Ebulição da água. **2** *Fig.* agitação, alvoroço, inquietação. **A:** paz.

eclesiástico *sm* **1** padre, sacerdote, clérigo. *adj* **2** clerical. **A:** leigo.

eclipsar *vtd* **1** encobrir, tapar, esconder. **Ex:** O Sol eclipsou a Lua. **A:** descobrir. **2** ofuscar, sobrepujar, suplantar. **Ex:** Eclipsar os concorrentes. *vpr* **3** esconder-se, ocultar-se. **Ex:** A Lua eclipsou-se. **A:** aparecer. **4** desaparecer, fugir, sumir. **Ex:** Para não falar com ela, eclipsou-se. **A:** aparecer.

eclipse *sm Fig.* desaparecimento, sumiço, ausência, desaparição. **A:** aparecimento.

eclodir *vi* **1** *FLORES* desabrochar, abrir, rebentar. **2** aparecer, surgir, despontar. **A:** desaparecer.

écloga *sf Lit.* poesia pastoril, pastoral, idílio, égloga.

eclusa *sf* dique, barragem, represa.

eco *sm* **1** ressonância, reverberação, repercussão. **2** recordação, memória, lembrança. **Ex:** Ecos do passado. **3** fama, renome, reputação. **Ex:** Seus trabalhos deixaram eco. **A:** obscuridade.

ecoar *vtd* **1** repercutir, refletir, reproduzir. **Ex:** As paredes ecoavam as vozes. **2** repetir, reiterar, renovar. **Ex:** Os alunos ecoavam as palavras do professor. *vi* **3** ressoar, reverberar, repercutir. **Ex:** Os gritos ecoavam ao longe. **4** repercutir, soar, divulgar-se. **Ex:** A descoberta do cientista ecoou em todos os centros de pesquisa.

economia *sf* **1** parcimônia, poupança, frugalidade. **A:** desperdício. **2** organização, constituição, estrutura. *sf pl* **3** poupança *sing*, pé-de-meia *sing*, pecúlio *sing*. **Ex:** Gastar todas as economias.

econômico *adj* **1** parcimonioso, moderado, frugal. **Ex:** Pessoas econômicas. **A:** perdulário. **2** *PRODUTO* barato, acessível, em conta. **A:** caro.

economizar *vtd* poupar, amealhar, juntar, guardar. **A:** desperdiçar.

ecônomo *sm* mordomo, administrador.

ecumênico *adj* geral, universal, comum, coletivo. **A:** individual.

edema *sm Med.* inchaço, tumor, inchação, cisto.

éden *sm* paraíso terrestre.

edição *sf* publicação, impressão.

edícula *sf* **1** oratório, capela. **2** *PARA IMAGENS* nicho. **3** casinha, casinhola.

edificação *sf* **1** construção, elevação. **A:** demolição. **2** edifício, prédio, construção. **Ex:** As edificações da cidade. **3** instrução, educação, informação.

edificador V. edificante.

edificante *adj m+f* **1** exemplar, edificativo, edificador. **Ex:** Ações edificantes. **A:** imoral. **2** instrutivo, esclarecedor, informativo. **Ex:** Programa edificante.

edificar *vtd* **1** construir, erguer, levantar. **Ex:** Edificar um edifício, uma fortaleza. **A:** demolir. **2** instituir, criar, fundar. **Ex:** Edificar um grupo. **3** moralizar. **Ex:** Os padres edificam os fiéis. **A:** desmoralizar. *vtd+vpr*

4 instruir(-se), esclarecer(-se), ilustrar(-se). **Ex:** Os bons exemplos edificam.

edificativo V. edificante.

edifício *sm* prédio, construção, imóvel, edificação.

edil *sm Polít.* vereador.

edital *sm* aviso, anúncio, comunicado, comunicação (oficial). **Ex:** Lemos os editais do Ministério no jornal.

editar *vtd* publicar, imprimir, editorar.

edito *sm* decreto, lei, mandado, despacho.

édito *sm* ordem judicial (publicada em edital).

editorar V. editar.

educação *sf* **1** instrução, ensino, disciplina. **Ex:** A educação das crianças. **2** cortesia, gentileza, civilidade. **Ex:** Falta de educação. **A:** grosseria. **3** *DE ANIMAIS* adestramento, domesticação, amestramento.

educacional V. educativo.

educador *sm* professor, mestre, instrutor, preceptor. **A:** aluno.

educandário *sm* colégio, escola, ginásio, liceu.

educando *sm* aluno, estudante, discípulo, colegial.

educar *vtd* **1** ensinar, instruir, disciplinar. **Ex:** Educar os filhos. **2** *ANIMAIS* adestrar, domesticar, amestrar. *vpr* **3** instruir-se, polir-se, civilizar-se.

educativo *adj* **1** relativo à educação: educacional. **2** que educa: instrutivo, didático, pedagógico.

efeito *sm* **1** resultado, conseqüência, seguimento. **Ex:** Já podemos sentir os efeitos do treinamento. **A:** causa. **2** destino, fim, destinação. **Ex:** Usar alguma coisa para um certo efeito. **3** realização, execução, cumprimento. **Ex:** Levar a efeito. **4** eficiência, eficácia, força. **Ex:** Medidas de efeito. **A:** ineficiência. * Com efeito: efetivamente, realmente, verdadeiramente.

efemérides *sf pl* **1** diário *sing*, agenda *sing*, relatório *sing*. **2** *Astrol.* tábuas astronômicas.

efêmero *adj* passageiro, transitório, breve, fugaz. **A:** duradouro.

efeminado *sm+adj* **1** afeminado, maricas, fresco *vulg*. *adj* **2** frágil, delicado, fraco. **A:** robusto.

efeminar *vtd+vpr* **1** afeminar(-se). *vtd* **2** enfraquecer, debilitar, abater. **A:** fortalecer.

efervescência *sf* **1** ebulição, fervura. **Ex:** Efervescência de um líquido. **2** *Fig.* exaltação, excitação, entusiasmo. **A:** frieza. **3** *Fig.* comoção, abalo, perturbação.

efervescente *adj m+f* **1** fervente, fesvescente. **2** *Fig.* exaltado, excitado, entusiasmado. **A:** frio. **3** *Fig.* irascível, irritadiço, colérico. **A:** calmo.

efervescer *vi* **1** ferver. **2** *Fig.* exaltar-se, excitar-se, entusiasmar-se.

efetivar *vtd* **1** V. efetuar. *vtd+vpr* **2** *NO EMPREGO* fixar(-se), estabilizar(-se).

efetivo *adj* **1** positivo, real, verdadeiro. **Ex:** Proposta efetiva. **A:** negativo. **2** eficaz, eficiente, ativo. **A:** ineficaz. **3** *EMPREGADO, TRABALHO* permanente, fixo, estável. **Ex:** Professores efetivos. **A:** temporário.

efetuar *vtd* realizar, executar, efetivar, consumar.

eficácia *sf* eficiência, efeito, energia, força. **A:** ineficácia.

eficaz *adj m+f* eficiente, efetivo, enérgico, ativo. **A:** ineficaz.

eficiência *sf* **1** eficácia, efeito, energia. **A:** ineficiência. **2** *DE PESSOA* competência, capacidade, habilidade. **A:** ineficiência. **3** *Mec.* rendimento, produção. **Ex:** A eficiência do motor.

eficiente *adj m+f* **1** eficaz, ativo, enérgico. **2** *PESSOA* competente, capaz, hábil. **Ex:** Funcionário eficiente. **A:** ineficiente (nas duas acepções).

efígie *sf* imagem, figura, retrato, representação; *EM MOEDAS* cara, anverso.

eflúvio *sm* **1** vapor, emanação, exalação. **2** *Poét.* aroma, perfume, fragrância.

efundir *vtd* **1** derramar, verter, entornar. *vtd+vpr* **2** difundir(-se), espalhar(-se), propagar(-se). **Ex:** Efundir aromas.

efusão *sf* **1** derramamento. **2** difusão, propagação, espalhamento. **3** *Fig.* expansão, demonstração, manifestação. **Ex:** Efusão de alegria.

efusivo *adj* expansivo, extrovertido, comunicativo, espontâneo. **A:** fechado.

égide *sf* **1** escudo. **2** *Fig.* defesa, proteção, amparo. **3** patrocínio, apoio, favorecimento.

égloga V. écloga.

egoísmo *sm* individualismo, interesse. **A:** altruísmo.

egoísta *s e adj m+f* individualista, interesseiro. **A:** altruísta.

egrégio *adj* 1 ilustre, eminente, insigne. **A:** obscuro. 2 famoso, célebre, renomado. **A:** desconhecido.

egresso *sm* saída, retirada, partida. **A:** ingresso.

eia *interj* vamos! avante! adiante! coragem!

eira *sf* pátio, terreiro (para secagem de cereais e legumes). * Não ter eira nem beira: não ter onde cair morto, estar na miséria, ser muito pobre. **A:** estar nadando em dinheiro.

eis *adv* aqui está.

eiva *sf* 1 *EM VIDRO, LOUÇA* rachadura, trinca, greta. 2 *EM FRUTO PASSADO* mancha, nódoa. 3 *Fig.* defeito, imperfeição, falha. **A:** qualidade.

eivar *vtd* 1 manchar, enodoar. 2 *FISICAMENTE* contaminar, contagiar, infectar. **A:** descontaminar. 3 *MORALMENTE* corromper, perverter, viciar. **A:** regenerar. *vpr* 4 rachar-se, trincar, estalar. **Ex:** O copo eivou-se.

eixo *sm* 1 *Mec.* veio, árvore. 2 *Fig.* essência, substância, fundamento. **Ex:** O eixo de uma doutrina. 3 *Fig.* ponto principal: centro, núcleo. **Ex:** O eixo dos fatos. 4 *Fig.* apoio, sustentáculo, suporte. **Ex:** O eixo da sociedade é a lei.

ejacular *vtd* 1 *Fisiol.* jacular, lançar (esperma). 2 *QUALQUER LÍQUIDO* espirrar, jorrar, esguichar.

ejetar *vtd* expelir, expulsar, lançar, arremessar.

elaborar *vtd* 1 preparar, compor, fazer. **Ex:** Elaborar um dicionário. 2 pôr em ordem: ordenar, organizar, arranjar. **A:** desordenar. *vtd+vpr* 3 produzir, formar, fabricar. **Ex:** As abelhas elaboram o mel.

elasticidade *sf* flexibilidade, maleabilidade. **A:** rigidez.

elástico *adj* flexível, maleável, dúctil. **A:** rígido.

electrodo V. eletrodo.

electroímã V. eletroímã.

eléctron V. elétron.

elegância *sf* 1 fineza, refinamento, requinte. 2 *DAS FORMAS, DAS LINHAS* harmonia, proporção, simetria. 3 educação, gentileza, distinção. 4 *NO VESTIR* asseio, esmero, alinho. 5 garbo, graça, esbelteza. **A:** deselegância (nas cinco acepções).

elegante *adj m+f* 1 fino, refinado, chique. **Ex:** Festa elegante. 2 *COISA* harmonioso, proporcional, proporcionado. **Ex:** As linhas elegantes de um edifício. 3 educado, gentil, distinto. **Ex:** Foi muito elegante de sua parte não mencionar os mexericos. 4 bem-apessoado, bem-vestido, bem-posto. **Ex:** Uma moça elegante. 5 garboso, gracioso, esbelto. **Ex:** Porte elegante. **A:** deselegante (nas cinco acepções).

eleger *vtd* 1 *Polít.* escolher, votar em, nomear. **Ex:** Eleger um deputado. 2 escolher, preferir, optar por. **Ex:** Eleger uma carreira; elegeu esta cidade como seu lar.

eleição *sf* 1 *Polít.* escolha, votação, nomeação. **Ex:** A eleição do governador. 2 escolha, preferência, opção. 3 *Polít.* pleito. **Ex:** A eleição do ano passado foi muito disputada.

eleito *adj* 1 escolhido, nomeado, designado. 2 escolhido, preferido, predileto.

elementar *adj m+f* 1 rudimentar, simples, primário. **Ex:** Instrumentos elementares, idéias elementares. **A:** complexo. 2 básico, fundamental, essencial. **Ex:** Os componentes elementares de um sistema. **A:** secundário. 3 claro, compreensível, fácil. **A:** complicado.

elemento *sm* 1 *Quím.* substância. 2 *DE UM TODO* componente, ingrediente, parte. 3 *DE UM GRUPO* membro, componente. 4 ambiente, meio, esfera. **Ex:** Estar fora de seu elemento. 5 indivíduo, pessoa, sujeito. **Ex:** Elemento de alta periculosidade. 6 dado, informação, base. **Ex:** Não tenho elementos para formular uma teoria. *sm pl* 7 noções elementares: rudimentos, princípios, fundamentos. **Ex:** Os elementos de uma ciência.

elencar *vtd* listar, relacionar, enumerar, especificar.

elenco *sm* 1 lista, relação, índice. 2 artistas *pl*. **Ex:** O elenco de uma novela.

elétrico adj Fig. agitado, inquieto, nervoso, ativo. **A:** tranqüilo.

eletrizante adj m+f Fig. emocionante, encantador, arrebatador, palpitante. **A:** tedioso.

eletrizar vtd+vpr **1** DE ELETRICIDADE carregar(-se). **2** Fig. emocionar(-se), encantar(-se), arrebatar(-se). **Ex:** O filme eletrizou a platéia. **A:** entediar(-se).

eletrodo sm Eletr. , Eletrôn. e Fís. condutor metálico para entrada ou saída de corrente elétrica num sistema: elétrodo, electrodo.

elétrodo V. eletrodo.

eletroímã sm Fís. ímã que funciona por corrente elétrica: eletromagneto, electroímã.

eletromagneto V. eletroímã.

elétron sm Fís. uma das partículas do átomo: eléctron.

elevação sf **1** ascensão, subida, ascendência. **A:** descida. **2** construção, edificação. **Ex:** Elevação de um prédio. **A:** demolição. **3** DE PREÇO, VALOR, COTAÇÃO aumento, alta, majoração. **A:** baixa. **4** engrandecimento, exaltação, enaltecimento. **Ex:** O estudo proporciona a elevação da mente. **A:** aviltamento. **5** A UM CARGO promoção, ascensão. **6** altura, alto. **Ex:** Alguns pássaros voam a elevações espantosas. **A:** profundidade. **7** grandeza, nobreza, distinção. **Ex:** Elevação do espírito. **A:** vileza. **8** sublimidade, superioridade, excelência. **Ex:** Elevação do estilo. **A:** baixeza.

elevado sm **1** Constr. viaduto. part+adj **2** sublime, superior, excelente. **A:** baixo. **3** nobre, grande, grandioso. **Ex:** Sentimentos elevados. **A:** vil. **4** PREÇO, VALOR, COTAÇÃO alto, imódico. **A:** baixo.

elevar vtd+vpr **1** erguer(-se), levantar(-se), alçar(-se). **Ex:** Elevou os braços para pegar a bola; o avião elevou-se no ar. **A:** abaixar(-se). vtd **2** construir, edificar, erigir. **Ex:** Elevar um monumento. **A:** demolir. **3** PREÇO, VALOR, COTAÇÃO aumentar, majorar. **A:** reduzir. **4** engrandecer, exaltar, enaltecer. **Ex:** A caridade eleva o espírito. **A:** aviltar. **5** promover. **Ex:** O presidente elevou-o ao cargo de diretor. **6** VOZ levantar, erguer. **Ex:** Eleva a voz quando se enfurece. **A:** abaixar. vpr **7** PREÇO, VALOR, COTAÇÃO aumentar, subir, crescer. **A:** reduzir-se.

elidir V. eliminar.

eliminação sf **1** exclusão, supressão, elisão. **A:** inclusão. **2** assassinato, assassínio, aniquilamento. **3** desclassificação, desqualificação, reprovação. **4** banimento, expulsão, proscrição. **A:** admissão. **5** extinção, destruição.

eliminar vtd **1** excluir, suprimir, cortar, elidir. **Ex:** Eliminar os pontos desnecessários. **A:** incluir. **2** assassinar, matar, aniquilar. **Ex:** Os companheiros do bandido eliminaram as testemunhas. **3** CANDIDATOS, CONCORRENTES desclassificar, desqualificar, reprovar. **A:** classificar. **4** expelir, expulsar. **Ex:** A transpiração elimina as toxinas. **5** banir, expulsar, proscrever. **Ex:** Eliminar alguém do grupo. **A:** admitir. **6** extinguir, destruir, acabar com. **Ex:** O Ministério da Saúde pretende eliminar os focos da doença.

elisão V. eliminação.

elite sf nata, fina flor, escol, alta. **A:** ralé.

elixir sm bebida mágica: filtro.

elmo sm Ant. capacete, casco (de armadura).

elo sm **1** DE CORRENTE argola, anel, aro. **2** Bot. gavinha, mão. **Ex:** Os elos da trepadeira. **3** Fig. ligação, conexão, junção.

elocução sf **1** Ret. expressão, enunciação. **2** Ret. estilo.

elogiar vtd louvar, aplaudir, celebrar, exaltar. **A:** criticar.

elogio sm **1** louvor, aplauso, apologia. **A:** crítica. **2** Lit. discurso de louvor: apologia, panegírico.

elogioso adj que elogia: apologético, encomiástico, panegírico, laudatório. **Ex:** Discurso elogioso.

eloqüência sf **1** Ret. arte de bem falar: oratória, retórica. **2** facilidade para falar: loquacidade, verbosidade, facúndia. **3** persuasão, expressividade, convencimento. **Ex:** A eloqüência de suas palavras mudou a opinião de todos. **A:** dissuasão.

eloqüente adj m+f **1** que fala com facilidade: loquaz, verboso, facundo. **2** persuasivo, convincente, expressivo. **Ex:** Seu discurso foi bastante eloqüente. **A:** dissuasivo.

elucidar vtd **1** esclarecer, explicar, explanar. **Ex:** Elucidar um texto. vpr **2** informar-se, inteirar-se, perguntar. **Ex:** Elucidou-se sobre os documentos necessários.

elucidativo *adj* esclarecedor, explicativo, ilustrador.

elucubração V. lucubração.

ema *sf Ornit.* nhandu, nandu.

emaciar V. emagrecer.

emadeirar V. madeirar.

emagrecer *vtd, vi+vpr* emaciar(-se), definhar(-se), descarnar(-se), mirrar(-se). **A:** engordar.

emanação *sf* 1 eflúvio, vapor, exalação. 2 origem, procedência, proveniência.

emanar *vti* 1 exalar-se, disseminar-se, difundir-se de. **Ex:** Das flores emana um perfume delicioso. 2 originar-se, proceder, provir de. **Ex:** Seus terríveis pesadelos emanam de uma consciência pesada.

emancipar *vtd+vpr* 1 isentar(-se), eximir(-se), desobrigar(-se). **Ex:** Emancipar-se da tutela dos pais. 2 libertar(-se), livrar(-se), liberar(-se). **Ex:** Emancipar os escravos. **A:** prender(-se).

emaranhar *vtd* 1 embaraçar, enredar, enlear. **A:** desemaranhar. *vtd+vpr* 2 complicar(-se), intrincar(-se), confundir(-se). **Ex:** Nossa situação se emaranha cada vez mais. **A:** facilitar(-se).

emascular *vtd* 1 castrar, capar, desvirilizar. *vtd+vpr* 2 debilitar(-se), enfraquecer(-se), abater(-se). **A:** fortalecer(-se).

embaçadela *sf* 1 embaçamento. **A:** polimento. 2 engano, trapaça, tapeação *pop.*

embaçamento V. embaçadela.

embaçar *vtd+vpr* 1 embaciar, empanar(-se), vidrar(-se). **Ex:** Embaçar o vidro. **A:** polir(-se). *vtd* 2 ofuscar, eclipsar, sobrepujar. **Ex:** Sua beleza embaça a das outras concorrentes. 3 tapear *pop*, enganar, burlar.

embaciar *vtd+vi* 1 V. embaçar. *vtd* 2 ofuscar, sobrepujar, suplantar. **Ex:** Esta obra embacia as demais. 3 desonrar, macular, sujar. **Ex:** Essa atitude embacia o seu nome. **A:** enobrecer.

embainhar *vtd* 1 *ROUPA* abainhar, bainhar. 2 *ESPADA* guardar (na bainha). **A:** desembainhar (nas duas acepções).

embair *vtd* enganar, iludir, ludibriar, seduzir. **Ex:** Embair alguém com elogios.

embaixada *sf* 1 legação, representação, missão diplomática. 2 obrigação, encargo, incumbência.

embaixador *sm* 1 legado, representante diplomático. 2 emissário, mensageiro, delegado.

embaixo *adv* em lugar inferior a outro: abaixo. **Ex:** Suas coisas estão naquela prateleira, e as minhas um pouco abaixo. **A:** em cima. * Embaixo de: sob, abaixo de. **A:** em cima de.

embalagem *sf* 1 *ATO* empacotamento, acondicionamento. 2 *OBJETO* caixa, pacote. **Ex:** Leia as instruções da embalagem.

embalar *vtd* 1 ninar, acalentar. **Ex:** Embalava o bebê nos braços. 2 acondicionar, empacotar, embrulhar. **Ex:** Embalar um produto. **A:** desembalar. 3 *ARMA DE FOGO* carregar (com bala). 4 enganar, iludir, ludibriar. **Ex:** Seu discurso embalava a platéia. 5 impulsionar, impelir, impulsar. **Ex:** A descida embala o automóvel. *vtd+vpr* 6 balançar, balouçar, abalançar. **Ex:** Embalava o berço para a criança dormir; o mar embalava o navio; o barquinho embalava-se ao sabor das ondas.

embalo *sm* 1 balanço, balouço. 2 impulso, impulsão, ímpeto. 3 *Gír.* festa de embalo.

embalsamar *vtd+vpr* perfumar(-se), aromatizar(-se), aromar(-se).

embandeirar *vtd+vpr* 1 abandeirar(-se), enfeitar(-se), ornar(-se) (com bandeiras). *vtd* 2 enaltecer, engrandecer, elogiar. **A:** criticar.

embaraçar *vtd* 1 emaranhar, enredar, enlear. **Ex:** Embaraçar os fios. **A:** desembaraçar. 2 confundir, perturbar, atordoar. **Ex:** Tantas perguntas embaraçam o entrevistado. 3 complicar, intrincar, dificultar. **Ex:** O excesso de detalhes embaraça uma narrativa. **A:** facilitar. *vtd+vpr* 4 atrapalhar(-se), estorvar(-se), obstruir(-se). **Ex:** Isso vai embaraçar o processo. **A:** desobstruir(-se). 5 enrascar(-se), encrencar(-se) *gír*, complicar(-se). **A:** safar(-se).

embaraço *sm* 1 impedimento, estorvo, obstáculo. 2 hesitação, dúvida, indecisão. 3 confusão, perturbação, atrapalhação.

embaraçoso *adj* difícil, complicado, delicado, grave. **Ex:** Situação embaraçosa. **A:** fácil.

embarafustar *vti* irromper, precipitar-se, entrar, penetrar (violentamente). **Ex:** Embarafustar pela casa adentro.

embaralhar *vtd* 1 *CARTAS DO BARALHO* baralhar, misturar. **A:** desembaralhar. *vtd+vpr* 2 misturar(-se), confundir(-se), baralhar(-se). **Ex:** As imagens embaralhavam-se. **A:** diferenciar(-se).

embarcação *sf GRANDE* navio, barco, nau; *PEQUENA* bote, canoa, escaler; *A VAPOR* vapor, paquete.

embarcadiço *sm Náut.* marinheiro, marujo, navegante, marítimo.

embarcadoiro V. embarcadouro.

embarcadouro *sm Náut.* cais, desembarcadouro, *embarcadoiro*.

embarcar *vtd, vti, vi+vpr* pôr ou entrar em embarcação ou veículo. **Ex:** Os carregadores embarcaram as caixas no navio; embarcamos no trem, num avião; embarcou(-se) às dez horas e nunca mais o vimos. **A:** desembarcar.

embargar *vtd* 1 *Dir.* confiscar, apreender, arrestar. 2 impedir, tolher, estorvar. 3 conter, reprimir, suster. **Ex:** Embargar o choro. **A:** desembargar (acepções 1 e 2).

embargo *sm* 1 *Dir.* confisco, apreensão, arresto. **A:** desembargo. 2 impedimento, estorvo, obstáculo. **A:** desimpedimento.

embarrancar *vtd* 1 dificultar, embaraçar, atravancar. **Ex:** Embarrancar o caminho. *vpr* 2 encalhar, atolar-se, embaraçar-se. **Ex:** Embarrancaram-se numa situação muito difícil.

embarricar *vtd+vpr* fortificar(-se), defender(-se), proteger(-se) (com barricadas).

embarrigar *vi* engravidar, emprenhar, pejar.

embarrilar *vtd* 1 *Pop.* enganar, ludibriar, tapear *pop.* 2 atrapalhar, estorvar, tolher. **A:** ajudar.

embasamento *sm* 1 *Constr.* alicerce, fundação, base. 2 *Fig.* fundamento, rudimento, base. **Ex:** Embasamento científico.

embasar *vtd* 1 *Constr.* alicerçar, cimentar. 2 *Fig.* basear, fundamentar, apoiar. **Ex:** Embasou sua teoria em experiências adquiridas.

embasbacar *vtd, vi+vpr* pasmar(-se), admirar(-se), espantar(-se), assombrar(-se).

embate *sm* 1 choque, colisão, esbarrão. **Ex:** O embate das ondas contra os rochedos. 2 *Fig.* oposição, resistência, recusa. **Ex:** O embate da maioria impede a votação do projeto. **A:** apoio.

embater *vti, vi+vpr* chocar-se, colidir, bater, esbarrar.

embatucar V. embuchar.

embatumar *vtd* encher demais: abarrotar, empanturrar, atulhar, atestar. **A:** esvaziar.

embebedar *vtd+vpr* 1 embriagar(-se), inebriar(-se), alcoolizar(-se). 2 *Fig.* alucinar(-se), enlouquecer, desvairar. **Ex:** A raiva embebedou-o.

embeber *vtd* 1 absorver, sorver, chupar. **Ex:** A terra embebia a água da chuva. *vtd+vpr* 2 banhar(-se), molhar(-se), impregnar(-se). **Ex:** Embebia o algodão no medicamento e colocava sobre a ferida. 3 cravar(-se), fincar(-se), enterrar(-se). **Ex:** Embebeu a espada no peito do inimigo. *vpr* 4 introduzir-se, penetrar, infiltrar-se. **Ex:** A água embebia-se na areia. 5 entregar-se, dedicar-se, absorver-se. **Ex:** Embeber-se na leitura de um livro. 6 imbuir-se, encher-se, impregnar-se. **Ex:** Embeber-se de uma convicção.

embeiçar *vtd* 1 encantar, fascinar, maravilhar. **Ex:** A arte o embeiçava. **A:** aborrecer. *vpr* 2 apaixonar-se, enamorar-se, enrabichar-se. **Ex:** Embeiçou-se pela garota.

embelecer V. embelezar.

embelezar *vtd* 1 aformosear, aformosar, embelecer. **A:** enfear. *vtd+vpr* 2 enfeitar(-se), adornar(-se), ornamentar(-se). **A:** desenfeitar(-se). *vpr* 3 aformosear-se, aformosar-se. **A:** enfear-se.

embestar *vtd* 1 embrutecer, abrutalhar, bestificar. **A:** educar. *vi* 2 obstinar-se, teimar, insistir em. **A:** desistir de.

embevecer *vtd+vpr* extasiar(-se), enlevar(-se), encantar(-se), arrebatar(-se). **A:** desencantar(-se).

embezerrar *vi+vpr* 1 *Pop.* zangar-se, emburrar, amuar(-se). **A:** desembezerrar(-se). 2 *Pop.* embirrar, teimar, insistir.

embicar *vti* 1 estacar, parar, interromper-se. **Ex:** O orador sempre embicava naquele ponto do discurso. *vti+vi* **2** *CAVALGADU-RA* tropeçar, tropicar, topar. **Ex:** O cavalo embicou num tronco caído. *vti+vpr* **3** dirigir-se, encaminhar-se, ir para. **Ex:** Embicamos para a saída; embicar-se para casa.

embigo V. umbigo.

embirra V. embirração.

embirração *sf* **1** antipatia, ódio, aversão, embirra. **A:** simpatia. **2** teima, insistência, obstinação, embirra.

embirrar *vti* **1** antipatizar com, odiar, detestar. **A:** simpatizar com. **2** teimar, insistir, obstinar-se em. **A:** desistir de.

emblema *sm* **1** símbolo, alegoria, representação. **2** insígnia, distintivo, divisa *mil.*

emblemático *adj* simbólico, alegórico, metafórico, representativo.

embocadura *sf* **1** *Geogr.* desembocadura, foz, estuário. **2** tendência, propensão, inclinação. **Ex:** Embocadura para a matemática. **3** *Mús.* bocal, boquim. **Ex:** A embocadura da flauta.

embocar *vtd* **1** enfiar, introduzir, meter. **Ex:** O jogador embocou a bola na cesta. *vti* **2** entrar, penetrar, introduzir-se. **Ex:** Embocou pelo portão. **A:** sair.

embodegar V. abodegar.

embolar *vtd* **1** embaraçar, emaranhar, enredar. **A:** desembaraçar. *vi+vpr* **2** *Gír.* engalfinhar-se, pegar-se, atracar-se. **Ex:** Os dois discutiram e acabaram se embolando. **3** acotovelar-se, apinhar-se, aglomerar-se. **Ex:** A multidão se embolava na entrada do hotel.

embolorar *vtd+vi* abolorecer.

embolsar *vtd* **1** pagar a, satisfazer. **Ex:** Embolsar os credores. **2** reembolsar, indenizar, ressarcir. **Ex:** Embolsar os danos. **3** receber, ganhar. **Ex:** Embolsou sozinho o prêmio da loteria.

embolso *sm* **1** pagamento. **2** reembolso, indenização, ressarcimento. **3** recebimento, ganho.

embonecar *vtd+vpr* abonecar(-se), enfeitar(-se), adornar(-se), ornar(-se).

embora *adv* **1** atualmente usado como partícula expletiva: em boa hora. **Ex:** Ir embora. *conj subord* **2** ainda que, se bem que, conquanto. **Ex:** Saiu com os amigos,

embora estivesse doente. *prep* **3** apesar de, não obstante, a despeito de. **Ex:** Era generoso, embora a sua pobreza. *interj* **4** não importa! tanto faz! dá no mesmo!

emborcar *vtd, vi+vpr* **1** virar (de cabeça para baixo). *vtd* **2** entornar, beber, virar. **Ex:** Emborcar um copo de cerveja. **3** despejar, derramar, verter. **Ex:** Emborcar o líquido de um recipiente.

embornal V. bornal.

embornalar *vtd* **1** guardar, reter, manter (para si). **2** economizar, poupar, guardar. **A:** gastar.

emboscada *sf* **1** tocaia, cilada. **Ex:** Os soldados armaram uma emboscada para o exército inimigo. **2** armadilha, arapuca *fig*, ardil.

emboscar *vtd* **1** tocaiar, atocaiar. *vpr* **2** tocaiar.

embotar *vtd* **1** *INSTRUMENTO CORTANTE* cegar, desafiar. **A:** afiar. *vtd+vpr* **2** enfraquecer(-se), debilitar(-se), consumir(-se). **A:** fortalecer(-se). **3** insensibilizar(-se), desumanizar(-se). **A:** sensibilizar(-se).

embrandecer *vtd+vi* **1** abrandar, amolecer, amaciar(-se). **A:** endurecer. **2** comover(-se), enternecer(-se), sensibilizar(-se). **A:** empedernir(-se).

embranquecer *vtd* **1** branquear, alvejar. **A:** enegrecer. *vi+vpr* **2** branquear, branquejar, alvejar. **A:** enegrecer-se. **3** *CABELOS* encanecer.

embravecer *vtd, vi+vpr* **1** enfurecer(-se), irritar(-se), zangar(-se). **A:** acalmar(-se). *vi+vpr* **2** *MAR* agitar-se, encrespar-se, encapelar-se. **A:** serenar.

embrear *vtd+vi* *Autom.* engatar, engrenar. **Ex:** Embrear marcha a ré. **A:** desembrear.

embrenhar *vtd+vpr* **1** *NA MATA* esconder(-se), internar(-se), abrenhar(-se). *vpr* **2** concentrar-se, aplicar-se, absorver-se. **Ex:** Embrenhar-se nos estudos.

embriagado *part+adj* bêbado, ébrio, chumbado *pop*, alcoolizado. **A:** sóbrio.

embriagar *vtd+vpr* **1** embebedar(-se), inebriar(-se), alcoolizar(-se). **2** encantar(-se), enlevar(-se), arrebatar(-se). **A:** desencantar(-se).

embriaguez *sf* **1** bebedeira, pileque, porre *pop.* **A:** sobriedade. **2** encanto, enlevo, arrebatamento. **A:** desencanto.

embrião *sm* **1** *Med.* e *Zool.* germe, gérmen. **2** *Bot.* plântula, germe, gérmen. **3** *Fig.* início, origem, começo.

embrionário *adj Fig.* rudimentar, inicial, nascente, incipiente. **A:** desenvolvido.

embromação *sf* engano, tapeação *pop*, trapaça, embuste.

embromar *vtd* enganar, iludir, tapear *pop*, ludibriar.

embrulhada *sf* **1** *Fam.* confusão, desordem, trapalhada. **2** *Fam.* dificuldade, empecilho, problema. **3** *Fam.* rolo *pop*, banzé, quebra-pau *gír.*

embrulhar *vtd* **1** empacotar, embalar, enfardar. **Ex:** Embrulhar um presente. **A:** desembrulhar. **2** enrolar, dobrar, envolver. **Ex:** Embrulhar os lençóis para guardar. **A:** desembrulhar. **3** complicar, confundir, dificultar. **A:** facilitar. **4** *ESTÔMAGO* nausear, enjoar, indispor. **5** enganar, iludir, ludibriar.

embrulho *sm* **1** pacote, volume, fardo. **2** embaraço, dificuldade, embrulhada. **3** discussão, briga, bate-boca. **4** trapaça, tapeação *pop*, engodo.

embrutecer *vtd, vi+vpr* abrutalhar(-se), brutalizar(-se), asselvajar(-se), abrutar(-se). **A:** civilizar(-se).

embuçar *vtd+vpr* **1** cobrir o rosto até os olhos: rebuçar(-se). **2** disfarçar(-se), esconder(-se), encobrir(-se). **Ex:** Embuçava a sua ignorância com frases feitas. **A:** revelar(-se).

embuchar *vtd* **1** *PEÇAS* encaixar, embutir, justapor. **A:** desencaixar. *vi* **2** *DE COMIDA* fartar-se, encher-se, empanturrar-se. **3** emburrar, aborrecer-se, amuar-se. **A:** desemburrar. **4** calar-se, silenciar, embatucar. **Ex:** O réu embuchou e não quis declarar mais nada. **A:** falar.

embuço *sm* **1** parte da capa que cobre o rosto: rebuço. **2** dissimulação, disfarce, fingimento. **A:** franqueza.

emburrar *vi* amuar-se, zangar-se, embezerrar *pop*, aborrecer-se. **A:** desemburrar(-se).

emburricar *vtd* **1** enfeitiçar, encantar. **2** iludir, enganar, ludibriar.

embuste *sm* **1** trapaça, falcatrua, tapeação *pop.* **2** armadilha, cilada, ardil.

embusteiro *sm+adj* trapaceiro, farsante, impostor, fraudador.

embutir *vtd* **1** *PEÇAS* encaixar, adaptar, justapor. **2** *Marc.* marchetar, tauxiar. **3** *PEDRA PRECIOSA* engastar, encastoar, encravar. **A:** desembutir.

emenda *sf* **1** correção, conserto, retificação. **2** reforma, alteração, modificação. **3** remendo. **Ex:** O encanamento era velho e cheio de emendas. **4** *MORAL* correção, regeneração, reabilitação. **A:** degeneração. **5** *Tip.* correção.

emendar *vtd* **1** corrigir, consertar, retificar. **Ex:** O revisor emendou o texto. **2** reformar, alterar, modificar. **Ex:** Emendou o trabalho três vezes antes de entregá-lo. *vpr* **3** corrigir-se, regenerar-se, reabilitar-se. **Ex:** Era um mentiroso, mas depois emendou-se. **A:** degenerar-se.

ementa *sf* **1** apontamento, lembrete, nota. **2** resumo, sumário, súmula.

ementário *sm* agenda, caderneta.

emergência *sf* **1** emersão, subida, afloramento. **A:** imergência. **2** situação crítica: crise, dificuldade. **3** urgência, necessidade. **Ex:** Emergência médica. **4** incidente, ocorrência, circunstância. **5** *Astr.* aparecimento, nascimento. **Ex:** A emergência do Sol. **A:** ocaso.

emergir *vi* **1** vir à tona: subir, aflorar, assomar. **A:** imergir. **2** manifestar-se, aparecer, revelar-se. **Ex:** Seu talento para a música emergiu cedo. **A:** ocultar-se. **3** elevar-se, erguer-se, subir. **Ex:** O Sol emerge por trás das montanhas. **A:** descer.

emérito *adj* **1** perito, sábio, versado. **Ex:** Professor emérito. **2** aposentado, jubilado, reformado. **Ex:** Militar emérito.

emersão *sf* **1** emergência, afloramento, subida. **A:** imersão. **2** *Astr.* reaparição (depois de eclipse): eclipse.

emigrado V. emigrante.

emigrante *s e adj m+f* emigrado. **A:** imigrante.

emigrar *vi* mudar-se, partir, exilar-se, abdicar a pátria. **A:** imigrar.

eminência *sf* 1 altura, elevação, saliência. A: depressão. 2 distinção, importância, ilustração. A: obscuridade.

eminente *adj m+f* 1 alto, elevado, alçado. Ex: Lugar eminente. A: baixo. 2 distinto, importante, ilustre. Ex: Um eminente cientista visitou nossa empresa. A: obscuro.

emissão *sf* 1 expedição, envio, remessa. Ex: A emissão das mercadorias. 2 irradiação, emissão, difusão.

emissário *sm* mensageiro, enviado, embaixador, delegado.

emitir *vtd* 1 expedir, enviar, remeter. Ex: Emitimos os documentos pelo correio. 2 *LUZ* irradiar, lançar, difundir. Ex: O Sol emite raios luminosos. 3 *SONS* proferir, soltar, desprender. Ex: Emitir gritos. 4 *CHEIRO, GÁS* exalar, desprender, lançar. Ex: As flores emitiam um perfume indescritível. 5 *OPINIÃO, IDÉIA, PALAVRA* exprimir, enunciar, dizer.

emoção *sf* comoção, sensação, impressão, abalo.

emocional V. emotivo e emocionante.

emocionante *adj m+f* comovente, tocante, comovedor, emocional.

emocionar *vtd+vpr* comover(-se), impressionar(-se), sensibilizar(-se), enternecer(-se).

emoldurar *vtd* 1 enquadrar, moldurar, encaixilhar. Ex: Emoldurar uma pintura. 2 *AO REDOR DE ALGO* orlar, debruar, guarnecer. Ex: Festões coloridos emolduravam os pratinhos de doces. 3 *EM GERAL* adornar, enfeitar, ornamentar. Ex: Emoldurou a filha para a festa.

emolumento *sm* 1 gratificação, recompensa, retribuição. 2 ganho, lucro, proveito. 3 comissão, porcentagem, remuneração. 4 taxa, imposto, tributo.

emotivo *adj* sensível, emocional, impressionável, excitável. A: frio.

empacar *vi* 1 *CAVALGADURA* emperrar, parar. 2 *Fam.* parar, deter-se, estacar. Ex: O professor empacou no meio da explicação. A: continuar.

empachamento V. empacho.

empachar *vtd* 1 entupir, obstruir, abarrotar. A: desentupir. 2 atrapalhar, estorvar, embaraçar. A: ajudar. *vpr* 3 *DE COMIDA* empanturrar-se, encher-se, fartar-se.

empacho *sm* 1 entupimento, obstrução, empachamento. A: desentupimento. 2 estorvo, empecilho, embaraço, empachamento. A: ajuda.

empacotar *vtd* 1 embrulhar, embalar, acondicionar. A: desempacotar. *vi* 2 *Gír.* morrer, falecer, bater as botas *pop.* A: nascer.

empáfia *sf* orgulho, vaidade, altivez, soberba. A: humildade.

empalhar *vtd* 1 *Fig.* atrapalhar, estorvar, embaraçar. A: ajudar. 2 *Fig.* retardar, atrasar, demorar. A: acelerar.

empalidecer *vtd+vi* 1 *PESSOA* amarelar, descorar, amarelecer. A: corar. 2 *COISA* desbotar, descolorir, descorar. A: colorir.

empalmação *sf* 1 escamoteação. 2 furto, roubo, abafo *gír.*

empalmar *vtd* 1 escamotear, esconder, ocultar (na palma da mão). A: mostrar. 2 furtar, surrupiar, roubar.

empanar *vtd+vpr* 1 embaciar, embaçar(-se), deslustrar(-se). Ex: Sua respiração empanou o vidro da janela. A: polir(-se). *vtd* 2 ocultar, esconder, encobrir. Ex: A neblina empanava a saída do túnel. A: revelar.

empantanar *vtd* 1 alagar, inundar, encharcar. A: secar. *vpr* 2 atolar-se, afundar, enterrar-se (em pântano).

empanturrar *vtd* 1 encher, atulhar, atestar. *vtd+vpr* 2 *DE COMIDA* fartar(-se), encher(-se), empanzinar(-se). *vpr* 3 *Fig.* envaidecer-se, orgulhar-se, enfatuar-se. A: envergonhar-se.

empanzinar V. empanturrar.

empapar *vtd+vpr* ensopar(-se), encharcar(-se), abeberar(-se). A: secar(-se).

empapuçar-se *vpr* inchar, intumescer, estufar, tufar.

emparedar *vtd+vpr* enclausurar(-se), encerrar(-se), enclaustrar(-se), fechar(-se).

emparelhar *vtd* 1 unir, ligar, juntar. A: desunir. 2 *ANIMAIS* jungir, atrelar, engatar. A: desemparelhar. *vtd+vti* 3 igualar, equiparar, nivelar. Ex: A morte emparelha os homens, o pobre ao milionário. *vti* 4 igualar-se, assemelhar-se, equiparar-se a.

Ex: Isto emparelha com aquilo. *vti+vpr* rivalizar, ombrear, equiparar-se. **Ex:** Seus romances emparelham(-se) com as mais importantes obras literárias.

empastado *part+adj CABELO* grudado, colado, unido, pegado. **A:** solto.

empatar *vtd* **1** impedir, atrapalhar, estorvar. **Ex:** O funcionário empatou o nosso projeto. **A:** ajudar. **2** ocupar, tomar, exigir. **Ex:** A criação dos filhos empata o seu tempo. *vtd+vti* **3** *DINHEIRO* investir, empregar, aplicar. **Ex:** Empatamos todas as nossas economias na bolsa. *vti* **4** *Esp.* igualar. **Ex:** Meu time empatou com o seu. **A:** desempatar.

empavesar *vtd+vpr* **1** enfeitar(-se), adornar(-se), pavesar(-se). *vpr* **2** pavonear-se, exibir-se, ostentar-se.

empavonar V. pavonear.

empecer *vtd* **1** prejudicar, danificar, lesar. *vtd+vti* **2** impedir, dificultar, tolher. **Ex:** A falta de dinheiro empecia-lhe a mudança para um bairro melhor. **A:** facilitar.

empecilho *sm* impedimento, estorvo, obstáculo, dificuldade.

empeçonhar *vtd* **1** envenenar, intoxicar. **A:** desenvenenar. **2** *Fig.* corromper, perverter, viciar. **Ex:** Os maus hábitos o empeçonharam. **A:** regenerar.

empedernido *part+adj Fig.* duro, insensível, frio, desumano. **Ex:** Coração empedernido. **A:** sensível.

empedernir *vtd* **1** V. empedrar. *vtd+vpr* **2** tornar(-se) em pedra: petrificar(-se), lapidificar(-se). **3** *Fig.* insensibilizar(-se), desumanizar(-se), petrificar(-se). **Ex:** Seu coração empederniu-se após tantos anos de guerra. **A:** sensibilizar(-se).

empedrar *vtd* **1** calçar, pavimentar, calcetar. **Ex:** Empedrar as ruas. **2** endurecer, empedrar. **A:** amolecer. *vtd+vpr* **3** *Fig.* V. empedernir.

empenamento V. empeno.

empenar *vtd+vi* **1** entortar(-se), curvar(-se), deformar(-se). **Ex:** A umidade empenou a madeira; as vigas empenaram com o calor. *vtd+vpr* **2** emplumar(-se).

empenhamento V. empenho.

empenhar *vtd* **1** penhorar, hipotecar, endividar. **A:** desempenhar. **2** comprometer, obrigar. **Ex:** Empenhar a palavra. **A:** descom-

prometer. *vpr* **3** esforçar-se, diligenciar, batalhar para. **Ex:** Empenhou-se em conseguir aquele emprego. **4** endividar-se, obrigar-se, encalacrar-se. **A:** desendividar-se.

empenho *sm* **1** ato de empenhar: empenhamento. **A:** desempenho. **2** compromisso, promessa, obrigação. **3** esforço, aplicação, diligência. **A:** negligência. **4** interesse. **A:** desinteresse. **5** pistolão, cartucho *pop*, recomendação. **Ex:** Obteve o emprego graças ao empenho de um parente importante.

empeno *sm* **1** empenamento, deformação. **2** *Fig.* dificuldade, obstáculo, impedimento.

emperiquitar-se *vpr* embonecar-se, enfeitar-se, adornar-se, abonecar-se.

emperrar *vtd* **1** endurecer, entravar, encravar. **Ex:** A ferrugem emperrou a janela do quarto. *vi* **2** *CAVALGADURA* empacar, parar. **A:** desemperrar (nas duas acepções).

empertigar *vtd+vpr* **1** endireitar(-se), aprumar(-se). **Ex:** O soldado empertigou-se ao ver o sargento. *vpr* **2** envaidecer-se, ensoberbecer-se, presumir-se. **A:** envergonhar-se.

empestar V. empestear.

empestear *vtd* **1** empestar, pestear, infectar. **2** corromper, perverter, desmoralizar. **A:** regenerar.

empilhar *vtd* amontoar, acumular, apinhar, arrumar. **A:** desempilhar.

empinado *part+adj* **1** íngreme, escarpado, alcantilado. **A:** plano. **2** *ESTILO* empolado, pomposo, afetado. **A:** simples. **3** vaidoso, orgulhoso, altivo. **A:** humilde.

empinar *vtd+vpr* **1** erguer(-se), levantar(-se), alçar(-se). **A:** abaixar(-se). *vpr* **2** *ANIMAL* encabritar-se. **Ex:** O cavalo empinou-se.

empino *sm* **1** levantamento, ascensão, elevação. **A:** abaixamento. **2** vaidade, orgulho, altivez. **A:** humildade.

empipocar *vi* pipocar, rebentar, estalar, espocar. **Ex:** Os fogos de artifício empipocavam.

empírico *adj* prático, experimental. **A:** teórico.

emplastar V. emplastrar.

emplasto V. emplastro.

emplastrar *vtd emplastar*, cobrir, revestir (com emplastro).

emplastro *sm* 1 *Farm.* ungüento, *emplasto*, ingüento. 2 *Fig.* conserto mal feito: remendo, *emplasto*. 3 *Fig.* traste, inútil, imprestável, *emplasto*. **Ex:** Você é um emplastro, não ajuda em nada.

emplumar *vtd+vpr* 1 empenar(-se). *vpr* 2 gabar-se, vangloriar-se, pavonear-se. **A:** envergonhar-se.

empoar *vtd* 1 polvilhar, enfarinhar. *vtd+vpr* 2 empoeirar(-se). *vpr* 3 enfarinhar-se.

empobrecer *vtd, vi+vpr* 1 depauperar(-se), arruinar(-se). **A:** enriquecer. *vtd* 2 exaurir, esgotar, extenuar.

empoçar *vtd+vpr* atolar(-se), mergulhar, enterrar(-se), afundar (em poça).

empoeirar V. empoar.

empola V. ampola.

empolado *part+adj* 1 *MAR* encrespado, agitado, encapelado. **A:** bonançoso. 2 *ESTILO* pomposo, afetado, pretensioso. **A:** simples.

empolar-se *vpr* 1 *MAR* encrespar-se, agitar-se, encapelar-se. **A:** abonançar-se. 2 orgulhar-se, envaidecer-se, vangloriar-se. **A:** humilhar-se.

empoleirar-se *vpr* subir, trepar, encarapitar-se, ascender. **Ex:** Empoleirou-se no telhado. **A:** descer.

empolgante *adj m+f* emocionante, comovente, impressionante, tocante.

empolgar *vtd* 1 segurar, agarrar, pegar. **Ex:** Empolgou o guarda-chuva. **A:** soltar. 2 arrebatar, tomar, tirar. **Ex:** Empolgar algo que não lhe pertence. **A:** devolver. 3 emocionar, comover, impressionar. **Ex:** O filme empolgou a platéia. 4 atrair, fascinar, cativar. **Ex:** O desconhecido empolga a curiosidade humana.

empombar *vti Pop.* zangar-se, aborrecer-se, irritar-se, agastar-se. **Ex:** Empombar com alguém.

emporcalhar *vtd+vpr* 1 sujar(-se), enxovalhar(-se), manchar(-se). **A:** limpar(-se). *vpr* 2 degradar-se, rebaixar-se, desonrar-se. **A:** honrar-se.

empório *sm* 1 centro de comércio: mercado, entreposto. 2 armazém, mercearia, venda. 3 loja (grande).

empossar *vtd* 1 investir. **Ex:** Empossar um ministro. *vpr* 2 apoderar-se, apossar-se, apropriar-se de. **A:** desfazer-se de.

emprazar *vtd* 1 *Dir.* intimar, citar, notificar. 2 desafiar, provocar, instigar. **Ex:** Emprazou-o para que contasse a verdade.

empreendedor *adj* ativo, arrojado, dinâmico, trabalhador. **A:** inativo.

empreender *vtd* 1 *TAREFA DIFÍCIL* tentar, intentar, procurar. 2 executar, realizar, efetuar. **Ex:** Empreender uma viagem.

empreendimento *sm* 1 empresa, tentativa, cometimento. 2 execução, realização, efetuação.

empregado *sm* 1 funcionário. **Ex:** Os empregados da fábrica. 2 criado, servidor, doméstico. **Ex:** Na mansão há três empregados, além da governanta. **A:** empregador (nas duas acepções).

empregador *sm* 1 empresa, firma, companhia. 2 patrão, chefe. **A:** empregado (nas duas acepções).

empregar *vtd* 1 utilizar, usar, aproveitar. **Ex:** Empregar bem o seu tempo. 2 servir-se, utilizar-se de, usar. **Ex:** Emprega sutileza para conseguir o que quer. 3 *CAPITAL* investir, aplicar, inverter. **Ex:** Empregar dinheiro na bolsa de valores. *vtd+vpr* 4 colocar(-se). **Ex:** Empregou-se numa indústria. **A:** demitir(-se). *vpr* 5 ocupar-se, empenhar-se, dedicar-se.

emprego *sm* 1 utilização, uso, aplicação. 2 aproveitamento, proveito. 3 investimento, aplicação, inversão. 4 colocação, função, cargo.

empreita V. empreitada.

empreitada *sf* tarefa, trabalho, serviço, empreita.

emprenhar *vtd* 1 engravidar. *vi* 2 engravidar, pejar, embarriгar.

empresa *sf* 1 V. empreendimento. 2 firma, companhia, sociedade. **Ex:** Empresa comercial, industrial. 3 *Mil.* expedição, campanha, jornada.

empresar *vtd* 1 represar, reter, deter. 2 *Teat.* financiar, produzir, custear. **Ex:** Empresar um espetáculo.

emprestar *vtd* **1** ceder, conceder, entregar. **Ex:** Empreste-me sua tesoura. **2** *DINHEIRO* dar a juros.

empréstimo *sm* mútuo, suprimento.

emproado *part+adj* pretensioso, orgulhoso, presunçoso, vaidoso. **A:** modesto.

emproar *vtd* **1** *Náut.* abordar, atracar, achegar. *vtd+vti* **2** *Náut.* aproar. **Ex:** Emproou o barco na direção do vento. *vpr* **3** envaidecer-se, vangloriar-se, ensoberbecer-se. **A:** humilhar-se.

empubescer *vi+vpr* adolescer.

empulhar *vtd* **1** *Pop.* zombar de, ridicularizar, gozar de. **2** *Pop.* enganar, iludir, tapear *pop.*

empunhar *vtd* segurar, pegar, agarrar, tomar. **A:** soltar.

empurrão *sm* safanão, empuxão, tranco, empuxo.

empurrar *vtd* **1** impelir, compelir, empuxar. **A:** puxar. **2** impingir, pregar. **Ex:** O comerciante tentou empurrar-me uma mercadoria estragada.

empuxão V. empurrão.

empuxar *vtd* **1** V. empurrar. **2** induzir, forçar, arrastar. **Ex:** A necessidade o empuxava a mentir.

empuxo V. empurrão.

emudecer *vtd* **1** tornar mudo: calar, silenciar. **Ex:** A dúvida o emudeceu. *vi* **2** calar-se, silenciar, embuchar. **Ex:** O aluno emudeceu, pois não sabia a resposta. **A:** falar.

emulação *sf* **1** competição, rivalidade, antagonismo. **2** estímulo, incentivo, impulso. **A:** desestímulo.

emular *vti+vpr* competir, disputar, concorrer, rivalizar. **Ex:** Emular com alguém; os adversários emulavam-se.

êmulo *sm+adj* competidor, rival, adversário, concorrente. **A:** aliado.

emurchecer V. murchar.

enaltecer *vtd* elogiar, exaltar, engrandecer, elevar. **A:** criticar.

enamorar *vtd+vpr* **1** encantar(-se), entusiasmar(-se), enlevar(-se). **Ex:** A bela paisagem enamorou os viajantes. **A:** desencantar(-se). *vpr* **2** apaixonar-se, gamar *gír*, enrabichar-se. **Ex:** Enamorou-se da bela donzela.

encabeçar *vtd* **1** dirigir, chefiar, liderar. **Ex:** Encabeçar um movimento, uma revolução.

2 vir à frente de. **Ex:** O padre encabeçava a procissão.

encabrestar *vtd* *Fig.* dominar, sujeitar, subjugar, submeter.

encabritar-se *vpr* **1** *ANIMAL* empinar-se. **Ex:** O cavalo encabritou-se e derrubou o cavaleiro. **2** trepar, subir, alçar-se. **Ex:** Encabritou-se no muro para olhar o jardim. **A:** descer. **3** *Pop.* enfurecer-se, zangar-se, encolerizar-se. **A:** acalmar-se.

encabulado *part+adj* acanhado, tímido, envergonhado, embaraçado. **A:** desembaraçado.

encabular *vtd+vi* **1** inibir(-se), acanhar(-se), envergonhar(-se). **A:** desinibir(-se). *vtd* **2** aborrecer, chatear, amuar. **A:** divertir.

encadeação V. encadeamento.

encadeamento *sm* **1** conexão, ligação, encadeação. **2** série, sucessão, seqüência. **Ex:** Houve um encadeamento de fatos desagradáveis.

encadear *vtd* **1** acorrentar, agrilhoar, prender (com cadeia). **2** *IDÉIAS, PENSAMENTOS* coordenar, concatenar, ligar. **A:** separar.

encafifar *vtd+vi* **1** envergonhar(-se), encabular(-se), acanhar(-se). *vtd* **2** encasquetar, cismar, meter na cabeça. **Ex:** Quando encafifa que vai sair, ninguém consegue impedi-lo.

encafuar *vtd+vpr* **1** meter(-se) em cafua: entocar(-se), enfurnar(-se), encovar(-se). **Ex:** O coelho encafuou-se. **2** esconder(-se), ocultar(-se), encobrir(-se). **A:** mostrar(-se).

encaiporar *vtd* **1** tornar azarado: azarar, infelicitar. **A:** felicitar. *vpr* **2** tornar-se azarado: infelicitar-se.

encaixamento V. encaixe.

encaixar *vtd* **1** *PEÇAS* embutir, adaptar, justapor. **A:** desencaixar. **2** V. encaixotar.

encaixe *sm* **1** *ATO* encaixo, encaixamento. **2** encaixo, entalhe, cavidade. **3** junta, união, junção.

encaixilhar *vtd* emoldurar, moldurar, enquadrar.

encaixo V. encaixe.

encaixotar *vtd* colocar em caixa: encaixar. **A:** desencaixotar.

encalacrar *vtd+vpr* **1** enrascar(-se), complicar(-se), encrencar(-se) *gír*. **A:** safar(-se). **2**

endividar(-se), obrigar(-se). **A:** desencalacrar(-se).

encalçar *vtd* perseguir, acossar, seguir, caçar.

encalço *sm* **1** perseguição, acossamento, caça. **2** rastro, pista, pegada.

encalhação V. encalhe.

encalhamento V. encalhe.

encalhar *vtd+vi* **1** *Náut.* **A:** desencalhar. *vi* **2** parar, interromper-se, estagnar-se. **Ex:** Nosso plano encalhou logo na primeira etapa. **A:** prosseguir. **3** *MERCADORIA* não ter saída. **Ex:** Esses produtos encalharam, por isso estão com preço muito baixo. **4** *MULHER Pop.* ficar solteira, ficar para tia (ou titia). **A:** casar-se.

encalhe *sm* **1** encalhação, encalhamento. **Ex:** O encalhe dos produtos na loja; o encalhe do navio. **2** impedimento, obstáculo, estorvo. **3** paralisação, interrupção, estagnação. **Ex:** O encalhe de um processo. **A:** prosseguimento.

encalistramento *sm* vergonha, inibição, acanhamento, timidez. **A:** desembaraço.

encalistrar *vtd+vi* envergonhar(-se), inibir(-se), encabular(-se). **A:** desinibir(-se).

encalvecido *part+adj* **1** calvo, careca, escalvado. **2** *TERRENO* sem vegetação: escalvado, nu, árido.

encamar *vtd* **1** dispor em camadas: estratificar, acamar. *vi* **2** adoecer, enfermar, acamar. **A:** sarar.

encaminhar *vtd* **1** conduzir, dirigir, orientar. **Ex:** O funcionário encaminhou-o até a saída. **A:** desencaminhar. **2** *MORALMENTE, NO BOM CAMINHO* orientar, aconselhar, guiar. **Ex:** Os pais devem encaminhar os filhos. **A:** desencaminhar. **3** remeter, enviar, endereçar. **Ex:** Encaminharemos sua encomenda via correio. *vpr* **4** dirigir-se, ir. **Ex:** Encaminhou-se para a porta.

encampar *vtd* **1** *Dir. CONTRATO DE ARRENDAMENTO* rescindir, cancelar, anular. **2** *Dir.* restituir, devolver, entregar (por lesão de interesse). **3** esconder, ocultar, encobrir. **Ex:** Encampava o seu passado vergonhoso. **A:** revelar.

encanar *vtd* **1** canalizar. **Ex:** Encanar a água. **2** *Gír.* prender, encarcerar, deter. **Ex:** Encanaram o ladrão. **A:** libertar.

encandear *vtd* **1** ofuscar, cegar, deslumbrar. **Ex:** A luz do Sol encandeava-me. *vtd+vpr* **2** deslumbrar(-se), encantar(-se), maravilhar(-se). **A:** desencantar(-se).

encanecer *vi+vpr* **1** embranquecer (cabelos). **2** *Fig.* envelhecer. **A:** rejuvenescer.

encantador *sm* **1** mágico, mago, feiticeiro. *adj* **2** sedutor, cativante, fascinante. **A:** repulsivo. **3** maravilhoso, arrebatador, delicioso. **A:** desagradável.

encantamento *sm* **1** encanto, feitiço, magia, bruxaria. **2** encanto, maravilha, arrebatamento, delícia. **A:** desencantamento. **3** encanto, sedução, fascínio, atrativo. **A:** repulsa.

encantar *vtd* **1** enfeitiçar. **Ex:** O mágico encantou o príncipe. **2** seduzir, cativar, fascinar. **A:** horrorizar. *vtd+vpr* **3** maravilhar(-se), extasiar(-se), arrebatar(-se). **A:** desencantar(-se). **4** deliciar(-se), deleitar(-se), aprazer. **A:** desprazer.

encanto V. encantamento.

encantoar *vtd+vpr DO CONVÍVIO SOCIAL* segregar(-se), isolar(-se), afastar(-se), enclausurar(-se).

encanzinar *vtd+vpr* **1** enfurecer(-se), irritar(-se), zangar(-se). **A:** acalmar(-se). *vpr* **2** obstinar-se, teimar, insistir em. **A:** desistir de.

encapar *vtd* revestir, capear, envolver, vestir. **A:** desencapar.

encapelar *vtd, vi+vpr MAR* encrespar(-se), agitar(-se). **A:** abonançar(-se).

encapetado V. endiabrado.

encapetar-se V. endiabrar.

encapotar *vtd+vpr* **1** cobrir(-se). **A:** desencapotar(-se). *vtd* **2** esconder, disfarçar, encobrir. **A:** desencapotar. *vi+vpr* **3** *CÉU* anuviar-se, nublar-se, escurecer. **A:** desanuviar-se.

encaracolar *vtd+vpr CABELOS* enrolar(-se), encrespar(-se), frisar(-se), encarapinhar(-se). **A:** desencaracolar(-se).

encaramujar-se *vpr* **1** encolher-se, retrair-se, contrair-se. **A:** estirar-se. **2** entristecer-se, afligir-se, magoar-se. **A:** alegrar-se.

encarangar *vtd, vi+vpr* paralisar(-se), entorpecer(-se), entrevar(-se), adormecer. **A:** desentorpecer(-se).

encarapelar V. encarapinhar.

encarapinhar *vtd, vi+vpr* encrespar(-se), enrolar(-se), frisar(-se), encarapelar(-se), acarapinhar(-se). **A:** desencarapinhar(-se).

encarapitar-se *vpr* trepar, subir, empoleirar-se, *encarrapitar-se*. **Ex:** Encarapitou-se no muro. **A:** descer.

encarar *vtd* **1** enfrentar, afrontar, arrostar. **Ex:** Ele a encarava com um olhar indefinido; encaramos o perigo com coragem. **2** analisar, estudar, examinar. **Ex:** Encarar um assunto. *vti* **3** dar de cara: topar, deparar, encontrar com. **Ex:** Chegando ao teatro, encaramos com os vizinhos.

encarcerar *vtd* **1** prender, deter, encanar *gír.* **Ex:** Encarcerar um ladrão. **A:** libertar. *vtd+vpr* **2** isolar(-se), segregar(-se), enclausurar(-se). **Ex:** Encarcerou-se no quarto para pensar.

encardido *part+adj* **1** sujo, imundo, porco. **A:** limpo. **2** *Fig. ROSTO* carregado, carrancudo, fechado. **A:** alegre.

encardir *vtd, vi+vpr* sujar(-se), enxovalhar(-se), manchar(-se), tisnar(-se). **A:** limpar(-se).

encarecer *vtd+vi* **1** tornar(-se) caro. **A:** baratear. *vtd* **2** exagerar, avultar. **Ex:** Encareceu tanto a beleza do lugar, que pensamos tratar-se de um paraíso. **3** exaltar, enaltecer, louvar. **A:** criticar.

encarecimento *sm* **1** *DOS PREÇOS* alta, aumento, carestia. **A:** barateamento. **2** empenho, dedicação, interesse. **A:** desinteresse. **3** elogio, louvor, aplauso. **A:** crítica.

encargo *sm* **1** obrigação, incumbência, responsabilidade. **Ex:** Isto é encargo seu. **2** cargo, função, ocupação. **Ex:** Encargo público. **3** imposto, tributo, taxa. **Ex:** A empresa paga encargos sociais. **4** remorso, arrependimento, contrição.

encarnado *sm+adj* vermelho, rubro, escarlate.

encarnar *vtd* **1** avermelhar, vermelhar. **2** representar, interpretar. **Ex:** Esse ator já encarnou vários personagens históricos. **3** personificar, simbolizar, representar. **Ex:** Ela encarnou a luta de todos por um mundo melhor. *vti* **4** *Gír.* pegar no pé de *gír.*, implicar com, perseguir. *vti, vi+vpr* **5** *Teol.* humanizar-se, humanar-se, materializar-

se. **Ex:** Deus encarnou(-se) em Cristo; e o Verbo encarnou(-se). *vi* **6** *Espir.* nascer. **A:** desencarnar. *vi+vpr* **7** *FERIMENTO* cicatrizar-se, fechar-se, secar.

encarniçado *part+adj* **1** sangüinário, feroz, selvagem. **Ex:** Animais encarniçados. **A:** manso. **2** sangrento, cruento, sanguinolento. **Ex:** Batalha encarniçada. **A:** incruento. **3** intenso, veemente, violento. **Ex:** Disputa encarniçada. **4** obstinado, teimoso, pertinaz.

encarniçamento *sm* **1** fervor, fúria, furor. **Ex:** Combater com encarniçamento. **A:** frieza. **2** obstinação, teimosia, pertinácia. **3** rancor, ódio, animosidade. **A:** afeição.

encarniçar *vtd* **1** *ANIMAL* assanhar, açular, açodar. **2** *PESSOA* irritar, enfurecer, excitar. **A:** acalmar.

encarquilhar *vtd+vpr* enrugar(-se), engelhar(-se), preguear(-se), arrugar(-se). **A:** desencarquilhar(-se).

encarrancar *vi+vpr* *CÉU* anuviar-se, nublar-se, encobrir-se, toldar-se. **A:** desanuviar-se.

encarrapitar-se V. encarapitar-se.

encarregado *sm* **1** pessoa incumbida de um serviço: agente, representante, procurador. **2** quem comanda operários: chefe, capataz.

encarregar *vtd+vti* **1** incumbir de, delegar, encomendar. **Ex:** Encarregaram-no da compra dos equipamentos. **A:** desencarregar de. *vpr* **2** incumbir-se de, assumir, tomar. **Ex:** Encarregar-se de uma tarefa. **A:** desencarregar-se de.

encarreirar *vtd* **1** encaminhar, conduzir, dirigir. **A:** desencarreirar. **2** *MORALMENTE, NO BOM CAMINHO* orientar, aconselhar, guiar. **A:** desencaminhar. **3** enfileirar, alinhar. *vpr* **4** encaminhar-se, ir, dirigir-se.

encarrilar V. encarrilhar.

encarrilhado *part+adj* N e NE seguido, ininterrupto, sucessivo, consecutivo. **Ex:** Conversamos por três horas encarrilhadas.

encarrilhar *vtd+vi* **1** *Fer.* encarrilar. *vtd* **2** colocar no bom caminho moral: encaminhar, orientar, encarreirar. **A:** desencaminhar. *vi* **3** colocar-se no bom caminho moral. **A:** descarrilhar.

encartuchar *vtd* empacotar, embalar, ensacar, embrulhar. **Ex:** Encartuchar arroz, feijão. **A:** desempacotar.

encasquetar *vtd* encafifar, cismar, meter na cabeça. **Ex:** Quando encasqueta alguma coisa, ninguém o faz desistir.

encastelar *vtd+vpr* **1** fortificar(-se), acastelar(-se). **2** amontoar(-se), empilhar(-se), acumular(-se). **3** *DO CONVÍVIO SOCIAL* isolar(-se), afastar(-se), segregar(-se).

encastoar *vtd* engastar, encravar, embutir (pedras preciosas, etc.).

encasular *vtd+vpr* *Fig.* enclausurar(-se), segregar(-se), isolar(-se), fechar(-se). **Ex:** Encasulou-se numa fazenda, para meditar.

encavacar *vi* **1** *Fam.* emburrar, amuar-se, embezerrar *pop.* **A:** desemburrar-se. **2** inibir-se, acanhar-se, envergonhar-se. **A:** desinibir-se.

encavar *vtd* escavar, cavar.

encavilhar *vtd* **1** prender, segurar, apertar (com cavilha). **A:** soltar. **2** *PEÇAS* encaixar, embutir, adaptar. **A:** desencaixar.

encenar *vtd* **1** *Teat.* pôr em cena. **2** ostentar, exibir, mostrar. **Ex:** Encenar inteligência. **3** fingir, simular, dissimular.

encerado *sm* oleado, lona (impermeabilizada).

encerramento *sm* fim, conclusão, desfecho, término. **A:** começo.

encerrar *vtd* **1** conter, incluir, abranger. **Ex:** Este livro encerra vários assuntos. **2** concluir, terminar, acabar. **Ex:** Encerraremos nosso espetáculo com um coral. **A:** começar. *vtd+vpr* **3** enclausurar(-se), enclaustrar(-se), fechar(-se).

encerro *sm* **1** V. encerramento. **2** reclusão, retiro, clausura.

encetar *vtd* **1** começar, iniciar, principiar. **A:** concluir. *vpr* **2** estrear(-se). **Ex:** Encetou-se na carreira musical.

encharcadiço *adj* alagadiço, pantanoso, aguacento, encharcado. **A:** seco.

encharcar *vtd+vpr* **1** alagar(-se), inundar(-se), submergir(-se). **2** ensopar(-se), empapar(-se), abeberar(-se). **A:** secar(-se). *vpr* **3** atolar-se, afundar, enterrar-se (em charco). **4** embebedar-se, embriagar-se, inebriar-se.

enchente *sf* **1** cheia, inundação, alagamento. **2** excesso, demasia, exorbitância. **A:** escassez.

encher *vtd* **1** rechear, abarrotar, empanturrar. **Ex:** Encher uma caixa. **A:** esvaziar. **2** amolar, importunar, aborrecer. **Ex:** Não enche! **A:** agradar. *vtd+vpr* **3** cansar(-se) chatear(-se), entediar(-se). **Ex:** Encheu-se daquela conversa e saiu. **A:** divertir(-se). **4** impregnar(-se), saturar(-se), repassar(-se). **Ex:** O ar encheu-se de um perfume de rosas. *vpr* **5** *DE COMIDA* empanturrar-se, fartar-se, abarrotar-se. **6** tomar-se, possuir-se, ser invadido. **Ex:** Encher-se de raiva.

enchido *sm* chumaço, estofo, forra, entretela.

enchimento *sm* recheio, recheado.

enchova V. anchova.

enchumaçar *vtd* estofar, acolchoar, almofadar.

encíclico *adj* circular, redondo, orbicular.

encilhar *vtd* *CAVALGADURA* arrear, aparelhar.

encimar *vtd* **1** elevar, erguer, alçar. **A:** rebaixar. **2** coroar, arrematar, completar. **Ex:** Encimaram a capela com uma cruz de madeira.

enclaustrar V. enclausurar.

enclausurar *vtd* **1** aprisionar, confinar, encarcerar. **A:** libertar. *vtd+vpr* **2** *EM CLAUSURA* enclaustrar(-se), encerrar(-se), fechar(-se). **3** *DO CONVÍVIO SOCIAL* isolar(-se), afastar(-se), separar(-se).

encoberto *part+adj* **1** escondido, oculto, secreto. **A:** sabido. **2** desconhecido, incógnito, ignorado. **A:** conhecido. **3** *CÉU, TEMPO* escuro, nublado, fechado. **A:** claro.

encobrir *vtd* **1** esconder, ocultar, cobrir. **Ex:** Um véu encobria seu rosto; a neblina encobria a estrada. **A:** descobrir. **2** *ESCÂNDALO* abafar. **A:** revelar. **3** não contar, calar, ocultar, esconder. **Ex:** Encobrir um segredo, os próprios sentimentos. **A:** descobrir. **4** disfarçar, acobertar, mascarar. **Ex:** Encobriu a sua decepção para não ofendê-la. **A:** demonstrar. **5** *OBJETOS ROUBADOS* receptar, receber, recolher. *vi* **6** *CÉU, TEMPO* anuviar-se, nublar-se, carregar-se. **A:** descobrir.

encolerizar *vtd+vpr* enfurecer(-se), irritar(-se), zangar(-se), irar(-se). **A:** tranquilizar(-se).

encolha V. encolhimento.

encolher *vtd*, *vi+vpr* **1** contrair(-se), retrair(-se), estreitar(-se). **Ex:** Encolheu-se de frio. **A:** estirar(-se). **2** encurtar(-se), diminuir, reduzir(-se). **Ex:** A roupa encolheu após a lavagem. **A:** aumentar. **vpr 3** acanhar-se, retrair-se, intimidar-se. **A:** desinibir-se.

encolhimento *sm* **1** encolha, contração, retração. **A:** estiramento. **2** diminuição, redução. **A:** aumento. **3** acanhamento, retraimento, timidez. **A:** desembaraço.

encomenda *sf* **1** incumbência, encargo, obrigação. **2** *Com.* pedido, ordem. **Ex:** As encomendas serão atendidas se o estoque de mercadorias for suficiente. **3** *Com.* compra, aquisição. **Ex:** Gastamos muito com a encomenda de materiais de escritório. **A:** venda. **4** *POSTAL* pacote, embrulho, volume. **Ex:** Sua encomenda chegou.

encomendar *vtd* **1** incumbir de, encarregar de, delegar. **Ex:** Encomendaram-me a entrega do trabalho. **2** confiar, entregar, recomendar. **Ex:** Encomendaram as jóias ao policial. **3** *Com.* comprar, adquirir. **Ex:** Encomendar produtos. **4** *Rel.* orar, rezar por (uma alma).

encomiástico *adj* que louva: elogioso, laudatório, apologético, panegírico. **Ex:** Discurso encomiástico.

encômio *sm* elogio, louvor, gabo, aplauso. **A:** crítica.

encompridar *vtd* alongar, esticar, estirar, espichar. **A:** encurtar.

encontrada V. encontro.

encontrado *part+adj* **1** junto, unido, ligado. **Ex:** Sobrancelhas encontradas. **A:** separado. **2** contrário, oposto, desencontrado. **Ex:** Opiniões encontradas. **A:** concordante.

encontrão *sm* **1** choque, colisão, encontrada. **2** empurrão, safanão, tranco. **A:** puxão.

encontrar *vtd* **1** achar, deparar, topar com. **Ex:** Encontrei uma carteira na calçada. **A:** perder. **2** descobrir, achar, atinar com. **Ex:** Encontrar uma solução. **3** chocar contra, bater em, colidir com. **Ex:** Correu e encontrou um poste. *vpr* **4** chocar-se, bater, abalroar-se. **Ex:** Os dois veículos se encontraram violentamente. **5** estar, achar-se. **Ex:** Encontrar-se num lugar, em dificuldades.

encontro *sm* **1** choque, encontrão, batida. **2** briga, luta, duelo.

encorajar *vtd* animar, alentar, estimular, entusiasmar. **A:** desencorajar.

encordoamento *sm* cordas *pl.* **Ex:** O encordoamento do violão.

encorpado *part+adj* **1** corpulento, desenvolvido, forte. **A:** franzino. **2** consistente, forte, sólido. **A:** inconsistente. **3** grosso, espesso. **A:** fino.

encorpadura *sf* **1** consistência, força, solidez. **A:** inconsistência. **2** grossura, espessura. **A:** finura.

encorpar *vtd* **1** aumentar, ampliar, desenvolver. **Ex:** Encorpamos o texto, que era muito limitado. **A:** diminuir. *vtd, vi+vpr* **2** engrossar(-se), espessar(-se), condensar(-se). **Ex:** A massa encorpou(-se). **A:** rarefazer(-se). *vi+vpr* **3** crescer, aumentar, desenvolver-se. **A:** diminuir.

encorujar-se *vpr* **1** abandonar o convívio social: retrair-se, isolar-se, segregar-se. **2** entristecer, afligir-se, penalizar-se. **A:** alegrar-se. **3** *AVE* encolher-se, contrair-se, retrair-se (por causa do frio).

encoscorar *vtd+vpr* enrugar(-se), encarquilhar(-se), encrespar(-se), engelhar(-se). **A:** desencoscorar(-se).

encosta *sf* vertente, declive, pendor, quebrada. **Ex:** A encosta da montanha.

encostar *vtd* **1** aproximar, avizinhar, achegar. **Ex:** Não encoste no ferro, vai se queimar. **A:** afastar. **2** *PORTA, JANELA* fechar, cerrar. **A:** abrir. **3** abandonar, deixar, pôr de lado. **Ex:** Encostamos as roupas que saíram de moda. *vtd+vpr* **4** apoiar(-se), amparar(-se), escorar(-se). **Ex:** Encostou-se à parede para não cair. **A:** desencostar(-se). **5** recostar(-se), reclinar(-se), deitar(-se). **Ex:** Encostou a cabeça no travesseiro.

encosto *sm* **1** *DE CADEIRA, BANCO, ETC.*, espaldar, recosto, costas *pl.* **2** *Fig.* apoio, amparo, proteção.

encouraçado *sm+adj* *Náut.* couraçado.

encouraçar *vtd* couraçar, blindar, revestir.

encovado *part+adj* *OLHO* cavado, fundo.

encovar *vtd+vpr* **1** meter(-se) em cova: entocar(-se), encafuar(-se), enfurnar(-se). **2** esconder(-se), ocultar(-se), encobrir(-se). **A:** mostrar(-se).

encravação V. encravo.

encravadura V. encravo.

encravamento V. encravo.

encravar *vtd* 1 cravar, fincar, enterrar. **Ex:** Encravar um prego na parece. **A:** desencravar. 2 prender, fixar, segurar. **A:** desencravar. 3 *PEDRA PRECIOSA* cravejar, engastar, encastoar. **A:** desencravar. *vpr* 4 *Fig.* colocar-se em situação difícil: encrencar-se, enrascar-se, complicar-se, encravelhar-se *fig.* **A:** safar-se.

encravelhar-se V. encravar.

encravo *sm* ação de encravar: 1 encravamento, encravação, encravadura. **A:** desencravamento. 2 *Fig.* dificuldade, obstáculo, empecilho.

encrenca *sf* 1 *Gír.* dificuldade, embaraço, estorvo. 2 *Gír.* mexerico, fuxico, fofoca *pop.* 3 *Gír.* desordem, motim, altercação.

encrencar *vtd+vpr* 1 *Gír.* dificultar(-se), complicar(-se), intrincar(-se). **Ex:** A situação encrencou-se. **A:** facilitar(-se). 2 *Gír.* colocar(-se) em situação difícil: enrascar(-se), complicar(-se), embaraçar(-se). **A:** livrar(-se). *vi+vpr* 3 *Gír.* enguiçar. **Ex:** O motor encrencou(-se).

encrenqueiro *sm+adj Gír.* mexeriqueiro, fuxiqueiro, fofoqueiro *pop*, futriqueiro.

encrespar *vtd+vpr* 1 *CABELOS* enrolar(-se), encaracolar(-se), frisar(-se). **A:** desencrespar(-se). 2 enrugar(-se), preguear(-se), engelhar(-se). **A:** desencrespar(-se). 3 eriçar(-se), arrepiar(-se), ouriçar(-se). **Ex:** Os pêlos do gato encresparam-se quando o cachorro se aproximou. 4 *MAR* encapelar(-se), agitar(-se). **A:** abonançar(-se). *vpr* 5 alterar-se, irritar-se, enfurecer-se. **Ex:** Encrespa-se quando é contrariado. **A:** desencrespar-se.

encruar *vtd+vi* 1 endurecer, enrijar(-se), enrijecer(-se). **A:** amolecer. 2 *Fig.* V. encrudelecer.

encrudelecer *vtd, vi+vpr* 1 empedernir(-se), insensibilizar(-se), encruar. **A:** sensibilizar(-se). *vpr* 2 irritar-se, enfurecer-se, zangar-se. **A:** acalmar-se.

encruzilhada *sf* cruzamento, entroncamento.

encubar *vtd* envasilhar, envasar (vinho, em cubas).

encurralar *vtd* cercar, sitiar, assediar. **Ex:** Encurralar o inimigo.

encurtar *vtd* 1 diminuir, reduzir, encolher. **A:** encompridar. 2 limitar, restringir, reduzir. **Ex:** Encurtar despesas. **A:** aumentar. 3 resumir, abreviar, sintetizar. **Ex:** Encurte o discurso para não aborrecer os convidados. **A:** desenvolver.

encurvar *vtd+vpr* 1 curvar(-se), dobrar(-se), arquear(-se). **A:** endireitar(-se). 2 *Fig.* humilhar(-se), rebaixar(-se), abater(-se).

endefluxar-se *vpr* resfriar-se, gripar-se, constipar-se *pop*.

endemoninhado V. endiabrado.

endemoninhar *vtd* 1 endiabrar. *vtd+vpr* 2 enfurecer(-se), irritar(-se), encolerizar(-se). **A:** tranqüilizar(-se).

endentar *vtd Mec.* engrenar, engranzar, entrosar, engrazar. **A:** desengrenar.

endereçar *vtd* 1 sobrescritar, sobrescrever. **Ex:** Endereçou o envelope e selou-o. 2 expedir, enviar, remeter. **Ex:** Endereçamos o requerimento ao diretor. *vpr* 3 dirigir-se, ir, encaminhar-se para.

endereço *sm* 1 sobrescrito. 2 *Por ext.* residência.

endeusado *part+adj* vaidoso, orgulhoso, presunçoso, soberbo. **A:** humilde.

endeusamento *sm* 1 *Fig.* exaltação, louvor, glorificação. **A:** rebaixamento. 2 encanto, êxtase, enlevo. **A:** desencanto. 3 vaidade, orgulho, presunção. **A:** humildade.

endeusar *vtd* 1 considerar divino: divinizar. 2 *Fig.* exaltar, enaltecer, louvar. **A:** rebaixar. *vtd+vpr* 3 encantar(-se), extasiar(-se), enlevar(-se). **A:** desencantar(-se). *vpr* 4 envaidecer-se, orgulhar-se, ensoberbecer-se. **A:** humilhar-se.

endez V. indez.

endiabrado *part+adj* 1 diabólico, demoníaco, endemoninhado. **A:** angelical. 2 travesso, levado, encapetado. **A:** comportado. 3 furioso, zangado, raivoso. **A:** calmo. 4 mau, terrível, medonho.

endiabrar *vtd* 1 endemoninhar. *vtd+vpr* 2 enfurecer(-se), zangar(-se) enraivecer(-se). **A:** acalmar(-se). *vpr* 3 encapetar-se.

endinheirado *part+adj* rico, abastado, opulento, milionário. **A:** pobre.

endinheirar *vtd+vpr* enriquecer. **A:** empobrecer.

endireitar *vtd* **1** corrigir, consertar, retificar. **2** arrumar, ordenar, arranjar. **A:** desarrumar. *vtd+vpr* **3** desencurvar(-se), desentortar(-se). **A:** encurvar(-se). *vi+vpr* **4** corrigir-se, regenerar-se, reabilitar-se. **A:** degenerar-se.

endividar *vtd* **1** penhorar, empenhar, hipotecar. **A:** desempenhar. *vtd+vpr* **2** obrigar(-se), encalacrar(-se). **A:** desendividar(-se).

endoidar *vtd+vi* enlouquecer, endoidecer, adoidar(-se), desvairar(-se).

endoidecer V. endoidar.

endosperma *sm Bot.* albume, albúmen.

endossamento V. endosso.

endossar *vtd* **1** *Com.* abonar, garantir, avalizar. **2** apoiar, aprovar, aplaudir. **Ex:** Endossamos sua decisão. **A:** reprovar.

endosso *sm* **1** *Com.* endossamento, abono, garantia, aval. **2** apoio, aprovação, aplauso. **A:** reprovação.

endurecer *vtd, vi+vpr* **1** enrijecer(-se), enrijar(-se), encruar. **A:** amolecer. **2** insensibilizar(-se), empedernir(-se), desumanizar(-se). **A:** sensibilizar(-se).

endurecimento *sm* **1** enrijecimento. **A:** amolecimento. **2** dureza, frieza, insensibilidade. **A:** sensibilidade. **3** teimosia, obstinação, persistência. **4** *Med.* tumor, cisto, calo (duro).

enegrecer *vtd, vi+vpr* **1** escurecer(-se), denegrir(-se). **A:** clarear. *vtd* **2** caluniar, desacreditar, difamar. **A:** elogiar.

energia *sf* **1** força, potência. **Ex:** Energia nuclear. **2** *MORAL* firmeza, decisão, força. **Ex:** Agir com energia. **A:** fraqueza. **3** eficácia, eficiência, virtude. **Ex:** A energia das medidas econômicas. **A:** ineficácia. **4** vigor, ânimo, disposição. **Ex:** Energia para o trabalho. **A:** desânimo. **5** vivacidade, atividade, prontidão. **A:** vagareza.

enérgico *adj* **1** vigoroso, caloroso, veemente. **A:** brando. **2** firme, decidido, forte. **A:** fraco. **3** eficaz, eficiente, virtuoso. **A:** ineficaz.

energúmeno *sm* **1** possesso, possuído (pelo demônio). **2** *Pop.* imbecil, idiota, tonto.

enervar *vtd+vpr* **1** enfraquecer(-se), debilitar(-se), abater(-se). **A:** fortalecer(-se). **2** irritar(-se), amolar(-se), aborrecer(-se).

enevoar *vtd+vpr* **1** nublar(-se), anuviar(-se), encobrir(-se). **A:** desenevoar(-se). **2** embaçar, embaciar, empanar(-se). **A:** polir(-se). **3** entristecer, afligir(-se), magoar(-se). **A:** alegrar(-se).

enfadamento V. enfado.

enfadar *vtd+vpr* **1** entediar(-se), aborrecer(-se), enfastiar(-se), enfarar(-se). **A:** desenfadar(-se). **2** incomodar(-se), enfastiar(-se), amolar(-se), importunar(-se). **A:** deliciar(-se).

enfado *sm* **1** tédio, aborrecimento, fastio, enfaro. **A:** desenfado. **2** incômodo, amolação, chateação. **A:** delícia.

enfadonho *adj* **1** tedioso, aborrecido, maçante. **A:** divertido. **2** incômodo, importuno, chato *pop.* **A:** agradável.

enfaixar *vtd* **1** embrulhar, enrolar, envolver. **2** ligar, atar, amarrar. **A:** desenfaixar (nas duas acepções).

enfarar V. enfadar.

enfardar *vtd* embrulhar, embalar, empacotar, entrouxar. **A:** desenfardar.

enfarinhar *vtd* **1** polvilhar, empoar, farinar. *vpr* **2** empoar-se.

enfaro V. enfado.

enfartamento V. enfarte.

enfartar *vtd* **1** obstruir, entupir, tapar. **A:** desobstruir. *vtd+vpr* **2** *DE COMIDA* empanturrar(-se), fartar(-se), encher(-se).

enfarte *sm* **1** obstrução, entupimento, enfartamento. **A:** desobstrução. **2** *Med.* infarto, infarte.

ênfase *sf* **1** relevo, destaque, realce. **Ex:** Dar ênfase. **2** *NO FALAR* afetação, pedantismo, presunção. **A:** naturalidade. **3** ostentação, exibição, alarde. **A:** simplicidade.

enfastiadiço *adj* tedioso, enfadonho, aborrecido, maçante. **A:** divertido.

enfastiar V. enfadar.

enfático *adj* **1** destacado, acentuado. **2** afetado, pedante, pretensioso. **Ex:** Estilo enfático. **A:** natural.

enfatiotar-se *vpr* caprichar, esmerar-se, apurar-se, aprimorar-se (no vestir). **A:** relaxar.

enfatizar *vtd* salientar, destacar, realçar, evidenciar.

enfatuado *adj* orgulhoso, vaidoso, presumido, soberbo. **A:** humilde.

enfatuar *vtd+vpr* orgulhar(-se), envaidecer(-se), ensoberbecer(-se), desvanecer (-se). **A:** humilhar(-se).

enfear V. afear.

enfeitar *vtd+vpr* adornar(-se), ornar(-se), adereçar(-se), embelezar(-se). **A:** desenfeitar(-se).

enfeite *sm* adorno, ornamento, adereço, ornato.

enfeitiçar *vtd* 1 encantar. **Ex:** A bruxa enfeitiçou a princesa. 2 cativar, seduzir, fascinar. **Ex:** A doçura da garota o enfeitiçou. **A:** repelir.

enfeixar *vtd* 1 juntar, reunir, ajuntar. **A:** separar. 2 embrulhar, enfardar, entrouxar. **A:** desembrulhar.

enfermar *vi* cair doente: adoecer, acamar, encamar, achacar-se. **A:** curar-se.

enfermiço *adj* doentio, fraco, adoentado, valetudinário. **A:** saudável.

enfermidade *sf* doença, moléstia, mal.

enfermo *sm* 1 doente. **Ex:** O médico examinou o enfermo. *adj* 2 doente, débil, adoentado. **Ex:** A menina está enferma. **A:** saudável.

enferrujar *vtd, vi+vpr* oxidar(-se). **A:** desenferrujar(-se).

enfezado *part+adj* 1 raquítico, magro, delinquido *pop*. **A:** desenvolvido. 2 irritado, zangado, aborrecido. **A:** calmo.

enfezar *vtd+vpr* 1 definhar, mirrar, emagrecer. **A:** desenvolver(-se). *vtd+vpr* 2 irritar(-se), zangar(-se), aborrecer(-se). **A:** acalmar(-se).

enfiada *sf* 1 coisas atravessadas pelo mesmo fio: fiada, fieira. **Ex:** Na estrada, víamos pescadores com enfiadas de peixes. 2 fila, fileira, linha.

enfiar *vtd* 1 introduzir, colocar, meter. **Ex:** Enfiar a linha no buraco da agulha; enfie a mão na caixa e sorteie um número. 2 *CONTAS, ETC.*, engranzar, engrazar. 3 *ROUPA* vestir, pôr, colocar; *SAPATOS* calçar, pôr. **A:** tirar. 4 *COM FLECHA, ESPADA, LANÇA* traspassar, varar, atravessar.

enfileirar *vtd* 1 alinhar, encarreirar. *vi+vpr* 2 alinhar(-se).

enfim *adv* afinal, finalmente, no final, por fim.

enfivelar V. afivelar.

enflorar *vtd, vi+vpr* 1 florir, florescer, florear. **Ex:** Mandou enflorar o jardim; o campo enflorou(-se) na primavera. *vtd* 2 enfeitar, adornar, ornamentar. **A:** desenfeitar.

enfocar *vtd* 1 *Fot.* pôr em foco: focalizar, focar. 2 *Fig.* evidenciar, destacar, salientar. **Ex:** O livro enfoca a história do Brasil no século passado.

enfoque *sm* ponto de vista.

enforcar *vtd+vpr* 1 estrangular(-se), esganar(-se), afogar(-se). *vtd* 2 *Gír. TRABALHO, AULA* faltar a, matar *gír*.

enfraquecer *vtd, vi+vpr* abater(-se), debilitar(-se), consumir(-se), enervar(-se). **A:** fortalecer(-se).

enfrear *vtd* 1 pôr freio a. **A:** desenfrear. 2 reprimir, refrear, conter. **Ex:** Enfrear os impulsos. **A:** desenfrear. 3 *Autom.* frear, brecar. *vpr* 4 controlar-se, moderar-se, comedir-se. **A:** desenfrear-se.

enfrentar *vtd* 1 encarar, afrontar, defrontar. **Ex:** Enfrentar as dificuldades; o caçador enfrentou a fera. **A:** fugir de. 2 *Esp.* disputar, concorrer, rivalizar com. **Ex:** Seu time enfrentou o meu domingo passado. *vtd+vti* 3 estar em frente de: defrontar com, confrontar com. **Ex:** Minha casa enfrenta um edifício alto.

enfronhar *vtd* 1 *TRAVESSEIRO, ALMOFADA* revestir, vestir, encapar. **A:** desenfronhar. 2 vestir, enroupar. **A:** desenfronhar. *vtd+vpr* 3 instruir(-se), educar(-se), doutrinar(-se). *vpr* 4 informar-se, inteirar-se. **Ex:** Enfronhar-se de um assunto.

enfumaçar *vtd* enfumar, enfumarar, sujar, cobrir (com fumaça).

enfumar V. enfumaçar.

enfumarar V. enfumaçar.

enfunar *vtd+vpr* 1 *DE VENTO* inflar(-se), encher(-se), retesar(-se). **Ex:** As velas do navio enfunaram-se. 2 envaidecer(-se), orgulhar(-se), ensoberbecer(-se). **A:** humilhar(-se).

enfurecer *vtd+vpr* 1 encolerizar(-se), irritar(-se), irar(-se). **A:** acalmar(-se). *vpr* 2 *MAR* encapelar-se, encrespar-se, agitar-se. **A:** abonançar-se. 3 *VENTO, VENTANIA* começar súbita e violentamente: desencadear-se, irromper, rebentar.

enfurecido *part+adj* **1** furioso, irritado, colérico. **A:** calmo. **2** *MAR* encapelado, turbulento, agitado. **A:** bonançoso.

enfurnar *vtd+vpr* **1** meter(-se) em furna: encafuar(-se), entocar(-se), encovar(-se). *vtd* **2** esconder, ocultar, encobrir. *vpr* **3** *DO CONVÍVIO SOCIAL* isolar-se, insular-se, apartar-se. **Ex:** Enfurnou-se no quarto e não falou com mais ninguém.

engabelar *vtd* enganar, iludir, enrolar *pop*, tapear *pop*, engambelar.

engaço *sm* **1** bagaço, resto, sobra (de frutas). **2** *Bot.* órgão de sustentação: *DO FRUTO* pedúnculo, haste, pé; *DO CACHO DE UVAS* pedicelo.

engaiolar *vtd* **1** colocar na gaiola. **2** *Fig. EM PRISÃO* prender, encarcerar, aprisionar. **A:** desengaiolar (nas duas acepções).

engajar *vtd* **1** *TRABALHADORES* contratar, recrutar, empregar. *vtd+vpr* **2** *Mil.* alistar(-se), recrutar(-se), arrolar(-se). *vpr* **3** empenhar-se, esforçar-se, lutar por. **Ex:** Os jovens engajaram-se na defesa da ecologia.

engalanar *vtd+vpr* enfeitar(-se), ornamentar(-se), adornar(-se), ataviar(-se). **A:** desenfeitar(-se).

engalfinhar-se *vpr* agarrar-se, atracar-se, pegar-se, lutar.

engambelar V. engabelar.

enganador V. enganoso.

enganar *vtd* **1** iludir, tapear *pop*, engodar. **2** *MARIDO, ESPOSA* trair. **3** atenuar, suavizar, abrandar. **Ex:** Tomou um remédio para enganar a dor. **A:** piorar. *vpr* **4** errar, equivocar-se, confundir-se. **Ex:** Enganou-se e comprou um material que não servia. **A:** acertar.

engano *sm* **1** ilusão, tapeação *pop*, engodo. **A:** desengano. **2** erro, falha, equívoco. **A:** acerto. **3** cilada, armadilha, embuste.

enganoso *adj* **1** enganador, falso, mentiroso. **A:** verdadeiro. **2** doloso, enganador, fraudulento. **A:** honesto. **3** astucioso, ardiloso, astuto. **A:** ingênuo. **4** ilusório, irreal, quimérico. **A:** real.

engarrafamento *sm* **1** envasilhamento, envasamento. **2** obstrução, entupimento, bloqueio. **A:** desobstrução. **3** *DO TRÂNSITO* congestionamento.

engarrafar *vtd* **1** envasilhar, envasar. **Ex:** Engarrafar água. **2** obstruir, entupir, bloquear. **A:** desobstruir. *vtd+vi* **3** *TRÂNSITO* congestionar(-se). **A:** descongestionar(-se).

engasgar *vi+vpr* **1** sufocar. *vpr* **2** atrapalhar-se, perder-se, embaraçar-se. **Ex:** Engasgou-se ao discursar.

engastalhar *vtd* travar, prender, apertar.

engastar *vtd* **1** embutir, encastoar, encravar. **A:** desengastar. **2** intercalar, entremear, misturar.

engaste *sm* pala. **Ex:** O engaste de uma pedra preciosa, de um anel.

engatar *vtd* **1** *ANIMAIS* atrelar, jungir; *VAGÕES* atrelar. *vtd+vi* **2** *Autom.* embrear, engrenar. **Ex:** Engatar primeira marcha. **A:** desengatar (nas duas acepções).

engatilhar *vtd* **1** *ARMA DE FOGO* armar. **A:** desengatilhar. **2** *Fig.* preparar, armar, aprontar.

engatinhar *vi* **1** andar de gatinhas, gatinhar. *vti* **2** ser principiante: principiar, iniciar-se. **Ex:** Ainda engatinho em inglês, mas meu espanhol é bastante avançado.

engazopar *vtd* **1** enganar, iludir, tapear *pop*. **2** encarcerar, prender, encanar *gír*. **Ex:** Engazoparam o bandido. **A:** libertar.

engelhar *vtd+vpr* enrugar(-se), encarquilhar(-se), preguear(-se), arrugar(-se). **A:** desenrugar(-se).

engendrar *vtd* **1** formar, gerar, produzir. **Ex:** Engendrar filhos. **2** V. engenhar.

engenhar *vtd* **1** inventar, criar, engendrar. **Ex:** Engenhar histórias. **2** tramar, armar, maquinar. **Ex:** Engenhar uma revolta. **3** fabricar, construir, fazer. **Ex:** Engenhar uma máquina.

engenho *sm* **1** gênio, talento, inteligência. **2** esperteza, astúcia, sagacidade. **A:** ingenuidade. **3** habilidade, destreza, perícia. **A:** inabilidade. **4** máquina, mecanismo, aparelho.

engenhoca *sf Pop.* e *Pej.* máquina, mecanismo, aparelho, aparato.

engenhoso *adj* **1** genial, talentoso, inteligente. **2** esperto, astuto, sagaz. **A:** ingênuo. **3** hábil, destro, perito. **A:** inábil. **4** criativo, inventivo, imaginativo.

engessar *vtd* gessar. **Ex:** Engessar a perna.

englobar *vtd* juntar, reunir, conglomerar, aglomerar.

engodar *vtd* 1 *CAÇA* atrair (com engodo). 2 enganar, tapear *pop*, iludir.

engodo *sm* 1 isca, chamariz, negaça. 2 engano, tapeação *pop*, embuste. 3 adulação, bajulação, lisonja.

engolfar *vtd* 1 mergulhar, enterrar, meter. **Ex:** Os conquistadores engolfaram suas mãos nas riquezas da terra. *vtd+vpr* 2 abismar(-se), precipitar(-se), lançar(-se) (em voragem, sorvedouro). *vpr* 3 concentrar-se, dedicar-se, absorver-se. **Ex:** Engolfar-se nos estudos, nos negócios.

engolir *vtd* 1 deglutir, ingerir. **Ex:** Engoliu o comprimido. 2 tragar, sorver, absorver. **Ex:** O mar engoliu o bote. 3 consumir, gastar, desperdiçar. **Ex:** Seus caprichos engoliram toda a fortuna da família. **A:** poupar. 4 acreditar, crer em, aceitar. **Ex:** História difícil de engolir. **A:** descrer. 5 suportar, agüentar, tolerar. **Ex:** Não engole desaforos.

engonço *sm* dobradiça, gonzo.

engorda *sf* 1 ceva. **Ex:** A engorda do gado. 2 pasto, pastagem, invernada.

engordar *vtd+vi* 1 tornar(-se) gordo. **A:** emagrecer. 2 alimentar(-se), nutrir(-se), sustentar(-se). *vtd* 3 *ANIMAIS* cevar. **Ex:** Engordar o gado.

engordurar *vtd* besuntar, untar.

engraçado *adj* 1 alegre, espirituoso, jovial. **Ex:** Pessoa engraçada. **A:** insosso. 2 cômico, divertido, jocoso. **Ex:** História engraçada. **A:** triste.

engraçamento *sm* 1 galanteio, corte, lisonja. 2 atrevimento, insolência, confiança *pop*. **A:** respeito.

engraçar *vtd* 1 realçar, salientar, avivar. *vtd+vpr* 2 congraçar(-se), reconciliar(-se), conciliar(-se). **A:** separar(-se). *vti* 3 simpatizar com. **A:** antipatizar com. *vpr* 4 atrever-se com, desrespeitar. **Ex:** Não se engrace comigo que lhe quebro a cara!

engradado *sm* caixote.

engrampar *vtd* 1 enganar, ludibriar, burlar. 2 atrair, seduzir, iludir (com embuste).

engrandecer *vtd* 1 aumentar, ampliar, alargar. **A:** reduzir. *vtd+vpr* 2 enobrecer(-se), honrar(-se), dignificar(-se). **Ex:** Seus fei-

tos engrandecem a Nação. **A:** rebaixar(-se). *vpr* 3 aumentar, crescer, ampliar-se. **A:** reduzir-se.

engranzar *vtd* 1 *CONTAS, ETC.*, enfiar. 2 *IDÉIAS, PENSAMENTOS* concatenar, encadear, ligar. **A:** desligar. 3 enganar, ludibriar, engabelar. 4 *Mec.* engrenar, endentar, entrosar. **A:** desengranzar. **Obs.:** Em todas as acepções, existe a variante *engrazar*.

engravidar *vtd* 1 emprenhar. *vi* 2 emprenhar, pejar, embarrigar.

engraxar *vtd* 1 *CALÇADOS, ETC.*, lustrar, polir, envernizar. 2 *Mec.* lubrificar.

engrazar V. engranzar.

engrenar *vtd* 1 *Mec.* endentar, engranzar, entrosar. *vtd+vi* 2 *Autom.* engatar, embrear. **Ex:** Engrenar marcha a ré. **A:** desengrenar (nas duas acepções).

engrinaldar *vtd+vpr* 1 enfeitar(-se) com grinaldas: agrinaldar(-se). 2 embelezar(-se), adornar(-se), aformosear(-se). **A:** enfear(-se).

engrolar *vtd* 1 assar, cozer (ligeiramente). 2 pronunciar mal.

engrossar *vtd, vi+vpr* 1 espessar(-se), adensar(-se), encorpar(-se). **A:** rarefazer(-se). 2 tornar(-se) menos fino. **A:** afinar(-se). *vtd* 3 aumentar, ampliar, avolumar. **A:** diminuir. 4 *Pop.* adular, bajular, lisonjear.

engrunhido *part+adj* preguiçoso, indolente, vagabundo, ocioso. **A:** trabalhador.

engrunhir *vtd* entorpecer, paralisar, entrevar, adormecer. **A:** desentorpecer.

enguiçar *vtd* 1 enfezar, definhar, mirrar. **A:** desenvolver. 2 pôr mau-olhado em: azarar, encaiporar, infelicitar. *vi* 3 encrencar(-se) *gír*. **Ex:** A máquina enguiçou.

enguiço *sm* 1 mau-olhado, quebranto. 2 *Mec.* desarranjo. 3 empecilho, obstáculo, estorvo.

engulhar *vtd+vi* nausear(-se), enojar(-se), enjoar(-se).

engulho *sm* 1 náusea, nojo, enojo. 2 desejo, ânsia, ambição.

enigma *sm* 1 adivinha, charada, adivinhação. 2 mistério, segredo, incógnita. **Ex:** A causa desse fenômeno ainda é um enigma para os cientistas.

enigmático *adj* misterioso, obscuro, incompreensível, cabalístico *fig*. **A:** claro.

enjaular *vtd Fig.* encarcerar, prender, aprisionar, encanar *gír.* **Ex:** A polícia enjaulou os suspeitos. **A:** soltar.

enjeitar *vtd* **1** recusar, rejeitar, repelir. **Ex:** Enjeitar um emprego. **A:** aceitar. **2** *FILHOS, CRIANÇAS* abandonar, desamparar. **A:** amparar. **3** desprezar, repudiar, rejeitar. **Ex:** A sensatez enjeita a violência. **A:** aceitar. **4** reprovar, condenar, desaprovar. **Ex:** Enjeitar um projeto. **A:** aprovar.

enjoado *part+adj* **1** maçante, chato *pop*, desagradável. **A:** agradável. **2** mal-humorado, rabugento, ranzinza. **A:** bem-humorado.

enjoar *vtd, vi+vpr* **1** nausear(-se), enojar(-se), engulhar. *vtd+vpr* **2** aborrecer(-se), entediar(-se), encher(-se). **A:** divertir(-se).

enjoativo *adj* **1** nauseante, nojento, repugnante. **2** aborrecido, tedioso, enfadonho. **A:** divertido.

enjôo *sm* **1** *Med.* náusea. **2** nojo, asco, náusea. **3** aborrecimento, tédio, enfado. **A:** divertimento.

enlaçadura V. enlace.

enlaçamento V. enlace.

enlaçar *vtd* **1** atar, amarrar, enlear. **A:** desenlaçar. **2** laçar. **Ex:** O boiadeiro enlaçou o bezerro. **3** *NOS BRAÇOS* abraçar, cingir, apertar. **Ex:** Enlaçou a namorada e beijou-a. *vpr* **4** *POR AMIZADE, AFETO, CASAMENTO* unir-se, ligar-se, juntar-se. **Ex:** Enlaçaram-se os noivos. **A:** separar-se.

enlace *sm* **1** união, ligação, enlaçamento, enlaçadura. **A:** separação. **2** casamento, matrimônio, casório *pop*. **A:** divórcio.

enlambuzar V. lambuzar.

enlamear *vtd+vpr* **1** *COM LAMA* sujar(-se), emporcalhar(-se), encardir(-se). **A:** lavar(-se). *vtd* **2** *Fig.* denegrir, manchar, macular. **Ex:** Seus atos enlamearam a reputação de todo o grupo. **A:** engrandecer. *vpr* **3** *Fig.* desonrar-se, rebaixar-se, aviltar-se. **A:** enobrecer-se.

enlanguescer *vi+vpr* languescer, debilitar-se, enfraquecer, afrouxar. **A:** fortalecer-se.

enleado *part+adj Fig.* confuso, perplexo, hesitante, indeciso. **A:** decidido.

enlear *vtd+vpr* **1** atar(-se), amarrar(-se), prender(-se). **A:** desenlear(-se). *vtd* **2** emaranhar, embaraçar, enredar. **A:** desenlear. **3** confundir, atordoar, embaraçar. **4** envolver, implicar, comprometer. **Ex:** Enlear alguém numa discussão.

enleio *sm* **1** laço, liame, ligação. **2** confusão, perplexidade, hesitação. **A:** decisão. **3** encanto, êxtase, enlevo. **A:** desencanto.

enlevação V. enlevo.

enlevamento V. enlevo.

enlevar *vtd* **1** deliciar, deleitar, aprazer. **A:** desprazer. *vtd+vpr* **2** encantar(-se), extasiar(-se), maravilhar(-se). **A:** desencantar(-se).

enlevo *sm* **1** delícia, deleite, prazer. **A:** desprazer. **2** êxtase, arrebatamento, maravilha. **A:** desencanto. **Obs.:** Nas duas acepções, também são sinônimos: *enlevação* e *enlevamento*.

enloirar V. enlourar.

enloirecer V. enlourar.

enlouquecer *vtd+vi* endoidar, endoidecer, adoidar(-se), amalucar(-se).

enlourar *vtd* **1** *enloirar*, laurear, coroar (de louros). *vtd, vi+vpr* **2** alourar(-se), enlourecer, enloirecer, *enloirar(-se)*.

enlourecer V. enlourar.

enlutar *vtd+vpr* **1** entristecer(-se), afligir(-se), penalizar(-se). **A:** alegrar(-se). **2** escurecer(-se), enegrecer(-se), ensombrar(-se). **Ex:** Nuvens de chuva enlutaram o céu. **A:** clarear.

enobrecer *vtd+vpr* **1** engrandecer(-se), dignificar(-se), honrar(-se). **A:** desonrar(-se). *vtd* **2** enfeitar, aformosear, embelezar. **A:** enfear.

enodoar *vtd+vpr* **1** manchar(-se), sujar (-se), macular(-se). **A:** limpar(-se). **2** *Fig.* desonrar(-se), degradar(-se), infamar(-se). **A:** honrar(-se).

enoitecer *vtd* **1** escurecer, enegrecer, ensombrar. **A:** clarear. *vtd+vi* **2** entristecer(-se), afligir(-se), magoar(-se). **A:** alegrar(-se). *vi* **3** anoitecer, escurecer. **A:** amanhecer.

enojamento V. enojo.

enojar *vtd+vpr* **1** nausear(-se), enojar(-se), engulhar. **2** aborrecer(-se), entediar(-se), encher(-se). **A:** divertir(-se). **3** ofender(-se), magoar(-se), melindrar(-se).

enojo *sm* **1** enojamento, nojo, repulsa. **2** aborrecimento, tédio, chateação. **A:** divertimento. **3** tristeza, luto, pesar. **A:** alegria.

enorme *adj m+f* **1** imenso, desmedido, gigantesco. **A:** minúsculo. **2** *CRIME* grave, monstruoso, atroz.

enormidade *sf* **1** grandeza, imensidão. **A:** pequenez. **2** gravidade, monstruosidade, atrocidade. **3** absurdo, barbaridade, disparate. **Ex:** Ela dizia cada enormidade!

enovelar *vtd* **1** dar forma de novelo a: anovelar, dobar. **A:** desenovelar. **2** confundir, intrincar, emaranhar. **A:** simplificar. *vtd+vpr* **3** enrolar(-se), enrodilhar(-se), enroscar(-se). **A:** desenovelar(-se).

enquadrar *vtd* **1** emoldurar, encaixilhar, moldurar. **2** adaptar, ajustar, colocar. **Ex:** Enquadrou um espelho na porta do armário. *vti* **3** condizer, combinar, quadrar. **Ex:** Sua elegância enquadra com a educação que recebeu.

enquanto *conj* **1** no tempo em que. **Ex:** Enquanto ela conversava, o ladrão roubou-lhe a bolsa. **2** ao passo que. **Ex:** Trabalhamos muito, enquanto os outros nada fazem. * Por enquanto: por ora, até agora.

enrabichar *vtd+vpr* **1** encrencar(-se) *gír*, enrascar(-se), complicar(-se). **A:** desembaraçar(-se). *vpr* **2** enamorar-se, apaixonar-se, gamar *gír*. **Ex:** Enrabichar-se por alguém.

enraivecer *vtd, vi+vpr* encolerizar(-se), irar(-se), enfurecer(-se), irritar(-se). **A:** acalmar(-se).

enraivecido *part+adj* colérico, irado, furioso, bravo. **A:** calmo.

enraizado *part+adj* inveterado, crônico, habitual, entranhado. **Ex:** Fumantes enraizados. **A:** ocasional.

enraizar *vtd* **1** *PLANTA* arraigar. **A:** desarraigar. *vtd+vpr* **2** *Fig.* radicar(-se), firmar(-se), consolidar(-se). **Ex:** Enraizar uma idéia; esse hábito enraizou-se. **A:** extinguir(-se). *vi+vpr* **3** *PLANTA* arraigar, radicar-se. *vpr* **4** *NUM LOCAL* estabelecer-se, fixar-se, firmar-se. **Ex:** O forasteiro enraizou-se na cidade. **A:** partir.

enramalhetar V. enramar.

enramar *vtd* **1** juntar em ramos: enramalhetar. **2** enfeitar, adornar, enflorar. **A:** desenfeitar.

enrascada *sf* encrenca *gír*, enrascadela, dificuldade, embaraço.

enrascadela V. enrascado.

enrascar *vtd* **1** enganar, iludir, tapear *pop*. *vtd+vpr* **2** encrencar(-se) *gír*, complicar(-se), embaraçar(-se). **A:** desenrascar(-se).

enredar *vtd* **1** *EM REDE* colher, prender, apanhar. **A:** soltar. **2** complicar, dificultar, intrincar. **A:** facilitar. **3** emaranhar, enlear, embaraçar. **A:** desenredar. **4** *Lit.* tecer, compor, escrever. **Ex:** Enredar um romance. *vi* **5** mexericar, fofocar, fuxicar.

enredo *sm* **1** *Lit.* entrecho, intriga. **2** mexerico, fofoca, fuxico. **3** confusão, complicação, labirinto.

enregelar *vtd, vi+vpr* **1** congelar(-se), gelar(-se), regelar(-se). **A:** descongelar(-se). *vtd* **2** *Fig.* assustar, apavorar, amedrontar.

enrijar V. enrijecer.

enrijecer *vtd, vi+vpr* **1** enrijar(-se), endurecer, encruar, enrilhar. **A:** amolecer. **2** fortalecer(-se), robustecer(-se), enrijar(-se). **A:** enfraquecer.

enrilhar V. enrijecer.

enripar *vtd* pregar ripas: ripar.

enriquecer *vtd* **1** aumentar, melhorar, desenvolver. **A:** piorar. *vtd, vi+vpr* **2** tornar(-se) rico. **A:** empobrecer. *vtd+vpr* **3** abrilhantar(-se), embelezar(-se), realçar(-se). **A:** enfear(-se).

enristar *vti* atacar, acometer, agredir, investir contra. **Ex:** O guerreiro enristou com o inimigo.

enrobustecer V. robustecer.

enrodilhar *vtd+vpr* **1** enrolar(-se), torcer(-se), rodilhar(-se). **A:** desenrolar(-se). *vtd* **2** complicar, intrincar, enredar. **A:** simplificar. **3** trapacear, tapear *pop*, enganar.

enrolado *part+adj Gír.* confuso, complicado, difícil, atrapalhado. **Ex:** Pessoa enrolada; história enrolada. **A:** simples.

enrolar *vtd* **1** envolver, embrulhar, enfaixar. **A:** desembrulhar. **2** *Pop.* enganar, tapear *pop*, ludibriar. *vtd+vpr* **3** enrodilhar(-se), torcer(-se), enroscar(-se). **A:** desenrolar(-se). *vpr* **4** confundir-se, atrapalhar-se, equivocar-se.

enroscar *vtd+vpr* **1** enrolar(-se), enrodilhar(-se), torcer(-se). **A:** desenroscar(-se). *vtd* **2** parafusar, aparafusar. **A:** desenroscar.

enroupar *vtd+vpr* vestir(-se), agasalhar(-se), cobrir(-se). **A:** despir(-se).

enrubescer *vtd, vi+vpr* corar(-se), ruborizar(-se). **Ex:** A vergonha enrubesceu sua face; enrubesceu-se ao ser homenageada.

enrugar *vtd+vpr* encarquilhar(-se), engelhar(-se), encrespar(-se), preguear(-se). **A:** desenrugar(-se).

ensaboadela *sf* Fig. repreensão, bronca *pop*, sabão, pito. **A:** elogio.

ensaboar *vtd* **1** lavar, limpar (com sabão). **2** Fig. repreender, censurar, bronquear com *pop*. **A:** elogiar.

ensacar *vtd* embalar, embrulhar, empacotar, enfardar (em sacos). **A:** desensacar.

ensaiar *vtd* **1** analisar, examinar, avaliar. **Ex:** Os técnicos ensaiaram o novo produto. **2** tentar, experimentar, exercitar. **Ex:** Ensaiou um salto mortal e machucou-se. **3** treinar, exercitar, repetir. **Ex:** Ensaiar um número musical.

ensaio *sm* **1** análise, exame, avaliação. **2** tentativa, experiência, prova. **3** treino, treinamento, adestramento. **4** Lit. estudo.

ensandecer *vtd+vi* **1** abobalhar(-se), amalucar(-se), apatetar(-se). **2** enlouquecer, endoidecer, desvairar(-se).

ensangüentado *part+adj* sanguinário, sangrento, sanguinolento, cruento. **Ex:** Batalha ensangüentada. **A:** incruento.

ensangüentar *vtd+vpr* **1** cobrir(-se), sujar (-se), manchar(-se). *vtd* **2** Fig. macular, denegrir, desdourar. **Ex:** Ensangüentar a honra. **A:** engrandecer.

enseada *sf* baía, angra, recôncavo, porto (pequeno).

ensebado *part+adj* gorduroso, sujo, imundo, gordurento. **A:** limpo.

ensebar *vtd* **1** engordurar, besuntar, untar. **2** manchar, enodoar, macular. **A:** limpar. **3** sujar, encardir, emporcalhar. **A:** limpar.

ensejar *vtd* **1** esperar, aguardar (oportunidade). **2** tentar, experimentar, ensaiar.

ensejo *sm* ocasião, oportunidade, conjuntura, lance.

ensilar *vtd* armazenar, guardar, conservar, depositar (em silos).

ensimesmar-se *vpr* introverter-se, fechar-se, absorver-se. **A:** extroverter-se.

ensinadela *sf* **1** repreensão, bronca *pop*, pito. **A:** elogio. **2** Fam. lição, experiência, advertência. **Ex:** Bebeu demais, e a dor de cabeça serviu-lhe de ensinadela. **3** castigo, punição, corretivo. **A:** prêmio.

ensinamento *sm* **1** ensino, educação, instrução. **2** preceito, mandamento, prescrição. **3** exemplo, lição, advertência. **Ex:** Isto lhe servirá de ensinamento.

ensinar *vtd* **1** lecionar. **Ex:** Ensinar matemática. **2** educar, instruir, doutrinar. **Ex:** Ensinar os filhos. **3** ANIMAL adestrar, amestrar, treinar. **4** CAMINHO, DIREÇÃO indicar, apontar, mostrar. **5** castigar, punir, corrigir. **A:** premiar.

ensino *sm* **1** V. ensinamento. **2** cargo ou funções de professor: magistério, docência, professorado.

ensoberbecer *vtd+vpr* envaidecer(-se), orgulhar(-se), assoberbar(-se), enfatuar(-se). **A:** envergonhar(-se).

ensolarado *adj* claro, luminoso, brilhante, límpido. **Ex:** Dia ensolarado, ambiente ensolarado. **A:** escuro.

ensombrar *vtd+vpr* **1** sombrear(-se), escurecer, toldar(-se). **A:** clarear. **2** Fig. entristecer(-se), afligir(-se), contristar(-se). **A:** alegrar(-se).

ensopado *sm* Cul. guisado, refogado.

ensopar *vtd* **1** Cul. guisar, refogar. *vtd+vpr* **2** encharcar(-se), empapar(-se), abeberar(-se). **A:** secar(-se).

ensurdecedor *adj* retumbante, estrondoso, fragoroso, estrepitoso. **Ex:** Explosão ensurdecedora. **A:** silencioso.

ensurdecer *vtd* **1** estontear, atordoar, aturdir. **2** abafar, amortecer, abrandar. **Ex:** Ensurdecer um som.

ensurdecimento *sm* surdez, mouquidão.

entabocar V. entalar.

entabuamento *sm* assoalho, soalho, tabuado, piso (de madeira).

entabuar *vtd* **1** assoalhar, soalhar, entabular. *vpr* **2** endurecer, enrijecer-se, enrijar-se. **A:** amolecer.

entabular *vtd* **1** V. entabuar. **2** arrumar, ordenar, dispor. **A:** desarrumar. **3** *NEGÓCIO* empreender, realizar, efetuar. **4** *RELAÇÕES* estabelecer. *vtd+vpr* **5** principiar(-se), iniciar(-se), começar. **Ex:** Entabular uma conversação. **A:** encerrar(-se).

entaipar *vtd* **1** colocar entre taipas. **A:** desentaipar. **2** emparedar. **3** encarcerar, prender, aprisionar. **A:** desentaipar. *vpr* **4** enclausurar-se, fechar-se, encerrar-se.

entalação *sf* dificuldade, encrenca *gír*, embaraço, apuro.

entalar *vtd* **1** colocar entre talas: apertar, juntar, entabocar. *vtd+vpr* **2** *Fig.* enrascar(-se), complicar(-se), encrencar(-se) *gír*. **A:** safar(-se).

entalhadura V. entalhe.

entalhamento V. entalhe.

entalhar *vtd* cinzelar, esculpir, gravar, lavrar.

entalhe *sm* talho, entalho, gravura, entalhadura, entalhamento.

entalho V. entalhe.

entanguir *vpr* **1** *DE FRIO* encolher-se, contrair-se, retrair-se. **A:** esticar-se. **2** definhar, mirrar, enfezar-se. **A:** desenvolver-se.

entanto *adv* entretanto, entrementes, neste ínterim, neste meio tempo. * No entanto: entretanto, contudo, todavia.

então *adv* **1** nesse momento, nesse tempo, nessa ocasião. **2** naquele momento, naquele tempo, naquela ocasião. **3** nesse caso. *conj coord* **4** pois, portanto, por isso. * Até então: até esse momento. * Desde então: desde esse momento. * Pois então: nesse caso, diante disso, pois.

entardecer *sm* ocaso, pôr-do-sol, poente, crepúsculo (noturno).

ente *sm* **1** coisa, objeto. **2** ser, entidade, criatura. **3** matéria, substância. **4** pessoa, indivíduo. **Ex:** Os entes queridos.

entediar *vtd+vpr* aborrecer(-se), enfadar(-se), enfastiar(-se), enjoar(-se). **A:** divertir(-se).

entender *sm* **1** opinião, parecer, juízo. **Ex:** No meu entender, você está errado. *vtd* **2** compreender, alcançar, perceber. **Ex:** Não entendi nada. **3** crer, pensar, achar. **Ex:** Entendia que seria melhor ficar. **4** interpretar, explicar, decifrar. **Ex:** Buscamos entender os fenômenos da natureza. **5** ouvir, escutar, perceber. **Ex:** Não consigo entender o que eles dizem por causa do barulho. *vtd+vti* **6** conhecer, saber. **Ex:** Ela entende de remédios caseiros. *vpr* **7** concordar, combinar, harmonizar-se. **Ex:** Eles nunca se entendem. **8** dialogar, falar, comunicar-se com. **Ex:** Vamos nos entender com ele.

entendido *sm* **1** especialista, perito, conhecedor. **2** *Gír* homossexual (masculino), bicha *vulg*, veado *vulg*. **A:** heterossexual.

entendimento *sm* **1** compreensão, percepção, apreensão. **2** inteligência, intelecto, razão. **3** entender, juízo, parecer.

entérico *adj Med.* intestinal.

enternecer *vtd+vpr* **1** comover(-se), abalar(-se), impressionar(-se). **A:** empedernir(-se). *vpr* **2** compadecer-se, apiedar-se, condoer-se.

enternecimento *sm* **1** ternura, meiguice, doçura. **A:** rudeza. **2** compaixão, piedade, dó. **A:** indiferença.

enterramento V. enterro.

enterrar *vtd* **1** sepultar, inumar. **A:** desenterrar. **2** soterrar, aterrar, sepultar. **A:** desenterrar. **3** cravar, fincar, encravar. **Ex:** Enterrar um prego na parede. **4** enfiar, colocar, pôr. **Ex:** Enterrou o chapéu na cabeça. **5** desprestigiar, desacreditar, difamar. **A:** prestigiar. *vpr* **6** penetrar, entrar, introduzir-se. **7** *DO CONVÍVIO SOCIAL* isolar-se, segregar-se, enclausurar-se. **8** deitar-se, recostar-se, refestelar-se (em coisas fofas, como colchão, cama, etc.).

enterro *sm* funeral, inumação, exéquias *pl*, enterramento. **A:** exumação.

entesado *part+adj* retesado, tenso, hirto, estirado. **A:** frouxo.

entesar *vtd+vpr* retesar(-se), tesar(-se), estirar(-se), esticar(-se). **A:** afrouxar(-se).

entesoirar V. entesourar.

entesourar *vtd* acumular, guardar, juntar, *entesoirar*. **Ex:** Entesourar riquezas, dinheiro.

entestar *vti* **1** limitar-se, confinar com, avizinhar-se de. **Ex:** O Brasil entesta com quase todos os países da América do Sul. **2** estar em frente de: defrontar, confrontar. **Ex:** Nossa casa entesta com a estação de

trem. **3** enfrentar, encarar, afrontar. **Ex:**
Entestar com dificuldades. **A:** fugir de. **4**
encostar, roçar, aproximar-se de. **Ex:** As
muralhas do castelo entestam na praia.

entibiar *vtd, vi+vpr* **1** afrouxar(-se), enfra-
quecer(-se), debilitar(-se). **Ex:** Entibiar a
força de vontade de alguém. **A:** fortale-
cer(-se). **2** amornar, mornar. **Ex:** Entibiar a
água. **3** arrefecer(-se), desanimar(-se),
esmorecer. **Ex:** O patriotismo entibiou. **A:**
entusiasmar(-se).

entidade *sf* **1** ente, ser, criatura. **2** grupo, sociedade, associação. **Ex:** Entidade de classe.

entisicar *vtd* **1** *Fam.* importunar, perturbar,
amolar. *vpr* **2** emagrecer, definhar, mirrar.
A: engordar.

entoação *sf* entonação, inflexão, modulação, tom.

entoar *vtd* **1** cantar, modular. **2** iniciar,
começar, principiar (um canto).

entocar *vtd+vpr* enfurnar(-se), encovar
(-se), encafuar(-se).

entojado *part+adj* vaidoso, presunçoso,
orgulhoso, presumido. **A:** modesto.

entojar *vtd* **1** enojar, repugnar, nausear. **2**
aborrecer, entediar, chatear. **A:** divertir.

entojo *sm* nojo, repugnância, náusea, repulsa.

entonação V. entoação.

entono *sm* arrogância, orgulho, presunção,
altivez. **A:** humildade.

entontecer *vtd+vi* **1** tornar(-se) bobo: apa-
lermar(-se), abobalhar(-se), aparvalhar
(-se). **2** dar ou sentir tonturas: eston-
tear(-se), atordoar(-se), aturdir(-se).

entornar *vtd* **1** virar, emborcar. **2** derramar,
despejar, verter. **Ex:** Entornou café na toalha preferida da mamãe. **3** transbordar,
trasbordar, extravasar. **Ex:** Encheu tanto o
copo que entornou o refrigerante. **4**
emborcar, beber, virar. **Ex:** Entornou três
copos de vinho e ficou bêbado. **5** esbanjar,
desperdiçar, dissipar. **A:** economizar.

entorpecente *sm* droga, narcótico, tóxico.

entorpecer *vtd+vpr* **1** paralisar(-se), entre-
var(-se), adormecer. **A:** desentorpe-
cer(-se). **2** debilitar(-se), enfraquecer,
enervar(-se). **A:** fortalecer(-se).

entorpecimento *sm* **1** paralisia, torpor, dormência. **2** preguiça, indolência, inércia.

entorse *sf Med.* torcedura, jeito.

entortar *vtd+vpr* **1** encurvar(-se), recur-
var(-se), empenar(-se). **A:** desentor-
tar(-se). **2** desencaminhar(-se), perder(-se),
corromper(-se). **A:** regenerar(-se).

entrada *sf* **1** abertura, boca, acesso. **Ex:** A
entrada do túnel. **A:** saída. **2** admissão,
ingresso, acesso. **Ex:** A entrada numa organização. **A:** saída. **3** porta, portão, pórtico.
Ex: A entrada do prédio. **A:** saída. **4** começo, início, princípio. **Ex:** A entrada do inverno. **A:** final. **5** bilhete, ingresso. **Ex:** Compramos entradas para o espetáculo. **6** *EM
DICIONÁRIO, ENCICLOPÉDIA* verbete.

entrançar V. entrelaçar.

entranha *sf* **1** *Anat.* órgão interno: víscera.
sf pl **2** *Anat.* conjunto dos órgãos do abdome ou tórax: vísceras, intestinos. **3** *Fig.*
caráter *sing*, índole *sing*, temperamento
sing. **4** *Fig.* profundeza *sing*, fundo *sing*,
profundidade *sing*. **Ex:** As entranhas da
terra, do oceano. **A:** superfície *sing*.

entranhado *part+adj* **1** inveterado, arraigado,
crônico. **Ex:** Costume entranhado. **A:** eventual. **2** íntimo, profundo, intenso, visceral *fig*,
entranhável. **Ex:** Alegria entranhada.

entranhar *vtd* **1** cravar, enfiar, enterrar. **Ex:**
O assaltante entranhou a faca no braço da
vítima. *vpr* **2** embrenhar-se, penetrar,
aprofundar-se. **Ex:** Entranhar-se na selva.
3 dedicar-se, aplicar-se, concentrar-se. **Ex:**
Entranhar-se no trabalho.

entranhável V. entranhado.

entrar *vtd, vti+vi* **1** ingressar, introduzir-se,
penetrar em. **Ex:** Entrar na casa. **A:** sair
de. *vi* **2** participar de, tomar parte de. **Ex:**
Entrar numa disputa. **A:** sair de. **3**
envolver-se, meter-se. **Ex:** Entrar numa
discussão. **A:** abandonar. **4** começar, principiar, encetar. **Ex:** Entrou a rir sem motivo; entrar em negociação. **A:** terminar. **5**
contribuir com, subscrever. **Ex:** Cada um
entrou com metade do dinheiro. **6**
matricular-se, inscrever-se, ingressar. **Ex:**
Entrar para a escola. **A:** sair de. **7** afiliar-
se, filiar-se, associar-se. **Ex:** Entrar para o
partido. **A:** sair de. **8** alistar-se, recrutar-se,
arrolar-se. **Ex:** Entrar para o exército.

entravar *vtd Fig.* atrapalhar, estorvar, impedir, embaraçar.

entrave *sm* **1** correia para amarrar os pés dos animais, impedindo-os de andar: travão, peia, trava. **2** *Fig.* obstáculo, estorvo, impedimento.

entre *prep* **1** no meio de. **Ex:** O espião está entre nós. **2** no número de. **Ex:** Podemos incluí-lo entre os atores mais famosos do País. **3** dentro de. **Ex:** Fechou-se entre quatro paredes.

entreabrir *vtd+vpr* **1** abrir(-se), descerrar(-se). **A:** fechar(-se). *vi* **2** *FLORES* desabrochar, abrir, rebentar. *vi+vpr* **3** *CÉU* desanuviar-se, clarear, desenevoar-se. **A:** nublar-se.

entreato *sm* **1** *Teat.* intervalo, pausa (entre os atos). **2** *Teat.* representação rápida nesse intervalo: intervalo, interlúdio, intermédio.

entrecho *sm Lit.* enredo, intriga.

entrechocar-se *vpr* **1** bater-se, chocar-se, encontrar-se. **2** contradizer-se, divergir, destoar. **Ex:** As declarações se entrechocam. **A:** concordar.

entrecortar *vtd* **1** cortar, interromper, interceptar. **Ex:** O choro entrecortava suas palavras. *vpr* **2** entrecruzar-se, cruzar-se.

entrecruzar-se V. entrecortar.

entrega *sf* **1** cessão. **A:** recebimento. **2** devolução, restituição. **3** recomendação, consignação. **4** delação, traição. **5** dedicação, aplicação, devoção. **A:** desinteresse. **6** rendição, submissão, capitulação. **A:** resistência. **7** enrascada, encrenca *gír.* dificuldade.

entregar *vtd* **1** dar, ceder, oferecer. **Ex:** Entregou o livro à professora. **A:** receber. **2** devolver, restituir, remitir. **Ex:** Entregue-me o que você roubou. **A:** tirar. **3** confiar, recomendar, consignar. **Ex:** Antes de viajar para o Exterior, entregou as jóias da família ao amigo. **4** delatar, trair, atraiçoar. **Ex:** Entregar os companheiros de conspiração. *vpr* **5** dedicar-se, aplicar-se, devotar-se. **Ex:** Entregar-se ao trabalho. **A:** abandonar. **6** render-se, submeter-se, sujeitar-se. **Ex:** Entregar-se ao vício. **A:** resistir.

entregue *adj m+f* **1** dedicado, aplicado, devotado. **2** absorto, concentrado, abstraí-

do. **Ex:** Entregue aos pensamentos. **3** cansado, exausto, esgotado. **A:** descansado.

entrelaçar *vtd* entrançar, trançar, entretecer, tecer. **A:** desentrançar.

entrelinha *sf* **1** espaço, intervalo (entre duas linhas). **2** *Pop.* espaço entre duas vias: entrevia. *sf pl* **3** *Fig.* sentido implícito *sing.* **4** dedução *sing,* conclusão *sing,* ilação *sing.*

entremear *vtd+vpr* intercalar(-se), intervalar(-se), interpor(-se), misturar(-se). **Ex:** Em seu discurso, entremeavam-se palavras eruditas com expressões populares.

entremeio *sm* **1** o que está de permeio: intermédio. **2** intervalo, espaço (de tempo).

entrementes V. entretanto.

entremeter *vtd+vpr* **1** entremear(-se), intercalar(-se), intrometer(-se). *vpr* **2** interferir, intrometer-se, ingerir-se. **Ex:** Entremeter-se num assunto que não lhe interessa. **3** aventurar-se, arriscar-se, arrojar-se.

entreposto *sm* **1** armazém, depósito. **2** *Por ext.* centro de comércio: empório, mercado.

entresseio *sm* depressão, cavidade, concavidade, côncavo.

entretanto *sm* **1** tempo entre duas ações: ínterim, entretempo, entrementes. *adv* **2** neste meio tempo, entrementes, neste ínterim. *conj coord* **3** contudo, todavia, não obstante.

entretecer *vtd* **1** V. entrelaçar. **2** tramar, armar, maquinar. **Ex:** Entretecer intrigas.

entretela *sf* chumaço, forra, estofo, enchido.

entretempo V. entretanto.

entretenimento *sm* recreação, divertimento, distração, passatempo.

entreter *vtd* **1** distrair, deter, demorar (alguém, com promessas, etc.). **Ex:** Entreteve os guardas enquanto os prisioneiros fugiam. **2** suavizar, amenizar, atenuar. **Ex:** Entreter a dor. **A:** exacerbar. **3** enganar, iludir, tapear *pop.* *vtd+vpr* **4** divertir(-se), distrair(-se), recrear(-se). **Ex:** Entretia-se vendo as crianças brincarem. **A:** aborrecer(-se). *vpr* **5** permanecer, demorar-se, deter-se. **Ex:** Entreter-se num lugar.

entrevado *sm+adj* paralítico.

entrevar *vtd+vpr* **1** paralisar(-se), entorpecer(-se), adormecer. **Ex:** O frio da montanha entrevava os músculos. **2** escurecer, obscurecer(-se), ensombrar(-se). **Ex:** O céu entrevou-se. **A:** clarear.

entrever *vtd* 1 divisar, avistar, distinguir. **Ex:** Entrevíamos, ao longe, uma silhueta conhecida. 2 prever, pressentir, predizer. *vpr* 3 ver-se, encontrar-se, avistar-se. **Ex:** Entreviram-se no aeroporto.

entreverar *vtd+vpr* confundir(-se), misturar(-se), embaralhar(-se), baralhar(-se). **A:** distinguir(-se).

entrevero *sm* confusão, mistura, desordem, bagunça *gír.* **A:** ordem.

entrevia V. entrelinha.

entrincheiramento *sm Mil.* trincheira, tranqueira; *PROVISÓRIO* barricada; *DE PAUS* estacada, barreira.

entrincheirar *vtd+vpr* fortificar(-se), defender(-se).

entristecer *vtd, vi+vpr* 1 afligir(-se), magoar(-se), contristar(-se). **A:** alegrar(-se). *vi+vpr* 2 *CÉU* anuviar-se, nublar-se, enevoar-se. **A:** desanuviar-se. 3 *PLANTAS* murchar, estiolar-se, emurchecer. **A:** vicejar.

entroncamento *sm* encruzilhada, cruzamento.

entroncar *vi+vpr CAMINHOS* reunir-se, convergir, confluir, afluir. **A:** divergir.

entronizar *vtd Fig.* glorificar, enaltecer, decantar, exaltar. **A:** criticar.

entrosar *vtd* 1 *Mec.* engrenar, endentar, engranzar. **A:** desentrosar. 2 ordenar, arrumar, organizar. **A:** desordenar. *vtd+vpr* 3 ambientar(-se), adaptar(-se), aclimatar(-se).

entrouxar *vtd* 1 embrulhar, embalar, empacotar. **A:** desembrulhar. 2 arrumar, ordenar, arranjar. **A:** desarrumar. 3 acumular, juntar, ajuntar.

entrudo *sm Folc.* carnaval.

entulhar *vtd* 1 armazenar, guardar, conservar (em tulha). **Ex:** Entulhar arroz, café. 2 encher, abarrotar, empanturrar. **A:** esvaziar. 3 acumular, amontoar, ajuntar. 4 V. entupir.

entulho *sm* 1 cascalho, pedregulhos *pl* (para encher fosso, vala, etc.). 2 escombros *pl*, ruínas *pl*, restos *pl*. 3 lixo.

entupir *vtd* 1 *BURACO, ABERTURA* obstruir, entulhar, tapar. **A:** desentupir. *vtd+vi* 2 *Fig.* calar(-se), emudecer, silenciar.

enturvar *vtd+vpr* 1 turvar(-se), escurecer(-se), toldar(-se). **A:** clarear. *vtd* 2 entristecer, afligir, contristar. **A:** alegrar. 3 perturbar, confundir, transtornar.

entusiasmar *vtd+vpr* animar(-se), arrebatar(-se), encantar(-se), apaixonar(-se). **A:** desanimar(-se).

entusiasmo *sm* 1 arrebatamento, delírio, êxtase. **A:** frieza. 2 ardor, paixão, energia. **Ex:** Trabalhar com entusiasmo. **A:** desânimo. 3 alegria, contentamento, júbilo. **Ex:** A notícia foi recebida com entusiasmo. **A:** tristeza. 4 frenesi, excitação, alvoroço. **Ex:** Sua obra causou entusiasmo entre os críticos de arte. **A:** indiferença. 5 *CRIATIVO* inspiração, estro. 6 *AO FALAR OU ESCREVER* veemência, força, vigor. **A:** suavidade.

entusiasta *s m+f* 1 admirador, fã, apreciador. *adj m+f* 2 ardoroso, apaixonado, fervoroso. **A:** indiferente.

entusiástico *adj* caloroso, animado, veemente. **A:** frio.

enumeração *sf* 1 relação, lista, especificação. 2 conta, cálculo, cômputo.

enumerar *vtd* 1 relacionar, listar, especificar. 2 indicar por números: numerar.

enunciação *sf* 1 exposição, declaração, expressão. 2 *Lóg.* aquilo que pode ser verdadeiro ou falso: proposição.

enunciar *vtd* 1 expor, exprimir, expressar. **Ex:** Enunciar uma opinião, os pensamentos. *vpr* 2 exprimir-se, falar, manifestar-se.

envaidecer *vtd+vpr* orgulhar(-se), ensoberbecer(-se), enfatuar(-se), assoberbar(-se). **A:** envergonhar(-se).

envasar V. envasilhar.

envasilhar *vtd* engarrafar, envasar.

envelhecer *vtd+vi* 1 tornar(-se) velho. **A:** rejuvenescer. *vi* 2 perder o viço: murchar, mirrar, definhar. **A:** vicejar.

envelope *sm* sobrescrito, sobrecarta.

envenenar *vtd+vpr* 1 intoxicar(-se). **A:** desintoxicar(-se). *vtd* 2 *Fig.* deturpar, adulterar, alterar. **Ex:** Envenenar o sentido de uma declaração. 3 *Fig.* corromper, perverter, viciar. **A:** regenerar.

enverdecer *vtd+vi* **1** reverdecer. **Ex:** A clorofila enverdece as folhas. **2** *Fig.* remoçar, rejuvenescer. **A:** envelhecer.

enveredar *vtd* **1** encaminhar, orientar, guiar. **Ex:** Enveredei-o para o bem. **A:** desencaminhar. *vti* **2** dirigir-se, encaminhar-se, ir. **Ex:** Enveredou por caminhos desconhecidos.

envergadura *sf* **1** envergamento, curvatura, arqueamento. **2** *Ornit.* e *Aeron.* largura (de ponta a ponta das asas). **Ex:** A envergadura do condor, do aeroplano. **3** competência, capacidade, habilidade. **Ex:** Funcionário de alta envergadura. **A:** incompetência. **4** importância, peso, alcance. **Ex:** Problema de grande envergadura.

envergamento V. envergadura.

envergar *vtd* **1** *Náut.* atar (a vela) à verga. **A:** desenvergar. **2** vestir, trajar, usar. **Ex:** Ela entrou no salão, envergando um lindíssimo vestido. *vtd+vpr* **3** curvar(-se), encurvar(-se), vergar(-se). **Ex:** Envergar uma vareta. **A:** endireitar(-se).

envergonhar *vtd* **1** desonrar, deslustrar, macular. **Ex:** Suas atitudes envergonham o nome da família. **2** enaltecer. **2** humilhar, aviltar, rebaixar. **Ex:** Envergonhou o filho na frente dos empregados. *vtd+vpr* **3** inibir(-se), acanhar(-se), encabular(-se). **Ex:** Envergonha-se na hora de discursar. **A:** desinibir(-se). *vpr* **4** corar. **Ex:** Envergonha-se da incapacidade dos filhos. **A:** orgulhar-se.

envernizado *part+adj* **1** lustroso, polido, luzidio. **A:** fosco. **2** *Pop.* bêbado, embriagado, ébrio. **A:** sóbrio.

envernizar *vtd* lustrar, polir, engraxar, brunir.

enverrugar *vtd+vpr* enrugar(-se), encarquilhar(-se), engelhar(-se), preguear(-se). **A:** desenrugar(-se).

envesgar V. enviesar.

enviado *sm* mensageiro, emissário, portador, delegado.

enviar *vtd* remeter, expedir, mandar, despachar. **Ex:** Enviar algo pelo correio.

envidar *vtd* **1** empregar, utilizar, servir-se de. **Ex:** Envidou todos os recursos possíveis. **2** desafiar, provocar, instigar. **Ex:** Envidar os adversários. *vpr* **3** esforçar-se,

empenhar-se, batalhar para. **Ex:** Envidou-se para conseguir o que desejava.

envidraçar *vtd+vpr* embaçar(-se), embaciar, empanar(-se), deslustrar(-se). **A:** polir(-se).

enviés V. viés.

enviesado *part+adj* oblíquo, diagonal, transversal, transverso. **A:** reto.

enviesar *vtd* referindo-se aos olhos: envesgar, entortar, torcer, virar.

envilecer *vtd+vpr* **1** *MORALMENTE* desonrar(-se), desprestigiar(-se), depravar(-se). **Ex:** Esses acontecimentos envilecem a vida da nação. **A:** honrar(-se). *vi+vpr* **2** *PREÇO* depreciar-se, desvalorizar-se, aviltar-se. **A:** valorizar-se.

envinagrado V. avinagrado.

envinagrar V. avinagrar.

envio *sm* remessa, expedição, despacho. **Ex:** Envio da correspondência, de mercadorias.

envoltório *sm* invólucro, capa.

envolver *vtd* **1** embrulhar, enrolar, cobrir. **A:** desenvolver. **2** abranger, compreender, incluir. **Ex:** Seu cargo envolverá muitas funções diversas. **3** cercar, rodear, circundar. **4** seduzir, cativar, atrair. **Ex:** Sua simpatia envolveu a todos. **A:** repelir. **5** esconder, dissimular, ocultar. **A:** demonstrar. *vtd+vpr* **6** implicar(-se), comprometer(-se). **Ex:** Envolver alguém num crime. *vpr* **7** intrometer-se, ingerir-se, meter-se. **Ex:** Não se envolva nisso!

enxada *sf* *Fig.* ganha-pão, trabalho, profissão, ofício.

enxadrezar *vtd* axadrezar, xadrezar.

enxadrista *s* e *adj* *m+f* xadrezista.

enxame *sm* **1** *Apic.* colmeia, colmeia. **2** *Fig.* multidão, torrente, massa. **Ex:** A cidade foi invadida por um enxame de turistas.

enxamear *vi* **1** pulular, formigar, fervilhar. **Ex:** Pessoas fantasiadas enxameiam nas ruas durante o carnaval. *vi+vpr* **2** apinhar-se, amontoar-se, aglomerar-se. **Ex:** A multidão enxameia na entrada do hotel.

enxerga *sf* **1** colchão grosseiro. **2** catre, cama rústica.

enxergar *vtd* **1** ver com certa dificuldade: avistar, descortinar, distinguir. **Ex:** Ao longe, conseguíamos enxergar a saída da caverna. **2** notar, observar, perceber. **3** pressentir, adivinhar, prever. **4** deduzir, concluir, inferir.

enxerido *part+adj* intrometido, abelhudo, xereta, metido.

enxerir-se *vpr* intrometer-se, xeretar, bisbilhotar, meter-se.

enxertadura V. enxerto.

enxertar *vtd+vpr* introduzir(-se), inserir(-se), fixar(-se), implantar(-se).

enxertia V. enxerto.

enxerto *sm* **1** *Agr.* enxertadura, enxertia. **2** inserção, inclusão. **Ex:** O enxerto de dados estatísticos no relatório facilitou sua compreensão.

enxofrado *part+adj Fig.* sentido, magoado, ressentido, aborrecido. **A:** satisfeito.

enxofrar *vtd* sulfurar.

enxota-moscas *sm, sing+pl* abanador, abana-moscas.

enxotar *vtd* **1** afugentar, espantar. **A:** atrair. **2** expulsar, rechaçar, repelir. **A:** acolher.

enxovalhamento V. enxovalho.

enxovalhar *vtd+vpr* **1** emporcalhar(-se), sujar(-se), manchar(-se). **A:** limpar(-se). **2** desprestigiar(-se), desacreditar(-se), deslustrar(-se). **A:** prestigiar(-se). *vtd* **3** ofender, insultar, afrontar. **A:** elogiar. **4** amarrotar, amassar, amarfanhar. **A:** alisar.

enxovalho *sm* **1** enxovalhamento. **A:** limpeza. **2** desonra, vergonha, descrédito. **A:** honra. **3** ofensa, insulto, afronta. **A:** elogio.

enxugar *vtd+vpr* secar(-se), esgotar(-se). **A:** molhar(-se).

enxurrada *sf* **1** torrente, enxurro, aluvião. **Ex:** A enxurrada era tão forte que derrubou algumas pessoas. **2** *Fig.* abundância, monte, batelada. **Ex:** Deu-me uma enxurrada de informações.

enxurro *sm* **1** V. enxurrada. **2** ralé, gentalha, plebe. **A:** nata *fig.*

enxuto *part+adj* **1** seco. **A:** molhado. **2** *TEMPO* sem chuva: árido, seco. **A:** chuvoso. **3** *PESSOA* elegante, esbelto, garboso. **A:** deselegante. **4** *ESTILO* austero, despojado, simples.

épico *adj* **1** heróico, notável, grandioso. **Ex:** Façanhas épicas. **2** *Fig.* grande, colossal,

monumental. **Ex:** Tivemos uma discussão épica e nunca mais nos falamos. **A:** banal.

epidemia *sf* **1** *Med.* andaço *fam.* **2** *Med.* peste, pestilência. **3** *Fig.* moda. **Ex:** Há uma epidemia de roupas coloridas na cidade.

epidêmico *adj* contagioso, infeccioso, transmissível.

epiderme *sf Anat.* camada superficial da pele: cutícula, cútis, película.

epigrafar *vtd* intitular, denominar, nomear, chamar.

epígrafe *sf* **1** *EM ESTÁTUA, MEDALHA, ETC.,* inscrição, letreiro; *DE TÚMULO* epitáfio, inscrição. **2** tema, mote (de um assunto). **3** em frontispício de livros, início de capítulos, poemas, etc.: sentença, frase.

epigrama *sm* **1** *Lit.* sátira. **2** ironia, sarcasmo, zombaria.

epílogo *sm* **1** conclusão, final, fecho. **A:** prólogo. **2** resumo, síntese, sinopse. **A:** desenvolvimento.

episcopado *sm Ecles.* bispado, diocese.

episódico *adj* acessório, secundário, suplementar, complementar. **A:** essencial.

episódio *sm* **1** incidente, evento, caso. **2** situação no decorrer de uma peça, filme, novela, etc.: cena. **3** capítulo. **Ex:** Os episódios do seriado de TV.

epístola *sf* carta, missiva.

epitáfio *sm* inscrição, epígrafe (em túmulo).

epíteto *sm* **1** qualificação, título, denominação. **2** alcunha, apelido, cognome.

epítome *sm* resumo, síntese, sumário, compêndio. **A:** desenvolvimento.

época *sf* **1** tempo, era. **Ex:** Na época de nossos antepassados: a época do cinema mudo. **2** período, fase, ciclo. **Ex:** As épocas do desenvolvimento da criança. **3** data. **Ex:** Naquela época foi construído o edifício. **4** era, idade, período. **Ex:** A época colonial. **5** referindo-se a um personagem ou fato importante: século, período. **Ex:** A época da industrialização. **6** estação, temporada. **Ex:** A época das chuvas. **7** para a colheita de frutos: sazão, estação, temporada. **Ex:** Estamos na época da uva.

equânime *adj m+f* **1** imparcial, justo, isento, eqüitativo. **Ex:** Julgamento equânime. **A:**

parcial. **2** prudente, moderado, ponderado. **Ex:** Atitude equânime. **A:** imprudente.

equanimidade *sf* **1** imparcialidade, justiça, isenção, eqüidade. **A:** parcialidade. **2** prudência, moderação, ponderação. **A:** imprudência.

eqüidade V. equanimidade.

eqüídeo V. eqüino.

eqüilateral V. eqüilátero.

eqüilátero *adj Geom.* que tem os lados iguais entre si: eqüilateral. **Ex:** Triângulo eqüilátero.

equilibrar *vtd+vpr* **1** manter(-se) em equilíbrio. **A:** desequilibrar(-se). *vtd* **2** compensar, contrabalançar, contrapesar. **Ex:** Equilibrar forças. **3** harmonizar, conciliar, combinar. **Ex:** O arquiteto conseguiu equilibrar as linhas da construção. **A:** desarmonizar. *vpr* **4** agüentar-se, sustentar-se, manter-se (numa situação difícil).

equilíbrio *sm* **1** igualdade, proporção. **2** harmonia, concordância, acordo. **3** estabilidade, firmeza, imobilidade. **4** moderação, controle, comedimento. **A:** desequilíbrio (nas quatro acepções).

equilibrista *s m+f* funâmbulo, acrobata, acróbata.

eqüino *adj Zool.* eqüídeo, cavalar.

equipagem *sf* **1** *Náut.* e *Aeron.* tripulação, guarnição. **2** bagagem, malas *pl.* **3** V. equipamento.

equipamento *sm* instrumentos *pl*, utensílios *pl*, apetrechos *pl*, aprestos *pl*, equipagem.

equipar *vtd* **1** *Náut.* e *Aeron.* tripular. *vtd+vpr* **2** aparelhar(-se), apetrechar(-se), munir(-se).

equiparar *vtd+vpr* igualar(-se), nivelar(-se), comparar(-se). **A:** diferenciar(-se).

equipe *sf* **1** *Esp.* time, esquadra, quadro. **2** pessoal, conjunto, grupo. **Ex:** A equipe encarregada da limpeza.

eqüipolência V. equivalência.

eqüipolente V. equivalente.

eqüitativo V. eqüânime.

equivalência *sf* igualdade, correspondência, proporção, eqüipolência, *eqüivalência*. **A:** desigualdade.

eqüivalência V. equivalência.

equivalente *adj m+f* igual, correspondente, proporcional, eqüipolente, *eqüivalente*. **A:** desigual.

eqüivalente V. equivalente.

equivocação V. equívoco.

equivocar *vtd* **1** confundir, tomar por. **Ex:** Equivocar uma obra pela outra. **A:** distinguir. **2** iludir, enganar, tapear *pop.* *vpr* **3** enganar-se, errar, confundir-se. **A:** acertar.

equívoco *sm* **1** engano, erro, lapso, equivocação. **A:** acerto. **2** confusão. **Ex:** Equívoco de nomes diferentes. **A:** distinção. **3** trocadilho, jogo de palavras. *adj* **4** ambíguo, incerto, dúbio. **Ex:** Explicação equívoca. **A:** claro. **5** duvidoso, suspeito, suspeitoso. **Ex:** Comportamento equívoco.

era V. época.

erário *sm* **1** *RECURSOS FINANCEIROS* fazenda, tesouro, finanças *pl.* **2** *ÓRGÃOS DE ARRECADAÇÃO* fisco, tesouro, fazenda pública.

ereção *sf* **1** levantamento, alçamento. **A:** abaixamento. **2** construção, edificação, elevação. **Ex:** A ereção de um monumento. **A:** demolição. **3** fundação, instituição, criação. **A:** extinção. **4** *DO PÊNIS* endurecimento, enrijecimento. **A:** amolecimento.

erecto V. ereto.

eremita *s m+f* ermitão, monge, asceta, anacoreta.

ereto *adj* **1** erguido, levantado, alçado. **A:** abaixado. **2** vertical, perpendicular. **3** aprumado, direito, teso. **A:** encurvado. **4** *Fisiol.* duro, rijo, rígido. **A:** flácido. **5** *Fig.* altivo, arrogante, orgulhoso. **A:** humilde. **Obs.:** Em todas as acepções, existe a variante *erecto*.

erguer *vtd+vpr* **1** levantar(-se), elevar(-se), alçar(-se). **A:** abaixar(-se). *vtd* **2** construir, edificar, erigir. **A:** demolir. **3** levantar, dirigir, voltar (os olhos, para cima). **A:** baixar. **4** *VOZ* levantar, elevar. **Ex:** Ela nunca ergue a voz, mesmo quando fica irritada. **A:** abaixar. **5** aprumar, endireitar, empertigar. **A:** encurvar. **6** fundar, inaugurar, instituir. **A:** extinguir. *vpr* **7** aparecer, surgir. **8** sublevar-se, revoltar-se, amotinar-se.

eriçar *vtd+vpr* arrepiar(-se), ouriçar(-se), levantar(-se), encrespar(-se).

erigir *vtd* **1** erguer, levantar, alçar. **A:** abaixar. **2** construir, edificar, arquitetar. **Ex:** Erigir uma casa. **A:** demolir. **3** fundar, instituir, criar. **Ex:** Erigir um bispado. **A:** extinguir.

ermida *sf* pequena igreja: capela, santuário.

ermitão V. eremita.

ermo *sm* **1** lugar solitário: deserto, retiro, solidão. *adj* **2** deserto, despovoado, desabitado. **A:** povoado.

erodente V. erosivo.

erodir *vtd* corroer, desgastar, carcomer (o solo).

erosão *sf* corrosão, desgaste, gasto (do solo).

erosivo *adj* erodente, corrosivo, cáustico.

erótico *adj* **1** sensual, sexual, carnal. **2** lascivo, lúbrico, voluptuoso.

erradicar *vtd* extinguir, acabar com, eliminar, extirpar. **Ex:** Erradicar o analfabetismo. **A:** radicar.

erradio *adj* **1** V. errante. **2** desnorteado, desorientado, perdido. **A:** norteado.

errado *part+adj* errôneo, falso, incorreto, desacertado. **A:** certo.

errante *adj m+f* nômade, errático, erradio, vagabundo. **Ex:** Tribos errantes do deserto. **A:** sedentário.

errar *vtd* **1** enganar-se em, desacertar, falhar. **Ex:** Errar os cálculos. **A:** acertar. *vi* **2** enganar-se, equivocar-se, confundir-se. **A:** acertar. **3** vaguear, vagar, perambular.

errata *sf Tip.* lista de erros encontrados após a impressão da obra, anexada no final ou no seu início: corrigenda.

errático V. errante.

erro *sm* **1** equívoco, engano, desacerto. **A:** acerto. **2** inexatidão, incorreção, imperfeição. **A:** exatidão. **3** pecado, falta, culpa.

errôneo V. errado.

eructação *sf* arroto.

eructar *vtd+vi* arrotar.

erudição *sf* cultura, saber, sabedoria, ilustração. **A:** ignorância.

erudito *adj* culto, letrado, douto, ilustrado. **A:** inculto.

erva *sf* **1** grama, relva. **2** hortaliça, verdura, legume. **3** *Gír.* dinheiro, gaita *gír*, cobre *pop.* **4** *Gír.* maconha, haxixe, diamba. **5** *Bot.* erva-mate, mate.

ervaçal *sm* pasto, pastagem, prado, ervagem.

erva-doce *sf* **1** *Bot.* anis. **2** *Bot.* funcho.

ervagem V. ervaçal.

erva-mate V. erva.

ervanário V. herbanário.

esbaforido *part+adj* **1** ofegante, arquejante, esbofado. **2** apressado, afobado, impaciente. **A:** paciente. **3** cansado, exausto, esfalfado. **A:** descansado.

esbaforir *vi+vpr* **1** ofegar, arquejar, arfar. **2** cansar-se, fatigar-se, afadigar-se. **A:** descansar.

esbagaçar *vtd+vpr* despedaçar(-se), espatifar(-se), espedaçar(-se), quebrar(-se).

esbandalhar *vtd* **1** esfarrapar, rasgar, esfrangalhar. **2** quebrar, espatifar, despedaçar. **3** V. esbanjar. *vpr* **4** debandar, dispersar-se, fugir.

esbanjar *vtd* desperdiçar, dissipar, desbaratar, dilapidar, esbandalhar. **A:** poupar.

esbarrão *sm* encontrão, topada, trombada, batida, esbarro.

esbarrar *vti* **1** bater, chocar-se, colidir. **2** tropeçar, topar, tropicar. **Ex:** Esbarrou numa pedra e caiu. **3** topar, deparar, encontrar com. **Ex:** Esbarrei com sua irmã quando fazia compras.

esbarro V. esbarrão.

esbarrocar *vi+vpr* **1** despenhar-se, cair, precipitar-se. **Ex:** Esbarrocou-se do penhasco. **2** desmoronar, ruir, desabar.

esbater *vtd* **1** *Pint.* graduar, matizar. **Ex:** Esbater as sombras, o claro-escuro do quadro. **2** *Pint.* atenuar, suavizar. **Ex:** Esbater as cores.

esbeiçar V. desbeiçar.

esbelteza *sf* **1** elegância, garbo, graça. **A:** deselegância. **2** esguiez.

esbelto *adj* **1** elegante, garboso, gracioso. **A:** deselegante. **2** esguio, alongado, delgado. **A:** atarracado.

esbirro *sm* **1** policial, guarda, tira *gír.* **2** escora, espeque, esteio.

esboçar *vtd* rascunhar, delinear, bosquejar, debuxar.

esboço *sm* **1** rascunho, delineamento, bosquejo. **2** resumo, sinopse, compêndio. **A:** desenvolvimento.

esbodegar *vtd* 1 *Pop.* estragar, danificar, arruinar. 2 *Pop.* esbanjar, desperdiçar, dissipar. A: poupar.

esbofado V. esbaforido.

esbofar *vtd+vpr* 1 cansar(-se), fatigar(-se), esfalfar(-se). A: descansar. *vi+vpr* 2 arquejar, ofegar, arfar.

esbofetear *vtd* estapear, bofetear.

esborcinar *vtd* 1 desbeiçar, esbeiçar. 2 golpear, bater em, açoitar.

esbordoar *vtd* bater, espancar, surrar, sovar.

esboroar *vtd* 1 demolir, derrubar, derribar. A: construir. *vtd+vpr* 2 reduzir(-se) a pó: esfarelar(-se), desfazer(-se), desmanchar(-se). *vpr* 3 desmoronar-se, ruir, desabar. **Obs.:** Em todas as três acepções, existe também a forma *desboroar*.

esborrachar *vtd* 1 esmagar, amassar, achatar. Ex: Pisou no tomate, esborrachando-o. *vpr* 2 estatelar-se, cair, escarrapachar-se *pop.* Ex: Esborrachar-se no chão.

esborralhar *vtd* 1 dispersar, debandar. Ex: Os policiais esborralharam a multidão. 2 derrubar, demolir, desmantelar. A: construir. *vpr* 3 desabar, desmoronar, derrocar.

esborrifar V. borrifar.

esborrifo V. borrifo.

esbracejar *vi* espernear, debater-se, estrebuchar, bater-se.

esbranquiçado *part+adj* alvacento, descorado, branquicento, deslavado. A: escuro.

esbranquiçar *vtd* embranquecer, descorar, branquear, alvejar. A: enegrecer.

esbraseado *part+adj* 1 quente, abrasador. A: frio. 2 abrasado, incandescente, aceso. A: apagado. 3 corado, ruborizado, vermelho.

esbrasear *vtd+vpr* 1 aquecer(-se), esquentar(-se). A: esfriar(-se). 2 abrasar(-se), inflamar(-se), acender(-se). A: apagar(-se). 3 corar, ruborizar(-se), enrubescer(-se). Ex: Seu rosto esbraseou-se.

esbravecer V. esbravejar.

esbravejar *vtd+vi* 1 gritar, berrar, vociferar. *vi* 2 enfurecer-se, encolerizar-se, irar-se. A: acalmar-se.

esbregue *sm* 1 confusão, banzé, rolo *pop.* 2 repreensão, descompostura, bronca *pop.* A: elogio.

esbrugar V. esburgar.

esbugalhar *vtd* OLHOS arregalar.

esbulhar *vtd* 1 despojar, espoliar, desempossar. A: empossar. 2 usurpar, tomar, apossar-se de (à força). 3 V. esburgar.

esbulho *sm* despojo, espoliação.

esburacar *vtd* furar, crivar.

esburgar *vtd* 1 descascar, esbulhar, *esbrugar.* Ex: Esburgar frutas. 2 tirar a carne de: descarnar, escarnar, *esbrugar.* Ex: Esburgar um osso.

escabelar V. descabelar.

escabelo *sm* banco, assento, mocho.

escabiose *sf Med.* e *Vet.* sarna, já-começa *fam*; *SÓ DO CÃO* gafeira, morrinha; *DE CAVALOS, OVELHAS* ronha.

escabioso *adj Med.* e *Vet.* sarnento, sarnoso.

escabreado *part+adj* 1 furioso, zangado, irritado. A: calmo. 2 cabreiro, desconfiado, ressabiado. A: confiante.

escabrear *vtd, vi+vpr* 1 enfurecer(-se), zangar(-se), irritar(-se). A: acalmar(-se). *vi+vpr* 2 desconfiar, recear, suspeitar. A: confiar.

escabrosidade *sf* 1 aspereza, rugosidade, crespidão. A: lisura. 2 dificuldade, complicação, complexidade. A: facilidade. 3 indecoro, indecência, obscenidade. A: decoro.

escabroso *adj* 1 áspero, rugoso, crespo. Ex: Superfície escabrosa. A: liso. 2 acidentado, irregular, pedregoso. Ex: Terreno escabroso. A: plano. 3 difícil, complicado, complexo. Ex: Situação escabrosa. A: fácil. 4 indecoroso, indecente, obsceno. Ex: Atitude escabrosa. A: decoroso.

escachar *vtd* 1 rachar, fender, partir. 2 confundir, embaraçar, perturbar.

escada *sf* escala *ant.*

escadeirar V. descadeirar.

escafeder-se *vpr* escapulir, esgueirar-se, fugir, mandar-se *pop.*

escala *sf* 1 *Ant.* escada. 2 graduação, gradação, hierarquia. 3 série, sucessão, seqüência. 4 proporção (entre medidas de um desenho e as reais). * Escala Celsius: escala centesimal, escala centígrada. * Escala Kelvin: escala internacional de temperatura, escala absoluta de temperatura.

escalão *sm* nível, grau, graduação, degrau.

escalar *vtd* **1** subir, galgar, assomar a. **A:** descer. **2** assolar, devastar, desolar. **3** saquear, roubar, assaltar.

escalavrar *vtd* **1** *PELE* esfolar, arranhar, escoriar; *REVESTIMENTO* arranhar, danificar, arruinar. **Ex:** Escalavrou a perna ao cair; as crianças escalavraram a parede. **2** desbeiçar, esbeiçar, esborcinar. **3** arruinar, prejudicar, estragar. **Ex:** A bebida escalavrou o seu fígado.

escaldar *vtd* **1** queimar, abrasar, requeimar. **2** aquecer, esquentar. **A:** resfriar. **3** castigar, punir, corrigir. **A:** recompensar. *vi* **4** arder, abrasar-se, queimar-se.

escaler *sm* bote, barco, batel, canoa.

escalonar *vtd* graduar, dispor, ordenar, arrumar (em escalões).

escalpar V. escalpelar.

escalpelar *vtd* **1** *Cir.* dissecar, cortar (com bisturi). **2** tirar o escalpo (couro cabeludo) de: escalpar. **Ex:** Os índios norte-americanos escalpelavam os inimigos. **3** *Fig.* analisar, avaliar, examinar.

escalpelo *sm* **1** *Cir.* bisturi. **2** *Fig.* análise, avaliação, exame.

escalvado V. encalvecido.

escamar *vtd* **1** *CASCA* descascar, esbulhar, descortiçar. *vtd+vpr* **2** *ESCAMAS* descamar(-se). **3** zangar(-se), aborrecer(-se), irritar(-se). **A:** acalmar(-se). *vpr* **4** fugir, mandar-se *pop*, dar no pé *gír*.

escamento V. escamoso.

escamoso *adj* **1** coberto de escamas: escamento. **2** *Gír.* antipático, desagradável, intragável. **Ex:** Sujeitinho escamoso. **A:** simpático.

escamoteação *sf* **1** empalmação. **2** furto, roubo, abafo *gír*.

escamotear *vtd* **1** empalmar, esconder (na palma da mão). **A:** mostrar. **2** furtar, roubar, surrupiar.

escampado *sm* **1** terreno aberto e inculto: descampado. *part+adj* **2** deserto, desabitado, ermo. **A:** habitado. **3** *TEMPO, CÉU* desanuviado, claro, limpo. **A:** nublado.

escampar *vi* **1** desanuviar-se, clarear, limpar. **A:** nublar-se. **2** fugir, escapar, escapulir.

escancarar *vtd+vpr* **1** abrir(-se). **A:** fechar (-se). *vtd* **2** mostrar, revelar, patentear. **Ex:** Escancararam a corrupção do Congresso.

escanchar V. escarranchar.

escandalizar *vtd+vpr* **1** ofender(-se), melindrar(-se), suscetibilizar(-se). **2** indignar(-se), revoltar(-se).

escândalo *sm* **1** indignação, revolta. **Ex:** O massacre causou escândalo no mundo inteiro. **2** cena, escarcéu, esparramo. **Ex:** Fez um escândalo na porta da loja. **3** vergonha, indecência, desonra. **Ex:** Essa guerra é o escândalo do século.

escandaloso *adj* **1** vergonhoso, indecoroso, imoral, indecente. **A:** exemplar. **2** espalhafatoso, chamativo. **A:** discreto.

escandir *vtd* **1** *VERSOS* medir. **2** *SÍLABAS, FRASES* separar, dividir. **3** enumerar, relacionar, listar. **Ex:** Escandiu todos os fatos importantes de sua vida. **4** esmiuçar, examinar, analisar (minuciosamente).

escangalhar *vtd* **1** arruinar, estragar, danificar. **Ex:** Escangalhar a saúde. *vtd+vpr* **2** quebrar(-se), desmantelar(-se) desconjuntar(-se). **Ex:** As crianças escangalham os próprios brinquedos.

escaninho *sm* **1** compartimento, divisão, repartição (de cofre, etc.). **2** esconderijo, recanto, esconso.

escanteio *sm* *Fut.* córner.

escapada *sf* fuga, escapadela, escapulida, escape.

escapadela *sf* **1** descuido, deslize, falha. **2** V. escapada. **3** V. escapatória.

escapamento V. escape.

escapar *vti+vi* **1** livrar-se, salvar-se, safar-se. **Ex:** Escapar da morte. **2** escapulir, fugir, evadir-se. **Ex:** Escapou da prisão. **3** passar despercebido: fugir. **Ex:** Nenhum detalhe escapa a seu olhar atento.

escapatória *sf* desculpa, subterfúgio, evasiva, escapadela.

escape *sm* **1** escapamento, salvação, salvamento. **2** V. escapada. *adj* **3** V. escapo.

escapo *part+adj* fora de perigo: salvo, livre, isento, são.

escápula *sf* *Anat.* omoplata.

escapulário *sm* patuá, bentinhos *pl*.

escapulida V. escapada.

escapulir *vti+vi* fugir, escapar, esgueirar-se, evadir-se.

escarafunchar *vtd* **1** remexer, revolver, esgaravatar. **2** sondar, esquadrinhar, procurar (pacientemente).

escaramuça *sf* **1** *Mil.* combate, luta, batalha. **2** briga, conflito, disputa.

escaramuçar *vi* combater, lutar, batalhar, pelejar.

escaravelho *sm Entom.* vira-bosta.

escarcéu *sm* **1** vagalhão, onda (em mar revolto). **2** algazarra, gritaria, berreiro. **3** escândalo, cena, esparramo.

escarlate *sm e adj m+f, sing+pl* vermelho, encarnado, rubro.

escarmentar *vtd* **1** castigar, punir, corrigir. **A:** premiar. **2** repreender, advertir, censurar. **A:** elogiar.

escarmento *sm* **1** castigo, punição, corretivo. **2** repreensão, advertência, censura. **A:** elogio. **3** exemplo, lição, ensinamento. **Ex:** Essa decepção talvez lhe sirva de escarmento.

escarnar *vtd* tirar a carne de: descarnar, esburgar, esbrugar.

escarnecedor *adj* sarcástico, zombeteiro, escarninho, mordaz. **A:** elogioso.

escarnecer *vti* zombar de, gozar de, ridicularizar, avacalhar. **A:** elogiar.

escarnecimento V. escárnio.

escarninho V. escarnecedor.

escárnio *sm* zombaria, gozação, troça, chacota, escarnecimento. **A:** elogio.

escarpa *sf Geogr.* rampa, declive, barranco, ladeira (de terreno, de um fosso).

escarpado *adj* íngreme, abrupto, alcantilado, aclive. **Ex:** Terreno escarpado. **A:** plano.

escarradeira *sf* escarrador, cuspideira.

escarrador V. escarradeira.

escarranchar *vtd+vpr* **1** sentar(-se) com as pernas muito abertas: escanchar(-se), escarrapachar(-se). **Ex:** Escarranchou-se em cima do muro. **2** bifurcar(-se).

escarrapachar *vtd+vpr* **1** V. escarranchar. *vpr* **2** *Pop.* estatelar-se, esborrachar-se, cair. **3** humilhar-se, rebaixar-se, curvar-se.

escarradura V. escarro.

escarrar *vtd* **1** expectorar, cuspir. *vi* **2** expectorar.

escarro *sm* escarradura, cuspe, cuspo.

escassear *vtd* **1** economizar, poupar. **Ex:** Não escasseia favores aos amigos. **A:** esbanjar. *vi* **2** rarear, faltar, minguar. **A:** abundar.

escassez *sf* **1** avareza, sovinice, pão-durismo *pop.* **A:** prodigalidade. **2** carência, falta, privação. **A:** fartura.

escasso *sm+adj* **1** avarento, sovina, pão-duro *pop.* **A:** pródigo. *adj* **2** raro, limitado, restrito. **A:** abundante. **3** desprovido, falto, carente. **Ex:** Escasso de recursos. **A:** farto. **4** fraco, débil. **Ex:** Luz escassa. **A:** forte.

escavação *sf* **1** abertura, perfuração, furagem. **A:** aterro. **2** buraco, cova, cavidade.

escavacar *vtd* **1** despedaçar, quebrar, espatifar. *vi* **2** emburrar, aborrecer-se, amuar-se.

escavado *part+adj* cavado, côncavo, oco. **A:** convexo.

escavar *vtd* **1** cavar, perfurar, cavoucar. **A:** tampar. **2** *Fig.* investigar, sondar, perscrutar.

escaveirado *part+adj* esquelético, cadavérico, macilento, descarnado. **A:** gordo.

escaveirar *vtd* descarnar, emagrecer, emaciar, mirrar. **A:** engordar.

esclarecedor *adj* explicativo, elucidativo, ilustrador.

esclarecer *vtd+vpr* **1** iluminar(-se), alumiar(-se), aclarar(-se). **A:** escurecer(-se). **2** explicar(-se), elucidar(-se), resolver(-se). **3** enobrecer(-se), engrandecer(-se), nobilitar(-se). **A:** rebaixar(-se). *vi* **4** alvorecer, amanhecer, raiar. **A:** anoitecer.

esclarecido *part+adj* **1** claro, iluminado, alumiado. **A:** escuro. **2** erudito, culto, sábio. **A:** inculto. **3** ilustre, notável, nobre. **A:** obscuro.

esclarecimento *sm* **1** explicação, elucidação, aclaramento. **2** enobrecimento, engrandecimento. **A:** rebaixamento. **3** informação, dado, elemento.

esclerosado *part+adj* gagá, caduco, decrépito, maluco.

esclerótica *sf Anat.* branco do olho, clara.

escoação V. escoamento.

escoadouro *sm* cano, vala, canal, valeta (para escoamento).

escoadura V. escoamento.

escoamento *sm* 1 escorrimento, vazamento, escoação, escoadura. 2 venda, saída. **Ex:** Escoamento de mercadorias.

escoar *vtd* 1 escorrer. **Ex:** Escoou a água do macarrão. *vi+vpr* 2 *TEMPO* decorrer, transcorrer, passar. **Ex:** Os anos escoavam rapidamente. 3 esvair-se, dissipar-se, exaurir-se. **Ex:** Suas forças se escoavam. 4 fugir, sumir-se, desaparecer. *vpr* 5 escorrer, vazar, esvair-se. **Ex:** O líquido escoou-se.

escoicear *vtd+vi* 1 coicear, *escoucear*. *vtd* 2 *Fig.* insultar, maltratar, ofender.

escoimar *vtd* 1 limpar, purificar, depurar. 2 livrar de falhas: corrigir, apurar, melhorar. **Ex:** Escoimar um texto.

escol *sm* elite, nata *fig*, alta sociedade, fina flor. A: ralé.

escola *sf* 1 estabelecimento de ensino. 2 colégio. 3 ginásio. 4 liceu, educandário. 5 faculdade, instituto. 6 doutrina, sistema, teoria. **Ex:** A escola de Platão. 7 experiência, vivência, aprendizado. **Ex:** A escola da vida.

escolado *adj* 1 *Pop.* experiente, prático, experimentado. A: inexperiente. 2 esperto, vivo, astuto. A: ingênuo.

escolar *s m+f* aluno, estudante, educando, discípulo. A: professor.

escolha *sf* 1 seleção, separação, apuração. 2 eleição, nomeação, proclamação. A: rejeição. 3 preferência, opção, predileção. 4 alternativa, opção, possibilidade. **Ex:** Não temos escolha, precisaremos ficar aqui mesmo. 5 discernimento, critério, juízo. **Ex:** Tenha escolha naquilo que diz para não ofender os outros. A: insensatez.

escolher *vtd* 1 selecionar, separar, joeirar. **Ex:** Escolher o feijão. 2 eleger, nomear, proclamar. **Ex:** Escolheram-no embaixador. A: rejeitar. 3 assinalar, marcar, determinar. **Ex:** Escolhemos este local como ponto de encontro. 4 preferir, optar por, decidir-se por. **Ex:** Entre tantas alternativas, escolheu a melhor.

escolho *sm* 1 recife, abrolho. 2 *Fig.* obstáculo, dificuldade, impedimento. 3 *Fig.* perigo, risco.

escolopendra *sf Zool.* centopéia, lacraia.

escolta *sf* 1 guarda, proteção, defesa. 2 acompanhamento, comitiva, séqüito.

escoltar *vtd* acompanhar, seguir, acolitar.

escombros *sm pl* destroços, ruínas, entulho *sing*, restos.

escondedouro V. esconderijo.

esconde-esconde *sm sing+pl* pegador.

esconder *vtd+vpr* 1 ocultar(-se), encobrir(-se). **Ex:** Escondeu os documentos no fundo do armário; o gato escondeu-se atrás da árvore. A: revelar(-se). 2 dissimular(-se), disfarçar(-se), acobertar(-se). **Ex:** Esconder a sua preocupação; esconde-se num verniz de educação. A: mostrar(-se). *vtd* 3 calar, ocultar, reservar. **Ex:** Esconder a verdade. A: dizer. *vpr* 4 abrigar-se, refugiar-se, amparar-se. **Ex:** Escondeu-se da chuva. 5 *ASTRO* pôr-se, desaparecer. A: nascer.

esconderijo *sm* escondedouro, recanto, escaninho, esconso.

escondido *part+adj* oculto, encoberto, secreto, recôndito. **Ex:** Desejos escondidos. A: patente.

esconjuração V. esconjuro.

esconjurar *vtd* 1 exorcizar, conjurar, exorcismar. **Ex:** Esconjurar o demônio. 2 amaldiçoar, maldizer, maldiçoar. A: bendizer.

esconjuro *sm* 1 exorcismo, conjuro, esconjuração. 2 maldição, praga, imprecação, esconjuração. A: bênção.

esconso *sm* 1 esconderijo, recanto, escondedouro. 2 través, esguelha, soslaio. *adj* 3 escondido, oculto, encoberto. A: manifesto. 4 inclinado, oblíquo, atravessado. A: reto.

escopeta *sf* espingarda de repetição.

escopo *sm* fim, objetivo, intuito, propósito.

escora *sf* 1 esteio, esbirro, espeque. 2 *Fig.* apoio, amparo, proteção. 3 cilada, tocaia, emboscada.

escorar *vtd+vpr* 1 estear(-se), especar(-se), suster(-se) (com escora). 2 encostar(-se), apoiar(-se), amparar(-se). **Ex:** Escorou-se à parede para não cair. A: desencostar(-se). *vtd* 3 tocaiar, atocaiar, emboscar. 4 enfrentar, encarar, afrontar. **Ex:** Escorar uma dificuldade. A: fugir de. 5 agüentar, suportar, resistir a. **Ex:** Escorar o choque. *vpr* 6 fundamentar-se, basear-se, assentar-se. **Ex:** Escoramo-nos em fontes confiáveis.

escorchar *vtd* **1** *FRUTAS, ETC.,* descascar, descortiçar, esbulhar. **2** pelar, esfolar, despelar. **Ex:** Escorchar um animal. **3** pronunciar mal: estropiar. **Ex:** Escorchar um idioma, um poema. **4** roubar, saquear, pilhar. **Ex:** Os invasores escorcharam a aldeia.

escorço *sm* **1** *Pint.* perspectiva. **2** *Fig.* esboço, rascunho, delineamento. **3** *Fig.* resumo, síntese, sinopse.

escore *sm Esp.* placar, contagem, pontuação.

escória *sf* **1** *Metal.* fezes *pl*, resíduos *pl*, restos *pl* (da fusão dos metais). **2** ralé, gentalha, plebe. **A:** elite.

escoriação *sf* arranhão, arranhadura, esfoladela, esfoladura.

escoriar *vtd+vpr* **1** esfolar(-se), arranhar(-se). *vtd* **2** *METAIS* purificar, depurar, limpar.

escornar *vtd* **1** chifrar, cornear, marrar. **Ex:** A vaca escornou o fazendeiro. **2** atacar, agredir, investir contra. **3** desprezar, menosprezar, menoscabar. **A:** prezar. **4** V. escorraçar.

escorraçar *vtd* **1** expulsar, enxotar, escornar. **2** rejeitar, recusar, enjeitar. **A:** aceitar.

escorregadela V. escorregão.

escorregadiço V. escorregadio.

escorregadio *adj* escorregadiço, liso, resvaladiço, lúbrico.

escorregão *sm* **1** escorregadela, deslizamento, resvalo. **2** descuido, lapso, erro, escorregadela. **A:** acerto.

escorregar *vti+vi* **1** deslizar, resvalar. *vti* **2** errar, falhar, enganar-se em. **Ex:** Escorregou em conjugação verbal, mas acertou as outras questões. **A:** acertar. **3** incorrer, cair em, incidir. **Ex:** Escorregou em contradição. *vi* **4** *TEMPO* voar, correr, passar (rapidamente).

escorrer *vtd* **1** escoar. Escorremos a água dos vasos. *vti* **2** fluir, manar, verter. **Ex:** O sangue escorria do ferimento. **3** gotejar, pingar. **Ex:** O suor escorria de seus cabelos. *vi* **4** escoar-se, vazar, esvair-se. **Ex:** As águas escorriam.

escorrimento V. escoamento.

escoucear V. escoicear.

escova (ó) V. escovadela.

escovação V. escovadela.

escovadela *sf* **1** escovação, escova. **2** *Fig.* castigo, punição, corretivo. **A:** recompensa. **3** *Fig.* repreensão, sabão, bronca *pop*. **A:** elogio.

escovado *part+adj* **1** *Pop.* esperto, astucioso, manhoso, matreiro. **A:** ingênuo. **2** *Pop.* alinhado, elegante, bem-vestido. **A:** desalinhado.

escovar *vtd* **1** limpar (com escova). **2** *Fig.* espancar, bater em, surrar. **3** *Fig.* repreender, bronquear com *pop*, admoestar. **A:** elogiar.

escravatura V. escravidão.

escravidão *sf* **1** escravatura, servidão, cativeiro. **A:** liberdade. **2** *Fig.* dependência, submissão, subordinação. **A:** independência.

escravizar *vtd+vpr* **1** submeter(-se), sujeitar(-se), subjugar(-se). **A:** libertar(-se). *vtd* **2** cativar, encantar, fascinar.

escravo *sm+adj* **1** cativo, servo. **A:** liberto. *adj* **2** *Fig.* submisso, sujeito, dominado. **Ex:** Ele é escravo da esposa. **A:** insubmisso.

escrevedor V. escriba.

escrevente V. escrivão.

escrever *vtd* **1** grafar; *CORRETAMENTE* ortografar. **2** compor, redigir, elaborar. **Ex:** Escrever um trabalho literário. **3** *CARTA* redigir. **4** anotar, registrar, apontar. **5** copiar, transcrever, reproduzir. *vtd+vti* **6** contar, descrever, narrar. **Ex:** Escrever uma história; escreveu à amiga que o irmão havia falecido. *vpr* **7** corresponder-se, cartear-se. **Ex:** Há anos que se escrevem.

escrevinhador V. escriba.

escrevinhar *vtd+vi* **1** escrever mal ou às pressas: rabiscar. **Ex:** Escrevinhar um livro; escrevinhou um bilhete para a mãe e saiu.

escriba *s m+f* **1** *Antig.* escrivão, escrevente. **2** pessoa que copiava manuscritos: copista. **3** *Fam.* mau escritor: escrevedor, escrevinhador, rabiscador.

escrínio *sm* **1** armário para papéis e objetos de escritório: escrivaninha. **2** guarda-jóias, porta-jóias.

escrita *sf* **1** representação por escrito: escritura. **Ex:** O português utiliza escrita alfabética. **2** alfabeto, abecedário. **Ex:** Sabe ler a escrita hebraica. **3** caligrafia, letra, escritura. **Ex:** Escrita de médico é quase sempre ilegível. **4** V. escrito. **5** V. escrituração.

escrito *sm* **1** bilhete, mensagem, recado. **2** *Lit.* obra, texto, composição. **Ex:** Os escritos de José de Alencar. **3** anotação, nota, apontamento. **4** *EM JORNAL* artigo, reportagem, escrita.

escritor *sm Lit.* autor.

escritório *sm* **1** de uma casa: gabinete. **2** repartição, seção. **3** *DE ADVOGADO* banca. **4** V. escrivaninha.

escritura *sf* **1** título, documento. **Ex:** Escritura de um imóvel. **2** (*em maiús.*) Bíblia, Sagrada Escritura, Livros Sagrados *pl.* **3** e **4** V. escrita.

escrituração *sf* contabilidade, escrita.

escriturar *vtd* **1** *Contab.* lançar, registrar. **2** *DOCUMENTO* lavrar, exarar, redigir.

escriturário V. escrivão.

escrivaninha *sf* **1** mesa para escrever: escritório, secretária; *ESCOLAR* carteira. **2** V. escrínio.

escrivão *sm* **1** escrevente, escriturário, copista. **2** *Pop.* tabelião, notário.

escroque *sm* trapaceiro, embusteiro, impostor, fraudador.

escroto *adj Vulg.* reles, ordinário, baixo, vil. **A:** nobre.

escrúpulo *sm* **1** remorso. **2** meticulosidade, cuidado, diligência. **A:** negligência. **3** correção, honestidade, honradez. **A:** desonestidade. **4** hesitação, receio, indecisão. **A:** decisão.

escrupuloso *adj* **1** meticuloso, cuidadoso, diligente. **Ex:** Funcionário escrupuloso. **A:** negligente. **2** correto, honesto, honrado. **Ex:** Pessoa escrupulosa. **A:** inescrupuloso. **3** minucioso, rigoroso, preciso. **Ex:** Análise escrupulosa. **A:** superficial. **4** hesitante, receoso, indeciso. **A:** decidido.

escrutar *vtd* investigar, perscrutar, sondar, pesquisar.

escrutínio *sm* **1** votação. **2** apuração, contagem, cálculo (de votos). **3** urna (eleitoral).

4 exame, análise, investigação (minuciosa).

escudar *vtd+vpr* **1** defender(-se), proteger(-se), resguardar(-se). **A:** expor(-se). *vpr* **2** apoiar-se, amparar-se, estribar-se.

escudeiro *sm* **1** *Hist.* donzel, pajem. **2** criado particular.

escudo *sm* **1** égide. **2** *Heráld.* brasão, armas *pl,* insígnia. **3** *Fig.* defesa, proteção, resguardo.

esculachar V. esculhambar.

esculacho V. esculhambação.

esculhambação *sf* **1** *Vulg.* avacalhação, desmoralização, esculacho. **2** *Vulg.* crítica, repreensão, esculacho. **3** *Vulg.* anarquia, confusão, desordem. **A:** ordem.

esculhambar *vtd* **1** *Vulg.* avacalhar, desmoralizar, esculachar. **A:** engrandecer. **2** *Vulg.* criticar, repreender, esculachar. **A:** elogiar. **3** *Vulg.* zombar de, ridicularizar, esculachar. **A:** elogiar. **4** *Vulg.* escangalhar, quebrar, estragar.

esculpir *vtd* **1** entalhar, lavrar, cinzelar. **Ex:** Esculpir uma estátua em mármore. **2** modelar, moldar, formar. **Ex:** Esculpir um boneco de argila. **3** *Fig.* gravar, marcar, imprimir. **Ex:** O sofrimento esculpiu aquele ar de frieza do seu rosto.

escultor *sm* estatuário.

escultura *sf* **1** estatuária. **2** estátua.

escultural *adj m+f* perfeito, formoso, belo, gracioso. **Ex:** Corpo ou rosto escultural. **A:** feio.

escuma V. espuma.

escumadeira V. espumadeira.

escumar V. espumar.

escurecer *sm* **1** crepúsculo, anoitecer, luscofusco. **Ex:** Chegaremos ao escurecer. **A:** amanhecer. *vtd, vi+vpr* **2** obscurecer(-se), toldar(-se), ensombrar(-se). **Ex:** Escurecer o quarto; a casa escureceu quando acabou a energia elétrica. **A:** clarear. **3** enegrecer(-se), denegrir(-se). **Ex:** A fuligem escureceu as paredes. **A:** clarear. **4** *DIA, TEMPO* anuviar(-se), nublar(-se), encobrir(-se). **A:** clarear. **5** *PELE* bronzear(-se), queimar(-se), tostar(-se). *vtd* **6** ofuscar, eclipsar, suplantar. **Ex:** Escurecer a glória de alguém. **7** transtornar, perturbar, turvar.

Ex: A dor escureceu sua razão. *vi* **8** anoitecer, enoitecer. **Ex:** Sairemos quando escurecer. **A:** amanhecer.

escuridão *sf* **1** trevas *pl*, obscuridade, negrume. **A:** claridade. **2** *Fig.* ignorância, desconhecimento. **A:** conhecimento. **3** *Fig.* dor, sofrimento, pesar. **A:** alegria. **4** *Fig.* morte, falecimento, sepultura *fig.* **A:** nascimento.

escuro *sm* **1** lugar escuro. **Ex:** Vamos sair do escuro? **A:** claro. **2** escuridão, trevas *pl*, caligem. **A:** claridade. **3** noite. **A:** dia. *adj* **4** sombrio, tenebroso, obscuro. **Ex:** Quarto escuro. **A:** claro. **5** *DIA, TEMPO* fechado, nublado, encoberto. **A:** claro. **6** melancólico, tristonho, triste. **Ex:** Canção escura. **A:** alegre. **7** *SOM* indistinto, abafado, surdo. **A:** claro.

escusa *sf* desculpa, pretexto, evasiva, escusação.

escusação V. escusa.

escusado *part+adj* desnecessário, supérfluo, dispensável, inútil. **A:** indispensável.

escusar *vtd* **1** desculpar, perdoar, relevar. **Ex:** Escusar os erros de alguém. **A:** condenar. **2** evitar, poupar. **Ex:** Escusar problemas a alguém. **A:** causar. *vtd+vti* **3** não precisar de: prescindir de, dispensar. **Ex:** Escusou a minha ajuda; escuso de voltar aqui. **A:** precisar de. *vtd+vpr* **4** desobrigar(-se), eximir(-se), isentar(-se). **A:** obrigar(-se). *vpr* **5** desculpar-se, justificar-se. **6** recusar-se, negar-se, opor-se. **Ex:** Escusou-se a obedecer. **A:** aceitar.

escuso *adj* **1** escondido, oculto, encoberto. **A:** patente. **2** suspeito, duvidoso, suspeitoso. **Ex:** Negócios escusos. **A:** insuspeito. **3** desculpado, perdoado, relevado. **A:** condenado. **4** isento, desobrigado, livre. **A:** obrigado.

escutar *vtd+vi* **1** ouvir. *vtd* **2** *CONSELHOS, ETC.*, atender, seguir, ouvir. **Ex:** Escute a voz da razão. **A:** ignorar. **3** *Med. Pop.* auscultar. **Ex:** O médico escutou o seu coração. **4** espionar, espiar, espreitar.

esdrúxulo *adj* **1** *Gram. Desus.* proparoxítono. **2** esquisito, estranho, extravagante. **A:** normal.

esfacelamento V. esfacelo.

esfacelar *vtd+vpr* **1** *Med.* gangrenar(-se), necrosar(-se). *vtd* **2** *Fig.* destruir, danificar, arruinar. **Ex:** O furacão esfacelou as casas da praia. *vpr* **3** corromper-se, degenerar-se, perverter-se. **Ex:** A instituição esfacelou-se. **A:** regenerar-se.

esfacelo (ê) *sm* esfacelamento, destruição, ruína, estrago, dano.

esfácelo *sm Med.* gangrena, necrose.

esfaimado V. esfomeado.

esfaimar V. esfomear.

esfalfação V. esfalfamento.

esfalfamento *sm* **1** cansaço, fadiga, esfalfação, esfalfe. **A:** descanso. **2** *Pop.* anemia, fraqueza, prostração.

esfalfe V. esfalfamento.

esfalfar *vtd+vpr* cansar(-se), fatigar(-se), extenuar(-se), afadigar(-se). **A:** descansar.

esfarelar *vtd* **1** esmigalhar, esfarinhar, triturar. *vtd+vpr* **2** reduzir(-se) a pó: esboroar(-se), desmanchar(-se), desfazer(-se).

esfarinhar V. esfarelar.

esfarrapado *sm* **1** maltrapilho, farrapo, pelintra. **A:** janota. *part+adj* **2** andrajoso, maltrapilho, roto. **A:** janota. **3** *Fig.* incoerente, inconsistente, incongruente. **Ex:** Desculpa esfarrapada. **A:** coerente.

esfarrapar *vtd* **1** reduzir a farrapos: esfrangalhar, esbandalhar, rasgar. **2** dilacerar, lacerar, cortar. **3** arruinar, destruir, estragar.

esfera *sf* **1** globo, bola, pelota. **2** globo terrestre. **3** *Fig.* campo, âmbito, setor. **Ex:** Esfera de atuação. **4** *Fig.* ambiente, meio, círculo. **5** *Fig.* competência, alçada, jurisdição.

esférico *adj* redondo, globular, orbicular, globuloso.

esfervilhar *vi* pulular, fervilhar, formigar, enxamear. **Ex:** A praia esfervilhava de banhistas.

esfiapar *vtd+vpr* desfiar(-se), esfiar(-se), desmanchar(-se) (em fiapos).

esfiar V. esfiapar.

esfinge *sf Fig.* enigma, mistério, segredo.

esfíngico *adj* enigmático, misterioso, obscuro, secreto. **A:** claro.

esfoguear *vtd+vpr* **1** queimar(-se), incendiar(-se), inflamar(-se). **2** corar, afoguear(-se), enrubescer(-se). *vpr* **3** apressar-se, precipitar-se. **4** atarantar-se, atrapalhar-se, desnortear-se.

esfola V. esfoladura.

esfoladela *sf* **1** V. esfoladura. **2** trapaça, engano, tapeação *pop*, logro.

esfoladura *sf* escoriação, arranhão, esfoladela, esfola, esfolamento.

esfolamento V. esfoladura.

esfolar *vtd* **1** pelar, despelar, escorchar. *vtd+vpr* **2** escoriar(-se), arranhar(-se).

esfolhear *vtd* folhear, manusear, percorrer. **Ex:** Esfolheamos todos os livros à procura daquela foto.

esfomeado *part+adj* **1** faminto, esfaimado, afaimado. **A:** saciado. **2** comilão, glutão, voraz.

esfomear *vtd* esfaimar. **A:** saciar.

esforçado *part+adj* **1** diligente, trabalhador, laborioso. **Ex:** Empregado esforçado. **A:** negligente. **2** estudioso, aplicado. **Ex:** Aluno esforçado. **A:** relapso. **3** valente, corajoso, destemido. **A:** covarde.

esforçar *vtd* **1** fortalecer, reforçar, avigorar. **A:** enfraquecer. **2** animar, estimular, entusiasmar. **A:** desanimar. **3** *VOZ* erguer, levantar, elevar. **A:** abaixar. *vpr* **4** empenhar-se, diligenciar, lutar para. **Ex:** Esforcei-me para conseguir convencê-la.

esforço *sm* **1** força. **Ex:** Fez muito esforço, mas não conseguiu abrir a tampa do vidro. **2** empenho, aplicação, diligência. **A:** negligência. **3** valentia, coragem, destemor. **A:** covardia.

esfrangalhar *vtd* reduzir a frangalhos: esfarrapar, esbandalhar, rasgar.

esfregação V. esfrega.

esfregadura V. esfrega.

esfrega *sf* **1** esfregação, fricção, atrito, esfregadura. **2** labuta, afã, faina. **3** repreensão, breca *pop*, descompostura. **A:** elogio. **4** surra, coça, sova.

esfregador V. esfregão.

esfregão *sm* esfregador, rodilha, trapo (para limpeza).

esfregar *vtd+vpr* **1** friccionar(-se), atritar(-se). **2** coçar(-se), roçar(-se). *vtd* **3** arear, polir, limpar. **4** espancar, surrar, bater em.

esfriar *vtd, vi+vpr* **1** resfriar(-se), arrefecer(-se). **A:** esquentar(-se). **2** *Fig.* enfra-

quecer, esmorecer, arrefecer(-se). **Ex:** Seu ânimo esfriou. **A:** fortalecer(-se).

esfrolar *vtd* esfolar, escoriar, arranhar.

esfumaçar V. esfumar.

esfumar *vtd* esfumaçar, enegrecer, escurecer (com fumo).

esfuziante *adj m+f* **1** sibilante. **2** radiante, radioso, exultante. **A:** triste.

esfuziar *vi* **1** sibilar, zunir, zumbir. **2** cintilar, faiscar, fagulhar.

esgadelhar V. esguedelhar.

esgalgado *part+adj* magro, delgado, descarnado, seco. **A:** gordo.

esgalgar *vtd* emagrecer, descarnar, definhar, emaciar. **A:** engordar.

esganação *sf* **1** estrangulamento, enforcamento, esganadura. **2** avareza, sovinice, mesquinhez. **A:** generosidade. **3** gula, voracidade, glutonaria. **4** ganância, cobiça, avidez. **A:** desapego.

esganado *sm+adj* **1** avarento, sovina, mesquinho. **A:** generoso. *part+adj* **2** esfomeado, guloso, comilão. **3** ganancioso, ávido, cobiçoso. **A:** desapegado.

esganadura V. esganação.

esganar *vtd+vpr* estrangular(-se), enforcar(-se), afogar(-se).

esganiçar *vtd* tornar agudo: aflautar, flautar. **Ex:** Esganiçar a voz. **A:** engrossar.

esgar *sm* **1** careta, trejeito, momice. **2** carranca, cara feia, carantonha.

esgaravatar *vtd* **1** remexer, revolver, escaravunchar. **2** esmiuçar, investigar, pesquisar. *vtd+vi* **3** *GALINHA* ciscar. **Obs.:** Em todas as acepções, existe também a forma *esgravatear* e a variante *esgravatar*.

esgarçar *vtd+vpr* *TECIDO, ROUPA* rasgar(-se), abrir(-se), desfiar(-se).

esgazear *vtd* **1** *OLHOS* revirar, virar, mexer. **2** *A COR DE UM QUADRO* desbotar, desmaiar, descorar. **A:** colorir.

esgoelar *vtd, vi+vpr* gritar, berrar, bradar, vociferar. **A:** sussurrar.

esgotadura V. esgotamento.

esgotamento *sm* **1** esvaziamento, despejo, esgotadura, esgoto. **2** enchimento. **2** cansaço, fadiga, exaustão. **A:** descanso.

esgotar *vtd* **1** esvaziar, despejar, vazar. **A:** encher. *vtd, vi+vpr* **2** secar(-se), enxugar(-se), exaurir(-se). *vtd+vpr* **3** cansar(-se), fatigar(-se), afadigar(-se). **Ex:** Esgotou-se de tanto trabalhar. **A:** descansar. **4** consumir(-se), gastar(-se), exaurir(-se). **Ex:** Esgotou a fortuna da família. **A:** restaurar(-se).

esgoto *sm* **1** cano para escoamento de líquidos: desaguadouro, sarjeta, vala. **2** V. esgotamento.

esgravatar V. esgaravatar.

esgravatear V. esgaravatar.

esgrimidor V. esgrimista.

esgrimir *vtd* **1** *ARMAS BRANCAS* jogar, manejar. **2** brandir, vibrar, agitar. **Ex:** Esgrimir o chicote, um cassetete. *vi* **3** argumentar, debater, discutir. **4** lutar, combater, digladiar.

esgrimista *s m+f* espadachim, esgrimidor.

esgrouviado *adj* **1** esguio, esbelto, *esgrouvinhado*. **A:** atarracado. **2** descabelado, desgrenhado, *esgrouvinhado*. **A:** penteado.

esgrouvinhado V. esgrouviado.

esguedelhar *vtd+vpr* descabelar(-se), desgrenhar(-se), despentear(-se), esgadelhar(-se). **A:** pentear(-se).

esgueirar-se *vpr* fugir, escapulir, evadir-se, safar-se.

esguelha *sf* soslaio, través, obliqüidade, viés. * De esguelha: de lado, de través.

esguichar *vtd+vi* espirrar, jorrar, golfar.

esguicho *sm* jato, jorro, golfada, borbotão.

esguiez *sf* esbelteza.

esguio *adj* esbelto, afunilado, delgado, alongado. **A:** atarracado.

eslávico V. eslavo.

eslavo *adj* relativo aos eslavos (russos, poloneses, etc.): eslávico.

esmaecer *vi+vpr* **1** empalidecer, descorar, desmaiar. **A:** corar. **2** enfraquecer, esmorecer, diminuir. **Ex:** Seu entusiasmo esmaeceu. **A:** crescer.

esmagação V. esmagamento.

esmagador *adj* **1** indiscutível, irrefutável, inconteste. **Ex:** Prova esmagadora. **A:** duvidoso. **2** opressivo, prepotente, tirânico. **A:** benevolente. **3** aflitivo, angustiante, pungente. **A:** agradável.

esmagadura V. esmagamento.

esmagamento *sm* **1** achatamento, esmagação, esmagadura. **2** extermínio, aniquilamento. **3** ruína, destruição.

esmagar *vtd* **1** achatar, pisar, calcar. **2** triturar, moer, pulverizar. **3** vencer, derrotar, subjugar. **4** exterminar, aniquilar, destruir. **5** oprimir, tiranizar, dominar. **6** afligir, angustiar, atormentar. **Ex:** O remorso esmaga sua alma.

esmaltar *vtd+vpr* **1** adornar(-se), ornar (-se), enfeitar(-se). **2** matizar(-se). *vtd* **3** abrilhantar, embelezar, realçar.

esmalte *sm* **1** *Fig.* adorno, ornamento, enfeite. **2** *Fig.* brilho, brilhantismo, realce.

esmeralda V. esmeraldino.

esmeraldino *adj* esmeralda, verde-esmeralda.

esmerado *part+adj* **1** primoroso, apurado, perfeito. **A:** desleixado. **2** cuidadoso, meticuloso, minucioso. **A:** superficial. **3** *NO VESTIR* alinhado, elegante, bem-apessoado. **A:** desalinhado.

esmerar *vtd+vpr* **1** apurar(-se), aperfeiçoar(-se), aprimorar(-se). **2** *NO VESTIR* alinhar(-se). **A:** relaxar.

esmeril *sm* pedra de amolar, amoladeira, rebolo.

esmerilar V. esmerilhar.

esmerilhar *vtd* **1** polir, brunir (com esmeril). **2** investigar, pesquisar, averiguar. *vtd+vpr* **3** apurar(-se), aperfeiçoar(-se), aprimorar(-se). **Obs.:** Em todas as acepções, existe a variante *esmerilar*.

esmero *sm* **1** perfeição, apuro, primor. **A:** desleixo. **2** cuidado, meticulosidade, minúcia. **A:** superficialidade. **3** *NO VESTIR* alinho, elegância, capricho. **A:** desalinho.

esmigalhar *vtd* **1** triturar, moer, esmiuçar. *vtd+vpr* **2** despedaçar(-se), fragmentar(-se), quebrar(-se).

esmiuçar *vtd* **1** V. esmigalhar. **2** pulverizar. **3** pesquisar, investigar, esquadrinhar. **4** pormenorizar, particularizar, detalhar. **Ex:** O professor esmiuçou o texto para que os alunos o compreendessem.

esmo *sm* estimativa, avaliação, cálculo. * A esmo: ao acaso, sem rumo, à toa; sem pensar, inadvertidamente. **Ex:** Andar a esmo; falar a esmo.

esmola *sf* **1** donativo, óbolo, auxílio *fam.* **2** graça, favor, benefício. **3** *Pop.* surra, sova, coça.

esmolambado *sm, part+adj* maltrapilho, esfarrapado. **A:** janota.

esmolambar *vtd Gír.* ridicularizar, desmoralizar, avacalhar *pop.* **A:** engrandecer.

esmolar *vtd+vi* **1** mendigar. **2** *Fig.* implorar, suplicar, rogar. **Ex:** Esmolar piedade.

esmoleiro V. esmoler.

esmoler (é) *sm* **1** *Pop.* mendigo, pedinte, esmoleiro. *adj* **2** caridoso, caritativo.

esmorecer *vtd+vi* **1** desanimar(-se), desalentar(-se), abater(-se). **Ex:** As dificuldades o esmoreceram. **A:** entusiasmar(-se). **2** enfraquecer, esfriar(-se), arrecefecer(-se). **Ex:** Sua vontade esmoreceu. **A:** fortalecer(-se). *vti* **3** cobiçar, ambicionar, desejar (ardentemente). **Ex:** Esmorece pelo sucesso. *vi* **4** desmaiar, desfalecer. **A:** voltar a si. **5** *COR* desbotar, apagar-se, descorar. **6** *SOM* diminuir, abaixar, baixar. **A:** aumentar. **7** *LUZ* diminuir, apagar-se, extinguir-se. **A:** aumentar.

esmorecimento *sm* **1** desânimo, desalento, abatimento. **A:** entusiasmo. **2** enfraquecimento, arrefecimento. **A:** fortalecimento. **3** desmaio, desfalecimento, síncope.

esmurraçar V. esmurrar.

esmurrar *vtd* socar, esmurraçar, sopapear, soquear. **Ex:** Esmurrou o agressor.

esnobar *vtd* **1** desprezar, desdenhar, menosprezar. **Ex:** Agora que venceu, esnoba os antigos companheiros. *vi* **2** exibir-se, presumir-se, ostentar-se.

esnobe *s e adj m+f* presunçoso, pedante, presumido, afetado. **A:** humilde.

esotérico *adj Fig.* oculto, secreto, misterioso, enigmático. **A:** exotérico *fig.* **Obs.:** Veja a lista de homônimos e parônimos.

espaçado *part+adj* lento, vagaroso, demorado, lerdo. **A:** rápido.

espaçar *vtd* **1** espacejar, intervalar. **Ex:** Espaçou as cadeiras para ela passar. **2** adiar, diferir, protelar. **Ex:** Espaçar o prazo de entrega. **A:** antecipar.

espacejar V. espaçar.

espacial *adj m+f* astral, sideral, estelar. **Ex:** Viagens espaciais.

espaço *sm* **1** superfície, área, extensão. **Ex:** Espaço reduzido. **2** vazio, vácuo, lacuna. **Ex:** Aqui temos espaço para a estante. **3** *Astr.* universo, cosmos, infinito. **4** *Tip.* lacuna, branco, vazio. **Ex:** Preencha os espaços do formulário. **5** *DE TEMPO* intervalo, período, lapso. **Ex:** Num espaço de vinte anos. **6** ambiente, recinto, lugar. **Ex:** Este espaço foi reservado para a biblioteca.

espaçoso *adj* **1** amplo, largo, vasto. **A:** estreito. **2** lento, vagaroso, demorado. **A:** rápido.

espadachim *sm* **1** esgrimista, esgrimidor. **2** *Por ext.* duelista. **3** brigão, valentão, briguento. **4** fanfarrão, farofeiro *pop*, prosa.

espadana *sf* **1** jato, jorro, esguicho. **2** *DE COMETA* cauda, rasto, rastro. **3** labareda, chama, língua de fogo.

espadanar *vtd* **1** expelir, jorrar, lançar. **Ex:** O corte espadanava sangue. *vi* **2** espirrar, golfar, borbotar.

espadaúdo *adj* forte, corpulento, vigoroso, encorpado. **A:** franzino.

espadilha *sf* **1** ás de espadas (em alguns jogos). *sm* **2** *Fig.* chefe, cabeça, líder.

espádua *sf Anat.* ombro, espalda *ant.*

espairecer *vtd, vi+vpr* **1** distrair(-se), divertir(-se), entreter(-se). **A:** aborrecer(-se). *vi+vpr* **2** passear.

espalda *sf* **1** espaldar, encosto, recosto. **Ex:** A espalda da cadeira. **2** *Ant.* ombro, espádua.

espaldar V. espalda.

espalha-brasas *s e adj m+f, sing+pl* **1** estabanado, desajeitado, estouvado. **2** fanfarrão, ferrabrás, prosa.

espalhada V. espalhafato.

espalhado V. espalhafato.

espalhafato *sm* **1** gritaria, barulho, espalhado, espalhada. **2** estardalhaço, alarde, ostentação.

espalhafatoso *adj* **1** *SOM* estrondoso, ruidoso, bombástico. **A:** silencioso. **2** chamativo, escandaloso. **A:** discreto. **3** vistoso, ostentoso, pomposo. **A:** singelo.

espalhar *vtd* **1** esparramar, espargir, disseminar. **Ex:** Os pássaros espalharam as sementes pelos campos. **2** irradiar, emitir, difundir. **Ex:** A lâmpada espalhava uma luz amarelada. **3** infundir, incutir, insuflar. **Ex:** Os crimes espalharam o terror entre a população. *vtd+vpr* **4** propagar(-se), alastrar(-se), generalizar(-se). **Ex:** A epidemia se espalhou rapidamente. **5** divulgar(-se), propagar(-se), difundir(-se). **Ex:** Espalhar boatos, notícias. **6** dissipar(-se), desvanecer(-se), dispersar(-se). **Ex:** A neblina espalhou-se. **7** separar(-se), desunir(-se), apartar(-se). **Ex:** A discórdia espalhou o grupo. **A:** unir(-se). *vpr* **8** FOGO alastrar-se, propagar-se, atear-se.

espalmar *vtd* **1** MÃO abrir, distender. **2** achatar, aplanar, aplainar.

espanar *vtd* **1** espanejar, limpar (com espanador). **2** agitar, sacudir, brandir. *vi+vpr* **3** PARAFUSO, ROSCA desgastar-se, gastar-se.

espancador *sm+adj* brigão, valentão, briguento, rixento. **A:** pacífico.

espancamento *sm* surra, esfrega, coça, sova.

espancar *vtd* **1** surrar, bater em, sovar. **2** afastar, espantar, afugentar. **Ex:** Contava piadas para espancar o medo que sentia. **A:** atrair. **3** dissipar, dispersar, desvanecer. **Ex:** O sol espancou as trevas.

espandongamento *sm* desleixo, relaxo, desmazelo; NO VESTIR desalinho, deselegância. **A:** capricho.

espandongar *vtd* **1** escangalhar, quebrar, danificar. **2** esfarrapar, rasgar, esfrangalhar.

espanejar V. espanar.

espanhol *sm+adj* castelhano.

espanholada *sf* **1** fanfarronada, fanfarrice, bravata. **2** exagero, exageração, hipérbole.

espanholismo *sm Ling.* castelhanismo, hispanismo.

espantadiço *adj* assustadiço, arisco, esquivo, assomado.

espantalho *sm Fig.* paspalho, paspalhão, inútil, estafermo.

espantar *vtd* **1** afugentar, expulsar, enxotar. **Ex:** Espantar as moscas; o canto espanta a tristeza. *vtd+vpr* **2** assustar(-se), atemorizar(-se), amedrontar(-se). **Ex:** Espantou-se

ao ver o ladrão. **3** surpreender(-se), pasmar(-se), admirar(-se). **Ex:** Espantou-se ao vê-la tão bem, depois de tantos problemas.

espanto *sm* **1** assombro, susto, temor, medo. **2** surpresa, pasmo, admiração, maravilha.

espantoso *adj* **1** assustador, pavoroso, aterrador, horrível. **2** assombroso, surpreendente, admirável, maravilhoso. **A:** banal.

espargir *vtd* **1** LÍQUIDO borrifar, aspergir, esborrifar. **2** espalhar, dispersar, esparramar. **Ex:** Espargiram flores sobre o túmulo. **3** LUZ difundir, irradiar, emitir. **4** AROMA difundir, disseminar, alastrar. **Obs.:** Em todas as acepções, existe a variante *esparzir*.

espargo V. aspargo.

esparolação *sf* **1** leviandade, imprudência, precipitação. **A:** prudência. **2** tagarelice, falação, parolagem. **3** presunção, pretensão, gabolice. **A:** modéstia.

esparolado *adj* **1** leviano, imprudente, precipitado. **A:** prudente. **2** tagarela, falador, linguarudo. **A:** calado. **3** presunçoso, pretensioso, gabola. **A:** modesto.

esparramação V. esparramo.

esparramar *vtd+vpr* **1** espalhar(-se), alastrar(-se), disseminar(-se). **A:** concentrar(-se). **2** LÍQUIDO derramar, despejar, entornar.

esparrame V. esparramo.

esparramo *sm* **1** espalhamento, esparrame, esparramação. **2** escândalo, escarcéu, cena. **Ex:** Fez um esparramo porque não foi bem atendida. **3** exagero, espalhafato, ostentação. **4** banzé, rolo *pop*, quebra-pau *gír*.

esparrela *sf* **1** armadilha, arapuca (para caçar pássaros). **2** *Pop.* cilada, ardil, embuste.

esparso *part+adj* **1** solto, desamarrado, desatado. **Ex:** Cabelos esparsos sobre os ombros. **2** avulso, separado, independente. **Ex:** Textos esparsos de um escritor.

espartano *adj* **1** *Fig.* simples, modesto, frugal. **Ex:** Vida espartana. **A:** descomedido. **2** *Fig.* austero, severo, rigoroso. **Ex:** Educação espartana. **A:** brando.

esparzir V. espargir.

espasmo *sm* **1** *Med.* contração, convulsão. **2** *Fig.* êxtase, arrebatamento, enlevo.

espatifar *vtd+vpr* **1** despedaçar(-se), partir(-se), quebrar(-se). **Ex:** O copo caiu e espatifou-se. *vtd* **2** esbanjar, desperdiçar, dissipar. **Ex:** Espatifar uma herança. **A:** poupar.

espaventar *vtd+vpr* **1** assustar(-se), espantar(-se), sobressaltar(-se). *vpr* **2** envaidecer-se, orgulhar-se, ensoberbecer-se. **A:** humilhar-se. **3** pompear, luxar, ostentar-se.

espavento *sm* **1** susto, espanto, sobressalto. **2** pompa, luxo, ostentação. **A:** singeleza.

espaventoso *adj* **1** vaidoso, orgulhoso, soberbo. **A:** humilde. **2** pomposo, luxuoso, ostentoso. **A:** singelo.

espavorir *vtd+vpr* assustar(-se), apavorar(-se), sobressaltar(-se), amedrontar(-se).

especar *vtd+vpr* **1** escorar(-se), estear(-se), suster(-se) (com espeque). *vi+vpr* **2** parar, estacar, estacionar. **Ex:** O caçador especou ao ver o animal.

especial *adj m+f* **1** particular, peculiar, específico, típico. **A:** geral. **2** excelente, distinto, superior. **Ex:** Produto especial. **A:** comum. **3** reservado, exclusivo, específico. **Ex:** Lugar especial para festas.

especialista *s e adj m+f* perito, prático, experto, conhecedor.

especializar *vtd+vpr* **1** caracterizar(-se), particularizar(-se), singularizar(-se). **A:** generalizar(-se). *vpr* **2** aprofundar-se, aperfeiçoar-se. **Ex:** Especializar-se numa ciência.

especiaria V. espécie.

espécie *sf* **1** tipo, gênero, categoria. **Ex:** Que espécie de pessoa é essa? **2** especiaria. **Ex:** Os mercadores trouxeram espécies do Oriente. **3** dinheiro, moeda. **Ex:** Pagar em espécie.

especificar *vtd* **1** particularizar, individualizar, especializar. **A:** generalizar. **2** relacionar, listar, enumerar. **Ex:** Especificou todas as suas qualificações.

específico V. especial.

espécime *sm* **1** modelo, padrão, tipo. **2** exemplar, indivíduo. **Ex:** Os espécimes de uma coleção; os veterinários cuidaram do espécime encontrado na floresta.

especioso *adj* **1** ilusório, enganador, enganoso. **A:** real. **2** belo, formoso, sedutor. **A:** repulsivo.

espectador *sm* **1** assistente, ouvinte. **2** testemunha.

espectral *adj m+f* fantasmagórico, *espetral*.

espectro *sm* **1** fantasma, assombração, aparição, *espetro*. **2** *Fig.* ameaça, perigo, prenúncio, *espetro*. **Ex:** Viver sob o espectro de uma guerra.

especulação *sf* **1** investigação, estudo, exame. **2** hipótese, elucubração, tese. **3** *Com.* ágio, usura, agiotagem.

especulador *sm* usurário, agiota, abutre *fig*.

especular *vtd* **1** investigar, estudar, examinar. *vti* **2** informar-se, inteirar-se, indagar. **Ex:** Especular sobre as possibilidades. **3** aproveitar de, explorar. **Ex:** Especulam com seus privilégios para conseguir vantagens. *vi* **4** meditar, raciocinar, refletir. **Ex:** Pare de especular e mexa-se! **5** negociar, comerciar, traficar. **Ex:** Especular no mercado imobiliário. *adj m+f* **6** transparente, diáfano, translúcido. **A:** opaco. **7** refletido, reflexo. **Ex:** Imagem especular. **8** *OBJETO* refletor. **Ex:** Superfície especular.

especulativo *adj* teórico, abstrato, filosófico, acadêmico. **A:** prático.

espedaçar V. despedaçar.

espelhar *vtd* **1** polir, alisar, lustrar. **Ex:** Espelhar um metal. **A:** embaçar. *vtd+vpr* **2** refletir(-se), retratar(-se), representar(-se). **Ex:** A janela espelhava a nossa imagem; a lua espelha-se no lago. *vpr* **3** mostrar-se, evidenciar-se, patentear-se. **Ex:** Espelham-se em seu discurso as idéias da época. **4** mirar-se, rever-se. **Ex:** Espelhar-se nos exemplos dos pais.

espelho *sm* **1** *Fig.* exemplo, ensinamento, lição. **Ex:** O espelho dos mais velhos. **2** *Fig.* reflexo, imagem, retrato. **Ex:** Seus atos são um espelho de sua falta de respeito pelo próximo.

espeloteado *sm+adj* desmiolado, maluco, desajuizado, insensato. **A:** ajuizado.

espelunca *sf* **1** caverna, toca, covil. **2** casa de jogo. **3** lugar sujo: chiqueiro *fig*, pocilga *gír*, cloaca *fig*.

espeque *sm* **1** escora, esteio, esbirro. **2** *Fig.* apoio, amparo, auxílio.

espera *sf* **1** esperança, expectativa. **2** adiamento, atraso, demora. **A:** antecipação. **3**

pausa, parada, intervalo. **Ex:** A espera do trem na estação é muito longa. **4** tocaia, emboscada, cilada.

esperado *part+adj* previsto, aguardado. **Ex:** Seu fracasso já era esperado há muito. **A:** inesperado.

esperança *sf* **1** espera, expectativa. **2** confiança, fé. **Ex:** Tenho esperança na justiça. **A:** desesperança.

esperançar *vtd+vpr* alentar(-se), encorajar(-se). **A:** desesperar(-se).

esperançoso *adj* **1** PESSOA confiante, confiado. **A:** desesperançoso. **2** COISA promissor, próspero, auspicioso. **A:** desanimador.

esperar *vtd* **1** aguardar. **Ex:** Esperamos os amigos na porta da escola. **2** imaginar, supor, presumir. **Ex:** Esperávamos que o filme fosse mais interessante. *vtd+vti* **3** contar com, confiar em. **Ex:** Espero um milagre; nunca espere ajuda desse tipo de gente. *vti+vi* **4** confiar, acreditar, crer em. **Ex:** Espero em Deus; quem espera sempre alcança. *vi* **5** aguardar, atender. **Ex:** Cansei de esperar e fui embora.

esperma *sm* Biol. sêmen, semente, porra *vulg*.

espernear *vi* **1** debater-se, agitar-se, estrebuchar. **2** Fig. desobedecer, revoltar-se, rebelar-se. **A:** obedecer.

espertalhão *sm+adj* esperto, astuto, malandro, matreiro. **A:** simplório.

espertar *vtd, vi+vpr* **1** acordar, despertar. **A:** adormecer. **2** estimular(-se), avivar(-se), animar(-se). **A:** desestimular(-se).

esperteza *sf* **1** inteligência, sagacidade, perspicácia. **A:** estupidez. **2** vivacidade, atividade, energia. **A:** apatia. **3** astúcia, malandragem, malícia. **A:** ingenuidade.

esperto *sm+adj* **1** V. espertalhão. *adj* **2** desperto, acordado. **A:** adormecido. **3** inteligente, sagaz, perspicaz. **A:** estúpido. **4** vivo, ativo, inquieto. **A:** apático. **5** morno. **Ex:** Água esperta.

espessar *vtd+vpr* condensar(-se), adensar(-se), compactar(-se), encorpar(-se). **A:** rarefazer(-se).

espessidão V. espessura.

espesso *adj* **1** denso, grosso, consistente. **Ex:** Sopa espessa. **A:** ralo. **2** compacto, cerrado, basto. **Ex:** Mata espessa. **A:** ralo. **3** opaco, turvo, escuro. **Ex:** Atmosfera densa. **A:** claro.

espessura *sf* **1** densidade, grossura, consistência, espessidão. **2** floresta, mata, selva (cerrada).

espetacular *adj m+f* **1** espetaculoso, vistoso. **A:** apagado. **2** Pop. excelente, sensacional, fantástico.

espetáculo *sm* **1** Teat. peça, representação. **2** DE ARTES EM GERAL apresentação, exibição, função. **Ex:** Espetáculo de dança. **3** visão, vista, panorama. **4** escândalo, cena, escarcéu.

espetaculoso *adj* **1** V. espetacular. **2** grandioso, pomposo, ostentoso. **A:** simples.

espetada V. espetadela.

espetadela *sf* **1** espetada, picada. **Ex:** Dar uma espetada em alguém. **2** Fig. fraude, embuste, falcatrua.

espetar *vtd* **1** picar, alfinetar, ferir. **2** cravar, fincar, enterrar. **Ex:** Espetou o prego na madeira. **3** atravessar, trespassar, transfixar. *vpr* **4** ferir-se, machucar-se. **Ex:** A costureira espetou-se com a agulha. **5** CABELOS arrepiar-se, eriçar-se, ouriçar-se. **6** enrascar-se, encrencar-se *gír*, complicar-se. **A:** desenrascar-se.

espeto *sm* **1** Fig. magricela, magrelo, espicho *fig*. **A:** gordo. **2** Gír. complicação, problema, encrenca *gír*.

espetral V. espectral.

espetro V. espectro.

espevitado *part+adj* **1** Fig. vivo, agitado, irrequieto. **A:** calmo. **2** Fig. atrevido, petulante, ousado. **A:** respeitoso. **3** Fig. afetado, pedante, presunçoso. **A:** natural.

espevitar *vtd* **1** despertar, avivar, acender. **Ex:** Espevitar o patriotismo de alguém. **2** espiar, observar, espreitar. *vpr* **3** afetar-se, apurar-se, esmerar-se (pretensiosamente). **4** irritar-se, zangar-se, aborrecer-se. **A:** acalmar-se.

espezinhar *vtd* **1** pisar, calcar. **2** desprezar, desdenhar, menosprezar. **A:** prezar. **3** humilhar, rebaixar, aviltar. **A:** enaltecer.

espia *s m+f* **1** espião. **2** Mil. sentinela, vigia, guarda.

espiada *sf* olhada, olhadela.

espião V. espia.

espiar *vtd+vi* **1** espionar, espreitar. **Ex:** Espiar o inimigo. **2** olhar, observar. **Ex:** Foi espiar lá fora. *vtd* **3** *OPORTUNIDADE* esperar, aguardar, ensejar.

espicaçar *vtd* **1** *AVE* bicar; *INSETO* ferroar, picar, aguilhoar. **2** esburacar, furar, crivar. **3** magoar, afligir, atormentar. **4** provocar, incitar, instigar. **Ex:** Espicaçar a ambição.

espichar *vtd+vpr* **1** esticar(-se), estirar(-se), estender(-se). **A:** encolher(-se). *vpr* **2** deitar-se, estirar-se, refestelar-se. **Ex:** Espichou-se na cama.

espicho *sm* **1** batoque, rolha (de tonel). **2** *Fig.* V. espeto.

espiga *sf* **1** *Fig.* engano, logro, tapeação *pop*. **2** *Fig.* contratempo, adversidade, revés.

espigão *sm* **1** *Geogr.* pico, cume, cimo. **Ex:** O espigão da serra. **2** pua, bico, ponta.

espigar *vtd* **1** enganar, lograr, tapear *pop*. *vi* **2** crescer, desenvolver-se. **Ex:** Como espigaram esses meninos! **3** *PLANTA* germinar, brotar, rebentar.

espinafrar *vtd* **1** *Pop.* repreender, advertir, censurar. **2** *Pop.* pichar, criticar. **3** *Pop.* esculachar, ridicularizar, esculhambar *vulg*. **A:** elogiar (nas três acepções).

espinal V. espinhal.

espinel V. espinhel.

espingarda *sf* fuzil, carabina; *DE REPETI-ÇÃO* escopeta.

espinha *sf* **1** *Anat. Pop.* coluna vertebral, espinhaço *pop*. **2** osso (de peixe). *sf pl* **3** *Med.* acne.

espinhaço *sm* **1** *Anat. Pop.* V. espinha. **2** *Pop.* costas *pl*, dorso, costado *pop*. **3** *Geogr.* serro, aresta (de monte).

espinhal *sm* **1** espinheiral. *adj m+f* **2** *Anat.* espinal. **Ex:** Medula espinhal.

espinhar *vtd* **1** picar, espetar, ferir (com espinho). *vtd+vpr* **2** irritar(-se), zangar(-se), enfurecer(-se). **A:** acalmar(-se). **3** ofender(-se), magoar(-se), melindrar(-se).

espinheiral V. espinhal.

espinheiro *sm Bot.* sarça, silva.

espinhel *sm Pes.* tiradeira, *espinel*.

espinhento V. espinhoso.

espinho *sm* **1** *Bot.* acúleo, abrolho, estrepe. **2** *Fig.* obstáculo, dificuldade, empecilho. **3** *Fig.* preocupação, aflição, tormento. **A:** alívio.

espinhoso *adj* **1** *VEGETAL* espinhento, abrolhoso, abrolhado. **2** *PELE* espinhento. **Ex:** Pele espinhosa. **A:** liso. **3** *Fig.* árduo, difícil, sofrido. **Ex:** Caminho espinhoso. **A:** fácil.

espinoteado *part+adj* leviano, inconseqüente, imprudente, precipitado. **A:** prudente.

espinotear *vi* **1** pinotear. **2** espernear, debater-se, bater-se. **3** esbravejar, enfurecer-se, irritar-se. **A:** tranqüilizar-se.

espionagem V. espreita.

espionar *vtd+vi* **1** espiar, espreitar. **Ex:** Durante uma guerra, é comum espionar os estrangeiros. *vtd* **2** investigar, averiguar, pesquisar.

espira *sf DE PARAFUSO* rosca, volta.

espiral *sf* caracol, hélice.

espirar *vtd* **1** exalar, emitir, soltar. **Ex:** As rosas espiravam um aroma agradável. *vi* **2** soprar, bafejar. **Ex:** Naquela noite, espirava um vento gelado.

espírita *s e adj m+f* kardecista, espiritista.

espiriteira *sf* fogareiro (pequeno, a álcool).

espiritista V. espírita.

espírito *sm* **1** *Teol.* alma, sopro vital. **A:** corpo. **2** fantasma, assombração, espectro. **3** qualquer entidade sobrenatural: anjo, gênio. **4** mente, cabeça, intelecto. **Ex:** Siga o seu espírito, e não a carne. **A:** corpo. **5** inteligência, sutileza, finura. **A:** estupidez. **6** gênio, sábio. **Ex:** Fulano é um dos grandes espíritos da atualidade. **A:** inculto. **7** sentido, significado, significação. **Ex:** Entender o espírito de alguma coisa. **8** índole, temperamento, ânimo. **Ex:** Tem espírito de vencedor. **9** tendência, vocação, inclinação. **Ex:** Espírito de contradição. **10** humor, graça. **Ex:** Ela fala de seus erros com muito espírito.

espírito-santense *s e adj m+f* capixaba.

espiritual *adj m+f* **1** imaterial, incorpóreo. **A:** material. **2** místico, sobrenatural. **A:** terreno. **3** devoto, religioso, pio. **Ex:** Vida espiritual. **A:** ímpio. **4** eclesiástico. **Ex:**

Poder espiritual. **A:** temporal. **5** figurado, metafórico, alegórico.

espiritualizar *vtd* **1** tornar espiritual: elevar, sublimar. **A:** materializar. **2** *BEBIDAS* destilar, alambicar, estilar. **3** estimular, excitar, animar. **A:** desestimular.

espirituoso *adj* **1** alcoólico. **Ex:** Bebida espirituosa. **2** engraçado, jovial, alegre. **Ex:** Pessoa espirituosa. **A:** insosso.

espirrar *vtd+vi* esguichar, jorrar, golfar. **Ex:** O sangue espirrava do ferimento.

espirro *sm Med.* esternutação.

esplanada *sf* planalto, chapada, altiplano, planura.

esplâncnico *adj Anat.* visceral.

esplandecer V. resplandecer.

esplender V. resplandecer.

esplêndido *adj* **1** resplandecente, brilhante, reluzente, esplendoroso. **A:** obscuro. **2** luxuoso, pomposo, faustoso, esplendoroso. **Ex:** Palácio esplêndido. **A:** singelo. **3** maravilhoso, deslumbrante, encantador. **Ex:** É uma esplêndida visão. **4** excelente, ótimo, perfeito. **Ex:** Fez um esplêndido trabalho. **A:** imperfeito. **5** magnífico, grandioso. **Ex:** Beleza esplêndida.

esplendor *sm* **1** resplendor, brilho, resplandecência. **A:** obscuridade. **2** luxo, pompa, fausto. **A:** singeleza. **3** grandeza, intensidade, força. **Ex:** O artista voltou à ativa com todo o esplendor dos tempos de juventude.

esplendoroso V. esplêndido.

espocar *vi* arrebentar, estourar, pipocar, estalar. **Ex:** As fagulhas espocavam.

espojar *vtd* **1** pulverizar, triturar, moer. **2** derrubar, abater, prostrar. *vpr* **3** arrastar-se, rastejar, rojar-se.

espoleta *sf* **1** *Fig.* fuxiqueiro, fofoqueiro *pop*, leva-e-traz. *s m+f* **2** *Pop.* travesso, arteiro, endiabrado. **Ex:** Esse moleque é um espoleta.

espoliar *vtd* despojar, desempossar, desapossar, roubar. **A:** empossar.

espoliação *sf* despojo, esbulho.

espólio *sm* **1** bens *pl*, herança, legado (de falecido). **2** restos *pl*, sobras *pl*, resíduo. **3** *DE GUERRA* despojo, presa.

esponja *sm+adj Fig.* beberrão, bêbado, pau-d-'água *pop*, gambá *pop*. * Passar uma esponja em *Fig.*: esquecer.

esponjar *vtd* **1** absorver, chupar, embeber. **Ex:** O pano esponjou o líquido. **2** eliminar, cortar, suprimir.

esponsais *sm pl* noivado *sing*.

espontâneo *adj* **1** voluntário. **A:** forçado. **2** natural, simples, verdadeiro. **Ex:** É uma garota espontânea e alegre. **A:** afetado.

espontar *vtd* aparar, despontar, cortar (as pontas).

espora *sf* **1** acicate. **2** *Fig.* estímulo, incentivo, instigação. **A:** desestímulo.

esporádico *adj* **1** raro, casual, eventual. **Ex:** Acontecimentos esporádicos. **A:** freqüente. **2** disperso, espalhado, esparramado. **A:** concentrado.

esporar V. esporear.

esporear *vtd* **1** *CAVALGADURA* esporar, acicatar. **2** *Fig.* estimular, incentivar, instigar, esporar. **A:** conter.

esporte *sm* **1** desporto, desporte. **Ex:** Praticar esporte. **2** diversão, distração, entretenimento. **Ex:** Fazer algo por esporte.

esportista *s m+f* desportista, atleta, ginasta.

esportivo *adj* desportivo.

espórtula *sf* **1** gorjeta, propina, gratificação. **2** esmola, donativo, auxílio *fam*.

esposa *sf* **1** mulher, cônjuge, consorte. **2** noiva, nubente, prometida.

esposar *vtd* **1** casar com, desposar. **Ex:** Esposou um rapaz rico. **A:** divorciar-se de. **2** casar, matrimoniar. **Ex:** Esposou o filho com a vizinha. **A:** divorciar. **3** *Fig.* abraçar, adotar, seguir. **Ex:** Esposar uma religião. **A:** renegar. **4** *Fig.* aprovar, ratificar, confirmar. **A:** desaprovar. **Ex:** Esposar uma idéia. *vpr* **5** casar-se, desposar-se, matrimoniar-se. **A:** divorciar-se.

esposo *sm* **1** marido, cônjuge, consorte. **2** noivo, nubente.

espostejar *vtd* **1** esquartejar, retalhar, lacerar. **2** despedaçar, espatifar, quebrar.

espraiar *vtd+vpr* alastrar(-se), espalhar(-se), propagar(-se), difundir(-se).

espreguiçadeira *sf* preguiçosa.

espreguiçar *vtd* **1** despertar, espertar, estimular. **A:** desestimular. *vpr* **2** estender-se, esticar-se, estirar-se. **Ex:** Quando levantou, espreguiçou-se.

espreita *sf* espionagem, vigia, vigilância. * À espreita: de sobreaviso, de atalaia.

espreitar *vtd+vi* 1 espiar, espionar. *vtd* 2 observar, olhar. 3 investigar, sondar, perscrutar. 4 analisar, estudar, avaliar.

espremer *vtd+vpr* 1 apertar(-se), comprimir(-se), premer(-se). *vtd* 2 *Fig.* afligir, molestar, oprimir.

espuma *sf* 1 escuma *pop.* 2 baba, babugem, escuma *pop.*

espumadeira *sf* escumadeira.

espumante *adj m+f* 1 espumoso. **Ex:** Substância espumante. 2 *Fig.* furioso, irado, colérico. **A:** calmo.

espumar *vtd* 1 tirar a espuma de: espumejar, escumar *pop.* *vi* 2 fazer espuma (líquido): espumejar, escumar *pop.* 3 deitar espuma da boca: salivar, babar, escumar *pop.*

espumejar *vtd* 1 V. espumar. *vi* 2 V. espumar. 3 *Fig.* enfurecer-se, irar-se, encolerizar-se. **A:** acalmar-se.

espumoso V. espumante.

espúrio *adj* 1 falsificado, adulterado, falso. **Ex:** Documento espúrio. **A:** verdadeiro. 2 que não é do autor ao qual se atribui: apócrifo, falso. **Ex:** Obra espúria. **A:** genuíno. 3 referente a filho de pais não casados entre si: adulterino, bastardo, ilegítimo. **A:** legítimo. 4 referente a filho de pais que não se podem casar devido a parentesco: incestuoso.

esputar *vi* salivar, cuspir.

esputo *sm* saliva, cuspo, cuspe.

esquadra *sf* 1 *Náut.* marinha de guerra. 2 *Náut.* armada, frota. 3 *Esp.* time, equipe, quadro.

esquadrão *sm* 1 *Mil.* divisão. 2 *Av.* e *Náut.* grupamento. 3 multidão, massa, enxame *fig.*

esquadrilhar *vtd* descadeirar, desancar, derrear, escadeirar.

esquadrinhar *vtd* 1 investigar, pesquisar, averiguar. 2 analisar, estudar, examinar.

esqualidez *sf* 1 sujeira, imundície, sordidez. **A:** limpeza. 2 palidez, lividez, brancura. **A:** rubor. 3 *NO VESTIR* desalinho, deselegância, desleixo. **A:** alinho.

esquálido *adj* 1 sujo, imundo, sórdido. **A:** limpo. 2 pálido, lívido, cadavérico. **A:** corado. 3 *NO VESTIR* desalinhado, deselegante, desleixado. **A:** alinhado.

esqualo *sm Ictiol.* tubarão.

esquartejar *vtd* 1 retalhar, espostejar, lacerar. 2 *Fig.* difamar, desacreditar, desprestigiar. **A:** prestigiar.

esquecer *vtd* 1 deslembrar, olvidar. **Ex:** Esqueceu o número do telefone. **A:** lembrar. 2 desprezar, menosprezar, ignorar. **Ex:** Ficou famoso e esqueceu os amigos. *vtd+vpr* 3 desaprender, olvidar. **Ex:** Esqueci (ou esqueci-me de) tudo o que estudei. **A:** aprender. 4 descuidar, descurar, negligenciar. **A:** cuidar de. *vpr* 5 deslembrar-se, olvidar-se, desmemoriar-se. **A:** lembrar-se. *vi* 6 entorpecer-se, adormecer, paralisar-se. **Ex:** Meu braço esqueceu.

esquecido *part+adj* desmemoriado, amnésico, deslembrado. **Ex:** É uma pessoa esquecida.

esquecimento *sm* 1 deslembrança, olvido. **A:** lembrança. 2 descuido, negligência, desleixo. **A:** cuidado. 3 entorpecimento, torpor, dormência.

esquelético *adj* cadavérico, mirrado, seco, descarnado. **A:** gordo.

esqueleto *sm* 1 *Anat.* arcabouço, ossatura, ossada. 2 *Constr.* armação, estrutura, carcaça. 3 esboço, rascunho, bosquejo. **A:** desenvolvimento. 4 magricela, magrelo, bacalhau *fig.* **A:** gordo.

esquema *sm* 1 gráfico, diagrama. 2 resumo, síntese, sinopse. **Ex:** O esquema de uma obra. **A:** desenvolvimento. 3 plano, projeto, programa. **Ex:** Saiu tudo conforme o esquema.

esquentação V. esquentamento.

esquentamento *sm* 1 aquecimento, esquentação. **A:** esfriamento. 2 *Pop.* gonorréia, blenorragia.

esquentar *vtd, vi+vpr* 1 aquecer(-se), aquentar(-se). **A:** esfriar. *vtd+vpr* 2 enfurecer(-se), zangar(-se), irar(-se). **A:** acalmar(-se). *vpr* 3 agravar-se, piorar, recrudescer. **A:** amenizar-se.

esquerda *sf* 1 mão esquerda, sinistra. 2 lado esquerdo. 3 *Polít.* oposição (em regimes de direita). **A:** direita (nas três acepções).

esquerdo *adj* 1 sinistro. **A:** direito. 2 canhoto. **A:** destro. 3 torto, atravessado, oblíquo. **A:** reto. 4 desajeitado, desastrado, desjeitoso. **A:** jeitoso.

esquete *sm Teat.* e *TV* quadro.

esquife *sm* ataúde, caixão, féretro.

esquilo *sm Zool.* serelepe, caxinguelê.

esquina *sf DE OBJETOS* canto, aresta, ângulo, quina.

esquinar *vtd PEDRAS PRECIOSAS* lapidar, facetar, lavrar.

esquírola *sf DE OSSO* lasca; *EM GERAL* fragmento, estilhaço, pedaço.

esquisitice *sf* estranheza, extravagância, singularidade, excentricidade. **A:** normalidade.

esquisito *adj* 1 estranho, extravagante, estrambótico *pop.* **A:** normal. 2 raro, incomum, precioso. **A:** vulgar.

esquivança *sf* 1 desprezo, desdém, descaso. **A:** consideração. 2 timidez, retraimento, introversão. **A:** extroversão.

esquivar *vtd+vpr* 1 evitar, afastar-se de, desviar-se de. **Ex:** Esquivar os indesejáveis; esquivar-se dos problemas. **A:** procurar. *vpr* 2 eximir-se, furtar-se, fugir a. **Ex:** Esquivar-se de suas obrigações. 3 escapulir, fugir, evadir-se.

esquivo *adj* 1 arisco, desconfiado. 2 tímido, retraído, introvertido. **A:** extrovertido. 3 desdenhoso, arrogante, orgulhoso. **A:** humilde.

essa *sf* estrado onde se coloca o caixão: catafalco.

essência *sf* 1 natureza, substância, âmago *fig.* **Ex:** A essência humana; a essência de um sentimento. 2 existência. 3 significado, sentido, espírito. **Ex:** A essência de um conceito. 4 perfume, aroma, cheiro. **Ex:** A essência da rosa. 5 *Farm.* óleo essencial, óleo volátil.

essencial *sm* 1 importante, fundamental. **Ex:** O essencial é ser feliz. *adj m+f* 2 fundamental, necessário, indispensável. **Ex:** A boa aparência é essencial para o cargo. **A:** secundário. 3 característico, inerente, peculiar.

estabanado *adj* 1 precipitado, imprudente, doidivanas, *estavanado.* **A:** prudente. 2 desajeitado, desastrado, inábil, *estavanado.* **A:** jeitoso.

estabelecer *vtd* 1 criar, fundar, instituir. **Ex:** Estabelecer uma escola, novos mercados comerciais. **A:** destruir. 2 determinar, prescrever, estipular. **Ex:** A lei estabelece que isso é crime. 3 mandar, impor, ordenar. **Ex:** O juiz estabeleceu que fosse paga uma multa. 4 *EMPRESA* abrir, fundar, criar. **A:** encerrar. 5 *RELAÇÕES* entabular. *vtd+vpr* 6 V. estabilizar. 7 formar(-se), organizar(-se), constituir(-se). **Ex:** Estabelecer a ordem. **A:** desmanchar(-se). *vpr* 8 *NUM LOCAL* fixar-se, firmar-se, arraigar-se. **Ex:** Estabeleceu-se numa cidadezinha do interior. **A:** partir de. 9 empregar-se, colocar-se, arrumar-se. **Ex:** Estabeleceu-se depois de muitos meses desempregado. **A:** demitir-se.

estabelecimento *sm* 1 criação, fundação, instituição. **A:** destruição. 2 determinação, prescrição, estipulação. 3 *COMERCIAL* loja, bazar. 4 *DE ENSINO* instituto, escola.

estabilidade *sf* 1 firmeza, equilíbrio, imobilidade. 2 *NO TEMPO* durabilidade, permanência, persistência. 3 constância, invariabilidade, imutabilidade. 4 *EMOCIONAL* equilíbrio, controle, moderação. **A:** instabilidade (nas quatro acepções).

estabilizar *vtd+vpr* consolidar(-se), firmar(-se), estabelecer(-se), solidificar(-se).

estaca *sf* pau. * Estaca zero *Fig.* : início, começo, princípio. **Ex:** Voltar à estaca zero.

estacada *sf* 1 fileira de estacas: estacaria. 2 *Mil.* barreira, trincheira (de paus). 3 *PARA TORNEIO, COMBATE* liça, campo, arena. 4 curral, malhada; *DE CARNEIROS* redil, ovil. 5 paliçada, tapume (de estacas).

estação *sf* 1 V. estada. 2 estação do ano, sazão. 3 temporada, época, tempo. **Ex:** Estação das chuvas. 4 para a colheita de frutos: sazão, temporada, época. **A:** estação da manga. 5 *ARTÍSTICA* temporada. **Ex:** Estação teatral. 6 *DE RÁDIO OU TELEVISÃO* transmissora.

estacar *vtd* 1 estaquear, estear, escorar (com estacas). 2 deter, parar, sustar. **Ex:** Não conseguia estacar o cavalo. *vi* 3 parar, deter-se, estacionar. **A:** continuar. **4** *CAVALGADURA* empacar, acuar, emperrar. **A:** desempacar. **5** *Fig.* vacilar, hesitar, confundir-se.

estacaria V. estacada.

estacionamento *sm* **1** parada. **2** V. estagnação.

estacionar *vtd* **1** parar. **Ex:** Estacionou o carro. **2** freqüentar. **Ex:** Ele estaciona no bar da esquina. *vi* **3** V. estacar. **4** estagnar-se, paralisar-se. **Ex:** O processo estacionou. **A:** progredir.

estacionário *adj* **1** imóvel, parado, inerte. **A:** móvel. **2** invariável, imutável, estável. **A:** invariável. **3** V. estagnado.

estada *sf* permanência, demora, estação, parada. **Obs.:** É usado apenas para pessoas. No caso de veículos, diz-se *estadia*.

estadia V. estada.

estádio *sm* **1** *Esp.* campo. **2** época, período, fase. **3** *Antig.* circo, coliseu.

estadista *s m+f* político.

estado *sm* **1** modo de ser: condição, situação, posição. **2** *DE SAÚDE* condição, disposição. **3** antiga classificação social: classe, estrato, casta. **Ex:** Os três estados eram o clero, a nobreza e o povo. **4** governo. **Ex:** Estado autoritário. **5** divisão territorial. **Ex:** Os estados do Brasil. **6** (*em maiús.*) Nação. **Ex:** O Estado brasileiro. **7** luxo, pompa, ostentação. **A:** simplicidade. **8** inventário, relação, registro.

estadunidense *s e adj m+f* norte-americano, ianque, americano.

estafa *sf* **1** cansaço, fadiga, exaustão. **A:** descanso. **2** chatice, chateação, maçada.

estafado *part+adj* **1** cansado, exausto, esgotado. **A:** descansado. **2** *ASSUNTO* batido, trivial, banal. **A:** incomum.

estafante *adj m+f* cansativo, fatigante. **A:** repousante.

estafar *vtd, vi+vpr* **1** cansar(-se), fatigar(-se), esgotar(-se). **A:** descansar. *vtd* **2** importunar, chatear, amolar.

estafermo *sm* **1** *Fig.* paspalho, paspalhão, inútil. **2** *Fig.* palerma, basbaque, imbecil. **3** *Fig.* empecilho, estorvo, impedimento.

estafeta *sm* mensageiro.

estagiário *sm* aprendiz, novato, principiante, noviço. **A:** mestre.

estágio *sm* **1** fase, etapa, período. **2** aprendizagem, aprendizado, tirocínio.

estagnação *sf* paralisação, inércia, imobilidade, estacionamento. **Ex:** Estagnação econômica. **A:** progresso.

estagnado *part+adj* **1** *LÍQUIDO* estanque, parado. **2** paralisado, estacionário. **A:** progressivo.

estagnar *vtd+vpr* **1** *LÍQUIDO* estancar(-se). **2** paralisar(-se), interromper(-se), parar. **Ex:** A crise econômica estagnou o comércio. **A:** prosseguir.

estalada *sf* **1** e **2** V. estalo. **3** *Fig.* tumulto, desordem, motim. **A:** ordem.

estalagem *sf* hospedaria, pousada, albergue, albergaria.

estalajadeiro *sm* hospedeiro.

estalar *vtd+vi* **1** rachar(-se), partir(-se), quebrar(-se). **Ex:** A explosão estalou o vidro das janelas. **2** estralar. **Ex:** Estalar os dedos. *vi* **3** estourar, rebentar, pipocar. **Ex:** Os fogos estalavam. **4** crepitar. **Ex:** A lenha da fogueira estalava. **5** *Fig.* irromper, estourar, deflagrar. **Ex:** Estalou a guerra.

estalido V. estalo.

estalo *sm* **1** estalido, estralo, estalada. **2** estouro, estrondo, estalada. **3** crepitação. **4** *Pop.* bofetão, tapa, bofetada.

estame *sm* fio, linha (de tecer).

estampa *sf* **1** imagem impressa: gravura, estampilha. **2** desenho, ilustração, figura. **3** impressão, marca, sinal. **Ex:** A estampa dos pés, do carimbo. **4** *Tecn.* matriz, molde, fôrma. **5** *Fig.* aparência, apresentação, figura. **Ex:** Ter boa estampa.

estampar *vtd* **1** imprimir, gravar. **Ex:** Estampar desenhos num tecido. **2** desenhar, pintar, ilustrar. **3** marcar, assinalar, sinalar. **Ex:** Estampou a carta com o sinete. **4** gravar, lavrar, inscrever. *vtd+vpr* **5** mostrar(-se), manifestar(-se), patentear(-se). **Ex:** Seu rosto estampava o cansaço.

estampido *sm* **1** explosão, estouro, detonação. **2** estrondo, barulho, estrépito.

estampilha *sf* **1** V. estampa. **2** selo (do Tesouro).

estampilhar *vtd* selar, franquear.

estancamento V. estanque.

estancar *vtd* **1** vedar, deter. **Ex:** Estancar o sangue. **2** *SEDE* matar, saciar, satisfazer. **3** *Com.* monopolizar, açambarcar, abarcar. **Ex:** Estancar o mercado de soja. *vtd+vpr* **4** *LÍQUIDO* estagnar(-se). **5** parar, eliminar, cessar. **Ex:** Procuravam estancar a dor com remédios.

estância *sf* **1** residência, habitação, morada. **2** *Lit.* estrofe. **Ex:** As estâncias de um poema. **3** *RS* fazenda (para criação de gado). **4** *MG* estância hidromineral.

estândar *sm* **1** padrão, modelo, *standard*. *adj m+f, sing+pl* **2** comum, padronizado, *standard*. **Ex:** Produto tipo estândar.

estandardizar *vtd* padronizar.

estandarte *sm* **1** bandeira, pavilhão, lábaro. **2** insígnia, distintivo, emblema.

estanque *sm* **1** estancamento, vedação, veda. **2** *Com.* monopólio, açambarque, açambarcamento. *adj m+f* **3** vedado. **4** *LÍQUIDO* estagnado, parado.

estante *sf* armário, prateleira.

estapafúrdio *adj* estranho, esquisito, extravagante, esdrúxulo. **A:** banal.

estapear *vtd* esbofetear, bofetear, sopapear.

estaquear V. estacar.

estar *vlig* **1** achar-se, encontrar-se. **Ex:** Estar sentado, estar doente. **2** sentir-se. **Ex:** Estar alegre. **3** ficar, permanecer. **Ex:** O vigia esteve alerta a noite inteira. *vti* **4** *NUM LUGAR* achar-se, encontrar-se. **Ex:** O rei estava na capital. **5** assistir, comparecer a, presenciar. **Ex:** Estivemos na reunião. **6** conversar, visitar, ir encontrar. **Ex:** Estive com o diretor. **7** fazer. **Ex:** Está frio hoje. **8** consistir, basear-se, fundar-se. **Ex:** A questão está na falta de material apropriado para pesquisa.

estardalhaço *sm* **1** barulho, estrondo, ruído. **2** espalhafato, alarde, ostentação.

estarrecer *vtd, vi+vpr* assustar(-se), espantar(-se), aterrorizar(-se), aterrar(-se).

estarrecimento *sm* susto, pavor, medo, terror.

estatelado *part+adj* **1** atônito, estupefato, perplexo. **2** V. estático.

estatelar *vtd* **1** derrubar, prostrar, estender (no chão). **Ex:** Com um soco, estatelou o adversário. *vpr* **2** esborrachar-se, cair, chapar-se. **Ex:** Estatelou-se no assoalho.

estático *adj* imóvel, parado, estatelado, inerte. **Ex:** O susto deixou-o estatelado. **A:** móvel.

estátua *sf* escultura, figura, imagem, mármore.

estatuária *sf* escultura.

estatuário *sm* escultor.

estatuir *vtd* decretar, determinar, preceituar, deliberar.

estatura *sf* altura, porte.

estatuto *sm* regulamento, regimento, constituição (de empresa, corporação).

estavanado V. estabanado.

estável *adj m+f* **1** firme, fixo, imóvel. **2** *NO TEMPO* duradouro, permanente, durável. **Ex:** Casamento estável. **3** inalterável, imutável, constante. **Ex:** Situação estável. **4** *EMOCIONALMENTE* equilibrado, moderado, comedido. **A:** instável (nas quatro acepções).

este *sm* leste, oriente, nascente, levante. **A:** oeste.

estear *vtd+vpr* **1** escorar(-se), especar(-se), suster(-se) (com esteio). *vtd* **2** *Fig.* apoiar, amparar, auxiliar. *vpr* **3** *Fig.* basear-se, fundamentar-se, assentar-se. **Ex:** Nosso trabalho esteia-se em pesquisas científicas.

esteio *sm* **1** escora, espeque, esbirro. **2** *Fig.* apoio, amparo, auxílio.

esteira *sf* **1** *Náut.* sulco, rastro. **Ex:** O navio deixava uma esteira de espuma. **2** *Fig.* caminho, rumo, direção. **Ex:** Seguir a esteira da liberdade. **3** *Fig.* rastro, trilha, vestígio. **Ex:** Ergueram cidades na esteira deixada pelos exploradores. **4** *Fig.* exemplo, lição, ensinamento. **Ex:** Seguir a esteira dos mais velhos.

estelar *adj m+f* astral, sideral, celeste.

estender *vtd+vpr* **1** alongar(-se), estirar(-se), esticar(-se). **Ex:** Estender as pernas. **A:** encolher(-se). **2** desdobrar(-se), abrir(-se), desenrolar(-se). **Ex:** Estender um tapete. **A:** dobrar(-se). **3** alargar(-se), ampliar(-se), dilatar(-se). **Ex:** Estender os limites do território. **A:** diminuir. **4** alastrar(-se), espalhar(-se), disseminar(-se). **Ex:** A epidemia estendeu-se por toda a cidade. **5** prolongar(-se), alongar(-se), ampliar(-se). **Ex:** Estender o prazo. **A:** reduzir(-se). *vtd* **6** oferecer, dar, apresentar. **Ex:** Estendeu a mão ao visitante. **A:** retirar. **7**

derrubar, prostrar, abater. **Ex:** Estender o adversário no chão. **8** deitar, estirar, botar. **Ex:** Estendeu a toalha sobre a mesa.

estenografar *vtd+vi* taquigrafar.

estenografia *sf* taquigrafia.

estenógrafo *sm* taquígrafo.

estepe *sf Autom.* pneu sobressalente.

estercar *vtd* **1** estrumar, adubar, fertilizar (com esterco). *vi* **2** *ANIMAIS* defecar, evacuar, dejetar.

esterco *sm* **1** excremento, fezes *pl*, dejeto (de animais). **2** estrume, adubo, fertilizante. **3** lixo, sujeira, imundície. **A:** limpeza.

estéreo V. estereofônico.

estereofônico *adj* estéreo. **Ex:** Som estereofônico. **A:** monofônico.

estereótipo *sm* **1** *Tip.* clichê. **2** lugar-comum, chavão, chapa.

estéril *adj m+f* **1** infértil, infecundo, improdutivo. **Ex:** Mulher estéril, terra estéril. **A:** fértil. **2** inútil, vão, frustrado. **Ex:** Esforço estéril. **A:** frutífero.

esterilidade *sf* **1** infertilidade, infecundidade, improdutividade. **Ex:** A esterilidade do campo. **A:** fertilidade. **2** escassez, falta, carência. **Ex:** Há esterilidade de bons produtos. **A:** abundância.

esterilizar *vtd+vpr* **1** tornar(-se) estéril. **A:** fertilizar(-se). *vtd* **2** *Med.* desinfetar, sanear, desinfeccionar. **3** frustrar, malograr, gorar. **Ex:** Esterilizar esforços.

esternutação *sf Med.* espirro.

esterqueira *sf* **1** lugar onde se prepara o esterco: estrumeira. **2** imundície, sujeira, sujidade. **A:** limpeza.

estertor *sm* agonia.

estertorar *vi* agonizar.

estético *adj* belo, bonito, harmonioso, lindo. **A:** feio.

estetoscópio *sm Med.* auscultador.

estiada V. estiagem.

estiagem *sf* seca, estiada.

estiar *vi* cessar de chover: serenar.

estibordo *sm Náut.* lado direito da embarcação. **A:** bombordo.

estica *sf* elegância, alinho, capricho, asseio. **A:** desalinho.

esticado *part+adj Fig.* alinhado, elegante, asseado. **A:** desalinhado.

esticar *vtd+vpr* **1** entesar(-se), retesar(-se), tesar(-se). **A:** afrouxar(-se). **2** estender(-se), estirar(-se), espichar(-se). **A:** encolher(-se). *vi* **3** morrer, falecer, expirar.

estigma *sm* **1** cicatriz, marca, sinal. **2** *Fig.* mancha, mácula, labéu. **Ex:** O estigma da violência.

estigmatizar *vtd* **1** marcar (com cicatriz). **A:** cicatrizar. **2** *Fig.* acusar, tachar, classificar (negativamente). **Ex:** Estigmatizaram-no de criminoso. **3** *Fig.* criticar, censurar, condenar. **A:** elogiar.

estilar V. destilar.

estilete *sm* punhal.

estilha *sf* **1** *DE MADEIRA* lasca, cavaco, apara. **2** V. estilhaço.

estilhaçar *vtd+vpr* fragmentar(-se), despedaçar(-se), quebrar(-se), partir(-se).

estilhaço *sm* estilha, fragmento, pedaço, lasca. **Ex:** Estilhaços de bomba.

estilingada *sf* bodocada.

estilingue *sm* atiradeira, bodoque, funda.

estilo *sm* **1** modo, maneira, feição. **Ex:** O estilo de uma época. **2** tom, sentido, teor. **Ex:** O estilo de um texto. **3** feitio, caráter, índole. **Ex:** Mentir não é do meu estilo. **4** classe, elegância, educação. **Ex:** Fulano tem estilo. **A:** deselegância. **5** gênero, espécie, tipo. **Ex:** Respondemos às acusações com termos do mesmo estilo.

estima *sf* **1** afeição, afeto, simpatia. **A:** ódio. **2** consideração, respeito, apreço. **A:** desdém. **3** V. estimativa.

estimar *vtd* **1** gostar de, benquerer, simpatizar com. **A:** odiar. **2** considerar, respeitar, prezar. **A:** desdenhar. **3** avaliar, calcular, pesar.

estimativa *sf* **1** avaliação, cálculo, aferição, estima. **2** *Mat.* aproximação. **3** apreciação, parecer, julgamento.

estimável *adj m+f* considerável, respeitável, significativo, importante. **Ex:** Valor estimável. **A:** insignificante.

estimulante *sm* **1** V. estímulo. *adj* **2** excitante, provocante, apimentado. **Ex:** Conversa estimulante.

estimular *vtd* **1** despertar, excitar, ativar. **Ex:** Tantos segredos estimulam minha imaginação. **2** incentivar, encorajar, animar. **Ex:** Estimular os candidatos. **3** aguilhoar, pungir, picar. **Ex:** Estimular o cavalo. **4** fomentar, incrementar, promover. **Ex:** O governo pretende estimular a produção de remédios. **A:** desestimular (acepções 1, 2 e 4).

estímulo *sm* **1** incentivo, encorajamento, animação, estimulante. **A:** desestímulo. **2** decoro, dignidade, honra.

estio *sm* **1** verão. *adj* **2** estival.

estiolar *vtd, vi+vpr* **1** *PLANTAS* murchar, mirrar, emurchecer. **A:** reverdecer. **2** *Fig.* debilitar(-se), enfraquecer(-se), abater(-se). **A:** revigorar(-se).

estipêndio *sm* salário, ordenado, remuneração, pagamento.

estipulação *sf* **1** convenção, contrato, pacto. **2** determinação, estabelecimento, fixação.

estipular *vtd* **1** convencionar, contratar, pactuar. **2** determinar, marcar, estabelecer. **Ex:** Estipular um prazo, um lugar.

estirada V. estirão.

estirado *part+adj* **1** extenso, longo, comprido. **Ex:** Texto estirado, de várias páginas. **A:** breve. **2** prolixo, demorado, tedioso. **Ex:** Sua palestra foi muito estirada. **A:** sucinto.

estiramento V. estirão.

estirão *sm* **1** estiramento. **2** tirada, estirada, caminhada (longa).

estirar *vtd+vpr* **1** esticar(-se), estender(-se), espichar(-se). **A:** encolher(-se). **2** alongar(-se), prolongar(-se), prorrogar(-se). **Ex:** Estirou o discurso por mais dez minutos. **A:** reduzir(-se).

estirpe *sf* **1** *Bot.* raiz. **2** linhagem, ascendência, origem. **Ex:** Ela é de estirpe nobre. **A:** descendência.

estival V. estio.

estocada *sf* golpe, bote (com arma branca). **Ex:** O espadachim deu uma estocada no adversário.

estocagem V. estoque.

estofa *sf* **1** V. estofo. **2** *Fig.* classe, laia, condição. **Ex:** Pessoas da mesma estofa.

estofamento V. estofo.

estofar *vtd* acolchoar, almofadar, enchumaçar.

estofo *sm* **1** estofa, tecido, pano. **2** estofamento, chumaço, forra. **Ex:** As crianças arrancaram todo o estofo da cadeira.

estóico *adj* **1** impassível, insensível, inabalável. **Ex:** Permaneceu estóico a todo aquele

sofrimento. **A:** sensível. **2** severo, rigoroso, rígido. **A:** brando.

estojo *sm* **1** caixa. **Ex:** O estojo do violão. **2** capa. **Ex:** Estojo para óculos. **3** *DE ESPADA* bainha.

estomagar *vtd+vpr* **1** irritar(-se), enfurecer(-se), zangar(-se). **A:** acalmar(-se). **2** escandalizar(-se), indignar(-se), ofender(-se).

estômago *sm* **1** *DE ANIMAIS* bucho. **2** *Fig.* ânimo, vontade, disposição. **Ex:** Não tenho estômago para isso. **A:** desânimo.

estontear *vtd+vpr* atordoar(-se), aturdir(-se), confundir(-se), perturbar(-se).

estopada *sf* **1** *Fam.* chateação, amolação, maçada. **2** *Fam.* contratempo, dissabor, adversidade.

estopar *vtd* **1** estofar, acolchoar, enchumaçar. **2** *Fam.* chatear, amolar, aborrecer.

estoque *sm* **1** espada. **2** *PRODUTOS* estocagem. **3** *LOCAL* depósito.

estorcegar *vtd* beliscar, *estortegar*.

estória V. história.

estorricar *vtd, vi+vpr* secar(-se), ressecar(-se), queimar(-se), *esturricar(-se)*.

estortegar V. estorcegar.

estorvar *vtd* **1** dificultar, embaraçar, atrapalhar. **Ex:** Sua intervenção só estorvou o andamento do processo. **A:** ajudar. **2** importunar, incomodar, perturbar. **Ex:** Pediu que não o estorvassem até de manhã. **3** tolher, impedir. **Ex:** Estorvar a liberdade de movimentos.

estorvo *sm* embaraço, empecilho, obstáculo, impedimento.

estou-fraca *sf sing+pl* *Ornit.* galinha-d'angola, angola, guiné, angolinha.

estourado *part+adj* **1** adoidado, amalucado, estouvado. **2** brigão, briguento, valentão. **A:** calmo.

estourar *vtd+vi* **1** explodir, detonar. *vti+vi* **2** *Fam.* explodir, rebentar. **Ex:** Estourou de rir; não suportou tanta humilhação e estourou. *vi* **3** rebentar, estalar, pipocar. **Ex:** Os fogos estouravam. **4** ribombar, estrondear, troar. **5** *BOIADA* disparar, dispersar-se. **6** *Fig.* irromper, deflagrar, estalar. **Ex:** Estourou a rebelião.

estouro *sm* 1 explosão, detonação. 2 estrondo, estampido, barulho. 3 discussão, briga, bate-boca. 4 *Fam.* sucesso, êxito. **Ex:** O filme foi um estouro de bilheteria. 5 *DE BOIADA* disparada.

estouvado *adj* 1 insensato, leviano, estabanado. **A:** sensato. 2 brincalhão, folgazão, zombeteiro.

estouvamento *sm* insensatez, leviandade, imprudência, precipitação. **A:** sensatez.

estrábico *sm+adj* vesgo, zarolho, caolho.

estrabismo *sm* vesguice.

estraçalhar *vtd+vpr* despedaçar(-se), retalhar(-se), espedaçar(-se).

estrada *sf* 1 via, caminho. 2 direção, rumo, rota. 3 expediente, meio, jeito. * Estrada de ferro: ferrovia, via férrea.

estradeiro *adj* 1 nômade, errante, vagabundo. **A:** sedentário. 2 trapaceiro, tratante, velhaco.

estrado *sm* palanque, tablado. **Ex:** O político subiu no estrado e fez seu discurso.

estragar *vtd+vpr* 1 quebrar(-se), avariar(-se), inutilizar(-se). **Ex:** As crianças estragaram os brinquedos. 2 deteriorar(-se), apodrecer, decompor(-se). **Ex:** O doce estragou. **A:** conservar(-se). 3 corromper(-se), perverter(-se), depravar(-se). **Ex:** A bebida estragou aquele homem. **A:** regenerar(-se). *vtd* 4 desperdiçar, esbanjar, dissipar. **Ex:** Estragou muita tinta quando pintou as paredes. **A:** economizar. 5 acabar com, arruinar, destruir. **Ex:** O frio estragou nosso passeio.

estrago *sm* 1 dano, avaria, danificação. 2 prejuízo, perda. 3 destruição, devastação, ruína. 4 desperdício, esbanjamento, dissipação. **A:** economia. 5 massacre, matança, mortandade. **Ex:** Os invasores fizeram um estrago na vila. 6 *Pop.* balbúrdia, desordem, rebuliço. **A:** ordem. 7 *Pop.* despesa, gasto, dispêndio.

estralar V. estalar.

estralo V. estalo.

estrambótico *adj* 1 *Pop.* esquisito, extravagante, bizarro. **A:** comum. 2 ridículo, cafona, brega. **A:** chique.

estrangeirice V. estrangeirismo.

estrangeirismo *sm* uso de palavra ou frase estrangeira: estrangeirice.

estrangeiro *sm* 1 exterior. **Ex:** Viajou para o estrangeiro. *sm+adj* 2 forasteiro, estranho, alienígena. **A:** natural.

estrangulação V. estrangulamento.

estrangulamento *sm* 1 enforcamento, asfixia, afogamento, estrangulação. 2 aperto, estreitamento, compressão, estrangulação. **A:** alargamento.

estrangular *vtd+vpr* 1 esganar(-se), enforcar(-se), afogar(-se). 2 apertar(-se), estreitar(-se), comprimir(-se). **A:** alargar(-se). *vtd* 3 sufocar, refrear, conter. **Ex:** Estrangulou o choro. **A:** soltar.

estranhar *vtd* 1 desconhecer. **Ex:** Estranhamos aquele lugar. **A:** reconhecer. 2 esquivar-se de, evitar, afastar-se de. **Ex:** Estranhar as visitas. 3 admirar, surpreender-se com, espantar-se com. **Ex:** Estranhei sua calma durante a prova.

estranheza *sf* 1 surpresa, admiração, pasmo. 2 esquisitice, extravagância, excentricidade. **A:** normalidade.

estranho *sm+adj* 1 estrangeiro, forasteiro, alienígena. **A:** nativo. *adj* 2 desconhecido, misterioso, obscuro. **Ex:** Ela usava termos estranhos. **A:** conhecido. 3 desusado, insólito, anormal. **Ex:** Comportamento estranho. **A:** costumeiro. 4 externo, exterior. **A:** interno. 5 esquisito, extravagante, exótico. **A:** normal.

estratagema *sm* ardil, artimanha, astúcia, cilada.

estratégia *sf* 1 *Fig.* plano, técnica, método. 2 *Fig.* artifício, artimanha, expediente. 3 *Fig.* astúcia, esperteza, engenho. **A:** ingenuidade.

estratégico *adj* *Fig.* astuto, engenhoso, ardiloso, hábil. **A:** ingênuo.

estratificar *vtd* 1 *Geol.* sedimentar. 2 acamar, encamar.

estrato *sm* 1 *Geol.* camada. 2 *Sociol.* classe social, casta.

estrear *vtd* 1 inaugurar, batizar *fig*, fundar. **Ex:** Estrear um teatro. 2 iniciar, principiar. **Ex:** Estrear uma peça. *vi+vpr* 3 começar, encetar-se. **Ex:** Estreou como atriz no ano passado, e já é muito famosa.

estrebaria *sf* cocheira, cavalariça.

estrebuchar *vi* espernear, debater-se, agitar-se, bater-se.

estréia *sf* **1** inauguração, batismo *fig*, fundação. **Ex:** A estréia de um novo teatro. **2** início, princípio, começo. **Ex:** A estréia de um ator.

estreitado V. estreito.

estreitar *vtd, vi+vpr* **1** afunilar(-se), afinar(-se), afilar(-se). **Ex:** O caminho estreitou-se. **A:** alargar(-se). **2** apertar(-se), encolher(-se), contrair(-se). **Ex:** Estreitou-se para entrar pela janela. **3** encurtar(-se), diminuir, reduzir(-se). **Ex:** Estreitar distâncias. **A:** aumentar. *vtd* **4** abraçar, apertar, cingir. **Ex:** O pai estreitou o filho. *vpr* **5** aproximar-se, achegar-se, conchegar-se a. **Ex:** A amizade nos estreitou.

estreiteza *sf* **1** aperto, acanhamento. **A:** amplidão. **2** finura. **A:** largueza. **3** contração, encolhimento. **A:** largueza. **4** *INTELECTUAL* limitação, tacanhice, antolhos *pl fig*. **5** escassez, carência, falta. **A:** abundância. **6** rigor, severidade, rigidez. **A:** brandura. **7** desconfiança, cautela, reserva. **A:** confiança.

estreito *sm* **1** *Geogr.* canal. **2** *Geogr.* desfiladeiro, garganta. *adj* **3** apertado, estreitado, acanhado. **Ex:** Quarto estreito. **A:** amplo. **4** fino, delgado, afilado. **Ex:** Fita estreita. **A:** largo. **5** contraído, encolhido. **A:** largo. **6** *MENTALIDADE, ESPÍRITO* limitado, bitolado, tacanho. **A:** aberto. **7** *VESTUÁRIO* justo, ajustado, apertado. **A:** largo. **8** *SENTIDO* estrito, restrito, rigoroso. **A:** lato.

estrela *sf* **1** *Astr.* astro. **2** *Fig.* destino, sorte, sina. **Ex:** Ter boa estrela. **3** *Cin., Teat.* e *Telev.* celebridade. **Ex:** Ela é uma estrela do cinema. * Estrela cadente *Astr.*: meteorito, aerólito.

estrelar *vtd+vpr* **1** adornar(-se), cobrir(-se), encher(-se) (de estrelas). *vi* **2** brilhar, cintilar, luzir.

estrelinha *sf Tip.* asterisco.

estremadura *sf* fronteira, divisa, limite, raia.

estremeção V. estremecimento.

estremecer *vtd* **1** sacudir, abalar, atroar. **2** assustar(-se), espantar(-se), horrorizar(-se). *vpr* **3** tremer, sacudir-se.

estremecimento *sm* **1** tremor, abalo, sacudida. **2** arrepio, calafrio, tremedeira *pop*.

estremenho *adj* fronteiriço, contíguo, confinante, confrontante. **A:** afastado.

estremunhar-se *vpr* estontear-se, atarantar-se, confundir-se, desorientar-se.

estrênuo *adj* **1** corajoso, valente, destemido. **A:** covarde. **2** obstinado, perseverante, tenaz. **3** ativo, diligente, esforçado. **A:** negligente.

estrepar *vtd+vpr* **1** ferir(-se), picar(-se), machucar(-se) (com espinho). *vpr* **2** sair-se mal, dar-se mal, dançar *gír*. **A:** ter sucesso.

estrepe *sm* **1** espinho, acúleo, abrolho. **2** *DE FERRO OU MADEIRA* pua. **3** ponta, extremidade (aguda).

estrepitar *vi* estrondar, estrondear, troar, retumbar.

estrépito *sm* **1** estrondo, estampido, fragor, estrupido. **2** tumulto, confusão, agitação. **3** pompa, luxo, espalhafato. **A:** singeleza.

estrepitoso *adj* **1** estrondoso, ruidoso, barulhento. **A:** silencioso. **2** pomposo, luxuoso, espalhafatoso. **A:** singelo.

estria *sf* **1** sulco, ranhura, acanaladura. **2** *Arquit.* canelura. **Ex:** As estrias da pilastra.

estriar *vtd* ranhurar, acanalar, riscar, sulcar.

estribar *vtd+vpr* **1** basear(-se), fundamentar(-se), apoiar(-se). **Ex:** Estribou sua teoria em fatos comprovados. *vpr* **2** escorar-se, firmar-se, amparar-se. **Ex:** O templo estribava-se em grossas colunas.

estribeira *sf* loro, correia (que prende o estribo ao arreio). * Perder as estribeiras *Fig.*: descontrolar-se, desequilibrar-se, exceder-se. **A:** controlar-se.

estribilho *sm* **1** *Poét.* e *Mús.* refrão. **2** palavra ou frase repetida: bordão. **Ex:** Alguns humoristas criam estribilhos que se tornam populares.

estribo *sm* **1** degrau (de veículo). **2** *Fig.* apoio, amparo, proteção.

estridente *adj m+f* agudo, penetrante, sibilante, estrídulo.

estridor *sm* silvo, sibilo, estrídulo.

estridular *vi* silvar, sibilar.

estrídulo V. estridente e estridor.

estrilar *vtd* **1** *Gír.* gritar, berrar, vociferar. *vi* **2** *Gír.* reclamar, protestar, chiar *pop*.

estrilo *sm* **1** *Gír.* grito, berro, brado. **2** *Gír.* protesto, reclamação, indignação.

estripar *vtd* destripar, eviscerar.

estripulia *sf* **1** confusão, rolo *pop*, angu *pop*. **2** travessura, arte, diabrura.

estrito *adj* restrito, preciso, exato, rigoroso. **Ex:** Sentido estrito. **A:** lato.

estro *sm* **1** inspiração, entusiasmo, ardor. **2** *DE ANIMAIS* cio, lua *pop*.

estrofe *sf Lit.* estância.

estróina *adj m+f* **1** desajuizado, maluco, doido. **A:** ajuizado. **2** gastador, pródigo, perdulário. **A:** econômico.

estroinice *sf* **1** maluquice, loucura, desatino. **A:** juízo. **2** desperdício, extravagância, esbanjamento. **A:** economia.

estrompar *vtd* **1** *Pop.* deteriorar, estragar, romper. **2** cansar, fatigar, estafar. **A:** descansar.

estrondar *vi* **1** estourar, estrepitar, troar, estrondear. **2** esbravejar, berrar, gritar, estrondear.

estrondear V. estrondar.

estrondo *sm* **1** estouro, estrépito, ruído. **2** luxo, pompa, aparato. **A:** simplicidade.

estrondoso *adj* **1** estrepitoso, barulhento, ruidoso. **A:** silencioso. **2** luxuoso, pomposo, aparatoso. **A:** simples. **3** comentado, falado, badalado. **A:** Sucesso estrondoso.

estropiar *vtd* **1** cansar, abater, fatigar. **A:** descansar. **2** adulterar, deturpar, alterar. **Ex:** Estropiar o sentido de uma frase. **3** pronunciar mal: escorchar. *vtd+vpr* **4** aleijar(-se), mutilar(-se), deformar(-se).

estropício *sm* dano, prejuízo, malefício, maldade. **A:** benefício.

estrugido *sm Pop.* estrondo, ruído, barulho, estampido.

estrugir *vtd* **1** atroar, estremecer, sacudir. *vi* **2** estrondar, retumbar, ribombar.

estrumação *sf Agr.* adubagem, fertilização, adubação.

estrumar *vtd Agr.* fertilizar, adubar, estercar.

estrume *sm* **1** *Agr.* esterco, adubo, fertilizante (de origem animal). **2** excremento, fezes *pl*, dejeto.

estrumeira *sf* **1** lugar onde se prepara o estrume: esterqueira. **2** chiqueiro *fig*, pocilga *gír*, cloaca *fig*.

estrupício *sm* **1** *Pop.* alvoroço, desordem, tumulto. **2** *Pop.* banzé, rolo *pop*, bafafá *pop*. **3** *Pop.* batelada, monte, enxurrada *fig*. **4** *Pop.* besteira, tolice, asneira. **A:** inteligência.

estrupido V. estrépito.

estrutura *sf* **1** organização, disposição, conformação. **Ex:** A estrutura de um poema, de uma empresa. **2** *Geol.* aspecto microscópico da rocha: textura. **3** *Arquit.* armação, arcabouço, esqueleto.

estuário *sm Geogr.* foz, embocadura, desembocadura, barra

estudante *s m+f* **1** aluno, discípulo, educando. **2** universitário, acadêmico. **A:** professor (nas duas acepções).

estudar *vtd* **1** aprender, decorar. **Ex:** Estudar o nome dos estados brasileiros. **2** analisar, examinar, pesquisar. **Ex:** Estudar um assunto, uma obra literária. **3** *CARREIRA, MATÉRIA* cursar, seguir. **Ex:** Estudar arquitetura. **4** planejar, ensaiar, meditar sobre. **Ex:** Estudar um movimento antes de executá-lo. *vpr* **5** observar-se, analisar-se, examinar-se.

estúdio *sm DE PINTOR, ESCULTOR* ateliê.

estudioso *sm* **1** conhecedor, cultor. **Ex:** Estudioso da matemática. *adj* **2** aplicado, diligente. **Ex:** Menina estudiosa. **A:** vadio.

estudo *sm* **1** cultura, conhecimento, erudição. **Ex:** Ela tem muito estudo. **2** aprendizado, aprendizagem. **3** análise, exame, pesquisa. **4** *Tecn.* projeto, plano.

estufar *vtd* **1** guisar. **2** inflar, inchar, encher. **Ex:** Estufar o peito.

estugar *vtd* **1** *O PASSO* apertar, apressar, acelerar. **2** estimular, instigar, incitar. **A:** desestimular.

estultice V. estultícia.

estultícia *sf* insensatez, tolice, imbecilidade, estultice. **A:** sensatez.

estulto *adj* insensato, tolo, imbecil, palerma. **A:** sensato.

estupefação *sf* **1** *Med.* entorpecimento, adormecimento, dormência. **2** pasmo, assombro, surpresa.

estupefato *adj* **1** *Med.* entorpecido, dormente, insensível. **2** atônito, pasmado, boquiaberto.

estupendo *adj* **1** admirável, assombroso, maravilhoso. **2** extraordinário, excepcional, sensacional. **A:** banal (nas duas acepções).

estupidez *sf* **1** burrice, idiotice, imbecilidade. **A:** inteligência. **2** asneira, besteira, tolice. **3** grosseria, indelicadeza, descortesia. **A:** cortesia.

estupidificar *vtd+vpr* embrutecer(-se), abrutalhar(-se), brutalizar(-se), asselvajar(-se). **A:** educar(-se).

estúpido *sm* **1** grosso, cavalo *fig*, animal *fig*. **A:** cavalheiro. **2** burro *fig*, imbecil, anta *fig*. **A:** gênio. *adj* **3** bruto *fig*, tapado, obtuso. **A:** inteligente. **4** grosseiro, indelicado, abrutalhado. **A:** cortês. **5** cansativo, tedioso, enfadonho. **A:** agradável.

estupor *sm* paralisia, torpor, imobilidade, letargia.

estuporar *vtd* **1** paralisar, imobilizar. *vpr* **2** estragar-se, deteriorar-se, arruinar-se.

estuprar *vtd* violentar, violar, desvirginar, deflorar.

estupro *sm* violação, abuso, defloramento.

estuque *sm* **1** *Pop.* teto. **2** taipa, tabique, tapume.

estúrdia *sf* **1** estroinice, leviandade, loucura. **A:** juízo. **2** estranheza, esquisitice, extravagância. **A:** normalidade.

estúrdio *adj* **1** estróina, desajuizado, leviano. **A:** ajuizado. **2** estranho, esquisito, extravagante. **A:** normal.

esturrado *part+adj* radical, intransigente, inflexível, teimoso. **A:** flexível.

esturrar *vtd* **1** torrar, estorricar, tostar. *vi+vpr* **2** esquentar-se, irritar-se, exaltar-se. **A:** acalmar-se. *vi* **3** diz-se da onça: urrar, rugir.

esturricar V. estorricar.

esturro *sm* **1** torrefação, torragem. **2** urro, rugido (de onça). **3** estouro, estrondo, barulho.

esvaecer *vtd* **1** envaidecer, orgulhar, ensoberbecer. **A:** envergonhar. *vtd+vpr* **2** desvanecer(-se), dissipar(-se), esvair(-se). **Ex:** A neblina esvaceu. *vi+vpr* **3** desanimar, esmorecer, abater-se. **Ex:** Não se esvaeça, tudo acabará bem. *vpr* **4** afrouxar, enfraquecer-se, arrefecer. **Ex:** Seu entusiasmo esvaeceu-se. **A:** fortalecer-se. **Obs.:** Em todas as acepções, existe também a variante *esvanecer*.

esvair *vtd+vpr* **1** V. esvaecer. *vpr* **2** *TEMPO* correr, escoar-se, passar. **Ex:** As horas se esvaem. **3** exaurir-se, dissipar-se, esgotar-se. **Ex:** Minhas forças se esvaem. **4** escoar-se, escorrer, vazar.

esvanecer V. esvaecer.

esvaziar *vtd* **1** despejar, esgotar, vazar. **Ex:** Esvaziar o reservatório de água. **A:** encher. **2** desobstruir, desentupir, desentulhar. **A:** encher. **3** V. evacuar.

esvoaçar *vi* **1** voejar, adejar. **2** agitar-se, tremular, flutuar (ao vento).

etapa *sf* **1** estágio, fase, período. **Ex:** Qual a próxima etapa? **2** *Mil.* acampamento, bivaque, abarracamento. **3** *Mil.* ração.

etc. *abrev* e assim por diante, e outros, e outras coisas, e o mais.

etéreo *adj* **1** impalpável, imaterial, intangível. **Ex:** Corpo etéreo. **2** sublime, puro, divino. **3** celeste, celestial.

eternidade *sf* **1** vida eterna. **2** imortalidade, perpetuidade, glória. **Ex:** O escritor alcançou a eternidade e será sempre lembrado.

eternizar *vtd+vpr* **1** prolongar(-se), alongar(-se), prorrogar(-se). **Ex:** Eternizou o debate. **A:** reduzir(-se). **2** imortalizar(-se), perpetuar(-se). **Ex:** O poema eternizou os feitos do herói.

eterno *sm* **1** (em maiús.) Deus, o Senhor, o Todo-poderoso. *adj* **2** perpétuo, infinito, infindo. **A:** passageiro. **3** imortal, imorredouro. **A:** mortal.

étimo V. etimologia.

etimologia *sf* Gram. étimo, origem (das palavras).

etíope *s e adj m+f* abissínio.

etiqueta *sf* **1** cerimonial, formalidade, rito. **2** rótulo, letreiro.

etiquetar *vtd* rotular.

étnico *sm* pagão, gentio, idólatra, infiel.

eu *sm* individualidade, personalidade.

eucaristia *sf* Rel. comunhão.

eufônico *adj* SOM melodioso, suave, harmônico, agradável. **A:** desagradável.

euforia *sf* alegria, contentamento, felicidade, animação. **A:** tristeza.

eufórico *adj* alegre, contente, feliz, animado. **A:** triste.

eunuco *adj* impotente, estéril.

eurritmia *sf* **1** harmonia, equilíbrio. **A:** desarmonia. **2** simetria, proporção, regularidade. **A:** assimetria. **3** *Med.* regularidade da pulsação. **A:** arritmia.

evacuar *vtd* **1** *LUGAR* desocupar, esvaziar, deixar. **Ex:** A polícia mandou evacuar as salas. **A:** ocupar. *vi* **2** *Med.* defecar, dejetar, obrar *pop.*

evadir *vtd* **1** evitar, fugir a, desviar-se de. **Ex:** Evadir os problemas. *vpr* **2** escapar, escapulir, esgueirar-se. **3** sumir, desaparecer.

evangelho *sm Fig.* doutrina, teoria, sistema.

evangélico *adj* **1** *Fig.* caridoso, caritativo, bondoso. **2** *Rel.* protestante, crente *pej.*

evangelização *sf* **1** *Rel.* catequese, catequização. **2** divulgação, difusão, pregação.

evangelizar *vtd* **1** *Rel.* catequizar, apostolar. **2** *Por ext.* divulgar, difundir, pregar (uma doutrina qualquer).

evaporar *vtd+vpr* **1** vaporizar(-se), volatilizar(-se), gaseificar(-se). **2** consumir(-se), gastar(-se), dissipar(-se). **Ex:** O ganhador evaporou o prêmio em poucos dias. *vtd* **3** exalar, emitir, espirar (vapores). **Ex:** O rio evaporava umidade. *vpr* **4** desaparecer, sumir. **Ex:** Meus problemas evaporaram-se.

evasão *sf* **1** fuga, escapulida, escapada. **2** V. evasiva.

evasiva *sf* desculpa, subterfúgio, pretexto, escapatória, evasão.

evasivo *adj* engenhoso, sutil, dúbio, arguaioso. **Ex:** Resposta evasiva. **A:** categórico.

evento *sm* **1** acontecimento, fato, ocorrência. **2** acaso, casualidade, eventualidade, imprevisto.

eventual *adj m+f* casual, imprevisto, inesperado, fortuito. **A:** certo.

eventualidade V. evento.

evidência *sf* **1** clareza, certeza. **A:** dúvida. **2** prova.

evidenciar *vtd* **1** confirmar, provar, demonstrar. **2** salientar, destacar, realçar.

evidente *adj m+f* claro, manifesto, patente, óbvio. **A:** obscuro.

eviscerar *vtd* destripar, estripar.

evitar *vtd* **1** fugir a, desviar-se de, evadir. **Ex:** Evitou o envolvimento na discussão. **2** esquivar-se de. **Ex:** Evitar pessoas indese-

járveis. **3** impedir, embaraçar, obstar. **Ex:** Evitar despesas.

evocar *vtd* **1** invocar, chamar, conjurar. **Ex:** Evocar almas, demônios. **2** lembrar, recordar. **Ex:** Essas imagens evocam nossa juventude.

evolução *sf* progresso, desenvolvimento, crescimento, transformação. **A:** regressão.

evolucionar V. evoluir.

evoluir *vi* progredir, desenvolver, evolucionar, evolver, crescer. **A:** regredir.

evolver V. evoluir.

exação (z) *sf* **1** cobrança, arrecadação, coleta (rigorosa). **A:** pagamento. **2** esmero, cuidado, meticulosidade. **A:** desleixo. **3** correção, exatidão, regularidade. **A:** incorreção.

exacerbar (z) *vtd+vpr* **1** agravar(-se), exasperar(-se), intensificar(-se). **Ex:** As dores se exacerbaram. **A:** amenizar(-se). **2** irritar(-se), zangar(-se), enfurecer(-se), exasperar(-se). **A:** acalmar(-se).

exageração (z) *sf* **1** aumento, ampliação. **A:** diminuição. **2** exagero, abuso, excesso. **Ex:** A exageração na bebida faz mal. **3** *Ret.* hipérbole.

exagerado (z) V. excessivo.

exagerar (z) *vtd* **1** aumentar, ampliar, avultar. **Ex:** Exagerar a importância de alguém. **A:** diminuir. **2** acentuar, realçar, enfatizar. **Ex:** Exagerar os contornos. *vti+vi* **3** abusar, exceder-se, descomedir-se. **Ex:** Exagerou na bebida; às vezes ela exagera. **A:** comedir-se.

exagero (z) V. exageração.

exalar (z) *vtd* **1** espirar, emitir, espalhar. *vpr* **2** emanar, disseminar-se, evolar-se de. **Ex:** Das flores exalava um aroma maravilhoso. **3** evaporar-se, extinguir-se, dissipar-se. **A:** condensar-se.

exaltação (z) *sf* **1** louvor, glorificação, apologia. **A:** crítica. **2** irritação, zanga, raiva. **A:** calma. **3** excitação, entusiasmo, alvoroço. **A:** indiferença.

exaltar (z) *vtd* **1** louvar, glorificar, engrandecer. **A:** criticar. *vtd+vpr* **2** elevar(-se), erguer(-se), levantar(-se). **A:** descer. **3** irritar(-se), zangar(-se), enfurecer(-se). **A:** acalmar(-se). **4** entusiasmar(-se), arrebatar(-se), extasiar(-se). **A:** desanimar(-se).

exame (z) *sm* **1** análise, estudo, pesquisa. **2** teste, prova, avaliação. **3** investigação, averiguação, apuração. **4** inspeção, vistoria, revista.

examinar (z) *vtd* **1** analisar, estudar, pesquisar. **2** testar, provar, avaliar. **3** investigar, averiguar, verificar. **4** inspecionar, vistoriar, revistar.

exangue (z) *adj m+f* exausto, debilitado, enfraquecido, abatido. **A:** fortalecido.

exânime (z) *adj m+f* inconsciente, desmaiado, desfalecido. **A:** consciente.

exarar (z) *vtd* **1** gravar, lavrar, inscrever. **Ex:** Mandou exarar o lema da corporação nas medalhas. **2** *DOCUMENTO* lavrar, escriturar, redigir.

exasperar (z) V. exacerbar.

exatidão (z) *sf* **1** correção, certeza, justeza. **2** precisão, rigor. **3** esmero, capricho, apuro. **4** fidelidade, igualdade. **A:** inexatidão (nas quatro acepções).

exato (z) *adj* **1** correto, certo, justo. **Ex:** Cálculo exato. **2** preciso, rigoroso, restrito. **Ex:** Medidas exatas. **3** esmerado, perfeito, caprichado. **4** fiel, idêntico, igual. **Ex:** Reprodução exata do modelo. **A:** inexato (nas quatro acepções).

exaurir (z) *vtd* **1** esvaziar, despejar, vazar. **A:** encher. **2** depauperar, empobrecer, arruinar. **A:** enriquecer. *vtd+vpr* **3** secar (-se), enxugar(-se), esgotar(-se). **4** consumir(-se), gastar(-se), esgotar(-se). **Ex:** Exauriu as finanças, as energias. **A:** restaurar(-se). *vpr* **5** cansar-se, extenuar-se, fatigar-se. **A:** descansar.

exaustão (z) *sf* **1** esvaziamento, despejo, vazamento. **A:** enchimento. **2** cansaço, fadiga, esgotamento. **A:** descanso.

exaustivo (z) *adj* cansativo, fatigante, estafante, extenuante. **A:** repousante.

exausto (z) *adj* cansado, esgotado, abatido, fatigado. **A:** descansado.

exceção *sf* **1** exclusão, isenção. **A:** inclusão. **2** prerrogativa, privilégio, regalia.

excedente *sm* **1** excesso, sobra, superávit. **A:** déficit. *adj* **2** restante, remanescente. **Ex:** Os livros excedentes foram doados à biblioteca. **A:** deficitário.

exceder *vtd+vti* **1** superar, ultrapassar, sobrepujar. **Ex:** Os resultados excedem nossas estimativas. *vpr* **2** abusar, exagerar, descomedir-se. **A:** moderar-se. **3** irritar-se, irar-se, encolerizar-se. **A:** acalmar-se. **4** esmerar-se, apurar-se, caprichar. **Ex:** Excedeu-se e fez uma obra impecável. **5** cansar-se, esgotar-se, fatigar-se. **A:** descansar.

excelência *sf* superioridade, sublimidade, primazia, perfeição. **A:** inferioridade.

excelente *adj m+f* **1** superior, ótimo, sublime. **Ex:** Qualidade excelente. **A:** inferior. **2** esmerado, caprichado, perfeito. **A:** relaxado. **3** distinto, notável, exímio. **A:** obscuro.

excelso *adj* **1** elevado, sumo, supremo. **A:** inferior. **2** excepcional, magnífico, soberbo. **A:** reles.

excentricidade *sf* **1** estranheza, esquisitice, singularidade. **A:** banalidade. **2** capricho, extravagância. **Ex:** Satisfazem todas as excentricidades da rainha.

excêntrico *adj* **1** estranho, esquisito, singular. **A:** banal. **2** caprichoso, extravagante. **Ex:** Milionário excêntrico, cheio de manias.

excepcional *s e adj m+f* **1** deficiente mental. *adj m+f* **2** esplêndido, maravilhoso, extraordinário. **Ex:** É uma excepcional obra de arte. **A:** ordinário. **3** anormal, insólito, raro. **Ex:** Agiu com uma calma excepcional. **A:** freqüente.

excerto *sm* trecho, extrato, fragmento (de textos).

excessivo *adj* exagerado, demasiado, exorbitante, desmedido. **Ex:** Não podemos receber um número excessivo de visitantes. **A:** reduzido.

excesso *sm* **1** excedente, sobra, sobejo. **2** exagero, abuso, descomedimento. **A:** moderação. *sm pl* **3** atrocidades, crueldades, barbaridades. **Ex:** Na guerra, cometem-se excessos imperdoáveis.

exceto *prep* salvo, menos, fora, tirante. **A:** inclusive.

excetuar *vtd+vpr* excluir(-se), isentar(-se). **Ex:** Acusou a todos, mas excetuou o irmão. **A:** incluir(-se).

excitação *sf* **1** agitação, entusiasmo, frenesi, excitamento. **A:** indiferença. **2** irritação, raiva, zanga. **A:** tranqüilidade. **3** estímulo,

incitação, instigação. **A:** desestímulo.
Obs.: Em todas as acepções, existe também a forma *excitamento*.
excitamento V. excitação.
excitar *vtd* **1** despertar, estimular, incitar. **Ex:** Excitar a imaginação. **A:** refrear. **2** promover, suscitar, provocar. **Ex:** Excitar uma rebelião. *vtd+vpr* **3** irritar(-se), enfurecer-se, inflamar(-se). **A:** tranqüilizar(-se).
exclamação *sf* **1** grito, berro, brado. **A:** sussurro. **2** *Gram.* interjeição. **3** ponto de exclamação.
exclamar *vtd+vi* gritar, berrar, bradar, vociferar. **A:** sussurrar.
excluir *vtd+vpr* **1** excetuar(-se), isentar (-se). **A:** incluir(-se). *vtd* **2** eliminar, suprimir, cortar. **Ex:** Excluir dados supérfluos. **A:** incluir. **3** privar, despojar, desapossar. **Ex:** Excluir alguém de seus bens. **A:** empossar. **4** expulsar, rechaçar, desalojar. **A:** acolher.
exclusão *sf* **1** exceção, isenção. **A:** inclusão. **2** eliminação, supressão, corte. **A:** inclusão.
exclusive *adv* exceto, salvo, afora, menos. **A:** inclusive.
exclusivista *adj m+f* **1** que não aceita outras opiniões: intransigente, intolerante. **A:** transigente. **2** egoísta, individualista, interesseiro. **A:** altruísta.
exclusivo *adj* reservado, privativo, restrito, especial. **Ex:** Esta sala é de uso exclusivo do chefe.
excomungar *vtd* **1** *Rel.* anatematizar. **A:** abençoar. **2** *Rel.* esconjurar, exorcizar, exorcismar.
excomunhão *sf* **1** *Rel.* anátema, anatematização. **A:** bênção. **2** *Rel.* esconjuro, exorcismo, conjuro.
excreção *sf Fisiol.* eliminação, expulsão.
excremento *sm* fezes *pl*, dejeto, dejeção; *SÓ DE ANIMAIS* esterco.
excrescência *sf* **1** saliência, proeminência, elevação. **Ex:** Excrescências da pele. **2** excesso, demasia, exorbitância. **A:** escassez.
excretar *vtd* expelir, eliminar, evacuar, segregar.
excursão *sf* **1** passeio, viagem, jornada. **2** *Mil.* incursão, invasão. **3** divagação, digressão.

execrando (z) V. execrável.
execrar (z) *vtd* detestar, abominar, odiar, amaldiçoar. **A:** adorar.
execrável (z) *adj m+f* abominável, detestável, abominando, odioso. **A:** adorável.
execução (z) *sf* **1** realização, efetuação. **2** cumprimento, desempenho, obediência. **A:** descumprimento. **3** representação, interpretação, desempenho. **4** *Dir.* apreensão, embargo, penhora. **5** *Dir.* suplício.
executar (z) *vtd* **1** realizar, fazer, efetuar. **Ex:** Executar uma tarefa. **2** cumprir, desempenhar, obedecer. **Ex:** Executar uma ordem. **A:** descumprir. **3** representar, interpretar, desempenhar. **Ex:** Executar um papel na novela. **4** *Mús.* tocar. **Ex:** Executar uma obra ao piano. **5** *Mús.* cantar, entoar. **Ex:** A soprano executou uma ária. **6** *Dir.* apreender, embargar, penhorar. **Ex:** Executar os bens de alguém. **7** *Dir.* supliciar, justiçar. **Ex:** Executar um criminoso.
executável (z) V. exeqüível.
executivo (z) *sm* **1** (*em maiús.*) Poder Executivo. *adj* **2** que executa: executor. **3** decidido, determinado, resoluto. **A:** indeciso.
executor (z) *sm* **1** carrasco, algoz, verdugo. *adj* **2** V. executivo.
exegese (z) *sf* comentário, interpretação, crítica, explicação (especialmente da Bíblia).
exegeta (z) *s m+f* comentador, intérprete, crítico.
exemplar (z) *sm* **1** V. exemplo. **2** peça, espécime, indivíduo. **Ex:** Um exemplar da coleção. **3** *Biol.* espécime, indivíduo. **Ex:** Um exemplar de um animal. *vtd* **4** castigar, punir, corrigir. **A:** premiar. *adj m+f* **5** modelar. **6** severo, rigoroso, rígido. **Ex:** Castigo exemplar.
exemplificar (z) *vtd* ilustrar, explicar, esclarecer, elucidar (com exemplos).
exemplo (z) *sm* **1** modelo, exemplar, padrão. **2** lição, ensinamento, experiência. **Ex:** Que o seu fracasso sirva de exemplo às outras pessoas. **3** ditado, provérbio, adágio. **4** castigo, punição, correção. **A:** prêmio.
exéquias (z) *sf pl* funeral *sing*, enterro *sing*, inumação *sing*, enterramento *sing*. **A:** exumação *sing*.

exeqüível (z) *adj m+f* possível, praticável, realizável, executável. **A:** inexeqüível.

exercer (z) *vtd* praticar, desempenhar, executar, cumprir. **Ex:** Exercer uma função.

exercício (z) *sm* **1** prática, desempenho, atividade. **Ex:** O exercício da advocacia. **2** uso, utilização, emprego. **Ex:** O exercício da liberdade. *sm pl* **3** treinamento, treino, adestramento.

exercitar (z) *vtd* **1** exercer, professar, seguir. **Ex:** Exercitar uma profissão. **2** manifestar, mostrar, desenvolver. **Ex:** Exercitou toda a sua habilidade para nos convencer. **3** treinar, adestrar, habilitar. **Ex:** Exercitar os atletas. **4** cultivar, dedicar-se, devotar-se a. **Ex:** Exercitar uma arte. *vpr* **5** treinar, praticar.

exército (z) *sm* **1** tropa, hoste, milícia. **2** *Fig.* multidão, aglomeração, massa. **Ex:** Um exército de crianças entrou no teatro.

exibição (z) *sf* **1** apresentação, mostra, manifestação. **A:** ocultação. **2** *DE FILME* projeção. **3** ostentação, alarde, pompa. **A:** simplicidade. **4** exposição, feira, mostra. **5** *DE ARTES EM GERAL* espetáculo, apresentação. **Ex:** Exibição de dança.

exibir (z) *vtd+vpr* **1** apresentar(-se), mostrar(-se), patentear(-se). **Ex:** Exibiu a carteira de sócio. **A:** esconder(-se). *vtd* **2** *EM FEIRA, ETC.*, expor, apresentar. **Ex:** Exibir novos produtos. **3** *FILME* projetar. **4** ostentar, alardear, jactar-se de. **Ex:** Exibe riqueza, mas é muito pobre. *vpr* **5** gabar-se, envaidecer-se, vangloriar-se.

exigência (z) *sf* **1** urgência, instância, necessidade. **2** impertinência, inconveniência, importunação.

exigente (z) *adj m+f* **1** impertinente, inconveniente, importuno. **2** rigoroso, rígido, inflexível.

exigir (z) *vtd* **1** reclamar, requerer. **Ex:** Exigir explicações. **2** precisar, necessitar, carecer de. **Ex:** Essa criança exige cuidados. **A:** prescindir de. **3** ordenar, impor, intimar. **Ex:** Exigiu que ela se retirasse.

exíguo (z) *adj* **1** pequeno, diminuto, reduzido. **Ex:** Espaço exíguo. **A:** amplo. **2** escasso, restrito, limitado. **Ex:** Recursos exíguos. **A:** farto.

exilar (z) *vtd* **1** banir, desterrar, degredar. **A:** repatriar. *vpr* **2** expatriar-se, emigrar, abdicar a pátria. **A:** repatriar-se.

exílio (z) *sm* **1** banimento, desterro, degredo. **A:** repatriação. **2** *Fig.* retiro, solidão, ermo.

exímio (z) *adj* **1** excelente, ótimo, perfeito. **A:** péssimo. **2** eminente, distinto, ilustre. **A:** obscuro.

eximir (z) *vtd+vpr* **1** desobrigar(-se), dispensar(-se), isentar(-se). **A:** obrigar(-se). **2** exonerar(-se), desonerar(-se), desendividar(-se). **A:** obrigar(-se). *vpr* **3** esquivar-se, subtrair-se, fugir. **Ex:** Eximiu-se de prestar contas ao chefe.

existência (z) *sf* **1** vida. **A:** morte. **2** vivência. **3** realidade. **Ex:** A existência dos fatos. **4** ser, ente, entidade.

existente (z) *adj m+f* **1** vivente. **2** real. **A:** inexistente.

existir (z) *vi* **1** ser. **2** viver. **Ex:** Deixar de existir. **A:** morrer. **3** durar, permanecer, subsistir. **Ex:** Esta empresa existe desde o ano passado. **4** haver. **Ex:** Aqui existia uma ponte. *vlig* **5** permanecer. **Ex:** O monumento existe como testemunho da invasão romana.

êxito (z) *sm* **1** resultado, efeito, conseqüência. **A:** causa. **2** *POSITIVO* sucesso. **A:** fracasso.

êxodo (z) *sm* emigração, partida, saída.

exonerar (z) *vtd* **1** demitir, dispensar, destituir. **Ex:** Exonerar um funcionário. **A:** admitir. *vtd+vpr* **2** eximir(-se), isentar(-se), desobrigar(-se). **A:** obrigar(-se).

exorbitância (z) *sf* demasia, excesso, exagero, desproporção. **A:** moderação.

exorbitante (z) *adj m+f* desmedido, demasiado, excessivo, exagerado. **A:** moderado.

exorbitar (z) *vi* **1** exceder-se, demasiar-se, abusar, desorbitar. **A:** comedir-se. **2** abundar, exuberar, superabundar, desorbitar. **A:** faltar.

exorcismar (z) V. exorcizar.

exorcismo (z) *sm Teol.* esconjuro, conjuro, esconjuração, excomunhão.

exorcizar (z) *vtd* exorcismar, esconjurar, conjurar, excomungar.

exortação (z) *sf* **1** estímulo, animação, encorajamento. **A:** desestímulo. **2** conselho, advertência, sugestão.

exortar (z) *vtd* **1** estimular, animar, encorajar. **Ex:** Exortar os candidatos. **A:** desestimular. **2** aconselhar, persuadir, convencer. **Ex:** Exortar o povo à rebelião.

exótico (z) *adj* **1** estrangeiro, estranho, alienígena. **Ex:** Plantas exóticas. **A:** nativo. **2** esquisito, extravagante, estrambótico *pop*. **A:** normal. **3** desajeitado, desastrado, estabanado. **A:** jeitoso.

exotérico (z) *adj Fig.* público, conhecido, notório, vulgar. **A:** esotérico *fig*. **Obs.:** Veja a lista de homônimos e parônimos.

exotismo (z) *sm* esquisitice, extravagância, estranheza, excentricidade. **A:** normalidade.

expandir *vtd* **1** difundir, espalhar, disseminar. **Ex:** O vento expandiu as velas do barco. *vtd+vpr* **2** dilatar(-se), estender (-se), estirar(-se). **Ex:** O gás expandiu-se. **A:** contrair(-se). *vpr* **3** desabafar, abrir-se, desafogar-se.

expansão *sf* **1** difusão, espalhamento, disseminação. **2** desabafo, desafogo, alívio.

expansivo *adj* comunicativo, extrovertido, franco, afável. **Ex:** Pessoa expansiva. **A:** fechado.

expatriar *vtd* **1** desterrar, banir, degredar. **A:** repatriar. *vpr* **2** exilar-se, emigrar, abdicar a pátria.

expectação V. expectativa.

expectativa *sf* **1** esperança, espera, expectação. **A:** desesperança. **2** possibilidade, probabilidade. **A:** impossibilidade.

expectorar *vtd* **1** escarrar, cuspir. **2** proferir, dizer, vomitar. **Ex:** Expectorar insultos. *vi* **3** escarrar.

expedição *sf* **1** envio, remessa, despacho, expediência. **2** desembaraço, desenvoltura, presteza, expediência. **Ex:** Resolve os problemas com expedição. **A:** embaraço. **3** *Mil.* campanha, jornada, empresa. **Ex:** Mandar uma expedição ao território inimigo. **4** *Por ext.* expedição científica, exploradores *pl*. **Ex:** A expedição foi enviada à Amazônia para estudar plantas medicinais.

expediência V. expedição.

expediente *sm* **1** meio, recurso, maneira. **Ex:** Tentou vários expedientes para realizar a missão. **2** serviço, trabalho. **Ex:** Seu expediente consiste no controle da correspondência. **3** período, horário (de trabalho). **Ex:** Expediente de 9 às 5. **4** *DE ÓRGÃO PÚBLICO* repartição; *DE EMPRESA* seção, departamento. **Ex:** Não há ninguém no expediente após as seis da tarde. * Ter expediente: ser desembaraçado.

expedir *vtd* **1** enviar, remeter, despachar. **Ex:** Expedir correspondência. **2** despachar, resolver, deliberar. **Ex:** Expedir um assunto. **3** promulgar, publicar. **Ex:** Expedir decretos, portarias.

expedito V. expedito.

expedito *adj* desembaraçado, desenvolto, rápido, pronto, expeditivo. **A:** lento.

expelir *vtd* **1** ejetar, expulsar, lançar. **Ex:** Expelir um jato d'água. **2** expectorar, cuspir. **Ex:** Expelir sangue. **3** vomitar, proferir, dizer. **Ex:** Foi embora, expelindo ofensas.

expender *vtd* **1** explicar, expor, explanar. **Ex:** Expender um projeto. **2** gastar, despender, consumir. **Ex:** Expender energia. **A:** poupar.

expensas *sf pl* despesas, gastos, dispêndios. * A expensas de: à custa de. **Ex:** Viver a expensas de alguém.

experiência *sf* **1** prática, perícia, tarimba. **A:** inexperiência. **2** experimento, prova, ensaio, experimentação. **Ex:** Experiência científica. **3** tentativa, experimento, tenteme. **Ex:** Fizemos uma primeira experiência, que não deu certo.

experiente *adj m+f* experimentado, prático, perito, conhecedor. **A:** inexperiente.

experimentação V. experiência.

experimentado V. experiente.

experimental *adj m+f* empírico, prático. **Ex:** Método experimental. **A:** teórico.

experimentar *vtd* **1** ensaiar, provar. **Ex:** Experimentar as propriedades de uma substância. **2** *ROUPAS, ETC.,* provar. **3** *ALIMENTOS, ETC.,* provar, degustar, saborear. **4** tentar, ensaiar, exercitar. **Ex:** Experimente falar a sós com ela. **5** sentir, sofrer, suportar. **Ex:** Experimentar dor. **6** executar, realizar, praticar. **Ex:** Experimentar um preceito. *vpr* **7** exercitar-se, treinar, adestrar-se.

experimento V. experiência.

experto *sm+adj* perito, entendido, prático, conhecedor.

expiação *sf* 1 remissão, perdão. 2 penitência, castigo, pena.

expiar *vtd* 1 pagar, reparar, resgatar. *vtd+vpr* 2 redimir(-se), remir(-se).

expiração *sf* 1 expulsão. A: inspiração. 2 DE PRAZO vencimento, fim, termo. 3 prescrição. Ex: A expiração do contrato.

expirante *adj m+f* moribundo, agonizante.

expirar *vtd* 1 O AR DOS PULMÕES expelir. A: inspirar. 2 exalar, lançar, espirar. Ex: As flores expiram um perfume delicioso. *vi* 3 morrer, falecer, bater as botas *pop*. Ex: O doente expirou. A: viver. 4 findar, terminar, vencer. Ex: O prazo expirou. A: começar. 5 prescrever, invalidar-se, caducar. Ex: O contrato expirou. 6 dissipar-se, extinguir-se, desvanecer-se. Ex: Sua força de vontade expirou.

explanar *vtd* 1 explicar, ilustrar, elucidar. Ex: Explanar uma teoria. 2 narrar, contar, relatar (minuciosamente).

expletivo *adj* redundante, desnecessário. A: essencial.

explicação *sf* 1 esclarecimento, elucidação, aclaramento. 2 justificativa, desculpa. 3 causa, motivo, razão. 4 lição, aula particular.

explicar *vtd* 1 esclarecer, elucidar, aclarar. 2 exprimir, expressar, revelar. Ex: Explicar seus sentimentos. A: ocultar. 3 entender, compreender, alcançar. Ex: Não consigo explicar o que está acontecendo. *vtd+vpr* 4 justificar(-se), desculpar(-se). Ex: A doença explica suas faltas às reuniões.

explicativo *adj* esclarecedor, elucidativo.

explícito *adj* expresso, claro, manifesto, visível. A: implícito.

explodir *vtd+vi* 1 estourar, detonar. *vti+vi* 2 Fig. estourar, rebentar. Ex: Explodiu em insultos; a raiva recolhida em seu peito explodiu.

exploração *sf* 1 estudo, análise, exame. Ex: A exploração de uma selva desconhecida. 2 sondagem, pesquisa, procura. Ex: Exploração de petróleo. 3 aproveitamento, utilização, uso. Ex: Exploração dos recursos naturais. 4 Com. especulação, agiotagem, usura.

explorador *sm* 1 Mil. batedor, baliza. 2 pesquisador. Ex: Os exploradores perderam-se na floresta. 3 Com. especulador, agiota, usurário. *sm+adj* 4 aproveitador, parasita *fig*, vampiro *fig*.

explorar *vtd* 1 estudar, analisar, pesquisar. 2 sondar, procurar, perscrutar. 3 aproveitar, utilizar, usar. 4 Com. especular, aproveitar-se de. 5 enganar, iludir, tapear *pop*. Ex: O vendedor explorava os clientes. 6 aproveitar-se, abusar, valer-se de. Ex: Explorar a ingenuidade de alguém.

explosão *sf* 1 estouro, detonação. 2 manifestação súbita de um sentimento: clamor, grito, brado. Ex: Uma explosão de alegria.

expoente *s m+f* personagem, figura, vulto, celebridade. Ex: Um expoente da literatura brasileira.

expor *vtd* 1 explicar, explanar, interpretar. Ex: Expor uma doutrina. 2 narrar, contar, relatar. Ex: Expor os acontecimentos. *vtd+vpr* 3 mostrar(-se), apresentar(-se), exibir(-se). Ex: Expôs seus trabalhos na feira de artesanato. 4 revelar(se), manifestar(-se), patentear(-se). Ex: Finalmente expôs seus motivos. A: esconder(-se). 5 arriscar(-se), aventurar(-se), abalançar(-se). Ex: Expôs-se a perigos incríveis. *vpr* 6 desabrigar-se, desproteger-se, descobrir-se. A: abrigar-se. 7 submeter-se, sujeitar-se, entregar-se. Ex: Expor-se a um interrogatório.

exportar *vtd* vender (para fora do país). A: importar.

exposição *sf* 1 explicação, explanação, interpretação. 2 narração, relato, narrativa. 3 mostra, apresentação, exibição. 4 revelação, manifestação. A: ocultação. 5 feira, mostra, exibição. Ex: Visitar uma exposição de orquídeas.

expressão *sf* 1 frase, locução. 2 manifestação, revelação, mostra. 3 representação, figuração. 4 personificação, modelo, exemplo. Ex: Ela é a perfeita expressão da arrogância. 5 semblante, fisionomia, cara. Ex: Sua expressão mostrava arrependimento.

expressar V. exprimir.

expressivo *adj* significativo, eloqüente. Ex: Olhar expressivo. A: inexpressivo.

expresso *sm* 1 trem expresso. Ex: Tomamos o expresso para o Rio. *adj* 2 claro, evidente, explícito. A: oculto. 3 categórico, taxativo, terminante. **Ex:** Ordem expressa. **A:** duvidoso. **4** *TRANSPORTE* rápido. **Ex:** Ônibus expresso.

exprimir *vtd+vpr* **1** expressar(-se), manifestar(-se), mostrar(-se). **Ex:** Seus atos exprimem descontentamento. *vtd* **2** representar, figurar, expressar. **Ex:** Em suas obras, exprime o sofrimento humano. *vpr* **3** expressar-se, explicar-se, falar. **Ex:** Exprimir-se com elegância.

exprobrar *vtd* reprovar, desaprovar, argüir, reprochar. **Ex:** Exprobrar as atitudes de alguém.

expropriar *vtd Dir.* desapropriar, desempossar, despojar, privar. **Ex:** Expropriar alguém dos seus bens. **A:** restituir.

expugnar *vtd* **1** conquistar, tomar, ocupar. **Ex:** Expugnar uma fortaleza. **2** superar, vencer, debelar. **Ex:** Expugnar a resistência de alguém.

expulsão *sf* **1** repulsão, afastamento. **A:** acolhimento. **2** excreção, ejeção, evacuação. **3** exclusão, eliminação, proscrição. **A:** admissão.

expulsar *vtd* **1** repelir, repulsar, afastar. **Ex:** Expulsaram os invasores. **A:** acolher. **2** excretar, ejetar, expelir. **Ex:** Expulsar um cálculo do rim. **3** excluir, eliminar, cortar. **Ex:** Expulsaram-no da organização. **A:** admitir.

expurgar *vtd* **1** purgar, depurar, purificar. **2** livrar, libertar, isentar. **Ex:** Expurgar a cidade dos delinqüentes. **3** corrigir, emendar, retificar. **Ex:** Expurgar um texto. **4** descascar, descortiçar, esbrugar. *vtd+vpr* **5** apurar(-se), aperfeiçoar(-se), polir(-se).

exsudar *vi* suar, transpirar.

êxtase *sm* encanto, enlevo, arrebatamento, entusiasmo. **A:** desencanto.

extasiar *vtd+vpr* encantar(-se), enlevar (-se), arrebatar(-se), entusiasmar(-se). **A:** desencantar(-se).

extemporâneo *adj* **1** inoportuno, intempestivo, importuno. **A:** oportuno. **2** improvisado, repentino, inesperado. **A:** premeditado.

extensão *sf* **1** ampliação, aumento, dilatação. **Ex:** Extensão dos limites. **A:** diminuição. **2** prolongamento, prorrogação. **Ex:** Extensão do prazo. **A:** redução. **3** duração.

Ex: Qual foi a extensão da palestra? **4** espaço, superfície, área. **5** importância, alcance, peso. **Ex:** Desconhecemos a extensão das medidas. **6** vastidão, amplidão, amplitude. **A:** pequenez.

extensivo *adj* amplo, lato, irrestrito. **Ex:** Sentido extensivo. **A:** restrito.

extenso *adj* **1** amplo, vasto, largo. **A:** pequeno. **2** longo, demorado, prolongado. **A:** breve. **3** *CAMPO* aberto, vasto, limpo. **4** comprido, longo, alongado. **Ex:** Fio extenso. **A:** curto.

extenuador V. extenuante.

extenuante *adj m+f* cansativo, fatigante, exaustivo, extenuador, extenuativo. **A:** repousante.

extenuar *vtd+vpr* **1** cansar(-se), fatigar(-se), esgotar(-se). **A:** descansar. *vtd* **2** exaurir, gastar, consumir. **A:** restaurar.

extenuativo V. extenuante.

exterior *sm* **1** estrangeiro. **Ex:** Voltar do exterior. **2** aparência, aspecto, exterioridade. **A:** íntimo. *adj m+f* **3** externo. **Ex:** A parte exterior; comércio exterior. **A:** interior. **4** visível, aparente, público. **A:** oculto.

exterioridade V. exterior.

exteriorizar V. externar.

exterminação V. extermínio.

exterminar *vtd* **1** aniquilar, matar, trucidar. **Ex:** Exterminar os inimigos. **2** acabar com, eliminar, abolir. **Ex:** Exterminar um vício.

extermínio *sm* aniquilamento, destruição, ruína, exterminação. **Ex:** O extermínio dos mosquitos foi vital para o controle da epidemia.

externar *vtd+vpr* exteriorizar(-se), manifestar(-se), revelar(-se), mostrar(-se). **Ex:** Externou sua indignação com uma carta ao diretor da escola. **A:** ocultar(-se).

externo *adj* exterior. **Ex:** Áreas externas; política externa. **A:** interno.

extinção *sf* **1** aniquilamento, extermínio, chacina. **2** abolição, anulação, revogação. **3** *DE DÍVIDA* pagamento, quitação. **4** *DO FOGO* apagamento. **5** dissolução, dispersão, desunião. **6** fim, término, desaparecimento. **A:** início.

extinguir *vtd* **1** aniquilar, trucidar, chacinar. **Ex:** Extinguir um povo. **2** abolir, anular, revogar. **Ex:** Extinguir um costume. **3** *DÍVIDA* pagar, saldar, quitar. *vtd+vpr* **4** *FOGO* apagar(-se). **A:** acender(-se). **5** desfazer(-se), dispersar(-se), desunir(-se). **Ex:** Extinguir um partido. *vpr* **6** acabar, terminar, desaparecer. **Ex:** Seu medo extinguiu-se. **A:** iniciar-se. **7** morrer, falecer, expirar. **A:** nascer.

extirpação *sf Cir.* ablação, extração, corte, amputação.

extirpar *vtd* **1** *PLANTA* arrancar, desarraigar, desenraizar. **A:** arraigar. **2** *Cir.* extrair, cortar, amputar. **3** acabar com, extinguir, eliminar.

extorquir *vtd* tomar, roubar, arrebatar, usurpar. **A:** restituir.

extorsão *sf* roubo, usurpação. **A:** restituição.

extra *s m+f* **1** *Cin.* e *Teat.* figurante, comparsa. **2** bico *gír*, biscate *gír*, galho *pop.* **Ex:** Fez uns extras para aumentar seu rendimento. *adj m+f* **3** V. extraordinário.

extração *sf* **1** tirada, obtenção. **2** sorteio. **Ex:** Extração da loteria. **3** *Com.* consumo, venda, saída. **Ex:** Esta mercadoria tem bastante extração. **4** *Fig.* origem, procedência, nascimento. **Ex:** Fulano tem boa extração. **5** *Cir.* amputação, ablação, extirpação.

extrair *vtd* **1** tirar, obter. **Ex:** Extrair ouro. **2** *DENTE* arrancar, tirar. **3** resumir, sintetizar, abreviar. **Ex:** Extrair um texto. **4** copiar, reproduzir, transcrever. **5** *Cir.* amputar, extirpar, cortar.

extraordinário *adj* **1** excepcional, insólito, incomum. **A:** ordinário. **2** admirável, espantoso, maravilhoso. **A:** banal. **3** especial, singular, raro. **Ex:** Aptidão extraordinária para a música. **A:** comum. **4** esquisito, estranho, exótico. **A:** normal. **5** imprevisto, inesperado, súbito. **Ex:** Problemas extraordinários atrapalharam o processo. **A:** previsto. **6** especial, extra. **Ex:** A edição extraordinária de um jornal. **7** excessivo, alto, elevado. **Ex:** Recebemos um número extraordinário de telefonemas. **A:** pequeno.

extrapolar *vtd* exceder, ultrapassar, superar, sobrepujar. **Ex:** Suas idéias extrapolam os limites da compreensão.

extraterrestre *s e adj m+f* alienígena. **Ex:** Seres extraterrestres. **A:** terráqueo.

extrato *sm* **1** resumo, síntese, sumário. **2** trecho, fragmento, excerto. **Ex:** Um extrato de um romance. **3** reprodução, cópia, transcrição. **4** perfume.

extravagância *sf* **1** esquisitice, excentricidade, estranheza. **A:** normalidade. **2** esbanjamento, desperdício, dissipação. **A:** economia. **3** desvio, extravio, aberração.

extravagante *adj m+f* **1** esquisito, excêntrico, estranho. **A:** normal. **2** esbanjador, gastador, perdulário. **A:** econômico. **3** aberrante.

extravagar *vi* divagar, digressionar.

extravasar *vtd, vi+vpr* **1** transbordar, derramar, entornar. **Ex:** A água extravasou o copo; a caixa-d'água extravasou. *vtd* **2** manifestar, mostrar, demonstrar. **Ex:** Extravasar a raiva. **A:** conter.

extraviar *vtd* **1** desencaminhar, descaminhar, desencarreirar. **A:** encaminhar. **2** perder, desencaminhar. **Ex:** Extraviou os documentos e teve problemas. **A:** encontrar. **3** furtar, roubar, surrupiar. *vpr* **4** perder-se, desencaminhar-se, descaminhar-se. **A:** orientar-se. **5** aberrar, desviar-se, transviar-se.

extravio *sm* **1** perda, sumiço, descaminho. **A:** encontro. **2** roubo, furto, abafamento. **3** V. extravagância.

extrema-direita *sf* **1** *Fut.* ponta-direita (a posição). *sm* **2** *Fut.* ponta-direita (o jogador).

extremado *part+adj* **1** extraordinário, excepcional, incomum. **A:** comum. **2** distinto, extremo, eminente. **A:** obscuro.

extrema-esquerda *sf* **1** *Fut.* ponta-esquerda (a posição). *sm* **2** *Fut.* ponta-esquerda (o jogador).

extremar *vtd* **1** distinguir(-se), notabilizar (-se), assinalar(-se). *vtd* **2** condensar, resumir, sintetizar. **A:** desenvolver.

extremidade *sf* **1** ponta. **Ex:** A extremidade dos dedos. **2** extremo, fim, limite, confins *pl.* **Ex:** A extremidade do terreno.

extremista *s e adj m+f* **1** radical, radicalista. **2** terrorista.

extremo *sm* **1** V. extremidade. *sm pl* **2** carinho *sing*, cuidado *sing*, desvelo *sing* (excessivos). **3** exagero *sing*, excesso *sing*, descomedimento *sing*. **Ex:** É uma pessoa de extremos. **A:** moderação *sing*. *adj* **4** afastado, remoto, longínquo. **Ex:** Regiões extremas. **A:** próximo. **5** último, derradeiro, final. **Ex:** Momento extremo, recurso extremo. **A:** primeiro. **6** máximo, supremo. **Ex:** A extrema alegria. **7** V. estremado.

extremoso *adj* **1** carinhoso, afetuoso, atencioso (excessivamente). **2** exagerado, descomedido, imoderado. **A:** comedido.

extrínseco *adj* **1** exterior, externo, superficial. **A:** intrínseco. **2** *VALOR DA MOEDA* convencional, legal, estipulado.

extroverter-se *vpr Psicol.* mostrar-se comunicativo. **A:** introverter-se.

extrovertido *adj Psicol.* comunicativo, expansivo, sociável, afável. **A:** introvertido.

exuberante (z) *adj m+f* **1** cheio, repleto, transbordante. **Ex:** Estar exuberante de alegria. **2** superabundante, copioso, abundante. **Ex:** Fauna exuberante. **3** *Fig.* animado, vivo, vivaz.

exuberar (z) *vtd* **1** transbordar, superabundar de. **Ex:** Exuberar felicidade. **A:** carecer de. *vti+vi* **2** sobrar, abundar, superabundar. **Ex:** A inveja exubera em sua alma mesquinha. **A:** escassear.

exultação (z) *sf* alegria, contentamento, satisfação, júbilo. **A:** tristeza.

exultar (z) *vti+vi* alegrar-se, regozijar-se, rejubilar-se, jubilar-se. **A:** entristecer.

exumar (z) *vtd* **1** desenterrar. **A:** inumar. **2** escavar, cavar. **3** *Fig.* tirar do esquecimento: descobrir, desencavar, desencovar. **Ex:** Exumaram obras inéditas do compositor.

F

fã *s m+f* admirador, apreciador.

fábrica *sf* 1 fabricação, fabrico, montagem, confecção. 2 indústria, manufatura.

fabricação V. fábrica.

fabricador *sm* 1 operário, artífice. 2 criador, inventor, autor.

fabricar *vtd* 1 manufaturar, fazer, montar. **Ex:** Fabricar brinquedos. 2 construir, edificar, erguer. **Ex:** Alguns animais fabricam suas casas. **A:** destruir. 3 forjar, maquinar, engendrar. **Ex:** Fabricar histórias. 4 causar, provocar, ocasionar. **Ex:** Fabricou a falência da empresa.

fabrico *sm* 1 V. fábrica. 2 produto, artefato, artigo.

fábula *sf* 1 lenda, conto, narrativa. 2 mentira, invenção, história. 3 fortuna, dinheirão, dinheirada. **Ex:** Isto me custou uma fábula.

fabulação *sf* 1 novela, romance. 2 V. fábula. 3 moral (de fábula).

fabular *vtd+vi* 1 contar fábulas: fabulizar. 2 inventar, mentir. **Ex:** Fabulava histórias fantásticas e ninguém acreditava. *adj m+f* 3 V. fabuloso.

fabulista *s m+f* mentiroso, embusteiro, fingido, impostor.

fabulizar V. fabular.

fabuloso *adj* 1 relativo a fábula: fabular. 2 mitológico. 3 imaginário, fictício, irreal, fabular. **A:** real. 4 maravilhoso, incrível, fantástico.

facada *sf Fig.* abalo, choque, comoção, surpresa (dolorosa).

façanha *sf* feito, proeza, aventura, lance.

façanhoso *adj* 1 heróico, façanhudo. 2 admirável, extraordinário, surpreendente.

façanhudo *adj* 1 V. façanhoso. 2 brigão, valentão, briguento.

fação V. facção.

facção *sf* partido, divisão, grupo, *fação*; *RELIGIOSO* seita, *fação*.

faccioso *adj* parcial, injusto, iníquo, *facioso*. **A:** imparcial.

face *sf* 1 *Anat.* cara, rosto, semblante. 2 frente, anverso. **Ex:** A face de uma moeda, de uma medalha. **A:** reverso. 3 e 4 V. faceta.
* Face a face: cara a cara, frente a frente.

facécia *sf* piada, anedota, chiste, pilhéria *pop*.

faceirice *sf* elegância, garridice, janotice. **A:** deselegância.

faceiro *adj* 1 elegante, janota, garrido. **A:** deselegante. 2 alegre, feliz, contente. **A:** triste.

faceta *sf* 1 face, superfície. **Ex:** As facetas de um cristal. 2 aspecto, particularidade, peculiaridade, face. **Ex:** Todas as facetas da questão.

facetar *vtd* 1 *PEDRA PRECIOSA* lapidar, talhar, polir. 2 *Fig.* apurar, aprimorar, aperfeiçoar.

faceto *adj* 1 engraçado, divertido, espirituoso. **A:** insosso. 2 brincalhão, zombeteiro, folgazão. **A:** sisudo.

fachada *sf* 1 *DE EDIFÍCIO* frente, frontispício, fronte. 2 *DE LIVRO* frontispício. 3 *Pop.* aparência, aspecto, ar. **A:** interior. 4 *Pop.* rosto, cara, face.

facho *sm* 1 tocha, archote, luzeiro. 2 farol, lanterna, holofote.

fácil *adj m+f* 1 simples, compreensível, acessível. **Ex:** Texto fácil. **A:** difícil. 2 dócil, condescendente, flexível. **Ex:** Temperamento fácil. **A:** difícil. 3 espontâneo, pronto, imediato. **Ex:** Riso fácil. 4 leviano, precipitado, imprudente. **Ex:** Decisão fácil. **A:** ponderado.

facilidade *sf* 1 simplicidade, compreensibilidade. **A:** dificuldade. 2 agilidade, desembaraço, prontidão. **A:** lerdeza. **3** dom, aptidão, talento. **Ex:** Ter facilidade para aprender idiomas. **4** leviandade, precipitação, imprudência. **A:** ponderação.

facilitar *vtd* **1** ajudar, auxiliar, coadjuvar. **A:** dificultar. **2** V. facultar. *vi* **3** descuidar-se, desprevenir-se, desacautelar-se. **Ex:** Hoje em dia não se pode facilitar. **A:** cuidar-se.

facínora *sm* **1** criminoso, malfeitor, bandido, facinoroso. *adj* **2** criminoso, perverso, malvado, facinoroso.

facinoroso V. facínora.

facioso V. faccioso.

fac-símile *sm* cópia, reprodução. **A:** original.

factível *adj m+f* possível, praticável, realizável, exequível, *fatível*. **A:** impossível.

factótum V. faz-tudo.

faculdade *sf* **1** escola superior. **2** poder, capacidade, competência. **Ex:** Tem a faculdade de convencer as pessoas. **3** virtude, propriedade, característica. **Ex:** Este produto tem a faculdade de limpar a prataria. **4** direito, privilégio, prerrogativa. **Ex:** Goza de muitas faculdades. **5** talento, aptidão, inclinação. **6** permissão, autorização, licença. **Ex:** Obteve do chefe a faculdade de tomar decisões por conta própria.

facultar *vtd* possibilitar, proporcionar, conceder, facilitar. **Ex:** A lei faculta a todos o direito à justiça.

facultativo *sm* **1** médico, doutor *pop*, terapeuta. *adj* **2** opcional, arbitrário, dispensável. **A:** obrigatório.

facúndia *sf* facilidade para falar: eloquência, loquacidade, verbosidade.

facundo *adj* que fala com facilidade: eloquente, loquaz, verboso.

fada *sf* Fig. mulher muito bonita: beldade, bela, deusa *fig*, diva *fig*. **A:** bruxa.

fadado V. fatal.

fadar *vtd* **1** predizer, prever, profetizar. **2** destinar, predestinar. **Ex:** Seus erros fadaram-no à infelicidade. **3** dotar, favorecer, prendar. **Ex:** Fadar alguém de algum dom.

fadário V. fado.

fadiga *sf* **1** cansaço, exaustão, esgotamento. **A:** descanso. **2** faina, trabalho, labuta.

fadigar V. fatigar.

fadista *sm* desordeiro, arruaceiro, baderneiro, bagunceiro. **A:** ordeiro.

fado *sm* destino, sorte, estrela *fig*, sina, fadário.

fagueiro *adj* **1** agradável, ameno, prazeroso. **Ex:** Dias fagueiros. **A:** desagradável. **2** carinhoso, meigo, terno. **A:** rude. **3** contente, alegre, feliz. **Ex:** Lá vem ele, lépido e fagueiro. **A:** triste.

fagulha V. faísca.

fagulhar V. faiscar.

faina *sf* labuta, lida, trabalho, afã.

faísca *sf* **1** fagulha, centelha, chispa. **2** raio, relâmpago, corisco.

faiscar *vtd* **1** emitir, lançar, soltar. **Ex:** O holofote faiscava um clarão; seu olhar faiscava indignação. *vi* **2** fagulhar, chispar. **3** brilhar, cintilar, resplandecer.

faixa *sf* **1** NA CINTURA tira, cinta. **2** fita, tira, banda. **Ex:** Uma faixa de tecido, de papel. **3** atadura, bandagem, ligadura. **4** DE TERRA nesga.

fajuto *adj* **1** Pop. de má qualidade: ruim, ordinário, inferior, farjuto. **Ex:** Mercadoria fajuta. **A:** bom. **2** Pop. falso, falsificado, adulterado, farjuto. **Ex:** Comprou um uísque fajuto, paraguaio. **A:** verdadeiro.

fala *sf* **1** linguagem. **Ex:** A fala é exclusividade do ser humano? **2** discurso, oração, alocução. **3** DE ANIMAIS voz. **Ex:** A fala do gato.

falação V. falatório.

falácia *sf* **1** V. falatório. **2** trapaça, engano, logro.

falacioso V. falaz.

falado *part+adj* **1** famoso, célebre, conhecido. **A:** desconhecido. **2** malvisto. **Ex:** A moça ficou falada.

falador *sm+adj* **1** tagarela, prolixo, loquaz. **A:** calado. **2** linguarudo, indiscreto, maledicente. **Ex:** Um amigo falador sempre causa problemas. **A:** discreto.

falange *sf* **1** Hist. corpo de infantaria (na Grécia Antiga). **2** Fig. multidão, turma, legião. **Ex:** Víamos uma falange de estranhos à entrada do hotel.

falar *sm* **1** Ling. dialeto. **Ex:** Falar uma palavra. *vti* **3** discutir, tratar de, conversar sobre.

Ex: Falamos de (ou sobre) literatura. *vti+vi* **4** dialogar, conversar, papear *pop*. **Ex:** Não falarei mais contigo. **A:** calar. *vi* **5** dizer. **Ex:** Não sabia o que falar. **6** *EM PÚBLICO* discursar. * Falar mal (uma língua): arranhar.

falatório *sm* **1** falação, palavreado, discurso *fam*. **Ex:** Não demos atenção ao falatório da vizinha. **2** vozerio, algazarra, alarido, falácia. **Ex:** O falatório dos bêbados que passavam pela rua impedia-nos de dormir. **A:** silêncio.

falaz *adj m+f* **1** enganador, embusteiro, trapaceiro, falacioso. **A:** honesto. **2** ilusório, falso, enganoso, falacioso. **Ex:** Vivia num mundo falaz, de sonhos. **A:** real.

falcão *sm Ornit.* gavião, açor.

falcatrua *sf* fraude, trapaça, embuste, logro.

falda *sf* sopé, aba, fralda, pé (de montanhas).

falecer *vi* **1** morrer, expirar, bater as botas *pop*. **A:** nascer. **2** faltar, escassear, rarear. **A:** abundar.

falecido *sm, part+adj* **1** morto, finado, defunto. **A:** vivo. *part+adj* **2** carente, falto, privado. **Ex:** O hospital é falecido de recursos financeiros. **A:** farto.

falecimento *sm* **1** morte, óbito, desaparecimento. **A:** nascimento. **2** carência, falta, privação. **A:** fartura.

falência *sf Com.* quebra, bancarrota, falimento.

falésia *sf* despenhadeiro, precipício, abismo, alcantil (à beira-mar).

falha *sf* **1** fenda, rachadura, racha. **Ex:** Uma falha na pedra. **2** defeito, falta, imperfeição. **Ex:** Seu trabalho apresenta muitas falhas. **A:** qualidade. **3** omissão, lacuna. **Ex:** Aproveitou-se de uma falha na lei.

falhar *vtd* **1** fender, rachar, partir. **Ex:** A picareta falhou as rochas. **2** errar, enganar-se em, desacertar. **Ex:** O aluno falhou as questões. **A:** acertar. *vti* **3** faltar a, descumprir. **Ex:** Falhar a um compromisso. **A:** cumprir. *vi* **4** fracassar, malograr-se, gorar. **Ex:** Nosso plano falhou. **A:** ter sucesso.

falho *adj* **1** defeituoso, imperfeito, defectivo. **A:** perfeito. **2** carente, falto, privado. **A:** farto.

falimento *sm* **1** *Com.* V. falência. **2** erro, culpa, falta.

falir *vti+vi* **1** faltar, rarear, escassear. **A:** abundar. *vi* **2** *Com.* quebrar, arruinar-se, arrebentar.

falo *sm Anat.* pênis.

falsário *sm* **1** quem falsifica: falsificador. **2** quem jura falso: perjuro.

falsear *vtd* **1** atraiçoar, enganar, trair. **Ex:** Falsear os amigos. **2** V. falsificar.

falsidade *sf* **1** mentira, calúnia, lorota. **A:** verdade. **2** fingimento, afetação, dissimulação. **A:** sinceridade.

falsificação *sf* adulteração, contrafação, alteração.

falsificado *part+adj* adulterado, contrafeito, alterado, adulterino. **A:** autêntico.

falsificador V. falsário.

falsificar *vtd* **1** imitar, copiar, arremedar. **Ex:** Falsificar uma assinatura. **2** contrafazer, adulterar, alterar, falsear. **Ex:** Falsificar alimentos, remédios. **3** forjar. **Ex:** Falsificaram as provas para incriminá-lo.

falso *adj* **1** aparente, ilusório, enganoso. **Ex:** Houve uma falsa melhora nas condições de vida do povo. **A:** verdadeiro. **2** falsificado, ilegítimo, espúrio. **Ex:** Documentos falsos. **A:** verdadeiro. **3** fingido, mentiroso, dissimulado. **Ex:** Pessoa falsa. **A:** sincero. **4** desleal, traidor, traiçoeiro. **Ex:** Amigos falsos. **A:** verdadeiro. **5** errado, incorreto, inexato. **Ex:** Cálculo falso. **A:** correto. **6** infundado, improcedente, injustificável. **Ex:** Acusação falsa. **A:** fundado.

falso-testemunho *sm* acusação falsa: calúnia, injúria, aleivosia.

falta *sf* **1** ausência. **Ex:** Este aluno tem muitas faltas. **A:** presença. **2** necessidade, carência, privação. **Ex:** Falta de recursos. **A:** abundância. **3** engano, erro, equívoco. **Ex:** Falta grave. **A:** acerto. **4** *Rel.* pecado, culpa. **Ex:** Deus perdoa nossas faltas. **5** V. falha. **6** *tb Esp.* infração, transgressão. **Ex:** Falta ao dever; o juiz marcou a falta do jogador. * Falta de apetite: inapetência, anorexia *med*. **A:** apetite. * Falta de ar: dispnéia, asma.

faltar *vti* **1** V. falhar. *vti+vi* **2** não vir a. **Ex:** Faltar às aulas; os alunos faltaram. **A:**

comparecer. *vi* **3** escassear, rarear, minguar. **A:** abundar.

falto V. falho.

fama *sf* **1** celebridade, renome, popularidade. **Ex:** Muitos artistas almejam a fama. **A:** obscuridade. **2** reputação, conceito, nome. **Ex:** Boa ou má fama.

famélico V. faminto.

famigerado *adj* famoso, conhecido, célebre, renomado. **A:** desconhecido. **Obs.:** Mais usado com sentido pejorativo.

família *sf* **1** familiares *pl*, parentes *pl*, parentela. **2** ascendência, linhagem, estirpe. **3** grupo, agrupamento, série.

familial V. familiar.

familiar *sm* **1** criado, empregado, servo. *sm pl* **2** V. família. *adj m+f* **3** relativo à família: doméstico, caseiro, familial. **Ex:** Laços familiares. **4** conhecido. **Ex:** Rosto familiar. **A:** desconhecido. **5** acostumado, habituado, afeito. **Ex:** Familiar a um assunto, a um procedimento. **A:** desacostumado. **6** comum, trivial, banal. **A:** incomum.

familiaridade *sf* **1** conhecimento, experiência, prática. **A:** inexperiência. **2** intimidade, confiança, convivência. **Ex:** Ter familiaridade com alguém. **A:** cerimônia.

familiarizar *vtd* **1** divulgar, popularizar, vulgarizar. *vtd+vpr* **2** acostumar(-se), habituar(-se), afazer(-se). **A:** desacostumar(-se). *vpr* **3** conhecer, relacionar-se com. **Ex:** Pretendemos nos familiarizar com todos os colegas.

faminto *adj* **1** esfomeado, esfaimado, famélico. **A:** saciado. **2** *Fig.* ganancioso, ambicioso, cobiçoso. **A:** desprendido.

famoso *adj* célebre, popular, renomado, afamado. **A:** desconhecido.

fanal *sm* **1** farol, lanterna, facho. **2** guia, orientação, norte *fig.* **Ex:** A fé serviu-nos de fanal.

fanar *vtd+vpr* murchar, mirrar, emurchecer, estiolar. **A:** vicejar.

fanático *adj* maníaco, doente *pop*, apaixonado. **Ex:** É fanático por doces. **A:** indiferente.

fanatismo *sm* mania, paixão, obstinação, adoração. **A:** indiferença.

fandango *sm* confusão, banzé, bafafá *pop*, rolo *pop*.

fanfarra *sf Mús.* banda.

fanfarrão *sm+adj* gabola, valentão, farofeiro *pop*, farofento *pop*.

fanfarrear *vi* fanfarronar, bravatear, gabar-se, vangloriar-se.

fanfarrice V. fanfarronada.

fanfarronada *sf* fanfarrice, fanfarronice, prosa, bravata.

fanfarronar V. fanfarrear.

fanfarronice V. fanfarronada.

fanho V. fanhoso.

fanhoso *adj* fanho, roufenho, nasal, rouquenho.

fanico *sm* **1** migalha, pedacinho, fragmento. **2** *Fam.* desmaio, chilique *pop*, faniquito *fam*.

faniquito V. fanico.

fantasia *sf* **1** *CAPACIDADE CRIADORA* imaginação, imaginativa. **2** *COISA CRIADA* concepção, criação, invenção. **3** devaneio, sonho, ilusão. **4** capricho, extravagância, excentricidade.

fantasiar *vtd* **1** sonhar, imaginar, idealizar. *vi* **2** sonhar, delirar, divagar. *vpr* **3** mascarar-se.

fantasioso *adj* **1** imaginativo, criativo, fantasista. **Ex:** Pessoa fantasiosa. **2** fantástico, imaginário, irreal, fantasista. **Ex:** História fantasiosa. **A:** real.

fantasista V. fantasioso.

fantasma *sm* **1** assombração, espírito, aparição. **2** ilusão, quimera, fantasmagoria. **Ex:** Muitas coisas que nos parecem reais são apenas fantasmas. **A:** realidade. **3** esqueleto *fig*, magricela, magrelo. **A:** gordo.

fantasmagoria V. fantasma.

fantasmagórico *adj* **1** espectral. **2** ilusório, irreal, quimérico. **A:** real.

fantástico *adj* **1** imaginário, fictício, fabuloso. **Ex:** Histórias fantásticas. **A:** verdadeiro. **2** incrível, espantoso, surpreendente. **3** admirável, maravilhoso, esplêndido.

fantoche *sm* **1** marionete, boneco, títere. **2** *Fig.* pessoa sem vontade própria: autômato, títere, testa-de-ferro.

faquir *sm* monge, asceta (indiano ou muçulmano).

faraônico adj Fig. monumental, grandioso, gigantesco, suntuoso. **Ex:** Obras faraônicas. **A:** pequeno.

farda sf fardamento, uniforme.

fardagem sf conjunto de roupas: roupagem, rouparia, vestes pl.

fardamento V. farda.

fardo sm 1 carga, peso, volume. 2 embrulho, pacote, trouxa. 3 Fig. peso, incômodo, embaraço. **Ex:** É um fardo para a família.

farejar vtd 1 ANIMAL cheirar, aventar. **Ex:** O cão farejava a raposa. 2 adivinhar, pressentir, prever. **Ex:** Farejar os riscos. 3 descobrir, achar, encontrar. **Ex:** Farejar bons negócios. 4 remexer, examinar, esquadrinhar. **Ex:** Farejava as caixas à procura de algo.

farelada V. farelagem.

farelagem sf 1 porção de farelos: farelada. 2 Fig. ninharia, mixaria, insignificância, farelo.

farelo sm 1 DE CEREAIS resíduos pl, restos pl, sobras pl. 2 DE MADEIRA serragem, serradura. 3 V. farelagem.

farfalhada sf 1 farfalho, rumorejo, murmurinho. **Ex:** A farfalhada da folhagem. 2 palavreado, palavrório pej, conversa pop.

farfalhar vi rumorejar, murmurejar, ciciar, murmurinhar. **Ex:** As folhas das árvores farfalhavam com o vento.

farfalho V. farfalhada.

farfalhudo adj 1 vistoso, chamativo. 2 empolado, pomposo, afetado. **A:** simples (nas duas acepções).

farinar vtd 1 esfarelar, esfarinhar, triturar. 2 polvilhar, enfarinhar, empoar.

farisaico adj Fig. hipócrita, fingido, falso, dissimulado. **A:** sincero.

farisaísmo sm Fig. hipocrisia, fingimento, falsidade, dissimulação. **A:** sinceridade.

fariseu sm Fig. hipócrita, fingido, falso, dissimulado.

farjuto V. fajuto.

farmacêutico sm boticário ant.

farmácia sf botica ant.

farnel sm 1 provisões pl, merenda, comida (para viagem). 2 saco, trouxa, bolsa (para provisões).

faro sm 1 DE ANIMAIS olfato, vento, ventas pl. 2 HUMANO intuição, instinto, inspiração. **Ex:** Fulano tem faro para negócios. 3 cheiro, odor, olor. 4 V. farol.

faroeste sm Cin. bangue-bangue.

farofa sf 1 prosa, fanfarronada, farofada. 2 conversa fiada pop, papo-furado gír, lero-lero.

farofada V. farofa.

farofeiro V. fanfarrão.

farofento V. fanfarrão.

farol sm 1 faro. **Ex:** O farol da ilha guia os navios à noite. 2 holofote, lanterna, facho. **Ex:** O farol do navio. 3 Autom. lanterna. 4 SP sinal, semáforo, sinaleiro. 5 Fig. orientação, rumo, norte fig.

farpa sf 1 lasca (de madeira). **Ex:** Tirei a farpa do dedo. 2 rasgão, rasgo, rasgadura. **Ex:** Farpas na roupa. 3 Fig. ironia, crítica, alfinetada.

farpar vtd 1 pôr farpas em: farpear. 2 ROUPA, TECIDO rasgar, esfarrapar, esfrangalhar. 3 Fig. ironizar, criticar, alfinetar, farpear.

farpear V. farpar.

farra sf 1 folia, baderna, pândega. 2 troça, zombaria, gozação.

farrapo sm 1 trapo, frangalho, andrajo. 2 e 3 V. farroupilha.

farrear vi foliar, badernar, pandegar, patuscar.

farrista s e adj m+f boêmio, gandaieiro pop, pândego.

farroupilha s m+f 1 maltrapilho, esfarrapado, farrapo. 2 janota. 2 Hist. alcunha dada aos revolucionários do Rio Grande do Sul: farrapo. 3 miserável, verme, canalha.

farsa sf 1 comédia. 2 palhaçada, arlequinada, bufonaria. 3 mentira, embuste, impostura. **Ex:** Tudo não passou de uma farsa para nos enganar.

farsante s m+f 1 palhaço, arlequim, bufão. s e adj m+f 2 mentiroso, embusteiro, impostor.

farsola s m+f 1 brincalhão, zombeteiro, galhofeiro. 2 fanfarrão, gabola, farofeiro pop.

fartar vtd 1 FOME, SEDE, DESEJO saciar, satisfazer. 2 encher, abarrotar, empanturrar. **Ex:** Fartaram-no de presentes. vtd+vpr 3 cansar(-se), aborrecer(-se), encher(-se). **Ex:** Fartou-se daquela conversa e foi embora. vpr 4 DE COMIDA empanturrar-se, encher-se, abarrotar-se.

farto *adj* **1** saciado, satisfeito, cheio. **A:** ávido. **2** abundante, copioso, profuso. **Ex:** Alimentação farta. **A:** escasso. **3** cheio, cansado, enfastiado. **Ex:** Estar farto de alguma coisa. **4** gordo, nutrido, forte. **Ex:** Pessoa farta e corada. **A:** magro.

fartum *sm* fedor, fedentina, catinga, inhaca. **A:** perfume.

fartura *sf* abundância, cópia, profusão, abastamento. **A:** escassez.

fascículo *sm* folheto, opúsculo.

fascinação V. fascínio.

fascinante *adj* atraente, encantador, sedutor, cativante. **A:** repulsivo.

fascinar *vtd* **1** atrair, encantar, seduzir. **A:** afastar. **2** enlevar, arrebatar, maravilhar. **A:** desencantar. **3** enfeitiçar, encantar. **4** dominar, subjugar, submeter (com o olhar). **Ex:** As cobras fascinam as vítimas.

fascínio *sm* **1** fascinação, atração, encanto, sedução. **A:** repulsa. **2** encantamento, enlevo, arrebatamento, fascinação. **A:** desencanto. **3** feitiço, bruxaria, encanto.

fase *sf* estágio, etapa, período, ciclo. **Ex:** As fases de um processo.

fasquia *sf* ripa, sarrafo.

fastidioso *adj* **1** tedioso, enfadonho, cansativo, fastiento. **A:** agradável. **2** rabugento, ranzinza, impertinente. **A:** afável.

fastiento V. fastidioso.

fastio *sm* **1** falta de apetite, inapetência, anorexia *med.* **A:** apetite. **2** aborrecimento, tédio, enfado. **A:** divertimento. **3** antipatia, aversão, repugnância. **A:** simpatia.

fatal *adj m+f* **1** fadado, predestinado. **2** decisivo, inevitável, irrevogável. **Ex:** Sua partida é fatal. **3** final, inadiável, improrrogável. **Ex:** Prazo fatal. **A:** adiável. **4** sinistro, fatídico, funesto. **Ex:** Atração fatal. **A:** feliz. **5** mortal, letal, mortífero. **Ex:** Ferimentos fatais.

fatalidade *sf* **1** destino, sorte, fado. **2** desgraça, infortúnio, infelicidade, fatalismo.

fatalismo V. fatalidade.

fatia *sf* pedaço, naco, bocado, talhada.

fatiar *vtd* **1** cortar, repartir, partir. **2** despedaçar, espedaçar, quebrar.

fatídico *adj* **1** profético. **2** V. fatal.

fatigar *vtd+vpr* **1** cansar(-se), esgotar(-se), exaurir(-se), fadigar(-se). **A:** descansar. *vtd* **2** importunar, incomodar, aborrecer, fadigar. **A:** agradar.

fatível V. factível.

fato *sm* **1** roupa, traje, vestimenta. **2** rebanho, bando (de animais pequenos, como cabras). **3** acontecimento, evento, ocorrência. **Ex:** Tomamos conhecimento dos fatos. **4** realidade. **Ex:** O fato é que seu trabalho está péssimo.

fator *sm* **1** agente, autor, executor. **2** causa, motivo, razão.

fatuidade *sf* **1** pretensão, presunção, vaidade. **A:** humildade. **2** tolice, imbecilidade, insensatez. **A:** inteligência. **3** brevidade, fugacidade, transitoriedade. **A:** durabilidade.

fátuo *adj* **1** pretensioso, presunçoso, presumido. **A:** humilde. **2** tolo, imbecil, insensato. **A:** inteligente. **3** passageiro, efêmero, fugaz. **A:** duradouro.

fatura *sf* **1** feitura, execução, confecção. **2** *Com.* relação, lista, listagem (das mercadorias que acompanha).

faturar *vtd Gír.* ganhar, conseguir, conquistar, granjear.

fauce *sf Anat.* garganta, goela.

fauno *sm Mit.* sátiro, silvano.

fausto *sm* **1** luxo, pompa, ostentação. **A:** singeleza. *adj* **2** feliz, ditoso, venturoso. **Ex:** Dias faustos. **A:** infausto. **3** propício, favorável, próspero. **Ex:** Previsão fausta. **A:** infausto.

faustoso *adj* luxuoso, pomposo, ostentoso, esplendoroso, faustuoso. **A:** singelo.

faustuoso V. faustoso.

favo *sm* alvéolo.

favor *sm* **1** gentileza, fineza, obséquio. **Ex:** Faça o favor de não se atrasar. **2** benefício, interesse, proveito. **Ex:** Trabalhar em favor de alguém. **3** proteção, patrocínio, amparo. **Ex:** Estava sob o favor do imperador. **4** *AO JULGAR* parcialidade, injustiça, iniqüidade. **A:** imparcialidade.

favorável *adj m+f* **1** propício, benigno, bom. **Ex:** As medidas do plano foram favoráveis aos empresários. **2** vantajoso, conveniente, proveitoso. **Ex:** Condições favoráveis. **A:** desfavorável (nas duas acepções).

favorecer *vtd* **1** beneficiar, ajudar, auxiliar. **Ex:** Sua decisão me favoreceu. **A:** desfavorecer. **2** apadrinhar, proteger, amparar. **Ex:** Favorece os parentes na empresa. **A:** desamparar. *vpr* **3** valer-se, servir-se, aproveitar-se. **Ex:** Favoreceu-se da fraqueza alheia para alcançar seus objetivos.

favorecimento *sm* **1** benefício, ajuda, auxílio. **2** V. favoritismo.

favoritismo *sm* **1** preferência, predileção, simpatia. **2** nepotismo, afilhadismo, apadrinhamento, favorecimento.

favorito *sm* **1** afilhado, protegido. *sm+adj* **2** preferido, predileto, querido.

faxina *sf* limpeza (geral).

fazenda *sf* **1** herdade, propriedade. **2** bens *pl*, haveres *pl*, patrimônio. **3** finanças *pl*, tesouro, erário. **4** tecido, pano, estofo. * Fazenda pública (conjunto dos órgãos arrecadadores): fisco, tesouro, erário.

fazendola *sf* chácara, sítio, granja.

fazer *vtd* **1** produzir, criar, formar. **Ex:** Deus fez o mundo em seis dias. **A:** desfazer. **2** fabricar, manufaturar, montar. **Ex:** Fazer peças de caminhão. **3** construir, edificar, erguer. **Ex:** Fazer uma casa. **A:** demolir. **4** costurar, coser. **Ex:** A costureira fez um vestido. **5** executar, realizar, efetuar. **Ex:** Fazer um movimento, uma operação. **6** completar, atingir. **Ex:** Fez vinte anos ontem. **7** arrumar, preparar, arranjar. **Ex:** Mamãe fez o almoço; fazer a cama. **8** dizer, pronunciar, proferir. **Ex:** O governador fez um pronunciamento. **9** causar, despertar, provocar. **Ex:** É pobre de fazer dó. *vtd impes* **10** *ESTADO ATMOSFÉRICO* estar, haver, existir. **Ex:** Fez calor hoje. **11** *TEMPO* haver, completar-se, decorrer. **Ex:** Faz nove anos que me casei. *vtd, vti+vpr* **12** fingir(-se), afetar(-se). **Ex:** Fez que não ouviu; faz de milionária, mas é pobre; não se faça de surdo! *vtd+vpr* **13** transformar(-se), tornar(-se), converter(-se). **Ex:** Pretendia fazer o filho advogado; a menina fez-se mulher e casou. **Obs.:** Seguido de infinitivo: forçar, obrigar, constranger a. **Ex:** O frio me faz bater os dentes.

faz-tudo *s m+f, sing+pl* factótum.

fé *sf* **1** crença, convicção. **Ex:** Fé religiosa. **A:** descrença. **2** confiança, crédito. **Ex:** Não é digno de fé. **A:** desconfiança. **3** confirmação, prova, testemunho. **Ex:** Mostrolhe estes documentos em fé do que afirmei.

fealdade *sf* **1** feiúra. **A:** beleza. **2** desonra, vergonha, indignidade. **A:** dignidade.

febre *sf* **1** *Fig.* exaltação, agitação, excitação. **2** *Fig.* cobiça, avidez, fome *fig.* **Ex:** Febre de glória.

febrento V. febril.

febricitante V. febril.

febrífugo *adj Farm.* antifebril, antipirético.

febril *adj m+f* **1** febricitante. **Ex:** Estava abatido e febril. **2** *Fig.* exaltado, agitado, excitado.

fecha (ê) *sm Gír.* desordem, rolo *pop*, quebra-pau *gír*, angu *pop*.

fechado *part+adj* **1** reservado, introvertido, calado. **A:** extrovertido. **2** *VESTIDO* afogado. **A:** decotado. **3** *CÉU, TEMPO* carregado, escuro, feio. **A:** aberto.

fechamento *sm* **1** **Ex:** O fechamento de uma porta. **2** encerramento, remate, conclusão, fecho. **A:** abertura (nas duas acepções).

fechar *vtd+vpr* **1** cerrar(-se). **Ex:** Feche a caixa; a janela fechou-se. **2** *EM RECINTO FECHADO* encerrar(-se), enclausurar(-se), enclaustrar(-se). *vtd* **3** trancar, aferrolhar, travar. **Ex:** Fechar a porta. **4** tapar, tampar. **Ex:** Fechar a garrafa. **5** *CAMINHO* bloquear, obstruir, impedir. **6** *ROUPA* abotoar, afivelar, abrochar. **Ex:** Fechar a camisa. **7** limitar, demarcar, delimitar. **Ex:** A cerca fecha a propriedade. **8** *Autom.* cortar. **Ex:** O caminhão fechou o ônibus, provocando um acidente. *vtd, vti, vi+vpr* **9** concluir, terminar, acabar. **Ex:** O professor fechou a aula com um lembrete; o filme fecha numa cena emocionante; o poema fecha lindamente; fechou-se a narrativa. *vi+vpr* **10** cicatrizar(-se), secar. **Ex:** A ferida fechou. **11** *TEMPO* nublar-se, encobrir-se, anuviar-se. **A:** desanuviar-se. *vpr* **12** introverter-se, ensimesmar-se, abstrair-se. **A:** abrir (acepções **3**, **4**, **5** e **6**); abrir(-se) (acepções **1** e **9**); abrir-se (acepções **10** e **12**).

fecho *sm* **1** *DA PORTA* ferrolho, trinco, tarjeta. **2** V. fechamento. * Fecho ecler: zíper.

fécula *sf* polvilho, amido.

fecundar *vtd, vi+vpr* **1** fertilizar(-se). **Ex:** Fecundar os campos, um óvulo. **A:** esterilizar(-se). *vtd* **2** *Vet.* cobrir, acavalar. **3** promover, incentivar, fomentar. **Ex:** Fecundar o comércio. **A:** reprimir.

fecundidade *sf* fertilidade, produtividade, uberdade, feracidade. **A:** infecundidade.

fecundo *adj* **1** fértil, produtivo, úbere, feraz. **A:** infecundo. **2** criativo, inventivo, engenhoso.

fedegoso V. fedorento.

fedelho *sm* menino, garoto, criança, guri *pop.*

fedentina V. fedor.

feder *vi* catingar, cheirar mal.

federação *sf* **1** *Polít.* confederação, aliança. **2** associação, sociedade, união.

federar *vtd Polít.* confederar, aliar.

fedido V. fedorento.

fedor *sm* mau cheiro, fedentina, catinga, bodum. **A:** perfume.

fedorento *adj* malcheiroso, fétido, fedido, catinguento, fedegoso. **A:** perfumado.

feição *sf* **1** forma, feitio, formato. **2** modo, maneira, jeito, feitio. **3** índole, temperamento, feitio. **Ex:** Pessoa de boa feição. **4** caráter, cunho, natureza. **Ex:** Medidas de feição urgente. *sf pl* **5** rosto *sing*, fisionomia *sing*, semblante *sing*.

feio *adj* **1** disforme, horrível, desproporcional. **A:** bonito. **2** indigno, vergonhoso, infame. **Ex:** Que atitude mais feia! **A:** digno. **3** *CÉU, TEMPO* V. fechado.

feira *sf* **1** mercado (público). **2** exposição, exibição, mostra. **Ex:** Feira de produtos têxteis.

feita *sf* **1** ato, ação, feito. **2** ocasião, vez, oportunidade.

feitiçaria *sf* **1** bruxaria, mágica, mandinga, feitiço. **2** sedução, encanto, fascinação, feitiço. **A:** repulsa.

feiticeiro *sm* **1** bruxo, mago, mágico. **2** curandeiro, benzedor, curador. *adj* **3** sedutor, encantador, fascinante. **A:** repulsivo.

feiticismo V. fetichismo.

feiticista V. fetichista.

feitiço V. feitiçaria e fetiche.

feitio *sm* **1**, **2** e **3** V. feição. **4** feitura, execução, mão-de-obra.

feito *sm* **1** fato, acontecimento, evento. **2** ato, ação, obra. **3** façanha, proeza, lance.

Ex: Feitos heróicos. *part+adj* **4** adulto, maduro, crescido. **Ex:** Homem feito. *conj* **5** *Pop.* como, tal, que nem. **Ex:** Falava feito uma matraca.

feitor *sm* **1** administrador, gerente, gestor (de bens alheios). **2** capataz, administrador (de fazenda).

feitoria *sf* **1** administração, gerência, gestão (de bens alheios). **2** loja, estabelecimento comercial.

feitura *sf* **1** V. feitio. **2** obra, trabalho, produção.

feiúra V. fealdade.

feixe *sm* **1** molho, braçada, atado. **2** porção, punhado, mancheia.

fel *sm* **1** *Fisiol.* bílis, bile. **2** *Anat.* vesícula biliar. **3** *Fig.* mau humor, irritação, neurastenia *pop.* **4** *Fig.* ódio, rancor, raiva.

felicidade *sf* **1** alegria, contentamento, satisfação. **A:** tristeza. **2** sorte, ventura, dita. **A:** infelicidade. **3** sucesso, êxito (positivo). **Ex:** Desejo-lhe felicidade em sua empreitada. **A:** fracasso.

felicitações *sf pl* congratulações, parabéns, cumprimentos.

felicitar *vtd* **1** tornar feliz. **A:** infelicitar. **2** parabenizar, cumprimentar, congratular. *vpr* **3** congratular-se, contentar-se, regozijar-se. **A:** lamentar.

felídeo V. felino.

felino *sm+adj* **1** *Zool.* felídeo. *adj* **2** *Fig.* traiçoeiro, falso, fingido. **A:** leal.

feliz *adj m+f* **1** alegre, contente, satisfeito. **A:** triste. **2** afortunado, felizardo, venturoso, bem-aventurado. **A:** azarado. **3** promissor, auspicioso, esperançoso. **A:** agourento.

felizardo V. feliz.

felpa *sf* **1** *EM TECIDO* pêlo. **2** *DE ANIMAIS, FRUTOS* penugem, lanugem. **3** farpa. **Ex:** Tirei uma felpa do dedo.

felpado V. felpudo.

felpudo *adj* que tem felpa: felpado. **Ex:** Toalha felpuda.

fêmea *sf* **1** *Zool.* animal do sexo feminino. **2** mulher. **A:** macho (nas duas acepções).

fementido *adj* **1** perjuro. **2** enganoso, ilusório, irreal. **A:** real.

feminil V. feminino.

feminino *adj* feminil. **A:** masculino.

fenda *sf* fresta, rachadura, racha, greta.

fender *vtd+vpr* 1 rachar(-se), gretar(-se), partir(-se). *vtd* 2 *Náut.* singrar, navegar, sulcar. **Ex:** O barco fendia os mares.

fenecer *vi* 1 terminar, acabar, findar. **Ex:** Suas terras fenecem onde começam as minhas. **A:** começar. 2 extinguir-se, desaparecer. **A:** iniciar-se. 3 morrer, falecer, perecer. **A:** nascer. 4 *PLANTAS* murchar, emurchecer, mirrar. **A:** vicejar.

fenecimento *sm* 1 término, fim, final. **A:** começo. 2 extinção, desaparecimento. **A:** início. 3 morte, falecimento, óbito. **A:** nascimento.

feno *sm* forragem (seca).

fenomenal *adj m+f* surpreendente, espantoso, admirável, extraordinário. **A:** banal.

fenômeno *sm* 1 fato, acontecimento, caso. 2 maravilha, prodígio, milagre.

fera *sf* 1 animália, animal feroz. 2 *Fig.* sangüinário, cruel, desumano. 3 *Fig.* cobra *gír,* perito, especialista. **Ex:** É fera em matemática.

feracidade V. fecundidade.

feral *adj m+f* tétrico, sinistro, fúnebre, lúgubre. **A:** alegre.

feraz V. fecundo.

féretro *sm* caixão, ataúde, esquife.

fereza V. ferocidade.

féria *sf* 1 dia da semana. 2 *Com.* lucro, renda, rendimento (diário). 3 diária, jornal, salário (pago diariamente). *sf pl* 4 folga, descanso, repouso.

ferida *sf* 1 ferimento, lesão, machucado. 2 chaga, úlcera. 3 *Fig.* mágoa, dor, pesar. **A:** prazer. 4 *Fig.* ofensa, insulto, injúria. **A:** agrado.

ferimento V. ferida.

ferino *adj* 1 e 2 V. feroz. 3 *Fig.* acre, corrosivo, mordaz. **Ex:** Críticas ferinas.

ferir *vtd+vpr* 1 machucar(-se), cortar(-se). 2 acidentar(-se), lesar(-se). 3 arranhar(-se), escoriar(-se), esfolar(-se). 4 magoar(-se), ofender(-se), melindrar(-se).

fermentar *vtd* 1 levedar, azedar. 2 *Fig.* estimular, despertar, excitar. **Ex:** Fermentar a raiva. **A:** refrear. *vi* 3 levedar.

fermento *sm* 1 levedura. 2 *Fig.* germe, embrião, origem. **Ex:** O fermento de uma paixão.

fero *adj* 1 a 4 V. feroz. 5 vigoroso, forte, robusto. **A:** fraco. 6 sangrento, cruento, encarniçado. **Ex:** A fera Guerra do Paraguai. **A:** incruento.

ferocidade *sf* 1 braveza, fereza, brabeza *pop.* **A:** mansidão. 2 perversidade, desumanidade, fereza. **A:** bondade. 3 violência, impetuosidade, força. **A:** suavidade. 4 arrogância, orgulho, altivez. **A:** humildade.

feroz *adj* 1 *ANIMAL* selvagem, bravio, fero, ferino. **A:** manso. 2 perverso, desumano, fero, ferino. **Ex:** Criminoso feroz. **A:** bondoso. 3 violento, impetuoso, forte, fero. **Ex:** Uma ventania feroz. **A:** suave. 4 ameaçador, fero, minaz *poét.* **Ex:** Deu-me um olhar feroz. 5 destemido, corajoso, valente. **A:** covarde. 6 arrogante, orgulhoso, altivo. **A:** humilde.

ferrabrás *sm+adj, sing+pl* fanfarrão, farofeiro *pop,* prosa, espalha-brasas.

ferramenta *sf* instrumento, utensílio.

ferrão *sm Zool.* aguilhão, pua, acúleo.

ferrar *vtd* 1 V. ferretear. 2 cravar, enterrar, fincar. **Ex:** O leão ferrou os dentes na vítima. 3 *Pop.* prejudicar. **Ex:** Ferrar os inimigos. 4 *Náut.* recolher, colher, arriar. **Ex:** Ferrar as velas. **A:** levantar. 5 *Náut.* atracar, ancorar, fundear. **Ex:** Ferrar o navio. *vpr* 6 persistir, teimar, obstinar-se. **A:** desistir. 7 *Pop.* estrepar-se, sair-se mal, dançar *gír.* **A:** ter sucesso.

ferreiro *sm Ornit.* araponga.

ferrenho *adj* 1 *Fig.* obstinado, persistente, perseverante. **A:** volúvel. 2 *Fig.* V. férreo.

férreo *adj* 1 ferruginoso, ferrugento. **Ex:** Águas férreas. 2 *Fig.* ferrenho, inflexível, intransigente. **Ex:** Vontade férrea. **A:** flexível. 3 *Fig.* frio, insensível, duro. **Ex:** Alma férrea. **A:** sensível.

ferrete *sm* 1 ferro, marca. **Ex:** Marca-se o gado com o ferrete. 2 *Fig.* estigma, mácula, mancha. **Ex:** Vive sob o ferrete de mentiroso.

ferretear *vtd* 1 ferrar, marcar (com ferrete). **Ex:** O fazendeiro mandou ferretear o gado. 2 *Fig.* torturar, afligir, agoniar.

ferro sm 1 V. ferrete. sm pl 2 algemas, grilhões, cadeias. 3 prisão sing, cadeia sing, cárcere sing. * Levar ferro Pop.: ferrar-se pop, dar-se mal, estrepar-se.

ferroada sf 1 aguilhoada, picada. 2 Fig. crítica, censura, repreensão. **A:** elogio.

ferroar vtd 1 aguilhoar, picar, aguilhar. 2 Fig. criticar, censurar, repreender. **A:** elogiar.

ferrolho sm trinco, fecho, tarjeta.

ferro-velho sm sucata.

ferrovia sf estrada de ferro, via férrea.

ferrugem sf óxido.

ferrugento adj 1 ferruginoso, férreo. 2 Fig. antiquado, arcaico, obsoleto. **A:** moderno.

ferruginoso V. ferrugento.

fértil adj 1 fecundo, produtivo, úbere. **Ex:** Terreno fértil, mulher fértil. **A:** infértil. 2 abundante, farto, copioso. **A:** escasso. 3 criativo, engenhoso, imaginativo. **Ex:** Mente fértil.

fertilidade sf 1 fecundidade, produtividade, uberdade. **A:** infertilidade. 2 abundância, fartura, cópia. **A:** escassez.

fertilização sf 1 adubação, adubagem, estrumação. 2 fecundação.

fertilizador V. fertilizante.

fertilizante sm 1 adubo; DE ORIGEM ANIMAL estrume, esterco. adj m+f 2 fertilizador.

fertilizar vtd 1 adubar, estrumar, estercar. **Ex:** O agricultor fertilizou o solo. vtd, vi+vpr 2 fecundar(-se). **Ex:** As chuvas fertilizam os campos; o espermatozóide fertiliza o óvulo. **A:** esterilizar(-se).

fervedouro sm Fig. agitação, inquietação, desassossego, intranqüilidade. **A:** sossego.

fervente adj m+f 1 efervescente, fervoroso, fervescente. **Ex:** Óleo fervente. 2 V. fervoroso.

ferver vtd 1 aferventar. **Ex:** Ferver os legumes. vti 2 Fig. morrer de, explodir de, arrebentar de. **Ex:** Ferver de alegria. vi 3 efervescer. 4 V. fervilhar.

férvido adj 1 escaldante, abrasador, abrasante. 2 caloroso, entusiástico, animado. **A:** frio. 3 impaciente, irrequieto, fogoso. **A:** paciente. 4 V. fervoroso.

fervilhar vi 1 ferver, efervescer (pouco e com freqüência). 2 ferver, pulular, formigar, enxamear. **Ex:** A exposição fervilhava de visitantes.

fervor sm 1 V. fervura. 2 Fig. entusiasmo, energia, paixão. **A:** indiferença. 3 Fig. ímpeto, violência, impetuosidade. 4 RELIGIOSO devoção, piedade, religiosidade. 5 Fig. dedicação, diligência, zelo. **A:** negligência.

fervoroso adj 1 V. fervente. 2 Fig. entusiasmado, apaixonado, arrebatado. **A:** indiferente. 3 Fig. impetuoso, violento, veemente, fervente. 4 Fig. devotado, piedoso, religioso. **Ex:** Crente fervoroso. 5 Fig. dedicado, diligente, zeloso, férvido. **A:** negligente.

fervura sf 1 ebulição, efervescência, fervor. **Ex:** Fervura de um líquido. 2 Fig. agitação, alvoroço, rebuliço. **A:** tranqüilidade.

festa sf 1 CÍVICA OU RELIGIOSA comemoração, festejo, celebração, festividade. 2 Fig. alegria, satisfação, contentamento, festividade. **A:** tristeza.

festança V. festão.

festão sm 1 grinalda, guirlanda, coroa (de flores). 2 Pop. festança.

festejar vtd 1 comemorar, celebrar, solenizar. 2 aplaudir, aprovar, apoiar. **A:** reprovar. 3 acariciar, mimar, acarinhar. **A:** maltratar.

festejo sm 1 V. festa. 2 galanteio, corte. 3 carícia, mimo, afago.

festim sm banquete, repasto, refeição, ágape.

festival V. festivo.

festividade V. festa.

festivo adj 1 festival. **Ex:** Dia festivo. 2 animado, divertido, alegre. **A:** triste.

fetiche sm ídolo, feitiço.

fetichismo sm feiticismo.

fetichista s e adj m+f feiticista.

fetidez V. fedor.

fétido adj 1 fedorento, malcheiroso, catinguento. **A:** cheiroso. 2 podre, putrefato, pútrido. **A:** incorrupto.

feto sm 1 Fig. princípio, início, origem. 2 Bot. samambaia.

fezes sf pl 1 EM LÍQUIDO borra sing, sedimento sing, depósito sing. 2 excremento sing, dejeto sing, dejeção sing. 3 Metal. escória sing, resíduos, restos (da fusão dos metais).

fiada V. fieira.

fiado *adv* a crédito. **Ex:** Comprar ou vender fiado. **A:** à vista.

fiador *sm Dir.* avalista.

fiambre *sm* presunto (cozido).

fiança *sf* garantia, aval, endosso, caução.

fiar *vtd* 1 *INTRIGAS* tecer, tramar, urdir. 2 entregar, confiar, recomendar. **Ex:** Fiar objetos pessoais a alguém. 3 afiançar, garantir, endossar. **A:** desabonar. *vtd+vi* 4 vender a crédito. *vti+vpr* 5 confiar, acreditar, crer em. **A:** desconfiar de.

fiasco *sm* 1 fracasso, insucesso, malogro. **A:** sucesso. 2 gafe, mancada *gír*, rata.

fibra *sf* 1 filamento, fio. 2 *Fig.* caráter, força, pulso *fig*.

ficar *vlig* 1 permanecer, continuar, conservar-se. **Ex:** Fiquei sozinho. 2 tornar-se, fazer-se. **Ex:** O candidato ficou perturbado. 3 virar, transformar-se, tornar-se. **Ex:** Ela ficou uma fera quando descobriu suas mentiras. *vti* 4 comprometer-se a, prometer, obrigar-se a. **Ex:** Fiquei de devolver os livros amanhã. 5 cair, assentar, ajustar-se. **Ex:** A calça preta não me fica bem. 6 combinar, ajustar, pactuar. **Ex:** Ficou de nos encontrar mais tarde. 7 comprar, adquirir. **Ex:** Disse ao vendedor que ficaria com aquele perfume. *vti+vi* 8 estacionar, parar, conservar-se. **Ex:** Ficamos em casa. **A:** sair. 9 localizar-se, situar-se, achar-se. **Ex:** Onde fica a estação de trem? Fica ali na esquina. 10 sobrar, restar. **Ex:** De tudo aquilo ficou apenas a recordação; ainda ficaram três maçãs na cesta. *vi* 11 seguido de infinitivo com *prep* **a** ou gerúndio: permanecer, demorar-se, quedar-se. **Ex:** Ficamos cantando (ou a cantar).

ficção *sf* 1 fantasia, invenção, criação. 2 fingimento, simulação, dissimulação.

ficha *sf* 1 *DE JOGO* tento. **Ex:** As fichas azuis valem vinte pontos. 2 registro.

fichar *vtd* catalogar, classificar, registrar, arrolar.

fichário *sm* arquivo (de fichas).

fictício *adj* 1 imaginário, irreal, fantástico. **A:** real. 2 falso, aparente, enganoso. **A:** verdadeiro.

fícus *sm Bot.* figueira.

fidalgo *sm* 1 aristocrata, nobre. **A:** plebeu. *adj* 2 aristocrático, nobre. **A:** plebeu. 3 *Fig.* generoso, liberal, nobre. **Ex:** Coração fidalgo. **A:** mesquinho.

fidalguia *sf* 1 aristocracia, nobreza. **A:** plebe. 2 *Fig.* generosidade, nobreza, grandiosidade. **A:** mesquinhez.

fidalguice *sf* presunção, exibição, vaidade, ostentação. **A:** humildade.

fidedigno *adj* autêntico, verdadeiro, real, verídico. **A:** falso.

fidelidade *sf* 1 lealdade. **A:** infidelidade. 2 exatidão, identidade, igualdade. **A:** infidelidade. 3 honradez, honestidade, integridade. **A:** desonestidade. 4 pontualidade. **A:** impontualidade. 5 constância, firmeza, perseverança. **A:** inconstância.

fidúcia *sf* confiança, segurança, certeza, convicção. **A:** desconfiança.

fieira *sf* 1 fileira, linha, carreira, fiada. 2 coisas enfiadas num mesmo fio: enfiada, fiada. **Ex:** Os pescadores vinham da praia, carregando fieiras de caranguejos e peixes. 3 *Pop.* linha de pesca. 4 *Fig.* prova, experiência, experimentação.

fiel *s m+f* 1 *Rel.* crente, seguidor, adepto. *adj* 2 leal. **Ex:** Amigo fiel. **A:** infiel. 3 exato, idêntico, igual. **Ex:** Reprodução fiel do original. **A:** infiel. 4 honrado, honesto, íntegro. **A:** desonesto. 5 pontual. **Ex:** Ser fiel na entrega do trabalho. **A:** impontual. 6 constante, firme, perseverante. **Ex:** Os fiéis freqüentadores do bar. **A:** inconstante.

figadal *adj m+f* 1 *Anat.* hepático. 2 *Fig.* profundo, intenso, íntimo. **A:** superficial. 3 *Fig.* mortal, encarniçado, visceral *fig*. **Ex:** Ódio figadal; inimigo figadal.

fígado *sm Fig.* coragem, ânimo, valor, valentia. **A:** covardia.

figueira *sf Bot.* fícus.

figura *sf* 1 formato, configuração, conformação, figuração. 2 corpo, vulto, corporatura. **Ex:** A figura de uma mulher aparecia ao longe. 3 ilustração, gravura, estampa, imagem. 4 vulto, celebridade, personagem. **Ex:** Figuras históricas. 5 alegoria, metáfora, representação. 6 *Teat.* V. figurante. * Fazer má figura: falhar, fracassar, ser malsucedido. **A:** fazer boa figura.

figuração *sf* 1 V. figura. 2 *Teat.*, *Cin.* e *Telev.* ponta. **Ex:** Fazer figuração num filme.

figurado *adj* 1 alegórico, metafórico, representativo. 2 suposto, hipotético, imaginado. **A:** real (nas duas acepções).

figurante *s m+f* 1 *Cin.* e *Teat.* extra, comparsa. **Ex:** No filme, os escravos eram representados por figurantes escolhidos entre o povo da vila. 2 *Teat.* figura, ator, intérprete (em geral, protagonista ou não). **Ex:** O elenco da peça era composto por quinze figurantes.

figurão *sm Fam.* mandachuva, magnata, mandarim.

figurar *vtd* 1 representar, traçar, delinear. 2 significar, simbolizar, exprimir. 3 imaginar, supor, conceber. *vti* 4 incluir-se. **Ex:** Este romance figura entre os mais importantes de sua vida. *vpr* 5 parecer, afigurar-se, bacorejar. **Ex:** Suas declarações figuram-se-me bastante apropriadas.

figurativo *adj* 1 simbólico, representativo, emblemático. 2 *Bel.-art.* **Ex:** Pintura figurativa. **A:** abstrato.

figurinha *sf dim Tip.* cromo, estampa colorida. **Ex:** Colecionava álbuns de figurinhas.

figurino *sm* 1 revista de modas. 2 traje, roupa, vestimenta. **Ex:** Os figurinos do filme. 3 exemplo, modelo, padrão. **Ex:** Fez tudo conforme o figurino.

fila *sf* fileira, ala, linha, renque; *DE ÁRVORE* alameda, aléia, fileira.

filamento *sm* fio, fibra.

filantropia *sf* altruísmo, abnegação, humanitarismo, desapego. **A:** misantropia.

filantrópico *adj* altruísta, altruístico, filantropo, humanitário, abnegado. **A:** misantrópico.

filantropo (ô) *sm* 1 humanitário, altruísta, abnegado. **A:** misantropo. *adj* 2 V. filantrópico.

filão *sm* 1 *Geol.* veio. **Ex:** Filão de ouro. 2 pão (comprido).

filarmônica *sf Mús.* orquestra sinfônica, sinfônica.

fileira V. fila.

filete *sm* 1 fiozinho, fio (delgado). 2 *Tip.* fio. 3 *DE ÁGUA* fio.

filharada *sf Pop.* ninhada *fam.* **Ex:** Ela chegou, trazendo toda a filharada.

filho *sm* 1 descendente, rebento *fig.* **A:** pai. 2 natural, nativo, oriundo. **Ex:** Filho da capital. 3 *Bot.* broto, rebento, gomo. *sm pl* 4 descendência *sing*, prole *sing*, geração *sing.* **A:** ascendência. *adj* 5 procedente, resultante, proveniente.

filhote *sm* cria. **Ex:** Os filhotes da leoa.

filiação *sf* 1 admissão, afiliação, inscrição. **Ex:** Filiação a um partido. **A:** expulsão. 2 dependência, subordinação, submissão. **A:** independência. 3 conexão, relação, ligação. **A:** desconexão. 4 *Dir.* adoção, perfilhação, legitimação.

filial *sf Com.* sucursal, agência.

filiar *vtd* 1 *Dir.* adotar, perfilhar, legitimar. 2 ligar, relacionar, vincular. **Ex:** Sua tese filia os movimentos operários às mudanças tecnológicas. *vtd+vpr* 3 afiliar(-se), associar(-se), inscrever(-se). **Ex:** Filiar-se a uma seita, a um partido. *vpr* 4 derivar, originar-se, provir de. **Ex:** Esta seita filia-se às religiões antigas.

filmar *vtd* cinematografar.

filme *sm* 1 *Fot.* filme fotográfico. 2 *Cin.* película. **Ex:** O cineasta gastou rolos e rolos de filme. 3 *Cin.* fita, película. **Ex:** Amanhã veremos um ótimo filme no cinema.

filó *sm* tule.

filosofar *vti+vi* 1 dissertar sobre, tratar de, discutir. **Ex:** Filosofar sobre a vida. *vi* 2 meditar, pensar, ponderar.

filosofia *sf* 1 doutrina, escola, ideologia. **Ex:** Qual é a filosofia do seu grupo? 2 sabedoria.

filósofo *sm* pensador.

filtrar *vtd* 1 coar. 2 selecionar, escolher, separar. **Ex:** Filtrei os dados necessários para o trabalho. 3 insinuar, instilar, inocular. **Ex:** Essas histórias filtram o medo nas crianças.

filtro *sm* bebida mágica: elixir.

fim *sm* 1 conclusão, final, termo, desfecho. **Ex:** O fim da história. **A:** início. 2 extremidade, ponta. **Ex:** Moramos no fim da rua. 3 limite, extremo, confins *pl.* **Ex:** Não consigo ver o fim da propriedade. 4 intenção, propósito, intento. **Ex:** Veio aqui com o fim de me provocar. **5** objetivo, finalidade, escopo, alvo *fig.* **Ex:** O sucesso é o seu fim. **6** morte, falecimento, óbito. **A:** nascimento. **7** decadência, declínio, agonia. **Ex:** O fim de um império. **A:** progresso. * Fim do mundo: cafundó, calcanhar-do-judas, cafundéu. * Por fim: finalmente, afinal, enfim, no final.

fímbria *sf* **1** *EM GERAL* beira, borda, orla. **2** franja (de tecido). **3** borda inferior de calça, vestido: barra.

finado *sm, part+adj* morto, falecido, defunto. **A:** vivo.

final *sm* **1** V. fim. *adj m+f* **2** último, derradeiro, terminal. **A:** inicial. * No final: por fim, finalmente, afinal, enfim.

finalidade V. fim.

finalizar *vtd, vi+vpr* **1** terminar, acabar, concluir(-se), findar(-se). **A:** iniciar(-se). *vi* **2** *Fut.* arrematar (jogada a gol).

finanças *sf pl* **1** *DE PAÍS, ESTADO* tesouro *sing*, erário *sing*, fazenda *sing*. **2** *DE PARTICULAR* situação financeira *sing*.

financeiro V. financista.

financiar *vtd* custear, bancar, pagar.

financista *s m+f* especialista em finanças: financeiro.

finar-se *vpr* **1** acabar, terminar, findar. **A:** começar. **2** consumir-se, definhar, abater-se. **A:** fortalecer-se. **3** morrer, falecer, expirar. **A:** nascer.

finca-pé *sm Fig.* empenho, esforço, diligência, aplicação. **A:** negligência.

fincar *vtd* **1** cravar, enterrar, enfiar. **2** apoiar, encostar, escorar (com força). *vpr* **3** firmar-se, fixar-se, assentar-se.

findar V. finalizar.

finês V. finlandês.

fineza *sf* **1** finura. **A:** grossura. **2** favor, gentileza, obséquio. **3** suavidade, amenidade, delicadeza. **4** perfeição, primor, apuro. **A:** imperfeição.

fingido *part+adj* **1** falso, dissimulado, hipócrita. **A:** sincero. **2** aparente, ilusório, enganoso. **A:** real.

fingimento *sm* falsidade, dissimulação, hipocrisia, disfarce. **A:** sinceridade.

fingir *vtd* **1** aparentar, simular, afetar. **Ex:** Fingir amizade. **2** fantasiar, imaginar,

inventar. **Ex:** Fingiu que era uma princesa, e o amigo o seu príncipe. *vpr* **3** fazer-se, afetar-se de. **Ex:** Fingiu-se de morto para que o urso não o atacasse.

finítimo *adj* confinante, vizinho, fronteiriço, limítrofe. **A:** afastado.

finito *adj* **1** limitado. **2** transitório, passageiro, efêmero. **A:** infinito (nas duas acepções).

finlandês *sm+adj* da Finlândia (Europa): finês.

fino *adj* **1** delgado, afilado, magro. **Ex:** Dedos finos. **A:** grosso. **2** perfeito, apurado, esmerado. **Ex:** Trabalho fino de escultura. **A:** imperfeito. **3** elegante, refinado, aristocrático. **Ex:** Lugar fino. **A:** vulgar. **4** delicado, educado, gentil. **Ex:** Ela não é muito fina com estranhos. **A:** grosso. **5** *GOSTO* apurado, delicado, requintado. **A:** grosseiro. **6** *SOM* agudo, argentino, vibrante. **A:** grave. **7** precioso, raro, excelente. **Ex:** Bebidas finas. **A:** ordinário. **8** suave, ameno, aprazível. **Ex:** O fino perfume de seus cabelos. **A:** desagradável. **9** esperto, astuto, sagaz. **A:** ingênuo.

finório *sm+adj* esperto, espertalhão, malandro, manhoso. **A:** ingênuo.

finta *sf* **1** *Fut.* drible. **2** engano, logro, tapeação *pop*.

fintar *vtd* **1** *Fut.* driblar. **2** enganar, tapear *pop*, ludibriar.

finura *sf* **1** fineza. **A:** grossura. **2** esperteza, malícia, astúcia. **A:** ingenuidade. **3** sagacidade, sutileza, perspicácia. **A:** obtusidade.

fio *sm* **1** linha, cordão, barbante. **2** fibra, filamento. **3** gume, corte. **Ex:** O fio da navalha. **4** *DE ÁGUA* filete. **5** *Tip.* filete. **6** encadeamento, seqüência. **Ex:** O fio do discurso.

firma *sf* **1** assinatura, rubrica, subscrição. **2** empresa, companhia, sociedade. **3** *Dir.* nome usado pelo empresário em suas atividades: razão social.

firmamento *sm* **1** *Constr.* alicerce, fundação, embasamento. **2** céu, abóbada celeste, ares *pl*.

firmar *vtd* **1** assinar, subscrever, rubricar. **2** *TRATO, NEGÓCIO* ajustar, pactuar, combinar. *vtd+vpr* **3** apoiar(-se), encostar(-se), arrimar(-se). **Ex:** Firmou-se na cadeira para não cair. **A:** desencostar(-se). **4** arraigar(-se), enraizar(-se), radicar(-se). **Ex:** Esses hábitos ainda não se firmaram na sociedade. **A:** extinguir(-se). **5** consolidar (-se), estabilizar(-se), avigorar(-se). **Ex:** Nossa situação já se firmou. **6** basear(-se), fundamentar(-se), fundar(-se). **Ex:** Firmamos nosso trabalho em informações comprovadas. *vpr* **7** *NUM LOCAL* estabelecer-se, arraigar-se, fixar-se. **A:** partir.

firme *adj m+f* **1** fixo, seguro, estável. **A:** instável. **2** constante, imutável, inalterável. **Ex:** Opinião firme. **A:** inconstante. **3** obstinado, perseverante, persistente. **A:** volúvel. **4** decidido, resoluto, seguro. **A:** indeciso. **5** imperturbável, inabalável, impassível. **Ex:** Agüentou firme as ofensas. **A:** perturbável. **6** forte, robusto, vigoroso. **Ex:** Braços firmes. **A:** fraco.

firmeza *sf* **1** fixidez, segurança, estabilidade. **A:** instabilidade. **2** obstinação, perseverança, persistência. **A:** inconstância. **3** decisão, resolução, determinação. **A:** indecisão. **4** força, robustez, vigor. **A:** fraqueza.

fiscalizar *vtd* **1** velar por, vigiar, guardar. **2** examinar, averiguar, verificar.

fisco *sm* conjunto dos órgãos de arrecadação: tesouro, erário, fazenda pública.

fisga *sf* arpão, arpéu.

fisgada *sf* pontada. **Ex:** Sentiu uma fisgada nas costas.

fisgar *vtd* **1** arpoar, arpar, arpear. **2** deter, prender, capturar. **3** pegar, pescar, perceber (rapidamente). **Ex:** Fisguei logo a sua intenção. **4** enfeitiçar, conquistar, cativar. **Ex:** A beleza da moça o fisgou.

físico *sm* **1** compleição, constituição. **Ex:** Tinha um físico franzino. **2** *Ant.* médico. *adj* **3** material, concreto, corpóreo. **A:** espiritual.

fisionomia *sf* **1** rosto, feições *pl*, semblante. **Ex:** A fisionomia da mulher era belíssima. **2** expressão, cara, ar. **Ex:** Tem uma fisionomia severa. **3** *DE LUGAR, ETC.*, aspecto, aparência, exterioridade. **Ex:** A fisionomia desta sala não me agrada.

fissura *sf* fenda, abertura, fresta, cissura.

fissurar *vtd* fender, rachar, gretar, abrir.

fístula *sf* **1** *Med.* úlcera, chaga (profundas). **2** *Poét.* flauta pastoril.

fita *sf* **1** tira, faixa, banda. **Ex:** Fitas coloridas enfeitavam os pandeiros. **2** insígnia, condecoração, galardão. **Ex:** O general recebeu a fita da corporação. **3** *Cin.* filme, película. **Ex:** Hoje exibiremos fitas antigas. **4** *Fig.* fingimento, simulação, dissimulação.

fitar *vtd+vpr* **1** cravar(-se), fixar(-se). **Ex:** Fitou os olhos no inimigo. **2** olhar(-se), mirar(-se), contemplar(-se). **Ex:** Os namorados fitavam-se com carinho. *vtd* **3** *ORELHAS* levantar, erguer, alçar.

fitilho *sm* nastro, cadarço, fita (muito estreita).

fito *sm* **1** alvo, mira. **2** *Fig.* objetivo, intento, intuito. *adj* **3** cravado, fixo, pregado. **Ex:** Os olhos fitos no céu. **4** ereto, erguido, levantado. **Ex:** O burro mantinha as orelhas fitas. **A:** abaixado.

fixação *sf Psicol.* mania, obsessão, idéia fixa.

fixar *vtd+vpr* **1** firmar(-se), estabilizar(-se), consolidar(-se). **2** V. fitar. *vtd* **3** prender, pregar, afixar. **Ex:** Fixar um quadro na parede. **A:** soltar. **4** *PRAZO, TEMPO, LUGAR* determinar, estipular, marcar. **5** decorar, memorizar, gravar. **6** assentar, firmar, estabelecer. **Ex:** Fixar residência. *vpr* **7** *NUM LOCAL* estabelecer-se, arraigar-se, firmar-se. **A:** partir.

fixidez *sf* **1** firmeza, estabilidade, segurança. **2** imobilidade, inércia. **A:** mobilidade.

fixo *adj* **1** firme, estável, seguro. **A:** instável. **2** imóvel, parado, inerte. **A:** móvel. **3** preso, pregado, afixado. **A:** solto. **4** determinado, estipulado, marcado. **5** invariável, imutável, inalterável. **A:** variável.

flácido *adj* **1** murcho, mole, frouxo. **Ex:** Braços flácidos. **A:** rijo. **2** lânguido, mole, fraco. **Ex:** Gestos flácidos. **A:** vigoroso.

flagelação V. flagelo.

flagelar *vtd+vpr* **1** açoitar(-se), chicotear(-se), fustigar(-se). *vtd* **2** castigar, punir, corrigir. **A:** recompensar. **3** torturar, supliciar, martirizar. **A:** deleitar.

flagelo *sm* **1** açoite, chicote, azorrague. **2** tortura, sofrimento, suplício, flagelação. **A:** deleite. **3** castigo, punição, correção. **A:** recompensa. **4** calamidade, catástrofe, tragédia.

flagrante *sm* **1** *Pop.* momento, instante, minuto. *adj m+f* **2** ardente, incandescente, inflamado. **3** corado, ruborizado, afogueado. **A:** pálido. **4** evidente, claro, patente. **A:** oculto. * Em flagrante: com a boca na botija.

flagrar *vtd* **1** *Pop.* surpreender, pegar em flagrante. *vi* **2** inflamar-se, arder, queimar-se.

flama *sf* **1** chama, labareda, língua de fogo. **2** *Fig.* paixão, entusiasmo, ardor.

flamar V. flambar.

flambar *vtd* flamar, desinfetar (com chamas).

flamejante *adj m+f* **1** chamejante, brilhante, fulgurante. **A:** apagado. **2** vistoso, ostentoso, pomposo. **A:** modesto.

flamejar *vtd* **1** chamejar, lançar, dardejar. **Ex:** Seu olhar flamejava um grande ódio. *vi* **2** queimar, inflamar-se, arder. **3** chamejar, brilhar, fulgurar.

flamengo V. flamingo.

flamingo *sm Ornit.* flamengo. **Ex:** Os flamingos voaram, formando uma nuvem de penas rosadas.

flâmula *sf* **1** bandeirola, bandeirinha. **2** bandeira, estandarte, pavilhão.

flanar *vi* perambular, errar, vagar, vadiar.

flanco *sm* **1** lado, lateral, banda. **2** *Anat.* ilharga, lado, ilhal. **3** *Mil.* lado, ala.

flandres V. folha-de-flandres.

flanquear *vtd* atacar de flanco ou marchar paralelamente a: ladear. **Ex:** O exército flanqueou os invasores; os policiais flanqueavam o carro do governador.

flato V. flatulência.

flatulência *sf* **1** *Med.* gases *pl*, flato, ventosidade. **2** *Fig.* vaidade, presunção, afetação. **A:** humildade.

flauta *sf* **1** *Mús.* pífaro, pífano. **2** *Fam.* vadiagem, vagabundagem, ócio. **3** *Fig.* V. flauteio. * Flauta pastoril *Poét.*: fístula.

flautar *vtd* tornar agudo (um som): esganiçar, aflautar. **A:** engrossar.

flautear *vti* **1** *Gír.* zombar, gozar, troçar de. *vi* **2** vadiar, vagabundear, preguiçar.

flauteio *sm* zombaria, gozação, deboche, troça, flauta.

flavo *adj* dourado, louro, amarelo, fulvo.

flébil *adj m+f* **1** choroso, lacrimoso, lastimoso. **A:** risonho. **2** débil, fraco, frágil. **A:** forte.

flebotomia *sf Cir.* sangria.

flecha *sf* seta, frecha.

flechar *vtd+vi* **1** frechar. *vtd* **2** *Fig.* magoar, ferir, ofender. **3** *Fig.* satirizar, ironizar, ridicularizar. **A:** elogiar.

flegma V. fleuma.

flegmático V. fleumático.

fleimão *sm Med.* furúnculo, leicenço.

flertar *vti+vi* namoricar.

flerte *sm* namorico, caso, aventura.

fleuma *s m+f* **1** *Fig.* tranqüilidade, serenidade, impassibilidade, *flegma*. **A:** intranqüilidade. **2** *Fig.* lentidão, vagar, lerdeza, *flegma*. **A:** rapidez.

fleumático *adj* **1** *Fig.* tranqüilo, sereno, impassível, *flegmático*. **A:** intranqüilo. **2** *Fig.* lento, vagaroso, lerdo, *flegmático*. **A:** rápido.

flexão *sf* curvatura, dobramento, arqueamento, arqueadura.

flexibilidade *sf* **1** maleabilidade, elasticidade. **A:** inflexibilidade. **2** tolerância, transigência, condescendência. **A:** inflexibilidade. **3** docilidade, obediência, submissão. **A:** indocilidade.

flexionar *vtd* curvar, dobrar, arquear, vergar.

flexível *adj m+f* **1** *MATERIAL* maleável, dúctil, elástico. **Ex:** Barra de ferro flexível. **A:** inflexível. **2** tolerante, transigente, condescendente. **A:** inflexível. **3** dócil, obediente, submisso. **A:** indócil.

flexuoso *adj* sinuoso, tortuoso, torto, torcido. **A:** reto.

floco *sm* **1** *DE NEVE* froco. **2** de pêlos, na cauda de certos animais: tufo, porção.

flor *sf* **1** *Fig.* beleza, formosura, lindeza. **A:** feiúra. **2** *Fig.* V. floreado. **3** superfície (na expressão *à flor de*). **Ex:** Encontravam-se pedras preciosas à flor da terra. **A:** interior. **4** V. fina flor, elite, nata. **Ex:** Compareceu à exposição a flor da sociedade. **A:** ralé.

floração *sf* **1** *Bot.* florescência, florescimento, desabrochamento. **2** *Fig.* desenvolvimento, progresso, avanço. **Ex:** A floração do cinema no Brasil. **A:** declínio.

floreado *sm* **1** enfeite, adorno, ornato. **2** *Lit.* floreio, flor *fig.* **Ex:** Seu estilo é cheio de floreados. **3** *Mús.* floreio.

florear *vtd+vi* **1** V. florescer. *vtd* **2** enfeitar, ornamentar, adornar. **Ex:** Florear a casa com rosas; florear o estilo. **A:** desenfeitar. *vi* **3** brilhar, destacar-se, sobressair. **Ex:** Sua beleza floreava nos bailes da escola.

floreio V. floreado.

floreira V. florista.

floreiro V. florista.

florescência V. floração.

florescente *adj m+f* **1** e **2** V. florido. **3** *Fig.* próspero, progressivo.

florescer *vtd+vi* **1** florir, florear, enflorar(-se). **Ex:** Os fiéis floresceram o altar da igreja; as roseiras florescem. *vi* **2** prosperar, desenvolver-se, frutificar. **Ex:** O estudo das ciências floresce em nosso País.

florescimento V. floração.

floresta *sf* **1** selva, mata, bosque. **2** *Fig.* confusão, labirinto, complicação. **3** *Fig.* aglomerado, ajuntamento, aglomeração.

florido *adj* **1** florescente, flórido. **Ex:** Campos floridos. **2** viçoso, vicejante, florescente. **3** *Fig.* elegante, enfeitado, flórido. **Ex:** Estilo florido.

flórido V. florido.

florilégio *sm Lit.* antologia, coletânea, compilação, seleta.

florir V. florescer.

florista *s m+f* quem vende flores: *HOMEM* floreiro; *MULHER* floreira.

fluência *sf* **1** fluidez. **2** *NO FALAR OU ESCREVER* fluidez, facilidade, clareza, naturalidade. **A:** dificuldade.

fluente *adj m+f* **1** fluido, corrente. **2** fluido, fácil, claro, natural. **Ex:** Linguagem fluente. **A:** difícil.

fluidez V. fluência.

fluidificar *vi+vpr* diluir-se, dissolver-se, solver-se, desfazer-se.

fluido *sm* **1** líquido, líqüido. **2** gás. *adj* **3** e **4** V. fluente.

fluir *vti+vi* **1** correr, manar, brotar. **Ex:** Águas cristalinas fluíam da mina. *vti* **2** derivar, provir, nascer de.

fluminense V. fluvial.

flutuação *sf* **1** oscilação, variação, mudança. **2** hesitação, vacilação, indecisão. **A:** decisão. **3** volubilidade, inconstância, instabilidade. **A:** constância.

flutuar *vi* **1** boiar, sobrenadar. **Ex:** O navio flutua. **A:** afundar. **2** *AO VENTO* agitar-se, tremular, esvoaçar. **3** oscilar, variar, mudar. **Ex:** As cotações flutuam diariamente. **A:** manter-se. *vti+vi* **4** hesitar, vacilar, titubear. **A:** decidir-se.

fluvial *adj m+f* fluminense. **Ex:** Águas fluviais.

fluxo *sm* **1** curso, corrente. **2** *Med.* corrimento, secreção. **Ex:** Fluxo salivar. **3** abundância, torrente, enxurrada *fig.* **4** enchente, cheia, inundação (de rio). **5** *DE ACONTECIMENTOS* seqüência, série, sucessão.

fobia *sf* **1** medo, terror, horror. **2** aversão, repulsa, repugnância.

focalizar *vtd* **1** *Fot.* focar, enfocar. **2** *Fig.* salientar, destacar, realçar.

focar V. focalizar.

focinhar V. fossar.

focinheira *sf* **1** V. focinho. **2** mordaça, açaimo, açamo. **3** *Pop.* cara feia, carranca, cenho.

focinho *sm* **1** *EM GERAL* focinheira, tromba; *DE PORCO* focinheira. **2** *Hum.* rosto, face, cara.

foco *sm Fig.* centro, sede.

fofo *adj* **1** macio, mole, balofo. **Ex:** Bolo fofo. **A:** duro. **2** bonito, gracioso, lindo. **Ex:** Menininha fofa. **A:** feio. **3** *Fig.* afetado, presunçoso, pretensioso. **A:** humilde.

fofoca *sf Pop.* fuxico, mexerico, intriga, encrenca.

fofocar *vi Pop.* fuxicar, mexericar, intrigar, bisbilhotar.

fofoqueiro *sm+adj Pop.* mexeriqueiro, fuxiqueiro, encrenqueiro *gír*, intrigante.

fogacho *sm* **1** labareda, chama, língua de fogo (pequena). **2** V. fogaréu. **3** *Fig.* ímpeto, impulso, repente.

fogão *sm* lareira, fogo.

fogareiro *sm* **1** braseiro, bacia (para brasas). **2** *PEQUENO, A ÁLCOOL* espriteira.

fogaréu *sm* fogueira, fogacho, lume, fogo (intenso).

fogo *sm* **1** lume. **2** labareda, chama, flama. **3** incêndio. **4** V. fogaréu. **5** fogão, lareira. **6** lar, casa, residência. **7** disparo, tiro, fuzilaria. **8** *Fig.* ardor, energia, vivacidade. **A:**

desânimo. **9** *Fig.* excitação, agitação, entusiasmo. **A:** indiferença.

fogo-fátuo *sm* **1** boitatá. **Ex:** O fogo-fátuo do cemitério. **2** *Fig.* glória, fama, celebridade (passageiras).

fogo-selvagem *sm Med.* pênfigo.

fogoso *adj* **1** ardente, quente, abrasado. **2** entusiástico, animado, veemente. **A:** frio. **3** arrebatado, impetuoso, ardoroso. **A:** calmo. **4** irrequieto, impaciente, inquieto. **A:** paciente.

foguear *vtd* queimar, incendiar, inflamar, afoguear.

fogueira *sf* **1** V. fogaréu. **2** labareda, chama, língua de fogo. **3** fogo, lume (da lareira). **4** *Fig.* ardor, exaltação, paixão. **A:** frieza.

fogueiro V. foguista.

foguete *sm* **1** rojão. **2** *Astronáut.* veículo espacial. **3** *Fam.* repreensão, sabão, pito. **A:** elogio. *adj m+f* **4** vivo, irrequieto, agitado. **A:** sossegado.

fogueteiro *sm* **1** fabricante de fogos: pirotécnico. **2** *Pop.* mentiroso, loroteiro.

foguista *sm Fer.* fogueiro, fornalheiro.

foiçar *vtd* ceifar, segar, cortar, *fouçar*. **A:** plantar.

foice *sf fouce*; *DE CABO LONGO* gadanha, gadanho.

fojo *sm* **1** caverna, cova, furna. **2** armadilha, arapuca. **3** sorvedouro, sumidouro, voragem.

fole *sm* **1** *EM ROUPA MALFEITA* papo, saco. **Ex:** O vestido tinha alguns foles, mas a costureira o consertou. **2** *Pop.* estômago, papo.

fôlego *sm* **1** respiração. **2** sopro, assopro. **3** V. folga. **4** *Fig.* coragem, ânimo, força.

folga *sf* **1** intervalo, pausa, interrupção. **2** descanso, repouso, fôlego, folgança. **3** férias *pl.* **4** abastança, fartura, desafogo. **Ex:** Vivem com folga, pois são ricos. **A:** necessidade. **5** desaperto, alargamento, largueza. **Ex:** Folga na roupa. **A:** aperto. **6** alívio, desabafo, consolação. **Ex:** Sentimos uma grande folga quando tudo acabou.

folgança *sf* **1** divertimento, passatempo, brincadeira, folguedo. **2** V. folga.

folgar *vtd* **1** desapertar, alargar, afrouxar. **Ex:** Folgar a calça. **A:** apertar. *vtd+vi* **2** descansar, repousar. **A:** cansar. *vti* **3** alegrar-se, regozijar-se, rejubilar-se. **Ex:**

Folgo em vê-lo. **A:** lamentar. *vi* **4** brincar, divertir-se, recrear-se.

folgazão *sm+adj* brincalhão, zombeteiro, galhofeiro, faceto. **A:** sisudo.

folguedo V. folgança.

folha *sf* **1** *DE METAL* lâmina, chapa, placa. **2** *DE INSTRUMENTOS CORTANTES* lâmina. **3** jornal, periódico, diário. **4** relação, lista, rol.

folha-de-flandres *sf* flandres, lata.

folhada V. folhagem.

folhagem *sf* **1** as folhas da planta: folhada. **2** o conjunto dos ramos: ramagem, ramaria, rama, folhada.

folhar V. folhear.

folhear *vtd* **1** *LIVRO, REVISTA* esfolhar, manusear, percorrer. **2** ler, estudar, examinar. **3** folhar, revestir, recobrir (com ouro, etc.).

folhento *adj* **1** folhudo, folhoso. **2** frondoso, frondejante.

folheto *sm* brochura, opúsculo.

folhinha *sf* calendário (de parede).

folhoso V. folhento.

folhudo V. folhento.

folia *sf* farra, baderna, pagode, pândega.

folião *sm* **1** palhaço, bufão, histrião. **2** brincalhão, zombeteiro, galhofeiro.

foliar *vi* **1** farrear, badernar, pagodear. **2** pular, saltar, saltitar.

fome *sf* **1** apetite, apetência. **A:** inapetência. **2** míngua, escassez, falta. **A:** fartura. **3** miséria, penúria, pobreza. **A:** riqueza. **4** *Fig.* cobiça, ganância, ambição. **A:** desinteresse.

fomentação *sf* **1** e **2** V. fomento. **3** *Med.* fricção, esfregação, esfregadura.

fomentar *vtd* **1** incrementar, incentivar, promover. **Ex:** Fomentar o comércio, a indústria. **2** estimular, provocar, excitar. **Ex:** Fomentar a raiva. **A:** desestimular. **3** *Med.* friccionar, esfregar.

fomento *sm* **1** incremento, incentivo, promoção, fomentação. **2** estímulo, incitação, provocação, fomentação. **A:** desestímulo. **3** *Fig.* auxílio, proteção, ajuda.

fonfonar *vi Autom.* buzinar.

fonógrafo *sm Ant.* gramofone.

fontanela *sf Anat.* moleira.

fonte *sf* **1** nascente, manancial, mina. **2** chafariz. **3** *Fig.* causa, origem, motivo. **4** texto (original). **Ex:** Consultamos várias fontes para este trabalho. **5** *Anat.* têmpora.

fora *sm* **1** gafe, rata, mancada *gír.* **Ex:** Não saio com ela porque dá muitos foras. *adv* **2** exteriormente, no exterior, do lado exterior. **A:** dentro. **3** fora de casa. **Ex:** Dormir fora. **4** no estrangeiro, no exterior. **Ex:** Foi estudar lá fora, na Suíça. *prep* **5** exceto, menos, salvo. **Ex:** Todos já chegaram, fora meu irmão. **A:** inclusive. *interj* **6** sai! **Ex:** Fora! Não quero vê-los mais aqui! **7** abaixo! **Ex:** Fora a discriminação! **A:** viva! * Dar um fora: meter os pés pelas mãos, dar uma rata.

foragido *sm+adj* refugiado, escondido (da justiça).

forame *sm* *Anat.* e *Zool.* orifício, buraco, cova, abertura, *forâmen*.

forâmen V. forame.

forasteiro *sm+adj* estranho, estrangeiro, alienígena. **A:** nativo.

forca *sf* **1** patíbulo, cadafalso. **2** *Fig.* armadilha, cilada, ardil.

força *sf* **1** potência, agente, causa (que gera movimentos). **2** vigor, energia, robustez. **Ex:** Ter força nos braços. **A:** fraqueza. **3** *MORAL* coragem, valor, ânimo. **Ex:** Demonstrou muita força ao enfrentar aquela situação. **A:** fraqueza. **4** eficiência, eficácia, efeito. **Ex:** A força das medidas. **A:** fraqueza. **5** esforço. **Ex:** Fazer força para conseguir algo. **6** violência. **Ex:** Num caso como este, não devemos usar a força, mas sim a inteligência. **7** intensidade, veemência, energia. **Ex:** Gritar com força. **A:** moderação. **8** autoridade, poder, influência. **9** estímulo, impulso, incitamento. **Ex:** Dar força a um empreendimento. **A:** desestímulo. **10** imposição, obrigação, necessidade. **Ex:** Por força da lei.

forcado *sm* *Agr.* garfo; *PEQUENO* forquilha.

forçado *part+adj* **1** acadêmico, pretensioso, falso, artificioso. **Ex:** Estilo forçado. **A:** natural. **2** V. forçoso.

forçar *vtd* **1** obrigar, coagir, constranger. **2** arrombar, quebrar, romper. **Ex:** Forçaram a porta para entrar. **3** conquistar, conseguir, obter (pelo uso da força). **4** estuprar, violentar, deflorar.

forcejar *vti+vi* empenhar-se, esforçar-se, diligenciar, batalhar.

forcejo *sm* esforço, empenho, aplicação, diligência. **A:** negligência.

fórceps *sm, sing+pl* *Cir.* fórcipe, tenaz cirúrgica.

fórcipe V. fórceps.

forçoso *adj* necessário, inevitável, obrigatório, imprescindível, forçado. **A:** desnecessário.

forçudo *adj* *Pop.* forte, musculoso, robusto, vigoroso. **A:** franzino.

forense *adj m+f* judicial, judiciário.

forjar *vtd* **1** fazer, fabricar, manufaturar. **Ex:** Forjar ferramentas. **2** imaginar, inventar, engendrar. **Ex:** Forjar uma história. **3** falsificar. **Ex:** Forjaram documentos para conseguir a aprovação do projeto.

forma (ó) *sf* **1** formato, feitio, configuração. **Ex:** A forma de um objeto. **2** maneira, modo, jeito. **Ex:** Encontramos uma forma de sair. **3** fila, fileira, alinhamento. **Ex:** Os alunos ficaram em forma. **4** *Mil.* V. formatura. **5** estrutura, construção, arquitetura.

fôrma *sf* molde, modelo, matriz.

formal *adj m+f* **1** evidente, explícito, expresso. **A:** oculto. **2** cerimonioso, respeitoso, cortês. **Ex:** Tratamento formal. **A:** informal.

formalidade *sf* **1** cerimônia, etiqueta, protocolo. **A:** familiaridade. **2** regra, praxe, uso.

formalismo *sm* academicismo, pedantismo.

formalizar *vtd* realizar, executar, efetuar, fazer (conforme as formalidades). **Ex:** Formalizar uma cerimônia.

formar *vtd* **1** fazer, produzir, fabricar. **2** conceber, criar, inventar. **Ex:** Formar um plano. **3** esculpir, moldar, modelar. **Ex:** Formar um boneco de argila. **4** educar, instruir, disciplinar. **Ex:** Formar as crianças. **5** alinhar, enfileirar, perfilar. **Ex:** Formar os soldados. **6** *Com.* gerar, estabelecer, criar. **Ex:** Formar novos mercados. *vtd+vpr* **7** constituir(-se), compor(-se). **Ex:** Formar família; a obra forma-se de quatro volumes. *vpr* **8** originar-se, provir, derivar de. **Ex:** As nuvens formam-se de vapor. **9** educar-se, instruir-se, preparar-se. **Ex:** Formou-se na religião católica. **10** *EM GERAL* diplomar-se; *EM UNI-*

VERSIDADE graduar-se. **Ex:** Formou-se em biologia.

formato *sm* 1 feitio, feição, forma. 2 tamanho, dimensão, grandeza.

formatura *sf* 1 colação de grau. 2 *Mil.* alinhamento, perfilamento, forma. **Ex:** Formatura das tropas, dos tanques de guerra.

formicação V. formigamento.

formidando V. formidável.

formidável *adj m+f* 1 assustador, pavoroso, medonho, formidando. **A:** encantador. 2 gigantesco, imenso, colossal, formidando. **A:** minúsculo. 3 admirável, extraordinário, sensacional. **A:** comum. 4 *Pop.* excelente, ótimo, superior. **A:** inferior.

formigamento *sm* comichão, coceira, prurido, formicação, formigueiro.

formigar *vi* 1 comichar, coçar, prurir. 2 fervilhar, enxamear, pulular. **Ex:** Nesta feira formigam visitantes do exterior.

formigueiro *sm* 1 V. formigamento. 2 *Fig.* multidão, aglomeração, turba. 3 *Fig.* inquietação, intranqüilidade, desassossego. **A:** tranqüilidade.

formoso *adj* 1 belo, lindo, bonito. **A:** feio. 2 agradável, aprazível, prazeroso. **A:** desagradável. 3 perfeito, primoroso, puro. **A:** imperfeito.

formosura *sf* 1 beleza, graça, lindeza. **A:** feiúra. 2 perfeição, primor, pureza. **A:** imperfeição.

fórmula *sf* receita. **Ex:** A fórmula de um remédio.

formular *vtd* 1 *MEDICAMENTO* receitar, prescrever, indicar. 2 exprimir, expressar, manifestar. **Ex:** Formular uma proposta.

formulário *sm* impresso.

fornalha *sf tb Fig.* forno. **Ex:** O foguista jogava lenha na fornalha; este quarto é uma fornalha.

fornalheiro *sm Fer.* foguista, fogueiro.

fornecer *vtd+vpr* 1 abastecer(-se), prover(-se), munir(-se). **Ex:** Nossa empresa fornece matéria à indústria; fornecer-se de provisões para a viagem. **A:** privar(-se). *vtd* 2 facilitar, proporcionar, conceder. **Ex:** Fornecer meios de subsistência. 3 produzir, dar, gerar. **Ex:** Essa planta fornece substâncias medicinais.

forneiro *sm Ornit.* joão-de-barro, pedreiro.

fornido *part+adj* robusto, forte, vigoroso, corpulento. **A:** franzino.

fornir *vtd* 1 fornecer, prover, aprovisionar. **A:** desprover. 2 fortalecer, nutrir, robustecer.

forno V. fornalha.

foro (ó) *sm* 1 *Hist.* fórum, praça do mercado (na Roma Antiga). 2 centro. **Ex:** Foro de debates.

foro (ô) *sm* 1 tribunal, fórum. 2 jurisdição, alçada, competência. *sm pl* 3 direitos, privilégios, prerrogativas.

forquear *vtd+vpr* bifurcar(-se).

forquilha *sf* forcado (pequeno).

forra (ó) *sf* 1 *Pop.* desforra, vingança, represália. 2 V. forro. * Ir à forra: desforrar-se, vingar-se, desagravar-se.

forragem *sf* pasto, erva; *SECA* feno.

forrar *vtd* 1 estofar, enchumaçar. **Ex:** Forrar uma poltrona. 2 revestir, cobrir, encapar. **Ex:** Forrar a parede. 3 *ESCRAVOS* alforriar, libertar. **A:** escravizar.

forro *sm* 1 estofo, chumaço, entretela, forma. 2 revestimento, cobertura, capa. *adj* 3 alforriado, liberto, livre.

forró *sm Pop.* arrasta-pé, bate-coxa, forrobodó, baileco.

forrobodó *sm* 1 V. forró. 2 confusão, rolo *pop*, fuzuê, bafafá *pop*.

fortalecer *vtd+vpr* 1 robustecer(-se), fortificar(-se), revigorar(-se), avigorar(-se). **A:** enfraquecer. *vtd* 2 encorajar, animar, estimular. **A:** desencorajar. 3 *Mil.* fortificar, encastelar, abarreirar.

fortaleza *sf* 1 *FÍSICA* força, vigor, robustez. 2 *MORAL* coragem, valentia, fibra *fig*. 3 solidez, estabilidade, segurança. **Ex:** A fortaleza de uma instituição. 4 *Mil.* fortificação, forte, baluarte, castelo. **A:** fraqueza (acepções 1, 2 e 3).

forte *sm* 1 *Mil.* V. fortaleza. *adj m+f* 2 robusto, vigoroso, musculoso. **Ex:** Mãos fortes. 3 sadio, saudável, são. **Ex:** O bebê nasceu forte e corado. 4 corajoso, valoroso, destemido. **Ex:** Pessoas fortes não temem quase nada. 5 eficaz, eficiente, enérgico. **Ex:** Medidas fortes. 6 poderoso, influente, atuante. **Ex:** Governo forte. 7 violento, impetuoso. **Ex:** Fortes ventos destelharam algumas casas. **8** afiado, bem preparado, entendido. **Ex:** Ela é forte em matemática. **9** intenso, vivo. **Ex:** Cores fortes. **10** *SOM* alto, intenso, volumoso. *adv* **11** com força. **Ex:** Apertar forte. **A:** fraco (em todas as acepções).

fortidão *sf* **1** consistência, solidez, rigidez. **A:** inconsistência. **2** grosseria, rudeza, rispidez. **A:** delicadeza.

fortificação V. fortaleza.

fortificante *sm Med.* tônico, tonificante.

fortificar *vtd+vpr* **1** V. fortalecer. **2** encastelar(-se), acastelar(-se). **Ex:** O general mandou fortificar a aldeia. *vtd* **3** auxiliar, ajudar, apoiar.

fortuito *adj* imprevisto, casual, eventual, acidental. **A:** esperado.

fortuna *sf* **1** acaso, eventualidade, imprevisto. **2** sorte, felicidade, ventura. **A:** azar. **3** destino, fado, sina *fam.* **4** bens *pl,* riqueza, posses *pl.* **5** dinheirão, dinheirada, dinheirama. **Ex:** Gastou uma fortuna em remédios. **A:** ninharia.

fórum V. foro (ó) e foro (ô).

fosco *adj* **1** baço, embaçado, apagado. **A:** brilhante. **2** opaco, turvo. **A:** transparente.

fosforejar *vi* chamejar, flamejar, resplandecer, brilhar (como o fósforo ardente).

fosquinha *sf* **1** trejeito, careta, momice. **2** disfarce, fingimento, dissimulação. **3** provocação. *sf pl* **4** carícias, carinhos, afagos.

fossa *sf* **1** cova, buraco, cavidade, fosso. **2** *Anat.* cavidade, depressão, concavidade. **Ex:** Fossas nasais. **3** *Geol.* depressão. **Ex:** Fossa submarina. **4** *Pop.* tristeza, abatimento.

fossado V. fosso.

fossar *vtd+vi* fuçar, focinhar, afocinhar.

fóssil *adj m+f Fig.* antiquado, retrógrado, reacionário, ultrapassado. **A:** progressista.

fosso *sm* **1** V. fossa. **2** vala, valeta, sarjeta. **3** fossado. **Ex:** O castelo era rodeado por um fosso.

foto V. fotografia.

fotografar *vtd* **1** retratar. **2** descrever, delinear, representar (com exatidão).

fotografia *sf* **1** foto, retrato. **2** descrição, delineação, representação (exata).

fouçar V. foiçar.

fouce V. foice.

foz *sf Geogr.* embocadura, estuário, desembocadura, barra.

fracalhão *sm+adj* covarde, medroso, poltrão, pusilânime. **A:** valente.

fração *sf* **1** alíquota, quota, cota. **2** parte, fragmento, pedaço.

fracassar *vtd* **1** quebrar, destroçar, despedaçar. **Ex:** O relâmpago fracassou a árvore. *vi* **2** falhar, malograr-se, gorar. **Ex:** O plano fracassou. **A:** ter sucesso.

fracasso *sm* **1** baque, estrondo, barulho (de coisa que cai ou se parte). **2** insucesso, malogro, frustração. **A:** sucesso.

fracionar V. fragmentar.

fraco *sm* **1** lado fraco do caráter ou de um objeto: fraqueza. **Ex:** Seu fraco é a indecisão. **2** paixão, mania, inclinação. **Ex:** Tem um fraco por doces. *adj* **3** franzino, frágil, débil. **4** anêmico, debilitado, abatido. **5** covarde, medroso, temeroso. **6** ineficaz, ineficiente, vão. **Ex:** Medidas fracas. **7** tolerante, brando, moderado. **Ex:** Governo fraco. **8** suave, ameno, brando. **Ex:** Vento fraco, cores fracas. **9** despreparado. **Ex:** Ele é fraco em português. **A:** forte (acepções **3** a **9**).

frade *sm Ecles.* frei, irmão, freire.

fraga *sf* **1** penhasco, rochedo, penha. **2** pedra grande: rocha, pedregulho, pedregulho.

frágil *adj m+f* **1** quebradiço, quebrável. **Ex:** Cuidado com os copos, são frágeis. **A:** inquebrável. **2** fraco, débil, delicado. **A:** forte. **3** passageiro, transitório, efêmero. **Ex:** A vida é frágil. **A:** duradouro.

fragilidade *sf* **1** debilidade, fraqueza. **A:** força. **2** transitoriedade, efemeridade. **A:** perpetuidade.

fragmentar *vtd+vpr* **1** fracionar(-se), dividir(-se), separar(-se). **Ex:** Fragmentar o texto em parágrafos. **2** quebrar(-se), espatifar(-se), esmigalhar(-se). **Ex:** O tijolo fragmentou-se ao cair.

fragmento *sm* **1** parte, fração, pedaço. **2** estilhaço, partícula, lasca. **3** *DE TEXTO* trecho, passagem, excerto.

fragor *sm* estrondo, estampido, estouro, estrépito.

fragoroso *adj* **1** estrondoso, estrepitoso, barulhento, ruidoso. **Ex:** Um aplauso fragoroso. **A:** silencioso. **2** *Fig.* estrondoso, grandioso, admirável. **Ex:** Sofremos uma derrota fragorosa no último campeonato. **A:** silencioso.

fragoso *adj* áspero, escabroso, acidentado, rugoso.

fragrância *sf* aroma, perfume, cheiro, odor. **A:** fedor.

fragrante *adj m+f* perfumado, perfumoso, cheiroso, aromático. **A:** fétido.

frajola *adj m+f Gír.* elegante, faceiro, janota, garrido. **A:** deselegante.

fralda *sf* **1** cueiro. **2** *DE MONTANHA, SERRA* falda, sopé, aba.

francesia V. francesismo.

francesismo *sm* galicismo, francesia.

franco *adj* **1** sincero, leal, aberto. **Ex:** Seja franco comigo. **A:** falso. **2** gratuito. **Ex:** Entrada franca. **A:** pago. **3** generoso, pródigo, liberal. **A:** mesquinho. **4** desembaraçado, livre, desimpedido.

frangalho *sm* farrapo, trapo, andrajo, molambo.

frangote *sm Fig.* rapaz, adolescente, jovem.

franja *sf DE TECIDO* fímbria.

franjar *vtd* **1** enfeitar, adornar, guarnecer (com franjas). **2** rendilhar, recortar (como franja). **Ex:** A luz dos lampiões franjava as silhuetas. **3** florear, enfeitar, empolar. **Ex:** Franjar um texto, o estilo.

franquear *vtd* **1** liberar, desembaraçar, desimpedir. **Ex:** Franquear a passagem. **A:** obstruir. **2** facilitar, proporcionar, facultar. **Ex:** Franquearam nosso acesso ao estádio. **A:** impedir. **3** *DE IMPOSTOS, TRIBUTOS* isentar, dispensar, liberar. **Ex:** O governo franqueou o porto. **A:** tributar. **4** *CORRESPONDÊNCIA* selar. **5** descobrir, revelar, patentear. **Ex:** Franquear um segredo. **A:** ocultar.

franqueza *sf* **1** sinceridade, lealdade, abertura. **A:** falsidade. **2** generosidade, prodigalidade, liberalidade. **A:** mesquinhez.

franquia *sf* **1** regalia, privilégio, imunidade. **2** isenção, dispensa, liberação. **A:** obrigação. **3** selo (postal).

franzino *adj* **1** fraco, magro, raquítico. **2** débil, tênue, frágil. **Ex:** Sua voz era tão franzina que não podíamos ouvi-lo. **A:** forte (nas duas acepções).

franzir *vtd* **1** preguear, vincar. **Ex:** Franzir um tecido. *vtd+vpr* **2** enrugar(-se), preguear(-se), encrespar(-se). **A:** alisar(-se).

fraquear V. fraquejar.

fraqueira V. fraqueza.

fraquejar *vi* enfraquecer, ceder, fraquear. **A:** resistir.

fraqueza *sf* **1** V. fraco. **2** fragilidade, debilidade. **Ex:** A fraqueza dos braços. **A:** força. **3** abatimento, astenia *med*, fraqueira *pop*; *DE ANIMAL* apatia, amuo. **4** covardia, medo, temor. **A:** força. **5** ineficácia, ineficiência, inutilidade. **Ex:** A fraqueza das medidas econômicas. **A:** força. **6** desânimo, esmorecimento, desalento. **A:** ânimo. **7** indecisão, hesitação, irresolução. **A:** decisão. **8** instabilidade, fragilidade, insegurança. **Ex:** A fraqueza de uma instituição. **A:** estabilidade. **9** defeito, falha, imperfeição. **Ex:** Todos nós temos fraquezas. **A:** qualidade.

frasco *sm* vidro, garrafinha.

frase *sf* **1** *Gram.* oração, sentença, proposição. **2** *Gram.* expressão, locução.

fraseado *sm* palavreado, falatório, falação, discurso *fam*.

fraternal V. fraterno.

fraternidade *sf* **1** irmandade, parentesco (entre irmãos). **2** fraternização, amor ao próximo. **3** harmonia, amizade, concórdia, fraternização. **A:** discórdia.

fraternização V. fraternidade.

fraternizar *vtd, vi+vpr* irmanar(-se), unir(-se), ligar(-se), associar(-se). **Ex:** A luta diária os fraternizou. **A:** separar(-se).

fraterno *adj* **1** de irmãos: fraternal. **2** afetuoso, afetivo, carinhoso, fraternal. **Ex:** Amizade fraterna.

fratura *sf Med.* quebra, ruptura, fragmentação.

fraturar *vtd Med.* quebrar, romper, partir, fragmentar (osso).

fraudação V. fraude.

fraudador *sm* **1** contrabandista, muambeiro. **2** embusteiro, trapaceiro, tratante.

fraudar *vtd* **1** trapacear, enganar, tapear *pop*. **2** frustrar, malograr, estragar.

fraudatório V. fraudulento.

fraude *sf* **1** trapaça, tapeação *pop*, falcatrua, fraudação. **2** contrabando.

fraudento V. fraudulento.

fraudulento *adj* doloso, falso, enganador, fraudatório, fraudento. **Ex:** Ação fraudulenta. **A:** honesto.

frear *vtd* **1** *VEÍCULO, MÁQUINA* brecar, enfrear, travar. **2** reprimir, conter, refrear. **Ex:** Frear os instintos. **A:** soltar.

frecha V. flecha.

frechar V. flechar.

frege *sm* **1** restaurante de ínfima categoria: frege-moscas. **2** *Pop.* confusão, rolo *pop*, arranca-rabo *pop*.

frege-moscas V. frege.

freguês *sm* **1** *Ecles.* paroquiano. **2** *Com.* cliente.

freguesia *sf* **1** *Ecles.* paróquia. **2** *Ecles.* paroquianos *pl*. **3** *Com.* clientela.

frei *sm Ecles.* frade, irmão, religioso, freire.

freio *sm* **1** peça metálica presa às rédeas, inserida na boca dos animais de montaria ou tração: trava, travão. **2** *DE VEÍCULO, MÁQUINA* breque. **3** *Fig.* domínio, sujeição, dominação. **4** *Fig.* obstáculo, impedimento, empecilho.

freira *sf Ecles.* irmã, sóror, religiosa, monja.

freire V. frei.

fremente *adj m+f* **1** agitado, violento. **2** apaixonado, fervoroso, arrebatado. **A:** indiferente.

fremir *vi* **1** vibrar, tremer, agitar-se. **2** bramar, rugir, bramir.

frêmito *sm* **1** tremor, estremecimento, abalo. **2** sussurro, murmúrio, rumor.

frenesi *sm* **1** *Med.* delírio, alucinação, loucura. **2** agitação, alvoroço, inquietação. **A:** calma. **3** êxtase, arrebatamento, encanto. **A:** desencanto.

frenético *adj* **1** *Med.* delirante, louco, desvairado. **2** agitado, alvoroçado, inquieto. **A:** calmo. **3** extasiado, arrebatado, encantado. **A:** desencantado.

frente *sf* **1** dianteira, avançada, vanguarda. **A:** traseira. **2** face, anverso. **A:** verso. **3** *DE EDIFÍCIO* fachada, frontispício, fronte. **4** *Mil.* vanguarda, dianteira. **A:** retaguarda. **5** rosto, face, cara. * À frente *interj*: avante! adiante! eia! **A:** para trás! * Frente a frente: cara a cara, face a face, *vis-à-vis*. * Na frente: adiante, avante, na dianteira. **A:** atrás. * Para a frente: avante, para diante. **A:** para trás.

freqüência *sf* **1** repetição. **2** assiduidade, constância. **Ex:** Venho aqui com freqüência. **A:** inconstância. **3** *DE PESSOAS* afluência, afluxo, concorrência. **4** convívio, trato, intimidade. **A:** cerimônia.

freqüentar *vtd* **1** visitar (repetidamente). **Ex:** Freqüentar a casa de alguém. **2** ir a (repetidamente). **Ex:** Freqüentávamos o cinema do bairro. **3** *ESTABELECIMENTO DE ENSINO* cursar, estudar em. **Ex:** Freqüentar a universidade. **4** conviver, viver com. **Ex:** Freqüentamos a alta sociedade. **5** repetir, reiterar, renovar. **A:** rarear.

freqüente *adj m+f* **1** repetido, continuado, seguido. **A:** raro. **2** assíduo. **3** esforçado, diligente, ativo. **A:** negligente.

fresca V. fresco.

fresco *sm* **1** *Pint.* afresco. **2** brisa, aragem, fresca, frescor. **Ex:** Tomamos fresco no jardim. *sm+adj* **3** *Vulg.* maricas, efeminado, desmunhecado. *adj* **4** entre frio e morno. **Ex:** Água fresca. **A:** quente. **5** arejado, ventilado. **Ex:** Lugar fresco. **A:** abafado. **6** recente, novo. **Ex:** Notícias frescas. **A:** antigo. **7** não estragado. **Ex:** Peixe fresco. **A:** estragado. **8** viçoso, verde, vicejante. **Ex:** Flores frescas. **A:** murcho.

frescor *sm* **1** V. frescura. **2** V. fresco. **3** *DE PLANTA* verdor, viço, vigor. **A:** murchidão. **4** vigor, energia, vivacidade. **Ex:** O frescor da juventude.

frescura *sf* **1** frescor. **A:** calor. **2** *Vulg.* afeminação, efeminação, maricagem. **A:** virilidade. **3** pieguice, sentimentalismo.

fressura *sf* bofes *pl*, vísceras *pl*, entranhas *pl*. **Obs.:** De alguns animais.

fresta *sf* fenda, greta, abertura, rachadura.

fretar *vtd* **1** alugar. **Ex:** Fretar um avião. **2** carregar. **A:** descarregar.

frete *sm* **1** aluguel. **2** carregamento, carga, carregação. **3** *Com.* carreto, carretagem.

frevo *sm* confusão, bode, fuzuê, quebra-pau *gír*.

friagem *sf* frialdade, frio (atmosférico). **Ex:** Não é aconselhável tomar friagem após um banho quente.

frialdade V. friagem e frieza.

fricção *sf* 1 esfregação, atrito, atrição. 2 *DE MEDICAMENTO* fomentação.

friccionar *vtd+vpr* 1 esfregar(-se), atritar(-se), roçar. *vtd* 2 *MEDICAMENTO* fomentar.

fricote *sm* 1 *Gír.* manha, dengo, birra. 2 chilique *pop*, faniquito *fam*, ataque.

friento V. friorento.

frieza *sf* 1 frigidez, gelo, algidez, frialdade. **A:** calor. 2 *Fig.* indiferença, apatia, frigidez, frialdade. **A:** entusiasmo. 3 *Fig.* crueldade, dureza, insensibilidade. **Ex:** A frieza do assassino. **A:** humanidade. 4 *Fig.* frigidez (sexual). **A:** fogo.

frigidez V. frieza.

frígido V. frio.

frigir V. fritar.

frincha *sf* fenda, rachadura, fissura, fresta.

frio *sm* 1 *EXCESSIVO* gelo. **A:** calor. 2 *ATMOSFÉRICO* V. friagem. *adj* 3 gelado, gélido, frígido, álgido. **A:** quente. 4 apático, desanimado, indiferente. **A:** interessado. 5 cruel, insensível, duro. **Ex:** Assassino frio. **A:** sensível. 6 inexpressivo, insípido, insosso. **Ex:** Poemas frios. **A:** expressivo. 7 *SEXUALMENTE* frígido. **Ex:** Mulher frígida. **A:** fogoso.

friorento *adj* friento. **Ex:** É muito friorento, vive usando aquele casaco. **A:** calorento.

frisa *sf Teat.* camarote.

frisante *adj m+f* 1 apropriado, adequado, próprio. **A:** inapropriado. 2 concludente, terminante, incontestável. **A:** inconcludente.

frisar *vtd+vpr* 1 *CABELOS* enrolar(-se), encrespar(-se), encaracolar(-se). **A:** desenrolar(-se). *vtd* 2 acentuar, enfatizar, realçar. **Ex:** Frisamos os pontos mais importantes do projeto.

friso *sm* listra, lista, risca, banda.

fritada *sf* 1 fritura. **Ex:** Não comia fritadas para não aumentar o colesterol. 2 omelete, omeleta.

fritar *vtd+vi* frigir. **Ex:** Fritar ovos.

frito *part+adj Pop.* perdido, arruinado. **Ex:** Se não conseguir o dinheiro, estarei frito.

fritura V. fritada.

frivolidade V. futilidade.

frívolo V. fútil.

froco V. floco.

fronde *sf Bot.* copa, coma.

frondear V. frondejar.

frondejante V. frondoso.

frondejar *vtd+vi* frondear, cobrir(-se) (de folhas).

frondoso *adj* copado, frondejante, umbroso, folhento. **Ex:** Árvore frondosa.

fronha *sf Fig.* invólucro, envoltório, capa, cobertura.

frontal *adj m+f* 1 anterior. **Ex:** Parte frontal de algo. **A:** traseiro. 2 franco, declarado, claro. **Ex:** Oposição frontal.

frontear *vtd+vti* defrontar com, confrontar com. **Ex:** Minha casa frontea a sua (ou com a sua).

fronteira *sf* 1 divisa, limite, estremadura. 2 limite, confins *pl*, raia. **Ex:** Seus atos beiram a fronteira da indecência.

fronteiriço *adj* fronteiro, limítrofe, circunvizinho, confinante. **A:** afastado.

fronteiro V. fronteiriço.

frontispício *sm* 1 *DE EDIFÍCIO* fachada, frente, fronte. 2 *DE LIVRO* fachada. 3 *Fam.* face, rosto, semblante.

frota *sf* 1 *Náut.* marinha de guerra. 2 *Náut.* esquadra, armada. 3 *DE UMA EMPRESA* veículos *pl.* 4 *Fig.* monte, montão, enxurrada *fig.* **Ex:** Uma frota de caixas. 5 *Fig.* multidão, torrente, massa. **Ex:** Uma frota de crianças.

frouxidão *sf* 1 lassidão, bambeza, relaxamento. **A:** tensão. 2 largueza, folga. **A:** aperto. 3 abatimento, fraqueza, moleza. **A:** robustez.

frouxo *adj* 1 lasso, bambo, relaxado. **A:** tenso. 2 largo, folgado. **A:** apertado. 3 abatido, fraco, mole. **A:** robusto. 4 covarde, medroso, temeroso. **A:** corajoso. 5 *SEXUALMENTE* impotente, broxa *vulg*.

frugal *adj m+f* 1 sóbrio, simples, parco. **Ex:** Refeição frugal. **A:** opulento. 2 contido, moderado, comedido. **A:** descomedido.

frugalidade *sf* 1 sobriedade, simplicidade, parcimônia. **A:** opulência. 2 contenção, moderação, comedimento. **A:** descomedimento.

fruição *sf* usufruto, desfrute, aproveitamento, gozo.

fruir *vtd* 1 possuir, ter. *vtd+vti* 2 usufruir, desfrutar, aproveitar. **Ex:** Fruir vantagens (ou de vantagens).

frustração *sf* fracasso, insucesso, malogro, aborto *fig.* **A:** sucesso.

frustrado *part+adj* fracassado, malogrado, gorado, inútil. **A:** bem-sucedido.

frustrar *vtd* 1 iludir, enganar, ludibriar. 2 malograr, baldar, estragar. **Ex:** Os policiais frustraram o plano dos ladrões. *vpr* 3 fracassar, falhar, gorar. **Ex:** Nosso projeto frustrou-se. **A:** ter sucesso.

fruta V. fruto.

fruta-do-conde *sf Bot.* pinha, ata.

frutífero *adj* 1 frutificativo. **Ex:** Árvores frutíferas. 2 *Fig.* proveitoso, útil, produtivo, frutificativo, frutuoso. **Ex:** Atividade frutífera. **A:** infrutífero (nas duas acepções).

frutificar *vtd* dar, produzir, gerar, originar (frutos, resultados).

frutificativo V. frutífero.

fruto *sm* 1 *Bot.* fruta, pomo. 2 filho, descendente. 3 lucro, produto, renda. 4 proveito, utilidade, vantagem. 5 conseqüência, resultado, efeito. **A:** causa.

frutuoso V. frutífero.

fuá *sm* 1 *Pop.* desordem, tumulto, confusão. 2 *Pop.* mexerico, fuxico, intriga.

fubecada *sf* 1 repreensão, bronca *pop*, censura. 2 surra, sova, coça. 3 insucesso, fracasso, malogro. **A:** sucesso.

fuça *sf Gír.* cara, rosto, face, focinho.

fuçar *vtd* 1 focinhar, fossar, afocinhar. **Ex:** O porco fuçava o terreno. 2 *Fig.* remexer, revolver, escarafunchar. **Ex:** Fuçar as gavetas. 3 *Fig.* bisbilhotar, sondar, esquadrinhar.

fúcsia *sf Bot.* brinco-de-princesa.

fuga *sf* 1 fugida, escapada, retirada, escapulida. 2 desculpa, evasiva, subterfúgio. 3 *Mil.* deserção, abandono.

fugacidade *sf* 1 V. fuga. 2 rapidez, velocidade, ligeireza. **A:** lentidão. 3 transitoriedade, efemeridade. **A:** durabilidade.

fugaz *adj m+f* 1 rápido, veloz, ligeiro. **A:** lento. 2 transitório, passageiro, efêmero, fugidio, fugitivo. **A:** duradouro.

fugida V. fuga.

fugidio V. fugaz e fugitivo.

fugir *vti+vi* 1 escapulir, escapar, evadir-se, dar no pé *pop*. *vti* 2 apartar-se, desviar-se, afastar-se. **Ex:** Fugiram do local do acidente. 3 desertar de, abandonar. **Ex:** Fugir do exército. 4 evitar, desviar-se de, evadir. **Ex:** Fugimos a esse tipo de problema, não nos envolvendo em discussões. *vi* 5 debandar, dispersar-se, correr. **Ex:** Os manifestantes fugiram quando a polícia chegou.

fugitivo *sm* 1 *Mil.* desertor, traidor. *adj* 2 desertor, fugidio. **Ex:** Soldado fugitivo. 3 V. fugaz. 4 esquivo, arisco, desconfiado, fugidio.

fuinha *s m+f* 1 *Fig.* avarento, sovina, pão-duro *pop*. 2 *Fig.* magrelo, magricela, bacalhau *fig*. **A:** gordo. 3 *Fig.* fofoqueiro *pop*, mexeriqueiro, fuxiqueiro.

fula V. fulo.

fulcro *sm* 1 apoio, suporte, sustentáculo. 2 base, fundamento, princípio. **Ex:** O fulcro de um sistema.

fulgência V. fulgor.

fulgente *adj m+f* fúlgido, brilhante, resplandecente, reluzente.

fúlgido V. fulgente.

fulgir *vtd* 1 abrilhantar, polir, lustrar. **A:** embaciar. *vi* 2 e 3 *Fig.* V. fulgurar.

fulgor *sm* 1 brilho, resplendor, esplendor, fulgência. 2 *RÁPIDO* clarão, cintilação, lampejo, fulguração.

fulguração V. fulgor.

fulgurar *vi* 1 relampejar, faiscar, fagulhar. 2 brilhar, resplandecer, reluzir, fulgir. 3 *Fig.* sobressair, destacar-se, distinguir-se, fulgir.

fulminante *adj m+f Fig.* fatal, letal, mortífero. **Ex:** Teve um enfarte fulminante.

fulminar *vtd* 1 lançar, soltar, dardejar (raios). 2 matar, aniquilar, trucidar. **Ex:** O raio fulminou-o; fulminou o adversário com um tiro. 3 destruir, acabar com, arruinar. **Ex:** O excesso de erros fulminou sua carreira. *vi* 4 brilhar, cintilar, reluzir.

fulo *adj m+f* 1 pardo, mulato, *fula*. 2 furioso, zangado, irritado, *fula*. **A:** calmo.

fulvo *adj* alourado, loiro, dourado, amarelo.

fumaça *sf* **1** fumo. **2** *Fig.* presunção, pretensão, vaidade. **A:** humildade.

fumar *vtd* **1** defumar, fumigar, curar (ao fumo). **Ex:** Fumar a carne. *vtd+vi* **2** pitar. *vi* **3** fumegar, fumarar, afumar. **4** *Fig.* zangar-se, encolerizar-se, irritar-se.

fumarar V. fumar.

fumegar *vi* **1** V. fumar. **2** transparecer, refletir-se, manifestar-se. **Ex:** Sua vontade fumega em seus atos. **3** espumar, espumejar, escumar *pop.*

fumeiro *sm* chaminé.

fumigar *vtd* **1** V. fumar. **2** desinfetar, esterilizar, sanear (com fumaça). **Ex:** Fumigar a sala.

fumo *sm* **1** e **2** *Fig.* V. fumaça. **3** *Bot.* tabaco. **4** *Gír.* maconha, erva *gír.* haxixe.

fumoso *adj Fig.* presunçoso, vaidoso, pretensioso, orgulhoso. **A:** humilde.

funambulesco *adj Fig.* estranho, esquisito, extravagante, excêntrico. **A:** normal.

funâmbulo *sm* equilibrista, acrobata, acróbata.

função *sf* **1** cargo, emprego, ofício. **Ex:** Conseguiu a função de diretor. **2** encargo, obrigação, incumbência. **Ex:** Desempenhar suas funções. **3** espetáculo, apresentação, exibição. **Ex:** Foi brilhante a função daquela companhia de teatro. **4** festa, festejo, comemoração; *DANÇANTE* baile, dança, bailado.

funcho *sm Bot.* erva-doce.

funcional *adj m+f* prático. **Ex:** Móveis funcionais, que facilitam nossa vida no escritório.

funcionar *vi* **1** trabalhar. **Ex:** Os bancos não funcionam hoje. **2** *RELÓGIO* andar, trabalhar. **A:** parar.

funcionário *sm* **1** servidor (público). **Ex:** Funcionários do ministério. **2** empregado. **Ex:** Funcionários da fábrica.

funda *sf* estilingue, atiradeira, bodoque.

fundação *sf* **1** criação, estabelecimento, instituição. **Ex:** A fundação de nosso grupo foi comemorada com uma grande festa. **2** *Constr.* alicerce, fundamento, embasamento, base. **3** instituição, instituto. **Ex:** Fundação beneficente.

fundado *part+adj* procedente, justo, racional, lógico. **Ex:** Argumentos fundados. **A:** infundado.

fundador *sm* autor, criador, inventor, pai.

fundamental *adj m+f* essencial, necessário, básico, indispensável. **A:** secundário.

fundamentar *vtd* **1** *Constr.* alicerçar, embasar, fundar. **Ex:** Fundamentar um edifício. **2** documentar, comprovar, demonstrar. **Ex:** Fundamente suas declarações para que sejam incontestáveis. *vtd+vpr* **3** basear(-se), apoiar(-se), amparar(-se), fundar(-se). **Ex:** Fundamentou sua teoria em experiências científicas; nosso trabalho fundamenta-se em pesquisas rigorosas.

fundamento *sm* **1** *Constr.* V. fundação. **2** motivo, razão, justificativa. **Ex:** Agir sem fundamento. *sm pl* **3** rudimentos, princípios, noções. **Ex:** Ensinar os fundamentos da ciência.

fundão *sm* **1** ponto mais fundo de lago, etc.: pego. **2** deserto, solidão, ermo.

fundar *vtd* **1** *Constr.* V. fundamentar. **2** criar, estabelecer, instituir. **Ex:** Fundar uma empresa. *vtd+vpr* **3** V. fundamentar.

fundeadouro *sm Náut.* ancoradouro, ancoradoiro.

fundear *vtd, vti+vi Náut.* ancorar, atracar, amarrar.

fundiário *adj* agrário.

fundir *vtd+vpr* **1** derreter(-se), liquefazer(-se), dissolver(-se). **A:** solidificar(-se). **2** juntar(-se), unir(-se), ligar(-se). **Ex:** Fundir os dois grupos. **A:** separar(-se).

fundo *sm* **1** profundeza, profundidade, fundura, entranhas *pl.* **Ex:** O fundo do mar. **2** *Econ.* capital, patrimônio, haveres *pl.* **3** *Fig.* íntimo, âmago, interior. **Ex:** O fundo da alma. *adj* **4** *MAR, LAGO* profundo, alto. **A:** raso. **5** cavado, encovado. **Ex:** Olhos fundos.

fundura V. fundo.

fúnebre *adj m+f* **1** funerário, funeral, funéreo, mortuário. **Ex:** Cerimônia fúnebre. **2** triste, lúgubre, sinistro. **A:** alegre.

funeral *sm* **1** enterro, inumação, exéquias *pl.* **Ex:** exumação. *adj m+f* **2** V. fúnebre.

funerário V. fúnebre.

funéreo V. fúnebre.

funesto *adj* 1 fatal, mortal, letal. **Ex:** Ferimento funesto. 2 de mau agouro: infausto, agourento, sinistro. **Ex:** Notícia funesta. **A:** propício. 3 prejudicial, nocivo, danoso. **A:** benéfico.

fungadeira *sf Pop.* caixa para rapé: tabaqueira.

fungar *vtd* cheirar, aspirar, absorver (pelo nariz).

fungo *sm Bot.* cogumelo, agárico.

funilaria *sf* latoaria.

funileiro *sm* latoeiro, lanterneiro.

fura-bolo *sm Pop.* indicador, dedo indicador.

furacão *sm* tufão, ciclone, vendaval.

furar *vtd* 1 perfurar, esburacar. 2 cavar, escavar, cavoucar. 3 romper, penetrar em, atravessar. **Ex:** Furar o bloqueio. 4 *Gír.* frustrar, malograr, estragar. *vi* 5 *Gír.* falhar, gorar, malograr-se. **Ex:** Meu plano furou. **A:** ter sucesso.

fúria *sf* 1 V. furor. 2 raiva, zanga, cólera. **A:** calma.

furibundo V. furioso.

furioso *adj* 1 irritado, colérico, bravo, furibundo. **A:** calmo. 2 forte, violento, impetuoso. **Ex:** Tempestade furiosa. **A:** suave.

furna *sf* caverna, gruta, covil, antro.

furo *sm* orifício, buraco, abertura.

furor *sm* 1 fúria, exaltação, excitação. 2 entusiasmo, ardor, fervor *fig.* **Ex:** Prega suas idéias com furor. **A:** desânimo. 3 força, violência, ímpeto. **Ex:** O furor do vendaval. **A:** suavidade. 4 êxtase, arrebatamento, frenesi. * Furor uterino *Med.*: ninfomania, afrodisia (feminina).

furta-cor *adj m+f* irisado, cambiante.

furtar *vtd* 1 roubar, surrupiar, afanar *gír.* 2 *OBRAS, TRABALHOS* plagiar, copiar, imitar. *vpr* 3 eximir-se, fugir, esquivar-se a. **Ex:** Não se furtou a cumprir sua obrigação.

furtivo *adj* 1 escondido, oculto, encoberto. **A:** visível. 2 disfarçado, dissimulado, acobertado. **A:** revelado.

furto *sm* roubo, ladroagem, rapina, abafo *gír.*

furúnculo *sm Med.* leicenço, fleimão.

fusão *sf* 1 derretimento, liquefação, dissolução. **A:** solidificação. 2 associação, sociedade, corporação. **Ex:** Fusão de empresas. 3 mistura, amálgama, liga. **Ex:** Fusão de

dois metais. 4 *Polít.* aliança, coalizão, coligação.

fusco *adj* 1 escuro, obscuro, tenebroso. **A:** claro. 2 triste, melancólico, tristonho. **A:** alegre.

fusionar *vtd* 1 fundir, juntar, ligar. 2 misturar, mesclar, amalgamar. **A:** separar (nas duas acepções).

fuste *sm* 1 *Bot.* tronco, caule, haste. 2 *Arquit.* corpo (da coluna).

fustigar *vtd+vpr* 1 chicotear(-se), açoitar(-se), flagelar(-se). *vtd* 2 bater em, surrar, açoitar (com vara). 3 maltratar, magoar, machucar. **Ex:** O arrependimento o fustiga. 4 estimular, incitar, instigar. **A:** desestimular.

fútil *adj* 1 frívolo, insignificante, vão, reles. **Ex:** Motivos fúteis. **A:** importante. 2 leviano, frívolo, volúvel, irresponsável. **Ex:** Mulher fútil. **A:** sério.

futilidade *sf* 1 frivolidade, insignificância. **A:** importância. 2 leviandade, frivolidade, irresponsabilidade. **A:** seriedade. 3 bagatela, ninharia, mixaria. **Ex:** Não perca seu tempo com futilidades.

futrica *sf* 1 taverna, baiúca, bodega. 2 *Pop.* provocação, desafio, instigação. 3 fofoca *pop*, mexerico, fuxico. 4 trapaça, dolo, fraude.

futricar *vtd* 1 *NOS NEGÓCIOS* trapacear, tapear *pop*, fraudar. 2 indispor, intrigar, enredar. **Ex:** Futricar os amigos. 3 provocar, desafiar, instigar. *vi* 4 fofocar *pop*, mexericar, fuxicar.

futriqueiro *sm+adj* fofoqueiro *pop*, mexeriqueiro, fuxiqueiro, encrenqueiro *gír.*

futuro *sm* 1 amanhã, porvir. *adj* 2 vindouro. **A:** passado (nas duas acepções).

fuxicar *vtd* 1 alinhavar, coser, costurar. 2 remexer, revolver, mexer. 3 intrigar, indispor, inimizar. **Ex:** Fuxicar os vizinhos. *vi* 4 mexericar, fofocar *pop*, bisbilhotar.

fuxico *sm* mexerico, fofoca *pop*, intriga, encrenca *gír.*

fuxiqueiro *sm+adj* mexeriqueiro, fofoqueiro *pop*, encrenqueiro *gír*, fuxiquento.

fuxiquento V. fuxiqueiro.

fuzarca *sf* 1 desordem, confusão, bagunça *gír.* **A:** ordem. 2 farra, folia, baderna.

fuzil *sm* **1** espingarda, carabina. **2** ligação, vínculo, cadeia *fig*. **3** *DE CORRENTE* elo, anel, aro.

fuzilar *vtd* **1** executar, supliciar, justiçar (com arma de fogo). *vi* **2** relampejar, relampaguear, coriscar. **3** cintilar, resplandecer, brilhar.

fuzilaria *sf* **1** disparo, tiro, fogo. **2** tiroteio. **3** *Fig*. abundância, montão, enxurrada *fig*.

fuzuê *sm* **1** festa, festividade, celebração. **2** confusão, rolo *pop*, bode.

G

gabão V. gabola.

gabação V. gabo.

gabar *vtd* **1** elogiar, enaltecer, louvar. **A:** criticar. *vpr* **2** vangloriar-se, fanfarronar, bravatear.

gabardina *sf* **1** *TECIDO* gabardine. **2** sobretudo, capote, capa, gabardine.

gabardine V. gabardina.

gabarito *sm* **1** medida, padrão, modelo. **2** categoria, classe, qualidade. **Ex:** Pessoa de alto gabarito.

gabarola V. gabola.

gabarolas V. gabola.

gabarolice V. gabolice.

gabinete *sm* **1** escritório (numa casa). **2** laboratório, oficina. **Ex:** O gabinete do farmacêutico. **3** ministério, governo.

gabo *sm* **1** elogio, louvor, aplauso *fig*, gabação. **A:** crítica. **2** orgulho, presunção, gabolice, gabarolice. **A:** humildade.

gabola *s e adj m+f* fanfarrão, farofeiro *pop*, gabarola, gabão, gabarolas.

gabolice *sf* **1** fanfarronice, farofa, prosa, gabarolice. **2** V. gabo.

gadanha V. gadanho.

gadanho *sm* **1** *Agr.* ancinho. **2** *Agr.* gadanha, foice (de cabo comprido). **3** garra, unha (de ave de rapina).

gado *sm* **1** reses *pl*. **2** *DE ANIMAIS GRANDES* rebanho, manada; *DE PORCOS* vara, bando; *DE CABRAS* fato, bando. * Gado bovino: gado vacum. * Gado equíno: gado cavalar.

gafe *sf* fora, rata, mancada *gír*, fiasco.

gafeira *sf Vet.* sarna, morrinha (dos cães).

gafeirento *adj* sarnento, gafento.

gafento V. gafeirento.

gafieira *sf* **1** *Gír.* arrasta-pé *pop*, forró, baileco. **2** clube de dança (popular).

gagá *adj m+f* decrépito, caduco, esclerosado.

gago *sm+adj* tartamudo, tatibitate *por ext*.

gagueira *sf* gaguez, tartamudez.

gaguejar *vtd+vi* balbuciar, tartamudear.

gaguez V. gagueira.

gaiatice *sf* **1** travessura, traquinagem, diabrura. **2** malícia, marotagem, maroteira.

gaiato *sm+adj* **1** brincalhão, zombeteiro, folgazão. *adj* **2** travesso, traquinas, endiabrado. **A:** comportado. **3** malicioso, maroto, brejeiro.

gaiola *sf* **1** jaula. **2** prisão, cadeia, cárcere.

gaita *sf* **1** *Mús.* gaita de boca, harmônica. **2** *Mús.* sanfona, acordeão, concertina. **3** *Gír.* dinheiro, grana *gír*, cobre *pop*.

gaiteiro *adj* **1** alegre, jovial, animado. **A:** triste. **2** brincalhão, zombeteiro, folião.

gala *sf* **1** traje de gala. **2** luxo, pompa, fausto. **A:** simplicidade. **3** enfeites *pl*, ornamentos *pl*, adornos *pl*.

galã *sm Fam.* namorador, galanteador.

galante *adj m+f* **1** amável, gentil, delicado (para com as mulheres). **2** elegante, garboso, gracioso. **A:** deselegante. **3** espirituoso, engraçado, alegre. **A:** insosso.

galanteador V. galã.

galantear *vtd* **1** namorar, cortejar, requestar (as mulheres). **2** enfeitar, adornar, ornamentar. *vi* **3** namorar.

galanteio *sm* **1** corte, galanteria, lisonja. **2** namoro, xodó, chamego.

galanteria *sf* **1** V. galanteio. **2** elegância, graça, delicadeza. **A:** deselegância.

galão *sm* **1** debrum, cairel. **2** *Mil.* distintivo, insígnia (em forma de tira dourada).

galar *vtd* **1** *GALINHA* fecundar, cobrir. **2** *Pej.* engravidar, emprenhar. **Ex:** Galar uma mulher.

galardão *sm* **1** recompensa, prêmio, gratificação. **A:** castigo. **2** glória, honra, grandeza.

galardoar *vtd* 1 recompensar, premiar, gratificar. **A:** castigar. 2 aliviar, consolar, confortar. **A:** desconsolar.

Galáxia *sf Astr.* Via-láctea, Caminho de Santiago.

galé *sf* 1 V. galera. *sm* 2 condenado, sentenciado (a trabalhos forçados).

galera *sf* 1 *Náut. ant.* galé. 2 *Pop.* torcida, torcedores *pl.* 3 *Gír.* turma, pessoal, gente.

galeria *sf* 1 corredor (subterrâneo ou para exposições artísticas). **Ex:** Para entrar na mina, atravessávamos uma galeria. 2 *Fig.* coleção, conjunto, reunião. **Ex:** O ator criou uma galeria de tipos cômicos. 3 tribuna. **Ex:** O povo lotou as galerias do Senado.

galgar *vtd* 1 pular, transpor, passar. **Ex:** Galgar obstáculos. 2 subir, escalar, trepar em. **Ex:** Galgar o muro. 3 descer de. **Ex:** Galgar vários quilômetros. *vti* 4 chegar a. **Ex:** De empregado galgou a empresário.

galhardear *vtd* 1 ostentar, exibir, alardear. *vti* 2 brilhar, destacar-se, sobressair.

galhardia *sf* 1 elegância, distinção, garbo. **A:** deselegância. 2 generosidade, nobreza, grandeza. **A:** mesquinhez. 3 bravura, valentia, destemor. **A:** covardia.

galhardo *adj* 1 elegante, distinto, garboso. **A:** deselegante. 2 generoso, nobre, elevado. **A:** mesquinho. 3 bravo, valente, destemido. **A:** covarde.

galho *sm* 1 *Bot.* ramo. 2 *Zool.* chifre, corno, guampa. 3 *Pop.* problema, complicação, obstáculo. 4 *Pop.* bico *gír*, biscate *gír*, extra. * Quebrar um galho *Pop.*: resolver um problema.

galhofa *sf* 1 brincadeira, gracejo, graça. 2 zombaria, gozação, chacota.

galhofar *vti+vi* 1 zombar, gozar, caçoar de. *vi* 2 brincar, divertir-se, folgar.

galhofeiro *sm+adj* brincalhão, zombeteiro, folgazão, trocista. **A:** sério.

galicismo *sm* francesismo, francesia.

galinha *sf Fig. Vulg.* vaca, vagabunda, libertina, leviana.

galinha-d'angola *sf Ornit.* angola, guiné, angolinha.

galo *sm Fam.* calombo, inchaço, inchação, bossa.

galopada V. galope.

galopar *vtd+vi* galopear. **Ex:** Galopamos várias horas para chegar aqui; os cavalos fugiram galopando.

galope *sm* 1 *Equit.* galopada. 2 *Fig.* carreira, disparada, correria.

galopear V. galopar.

galpão *sm* alpendre, telheiro, coberta, cobertura.

galvanizar *vtd* 1 eletrizar, carregar (com pilha galvânica ou voltaica). 2 *Fig.* estimular, animar, incentivar. **A:** desestimular.

gamar *vti+vi Gír.* apaixonar-se, enamorar-se, enrabichar-se, vidrar *gír.* **Ex:** Gamou pela filha da vizinha.

gambá *sm* 1 *Zool.* sarigüê. 2 *Pop.* beberrão, esponja *fig*, pau-d'água *pop.*

gambito V. cambito.

gamela *sf* 1 bacia (de madeira). 2 *Pop.* mentira, lorota, história.

gana *sf* 1 desejo, fome *fig*, vontade. **A:** desinteresse. 2 ódio, raiva, rancor. **Ex:** Ter gana de alguém.

ganância *sf* 1 cobiça, ambição, avidez. **A:** desapego. 2 usura, ágio, lucro exagerado. 3 ganho, lucro, rendimento. **A:** prejuízo.

ganancioso *adj* 1 cobiçoso, ambicioso, ávido. **A:** desapegado. 2 *NEGÓCIO* lucrativo, vantajoso, rendoso. **A:** prejudicial.

gancho *sm* 1 *DO TELEFONE* suporte. **Ex:** Pôs o fone no gancho. 2 grampo (para prender o cabelo). 3 *Gír.* bico, biscate, extra.

gandaia *sf* 1 *Pop.* farra, boemia, boêmia. 2 vadiagem, vagabundagem, ócio. **A:** trabalho.

gandaiar *vi Pop.* vadiar, vagabundear, preguiçar, mandriar. **A:** trabalhar.

gandaieiro *sm+adj* 1 *Pop.* farrista, boêmio, pândego. 2 *Pop.* vadio, vagabundo, preguiçoso. **A:** trabalhador.

gang (ingl.: guéng) V. gangue.

ganga V. canga.

gânglio *sm Anat.* nódulo, inchaço, tumefação.

gangrena *sf* 1 *Med.* necrose, esfácelo. 2 *Fig.* corrupção, perdição, perversão. **A:** pureza.

gangrenar *vtd, vi+vpr* 1 *Med.* necrosar(-se), esfacelar(-se). *vtd* 2 *Fig.* degenerar, corromper, perverter. **A:** regenerar.

gangster (ingl.: guénгster) V. gângster.

gângster *sm* bandido, criminoso, malfeitor, *gangster*.

gangue *sf* quadrilha, bando, corja, malta, *gang*.

ganha-pão *sm* **1** trabalho, profissão, ofício. **Ex:** Seu ganha-pão é a marcenaria. **2** sustento. **Ex:** Não posso viver sem isso, é meu ganha-pão.

ganhar *vtd* **1** conseguir, obter, conquistar. **Ex:** Ganhar a fama, a liberdade. **2** vencer, triunfar em. **Ex:** Quem ganhou o jogo? **3** *SALÁRIO, ETC.*, receber, perceber, auferir. **4** cativar, conquistar, granjear. **Ex:** Ganhou a admiração dos adversários. *vti* **5** superar, exceder, sobrepujar. **Ex:** Ganha de todos em simpatia e competência. **A:** perder (acepções **1**, **2**, **4** e **5**).

ganho *sm* **1** lucro, proveito, vantagem. **A:** perda. *part+adj* **2** conseguido, conquistado, obtido. **A:** perdido.

ganir *vi* **1** *CÃO* cainhar, latir, gemer. *vtd+vi* **2** *Fig.* gemer. **Ex:** Ganiu um grito de dor.

ganja *sf Pop.* vaidade, presunção, orgulho, pretensão. **A:** humildade.

ganjento *adj Pop.* vaidoso, presunçoso, orgulhoso, pretensioso. **A:** humilde.

ganso *sm Gír.* bebedeira, embriaguez, pileque, porre *pop.* **A:** sobriedade.

ganzá *sm Mús.* reco-reco.

garage V. garagem.

garagem *sf* **1** garage. **Ex:** Pôr o carro na garagem. **2** oficina mecânica, garage.

garanhão *sm Zootec.* rufião, reprodutor (eqüino), pastor.

garantia *sf* **1** *Com.* fiança, aval, caução, abono. *sf pl* **2** *Dir.* direitos, privilégios, prerrogativas.

garantir *vtd* **1** *Com.* afiançar, avalizar, abonar, endossar. **Ex:** Garantir um título. **2** assegurar, afirmar, asseverar. **Ex:** Garanto que tudo é verdade. **3** defender, proteger, livrar. **Ex:** A família deve garantir os seus membros contra as dificuldades da vida.

garapa *sf* caldo de cana.

garatuja *sf* **1** rabisco, risco. **2** desenho malfeito: rabisco, gatafunhos *pl.*

garatujar *vtd+vi* rabiscar.

garaveto V. graveto.

garbo *sm* **1** elegância, distinção, galhardia. **A:** deselegância. **2** valor, valentia, coragem. **A:** covardia.

garboso *adj* **1** elegante, distinto, bem-apessoado. **A:** deselegante. **2** valoroso, valente, corajoso. **A:** covarde.

garção V. garçom.

garçom *sm* **1** garção. **Ex:** Pedimos a conta ao garçom. **2** *P. us.* rapaz, moço, jovem. **A:** velho.

garfar *vtd Fig.* prejudicar, lesar.

garfo *sm Agr.* forcado; *PEQUENO* forquilha. * Um bom garfo *Gír.*: comilão, glutão, voraz.

gargalhar *vi* chocalhar *fig.*

gargalo *sm* colo (de garrafa, etc.).

garganta *sf* **1** *Anat.* goela, fauce. **2** voz (humana). **Ex:** Ela tem uma garganta de ouro. **3** *Geogr.* desfiladeiro, estreito. *s e adj m+f* **4** fanfarrão, gabola, valentão. **Ex:** Fulano é um garganta.

garganteado V. garganteio.

gargantear *vtd+vi* **1** gorjear, trinar, cantar. *vi* **2** gabar-se, vangloriar-se, fanfarrear.

garganteio *sm* gorjeio, trinado, garganteado, trilo.

garnir *vtd Ant.* guarnecer, munir, prover, abastecer. **A:** desprover.

garoa *sf* chuvisco, chuvisqueiro, borrifo, peneira.

garoar *vi* chuviscar, borrifar, peneirar, babujar.

garota *sf* **1** menina, guria *pop*, criança. **2** *Pop.* namorada, pequena, mina *pop.*

garotada *sf* **1** meninada, criançada, gurizada *pop*, garotagem. **2** V. garotice.

garotagem V. garotada.

garotice *sf* malícia, brejeirice, gaiatice, marotagem, garotada.

garoto *sm* **1** menino, guri *pop*, criança. *adj* **2** maroto, brejeiro, gaiato.

garra *sf* **1** *DE FERA* unha; *DE AVE DE RAPINA* unha, gadanho. **2** unhas *pl*, dedos *pl*, mãos *pl.* **3** *Fig.* tirania, opressão, prepotência. **A:** benevolência. **4** *Fig.* força, intensidade, energia. **A:** moderação. **5** *Fig.* fibra *fig*, força, caráter. **Ex:** Pessoa de muita garra.

garrafa *sf* casco. **Ex:** Garrafa de refrigerante.

garrancho *sm* 1 letra ruim. 2 graveto, garaveto.

garridice *sf* faceirice, janotice, elegância. A: deselegância.

garrido *adj* 1 faceiro, janota, elegante. A: deselegante. 2 vivo, vistoso, alegre. A: apagado. 3 elegante, gracioso, esbelto. A: deselegante.

garrincha *sf Ornit.* corruíra, cambaxirra, carriça.

garrir *vi* 1 tagarelar, papaguear, taramelar. 2 badalar, bater, soar. **Ex:** Os sinos garriam. 3 exibir luxo: ostentar-se, luxar, pompear. *vpr* 4 pavonear-se, enfeitar-se, adornar-se.

garrotar *vtd* garrotear, estrangular, esganar (com garrote).

garrote *sm* 1 estrangulação, estrangulamento. 2 *Zootec.* bezerro, novilho, vitelo.

garrotear V. garrotar.

garrucha *sf* pistola.

garrulice *sf* tagarelice, loquacidade, parolagem.

gárrulo *sm+adj* tagarela, falador, palrador. A: calado.

garupa *sf DE ANIMAL* ancas *pl*, quartos *pl*.

gás *sm* 1 *Quím.* fluido. 2 *Fig.* animação, entusiasmo, vibração. A: indiferença. *sm pl* 3 flatulência *sing*, flato *sing*, ventosidade *sing*.

gaseificar *vtd+vpr* gasificar(-se), vaporizar(-se), evaporar(-se), volatilizar(-se).

gasificar V. gaseificar.

gastar *vtd* 1 destruir, estragar, danificar. **Ex:** Gastar a saúde. A: conservar. 2 despender, expender, consumir. **Ex:** Gastou muito dinheiro com a reforma da casa; gastar o tempo com bobagens. A: economizar. 3 desperdiçar, dissipar, malbaratar. **Ex:** Gastou toda a sua fortuna. A: economizar. *vtd+vpr* 4 consumir(-se), esgotar(-se), exaurir(-se). **Ex:** Gastar energia. A: conservar(-se). *vtd, vi+vpr* 5 desgastar(-se), surrar(-se). **Ex:** Gastar o sapato.

gasto *sm* 1 despesa, dispêndio. A: economia. 2 consumo, uso, emprego. *part+adj* 3 consumido, esgotado, exaurido. A: conservado. 4 despendido, consumido. A: economizado. 5 batido, acabado, arruinado. **Ex:** Roupas gastas. A: novo.

gastura *sf* coceira, comichão, prurido.

gata *sf* 1 *Gír.* gatona. **Ex:** Ela é uma gata. 2 *Pop.* bebedeira, embriaguez, porre *pop*. A: sobriedade.

gatafunhos V. garatuja.

gatão V. gato.

gatázio *sm* 1 *Pop.* garra, unha (de gato). 2 *Pop.* unhas *pl*, dedos *pl*, mãos *pl*.

gateado *adj* 1 *CAVALO* amarelo-avermelhado. 2 *OLHO* amarelo-esverdeado.

gatinhar *vi* engatinhar, andar de gatinhas.

gato *sm* 1 *Zool.* bichano. 2 *Gír.* gatão. **Ex:** Todas o achavam um gato. 3 *Fam.* erro, omissão, lapso. 4 *Pop.* V. gatuno.

gatona V. gata.

gatunagem *sf* 1 roubo, furto, ladroeira, gatunice. 2 quadrilha, corja, bando (de gatunos).

gatunar *vtd+vi* roubar, furtar, larapiar, afanar *gír*, gatunhar.

gatunhar V. gatunar.

gatunice V. gatunagem.

gatuno *sm* ladrão, larápio, ladro, gato *pop*.

gauchada *sf Pej.* fanfarronada, fanfarronice, prosa, farofa.

gaúcho *sm+adj* rio-grandense-do-sul, sul-rio-grandense, guasca.

gáudio *sm* 1 alegria, contentamento, júbilo. A: tristeza. 2 brinquedo, brincadeira, divertimento.

gavião *sm* 1 *Ornit.* falcão, açor. 2 *Fig.* espertalhão, malandro, matreiro. A: simplório. 3 *Gír.* conquistador, mulherengo, sedutor.

gavinha *sf Bot.* elo, mão.

gazear V. gazetear.

gazeio V. gazeta.

gazeta *sf* 1 jornal, periódico, diário. 2 gazeio. **Ex:** Os alunos foram pegos fazendo gazeta.

gazetear *vi* cabular, gazear.

gazeteiro *sm* 1 *Pej.* jornalista, diarista. 2 jornaleiro, vendedor de jornais. *sm+adj* 3 *ESTUDANTE* vadio.

geada *sf Meteor.* gelada. **Ex:** A geada cobriu a plantação.

gear *vtd* congelar, gelar, regelar, enregelar. A: descongelar.

gebo *adj* corcunda, geboso, giboso.

geboso V. gebo.

gelada V. geada.

geladeira *sf* refrigerador.

gelado *sm* 1 sorvete. *part+adj* 2 gélido, glacial, frígido. A: quente.

gelar *vtd, vi+vpr* 1 congelar(-se), enregelar(-se), regelar(-se). A: degelar(-se). 2 esfriar(-se), resfriar(-se), arrefecer(-se). A: esquentar(-se). 3 assombrar(-se), aterrorizar(-se), assustar(-se). 4 desanimar(-se), arrefecer(-se), esmorecer. A: entusiasmar(-se).

gelatinoso *adj* viscoso, pegajoso, grudento, visguento.

gelha *sf* dobra, prega, vinco, carquilha. **Ex:** Gelha no rosto ou num tecido.

gélido *adj* 1 V. gelado. 2 *Fig.* insensível, frio, indiferente. A: caloroso.

gelo *sm* 1 água solidificada. 2 frio (excessivo). A: calor. 3 frieza, frigidez, algidez. A: calor. 4 *Poét.* frieza, insensibilidade, indiferença. A: entusiasmo.

gema *sf* 1 gema do ovo. 2 pedra preciosa. 3 *Fig.* íntimo, centro, âmago.

gêmeo *adj* idêntico, igual, similar, semelhante. A: diferente.

gemer *vtd+vi* 1 ganir *fig. vi* 2 lamentar-se, lamuriar-se, queixar-se. 3 ranger, chiar. **Ex:** A porta gemeu quando a abrimos.

gemido *sm* 1 lamentação, lamúria, queixa. 2 rangido, chiado, chio.

geminar *vtd* duplicar, dobrar (ligando).

genealogia *sf* 1 linhagem, estirpe, ascendência. A: descendência. 2 origem, procedência, proveniência.

genebra *sf* gim.

generalidade *sf* 1 totalidade, total. 2 maioria, maior parte, o mais. A: minoria. *sf pl* 3 princípios, rudimentos, fundamentos.

generalizar *vtd* 1 universalizar. A: particularizar. *vtd+vpr* 2 difundir(-se), propagar(-se), vulgarizar(-se).

genérico V. geral.

gênero *sm* 1 espécie, tipo, categoria. 2 estilo, modo, maneira. *sm pl* 3 *Com.* mercadorias, produtos, artigos.

generosidade *sf* 1 prodigalidade, liberalidade, magnanimidade. A: mesquinhez. 2 nobreza, elevação, grandiosidade. A: vileza. 3 excelência, sublimidade, magnificência. A: banalidade.

generoso *adj* 1 pródigo, liberal, magnânimo. A: mesquinho. 2 nobre, elevado, grandioso. A: vil. 3 excelente, sublime, magnífico. A: banal. 4 *TERRENO* fértil, produtivo, fecundo. A: improdutivo.

gênese *sf* criação, formação, origem, início, gênesis.

gênesis V. gênese.

genial *adj m+f* 1 original, extraordinário, admirável. A: comum. 2 *INDIVÍDUO* engenhoso, talentoso, inteligente. 3 *Gír.* ótimo, excelente, perfeito. **Ex:** Sua sugestão foi genial.

gênio *sm* 1 espírito, entidade. 2 talento, engenho, inteligência. 3 crânio *fig,* inteligência. **Ex:** Ele é um gênio. 4 caráter, índole, temperamento. 5 *Fam.* irritabilidade, irascibilidade, mau gênio.

genioso *adj* irritadiço, irascível, irritável, colérico. A: calmo.

genitor *sm* pai, progenitor. A: filho.

gentalha *sf* ralé, plebe, populacho, gentinha. A: nata.

gentama V. gentarada.

gentarada *sf Pop.* gentama, multidão, massa, povaréu.

gente *sf* 1 população, povo. **Ex:** A gente da capital. 2 pessoal, pessoas *pl.* **Ex:** A gente da escola veio me visitar no hospital. 3 homem, pessoa, indivíduo. **Ex:** Ele é gente boa. 4 humanidade, gênero humano. 5 povo, nação. 6 família, familiares *pl,* parentes *pl.* **Ex:** Minha gente vem do interior. 7 multidão, turba, povaréu. * A gente *Fam.:* nós. **Ex:** A gente não mora aqui.

gentil *adj m+f* 1 educado, cortês, amável. A: grosso. 2 nobre, cavalheiresco, fidalgo. A: plebeu. 3 elegante, gracioso, garboso. A: deselegante.

gentileza *sf* 1 educação, cortesia, amabilidade. A: grosseria. 2 elegância, graça, garbo. A: deselegância. 3 favor, fineza, obséquio.

gentinha V. gentalha.

gentio *sm* 1 pagão, idólatra, infiel. 2 índio, indígena, silvícola. 3 *Pop.* multidão, massa, gentarada *pop. adj* 4 pagão, idólatra.

genuflectir *vtd+vi* ajoelhar(-se), *genufletir.*

genufletir V. genuflectir.

genuflexo *adj* ajoelhado, de joelhos.

genuíno *adj* 1 sem mistura: puro. **Ex:** Mercadoria genuína, uísque genuíno. **A:** impuro. 2 autêntico, verdadeiro, original. **A:** falso.

geométrico *adj Fig.* regular, simétrico, harmonioso, harmônico. **A:** irregular.

geração *sf* 1 concepção, procriação. 2 produção, formação. 3 descendência, progênie, prole. **A:** ascendência. 4 linhagem, ascendência, estirpe. **A:** descendência.

gerador *sm* 1 produtor, formador. 2 pai, genitor, progenitor. 3 autor, criador, inventor.

geral *sm* 1 maioria, maior parte, generalidade. **Ex:** O geral dos homens segue alguma religião. **A:** minoria. *adj m+f* 2 genérico, impreciso, vago. **Ex:** Termos muito gerais são ambíguos. **A:** preciso. 3 total, global, completo. **Ex:** Greve geral. **A:** parcial. 4 universal, coletivo, comum. **Ex:** Matéria de interesse geral. **A:** particular.

gerar *vtd* 1 conceber, procriar. 2 causar, provocar, motivar. 3 *FRUTOS, RESULTADOS* produzir, dar, originar. 4 *Com.* abrir, estabelecer, criar. **Ex:** Gerar novos mercados. *vi+vpr* 5 nascer, desenvolver-se, crescer.

gerência *sf* administração, direção, gestão, governo.

gerente *s m+f* administrador, dirigente, responsável, gestor.

geringonça *sf* 1 coisa desajeitada: joça *gír.* 2 gíria, calão, jargão.

gerir *vtd* administrar, dirigir, superintender, governar.

germânico *sm+adj* 1 *Hist.* germano. **Ex:** Os germânicos eram escravizados pelos romanos; as tribos germânicas invadiram o Império Romano. *adj* 2 alemão, teutônico.

germano *sm+adj* 1 V. germânico. *adj* 2 *Fig.* puro, genuíno. **A:** impuro.

germe *sm* 1 *Zool.* germe, embrião. 2 *Bot.* embrião, plântula. 3 *Biol.* micróbio, microrganismo, bactéria. 4 *Fig.* causa, origem, princípio. **Obs.:** Nas quatro acepções, existe a variante *gérmen*.

gérmen V. germe.

germinação *sf Fig.* expansão, difusão, desenvolvimento, crescimento.

germinar *vtd* 1 causar, originar, produzir. *vi* 2 *Bot.* brotar, rebentar, desabrochar. 3 nascer, difundir-se, propagar-se.

gessar *vtd* engessar. **Ex:** Gessar um braço quebrado.

gestação *sf* 1 gravidez, prenhez *zool* e *pej.* 2 *Fig.* elaboração, preparação, execução.

gestante *sf* 1 grávida. *adj f* 2 grávida, prenhe *zool* e *pej*, prenha *zool* e *pej*.

gestão *sf* gerência, administração, direção, superintendência.

gesticulação V. gesto.

gesticulado V. gesto.

gesticular *vi* acenar, fazer gestos.

gesto *sm* 1 gesticulado, gesticulação. 2 aceno, sinal, mímica. 3 fisionomia, aparência, semblante. 4 ato, ação. **Ex:** Gesto de confiança.

giba *sf* corcunda, corcova, cacunda, gibosidade.

gibão *sm* colete (dos vaqueiros).

gibosidade V. giba.

giboso *sm* 1 corcunda. *adj* 2 corcunda, geboso, gebo.

gigante *sm* 1 *tb Fig.* colosso, titã. **Ex:** Os gigantes da pintura. 2 brutamontes *pop*, hipopótamo *fig*. *adj m+f* 3 V. gigantesco.

gigantear *vi+vpr* agigantar-se, aumentar, crescer, engrandecer-se. **A:** diminuir.

gigantesco *adj* 1 enorme, colossal, imenso, gigante. **A:** minúsculo. 2 extraordinário, prodigioso, grandioso. **A:** banal.

gilete *sf* 1 lâmina (de barbear). *s m+f* 2 *Gír.* bissexual.

gim V. genebra.

ginasial V. ginásio.

ginásio *sm* ginasial, curso ginasial.

ginasta *s m+f* atleta, esportista.

ginástica *sf* atletismo.

ginete *sm* 1 cavaleiro. 2 cavalo (adestrado).

ginga *sf* requebro, meneio, saracoteio, bamboleio, gingo.

gingar *vi* requebrar-se, menear-se, saracotear, bambolear.

gingo V. ginga.

gira *s e adj m+f* louco, maluco, doido, demente.

girar *vtd* 1 virar, rodar, voltear. *vi* 2 virar, voltear, rodopiar. 3 enlouquecer, endoidecer, pirar *pop*.

girassol *sm Bot.* helianto.

...ia *sf* 1 calão, jargão, geringonça. **Ex:** Gíria dos malandros. 2 *PROFISSIONAL* argão. **Ex:** Gíria dos médicos.

...ro *sm* 1 círculo, volta, circuito. 2 *DE PALAVRAS* rodeio, circunlóquio, perífra-e. 3 passeio, excursão, viagem.

...abro *adj* 1 calvo, pelado, liso. **A:** peludo. **...** imberbe. **A:** barbado.

...acial *adj* *m+f* 1 gelado, gélido, frígido. **A:** quente. 2 *Fig.* frio, indiferente, desanima-lo. **A:** caloroso. 3 *Fig.* reservado, fechado, ntrovertido. **A:** expansivo.

...ádio *sm* 1 espada (de dois gumes). 2 *Fig.* ooder, autoridade, força.

...ande *sf* 1 *Bot.* fruto do carvalho: bolota. 2 *Anat.* extremidade do pênis: cabeça *pop.*

...eba *sf* 1 terreno, torrão, solo (para agricul-ura). 2 pátria, terra natal, país.

...acídio *sm* *Quím.* carboidrato, sacarídeo, glucídio.

...icose *sf* *Quím.* dextrose.

...obal *adj* *m+f* total, universal, geral, inte-gral. **A:** parcial.

...obo *sm* 1 bola, esfera. 2 globo terrestre, terra.

...obular *adj* esférico, redondo, orbicular, globuloso.

...óbulo *sm* grânulo. * Glóbulo branco *Fisiol.*: leucócito. * Glóbulo vermelho *Fisiol.*: hemácia.

...obuloso V. globular.

...ória *sf* 1 celebridade, fama, renome. **A:** obscuridade. 2 brilho, esplendor, prestígio. 3 *Rel.* bem-aventurança, felicidade, beati-tude. **A:** perdição. 4 *Pint.* auréola, halo, resplendor.

...orificar *vtd* 1 enobrecer, engrandecer, hon-rar. **A:** humilhar. 2 beatificar, canonizar.

...orioso *adj* 1 célebre, famoso, renomado. **A:** obscuro. 2 honroso, dignificante, eno-brecedor. **A:** desonroso.

...osa *sf* 1 comentário, explicação, interpre-tação. 2 supressão, corte, eliminação. **A:** acréscimo. 3 anulação, cancelamento, invalidação. **A:** validação.

...osar *vtd* 1 comentar, explicar, interpretar. 2 suprimir, cortar, eliminar. **A:** acrescentar. 3 anular, cancelar, invalidar. **A:** validar.

...ossário *sm* vocabulário, dicionário, léxico.

glucídio V. glicídio.

glutão *sm+adj* voraz, comilão, guloso, devorador.

glutinoso V. gomoso.

glutonaria *sf* gula, voracidade, avidez, esganação.

goela *sf Anat.* garganta, fauce.

gogó *sm Pop.* pomo-de-adão, adão.

goiaba *s m+f Fig.* bobo, tolo, abobalhado, bocó *pop.* **A:** esperto.

gol *sm* 1 *Fut.* meta, arco, cidadela. 2 *Por ext.* tento, ponto.

gola *sf* colar (de casaco, blusa, etc.).

golada V. gole.

gole *sm* trago, sorvo, golada, *golo pop.*

goleiro *sm Fut.* arqueiro, guardião.

golfada *sf* jato, jorro, esguicho, borbotão.

golfar *vtd* 1 expelir, lançar, jorrar. **Ex:** O vulcão golfava fumaça. 2 proferir, dizer, vomitar. **Ex:** Golfar insultos. *vi* 3 jorrar, espirrar, esguichar.

golfinho *sm Zool.* delfim.

golo (ó) V. gole.

golpe *sm* 1 pancada, batida, percussão. 2 marca, contusão, pisadura. 3 corte, incisão, talho. 4 *EMOCIONAL* choque, abalo, como-ção. **Ex:** A morte do pai foi um duro golpe para ele. 5 impulso, ímpeto, lance. **Ex:** Num golpe de ousadia, atacou o inimigo. 6 *Gír.* artimanha, truque, ardil. 7 desgraça, infortú-nio, infelicidade. **A:** felicidade.

golpear *vtd* 1 bater em. 2 cortar, talhar. 3 chicotear, açoitar, fustigar. 4 *Fig.* angus-tiar, afligir, atormentar. **A:** aliviar.

goma *sf* 1 cola, grude. 2 seiva (de certas árvo-res). * Goma de mascar: chiclete, chicle.

goma-laca V. laca.

gomo *sm Bot.* botão, rebento, broto, olho.

gomoso *adj* viscoso, pegajoso, grudento, glutinoso, aderente.

gônada *sf Anat. MASCULINA* testículo; *FEMININA* ovário.

gonorréia *sf Med.* blenorragia, esquenta-mento *pop.*

gonzo *sm* dobradiça, engonço.

gorado V. goro.

gorar *vtd* 1 frustrar, estragar, malograr. **Ex:** A polícia gorou os planos da quadrilha.

vi+vpr **2** fracassar, falhar, furar *gír.* **A:** ter sucesso.

gordo *adj* **1** obeso, adiposo, balofo. **A:** magro. **2** nutrido, forte, farto. **A:** magro. **3** *Fig.* considerável, grande, vultoso. **Ex:** Gorda soma em dinheiro. **A:** insignificante. **4** V. gorduroso.

gordura *sf* **1** sebo, unto, graxa. **2** obesidade, adiposidade, adipose. **A:** magreza. **3** *DE ANIMAL* banha.

gordurento V. gorduroso.

gorduroso *adj* **1** gordo, untuoso, engordurado, besuntado. **2** ensebado, sujo, imundo, gordurento. **A:** limpo.

gorgomilo *sm Pop.* garganta, goela, fauce.

gorjear *vtd+vi* trinar, trilar, gargantear, cantar.

gorjeio *sm* trinado, trilo, garganteio, garganteio.

gorjeta *sf* propina, gratificação.

goro *adj* **1** *OVO* gorado, choco, chocho. **2** fracassado, frustrado, malogrado, gorado. **A:** bem-sucedido.

gorro *sm* barrete, carapuça, casquete.

gostar *vti* **1** apreciar, estimar, prezar. **Ex:** Papai gostava de pescar. **A:** desgostar. **2** aprovar, apoiar, aplaudir. **Ex:** Gostei da idéia. **A:** desaprovar. *vtd* **3** provar, experimentar, saborear. **Ex:** Gostar um alimento.

gosto *sm* **1** paladar, sabor (sentido). **2** sabor. **Ex:** O gosto de uma fruta. **3** prazer, delite, delícia. **A:** desgosto. **4** critério, discernimento, juízo. **Ex:** Tem gosto para escolher presentes. **5** preferência, predileção, simpatia. **Ex:** Gosto não se discute. **6** caráter, estilo, maneira. **Ex:** Fazer algo segundo o gosto da época.

gostoso *adj* **1** saboroso, apetitoso, delicioso. **Ex:** Doce gostoso. **A:** ruim. **2** agradável, prazeroso, aprazível. **A:** desagradável. **3** atraente, bonito, sedutor. **A:** feio.

gostosura *sf* prazer, delícia, deleite, satisfação. **A:** desprazer.

gota *sf* pingo, lágrima; *DE SUOR, ORVALHO* pingo, baga.

goteira *sf Constr.* calha, biqueira.

gotejar *vtd+vi* pingar, destilar, estilar.

governanta V. governante.

governante *s e adj m+f* **1** *Polít.* chefe de estado. *sf* **2** governanta.

governar *vtd* **1** comandar, chefiar, reger. **Ex:** Governar um país. **2** conduzir, guiar, diri gir. **Ex:** Governar a carroça. **3** administrar, dirigir, gerir. **Ex:** Governar uma empresa *vpr* **4** orientar-se, guiar-se, regular-se.

governo *sm* **1** comando, chefia, regência. administração, direção, gerência. **3** gabi nete, ministério. **4** regime, sistema políti co. **5** controle, domínio, poder. **Ex:** Te governo sobre seus atos. **6** orientação. **Ex** Disse aquilo para seu governo. **7** regula mento, regra, norma. **8** *Náut.* leme.

gozação *sf* **1** caçoada, zombaria, troça deboche. **2** V. gozo.

gozado *adj* **1** *Pop.* engraçado, divertido cômico. **A:** triste. **2** *Pop.* esquisito, estra nho, excêntrico. **A:** normal.

gozador *sm+adj* brincalhão, zombeteiro folgazão, trocista.

gozar *vtd* **1** ter, possuir. *vtd+vti* **2** desfrutar, usu fruir, fruir. **Ex:** Gozar vantagens (ou de vanta gens). *vti+vi* **3** zombar, caçoar, troçar de.

gozo *sm* **1** posse. **2** uso, desfrute, usufruto. prazer, deleite, satisfação. **A:** pesar. *SEXUAL* prazer. **5** orgasmo, gozação.

graça *sf* **1** favor, gentileza, mercê. **2** estima amizade, apreço. **A:** desprezo. **3** beleza formosura, lindeza. **A:** feiúra. **4** V. gracio sidade. **5** *Teol.* dom, dádiva, virtude. *Teol.* milagre. **7** perdão, indulgência indulto. **8** *Pop.* nome (de pessoa). **Ex** Qual a sua graça? **9** V. gracejo. **10** humor espírito. **Ex:** Sua história não tem graça * De graça: V. grátis.

gracejar *vti* **1** brincar, troçar, zombar. **2** *OFENSIVAMENTE* chalacear, chocarrear.

gracejo *sm* **1** graça, gozação, brincadeira troça. **2** *OFENSIVO* chalaça, chocarrice.

grácil *adj m+f* **1** delgado, fino, magro. **A:** grosso. **2** V. gracioso.

graciosidade *sf* **1** graça, elegância, garbo **A:** deselegância. **2** V. gratuidade.

gracioso *adj* **1** elegante, garboso, grácil. **A:** deselegante. **2** engraçado, divertido, espiri tuoso. **A:** insosso. **3** V. gratuito.

gradação *sf* **1** escala, graduação, hierarquia **2** aumento, progressão, crescendo.

gradativo V. gradual.

grade *sf* **1** gradil. **Ex:** As grades do parque, do jardim, da janela. **2** corrimão, balaustrada. *sf pl* **3** *Pop.* cadeia *sing*, prisão *sing*, xadrez *sing pop.*

gradil V. grade.

grado *sm* **1** vontade. *adj* **2** e **3** V. graúdo. * De bom grado: de boa vontade, voluntariamente. * De mau grado: de má vontade. * Mau grado (meu, seu, etc.): contra a (minha, sua, etc.) vontade.

graduação *sf* **1** V. gradação. **2** *SOCIAL* posição, hierarquia.

graduado *part+adj* conceituado, eminente, prestigioso, respeitado. **Ex:** Profissional graduado. **A:** obscuro.

gradual *adj* gradativo, progressivo.

graduar *vtd* **1** escalonar, dispor, ordenar (em graduações). **2** regular. **Ex:** Graduar a luz da lâmpada. **3** classificar, ordenar, arranjar. *vpr* **4** formar-se, diplomar-se (em universidade).

grafar *vtd* escrever; *CORRETAMENTE* ortografar.

grafia *sf* maneira de escrever as palavras: ortografia.

gráfico *sm* diagrama, esquema.

grã-finagem *sf* grã-finismo. **Ex:** Ali, reunia-se toda a grã-finagem da cidade. **A:** pobres *pl.*

grã-finismo V. grã-finagem.

grã-fino *sm* **1** bacana *gír*, ricaço, nababo. **A:** pobretão. *adj* **2** ricaço, milionário. **Ex:** Festa grã-fina. **A:** pobre.

gral *sm* pilão, almofariz.

gralha *sf Fig.* tagarela, falador, papagaio *fig*, palrador.

gralhar *vi* **1** grasnar, corvejar, crocitar. **2** tagarelar, palrar, taramelar.

grama *sf Bot.* erva, relva.

gramado *sm* **1** relvado, relva. **2** *DE FUTEBOL* campo, cancha.

gramar *vtd* **1** cobrir de grama: relvar. **2** *Pop.* agüentar, suportar, aturar.

gramofone *sm Ant.* fonógrafo.

grampar V. grampear.

grampear *vtd* **1** grampar, prender (com grampos). **2** *Gír.* assaltar, roubar, atacar (para roubar).

grampo *sm* gancho (para prender o cabelo).

grana *sf Gír.* dinheiro, gaita *gír*, arame *pop*, cobre *pop.*

granar V. granular.

grande *adj m+f* **1** amplo, vasto, largo. **A:** pequeno. **2** extenso, comprido, longo. **A:** pequeno. **3** numeroso, abundante. **Ex:** Grande multidão. **A:** pequeno. **4** imenso, infinito, ilimitado. **Ex:** Sentia um grande amor pelos filhos. **A:** pequeno. **5** eminente, ilustre, notável. **Ex:** Grande personagem da História do Brasil. **A:** insignificante. **6** importante, grave, sério. **Ex:** Grande missão. **A:** fútil. **7** poderoso, influente, prestigioso. **Ex:** A decisão coube aos grandes homens da política. **A:** insignificante. **8** intenso, forte, violento. **Ex:** Grande dor. **A:** fraco. **9** e **10** V. grandioso. *sm pl* **11** poderosos, graúdos. **Ex:** Os grandes da empresa.

grandeza *sf* **1** amplidão, vastidão, amplitude. **A:** pequenez. **2** comprimento, tamanho. **3** e **4** V. grandiosidade. **5** *Astr.* magnitude. **Ex:** Estrela de quinta grandeza.

grandiloqüente *adj m+f* empolado, pomposo, solene, afetado. **Ex:** Estilo grandiloqüente. **A:** simples.

grandiosidade *sf* **1** magnificência, esplendor, grandeza. **A:** modéstia. **2** generosidade, nobreza, magnanimidade, grandeza. **A:** vileza. **3** luxo, suntuosidade, fausto. **A:** singeleza.

grandioso *adj* **1** magnífico, esplêndido, soberbo, grande. **Ex:** Espetáculo grandioso. **A:** modesto. **2** generoso, nobre, magnânimo, grande. **Ex:** Alma grandiosa. **A:** vil. **3** luxuoso, suntuoso, pomposo. **Ex:** Vivia numa grandiosa mansão. **A:** singelo. **4** monumental, gigantesco, gigante. **Ex:** Construções grandiosas. **A:** minúsculo.

granel *sm* celeiro, paiol, tulha. * A granel: sem embalagem; aos montes, em grande quantidade.

granizo *sm Meteor.* saraiva, chuva de pedra, pedrisco, saraivada.

granja *sf* chácara, sítio.

granjear *vtd* **1** *Agr.* cultivar, arar, lavrar. **2** conseguir, ganhar, obter. **Ex:** Granjear o sucesso. **3** atrair, conquistar, adquirir. **Ex:** Granjear a simpatia de alguém. **A:** perder (acepções **2** e **3**).

granjeio sm 1 *Agr.* cultivo, cultura, lavra. 2 *Agr.* colheita, apanha. **A:** semeadura. 3 ganho, proveito, lucro. **A:** perda.

granular *vtd* 1 granar. *adj m+f* 2 granuloso.

grânulo sm 1 grumo, grãozinho. 2 glóbulo. 3 *Cul.* caroço, grumo. **Ex:** Desmanche os grânulos da massa.

granuloso V. granular.

grão sm 1 *Bot.* semente, bago. 2 partícula (pequena). **Ex:** Grão de areia, de açúcar. 3 pouco, pouquinho, pingo. **Ex:** Não teve um grão de piedade.

grãozinho V. grânulo.

grasnado sm grasnido, grasno; *DO CORVO* crocito, grasnido.

grasnar *vi PATO grasnir; CORVO* crocitar, *grasnir,* gralhar; *RÃ* coaxar, *grasnir.*

grasnido V. grasnado.

grasnir V. grasnar.

grasno V. grasnado.

grassar *vi* 1 alastrar-se, disseminar-se, difundir-se. **Ex:** A epidemia grassa na cidade. 2 propagar-se, espalhar-se, divulgar-se. **Ex:** As notícias grassam rapidamente.

gratidão *sf* agradecimento, reconhecimento. **A:** ingratidão.

gratificação *sf* 1 prêmio, recompensa, remuneração. 2 gorjeta, propina.

gratificar *vtd* 1 premiar, recompensar, remunerar. 2 agradecer, reconhecer.

grátis *adj* 1 V. gratuito. *adv* 2 de graça, gratuitamente, graciosamente.

grato *adj* 1 agradecido, reconhecido, obrigado. **A:** ingrato. 2 agradável, delicioso, aprazível. **Ex:** Foi uma grata surpresa. **A:** desagradável.

gratuidade *sf* graciosidade. **Ex:** A gratuidade de um serviço.

gratuito *adj* 1 grátis, gracioso, dado. **A:** pago. 2 imotivado, infundado. **Ex:** Difamação gratuita. **A:** motivado.

grau sm 1 passo, estágio, fase. 2 classe, categoria, qualidade. 3 título, diploma, patente. **Ex:** Ele tem grau de doutor. * Grau Celsius *Fís.:* grau centesimal, grau centígrado, Celsius. * Grau Fahrenheit *Fís.:* Fahrenheit. * Grau Kelvin *Fís.:* grau absoluto, Kelvin. * Primeiro grau: primá-

rio. * Segundo grau: colegial, secundário. * Colar grau: formar-se, diplomar-se.

graúdo *adj* 1 grande, desenvolvido, grado. **A:** miúdo. 2 importante, influente, poderoso, grado. **Ex:** Gente graúda. **A:** insignificante. *sm pl* 3 grandes, poderosos. **Ex:** Os graúdos da nossa cidade.

gravação V. gravura.

gravame sm 1 encargo, ônus, imposto. 2 ofensa, afronta, injúria. **A:** desagravo.

gravar *vtd* 1 esculpir, entalhar, cinzelar. **Ex:** Gravaram seus nomes na árvore. 2 estampar, imprimir. **Ex:** Gravar desenhos num tecido. 3 memorizar, decorar, fixar. **Ex:** Gravei toda a matéria da prova. **A:** esquecer. 4 imortalizar, eternizar, perpetuar. 5 oprimir, molestar, vexar. **Ex:** A inflação grava mais os pobres do que os ricos. *vtd+vpr* 6 imprimir(-se), firmar(-se), fixar(-se). **Ex:** Sua obra gravou-se na mente de todos.

grave *adj m+f* 1 pesado. **Ex:** Pacotes graves. **A:** leve. 2 importante, sério, ponderoso. **Ex:** Problema grave. **A:** fútil. 3 *INDIVÍDUO* sério, sisudo, austero. **A:** frívolo. 4 *Gram. P. us.* paroxítono. 5 *Mús.* baixo. **A:** agudo.

graveto sm garaveto, garrancho.

grávida *sf* 1 gestante. *adj f* 2 gestante, prenhe *zool* e *pej*, prenha *zool* e *pej*.

gravidade *sf* 1 importância, seriedade, monta. **Ex:** A gravidade de uma ação. **A:** futilidade. 2 seriedade, sisudez, austeridade. **A:** frivolidade.

gravidez *sf* gestação, prenhez *zool* e *pej*.

grávido *adj* cheio, repleto, pleno, abarrotado. **A:** vazio.

gravura *sf* 1 gravação. 2 figura, ilustração, estampa.

graxa *sf* gordura, sebo, banha, unto.

graxo *adj* gorduroso, engordurado, gordo, besuntado.

grecismo sm helenismo.

grecizar *vtd* helenizar.

grego sm+adj 1 heleno. *adj* 2 *Pop.* incompreensível, ininteligível, obscuro. **A:** claro.

grei *sf* 1 rebanho, bando, gado (de animais pequenos). 2 *Ecles.* congregação, confraria, irmandade. 3 *Fig.* partido, facção, grupo. **4** *Fig.* sociedade, associação, agremiação.

grelar *vi Bot.* brotar, germinar, desabrochar, rebentar.

grelo *sm* **1** *Bot.* broto, rebento, renovo. **2** *Vulg.* clitóris.

grêmio *sm* **1** agremiação, corporação, academia. **2** seio, regaço, abrigo.

grenha *sf* **1** cabelo emaranhado: guedelha, caraminhola. **2** madeixa, mecha, melena. **3** *DE LEÃO* juba, crina.

greta *sf* fenda, rachadura, fresta, racha; *NA PELE* gretadura, rachadura.

gretadura *sf* **1** ato ou efeito de gretar(-se): rachadura, gretamento. **2** V. greta.

gretamento V. gretadura.

gretar *vtd, vi+vpr* rachar(-se), fender(-se), partir(-se), abrir(-se).

greve *sf* paralisação, parede.

grevista *s e adj m+f* paredista.

grifar *vtd* **1** sublinhar. **2** acentuar, realçar, frisar.

grifo *sm+adj* **1** itálico. **Ex:** Colocar grifos num texto. *sm* **2** chave grifo, chave de cano.

grilhão *sm* **1** corrente, cadeia. **2** algema, cadeia. **3** *Fig.* cativeiro *fig*, dominação, prisão. **Ex:** Liberte-se dos grilhões da indecisão!

grilo *sm* **1** *Gír.* confusão, complicação, problema. **2** *Gír.* preocupação, cisma, aflição.

grinalda *sf* **1** guirlanda, festão, coroa (de flores). **2** *Fig. Lit.* antologia, coletânea, compilação.

gringo *sm Pej.* estrangeiro, forasteiro, estranho, alienígena. **A:** nativo.

gripar-se *vpr* resfriar-se, constipar-se *pop*, endefluxar-se.

gripe *sf Med.* constipação, resfriado, defluxo, influenza.

grisalho *adj* ruço. **Ex:** Cabelos grisalhos.

grita V. gritaria.

gritante *adj m+f* **1** que grita: berrante, berrador. **2** *COR* muito vivo: berrante, chamativo. **3** muito evidente: clamoroso, berrante.

gritar *vtd+vi* **1** berrar, exclamar, bradar. **A:** sussurrar. *vti* **2** protestar contra, reclamar de, queixar-se de. **Ex:** Gritar contra a opressão. **A:** apoiar.

gritaria *sf* berreiro, clamor, alarido, algazarra, grita.

grito *sm* **1** berro, brado, exclamação. **A:** sussurro. **2** *Fig.* protesto, reclamação, queixa. **A:** apoio.

grogue *adj* zonzo, tonto, atordoado, estonteado.

grosa *sf* **1** doze dúzias. **2** lima (grossa).

grosar *vtd* limar, desbastar, desengrossar, afilar (com grosa).

grosseirão *sm* V. grosso. *adj* V. grosseiro.

grosseiro *sm* **1** V. grosso. *adj* **2** grosso, ordinário, medíocre, grosseirão. **Ex:** Pano grosseiro. **3** tosco, rústico, malfeito. **Ex:** Ferramenta grosseira. **4** grosso, maleducado, indelicado, grosseirão. **Ex:** Sujeito grosseiro. **5** grosso, imoral, sujo, obsceno. **Ex:** Piada grosseira. **A:** fino (acepções 2 a 4); decente (acepção 5).

grosseria *sf* descortesia, indelicadeza, estupidez, impolidez, grossura. **A:** cortesia.

grosso *sm* **1** grosseirão, grosseiro, cavalgadura *fig*. **Ex:** Fulano é um grosso. **A:** cavalheiro. **2** maioria, maior parte, maior número. **Ex:** O grosso dos estudantes compareceu à manifestação. **A:** minoria. *adj* **3** denso, espesso, compacto. **A:** ralo. **4** consistente, sólido, duro. **A:** inconsistente. **5** gordo, encorpado. **Ex:** Dedos grossos. **A:** fino. **6** *SOM* grave, baixo. **A:** fino. **7** áspero, rugoso, escabroso. **A:** liso. **8, 9** e **10** V. grosseiro (nas acepções 2, 4 e 5).

grossura *sf* **1** densidade, espessura, densidão. **2** consistência, solidez, dureza. **A:** inconsistência. **3** *Ex:* A grossura dos seus dedos. **A:** finura. **4** V. grosseria.

grota *sf* vale, depressão, baixada, baixos *pl*.

grotesco *adj* **1** esquisito, estranho, excêntrico. **A:** normal. **2** ridículo, caricato, burlesco.

grua *sf* guindaste.

grudar *vtd, vi+vpr* colar, pegar, pregar, fixar(-se). **A:** desgrudar(-se).

grude *sm* **1** cola, goma. **2** *Gír.* comida, refeição, bóia *pop*.

grudento *adj* pegajoso, viscoso, visguento, gelatinoso.

grulhada *sf* gritaria, berreiro, algazarra, alarido. **A:** tranqüilidade.

grulhar *vi* tagarelar, papaguear, taramelar, palrar.

grumo *sm* 1 *Med.* coágulo, coalho (pequenos). 2 grânulo, grãozinho. 3 *Cul.* caroço, grânulo.

grunhir *vi* 1 *PORCO, JAVALI* roncar. 2 *PESSOA* resmungar, rezingar, rosnar.

grupamento V. grupo.

grupar V. agrupar.

grupo *sm* 1 *DE COISAS* conjunto, série, grupamento; *DE PESSOAS* bando, multidão, ajuntamento. 2 partido, divisão, facção; *RELIGIOSO* seita, facção. 3 assembléia, reunião, conferência. 4 *Mús.* conjunto, banda.

gruta *sf* caverna, furna, antro, lapa.

guaiú *sm* algazarra, gritaria, berreiro, alarido.

guampa *sf Zool.* chifre, corno, galho, haste.

guampaço V. guampada.

guampada *sf* chifrada, cornada, guampaço.

guampudo *adj* 1 chifrudo, cornudo. **Ex:** Boi guampudo. *sm* 2 *Vulg.* marido traído: cornudo, corno, cabrão.

guapo *adj* 1 corajoso, valente, bravo. **A:** covarde. 2 *Pop.* elegante, belo, garboso. **A:** deselegante.

guarda *sf* 1 vigilância. 2 amparo, proteção, abrigo. 3 *Esgr.* resguardo (para a mão, na espada). *sm* 4 vigia, vigilante, sentinela.

guarda-chuva *sm* sombrinha, umbela, chapéu.

guarda-costas *sm sing+pl* 1 segurança, satélite. **Ex:** Os guarda-costas acompanhavam o executivo. 2 capanga, jagunço, pistoleiro.

guarda-jóias *sm, sing+pl* porta-jóias, escrínio.

guarda-pó *sm* jaleco, avental, bata, blusa (de médico, dentista, etc.).

guardar *vtd* 1 vigiar, velar por, fiscalizar. 2 acondicionar, preservar. **Ex:** Guardou a carne na geladeira. 3 conservar, manter, preservar. **Ex:** Guarda todas as cartas que recebeu da namorada. **A:** perder. 4 economizar, poupar, amealhar. **Ex:** Guardar dinheiro. **A:** esbanjar. 5 proteger, amparar, favorecer. 6 *NO ÍNTIMO* nutrir, alimentar, trazer. **Ex:** Guardar raiva de alguém. 7 esconder, ocultar, calar. **Ex:** Guardar segredos. **A:** revelar. *vpr* 8 precaver-se, prevenir-se, acautelar-se. **A:** descuidar-se.

guarda-roupa *sm* armário.

guarda-sol *sm* chapéu-de-sol, chapéu.

guardião *sm* 1 *Ecles.* superior, prior, prelado (de algumas ordens). 2 *Fut.* goleiro, arqueiro.

guariba *sm Zool.* bugio.

guarida *sf* 1 *DE FERAS* toca, caverna, covil. 2 abrigo, refúgio, asilo.

guarita *sf Fer.* cabina.

guarnecer *vtd* 1 prover, abastecer, munir. **A:** desguarnecer. 2 enfeitar as bordas de: debruar, emoldurar, orlar. 3 *Mil.* fortificar, encastelar, fortalecer.

guarnecimento *sm* 1 provisão, abastecimento, aprovisionamento. **A:** desprovimento. 2 V. guarnição.

guarnição *sf* 1 adorno, ornamento, ornato, guarnecimento. 2 enfeite em beirada: debrum, orla, barra. 3 *Náut.* e *Aeron.* tripulação, equipagem. 4 *Mil.* tropa, exército, soldados *pl.*

guasca *s m+f* 1 caipira, caboclo, jeca. *s e adj m+f* 2 gaúcho, sul-rio-grandense, rio-grandense-do-sul.

guatemalense V. guatemalteco.

guatemalteco *sm+adj* da Guatemala (América): guatemalense.

guaxinim *sm Zool.* mão-pelada.

guedelha V. grenha.

guelra *sf Zool.* brânquia.

guerra *sf* 1 conflito, conflagração. **A:** paz. 2 campanha, expedição, empresa (militar). 3 luta, combate, peleja. 4 *Fig.* conflito, desavença, discórdia. **A:** acordo.

guerrear *vtd+vi* 1 combater, lutar, batalhar. *vtd* 2 opor-se a, atacar, contestar. **A:** defender.

guerreiro *sm* 1 soldado, militar, praça. *adj* 2 belicoso, beligerante. **A:** pacífico.

guia *sf* 1 orientação, direção, governo, norte *fig.* 2 meio-fio. *sm* 3 cicerone. 4 chefe, comandante, dirigente. 5 *TURÍSTICO* roteiro. **Ex:** Quando viaja para o Exterior, leva sempre na bagagem os guias das cidades que visitará.

guiar *vtd* 1 conduzir, dirigir, encaminhar. **Ex:** As placas de sinalização guiam os visitantes. 2 acompanhar, conduzir, escoltar. **Ex:** A segurança guiou-o até a saída. 3 *MORALMENTE, NO BOM CAMINHO* encaminhar, aconselhar, orientar. **A:** desencaminhar. **4** *CAVALOS* conduzir, governar. *vtd+vi* **5** *VEÍCULO* dirigir, pilotar. *vpr* **6** regular-se, orientar-se, governar-se. **Ex:** Guie-se pelos erros de seus predecessores.

guidão *sm* guidom, direção (de bicicleta).

guidom V. guidão.

guimba *sf Pop.* bagana, ponta (de cigarro, charuto).

guinada *sf* **1** desvio, afastamento, distanciamento. **A:** aproximação. **2** *Fig.* reviravolta, mudança, alteração (súbita). **Ex:** Guinada na vida.

guinar *vi* desviar-se, afastar-se, distanciar-se. **A:** aproximar-se.

guinchado V. guincho.

guinchar *vi* chiar.

guincho *sm* **1** chio, guinchado. **Ex:** O guincho dos ratos, das rodas do carro. **2** socorro. **Ex:** O carro quebrou, chame o guincho! **3** guindaste (pequeno).

guindado *part+adj Lit.* pomposo, empolado, afetado, pretensioso. **A:** simples.

guindar *vtd+vpr* erguer(-se), levantar(-se), alçar(-se), içar(-se). **A:** abaixar(-se).

guindaste *sm* grua; *PEQUENO* guincho.

guiné *sf Ornit.* galinha-d'angola, angola, angolinha.

guirlanda V. grinalda.

guisa *sf* maneira, modo, jeito, feição. * À guisa de: à maneira de.

guisado *sm* ensopado, refogado.

guisar *vtd* **1** *Cul.* ensopar, refogar. **2** preparar, aprontar, aprestar.

guizo *sm* cascavel (objeto).

gula *sf* voracidade, glutonaria, avidez, esganação.

gulodice V. gula e guloseima.

guloseima *sf* gulodice, petisco, iguaria, pitéu *fam.* **Ex:** Encheu-se de guloseimas e não quis jantar.

guloso *sm+adj* glutão, voraz, comilão, devorador.

gume *sm* **1** corte, fio. **Ex:** O gume da faca. **2** *Fig.* perspicácia, sagacidade, agudeza. **A:** obtusidade.

guri *sm Pop.* menino, garoto, criança, fedelho.

gurizada *sf* **1** *Pop.* criançada, meninada, petizada *fam.* **2** criancice, infantilidade.

guta V. guta-percha.

guta-percha *sf* guta, percha, goma.

H

hábil *adj* **1** capaz, competente, apto, habilidoso. **A:** inábil. **2** destro, ágil, rápido, habilidoso. **A:** inábil. **3** inteligente, esperto, sagaz. **A:** estúpido. **4** astuto, manhoso, matreiro. **A:** ingênuo.

habilidade *sf* **1** capacidade, competência, aptidão. **A:** inabilidade. **2** destreza, agilidade, rapidez. **A:** inabilidade. **3** inteligência, esperteza, sagacidade. **A:** estupidez. **4** astúcia, manha, malícia. **A:** ingenuidade.

habilidoso V. hábil.

habilitação *sf* **1** capacidade, aptidão, competência. **A:** inabilidade. **2** documento, título, certidão (que habilita para algo).

habilitado *part+adj* capaz, apto, competente, idôneo. **A:** inábil.

habilitar *vtd+vpr* capacitar(-se), preparar (-se). **A:** inabilitar(-se).

habitação *sf* casa, moradia, residência, domicílio.

habitante *s m+f* morador, residente, cidadão.

habitar *vtd* **1** povoar, ocupar. **A:** desabitar. *vti* **2** morar, residir, viver em.

hábito *sm* **1** costume, prática, uso. **2** mania, vício, cacoete. **3** roupa, traje, veste.

habitual *adj m+f* **1** usual, costumeiro, freqüente. **A:** inusitado. **2** vulgar, comum, trivial. **A:** invulgar. **3** crônico, repetido, inveterado. **A:** passageiro.

habituar *vtd+vpr* acostumar(-se), afazer (-se), aclimatar(-se), familiarizar(-se). **A:** desabituar(-se).

hálito *sm* **1** bafo, respiração, sopro. **2** *Poét.* brisa, aragem, viração.

halitose *sf Med.* mau hálito.

hall (ingl.: hól) *sm* vestíbulo, saguão.

halo *sm* **1** *Astr.* e *Anat.* aréola. **2** *Pint.* auréola, resplendor, glória. **3** *Fig.* glória, prestígio, brilho.

halter *sm Esp.* barra, *haltere*.

haltere V. halter.

hangar *sm Aeron.* abrigo, galpão, cobertura.

hanseniano *sm+adj Med.* leproso, morfético, lazarento, lázaro.

hanseníase *sf Med.* lepra, morféia, lazeira.

haras *sm sing+pl* fazenda de criação de cavalos: coudelaria.

harém *sm* **1** serralho. **2** *Fig.* bordel, prostíbulo, lupanar.

harmonia *sf* **1** *Mús.* concerto, consonância. **Ex:** Harmonia dos sons, dos instrumentos. **2** coerência, concordância, consonância. **Ex:** Harmonia entre as partes de um todo. **3** acordo, concordância, coesão. **Ex:** Faltava harmonia entre os membros do grupo. **4** paz, amizade, concórdia. **5** *DE FORMAS, LINHAS* proporção, elegância, simetria. **6** *DE PALAVRAS, FRASES* cadência. **A:** desarmonia (acepções **1**, **2**, **3**, **5** e **6**).

harmônica *sf* **1** *Mús.* gaita, gaita de boca. **2** *Mús.* acordeão, sanfona, concertina.

harmônico *adj* **1** *SOM* melodioso, suave, harmonioso. **2** coerente, concordante, concorde. **3** elegante, simétrico, harmonioso, regular. **Ex:** As formas harmônicas de um objeto. **4** compassado, ritmado, cadenciado. **A:** inarmônico (acepções **1** a **3**), descompassado (acepção **4**).

harmonioso V. harmônico.

harmonizar *vtd+vti* **1** aliar, conciliar, combinar. **Ex:** Harmoniza a beleza a um talento extraordinário. **A:** desarmonizar. *vtd+vpr* **2** combinar(-se), conformar(-se), coadunar(-se). **Ex:** Suas atitudes se harmonizam com aquilo que prega. **A:** desarmonizar(-se). **3** reconciliar(-se), congraçar(-se), conciliar(-se). **Ex:** Tentava harmonizar os inimigos. **A:** desarmonizar (-se). *vpr* **4** concordar, combinar, condizer.

Ex: As opiniões se harmonizam. **A:** desarmonizar-se.

harmonizável *adj m+f* compatível, conciliável, adaptável. **A:** incompatível.

harpear *vtd+vi* harpejar, tocar (na harpa).

harpejar V. harpear.

hasta *sf* **1** lança, dardo, pique. **2** leilão.

haste *sf* **1** vara, bastão, vareta. **2** *DA BANDEIRA* mastro, pau. **3** *Zool.* chifre, corno, galho. **4** *Bot.* caule, tronco, fuste. **5** *Bot.* órgão de sustentação: *DE FOLHA* talo, pé, pecíolo; *DE FLOR* pedúnculo, pedicelo, pé; *DE FRUTO* pedúnculo, pé, engaço.

hastear *vtd* **1** *BANDEIRA* içar, arvorar. *vtd+vpr* **2** *Por ext.* levantar(-se), erguer (-se), alçar(-se). **A:** abaixar(-se).

haurir *vtd* **1** esvaziar, esgotar, despejar. **Ex:** Haurir um copo. **A:** encher. **2** beber, sorver, tragar. **3** aspirar, inalar, inspirar. **Ex:** Haurir perfumes.

hausto *sm* **1** gole, trago, sorvo. **2** aspiração, inalação, inspiração.

havana *s e adj m+f* castanho-claro.

haver *vtd impes* **1** acontecer, ocorrer, suceder. **Ex:** Houve um acidente. **2** existir. **Ex:** Há muitos tipos de flores neste jardim. **3** *ESTADO ATMOSFÉRICO* fazer, estar, existir. **4** *TEMPO* fazer, completar-se, decorrer. **Ex:** Há dez anos que não a vejo. *vtd* **5** *P. us.* ter, possuir. **Ex:** Hei muitos livros. **6** *P. us.* alcançar, conseguir, obter. **Ex:** Houve o que queria. **A:** perder. **7** *Ant.* sentir, ter, experimentar. **Ex:** Haver medo de algo. *vpr* **8** comportar-se, portar-se, agir. **Ex:** Haver-se muito bem. **9** arranjar-se, arrumar-se, virar-se. **Ex:** Não sabia haver-se sozinho. *sm* **10** *Contab.* crédito. **A:** débito. *sm pl* **11** bens, patrimônio *sing*, capital *sing*.

haxixe *sm* maconha, diamba, erva *gír*, fumo *gír*.

hebdomadário *sm* **1** *PUBLICAÇÃO* semanário. *adj* **2** semanal, semanário. **Ex:** Realizávamos encontros hebdomadários.

hebraico *sm* **1** *PESSOA* hebreu, judeu, israelita. **2** *LÍNGUA* hebreu. *adj* **3** hebreu, judeu, judaico, israelita.

hebraizar *vi* praticar a religião dos hebreus: judaizar.

hebreu V. hebraico.

hecatombe *sf* **1** sacrifício, imolação (de muitas vítimas). **2** *Fig.* chacina, matança, carnificina.

héctica V. hética.

héctico V. hético.

hediondez *sf* **1** horror, monstruosidade, crueldade. **2** repugnância, repulsividade, asquerosidade. **A:** beleza.

hediondo *adj* **1** horrendo, monstruoso, cruel. **Ex:** Crime hediondo. **2** repugnante, repulsivo, asqueroso. **A:** belo. **3** fedorento, fétido, malcheiroso. **A:** cheiroso.

hegemonia *sf* supremacia, preponderância, primazia, predomínio. **Ex:** Na Grécia Antiga, as cidades lutavam pela hegemonia política.

helenismo *sm* grecismo.

helenizar *vtd* grecizar.

heleno *sm+adj* grego.

helianto *sm Bot.* girassol.

hélice *sf* espiral, caracol.

helminte V. helminto.

helminto *sm* verme, *helminte*.

hemácia *sf Fisiol.* glóbulo vermelho.

hemocentro *sm* banco de sangue.

hepático *adj Anat.* figadal.

heráldico *sm* **1** especialista em heráldica (brasões): heraldista. *adj* **2** *Fig.* nobre, aristocrático, fidalgo. **A:** plebeu.

heraldista V. heráldico.

herança *sf* **1** legado, patrimônio, deixa. **2** *Genét.* V. hereditariedade.

herbanário *sm* estabelecimento ou indivíduo que vende ervas medicinais: ervanário.

hercúleo *adj* forte, vigoroso, poderoso, possante. **A:** fraco.

herdade *sf* fazenda, propriedade.

herdar *vtd* **1** receber, obter, ganhar (por herança). **Ex:** Herdar a casa dos pais; herdou da mãe os olhos azuis. **2** legar, deixar (como herança). **Ex:** Herdaram toda a fortuna aos netos.

herdeiro *sm* **1** *Dir.* sucessor, legatário. **2** *Fam.* filho, descendente, rebento *fig.* **A:** pai.

hereditariedade *sf Genét.* herança, atavismo *impr.*

hereditário *adj* congênito, inato, transmitido, atávico *impr.* **A:** adquirido.

herege V. herético.

heresia *sf* **1** *Rel.* heterodoxia. **A:** ortodoxia. **2** *Rel.* blasfêmia. **3** *Fam.* absurdo, contrasenso, disparate.

herético *sm+adj* **1** *Rel.* herege, heterodoxo. **A:** ortodoxo. **2** *Rel.* herege, ímpio, descrente, ateu. **A:** crente.

hermafrodita *s e adj m+f Biol.* hermafrodito, andrógino, bissexual.

hermafroditismo *sm Biol.* androginia, androginismo, bissexualidade.

hermafrodito V. hermafrodita.

hermético *adj Fig.* obscuro, enigmático, incompreensível, misterioso. **A:** claro.

hérnia *sf Med.* quebradura.

herói *sm* **1** *Mit.* semideus. **2** *Lit.* protagonista, personagem principal. **Ex:** O herói de um romance. **3** *Fig.* ídolo. **Ex:** O cantor é o herói dos adolescentes.

heróico *adj* grandioso, notável, épico, homérico. **Ex:** Feitos heróicos. **A:** banal.

heroína *sf Lit.* protagonista, personagem principal. **Ex:** A heroína da peça.

heroísmo *sm* **1** coragem, bravura, valor. **A:** covardia. **2** generosidade, magnanimidade, liberalidade. **A:** mesquinhez.

herpes-zoster *sm Med.* zoster, zona.

hesitação *sf* dúvida, vacilação, indecisão, perplexidade. **A:** decisão.

hesitante *adj m+f* vacilante, indeciso, perplexo, titubeante. **A:** decidido.

hesitar *vti+vi* vacilar, titubear, duvidar, flutuar. **Ex:** Hesitar entre duas alternativas; é decidido, nunca hesita. **A:** decidir-se.

heterodoxia *sf RELIGIOSA* heresia. **A:** ortodoxia. **Obs.:** Antônimo usado em sentido geral.

heterodoxo *sm+adj RELIGIOSO* herege, herético. **A:** ortodoxo. **Obs.:** Antônimo usado em sentido geral.

heterogeneidade *sf* diversidade, dessemelhança, diferença. **A:** homogeneidade.

heterogêneo *adj* **1** diverso, dissimilar, dessemelhante. **2** composto, mesclado, compósito. **A:** homogêneo (nas duas acepções).

hética *sf* **1** *Med.* tísica, definhamento, *héctica*. **2** *Med.* tuberculose pulmonar, tísica, *héctica*.

hético *sm+adj Med.* tuberculoso, tísico, *héctico*.

hialino *adj* **1** referente ao vidro: vítreo. **2** transparente, cristalino, límpido. **A:** turvo.

hiato *sm* **1** *DE TEMPO* intervalo, pausa, interrupção. **2** lacuna, espaço, vazio. **3** fenda, rachadura, greta.

hibernação *sf Zool.* e *Bot.* sono hibernal.

hibernal *adj m+f* invernal, invernoso.

hibridez V. hibridismo.

hibridismo *sm* **1** hibridez. **2** anomalia, anormalidade, irregularidade. **A:** normalidade.

híbrido *sm+adj* **1** *ANIMAL OU VEGETAL* mestiço. *adj* **2** anômalo, anormal, irregular. **A:** normal. **3** misturado, mesclado, misto. **Ex:** Cores híbridas.

hidravião V. hidroavião.

hidroavião *sm Aeron.* hidravião, hidroplano.

hidrofobia *sf Med.* e *Vet.* raiva, danação, moléstia *pop.*

hidrófobo *adj Med.* e *Vet.* raivoso, danado, louco.

hidroplano V. hidroavião.

hierarquia *sf* **1** escala, graduação, gradação. **2** *SOCIAL* posição, categoria, graduação.

hieroglífico *adj* incompreensível, obscuro, enigmático, ininteligível. **A:** compreensível.

hífen *sm Gram.* traço-de-união.

higidez *sf* saúde.

hígido *adj* sadio, saudável, são, salutar. **Ex:** Pessoa hígida. **A:** doente.

higiene *sf* asseio, limpeza. **A:** desasseio.

higiênico *adj* **1** sadio, saudável, salubre. **Ex:** Alimentação higiênica. **A:** insalubre. **2** asseado, limpo. **A:** sujo.

hilariante *adj m+f* cômico, engraçado, divertido, burlesco. **A:** triste.

hilaridade *sf* alegria, felicidade, riso, satisfação. **A:** tristeza.

hímen *sm Anat.* cabaço *vulg.*

hindu *s m+f* **1** *Rel.* hinduísta. *s m+f* **2** indiano, índio. *adj m+f* **3** indiano, índico.

hinduísta V. hindu.

hino *sm* cântico, canto, canção.

hipérbole *sf Ret.* exageração.

hiperbólico *adj Ret.* exagerado, condoreiro *lit.*

hiperbóreo *adj Geogr.* setentrional, boreal, ártico. **A:** meridional.

hipertensão *sf Med.* pressão arterial alta. **A:** hipotensão.

hípico *adj* eqüino, cavalar.

hipismo *sm* turfe.

hipnose *sf Med.* sono hipnótico.

hipnótico *sm+adj Farm.* sonífero, soporífero, narcótico, soporífico.

hipnotizado *part+adj Fig.* absorto, concentrado, pensativo, abstraído. **A:** aéreo.

hipnotizar *vtd* 1 adormecer, adormentar. **A:** despertar. 2 magnetizar, fascinar, encantar.

hipocampo *sm Ictiol.* cavalo-marinho.

hipocondria *sf* 1 *Med.* melancolia mórbida. 2 melancolia, tristeza, infelicidade. **A:** alegria.

hipocondríaco *adj* melancólico, triste, taciturno, tristonho. **A:** alegre.

hipocrisia *sf* fingimento, falsidade, dissimulação, disfarce. **A:** sinceridade.

hipócrita *sm* 1 fingido, falso, fariseu *fig. adj* 2 fingido, falso, dissimulado. **A:** sincero.

hipodérmico *adj* subcutâneo.

hipódromo *sm* turfe, prado, pista.

hipopótamo *sm Fig.* brutamontes *pop,* gigante.

hipoteca *sf Dir.* penhor, caução.

hipotecar *vtd* 1 penhorar, empenhar. **A:** desempenhar. 2 *APOIO, SOLIDARIEDADE, ETC.,* assegurar, garantir, oferecer. **A:** negar.

hipotensão *sf Med.* pressão arterial baixa. **A:** hipertensão.

hipótese *sf* 1 suposição, suspeita, conjectura. 2 eventualidade, acaso, imprevisto.

hipotético *adj* 1 suposto, fictício, pressuposto. **A:** real. 2 incerto, duvidoso, improvável. **A:** certo.

hirsuto *adj* 1 peludo, cabeludo, peloso. **A:** careca. 2 V. hirto.

hirto *adj* 1 eriçado, arrepiado, híspido, hirsuto. 2 retesado, teso, estirado. **A:** frouxo. 3 imóvel, inerte, parado. **A:** móvel.

hispânico *adj* espanhol, castelhano.

hispanismo *sm Ling.* espanholismo, castelhanismo.

híspido V. hirto.

histeria *sf Psiq.* histerismo.

histérico *adj* irritadiço, nervoso, colérico, irascível. **A:** calmo.

histerismo V. histeria.

história *sf* 1 crônica, relato, anais *pl.* 2 *EM GERAL* narração, narrativa; *CURTA* conto; *LONGA* novela, romance. 3 mito,

lenda. 4 *REAL* fato, acontecimento, evento. 5 biografia, vida. 6 mentira, lorota, invenção. **Ex:** Não acredite nisso, é tudo história. 7 amolação, chateação, aborrecimento. **Ex:** Vamos embora, não quero saber de histórias.

historiar *vtd* narrar, relatar, contar, expor.

histórico *sm* 1 relato. *adj* 2 verídico, real, autêntico. **A:** fictício. 3 famoso, notável, célebre. **Ex:** Suas frases são históricas e serão sempre lembradas. **A:** insignificante.

historieta *sf* conto, história, narrativa, narração (breves).

histrião *sm* 1 palhaço, arlequim, bufão. 2 cômico, comediante. **A:** trágico.

hitlerismo *sm Hist.* nazismo.

hodierno *adj* moderno, atual, contemporâneo, novo. **A:** antigo.

hoje *sm* 1 presente, atualidade, nosso tempo. **A:** passado. *adv* 2 neste dia. **A:** ontem. 3 atualmente, na época atual. **A:** antigamente.

holocausto *sm* sacrifício, imolação (pelo fogo).

holofote *sm* farol, lanterna, facho.

hombridade *sf* 1 masculinidade, virilidade. **A:** feminilidade. 2 *DE CARÁTER* dignidade, nobreza, grandeza.

homem *sm* 1 varão. 2 pessoa, indivíduo, criatura. 3 V. humanidade. 4 *Pop.* marido, esposo, cônjuge. 5 *Pop.* amante, amásio. **A:** mulher (acepções 1, 4 e 5).

homenagear *vtd* condecorar, agraciar, premiar, galardoar.

homenagem *sf* 1 honra, cortesia, preito. 2 condecoração, agraciamento.

homeopata *s m+f Med.* médico homeopata. **A:** alopata.

homeopatia *sf Med.* **A:** alopatia.

homeopático *adj* 1 *Med.* referente à homeopatia. **A:** alopático. 2 *Fig.* minúsculo, insignificante, reduzido. **Ex:** Dose homeopática.

homérico *adj* 1 *Fig.* grande, colossal, monumental. **Ex:** Brigas homéricas. **A:** banal. 2 *Fig.* heróico, notável, grandioso. **Ex:** Feitos homéricos.

homicida *s m+f* assassino, matador.

homicídio *sm* assassinato, assassínio.

homilia *sf* 1 *Rel.* sermão, pregação, *homília*. 2 *Fig.* discurso *fam*, sermão, *homília*. **Ex:** Não me venha com homilias.

homília V. homilia.

homiziar *vtd+vpr* 1 *CRIMINOSOS* abrigar(-se), acolher(-se), acoitar(-se). 2 esconder(-se), ocultar(-se), acobertar(-se). **A:** revelar(-se).

homizio *sm* 1 abrigo, refúgio, guarida. 2 esconderijo, escondedouro, recanto.

homófono *sm+adj Gram.* homofônico. **A:** heterófono. **Obs.:** O sinônimo *homofônico* é usado apenas como *adj*.

homofônico V. homófono.

homogeneidade *sf* 1 igualdade, semelhança, similitude. 2 simplicidade, uniformidade. **A:** heterogeneidade (nas duas acepções).

homogeneizar *vtd+vpr* igualar(-se), assemelhar(-se), semelhar(-se). **A:** diferenciar(-se).

homogêneo *adj* 1 igual, similar, semelhante. 2 simples, uniforme. **A:** heterogêneo (nas duas acepções).

homologar *vtd* 1 ratificar, sancionar, confirmar. **A:** vetar. 2 conformar-se com, resignar-se com, submeter-se a. **Ex:** Homologar o que aconteceu.

homologia *sf* correspondência, correlação, equivalência, analogia.

homólogo *adj* correspondente, correlato, equivalente, correlativo.

homônimo *sm* xará *gír.*

homossexual *s m+f HOMEM* pederasta, bicha *vulg*, veado *vulg*; *MULHER* lésbica, sapatão *vulg.* **A:** heterossexual.

homossexualidade V. homossexualismo.

homossexualismo *sm MASCULINO OU FEMININO* homossexualidade, inversão; *SÓ MASCULINO* pederastia, sodomia. **A:** heterossexualidade.

honestidade *sf* 1 honradez, dignidade, correção, integridade. 2 honradez, decoro, decência, pudor. 3 castidade, pureza, virtude. **A:** desonestidade (nas três acepções).

honesto *adj* 1 honrado, digno, correto, íntegro. **Ex:** Político honesto. 2 honrado, decoroso, decente, digno. **Ex:** Atitude honesta. 3 casto, puro, virtuoso. **Ex:** Moça honesta. 4 adequado, apropriado, conve-

niente. **Ex:** Recebeu um prêmio honesto. **A:** desonesto (acepções 1 a 3).

honorabilidade *sf* 1 V. honra. 2 merecimento, mérito, préstimo. **A:** desmerecimento.

honorário *adj* 1 honroso, dignificante, honorável, honorífico. **A:** desonroso. 2 que dá honras sem proveito material: honorífico. **Ex:** Título honorário. *sm pl* 3 remuneração *sing*, vencimentos, pagamento *sing.* **Ex:** Os honorários de um advogado.

honorável *adj* 1 digno de honras: benemérito, benemerente. 2 V. honorário.

honorificar V. honrar.

honorífico V. honorário.

honra *sf* 1 dignidade, retidão, honradez, honorabilidade. **A:** desonra. 2 amor-próprio, brio, pudor, honradez. **A:** despudor. 3 fama, glória, grandeza. **A:** obscuridade. 4 homenagem, cortesia, preito. 5 castidade, pureza, virgindade. **A:** impureza. 6 graça, favor, gentileza. **Ex:** Conceda-me a honra desta dança. *sf pl* 7 V. honraria. 8 título, cargo, posição (honoríficos).

honradez V. honra.

honrado *part+adj* 1 honesto, digno, correto. **A:** desonrado. 2 casto, puro, virtuoso. **A:** impuro.

honrar *vtd* 1 agraciar, condecorar, honorificar. 2 exaltar, glorificar, louvar. **A:** rebaixar. 3 reverenciar, venerar, respeitar. **A:** desacatar. 4 agradar, lisonjear, satisfazer. **Ex:** Sua presença muito nos honra. **A:** desagradar. *vtd+vpr* 5 enobrecer(-se), dignificar(-se), engrandecer(-se). **A:** desonrar(-se). *vpr* 6 envaidecer-se, orgulhar-se, vangloriar-se. **Ex:** Honrava-se de nunca ter perdido uma luta. **A:** envergonhar-se.

honraria *sf* honras *pl*, privilégio, prerrogativa, distinção.

honroso *adj* 1 glorioso, dignificante, enobrecedor. **A:** desonroso. 2 digno, honrado, decoroso. **A:** indigno.

hora *sf* 1 momento, instante, minuto. 2 oportunidade, ensejo, ocasião. 3 horário. **Ex:** O avião chegou na hora. * Hora H: hora decisiva.

horário V. hora.

horda *sf* bando, multidão, massa, turma.

hordéolo *sm Med.* terçol.

horizontal *adj m+f* deitado, estendido. **A:** vertical.

horizonte *sm* **1** *Fig.* perspectiva, possibilidade, promessa. **Ex:** Vida sem horizontes. **2** *Fig.* espaço, extensão, superfície (indefinidos).

horrendo *adj* **1** assustador, horrível, horroroso, horripilante, horrífico. **Ex:** Escuridão horrenda. **A:** encantador. **2** medonho, disforme, horrível, horroroso. **Ex:** Mulher horrenda. **A:** belo. **3** cruel, monstruoso, horrível, horroroso. **Ex:** Crime horrendo.

horrífico V. horrendo.

horripilação *sf* arrepio, calafrio, tremor, tremedeira *pop.*

horripilante V. horrendo.

horripilar *vtd+vpr* **1** arrepiar(-se). **2** V. horrorizar.

horrível *adj m+f* **1, 2** e **3** V. horrendo. **4** péssimo, malíssimo, horroroso. **Ex:** Idéia horrível. **A:** ótimo.

horror *sm* **1** terror, pavor, medo. **2** medo, receio, temor. **3** repulsa, aversão, repugnância. **4** sofrimento, dor, padecimento. **5** *Pop.* monte, montão, enxurrada *fig. sm pl* **6** fortuna *sing*, fábula *sing*, dinheirão *sing*. **Ex:** Gastou horrores em remédios.

horrorizar *vtd+vpr* aterrorizar(-se), apavorar(-se), assustar(-se), horripilar(-se). **A:** encantar(-se).

horroroso V. horrendo e horrível.

horta *sf* quintal; *PEQUENA* horto.

hortaliça *sf* verdura, legume, erva.

hortelã *sf Bot.* menta.

hortelão V. horticultor.

horticultor *sm* **1** jardineiro. **2** quem cuida da horta: hortelão.

horto *sm* **1** jardim, quintal. **2** horta (pequena).

hospedador V. hospedeiro.

hospedagem V. hospedaria e hospitalidade.

hospedar *vtd* **1** alojar, acolher, receber. **A:** desalojar. *vpr* **2** alojar-se, instalar-se, acomodar-se. **A:** desalojar-se.

hospedaria *sf* estalagem, albergue, pousada, hospedagem.

hóspede *sm* visitante, visita. **A:** anfitrião.

hospedeiro *sm* **1** anfitrião, hospedador. **A:** hóspede. **2** *Biol.* hospedador. *adj* **3** que

hospeda: hospedador. **4** *Fig.* gentil, amável, afável.

hospício *sm PARA OS POBRES* asilo, albergue; *PARA LOUCOS* manicômio, asilo.

hospital *sm* nosocômio.

hospitaleiro *adj* **1** *LUGAR* acolhedor, aconchegante, agasalhador. **A:** inóspito. **2** *PESSOA* cordial, afetuoso, gentil.

hospitalidade *sf* **1** hospedagem, alojamento, acolhimento. **2** acolhida, acolhimento (afetuosos).

hospitalizar *vtd* internar.

hoste *sf* **1** tropa, exército, soldados *pl.* **2** bando, multidão, ajuntamento.

hostil *adj m+f* **1** contrário, oposto, adverso. **Ex:** Sociedade hostil às reformas. **A:** favorável. **2** agressivo, provocador, provocante.

hostilidade *sf* **1** inimizade, antipatia, ódio. **2** agressão, provocação.

hostilizar *vtd* **1** agredir, ofender, atacar. **2** combater, lutar contra, guerrear. **Ex:** Hostilizar uma nação inimiga. *vpr* **3** brigar, lutar, bater-se. **Ex:** Os adversários hostilizavam-se.

hulha *sf* carvão mineral, carvão-de-pedra, carvão.

humanar V. humanizar.

humanidade *sf* **1** gênero humano, homem, gente. **2** bondade, caridade, clemência. **A:** desumanidade. *sf pl* **3** letras clássicas.

humanitário *sm* **1** filantropo, altruísta, abnegado. **A:** misantropo. *adj* **2** filantrópico, altruísta, altruístico. **A:** misantrópico. **3** V. humano.

humanitarismo *sm* filantropia, altruísmo, abnegação, desapego. **A:** misantropia.

humanizar *vtd+vpr* **1** humanar(-se). **A:** desumanizar(-se). *vtd* **2** instruir, educar, civilizar. **A:** abrutalhar.

humano *adj* **1** relativo ao homem. **Ex:** Inteligência humana. **A:** animal. **2** bondoso, compassivo, caridoso, humanitário. **A:** desumano.

humildade *sf* **1** submissão, respeito, passividade. **A:** orgulho. **2** modéstia, singeleza, simplicidade. **A:** luxo.

humilde *adj m+f* **1** submisso, respeitoso, passivo. **Ex:** Sujeito humilde. **A:** orgulhoso. **2** modesto, singelo, simples. **Ex:** Vivíamos numa casinha humilde. **A:** luxuoso.

humilhação *sf* rebaixamento, aviltamento, vexame, degradação. **A:** engrandecimento.

humilhante *adj m+f* aviltante, vergonhoso, degradante, desonroso. **A:** honroso.

humilhar *vtd+vpr* **1** rebaixar(-se), aviltar (-se), degradar(-se). **A:** engrandecer(-se). *vtd* **2** espezinhar, desdenhar, menosprezar. **A:** enaltecer.

humo *sm* terra vegetal, *húmus*.

humor *sm* **1** *Biol.* e *Fisiol.* líquido, fluido. **2** disposição (de espírito). **Ex:** Estar de bom humor. **3** graça, espírito. * Mau humor: irritação, neurastenia *pop*, fel *fig.* **A:** bom humor.

humorista *s m+f* cômico, comediante.

humorístico *adj* cômico, engraçado, burlesco, bufo. **A:** triste.

húmus V. humo.

hungarês V. húngaro.

húngaro *sm+adj* magiar, hungarês.

I

ianque *s e adj m+f* norte-americano, estadunidense, americano.

iara *sf Folc.* mãe-d'água, uiara.

ibérico *sm+adj* da Península Ibérica (Espanha e Portugal): ibero.

ibero (é) V. ibérico.

içá *sf Entom.* fêmea alada da saúva: tanajura.

içar *vtd+vpr* erguer(-se), levantar(-se), alçar(-se), elevar(-se). **A:** abaixar(-se).

ida *sf* partida, saída. **A:** vinda.

idade *sf* **1** anos *pl.* **2** vida, existência. **Ex:** A idade de alguns animais chega a 100 anos. **3** época, período, era. **4** velhice, senilidade. **Ex:** São doenças próprias da idade. **A:** juventude. **5** *Fig.* fase, estágio, etapa. **Ex:** A idade madura.

ideal *sm* **1** modelo, padrão, protótipo. **Ex:** O ideal de beleza muda com o passar dos anos. **2** aspiração, alvo, objetivo. **Ex:** Seu ideal era proteger as crianças. *adj m+f* **3** imaginário, irreal, fictício. **A:** real. **4** perfeito, sublime, impecável. **A:** falho.

idealista *s m+f* **1** sonhador, visionário, utopista. *adj m+f* **2** sonhador, visionário, utópico. **A:** realista (nas duas acepções).

idealizar *vtd* **1** divinizar, endeusar *fig.* **2** fantasiar, imaginar, sonhar, idear. **3** planejar, projetar, programar, idear.

idear V. idealizar.

idéia *sf* **1** imagem, conceito, abstração. **Ex:** Não faz idéia do que é arte moderna. **2** invenção, criação, concepção. **Ex:** A idéia da peça foi dele. **3** opinião, parecer, ponto de vista. **Ex:** Ter uma idéia formada sobre algo. **4** noção, conhecimento. **Ex:** Não ter idéia do que vai fazer. **5** plano, projeto, intenção. **Ex:** Sua idéia era mudar-se o mais rápido possível. **6** mente, pensamento, imaginação. **Ex:** Isso não me sai da

idéia. **7** sonho, fantasia, ilusão. * Idéia fixa *Psicol.:* mania, obsessão, fixação.

idem (lat.) *pron+adv* **1** o mesmo. **2** da mesma maneira, do mesmo modo, da mesma forma.

idêntico *adj* **1** igual. **2** semelhante, similar, análogo. **3** fiel, exato. **Ex:** Cópia idêntica. **A:** diferente (nas três acepções).

identidade *sf* **1** igualdade. **A:** diferença. **2** semelhança, analogia, similitude. **A:** diferença. **3** fidelidade, exatidão. **A:** infidelidade. **4** carteira de identidade, cédula de identidade.

identificar *vtd+vpr* **1** confundir(-se). **A:** diferenciar(-se). *vtd* **2** reconhecer, distinguir, discernir. **Ex:** A testemunha não conseguia identificar o assassino.

ideologia *sf* doutrina, escola, filosofia. **Ex:** A ideologia de um grupo.

idílico *adj* **1** bucólico, campestre, pastoril. **2** AMOR puro, casto, espiritual.

idílio *sm* **1** *Lit.* écloga, poesia pastoral, pastoral. **2** amor, romance.

idioma *sm* língua.

idiota *s e adj m+f* imbecil, palerma, tolo, bocó *pop.* **A:** esperto.

idiotia *sf* **1** *Psicol.* retardamento mental (profundo). **2** V. idiotice.

idiotice *sf* imbecilidade, tolice, asneira, idiotia, idiotismo. **A:** inteligência.

idiotismo V. idiotice.

idólatra *s m+f* **1** pagão, infiel, gentio. **2** adorador, fã, admirador. *adj* **3** pagão, gentio.

idolatria *sf* **1** paganismo. **2** adoração, veneração, paixão.

ídolo *sm* **1** estátua, imagem (de uma divindade). **2** fetiche, feitiço. **3** *Fig.* herói. **Ex:** Aquele ator é seu ídolo.

idoneidade *sf* competência, capacidade, aptidão, habilidade. **A:** inidoneidade.

idôneo *adj* 1 adequado, apropriado, conveniente. 2 competente, abalizado, capaz. **A:** inidôneo (nas duas acepções).

idoso *adj* velho, ancião. **A:** jovem.

igara *sf* canoa, ubá, bote, barco.

ignaro V. ignorante.

ígneo *adj* 1 *Geol.* plutônico. 2 *Fig.* ardente, intenso, impetuoso. **A:** brando.

ignescência V. ignição.

ignescente *adj m+f* incandescente, candente, esbraseado, abrasado. **A:** apagado.

ignição *sf* queima, combustão, incêndio, ignescência.

ignóbil *adj m+f* 1 desprezível, baixo, vil. **A:** nobre. 2 vergonhoso, indecoroso, infame. **A:** digno.

ignomínia *sf* vergonha, desonra, infâmia, descrédito. **A:** honra.

ignominioso *adj* vergonhoso, desonroso, infame, indigno. **A:** honroso.

ignorado V. ignoto.

ignorância *sf* 1 desconhecimento, insciência, insipiência. **A:** conhecimento. 2 burrice, estupidez, idiotice. **A:** inteligência. 3 rudeza, indelicadeza, grosseria. **A:** gentileza.

ignorante *sm* 1 bruto, selvagem, brutamontes *pop*. *adj* 2 desconhecedor, insciente, insipiente. **A:** conhecedor. 3 inculto, analfabeto, ignaro. **A:** culto. 4 rude, indelicado, grosseiro. **A:** gentil.

ignorar *vtd* desconhecer. **A:** conhecer.

ignoto *adj* desconhecido, ignorado, incógnito. **A:** conhecido.

igreja *sf* 1 templo (cristão). 2 clero, sacerdotes *pl*, padres *pl*. **Ex:** A igreja é contra esse tipo de atitude. 3 fiéis *pl*, crentes *pl*, rebanho *fig*.

igrejeiro *sm+adj* beato, carola *pej*, fanático. **A:** descrente.

igual *adj m+f* 1 idêntico. 2 semelhante, similar, análogo. 3 equivalente, correspondente, proporcional. 4 uniforme, invariável, regular. 5 *TERRENO* plano, liso. **A:** desigual (nas cinco acepções).

igualar *vtd+vpr* 1 equiparar(-se), comparar(-se), nivelar(-se). **Ex:** Igualar uma coisa a outra; seus cálculos se igualam aos meus. **A:** desigualar(-se). 2 nivelar(-se),

aplainar(-se), aplanar(-se). **Ex:** Igualar um terreno. *vti* 3 *Esp.* empatar. **A:** desempatar.

igualdade *sf* 1 identidade. 2 semelhança, analogia, similitude. 3 equivalência, correspondência, proporção. 4 uniformidade, imutabilidade, regularidade. **A:** desigualdade (nas quatro acepções).

iguaria *sf* petisco, guloseima, acepipe, pitéu *fam.*

ilação *sf* dedução, conclusão, inferência.

ilegal *adj m+f* ilícito, ilegítimo, proibido, vetado. **A:** legal.

ilegítimo *adj* 1 ilegal, ilícito, proibido. 2 *FILHO* adulterino, bastardo, espúrio. 3 falsificado, falso, adulterado. **A:** legítimo (nas três acepções).

ileso *adj* incólume, intacto, indene, são e salvo. **A:** leso.

iletrado *adj* analfabeto. **A:** alfabetizado.

ilhal V. ilharga.

ilhar *vtd+vpr* isolar(-se), insular(-se), separar(-se), apartar(-se). **A:** juntar(-se).

ilharga *sf Anat.* ilhal, flanco, lado.

ilhéu *sm+adj* 1 insular, insulano. **Ex:** Os ilhéus foram recebê-los na praia. *sm* 2 ilhota. **Ex:** Morávamos num ilhéu com menos de cem habitantes.

ilhota V. ilhéu.

ilibado *part+adj* íntegro, intacto, limpo, incorrupto. **Ex:** Reputação ilibada. **A:** maculado.

ilibar *vtd* 1 purificar, depurar, purgar. **A:** sujar. 2 reabilitar, justificar, absolver. **Ex:** O povo nunca deve ilibar os políticos corruptos. **A:** culpar.

ilícito *adj* ilegal, ilegítimo, proibido, interdito. **A:** lícito.

ilimitado *adj* 1 infinito, imenso, infindo. 2 absoluto, irrestrito. **Ex:** Liberdade ilimitada. 3 indeterminado, indefinido, vago. **A:** limitado (nas três acepções).

ilógico *adj* absurdo, incoerente, irracional, incongruente. **A:** lógico.

iludir *vtd* 1 enganar, burlar, tapear *pop*. 2 frustrar, estragar, malograr. *vpr* 3 sonhar, fantasiar, delirar.

iluminação *sf* 1 iluminamento. 2 luminárias *pl*, lâmpadas *pl*, luzes *pl*. **Ex:** Mandamos trocar toda a iluminação da casa. 3 luz, luminosidade, claridade. **A:** escuridão. **4** *Fig.* cultura, erudição, saber. **5** inspiração, orientação, conselho.

iluminado *sm* **1** vidente, profeta, adivinho. *part+adj* **2** claro, luminoso, alumiado. **A:** escuro. **3** culto, erudito, letrado. **A:** inculto.

iluminamento V. iluminação.

iluminar *vtd+vpr* **1** clarear(-se), alumiar(-se), alumbrar(-se). **A:** escurecer(-se). **2** *MENTE, ESPÍRITO* instruir(-se), educar(-se), ilustrar(-se). *vtd* **3** inspirar, guiar, orientar. **Ex:** Deus nos ilumina.

ilusão *sf* **1** miragem, alucinação, delírio. **2** sonho, fantasia, devaneio. **3** engano, tapeação *pop*, engodo.

ilusionismo *sm* prestidigitação, mágica.

ilusionista *s m+f* prestidigitador, mágico.

ilusório *adj* falso, enganoso, irreal, enganador. **A:** real.

ilustração *sf* **1** desenho, gravura, figura. **2** fama, celebridade, renome. **A:** obscuridade. **3** ensino, educação, instrução. **4** esclarecimento, explicação, elucidação.

ilustrado *part+adj* culto, erudito, letrado, instruído. **A:** inculto.

ilustrador *sm* **1** desenhista. *adj* **2** esclarecedor, explicativo, elucidativo. **3** educativo, instrutivo, didático.

ilustrar *vtd* **1** desenhar, pintar, estampar. **2** glorificar, enobrecer, dignificar. **A:** humilhar. **3** ensinar, educar, instruir. **4** esclarecer, explicar, elucidar. **5** exemplificar. **Ex:** Ilustra suas teorias com casos reais. *vpr* **6** instruir-se, educar-se, polir-se.

ilustre *adj m+f* **1** eminente, importante, insigne. **A:** obscuro. **2** famoso, célebre, renomado. **A:** desconhecido. **3** nobre, fidalgo, aristocrata. **A:** plebeu.

ímã *sm* **1** magneto. **2** *Fig.* atração, fascínio, encanto.

imaculado *adj* **1** limpo, asseado, lavado. **2** puro, casto, virtuoso. **A:** maculado (nas duas acepções).

imaculável V. impecável.

imagem *sf* **1** figura, gravura, estampa. **2** estátua, escultura. **Ex:** Uma imagem de Santo Antônio. **3** retrato, efígie. **4** idéia, conceito, abstração. **Ex:** Temos uma imagem de como seria a vida no próximo

século. **5** símbolo, alegoria, representação. **Ex:** O filme é uma imagem da desumanidade do mundo atual. **6** cópia, imitação, reprodução. **Ex:** Este quadro é uma imagem do original.

imaginação *sf* **1** fantasia, imaginativa. **2** crendice, superstição. **3** preocupação, receio, apreensão.

imaginado V. imaginário.

imaginar *vtd* **1** fantasiar, sonhar, idealizar. **2** conceber, inventar, criar. **Ex:** Imaginar uma saída. **3** supor, presumir, pressupor. **Ex:** Imagino que não virá mais. *vpr* **4** considerar-se, julgar-se, acreditar-se. **Ex:** Imaginava-se o melhor da turma.

imaginário *adj* **1** suposto, imaginado, hipotético. **2** fantástico, fabuloso, irreal, imaginoso. **A:** real (nas duas acepções).

imaginativa V. imaginação.

imaginativo *adj* criativo, engenhoso, fantasioso, imaginoso, fértil.

imaginoso V. imaginativo e imaginário.

imanente *adj m+f* **1** inerente, atinente, relativo. **2** permanente, contínuo, ininterrupto. **A:** transitório.

imanizar V. imantar.

imantar *vtd* magnetizar, imanizar.

imaterial *adj m+f* incorpóreo, impalpável, intangível, abstrato. **A:** material.

imaturidade *sf* **1** infantilidade, criancice, puerilidade. **A:** maturidade. **2** precocidade, prematuridade.

imaturo *adj* **1** *FRUTO* verde, verdoengo, verdolengo. **A:** maduro. **2** infantil, pueril, infante. **A:** maduro. **3** precoce, prematuro, temporão. **A:** tardio.

imbecil *sm+adj* idiota, palerma, tolo, bobo. **A:** espertalhão.

imbecilidade *sf* idiotice, tolice, bobeira, asneira. **A:** inteligência.

imberbe *adj m+f* **1** glabro. **A:** barbado. **2** jovem, moço, juvenil. **A:** velho.

imbicar *vtd* encaminhar, orientar, dirigir, conduzir. **A:** desencaminhar.

imbuir *vtd* **1** embeber, impregnar, banhar. **Ex:** Imbuiu o algodão no medicamento. **2** incutir, insuflar, infundir. **Ex:** Imbuir bons sentimentos na mente de alguém. *vpr* **3**

impregnar-se, encher-se, embeber-se. **Ex:** Imbuir-se de uma emoção.

imediação *sf* **1** proximidade, vizinhança, adjacência. **A:** distância. *sf pl* **2** arredores, cercanias, proximidades.

imediato *adj* **1** próximo, vizinho, adjacente. **A:** distante. **2** instantâneo, rápido, pronto. **Ex:** Sua reação foi imediata. **3** seguinte, subseqüente, posterior. **Ex:** No mês imediato voltamos para o Brasil. **A:** anterior.

imemorável V. imemorial.

imemorial *adj m+f* imemorável, antiqüíssimo. **Ex:** Tempos imemoriais. **A:** memorial.

imensidade V. imensidão.

imensidão *sf* **1** imensidade, vastidão. **2** infinito. **3** monte, mundo, batelada, imensidade. **Ex:** Uma imensidão de tarefas a cumprir.

imenso *adj* **1** V. imensurável. **2** enorme, gigantesco, colossal. **A:** minúsculo. **3** inúmero, incontável, incalculável. **A:** calculável.

imensurável *adj m+f* incomensurável, imenso, ilimitado, infinito. **A:** mensurável.

imerecido *adj* indevido, injusto. **A:** merecido.

imergir *vtd, vi+vpr* **1** afundar, mergulhar, submergir. **Ex:** Imergiu as mãos na água; o submarino imergiu. **A:** emergir. *vi* **2** entrar, penetrar, adentrar. **Ex:** Os ladrões imergiram no matagal. **A:** sair.

imersão *sf* afundamento, mergulho, submersão. **A:** emersão.

imerso *adj* **1** afundado, mergulhado, submerso. **A:** emerso. **2** *Fig.* mergulhado, absorto, concentrado. **Ex:** Imerso em pensamentos, em profundo desânimo.

imigrar *vti* entrar em, mudar para. **Ex:** Imigrar para a América. **A:** emigrar.

iminência *sf* proximidade. **Ex:** Viviam na iminência de uma guerra.

iminente *adj m+f* próximo, prestes, instante, pendente. **Ex:** Final iminente.

imiscuir-se *vpr* intrometer-se, interferir, meter-se, ingerir-se. **Ex:** Imiscuir-se na vida alheia.

imitação *sf* **1** reprodução, cópia. **A:** original. **2** plágio, paródia, cópia. **Ex:** Esta gravura é imitação de um quadro valioso. **3** falsificação, cópia, contrafação. **Ex:** Este produto é uma imitação barata.

imitador *sm* **1** plagiário, copista. *adj* **2** imitante, imitativo.

imitante *adj m+f* **1** V. imitador. **2** semelhante, parecido, similar. **A:** diferente.

imitar *vtd* **1** reproduzir, copiar. **2** arremedar, remedar, macaquear. **Ex:** Brincava com as crianças, imitando-lhes os gestos. **3** *OBRA, ARTISTA* plagiar, parodiar, copiar. **4** assemelhar-se a, parecer com, simular. **Ex:** A arte imita a vida. **5** falsificar, copiar, contrafazer. **Ex:** O funcionário imitou a assinatura do gerente no relatório.

imitativo V. imitador.

imo *sm* **1** íntimo, âmago, interior. *adj* **2** íntimo, interior, interno. **A:** exterior (nas duas acepções).

imobilidade *sf* **1** inércia, fixidez. **A:** mobilidade. **2** sangue-frio, tranqüilidade, serenidade. **A:** intranqüilidade.

imobilizar *vtd+vpr* **1** parar, paralisar(-se). **A:** mover(-se). *vtd* **2** deter, sustar, suster. *vpr* **3** estacionar, estagnar-se, paralisar-se. **A:** progredir.

imoderação *sf* **1** descomedimento, desregramento, descontrole. **2** excesso, exagero, demasia. **A:** moderação (nas duas acepções).

imoderado *adj* **1** descomedido, desregrado, desenfreado. **2** excessivo, exagerado, desmedido. **A:** moderado (nas duas acepções).

imodéstia *sf* **1** orgulho, vaidade, arrogância. **2** exagero, excesso, demasia. **A:** modéstia (nas duas acepções).

imodesto *adj* **1** orgulhoso, vaidoso, arrogante. **Ex:** Pessoa imodesta. **2** exagerado, excessivo, demasiado. **Ex:** Despesa imodesta. **A:** modesto (nas duas acepções).

imódico *adj* **1** excessivo, exorbitante, desmedido. **2** *PREÇO* elevado, alto. **A:** módico (nas duas acepções).

imolação *sf* sacrifício; *PELO FOGO* holocausto; *DE MUITAS VÍTIMAS* hecatombe.

imolar *vtd+vpr* **1** sacrificar(-se), vitimar(-se). *vtd* **2** sacrificar, renunciar a, deixar. **Ex:** Imolou a própria felicidade para o bem dos filhos. *vpr* **3** sacrificar-se, abnegar-se. **Ex:** Imolou-se pelo seu país.

imoral *s e adj m+f* **1** devasso, libertino, depravado. **A:** puro. *adj m+f* **2** indecente, obsceno, indecoroso. **A:** moral.

imoralidade *sf* 1 devassidão, libertinagem, depravação. **A:** pureza. 2 indecência, obscenidade, pouca-vergonha. **A:** decência.

imorredoiro V. imortal.

imorredouro V. imortal.

imortal *adj m+f* 1 imorredouro, eterno, imperecível, *imorredoiro*. **Ex:** Os seres imortais da mitologia. **A:** mortal. 2 perpétuo, perene, infindo. **A:** efêmero. 3 inesquecível, memorável, inolvidável. **Ex:** As obras imortais dos grandes escritores. **A:** esquecível. 4 glorioso, célebre, famoso. **A:** obscuro.

imortalidade *sf* 1 eternidade, perpetuidade, perenidade, fama. **A:** efemeridade. 2 glória, celebridade, fama. **A:** obscuridade.

imortalizar *vtd+vpr* eternizar(-se), perpetuar(-se). **Ex:** Seus feitos heróicos o imortalizaram.

imotivado *adj* gratuito, infundado. **Ex:** Ataque imotivado. **A:** motivado.

imóvel *sm* 1 propriedade, terreno, terra. 2 edifício, prédio, construção. *adj m+f* 3 inerte, parado, estático. **A:** móvel. 4 imutável, inalterável, fixo. **A:** mutável.

impaciência *sf* 1 ansiedade, sofreguidão, avidez. 2 pressa, precipitação, urgência. 3 irritação, nervosismo, agitação. **A:** paciência (nas três acepções).

impaciente *adj m+f* 1 ansioso, sôfrego, ávido. 2 apressado, precipitado, pressuroso. 3 irritado, nervoso, agitado. **A:** paciente (nas três acepções).

impacto *sm* 1 choque, colisão, batida. **Ex:** O impacto do avião contra a montanha. 2 *EMOCIONAL* choque, abalo, comoção. **Ex:** A morte do ídolo causou impacto em todos os fãs.

impagável *adj m+f* 1 insolúvel. **Ex:** Essa dívida é impagável, pois não tenho dinheiro. **A:** pagável. 2 precioso, valioso, inestimável. **Ex:** Jóias impagáveis. **A:** ordinário. 3 engraçado, hilariante, cômico. **Ex:** Ator impagável. **A:** insosso.

impalpável *adj m+f* 1 imaterial, intangível, intocável. **A:** palpável. 2 sutil, delgado, finíssimo. **A:** grosso.

impaludismo *sm Med.* malária, maleita, sezão, batedeira *pop.*

impar *vi* 1 ofegar, arfar, arquejar. 2 *DE COMIDA OU BEBIDA* fartar-se, empanturrar-se, encher-se.

ímpar *adj m+f* 1 **Ex.:** Números ímpares. **A:** par. 2 excepcional, único, raro. **Ex:** Ela tem um talento ímpar. **A:** ordinário.

imparcial *adj m+f* justo, isento, neutro, equânime. **Ex:** Juiz imparcial. **A:** parcial.

imparcialidade *sf* justiça, isenção, neutralidade, equanimidade. **A:** parcialidade.

impartível *adj m+f* indivisível, inseparável, único, uno. **Ex:** Um todo impartível. **A:** partível.

impasse *sm* sinuca *pop*, apuro, beco sem saída *fig*, dificuldade.

impassível *adj m+f* 1 que não padece. **Ex:** Atos impassíveis de punição. **A:** passível. 2 inabalável, imperturbável, firme. **Ex:** Continuava impassível aos apelos dos filhos. **A:** perturbável.

impavidez *sf* destemor, coragem, valentia, intrepidez. **A:** covardia.

impávido *adj* destemido, corajoso, valente, intrépido. **A:** covarde.

impecável *adj m+f* 1 que não peca: imaculável. **Ex:** A beata considerava-se impecável. 2 perfeito, correto, primoroso. **Ex:** Dissertação impecável. **A:** imperfeito. 3 alinhado, elegante, bem vestido. **Ex:** Ele se veste muito bem, está sempre impecável. **A:** desalinhado.

impedimento *sm* 1 obstáculo, empecilho, dificuldade. 2 proibição, interdição, coibição. **A:** permissão. 3 *Esp.* banheira.

impedir *vtd* 1 atrapalhar, embaraçar, estorvar. **Ex:** A falta de dinheiro impede a conclusão da reforma. **A:** ajudar. 2 proibir, interditar, coibir. **Ex:** Os guardas impediram nossa entrada no salão. **A:** permitir. 3 *CAMINHO, ESTRADA, ETC.* obstruir, fechar, bloquear. **A:** desimpedir.

impelir *vtd* 1 empurrar, compelir, empuxar. **A:** puxar. 2 estimular, incitar, instigar. **A:** desestimular.

impene V. implume.

impenetrável *adj m+f* 1 inacessível. **Ex:** Fortaleza impenetrável. **A:** penetrável. 2 incompreensível, inexplicável, ininteligível. **Ex:** Segredo impenetrável. **A:** compreensível. **3** impermeável. **A:** permeável.

impenitente *adj m+f* contumaz, relapso, obstinado, insistente (em erro, crime ou pecado). **A:** penitente.

impensado *adj* **1** irrefletido, precipitado, inconsiderado. **Ex:** Gesto impensado. **A:** pensado. **2** imprevisto, inesperado, repentino. **Ex:** Fato impensado. **A:** previsto.

imperador *sm* rei, soberano, monarca, majestade.

imperar *vtd+vi* **1** reinar, governar, reger. **Ex:** Imperar um país; ali imperava uma rainha perversa. *vti* **2** dominar, submeter, sujeitar. **Ex:** Os romanos imperaram sobre vastos territórios.

imperativo *sm* **1** *Gram.* modo imperativo. **2** dever, obrigação, imposição. *adj* **3** V. imperioso.

imperatriz *sf* rainha, soberana.

impercebível V. imperceptível.

imperceptível *adj m+f* **1** invisível, imperceptível; *SOM* inaudível. **A:** perceptível. **2** insignificante, minúsculo, pequenino.

imperdoável *adj m+f* indesculpável, irremissível, inescusável. **Ex:** Falha imperdoável. **A:** perdoável.

imperecível *adj m+f* **1** indefectível, indestrutível. **2** eterno, imorredouro, imortal. **A:** perecível.

imperfeição *sf* defeito, falha, incorreção, deficiência. **A:** perfeição.

imperfeito *sm* **1** *Gram.* pretérito imperfeito. *adj* **2** incompleto, inacabado. **3** defeituoso, incorreto, falho. **A:** perfeito (acepções **2** e **3**).

imperial V. imperioso.

imperícia *sf* **1** inexperiência. **2** inabilidade, incompetência, incapacidade. **A:** perícia (nas duas acepções).

império *sm* **1** reino, reinado, monarquia. **2** autoridade, domínio, ascendência. **Ex:** Subordinavam-se ao império dos pais. **3** supremacia, predomínio, hegemonia. **Ex:** A Inglaterra já teve império sobre o comércio mundial.

imperioso *adj* **1** autoritário, prepotente, dominador, imperativo, imperial. **2** necessário, inevitável, forçoso. **A:** desnecessário.

imperito *adj* **1** inexperiente, inexperto. **2** inábil, incompetente, incapaz. **A:** perito (nas duas acepções).

impermeável *sm* **1** capa de chuva. *adj m+f* **2** impenetrável. **A:** permeável.

imperscrutável *adj m+f* incompreensível, impenetrável, insondável, inexplicável. **A:** perscrutável.

impertinência *sf* rabugice, ranhetice, mau humor, rabugem.

impertinente *adj m+f* **1** inoportuno, inconveniente, descabido. **A:** pertinente. **2** rabugento, ranzinza, ranheta. **A:** afável. **3** insolente, atrevido, petulante. **A:** respeitoso.

imperturbável *adj m+f* impassível, inabalável, firme, inalterável. **A:** perturbável.

impessoal *adj m+f* **1** *Gram.* **Ex:** Trovejar é um verbo impessoal. **A:** pessoal. **2** comum, banal, ordinário. **Ex:** Estilo impessoal. **A:** original.

impetigem *sf* *Med.* uma doença de pele; impetigo, impigem.

impetigo V. impetigem.

ímpeto *sm* **1** impulso, impulsão. **Ex:** Ergueu-se num ímpeto. **2** furor, força, violência. **Ex:** O ímpeto dos ventos destruiu várias casas. **A:** suavidade. **3** *Fig.* repente, impulso, acesso. **Ex:** Agiu num ímpeto de loucura.

impetrar *vtd* **1** pedir, suplicar, rogar. **2** *Dir.* requerer, demandar, solicitar.

impetuosidade *sf* violência, força, intensidade, veemência. **A:** suavidade.

impetuoso *adj* **1** violento, forte, intenso. **A:** suave. **2** impulsivo, arrebatado, precipitado. **A:** ponderado.

impiedade *sf* **1** descrença, incredulidade, irreligiosidade. **2** crueldade, desumanidade, barbaridade. **A:** piedade (nas duas acepções).

impiedoso *adj* cruel, desumano, desalmado, perverso. **A:** piedoso.

impigem V. impetigem.

impingir *vtd+vti* **1** dar, desferir, assentar. **Ex:** Impingiu-lhe um murro. **2** pespegar, pregar. **Ex:** Impingiu-nos uma mentira.

ímpio *sm+adj* descrente, incrédulo, herege, ateu. **A:** crente.

implacável *adj m+f* **1** inflexível, intransigente, rígido. **A:** placável. **2** inclemente, cruel, impiedoso. **A:** clemente.

implantação V. implante

implantar *vtd* **1** arraigar, firmar, radicar. **Ex:** Implantar bons hábitos na mente de alguém. **2** estabelecer, instituir, introduzir. **Ex:** Implantar um sistema. *vpr* **3** enraizar-se, radicar-se, arraigar-se. **Ex:** A orquídea implantou-se numa árvore. **4** estabelecer-se, fixar-se, firmar-se. **Ex:** Os estrangeiros implantaram-se na cidade. **A:** partir.

implante *sm* **1** *Med.* implantação. **2** implantação, estabelecimento, instituição, introdução.

implementos *sm pl* apetrechos, acessórios, aprestos, petrechos.

implicação *sf* **1** complicação, confusão, enredo. **2** V. implicância. **3** subentendido. **Ex:** Seu discurso apresenta várias implicações, além do que foi explicitamente declarado. **4** comprometimento, envolvimento. **Ex:** Implicação num crime.

implicância *sf* **1** antipatia, aversão, ódio, implicação. **Ex:** Ter implicância com alguém. **2** amolação, chateação, incômodo.

implicar *vtd* **1** exigir, requerer, demandar. **Ex:** Esse trabalho implica grande esforço. **2** confundir, atordoar, transtornar. **Ex:** O excesso de dados implicava sua mente. **3** V. importar. *vtd+vpr* **4** comprometer(-se), envolver(-se). **Ex:** Implicou-se em crimes. *vti+vpr* **5** antipatizar com, detestar, embirrar com. **Ex:** Ela implicou comigo. **A:** simpatizar com.

implícito *adj* tácito, subentendido, escondido, velado. **A:** explícito.

implorar *vtd* suplicar, rogar, pedir, clamar.

implume *adj m+f* impene, depenado. **A:** emplumado.

impolidez *sf* indelicadeza, descortesia, grosseria, má-criação. **A:** polidez.

impolido *adj* **1** sem polimento. **2** indelicado, mal-educado, grosseiro. **A:** polido (nas duas acepções).

impoluto *adj* **1** limpo, asseado, lavado. **2** imaculado, virtuoso, puro. **A:** poluto (nas duas acepções).

imponderado *adj* imprudente, irrefletido, precipitado, inadvertido. **A:** ponderado.

imponderável *adj m+f* incalculável, indeterminado, inestimável, incomensurável. **A:** ponderável.

imponência *sf* **1** grandiosidade, majestade, suntuosidade. **A:** simplicidade. **2** arrogância, orgulho, altivez. **A:** humildade.

imponente *adj m+f* **1** grandioso, majestoso, suntuoso. **A:** simples. **2** arrogante, orgulhoso, altivo. **A:** humilde.

impopular *adj m+f* odiado, detestado, abominado. **A:** popular.

impor *vtd+vti* **1** determinar, estabelecer, instituir. **Ex:** Impor tributos, direitos. **2** forçar, obrigar, constranger (a fazer, a aceitar). **3** infligir, prescrever, decretar. **Ex:** Impor um castigo. **4** inspirar, incutir, infundir. **Ex:** Suas atitudes impõem respeito aos demais. **5** sobrepor, pôr, colocar (em cima). *vpr* **6** consolidar-se, estabilizar-se, firmar-se. **Ex:** Impor-se na vida.

importância *sf* **1** valor, mérito, merecimento. **Ex:** Qual a importância dessa descoberta? **2** autoridade, influência, prestígio. **Ex:** A importância de um político. **A:** insignificância. **3** quantia, soma, total. **Ex:** Pagou uma importância razoável por aquele carro. **4** gravidade, seriedade, monta. **Ex:** A importância de uma questão. **A:** insignificância.

importante *sm* **1** essencial, fundamental. **Ex:** O importante é ter saúde. *adj m+f* **2** considerável, notável, significativo. **A:** insignificante. **3** essencial, fundamental, necessário. **A:** dispensável. **4** influente, prestigioso, poderoso. **Ex:** Pessoa importante. **A:** insignificante. **5** grave, sério, ponderoso. **Ex:** Questão importante. **A:** insignificante.

importar *vtd* **1** *Com.* introduzir. **A:** exportar. **2** implicar, causar, provocar, originar. **Ex:** A falta de planejamento importou a falência da empresa. *vti* **3** chegar a, atingir, alcançar. **Ex:** O gasto total importou em vários milhões. **4** dar, resultar, redundar. **Ex:** Tanto esforço acabou importando num grande fracasso. *vti+vi* **5** interessar. **Ex:** Isso pouco me importa. *vpr* **6** ligar para, dar importância a, fazer caso de. **Ex:** Ela faz o que quer, não se importando com as críticas. **A:** ignorar.

importunar *vtd+vpr* incomodar(-se), chatear(-se), aborrecer(-se), molestar(-se).

importuno *adj* 1 incômodo, chato, maçante, importunador. **A:** agradável. 2 inoportuno, impróprio, intempestivo. **A:** oportuno.

imposição *sf* 1 determinação, ordem, injunção. 2 obrigação, dever, imperativo.

impossibilitar *vtd* 1 impedir, atrapalhar, dificultar. **Ex:** A desorganização impossibilita o aumento da produção industrial. **A:** possibilitar. *vtd+vpr* 2 inabilitar(-se), incapacitar(-se). **A:** habilitar(-se).

impossível *adj m+f* 1 impraticável, irrealizável, inexecutável. **A:** possível. 2 V. improvável. 3 levado, travesso, arteiro. **Ex:** Mas que menino impossível! **A:** comportado. 4 insuportável, intolerável, intragável. **Ex:** Ela está impossível hoje. **A:** suportável.

imposto *sm* tributo, taxa, contribuição, encargo.

impostor *sm+adj* mentiroso, embusteiro, farsante, trapaceiro.

impostura *sf* 1 embuste, mentira, farsa. 2 hipocrisia, fingimento, falsidade. **A:** sinceridade.

impotência *sf* fraqueza, debilidade. **A:** potência.

impotente *adj m+f* 1 fraco, débil, debilitado. 2 *SEXUALMENTE* frouxo, broxa *vulg*. **A:** potente (nas duas acepções).

impraticável *adj m+f* 1 impossível, irrealizável, inexeqüível. 2 *CAMINHO, ETC.* intransitável, intrafegável, ínvio. **A:** praticável (nas duas acepções).

imprecação *sf* 1 súplica, pedido, rogo. 2 maldição, praga, jura. **A:** bênção.

imprecar *vtd* 1 suplicar, pedir, rogar. 2 maldizer, amaldiçoar, praguejar contra. **A:** bendizer.

imprecaução *sf* descuido, negligência, desleixo, imprevidência. **A:** precaução.

impreciso *adj* 1 inexato, incorreto. **Ex:** Cálculos imprecisos. 2 indeterminado, indefinido, vago. **Ex:** Imagem imprecisa. **A:** preciso (nas duas acepções).

impregnar *vtd+vpr* 1 embeber(-se), banhar(-se), molhar(-se). **Ex:** A chuva impregnou suas roupas. 2 encher(-se), tomar(-se), repassar(-se). **Ex:** Sua presença elegante impregnava a festa de beleza.

vtd+vti 3 incutir, insuflar, imbuir. **Ex:** O mestre impregnava suas mentes de sabedoria. *vpr* 4 encher-se, tomar-se, imbuir-se. **Ex:** Impregnou-se de uma alegria imensa.

imprensa *sf* 1 prensa, prelo, impressora. 2 tipografia. 3 jornalistas *pl*. 4 jornais *pl*, revistas *pl*.

imprensar *vtd* 1 V. imprimir. 2 prensar. 3 apertar, premer, comprimir. **A:** desapertar.

imprescindível *adj m+f* necessário, indispensável, fundamental, essencial. **A:** prescindível.

impressão *sf* 1 estampa, marca, sinal. 2 edição, publicação. 3 sensação. **Ex:** Tive a impressão de estar sendo seguido. 4 abalo, comoção, choque.

impressionar *vtd+vpr* abalar(-se), comover(-se), enternecer(-se), sensibilizar(-se).

impressionável *adj m+f* sensível, emotivo, suscetível, excitável. **Ex:** Crianças pequenas são geralmente impressionáveis. **A:** insensível.

impresso *sm* 1 *Tip.* formulário. *part+adj* 2 estampado, gravado. 3 publicado, editado.

impressora V. imprensa.

imprestável *adj m+f* 1 inútil, vão, ineficaz. **A:** útil. 2 desatencioso, negligente, indiferente. **Ex:** Pessoa imprestável. **A:** prestativo.

impreterível *adj m+f* 1 inevitável, obrigatório, forçoso. **A:** desnecessário. 2 *PRAZO* final, inadiável, improrrogável. **A:** adiável.

imprevidência *sf* descuido, inadvertência, negligência, desleixo, imprevisão. **A:** previdência.

imprevidente *adj m+f* descuidado, negligente, incauto, desleixado. **A:** previdente.

imprevisão V. imprevidência.

imprevisto *sm* 1 acaso, eventualidade, acidente. *adj* 2 inesperado, repentino, súbito. **A:** previsto.

imprimir *vtd* 1 estampar, gravar, imprensar. **Ex:** Imprimir desenhos. 2 publicar, editar, editorar. **Ex:** Imprimir um livro. *vtd+vpr* 3 *Fig.* firmar(-se), fixar(-se), gravar(-se). **Ex:** O poeta imprimiu seus versos no inconsciente do povo.

improbabilidade *sf* 1 incerteza, dúvida. **A:** probabilidade. 2 impossibilidade, inverossimilhança. **A:** possibilidade.

improbidade *sf* desonestidade. **A:** probidade.
ímprobo *adj* **1** desonesto. **A:** probo. **2** difícil, árduo, cansativo. **Ex:** Trabalho ímprobo. **A:** fácil.
improcedente *adj m+f* **1** infundado, injustificável, insustentável. **2** ilógico, incoerente, incongruente. **A:** procedente (nas duas acepções).
improdutivo *adj* **1** estéril, infecundo, infértil. **Ex:** Terreno improdutivo. **2** inútil, frustrado, infrutífero. **Ex:** Esforço improdutivo. **A:** produtivo (nas duas acepções).
impropério *sm* insulta, ofensa, injúria, afronta. **A:** elogio.
impropriedade *sf* **1** inadequação, inconveniência. **2** inoportunidade. **3** inexatidão, imprecisão, indeterminação. **A:** propriedade (nas três acepções).
impróprio *adj* **1** inadequado, inconveniente, inapropriado. **2** *NO TEMPO* inoportuno, importuno, intempestivo. **3** inexato, impreciso, indeterminado. **4** indecente, indecoroso, obsceno. **A:** próprio (acepções 1 a 3); decente (acepção 4).
improrrogável *adj m+f* inadiável, final, definitivo, fatal. **A:** prorrogável.
improvável *adj m+f* **1** incerto, difícil, duvidoso. **A:** provável. **2** impossível, inacreditável, incrível, inverossímil. **A:** possível.
improvisação V. improviso.
improvisado V. improviso.
improvisar *vtd* **1** escrever, compor, redigir (de improviso). **2** fazer, preparar, arranjar (de improviso).
improviso *sm* **1** improvisação. *adj* **2** imprevisto, repentino, inesperado, improvisado. **A:** previsto.
imprudência *sf* **1** leviandade, precipitação, insensatez. **2** descuidado, incauto, desatencioso. **A:** prudência (nas duas acepções).
imprudente *adj m+f* **1** leviano, insensato, desajuizado. **2** descuido, negligência, desatenção. **A:** prudente (nas duas acepções).
impudência V. impudor.
impudente *adj m+f* sem-vergonha, despudorado, obsceno, indecente. **A:** pudente.
impudicícia *sf* **1** despudor, sem-vergonhice, imodéstia. **2** lascívia, libidinagem, luxúria. **A:** pudicícia (nas duas acepções).

impudico *adj* **1** despudorado, desavergonhado, imodesto. **2** lascivo, libidinoso, luxurioso. **A:** pudico (nas duas acepções).
impudor *sm* sem-vergonhice, obscenidade, indecência, imoralidade, impudência. **A:** pudor.
impugnar *vtd* **1** opor-se, resistir, contrapor-se a. **A:** apoiar. **2** contestar, refutar, contrariar. **A:** confirmar.
impulsão V. impulso.
impulsar V. impulsionar.
impulsionar *vtd* **1** impelir, empurrar, impulsar, embalar. **A:** puxar. **2** estimular, incitar, compelir. **A:** desestimular.
impulsivo *adj* **1** impetuoso, arrebatado, precipitado. **A:** ponderado. **2** genioso, irascível, irritadiço. **A:** calmo.
impulso *sm* **1** impulsão, ímpeto. **2** abalo, estremecimento, tremor. **3** estímulo, incentivo, incitamento. **A:** desestímulo. **4** *Fig.* ímpeto, repente, acesso. **Ex:** Um ímpeto de raiva.
impureza *sf* **1** sujeira, imundície, porcaria. **2** imoralidade, obscenidade, indecência. *sf pl* **3** sedimentos, borra *sing*, fezes. **Ex:** As impurezas de uma substância. **A:** pureza (acepções 1 e 2).
impuro *adj* **1** misturado. **Ex:** Substância impura. **2** contaminado, infeccionado, infectado. **3** sujo, imundo, porco. **4** imoral, obsceno, indecente. **A:** puro (nas quatro acepções).
imputar *vtd+vti* atribuir, culpar de, acusar de, incriminar de. **Ex:** Imputaram-lhe a autoria do crime. **A:** absolver.
imudável V. imutável.
imundice V. imundície.
imundícia V. imundície.
imundície *sf* sujeira, porcaria, lixo, imundícia, *imundice*. **A:** limpeza.
imundo *adj* **1** sujo, porco, desasseado. **A:** limpo. **2** indecente, sórdido, obsceno. **A:** decente.
imune *adj m+f* **1** isento, livre, desobrigado de. **Ex:** Imune de um encargo. **A:** sujeito a. **2** *Med.* e *Vet.* imunizado, protegido. **Ex:** Imune a uma doença.
imunidade *sf* **1** isenção, dispensa, desobrigação. **A:** obrigação. **2** direito, prerrogativa,

privilégio. **Ex:** As imunidades de um cargo. **A:** dever. **3** *Med.* e *Vet.* defesa, proteção.

imunizar *vtd* **1** isentar, dispensar, desobrigar. **A:** obrigar. **2** *Med.* e *Vet.* vacinar. **3** *Fig.* defender, proteger, resguardar.

imutável *adj m+f* inalterável, invariável, constante, fixo, imudável. **A:** mutável.

inabalável *adj m+f* **1** firme, fixo, estável. **Ex:** Estrutura inabalável. **A:** abalável. **2** inflexível, intransigente, inexorável. **A:** flexível. **3** imperturbável, impassível, firme. **Ex:** Manter-se inabalável perante as dificuldades. **4** corajoso, audaz, intrépido.

inábil *adj m+f* incompetente, incapaz, inepto, inabilidoso. **A:** hábil.

inabilidade *sf* incompetência, incapacidade, imperícia, inépcia. **A:** habilidade.

inabilidoso V. inábil.

inabilitar *vtd+vpr* incapacitar(-se), impossibilitar(-se). **A:** habilitar(-se).

inacabável *adj* infinito, interminável, infindável, eterno. **A:** finito.

inação *sf* **1** inércia, inatividade. **A:** ação. **2** indecisão, dúvida, vacilação. **A:** decisão.

inaceitável *adj m+f* inadmissível, intolerável, insuportável. **A:** aceitável.

inacessível *adj m+f* **1** inatingível. **Ex:** Um ponto inacessível de uma montanha. **2** intratável, esquivo, insociável. **Ex:** Homem inacessível. **3** incompreensível, obscuro, enigmático. **A:** acessível (nas três acepções).

inacreditável *adj m+f* **1** incrível, inconcebível, inverossímil. **A:** acreditável. **2** surpreendente, espantoso, extraordinário. **A:** banal.

inadequado *adj* inapropriado, inconveniente, impróprio, injusto. **A:** adequado.

inadiável *adj m+f* improrrogável, fatal, impreterível, improrrogável. **A:** adiável.

inadimplemento V. inadimplência.

inadimplência *sf* inadimplemento, descumprimento. **A:** adimplência.

inadimplir *vtd* PRAZOS descumprir. **A:** adimplir.

inadmissível *adj m+f* inaceitável, intolerável, insuportável. **A:** admissível.

inadvertência *sf* **1** descuido, desatenção, negligência. **A:** cuidado. **2** imprudência, insensatez, precipitação. **A:** prudência.

inadvertido *adj* **1** descuidado, desatento, negligente. **A:** cuidadoso. **2** imprudente, insensato, precipitado. **A:** prudente.

inalar *vtd* **1** aspirar, respirar, inspirar. **2** *Fig.* assimilar, incorporar, receber. **Ex:** Inalar novas idéias.

inalterado V. inalterável.

inalterável *adj m+f* **1** imutável, invariável, constante, inalterado. **A:** alterável. **2** imperturbável, impassível, inabalável. **A:** perturbável.

inamovível *adj m+f* **1** irremovível, fixo, seguro. **A:** removível. **2** efetivo, permanente, fixo. **Ex:** Funcionário inamovível. **A:** temporário.

inane *adj m+f* **1** vazio, oco, vão. **A:** cheio. **2** frívolo, fútil, insignificante. **A:** importante.

inanição *sf* fraqueza, debilidade, abatimento, prostração.

inanimado *adj* **1** inorgânico. **A:** animado. **2** inconsciente, desmaiado, desfalecido. **A:** consciente.

inapetência *sf* falta de apetite, anorexia *med*, fastio. **A:** apetite.

inaptidão *sf* **1** incapacidade, incompetência, inabilidade. **A:** aptidão. **2** burrice, estupidez, idiotice. **A:** inteligência.

inapto *adj* incapaz, incompetente, inábil, imperito. **A:** apto.

inarmonia *sf* **1** *Mús.* desafinação, dissonância, discordância. **2** desacordo, discordância, divergência. **3** desproporção, deselegância, dessimetria. **Ex:** Inarmonia das formas. **A:** harmonia (nas três acepções).

inarmônico *adj* **1** desafinado, dissonante, discordante. **2** incoerente, discordante, divergente. **3** deselegante, irregular, assimétrico. **A:** harmônico (nas três acepções).

inarrável V. inenarrável.

inarticulado *adj* confuso, indistinto, incompreensível, vago. **Ex:** Sons inarticulados. **A:** nítido.

inatacável *adj m+f* **1** incontestável, indiscutível, irrefutável. **Ex:** Argumento inatacável. **A:** contestável. **2** irrepreensível, impecável, perfeito. **Ex:** Trabalho inatacável. **A:** imperfeito. **3** invulnerável. **A:** vulnerável.

inatingível *adj m+f* **1** inacessível. **Ex:** Montanha inatingível. **A:** atingível. **2** incompreensível, enigmático, ininteligível. **Ex:** Texto inatingível. **A:** compreensível.

inatividade *sf* **1** inércia, inação. **A:** atividade. **2** desocupação, ociosidade. **A:** ocupação. **3** aposentadoria. **4** *Mil.* reforma.

inativo *adj* **1** inerte, parado, paralisado. **A:** ativo. **2** desocupado, ocioso. **A:** ocupado. **3** aposentado. **4** *Mil.* reformado.

inato *adj* congênito, natural, ingênito, nativo. **Ex:** Comportamento inato. **A:** adquirido.

inaudito *adj* **1** insólito, raro, incomum. **A:** ordinário. **2** espantoso, fantástico, admirável. **A:** banal.

inaudível *adj m+f* imperceptível, imperceptível. **Ex:** Ruídos quase inaudíveis. **A:** audível.

inauguração *sf* **1** estréia, batismo *fig.* **2** estréia, abertura. **A:** fechamento. **3** início, princípio, começo. **A:** encerramento.

inaugural *adj m+f* inicial, primeiro.

inaugurar *vtd* **1** estrear, batizar *fig.* **Ex:** Inaugurar uma exposição. **2** estrear, abrir. **Ex:** Inaugurar um cinema. **A:** fechar. *vtd+vpr* **3** iniciar(-se), principiar(-se), começar. **A:** encerrar(-se).

incalculável *adj m+f* **1** inestimável, imponderável. **2** incontável, inumerável, imenso. **A:** calculável.

incandescência *sf* abrasamento, ardência.

incandescente *adj m+f* aceso, abrasado, ardente, inflamado. **A:** apagado.

incandescer *vtd+vi* inflamar(-se), acender(-se), incendiar(-se), esbrasear(-se). **A:** apagar(-se).

incansável *adj m+f* ativo, esforçado, trabalhador, laborioso. **A:** indolente.

incapacidade *sf* incompetência, inabilidade, inaptidão, imperícia. **A:** capacidade.

incapacitar *vtd+vpr* inabilitar(-se), impossibilitar(-se). **A:** habilitar(-se).

incapaz *adj m+f* **1** incompetente, inábil, inapto. **A:** capaz. **2** ignorante, estúpido, tapado. **A:** inteligente.

inçar *vtd* encher, cobrir, alastrar-se, propagar-se por. **Ex:** Os espinheiros inçaram o campo.

incauto *adj* **1** descuidado, imprevidente, imprudente. **A:** cauto. **2** crédulo, ingênuo, simplório. **A:** incrédulo.

incendiar *vtd+vpr* **1** queimar(-se), inflamar(-se). **A:** apagar(-se). **2** avermelhar(-se), afoguear(-se). **3** *Fig.* exaltar(-se), excitar(-se), abrasar(-se).

incendiário *sm+adj* piromaníaco.

incêndio *sm* **1** fogo, conflagração. **2** queima, combustão, ignição. **3** *Fig.* guerra, conflito, conflagração. **4** *Fig.* entusiasmo, ardor, paixão. **A:** desânimo.

incensar *vtd* **1** defumar, fumigar (com incenso). **2** perfumar, aromatizar, aromar (com incenso). **3** *Fig.* bajular, adular, lisonjear. **A:** criticar.

incenso *sm Fig.* bajulação, adulação, lisonja, badalação *gír.* **A:** crítica.

incensório *sm Rel.* turíbulo.

incentivar *vtd* **1** estimular, animar, encorajar. **A:** desestimular. **2** promover, fomentar, incrementar. **Ex:** O governo incentivou a produção de equipamentos.

incentivo *sm* **1** estímulo, incitação, instigação. **A:** desestímulo. **2** promoção, fomento, incremento.

incerteza *sf* **1** dúvida. **A:** certeza. **2** hesitação, indecisão, vacilação. **A:** decisão. **3** indeterminação, indefinição, dubiedade. **A:** determinação.

incerto *adj* **1** duvidoso, hipotético, improvável. **A:** certo. **2** hesitante, indeciso, vacilante. **A:** decidido. **3** indeterminado, indefinido, dúbio. **A:** determinado.

incessante *adj m+f* **1** contínuo, ininterrupto, seguido. **A:** interrompido. **2** freqüente, constante, habitual. **A:** raro.

inchação *sf* **1** inchaço, inchamento. **2** tumor, edema, cisto. **3** *Fam.* vaidade, arrogância, orgulho. **A:** humildade.

inchaço *sm* **1** V. inchação. **2** calombo, galo *fam*, bossa. **3** gânglio, nódulo, tumefação.

inchamento V. inchação.

inchar *vtd+vpr* **1** intumescer(-se), estufar(-se), tumefazer(-se). **A:** desinchar(-se). **2** avolumar(-se), ampliar(-se), dilatar(-se). **A:** diminuir. **3** *Fig.* envaidecer(-se), orgulhar(-se), ensoberbecer(-se). **A:** humilhar(-se).

incidental *adj m+f* acidental, casual, eventual, fortuito. **A:** esperado.

incidente *sm* acidente, caso, evento, episódio.

incidir *vti* 1 cair sobre. **Ex:** Os raios incidiam sobre a superfície do lago. 2 incorrer em, cometer, cair em. **Ex:** Incidir em erro. 3 recair, pesar. **Ex:** Incidem sobre ele graves acusações.

incinerar *vtd* cremar, queimar, carbonizar.

incipiente *adj m+f* inicial, principiante, nascente, embrionário *fig.* **Ex:** O rapazinho já apresentava uma barba incipiente. **A:** desenvolvida.

incisão *sf* corte, talho, golpe, incisura.

incisivo *sm* 1 dente incisivo. *adj* 2 cortante, cortador. 3 categórico, terminante, taxativo. **Ex:** Resposta incisiva. **A:** duvidoso. 4 *ESTILO* conciso, enérgico, vigoroso.

inciso *sm* 1 alínea, parágrafo, subdivisão. *adj* 2 cortado, rasgado, aberto. **A:** cicatrizado.

incisura V. incisão.

incitação *sf* estímulo, incentivo, instigação, incitamento. **A:** desestímulo.

incitamento V. incitação.

incitar *vtd* 1 impelir, instigar, mover. 2 estimular, incentivar, animar. **A:** desestimular. 3 provocar, ocasionar, levar a. 4 desafiar, provocar, instigar.

incivil *adj m+f* descortês, malcriado, indelicado, grosso. **A:** civil.

incivilidade *sf* descortesia, indelicadeza, estupidez, grosseria. **A:** civilidade.

inclassificável *adj m+f* 1 que não pode ser classificado. **A:** classificável. 2 confuso, desordenado, bagunçado *gír.* **A:** ordenado. 3 reprovável, censurável, condenável. **A:** louvável.

inclemência *sf* 1 severidade, intolerância, intransigência. 2 impiedade, crueldade, desumanidade. 3 rigor, severidade, intensidade. **A:** clemência (nas três acepções).

inclemente *adj m+f* 1 severo, intolerante, intransigente. 2 impiedoso, cruel, desumano. 3 *CLIMA, TEMPO* rigoroso, severo, intenso. **Ex:** Inverno inclemente. **A:** clemente (nas três acepções).

inclinação *sf* 1 declive, descida, rampa. 2 *Fig.* tendência, propensão, vocação. **Ex:** Ela tem inclinação para as ciências. **A:** aversão. 3 *Fig.* orientação, tendência, disposição. **Ex:** O seu discurso tinha inclinação política.

inclinado *adj* 1 oblíquo, pendente, declive. **A:** reto. 2 curvado, dobrado, encurvado. **A:** reto. 3 dado, propenso, tendente. **Ex:** Ser inclinado à preguiça. **A:** avesso.

inclinar *vtd+vpr* 1 pender(-se). 2 dobrar(-se), curvar(-se), vergar(-se). **A:** endireitar(-se). 3 predispor, destinar, preparar. **Ex:** O mestre inclinou-o ao estudo da gramática. *vti+vpr* 4 tender, pender, propender. **Ex:** Ela inclinava-se para as artes desde pequena. *vpr* 5 submeter-se, sujeitar-se, curvar-se.

incluir *vtd* 1 abranger, compreender, conter. **Ex:** A sua obra inclui todos os períodos históricos. **A:** excluir. 2 inserir, introduzir, colocar. **Ex:** Incluir um item numa lista. **A:** excluir. *vpr* 3 figurar entre. **Ex:** Este quadro inclui-se entre os mais belos do museu.

inclusão *sf* inserção, introdução, colocação. **A:** exclusão.

inclusive *adv* até, até mesmo, mesmo. **Ex:** Li todos os livros, inclusive os mais antigos. **A:** exclusive.

incôe V. inconho.

incoerência *sf* 1 desconexão, desarmonia. 2 absurdo, incongruência, desconexão. **A:** coerência (nas duas acepções).

incoerente *adj m+f* 1 desconexo, desarmonioso, desarmônico. 2 ilógico, irracional, absurdo. **A:** coerente (nas duas acepções).

incógnita *sf* mistério, segredo, enigma.

incógnito *adj* desconhecido, ignorado, ignoto. **A:** conhecido.

íncola *s m+f Poét.* morador, habitante, residente, cidadão.

incolor *adj m+f* 1 descolorido, acromático. **A:** colorido. 2 *Fig.* maçante, aborrecido, insosso. **Ex:** História incolor. **A:** interessante.

incólume *adj m+f* ileso, intacto, indene, são e salvo. **A:** lesado.

incomensurável *adj m+f* 1 imensurável, imenso, ilimitado. **A:** comensurável. 2 enorme, descomunal, desmedido. **A:** minúsculo.

incomodar *vtd+vpr* importunar(-se), aborrecer(-se), chatear(-se), amolar(-se). **Ex:**

As crianças incomodam os vizinhos. **A:** agradar(-se).

incômodo *sm* **1** aborrecimento, chateação, amolação. **2** indisposição, mal-estar, achaque. **A:** bem-estar. **3** menstruação, regras *pl*, mênstruo. *adj* **4** desconfortável. **Ex:** Postura incômoda. **A:** cômodo. **5** importuno, chato, aborrecido, incomodante. **Ex:** Pessoa incômoda. **A:** agradável.

incomparável *adj m+f* **1** que não se pode comparar. **A:** comparável. **2** inigualável, único, ímpar. **A:** comum.

incompatível *adj m+f* inconciliável, discordante. **Ex:** Desejos incompatíveis com a realidade. **A:** compatível.

incompetência *sf* incapacidade, inabilidade, inaptidão, imperícia. **A:** competência.

incompetente *adj m+f* incapaz, inábil, inapto, imperito. **A:** competente.

incompleto *adj* inacabado, imperfeito, inconcluso. **A:** completo.

incompreensível *adj m+f* **1** ininteligível, inexplicável, confuso. **2** misterioso, enigmático, obscuro. **A:** compreensível (nas duas acepções).

incomum *adj m+f* singular, excepcional, insólito, invulgar. **A:** comum.

incomunicável *adj m+f* **1** intransmissível. **Ex:** Mensagem incomunicável. **A:** comunicável. **2** isolado. **Ex:** Preso incomunicável. **3** insociável, intratável, esquivo. **Ex:** Pessoa incomunicável. **A:** sociável.

inconcebível *adj m+f* **1** inacreditável, incrível, inverossímil. **A:** concebível. **2** surpreendente, admirável, maravilhoso. **A:** banal.

inconciliável V. incompatível.

inconcludente *adj m+f* ilógico, irracional, incongruente, absurdo. **A:** concludente.

inconcluso V. incompleto.

inconcusso *adj* **1** inabalável, sólido, inalterável. **Ex:** Fé inconcussa. **A:** abalável. **2** incontestável, irrefutável, indiscutível. **Ex:** O promotor apresentou provas inconcussas da culpa do réu. **A:** contestável.

incondicional *adj m+f* absoluto, total, ilimitado, pleno. **Ex:** Rendição incondicional.

inconfidência *sf* infidelidade, deslealdade, falsidade, traição. **A:** fidelidade.

inconfidente *adj m+f* infiel, desleal, falso, traidor. **A:** fiel.

inconformação *sf* insatisfação, descontentamento. **A:** conformação.

inconformado *adj* insatisfeito, descontente. **A:** conformado.

inconfundível *adj m+f* único, singular, distinto, original. **Ex:** Sua voz é inconfundível. **A:** confundível.

incongruência *sf* **1** absurdo, incoerência, desconexão. **2** inconveniência, impropriedade, inadequação. **A:** congruência (nas duas acepções).

incongruente *adj m+f* **1** ilógico, irracional, absurdo. **2** inconveniente, impróprio, inadequado. **A:** congruente (nas duas acepções).

inconho *adj Pop. FRUTO* incõe, pegado (um ao outro).

inconsciente *adj m+f* **1** inanimado, desmaiado, desfalecido. **2** irresponsável, leviano, imprudente. **3** mecânico, maquinal, automático. **A:** consciente (nas três acepções).

inconseqüência *sf* **1** leviandade, imprudência, insensatez. **A:** responsabilidade. **2** contradição, incoerência, incongruência. **A:** conseqüência.

inconseqüente *adj m+f* **1** leviano, imprudente, estabanado. **A:** responsável. **2** incoerente, ilógico, incongruente. **A:** conseqüente.

inconsiderado *adj* impensado, irrefletido, precipitado, inconsulto. **A:** pensado.

inconsistente *adj m+f* **1** inconstante, volúvel, instável. **A:** constante. **2** incoerente, incongruente, ilógico. **A:** coerente. **3** improcedente, infundado, injustificável. **Ex:** Argumento inconsistente. **A:** procedente.

inconstância *sf* **1** volubilidade, instabilidade, volatilidade. **2** variabilidade, mutabilidade. **A:** constância (nas duas acepções).

inconstante *adj m+f* **1** volúvel, instável, volátil. **2** variável, mutável, mudável. **A:** constante (nas duas acepções).

inconsulto V. inconsiderado.

incontável *adj m+f* incalculável, imenso, inúmero, inumerável. **A:** contável.

incontestado V. incontestável.

incontestável *adj m+f* indiscutível, concludente, inegável, inconteste, incontestado. **A:** contestável.

inconteste V. incontestável.

incontinência *sf SEXUAL* luxúria, lascívia, devassidão; *EM GERAL* imoderação, descomedimento, desregramento. **A:** continência.

incontinente *adj m+f SEXUAL* lascivo, libertino, devasso; *EM GERAL* imoderado, descomedido, desregrado. **A:** continente.

incontinenti (lat.) *adv* imediatamente, logo, sem demora, em seguida.

inconveniência *sf* **1** V. inconveniente. **2** inadequação, impropriedade, incongruência. **A:** conveniência. **3** indecência, obscenidade, imoralidade.

inconveniente *sm* **1** desvantagem, prejuízo, inconveniência. **A:** vantagem. **2** perigo, risco. *adj m+f* **3** desvantajoso, prejudicial, desfavorável. **4** inadequado, impróprio, inapropriado. **5** indecente, indecoroso, obsceno. **A:** conveniente (acepções 3 a 5).

incorporar *vtd+vpr* **1** formar(-se) a incorporação. **2** reunir(-se), juntar(-se), agregar(-se). **A:** desincorporar(-se) (nas duas acepções).

incorpóreo *adj* imaterial, impalpável, intangível, intocável. **A:** corpóreo.

incorreção *sf* **1** erro, inexatidão. **2** defeito, falha, imperfeição. **3** indignidade, desonestidade. **A:** correção (nas três acepções).

incorrer *vti* **1** incidir em, cometer, cair em. **Ex:** Incorrer em erro. **2** comprometer-se, envolver-se, implicar-se.

incorreto *adj* **1** errado, inexato, errôneo. **2** defeituoso, falho, imperfeito. **3** desonesto, indigno, reprovável. **Ex:** Procedimento incorreto. **A:** correto (nas três acepções).

incorrigível *adj m+f PESSOA* irrecuperável, inveterado, reincidente, contumaz. **Ex:** Criminoso incorrigível. **A:** corrigível.

incorruptível *adj m+f* honesto, íntegro, correto, insubornável. **A:** corruptível.

incorrupto *adj* imaculado, intacto, puro, limpo. **A:** corrupto.

incredulidade *sf* **1** esperteza, malícia. **A:** credulidade. **2** descrença, irreligiosidade, impiedade. **A:** crença.

incrédulo *sm+adj* **1** esperto, sabido, malicioso. **A:** crédulo. **2** *RELIGIOSO* descrente, ateu, ímpio. **A:** crente.

incrementado *part+adj* Pop. moderno, avançado.

incrementar *vtd* **1** incentivar, promover, fomentar. **A:** desestimular. **2** *Pop.* modernizar.

incremento *sm* incentivo, promoção, aumento, fomento. **A:** desestímulo.

incriminar *vtd* acusar, culpar, inculpar. **A:** inocentar.

incrível *adj m+f* **1** inacreditável, inconcebível, implausível. **A:** crível. **2** extraordinário, fantástico, fabuloso. **A:** banal. **3** estranho, esquisito, extravagante. **A:** normal.

incrustar *vtd* **1** *COM PEDRAS PRECIOSAS* engastar, cravejar, encravar. **A:** desengastar. *vpr* **2** fixar-se, firmar-se, radicar-se. **Ex:** Esse hábito incrustou-se na sociedade.

incubação *sf* **1** Zool. choco. **2** Fig. elaboração, preparação, gestação *fig*.

incubadora *sf* chocadeira.

incubar *vtd* **1** chocar. **2** premeditar, maquinar, tramar. **Ex:** Ele está incubando algum golpe.

inculcar *vtd+vti* **1** recomendar, sugerir, propor. **Ex:** Inculquei-lhe uma mudança de vida. *vtd* **2** revelar, manifestar, demonstrar. **Ex:** Sua fisionomia inculcava felicidade. **3** repetir, reiterar, reprisar. **Ex:** Inculcar uma idéia.

inculpar *vtd* **1** acusar, culpar, incriminar. **A:** inocentar. *vpr* **2** responsabilizar-se, culpar-se, condenar-se. **Ex:** Inculpou-se pelo crime.

inculto *adj* **1** Agr. baldio, maninho, rude. **Ex:** Terreno inculto. **A:** cultivado. **2** ignorante, analfabeto, iletrado. **A:** culto. **3** incivilizado, rude, selvagem. **A:** civilizado.

incultura *sf* **1** Agr. rudeza, rudez. **2** ignorância. **A:** cultura. **3** incivilidade, rudeza, selvageria. **A:** civilidade.

incumbência *sf* encargo, obrigação, responsabilidade, tarefa. **Ex:** Isso é incumbência dos funcionários mais experientes.

incumbir *vtd+vti* **1** encarregar de, delegar, confiar. **Ex:** Incumbiram-no da direção dos trabalhos. *vti* **2** caber, competir, tocar.

Ex: Essa tarefa incumbe a mim. *vpr* **3** encarregar-se de, assumir, tomar. **A:** desincumbir-se.

incurável *adj m+f* insanável, irremediável. **Ex:** Doença incurável. **A:** curável.

incúria *sf* descuido, desleixo, negligência, desmazelo. **A:** cuidado.

incursão *sf Mil.* invasão, excursão, incurso. **Ex:** Incursão em território inimigo.

incurso *sm* **1** V. incursão. *adj* **2** *EM CRIME, ETC.* comprometido, envolvido, implicado.

incutir *vtd* inspirar, infundir, suscitar, sugerir. **Ex:** A escuridão da noite incutia medo.

inda *adv* **1** ainda, até agora, até então. **2** ainda, além disso, também.

indagação *sf* **1** investigação, pesquisa, averiguação. **2** devassa, sindicância, inquérito. **3** pergunta, interrogação, inquirição.

indagar *vtd* **1** investigar, pesquisar, averiguar. **Ex:** Indagamos os motivos da sua desistência. **2** procurar, explorar, sondar. *vtd+vti* **3** perguntar, interrogar, inquirir. **Ex:** Indagaram-me o significado das palavras mais difíceis; ela costuma indagar dos nossos segredos.

indecência *sf* obscenidade, imoralidade, pouca-vergonha, sem-vergonhice. **A:** decência.

indecente *adj m+f* indecoroso, obsceno, imoral, torpe. **A:** decente.

indecisão *sf* hesitação, perplexidade, dúvida, vacilação. **A:** decisão.

indeciso *adj* **1** hesitante, perplexo, irresoluto. **A:** decidido. **2** indefinido, indistinto, vago. **A:** definido.

indeclinável *adj m+f* **1** irrecusável. **Ex:** Recebi um convite indeclinável. **2** *Gram.* invariável. **Ex:** Palavras indeclináveis. **A:** declinável (nas duas acepções).

indecoroso *adj* **1** obsceno, escandaloso, despudorado. **2** indigno, vergonhoso, infame. **A:** decoroso (nas duas acepções).

indefectível *adj m+f* **1** infalível, certo, seguro. **A:** defectível. **2** indestrutível, sólido, imperecível. **A:** destrutível.

indefenso V. indefeso.

indeferir *vtd* **1** desatender. **Ex:** O diretor indeferiu os requerimentos. **2** negar, dene-

gar. **Ex:** Ela indeferiu meus pedidos. **A:** deferir (nas duas acepções).

indefeso *adj* indefenso, desarmado, inerme, fraco. **A:** armado.

indefinido *adj* indeterminado, impreciso, vago, genérico. **A:** definido.

indefinível *adj m+f* inexplicável, indizível, inexprimível, inexpressável. **A:** definível.

indelével *adj m+f* permanente, duradouro, durável, indestrutível. **Ex:** Tinta indelével; lembrança indelével.

indelicadeza *sf* grosseria, rudeza, estupidez, brutalidade. **A:** delicadeza.

indelicado *adj* grosso, rude, estúpido, abrutalhado. **A:** delicado.

indene *adj m+f* ileso, incólume, intacto, são e salvo. **A:** lesado.

indenização *sf* ressarcimento, reparação, reembolso, compensação.

indenizar *vtd* **1** ressarcir, reembolsar, compensar. *vpr* **2** ressarcir-se, reembolsar-se, reparar-se.

independência *sf* **1** autonomia, liberdade. **2** desobediência, insubordinação, insubmissão. **A:** dependência (nas duas acepções).

independente *adj m+f* **1** autônomo, livre, autonômico. **2** separado, avulso, desligado. **A:** dependente (nas duas acepções).

indescritível *adj m+f* **1** indizível, inenarrável, inexprimível. **A:** descritível. **2** espantoso, surpreendente, extraordinário. **A:** banal.

indesculpável V. inescusável.

indestrutível *adj m+f* **1** resistente. **A:** destrutível. **2** inabalável, inalterável, sólido. **Ex:** Confiança indestrutível.

indeterminado *adj* **1** indefinido, vago, impreciso. **2** hesitante, irresoluto, indeciso. **A:** determinado (nas duas acepções).

indevido *adj* **1** injusto, imerecido. **A:** devido. **2** inconveniente, impróprio, inadequado. **A:** conveniente.

índex (cs) V. índice.

indez *sm* chamariz, isca, *endez*, chama. **Ex:** Um ovo deixado no ninho para atrair a galinha chama-se indez.

indiano *sm* **1** hindu, índio. *adj* **2** hindu, índico, índio.

indicação *sf* **1** designação, nomeação. **2** V. indício.

indicado *part+adj* apropriado, conveniente, adequado, justo. **A:** inapropriado.

indicador *sm* **1** *Anat.* dedo indicador, fura-bolo *pop.* **2** *DE RELÓGIO, BÚSSOLA* ponteiro, agulha, mão, apontador.

indicar *vtd* **1** apontar, mostrar, indigitar. **2** designar, nomear. **Ex:** O gerente indicou um substituto. **3** mostrar, manifestar, denotar. **Ex:** Seu gesto indica nervosismo. **4** dizer, mencionar, enunciar. **Ex:** Indicar as razões de alguma coisa. **5** simbolizar, significar, denotar. **Ex:** O verde indica a esperança. **6** prescrever, receitar. **Ex:** O médico indicou um remédio.

indicativo V. indício.

índice *sm* tabela, relação, índex, lista.

indiciar *vtd* **1** denunciar, acusar, incriminar. **2** inquirir, interrogar.

indício *sm* sinal, indicação, sintoma, mostra, indicativo. **Ex:** Apresenta indícios de envelhecimento.

índico V. indiano.

indiferença *sf* **1** desinteresse, apatia, desânimo. **Ex:** Mostrava indiferença pelo trabalho. **A:** entusiasmo. **2** desdém, desprezo, menosprezo. **Ex:** Trata os pobres com indiferença. **A:** respeito.

indiferente *adj m+f* desinteressado, apático, desanimado, frio. **A:** entusiasmado.

indígena *s e adj m+f* nativo, aborígine, autóctone, natural. **A:** alienígena.

indigência *sf* **1** miséria, penúria, pobreza. **2** indigentes *pl*, pobres *pl*, miseráveis *pl*. **A:** ricos *pl*. **3** *Fig.* carência, falta, necessidade. **A:** fartura.

indigente *s e adj m+f* pobre, miserável, necessitado. **A:** rico.

indigesto *adj Fig.* maçante, chato, enfadonho, aborrecido. **A:** agradável.

indigitar *vtd* **1** V. indicar. **2** marcar, assinalar, apontar, notar. **Ex:** O professor indigitou os erros da redação.

indignação *sf* revolta, irritação, zanga, repulsa.

indignar *vtd+vpr* revoltar(-se), indispor(-se), irritar(-se), zangar(-se).

indignidade *sf* **1** vileza, baixeza, sordidez. **2** desonra, desonestidade, descrédito. **3** inde-cência, vergonha, infâmia. **A:** dignidade (nas três acepções).

indigno *adj* **1** desmerecedor. **2** inapropriado, inadequado, inconveniente. **3** vil, desprezível, baixo. **4** indecente, vergonhoso, infame. **A:** digno (nas quatro acepções).

índigo *sm* anil.

índio *sm+adj* **1** indígena, nativo, aborígine (das Américas). **2** hindu, indiano.

indireta *sf* remoque, carapuça *fig*, bodocada *fig*.

indireto *adj* **1** sinuoso, tortuoso, torto. **2** oblíquo. **Ex:** Via indireta. **3** mediato. **Ex:** Motivos indiretos. **4** disfarçado, dissimulado. **A:** direto (nas quatro acepções).

indisciplina *sf* **1** desordem, desorganização, bagunça *gír.* **2** desobediência, insubordinação, rebeldia. **A:** disciplina (nas duas acepções).

indisciplinado *part+adj* insubordinado, desobediente, rebelde, insubmisso. **A:** disciplinado.

indisciplinar *vtd+vpr* insubordinar(-se), rebelar(-se), revoltar(-se), amotinar(-se). **A:** disciplinar(-se).

indiscreto *adj* **1** intrometido, curioso, abelhudo. **2** tagarela, linguarudo, maledicente. **A:** discreto (nas duas acepções).

indiscrição *sf* intromissão, curiosidade, abelhudice, atrevimento. **A:** discrição.

indiscriminado *adj* indistinto, confuso, misturado, ambíguo. **A:** discriminado.

indiscutível *adj m+f* incontestável, irrefutável, inegável, inconteste. **A:** discutível.

indispensável *adj m+f* imprescindível, essencial, necessário, fundamental. **A:** dispensável.

indispor *vtd* **1** desordenar, desarrumar, desarranjar. **2** dispor. *vtd+vpr* **2** malquistar(-se), inimizar(-se), desavir(-se). **A:** conciliar(-se). **3** indignar(-se), revoltar(-se), irritar(-se).

indisposição *sf* **1** incômodo, mal-estar, achaque. **2** inimizade, desavença, discórdia. **A:** amizade.

indisputável *adj m+f* incontestável, indiscutível, irrefutável, inquestionável. **A:** disputável.

indistinto *adj* confuso, vago, impreciso, indeterminado. **A:** distinto.

inditoso *adj* desditoso, desventurado, infeliz, desgraçado. **A:** ditoso.

individual *adj m+f* particular, peculiar, específico, especial. **A:** universal.

individualismo *sm* egoísmo, interesse. **A:** altruísmo.

individualista *s e adj m+f* egoísta, interesseiro. **A:** altruísta.

individualizar *vtd* 1 particularizar, especificar, especializar. **Ex:** Uma obra não pode individualizar problemas comuns a todos. **A:** generalizar. *vtd+vpr* 2 caracterizar (-se), distinguir(-se), particularizar(-se). **Ex:** Seus quadros individualizam-se pela escolha das cores.

indivíduo *sm* 1 homem, pessoa, ser. 2 sujeito, tipo, cara *gír.* **Ex:** Quem é esse indivíduo estranho? *adj* 3 V. indiviso.

indivisível *adj m+f* uno, inseparável, único, impartível. **A:** divisível.

indiviso *adj* uno, único, singular, inteiro, indivíduo. **A:** dividido.

indizível *adj m+f* 1 indescritível, inenarrável, inexprimível. **A:** dizível. 2 extraordinário, espantoso, admirável. **A:** trivial.

indócil *adj m+f* 1 *PESSOA* desobediente, rebelde, insubmisso. 2 *ANIMAL* indomável, indomesticável, selvagem. **A:** dócil (nas duas acepções).

índole *sf* 1 *DE PESSOA* temperamento, caráter, gênio. 2 cunho, feição, natureza. **Ex:** Fizeram-lhe muitas perguntas de índole pessoal.

indolência *sf* 1 preguiça, ócio, vagabundagem. **A:** atividade. 2 negligência, desleixo, descuido. **A:** cuidado. 3 sensibilidade (à dor).

indolente *s m+f* 1 preguiçoso, vagabundo, vadio. **A:** trabalhador. *adj m+f* 2 preguiçoso, ocioso, vagabundo. **A:** trabalhador. 3 negligente, desleixado, descuidado. **A:** diligente. 4 insensível, indiferente (à dor). **A:** sensível.

indomado V. indômito.

indomável *adj m+f* 1 *ANIMAL* indócil, indomesticável, selvagem, bravio. 2 invencível, inconquistável, inexpugnável. **Ex:** Bravura indomável. **A:** vencível.

indomesticável V. indomável.

indômito *adj* 1 *ANIMAL* indomado, feroz, selvagem. **A:** domesticado. 2 *Fig.* arrogante, orgulhoso, altivo. **A:** humilde.

indubitável *adj m+f* incontestável, certo, evidente, indiscutível. **A:** dubitável.

indução *sf* 1 persuasão, instigação. 2 dedução, conclusão, inferência.

indulgência *sf* tolerância, clemência, complacência, condescendência. **A:** intolerância.

indulgente *adj m+f* tolerante, clemente, complacente, condescendente. **A:** intolerante.

indultar *vtd* anistiar, perdoar, desculpar, absolver. **A:** condenar.

indulto *sm* anistia, perdão, remissão, absolvição. **A:** condenação.

indumentária *sf* roupa, traje, vestimenta, veste.

indústria *sf* 1 fábrica, manufatura. 2 habilidade, engenho, destreza. **A:** inabilidade. 3 ofício, profissão, ocupação. 4 astúcia, esperteza, sagacidade. **A:** ingenuidade.

industriar *vtd+vpr* exercitar(-se), adestrar(-se), habilitar(-se), instruir(-se).

industriário *sm* operário, trabalhador, empregado (de indústria).

industrioso *adj* 1 ativo, diligente, trabalhador. **A:** preguiçoso. 2 astuto, astucioso, esperto. **A:** ingênuo. 3 hábil, habilidoso, engenhoso. **A:** inábil.

induzir *vtd+vti* 1 persuadir, levar, instigar. **Ex:** Induzir alguém ao erro. *vtd* 2 provocar, suscitar, inspirar. **Ex:** Sua atitude induz a desconfiança dos demais. 3 deduzir, concluir, inferir.

inebriar *vtd+vpr* 1 embebedar(-se), embriagar(-se), alcoolizar(-se). 2 deliciar(-se), embevecer(-se), extasiar(-se).

inédito *adj* original, novo, desconhecido. **A:** conhecido.

inefável *adj m+f* 1 indescritível, indizível, inexprimível. **A:** descritível. 2 *Fig.* encantador, delicioso, maravilhoso. **Ex:** Sorriso inefável. **A:** desagradável.

ineficácia *sf* ineficiência, inutilidade. **A:** eficácia.

ineficaz *adj m+f* ineficiente, inútil, improdutivo, infrutífero. **A:** eficaz.

ineficiência *sf* **1** ineficácia, inutilidade. **2** *DE PESSOA* incompetência, incapacidade, inabilidade. **A:** eficiência (nas duas acepções).

ineficiente *adj m+f* **1** ineficaz, inútil, infrutífero. **2** *PESSOA* incompetente, incapaz, inábil. **A:** eficiente (nas duas acepções).

inegável *adj m+f* incontestável, evidente, irrefutável, claro. **A:** negável.

inenarrável *adj m+f* indescritível, indizível, inexprimível, inarrável. **Ex:** Fatos inenarráveis. **A:** narrável.

inépcia *sf* **1** inabilidade, incompetência, incapacidade. **2** aptidão. **2** bobagem, tolice, imbecilidade. **A:** esperteza. **3** absurdo, disparate, asneira. **Ex:** Dizer inépcias.

inepto *adj* **1** inábil, incompetente, incapaz. **A:** apto. **2** bobo, tolo, imbecil. **A:** esperto.

inequívoco *adj* evidente, claro, óbvio, manifesto. **A:** obscuro.

inércia *sf* **1** imobilidade, fixidez. **A:** movimento. **2** inatividade, inação. **A:** atividade. **3** preguiça, indolência, ociosidade. **A:** atividade.

inerente *adj m+f* pertinente, ligado, atinente, relativo. **Ex:** O senso artístico é inerente ao ser humano. **A:** separado.

inerme *adj m+f* **1** desarmado. **A:** armado. **2** indefeso, indefenso, fraco.

inerte *adj m+f* **1** imóvel, parado, estático. **A:** móvel. **2** inativo, parado, paralisado. **A:** ativo. **3** preguiçoso, indolente, ocioso. **A:** trabalhador.

inescrupuloso *adj* **1** descuidado, negligente, relapso. **2** desonesto, desonrado. **A:** escrupuloso (nas duas acepções).

inescrutável *adj m+f* impenetrável, imperscrutável, insondável, incompreensível. **A:** escrutável.

inescusável *adj m+f* **1** indesculpável, imperdoável, irremissível. **A:** escusável. **2** indispensável, imprescindível, necessário. **A:** dispensável.

inesgotável *adj m+f* **1** infinito, inexaurível, interminável. **Ex:** Recursos naturais inesgotáveis. **A:** esgotável. **2** abundante, farto, copioso. **A:** escasso.

inesperado *sm* **1** imprevisto. **Ex:** O inesperado nos surpreendeu. *adj* **2** imprevisto, repentino, súbito, improviso. **A:** esperado.

inesquecível *adj m+f* inolvidável, memorável, memorial, memorando. **A:** esquecível.

inestimável *adj m+f* **1** *VALOR* incalculável, imponderável. **A:** estimável. **2** valioso, precioso, raro. **Ex:** Jóias inestimáveis. **A:** ordinário.

inevitável *adj m+f* **1** fatal, infalível. **A:** evitável. **2** obrigatório, necessário, forçoso. **A:** desnecessário.

inexatidão *sf* **1** incorreção, erro. **2** imprecisão. **3** imperfeição, defeito, falha. **4** infidelidade, incorreção. **A:** exatidão (nas quatro acepções).

inexato *adj* **1** incorreto, errado, errôneo. **Ex:** Cálculo inexato. **2** impreciso. **Ex:** Medidas inexatas. **3** imperfeito, defeituoso, falho. **4** infiel, diferente. **Ex:** Cópia inexata de algo. **A:** exato (nas quatro acepções).

inexaurível V. inesgotável.

inexecutável V. inexeqüível.

inexeqüível *adj m+f* impossível, irrealizável, impraticável, inexecutável. **A:** exeqüível.

inexistência *sf* ausência, carência, falta, privação. **A:** existência.

inexorável *adj m+f* **1** inflexível, intransigente, implacável. **A:** flexível. **2** austero, severo, rigoroso. **A:** brando.

inexperiência *sf* **1** imperícia. **A:** experiência. **2** ingenuidade, inocência, candura. **A:** malícia.

inexperiente *adj m+f* **1** imperito, inexperto. **A:** experiente. **2** ingênuo, inocente, cândido. **A:** malicioso.

inexperto V. inexperiente.

inexplicável *adj m+f* **1** incompreensível, ininteligível, confuso. **Ex:** Texto inexplicável. **2** estranho, esquisito, singular. **Ex:** Comportamento inexplicável. **3** impenetrável, insondável, imperscrutável. **Ex:** Mistério inexplicável. **A:** explicável (nas três acepções).

inexplorado *adj* *LUGAR* desconhecido, ignorado, misterioso, virgem. **Ex:** Quase não há regiões inexploradas neste país.

inexpressável V. inexprimível.

inexpressivo *adj* insípido, insosso, frio, desenxabido. **A:** expressivo.

inexprimível *adj m+f* **1** indefinível, indizível, inexpressável. **A:** exprimível. **2** *Fig.* delicioso, encantador, agradável. **Ex:** Uma visão inexprimível. **A:** desagradável.

inexpugnável *adj m+f* invencível, inconquistável, indomável. **A:** expugnável.

inextricável *adj m+f* **1** embaraçado, enredado, emaranhado, *inextrincável*. **2** confuso, complicado, intrincado, *inextrincável*. **Ex:** Problema inextricável. **A:** simples.

inextrincável V. inextricável.

infalível *adj m+f* **1** certo, seguro, indefectível. **Ex:** Instrumento infalível. **A:** falível. **2** inevitável, obrigatório, forçoso. **A:** evitável.

infamar *vtd* **1** caluniar, difamar, detrair. **A:** elogiar. *vtd+vpr* **2** desonrar(-se), desacreditar(-se), desprestigiar(-se). **A:** honrar(-se).

infame *adj m+f* **1** *INDIVÍDUO* desonrado, desacreditado, desprestigiado. **A:** honrado. **2** *INDIVÍDUO* baixo, vil, torpe. **A:** nobre. **3** indigno, vergonhoso, feio. **Ex:** Comportamento infame. **A:** digno. **4** péssimo, ruim, detestável. **Ex:** Piada infame. **A:** bom.

infâmia *sf* **1** má fama, má reputação. **2** desonra, descrédito, desprestígio. **A:** honra. **3** baixeza, vileza, torpeza. **A:** nobreza.

infância *sf* **1** meninice, puerícia. **A:** velhice. **2** crianças *pl.* **A:** adultos *pl.* **3** *Fig.* início, começo, princípio. **Ex:** A infância de uma empresa. **A:** final.

infante *sm* **1** *Mil.* peão. **2** criança, menino, guri *pop. adj m+f* **3** V. infantil.

infantil *adj m+f* **1** pueril, infante. **A:** adulto. **2** puro, ingênuo, inocente. **A:** impuro.

infantilidade *sf* puerilidade, criancice, imaturidade. **A:** maturidade.

infarte V. enfarte.

infarto V. enfarte.

infatigável *adj m+f* **1** incansável, ativo, trabalhador. **A:** preguiçoso. **2** zeloso, cuidadoso, atencioso. **A:** descuidado.

infausto *adj m+f* **1** infeliz, desgraçado, desafortunado. **A:** feliz. **2** de mau agouro: agourento, sinistro, fatídico. **A:** propício.

infeção V. infecção.

infecção *sf* **1** contaminação, contágio, *infeção*. **A:** desinfecção. **2** *Fig.* corrupção, perversão, depravação, *infeção*. **A:** regeneração.

infecionar V. infeccionar.

infeccionar *vtd+vpr* **1** contaminar(-se), contagiar(-se), infectar(-se), infetar(-se). **A:** descontaminar(-se). *vtd* **2** *Fig.* corromper, perverter, viciar. **A:** regenerar. **Obs.:** Nas duas acepções, existem as variantes *infecionar* e *inficionar*.

infectar V. infeccionar.

infecto *adj* **1** contaminado, contagiado, infeccionado. **2** *Fig.* fétido, malcheiroso, fedorento. **A:** cheiroso. **3** *Fig.* imoral, sórdido, repugnante. **A:** decente. **Obs.:** Nas três acepções, existe a variante *infeto*.

infecundo *adj* estéril, infértil, improdutivo, infrutífero. **A:** fecundo.

infelicidade *sf* **1** tristeza, melancolia. **2** desgraça, desventura, fatalidade. **A:** felicidade (nas duas acepções).

infelicitar *vtd* **1** tornar azarado: azarar, encaiporar. **2** desvirginar, deflorar, violentar. *vtd+vpr* **3** desgraçar(-se). **Ex:** Aqueles péssimos hábitos infelicitaram sua vida. *vpr* **4** tornar-se azarado: encaiporar.

infeliz *adj m+f* **1** desgraçado, desafortunado, desventurado. **2** funesto, fatídico, sinistro. **Ex:** Acontecimento infeliz. **3** desastroso, desastrado. **Ex:** Palpite infeliz. **A:** feliz (nas três acepções).

infenso *adj* **1** contrário, oposto, adverso. **A:** favorável. **2** zangado, irado, irritado. **A:** calmo.

inferência *sf* dedução, conclusão, ilação.

inferior *sm* **1** subalterno, subordinado. *adj m+f* **2** ínfero. **3** ruim, ordinário, farjuto. **A:** superior (acepções 2 e 3).

inferioridade *sf* **1** qualidade de inferior. **A:** superioridade. **2** desvantagem. **Ex:** Estar em inferioridade numa disputa.

inferiorizar *vtd+vpr* rebaixar(-se), humilhar(-se), abater(-se), curvar(-se).

inferir *vtd* deduzir, concluir, depreender.

infernal *adj m+f* **1** demoníaco, diabólico, satânico. **A:** celestial. **2** *Fig.* horrendo, horripilante, horrível. **3** *Fig.* terrível, intolerável, insuportável. **Ex:** Dor infernal; barulho infernal.

infernar V. infernizar.

inferneira *sf* **1** gritaria, algazarra, berreiro. **2** tumulto, desordem, agitação. **A:** ordem.

infernizar *vtd+vpr* *Fig.* atormentar(-se), afligir(-se), desesperar(-se), angustiar(-se). **A:** aliviar(-se).

inferno *sm* **1** *Rel.* abismo, trevas *pl*, Tártaro *poét.* **A:** céu. **2** *Fig.* tormento, sofrimento, martírio. **3** *Fig.* desordem, confusão, baderna.

ínfero V. inferior.

infértil *adj m+f* **1** estéril, infecundo, improdutivo. **A:** fértil. **2** inútil, frustrado, fracassado. **Ex:** Nossos esforços foram inférteis. **A:** bem-sucedido.

infestação *sf* **1** assolação, devastação. **2** saque, pilhagem, depredação.

infestar *vtd* **1** assolar, devastar, arrasar. **Ex:** O exército inimigo infestou as aldeias da fronteira. **2** saquear, pilhar, depredar. **Ex:** Piratas infestavam os portos. **3** fervilhar, formigar, pulular em. **Ex:** As moscas infestaram a casa.

infetar V. infeccionar.

infeto V. infecto.

inficionar V. infeccionar.

infidelidade *sf* **1** paganismo, idolatria, politeísmo. **2** deslealdade, falsidade, traição. **3** inexatidão, incorreção. **4** impontualidade. **A:** fidelidade (acepções 2, 3 e 4).

infiel *s m+f* **1** pagão, idólatra, gentio. *adj m+f* **2** desleal, falso, traidor. **3** inexato, diferente, errado. **Ex:** Cópia infiel. **4** impontual. **A:** fiel (acepções 2, 3 e 4).

infiltrar *vtd+vpr* **1** impregnar(-se), embeber(-se), molhar(-se). *vtd* **2** *Fig.* insinuar, instilar, incutir. *vpr* **3** *Fig.* insinuar-se, penetrar, introduzir-se.

ínfimo *adj* **1** menor, mínimo. **2** último. **3** inferior. **4** *Por ext.* baixo, vil, mísero.

infindável *adj m+f* interminável, eterno, inacabável, permanente, infindo. **A:** findável.

infindo V. infindável.

infinidade *sf* imensidão, abundância, batelada, enxurrada *fig.* **A:** escassez.

infinitivo V. infinito.

infinito *sm* **1** *Gram.* infinitivo. **2** universo, espaço, cosmos. **3** imensidão. *adj* **4** interminável, infindável, infindo. **5** perpétuo, perene, imortal. **6** imenso, ilimitado, incomensurável. **7** inumerável, incontável, incalculável. **A:** finito (acepções 4 a 7).

inflação *sf* **1** inchaço, inchação. **2** *Fig.* orgulho, vaidade, presunção. **A:** modéstia. **3** *Econ.* emissão excessiva de dinheiro. **A:** deflação. **4** *Econ.* aumento dos preços. **A:** deflação.

inflado *part+adj* *Fig.* orgulhoso, vaidoso, presunçoso, arrogante. **A:** modesto.

inflamado *part+adj* **1** ardente, flagrante, incandescente. **A:** apagado. **2** entusiasmado, excitado, apaixonado. **A:** desanimado.

inflamar *vtd+vpr* **1** incendiar(-se), acender(-se), queimar(-se). **A:** apagar(-se). **2** animar(-se), excitar(-se), entusiasmar(-se). **A:** desanimar(-se).

inflar *vtd, vti+vpr* **1** *DE VENTO* enfunar(-se), encher(-se), retesar(-se). **2** *Fig.* envaidecer(-se), orgulhar(-se), enfatuar(-se). **A:** envergonhar(-se).

inflectir *vtd* **1** curvar, dobrar, inclinar. *vti* **2** incidir, cair sobre. **Ex:** Os raios do sol inflectiam sobre o lago. *vti+vpr* **3** desviar-se, virar. **Obs.:** Nas três acepções, existe a variante *infletir*.

infletir V. inflectir.

inflexão *sf* **1** curvatura, dobramento, inclinação. **2** *DA VOZ* entonação, modulação, entoação.

inflexível *adj m+f* **1** duro, rígido. **A:** flexível. **2** *Fig.* intransigente, rígido, ferrenho. **A:** flexível. **3** *Fig.* imperturbável, impassível, firme. **A:** perturbável.

infligir *vtd* aplicar, impor, prescrever, decretar. **Ex:** Infligir uma pena, um castigo.

influência *sf* **1** atuação, influição, influxo. **Ex:** Muitos acreditam na influência da mente sobre a saúde. **2** prestígio, crédito, importância. **Ex:** Pessoas de influência no meio científico. **3** autoridade, poder, domínio. **Ex:** Ter influência sobre alguém.

influenciar V. influir.

influente *adj* *m+f* importante, poderoso, prestigioso, graúdo. **A:** insignificante.

influenza *sf* *Med.* gripe, resfriado, constipação, defluxo.

influição V. influência.

influir *vti* **1** influenciar, agir sobre, atuar sobre. **Ex:** A opinião pública acabou influindo nas decisões dos políticos. *vtd* **2** transmitir, inspirar, incutir. **Ex:** Sua altura influi respeito aos estranhos.

influxo *sm* **1** V. influência. **2** abundância, profusão, enxurrada *fig.* **A:** escassez. **3** preamar, maré-cheia, maré alta. **A:** baixa-mar.

informação *sf* **1** notícia, aviso, comunicação, informe. **2** parecer, opinião, apreciação, informe. **3** investigação, averiguação, pesquisa, informe.

informal *adj* *m+f* sem formalidades. **Ex:** Tratamento informal. **A:** formal.

informar *vtd* **1** noticiar, avisar, comunicar, participar. *vpr* **2** inteirar-se, pesquisar, avisar-se. **Ex:** No mundo de hoje é preciso informar-se cada vez mais.

informativo *adj* esclarecedor, explicativo, elucidativo, instrutivo.

informe *sm* **1**, **2** e **3** V. informação. *adj* *m+f* **4** disforme, descomunal, colossal. **A:** minúsculo. **5** grosseiro, tosco, rústico. **A:** fino.

infortunado *adj* desventurado, desafortunado, infeliz, desgraçado. **A:** afortunado.

infortúnio *sm* infelicidade, desventura, desgraça, fatalidade. **A:** felicidade.

infração *sf* **1** violação, transgressão, desrespeito. **A:** respeito. **2** *tb* *Esp.* falta, transgressão. **Ex:** Infração grave.

infrator *sm+adj* transgressor, infringente.

infrene *adj* *m+f* **1** desenfreado. **Ex:** Veículo infrene. **A:** enfreado. **2** desenfreado, descontrolado, desembestado. **Ex:** Corrida infrene. **A:** controlado. **3** *MORALMENTE* desenfreado, descomedido, desregrado. **A:** comedido.

infringente V. infrator.

infringir *vtd* violar, transgredir, desrespeitar, desobedecer. **Ex:** Infringir uma lei, uma ordem, um tratado. **A:** respeitar.

infrutífero *adj* **1** estéril, infértil, improdutivo, infecundo. **Ex:** Terra infrutífera. **2** *Fig.*

vão, inútil, ineficaz. **A:** frutífero (nas duas acepções).

infundado *adj* **1** improcedente, injustificável, falso. **Ex:** Argumentos infundados. **A:** fundado. **2** gratuito, imotivado. **Ex:** Agressão infundada. **A:** motivado.

infundir *vtd* **1** derramar, despejar, verter. **Ex:** Infundiu o líquido na bacia. **2** inspirar, incutir, suscitar. **Ex:** Infundir respeito.

ingênito *adj* inato, congênito, natural, nativo. **Ex:** Comportamento ingênito. **A:** adquirido.

ingente *adj* *m+f* **1** imenso, enorme, desmedido. **A:** minúsculo. **2** estrondoso, retumbante, ruidoso. **A:** silencioso.

ingenuidade *sf* **1** inocência, simplicidade, credulidade. **A:** malícia. **2** pureza, singeleza, candura. **A:** impureza.

ingênuo *adj* **1** inocente, simples, crédulo. **A:** malicioso. **2** puro, singelo, cândido. **A:** impuro.

ingerência *sf* intromissão, interferência, intervenção, intrometimento.

ingerir *vtd* **1** engolir, deglutir. **A:** vomitar. **2** introduzir, meter, inserir. *vpr* **3** intrometer-se, imiscuir-se, interferir.

inglês *sm+adj* britânico.

inglesar *vtd* anglicizar.

inglório *adj* modesto, humilde, obscuro, desconhecido. **A:** glorioso.

ingratidão *sf* desconhecimento. **A:** gratidão.

ingrato *adj* **1** mal-agradecido, desconhecido. **A:** grato. **2** *Fig.* árduo, sofrido, penoso. **Ex:** Missão ingrata. **A:** fácil. **3** *Fig.* estéril, improdutivo, infrutífero. **Ex:** Solo ingrato. **A:** fértil.

ingrediente *sm* componente, elemento, parte.

íngreme *adj* *m+f* **1** escarpado, abrupto, alcantilado. **Ex:** Terreno íngreme. **A:** plano. **2** difícil, custoso, trabalhoso. **A:** fácil.

ingressar *vti* **1** *NUM LUGAR* entrar, introduzir-se, penetrar em. **2** matricular-se, inscrever-se, entrar para. **Ex:** Ingressar numa escola. **3** afiliar-se, filiar-se, entrar para. **Ex:** Ingressar numa organização. **A:** sair de (nas três acepções).

ingresso *sm* **1** *NUM LUGAR* entrada. **2** admissão, afiliação, filiação. **3** início, princípio, começo. **A:** término. **4** bilhete, entrada. **Ex:** Os ingressos para o cinema.

íngua *sf Patol.* inchaço, caroço, nódulo, bubão.

ingüento V. ungüento.

ingurgitar *vtd* **1** engolir, tragar, devorar. **A:** regurgitar. **2** obstruir, tapar, entupir. **A:** desobstruir. *vpr* **3** inchar-se, intumescer-se. **A:** desinchar-se. **4** *EM VÍCIOS, PAIXÕES, ETC.* atolar-se, chafurdar, perder-se.

inhaca *sf* **1** *Pop.* peso, urucubaca *pop*, caiporismo. **A:** boa sorte. **2** *Pop.* fedor, catinga, fedentina. **A:** perfume.

inibição *sf* **1** proibição, coibição, veto. **A:** permissão. **2** acanhamento, timidez, vergonha. **A:** desinibição.

inibido *part+adj* acanhado, tímido, encabulado, envergonhado. **A:** desinibido.

inibir *vtd* **1** proibir, coibir, vetar. **A:** permitir. **2** impedir, embaraçar, atrapalhar. **A:** facilitar. *vtd+vpr* **3** acanhar(-se), intimidar(-se). **A:** desinibir(-se).

iniciado *sm* principiante, novato, neófito (numa seita, ou ordem). **A:** mestre.

inicial *sf* **1** letra inicial. *adj m+f* **2** primeiro. **Ex:** Estágio inicial. **A:** final.

iniciar *vtd+vpr* **1** principiar, começar. **A:** terminar. *vtd* **2** criar, formar. **3** instruir, ensinar, educar. **4** admitir, aceitar, receber. **Ex:** Iniciar alguém numa seita. **A:** expulsar. *vpr* **5** entrar para. **Ex:** Iniciar-se numa seita. **A:** abandonar.

iniciativa *sf* **1** primeiro passo. **Ex:** Tomar uma iniciativa. **2** *Por ext.* decisão, determinação, resolução. **Ex:** Fulano não tem iniciativa. **A:** indecisão.

início *sm* **1** princípio, começo, primórdio. **A:** término. **2** criação, formação, gênese. **3** estréia, inauguração. **A:** encerramento.

inidoneidade *sf* incompetência, incapacidade, inaptidão, inabilidade. **A:** idoneidade.

inidôneo *adj* **1** inadequado, inapropriado, inconveniente. **2** incompetente, incapaz, inapto. **A:** idôneo (nas duas acepções).

inigualável *adj m+f* incomparável, ímpar, singular, único. **A:** igualável.

inimaginável *adj m+f* inconcebível, inacreditável, incrível. **A:** imaginável.

inimigo *sm* **1** adversário, antagonista, rival. *adj* **2** adverso, hostil, contrário. **A:** amigo (nas duas acepções).

inimizade *sf* ódio, hostilidade, antipatia, malquerença. **A:** amizade.

inimizar *vtd+vpr* indispor(-se), malquistar(-se), desavir(-se). **A:** reconciliar(-se).

ininteligível *adj m+f* **1** incompreensível, inexplicável, inacessível. **2** misterioso, enigmático, obscuro. **A:** inteligível (nas duas acepções).

ininterrupto *adj* contínuo, seguido, constante, continuado. **Ex:** Assistimos aos filmes em sessões ininterruptas. **A:** interrompido.

iniqüidade *sf* **1** injustiça, parcialidade. **A:** equanimidade. **2** maldadeza, perversidade, maldade. **A:** bondade.

iníquo *adj* **1** injusto, parcial, faccioso. **Ex:** Julgamento iníquo. **A:** justo. **2** malvado, perverso, mau. **Ex:** Sujeito iníquo. **A:** bondoso.

injetar *vtd* inocular.

injunção *sf* obrigação, imposição, determinação, ordem.

injungir *vtd* obrigar, constranger, forçar, ordenar.

injúria *sf* **1** ofensa, insulto, ultraje. **2** *Dir.* calúnia, difamação, detração. **3** dano, estrago, prejuízo. **A:** elogio (acepções 1 e 2).

injuriar *vtd* **1** ofender, insultar, ultrajar. **A:** elogiar. **2** *Dir.* caluniar, difamar, detrair. **A:** elogiar. **3** danificar, estragar, prejudicar. **A:** consertar. *vpr* **4** *Pop.* zangar-se, irritar-se, enfurecer-se. **Ex:** Injuriava-se quando o chamavam pelo apelido. **A:** acalmar-se.

injurioso *adj* ofensivo, ultrajante, degradante, infamante. **A:** elogioso.

injustiça *sf* parcialidade, iniqüidade. **A:** justiça.

injustificável V. injusto.

injusto *adj* **1** *JÚRI, JUIZ* parcial, faccioso, iníquo; *JULGAMENTO, DECISÃO* arbitrário, parcial, autoritário. **2** infundado, improcedente, injustificável. **3** indevido, imerecido. **A:** justo (nas três acepções).

inobservância *sf* descumprimento, desobediência, desacato, desrespeito. **A:** observância.

inocência *sf* **1 A:** culpa. **2** ingenuidade, simplicidade, singeleza. **A:** malícia. **3** pureza, virtude, candura. **A:** impureza.

inocentar *vtd* absolver, descriminar, perdoar, desculpar. **A:** condenar.

inocente *s e adj m+f* **1** **Ex:** O réu foi julgado inocente. **A:** culpado. *adj m+f* **2** inócuo, inofensivo, abnóxio. **A:** nocivo. **3** ingênuo, simplório, singelo. **A:** malicioso. **4** puro, virtuoso, cândido. **A:** impuro. **5** idiota, imbecil, tolo. **A:** esperto.

inocular *vtd* **1** injetar. **Ex:** A cobra inoculou o veneno na vítima. **2** *Fig.* instilar, insinuar, incutir. **Ex:** Os fatos inocularam a revolta na população. *vtd+vpr* **3** *Fig.* propagar(-se), espalhar(-se), disseminar(-se).

inócuo V. inofensivo.

inofensivo *adj* inócuo, inocente, abnóxio. **A:** nocivo.

inolvidável *adj m+f* inesquecível, memorável, memorial, memorando. **A:** olvidável.

inominável *adj m+f* vil, baixo, revoltante, reles. **A:** nobre.

inoperante *adj m+f* ineficaz, inútil, ineficiente, vão. **A:** eficaz.

inopinado *adj* inesperado, repentino, súbito, imprevisto. **A:** esperado.

inoportuno *adj* **1** intempestivo, importuno, impróprio. **2** inapropriado, inadequado, inconveniente. **A:** oportuno (nas duas acepções).

inorgânico *adj* **1** mineral, anorgânico. **A:** orgânico. **2** inanimado. **A:** vivo.

inóspito *adj* **1** *LUGAR* inabitável. **2** *CLIMA* rigoroso, severo, inclemente.

inovação *sf* **1** mudança, modificação, alteração. **2** renovação, reforma, restauração. **3** novidade, revolução.

inovar *vtd* **1** mudar, modificar, alterar. **2** renovar, reformar, restaurar.

inox V. inoxidável.

inoxidável *adj* inox. **Ex:** Aço inoxidável. **A:** oxidável.

inquebrantável *adj m+f* inabalável, sólido, inalterável, imperturbável. **Ex:** Vontade inquebrantável. **A:** quebrantável.

inquérito *sm* **1** *Dir.* interrogatório, inquirição. **2** *Dir.* sindicância, devassa, investigação.

inquietação *sf* desassossego, intranqüilidade, apreensão, preocupação, inquietude. **A:** quietude.

inquietar *vtd* **1** intranqüilizar, desassossegar, desinquietar. **A:** aquietar. *vtd+vpr* **2** afligir(-se), preocupar(-se), perturbar(-se). **A:** aquietar(-se).

inquieto *adj* **1** apreensivo, preocupado, aflito. **2** travesso, endiabrado, traquinas. **A:** quieto (nas duas acepções).

inquietude V. inquietação.

inquilino *sm* locatário, arrendatário. **A:** proprietário.

inquinar *vtd* **1** manchar, sujar, enodoar. **A:** limpar. **2** contaminar, infectar, infeccionar. **A:** descontaminar.

inquirição *sf* **1** *Dir.* V. inquérito. **2** investigação, pesquisa, indagação, inquisição.

inquirir *vtd* **1** investigar, pesquisar, informar-se sobre. **2** *Dir.* interrogar, ouvir. **Ex:** Inquirir as testemunhas. *vtd+vti* **3** indagar, perguntar, interrogar.

inquisição *sf* **1** V. inquirição. **2** *(em maiús.)* *Hist.* Santo Ofício.

inquisitorial *adj m+f* **1** severo, rigoroso, rígido. **A:** brando. **2** cruel, desumano, terrível. **A:** piedoso.

insaciável *adj m+f* **1** ambicioso, ávido, ganancioso. **2** esfomeado, voraz, comilão. **A:** saciável (nas duas acepções).

insalubre *adj m+f* doentio, malsão, mórbido, nocivo. **A:** salubre.

insanável *adj m+f* **1** *DOENÇA* incurável, irremediável. **2** *ERRO* irremediável, irreparável. **A:** sanável (nas duas acepções).

insânia V. insanidade.

insanidade *sf* demência, loucura, maluquice, doideira, insânia. **A:** sanidade.

insano *adj* **1** demente, louco, doido. **A:** são. **2** pesado, árduo, custoso. **Ex:** Trabalho insano. **A:** leve.

insatisfação *sf* descontentamento, desgosto, desagrado, aborrecimento. **A:** satisfação.

insatisfeito *adj* descontente, desgostoso, aborrecido, triste. **A:** satisfeito.

insciência *sf* ignorância, desconhecimento, insipiência. **A:** ciência.

insciente *adj* ignorante, desconhecedor, insipiente. **A:** ciente.

inscrever *vtd* **1** gravar, esculpir, entalhar. **Ex:** Os namorados inscreviam seus nomes nas árvores. **2** anotar, registrar, assentar. **Ex:** O escriturário inscreveu nossos nomes no livro. *vtd+vpr* **3** afiliar(-se), filiar(-se), associar(-se). **Ex:** Inscrever-se num partido. **4** alistar(-se), registrar(-se). **Ex:** Inscrever-se num concurso. **5** matricular(-se). **Ex:** Inscrever-se num curso.

inscrição *sf* **1** anotação, registro, assentamento. **2** afiliação, filiação, associação. **3** matrícula. **4** *EM ESTÁTUA, MEDALHA* epígrafe; *EM TÚMULO* epitáfio, epígrafe.

insegurança *sf* **1** instabilidade. **2** dúvida, hesitação, indecisão. **A:** segurança (nas duas acepções).

inseguro *adj* **1** instável, abaladiço. **Ex:** A armação é um pouco insegura, podendo cair. **2** *PESSOA* hesitante, vacilante, indeciso. **A:** seguro (nas duas acepções).

insensatez *sf* **1** loucura, insanidade, maluquice. **2** imprudência, leviandade, precipitação. **3** absurdo, incoerência, incongruência. **A:** sensatez (nas três acepções).

insensato *adj* **1** louco, insano, maluco. **2** imprudente, desajuizado, leviano. **3** absurdo, ilógico, irracional. **A:** sensato (nas três acepções).

insensibilidade *sf* **1** dormência, torpor, entorpecimento. **2** indiferença, apatia, frieza. **3** crueldade, impiedade, dureza. **A:** sensibilidade (nas três acepções).

insensibilizar *vtd* **1** anestesiar, narcotizar. *vtd+vpr* **2** desumanizar(-se), empedernir(-se), petrificar(-se). **Ex:** A frieza o insensibilizou para o sofrimento alheio. **A:** sensibilizar(-se).

insensível *adj m+f* **1** dormente, entorpecido, adormecido. **2** indiferente, apático, impassível. **3** cruel, impiedoso, duro. **A:** sensível (nas três acepções).

inseparável *adj m+f* indivisível, impartível, único, uno. **A:** separável.

inserção *sf* **1** introdução, colocação. **2** inclusão, anexação.

inserir *vtd* **1** introduzir, pôr, colocar. **2** incluir, anexar. **Ex:** Inserir itens numa lista. **A:** excluir. *vpr* **3** fixar-se, firmar-se, estabelecer-se. **Ex:** Tal costume inseriu-se na vida nacional.

insídia *sf* **1** cilada, emboscada, armadilha. **2** traição, deslealdade, falsidade. **A:** lealdade. **3** estratagema, artimanha, ardil.

insidiar *vtd* trair, atraiçoar.

insidioso *adj* **1** traiçoeiro, desleal, infiel. **A:** leal. **2** enganoso, capcioso, caviloso. **Ex:** Pergunta insidiosa.

insigne *adj m+f* **1** ilustre, célebre, eminente. **Ex:** Um insigne político. **A:** obscuro. **2** extraordinário, incrível, inacreditável. **Ex:** Feitos insignes. **A:** comum.

insígnia *sf* **1** emblema, distintivo, divisa *mil.* **2** medalha, condecoração, galardão. **3** bandeira, estandarte, pavilhão.

insignificância *sf* **1** futilidade, frivolidade. **A:** importância. **2** bagatela, ninharia, mixaria.

insignificante *adj m+f* **1** reles, fútil, à-toa. **A:** importante. **2** *VALOR, QUANTIA* irrisório, mínimo, reduzido. **A:** significativo.

insinuação *sf* **1** persuasão, convencimento. **2** sugestão, idéia, lembrança. **3** repreensão, bronca *pop*, pito. **4** aviso, conselho, advertência. **5** indireta, remoque, carapuça *fig.*

insinuante *adj m+f* **1** persuasivo, convincente, eloqüente. **2** simpático, cativante, atraente. **A:** antipático.

insinuar *vtd* **1** persuadir, convencer, induzir. **A:** dissuadir. **2** sugerir, inspirar, instilar. *vpr* **3** infiltrar-se, penetrar, introduzir-se.

insipidez *sf* **1** sensaboria. **2** *Fig.* monotonia.

insípido *adj* **1** sem sabor: insosso, insulso, desenxabido. **A:** saboroso. **2** *Fig.* sem graça: monótono, enfadonho, maçante, insosso. **A:** interessante.

insipiência *sf* ignorância, desconhecimento, insciência. **A:** conhecimento.

insipiente *adj m+f* **1** ignorante, desconhecedor, insciente. **A:** conhecedor. **2** imprudente, leviano, precipitado. **A:** prudente. **3** insano, louco, desajuizado. **A:** são.

insistência *sf* teimosia, perseverança, persistência, obstinação.

insistente *adj m+f* **1** teimoso, perseverante, persistente. **2** importuno, chato, maçante. **A:** agradável.

insistir *vti+vi* **1** perseverar, persistir, continuar. **2** teimar, obstinar-se, porfiar. **A:** desistir (nas duas acepções).

insociável *adj m+f* intratável, inacessível, esquivo, misantropo. **A:** sociável.

insofismável *adj m+f* claro, evidente, patente, manifesto. **A:** sofismável.

insolência *sm* atrevimento, petulância, desaforo, irreverência. **A:** respeito.

insolente *adj m+f* atrevido, petulante, desaforado, irreverente. **A:** respeitoso.

insólito *adj* raro, incomum, desusado, excepcional. **A:** habitual.

insolúvel *adj m+f* **1** irresolúvel. **Ex:** Problema insolúvel. **A:** solúvel. **2** indissolúvel. **Ex:** Substância insolúvel. **A:** solúvel. **3** impagável. **Ex:** Dívida insolúvel. **A:** pagável.

insolvência *sf* falência, bancarrota, quebra, falimento.

insolvente *adj m+f* falido, quebrado, arruinado.

insondável *adj m+f* **1** profundo. **Ex:** Buraco insondável. **A:** raso. **2** incompreensível, inexplicável, imperscrutável. **Ex:** Enigma insondável. **A:** sondável.

insônia *sf* vigília.

insosso V. insípido.

inspeção *sf* exame, vistoria, revista, visita.

inspecionar *vtd* **1** examinar, vistoriar, revistar. **2** olhar, observar, examinar (atentamente).

inspiração *sf* **1** aspiração, inalação, respiração. **2** *ARTÍSTICA* estro, entusiasmo, ardor. **3** *DIVINA, ETC.* iluminação, orientação, conselho. **4** intuição, instinto, faro.

inspirar *vtd* **1** aspirar, inalar, respirar. **2** iluminar, guiar, orientar. **Ex:** Deus nos inspira. *vtd+vti* **3** sugerir. **Ex:** A paisagem inspirou-nos essa canção. **4** incutir, infundir, transmitir. **Ex:** Seu estado inspira compaixão. *vpr* **5** imitar, modelar-se, mirar-se. **Ex:** Inspirou-se em poemas antigos para escrever sua obra.

instalação *sf* **1** estabelecimento, criação, instituição. **2** aparelhagem, aparelhos *pl*, equipamentos *pl*. **Ex:** Instalação elétrica.

instalar *vtd* **1** estabelecer, criar, instituir. *vtd+vpr* **2** acomodar(-se), alojar(-se), hospedar(-se). *vpr* **3** estabelecer-se, empossar-se. **Ex:** Instalar-se num cargo.

instância *sf* **1** pedido, solicitação, súplica. **2** insistência, persistência, perseverança. **3** *Dir.* foro, jurisdição, alçada.

instantâneo *adj* imediato, rápido, repentino, súbito. **Ex:** Reação instantânea.

instante *sm* **1** momento, minuto, flagrante *pop*. **Ex:** Aguarde um instante. **2** ocasião, hora, oportunidade. **Ex:** Vinham em nosso socorro no instante em que os chamávamos. *adj m+f* **3** iminente, próximo, pendente. **4** insistente, persistente, perseverante. **5** urgente, premente, inadiável.

instar *vtd* **1** pedir, solicitar, suplicar. *vti* **2** insistir, teimar, urgir com. **Ex:** Instou comigo para que ficasse mais um pouco. **3** questionar, contestar, refutar. **Ex:** Instar contra algo. *vi* **4** estar iminente ou ser urgente: urgir.

instauração *sf* **1** abertura, começo, início. **2** fundação, instituição, inauguração. **3** renovação, reforma, restauração.

instaurar *vtd* **1** abrir, começar, iniciar. **Ex:** Instaurar um processo judicial. **2** fundar, instituir, inaugurar. **Ex:** Instaurar uma empresa. **3** renovar, reformar, restaurar.

instável *adj* **1** móvel, movediço. **2** passageiro, transitório, efêmero. **3** mutável, inconstante, volúvel. **Ex:** Situação instável. **4** *EMOCIONALMENTE* desequilibrado, descomedido, descontrolado. **A:** estável (nas quatro acepções).

instigação *sf* **1** estímulo, incentivo, incitação. **A:** desestímulo. **2** desafio, provocação.

instigar *vtd* **1** estimular, animar, incentivar. **A:** desestimular. **2** desafiar, provocar.

instilar *vtd+vti* incutir, transmitir, insuflar, inocular *fig*. **Ex:** Seu sucesso instilava a inveja nos vizinhos.

instintivo *adj* automático, involuntário, impensado, natural. **A:** consciente.

instinto *sm* **1** aptidão, tendência, vocação (inatos). **2** intuição, inspiração, faro. **Ex:** Agir por instinto.

instituição *sf* **1** criação, estabelecimento, fundação. **2** V. instituto.

instituir *vtd* **1** criar, estabelecer, fundar. **Ex:** Instituir uma firma. **2** declarar, nomear, designar. **Ex:** Instituir alguém como herdeiro. **3** *PRAZO* marcar, determinar, definir. **4** doutrinar, educar, instruir. **Ex:** Instituiu os filhos na religião católica.

instituto *sm* **1** instituição, fundação. **Ex:** Instituto filantrópico. **2** faculdade, escola, academia. **3** regulamento, estatuto, regimento.

instrução *sf* **1** ensino, educação, doutrina. **2** *DE ANIMAIS* adestramento, amestramento; *DE PESSOAS* treinamento, treino, exercício. **3** informação, explicação, esclarecimento. **Ex:** Manual de instruções. **4** saber, erudição, cultura. **A:** ignorância.

instruído *part+adj* culto, erudito, letrado, douto. **A:** ignorante.

instruir *vtd* **1** ensinar, educar, doutrinar. **Ex:** Instruir os alunos. **2** *ANIMAIS* adestrar, domesticar, amestrar. **3** informar, comunicar, cientificar. **Ex:** Instruíram-me a respeito das regras. *vtd+vpr* **4** treinar, exercitar(-se), adestrar(-se). **Ex:** Instruir-se para uma atividade. *vpr* **5** aprender, educar-se, polir-se.

instrumentar *vtd Mús.* orquestrar.

instrumentista *s m+f* **1** músico. **2** compositor.

instrumento *sm* **1** utensílio, ferramenta. **2** aparelho, máquina. **3** meio, recurso, expediente. **4** instrumento musical. **5** *Dir.* título, documento.

instrutivo *adj* **1** educativo, didático, pedagógico. **2** esclarecedor, informativo, explicativo.

instrutor *sm* professor, mestre, educador, preceptor. **A:** aluno.

insubmissão *sf* desobediência, indisciplina, rebeldia, independência. **A:** submissão.

insubmisso *adj* desobediente, indisciplinado, rebelde, indócil. **A:** submisso.

insubordinação *sf* **1** desobediência, indisciplina, rebeldia. **A:** subordinação. **2** revolta, rebelião, insurreição.

insubordinar *vtd+vpr* revoltar(-se), rebelar(-se), insurgir(-se), indisciplinar(-se). **A:** subordinar(-se).

insubornável *adj m+f* incorruptível, íntegro, honesto, reto. **Ex:** Funcionário insubornável. **A:** subornável.

insucesso *sm* fracasso, malogro, fiasco, frustração. **A:** sucesso.

insuficiência *sf* **1** deficiência, falta, escassez. **Ex:** A insuficiência de pessoal especializado dificulta os trabalhos. **2** incapacidade, incompetência, inabilidade. **A:** suficiência (nas duas acepções).

insuficiente *adj m+f* **1** deficiente, escasso, parco. **Ex:** Recursos insuficientes. **2** incapaz, incompetente, inábil. **A:** suficiente (nas duas acepções).

insuflar *vtd* **1** soprar, assoprar, bafejar. **2** inspirar, provocar, atear. **Ex:** Insuflar a discórdia.

insulano V. insular.

insular *s e adj m+f* **1** ilhéu, insulano. *vtd+vpr* **2** isolar(-se), ilhar(-se), apartar(-se). **A:** unir(-se).

insulso V. insosso.

insultar *vtd* ofender, desacatar, ultrajar, afrontar. **A:** elogiar.

insulto *sm* **1** ofensa, desacato, ultraje, afronta. **A:** elogio. **2** insolência, atrevimento, desaforo. **3** *Med.* ataque, acesso, crise.

insuperável *adj m+f* **1** invencível, irremovível. **Ex:** Dificuldade insuperável. **A:** superável. **2** inigualável, ímpar, único. **Ex:** Tem uma beleza insuperável. **A:** igualável.

insuportável *adj m+f* **1** intolerável, intragável, desagradável. **2** inaceitável, inadmissível. **A:** suportável (nas duas acepções).

insurgir *vtd+vpr* revoltar(-se), sublevar(-se), rebelar(-se), insurrecionar(-se). **A:** pacificar(-se).

insurrecionar V. insurgir.

insurrecto V. insurreto.

insurreição *sf* **1** revolta, revolução, rebelião. **2** *Fig.* oposição, objeção, resistência. **A:** aceitação.

insurreto *sm+adj* revoltoso, rebelde, revolucionário, *insurrecto*.

insuspeito *adj* **1** confiável. **Ex:** Pessoa insuspeita. **2** imparcial, justo, isento. **Ex:** Árbitro insuspeito. **A:** parcial.

insustentável *adj m+f* **1** intolerável, insuportável, intragável. **Ex:** A situação ficou insustentável, e ela fugiu. **2** infundado, improcedente, injustificável. **Ex:** Acusações insustentáveis. **A:** sustentável (nas duas acepções).

intacto *adj* **1** íntegro, inteiro, perfeito. **2** ileso, incólume, são e salvo. **A:** leso. **3** imaculado, puro, incorrupto. **Obs.:** Nas três acepções, existe a variante *intato*.

intangível *adj m+f* imaterial, impalpável, incorpóreo, etéreo. **A:** tangível.

intato V. intacto.

íntegra *sf* totalidade. * Na íntegra: por inteiro, totalmente.

integral *adj m+f* inteiro, total, completo, íntegro. **Ex:** Lemos o texto em sua versão integral. **A:** parcial.

integralizar V. inteirar.

integrante *sf* **1** *Gram.* conjunção integrante. *adj m+f* **2** complementar, suplementar, adicional.

integrar *vtd* **1** V. inteirar. *vpr* **2** V. inteirar. **3** adaptar-se, ajustar-se, acomodar-se. **Ex:** O imigrante já conseguiu se integrar à vida no novo país. **A:** desajustar-se. **4** incorporar-se, juntar-se, agregar-se. **Ex:** Integrar-se num grupo.

integridade *sf* **1** V. inteireza. **2** honestidade, honra, dignidade. **A:** desonestidade. **3** imparcialidade, isenção, justiça. **A:** parcialidade. **4** castidade, pureza, virtude. **A:** impureza.

íntegro *adj* **1** V. inteiro. **2** honesto, honrado, digno. **A:** desonesto. **3** imparcial, isento, justo. **A:** parcial. **4** casto, puro, virtuoso. **Ex:** Moça íntegra. **A:** impuro.

inteirar *vtd* **1** completar, complementar, integrar, integralizar. **Ex:** Inteirar uma quantia. **2** completar, finalizar, arrematar. **Ex:** Inteirar uma obra. **A:** iniciar. **3** informar, avisar, cientificar. **Ex:** O espião inteirava o chefe sobre tudo o que acontecia. *vpr* **4** completar-se, integrar-se. **5** informar-se, pesquisar, avisar-se. **Ex:** Inteirar-se de um assunto.

inteireza *sf* integridade, totalidade. **A:** parcialidade.

inteiriçado *adj* retesado, teso, estirado, hirto. **A:** frouxo.

inteiriçar *vtd+vpr* retesar(-se), entesar(-se), tesar(-se), estirar(-se). **A:** afrouxar(-se).

inteiriço *adj* **1** V. inteiro. **2** *Fig.* inflexível, rígido, intransigente. **A:** flexível.

inteiro *adj* **1** todo, completo, íntegro, total. **A:** incompleto. **2** inteiriço. **Ex:** Esculpiu uma estátua numa peça inteira de mármore. **3** ileso, incólume, são e salvo. **Ex:** Sofreu um acidente e saiu inteiro. **A:** leso.

intelecção V. inteligência.

intelectivo V. intelectual.

intelecto V. inteligência.

intelectual *s m+f* **1** cientista, sábio, letrado. *adj m+f* **2** mental, cerebral, intelectivo. **Ex:** Trabalho intelectual. **A:** braçal.

inteligência *sf* **1** entendimento, compreensão, intelecto, intelecção. **2** perspicácia, sagacidade, sutileza. **A:** estupidez. **3** talento, gênio, engenho. **4** gênio, crânio *fig.* **Ex:** Fulano é uma inteligência. **5** trama, conspiração, conluio.

inteligente *adj m+f* **1** perspicaz, sagaz, agudo. **A:** estúpido. **2** talentoso, genial, engenhoso.

inteligível *adj m+f* compreensível, claro, simples, fácil. **A:** ininteligível.

intemperança *sf* **1** desregramento, descomedimento, imoderação. **A:** temperança. **2** gula, voracidade, glutonaria.

intempérie *sf* mau tempo.

intempestivo *adj* **1** inoportuno, importuno, impróprio. **A:** oportuno. **2** inesperado, súbito, repentino. **A:** esperado.

intenção *sf* **1** intento, propósito, plano, idéia. **2** vontade, desejo, querer.

intencional *adj m+f* proposital, propositado, premeditado, voluntário. **A:** involuntário.

intendente *s m+f* administrador, gerente, diretor, superintendente.

intensidade *sf* **1** força, energia, veemência. **A:** brandura. **2** *DAS CORES* vivacidade. **A:** suavidade. **3** *DE SONS* volume.

intensificar *vtd+vpr* aumentar(-se), reforçar(-se), fortalecer(-se), exacerbar(-se). **A:** suavizar(-se).

intensivo *adj* **1** V. intenso. **2** limitado, restrito. **A:** extensivo.

intenso *adj* **1** forte, veemente, violento, intensivo. **A:** brando. **2** forte, excessivo. **Ex:** Frio intenso. **A:** moderado. **3** animado, agitado, movimentado. **Ex:** A vida noturna intensa das grandes cidades. **A:** parado. **4** *COLORIDO* vivo, forte. **A:** suave. **5** *SOM* alto, volumoso.

intentar *vtd* **1** tencionar, planejar, projetar. **2** esforçar-se, empenhar-se, diligenciar. **3** *Dir.* propor (em juízo). **Ex:** Intentar uma ação.

intento V. intenção.

intentona *sf* conspiração, conjuração, trama, conluio.

intercalar *adj m+f* **1** intercalado. *vtd+vpr* **2** entremear(-se), interpor(-se), inserir(-se).

intercâmbio *sm* troca, permuta, câmbio, barganha.

interceder *vti* pedir, rogar, suplicar por, intervir em favor de. **Ex:** A rainha intercedeu pelo criminoso.

interceptar *vtd* **1** cortar, interromper, impedir. **Ex:** Interceptar comunicações. **2** deter, reter, capturar. **Ex:** Os bandidos interceptaram a diligência.

intercessão *sf* intervenção, mediação, interferência, intermédio. **Ex:** Foi absolvido graças à intercessão de um bom advogado.

intercurso *sm* relações *pl*, convívio, convivência, trato.

intercutâneo *adj* Anat. subcutâneo. **Ex:** Injeção intercutânea.

interdição *sf* proibição, impedimento, veto, coibição. **A:** permissão.

interditado V. interdito.

interditar *vtd* proibir, impedir, coibir. **A:** permitir.

interdito *adj* interditado, proibido, impedido, vedado, defeso. **A:** permitido.

interessante *adj m+f* **1** agradável, divertido. **Ex:** Filme interessante. **A:** maçante. **2** atraente, simpático, encantador. **Ex:** Uma mulher interessante. **A:** antipático. **3** estranho, curioso, esquisito. **Ex:** É interessante a sua falta de cooperação.

interessar *vtd* **1** atrair, cativar, encantar. **A:** desinteressar. *vti* **2** importar. **Ex:** Isso pouco me interessa. *vpr* **3** entregar-se, devotar-se, dedicar-se a. **Ex:** Interessou-se pela matemática. **A:** desinteressar-se.

interesse *sm* **1** proveito, benefício, conveniência. **2** curiosidade. **A:** desinteresse. **3** afeição, simpatia, estima. **A:** desprezo. **4** Com. juro, lucro, rendimento. **5** ambição, cobiça, ganância. **A:** desinteresse. **6** egoísmo, individualismo. **A:** altruísmo.

interesseiro *sm+adj* **1** egoísta, individualista. **A:** altruísta. *adj* **2** ambicioso, ganancioso, cobiçoso. **A:** desinteressado.

interferência *sf* intervenção, mediação, intromissão, intercessão.

interferir *vti* intervir, intrometer-se, ingerir-se, imiscuir-se.

ínterim *sm* **1** tempo entre duas ações: entretempo, entrementes, entretanto. **2** interinidade. * Neste ínterim: entrementes, neste meio tempo, entretanto.

interinidade V. ínterim.

interino *adj* **1** FUNCIONÁRIO temporário. **A:** efetivo. **2** passageiro, provisório, transitório. **A:** duradouro.

interior *sm* **1** íntimo, âmago, fundo *fig.* **A:** exterior. *adj m+f* **2** interno, íntimo, intestino. **A:** exterior. **3** íntimo, particular, privado. **A:** público.

interlocução *sf* diálogo, conversação, conversa, colóquio.

interlúdio *sm* **1** Mús. trecho intercalado numa composição: intermédio. **2** Teat.

representação rápida no intervalo entre os atos: intervalo, entreato, intermédio.

intermediação V. intermédio.

intermediar *vtd+vi* **1** entremear(-se), intercalar(-se), misturar(-se). *vi* **2** intervir, interceder, interferir.

intermediário *sm* **1** Com. agente, corretor, agenciador. **2** Com. atravessador. **3** mediador, medianeiro. *adj* **4** intermédio, interposto.

intermédio *sm* **1** intermediação, intervenção, intercessão, interferência. **2** o que está de permeio: entremeio. **3** e **4** V. interlúdio. *adj* **5** V. intermediário.

interminável *adj m+f* **1** infindável, infinito, infindo. **Ex:** Estrada interminável. **A:** findável. **2** extenso, prolongado, longo. **Ex:** Conversa interminável. **A:** breve.

intermitência *sf* interrupção, pausa, parada, intervalo.

intermitente *adj m+f* descontínuo, interrompido, descontinuado. **A:** ininterrupto.

intermitir *vi* interromper-se, parar, cessar, suspender-se (por algum tempo).

internacional *adj m+f* mundial, universal. **A:** nacional.

internar *vtd* **1** introduzir, inserir, enfiar. *vpr* **2** entrar, penetrar, aprofundar-se. **Ex:** Internar-se na mata.

internato *sm* pensionato.

interno *adj* interior, íntimo, intestino, intrínseco. **A:** externo.

interpelar *vtd* **1** interrogar, perguntar a, dirigir-se a. **2** abordar, achegar-se de, aproximar-se de. **Ex:** Interpelar estranhos na rua.

interpolar *vtd* intercalar, interpor, inserir, entremear (palavras ou frases, num texto).

interpor *vtd+vpr* **1** inserir(-se), entremear(-se), inserir(-se). *vtd* **2** contrapor, opor. **Ex:** Interpor objeções. *vpr* **3** intervir, interferir, ingerir-se.

interposição *sf* intervenção, interferência, mediação, intercessão.

interpretação *sf* **1** crítica, comentário. **Ex:** Interpretação de uma obra literária. **2** explicação, esclarecimento, exposição. **3** tradução (oral). **4** Teat. representação, desempenho. **Ex:** O ator ganhou um prêmio por sua interpretação.

interpretar *vtd* 1 explicar, esclarecer, elucidar. 2 decifrar, compreender, entender. **Ex:** O astrólogo interpretava os presságios. 3 traduzir (oralmente).

intérprete *s m+f* 1 crítico, comentador. 2 tradutor. 3 *Teat.* ator, figura, figurante.

interregno *sm* intervalo, interrupção, pausa, parada.

interrogação V. interrogatório.

interrogar *vtd* 1 perguntar, indagar, inquirir. **A:** responder. 2 investigar, pesquisar, sondar. 3 *Dir.* inquirir, ouvir. **Ex:** Interrogar os suspeitos.

interrogativo V. interrogatório.

interrogatório *sm* 1 interrogação, pergunta, indagação. 2 *Dir.* inquérito, inquirição. *adj* 3 interrogativo.

interromper *vtd* 1 parar, suspender, sustar. **Ex:** Interrompeu a leitura para atender os visitantes. 2 cortar, interceptar, impedir. **Ex:** Interromper as comunicações. *vpr* 3 parar, cessar (momentaneamente). 4 calar-se, silenciar, emudecer (momentaneamente). **A:** continuar (acepções 1, 3 e 4).

interrupção *sf* 1 suspensão, cessação, parada. **A:** continuação. 2 intervalo, pausa, folga.

interseção *sf* cruzamento, entroncamento, *intersecção.* **Ex:** Interseção de ruas.

intersecção V. interseção.

intervalar *vtd* 1 espaçar, espacejar. *vtd+vpr* 2 entremear(-se), intercalar(-se), alternar(-se).

intervalo *sm* 1 *DE TEMPO* espaço, período, lapso. **Ex:** Num intervalo de 20 anos. 2 *DE TEMPO* pausa, interrupção, parada. **Ex:** Saímos no intervalo da palestra. 3 *ENTRE DOIS PONTOS* espaço, distância. 4 *Teat.* entreato, pausa (entre os atos). 5 *Teat.* representação rápida no intervalo entre os atos: entreato, interlúdio, intermédio.

intervenção *sf* 1 interferência, intermédio, mediação. 2 *Med.* cirurgia, operação.

intervir *vti* 1 assistir a, presenciar, testemunhar. *vti+vi* 2 interferir, intrometer-se, ingerir-se. *vi* 3 sobrevir, acontecer, suceder (inesperadamente).

intestinal *adj Med.* entérico.

intestino *adj* 1 interior, interno, íntimo. **A:** exterior. 2 nacional, doméstico. **Ex:** Guerras intestinas. *sm pl* 3 vísceras, entranhas.

intimação *sf* 1 *Dir.* citação, notificação. 2 ordem, mando.

intimar *vtd* 1 *Dir.* citar, notificar, emprazar. 2 ordenar, mandar, exigir. **Ex:** O guarda intimou-os a abandonar o recinto.

intimidade *sf* familiaridade, convivência, relações *pl*, trato. **A:** cerimônia.

intimidação *sf* ameaça, advertência, ameaço.

intimidar *vtd+vpr* 1 assustar(-se), apavorar(-se), espantar(-se). 2 acanhar(-se), inibir(-se), constranger(-se). **A:** desinibir(-se).

íntimo *sm* 1 âmago, interior, fundo *fig.* **A:** exterior. 2 amigo íntimo. *adj* 3 interior, interno, intestino. **A:** exterior. 4 privativo, particular, reservado. **Ex:** Reunião íntima. **A:** público. 5 intenso, profundo, visceral. **A:** superficial. 6 *AMIGO* chegado. 7 doméstico, familiar, caseiro. 8 genital. **Ex:** Partes íntimas; higiene íntima.

intitular *vtd+vpr* chamar(-se), denominar(-se), designar(-se), nomear(-se).

intocável *adj m+f* 1 intangível, impalpável, imaterial. **A:** tocável. 2 ilibado, intacto, íntegro. **A:** maculado.

intolerante *adj m+f* severo, rigoroso, inflexível, intransigente. **A:** tolerante.

intolerável *adj m+f* 1 insuportável, intragável, detestável. 2 inaceitável, inadmissível. **A:** tolerável (nas duas acepções).

intoxicar *vtd+vpr* envenenar(-se). **A:** desintoxicar(-se).

intrafegável *adj m+f* intransitável, impraticável, ínvio. **A:** trafegável.

intragável *adj m+f* intolerável, insuportável, desagradável, detestável. **A:** agradável.

intranqüilidade *sf* inquietação, preocupação, agitação, desassossego. **A:** tranqüilidade.

intranqüilo *adj* inquieto, preocupado, agitado, apreensivo. **A:** tranqüilo.

intransigente *s e adj m+f* rígido, rigoroso, inflexível, intolerante. **A:** transigente.

intransitável *adj m+f* intrafegável, impraticável, ínvio. **Ex:** Estrada intransitável. **A:** transitável.

intransponível *adj m+f* insuperável, invencível, irremovível. **Ex:** Dificuldade intransponível. **A:** transponível.

intratável *adj m+f* insociável, inacessível, esquivo, orgulhoso. **A:** tratável.

intrepidez *sf* coragem, valentia, audácia, destemor. **A:** covardia.

intrépido *adj* corajoso, valente, audaz, destemido. **A:** covarde.

intricado V. intrincado.

intricar V. intrincar.

intriga *sf* 1 trama, tramóia, maquinação. 2 deslealdade, cilada, traição. **A:** lealdade. 3 fofoca *pop*, fuxico, mexerico. 4 *Lit.* enredo, entrecho.

intrigado *sm* 1 inimigo, adversário, desafeto. **A:** amigo. *part+adj* 2 desconfiado, receoso, cabreiro. **Ex:** Seu silêncio deixou-me intrigado. **A:** confiante.

intrigante *s e adj m+f* fofoqueiro *pop*, fuxiqueiro, mexeriqueiro, encrenqueiro *gír*.

intrigar *vtd* 1 indispor, inimizar, enredar. **Ex:** Intrigar os vizinhos. **A:** conciliar. *vi* 2 fofocar *pop*, fuxicar, mexericar.

intrincado *part+adj* 1 embaraçado, emaranhado, enredado. **A:** desembaraçado. 2 complicado, incompreensível, confuso. **A:** simples. **Obs.:** Nas duas acepções, existe a variante *intricado*.

intrincar *vtd+vpr* 1 embaraçar(-se), emaranhar(-se), enredar(-se). **A:** desembaraçar(-se). 2 complicar(-se), dificultar(-se). **A:** facilitar(-se). **Obs.:** Nas duas acepções, existe a variante *intricar*.

intrínseco *adj* 1 interior, interno, íntimo. **A:** extrínseco. 2 inerente, próprio, peculiar. **Ex:** As qualidades intrínsecas de alguma coisa.

introdução *sf* 1 inserção, colocação. **Ex:** Acho necessária a introdução de um parágrafo para finalizar o capítulo. 2 começo, início, princípio. **A:** final. 3 entrada, admissão, acesso. 4 *Com.* importação. 5 *Mús.* abertura. 6 prefácio, prólogo, preâmbulo.

introduzir *vtd* 1 inserir, enfiar, colocar. 2 começar, iniciar, principiar. **A:** terminar. 3 *Com.* importar. **A:** exportar. *vpr* 4 entrar, penetrar, ingressar. **A:** sair. 5 estabelecer-se, firmar-se, fixar-se.

intróito *sm* início, começo, princípio, entrada. **A:** encerramento.

intrometer *vtd* 1 intercalar, entremear, interpor. *vpr* 2 intervir, interferir, ingerir-se. **Ex:** Intrometer-se na vida alheia. 3 mexer, provocar, meter-se. **Ex:** Não se intrometa comigo!

intrometido *sm+adj* abelhudo, curioso, enxerido, xereta, intruso.

intrometimento V. intromissão.

intromissão *sf* 1 interferência, intervenção, ingerência, intrometimento. 2 abelhudice, indiscrição, curiosidade, intrometimento, intrusão.

introverter-se *vpr Psicol.* fechar-se, ensimesmar-se, absorver-se. **A:** extroverter-se.

introvertido *adj* 1 reservado, fechado, calado. **A:** extrovertido. 2 concentrado, absorto, pensativo. **A:** aéreo.

intrujão *sm+adj* trapaceiro, embusteiro, enganador, impostor.

intrujar *vtd* enganar, tapear *pop*, burlar, lograr.

intrujice *sf* artimanha, engodo, fraude, tapeação *pop*.

intrusão *sf* 1 V. intromissão. 2 usurpação.

intruso V. intrometido.

intuição *sf* 1 pressentimento, sensação, palpite. 2 instinto, inspiração, faro. **Ex:** Agir por intuição.

intuir *vtd* pressentir, prever, sentir, pressagiar.

intuitivo *adj* evidente, claro, óbvio, patente. **A:** obscuro.

intuito *sm* intento, objetivo, plano, fim.

intumescente V. intumescido.

intumescido *part+adj* inchado, estufado, túrgido, túmido, intumescente. **A:** desinchado.

intumescer *vtd, vi+vpr* 1 inchar(-se), estufar(-se), tumefazer(-se). **A:** desinchar(-se). 2 *Fig.* envaidecer(-se), orgulhar(-se), ensoberbecer(-se). **A:** envergonhar(-se).

inumação *sf* enterro, funeral, exéquias *pl*, enterramento. **A:** exumação.

inumano *adj Fig.* desumano, cruel, impiedoso, bárbaro. **A:** humano.

inumar *vtd* sepultar, enterrar. **A:** exumar.

inumerável *adj m+f* 1 impossível de numerar ou contar: inúmero. **A:** numerável. **2** incontável, incalculável, infinito, inúmero. **A:** finito.

inúmero V. inumerável.

inundação *sf* cheia, enchente, dilúvio, alagamento.

inundar *vtd+vpr* **1** alagar(-se), submergir(-se), encharcar(-se). **2** banhar(-se), molhar(-se), umedecer(-se). **A:** secar(-se). *vtd* **3** ocupar, invadir, tomar. **Ex:** A multidão inundou o saguão do hotel. **A:** desocupar. **4** encher, abarrotar, rechear. **A:** esvaziar.

inusitado *adj* estranho, raro, insólito, excepcional. **A:** usual.

inútil *adj* **1** imprestável, ineficaz, vão. **Ex:** Instrumento inútil. **A:** útil. **2** desnecessário, dispensável, supérfluo. **Ex:** Sua ajuda é inútil. **A:** útil. **3** frustrado, fracassado, improdutivo. **Ex:** Esforço inútil. **A:** bem-sucedido.

inutilizar *vtd+vpr* **1** estragar(-se), quebrar(-se), avariar(-se). **Ex:** A tempestade inutilizou os fios da rede elétrica. *vtd* **2** frustrar, estragar, arruinar. **Ex:** A falta de preparação inutilizou o nosso plano.

invadir *vtd* **1** *Mil.* conquistar, tomar, ocupar. **Ex:** O exército invadiu o território inimigo. **A:** desocupar. **2** *DE SENTIMENTOS* tomar, possuir, acometer. **Ex:** Um temor inexplicável invadiu sua alma. **3** alastrar-se, espalhar-se, propagar-se por. **Ex:** Os gafanhotos invadiram as plantações. **4** tomar, apossar-se de, usurpar. **Ex:** O tirano invadiu as atribuições dos parlamentares.

invalidade V. invalidez.

invalidar *vtd* anular, cancelar, revogar, nulificar. **A:** validar.

invalidez *sf* **1** paralisia, mutilação. **2** invalidade, nulidade. **A:** validade.

inválido *sm+adj* **1** paralítico, mutilado. *adj* **2** nulo. **A:** válido. **3** ilegal, ilegítimo, ilícito. **A:** válido. **4** fraco, débil, enfermo. **A:** saudável.

invariável *adj m+f* **1** imutável, inalterável, fixo. **2** uniforme, constante, regular. **3** *Gram.* indeclinável. **Ex:** Palavras invariáveis. **A:** variável (nas três acepções).

invasão *sf* **1** irrupção. **Ex:** Não conseguiram controlar a invasão das águas do rio. **2** *Mil.*

ocupação, tomada, conquista. **A:** desocupação. **3** *Mil.* incursão, excursão, incurso.

invasor *sm+adj* conquistador. **Ex:** Expulsaram os invasores; o exército invasor foi derrotado.

invectiva *sf* **1** crítica, censura, repreensão. **2** injúria, ofensa, insulto. **A:** elogio (nas duas acepções).

invectivar *vtd* **1** criticar, censurar, repreender. *vti* **2** injuriar, ofender, insultar. **A:** elogiar (nas duas acepções).

invectivo *adj* injurioso, ofensivo, agressivo, ultrajante.

inveja *sf* **1** ciúme, emulação. **2** cobiça, ganância, ambição. **A:** desapego.

invejar *vtd* cobiçar, ambicionar, desejar.

invejável *adj m+f* apreciável, considerável, significativo, magnífico. **Ex:** Tem uma inteligência invejável.

invejoso *adj* ganancioso, ambicioso, cobiçoso, faminto *fig.* **A:** desapegado.

invenção *sf* **1** *ATO* criação, concepção, imaginação. **Ex:** A invenção de um novo aparelho. **2** *ATO* descoberta, achado. **Ex:** A invenção de relíquias arqueológicas. **3** *COISA* invento, criação, inventiva. **Ex:** O professor mostrou-nos sua última invenção. **4** mentira, invencionice, história, fábula. **Ex:** Tudo não passou de invenção das crianças.

invencionice V. invenção.

invencível *adj m+f* **1** invicto. **Ex:** Exército invencível. **2** insuperável, irremovível, intransponível. **Ex:** Problemas invencíveis. **3** indomável, inconquistável, inexpugnável. **Ex:** Resistência invencível. **A:** vencível (nas três acepções).

inventar *vtd* **1** criar, imaginar, conceber. **Ex:** Inventar uma máquina. **2** descobrir, achar. **Ex:** Inventar nomes. **3** tramar, maquinar, armar. **Ex:** O prisioneiro inventou uma maneira de fugir. **4** mentir, fabular. **Ex:** Inventava histórias em que ninguém acreditava.

inventariar *vtd* **1** relacionar, listar, arrolar. **2** detalhar, esmiuçar, pormenorizar.

inventário *sm* relação, lista, catálogo, enumeração.

inventiva *sf* **1** imaginação, fantasia, imaginativa. **2** V. invenção.

inventivo *adj* criativo, engenhoso, imaginativo, fecundo.

invento V. invenção.

inventor *sm* criador, autor, pai, artífice.

invernada *sf* 1 invernia, inverno (rigoroso). 2 pasto, pastagem, engorda.

invernal *adj m+f* hibernal, invernoso.

invernia V. invernada.

inverno *sm* 1 V. invernada. 2 *Fig.* velhice, senilidade, idade. A: juventude.

invernoso V. invernal.

inverossímil *adj m+f* inacreditável, incrível, improvável, impossível. A: verossímil.

inverossimilhança *sf* improbabilidade, impossibilidade. A: verossimilhança.

inversão *sf* 1 alteação, mudança, transformação. 2 homossexualismo, homossexualidade, sodomia; *SÓ MASCULINA* pederastia. A: heterossexualidade. 3 *Econ.* investimento, aplicação, emprego.

inverso *sm* 1 contrário, oposto. **Ex:** É o inverso do pai em todos os sentidos. *adj* 2 invertido. 3 contrário, oposto, antagônico. **Ex:** Seguiam por caminhos inversos.

inverter *vtd+vpr* 1 voltar(-se), virar(-se), colocar(-se). *vtd* 2 alterar, mudar, transformar. 3 *Econ.* investir, aplicar, empregar.

invertido *part+adj* 1 V. inverso. *s m+f* 2 homossexual, pederasta, bicha *vulg.* A: heterossexual. *adj m+f* 3 homossexual. A: heterossexual.

invés *sm* avesso, reverso. * Ao invés: ao contrário.

investida *sf* 1 ataque, agressão, arremetida. 2 tentativa, experiência, prova.

investidura *sf* posse. **Ex:** Muitos políticos compareceram à investidura do prefeito.

investigação *sf* 1 pesquisa, averiguação, indagação. 2 exame, análise, estudo (minucioso).

investigador *sm* detetive.

investigar *vtd* 1 pesquisar, averiguar, indagar. 2 examinar, esquadrinhar, analisar.

investimento *sm Econ.* inversão, emprego, aplicação.

investir *vtd* 1 empossar. **Ex:** Investir alguém num cargo. A: demitir. 2 *CAPITAIS* empregar, aplicar, inverter. *vti* 3 atacar,

agredir, arremeter contra. **Ex:** O assaltante investiu contra o policial.

inveterado *part+adj* 1 antigo, velho. **Ex:** Inimigos inveterados. 2 crônico, repetido, enraizado. **Ex:** Hábito inveterado. A: ocasional.

inveterar *vtd* 1 envelhecer. A: rejuvenescer. *vtd+vpr* 2 radicar(-se), consolidar(-se), enraizar(-se). **Ex:** Esse hábito inveterou-se na sociedade.

inviável *adj m+f* impraticável, irrealizável, inexequível, impossível. A: viável.

invicto *adj* 1 nunca vencido. A: vencido. 2 V. invencível.

ínvio *adj* intransitável, intrafegável, impraticável. **Ex:** Caminho ínvio. A: transitável.

inviolado *adj* intacto, imaculado, íntegro, puro. A: violado.

invisível *adj m+f* 1 imperceptível, impercebível. 2 *Fig.* oculto, escondido, dissimulado. **Ex:** Cuidado com os inimigos invisíveis. A: visível (nas duas acepções).

invocação *sf* chamado, chamamento, apelo, chamada.

invocar *vtd* 1 chamar. **Ex:** Invocar um santo. 2 *PROTEÇÃO* pedir, suplicar, rogar. 3 conjurar, evocar, chamar. **Ex:** O mágico invocou o gênio. 4 recorrer a, apelar para. **Ex:** Invocou a lei para se justificar. *vti* 5 *Pop.* antipatizar, implicar, cismar com. **Ex:** Invocar com alguém.

invólucro *sm* 1 envoltório, capa. 2 revestimento, cobertura. 3 estojo, cápsula.

involuntário *adj* 1 inconsciente, automático, mecânico. **Ex:** Gesto involuntário. 2 forçado, obrigado, constrangido. A: voluntário (nas duas acepções).

invulgar *adj m+f* raro, incomum, insólito, singular. A: vulgar.

invulnerável *adj m+f* 1 protegido, inatacável. A: vulnerável. 2 imaculado, puro, virtuoso. A: maculado.

íon *sm Fís.* iônio, ionte.

iônio V. íon.

ionte V. íon.

ioruba *s e adj m+f* nagô, iorubano.

iorubano V. ioruba.

ir *vi+vpr* 1 dirigir-se, encaminhar-se, deslocar-se. **Ex:** Foi para a sala. A: vir. 2 acabar-se, extinguir-se, terminar. **Ex:** Foi-se todo o meu dinheiro. **A:** restar. **3** partir, retirar-se, ausentar-se. **Ex:** Ela se foi, nunca mais a veremos. **A:** ficar. **4** morrer, falecer, expirar. **Ex:** Foi-se aos oitenta anos de idade. *vi* **5** andar, caminhar, marchar. **Ex:** Vá devagar! **A:** parar. **6** freqüentar. **Ex:** Não vai ao cinema há anos. **7** comparecer, apresentar-se, aparecer. **Ex:** Ela não veio ao encontro. **A:** faltar. **8** conduzir, levar a. **Ex:** Esta estrada vai à praia. **9** acontecer, suceder, passar-se. **Ex:** Gostaria de saber o que vai por essas bandas. *vlig+vi* **10** *DE SAÚDE* estar, passar, achar-se. **Ex:** Como vai sua mãe? *vti* **11** acompanhar, seguir. **Ex:** Foi com os amigos. **12** combinar, condizer, harmonizar-se. **Ex:** Essas cores não vão com sua pele. **13** simpatizar com, gostar de. **Ex:** Ela não vai com sua cara.

ira *sf* **1** raiva, cólera, fúria, zanga. **A:** calma.

irar *vtd+vpr* enfurecer(-se), irritar(-se), encolerizar(-se), exasperar(-se). **A:** tranqüilizar(-se).

irascível *adj m+f* agressivo, genioso, irritadiço, colérico. **A:** calmo.

íris *sm Meteor.* arco-íris.

irisado *part+adj* furta-cor, cambiante.

irisar *vtd+vpr* matizar(-se), esmaltar(-se), colorir(-se), tingir(-se).

irmã *sf* **1** mana *fam.* **2** *Ecles.* freira, religiosa, sóror.

irmanar *vtd+vpr* emparelhar(-se), juntar(-se), igualar(-se), unir(-se). **A:** separar(-se).

irmandade *sf* **1** fraternidade, parentesco (entre irmãos). **2** *Ecles.* confraria, congregação, associação. **3** harmonia, paz, concórdia. **A:** desarmonia.

irmão *sm* **1** mano *fam.* **2** *Ecles.* frade, frei, religioso. **3** confrade, congregado. **4** partidário, correligionário, seguidor. **5** *Gír.* amigo, companheiro, chapa *pop.* * Irmãos siameses: *Med.* xipófagos; *Fig.* amigos inseparáveis.

ironia *sf* **1** *Ret.* oposição, contraste. **2** sarcasmo, zombaria, deboche. **3** crítica, alfinetada, farpa *fig.*

irônico *adj* sarcástico, zombeteiro, debochado, gozador.

ironizar *vtd* **1** criticar, alfinetar, farpar *fig.* *vtd+vi* **2** satirizar, ridicularizar, zombar.

irracional *sm* **1** animal, fera, bruto. *adj m+f* **2** animal, bruto. **A:** racional. **3** absurdo, ilógico, incongruente. **A:** racional.

irradiação *sf* **1** *DE LUZ, CALOR* difusão, emissão, lançamento. **2** *DE PROGRAMAS DE RÁDIO* transmissão. **3** propagação, disseminação.

irradiar *vtd* **1** difundir, emitir, lançar. **Ex:** As estrelas irradiam luz e calor. **2** *PELO RÁDIO* transmitir. **Ex:** A estação irradiará o jogo. *vtd+vpr* **3** espalhar(-se), propagar(-se), disseminar(-se).

irreal *adj m+f* imaginário, fantástico, fictício, fantasioso. **A:** real.

irrealizável *adj m+f* impraticável, impossível, inexeqüível, inexecutável. **A:** realizável.

irrecuperável *adj m+f* **1** perdido. **A:** recuperável. **2** *PESSOA* incorrigível, inveterado. **A:** corrigível.

irrecusável *adj m+f* **1** indeclinável. **2** incontestável, inegável, indiscutível. **A:** recusável (nas duas acepções).

irredutível *adj m+f* **1** irreduzível. **Ex:** Distância irredutível. **A:** redutível. **2** inflexível, intransigente, rígido, irreduzível. **Ex:** Mantém-se irredutível, apesar de nossos apelos. **A:** flexível.

irreduzível V. irredutível.

irrefletido *adj* imprudente, precipitado, insensato, leviano. **A:** refletido.

irreflexão *sf* imprudência, precipitação, insensatez, leviandade. **A:** reflexão.

irrefutável *adj m+f* incontestável, inegável, indiscutível, evidente. **A:** refutável (nas duas acepções).

irregular *adj m+f* **1** anormal, anômalo, aberrante. **Ex:** Comportamento irregular. **A:** regular. **2** inconstante, variável, desigual. **Ex:** Movimento irregular. **A:** regular. **3** *TERRENO* acidentado, desigual, áspero. **A:** plano. **4** ilegal, ilegítimo, ilícito. **Ex:** Seu procedimento é bastante irregular. **A:** regular.

irregularidade *sf* **1** anormalidade, anomalia, aberração. **A:** regularidade. **2** inconstância, variabilidade, desigualdade. **A:** regularidade. **3** erro, falta, falha. **A:** acerto.

irrelevante *adj m+f* **1** insignificante. **Ex:** Sua opinião é irrelevante. **2** irrisório, mínimo, exíguo. **Ex:** Quantia irrelevante. **A:** relevante.

irreligião V. irreligiosidade.

irreligiosidade *sf* impiedade, descrença, incredulidade, irreligião. **A:** religiosidade.

irreligioso *adj* ateu, ímpio, descrente, incrédulo. **A:** religioso.

irremediável *adj m+f* 1 *DOENÇA* incurável, insanável. 2 *ERRO* irreparável, insanável. **A:** remediável (nas duas acepções).

irremissível *adj m+f* 1 imperdoável, indesculpável, inescusável. **A:** remissível. 2 inevitável, fatal, infalível. **A:** evitável.

irremovível *adj m+f* 1 inamovível, fixo, seguro. **A:** removível. 2 insuperável, invencível. **Ex:** Obstáculo irremovível. **A:** superável.

irreparável *adj m+f ERRO* irremediável, insanável. **A:** reparável.

irrepreensível *adj m+f* 1 impecável, perfeito, excelente. **A:** repreensível. 2 imaculado, íntegro, limpo. **A:** corrupto.

irrequieto *adj* 1 inquieto, agitado, impaciente. **A:** quieto. 2 travesso, levado, endiabrado. **A:** comportado.

irresistível *adj m+f* 1 sedutor, atraente, fascinante. **Ex:** Charme irresistível. 2 insuperável, invencível, irremovível. **A:** superável. 3 imperioso, inevitável, forçoso. **A:** desnecessário.

irresolução *sf* hesitação, indecisão, vacilação, perplexidade. **A:** resolução.

irresoluto *adj* hesitante, indeciso, vacilante, perplexo. **A:** resoluto.

irresolúvel *adj m+f* insolúvel. **Ex:** Problema irresolúvel. **A:** resolúvel.

irresponsabilidade *sf* leviandade, futilidade, frivolidade, imprudência. **A:** responsabilidade.

irresponsável *adj m+f* leviano, fútil, frívolo, imprudente. **A:** responsável.

irrestrito *adj* amplo, ilimitado, absoluto, pleno. **Ex:** Gozavam de liberdade irrestrita. **A:** restrito.

irreverência *sf* atrevimento, insolência, desaforo, petulância. **A:** reverência.

irreverente *adj m+f* atrevido, insolente, desaforado, petulante. **A:** reverente.

irrevogável *adj m+f* inevitável, decisivo, definitivo, fatal. **A:** revogável.

irrigação *sf Agr.* rega, banho, aguagem.

irrigar *vtd Agr.* regar, banhar, molhar, aguar.

irrisão *sf* zombaria, gozação, deboche, troça.

irrisório *adj* 1 grotesco, ridículo, caricato. 2 reduzido, mínimo, insignificante. **Ex:** Quantia irrisória. **A:** significativo.

irritação *sf* 1 mau humor, nervosismo, neurastenia *pop.* **A:** bom humor. 2 zanga, ira, raiva. **A:** calma. 3 indignação, revolta.

irritadiço *adj* genioso, agressivo, irascível, irritável, colérico. **A:** calmo.

irritado *part+adj* 1 furioso, zangado, bravo. 2 nervoso, agitado, impaciente. **A:** calmo (nas duas acepções).

irritar *vtd+vpr* 1 enfurecer(-se), irar(-se), encolerizar(-se). **A:** acalmar(-se). *vtd* 2 aborrecer, chatear, importunar. **Ex:** A criança fazia birra para irritar os pais.

irritável V. irritadiço.

irromper *vti+vi* 1 precipitar-se, entrar, penetrar (violentamente). *vti* 2 romper, brotar, prorromper. **Ex:** Irromper em pranto. *vi* 3 brotar, surgir, aparecer (repentinamente). **Ex:** Estávamos na rua quando irrompeu a ventania.

irrupção *sf* invasão. **Ex:** A irrupção do exército inimigo; a irrupção das águas da enchente.

isca *sf tb Fig.* chamariz, engodo, negaça. **Ex:** Pus a isca no anzol; aquilo era apenas uma isca para atrair os incautos.

iscar *vtd CÃES* açular, açodar, incitar, instigar.

isenção *sf* 1 dispensa, liberação, desobrigação. **A:** obrigação. 2 imparcialidade, justiça, neutralidade. **A:** parcialidade. 3 desprendimento, abnegação, desinteresse. **A:** egoísmo.

isentar *vtd+vpr* desobrigar(-se), eximir(-se), livrar(-se), desencarregar(-se). **A:** obrigar(-se).

isento *adj* 1 livre, desobrigado, dispensado. **A:** obrigado. 2 imparcial, justo, neutro. **Ex:** Juiz isento. **A:** parcial. 3 livre, desprovido, destituído. **Ex:** O herói é isento de temores. **A:** provido.

islã *sm* 1 *Rel.* islão, islame. 2 V. islamismo.

islame V. islã.

islamismo *sm Rel.* maometismo, muçulmanismo, islã, crescente *fig.*

islamita *s m+f Rel.* maometano, muçulmano.

islão V. islã.

isolação V. isolamento.

isolado *part+adj* só, solitário, sozinho, desacompanhado. **A:** acompanhado.

isolamento *sm* **1** isolação, separação, afastamento. **A:** união. **2** solidão, retiro.

isolar *vtd+vpr* **1** ilhar(-se), insular(-se), apartar(-se). **A:** unir(-se). **2** *DO CONVÍVIO SOCIAL* segregar(-se), enclausurar(-se), afastar(-se).

israelita *s m+f* **1** *PESSOA* judeu, hebreu, hebraico. *adj m+f* **2** judeu, hebreu, judaico, hebraico.

italiano *sm* **1** ítalo. *adj* **2** itálico, ítalo.

itálico *sm+adj* **1** grifo. **Ex:** Escrever em itálico. *adj* **2** V. italiano.

ítalo *sm+adj* **1** V. italiano. *adj* **2** *DA ROMA ANTIGA* romano, latino.

item *sm* (lat.) **1** artigo, parágrafo, cláusula. **Ex:** Os itens de um contrato. *adv* **2** também, igualmente, da mesma forma. **Ex:** Proibida a entrada de crianças; item cachorros.

iterar *vtd* repetir, reiterar, renovar, secundar.

iterativo *adj* repetido, reiterado, renovado.

itinerário *sm* **1** roteiro, descrição (de viagem). **2** caminho, trajeto, percurso.

ivirapema *sf* acape, tangapema, clava, maça.

J

já *adv* **1** agora, neste instante, neste momento. **2** logo, imediatamente, sem demora. **Ex:** Venha já aqui, moleque! **3** antecipadamente, de antemão, antes. **Ex:** Já ficou desanimado só de pensar nos problemas que enfrentaria. **4** até, até mesmo, mesmo. **Ex:** Já admito que Paulo será aprovado, apesar de não gostar dele. *conj coord alt* **5** ora, ou, quer. **Ex:** Já se emociona, já fica indiferente, já odeia tudo aquilo.

jabá *sm* **1** carne-seca, charque. **2** V. jabaculê.

jabaculê *sm Gír.* jabá, gorjeta, propina (no meio artístico).

jaburu *sm Ornit.* tuiuiú.

jabuti *sm Herp.* cágado.

jacá *sm* cesto, cesta, balaio, canastra.

jaça *sf Fig.* mácula, mancha, defeito, imperfeição. **A:** qualidade.

jacaré *sm Zool.* crocodilo (brasileiro).

já-começa *sf* **1** *Fam.* coceira, comichão, prurido. **2** *Fam.* sarna, escabiose.

jactância *sf* **1** vaidade, ostentação, vanglória. **A:** humildade. **2** arrogância, orgulho, presunção. **A:** modéstia. **3** fanfarronada, prosa, bravata. **Obs.:** Nas três acepções, existe a variante *jatância*.

jactar-se *vpr* gabar-se, vangloriar-se, fanfarrear, bravatear, *jatar-se*.

jacto V. jato.

jacu *sm Fig.* brega, jeca, cafona, ridículo.

jacular V. ejacular.

jaculatória *sf* prece, oração, reza (breve e fervorosa).

jaez *sm* **1** *DE CAVALGADURA* arreios *pl*, adereços *pl*. **2** espécie, modo, qualidade.

jaguar *sm Zool.* onça, onça-pintada.

jagunço *sm* capanga, cabra, pistoleiro, guarda-costas.

jaleco *sm* **1** casaco, jaqueta. **2** *DE MÉDICO, DENTISTA, ETC.* avental, guarda-pó, bata.

jamais *adv* nunca, em tempo algum, em tempo nenhum. **A:** sempre.

jamanta *sf Pop.* carreta, cegonha. **Ex:** A jamanta leva os automóveis da fábrica para as lojas.

jamegão *sm Pop.* assinatura, rubrica, firma, subscrição.

janela *sf* **1** *Fam.* rasgão, buraco, abertura. **Ex:** Janela na roupa, no sapato. *sf pl* **2** *Pop.* olhos, lumes *poét.*

jangada *sf* balsa, barcaça.

jângal *sm* selva, mata, floresta, matagal.

janota *sm* **1** almofadinha *pop* e *ant*, casquilho, catita. *adj* **2** garrido, casquilho, pelintra. **A:** maltrapilho (nas duas acepções).

janotice *sf* faceirice, elegância, garridice. **A:** deselegância.

janta V. jantar.

jantar *sm* janta *pop*.

japim *sm Ornit.* xexéu.

japona V. jaqueta.

japonês *sm+adj* nipônico.

jaqueta *sf* casaco, japona *pop*, *blazer*.

jararaca *sf Pop.* mulher geniosa: megera, víbora *fig*, cascavel *fig*.

jaratataca V. jaritataca.

jardim *sm* quintal, horto.

jardineiro *sm* horticultor.

jargão *sm* **1** gíria, calão, geringonça. **2** *PROFISSIONAL* gíria.

jaritataca *sf Zool.* cangambá, *jaratataca*.

jarra *sf* **1** *PARA LÍQUIDOS* jarro, recipiente, vaso. **2** *DE FLORES* vaso.

jarro V. jarra.

jatância V. jactância.

jatar-se V. jactar-se.

jato *sm* **1** jorro, espirro, golfada. **Ex:** Jato de água. **2** impulso, impulsão, ímpeto. **3** *Aeron.* avião a jato. **Obs.:** Nas três acepções, existe a variante *jacto*.

jaula *sf* **1** gaiola. **2** *Por ext.* cadeia, prisão, xadrez *pop.*

jazer *vi* **1** estar deitado. **Ex:** Jaz na cama. **2** estar sepultado. **Ex:** Aqui jazem nossos antepassados. **3** situar-se, estar, localizar-se. **Ex:** A casa jaz perto da praia. *vlig* **4** permanecer, continuar, conservar-se. **Ex:** A dor da perda jaz intocada em seu peito.

jazida *sf Min.* filão, veio.

jazigo *sm 1* sepultura, túmulo, sepulcro, campa.

jeca *sm* **1** caipira, matuto, sertanejo. *s e adj m+f* **2** brega, cafona, ridículo. **A:** chique.

jegue *sm* **1** jumento, jerico, asno, burro. **2** *Fig.* estúpido, imbecil, anta *fig.* **Ex:** Fulano é um jegue. **A:** gênio.

jeitão *sm Fam.* aparência, aspecto, fachada, ar.

jeito *sm* **1** aptidão, vocação, propensão. **Ex:** Ter jeito para a música. **2** maneira, modo, forma. **Ex:** Deve haver um jeito de resolver esse problema. **3** feitio, forma, formato. **Ex:** O jeito dos seus olhos me fascina. **4** habilidade, destreza, tato. **Ex:** Precisamos tratá-lo com jeito. **5** hábito, costume, prática. **6** gesto, movimento, gesticulação. **7** *Med.* torcedura, entorse. * De jeito nenhum: de maneira alguma, absolutamente. * Sem jeito: acanhado, inibido, embaraçado. **Ex:** Ficou sem jeito. **A:** desembaraçado.

jeitoso *adj* **1** habilidoso, hábil, destro. **A:** desajeitado. **2** gracioso, elegante, atraente. **Ex:** Mocinha jeitosa. **A:** feio.

jejuar *vi* **1** *Fig.* abster-se, privar-se. *vti* **2** *Fig.* desconhecer, ignorar. **Ex:** Jejua de matemática completamente. **A:** conhecer.

jejum *sm* **1** dieta, abstinência. **2** *Fig.* abstenção, privação, continência. **A:** incontinência.

jerico *sm* **1** *Fam.* jumento, asno, burro. **2** *Fig.* estúpido, imbecil, asno *fig.*, anta *fig.* **A:** gênio.

jerimum *sm NE* abóbora, abobra *pop.*

jerimunzeiro *sm NE* aboboreira, abobreira, abóbora.

jesuítico *adj* **1** *Pej.* fanático. **2** *Pej.* falso, fingido, dissimulado. **A:** sincero.

jesuitismo *sm* **1** *Pej.* fanatismo. **2** *Pej.* falsidade, fingimento, dissimulação. **A:** sinceridade.

jia *sf Zool.* rã.

jibóia *sf Herp.* boa.

jirau *sm* **1** estrado. **Ex:** Colocaram os vasos sobre o jirau. **2** catre, enxerga, cama rústica.

joão-de-barro *sm Ornit.* forneiro, pedreiro.

joão-ninguém *sm Pop.* zero *fig.*

joça *sf* **1** *Gír.* coisa indefinida: troço *pop.*, coisa, negócio *pop.* **2** *Gír.* coisa desajeitada: geringonça.

jocosidade *sf* brincadeira, gracejo, graça, gozação.

jocoso *adj* engraçado, divertido, alegre, espirituoso. **A:** sério.

joeira *sf* **1** peneira, ciranda, crivo. **2** joeiramento, peneiramento.

joeiramento V. joeira.

joeirar *vtd* **1** peneirar, cirandar, crivar. **Ex:** Joeirar o trigo. **2** escolher, selecionar, separar. **Ex:** Joeirar alternativas.

jogada *sf* **1** *EM QUALQUER JOGO* lance; *COM BARALHO* cartada. **2** *Fig.* golpe, cartada *fig.*, lance. **Ex:** Com uma jogada de mestre, o político derrotou todos os seus adversários.

jogar *vtd* **1** arriscar, expor, aventurar. **Ex:** O dublê jogava a própria vida em acrobacias. **2** *ARMAS BRANCAS* esgrimir, manejar. *vtd+vpr* **3** atirar(-se), lançar(-se), arremessar(-se). **Ex:** Jogaram uma pedra em nossa janela; jogou-se no abismo. *vi* **4** brincar, divertir-se, entreter-se. **Ex:** As crianças jogavam no jardim. **5** *Náut.* balançar-se, arfar.

jogo *sm* **1** brincadeira, brinquedo, folguedo. **2** passatempo, diversão, divertimento. **3** *Esp.* partida. **Ex:** Jogo de futebol. **4** jogo de azar. **Ex:** Foi ao cassino e perdeu todo o dinheiro no jogo. **5** balanço, oscilação. * Jogo de palavras: trocadilho, equívoco. * Jogos Olímpicos *Esp.:* Olimpíadas. * Abrir o jogo: pôr as cartas na mesa, falar francamente.

jogral *sm* **1** *Ant.* trovador, menestrel. **2** *Ant.* bufão, palhaço, saltimbanco. **3** coro polifônico. **Ex:** Os alunos apresentarão um jogral.

joguete *sm* zombaria, troça, gozação, deboche. **Ex:** Os meninos menores serviam de joguete para os mais velhos.

jóia *sf* **1** adorno, enfeite. **2** *DE CLUBE, ASSOCIAÇÃO* taxa de admissão. *adj m+f* **3** *Gír.* ótimo, excelente. **Ex:** Festa jóia.

joio *sm Bot.* cizânia.

jornada *sf* **1** caminhada, marcha, percurso (feitos num dia). **2** passeio, viagem, excursão. **3** *Mil.* campanha, expedição, empresa.

jornadear *vi* caminhar, marchar, passear, viajar.

jornal *sm* **1** periódico, diário, gazeta. **2** diária, féria, salário (pago diariamente). **3** diário, relatório (de fatos diários). **Ex:** O capitão do navio registra tudo no jornal de bordo.

jornaleiro *sm* **1** diarista. **Ex:** Os jornaleiros da fábrica recebem por dia trabalhado. **2** entregador de jornais. **3** gazeteiro, vendedor de jornais. *adj* **4** diário, cotidiano, quotidiano. **Ex:** As atividades jornaleiras são muitas vezes repetitivas.

jornalista *s m+f* diarista, gazeteiro *pej.*

jorramento V. jorro.

jorrar *vtd+vi* espirrar, esguichar, golfar.

jorro *sm* jato, esguicho, golfada, borbotão, jorramento.

jovem *s m+f* **1** rapaz, moço, mancebo. **A:** velho. **2** moça, pequena *pop*, rapariga *p us.* **A:** velha. *adj* **3** juvenil, moço. **A:** velho.

jovial *adj m+f* **1** alegre, espirituoso, feliz. **2** engraçado, divertido, jocoso. **A:** triste (nas duas acepções).

jovialidade *sf* **1** alegria, felicidade, bom humor. **A:** tristeza. **2** graça, gracejo, brincadeira.

juba *sf* **1** *DO LEÃO* crina, grenha. **2** cabeleira. **Ex:** Quando você vai cortar essa juba, meu filho?

jubilação *sf* **1** V. júbilo. **2** aposentadoria, reforma, inatividade.

jubilar *vtd+vpr* **1** alegrar(-se), contentar(-se), regozijar(-se). **A:** entristecer(-se). **2** aposentar(-se), reformar(-se).

jubileu *sm* aniversário solene. **Ex:** Festejamos o jubileu da nossa instituição.

júbilo *sm* alegria, contentamento, felicidade, regozijo, jubilação. **A:** tristeza.

jubiloso *adj* alegre, contente, feliz, satisfeito. **A:** triste.

judaico V. judeu.

judaizar *vi* praticar a religião dos hebreus: hebraizar.

judas *sm, sing+pl Fig.* amigo desleal: traidor.

judeu *sm* **1** *PESSOA* hebreu, hebraico, israelita. *adj* **2** judaico, hebreu, hebraico, israelita. **3** *Pop.* avarento, mesquinho, sovina. **A:** generoso.

judiação *sf* **1** maus-tratos *pl*, crueldade, malvadeza, judiaria. **2** zombaria, gozação, caçoada, judiaria.

judiar *vti* **1** maltratar, atormentar, torturar. **Ex:** Não se deve judiar dos animais. **2** zombar de, gozar de, ridicularizar.

judiaria V. judiação.

judicial *adj m+f* forense, judiciário.

judiciário V. judicial.

judicioso *adj* **1** ajuizado, sensato, prudente. **Ex:** Pessoa judiciosa; decisão judiciosa. **A:** desajuizado. **2** sentencioso, sério, grave. **Ex:** Disse-nos, em tom judicioso, os maiores absurdos.

jugo *sm* **1** canga. **2** *Fig.* sujeição, submissão, domínio. **3** *Fig.* autoridade, poder, influência.

jugular *vtd* **1** eliminar, extinguir, debelar. **Ex:** Jugular uma epidemia, uma rebelião. **2** sujeitar, submeter, dominar. **3** degolar, decapitar, decepar. **4** matar, assassinar, trucidar.

juiz *sm* **1** magistrado, togado. **2** árbitro, mediador.

juízo *sm* **1** sensatez, discernimento, bom senso. **A:** insensatez. **2** parecer, opinião, voto, avaliação. **3** mente, pensamento. **4** tribunal, foro, fórum. **5** V. julgamento.

julgamento *sm* **1** ato de julgar: juízo. **2** *Dir.* sentença. **3** decisão, resolução, deliberação. **4** apreciação, análise, avaliação.

julgar *vtd+vi* **1** *Dir.* sentenciar. *vtd* **2** decidir, resolver. **Ex:** Ainda não julguei o que vou fazer. **3** apreciar, analisar, avaliar. **Ex:** Julgar um trabalho. **4** crer, imaginar, supor. **Ex:** Julguei que estava tudo certo. *vtd+vpr* **5** considerar(-se), achar(-se), reputar(-se). **Ex:** Julgava-se muito importante para se preocupar com os antigos amigos.

jumentada *sf* burrice, asneira, tolice, burrada.

jumento *sm* **1** asno, burro, jerico. **2** *Fig.* estúpido, imbecil, asno *fig.* **A:** gênio.

junção *sf* ligação, união, junta, juntura.

juncar *vtd* encher, cobrir, alastrar-se, propagar-se por. **Ex:** As flores juncaram o gramado.

jungir *vtd* **1** *ANIMAIS* atrelar, emparelhar, engatar. **A:** desjungir. **2** unir, ligar, juntar. **A:** desjungir. **3** dominar, sujeitar, submeter.

junta *sf* **1** V. junção. **2** V. júri. **3** *Anat.* articulação, juntura. **4** parelha, par. **Ex:** Junta de bois.

juntar *vtd+vpr* **1** unir(-se), ligar(-se), associar(-se). **A:** separar(-se). *vtd* **2** colecionar, reunir, ajuntar. **Ex:** Juntar moedas. *vpr* **3** *Pop.* amigar-se, amasiar-se, concubinar-se. **A:** separar-se.

junto *adj* **1** unido, ligado. **A:** separado. **2** próximo, vizinho, chegado. **A:** afastado. *adv* **3** perto, próximo. **A:** longe. **4** juntamente. **A:** separadamente. * Junto a, junto de: ao lado de, próximo a, ao pé de. **Ex:** Encontravam-se junto à fonte. **A:** longe de.

juntura V. junção e junta.

jura V. juramento.

juramentar *vtd+vpr* ajuramentar(-se).

juramento *sm* **1** promessa, jura. **2** voto. **Ex:** Os padres fazem juramento de castidade.

jurar *vtd* prometer, afirmar, assegurar, garantir. **Ex:** Jurou que viria, e veio.

júri *sm* **1** *Dir.* tribunal, conselho, jurados *pl*. **2** banca examinadora, comissão, junta. **Ex:** O júri de um concurso.

jurídico *adj* legal. **Ex:** Especialista em assuntos jurídicos.

jurisconsulto V. jurista.

jurisdição *sf* **1** *tb Dir.* alçada, competência, atribuição. **2** *Dir.* vara. **3** *Fig.* autoridade, poder, influência.

jurisprudência *sf* direito, legislação. **Ex:** Os estudantes de jurisprudência.

jurista *s m+f* **1** jurisconsulto, legista. **2** estudante de direito.

juro *sm* **1** *Com.* rendimento, lucro, interesse. **2** *Fam.* recompensa, prêmio, gratificação. **A:** castigo.

jururu *adj m+f* tristonho, melancólico, triste, acabrunhado. **A:** alegre.

jus *sm* **1** direito, privilégio, prerrogativa, regalia. **A:** dever. * Fazer jus a: merecer. **A:** desmerecer.

jusante *sf* vazante, refluxo, maré baixa, baixa-mar. **A:** montante.

justapor *vtd+vpr* aproximar(-se), juntar(-se), unir(-se), achegar(-se). **A:** separar(-se).

justar V. ajustar.

justeza *sf* exatidão, precisão, certeza. **A:** inexatidão.

justiça *sf* **1** imparcialidade, isenção, neutralidade. **A:** injustiça. **2** magistrados *pl*, magistratura. **Ex:** Acatou a decisão da justiça.

justiçar *vtd* **1** executar, supliciar. **2** castigar, punir, corrigir. **A:** recompensar.

justiceiro *adj* **1** V. justo. **2** inflexível, severo, implacável. **A:** flexível. **3** honesto, íntegro, incorruptível. **A:** desonesto.

justificação *sf* **1** V. justificativa. **2** reabilitação, absolvição. **A:** condenação.

justificar *vtd* **1** reabilitar, inocentar, absolver. **A:** condenar. **2** confirmar, provar, evidenciar. **3** fundamentar, fundar. **Ex:** Justifique suas atitudes. *vtd+vpr* **4** desculpar(-se), explicar(-se). **Ex:** Justificou suas faltas, dizendo que estivera doente.

justificativa *sf* motivo, razão, fundamento, desculpa, justificação.

justo *adj* **1** imparcial, isento, neutro, justiceiro. **A:** injusto. **2** fundado, procedente, racional. **Ex:** Argumento justo. **A:** injusto. **3** merecido, devido, cabido. **Ex:** Pena justa. **A:** injusto. **4** *VESTUÁRIO* estreito, apertado, ajustado. **A:** largo. **5** *Dir.* legal, legítimo, lícito. **A:** ilegal. **6** exato, preciso, certo. **Ex:** Cálculo justo; partiu na hora justa. **A:** inexato.

juvenil *adj m+f* jovem, moço. **A:** velho.

juventude *sf* **1** adolescência, mocidade, puberdade. **A:** velhice. **2** mocidade, moços *pl*. **Ex:** Ali reunia-se toda a juventude da vila. **A:** velhos *pl*.

K

kardecista *s e adj m+f* espírita, espiritista.

kitsch (ingl.: quitch) *adj m+f* brega, cafona.
A: chique.

L

lá *adv* **1** ali, naquele lugar. **Ex:** Estaremos lá amanhã. **A:** cá. **2** entre eles, naquele país. **3** *MOVIMENTO* ali, para aquele lugar. **Ex:** Volte lá imediatamente. **A:** cá. **4** *TEMPO* então, nesse tempo, nesse momento. **Ex:** Até lá talvez não existam mais baleias.

lã *sf* **1** *Zool.* pêlo. **2** *Bot.* lanugem. **3** carapinha, pixaim, carrapicho.

labareda *sf* **1** chama, língua de fogo, flama, *lavareda*. **2** *Fig.* paixão, ardor, entusiasmo, *lavareda*. **A:** desânimo.

lábaro *sm* bandeira, estandarte, pendão, pavilhão.

labéu *sm* desonra, desdouro, mácula, abjeção. **A:** dignidade.

lábia *sf* astúcia, manha, esperteza, malícia. **A:** ingenuidade.

lábio *sm* **1** *Anat.* beiço. *sm pl* **2** boca *sing*.

labioso *adj* astucioso, manhoso, esperto, malicioso. **A:** ingênuo.

labiríntico *adj* **1** sinuoso, tortuoso, torto. **A:** reto. **2** confuso, complicado, intrincado. **A:** simples.

labirinto *sm* **1** dédalo. **2** *Fig.* confusão, enredo, complicação.

labor V. labuta.

laborar *vtd* **1** *Agr.* cultivar, arar, lavrar. *vti+vi* **2** V. labutar.

laboratório *sm* oficina, gabinete. **Ex:** Laboratório de química.

laborioso *adj* **1** trabalhador, esforçado, diligente. **Ex:** Funcionário laborioso. **A:** indolente. **2** difícil, trabalhoso, penoso. **Ex:** Parto laborioso. **A:** fácil.

labuta *sf* lida, luta, trabalho, labor, labutação. **Ex:** A labuta diária.

labutação V. labuta.

labutar *vti+vi* **1** trabalhar, lidar, laborar. **Ex:** Os agricultores labutavam nos campos. **A:** descansar. **2** lutar, esforçar-se, batalhar. **Ex:** Labutei muito para conseguir esta posição.

laca *sf* goma-laca.

laçada *sf* laço, nó corredio.

lacaio *sm* **1** *Ant.* criado de libré. **2** *Pej.* adulador, bajulador, puxa-saco *vulg*.

laçar *vtd* **1** enlaçar. **Ex:** O vaqueiro laçou o boi. **2** atar, amarrar, apertar. **A:** desenlaçar. *vpr* **3** enforcar-se, estrangular-se.

lacerar *vtd* **1** dilacerar, rasgar, cortar. **2** *Fig.* afligir, atormentar, torturar. **A:** aliviar.

laço *sm* **1** laçada, nó corredio. **2** *DE CAÇA* armadilha, arapuca. **3** *Fig.* cilada, ardil, estratagema. **4** *Fig.* vínculo, ligação, liame. **Ex:** Laços de amizade.

lacônico *adj* breve, conciso, sucinto, resumido. **Ex:** Discurso lacônico. **A:** prolixo.

laconismo *sm* concisão, brevidade. **A:** prolixidade.

lacraia *sf* *Zool.* centopéia, escolopendra.

lacrar *vtd* selar, fechar. **Ex:** Lacrar uma carta, as portas.

lacrimação *sf* lagrimação, choro.

lacrimal *adj m+f* **1** lagrimal. **Ex:** Glândulas lacrimais. *sm* **2** olho-d'água, olho, nascente. **Ex:** Os passarinhos bebiam no lacrimal.

lacrimar *vi* chorar, lacrimejar, lagrimar, lagrimejar. **A:** rir.

lacrimejante V. lacrimoso.

lacrimejar *vi* **1** lagrimejar. **Ex:** Seus olhos ardiam e lacrimejavam. **2** V. lacrimar. **3** gotejar, pingar, destilar.

lacrimoso *adj* **1** choroso, lastimoso. **A:** risonho. **2** lacrimejante, lagrimejante, lagrimoso. **Ex:** Olhos lacrimosos por causa da poeira.

lactação *sf* aleitamento, amamentação, alactamento. **A:** desmame.

lactar *vtd* **1** aleitar, amamentar. **A:** desmamar. *vi* **2** mamar.

lácteo *adj* 1 referente ao leite: leitoso, *láteo*. 2 *COLORIDO, ASPECTO* leitoso, lactescente, *láteo*.

lactescente V. lácteo.

lacticínio V. laticínio.

lacuna *sf* 1 *Tip.* espaço, branco, vazio. **Ex:** Preencha as lacunas do exercício. 2 espaço, vazio, vácuo. 3 omissão, falha. 4 *Anat.* seio, cavidade.

ladainha *sf* 1 *Rel.* litania. 2 *Fig.* lengalenga, cantilena *fam*, litania.

ladear *vtd* 1 acompanhar (ao lado) ou atacar de flanco: flanquear. **Ex:** O Exército ladeou os inimigos; as motocicletas da escolta ladeavam o carro oficial. 2 evitar, fugir a, evadir. **Ex:** Ele falava, mas ladeava os assuntos delicados.

ladeira *sf* 1 rampa, descida, inclinação. 2 *DE MONTANHA* encosta, quebrada, vertente.

ladino *adj* astuto, esperto, manhoso, ardiloso. **A:** ingênuo.

lado *sm* 1 lateral, flanco, banda. 2 *Anat.* ilharga, ilhal, flanco. 3 partido, facção, grupo. **Ex:** Passou para o lado do inimigo. 4 *Mil.* flanco, ala. 5 superfície, face. **Ex:** O lado de cima da caixa. 6 aspecto, ângulo, perspectiva. **Ex:** Não analise apenas as estatísticas, mas também o lado humano do problema. 7 direção, rumo. **Ex:** Vamos por este lado. *sm pl* 8 bandas, lugar *sing*, parte *sing*. **Ex:** Mora lá pelos lados da zona sul.

ladrado *sm* 1 *Pop.* latido, ladrido. 2 *Fig.* calúnia, difamação, detração.

ladrão *sm* 1 gatuno, larápio, ladro, rato *fig*. 2 patife, velhaco, tratante.

ladrar *vi* latir.

ladrido V. ladrado.

ladro V. ladrão.

ladroagem V. ladroeira.

ladroeira *sf* 1 roubo, furto, ladroagem. 2 mamata, marmelada, ladroagem. **Ex:** Ladroeira na repartição pública.

lagarta *sf Entom.* larva.

lagarto *sm Herp.* teiú, teju.

lago V. lagoa.

lagoa *sf* 1 lago (pequeno). 2 pântano, brejo, charco.

lágrima *sf* 1 *DE QUALQUER LÍQUIDO* gota, pingo. *sf pl* 2 choro *sing*, pranto *sing*. **A:** riso.

lagrimação V. lacrimação.

lagrimal V. lacrimal.

lagrimar V. lacrimar.

lagrimejante V. lacrimoso.

lagrimejar V. lacrimejar.

lagrimoso V. lacrimoso.

laia *sf Pop.* classe, categoria, qualidade, espécie.

laico *adj* 1 leigo. 2 secular, temporal, civil. **A:** eclesiástico.

laivo *sm* 1 mancha, pinta, nódoa. *sm pl* 2 sinais, indícios, traços. **Ex:** Vejo laivos de inveja em seus atos. 3 rudimentos, noções, fundamentos. **Ex:** Conhece uns laivos de francês.

laje *sf* lousa, *lajem*.

lajeado *sm* lajedo, lajeamento, piso (de lajes).

lajeamento V. lajeado.

lajear *vtd* pavimentar, calçar, empedrar, calcetar (com lajes).

lajedo V. lajeado.

lajem V. laje.

lama *sf* 1 lodo, barro, limo. 2 *Fig.* desonra, indignidade, degradação. **A:** dignidade. 3 *Fig.* miséria, penúria, indigência. **A:** riqueza.

lamaçal *sm* 1 lugar com muita lama: atoleiro, lamaceiro, lameiro, lameira. 2 pântano, brejo, charco.

lamaceiro V. lamaçal.

lamacento *adj* lodoso, lamoso, enlameado.

lambada *sf* 1 *Pop.* chicotada, chibatada, lapada. 2 *Pop.* paulada, cacetada, bordoada. 3 *Pop.* surra, sova, coça.

lambança *sf* 1 vadiagem, vagabundagem, ócio. **A:** trabalho. 2 desordem, confusão, bagunça *gír*. **A:** ordem. 3 adulação, bajulação, puxa-saquismo *vulg*. 4 conversa fiada *pop*, papo furado *gír*, lero-lero. 5 trapaça, tapeação *pop*, embuste.

lambanceiro *sm+adj* trapaceiro, embusteiro, farsante, impostor.

lambão *sm* 1 porco, porcalhão, imundo. *sm+adj* 2 guloso, glutão, comilão, lambaz. 3 idiota, bobo, palerma. **A:** espertalhão.

lambar *vtd* chicotear, açoitar, chibatear, flagelar.

lambaz V. lambão.

lambedura V. lambidela.

lamber *vtd* **1** passar a língua em. **Ex:** Lambeu o sorvete. **2** devorar, engolir, tragar. **3** tocar, roçar em, resvalar em. **Ex:** As ondas lambiam os pés dos banhistas. **4** *Fig.* adular, bajular, puxar o saco de *vulg.*

lambida V. lambidela.

lambidela *sf* **1** lambida, lambedura. **2** *Fig.* adulação, bajulação, lisonja. **3** *Fig.* gorjeta, propina, gratificação.

lambido *part+adj* **1** afetado, presunçoso, presumido. **A:** simples. **2** desengonçado, deselegante, desgracioso. **A:** elegante.

lambiscar *vtd+vi Pop.* petiscar, beliscar, debicar. **Ex:** Ela não almoça, porque lambisca o dia inteiro.

lambisgóia *sf* **1** fofoqueira, mexeriqueira, fuxiqueira. **2** afetada, presunçosa, metida.

lambri V. lambris.

lambril V. lambris.

lambris *sm pl* revestimento *sing*, lambri *sing*, lambril *sing*.

lambuja *sf Pop.* lambujem, vantagem (em jogo, aposta).

lambujem V. lambuja.

lambuzadela *sf* **1** mancha, nódoa, laivo (de comida ou bebida). **2** *Fig.* rudimentos *pl*, noções *pl*, princípios *pl*.

lambuzar *vtd+vpr* enlambuzar(-se), sujar(-se), manchar(-se), emporcalhar(-se). **A:** limpar(-se).

lameira V. lamaçal.

lameiro V. lamaçal.

lamentação V. lamento.

lamentar *vtd* **1** prantear, chorar, lastimar. **Ex:** Lamenta a perda da filha. **A:** aplaudir. *vpr* **2** lastimar-se, lamuriar-se, queixar-se. **A:** rejubilar-se.

lamentável *adj m+f* **1** lastimável, deplorável, lamentoso. **2** censurável, condenável, reprovável. **Ex:** É lamentável a sua falta de consideração. **A:** elogiável.

lamento *sm* **1** lamentação, lamúria, queixa, gemido. **2** choro, pranto, lágrimas *pl*.

lamentoso *adj* **1** choroso, lastimoso, triste, plangente. **A:** alegre. **2** V. lamentável.

lâmina *sf* **1** *DE METAL* chapa, folha, placa. **2** *DE INSTRUMENTOS CORTANTES* folha. **3** *DE BARBEAR* gilete. **4** *Ópt.* lamínula. **Ex:** Como suporte para observações ao microscópio, utilizamos lâminas.

laminar *vtd* transformar em lâminas: malear. **Ex:** Laminar metais.

lamínula V. lâmina.

lamiré *sm* **1** *Mús.* diapasão. **2** *Fig.* sinal, aviso, aceno (para o início de algo). **Ex:** Dar o lamiré.

lamoso V. lamacento.

lampadário *sm* candelabro, lustre, serpentina.

lampana *sf* **1** *Pop.* mentira, lorota, história. **2** *Pop.* bofetada, tapa, bofetão.

lamparina *sf* luminária.

lampeiro *adj* **1** espevitado, vivo, irrequieto. **A:** calmo. **2** rápido, ágil, ligeiro. **A:** lento.

lampejar *vtd* **1** irradiar, difundir, emitir. **Ex:** O farol lampejava uma luz esverdeada. *vi* **2** reluzir, fulgurar, chispar.

lampejo *sm* clarão, cintilação, fulguração, fulgor (rápido).

lamúria *sf* lamentação, choradeira, lamento, queixa.

lamuriar *vtd* **1** lamentar, lastimar, chorar. **Ex:** Lamuriar as perdas. **A:** aplaudir. *vi+vpr* **2** lamentar-se, lastimar-se, queixar-se. **A:** rejubilar-se.

lançamento *sm* **1** arremesso, lance, lanço, remesso. **2** *DE LUZ* difusão, irradiação, emissão. **3** *DE LIVRO, ARTISTA, FILME* primeira apresentação. **4** *Contab.* escrituração, contabilidade. **5** *Contab.* registro, assentamento, apontamento. **Ex:** Conferir os lançamentos a crédito. **6** *Bot.* rebento, broto, renovo.

lançar *vtd+vpr* **1** arremessar(-se), atirar(-se), jogar(-se). *vtd* **2** *LÍQUIDO* despejar, entornar, verter. **3** emitir, irradiar, difundir. **Ex:** O Sol lança raios sobre os planetas. **4** *CHEIRO, GÁS* exalar, desprender, emitir. **Ex:** As flores lançam perfume no ambiente. **5** expelir, expulsar, ejetar. **6** *Contab.* escriturar, registrar. **7** *LIVRO* editar, publicar, imprimir. **8** *Bot.* brotar. **Ex:** A planta lançou rebentos. *vtd+vi* **9** vomitar. *vtd+vti* **10** atribuir, imputar, acusar de. **Ex:** Lançou a culpa sobre os irmãos. *vpr* **11**

dedicar-se, entregar-se, devotar-se. **Ex:** Lançou-se ao projeto. **12** desaguar, desembocar, despejar-se. **Ex:** O rio lança-se num lago. **13** arriscar-se, expor-se, aventurar-se. **Ex:** Lançar-se em negócios duvidosos.

lance *sm* **1** V. lançamento. **2** ocasião, oportunidade, conjuntura. **Ex:** Aproveitar o lance. **3** acontecimento, fato, evento. **Ex:** A história teve lances engraçados. **4** *EM LEILÃO* lanço, oferta, monta. **5** *Esp.* jogada. **6** risco, perigo. **7** impulso, repente, acesso. **Ex:** Num lance de loucura, atacou o adversário. **8** feito, façanha, proeza.

lancear *vtd* **1** ferir, alancear, golpear (com lança). **2** *Fig.* afligir, atormentar, angustiar, alancear.

lancetada *sf Cir.* incisão, cesura, corte.

lancetar *vtd Cir.* cortar, abrir.

lancha *sf* **1** *Náut.* barco, embarcação a motor. **2** *Pop.* pé grande: prancha *pop.*

lanchar *vtd+vi* merendar.

lanche *sm* merenda.

lancheira *sf* merendeira, merendeiro. **Ex:** A menina perdeu sua lancheira.

lancinante *adj m+f* doloroso, pungente, doído, dolente. **Ex:** Dor lancinante.

lancinar *vtd* **1** picar, ferir, machucar. **2** afligir, torturar, angustiar.

lanço *sm* **1** V. lançamento. **2** *EM LEILÃO* lance, oferta, monta. **3** extensão, comprimento, dimensão. **4** vômito, vomição, vomitado.

langor V. languidez.

langoroso V. lânguido.

languescer *vi* enlanguescer, debilitar-se, afrouxar, enfraquecer. **A:** fortalecer-se.

languidez *sf* **1** fraqueza, abatimento, moleza, langor. **A:** força. **2** sensualidade, lascívia, volúpia, langor. **A:** pureza.

lânguido *adj* **1** fraco, frouxo, abatido, langoroso. **A:** forte. **2** sensual, lascivo, voluptuoso, langoroso. **A:** puro.

lanhar *vtd* **1** cortar, talhar, golpear. **2** afligir, atormentar, angustiar. **3** deturpar, alterar, desvirtuar.

lanho *sm* corte, talho, incisão, golpe.

lantejoila V. lantejoula.

lantejoula *sf* paetê, *lentejoula*, *lantejoila*.

lanterna *sf* **1** farol, holofote, facho, fanal. **2** *Autom.* farol. **3** *Arquit.* lucerna, clarabóia, lucarna. *s m+f* **4** *Gír.* V. lanterninha.

lanterneiro *sm* funileiro, latoeiro.

lanterninha *sm* **1** vagalume. **Ex:** Entramos no cinema e fomos procurar o lanterninha. *s m+f* **2** *Gír.* lanterna, último colocado. **Ex:** O lanterninha da competição.

lanugem *sf* **1** *Zool.* penugem, felpa. **2** *Bot.* lã. **Ex:** A lanugem de certas folhas.

lapa *sf* gruta, furna, caverna, covil.

lapada V. lambada.

láparo *sm Zool.* coelho novo: caçapo.

lápida V. lápide.

lapidação *sf* **1** *DE PEDRA PRECIOSA* polimento. **2** apedrejamento. **3** aperfeiçoamento, aprimoramento, refinamento. **4** educação, instrução, ensino.

lapidar *vtd* **1** *PEDRA PRECIOSA* facetar, talhar, polir. **2** apedrejar. **3** aperfeiçoar, aprimorar, refinar. **A:** estragar. **4** educar, instruir, ensinar. *adj m+f* **5** perfeito, primoroso, refinado. **A:** imperfeito. **6** conciso, sucinto, lacônico. **A:** prolixo.

lápide *sf* lousa tumular, campa, *lápida*.

lapidificar *vtd+vpr* tornar(-se) em pedra: petrificar(-se), empedernir(-se).

lapidoso *adj* pedregoso, pedroso, pedrento. **Ex:** A estrada era lapidosa e estragava os pneus.

lapiseira *sf* porta-lápis.

lapso *sm* **1** intervalo, período, espaço. **Ex:** Um lapso de dez anos. **2** erro, descuido, engano. **3** decurso, transcurso, passagem (do tempo).

laqueadura *sf Cir.* ligadura.

laquear *vtd* **1** *Cir.* ligar, apertar, estrangular. **Ex:** Laquear uma ferida, uma veia. **2** cobrir, revestir (com laca).

lar *sm* **1** laje onde se acende o fogo: lareira. **2** *Fig.* pátria, terra natal, torrão natal. **3** *Fig.* casa, residência, morada. **4** *Fig.* família, familiares *pl*, parentes *pl*.

laranja *sm* alaranjado, cor de laranja.

larapiar *vtd+vi* furtar, surrupiar, roubar, afanar *gír.*

larápio *sm* ladrão, gatuno, ladro, rato *fig.*

lareira *sf* **1** V. lar. **2** fogo, fogão.

larga *sf* **1** liberdade. **2** aumento, ampliação, desenvolvimento. **A:** diminuição. * À larga: com abundância, às mancheias. **A:** escassamente.

largada *sf* **1** partida, saída. **2** piada, graça, chiste.

largado *part+adj Fig.* desmazelado, displicente, relaxado, desleixado. **A:** cuidadoso.

largar *vtd* **1** soltar, deixar cair. **Ex:** Ao ver o policial, o bandido largou a bolsa da vítima e fugiu. **A:** segurar. **2** abandonar, deixar. **Ex:** Largar o cigarro. **3** dar, emitir, soltar. **Ex:** Largar uma gargalhada. **A:** reprimir.

largo *sm* **1** V. largura. **2** praça. *adj* **3** extenso, amplo, vasto. **A:** estreito. **4** *VESTUÁRIO* folgado, frouxo. **A:** apertado. **5** *NO TEMPO* longo, prolongado, comprido. **Ex:** Uma larga conferência. **A:** breve. **6** abundante, farto, copioso. **Ex:** Largos recursos. **A:** escasso. **7** generoso, pródigo, liberal. **A:** mesquinho.

larguear *vtd* **1** alargar. **A:** estreitar. **2** prodigalizar, liberalizar, despender. **A:** poupar.

largueza *sf* **1** V. largura. **2** *DE ROUPA* folga, desaperto, frouxidão. **A:** aperto. **3** generosidade, prodigalidade, liberalidade. **A:** mesquinhez. **4** fartura, abastança, folga. **Ex:** Viver com largueza. **A:** necessidade.

largura *sf* **1** largueza, largo. **A:** estreiteza. **2** dimensão transversal. **Ex:** Tem dois metros de largura por três de comprimento.

larva *sf DE INSETOS* lagarta.

larvado *adj* oculto, escondido, disfarçado, encoberto. **A:** claro.

lasca *sf* **1** *DE PEDRA OU METAL* estilhaço, fragmento, pedaço. **2** *DE MADEIRA* cavaco, apara, estilha. **3** fatia, bocado, pedaço.

lascar *vtd+vpr* rachar(-se), partir(-se), estilhaçar(-se), abrir(-se).

lascívia *sf* **1** luxúria, libidinagem, devassidão. **A:** castidade. **2** *Med.* satiríase, afrodisia.

lascivo *adj* libidinoso, devasso, licencioso, sensual. **A:** casto.

laser (ingl.: lêizer) V. lêiser.

lassidão *sf* **1** cansaço, exaustão, esgotamento, lassitude. **A:** descanso. **2** bambeza, frouxidão, relaxamento, lassitude. **A:** tensão. **3** tédio, aborrecimento, enfado, lassitude.

lassitude V. lassidão.

lasso *adj* **1** cansado, exausto, esgotado. **A:** descansado. **2** gasto, laxo. **Ex:** Fechadura lassa. **3** bambo, frouxo, relaxado, laxo. **A:** tenso.

lástima *sf* **1** lamentação, lamúria, queixa. **2** pena, compaixão, dó. **3** infelicidade, desventura, infortúnio. **A:** felicidade.

lastimar *vtd* **1** prantear, chorar, lamentar. **Ex:** Lastimar uma perda. **A:** aplaudir. **2** apiedar-se, compadecer-se, condoer-se de. **3** afligir, penalizar, angustiar. *vpr* **4** lamentar-se, lamuriar-se, queixar-se.

lastimoso *adj* **1** choroso, lacrimoso, flébil. **A:** risonho. **2** Que envolve lamentação. **3** lamentável, lastimável, lamentoso, deplorável.

lastrar *vtd* **1** lastrear, alastrar. *vtd+vi* **2** alastrar(-se), propagar(-se), espalhar(-se). **Ex:** O mau exemplo lastra rapidamente.

lastrear V. lastrar.

lastro *sm Fig.* base, fundamento, alicerce, embasamento.

lata *sf* **1** flandres, folha-de-flandres. **2** *Pop.* cara, face, rosto.

latada *sf* caramanchão, pérgula, pérgola, pavilhão. **Ex:** Construímos uma latada para as trepadeiras.

lataria *sf* **1** enlatados *pl.* **2** *Autom.* carroceria, carroçaria.

látego *sm* **1** açoite, chicote, chibata. **2** *Fig.* castigo, punição, flagelo. **A:** recompensa.

latejar *vi* **1** palpitar, pulsar. **Ex:** Latejava-me o coração. **2** ofegar, arquejar, arfar.

latejo *sm* **1** palpitação, pulsação. **2** ofego, arquejo, arfagem.

latente *adj m+f* **1** oculto, escondido, encoberto. **2** dissimulado, disfarçado, mascarado. **Ex:** Mantinha latente a aversão que sentia por nós. **3** subentendido. **A:** claro (nas três acepções).

láteo V. lácteo.

lateral *sf* **1** lado, banda, flanco; *DE EDIFÍCIO* ala. **2** *Fut.* linha lateral. *adj m+f* **3** transversal.

látex *sm, sing+pl Bot.* látice.

látice V. látex.

laticínio *sm* 1 *lacticínio*. **Ex:** Compramos laticínios. 2 *Por ext.* fábrica de laticínios, *lacticínio*.

latido *sm* ladrido, ladrado *pop*.

latifúndio *sm* propriedade rural extensa. **A:** minifúndio.

latino *adj* 1 *DA ROMA ANTIGA* romano, ítalo. 2 *Ling.* neolatino, românico, romano. **Ex:** Você sabia que o romeno também é uma língua latina?

latir *vi* 1 ladrar. 2 ganir, cainhar, gemer. 3 *Fig.* gritar, berrar, clamar. **A:** sussurrar.

latitude *sf* 1 amplitude, extensão, largueza. **A:** estreiteza. 2 clima. 3 região, terra, plaga.

lato *adj* 1 amplo, extenso, largo. **A:** estreito. 2 irrestrito, extensivo, amplo. **Ex:** Sentido lato. **A:** restrito.

latoaria *sf* funilaria.

latoeiro *sm* funileiro, lanterneiro.

latrina *sf* privada, cloaca, sentina.

latrocínio *sm* roubo (à mão armada).

lauda *sf* página.

laudatório *adj* que elogia: elogioso, apologético, encomiástico, panegírico. **Ex:** Discurso laudatório.

laudo *sm* parecer, opinião, voto, juízo.

láurea V. laurel.

laurear *vtd* 1 enlourar, enloirar, coroar (de louros). 2 *Fig.* premiar, recompensar, gratificar. **A:** castigar. 3 *Fig.* enfeitar, adornar, ornamentar. 4 *Fig.* aprovar, apoiar, aplaudir. **A:** reprovar.

laurel *sm* 1 láurea, coroa de louros. 2 *Fig.* prêmio, recompensa, láurea. **A:** castigo. 3 *Fig.* homenagem, preito, honra.

lauto *adj* 1 abundante, farto, copioso. **A:** escasso. 2 suntuoso, luxuoso, imponente. **A:** singelo.

lava *sf* 1 magma. 2 *Fig.* abundância, torrente, enxurrada *fig*. **Ex:** Recebemos uma lava de pedidos. 3 *Fig.* chama, labareda, língua de fogo.

lavabo V. lavatório e lavanda.

lava-bunda V. lavadeira.

lavada *sf* 1 V. lavagem. 2 *Esp.* derrota expressiva: banho, surra. **Ex:** Levamos uma lavada do time adversário. 3 *Fig.* repreen-

são, sabão, bronca *pop*. **Ex:** Deu uma lavada no menino.

lavadeira *sf* 1 lavandeira. **Ex:** As lavadeiras reuniam-se na beira do rio. 2 *Entom.* libélula, lava-bunda, lavandeira.

lavagem *sf* 1 *ATO OU EFEITO* lavação, lavadura, lavada, lavamento. 2 *Rel.* ablução, banho. 3 *Fig.* purificação, limpeza. 4 comida para porcos. 5 *Med.* clister.

lavanda *sf* 1 *Bot.* alfazema. 2 lavabo. **Ex:** Colocamos a lavanda na mesa para lavar os dedos durante as refeições.

lavandeira V. lavadeira.

lavar *vtd+vpr* 1 banhar(-se). 2 limpar(-se). **A:** sujar(-se). *vtd* 3 purificar, depurar, purgar. 4 vingar. **Ex:** Lavar a honra.

lavareda V. labareda.

lavatório *sm* 1 *ATO* lavagem, lavação, lavadura. 2 *Fig.* purificação, limpeza. 3 pia, lavabo. **Ex:** Instalamos um novo lavatório no banheiro.

lavor *sm* 1 trabalho, serviço, tarefa. 2 V. lavrado.

lavorar V. lavrar.

lavoura *sf* 1 lavra, lavradio, cultivo, amanho. 2 agricultura, cultura. 3 lavradores *pl*, agricultores *pl*.

lavra *sf* 1 V. lavoura. 2 autoria. **Ex:** Poemas da sua lavra.

lavradio V. lavoura.

lavrado *sm* 1 lavor, ornato (em relevo). 2 *FEITO COM AGULHA* bordado, lavor.

lavrador *sm* agricultor, colono, camponês.

lavrar *vtd* 1 *Agr.* arar, cultivar, amanhar. 2 cinzelar, gravar, esculpir, lavorar. **Ex:** Lavrar uma peça. 3 bordar, lavorar. 4 *PEDRAS* lapidar, talhar, facetar. 5 *MADEIRA* aplanar, aplainar, preparar. 6 *MOEDAS* cunhar, amoedar. 7 *DOCUMENTO* exarar, escriturar, redigir. **Ex:** Lavrar uma certidão.

laxação *sf* 1 frouxidão, relaxamento, folga. **A:** tensão. 2 atenuação, abrandamento. **A:** agravamento.

laxante *sm* 1 *Med.* laxativo, purgante (brando). *adj* 2 que afrouxa: laxativo.

laxar *vtd* 1 afrouxar, relaxar, folgar. **A:** apertar. 2 desimpedir, desobstruir, desbloquear. **A:** impedir. **3** atenuar, aliviar, suavizar. **A:** agravar.

laxativo V. laxante.

laxo V. lasso.

lazão V. alazão.

lazarar *vtd* contaminar, contagiar, infectar, infeccionar. **A:** descontaminar.

lazarento *sm+adj Med.* hanseniano, leproso, morfético, lázaro.

lazareto *sm* leprosário.

lázaro V. lazarento.

lazeira *sf* **1** desgraça, calamidade, infortúnio. **2** fome, apetite, apetência. **A:** inapetência. **3** *Med.* hanseníase, lepra, morféia.

lazer *sm* ócio, descanso, tempo livre, vagar. **A:** trabalho.

layout (ingl.: lêi-aut) V. leiaute.

leal *adj m+f* **1** fiel. **A:** desleal. **2** franco, sincero, aberto. **A:** falso. **3** honesto, digno, íntegro. **A:** desonesto.

lealdade *sf* **1** fidelidade. **A:** deslealdade. **2** franqueza, sinceridade, abertura. **A:** falsidade. **3** honestidade, dignidade, integridade. **A:** desonestidade.

lecionar *vtd* **1** ensinar, professorar. **Ex:** Leciona português no colégio. **2** educar, instruir, doutrinar. *vi* **3** professorar. **Ex:** Onde você leciona? *vpr* **4** estudar com. **Ex:** Lecionaram-se com um professor particular.

ledice *sf* **1** alegria, contentamento, felicidade. **A:** tristeza. *sf pl* **2** galanteios, galanterias, lisonjas.

ledo *adj* alegre, contente, feliz, jubiloso. **A:** triste.

ledor V. leitor.

legação *sf* embaixada, representação, missão diplomática.

legado *sm* **1** *Dir.* herança, patrimônio, deixa. **2** embaixador, representante diplomático.

legal *adj m+f* **1** legítimo, lícito, permitido. **A:** ilegal. **2** jurídico. **3** *Pop.* em ordem: certo, correto, regular. **4** *Pop.* ótimo, excelente, jóia *gír.* **Ex:** Roupa legal. **5** *Pop.* bom, simpático, agradável. **Ex:** Pessoa legal.

legalidade *sf* legitimidade. **A:** ilegalidade.

legalizar *vtd* autenticar, legitimar, validar, reconhecer.

legar *vtd* **1** *Dir.* deixar, herdar. **Ex:** Legou os bens aos netos. **2** transmitir, passar, deixar. **Ex:** Os antigos gregos legaram muito conhecimento às gerações futuras. **3** enviar, mandar (como legado).

legatário *sm Dir.* herdeiro, sucessor.

legenda *sf* **1** texto explicativo. **Ex:** As legendas de um mapa. **2** letreiro, rótulo, dístico. **3** V. lenda. **4** *Cin.* letreiro. **Ex:** Filme sem legendas.

legendário V. lendário.

legião *sf* **1** *Mil.* esquadrão, divisão (do exército). **2** *Mil.* tropa, soldados *pl.* **3** *Fig.* multidão, turma, massa. **Ex:** Uma legião de repórteres entrou na sala.

legislação *sf* direito, jurisprudência.

legislar *vtd* decretar, estabelecer, estipular, prescrever.

legista *s m+f* **1** *Dir.* jurista, jurisconsulto. **2** *Dir.* médico legista.

legitimar *vtd* **1** legalizar, reconhecer, validar. **2** adotar, perfilhar, filiar.

legitimidade *sf* **1** legalidade. **2** autenticidade, genuinidade. **A:** ilegitimidade (nas duas acepções).

legítimo *adj* **1** legal, permitido, lícito. **A:** ilegítimo. **2** autêntico, verdadeiro, genuíno. **Ex:** Casaco de pele legítima. **A:** ilegítimo. **3** procedente, fundado, lógico. **A:** improcedente.

legume *sm* **1** fruto de qualquer leguminosa: vagem. **2** hortaliça, verdura, erva.

lei *sf* **1** regra, norma, preceito, princípio. **2** religião.

leiaute *sm* esboço, *layout.*

leicenço *sm Med.* furúnculo, fleimão.

leigo *adj* **1** laico. **2** desconhecedor, ignorante. **Ex:** Leigo em física.

leilão *sm* hasta.

leira *sf* **1** *Agr.* sulco (para plantio). **2** *Agr.* tabuleiro, canteiro (entre dois regos). **Ex:** Uma leira de espinafre.

lêiser *sm Fís.* raio *laser, laser.*

leitão *sm* porquinho, bacorinho, bácoro.

leito *sm* **1** cama. **2** *DE RIO* álveo. **3** *Fig.* matrimônio, casamento, núpcias *pl.* **Ex:** Tenho dois filhos do primeiro leito. **4** *Fig.* suporte, apoio, base.

leitor *sm* ledor.

leitoso *adj* **1** referente ao leite: lácteo, láteo. **2** *COLORIDO, ASPECTO* lácteo, láteo, lactescente.

leiva *sf* **1** *Agr.* gleba, terreno, torrão, solo. **2** *Agr.* sulco (do arado).

lema *sm* mote, sentença, divisa, emblema. **Ex:** O lema de uma organização.

lembradiço V. lembrado.

lembrado *adj* **1** que tem boa memória: lembradiço. **Ex:** Ele é lembrado, nunca esquece os detalhes. **2** memorável, inesquecível, memorial.

lembrança *sf* **1** memória, recordação, reminiscência. **2** presente, brinde, mimo. **3** sugestão, idéia, insinuação. **4** V. lembrete. *sf pl* **5** cumprimentos, saudações, recomendações. **Ex:** Mande lembranças.

lembrar *vtd+vpr* **1** recordar(-se). **A:** esquecer(-se). *vtd* **2** sugerir, propor. **Ex:** Lembrou que partíssemos o mais rápido possível. *vtd+vti* **3** advertir, avisar. **Ex:** Lembrei-lhe que havia feito uma promessa, e que devia cumpri-la.

lembrete *sm* **1** apontamento, nota, anotação, lembrança. **2** *Fam.* censura, repreensão, bronca *pop*. **A:** elogio. **3** *Fam.* castigo, punição, corretivo. **A:** recompensa.

leme *sm* **1** *Aeron.* e *Náut.* governo. **Ex:** O leme do navio quebrou. **2** *Fig.* direção, comando, governo.

lêmure *sm pl* fantasmas, espectros, assombrações, duendes.

lençol *sm Ant.* mortalha, sudário. * Estar em maus lençóis *Fig.*: estar em apuros, estar numa sinuca.

lenda *sf* **1** tradição (popular). **2** conto, narrativa, fábula, legenda. **3** *Fig.* mentira, invenção, lorota.

lendário *adj* **1** fabuloso, fantástico, imaginário, legendário. **A:** real. **2** famoso, célebre, conhecido, legendário. **Ex:** O talento desse ator já se tornou lendário. **A:** desconhecido.

lengalenga *sf Pop.* ladainha, cantilena, litania.

lenha *sf* **1** madeira, lenho (para queimar). **2** *Pop.* surra, coça, sova. * Entrar na lenha: apanhar, levar uma surra.

lenhador *sm* lenheiro, mateiro.

lenheiro V. lenhador.

lenho *sm* **1** madeira, madeiro. **2** *Poét.* navio, embarcação, barco.

lenhoso *adj* lígneo.

lenimento V. lenitivo.

lenitivo *sm* **1** *Med.* lenimento. **2** *Fig.* alívio, conforto, consolo, lenimento. *adj* **3** *Fig.* confortante, consolador.

lentejoula V. lantejoula.

lentidão *sf* **1** lerdeza, vagar, vagareza. **A:** rapidez. **2** preguiça, indolência, pachorra. **A:** atividade.

lento *adj* **1** vagaroso, lerdo, moroso. **A:** rápido. **2** preguiçoso, indolente, pachorrento. **A:** ativo.

leonino *adj* **1** fraudulento, doloso, enganador. **Ex:** Havia cláusulas leoninas no contrato. **A:** honesto. **2** desleal, falso, traidor. **A:** leal.

lépido *adj* **1** ágil, ativo, ligeiro. **A:** lerdo. **2** alegre, feliz, contente. **A:** triste. **3** zombeteiro, gozador, brincalhão. **A:** sério.

lepra *sf Med.* hanseníase, morféia, lazeira.

leprosário *sm* lazareto.

leproso *sm+adj* **1** *Med.* hanseniano, morfético, lazarento. *adj* **2** *Fig.* corrupto, pervertido, vicioso. **A:** virtuoso.

leque *sm* ventarola, abano, abanico, abanador.

ler *vtd* **1** estudar, examinar, folhear. **Ex:** Ler um livro. **2** prever, adivinhar, predizer. **Ex:** A cigana leu a minha sorte. **3** decifrar, perceber, compreender. **Ex:** Líamos em seus olhos que estava desapontado. **4** recitar. **Ex:** Ler um poema.

lerdear *vi* demorar-se, tardar, atrasar-se, retardar-se. **A:** apressar-se.

lerdeza *sf* **1** lentidão, vagar, lerdice. **A:** rapidez. **2** burrice, estupidez, imbecilidade. **A:** inteligência.

lerdice V. lerdeza.

lerdo *adj* **1** lento, vagaroso, moroso. **A:** rápido. **2** burro *fig*, estúpido, tolo. **A:** inteligente.

leréia V. lero-lero.

léria V. lero-lero.

lero-lero *sm* conversa fiada *pop*, conversa mole *pop*, papo furado *gír*, léria, leréia.

lesado V. leso.

lesão sf **1** contusão, mossa, pisadura. **2** ferida, ferimento. **3** prejuízo, dano, danificação. **4** ofensa, insulto, ultraje.

lesar vtd **1** prejudicar. **2** ofender, insultar, ultrajar. **Ex:** Lesar a reputação de alguém. vtd+vpr **3** machucar(-se), ferir(-se).

lesbiano V. lésbico.

lésbica sf sapatão vulg, homossexual (feminina). **A:** heterossexual.

lésbico adj lesbiano, homossexual (entre mulheres). **A:** heterossexual.

lesco-lesco sm labuta, trabalho, lida, afã.

leseira sf preguiça, indolência, ócio, moleza. **A:** atividade.

lesma sf Fig. pessoa lenta: tartaruga fig, lerdo, lento.

leso adj **1** lesado, machucado, ferido. **2** lesado, ofendido, insultado, ultrajado. **3** lesado, tolo, tonto. **A:** esperto.

leste sm este, oriente, nascente, levante. **A:** oeste.

lesto adj **1** desembaraçado, despachado, expedito. **A:** lerdo. **2** ligeiro, rápido, ágil. **A:** lento.

letal adj m+f **1** mortal, mortífero, fatal. **Ex:** Golpe letal. **2** fúnebre, lúgubre, sinistro.

letargia sf **1** Med. letargo. **2** sono profundo, modorra, letargo. **3** apatia, indiferença, desinteresse, letargo. **A:** interesse.

letárgico adj **1** sonolento, dormente, modorrento. **A:** desperto. **2** apático, indiferente, desinteressado. **A:** interessado.

letargo V. letargia.

letra sf **1** Tip. tipo, caráter. **2** caligrafia, escrita. **Ex:** Fulano tem letra bonita. **3** Mús. versos pl. sf pl **4** literatura sing. **5** carta sing, missiva sing, epístola sing. **Ex:** Escrevo-lhe estas letras esperando que tudo esteja bem. * Letras clássicas: humanidades. * Ao pé da letra: literalmente, rigorosamente.

letrado sm **1** sábio. **A:** ignorante. adj **2** erudito, culto, ilustrado. **A:** iletrado.

letreiro sm **1** tabuleta, placa, sinal. **2** inscrição, rótulo, legenda. **3** Cin. legenda. **Ex:** Os letreiros do filme.

léu sm **1** Pop. ócio, ociosidade, vagar. **2** ocasião, oportunidade, ensejo. * Ao léu: à toa; à vontade; a descoberto, à mostra, nu.

leucócito sm Fisiol. glóbulo branco.

leva sf **1** grupo, multidão, bando. **2** Mil. alistamento, recrutamento.

levadiço adj **1** que abaixa e levanta. **Ex:** A ponte levadiça dos castelos. **2** móvel, movediço. **Ex:** Habitação levadiça. **A:** fixo.

levado adj travesso, endiabrado, traquinas, arteiro. **Ex:** Menino levado. **A:** comportado.

leva-e-traz s m+f, sing+pl mexeriqueiro, fuxiqueiro, fofoqueiro pop, encrenqueiro gír.

levantamento sm **1** levante. **A:** abaixamento. **2** inventário, catalogação. **3** aumento, elevação, majoração. **A:** baixa. **4** V. levante.

levantar vtd+vpr **1** erguer(-se), alçar(-se), elevar(-se). **A:** abaixar(-se). **2** revoltar(-se), rebelar(-se), amotinar(-se). vtd **3** construir, edificar, erigir. **Ex:** Levantar um muro. **4** pegar, apanhar, erguer (do chão). **5** VOZ erguer, elevar. **A:** abaixar. **6** erguer, dirigir, voltar (os olhos, para cima). **A:** baixar. **7** sugerir, propor, aventar. **Ex:** Levantar dúvidas. **8** BANDEIRA hastear, içar, arvorar. **9** arrecadar, cobrar, recolher. **Ex:** Levantar fundos. **10** entusiasmar, animar, excitar. **Ex:** O espetáculo da cantora levantou o moral dos soldados. vi+vpr **11** acordar, despertar. **A:** deitar-se. **12** MAR encrespar-se, encapelar-se, agitar-se. **Ex:** O mar começa a levantar (ou levantar-se). **A:** abonançar-se. vpr **13** ASTRO nascer, raiar, despontar.

levante sm **1** V. levantamento. **2** oriente, leste, nascente. **A:** ocidente. **3** motim, rebelião, insurreição, levantamento.

levar vtd **1** transportar, conduzir, portar. **Ex:** O caminhão leva mercadorias. **2** afastar, retirar, tirar. **Ex:** Levem o prisioneiro daqui. **3** arrastar, puxar, trazer. **Ex:** Levamos os móveis para a garagem. **4** orientar, guiar, encaminhar. **Ex:** O funcionário levou-os até à saída. **5** tomar, receber, sofrer. **Ex:** Levar uma surra, um bofetão. **A:** dar. **6** estender, ampliar, alargar. **Ex:** O exército levou os limites do império até ao litoral. **7** empregar, consumir, gastar. **Ex:** Isso leva muito tempo. **8** viver, passar, ter. **Ex:** Levava uma vida de rei. vti **9** induzir, persuadir, instigar. **10** provocar, ocasionar, causar. **Ex:** A desatenção leva ao erro. **11** conduzir, ir a. **Ex:** Estes caminhos levam a lugares desconhecidos.

leve *adj m+f* **1** que pesa pouco. **Ex:** Carga leve. **A:** pesado. **2** sem gravidade: ligeiro. **Ex:** Ferimentos leves. **A:** grave. **3** *PECADO* venial, perdoável. **A:** grave. **4** insignificante, à-toa, reles. **A:** importante. **5** delicado, ameno, suave. **Ex:** Sentíamos um leve perfume. **A:** forte. **6** gracioso, delicado, elegante. **Ex:** O automóvel tinha linhas aerodinâmicas e leves. **A:** pesado. **7** ágil, ligeiro, rápido. **Ex:** Mãos leves. **A:** lento. **8** *ALIMENTO* ligeiro. **Ex:** Fez uma refeição leve. **A:** pesado. **9** aliviado, desoprimido, sereno. **Ex:** Tenho a alma leve. **A:** oprimido. **10** *TECIDO* ligeiro, vaporoso, fino. **Ex:** Vestiu a criança com roupas leves. **A:** grosso.

levedar *vtd* **1** azedar, fermentar. *vi* **2** fermentar.

levedo V. lêvedo.

lêvedo *sm* **1** *Bot.* levedo, levedura. *adj* **2** levedado, fermentado, azedo.

levedura *sf* **1** V. lêvedo. **2** fermento.

leveza V. ligeireza.

leviandade *sf* **1** precipitação, imprudência, insensatez. **A:** prudência. **2** futilidade, frivolidade, irresponsabilidade. **A:** seriedade.

leviano *adj* **1** precipitado, imprudente, insensato. **A:** prudente. **2** fútil, frívolo, irresponsável. **A:** sério.

lexical V. léxico.

léxico *sm* **1** dicionário, glossário, vocabulário. *adj* **2** referente ao léxico: lexical.

lexicografar *vtd+vi* dicionarizar.

lexicógrafo *sm* dicionarista, lexicólogo.

lexicólogo V. lexicógrafo.

lhaneza *sf* **1** franqueza, sinceridade, lealdade, lhanura. **A:** falsidade. **2** despretensão, modéstia, simplicidade, lhanura. **A:** pretensão. **3** amabilidade, gentileza, doçura, lhanura. **A:** rudeza.

lhano *adj* **1** franco, sincero, leal. **A:** falso. **2** despretensioso, modesto, simples. **A:** pretensioso. **3** amável, gentil, doce. **A:** rude.

lhanura V. lhaneza.

liame *sm* laço, ligação, vínculo, atadura. **Ex:** Cortamos os liames que nos prendiam à terra natal, e emigramos.

libar *vtd* **1** beber, tomar, sorver. **2** chupar, sugar, chuchar. **3** gozar, experimentar, desfrutar. **Ex:** Libava vantagens quase ilimitadas.

libelo *sm* **1** *Dir.* acusação. **2** panfleto. **Ex:** O filósofo escreveu um libelo contra a falta de ética na política.

libélula *sf* *Entom.* lavadeira, lava-bunda, lavandeira.

liberal *s m+f* **1** liberalista. **A:** absolutista. *adj m+f* **2** generoso, pródigo, dadivoso. **A:** avarento. **3** avançado, progressista. **A:** retrógrado. **4** tolerante, indulgente, condescendente. **A:** intolerante.

liberalidade *sf* generosidade, prodigalidade, magnanimidade, munificência. **A:** avareza.

liberalista V. liberal.

liberalizar *vtd* despender, prodigalizar, larguear, prodigar. **A:** economizar.

liberação *sf* **1** *DE DÍVIDA* quitação, pagamento, extinção. **2** desobrigação, isenção, dispensa. **A:** obrigação. **3** V. libertação.

liberar *vtd* **1** *DÍVIDA* quitar, pagar, saldar. *vtd+vti* **2** libertar, livrar. **Ex:** O estudo liberou-o das superstições. **3** desobrigar, isentar, dispensar. **Ex:** Liberou-o da apresentação do trabalho. **A:** obrigar. *vtd+vpr* **4** V. libertar.

liberdade *sf* **1** independência, autonomia. **A:** dependência. **2** atrevimento, confiança, familiaridade. **Ex:** Tomei a liberdade de pedir-lhe um favor. **3** permissão, autorização, licença. **Ex:** Deu-me liberdade de sair quando quisesse. **A:** proibição. *sf pl* **4** direitos, regalias, privilégios. **Ex:** Respeitamos as liberdades individuais. **A:** deveres.

libertação *sf* **1** soltura, livramento, liberação. **A:** prisão. **2** *DE ESCRAVOS* alforria. **A:** escravidão.

libertar *vtd+vpr* **1** soltar(-se), livrar(-se), liberar(-se). **A:** prender(-se). **2** aliviar(-se), desoprimir(-se), desafogar(-se). **A:** oprimir(-se). *vpr* **3** despojar-se de, despir-se de, abandonar. **Ex:** Libertou-se de todos os preconceitos.

libertinagem *sf* devassidão, depravação, libidinagem, licenciosidade, volúpia. **A:** pureza.

libertino *adj* devasso, depravado, libidinoso, licencioso, dissoluto. **A:** puro.

liberto *adj* 1 solto, livre, libertado. **A:** preso. 2 livre, isento. **Ex:** Mente liberta de limitações.

libidinagem V. libertinagem.

libidinoso V. libertino.

libido *sf Psicol.* desejo, apetite sexual, tesão *vulg.*

Libra *sf Astr.* e *Astrol.* Balança.

liça *sf* 1 *PARA TORNEIO, COMBATE* estacada, campo, arena. 2 combate, luta, batalha.

lição *sf* 1 aula, preleção. **Ex:** Curso em vinte lições. 2 advertência, ensinamento, exemplo. **Ex:** Espero que isto lhe sirva de lição, e você não caia mais nesse erro. 3 repreensão, descompostura, bronca *pop.* **A:** elogio.

licença *sf* 1 permissão, autorização, consentimento. **A:** proibição. 2 dispensa, licenciamento, licenciatura. 3 V. licenciosidade.

licenciamento V. licença.

licenciar *vtd* 1 *TEMPORARIAMENTE* dispensar, isentar, desobrigar. 2 *DEFINITIVAMENTE* despedir, demitir, exonerar. **A:** admitir.

licenciatura V. licença.

licenciosidade *sf* 1 V. libertinagem. 2 excesso, descomedimento, desregramento, licença. **A:** comedimento.

licencioso *adj* 1 V. libertino. 2 descomedido, desregrado, desenfreado. **A:** comedido.

liceu *sm* escola, colégio, educandário.

lícito *adj* legal, legítimo, permitido, justo. **A:** ilícito.

lida *sf* labuta, trabalho, faina, afã, lide.

lidar *vti+vi* 1 *MORALMENTE* combater, batalhar contra, lutar contra. **Ex:** Tentava controlar-se, lidando com o desejo de vingança. 2 labutar, trabalhar, laborar. **Ex:** Lidamos na roça até o entardecer. 3 esforçar-se, batalhar para, lutar por. **Ex:** Lidava por conseguir seus objetivos.

lide *sf* 1 V. lida. 2 *Dir.* litígio, demanda, pleito. 3 luta, combate, confronto.

líder *sm* 1 dirigente, comandante, chefe. 2 cabeça, chefe. **Ex:** Os soldados prenderam o líder da passeata.

liderança *sf* 1 direção, comando, chefia. 2 autoridade, ascendência, influência.

liderar *vtd* 1 dirigir, comandar, chefiar. **Ex:** Liderar uma empresa. 2 encabeçar, chefiar. **Ex:** Liderar uma revolução.

lídimo *adj* autêntico, genuíno, verdadeiro, original. **A:** falso.

lido *part+adj* culto, erudito, instruído, letrado. **A:** inculto.

liga *sf* 1 V. ligação. 2 *Metal.* amálgama, mistura, fusão. 3 V. ligação.

ligação *sf* 1 ligadura, ligamento, liga. **A:** desligamento. 2 junção, união, fusão. **A:** separação. 3 aliança, liga, pacto. 4 conexão, relação, vínculo. **Ex:** Esta obra não tem ligações com as outras. 5 correlação, analogia, correspondência. **Ex:** Ligação entre dois termos. 6 *SENTIMENTAL* laço, vínculo, relação, ligamento. 7 *SEXUAL* concubinato, mancebia, amancebamento.

ligadura *sf* 1 V. ligação. 2 atadura, bandagem, faixa. 3 *Cir.* laqueadura.

ligamento V. ligação.

ligar *vtd+vpr* 1 *MORAL OU FISICAMENTE* unir(-se), juntar(-se), vincular(-se). **A:** desligar(-se). *vtd* 2 atar, amarrar, prender. **A:** desligar. 3 colar, pegar, grudar. **A:** desligar. 4 acionar, fazer funcionar. **Ex:** Ligar o motor, a luz. **A:** desligar. 5 *Metal.* fundir, misturar. 6 *Cir.* laquear, apertar, estrangular. **Ex:** Ligar uma ferida, uma veia. *vti* 7 importar-se com, dar importância a, fazer caso de. **Ex:** Não ligue para os obstáculos e siga em frente. **A:** ignorar.

ligeireza *sf* 1 rapidez, velocidade, fugacidade. **A:** lentidão. 2 agilidade, leveza, rapidez. **A:** lentidão. 3 leveza. **Ex:** A ligeireza de seu crime não o torna inocente. **A:** gravidade.

ligeiro *adj* 1 rápido, veloz, fugaz. **A:** lento. 2 ágil, leve, rápido. **Ex:** Mãos ligeiras. **A:** lento. 3 sem gravidade: leve. **Ex:** Ferimentos ligeiros. **A:** grave. 4 delicado, ameno, suave. **Ex:** Ouvíamos um ligeiro ruído. **A:** forte. 5 *ALIMENTO* leve. **Ex:** Fez uma refeição ligeira. **A:** pesado. 6 *TECIDO* leve, vaporoso, fino. **Ex:** Usamos roupas ligeiras no verão. **A:** grosso.

lígneo *adj* lenhoso.

lilá V. lilás.

lilás *sm* 1 *Bot.* lilá. *sm+adj* 2 *COR* arroxeada, lilá.

limagem V. limadura.

limadura *sf* 1 limagem. 2 aperfeiçoamento, aprimoramento, refinamento.

limar *vtd* 1 raspar, polir, alisar. 2 corroer, roer, carcomer. 3 aperfeiçoar, aprimorar, refinar.

limbo *sm* borda, orla, rebordo, beira.

limiar *sm* 1 *DA PORTA* soleira. 2 portal, entrada, porta. 3 início, começo, princípio. **Ex:** O limiar de uma nova era. **A:** fim.

liminar *adj m+f* preliminar, prévio.

limitação *sf* 1 diminuição, redução, restrição. **A:** aumento. 2 demarcação, delimitação. 3 *MENTAL* mediocridade, vulgaridade.

limitado *part+adj* finito, restrito. **A:** ilimitado.

limitar *vtd* 1 diminuir, reduzir, restringir. **Ex:** Limitar gastos. **A:** aumentar. 2 demarcar, delimitar, marcar. **Ex:** O fazendeiro limitou o terreno. *vti+vpr* 3 confinar, avizinhar. **Ex:** Minha propriedade limita (ou limita-se) com a sua. *vpr* 4 restringir-se, resumir-se, reduzir-se. **Ex:** Nosso círculo de amizades limita-se aos amigos mais íntimos. *vpr* 5 ater-se, restringir-se. **Ex:** Limitou-se à teoria e ignorou a prática; limite-se a ouvir.

limite *sm* 1 extremo, fim, confins *pl.* **Ex:** Daqui não vemos o limite da plantação. 2 fronteira, divisa, estremadura. **Ex:** Os limites de um país. 3 confins *pl*, raia. **Ex:** Atingiu o limite da ignorância.

limítrofe *adj m+f* vizinho, fronteiriço, confinante, circunvizinho. **A:** afastado.

limo *sm* barro, lama, lodo.

limpa *sf* 1 V. limpeza. 2 *Agr.* poda, monda, podadura. 3 clareira, aberta.

limpação V. limpeza.

limpadela V. limpeza.

limpadura V. limpeza.

limpamento V. limpeza.

limpa-pratos *sm, sing+pl Fam.* comilão, guloso, glutão, comedor.

limpar *vtd+vpr* 1 assear(-se), lavar(-se). **A:** sujar(-se). 2 purificar(-se), depurar(-se), purgar(-se). **A:** sujar(-se). 3 enxugar(-se), secar(-se). **Ex:** Limpou o suor do rosto. *vtd* 4 *Agr.* podar, mondar. **Ex:** Limpar as árvores. 5 *Agr.* capinar, carpir, sachar. **Ex:** Limpar o campo. 6 roubar, furtar, afanar *gír.* **Ex:** O assaltante limpou a casa. *vi* 7 *CÉU, DIA* clarear, desanuviar-se, desenevoar-se. **A:** anuviar-se.

limpeza *sf* 1 limpação, limpamento, limpadura, limpadela, limpa. 2 asseio, higiene. **A:** sujeira. 3 faxina. 4 purificação, depuração, purgação. 5 *Fam.* perfeição, correção, esmero. **A:** imperfeição. 6 *Fig.* honestidade, honradez, integridade. **A:** desonestidade. 7 *Fig.* pureza, castidade, virtude. **A:** impureza.

limpidez *sf* 1 brilho, resplandecência, esplendor. **A:** obscuridade. 2 transparência, lucidez. **A:** opacidade. 3 nitidez, pureza, sonoridade. **Ex:** A limpidez de seu canto nos encanta.

límpido *adj* 1 brilhante, reluzente, luzidio. **A:** obscuro. 2 transparente, diáfano, lúcido. **A:** opaco. 3 *CÉU, DIA* desanuviado, claro, aberto, limpo. **A:** nublado. 4 *SOM* nítido, puro, sonoro, limpo. **Ex:** Voz límpida.

limpo *adj* 1 asseado, lavado. **A:** sujo. 2 isento, livre. **Ex:** Rendimento limpo de impostos. 3 perfeito, correto, esmerado. **Ex:** Trabalho limpo. **A:** imperfeito. 4 *Pop.* duro, quebrado, liso *gír.* 5 *SOM* V. límpido. 6 *CÉU, DIA* V. límpido. 7 *Agr.* podado, mondado. 8 *Agr.* capinado. 9 *Fig.* honesto, honrado, íntegro. **A:** sujo. 10 *Fig.* puro, casto, virtuoso. **A:** impuro.

lindeza *sf* 1 beleza, formosura, boniteza. **A:** feiúra. 2 perfeição, primor, capricho. **A:** imperfeição.

lindo *adj* 1 belo, bonito, formoso. **Ex:** Menina linda. **A:** feio. 2 elegante, alinhado, bem vestido. **Ex:** Era a mais linda do baile. **A:** deselegante. 3 nobre, elevado, grandioso. **Ex:** Renunciar à recompensa foi um lindo gesto. 4 vil. 4 agradável, aprazível, ameno. **Ex:** Mas que lindo dia! **A:** desagradável. **5** perfeito, primoroso, caprichado. **A:** péssimo.

lineal V. linear.

lineamento *sm* **1** linha, traço, risco. *sm pl* **2** esboço *sing*, rascunho *sing*, delineamento *sing*. **3** perfil *sing*. **4** feições, traços, fisionomia *sing*.

linear *adj m+f* **1** referente a linhas: lineal. **2** *Fig.* direto, claro, simples. **Ex:** Raciocínio linear.

lingote *sm* barra, linguado. **Ex:** Um lingote de ferro.

língua *sf* **1** idioma. **Ex:** Aprender uma língua estrangeira. **2** *Fig.* V. linguagem. **3** *Entom.* tromba, sugadouro, sugador. **Ex:** A língua da borboleta. *Língua de fogo: labareda, chama, flama.

linguado V. lingote.

linguagem *sf* **1** fala. **Ex:** Alguns dizem que a linguagem não é exclusiva do ser humano. **2** linguajar, vocabulário, palavreado. **Ex:** Linguagem vulgar. **3** *Fig.* estilo, modo, língua *fig.* **Ex:** Analisamos a linguagem do escritor.

linguajar *sm* **1** V. linguagem. *vi* **2** tagarelar, papear, taramelar, palavrear.

linguareiro V. linguarudo.

linguarudo *sm+adj* falador, indiscreto, maledicente, mexeriqueiro, linguareiro. **A:** discreto.

lingüiça *s m+f Fig.* magrelo, magricela, bacalhau *fig.* **A:** gordo.

linha *sf* **1** fio, cordão, barbante. **2** *DE PESCA* fieira *pop.* **3** traço, risco, traçado. **4** fileira, fila, carreira. **Ex:** Os alunos estão dispostos em linhas. **5** *Fam.* discrição, compostura, recato. **A:** indiscrição. **6** *Fut.* ataque. **7** direção, rumo, via. **Ex:** Andar em linha reta. *sf pl* **8** carta *sing*, bilhete *sing*, missiva *sing*. *Linha perpendicular Geom.:* perpendicular. *Linha reta Geom.:* reta.

linhagem *sf* **1** ascendência, estirpe, genealogia, geração. **2** casta, classe social.

linimento *sm Fig.* alívio, consolo, conforto, consolação.

liquefação *sf* **1** V. liquidificação. **2** fusão, derretimento, dissolução. **A:** solidificação. **3** *DE GASES* condensação.

liquefazer *vtd+vpr* **1** V. liquidificar. **2** fundir(-se), derreter(-se), dissolver(-se). **Ex:** A neve liquefazia-se. **A:** solidificar(-se). *vtd* **3** *GASES* condensar.

liquidação *sf* **1** *Com.* queima. **2** pagamento, quitação. **3** resolução, solução, esclarecimento. **4** aniquilamento, extermínio, destruição. **Obs.:** Em todas as acepções, existe a variante *liqüidação*.

liqüidação V. liquidação.

liquidar *vtd* **1** *Com.* queimar. **Ex:** Liquidar o estoque. **2** *CONTAS* pagar, saldar, quitar. **3** resolver, solucionar, esclarecer. **Ex:** Liquidar uma dúvida, uma questão. **4** aniquilar, exterminar, destruir. **5** assassinar, trucidar, matar. **Obs.:** Em todas as acepções, existe a variante *liqüidar*.

liqüidar V. liquidar.

liquidificação *sf* liquefação, *liqüidificação*. **A:** solidificação.

liqüidificação V. liquidificação.

liquidificar *vtd+vpr* liquefazer(-se), *liqüidificar(-se)*. **A:** solidificar(-se).

liqüidificar V. liquidificar.

líquido *sm+adj* **1** fluido. **A:** sólido. *adj* **2** *Com.* Ex: Valor líquido; peso líquido. **A:** bruto. **Obs.:** Nas duas acepções, existe a variante *líqüido*.

líqüido V. líquido.

lira *sf Fig.* inspiração, estro (poético).

lírico *adj Fig.* sentimental, romântico.

lirismo *sm Fig.* entusiasmo, paixão, ardor.

lisboês V. lisboeta.

lisboeta *s e adj m+f* de Lisboa (Portugal): lisbonense, lisboês.

lisbonense V. lisboeta.

liso *adj* **1** plano, chato, chão. **A:** rugoso. **2** macio, suave, corrediço. **A:** áspero. **3** escorregadio, resvaladiço, lúbrico. **Ex:** Todos caíam por causa do chão liso. **4** sem estampas. **Ex:** Blusa lisa. **A:** estampado. **5** calvo, pelado, glabro. **A:** peludo. **6** *Gír.* duro, quebrado, pronto. **7** franco, sincero, leal. **A:** falso.

lisonja *sf* **1** adulação, bajulação, badalação *gír.* **A:** crítica. **2** carinho, afago, mimo. **3** corte, galanteio, galantaria.

lisonjear *vtd* **1** adular, bajular, badalar *gír.* **A:** criticar. *vtd+vpr* **2** deliciar(-se), deleitar(-se), satisfazer(-se). **A:** aborrecer(-se). *vpr* **3** envaidecer-se, orgulhar-se, assoberbar-se. **Ex:** Lisonjeia-se por ser popular. **A:** envergonhar-se.

lisonjeiro *adj* lisonjeador, elogioso, apologético, encomiástico.

lista *sf* **1** relação, índice, catálogo, rol, listagem. **Ex:** Lista de nomes. **2** risca, *listra*, banda, raia. **Ex:** Usava um vestido de listas. **3** cardápio, menu.

listagem V. lista.

listar *vtd* **1** relacionar, elencar, enumerar. **2** riscar, *listrar*, raiar. **Ex:** Listar um tecido.

listra V. lista.

listrar V. listar.

lisura *sf* **1** maciez, suavidade. **A:** aspereza. **2** franqueza, sinceridade, lealdade. **A:** falsidade. **3** *Gír.* dureza, quebradeira, pindaíba *pop.*

litania *sf* **1** *Rel.* ladainha. **2** *Fig.* lengalenga, ladainha, cantilena *fam.*

literal *adj m+f* **1** exato, rigoroso, restrito. **A:** inexato. **2** evidente, claro, patente. **A:** obscuro.

literato *sm* escritor.

literatura *sf Fer.* letras *pl.*

litigar *vti+vi* **1** *Dir.* pleitear, demandar, litigiar. *vti* **2** combater, guerrear, lutar com.

litigiar V. litigar.

litígio *sm* **1** *Dir.* pleito, demanda, causa. **2** *Fig.* disputa, briga, bate-boca.

litoral *sm* **1** *Geogr.* costa, beira-mar. *adj m+f* **2** litorâneo.

litorâneo V. litoral.

litorina *sf Fer.* automotriz.

litosfera *sf Geol.* crosta terrestre.

liturgia *sf Rel.* culto, rito, ritual.

lividez *sf* palidez, esqualidez, brancura, livor. **A:** rubor.

lívido *adj* **1** pálido, esquálido, branco. **A:** corado. **2** cor de chumbo: plúmbeo, cinzento.

livor V. lividez.

livramento *sm* **1** libertação, soltura, liberação. **A:** prisão. **2** salvamento.

livrar *vtd+vpr* **1** libertar(-se), soltar(-se), liberar(-se). **Ex:** O prisioneiro livrou-se das cordas. **A:** prender(-se) **2** desobrigar(-se), isentar(-se), eximir(-se). **Ex:** Livrar-se de

um encargo. **A:** obrigar(-se). **3** safar(-se), desembaraçar(-se), desenrascar(-se). **Ex:** Livrou-se de um problema. *vtd* **4** salvar, poupar, preservar. **Ex:** Deixou-se capturar para livrar os amigos; livrou-nos do perigo.

livre *adj* **1** liberto, solto, libertado. **A:** preso. **2** independente, autônomo. **A:** dependente. **3** isento, desobrigado, imune. **A:** Livre de encargos. **A:** obrigado. **4** desprovido, destituído, isento. **Ex:** Livre de preconceitos. **A:** provido. **5** espontâneo, verdadeiro, natural. **A:** afetado. **6** acessível, transponível, desimpedido. **Ex:** Entrada livre. **A:** impedido. **7** vago, desocupado, vazio. **Ex:** Não há quartos livres no hotel.

livrete *sm* caderneta, caderno, carteira (de anotações).

livro *sm* **1** tomo, volume. **2** *Com.* diário, registro, caderneta.

lixar *vtd* **1** raspar, polir, alisar. *vpr* **2** *Gír.* incomodar-se, aborrecer-se, importunar-se. **3** *Gír.* não fazer caso de, não dar importância a, não se importar com. **Ex:** Está se lixando para os seus problemas. **A:** ligar para.

lixeira *sf* **1** monturo, monte (de lixo). **2** *Fig.* lugar imundo: chiqueiro *fig.* **Ex:** Fulana vive numa lixeira.

lixívia *sf* barrela, decoada.

lixo *sm* **1** detritos *pl*, sujeira, cisco. **2** entulho. **3** sujeira, imundície, sujidade. **A:** limpeza. **4** ralé, gentalha, plebe. **A:** elite. **5** droga *gír*, bomba *fam*, porcaria. **Ex:** Esse programa é um lixo.

lôbrego *adj* tétrico, lúgubre, triste, sombrio, soturno. **A:** alegre.

lobrigar *vtd* **1** entrever, avistar, distinguir. **2** notar, perceber, observar.

loca *sf* gruta, lapa, covil, caverna.

locação *sf* **1** aluguel, arrendamento, aluguer. **2** localização, colocação, posicionamento.

locador *sm* proprietário, senhorio, arrendador. **A:** locatário.

local *sm* **1** lugar, localidade, sítio, ponto. **Ex:** O local do crime. *adj m+f* **2** localista. **Ex:** Notícias locais. **3** *Med.* localizado, circunscrito, limitado. **Ex:** Infecção local. **A:** generalizado.

localidade *sf* **1** V. local. **2** lugarejo, povoado, vila.

localista V. local.

localização V. locação.

localizado V. local.

localizar *vtd* **1** posicionar, colocar, situar, locar. **Ex:** Localizamos nossa barraca perto do rio. **2** encontrar, achar. **Ex:** O radar localizou o avião inimigo. *vpr* **3** situar-se, achar-se, ficar. **Ex:** A empresa localiza-se no centro da cidade.

locar *vtd* **1** alugar, arrendar. **2** V. localizar.

locatário *sm* inquilino, arrendatário. **A:** locador.

locomoção *sf* deslocamento, transporte, movimentação.

locomotiva *sf* máquina a vapor.

locomover-se *vpr* deslocar-se, transportar-se, mover-se, movimentar-se. **A:** estacionar.

locução *sf* expressão, frase.

locupletar *vtd+vpr* **1** enriquecer(-se). **A:** empobrecer. **2** saciar(-se), fartar(-se), satisfazer(-se). *vtd* **3** abarrotar, atulhar, empanturrar. **A:** esvaziar.

lodaçal *sm* **1** lugar com muito lodo: atoleiro, lamaçal, lameira. **2** *Fig.* devassidão, corrupção, depravação. **A:** pureza.

lodo *sm* **1** lama, barro, limo. **2** *Fig.* degradação, desonra, baixeza. **A:** honra.

lodoso *adj* **1** lamacento, lamoso. **2** *Por ext.* sujo, imundo, encardido. **A:** limpo.

lógica *sf* **1** *Filos.* dialética. **2** raciocínio, razão. **3** coerência, nexo, congruência. **A:** incoerência.

lógico *adj* coerente, racional, fundado, procedente. **A:** ilógico.

logo *adv* **1** imediatamente, sem demora. **2** breve, em breve, daqui a pouco. **3** após, depois, em seguida. **A:** antes. *conj coord* **4** portanto, por isso, por conseguinte. **Ex:** Penso, logo existo.

logradouro *sm* local público: rua, via, praça, avenida.

lograr *vtd* **1** gozar, desfrutar, usufruir de. **Ex:** Lograr privilégios. **2** conseguir, alcançar, obter. **Ex:** Lograr a vitória. **3** enganar, iludir, tapear *pop*. *vtd+vpr* **4** aproveitar(-se), utilizar(-se), valer(-se).

logro *sm* **1** gozo, desfrute, usufruto. **2** engano, engodo, tapeação *pop*, embuste.

loireiro V. loureiro.

loiro V. louro.

loja *sf* estabelecimento, bazar; *PEQUENA* butique.

lojista *s m+f* comerciante, negociante.

lombada *sf* **1** *DO BOI* lombo, dorso, costado. **2** *DE LIVRO* dorso, lombo.

lombeira *sf* **1** preguiça, indolência, pachorra. **2** fraqueza, abatimento, prostração. **A:** energia.

lombo *sm* **1** dorso, costado, costas *pl.* **Ex:** O lombo do burro; estou com dor no lombo. **2** V. lombada.

lombriga *sf* *Zool.* ascárida, bicha.

lombrigueiro V. lumbricida.

lona *sf* *IMPERMEABILIZADA* encerado, oleado.

longânime *adj m+f* **1** complacente, indulgente, benevolente. **A:** intolerante. **2** corajoso, valente, bravo. **A:** covarde. **3** magnânimo, nobre, grandioso. **A:** vil. **4** paciente, resignado, conformado. **A:** inconformado.

longe *adv* **1** a grande distância. **Ex:** Longe de casa; já vai longe o tempo em que eu pensava nessas coisas. **A:** perto. *adj m+f* **2** V. longínquo.

longevo *adj* **1** macróbio. **2** duradouro, durável, longo. **A:** passageiro.

longínquo *adj* distante, remoto, afastado, longe. **A:** próximo.

longitude *sf* lonjura, distância.

longo *adj* **1** *NO ESPAÇO* comprido, extenso, alongado. **A:** curto. **2** *NO TEMPO* duradouro, prolongado, durável. **A:** breve. *adj pl* **3** muitos, vários, inúmeros. **Ex:** Passou longos anos na Europa. **A:** poucos.

long-play (ingl.: lon'plêi) *sm* disco, bolacha *gír*, LP.

lonjura V. longitude.

loquacidade *sf* **1** hábito de falar muito: tagarelice, parolagem, garrulice. **2** facilidade para falar: eloqüência, verbosidade, facúndia.

loquaz *adj m+f* **1** que fala muito: tagarela, falador, palrador. **A:** calado. **2** que fala com facilidade: eloqüente, verboso, facundo.

lorde *sm* 1 *Pop.* ricaço, grã-fino, milionário. **A:** pobretão. *adj m+f* 2 *Pop.* rico, opulento. **A:** pobre. 3 *Pop.* luxento, afetado. **A:** simples.

loro *sm* estribeira, correia (que prende o estribo ao arreio).

lorota *sf* 1 mentira, história. 2 prosa, fanfarronice, bravata.

lorotar *vi* mentir.

loroteiro *sm+adj* 1 mentiroso. 2 fanfarrão, gabola, farofeiro *pop.*

lorpa *s e adj m+f* 1 imbecil, pateta, idiota. *adj m+f* 2 grosseiro, estúpido, boçal. **A:** educado.

losna *sf Bot.* absinto.

lotação *sf* 1 cálculo, cômputo, orçamento. 2 capacidade. **Ex:** A lotação de um veículo. 3 quadro, pessoal, funcionários *pl.* **Ex:** A lotação de um departamento.

lotar *vtd* 1 calcular, computar, orçar. 2 encher. **Ex:** O público lotou o cinema. 3 dividir em lotes: lotear.

lote *sm* 1 parte, parcela, quinhão. 2 *DE OBJETOS* conjunto, série, grupo; *DE PESSOAS* grupo, agrupamento, ajuntamento.

lotear V. lotar.

loteca *sf Pop.* loteria esportiva.

loto (ó) *sm Bot.* lótus.

loto (ô) *sm* víspora, tômbola.

lótus V. loto.

louçania *sf* 1 janotice, garridice, faceirice. **A:** deselegância. 2 elegância, graça, garbo. **A:** deselegância. 3 enfeites *pl*, adornos *pl*, ornatos *pl.*

loução *adj* 1 janota, garrido, faceiro. 2 elegante, gracioso, garboso. **A:** deselegante (nas duas acepções).

louco *sm+adj* 1 doido, maluco, demente. *adj* 2 imprudente, temerário, precipitado. **A:** prudente. 3 apaixonado, fanático, doente *pop.* **Ex:** É louco por esportes. **A:** indiferente. 4 *ANIMAL* hidrófobo, raivoso, danado. 5 extraordinário, incomum, exagerado. **Ex:** Sentiu uma vontade louca de viajar. **A:** comum.

loucura *sf* 1 doideira, maluquice, demência, insanidade. **A:** juízo. 2 imprudência, temeridade, insensatez. **A:** prudência.

loureiro *sm Bot.* louro, *loireiro*, loiro.

louro *sm* 1 pessoa loura. 2 *Pop.* papagaio. 3 *Bot.* V. loureiro. *sm pl* 4 glórias, honras, triunfos. *adj* 5 amarelo, alourado, fulvo, flavo. **Obs.:** Em todas as acepções, existe a variante *loiro.*

lousa *sf* 1 ardósia. 2 laje, lajem. 3 *TUMULAR* lápide, campa, lápida. 4 *Por ext.* sepultura, túmulo, sepulcro. 5 quadro-negro, quadro.

louvação *sf* 1 V. louvor. 2 avaliação, laudo, parecer.

louvar *vtd* 1 elogiar, enaltecer, exaltar. **A:** criticar. 2 aprovar, apoiar, aplaudir. **A:** desaprovar. 3 bendizer, abençoar, glorificar. **A:** maldizer. 4 avaliar, estimar, apreciar. **Ex:** Louvar bens, heranças. *vpr* 5 gabar-se, vangloriar-se, fanfarronar.

louvor *sm* 1 elogio, exaltação, louvação. **A:** crítica. 2 aprovação, apoio, aplauso, louvação. **A:** desaprovação.

LP V. *long-play.*

lua *sf* 1 *Astr.* satélite. 2 *Astr.* crescente, meia-lua. 3 mês (lunar). 4 mau humor, neurastenia, irritação. 5 *Pop.* cio, estro. **Ex:** A lua da gata. 6 *Pop.* menstruação, mênstruo, regras *pl.*

lubricidade *sf Fig.* lascívia, luxúria, libidinagem, sensualidade. **A:** castidade.

lúbrico *adj* 1 escorregadio, resvaladiço, liso. 2 *Fig.* lascivo, luxurioso, libidinoso. **A:** casto.

lubrificar *vtd* 1 *Mec.* engraxar. 2 azeitar, untar, olear.

lucarna V. lucerna.

lucerna *sf* 1 *Arquit.* clarabóia, lanterna, lucarna. 2 *Arquit.* água-furtada, trapeira, mansarda, lucarna.

lucidez *sf* 1 brilho, resplendor, resplandecência. **A:** obscuridade. 2 transparência, limpidez. **A:** opacidade. 3 esperteza, sagacidade, perspicácia. **A:** caduquice.

lúcido *adj* 1 brilhante, resplandecente, reluzente. **A:** obscuro. 2 transparente, límpido, translúcido. **A:** opaco. 3 esperto, sagaz, perspicaz. **Ex:** Vovô está lúcido, apesar da idade. **A:** caduco.

lúcifer *sm* diabo, demônio, satanás, belzebu.

lucilação *sf* brilho, cintilação, resplendor, fulgor.

lucilar *vi* luzir, brilhar, cintilar, reluzir.

lucrar *vtd, vti+vi* **1** ganhar. **Ex:** Lucrei muito dinheiro; papai lucrou com aquele negócio; os comerciantes só querem lucrar. **A:** perder. *vtd* **2** conseguir, alcançar, lograr. **3** desfrutar, gozar, usufruir.

lucrativo *adj* rendoso, vantajoso, proveitoso, útil. **A:** prejudicial.

lucro *sm* **1** *Com.* ganho, rendimento, produto; *DIÁRIO* féria; *EXAGERADO* ágio, usura, ganância. **2** *Por ext.* proveito, vantagem, interesse. **Ex:** Quando ele faz algum favor para mim, está pensando em lucros futuros. **A:** prejuízo (nas duas acepções).

lucubração *sf* **1** trabalho intelectual noturno: vigília, elucubração. **2** reflexão, meditação, elucubração.

lucubrar *vti* **1** queimar as pestanas com, estudar muito. **Ex:** Ficar lucubrando num assunto. *vi* **2** trabalhar (à noite). **3** refletir, meditar, cogitar.

ludibriar *vtd* **1** enganar, iludir, tapear *pop.* **Ex:** O vendedor ludibriou os fregueses. *vti* **2** zombar, gozar, troçar de. **Ex:** Vive ludibriando do irmão mais novo.

ludíbrio *sm* **1** engano, ilusão, tapeação *pop.* **2** zombaria, gozação, troça.

lufa V. lufada e lufa-lufa.

lufada *sf* rajada de vento, lufa.

lufa-lufa *sf Pop.* labuta, lida, trabalho, luta, lufa. **Ex:** Estava cansado da lufa-lufa diária.

lugar *sm* **1** local, sítio, localidade. **2** espaço, vazio. **Ex:** Não temos lugar para esse móvel no quarto. **3** posição. **Ex:** O nosso time está em segundo lugar na competição. **4** emprego, posto, cargo. **Ex:** Há lugar para operários nesta fábrica. **5** posição social. **6** situação, condição. **Ex:** No seu lugar, eu não faria uma coisa dessas. **7** *EM VEÍCULO, TEATRO, CINEMA* assento, banco. **Ex:** Por favor, este lugar está ocupado? **8** povoado, povoação, vila.

lugar-comum *sm* chavão, clichê, chapa.

lugarejo *sm* aldeia, povoação, povoado, vila.

lúgubre *adj m+f* **1** fúnebre, funerário, funéreo. **2** triste, soturno, sombrio. **A:** alegre. **3** tétrico, sinistro, pavoroso. **Ex:** Os subterrâneos lúgubres do castelo.

lumaréu *sm* **1** chama, lume, luz (intensa). **2** V. lume.

lumbricida *sm Farm.* lombrigueiro, vermífugo, vermicida.

lume *sm* **1** fogo. **Ex:** Fez lume e acendeu a lamparina. **2** fogueira, fogaréu, lumaréu. **3** luz, clarão, lampejo. **4** vela, círio. **5** *Fig.* esperteza, inteligência, sutileza. **A:** estupidez. *sm pl* **6** *Poét.* olhos, janelas *pop*, luzeiros.

luminar *sm* **1** *Poét.* astro, corpo celeste. **2** *Fig.* sábio, gênio, inteligência. **Ex:** Ele é um dos luminares de nosso século.

luminária *sf* **1** lamparina. **2** luz.

luminosidade *sf* luz, claridade, brilho, esplendor. **A:** escuridão.

luminoso *sm* **1** anúncio luminoso. **Ex:** Os luminosos da cidade grande fascinavam os visitantes. *adj* **2** brilhante, reluzente, cintilante. **A:** obscuro. **3** iluminado, claro, alumiado. **A:** escuro. **4** *CÉU* claro, límpido, aberto. **A:** nublado.

lunático *sm+adj* maníaco, maluco, doido, louco. **A:** sensato.

lupanar *sm* prostíbulo, bordel, puteiro *vulg.*

lúrido *adj* **1** pálido, lívido, esquálido. **A:** corado. **2** sombrio, tenebroso, escuro. **A:** claro.

lusco-fusco *sm* **1** anoitecer, ocaso, pôr-do-sol. **2** alvorecer, amanhecer, aurora.

lusíada V. lusitano.

lusismo V. lusitanismo.

lusitanismo *sm Ling.* portuguesismo, lusismo.

lusitano *sm+adj* de Portugal (Europa): português, luso, lusíada.

luso V. lusitano.

lustrar *vtd* **1** polir, brunir, envernizar; *SAPATOS* engraxar. **A:** embaciar. **2** purificar, depurar, limpar. **3** ilustrar, instruir, esclarecer. *vi* **4** brilhar, luzir, reluzir.

lustre *sm* **1** lustro, polimento, brilho. **2** candelabro, lampadário, serpentina. **3** *Fig.* brilhantismo, expressividade, brilho. **A:** inexpressividade. **4** *Fig.* fama, glória, renome. **A:** obscuridade.

lustro *sm* **1** qüinqüênio. **2** V. lustre.

lustroso *adj* **1** brilhante, luzidio, reluzente, luzido. **A:** fosco. **2** *Fig.* ilustre, famoso, renomado. **A:** obscuro.

luta *sf* **1** combate, duelo, peleja. **2** *Mil.* batalha, combate. **3** conflito, desacordo, divergência. **Ex:** Luta de gerações. **A:** acordo. **4** *Esp.* luta livre. **5** esforço, empenho, batalha. **Ex:** A luta pelo reconhecimento de seu trabalho deu bons resultados. **6** labuta, lida, trabalho.

lutar *vti+vi* **1** combater, batalhar, pelejar. **Ex:** Os soldados lutaram pela libertação da cidade; os inimigos ainda lutam. **2** esforçar-se, labutar, batalhar. **Ex:** Luta por um cargo melhor na companhia. *vti* **3** enfrentar, resistir a, encarar. **Ex:** Lutava com dificuldades inimagináveis.

luteranismo *sm Rel.* protestantismo.

luterano *sm+adj Rel.* protestante.

luto *sm* **1** dor, pesar, tristeza. **Ex:** Luto pela morte de alguém, por uma calamidade. **A:** alegria. **2** *Fig.* morte.

lutuoso *adj Fig.* fúnebre, triste, lúgubre, sombrio. **A:** festivo.

luvas *sf pl* gratificação *sing*, prêmio *sing*, recompensa *sing*, remuneração *sing*.

luxar *vtd* **1** *Med.* deslocar, torcer, desconjuntar. **Ex:** Luxar o pé. *vi* **2** exibir luxo: ostentar-se, pompear, garrir. **Ex:** Não tem um tostão no bolso, mas vive luxando.

luxento *adj* **1** afetado, lorde *pop.* **Ex:** Não gosto de receber visitantes luxentos. **2** cerimonioso, respeitoso, formal. **Ex:** Tratamento luxento. **A:** simples (nas duas acepções).

luxo *sm* **1** ostentação, pompa, aparato. **A:** singeleza. **2** *Fig.* afetação, cerimônia, melindre. **Ex:** Deixe de luxo e venha me visitar.

luxuoso *adj* ostentoso, pomposo, aparatoso, esplêndido. **A:** singelo.

luxúria *sf* **1** *DOS VEGETAIS* viço, vigor, exuberância. **2** *MORAL* lascívia, sensualidade, devassidão. **A:** castidade.

luxuriante V. luxurioso.

luxuriar *vi VEGETAÇÃO* vicejar, viçar, florescer.

luxurioso *adj* **1** *VEGETAÇÃO* viçoso, luxuriante, vicejante. **2** *MORALMENTE* lascivo, sensual, devasso. **A:** casto.

luz *sf* **1** claridade, luminosidade, iluminação. **A:** escuridão. **2** brilho, clarão, fulgor. **3** *Fig.* esclarecimento, explicação, ilustração. **Ex:** O professor trouxe luz à nossa discussão. **4** *Fig.* cultura, saber, erudição. **Ex:** Fulano tem muita luz. **A:** ignorância. *sf pl* **5** progresso *sing*, desenvolvimento *sing*. **Ex:** O século das luzes.

luzeiro *sm* **1** facho, tocha, archote. **2** estrela, astro. **Ex:** O céu encheu-se de luzeiros. *sm pl* **3** olhos, lumes *poét*, janelas *pop.*

luze-luze *sm Pop.* pirilampo, vagalume, caga-lume, caga-fogo.

luzerna *sf* clarão, fulgor, lampejo, cintilação.

luzidio V. lustroso.

luzido *adj* **1** vistoso, pomposo, luxuoso. **A:** modesto. **2** V. lustroso.

luziluzir *vi* tremeluzir, bruxulear, cintilar, tremular.

luzimento *sm* **1** brilho, clarão, lampejo. **2** pompa, gala, ostentação. **A:** simplicidade.

luzir *vtd* **1** irradiar, difundir, lançar. **Ex:** O farol luzia um clarão que nos cegava. *vi* **2** brilhar, cintilar, reluzir.

M

maca sf 1 padiola. 2 *Náut.* cama de lona.

maça sf clava.

macabro adj tétrico, sinistro, fúnebre, lúgubre. A: alegre.

macaca sf *Pop.* azar, peso, urucubaca *pop*, caiporismo. A: sorte.

macacada sf 1 macaquice. Ex: Fazer macacadas. 2 *Pop.* turma, pessoal, galera *gír.*

macacal V. macaco.

macaco sm 1 *Zool.* símio, mono, bugio; *PEQUENO* mico, sagüi. 2 *MÁQUINA* bugio. 3 *Fig.* imitador. adj 4 simiesco, macacal, símio. 5 astuto, esperto, manhoso. A: ingênuo. 6 feio, desproporcional, disforme. A: bonito.

maçada sf 1 paulada, cacetada, bordoada. 2 chatice, amolação, aborrecimento. 3 surra, sova, esfrega.

maçador V. maçante.

macambúzio adj *Pop.* carrancudo, melancólico, triste, tristonho. A: alegre.

maçante adj m+f chato *pop*, enfadonho, aborrecido, cacete *gír.*, maçador. A: agradável.

mação V. maçom.

macaquear vtd imitar, arremedar, remedar.

macaquice V. macacada.

maçar vtd 1 pisar, calcar. 2 bater em, golpear. 3 aborrecer, chatear, entediar. A: divertir.

maçarico sm *Ornit.* batuíra.

maçaroca V. maço.

macarrônico adj irônico, satírico, sarcástico, burlesco.

macaxeira sf *Bot. N* e *NE* mandioca, aipim, *macaxera.*

macaxera (ê) V. macaxeira.

macela sf *Bot.* camomila, *marcela.*

macerar vtd 1 amassar, pisar, machucar. 2 *Fig.* torturar, atormentar, afligir.

macete sm *Gír.* truque, manha, artifício, artimanha. Ex: Ensinou-me todos os macetes da profissão.

macho sm 1 *Zool.* animal do sexo masculino. A: fêmea. 2 *Zool.* mulo, besta, burro. 3 homem. A: fêmea. 4 *Vulg.* amante, amásio, amigo. adj 5 masculino, viril, varonil. A: feminino. 6 forte, robusto, vigoroso. A: fraco.

machucado sm ferimento, machucão, machucadura, contusão.

machucadura V. machucado.

machucão V. machucado.

machucar vtd 1 esmagar, amassar, macerar. 2 amarrotar, amassar, amarfanhar. A: desamarrotar. 3 triturar, esmigalhar, esfarelar. vtd+vpr 4 ferir(-se), contundir(-se). 5 ofender(-se), magoar(-se), melindrar(-se).

maciço sm 1 bloco, massa compacta. adj 2 compacto, cheio, sólido. A: oco. 3 cerrado, espesso, denso. A: ralo. 4 *Fig.* firme, inabalável, imperturbável. Ex: Opinião maciça. A: abalável.

maciez sf 1 macieza, moleza. A: dureza. 2 lisura, macieza. A: aspereza. 3 suavidade, brandura, delicadeza, macieza. A: rudeza.

macieza V. maciez.

macilento adj 1 pálido, lívido, descorado. A: corado. 2 esquelético, raquítico, descarnado. A: gordo.

macio adj 1 mole, fofo, balofo. Ex: Travesseiro macio. A: duro. 2 liso, plano. A: áspero. 3 suave, brando, delicado. A: rude.

maciota sf 1 descanso, repouso, folga. 2 lábia, manha, astúcia. * Na maciota: calmamente, tranqüilamente, sossegadamente.

maço sm feixe, molho, porção, maçaroca.

maçom sm membro da maçonaria: pedreiro-livre, *mação.*

maconha *sf* haxixe, fumo *gír*, erva *gír*, diamba.

má-criação *sf* grosseria, indelicadeza, descortesia, estupidez. A: gentileza.

macróbio *adj* 1 longevo. 2 idoso, velho, ancião. A: jovem.

macrocosmo *sm Filos.* universo, cosmos. A: microcosmo.

maçudo *adj* compacto, denso, espesso, cerrado. A: ralo.

mácula *sf* 1 mancha, nódoa, laivo. 2 *Fig.* desonra, descrédito, vergonha. A: honra. 3 *Fig.* estigma, ferrete, labéu. **Ex:** Vive sob a mácula de incompetente.

macular *vtd+vpr* 1 manchar(-se), sujar(-se), enodoar(-se). A: limpar(-se). 2 *Fig.* desonrar(-se), degradar(-se), desprestigiar(-se). A: honrar(-se).

macumba *sf* bruxaria, feitiçaria, malefício, mandinga.

madama *sf* 1 senhora, dama, madame. 2 *Pop.* esposa, mulher, cônjuge, madame. 3 *Vulg.* prostituta, meretriz, rameira, madame.

madame V. madama.

madeira *sf* 1 madeiro, lenho. 2 pau, cacete, porrete. 3 *Por ext.* árvore.

madeirar *vtd* emadeirar, amadeirar.

madeiro *sm* 1 V. madeira. 2 cruz.

madeixa *sf* 1 meada. 2 *DOS CABELOS* mecha, melena, grenha.

madorna (ó) V. modorra.

madorra (ô) V. modorra.

madrasta *adj f Fig.* má, ingrata, cruel, malvada. **Ex:** Sorte madrasta. A: bondosa.

madre *sf* 1 *Ecles.* freira, irmã, sóror. 2 *Ecles.* madre superiora, superiora, priora. 3 *Ant.* mãe, genitora. **Ex:** Madre de Deus. 4 *Anat.* útero, matriz *pop*, ventre *pop*.

madrepérola *sf* nácar.

madrinha *sf Por ext.* protetora, defensora.

madrugada *sf* 1 aurora, alvorada, alvorecer. 2 manhã. **Ex:** Cheguei em casa às três da madrugada.

madrugar *vi* 1 matinar. **Ex:** Dorme cedo e madruga para trabalhar. 2 antecipar-se, preceder, anteceder. A: suceder.

madurar *vtd+vi* amadurecer(-se), maturar, sazonar, madurecer.

madurecer V. madurar.

madureza *sf* 1 maturação, amadurecimento, sazonamento. 2 *Fig.* perfeição, correção, maturidade. A: imperfeição. 3 *Fig.* prudência, sensatez, cautela. A: imprudência.

maduro *adj* 1 amadurecido, sazonado, maturado. A: verde. 2 *Fig.* experiente, perito, tarimbado. A: inexperiente. 3 *Fig.* prudente, sensato, cauteloso. A: imprudente. 4 *Fig.* velho, idoso, ancião. A: moço.

mãe *sf* 1 genitora, madre *ant.* 2 *Fig.* causa, origem, fonte *fig*.

mãe-d'água *sf Folc.* iara, uiara.

mãe-do-rio *sf Folc.* boiúna, cobra-grande.

maestria *sf* 1 sabedoria, erudição, saber, mestria. A: ignorância. 2 destreza, perícia, habilidade, mestria. A: imperícia.

maestro *sm* 1 *Mús.* regente. 2 *Mús.* compositor, músico.

má-fé *sf* dolo, traição, deslealdade, falsidade.

má-formação *sf* malformação, deformação, anomalia.

maga V. mágica.

magarefe *sm* açougueiro, carniceiro, carneador.

magazine *sm* 1 revista. 2 loja.

magenta *sm* 1 matéria corante: carmim. *sm+adj* 2 *COR* carmesim, carmim, rubro.

magia *sf* 1 bruxaria, feitiçaria, mágica. 2 *Fig.* encanto, fascínio, sedução, mágica *fig*.

magiar *s e adj m+f* húngaro, hungarês.

mágica *sf* 1 V. magia. 2 ilusionismo, prestidigitação. 3 maga, bruxa, feiticeira. 4 *Fig.* V. magia.

mágico *sm* 1 mago, bruxo, feiticeiro. 2 ilusionista, prestidigitador. *adj* 3 sobrenatural. 4 encantador, fascinante, sedutor. 5 maravilhoso, milagroso, extraordinário.

magistério *sm* 1 cargo ou função de professor: ensino, docência, professorado. 2 corpo docente, professorado, professores *pl*.

magistrado *sm* juiz, togado.

magistral *adj Fig.* perfeito, impecável, primoroso, exemplar. A: imperfeito.

magistralidade *sf Pej.* pedantismo, presunção, afetação, pernosticismo. A: modéstia.

magistratura *sf* 1 toga *fig*, beca *fig*. 2 magistrados *pl*, justiça.

magma *sm Geol.* lava.

magna-carta *sf* constituição, carta constitucional, carta magna.

magnanimidade *sf* **1** generosidade, liberalidade, prodigalidade. **A:** mesquinhez. **2** nobreza, grandeza, grandiosidade. **A:** vileza.

magnânimo *adj* **1** generoso, liberal, pródigo. **A:** mesquinho. **2** nobre, elevado, grandioso. **A:** vil.

magnata *sm* **1** pessoa importante: mandachuva, figurão, potentado, magnate. **2** milionário, ricaço, capitalista, magnate. **A:** pobretão.

magnate V. magnata.

magnético *adj Fig.* cativante, atraente, encantador, sedutor. **A:** repulsivo.

magnetismo *sm Fig.* atração, encanto, sedução, fascínio. **A:** repulsa.

magnetizar *vtd* **1** imantar, imanizar. **2** *Fig.* atrair, encantar, seduzir. **A:** repelir.

magneto *sm Fís.* ímã.

magnificência *sf* **1** grandiosidade, esplendor, grandeza. **A:** modéstia. **2** luxo, pompa, ostentação. **A:** simplicidade. **3** generosidade, liberalidade, prodigalidade. **A:** mesquinhez.

magnificente *adj m+f* **1** grandioso, esplêndido, grande. **A:** modesto. **2** luxuoso, pomposo, ostentoso, magnífico. **A:** simples. **3** generoso, liberal, pródigo, magnífico. **A:** mesquinho.

magnífico *adj* **1** excelente, ótimo, sublime. **A:** banal. **2** e **3** V. magnificente.

magnitude *sf* **1** grandeza, amplitude, vastidão. **A:** pequenez. **2** importância, relevância, seriedade. **A:** futilidade. **3** *Astr.* grandeza. **Ex:** Estrela de segunda magnitude.

magno *adj* **1** grande, amplo, vasto. **A:** pequeno. **2** importante, relevante, sério. **A:** fútil.

mago V. mágico.

mágoa *sf* pesar, tristeza, dor, desgosto. **A:** prazer.

magoar *vtd* **1** ferir, machucar, contundir. *vtd+vpr* **2** afligir(-se), angustiar(-se), agoniar(-se). **3** ofender(-se), ferir(-se), melindrar(-se).

magote *sm* **1** *DE PESSOAS* multidão, bando, massa. **2** *DE COISAS* monte, montão, batelada.

magrelo V. magricela.

magricela *s m+f* magrelo, palito *fig*, lingüiça *fig*, bacalhau *fig*. **A:** gordo.

magro *adj* **1** descarnado, seco, esquelético. **A:** gordo. **2** delgado, fino, afilado. **A:** gordo. **3** parco, escasso, insignificante. **Ex:** Magros recursos. **A:** significativo. **4** *TERRENO* improdutivo, estéril, árido. **A:** produtivo.

maior *s e adj m+f* **1** adulto. **Ex:** Você já é maior, pode cuidar de sua vida sozinho. *adj m+f* **2** mor. **A:** menor (nas duas acepções).

maioral *s m+f* **1** chefe, cabeça, líder. **2** *Polít.* chefão, caudilho, cacique.

maioria *sf* maior parte, maior número, generalidade, o mais. **A:** minoria.

maioridade *sf* estado de maior. **A:** minoridade.

mais *sm* **1** resto, restante. **2** maioria, maior parte, maior quantidade. **A:** menos. *adv* **3** além disso, também, ainda. **Ex:** O delinqüente repetiu a infração, e mais desrespeitou o guarda. **4** outra vez, outras vezes, de novo. **Ex:** Não fale mais uma coisa dessas. **5** antes, de preferência. **Ex:** Mais quero ser pobre e feliz do que rico e infeliz. **6** *COM NEGAÇÃO* já. **Ex:** Não estudo mais. **7** *COM NEGAÇÃO* nunca mais. **Ex:** Não venho mais aqui. *prep* **8** *Pop.* com, junto com, em companhia de. **Ex:** Eu mais as crianças. **Obs.:** Em outras acepções, *mais* não tem sinônimos, e seu antônimo é *menos*. **Ex:** Estudo mais do que ela; papai tem mais cabelo que vovô.

maitaca V. maritaca.

maiúsculo *adj* **1** **Ex:** Letra maiúscula. **2** *Fig.* grande, importante, superior. **Ex:** Políticos maiúsculos. **A:** minúsculo (nas duas acepções).

majestade *sf* **1** grandeza, excelência, elevação. **A:** baixeza. **2** imponência, solenidade, suntuosidade. **A:** simplicidade. **3** soberano, monarca, rei. **4** soberana, monarca, rainha.

majestático V. majestoso.

majestoso *adj* **1** grande, elevado, nobre. **A:** baixo. **2** imponente, solene, suntuoso. **A:** simples.

majorar *vtd* aumentar. **A:** minorar.

majoritário adj dominante, predominante, preponderante, prevalecente. **A:** minoritário.

mal sm **1** Ex: O mal nunca vence. **A:** bem. **2** desgraça, calamidade, infortúnio. **3** doença, moléstia, enfermidade. **4** dor, sofrimento, aflição. **5** dano, prejuízo, perda. **A:** lucro. adv **6** erradamente, incorretamente. Ex: Dançar mal. **A:** bem. **7** ilegalmente, injustamente. Ex: Agir mal. **8** apenas, a custo, com dificuldade. Ex: Mal consigo ver onde piso. **A:** facilmente. **9** cruelmente, desumanamente. Ex: Trata mal os filhos. **A:** bem. **10** pouco, insuficientemente. Ex: Comemos muito mal hoje. **A:** bem. **11** muito doente. Ex: Vovó está mal. **A:** saudável. conj **12** apenas, logo que, assim que. Ex: Mal saí de casa, começou a chover.

mala s m+f Gír. chato, importuno, sarna pop, pentelho vulg.

mal-agradecido adj ingrato, desconhecido. **A:** grato.

malaio sm+adj da Malásia (Ásia): malásio.

malandragem sf **1** vadiagem, vagabundagem, ociosidade, malandrice. **A:** trabalho. **2** velhacaria, patifaria, safadeza, malandrice. **3** quadrilha, corja, bando (de ladrões).

malandrar V. malandrear.

malandrear vi vadiar, vagabundear, mandriar, preguiçar, malandrar. **A:** trabalhar.

malandrice V. malandragem.

malandro sm+adj **1** vadio, vagabundo, preguiçoso. **A:** trabalhador. **2** velhaco, patife, safado. sm **3** ladrão, gatuno, larápio.

malária sf Med. maleita, impaludismo, sezão, batedeira pop.

mal-arranjado V. mal-arrumado.

mal-arrumado adj mal-arranjado, mal vestido. **A:** bem-apessoado.

malásio V. malaio.

malbaratar vtd desperdiçar, esbanjar, dissipar, desbaratar. **A:** poupar.

malcheiroso adj fétido, fedorento, fedido, catinguento. **A:** cheiroso.

malcriado sm **1** mal-educado, grosso, grosseirão. **A:** cavalheiro. adj **2** mal-educado, descortês, indelicado. **A:** gentil.

maldade sf **1** malvadeza, perversidade, crueldade. **A:** bondade. **2** V. malícia.

maldição sf **1** praga, imprecação, jura. **A:** bênção. **2** desgraça, calamidade, infortúnio.

maldiçoar V. maldizer.

maldito adj **1** amaldiçoado. **A:** bendito. **2** danoso, nocivo, prejudicial. **A:** benéfico. **3** cruel, perverso, desumano. **A:** humano.

maldizente s e adj m+f maledicente, difamador, má-língua. **A:** bendizente.

maldizer vtd **1** amaldiçoar, maldiçoar, praguejar contra. vti **2** lastimar-se, lamentar-se, queixar-se de. Ex: Maldisse do dia em que saiu de casa. **A:** bendizer (nas duas acepções).

maldoso adj **1** malvado, mau, perverso. **A:** bondoso. **2** V. malicioso.

malear vtd **1** laminar. **2** martelar, malhar, bater. **3** abrandar, suavizar, atenuar. **A:** exacerbar.

maleável adj m+f **1** dúctil, elástico, flexível. **A:** inflexível. **2** obediente, dócil, submisso. **A:** desobediente.

maledicência sf **1** QUALIDADE má-língua. **2** ATO difamação, calúnia, detração.

maledicente V. maldizente.

mal-educado V. malcriado.

maleficência sf maldade, malvadeza, perversidade. **A:** beneficência.

maleficiar vtd **1** prejudicar, lesar, arruinar. **A:** beneficiar. **2** enfeitiçar, encantar. Ex: A bruxa maleficiou a princesa.

malefício sm **1** prejuízo, dano, estrago. **A:** benefício. **2** feitiço, encantamento, bruxaria.

maléfico adj **1** mau, maligno, malévolo. **2** prejudicial, nocivo, danoso. **A:** benéfico (nas duas acepções).

maleita V. malária.

mal-encarado adj carrancudo, emburrado, amuado, aborrecido. **A:** risonho.

mal-entendido sm **1** equívoco, confusão, engano. **2** desentendimento, briga, desavença. **A:** entendimento.

mal-estar sm **1** indisposição, incômodo, achaque. **A:** bem-estar. **2** constrangimento, embaraço, acanhamento. **A:** desembaraço.

malevolência sf **1** maldade, malvadeza, perversidade. **2** aversão, inimizade, malquerença. **A:** benevolência (nas duas acepções).

malevolente *adj m+f* **1** mau, malvado, perverso. **2** inimigo, malquerente. **A:** benevolente (nas duas acepções).

malévolo *adj* **1** maldoso, malevolente, malvado. **2** maléfico, prejudicial, maligno. **A:** benévolo (nas duas acepções).

malfadar *vtd* desgraçar, infelicitar. **A:** felicitar.

malfazejo *adj* **1** malvado, perverso, mau. **2** prejudicial, maléfico, inútil. **A:** benfazejo (nas duas acepções).

malfeito *sm* **1** V. malfeitoria. **2** bruxaria, feitiço, encantamento. *adj* **3** imperfeito, defeituoso, incorreto. **A:** bem-feito. **4** imerecido, injusto, descabido. **A:** merecido.

malfeitor *sm* **1** bandido, criminoso, delinquente. *adj* **2** malvado, maldoso, perverso. **A:** benfeitor.

malfeitoria *sf* **1** malefício, prejuízo, mal, malfeito. **A:** benfeitoria. **2** crime, delito, transgressão.

malformação V. má-formação.

malgrado *sm* **1** mau grado, desprazer, desagrado. *prep* **2** apesar de, não obstante, a despeito de. **Ex:** Malgrado o cansaço, continuou a viagem.

malha *sf* **1** tecido de malha. **2** suéter, blusa (de malha). **3** mancha. **Ex:** Vaca branca com malhas pretas. **4** surra, sova, coça. **5** V. malhação.

malhação *sf* **1** malha, malhada, martelamento. **2** *Fig.* crítica, pichação. **A:** elogio.

malhada *sf* **1** V. malhação. **2** martelada. **3** cabana, tenda, barraca (de pastores). **4** curral, estacada. **5** oviário, rebanho (de ovelhas). **6** trama, intriga, enredo. **Ex:** Desvendou a malhada a tempo de safar-se.

malhar *vtd* **1** martelar, bater, malear. **2** *Fig.* zombar, gozar, caçoar de. **3** *Fig.* criticar, pichar, espinafrar *pop.* **A:** elogiar. *vtd+vti* **4** bater em, espancar, surrar.

malho *sm* **1** martelo. **2** matraca. **Ex:** O vendedor de biju chamava os fregueses tocando o malho.

mal-humorado 1 aborrecido, zangado, emburrado. **A:** bem-humorado. **2** adoentado, doentio, enfermiço. **A:** saudável.

malícia *sf* **1** maldade, perversidade, malvadeza. **A:** bondade. **2** maldade, mordacida-

de. **Ex:** Não vemos malícia em suas palavras. **3** brejeirice, marotagem, gaiatice. **4** astúcia, manha, esperteza. **A:** ingenuidade. **5** fingimento, falsidade, dissimulação. **A:** sinceridade.

malicioso *adj* **1** maldoso, perverso, malvado. **A:** bondoso. **2** mordaz, maldoso, ferino. **Ex:** Comentários maliciosos. **3** brejeiro, maroto, gaiato. **4** astuto, manhoso, esperto. **A:** ingênuo. **5** fingido, falso, dissimulado. **A:** sincero.

maligno *adj* **1** malvado, maldoso, malévolo. **2** nocivo, danoso, prejudicial. **A:** benigno (nas duas acepções).

má-língua V. maledicência e maldizente.

malmequer *sm Bot.* bem-me-quer, calêndula.

maloca *sf* **1** *Etnol.* choça, cabana, habitação (indígena). **2** *Etnol.* taba, aldeia, aldeamento (indígena). **3** casebre, tapera, mocambo. **A:** palacete.

malograr *vtd* **1** frustrar, estragar, furar *gír.* **Ex:** A falta de prática malogra sua ascensão profissional. *vpr* **2** fracassar, falhar, furar *gír.* **Ex:** Todas as nossas tentativas malograram. **A:** ter sucesso.

malogro *sm* fracasso, insucesso, fiasco, frustração. **A:** sucesso.

maloqueiro *sm* **1** *Por ext.* maltrapilho, esfarrapado, farrapo. **A:** janota. **2** *Por ext.* grosso, grosseirão, cavalgadura *fig.* **A:** cavalheiro.

malquerença *sf* aversão, inimizade, antipatia, malquerer, animosidade. **A:** benquerença.

malquerer *sm* **1** V. malquerença. *vtd* **2** detestar, odiar, abominar, execrar. **A:** bemquerer.

malquistar *vtd+vpr* indispor(-se), inimizar(-se), desavir(-se). **A:** conciliar(-se).

malquisto *part+adj* detestado, odiado, abominado, malvisto. **A:** benquisto.

malsão *adj* **1** doentio, adoentado, enfermiço. **A:** são. **2** insalubre, nocivo, mórbido. **A:** saudável. **3** maléfico, maligno, prejudicial. **A:** benéfico.

malsoante V. malsonante.

malsonante *adj m+f* desafinado, dissonante, discordante, malsoante. **A:** afinado.

malta *sf* corja, quadrilha, bando, súcia.

maltrapilho *sm* **1** esfarrapado, farrapo, pelintra. *adj* **2** esfarrapado, andrajoso, roto. **A:** janota (nas duas acepções).

maltratar *vtd* **1** judiar de, atormentar, insultar. **2** magoar, machucar, ofender. **3** espancar, bater em, surrar. **4** danificar, estragar, arruinar. **A:** consertar.

malucar *vti* **1** matutar, meditar, cismar. **Ex:** Fiquei malucando naquilo por vários dias. *vi* **2** dizer maluquices: delirar, desatinar, desvairar.

maluco *sm+adj* **1** louco, doido, alienado. **2** tolo, palerma, idiota. **A:** espertalhão. *adj* **3** desajuizado, imprudente, insensato. **A:** ajuizado.

maluqueira V. maluquice.

maluquice *sf* **1** loucura, doideira, insanidade, maluqueira. **A:** juízo. **2** tolice, idiotice, asneira, maluqueira. **Ex:** O que você fez foi maluquice. **A:** sensatez.

malvadez V. malvadeza.

malvadeza *sf* maldade, perversidade, crueldade, malvadez. **A:** bondade.

malvado *sm* **1** perverso, celerado. *adj* **2** mau, perverso, cruel, maldoso. **A:** bondoso.

malversar *vtd* dilapidar, esbanjar, desperdiçar, dissipar. **Ex:** Malversar o tesouro público.

malvisto *adj* **1** falado. **Ex:** Ficou malvisto no bairro. **2** malquisto, odiado, detestado. **A:** benquisto.

mama *sf* **1** *HUMANA* seio, peito, teta; *ANIMAL* úbere, teta, ubre. **2** amamentação, aleitamento, aleitação. **3** V. mamada.

mamã *sf* **1** *Inf.* mãe, mamãe. **2** ama-de-leite, ama, babá (que amamenta).

mamada *sf* mamadura, mama.

mamadura V. mamada.

mamangaba V. mamangava.

mamangava *sf* *Entom.* abelhão, mangangá, *mamangaba*.

mamão *sm* *Bot.* papaia.

mamar *vtd* **1** *LEITE* chuchar. **2** *QUALQUER COISA* chupar, sugar, chuchar. **Ex:** Mamar o cigarro. **3** extorquir, roubar, tomar. *vi* **4** lactar. **Ex:** O bebê está mamando. **5** *Gír.* embriagar-se, embebedar-se, alcoolizar-se.

mamado *part+adj* *Gír.* bêbado, embriagado, chumbado *pop*, ébrio. **A:** sóbrio.

mamata *sf* negociata, marmelada, ladroeira, ladroagem. **Ex:** O governador queria acabar com a mamata nos órgãos estaduais.

mambembe *adj* *m+f* ordinário, ruim, medíocre, inferior. **Ex:** Empresa mambembe. **A:** excepcional.

mamilo *sm* bico (do peito).

mamoeiro *sm* *Bot.* papaia.

mamona *sf* **1** *Bot. PLANTA* mamoneiro, carrapateira, rícino. **2** *Bot. SEMENTE* carrapato.

mamoneiro V. mamona.

mamparra *sf* **1** bando, corja, malta (de vadios). **2** preguiça, indolência, ócio. **A:** disposição. *sf pl* **3** evasivas, desculpas, pretextos.

mana *sf* *Fam.* irmã.

maná *sm* *Fig.* delícia, deleite, prazer, satisfação. **A:** desprazer.

manada *sf* *DE ANIMAIS GRANDES* gado, rebanho; *DE PORCOS* vara, bando.

manancial *sm* **1** nascente, fonte, mina. **2** *Fig.* fonte, origem, causa.

manar *vtd* **1** deitar, verter, jorrar. **Ex:** A bica manava águas medicinais. **2** *Fig.* criar, originar, produzir. *vti* **3** emanar, provir, vir de. **Ex:** Suas qualidades manam do espírito. *vti+vi* **4** fluir, correr, brotar.

mancada *sf* **1** erro, equívoco, lapso. **A:** acerto. **2** *Gír.* rata, gafe, fora. * Dar uma mancada: dar um fora, meter os pés pelas mãos.

mancar *vtd* **1** aleijar, estropiar, mutilar. *vi* **2** coxear, claudicar, manquejar. *vpr* **3** *Gír.* tocar-se, dar-se conta. **Ex:** Ela está incomodando, mas não se manca.

mancebia *sf* concubinato, amancebamento.

mancebo *sm* **1** *Des.* rapaz, moço, jovem. **A:** velho. **2** cabide (com muitos braços, para roupas).

mancha *sf* **1** nódoa, mácula, laivo. **2** *EM ANIMAIS* malha. **Ex:** Meu cachorro é branco com manchas escuras. **3** *Fig.* desonra, descrédito, mácula *fig*. **Ex:** Aqueles atos deixaram uma mancha em sua reputação.

manchar *vtd+vpr* **1** enodoar(-se), macular(-se), sujar(-se). **A:** limpar(-se). **2** *Fig.* desprestigiar(-se), degradar(-se), desonrar(-se). **A:** prestigiar(-se).

mancheia *sf* punhado, porção, mão-cheia, manípulo. * Às mancheias: à larga, em abundância. **A:** escassamente.

manco *sm+adj* **1** coxo, manquitola, capenga. *adj* **2** incompleto, defeituoso, imperfeito. **A:** completo. **3** ignorante, tapado, bronco. **A:** inteligente. **4** lento, vagaroso, lerdo. **A:** rápido.

mancomunação *sf* conchavo, conluio, conspiração, trama.

mancomunar *vtd* **1** conchavar, combinar, ajustar. *vpr* **2** conchavar-se, conluiar-se. **Ex:** Mancomunou-se com o amigo para dar um golpe no vizinho.

mandachuva *s m+f* **1** pessoa importante: figurão *fam*, potentado, magnata. **2** *Polít.* cacique, caudilho, chefão.

mandado *sm* **1** V. mando. **2** ordem. **Ex:** Mandado de prisão. **3** resolução, deliberação, despacho.

mandamento *sm* **1** V. mando. **2** preceito, regra, princípio, prescrição.

mandão *sm* prepotente, autoritário, déspota.

mandar *vtd* **1** ordenar, exigir, intimar. **Ex:** Mandou que fechassem a porta. **2** determinar, prescrever, decretar. **Ex:** A lei manda que seja condenado. *vtd+vti* **3** enviar, remeter, expedir. **Ex:** Mandar uma carta; mandei-lhe um pacote pelo correio. **4** arremessar, atirar, lançar. **Ex:** Os moleques mandavam-nos pedras. *vti+vi* **5** comandar, chefiar, governar. **Ex:** Você não manda em mim; aqui quem manda é ele. *vpr* **6** *Pop.* fugir, dar no pé *gír*, escapulir.

mandarim *sm* **1** alto funcionário. **Ex:** Os mandarins da China. **2** *Fig.* pessoa influente: mandachuva, figurão *fam*, magnata.

mandatário *sm* delegado, procurador, representante, deputado.

mandato *sm* **1** delegação, procuração, representação. **2** missão, tarefa, incumbência. **3** poderes *pl*. **Ex:** O mandato do prefeito termina este ano.

mandíbula *sf Anat.* e *Zool.* queixada, maxila inferior.

mandibular *adj m+f Anat.* e *Zool.* maxilar.

mandinga *sf* bruxaria, feitiçaria, feitiço, macumba.

mandingueiro *sm* bruxo, feiticeiro, mago, mágico.

mandioca *sf Bot.* aipim, macaxeira *n* e *ne.*

mando *sm* **1** ato ou efeito de mandar: mandamento, mandado, ordem. **2** poder de mandar: comando, direção, governo.

mandrião *sm+adj* vagabundo, preguiçoso, vadio, gandaieiro *pop.* **A:** trabalhador.

mandriar *vi* vagabundear, preguiçar, vadiar, gandaiar *pop.* **A:** trabalhar.

mandríce *sf* vagabundagem, preguiça, vadiagem, gandaia *pop.* **A:** trabalho.

manducar *vtd+vi* comer, mastigar, papar *inf.*

manear V. manejar.

maneável V. manejável.

maneio *sm* **1** e **2** V. manejo. **3** trabalho manual. **4** exercício, prática, atividade. **Ex:** O maneio da medicina. **5** ganho, lucro, proveito. **A:** prejuízo.

maneira *sf* **1** modo, jeito, forma. **Ex:** Há várias maneiras de conseguir um objetivo. **2** feitio, forma, formato. **Ex:** A maneira de um objeto. **3** *DE ARTISTA* estilo, gênero, modo. **4** costume, hábito, moda. **Ex:** Jantar à maneira americana. **5** circunstância, condição, situação. **Ex:** Em maneira nenhuma poderemos sair da sala. *sf pl* **6** modos, educação *sing*, boas maneiras. **A:** indelicadeza. * De maneira alguma: de jeito nenhum, absolutamente.

maneiro *adj* **1** V. manejável. **2** portátil, manual. **3** fácil, simples, leve. **Ex:** Trabalho maneiro. **4** ágil, ligeiro, rápido. **A:** lento.

maneiroso *adj* gentil, amável, delicado, educado. **A:** rude.

manejar *vtd* **1** manusear, manear. **Ex:** Manejar um aparelho. **2** manobrar, dirigir, manear. **Ex:** Manejar um automóvel. **3** *ARMAS BRANCAS* esgrimir, jogar. **Ex:** Manejar a espada. **4** administrar, dirigir, gerir. **Ex:** Manejar um negócio. **5** *ARTE, PROFISSÃO* exercer, desempenhar, praticar. **Ex:** Manejar a medicina.

manejável *adj m+f* **1** fácil de manejar: maneável, maneiro. **2** *MATERIAL* maleável, elástico, dúctil, manejável. **A:** inflexível. **3** *INDIVÍDUO* dócil, maleável, flexível, manejável. **A:** indócil.

manejo *sm* **1** manuseio, maneio. **2** administração, direção, gestão, maneio. **Ex:** O maneio da fazenda. *sm pl* **3** *Mil.* manobras, exercícios. **4** artimanhas, artifícios, ardis.

manequim *sm* **1** boneco. **2** *Fig.* fantoche, títere, autômato. **Ex:** Ela age como um manequim, não tem vontade própria. *s m+f* **3** modelo.

mangação *sf* zombaria, caçoada, gozação, deboche.

mangangá V. mamangava.

mangar *vti+vi* zombar, caçoar, gozar, debochar de.

manha *sf* **1** astúcia, esperteza, sagacidade. **A:** ingenuidade. **2** destreza, habilidade, perícia. **A:** imperícia. **3** dengo, birra, fricote *gír.* **Ex:** Essa criança é cheia de manhas. **4** ardil, tramóia, artimanha. **Ex:** Não se deixou enganar pelas manhas do inimigo.

manhã *sf* **1** amanhecer, alvorecer, aurora. **A:** anoitecer. **2** madrugada. **Ex:** Só voltou lá pelas quatro da manhã. **3** *Fig.* início, princípio, começo. **Ex:** A manhã de uma nova era. **A:** término.

manhoso *sm* **1** esperto, espertalhão, malandro. **A:** simplório. *adj* **2** esperto, ardiloso, astuto. **A:** ingênuo. **3** birrento, nervoso, irritadiço. **Ex:** Criança manhosa. **A:** calmo.

mania *sf* **1** esquisitice, extravagância, excentricidade. **Ex:** Pessoa cheia de manias. **2** paixão, adoração, fanatismo. **Ex:** Sua mania é colecionar selos. **A:** indiferença. **3** obsessão, fixação, idéia fixa. **Ex:** Mania de perseguição. **4** vício, vezo, mau hábito. **Ex:** Mania de beber.

maníaco *sm+adj* **1** louco, doido, maluco. *adj* **2** excêntrico, extravagante, esquisito. **3** fanático, doente *pop*, apaixonado. **Ex:** Maníaco por futebol. **A:** indiferente.

maniatar *vtd* **1** atar, amarrar, prender (as mãos). **2** algemar, agrilhoar, acorrentar. **3** *Fig.* constranger, coagir, forçar. **Obs.:** Nas três acepções, existe a variante *manietar*.

manicômio *sm* hospício, asilo (de loucos).

manicura V. manicure.

manicure *sf manicura*.

manietar V. maniatar.

manifestação *sf* **1** declaração, exposição, expressão. **2** revelação, exibição, mostra. **A:** ocultação. **3** sinal, indício, indicação.

manifestar *vtd* **1** declarar, expor, exprimir. **Ex:** Manifestou seu ponto de vista. *vtd+ vpr* **2** mostrar(-se), revelar(-se), patentear (-se). **Ex:** Seu desprezo manifesta-se em suas atitudes. **A:** ocultar(-se).

manifesto *sm* **1** programa, projeto. **Ex:** Manifesto literário; lemos o manifesto do partido e o apoiamos. *adj* **2** evidente, claro, notório, patente. **A:** obscuro.

manilha *sf* **1** bracelete, pulseira. **2** *DA CORRENTE* elo, anel, argola.

maninho *adj* **1** estéril, infértil, improdutivo. **A:** fértil. **2** silvestre, agreste, bravio. **Ex:** Frutas maninhas. **A:** cultivado.

manipular *vtd* **1** preparar, fazer. **Ex:** Manipular medicamentos. **2** inventar, forjar, engendrar. **Ex:** Manipular um plano.

manípulo *sm* mancheia, punhado, mãocheia, porção.

manivelar *vtd Fig.* esforçar-se, aplicar-se, agenciar, lutar por. **Ex:** Manivelar a vida.

manjar *sm* **1** iguaria, petisco, guloseima. **2** *Fig.* estímulo, incentivo, alimento *fig*. **Ex:** Isso é um manjar para o espírito. *vtd* **3** *Gír.* conhecer, entender de, saber. **Ex:** Ele manja inglês. **4** *Gír.* observar, vigiar, espreitar. **Ex:** Ficou ali sentado, só manjando os meninos. **5** *P. us.* comer.

mano *sm* **1** *Fam.* irmão. **2** *Fam.* amigo, colega, camarada. *adj* **3** íntimo, chegado, inseparável. **A:** afastado.

manobra *sf* **1** *Fig.* trama, artimanha, artifício. **Ex:** Suas manobras enganaram a todos. **2** prestidigitação, ilusionismo, mágica. *sf pl* **3** *Mil.* exercícios, manejos.

manobrar *vtd* **1** dirigir, governar, manejar. **Ex:** Manobrar o carro. **2** conduzir, dirigir, administrar. **Ex:** Manobrar a vida, uma firma.

manquejar *vi* mancar, coxear, claudicar, capengar, manquitolar.

manquitola *adj m+f* manco, coxo, claudicante, capenga.

manquitolar V. manquejar.

mansão *sf* **1** palácio, palacete, casarão. **Ex:** Os milionários moram em mansões. **A:** casebre. **2** casa, moradia, habitação.

mansarda *sf* 1 *Arquit.* água-furtada, trapeira, lucerna. 2 casebre, maloca, tapera. **A:** mansão.

mansidão *sf* 1 bondade, humanidade, brandura, mansuetude. **A:** maldade. 2 tranqüilidade, serenidade, sossego, mansuetude. **A:** agitação.

manso *adj* 1 bom, bondoso, humano. **A:** malvado. 2 *ANIMAL* dócil, domesticado, domado. **A:** bravo. 3 tranqüilo, sereno, sossegado. **A:** agitado.

mansuetude V. mansidão.

manta *sf* 1 cobertor, coberta, colcha. 2 *DE PEIXES EM GERAL* cardume, bando; *DE SARDINHAS* corso.

mantedor V. mantenedor.

manteiga *sf Fig.* adulação, bajulação, lisonja, badalação *gír.* **A:** crítica.

manteigoso *adj* gorduroso, gordurento, untuoso, manteiguento.

manteiguento V. manteigoso.

mantença V. mantimento e manutenção.

mantenedor *sm* 1 mantedor. **Ex:** Os mantenedores da fundação reuniram-se para discutir a falta de doações. 2 defensor, campeão, paladino, mantedor. **Ex:** O mantenedor da justiça.

manter *vtd+vpr* 1 sustentar(-se), alimentar(-se), nutrir(-se). **Ex:** A instituição mantém cinqüenta crianças carentes; perdido na selva, manteve-se apenas com frutas. *vtd* 2 conservar, guardar, preservar. **Ex:** Mantém no cofre todos os documentos. 3 defender, respeitar. **Ex:** Ela manteve a palavra, e cumpriu a promessa. *vpr* 4 permanecer, continuar, conservar-se. **Ex:** A situação do doente mantém-se estável.

mantilha *sf* véu.

mantimento *sm* 1 e 2 V. manutenção. 3 alimento, sustento, mantença. *sm pl* 4 víveres, alimentos, comida *sing.* **Ex:** Compramos mantimentos.

manto *sm* 1 capa. 2 *Fig.* disfarce, máscara *fig*, verniz *fig.* **Ex:** Sob um manto de bondade, escondia-se um ser cruel. 3 *Fig.* escuridão, trevas *pl*, caligem. **A:** luz.

mantô *sm* casaco, capote, sobretudo (usados pelas mulheres).

manual *sm* 1 compêndio, guia, tratado. **Ex:** Manual de gramática portuguesa. *adj m+f* 2 portátil, maneiro.

manufatura *sf* 1 indústria, fábrica. 2 produto, artigo, artefato, peça.

manufaturar *vtd* fabricar, fazer, montar, confeccionar.

manuseamento V. manuseio.

manusear *vtd* 1 manejar, manear. 2 *LIVRO* folhear, abrir. 3 amarrotar, amassar, amarfanhar. **A:** alisar.

manuseio *sm* manejo, maneio, manuseamento.

manutenção *sf* 1 ato ou efeito de manter(-se): conservação, preservação, mantimento, mantença. 2 custeio, mantimento, mantença, despesa (de conservação). **Ex:** Os sócios ajudam na manutenção do clube. 3 revisão. **Ex:** Os técnicos fizeram manutenção nas máquinas da fábrica.

mão *sf* 1 *DE AVES DE RAPINA* garra, unha. 2 *DE TINTA* demão. 3 *EM JOGO DE CARTAS* jogada, lance, lanço. 4 *DO TRÂNSITO* sentido, mão de direção. **Ex:** Rua de mão dupla. 5 *DE RELÓGIO* ponteiro, agulha, indicador. 6 punhado, porção, mancheia. 7 *Bot.* gavinha, elo. 8 *Fig.* auxílio, ajuda, assistência. **Ex:** Dê uma mão para o seu pai. 9 *Fig.* marca, estilo, dedo *fig.* **Ex:** Neste trabalho, notamos a mão do artista. 10 *Fig.* poder, comando, domínio. * Mão amiga *Fig.*: benfeitor, protetor.

mão-aberta *s m+f* 1 gastador, esbanjador, perdulário. 2 generoso, pródigo. **A:** avarento (nas duas acepções).

mão-cheia *sf* V. mancheia. * De mão-cheia *Fig.* excelente, ótimo, exímio. **Ex:** Vovó era uma cozinheira de mão-cheia.

mão-de-obra *sm* 1 execução, feitio, feitura. 2 custo, despesa (com a execução de uma obra). 3 operários *pl*, trabalhadores *pl*.

mão-de-vaca *s m+f Pop.* avarento, sovina, mesquinho, pão-duro *pop.* **A:** mão-aberta.

maometano *sm+adj Rel.* muçulmano.

maometismo *sm Rel.* islamismo, muçulmanismo, islã, crescente *fig.*

mão-pelada *sm Zool.* guaxinim.

mapa sm **1** carta. **Ex:** O mapa do Brasil; mapa celeste. **2** lista, relação, catálogo. **3** gráfico, esquema, quadro.

maqueta (ê) V. maquete.

maquete (é) sf miniatura, modelo reduzido, maqueta. **Ex:** O arquiteto fez a maquete da casa.

maquiagem sf maquilagem, pintura.

maquiar vtd+vpr **1** maquilar(-se), pintar(-se). vtd **2** Fig. disfarçar, encobrir, ocultar. **A:** revelar.

maquiavélico adj **1** maquiavelista. **2** Fig. astuto, malicioso, ardiloso. **Ex:** Plano maquiavélico. **A:** ingênuo.

maquiavelismo sm Fig. astúcia, malícia, truque, artimanha.

maquiavelista V. maquiavélico.

maquilagem V. maquiagem.

maquilar V. maquiar.

máquina sf **1** aparelho, instrumento, mecanismo, maquinismo. **2** motor, máquina motriz.

maquinação sf trama, conspiração, intriga, tramóia.

maquinal adj m+f automático, inconsciente, mecânico, involuntário. **Ex:** Gesto maquinal. **A:** consciente.

maquinar vtd+vti **1** tramar, conspirar, conjurar. **Ex:** Maquinou um engodo; maquinavam contra as instituições. vtd **2** planejar, projetar, idealizar. **Ex:** Maquinar um instrumento. **3** engendrar, forjar, inventar. **Ex:** Maquinar histórias.

maquinaria V. maquinário.

maquinário sm maquinaria, maquinismo, máquinas pl. **Ex:** O maquinário da fábrica.

maquinismo sm **1** mecanismo, peças pl. **Ex:** Consertaram o maquinismo do relógio. **2** V. maquinário. **3** V. máquina.

mar sm **1** oceano, águas pl, pélago. **2** Fig. imensidão, monte, enxurrada fig. **Ex:** Um mar de lágrimas.

marasmático adj Fig. **1** apático, indiferente, desinteressado. **A:** interessado. **2** Fig. estagnado, inativo, estacionário. **A:** progressivo.

marasmo sm **1** Med. astenia, fraqueza, atonia. **2** Fig. apatia, indiferença, desinteresse. **A:** interesse. **3** Fig. estagnação, imobilidade, inatividade. **Ex:** O marasmo da economia. **A:** progresso.

maratona sf Fig. esforço, empenho, atividade (intensa).

maravilha sf fenômeno, prodígio, milagre, portento. **Ex:** As maravilhas do Universo.

maravilhar vtd+vpr assombrar(-se), admirar(-se), deslumbrar(-se), pasmar(-se). **Ex:** Seus feitos maravilharam o mundo.

maravilhoso adj **1** assombroso, admirável, incrível, prodigioso. **A:** banal. **2** excelente, ótimo, sublime. **Ex:** Seu jantar estava maravilhoso. **A:** péssimo.

marca sf **1** carimbo, selo, timbre. **2** categoria, qualidade, espécie. **Ex:** A marca de um produto. **3** emblema, distintivo, sinal. **4** sinal, mossa, pisadura. **Ex:** A marca de um soco. **5** mancha fig, estigma fig, ferrete fig. **Ex:** A marca da violência. **6** nota, anotação, apontamento. **7** limite, fronteira, divisa. **8** cunho fig, sinal, distintivo. **Ex:** O filme tem a marca da criatividade do diretor. **9** DE MARCAR GADO ferrete, ferro.

marcante adj m+f notável, importante, ilustre. **Ex:** Fatos marcantes.

marcar vtd **1** assinalar, sinalar, assinar. **Ex:** Os estudantes marcavam as alternativas com um X. **2** PRAZO, TEMPO, LUGAR determinar, estipular, fixar. **3** indicar, apontar, mostrar. **Ex:** O placar marca 2 a 0 para nosso time. **4** machucar, ferir, contundir. **5** Esp. fazer. **Ex:** Marcar um ponto, um gol. **6** COM FERRETE assinalar, ferrar, ferretear. **Ex:** Marcar o gado.

marcela V. macela.

marcha sf **1** caminhada, jornada, percurso. **2** ritmo, andamento, curso. **Ex:** Nessa marcha, terminaremos logo. **3** progresso, desenvolvimento, evolução. **Ex:** A marcha de uma enfermidade. **4** Astr. movimento. * Marcha à ré Autom.: ré.

marchar vi **1** caminhar, andar, jornadear. **2** progredir, avançar, prosseguir. **A:** regredir.

marchetar vtd **1** Marc. embutir, tauxiar. **2** Fig. esmaltar, matizar, colorir. **3** Fig. realçar, destacar, salientar.

marcial adj m+f militar, bélico.

marco sm **1** baliza. **2** fronteira, divisa, limite.

maré *sf* **1** fluxo e refluxo (do mar). **2** *Fig.* oportunidade, ocasião, ensejo. **3** *Fig.* disposição, humor. **Ex:** Estar de boa maré. * Maré alta: V. maré-cheia.

mareante V. marinheiro.

marear *vtd* **1** *Náut.* pilotar, dirigir, manobrar. *vtd+vpr* **2** embaçar(-se), embaciar, empanar(-se). **A:** clarear(-se). *vi* **3** enjoar, nausear-se (no mar). **Ex:** Alguns passageiros do navio marearam.

maré-cheia *sf* preamar, maré alta, montante, influxo. **A:** maré baixa.

marejar *vtd* **1** verter, derramar, despejar. *vi* **2** jorrar, esguichar, espirrar. *vpr* **3** encher-se, cobrir-se (de lágrimas).

maresia *sf* **1** cheiro do mar. **2** agitação das ondas do mar: marulho.

margarida *sf* *SP* varredora de ruas.

margear *vtd* **1** marginar, ladear, flanquear. **Ex:** As carroças passaram, margeando o rio. **2** debruar, emoldurar, guarnecer. **Ex:** Canteiros de flores margeavam o nosso quintal.

margem *sf* **1** beira, borda, beirada; *DE RIO* beira, ribanceira, aba. **2** costa, litoral, beira-mar. **3** oportunidade, vez, ensejo. **Ex:** Sua distração dá margem a graves erros.

marginal *s m+f* delinqüente, bandido, criminoso.

marginar V. margear.

maricagem *sf* **1** afeminação, efeminação, frescura. **A:** virilidade. **2** covardia, medo, temor. **A:** coragem.

maricas *sm e adj, sing+pl* **1** fresco *vulg*, afeminado, efeminado, desmunhecado. **2** medroso, covarde, temeroso. **A:** valente.

maridal V. marital.

maridar *vtd* **1** casar, matrimoniar. **A:** divorciar. *vtd+vpr* **2** *Fig.* unir(-se), ligar(-se), enlaçar(-se). **A:** separar(-se). *vpr* **3** casar-se, desposar-se, matrimoniar-se. **A:** divorciar-se. **Obs.:** Nas acepções **1** e **3**, usa-se apenas com referência a uma mulher.

marido *sm* esposo, cônjuge, consorte.

marinha *sf* **1** náutica. **2** praia, beira-mar. * Marinha de guerra *Náut.*: frota.

marinhagem *sf* *Náut.* maruja, tripulação, equipagem.

marinheiro *sm* *Náut.* marujo, navegante, nauta, marítimo, mareante.

marinho V. marítimo.

marino V. marítimo.

mariola *sm* **1** canalha, patife, tratante. *adj m+f* **2** desonesto, safado, sacana. **A:** honesto.

mariolar *vi* vadiar, vagabundear, gandaiar *pop*, preguiçar. **A:** trabalhar.

marionete *sf* boneco, fantoche, títere, bonifrate.

mariposar *vi* esvoaçar, adejar, voejar.

mariscar *vtd* **1** apanhar, colher, recolher (mariscos). **2** procurar, catar, caçar. **Ex:** Mariscavam conchinhas na praia.

maritaca *sf* **1** *Ornit.* maitaca, baitaca. **2** *Fig.* tagarela, falador, papagaio *fig.*

marital *adj m+f* conjugal, matrimonial, nupcial, maridal.

marítimo *sm* **1** V. marinheiro. *adj* **2** marinho, marino. **A:** terrestre. **3** *DA MARINHA* naval, náutico.

marketing (ingl.: márquetin) *sm Econ.* mercadologia.

marmanjão V. marmanjo.

marmanjo *sm* **1** rapagão, marmanjão. **Ex:** Que vergonha, um marmanjo desses agindo como criança. **2** patife, safado, velhaco.

marmelada *sf* **1** *Gír.* combinação, acordo, trato. **Ex:** Houve marmelada no concurso. **2** negociata, ladroeira, mamata. **Ex:** Deve ser combatida a marmelada nas repartições públicas.

mármore *sm Fig.* insensibilidade, frieza, dureza, crueldade. **A:** sensibilidade.

marmorear V. marmorizar.

marmóreo *adj* **1** branco, alvo, níveo. **A:** negro. **2** *Fig.* duro, frio, insensível. **A:** sensível.

marmorizar *vtd* **1** transformar em mármore: marmorear. **2** *Fig.* branquear, embranquecer, alvejar. **A:** enegrecer.

marotagem *sf* **1** velhacaria, patifaria, safadeza, maroteira. **2** malícia, brejeirice, gaiatice, maroteira.

maroteira V. marotagem.

maroto *sm+adj* **1** velhaco, tratante, patife. *adj* **2** malicioso, brejeiro, gaiato. **3** sensual, lascivo, libertino. **A:** casto. **4** brincalhão, zombeteiro, gozador. **A:** sério.

marquise *sf Arquit.* coberta, alpendre.

marrão *sm* martelo, malho (grande, para quebrar pedras).

marrar *vtd* **1** chifrar, cornear, escornar. *vi* **2** martelar, bater (com o marrão).

marreta *sf* **1** marrão (pequeno, de cabo comprido). **2** porrete, cacete, bordão. *s m+f* **3** *Gír.* picareta, trapaceiro, vigarista, marreteiro. **Ex:** Comprou esse aparelho de um marreta, e ele não funciona.

marretar *vtd* **1** martelar, marrar (com marreta). **2** espancar, surrar, bater em. **3** *Fig.* fazer mal e às pressas: atamancar, atabalhoar.

marreteiro *sm* **1** *SP* camelô, ambulante. **2** V. marreta.

marrom *sm e adj m+f* castanho, pardo.

marruá *sm* **1** touro. **2** novilho, bezerro, vitelo. **3** *Fig.* calouro, novato, bicho *gír.* **A:** veterano.

martelar *vtd* **1** malhar, malear, bater. **2** *Fig.* importunar, perturbar, incomodar. **3** *Fig.* repetir, repisar, reiterar. **Ex:** Ficou martelando os verbos irregulares para aprendê-los. *vti+vi* **4** *Fig.* insistir, teimar, persistir em. **Ex:** Martelou tanto na viagem que os pais concordaram; quando quer alguma coisa, martela até nos convencer.

martinete *sm Ornit.* penacho, crista.

mártir *s m+f* **1** sacrificado, imolado. **2** *Fig.* sofredor, vítima *fig.* **Ex:** É um mártir da vida moderna.

martírio *sm* **1** sacrifício, suplício. **Ex:** O martírio dos cristãos no Império Romano. **2** sofrimento, tormento, tortura. **Ex:** Este trabalho é um martírio para mim. **A:** delícia.

martirizar *vtd* **1** sacrificar, supliciar. **Ex:** Muitos santos foram martirizados. *vtd+vpr* **2** atormentar(-se), torturar(-se), afligir(-se). **A:** deliciar(-se).

maruja V. marinhagem.

marujo *sm Náut.* marinheiro, navegante, marítimo, navegador.

marulhar *vi+vpr* agitar-se, encrespar-se, levantar-se, encapelar-se. **Ex:** Atravessávamos uma tempestade, e o oceano marulhava. **A:** abonançar-se.

marulho *sm* **1** agitação das ondas do mar: maresia. **2** enjôo (do mar). **3** *Fig.* confusão, tumulto, agitação. **A:** ordem.

mas *conj coord* **1** porém, contudo, entretanto. *sm* **2** dificuldade, obstáculo, empecilho. **Ex:** Há sempre um mas em nossas vidas. **2** senão, defeito, problema. **Ex:** Fora um pequeno mas, seu trabalho é excelente.

mascar *vtd* **1** mastigar. **Ex:** Mascar chiclete. **2** ruminar, remoer, remascar. **Ex:** As vacas mascam sua comida. **3** resmungar, rezingar. **Ex:** Mascou umas palavras incompreensíveis e saiu.

máscara *sf* **1** disfarce. **2** *Fig.* fachada, casca *fig,* aparência. **A:** interior. **3** *Fig.* fingimento, falsidade, hipocrisia. **A:** sinceridade.

mascarar *vtd+vpr* **1** disfarçar(-se). *vtd* **2** *Fig.* dissimular, fingir. **3** *Fig.* encobrir, ocultar, esconder. **A:** revelar.

mascarra *sf* **1** mancha, sujeira, nódoa. **Ex:** Mascarra de tinta, de carvão. **2** *Fig.* estigma, mancha, mácula. **Ex:** Sofre com a mascarra de traidor.

mascarrar *vtd* **1** manchar, sujar, emporcalhar. **A:** limpar. **2** *Fig.* escrever mal: escrevinhar, rabiscar. **3** *Fig.* pintar mal: borrar.

mascavado V. mascavo.

mascavar *vtd Fig.* adulterar, falsificar, alterar, contrafazer.

mascavo *adj AÇÚCAR* mascavado.

masculino *adj* **1** macho, viril, varonil, másculo. **A:** feminino. **2** *Fig.* forte, vigoroso, enérgico, másculo. **A:** fraco.

másculo V. masculino.

masmorra *sf* calabouço, cárcere, prisão, calaboiço.

massa *sf* **1** pasta. **2** multidão, turma, povaréu. **3** maioria, totalidade, maior parte. **Ex:** A massa dos alunos passou de ano. **A:** minoria. **4** volume, extensão, tamanho. **Ex:** A massa das águas. **5** conjunto, grupo, aglomerado. **Ex:** A massa de montanhas. *sf pl* **6** povo *sing*, população *sing*.

massacrar *vtd* **1** chacinar, trucidar, assassinar. **2** *Fig.* dar um banho em. **Ex:** Nosso time massacrou o adversário.

massacre *sm* chacina, carnificina, matança, morticínio.

massificar *vtd* uniformizar, igualar, nivelar, padronizar.

massudo *adj* **1** volumoso, grande, corpulento. **A:** pequeno. **2** espesso, grosso, compacto. **A:** ralo.

mastigar *vtd* **1** triturar, moer, esmagar (com os dentes). **2** morder, abocanhar. **Ex:** O bebê mastigou a chupeta. **3** *Fig.* examinar, avaliar, pesar. **Ex:** Mastigar as alternativas antes de tomar uma decisão. **4** *PALAVRAS* repetir, reiterar, repisar.

mastim *sm* cão de guarda.

mastro *sm* **1** *Náut.* tronco, árvore. **2** *DA BANDEIRA* haste, pau.

mata *sf* floresta, selva, matagal, bosque.

mata-bicho *sm* **1** gole, trago, sorvo (de bebida alcoólica). **2** *Pop.* cachaça, pinga, caninha.

mata-borrão *sm gír.* beberrão, pinguço, cachaceiro, pau-d'água *pop.*

matado *part+adj* **1** malfeito, imperfeito, incorreto. **Ex:** Trabalho matado. **A:** benfeito. **2** ruim, inútil, imprestável. **Ex:** Ajuda matada. **A:** útil.

matadoiro V. matadouro.

matador *sm* assassino, homicida.

matadouro *sm* **1** abatedouro, açougue, *matadoiro.* **2** *Fig.* carnificina, massacre, chacina, *matadoiro.*

matagal *sm* mata, brenha, mataria.

matalotagem *sf* **1** farnel, provisões *pl*, merenda (para viagem). **2** *Fig.* misturada, miscelânea, mixórdia.

matança *sf* **1** *DE ANIMAIS* abate, corte, abatimento. **2** *Fig.* carnificina, morticínio, chacina.

mata-piolho *sm Pop.* polegar, dedo polegar, pólice.

matar *vtd* **1** assassinar, trucidar, exterminar. **2** destruir, aniquilar, acabar com. **3** *ANIMAIS* abater. **4** murchar, secar, mirrar. **Ex:** O calor matou as flores. **5** saciar, satisfazer. **Ex:** Matar a fome, a vontade. **6** *Pop.* resolver, solucionar, decifrar. **Ex:** Matar uma charada. **7** *Gír. AULA, TRABALHO* faltar a, enforcar *gír.* *vpr* **8** suicidar-se.

mataria V. matagal.

mate *sm* **1** xeque-mate. **Ex:** O jogador deu mate. **2** *Bot.* erva-mate. **3** chá-mate. *adj*

m+f, sing+pl **4** fosco, embaciado, baço. **A:** brilhante.

mateiro *sm* lenhador, lenheiro.

matemático *adj* exato, preciso, rigoroso, justo. **A:** inexato.

matéria *sf* **1** corpo, carne. **A:** espírito. **2** disciplina, ciência, doutrina. **Ex:** Minha matéria preferida é matemática. **3** assunto, objeto, argumento. **Ex:** A matéria de um texto.

material *sm* **1** equipamento, utensílios *pl*, apetrechos *pl.* **2** mobiliário, mobília, móveis *pl.* *adj m+f* **3** concreto, corpóreo, físico. **A:** espiritual. **4** objetivo, prático. **Ex:** Essas coisas não têm valor material. **A:** sentimental. **5** carnal, sensual, sexual. **Ex:** Relacionamento apenas material. **A:** espiritual.

materializar *vtd* tornar material: concretizar. **A:** espiritualizar.

maternal V. materno.

materno *adj* **1** maternal. **2** afetuoso, carinhoso, maternal. **A:** frio. **3** *IDIOMA* vernáculo, nacional. **A:** estrangeiro.

matilha *sf* **1** cachorrada, cainçada, cainçalha. **2** *Fig.* corja, quadrilha, bando.

matinada *sf* **1** madrugada, alvorada, alvorecer. **2** gritaria, algazarra, berreiro. **Ex:** Vovó reclamou da matinada das crianças.

matinal *adj m+f* matutino. **A:** vespertino.

matinar *vtd* **1** acordar, despertar, espertar. *vi* **2** madrugar. **Ex:** Matinar é um costume de quem mora na roça.

matinê *sf* vesperal. **Ex:** As crianças vão à matinê do cinema.

matiz *sm* nuança, nuance, gradação. **Ex:** Os tecidos tinham vários matizes de verde; não compreendia os diferentes matizes de palavras parecidas.

matizado *part+adj* multicolorido, multicor, variegado, diversicolor.

matizar *vtd+vpr* **1** esmaltar(-se), colorir (-se) (de diversas cores). **Ex:** As barracas de frutas matizavam a rua. *vtd* **2** graduar, variar, degradar (as cores). **3** *Fig.* enfeitar, adornar, ornamentar. **Ex:** Flores do campo matizavam seus cabelos.

mato *sm* mata, bosque, selva, floresta. * Ficar no mato sem cachorro: estar em apuros, estar numa sinuca.

matraca *sf* 1 malho. **Ex:** O sorveteiro passava, tocando sua matraca. 2 tagarela, falador, papagaio *fig.* 3 zombaria, gozação, chacota.

matracar *vtd* 1 importunar, amolar, encher. *vi* 2 teimar, insistir, persistir. 3 V. matraquear.

matraquear *vtd* 1 vaiar, apupar. **A:** ovacionar. *vi* 2 tagarelar, papaguear, papear, matracar.

matreiro *sm* 1 malandro, espertalhão, gavião *fig. adj* 2 malandro, astuto, esperto. **A:** simplório (nas duas acepções).

matrícula *sf* inscrição, registro.

matriculado *part+adj Fig.* experiente, perito, entendido, tarimbado. **A:** inexperiente.

matricular *vtd+vpr* inscrever(-se), registrar(-se). **Obs.:** Em escola, colégio, faculdade, curso.

matrimonial *adj m+f* conjugal, nupcial, marital, maridal.

matrimoniar *vtd* 1 casar. **A:** divorciar. *vpr* 2 casar-se, desposar-se, esposar-se. **A:** divorciar-se.

matrimônio *sm* casamento, núpcias *pl*, casório *pop*, enlace. **A:** divórcio.

matriz *sf* 1 molde, modelo, fôrma. 2 *Dir.* sede. **Ex:** A matriz de uma empresa. 3 igreja matriz. 4 *Pop.* útero, madre. 5 nascente, fonte, manancial. *adj m+f* 6 principal, central. **Ex:** Igreja matriz. **A:** secundário. 7 original, inicial, primitivo. **Ex:** A folha matriz e suas cópias. **A:** derivado.

matula *sf* 1 farnel, provisões *pl*, comida (para viagem). 2 corja, bando, malta.

maturado *part+adj* 1 maduro, amadurecido, sazonado. **A:** verde. 2 *Fig.* experiente, perito, tarimbado. **A:** inexperiente.

maturar *vtd, vi+vpr* amadurecer(-se), sazonar(-se); madurar, madurecer.

maturidade *sf* 1 idade madura. **A:** imaturidade. 2 *Fig.* prudência, sensatez, responsabilidade. **Ex:** Ele não tem maturidade suficiente para isso. **A:** imprudência. 3 *Fig.* perfeição, correção, excelência. **Ex:**

Seus trabalhos atingiram a maturidade artística. **A:** imperfeição.

matusalém *sm Fam.* ancião, velho. **A:** jovem.

matutar *vtd* 1 planejar, pretender, desejar. *vti* 2 meditar, cismar, pensar em. **Ex:** Matutar num assunto. *vi* 3 meditar, refletir, cogitar. **Ex:** Está lá no quarto, matutando há horas.

matutino *sm* 1 jornal matutino. *adj* 2 matinal. **A:** vespertino.

matuto *sm* caipira, sertanejo, caboclo, jeca.

mau *adj* 1 malvado, perverso, maldoso. **Ex:** Mulher má. 2 malfeito, imperfeito, defeituoso. **Ex:** Mau trabalho. 3 nocivo, prejudicial, danoso. **Ex:** Más condições de vida. 4 desvantajoso, prejudicial. **Ex:** Mau negócio. 5 infausto, funesto, sinistro. **Ex:** Más previsões. 6 desagradável, ruim. **Ex:** Maus momentos. 7 incompetente, inábil, incapaz. **Ex:** Um mau profissional. 8 indisciplinado, desobediente, rebelde. **Ex:** Mau menino. 9 descortês, grosseiro, indelicado. **Ex:** Má resposta. **A:** bom (em todas as acepções).

mau-caráter *s m+f* cafajeste, patife, canalha, velhaco.

mausoléu *sm* sepulcro, túmulo, tumba, sepultura (suntuosos).

maus-tratos *sm pl* malvadeza *sing*, crueldade *sing*, judiação *sing*, judiaria *sing*.

mavioso *adj* 1 harmonioso, suave, melodioso. **Ex:** Voz maviosa. **A:** desarmônico. 2 afetuoso, terno, carinhoso. **Ex:** Acolhida maviosa. **A:** frio.

máxi (cs) V. maxidesvalorização.

maxidesvalorização (cs) *sf Econ.* máxi. **A:** minidesvalorização.

maxila (cs) *sf Anat.* e *Zool.* queixada, mandíbula. **Obs.:** Sinônimos referem-se à maxila inferior.

maxilar (cs) *adj m+f Anat.* e *Zool.* mandibular.

máxima (ss) *sf* 1 conceito, princípio, axioma. **Ex:** As máximas de uma ciência. 2 provérbio, ditado, adágio.

máxime (ss) *adv* principalmente, especialmente, sobretudo, mormente.

máximo (ss) *sm* **1** auge, ápice, apogeu. **Ex:** Atingiu o máximo da fama. *adj* **2** supremo, sumo, excelso. **A:** mínimo. **3** absoluto, total, pleno. **Ex:** Demos atenção máxima ao seu problema. **A:** relativo.

mazela *sf* **1** ferida, chaga, úlcera. **2** *Fam.* doença, enfermidade, moléstia. **3** *Fig.* desonra, descrédito, mancha *fig.* **Ex:** Mazelas na reputação de alguém.

mazelar *vtd* **1** ferir, chagar, ulcerar. **2** *Fam.* aborrecer, importunar, molestar. **3** *Fig.* desonrar, desacreditar, macular *fig.* **A:** prestigiar.

meada *sf* **1** *Fig.* confusão, trapalhada, embrulhada *fam.* **2** *Fig.* intriga, fofoca *pop*, mexerico.

meado *sm* meio. **Ex:** Em meado de julho. **Obs.:** Também usado no *pl*: em meados do ano passado.

meandro *sm* **1** sinuosidade, curva, ziguezague. **Ex:** Os meandros do rio. **2** *DE PALAVRAS* rodeio, perífrase, circunlocução. **3** *Fig.* labirinto, complicação, enredo. **Ex:** Meter-se nos meandros da política.

meão *adj* **1** mediano, intermediário, médio. **Ex:** Ele não era magro nem gordo, tinha peso meão. **2** medíocre, ordinário, péssimo. **A:** excelente.

mear V. mediar.

meato *sm* **1** *Anat.* canal, ducto, conduto. **2** caminho, via, trilha.

mecânico *adj* *Fig.* automático, inconsciente, involuntário, maquinal. **A:** consciente.

mecanismo *sm* maquinismo, peças *pl*. **Ex:** O mecanismo dos aparelhos está quebrado.

mecha *sf* **1** pavio, torcida. **2** madeixa, melena, grenha.

medalha *sf* condecoração, insígnia, venera, galardão. **Ex:** O bravo soldado recebeu várias medalhas.

medalhão *sm* *Fig. Pop.* pessoa importante: figurão *fam*, mandachuva, magnata, mandarim.

média *sf* valor médio. * Fazer média *Fig.*: bajular, adular, elogiar. **A:** criticar.

mediação *sf* intervenção, intercessão, interferência, intermédio. **Ex:** O conflito na região foi resolvido graças à mediação das grandes potências mundiais.

mediador *sm* **1** intermediário, medianeiro. **2** juiz, árbitro.

medial *adj* *m+f* situado no meio: central, médio.

medianeiro V. mediador.

mediano *adj* **1** intermediário, médio, meão. **Ex:** Estatura mediana. **2** razoável, regular, sofrível. **3** medíocre, vulgar, ordinário. **A:** excepcional.

mediante *prep* por meio de, com auxílio de, por intervenção de.

mediar *vtd* **1** mear, dividir (ao meio). **2** intervir, interferir em.

mediato *adj* indireto. **A:** imediato.

medicação *sf* tratamento, terapia, terapêutica, cura.

medicamentar V. medicar.

medicamento *sm* remédio, preparado, droga; *CASEIRO* mezinha.

medicamentoso V. medicinal.

medição V. medida.

medicar *vtd* tratar de, cuidar de, curar, medicamentar.

medicativo V. medicinal.

medicina *sf* **1** alopatia. **2** homeopatia. **3** medicina natural. **4** *Fig.* auxílio, ajuda, socorro.

medicinal *adj* *m+f* **1** V. médico. **2** curativo, terapêutico, medicamentoso, medicativo. **Ex:** A planta tem propriedades medicinais.

médico *sm* **1** clínico, terapeuta, doutor *pop*. *adj* **2** relativo à medicina: medicinal. **Ex:** Ciência médica.

medida *sf* **1** grandeza, dimensão, tamanho. **2** medição, mensuração. **Ex:** Efetuar a medida do terreno. **3** providência, precaução. **Ex:** O governo tomou as medidas necessárias. **4** padrão, norma, modelo. **Ex:** Seguir algo como medida. **5** limite, termo, extremo. **Ex:** Passar das medidas.

medidor *sm* *SP* aparelho para contagem de água, eletricidade, gás: contador.

médio *sm* **1** dedo médio, pai-de-todos *pop*. *adj* **2** que está no meio: central, medial. **3** mediano, intermediário, meão. **Ex:** Ter peso médio.

medíocre *adj* **1** regular, razoável, mediano. **Ex:** Produto medíocre, nem bom nem mau. 2 vulgar, ordinário, péssimo. **Ex:** Seu trabalho foi considerado medíocre, e recusado. **A:** ótimo.

medir *vtd* 1 mensurar. **Ex:** O tapete mede um metro de comprimento. 2 avaliar, calcular, comensurar. **Ex:** Medir a altura. 3 considerar, ponderar, pesar. **Ex:** Medir as possibilidades. **A:** desconsiderar. 4 regular, ajustar, proporcionar. **Ex:** Mediram a recompensa pelas suas ações. *vpr* 5 combater, lutar, bater-se.

meditabundo *adj* 1 pensativo, concentrado, absorto, meditativo. 2 melancólico, tristonho, jururu. **A:** alegre.

meditação *sf* reflexão, estudo, consideração, ponderação.

meditar *vtd* 1 estudar, considerar, pensar em. **Ex:** Meditar uma questão. *vti* 2 planejar, ensaiar, projetar. **Ex:** Meditar sobre um plano. *vti+vi* 3 refletir, raciocinar, cogitar.

meditativo V. meditabundo.

medo *sm* 1 temor, pavor, terror. **Ex:** Ter medo de fantasmas. 2 receio, apreensão, temor. **Ex:** Tinha medo de ofendê-la. 3 temor, covardia, fraqueza. **A:** coragem.

medonho *adj* 1 assustador, pavoroso, horripilante. **Ex:** Fazia caretas medonhas para as crianças. **A:** encantador. 2 horroroso, disforme, horrível. **Ex:** Monstro medonho. **A:** lindo. 3 desgraçado, sinistro, funesto. **Ex:** A cigana fez previsões medonhas. **A:** propício.

medra V. medrança.

medrança *sf* 1 aumento, ampliação, desenvolvimento, medra. **A:** diminuição. 2 *DE VEGETAL* crescimento, desenvolvimento, florescimento, medra. **A:** definhamento. 3 progresso, desenvolvimento, avanço, medra. **A:** regressão.

medrar *vtd* 1 aumentar, ampliar, desenvolver. **A:** diminuir. *vi* 2 *VEGETAL* crescer, desenvolver-se, florescer. **A:** definhar. 3 crescer, aumentar, avolumar-se. **A:** diminuir. 4 progredir, prosperar, adiantar-se. **A:** regredir.

medroso *sm* 1 covarde, maricas. **A:** corajoso. *adj* 2 covarde, temeroso, frouxo. **A:** corajoso. 3 tímido, acanhado, encabulado. **A:** desembaraçado.

medula *sf* 1 *Anat. DE OSSOS* tutano, miolo. 2 *Anat. Impr.* medula espinhal. 3 *Fig.* essência, íntimo, âmago.

medular *adj m+f Fig.* essencial, fundamental, principal, indispensável. **A:** secundário.

medusa *sf* 1 *Zool.* água-viva. 2 *Fig.* V. megera.

mefítico *adj* fétido, podre, fedorento, pestilento. **A:** perfumado.

megafone *sm* porta-voz, megafono.

megafono V. megafone.

megera *sf* 1 *Fig.* mulher má: víbora, cascavel, jararaca *pop.* 2 *Fig.* mulher feia: bucho *gír*, canhão *gír*, bruxa, medusa *fig.* **A:** beldade.

meia-lua *sf* 1 *Astr.* crescente. 2 *Astr.* minguante. 3 semicírculo.

meia-luz *sf* penumbra.

meia-tinta *sf* 1 matiz, nuança, graduação (de cores). 2 *Fig.* fingimento, dissimulação, disfarce. **A:** franqueza.

meigo *adj* 1 carinhoso, terno, afetuoso. 2 amável, gentil, afável. 3 suave, brando, doce. **A:** rude (nas três acepções).

meiguice *sf* 1 carinho, ternura, afeto. 2 suavidade, brandura, doçura. **A:** rudeza (nas duas acepções).

meio *sm* 1 centro. **Ex:** Plantaram uma árvore no meio do jardim. 2 metade. **Ex:** Dividimos o doce pelo meio. 3 expediente, recurso, processo. **Ex:** Usou meios desonestos para progredir. 4 modo, maneira, jeito. **Ex:** Deve haver um meio de escapar. 5 *SOCIAL, PROFISSIONAL* ambiente, esfera, círculo. **Ex:** O meio que você freqüenta não é aconselhável para menores. *sm pl* 6 bens, posses, recursos (financeiros). *adj* 7 médio, intermédio, mediano. *adv* 8 um pouco, um tanto. **Ex:** Estava meio triste.

meio-dia *sm Geogr.* sul. **A:** norte.

meio-fio *sm* guia (da calçada).

meio-termo *sm Fig.* moderação, comedimento, sobriedade, modéstia. **A:** imoderação.

mel *sm Fig.* doçura, suavidade, brandura, meiguice. **Ex:** O mel de seus atos nos comove. **A:** rudeza.

melancolia *sf* tristeza, infelicidade, depressão, pesar. **A:** alegria. * Melancolia mórbida *Med.*: hipocondria.

melancólico *adj* tristonho, triste, deprimido, acabrunhado. **A:** alegre.

melar *vtd* 1 *Fig.* anular, invalidar, cancelar. **A:** validar. *vi* 2 *Fig.* falhar, fracassar, furar *gír.* **Ex:** Nosso plano melou.

melena *sf* madeixa, mecha, grenha.

melhor *adj m+f* 1 superior. *adv* 2 mais bem. **A:** pior (nas duas acepções). * Levar a melhor: vencer, triunfar, ganhar. **A:** levar a pior.

melhora *sf* 1 melhoria, melhoramento. **Ex:** A melhora das condições de vida. **A:** piora. 2 V. melhoria. 3 *DE DOENÇA* convalescença, recuperação, restabelecimento. **Ex:** O doente apresentou uma melhora considerável. **A:** piora. **Obs.:** Na acepção 3, usa-se também o *pl.* **Ex:** Estimar melhoras.

melhoramento *sm* 1 V. melhora. 2 benfeitoria, melhoria, melhora. **Ex:** Fez melhorias na fazenda. 3 progresso, adiantamento, desenvolvimento. **A:** atraso.

melhorar *vtd, vi+vpr* 1 tornar(-se) melhor. **Ex:** A situação melhorou muito desde o ano passado. **A:** piorar. *vtd* 2 aperfeiçoar, aprimorar, reformar. **Ex:** Melhorar um trabalho. 3 *DOENTE* curar, sarar. *vi* 4 convalescer, recuperar-se, restabelecer-se. 5 *TEMPO* serenar, amainar, abrandar.

melhoria *sf* 1 V. melhora. 2 V. melhoramento. 3 superioridade, vantagem, primazia. **A:** inferioridade.

meliante *s m+f* 1 malandro, vadio, vagabundo. **A:** trabalhador. 2 patife, safado, tratante. 3 libertino, devasso, pervertido. **A:** puro.

melífluo *adj* 1 *Fig.* suave, brando, doce. **Ex:** Modos melífluos. **A:** rude. 2 *Fig.* harmonioso, melodioso, melódico. **Ex:** Voz melíflua. **A:** inarmônico.

melindrar *vtd+vpr* ofender(-se), magoar(-se), escandalizar(-se), suscetibilizar(-se).

melindre *sm* 1 sensibilidade, suscetibilidade. **A:** insensibilidade. 2 delicadeza, amabilidade, gentileza. **A:** rudeza. 3 afetação, pedantismo, pretensão. **A:** naturalidade. 4

recato, vergonha, pudor. **A:** despudor. 5 escrúpulo, cuidado, meticulosidade. **A:** negligência.

melindroso *adj* 1 sensível, suscetível. **A:** insensível. 2 delicado, amável, gentil. **A:** rude. 3 afetado, pedante, pretensioso. **A:** natural. 4 escrupuloso, cuidadoso, meticuloso. **A:** negligente. 5 inocente, ingênuo, simples. **A:** malicioso. 6 delicado, frágil, fraco. **A:** forte. 7 embaraçoso, difícil, complicado. **Ex:** Situação melindrosa. **A:** fácil.

melodia *sf* 1 *Mús.* harmonia, consonância, concerto. **A:** desarmonia. 2 *Mús.* ária, cantiga, canção. 3 *Pop.* música. **Ex:** O conjunto tocava melodias folclóricas.

melódico V. melodioso.

melodioso *adj* harmonioso, suave, harmônico, melódico, doce. **A:** inarmônico.

meloso *adj* 1 *Fig.* doce, açucarado. **A:** azedo. 2 *Fig.* piegas, sentimental, patético. **Ex:** Filme meloso.

membrana *sf* 1 película. 2 pele, couro.

membro *sm* 1 componente, elemento, associado. **Ex:** Os membros da comissão. 2 pênis, falo, pinto *vulg.*

membrudo *adj* forte, robusto, vigoroso, musculoso. **A:** franzino.

memorando *sm* 1 aviso, comunicação, comunicado. **Ex:** Escrever um memorando. 2 livrinho de lembranças: memorial. 3 nota diplomática, memorial, memória. *adj* 4 V. memorável.

memorar *vtd* 1 recordar, lembrar, rememorar. **A:** esquecer. 2 comemorar, festejar, celebrar.

memorável *adj m+f* 1 inesquecível, memorial, memorando. 2 notável, célebre, memorial, memorando. **A:** insignificante.

memória *sf* 1 lembrança, recordação, reminiscência. 2 nota, anotação, apontamento. 3 V. memorando. 4 vestígio, indício, traço. *sf pl* 5 biografia *sing.*

memorial *sm* 1 petição, requerimento, pedido. 2 e 3 V. memorando. *adj m+f* 4 V. memorável.

memorizar *vtd* 1 decorar, fixar. **Ex:** Memorizar datas. 2 lembrar, recordar. **A:** esquecer (nas duas acepções).

mênade *sf* bacante, tíade, sacerdotisa (de Baco).

menção *sf* **1** citação, referência, alusão. **Ex:** Arrepia-se com a simples menção da palavra "rato". **2** nota, registro, atenção. **Ex:** Sua inteligência é digna de menção.

mencionar *vtd* **1** citar, referir, aludir a. **Ex:** A testemunha mencionou os nomes de todos os envolvidos no crime. **A:** omitir. **2** narrar, contar, expor. **Ex:** Mencionar um acontecimento.

mendacidade *sf* mentira, falsidade, fingimento, hipocrisia. **A:** sinceridade.

mendaz *adj m+f* mentiroso, falso, fingido, hipócrita. **A:** sincero.

mendicante V. mendigo.

mendigar *vtd+vi* **1** esmolar. **2** *Fig.* implorar, suplicar, rogar.

mendigo *sm* pedinte, mendicante, esmoleiro, esmoler *pop.*

menear *vtd+vpr* **1** balançar(-se), sacudir(-se), mexer(-se). **Ex:** Menear a cabeça. **2** requebrar(-se), rebolar(-se), saracotear(-se). *vtd* **3** *P. us.* manusear, manejar, manear. **Ex:** Menear um instrumento.

meneio *sm* **1** balanço, oscilação. **2** ginga, requebro, saracoteio. **3** gesto, movimento, aceno. **4** *Fig.* trama, tramóia, artimanha.

menestrel *sm* trovador, bardo.

menina *sf* garota, guria *pop*, criança. * Menina do olho *Anat.*: pupila. * Menina dos olhos *Fig.*: xodó, paixão.

meninada *sf* garotada, criançada, gurizada *pop*, garotagem.

meninice *sf* **1** infância, puerícia. **A:** velhice. **2** *ATO* criancice, infantilidade, criançada.

menino *sm* garoto, guri *pop*, fedelho, criança.

menor *s m+f* **1** menor de idade. **Ex:** Juizado de menores. **A:** maior. *sm pl* **2** descendentes, sucessores, netos. **A:** ascendentes. **3** detalhes, minúcias, pormenores. *adj m+f* **4** mais pequeno. **A:** maior. **5** inferior. **Ex:** Consideravam-no um artista menor. **A:** superior. **6** mínimo, ínfimo. **Ex:** Não tem o menor respeito pelos mais velhos.

menoridade *sf* estado de menor. **A:** maioridade.

menos *sm* **1** minoria, menor parte, menor quantidade. **Ex:** O menos dos homens preocupa-se com essas coisas. **A:** o mais.

prep **2** exceto, salvo, fora. **Ex:** Vieram todas, menos ela. **A:** inclusive. **Obs.:** Em outras acepções, *menos* não tem sinônimos, e seu antônimo é *mais*. **Ex:** Ele come menos do que eu e ainda assim é gordo; tenho menos interesse em política do que antes.

menoscabar V. menosprezar.

menoscabo V. menosprezo.

menosprezar *vtd* desprezar, desdenhar, depreciar, desmerecer, menoscabar. **A:** prezar.

menosprezo *sm* desprezo, desdém, descaso, menoscabo, desrespeito. **A:** consideração.

mensageiro *sm* emissário, enviado, delegado, porta-voz, arauto.

mensagem *sf* **1** comunicação, notícia, recado. **2** significado, pensamento, idéia. **Ex:** A mensagem de uma obra literária.

mensalidade *sf* mesada, parcela (mensal).

menstruação *sf* mênstruo, paquete, regras *pl*, mês, lua *pop.*

mênstruo V. menstruação.

mensuração *sf* medição, medida.

mensurar *vtd* **1** medir. **Ex:** O cabo mensura dez metros. **2** medir, calcular, avaliar. **Ex:** O balconista mensurou o comprimento do tecido.

menta *sf Bot.* hortelã.

mental *adj m+f* intelectual, cerebral, intelectivo. **A:** braçal.

mente *sf* **1** inteligência, entendimento, compreensão. **2** imaginação, fantasia. **Ex:** Mente fértil. **3** intenção, intuito, plano.

mentecapto *sm+adj* **1** louco, doido, maluco. **2** idiota, imbecil, tolo. **A:** esperto.

mentido *part+adj* **1** falso, fingido, hipócrita. **A:** sincero. **2** irreal, ilusório, enganoso. **A:** real.

mentir *vti+vi* dizer mentiras, enganar.

mentira *sf* **1** lorota, calúnia, falsidade. **A:** verdade. **2** farsa, embuste, trapaça. **3** erro, engano, ilusão. **4** ficção, história, fábula. **A:** realidade.

mentiroso *sm+adj* **1** loroteiro. **2** embusteiro, farsante, impostor. *adj* **3** enganador, aparente, ilusório. **4** falso, irreal, imaginário. **5** fingido, dissimulado, falso. **A:** verdadeiro (acepções 3 a 5).

mento *sm Anat.* queixo.

mentor *sm* professor, mestre, educador, orientador.

menu *sm* cardápio.

mequetrefe *sm+adj* **1** enxerido, abelhudo, xereta. **2** canalha, patife, safado.

mercadejar *vtd, vti+vi* comerciar, negociar, traficar, mercanciar, trafegar.

mercado *sm* **1** feira; *ORIENTAL* bazar. **2** centro de comércio: empório, entreposto. **Ex:** Os exploradores fundavam vilas, que depois transformavam-se em importantes mercados. **3** comércio, negócio, tráfico, mercancia. * Mercado aberto *Fin.*: open market, open.

mercadologia *sf Econ.* marketing.

mercador *sm* comerciante, negociante, mercante.

mercadoria *sf* produto, artigo, mercancia.

mercancia V. mercado e mercadoria.

mercanciar V. mercadejar.

mercantil *adj m+f* **1** comercial. **2** *Fig.* ambicioso, ganancioso, interesseiro. **A:** desapegado.

mercar *vtd* **1** comprar, adquirir (para vender). **A:** vender. **2** conseguir, alcançar, ganhar (com esforço, sacrifício).

mercê *sf* **1** remuneração, pagamento, paga. **2** graça, favor, gentileza. **3** tolerância, condescendência, clemência. **A:** intolerância. **4** perdão, indulto, indulgência. **5** capricho, vontade, arbítrio. **Ex:** Estar à mercê do vento.

mercearia *sf* **1** venda, armazém, empório. *sf pl* **2** mantimentos, alimentos, víveres, gêneros alimentícios.

mercenário *sm+adj* interesseiro. **A:** abnegado.

mercúrio *sm Quím.* azougue *pop.*

merda *sf* **1** *Vulg.* excremento, cocô *inf* e *pop*, titica *pop*. **2** *Vulg.* sujeira, imundice, porcaria. **A:** limpeza. **3** *Vulg.* coisa insignificante: titica *fig*, ninharia, mixaria. *s m+f* **4** *Vulg.* pessoa inútil: traste *pop*, imprestável, inútil.

merecedor *adj* digno. **Ex:** Alegação merecedora de crédito. **A:** indigno.

merecer *vtd* ser digno de. **A:** desmerecer.

merecido *adj* justo, devido, cabido. **A:** imerecido.

merecimento *sm* **1** mérito, importância, valor, valia. **A:** desmerecimento. **2** mérito, capacidade, aptidão, talento. **A:** incapacidade.

merencório *adj* melancólico, triste, tristonho, acabrunhado. **A:** alegre.

merenda *sf* **1** lanche. **2** *PARA VIAGEM* farnel, provisões *pl*, comida.

merendar *vtd+vi* lanchar.

merendeira *sf* **1** cozinheira (das escolas). **2** lancheira, merendeiro. **Ex:** As crianças traziam as merendeiras cheias.

merendeiro V. merendeira.

meretrício *sm* prostituição.

meretriz *sf* prostituta, rameira, mundana, puta *vulg.*

mergulhar *vtd, vi+vpr* **1** afundar, submergir, imergir. **A:** emergir. *vtd* **2** enfiar, entranhar, introduzir. **A:** tirar. *vpr* **3** entrar, penetrar, introduzir-se. **A:** sair.

mergulho *sm* imersão, submersão, afundamento. **A:** emersão.

meridional *adj m+f* austral, antártico. **A:** setentrional.

mérito V. merecimento.

mero *adj* **1** simples, puro. **Ex:** Mera coincidência. **2** comum, ordinário, vulgar. **Ex:** É um mero ajudante.

mês *sm Pop.* menstruação, incômodo, regras *pl*, mênstruo.

mesa *sf* **1** *Fig.* alimentação, sustento, alimento. **2** *Fig.* diretoria, direção. **3** *Fig.* conselho, junta, júri.

mesada *sf* mensalidade, parcela (mensal).

mesa-redonda *sf* debate, discussão. **Ex:** Os candidatos ao cargo de prefeito participarão de uma mesa-redonda.

mescla *sf* **1** mistura, combinação, amálgama. **2** grupo, agrupamento, conjunto. **3** *Fig.* falha, imperfeição, defeito. **A:** qualidade.

mesclar *vtd* **1** intercalar, entremear, interpor. *vtd+vpr* **2** misturar(-se), combinar (-se), juntar(-se). **A:** separar(-se).

meseta *sf Geogr.* planalto, altiplano, platô, planura (pequenos).

mesmice *sf* **1** monotonia, uniformidade, invariabilidade. **A:** variação. **2** estagnação, imobilidade, marasmo *fig.* **A:** progresso.

mesmo *sm* 1 mesma coisa. *adj* 2 igual, idêntico. **A:** diferente. 3 parecido, semelhante, similar. **A:** diferente. 4 próprio. **Ex:** Eu mesmo fiz aquilo. 5 inalterado, inalterável, constante. **Ex:** Estamos sempre na mesma situação. *adv* 6 até, ainda, também. **Ex:** Tratamos bem a todos, mesmo os desconhecidos. 7 exatamente, precisamente, rigorosamente. **Ex:** Partiremos agora mesmo. 8 realmente, verdadeiramente, deveras. **Ex:** Você quer mesmo sair? * Mesmo que: embora, ainda que, se bem que. **Ex:** Mesmo que não quisesse, precisava cumprir suas obrigações.

mesocarpo *sm Bot.* polpa.

mesquinharia V. mesquinhez.

mesquinhez *sf* 1 avareza, sovinice, pão-durismo *pop*, mesquinharia. **A:** generosidade. 2 baixeza, vileza, sordidez, mesquinharia. **Ex:** Não sabemos como foi capaz de tamanha mesquinhez. 3 insignificância, pequenez, mesquinharia. **A:** grandeza. 4 infelicidade, desventura, fatalidade. **A:** felicidade.

mesquinho *sm+adj* 1 avarento, sovina, pão-duro *pop*. **A:** pródigo. *adj* 2 baixo, vil, sórdido. **Ex:** Atitude mesquinha. **A:** nobre. 3 insignificante, pequeno, reduzido. **Ex:** Valores mesquinhos. **A:** grande. 4 pobre, miserável, indigente. **A:** rico.

messe (é) *sf* 1 *Agr.* seara madura. 2 *Agr.* colheita, apanha. 3 *Fig.* conquista, obtenção, conseguimento. **A:** perda. *sf pl* 4 *Agr.* cereais, searas.

mestiçagem *sf* miscigenação, cruzamento, mistura.

mestiço *sm* 1 *DE BRANCO E NEGRO* mulato, pardo, cabra; *DE ÍNDIO E BRANCO* caboclo; *DE ÍNDIO E NEGRO* cafuzo, caburé. *sm+adj* 2 *ANIMAL OU VEGETAL* híbrido.

mestre *sm* 1 professor, educador, instrutor. **A:** aluno. 2 chefe, guia, líder. 3 artífice, artesão, artista. *adj* 4 principal, básico, fundamental. **Ex:** O plano mestre será posto em prática antes dos outros. **A:** secundário.

mestre-cuca *sm Pop.* cozinheiro, cuca.

mestria V. maestria.

mesura *sf* reverência, cumprimento, cortesia, vênia.

mesurado *part+adj* 1 educado, cortês, gentil. **A:** grosso. 2 contido, moderado, comedido. **A:** descomedido.

mesurar *vtd* 1 cumprimentar, saudar, cortejar. *vpr* 2 conter-se, moderar-se, comedir-se. **A:** descomedir-se.

meta *sf* 1 *Fut.* gol, arco, cidadela. 2 *Esp.* alvo, baliza. 3 objetivo, fim, finalidade. **Ex:** Esse procedimento tem como meta a estabilização da economia. 4 limite, termo, fim. **A:** início.

metade *sf* meio. **Ex:** Na metade do dia; dividimos a maçã pela metade.

metafísico *adj* 1 transcendente. 2 *Fig.* obscuro, enigmático, nebuloso. **A:** claro.

metáfora *sf* alegoria, representação, símbolo, figura.

metafórico *adj* alegórico, representativo, simbólico, figurado.

metal *sm* 1 *Fig.* dinheiro, grana *gír*, gaita *gír*, cobre *pop*. 2 *DA VOZ* timbre, tom, sonoridade.

metamorfismo V. metamorfose.

metamorfose *sf* transformação, mudança, transmutação, transfiguração, metamorfismo.

metamorfosear *vtd+vpr* transformar(-se), transmutar(-se), converter(-se), transfigurar(-se).

metediço *adj* intrometido, bisbilhoteiro, enxerido, abelhudo.

metempsicose *sf Rel.* transmigração.

meteórico *adj Fig.* rápido, passageiro, efêmero. **Ex:** O artista teve uma ascensão meteórica ao estrelato e logo desapareceu. **A:** duradouro.

meteorito *sm Astr.* aerólito, estrela cadente.

meter *vtd* 1 introduzir, enfiar, inserir. 2 colocar, pôr. **A:** tirar. 3 causar, provocar, inspirar. **Ex:** Meter medo. *vti+vi* 4 *Pop.* fazer amor, transar *gír*, copular. *vpr* 5 entrar, penetrar, introduzir-se. **A:** sair. 6 esconder-se, ocultar-se, enfurnar-se. **Ex:** Onde você se meteu? **A:** mostrar-se. 7 intrometer-se, interferir, intervir. **Ex:** Meter-se na vida alheia. **8** intrometer-se com, provocar, mexer com. **Ex:** Não se meta com os mais fortes. **9** *RIO* desaguar, desembocar, lançar-se.

meticuloso *adj* minucioso, cuidadoso, escrupuloso, cauteloso. **Ex:** Análise meticulosa; funcionário meticuloso. **A:** negligente.

metido *sm+adj* enxerido, xereta, intrometido, abelhudo.

metódico *adj* **1** sistemático, organizado, ordenado. **Ex:** Trabalho metódico. **A:** desorganizado. **2** *INDIVÍDUO* meticuloso, cuidadoso, diligente. **Ex:** Estudante metódico. **A:** negligente.

metodizar *vtd* sistematizar, organizar, ordenar, regularizar. **A:** desorganizar.

método *sm* **1** maneira, modo, forma. **2** técnica, processo, procedimento. **Ex:** Método de estudo. **3** ordem, organização, arranjo. **A:** desordem.

metrificar *vtd* **1** pôr em verso: versificar, versejar. *vi* **2** fazer versos: poetar, trovar, versejar.

metro *sm* **1** unidade de comprimento. **2** fita métrica (de um metro). **3** régua (de um metro). **4** *DE POESIA, POEMA, ETC.* ritmo, cadência, andamento.

metrópole *sf* **1** cidade importante. **2** *Hist.* **Ex:** Os produtos das colônias eram levados para a metrópole. **A:** colônia. **3** centro, sede, núcleo. **Ex:** Atenas foi uma das metrópoles da civilização na Antigüidade. **4** centro de comércio: mercado, entreposto, empório.

meu *pron poss* **1** pertencente a mim. **2** caro, querido, prezado. **Ex:** Vem com o papai, filhinho meu. * Os meus: minha família, meus parentes, meus familiares.

mexer *vtd, vi+vpr* **1** mover(-se), movimentar(-se). **A:** parar. *vtd+vpr* **2** deslocar(-se), desviar(-se), afastar(-se). *vtd* **3** agitar, sacudir, balançar. **Ex:** Antes de usar, mexa bem o conteúdo do recipiente. *vtd+vti* **4** remexer, revolver, misturar. **Ex:** Mexeu os papéis (ou nos papéis) da escrivaninha e não encontrou o que desejava. *vti* **5** tocar, pegar, bulir em. **Ex:** Não mexa aí, menino! **6** zombar, caçoar, gozar de. **Ex:** Os outros meninos mexiam com ele por causa do seu peso. **7** intrometer-se com, provocar, me-

ter-se com. **Ex:** Mexeu com quem não devia, e deu-se mal. **8** *ASSUNTO* abordar, tratar de, falar de. **Ex:** Não mexo com temas que não conheço. *vi* **9** rebolar, requebrar, gingar.

mexerica *sf Bot.* tangerina, bergamota.

mexericar *vtd* **1** indispor, malquistar, enredar. **Ex:** Ela sempre mexericava os colegas de classe. **A:** conciliar. *vi* **2** fofocar *pop*, fuxicar, intrigar. *vpr* **3** revelar-se, mostrar-se, manifestar-se. **A:** ocultar-se.

mexerico *sm* fofoca *pop*, fuxico, intriga, bisbilhotice.

mexeriqueira *sf* **1** *Bot.* tangerineira. *sf+adj* **2** V. mexeriqueiro.

mexeriqueiro *sm+adj* fofoqueiro *pop*, fuxiqueiro, encrenqueiro *gír*, futriqueiro.

mexida *sf* **1** intriga, mexerico, fuxico. **2** salada, misturada, bagunça *gír*. **3** discórdia, desentendimento, desavença. **A:** concórdia.

mezinha *sf Pop.* remédio, medicamento, preparado (caseiros).

miada V. miado.

miadela V. miado.

miado *sm* miada, miadela, mio.

miasma *sm* fedor, fedentina, catinga, pestilência. **A:** perfume.

miasmático *adj* fétido, fedorento, pestilento, podre. **A:** perfumado.

micagem *sf* trejeito, careta, momice, visagem.

miçangas *sf pl* **1** contas, vidrilhos, avelórios. **2** miudezas, bugigangas, quinquilharias.

mico *sm Zool.* sagüi, macaco (pequeno).

micro V. mícron e microcomputador.

micróbio *sm Biol.* microrganismo, bactéria, germe, microorganismo.

microcéfalo *sm+adj Fig.* idiota, imbecil, tolo, palerma. **A:** esperto.

microcomputador *sm Inform.* micro.

microcosmo *sm Filos.* homem, ser humano. **A:** macrocosmo.

micrometro V. mícron.

mícron *sm* micro, micrometro.

microorganismo V. micróbio.

microrganismo V. micróbio.

microscópico *adj* minúsculo, mínimo, pequeníssimo. **A:** imenso.

migalha sf 1 pedacinho, fragmento, fanico. sf pl 2 sobras, restos, sobejos.

migrar vi AVE arribar.

milagre sm 1 Teol. graça. 2 maravilha, prodígio, fenômeno.

milagroso adj extraordinário, maravilhoso, espantoso, miraculoso, estupendo. A: banal.

milésima V. milésimo.

milésimo sm milésima. Ex: Um milímetro é um milésimo do metro.

milhal V. milharal.

milhão V. milhar.

milhar sm 1 DE COISAS PEQUENAS milheiro. Ex: Um milhar de frutas. 2 Fig. grande número: milhão. Ex: Fomos à repartição um milhar de vezes e nada conseguimos; os pássaros chegaram aos milhares.

milharada V. milharal.

milharal sm Agr. milhal, milharada.

milheiro V. milhar.

milícia sf 1 vida militar. 2 disciplina militar. 3 exército, tropa, hoste.

milionário sm 1 ricaço, grã-fino, bacana gír. A: pobretão. adj 2 ricaço, grã-fino. Ex: Clube milionário. A: pobre.

militante s e adj m+f 1 Polít. ativista. adj m+f 2 atuante, participante, ativo. Ex: Comunista militante.

militar sm 1 soldado, praça, guerreiro. adj m+f 2 marcial, bélico. 3 das Forças Armadas. Ex: Tribunal militar. A: civil. vti DOUTRINA professar, seguir, adotar; PARTIDO participar de, aderir a, seguir. vi 5 servir no exército.

mimado part+adj mimoso. Ex: Criança mimada.

mimar vtd 1 acariciar, afagar, mimosear, amimar. A: maltratar. 2 cativar, conquistar, atrair, amimar. A: afastar.

mímica sf 1 pantomima. 2 gesto, aceno, sinal.

mimo sm 1 carícia, afago, carinho. 2 presente, oferta, brinde. 3 primor, perfeição, maravilha. Ex: Esta jóia é um mimo. 4 cortesia, delicadeza, gentileza. A: grosseria.

mimosear vtd 1 V. mimar. vtd+vti 2 presentear, brindar, obsequiar. Ex: Mimoseou-o com uma corrente de ouro.

mimoso adj 1 delicado, sensível, suscetível. A: insensível. 2 meigo, terno, carinhoso. A: rude. 3 fino, excelente, primoroso. A: grosseiro.

mina sf 1 Min. veio, filão, jazida. Ex: Mina de prata. 2 nascente, fonte, manancial. 3 Pop. namorada, garota pop, pequena.

minadoiro V. minadouro.

minadouro sm olho-d'água, minadoiro.

minar vtd 1 cavar, escavar, perfurar. 2 arruinar, estragar, danificar. Ex: Os fatos minaram sua reputação. 3 afligir, atormentar, angustiar. vtd+vi 4 alastrar-se, propagar-se, disseminar-se. Ex: O incêndio minou a casa; o fogo minava rapidamente. vi 5 manar, brotar, fluir.

minaz adj m+f Poét. ameaçador, feroz, fero.

mindinho sm Pop. mínimo, dedo mínimo.

mineiro sm+adj de Minas Gerais: montanhês.

mineral adj m+f inorgânico, anorgânico. A: orgânico.

mingau sm papa.

míngua sf 1 carência, falta, escassez. A: abundância. 2 diminuição, decréscimo, declínio. A: aumento. 3 defeito, imperfeição, falha. A: qualidade. * À míngua: na miséria. Ex: Morrer à míngua.

minguado part+adj 1 diminuto, reduzido, pequeno. Ex: Bolo minguado. A: grande. 2 escasso, limitado, restrito. Ex: Os fazendeiros lamentaram a minguada produção agrícola daquele ano. A: abundante.

minguante sm Astr. quarto minguante, meia-lua.

minguar vtd+vi 1 diminuir, reduzir(-se), encolher(-se). A: aumentar. vi 2 escassear, faltar, rarear. A: abundar.

minhoca sf pl 1 Fig. crendices, superstições. 2 Fig. bobagens, besteiras, tolices. Ex: Cabeça cheia de minhocas.

míni V. minidesvalorização e minissaia.

minidesvalorização sf Econ. míni. A: maxidesvalorização.

minifúndio sm propriedade rural pequena. A: latifúndio.

minimizar vtd subestimar, desprezar, depreciar, menosprezar. Ex: Minimizou as habilidades do adversário e perdeu a competição. A: superestimar.

mínimo *sm* **1** dedo mínimo, mindinho *pop.* *adj* **2** menor. **A:** máximo.

minissaia *sf* míni.

ministério *sm* **1** gabinete, governo. **2** profissão, ocupação, ofício.

ministrante *s m+f* ajudante, auxiliar, assistente, servente.

ministrar *vtd* **1** dar, prestar, fornecer. **Ex:** Ministrar ajuda. **2** aplicar, administrar, receitar. **Ex:** Ministrar um medicamento. **3** *HONRA, SACRAMENTO* administrar, conferir. **Ex:** O sacerdote ministra a comunhão.

ministro *sm* **1** ministro de Estado. **2** *Rel.* pastor, sacerdote (protestante). **3** intermediário, mediador, medianeiro.

minorar *vtd* **1** diminuir, reduzir, abaixar. **Ex:** Minorar os preços. **A:** majorar. **2** atenuar, suavizar, abrandar. **Ex:** Minorar o sofrimento de alguém. **A:** agravar.

minorativo *sm* **1** *Med.* laxante, laxativo, purgante (brando). *adj* **2** *Med. PURGANTE* suave, brando, leve.

minoria *sf* menor parte, menor número. **A:** maioria.

minoritário *adj* perdedor, inferior. **Ex:** Partidos minoritários. **A:** majoritário.

minúcia *sf* **1** detalhe, pormenor, particularidade, minudência. **Ex:** Contou-nos a história, com todas as minúcias. **2** bagatela, insignificância, ninharia. **Ex:** Não dava atenção a minúcias.

minucioso *adj* **1** meticuloso, cuidadoso, escrupuloso. **Ex:** Pessoa minuciosa. **2** rigoroso, preciso, escrupuloso. **Ex:** Avaliação minuciosa. **3** detalhado, pormenorizado, particularizado. **Ex:** Narração minuciosa. **A:** genérico.

minudência V. minúcia.

minúsculo *adj* **1** Ex.: Letra minúscula. **A:** maiúsculo. **2** diminuto, miúdo, pequenino. **A:** grande. **3** *Fig.* insignificante, reles, à-toa. **A:** maiúsculo.

minuta *sf* rascunho, esboço, delineamento, borrão.

minuto *sm* **1** momento, instante, flagrante *pop.* *adj* **2** pequeno, diminuto, minguado. **A:** grande.

mio V. miado.

miolo *sm* **1** medula, tutano. **2** *Pop.* cérebro, massa encefálica. **3** *Fig.* juízo, razão, sensatez. **A:** insensatez. **4** *Fig.* íntimo, interior, âmago. **A:** exterior.

míope *adj m+f* **1** estúpido, imbecil, burro, obtuso. **A:** perspicaz.

miopia *sf* **1** *Med.* vista curta. **2** *Fig.* estupidez, imbecilidade, burrice. **A:** perspicácia.

mira *sf* **1** alvo, fito. **Ex:** Acertei bem na mira. **2** pontaria. **Ex:** Fez mira e atirou. **3** *Fig.* intuito, objetivo, intenção. **Ex:** Treinou com a mira de vencer.

mirabolante *adj m+f* **1** incrível, fantástico, surpreendente. **Ex:** Contou-nos aventuras mirabolantes. **2** *Pej.* espalhafatoso, vistoso, bombástico. **Ex:** A sala era decorada com enfeites mirabolantes. **A:** simples.

miraculoso V. milagroso.

miragem *sf* ilusão, alucinação, delírio.

mirante *sm* **1** observatório. **Ex:** Do mirante avistávamos quase toda a cidade. *sm pl* **2** *Pop.* olhos, janelas *pop*, lumes *poét*.

mirar *vtd* **1** *ARMA DE FOGO* apontar, visar, dirigir. **2** espreitar, observar, olhar. *vtd+vpr* **3** olhar(-se), fitar(-se), contemplar(-se). **Ex:** Mirar-se no espelho das águas. *vti* **4** aspirar a, objetivar, visar. **Ex:** Mirar a vitória. *vpr* **5** espelhar-se, rever-se. **Ex:** Mire-se no meu exemplo.

mirim *adj* pequeno, reduzido, diminuto, minuto. **A:** grande.

mirrado *part+adj* **1** murcho, seco, ressequido. **Ex:** Vegetação mirrada. **A:** viçoso. **2** magro, esquelético, seco. **Ex:** Menino mirrado. **A:** gordo.

mirrar *vtd, vi+vpr* **1** murchar, emurchecer, fanar. **Ex:** O calor mirrou as plantinhas. **A:** vicejar. **2** emagrecer, emaciar, definhar. **Ex:** O sofrimento mirrou-o. **A:** engordar.

misantropia *sf* **1** aversão ao homem. **A:** filantropia. **2** *Pop.* melancolia, tristeza, depressão. **A:** alegria.

misantrópico *adj* **1** misantropo. **A:** filantrópico. **2** *Pop.* melancólico, triste, deprimido, misantropo. **A:** alegre.

misantropo (ô) *sm* **1** que tem aversão aos homens. **A:** filantropo. **2** indivíduo tristonho: mocho. *adj* **3** V. misantrópico.

miscelânea *sf* **1** misturada, salada, mixórdia. **2** coletânea, compilação, antologia.

miscigenação *sf* mestiçagem, cruzamento, mistura.

miserando V. miserável.

miserar *vtd* desgraçar, infelicitar. **A:** felicitar.

miserável *s e adj m+f* **1** pobre, indigente, necessitado. **Ex:** Ajudar os miseráveis. **A:** rico. *s m+f* **2** canalha, verme, patife. **Ex:** Eu mato esse miserável! *adj m+f* **3** miserando, deplorável, lastimável, lamentável. **Ex:** Situação miserável. **4** desprezível, baixo, vil. **Ex:** Atitude miserável. **A:** nobre. **5** mísero, irrisório, minguado, reduzido. **Ex:** Salário miserável. **A:** significativo. **6** desgraçado, infeliz, desafortunado, mísero. **Ex:** Sujeito miserável, azarado. **A:** felizardo. **7** mesquinho, avarento, sovina. **A:** generoso. **8** malvado, perverso, maldoso. **A:** bom.

miséria *sf* **1** penúria, indigência, pobreza (extrema). **Ex:** Vive na miséria. **A:** riqueza. **2** baixeza, infâmia, vileza. **A:** nobreza. **3** ninharia, mixaria, bagatela. **Ex:** Pagou-nos uma miséria pelo trabalho. **4** fraqueza, imperfeição, falha. **Ex:** As misérias humanas. **A:** qualidade. **5** mesquinhez, avareza, sovinice. **A:** generosidade.

misericórdia *sf* **1** compaixão, piedade, pena. **A:** indiferença. **2** graça, perdão, indulgência.

misericordioso *adj* piedoso, compassivo, sensível, clemente. **A:** indiferente.

mísero V. miserável.

missão *sf* **1** incumbência, encargo, tarefa. **Ex:** A missão do agente secreto era roubar o projeto da arma. **2** comissão, delegação, representação. **Ex:** Missão diplomática. **3** *Ecles.* sermão, pregação, prédica.

missionário *sm* **1** *Rel.* pregador, apóstolo, evangelizador. **2** *Fig.* divulgador, pregador *fig.* **Ex:** Os missionários do anarquismo.

missiva *sf* **1** carta, epístola, linhas *pl.* **2** bilhete, recado, mensagem.

mister (é) *sm* **1** profissão, ofício, ocupação. **2** cargo, emprego, função. **3** incumbência, missão, tarefa. **4** urgência, necessidade.

mistério *sm* **1** segredo, enigma, incógnita. **2** discrição, reserva, prudência. **Ex:** Agir com mistério. **A:** indiscrição.

misterioso *adj* **1** enigmático, incompreensível, obscuro. **2** oculto, secreto, desconhecido. **A:** claro (nas duas acepções).

místico *sm* **1** asceta, anacoreta. *adj* **2** devoto, contemplativo, ascético. **3** alegórico, figurado, simbólico. **Ex:** O sentido místico da Bíblia.

mistificação *sf* engano, ilusão, tapeação *pop*, logro.

mistificar *vtd* enganar, iludir, tapear *pop*, lograr.

misto V. mistura e misturado.

mistura *sf* **1** mescla, combinação, misto. **A:** separação. **2** *Metal.* fusão, amálgama, liga. **3** *DE ESPÉCIES DIFERENTES* cruzamento, mestiçagem, miscigenação.

misturada *sf* miscelânea, salada, bagunça *gír*, salsada.

misturado *part+adj* **1** misto, mesclado, junto. **A:** puro. **2** confuso, desordenado, bagunçado *gír*. **Ex:** O baú está cheio de quinquilharias, todas misturadas. **A:** ordenado.

misturador *sm Constr.* betoneira.

misturar *vtd+vpr* **1** mesclar(-se), combinar(-se), juntar(-se). **A:** separar(-se). **2** embaralhar(-se), confundir(-se), baralhar(-se). **A:** diferenciar(-se). **3** entremear(-se), intercalar(-se), intervalar(-se). *vtd* **4** *Metal.* fundir, amalgamar, ligar. **5** *ESPÉCIES DIFERENTES* cruzar, juntar, unir. *vpr* **6** intrometer-se, interferir, meter-se.

mítico *adj* fabuloso, lendário, mitológico, legendário. **A:** real.

mitigar *vtd* **1** amansar, aplacar, acalmar. **Ex:** Mitigou os ânimos do agressor. *vtd+vpr* **2** abrandar(-se), atenuar(-se), suavizar(-se), amenizar(-se). **A:** exacerbar(-se).

mito *sm* **1** fábula, lenda, narrativa. **Ex:** Mitos gregos. **2** sonho, quimera, utopia. **Ex:** A paz mundial é um mito. **3** *Fig.* monstro sagrado. **Ex:** Ela é um mito do teatro nacional.

mitológico V. mítico.

mitra *sf* **1** *Rel.* tiara, coroa (do papa). **2** *Pop.* uropígio, sobrecu *pop*, bispo *fam*.

miudeza *sf* **1** pequenez. **A:** grandeza. **2** avareza, mesquinhez, pão-durismo *pop*. **A:** generosidade. **3** minúcia, detalhe, pormenor. *sf pl* **4** bugigangas, quinquilharias. **5** V. miúdo.

miúdo *sm* **1** criança, menino, garoto. *sm pl* **2** *DE ANIMAIS* vísceras, entranhas, intestinos, miudezas. *adj* **3** pequenino, diminuto, minúsculo. **A:** graúdo. **4** freqüente, seguido, repetido. **A:** raro. **5** avarento, mesquinho, pão-duro *pop*. **A:** generoso.

mixaria *sf* ninharia, bagatela, insignificância, futilidade.

mixe V. mixuruca.

mixo V. mixuruca.

mixórdia *sf Pop.* miscelânea, misturada, salada, bagunça *gír*.

mixuruca *adj m+f* **1** insignificante, irrisório, mixo, mixe. **Ex:** Salário mixuruca. **A:** significativo. **2** ruim, ordinário, medíocre, mixo, mixe. **Ex:** História mixuruca. **A:** legal *gír*.

mó *sf* **1** pedra de moinho. **2** *Fig.* monte, mundo, montão. **Ex:** Mó de coisas.

moagem *sf* moedura, moenda. **A:** A moagem dos grãos.

móbil *sm* **1** causa, motivo, razão. *adj m+f* **2** móvel, movediço. **A:** imóvel.

mobilhar V. mobiliar.

mobília *sf* mobiliário, móveis *pl*.

mobiliar *vtd* mobilhar. **Ex:** Mobiliar um apartamento.

mobiliário V. mobília.

mobilidade *sf* **1** qualidade de móbil. **A:** imobilidade. **2** inconstância, variabilidade, mutabilidade. **A:** constância.

moça *sf* **1** jovem, pequena *pop*, rapariga *p us.* **A:** velha. **2** *Pop.* virgem.

mocambo *sm* **1** cabana, choça, choupana. **2** casebre, tapera, maloca.

moção *sf* **1** movimento, movimentação. **2** abalo, comoção, choque. **3** *Polít.* proposta. **Ex:** O deputado apresentou uma moção.

mochila *sf* bolsa, sacola.

nocho *sm* **1** *Fig.* indivíduo tristonho: misantropo. **2** banco, assento, escabelo.

mocidade *sf* **1** juventude, adolescência, puberdade. **A:** velhice. **2** juventude, moços *pl*. **Ex:** A mocidade do bairro freqüenta esta praça aos sábados. **A:** velhos *pl*. **3** *Fig.* inexperiência, ingenuidade, inabilidade. **A:** experiência.

moço *sm* **1** rapaz, jovem, mancebo. **A:** velho. *adj* **2** jovem, juvenil. **A:** velho. **3** *Fig.* inexperiente, ingênuo, inábil. **A:** experiente.

moda *sf* **1** uso, costume, maneira. **Ex:** Seus vestidos seguem a moda de Paris. **2** jeito, modo, forma. **Ex:** Cada um vive à sua moda. **3** modinha, toada, cantiga, canção. *sf pl* **4** roupas, artigos (de vestuário). **Ex:** Loja de modas.

modalidade *sf* maneira, forma, jeito, modo.

modelar *vtd* **1** formar, moldar, plasmar. **2** esculpir, entalhar, lavrar. **3** delinear, ajustar-se a. **Ex:** O vestido modelava suas formas. *vtd+vpr* **4** amoldar(-se), moldar(-se), ajustar(-se) (ao molde). *vpr* **5** imitar, inspirar-se em. *adj m+f* **6** exemplar. **Ex:** É um aluno modelar.

modelo *sm* **1** molde, fôrma, matriz. **2** padrão, exemplo, figurino. **Ex:** Seguia o modelo dos artistas mais famosos. **3** exemplo, personificação, expressão. **Ex:** Ele é um modelo de bondade. *s m+f* **4** manequim.

moderação *sf* **1** diminuição, suavização, atenuação. **A:** agravamento. **2** comedimento, controle, prudência. **A:** imoderação. **3** *NO COMER OU BEBER* abstinência, sobriedade, frugalidade. **A:** imoderação.

moderado *part+adj* **1** suave, brando, ameno. **A:** forte. **2** mediano, médio, intermediário. **Ex:** Tamanho moderado. **3** razoável, reduzido. **Ex:** Exercícios moderados. **A:** excessivo. **4** comedido, prudente, contido. **A:** imoderado. **5** abstinente, sóbrio, frugal. **A:** imoderado. **6** *CLIMA* temperado, agradável, ameno.

moderar *vtd+vpr* **1** suavizar(-se), amenizar(-se), atenuar(-se). **A:** agravar(-se). **2** conter(-se), controlar(-se), dominar(-se). **A:** descontrolar(-se).

modernismo *sm DA LINGUAGEM* neologismo. **A:** arcaísmo.

modernizar *vtd+vpr* atualizar(-se), amodernar(-se).

moderno *adj* **1** recente, novo, fresco. **2** atual, presente, hodierno. **A:** antigo (nas duas acepções).

modéstia *sf* **1** simplicidade, singeleza, despretensão. **A:** imodéstia. **2** decência, recato, pudor. **A:** indecência. **3** moderação, sobriedade, frugalidade. **A:** opulência.

modesto *adj* **1** simples, singelo, despretensioso. **A:** imodesto. **2** decente, recatado, pudico. **A:** indecente. **3** moderado, limitado, reduzido. **Ex:** Despesas modestas. **A:** imodesto. **4** parco, sóbrio, simples. **Ex:** Refeição modesta. **A:** opulento.

módico *adj* **1** pequeno, reduzido, exíguo. **A:** grande. **2** *PREÇO* baixo, reduzido, diminuto. **A:** alto. **3** econômico, parcimonioso, moderado. **Ex:** Módico nos gastos. **A:** esbanjador.

modificação *sf* **1** alteração, transformação, mudança. **2** moderação, contenção, comedimento. **A:** descomedimento.

modificar *vtd+vpr* **1** alterar(-se), transformar(-se), mudar(-se). **Ex:** Modificar um texto. **A:** conservar(-se). **2** moderar(-se), conter(-se), comedir(-se). **Ex:** Modificou-se com a idade. **A:** descomedir(-se).

modinha V. moda.

modista *sf* costureira.

modo *sm* **1** maneira, jeito, forma. **Ex:** Modo de andar; descobriu um modo de conseguir o que deseja. **2** estilo, gênero, maneira. **Ex:** O modo de um artista. **3** método, sistema, técnica. **Ex:** Modo de trabalhar. **4** moda, costume, maneira. **Ex:** O modo francês de se vestir. *sm pl* **5** maneiras, educação *sing*, boas maneiras. **A:** grosseria. * Modo indicativo *Gram.*: indicativo. * Modo subjuntivo *Gram.*: subjuntivo. * Modo imperativo *Gram.*: imperativo.

modorra *sf* **1** sonolência, dormência, soneira *pop.* **2** preguiça, indolência, moleza. **A:** atividade. **3** apatia, indiferença, desânimo. **A:** entusiasmo. **Obs.:** Nas três acepções, existem as variantes *madorna* e *madorra*.

modorrar *vtd+vi* **1** adormecer. **A:** despertar. *vtd* **2** insensibilizar, entorpecer, anestesiar *fig.*

modorrento *adj* **1** sonolento, dormente. **A** desperto. **2** preguiçoso, indolente, mole A: ativo. **3** apático, indiferente, desanimado. **A:** entusiasmado.

modulação *sf DA VOZ, DO CANTO* inflexão, entoação, entonação, tom.

modular *vtd* cantar, entoar.

módulo *sm* **1** medida, padrão. **2** *Astronáut.* cápsula. **3** *DA VOZ* entonação, inflexão entoação. *adj* **4** *SOM* harmonioso, melódico, melodioso. **A:** inarmônico.

moeda *sf* dinheiro, numerário. **Ex:** Moeda nacional.

moedor *adj Fig.* importuno, maçante, cacete *gír*, chato *pop.* **A:** agradável.

moedura V. moenda.

moenda *sf* **1** moinho. **2** moagem, moedura **Ex:** A moenda da cana.

moendeiro *sm* moleiro.

moer *vtd* **1** triturar, esmagar, macerar. **2** *COM OS DENTES* mastigar, mascar. **3** repetir, reiterar, repisar. **4** espancar, surrar bater em. **5** importunar, chatear, aborrecer A: agradar. *vtd+vpr* **6** cansar(-se), fatigar(-se) esgotar(-se). **A:** descansar. *vpr* **7** afligir-se atormentar-se, torturar-se.

mofa *sf* zombaria, gozação, caçoada, chacota

mofar *vtd+vi* **1** embolorar, abolorecer *vti+vi* **2** zombar, gozar, caçoar de. **Ex:** Mofa dos inimigos; ele não é uma pessoa séria, vive mofando. *vi* **3** esperar aguardar, atender. **Ex:** Mofei na ante-sala do ministro o dia todo e nada de entrevista.

mofino *adj* **1** infeliz, desventurado, desgraçado. **A:** afortunado. **2** escasso, exíguo limitado. **A:** farto. **3** importuno, chato *pop*, cacete *gír*. **A:** agradável. **4** avarento, mesquinho, sovina. **A:** generoso. **5** covarde, medroso, temeroso. **A:** corajoso **6** adoentado, doentio, enfermiço. **A:** saudável.

mofo *sm* **1** *Biol.* bolor, fungo. **2** *CHEIRO* bafio, bolor.

moinho *sm* moenda; *A ÁGUA* azenha. * Moinho de vento: cata-vento.

moirão V. mourão.

moirejar V. mourejar.

moirisco V. mourisco.

moiro V. mouro.

moita *sf* touceira, touça, toiça.

mol V. molécula-grama.

mola *sf* *Fig.* estímulo, impulso, incentivo, incitamento. **Ex:** A mola do progresso. **A:** desestímulo.

molambo *sm* farrapo, trapo, andrajo, frangalho.

molar *sm* *Anat.* dente molar.

moldar *vtd* 1 formar, modelar, criar. **Ex:** Moldar uma escultura. *vtd+vpr* 2 modelar(-se), amoldar(-se), ajustar(-se) (ao molde). 3 adaptar(-se), adequar(-se), conformar(-se). **Ex:** Moldar-se às circunstâncias.

molde *sm* 1 fôrma, modelo, matriz. 2 exemplo, exemplar, modelo. **Ex:** Sua atuação serviu de molde para todos os outros.

moldura *sf* caixilho. **Ex:** Quebrou o espelho, deixando apenas a moldura.

moldurar *vtd* emoldurar, enquadrar, encaixilhar. **Ex:** Moldurar um quadro.

mole *sf* 1 massa, volume (muito grandes). 2 *DE PESSOAS* multidão, turma, bando. *adj m+f* 3 flácido, brando. **A:** duro. 4 macio, fofo, balofo. **A:** duro. 5 indolente, preguiçoso, vagabundo. **A:** ativo. 6 fácil, simples, leve. **Ex:** Essa tarefa é mole. **A:** duro. 7 fraco, frouxo, abatido. **A:** robusto.

molecada *sf* 1 grupo de moleques: criançada, meninada, molecagem. 2 V. molecagem.

molecagem *sf* 1 V. molecada. 2 ato de moleque: travessura, diabrura, molequice, molecada. 3 *Por ext.* safadeza, sacanagem, patifaria.

molécula-grama *sf Fís.* e *Quím.* quantidade de substância cuja massa, medida em gramas, é igual à sua massa molecular: mol.

moleira *sf* 1 *Anat.* fontanela. 2 *Anat.* abóbada craniana. 3 *Fam.* juízo, cabeça *fig*, bola *fam.*

moleirão V. molenga.

moleiro *sm* moendeiro.

molenga *s* e *adj m+f* 1 indolente, preguiçoso, vagabundo. **A:** trabalhador. 2 covarde, medroso, maricas. **A:** valente. **Obs.:** Nas

duas acepções, também existem as formas *moleirão*, *molóide* e *molengo*.

molengo V. molenga.

moleque *sm* 1 menino, garoto, criança. 2 safado, sacana, patife. *adj* 3 divertido, engraçado, espirituoso. **Ex:** Palavras moleques. **A:** sério.

molequice V. molecagem.

molestar *vtd* 1 *DOENÇA* afetar, acometer, atacar. 2 atormentar, afligir, penalizar. 3 machucar, ferir, contundir. *vtd+vpr* 4 incomodar(-se), aborrecer(-se), chatear(-se). **A:** agradar(-se). 5 ofender(-se), magoar (-se), melindrar(-se).

moléstia *sf* 1 doença, enfermidade, mal. 2 aflição, sofrimento, tormento. **A:** prazer. 3 *Pop.* hidrofobia, raiva, danação.

molesto *adj* 1 incômodo, aborrecido, chato. **A:** agradável. 2 árduo, duro, penoso. **Ex:** Trabalho molesto. **A:** fácil. 3 *À SAÚDE* insalubre, nocivo, prejudicial. **Ex:** Ar molesto. **A:** saudável.

moleza *sf* 1 flacidez, brandura. **A:** dureza. 2 maciez, macieza. **A:** dureza. 3 indolência, preguiça, vagabundagem. **A:** atividade. 4 apatia, desânimo, desinteresse. **A:** ânimo. 5 calma, tranqüilidade, sossego. **A:** agitação. 6 fraqueza, abatimento, frouxidão. **A:** robustez.

molhadela *sf* 1 banho, molhadura, molhamento. **A:** secagem. 2 *Pop.* gorjeta, propina, gratificação, molhadura.

molhadura V. molhadela.

molhamento V. molhadela.

molhar *vtd+vpr* banhar(-se), umedecer(-se), embeber(-se), impregnar(-se). **A:** secar(-se).

molhe (ó) *sm Náut.* paredão, amurada.

molho (ó) *sm* 1 feixe, braçada, atado. 2 punhado, porção, mão-cheia.

molho (ô) *sm* caldo.

molificar *vtd* amolecer, amolentar, amaciar, abrandar. **A:** endurecer.

molóide V. molenga.

momentâneo *adj* 1 rápido, breve, fugaz. **A:** lento. 2 passageiro, transitório, efêmero. **A:** duradouro.

momento *sm* 1 instante, minuto, flagrante *pop.* **Ex:** Espere um momento; chegamos no momento em que roubavam nossa carteira. **2** ocasião, oportunidade, ensejo. **Ex:** Aproveitar o momento. **3** situação, circunstância, conjuntura. **Ex:** Momento crítico.

momentoso *adj* importante, grave, sério, ponderoso. **Ex:** Problemas momentosos. **A:** frívolo.

momice *sf* **1** careta, trejeito, micagem, momo. **2** hipocrisia, falsidade, dissimulação. **A:** sinceridade.

momo *sm* **1** V. momice. **2** zombaria, gozação, troça. **3** *Teat. Ant.* farsa, comédia. **4** *Teat. Ant.* palhaço, bufão, saltimbanco.

monacal V. monástico.

monarca *sm* soberano, rei, imperador, majestade.

monarquia *sf* reino, reinado, império.

monástico *adj* monacal, religioso. **Ex:** Vida monástica. **A:** laico.

monção *sf Fig.* oportunidade, ensejo, ocasião, lance.

monco V. muco.

moncoso *adj* **1** ranhoso. **2** *Fig.* desprezível, baixo, sórdido. **A:** nobre.

monda *sf* mondadura, poda, limpa, podadura.

mondadura V. monda.

mondar *vtd* **1** *Agr.* carpir, capinar, limpar (de ervas daninhas). **2** *Agr. ÁRVORES* podar, limpar. **3** expurgar, purificar, depurar. **4** corrigir, emendar, retificar.

monetário *sm* **1** coleção de moedas. **2** numismata.

monge *sm* **1** frade, religioso, frei (que vive em mosteiro). **2** eremita, ermitão, anacoreta. **3** *INDIANO* faquir.

mongol V. mongólico.

mongólico *adj* da Mongólia (Ásia): mongol.

monitória *sf* **1** advertência, aviso, conselho. **2** *Fam.* repreensão, crítica, bronca *pop.* **A:** elogio.

monjolo (ô) *sm* **1** engenho (tosco, primitivo). **2** mujolo, bezerro (antes de nascer os chifres).

mono *sm* **1** *Zool.* macaco, símio, bugio. *adj* **2** *Zool.* simiesco, macacal, símio. **3** V. monofônico.

monocórdio *adj* monótono, tedioso, enfadonho, maçante. **A:** divertido.

monocromático *adj* unicolor, monocromo. **A:** policromático.

monocromo V. monocromático.

monofônico *adj* mono. **Ex:** Som monofônico. **A:** estereofônico.

monogamia *sf* estado de quem só tem um cônjuge. **A:** poligamia.

monogâmico *adj* **Ex:** Sociedade monogâmica. **A:** poligâmico.

monógamo *sm+adj* **Ex:** Ele é um monógamo, casou-se três vezes; pessoa monógama. **A:** polígamo.

monografia *sf* dissertação, tratado, estudo, exposição.

monólogo *sm* solilóquio.

monopólio *sm Com.* açambarque, açambarcamento, açambarcação.

monopolizar *vtd Com.* açambarcar, atravessar, abarcar, absorver.

monossilábico V. monossílabo.

monossílabo *adj Gram.* que tem uma sílaba: monossilábico.

monotonia *sf* **1** uniformidade, invariabilidade, constância. **A:** variação. **2** tédio, aborrecimento, chateação. **Ex:** Sua vida é uma monotonia. **A:** diversão.

monótono *adj* **1** *NO TOM* uniforme, invariável, constante. **A:** variado. **2** tedioso, aborrecido, chato *pop.* **Ex:** História monótona. **A:** divertido.

monstrengo *sm Mit.* monstro, mostrengo.

monstro *sm* **1** *Med.* e *Vet.* feto malformado: monstruosidade, teratismo, aberração. **2** *Mit.* monstrengo, mostrengo. **3** assombro, prodígio, maravilha. *adj* **4** imenso, gigantesco, enorme. **Ex:** Engarrafamento monstro. **A:** minúsculo. * Monstro sagrado: mito *fig.* **Ex:** Aquele compositor era um monstro sagrado.

monstruosidade *sf* **1** *Med.* e *Vet.* V. monstro. **2** crueldade, perversidade, desumanidade. **Ex:** Os soldados cometeram monstruosidades contra os inimigos.

monstruoso *adj* **1** horroroso, horrível, repulsivo. **Ex:** Rosto monstruoso. **A:** belo. **2** cruel, perverso, desumano. **Ex:** Assassino monstruoso. **A:** humano. **3** gigantesco, imenso, colossal. **A:** diminuto. **4** assombroso, prodigioso, maravilhoso.

monta *sf* **1** V. montante. **2** valor, preço, custo. **3** *EM LEILÃO* lance, lanço, oferta. **4** importância, gravidade, seriedade. **A:** insignificância.

montagem *sf* fabricação, fabrico, confecção, manufatura.

montanha *sf* **1** *Geogr.* monte, serra. **2** *Geogr.* cordilheira, serra, espinhaço. **3** *Fig.* montão, batelada, enxurrada *fig.* **Ex:** Resolvemos uma montanha de problemas.

montanhês *sm+adj* **1** de Minas Gerais: mineiro. *sm* **2** serrano, serrão. **Ex:** Os montanheses geralmente são fortes. *adj* **3** próprio da montanha: montano, serrano. **Ex:** O ar montanhês. **4** V. montês.

montano *adj* **1** V. montanhês. **2** rude, rústico, grosseiro. **A:** gentil.

montante *sm* **1** soma, total, monta, suma. **2** maré-cheia, preamar, maré alta. **A:** jusante.

montão *sm* monte, batelada, mundo, enxurrada *fig.* **Ex:** Tenho um montão de amigos.

montar *vtd, vti+vi* **1** cavalgar. **A:** desmontar. *vtd* **2** fabricar, confeccionar, manufaturar. **3** *MECANISMO* armar, preparar. **Ex:** Montar um aparelho. **A:** desmontar. **4** abrir, fundar, estabelecer. **Ex:** Montar uma empresa, uma loja. **5** *Teat.* encenar. **Ex:** Montar uma comédia. **6** *PEDRA PRECIOSA* engastar, encastoar, encravar. *vti* **7** chegar a, orçar por, importar em. **Ex:** O custo da obra monta a vários milhões.

montaria *sf* cavalgadura, besta.

monte *sm* **1** *Geogr.* montanha, serra. **2** pilha, acervo, acúmulo. **Ex:** Não mexa nesse monte de livros velhos. **3** V. montão. **4** *DE PESSOAS* grupo, multidão, ajuntamento. *sm pl* **5** cordilheira *sing*, serrania *sing*, cadeia *sing* (de montanhas).

montês *adj* montanhês, montesino, serrano. **Ex:** Cabrito montês.

montesino V. montês.

montículo *sm* **1** montinho. **2** colina, outeiro, elevação.

montoeira *sf* amontoado, aglomeração, acúmulo, montureira. **Ex:** No quintal, havia uma montoeira de ferramentas e materiais de construção.

montra *sf* a vidraça das lojas: vitrina. **Ex:** As montras estão enfeitadas para o Natal.

montureira *sf* **1** lugar onde se prepara o estrume: estrumeira, esterqueira. **2** V. monturo. **3** V. monturo.

monturo *sm* lixeira, montureira, monte (de lixo).

monumental *adj m+f* **1** enorme, gigantesco, imenso. **A:** pequeno. **2** grandioso, magnífico, soberbo. **A:** modesto.

monumento *sm* **1** escultura (comemorativa). **2** edifício, construção (majestosos). **3** mausoléu, sepulcro, túmulo. **4** lembrança, recordação, reminiscência.

mora *sf* **1** demora, atraso, delonga. **A:** urgência. **2** *DE PRAZO* moratória, adiamento, prorrogação. **A:** antecipação.

morada *sf* **1** residência, moradia, habitação, domicílio. **2** estada, permanência, parada.

moradia V. morada.

morador *sm* *DE UMA MORADIA* habitante, residente, inquilino; *DE CIDADE, ETC.* habitante, cidadão.

moral *sf* **1** moralidade, honestidade, honra, dignidade. **A:** imoralidade. **2** norma, costume, regra. **3** *DE HISTÓRIA* moralidade; *DE FÁBULA* fabulação. *sm* **4** ânimo, humor, estado de espírito. **Ex:** Tristes acontecimentos abateram o moral dos soldados. *adj m+f* **5** honesto, honrado, digno. **A:** desonesto. **6** decente, decoroso, discreto. **A:** imoral. **7** edificante, exemplar, educativo. **A:** imoral. **8** espiritual, elevado. **A:** material.

moralidade V. moral.

moralização *sf* edificação, educação, instrução, morigeração. **A:** desmoralização.

moralizar *vtd* **1** edificar, educar, morigerar. **Ex:** Bons exemplos moralizam as crianças. **A:** desmoralizar. *vti* **2** falar, tratar, discorrer de. **Ex:** Moralizar sobre algum assunto.

morar *vti* **1** habitar, residir, viver em. **Ex:** Moro na capital. **2** achar-se, encontrar-se, existir. **Ex:** É aí que mora o perigo.

moratória V. mora.

morbidez *sf* **1** fraqueza, abatimento, quebradeira. **A:** disposição. **2** frouxidão, moleza, languidez. **A:** força.

mórbido *adj* **1** doente, enfermo, dodói *inf.* **A:** são. **2** insalubre, doentio, malsão. **Ex:**

Lugares mórbidos. **A:** saudável. **3** frouxo, mole, lânguido. **A:** forte.

morcego *sm Zool. HEMATÓFAGO* vampiro.

mordaça *sf* **1** *EM ANIMAL* focinheira, açamo, açaimo. **2** *Fig. À LIBERDADE DE EXPRESSÃO* repressão, impedimento, proibição.

mordacidade *sf* maledicência, má-língua.

mordaz *adj m+f* **1** corrosivo, cáustico, mordente. **Ex:** Substância mordaz. **2** picante, acre, amargo. **Ex:** Fruta mordaz. **A:** doce. **3** sarcástico, irônico, ferino *fig,* mordente. **Ex:** Críticas mordazes.

mordedura V. mordida.

mordente *adj m+f* **1** e **2** V. mordaz. **3** excitante, provocador, estimulante.

morder *vtd* **1** dentar, abocanhar, trincar. **2** *COBRA* picar; *INSETO* ferroar, picar, aguilhoar. *vtd+vpr* **3** *Fig.* atormentar(-se), afligir(-se), angustiar(-se). *vi* **4** abocanhar. **5** coçar, comichar, prurir.

mordexim *sm Patol.* cólera, cólera-morbo.

mordicar V. mordiscar.

mordida *sf* dentada, bocada, mordedura, mordidela.

mordidela V. mordida.

mordiscar *vtd* **1** *mordicar,* morder (de leve e várias vezes). **2** *Fig.* estimular, incitar, incentivar, *mordicar.* **A:** desestimular.

mordomia *sf Pop.* privilégio, regalia, vantagem.

mordomo *sm* ecônomo, administrador.

moreno *sm+adj* **1** mulato, pardo. *adj* **2** bronzeado, trigueiro, amorenado. **A:** pálido.

morféia *sf Med.* hanseníase, lepra, lazeira.

morfético *sm+adj Med.* hanseniano, leproso, lazarento, lázaro.

moribundo *sm+adj* **1** agonizante. *adj* **2** mortiço, morrediço, morredouro.

morigeração *sf* **1** edificação, instrução, moralização. **2** moderação, controle, comedimento. **A:** imoderação.

morigerar *vtd* **1** edificar, instruir, moralizar. *vtd+vpr* **2** conter(-se), controlar(-se), moderar(-se). **A:** descontrolar(-se).

moringa *sf* bilha, quartinha, *moringue.*

moringue V. moringa.

mormaço *sm* calmaria, calor, bafo, calma. **A:** frescor.

mormente *adv* sobretudo, principalmente, especialmente, maiormente.

mornar *vtd+vi* amornar.

morno *adj* **1** tépido, tíbio. **2** fraco, frouxo, mole. **3** calmo, sereno, tranqüilo. **A:** agitado. **4** monótono, maçante, tedioso. **A:** divertido.

morosidade *sf* lentidão, vagar, vagareza, lerdeza. **A:** rapidez.

moroso *adj* **1** lento, vagaroso, lerdo. **2** longo, prolongado, arrastado. **A:** rápido (nas duas acepções).

morrediço V. morredouro.

morredoiro V. morredouro.

morredouro *adj* **1** moribundo, morrediço, mortiço, *morredoiro.* **2** decrépito, gasto, arruinado, *morredoiro.* **A:** novo. **3** transitório, passageiro, fugaz, *morredoiro.* **A:** duradouro.

morrer *vi* **1** falecer, expirar, bater as botas *pop,* abotoar o paletó *gír.* **Ex:** Morreu de pneumonia; todos morrem algum dia. **A:** nascer. **2** extinguir-se, cessar, desaparecer. **Ex:** Morreram nossas esperanças. **A:** aparecer. **3** acabar, terminar, findar. **Ex:** A história morre aqui. **A:** começar. **4** *VEGETAL* murchar, mirrar, fenecer. **A:** vicejar. *vti* **5** ferver de, explodir de, arrebentar de. **Ex:** Morrer de tristeza. **6** *RIO* desaguar, desembocar, lançar-se.

morrinha *sf* **1** *Vet. DO GADO* sarna; *DO CÃO* sarna, escabiose, gafeira. **2** *Pop.* indisposição, mal-estar, achaque. **3** mau cheiro, catinga, fedor. **A:** perfume. **4** tristeza, melancolia, infelicidade. **A:** alegria. **5** quebradeira, fraqueza, moleza. **A:** ânimo.

morro *sm* colina, outeiro, elevação.

morsa *sf Mec.* torno de bancada.

mortal *adj m+f* **1** sujeito à morte. **Ex:** Seres mortais. **A:** imortal. **2** letal, mortífero, fatal. **Ex:** Golpe mortal. **3** moribundo, morredouro, morrediço. **4** passageiro, transitório, efêmero. **A:** permanente. **5** desagradável, insuportável, intolerável. **A:** agradável. **6** encarniçado, visceral *fig,* figadal *fig.* **Ex:** Inimigo mortal. *sm pl* **7** humanidade *sing,* gênero humano *sing.* **A:** imortais.

mortalha *sf* sudário, lençol *ant.*

mortalidade *sf* **1** obituário, necrológio, necrologia. **2** V. morticínio.

mortandade V. morticínio.

morte *sf* **1** falecimento, óbito, desaparecimento. **A:** nascimento. **2** pena de morte, pena capital. **Ex:** Condenaram-no à morte. **3** destruição, ruína, decadência. **4** pesar, pena, tormento. **A:** prazer. **5** fim, término, conclusão. **A:** início.

morteiro *sm* **1** canhão (curto e grosso). **2** pilão, almofariz, gral. *adj* **3** sensual, lascivo, lânguido. **A:** Olhos morteiros. **A:** casto.

morticínio *sm* chacina, matança, carnificina, mortandade, mortalidade.

mortiço *adj* **1** moribundo, morrediço, morredouro. **2** apagado, embaçado, fosco. **Ex:** Olhos mortiços. **A:** brilhante.

mortífero *adj* mortal, letal, fatal, funesto, fulminante *fig.*

mortificação *sf* **1** entorpecimento, paralisia, torpor. **2** angústia, aflição, tormento. **A:** prazer.

mortificar *vtd* **1** *PARTE DO CORPO* entorpecer, paralisar, entrevar. **Ex:** O frio mortificou meus pés. **A:** desentorpecer. **2** torturar, suplicar, flagelar. **3** apagar, extinguir, dissipar. *vtd+vpr* **4** angustiar(-se), afligir(-se), atormentar(-se). **A:** deliciar(-se). *vpr* **5** penitenciar-se, castigar-se, disciplinar-se.

morto *sm+adj* **1** falecido, defunto, finado. **A:** vivo. *sm* **2** cadáver, corpo, presunto *gír.* *adj* **3** cansado, exausto, esgotado. **Ex:** Estou morto de tanto andar. **A:** descansado. **4** ansioso, ávido, impaciente. **Ex:** Morto por sair de casa. **A:** paciente. **5** *VEGETAL* murcho, seco, mirrado. **Ex:** As roseiras estão mortas. **A:** viçoso. **6** inexpressivo, insosso, insípido. **Ex:** Olhar morto. **A:** expressivo. **7** insensível, frio, duro. **A:** sensível. **8** *FOGO* extinto, apagado. **A:** aceso. **9** *COLORIDO* pálido, desbotado, descorado. **A:** corado. **10** paralisado, estático, parado. **Ex:** Morto de pavor.

mortuário *adj* fúnebre, funerário, funeral, funéreo.

morubixaba *sm* **1** *Etnol.* cacique, chefe (indígena). **2** *Polít.* chefão, mandachuva, caudilho.

mosaico *sm Fig.* miscelânea, mistura, misturada, salada.

moscado *adj* almiscarado, perfumado, cheiroso, aromático. **A:** fétido.

moscar *vi+vpr* sumir, desaparecer, evadir-se, evaporar-se. **A:** aparecer.

moscardo *sm* **1** *Entom.* mutuca, tavão. **2** *Gír.* bofetão, tapa, bolacha *fig.*

moscovita *s e adj m+f Por ext.* russo.

mosquear *vtd* salpicar, sarapintar, pintalgar, salpintar. **Ex:** O menino mosqueou a parede com pintas de tinta azul.

mosquetão *sm* fuzil (pequeno).

mosquiteiro *sm* cortinado, véu, rede (contra mosquitos).

mosquito *sm Entom.* pernilongo, muriçoca.

mossa *sf* **1** contusão, marca, sinal. **Ex:** A pancada deixou uma mossa em sua pele. **2** *MORAL* abalo, comoção, choque.

mosteiro *sm* convento, monastério, claustro, abadia.

mostra *sf* **1** manifestação, revelação, exibição. **A:** ocultação. **2** sinal, indício, indicação. **3** feira, exposição, exibição. **4** aparência, aspecto, exterioridade. **A:** interior.

mostrador *sm* **1** *DO RELÓGIO* quadrante. **2** V. mostruário.

mostrar *vtd+vpr* **1** expor(-se), apresentar(-se), exibir(-se). **Ex:** Mostrou suas pinturas ao público. **A:** ocultar(-se). **2** expressar(-se), exprimir(-se), manifestar(-se). **Ex:** Isso mostra a sua indiferença por mim. *vtd* **3** apontar, indicar, indigitar. **Ex:** Mostre-nos a saída. **4** aparentar, fingir, simular. *vpr* **5** *Pop.* exibir-se, gabar-se, vangloriar-se. **Ex:** Faz isso só para se mostrar.

mostrengo V. monstrengo.

mostruário *sm* móvel onde se expõem as mercadorias: mostrador, vitrina, balcão.

mote *sm* **1** lema, divisa, sentença, emblema. **Ex:** O mote do nosso grupo. **2** tema, epígrafe. **Ex:** Um poeta dizia o mote, e os outros compunham versos baseados nele. **3** assunto, argumento, motivo. **Ex:** O mote de um livro.

motejar *vtd* **1** criticar, censurar, desaprovar. **A:** aprovar. *vtd, vti+vi* **2** zombar, gozar, caçoar de. **Ex:** Motejar alguém (ou de alguém); esse palhaço vive motejando.

motejo *sm* **1** crítica, censura, desaprovação. **A:** aprovação. **2** zombaria, gozação, gracejo.

motim *sm* **1** revolta, rebelião, insurreição. **2** estrondo, estouro, ruído.

motivar *vtd* **1** causar, ocasionar, provocar. **Ex:** Sérias divergências motivaram a sua saída do grupo. **2** interessar, atrair, cativar. **Ex:** O professor conseguiu motivar a classe. **A:** desmotivar. **3** explicar, justificar, fundamentar. **Ex:** Não precisa motivar suas atitudes.

motivo *sm* **1** causa, razão, fundamento. **2** justificativa, pretexto, desculpa. **Ex:** Procura sempre um motivo para abandonar o trabalho. **3** tema, argumento, assunto. **Ex:** O motivo de uma obra literária. **4** fim, intuito, propósito. *adj* **5** que move: motor. **Ex:** Força motiva.

moto (ó) *sf* **1** V. motocicleta. *sm* **2** movimento, movimentação. **Ex:** Moto perpétuo. **3** lema, divisa, mote.

motoca V. motocicleta.

motocicleta *sf* moto, motoca *gír*, motociclo.

motociclista *s m+f* motoqueiro *gír*.

motociclo V. motocicleta.

motoqueiro V. motociclista.

motor *sm* **1** máquina, máquina motriz. **2** *COISA* causa, motivo, razão. **3** *PESSOA* agente, autor, causador. *adj* **4** que move: motivo. **5** *Energia* motriz.

motorista *s m+f* chofer, condutor.

mouco *sm+adj* surdo.

mouquidão *sf* surdez, ensurdecimento.

mourão *sm* estaca, moirão.

mourejar *vti+vi* labutar, lidar, trabalhar, laborar, moirejar. **Ex:** Mourejávamos o dia inteiro, sem descanso. **A:** descansar.

mourisco *adj* mouro, moirisco, moiro.

mouro *sm* **1** sarraceno *por ext*, árabe, muçulmano *impr*, moiro. **2** *Por ext.* pagão, infiel, idólatra, moiro. *adj* **3** V. mourisco.

movediço *adj* **1**, **2** e **3** V. móvel. **4** portátil, manual, maneiro.

móvel *sm* **1** peça de mobília. **2** causa, motivo, razão. *sm pl* **3** mobília *sing*, mobiliário *sing*. *adj m+f* **4** móbil, movediço, movível.

A: imóvel. **5** instável, movediço. **A:** firme. **6** *Fig.* inconstante, volúvel, movediço. **A:** perseverante.

mover *vtd+vpr* **1** movimentar(-se), mexer (-se). **A:** parar. **2** deslocar(-se), afastar(-se), desviar(-se). *vtd*, *vi+vpr* **3** comover(-se), enternecer(-se), impressionar(-se). *vtd* **4** estimular, promover, fomentar. *vtd+vti* **5** levar, induzir, instigar a. **Ex:** Moveram-no ao crime. *vpr* **6** andar, caminhar. **7** agitar-se, balançar, oscilar. **Ex:** A folhagem movia-se ao sabor do vento. **8** decidir-se, resolver-se, determinar-se. **Ex:** Finalmente, moveu-se a nos ajudar.

movimentação V. movimento.

movimentar *vtd* **1** animar, agitar, avivar. **Ex:** Precisamos movimentar esta festa. *vtd+vpr* **2** mover(-se), mexer(-se). **A:** parar.

movimento *sm* **1** movimentação, moto. **2** *DE UM LUGAR PARA OUTRO* mudança, deslocamento. **3** gesto, aceno, sinal. **Ex:** Fazia movimentos com as mãos. **4** animação, agitação, movimentação. **Ex:** O movimento noturno. **5** afluência, afluxo, concorrência. **Ex:** O movimento de passageiros na rodoviária. **6** *POLÍTICO* rebelião, revolta, agitação. **Ex:** O rei mandou prender os líderes do movimento. **7** *Astr.* marcha. **8** *Mús.* parte. **Ex:** O primeiro movimento da sinfonia é mesmo belíssimo.

movível V. móvel.

mozarela V. muçarela.

mu V. mulo.

muamba *sf* **1** contrabando (a mercadoria, não o ato). **2** trapaça, falcatrua, roubo.

muambeiro *sm* **1** contrabandista, fraudador. **2** trapaceiro, fraudador, embusteiro.

muar V. mulo.

mucama *sf* escrava negra, mucamba.

mucamba V. mucama.

muçarela *sf* mozarela.

muco *sm* monco, ranho *pop*, mucosidade.

muçulmanismo *sm Rel.* islamismo, maometismo, islã, crescente *fig*.

muçulmano *sm+adj Rel.* maometano.

mucurana V. muquirana.

muda *sf* **1** V. mudança. **2** *DE ANIMAIS, EM VIAGENS* troca, substituição. **Ex:** Como os cavalos estivessem cansados, fizemos a

muda. 3 *Zool.* troca, renovação (de penas, pêlo, pele). **Ex:** Agora é a época da muda, e os passarinhos estão quase pelados. **4** roupa (para trocar).

mudança *sf* **1** modificação, variação, alteração, transformação, muda. **2** troca, substituição. **Ex:** Mudança de peças. **3** *Autom.* câmbio.

mudar *vtd* **1** deslocar, remover, afastar. **Ex:** Mudei a estante para a outra parede. **2** desviar. **Ex:** Mudar a rota. *vtd+vti* **3** substituir, trocar, cambiar. **Ex:** Mudei a combinação do cofre; mudar uma coisa por outra. *vtd, vi+vpr* **4** modificar(-se), alterar(-se), transformar(-se). **A:** conservar(-se). **5** transferir(-se), transportar(-se), deslocar(-se). **Ex:** Mudamo-nos para o interior.

mudável V. mutável.

mudez *sf* **1** mutismo. **2** *Fig.* calma, quietude, sossego. **Ex:** A mudez de uma casa no campo. **A:** agitação.

mudo *adj* **1** calado, silencioso, quieto. **A:** falador. **2** triste, tristonho, soturno. **A:** alegre.

mugido *sm* **1** *DE VACA, BOI* bramido, bramado, rugido. **2** *DO MAR, VENTO* estrondo, ribombo, ruído.

mugir *vi* **1** *VACA, BOI* bramir, bramar, rugir. **2** *MAR, VENTO* estrondear, ribombar, troar.

mugunzá V. mungunzá.

mui V. muito.

muito *pron indef* **1** excessivo, exagerado, intenso. **Ex:** Tem muito medo; sentia muito frio. *adv* **2** bastante, excessivamente, abundantemente. **Ex:** Estuda muito. **3** muito tempo. **Ex:** Viajou há muito. **A:** pouco (nas três acepções).

mujolo V. monjolo.

mulato *sm* **1** pardo, cabra, cabrocha, mestiço (de branco e negro). *adj* **2** pardo, fulo, fula.

muleta *sf* *Fig.* apoio, amparo, encosto, arrimo.

mulher *sf* **1** fêmea. **2** *Pop.* esposa, cônjuge, consorte. **3** *Pop.* amante, concubina, amásia. **4** *MUITO BONITA* bela, beldade, fada *fig*; *FEIA* bruxa, canhão *gír*, bucho *gír*. **A:** homem (acepções **1**, **2** e **3**). * Mulher da rua: prostituta, rameira, quenga *vulg*.

mulherada V. mulherio.

mulherengo *sm* **1** conquistador, sedutor, gavião *gír*. *sm+adj* **2** maricas, afeminado, fresco *vulg*.

mulherio *sm* *Pop.* mulherada, mulheres *pl*.

mulo *sm* *Zool.* burro, besta, mu, muar. **Ex:** Os mulos são resultantes de cruzamento de jumento com égua, ou jumenta com cavalo.

multa *sf* pena, penalidade, punição (em dinheiro).

multar *vtd* penalizar, punir, castigar.

multicolor V. multicor.

multicolorido V. multicor.

multicolorir *vtd* matizar, esmaltar, colorir. **Ex:** Os pássaros exóticos multicoloriram o nosso viveiro.

multicor *adj m+f* multicolorido, multicolor, policromático, policromo. **A:** monocromático.

multidão *sf* **1** aglomeração, turba, povaréu. **2** povo, massa, populacho. **3** monte, montão, enxurrada *fig*. **4** abundância, profusão, fartura. **A:** escassez.

multimilionário *sm+adj* arquimilionário, ricaço. **A:** miserável.

multiplicar *vtd, vi+vpr* **1** aumentar, ampliar(-se), avultar(-se). **Ex:** Preciso multiplicar minhas oportunidades de ganho. **A:** reduzir(-se). *vtd* **2** repetir, reiterar, renovar. **Ex:** Multiplicou os pedidos até que o atendessem. *vpr* **3** proliferar, propagar-se, reproduzir-se. **4** reproduzir-se, procriar. **Ex:** Crescer e multiplicar-se.

multíplice V. múltiplo.

multiplicidade *sf* abundância, fartura, abastança, profusão. **A:** escassez.

múltiplo *adj* multíplice, variado, misto, composto, complexo. **A:** simples.

múmia *sf* **1** *Fig.* magricela, magrelo, bacalhau *fig*. **A:** gordo. **2** *Fig.* molóide, molenga, moleirão.

mumificar *vi+vpr* **1** *Fig.* emagrecer, definhar, mirrar. **A:** engordar. **2** *Fig. INTELEC-TUALMENTE* atrofiar-se, debilitar-se. **A:** fortalecer-se.

mundana *sf* prostituta, meretriz, rameira, puta *vulg*.

mundano *adj* terreno, profano, material, terrestre. **A:** espiritual.

mundão V. mundaréu.

mundaréu *sm* monte, montão, batelada, aglomeração, mundão, mundéu. **Ex:** Um mundaréu de criancinhas entrou correndo.

mundéu V. mundaréu.

mundial *adj m+f* internacional, universal. **Ex:** Congresso mundial. **A:** nacional.

mundo *sm* **1** universo. **2** planeta, globo. **3** humanidade, gênero humano, mortais *pl.* **4** *DE COISAS* monte, mar *fig*, enxurrada *fig*; *DE PESSOAS* multidão, bando, turma. **5** classe social, casta. **Ex:** Pertencemos a mundos diferentes. *adj* **6** limpo, asseado, puro. **A:** imundo. * Cair no mundo *Pop.*: fugir, escapulir, dar no pé *pop.* * Do outro mundo *Pop.*: excelente, ótimo, extraordinário.

mungir *vtd* ordenhar. **Ex:** O fazendeiro mungia as vaquinhas.

mungunzá *sm Cul.* milho branco pilado cozido em leite e açúcar: canjica *s, co* **Obs.:** Também existem as variantes *mugunzá* e *munguzá.*

munguzá V. mungunzá.

munheca *sf* pulso.

munhecar *vtd Gír.* agarrar, pegar, segurar, tomar. **A:** soltar.

munição *sf* **1** fortificação, fortaleza, forte. **2** balas *pl*, projéteis *pl.*

municiar *vtd* munir, municionar, abastecer, prover (de munições).

municionar V. municiar.

municipalidade *sf* **1** câmara municipal. **2** prefeitura. **3** os habitantes: município. **Ex:** A municipalidade aprovou a nova lei.

munícipe *s m+f* cidadão, habitante, morador (de um município).

município *sm* **1** comuna. **2** V. municipalidade.

munificência *sf* generosidade, liberalidade, magnanimidade, prodigalidade. **A:** avareza.

munificente *adj m+f* generoso, liberal, magnânimo, dadivoso. **A:** avarento.

munir *vtd* **1** V. municiar. *vtd* **2** abastecer, prover, aparelhar. **A:** desprover. *vtd+vpr* **3** prevenir(-se), precaver(-se), acautelar(-se). **A:** desprevenir(-se). *vpr* **4** abastecer-se, prover-se, aparelhar-se.

múnus *sm, sing+pl* encargo, função, incumbência, obrigação.

muque *sm* **1** *Pop.* bíceps. **2** *Fig.* força, robustez, vigor. **A:** fraqueza. * A muque: com força, com violência.

muquirana *s m+f* avarento, mesquinho, pão-duro *pop*, sovina, *mucurana.* **A:** generoso.

mural *sm Pint.* quadro mural, pintura mural.

muralha *sf* **1** *Mil.* muro, amurada. **Ex:** As muralhas da fortaleza. **2** muro alto: paredão.

murar *vtd* **1** amurar, amuralhar, emparedar, cercar (com muro). *vtd+vpr* **2** fortificar (-se), encastelar(-se), acastelar(-se). **Ex:** O rei ordenou que murassem a cidade. **3** defender(-se), abrigar(-se), resguardar(-se). **Ex:** Murar-se contra as críticas.

murchar *vtd, vi+vpr* **1** *VEGETAL* mirrar, emurhecer, fanar, estiolar. **A:** vicejar. **2** *Fig.* arrefecer(-se), esmorecer, esfriar(-se). **Ex:** Nossos ânimos murcharam. **A:** fortalecer(-se). *vi+vpr* **3** *Fig.* entristecer, magoar-se. **A:** alegrar-se.

murcho *adj* **1** *VEGETAL* seco, ressequido, mirrado. **A:** viçoso. **2** *Fig.* triste, melancólico, tristonho. **A:** alegre.

muriçoca *sf Entom.* pernilongo, mosquito.

murmuração V. murmúrio.

murmurar *vtd+vi* **1** cochichar, sussurrar, ciciar. **Ex:** As meninas murmuravam algumas palavras e riam. **A:** gritar. *vi* **2** murmurejar, murmurinhar, sussurrar, rumorejar. **Ex:** As águas do córrego murmuravam. **3** resmungar, reclamar, queixar-se.

murmurejar V. murmurar.

murmurinhar V. murmurar.

murmurinho *sm* **1** murmúrio. **2** burburinho, bulício. **Ex:** O murmurinho de uma platéia.

murmúrio *sm* **1** murmuração. **2** sussurro, murmurinho, cicio. **Ex:** O murmúrio do vento nas folhas das árvores. **3** cochicho, sussurro, cicio. **A:** grito. **4** reclamação, queixa, lamentação.

muro *sm* **1** parede. **2** V. muralha. **3** *Fig.* defesa, proteção, abrigo.

murro *sm* soco, sopapo, punhada.

murundu *sm* 1 montículo, colina, elevação, *murundum*. 2 monte, montão, mundo, *murundum*.

murundum V. murundu.

musa *sf Fig.* inspiração, estro.

musculatura *sf Anat.* musculosidade. **Ex:** Fez exercícios para desenvolver a musculatura da perna.

músculo *sm Fig.* força, robustez, energia, vigor. **A:** fraqueza.

musculosidade V. musculatura.

musculoso *adj* forte, robusto, vigoroso, atlético. **A:** franzino.

museu *sm Fig.* mistura, miscelânea, mescla, reunião.

música *sf* 1 composição, melodia *pop*, obra (musical). **Ex:** Tocávamos músicas populares. 2 harmonia, melodia, consonância. **A:** dissonância.

musical *sm* 1 espetáculo musical. 2 filme musical. *adj m+f* 3 relativo à música: músico. **Ex:** Estudos musicais. 4 harmonioso, melodioso, suave. **Ex:** Sua voz é muito musical. **A:** dissonante.

musicista V. músico.

músico *sm* 1 musicista. 2 compositor. *adj* 3 V. musical.

mutação *sf* mudança, transformação, alteração, metaformose.

mutável *adj m+f* 1 mudável, alterável, variável. **A:** imutável. 2 *Fig.* volúvel, inconstante, instável. **Ex:** Mulher mutável e frívola. **A:** perseverante.

mutilar *vtd* 1 amputar, decepar, cortar. 2 *Fig.* truncar. **Ex:** Mutilar uma mensagem.

mutirão *sm* muxirão. **Ex:** Construir casas em mutirão.

mutismo V. mudez.

mutuar *vtd* 1 emprestar, ceder, entregar (por empréstimo). 2 emprestar, tomar, receber (por empréstimo). *vtd+vpr* 3 reciprocar, trocar, permutar (entre si). **Ex:** As tribos mutuavam produtos agrícolas; os inimigos mutuaram-se insultos e palavrões.

mutuca *sf Entom.* moscardo, tavão.

mútuo *sm* 1 empréstimo, suprimento. 2 troca, permuta, reciprocidade. *adj* 3 recíproco, bilateral.

muxiba *sf* 1 pelanca. 2 carne magra. 3 *Fig.* avarento, sovina, mão-de-vaca *pop*. **A:** mão-aberta.

muxibento *adj* pelancudo, enrugado, encarquilhado.

muxirão V. mutirão.

muxoxar *vi* acariciar, acarinhar, afagar, mimar, muxoxear.

muxoxear V. muxoxar.

muxoxo *sm* carícia, carinho, afago, mimo.

N

nababesco *adj* luxuoso, suntuoso, pomposo, ostentoso. **Ex:** Levar uma vida nababesca. **A:** simples.

nababo *sm* **1** *Hist.* governador, vice-rei (na Índia muçulmana). **2** ricaço, milionário, grã-fino. **A:** pobretão.

nação *sf* **1** país. **2** (*em maiús.*) Estado. **3** povo, gente. **4** pátria, terra natal, nacionalidade. *sf pl* **5** *T. bíbl.* pagãos, gentios, idólatras.

nácar *sm* **1** madrepérola. **2** cor-de-rosa, rosa, carmim.

nacarado *part+adj* anacarado, rosado, carmim, róseo.

nacarar *vtd* rosar.

nacional *adj m+f* pátrio, vernáculo, nativo. **Ex:** Língua nacional; tradições nacionais. **A:** estrangeiro.

nacionalidade *sf* **1** naturalidade. **2** V. nação.

nacionalismo *sm* patriotismo, civismo, civilismo.

nacionalista *s m+f* **1** patriota. *adj m+f* **2** patriótico, cívico. **A:** impatriótico.

nacionalizar *vtd+vpr* naturalizar(-se).

naco *sm* bocado, pedaço, teco *gír*, fatia.

nada *sm+pron* **1** nenhuma coisa, coisa nenhuma. **Ex:** Não sei de nada; nada vai me fazer mudar de idéia. *sm* **2** bagatela, ninharia, insignificância. **Ex:** Brigar por nada. *adv* **3** de jeito nenhum, de modo nenhum. **Ex:** Ele não é nada gentil com estranhos.

nadadeira *sf DE MERGULHADOR* pé-de-pato.

nadar *vi* boiar, flutuar, sobrenadar. **A:** afundar. * Estar nadando em dinheiro: ser extremamente rico. **A:** não ter onde cair morto.

nádega *sf* **1** *Anat.* nalga. *sf pl* **2** bunda *vulg*, traseiro *pop*, bumbum *pop*.

nadir *sm Astr.* **A:** zênite.

nado V. nato.

nagô *sm+adj* ioruba, iorubano.

naipe *sm* **1** *Fig.* espécie, categoria, classe. **Ex:** Não gosto de coisas desse naipe. **2** *Fig.* grupo, conjunto, série. **Ex:** Temos um naipe de opções.

naja *sf Herp.* cuspideira.

nalga V. nádega.

namorada *sf* mina *pop*, garota *pop*, pequena, xodó.

namorado *sm* **1** xodó, namoro. *part+adj* **2** meigo, amoroso, carinhoso.

namorador *sm* galanteador, galã *fam*.

namorar *vtd* **1** cortejar, galantear, requestar. **2** *Gír.* paquerar. **3** atrair, cativar, seduzir. **4** cobiçar, desejar, ambicionar. **5** olhar, observar, fitar (com insistência). *vi* **6** galantear. *vpr* **7** enamorar-se, apaixonar-se, gamar *gír*. **8** encantar-se, deleitar-se, regozijar-se. **A:** aborrecer-se.

namoricar *vtd+vi* flertar.

namorico *sm* caso, aventura, flerte.

namoro *sm* **1** *ATO* xodó, chamego, namoração. **2** *PESSOA* namorado, namorada, xodó. **3** *Gír.* paquera.

nanar *vi Inf.* dormir. **A:** despertar.

nandu V. nhandu.

nanico *sm* **1** baixinho, baixote, tampinha. **A:** gigante. *adj* **2** pequeno, baixo, anão. **A:** alto.

naniquismo V. nanismo.

nanismo *sm Med.* naniquismo. **A:** gigantismo.

não *sm* **1** negativa, recusa, negação. *adv* **2** negativo *pop*. **Ex:** Você fez o que lhe pedi? Não, ainda estou ocupado. **A:** sim (nas duas acepções).

narcótico *sm+adj* **1** *Farm.* sonífero, soporífero, hipnótico. *sm* **2** droga, entorpecente, tóxico. **Ex:** Tráfico de narcóticos.

narcotizar *vtd* **1** anestesiar, adormecer. **2** paralisar, entorpecer, insensibilizar. **3** *Fig.* entediar, aborrecer, enfadar. **A:** divertir.

narigão *sm aum* penca *pop*, bicanca *pop*, beque *pop*.

narina *sf* **1** fossa nasal, venta. *sf pl* **2** nariz *sing*, ventas.

nariz *sm* **1** narinas *pl*, ventas *pl*; *GRANDE* narigão, penca *pop*, bicanca *pop*. **2** *HUMANO* olfato; *DE ANIMAL* faro, olfato, vento.

narração *sf* narrativa, conto, lenda, história, fábula.

narrar *vtd* contar, relatar, expor, descrever.

narrativa V. narração.

nasal *adj m+f* nasalado, fanhoso, fanho, rouquenho.

nasalar V. nasalizar.

nasalizar *vtd* nasalar. **Ex:** Resfriado, nasalizava as palavras.

nascença V. nascimento.

nascente *sf* **1** fonte, manancial, mina. *sm* **2** *Geogr.* leste, oriente, levante. **A:** poente. *adj m+f* **3** iniciante, principiante. **4** *Fig.* rudimentar, incipiente, embrionário *fig.* **A:** desenvolvido.

nascer *vti* **1** descender de. **Ex:** Nasceu de família nobre. **2** proceder, vir, derivar de. **Ex:** Idéias importantes nasceram de grandes debates. *vi* **3** vir ao mundo. **A:** morrer. **4** começar, iniciar, principiar. **Ex:** Nossa empresa nasceu em 1990. **A:** terminar. **5** aparecer, surgir, despontar. **Ex:** O Sol nasceu no horizonte. **A:** desaparecer. **6** *VEGETAL* germinar, desabrochar, brotar.

nascida *sf Pop.* abscesso, tumor, furúnculo, fleimão.

nascido V. nato.

nascimento *sm* **1** nascença. **A:** morte. **2** aparecimento, começo, princípio, nascença. **A:** final.

nastro *sm* fitilho, cadarço, fita (muito estreita).

nata *sf* **1** *DO LEITE* creme. **2** *Fig.* elite, fina flor, escol. **A:** ralé.

natal *sm* **1** dia do nascimento: natalício. *adj m+f* **2** natalício. **Ex:** Dia natal. **3** pátrio, nativo. **Ex:** Terra natal.

natalício V. natal.

natividade *sf Rel.* nascimento. **Ex:** A natividade de Cristo, da Virgem Maria, de um santo.

nativo *sm+adj* **1** natural, aborígine, indígena. **A:** estrangeiro. *sm* **2** natural, oriundo, filho. **Ex:** Os nativos da capital. *adj* **3** precedente, proveniente, originário. **Ex:** Plantas nativas do Brasil. **4** pátrio, natal. **Ex:** Voltamos ao solo nativo, após anos na Europa. **A:** estrangeiro. **5** nacional, vernáculo, pátrio. **Ex:** Festas nativas. **A:** estrangeiro. **6** V. nato.

nato *adj* **1** nascido, nado. **2** inato, congênito, natural, ingênito. **Ex:** Talentos natos. **A:** adquirido.

natural *sm e adj m+f* **1** V. nativo. *sm* **2** V. nativo. **3** caráter, temperamento, índole. *adj m+f* **4** da natureza. **Ex:** Sucos naturais. **A:** artificial. **5** originário, oriundo, proveniente. **Ex:** Animais naturais da África. **6** lógico, inevitável, conseqüente. **Ex:** O erro é o resultado natural da desatenção. **A:** ilógico. **7** instintivo, involuntário, automático. **Ex:** Reação natural. **A:** consciente. **8** característico, próprio, típico. **Ex:** A inveja é natural dos incompetentes. **9** nato, congênito, inato. **Ex:** Ter aptidão natural para a música. **A:** adquirido. **10** simples, singelo, desafetado. **Ex:** Ele é presunçoso, nem um pouco natural. **A:** afetado.

naturalidade *sf* **1** nacionalidade. **2** simplicidade, singeleza, despretensão. **A:** afetação.

naturalizar *vtd+vpr* nacionalizar(-se).

natureza *sf* **1** universo. **Ex:** As leis da natureza. **2** essência, substância, âmago *fig.* **Ex:** A natureza humana. **3** espécie, tipo, sorte. **Ex:** Não temos produtos dessa natureza. **4** caráter, temperamento, gênio. **5** caráter, cunho, feição. **Ex:** Medidas de natureza financeira.

nau *sf* **1** navio, barco, embarcação. **2** tripulação, maruja, equipagem. **Ex:** A nau do petroleiro "Rei dos Mares" amotinou-se.

naufragado V. náufrago.

naufragar *vi* **1** soçobrar, afundar, ir a pique. **Ex:** O navio naufragou perto da ilha. **2** falhar, fracassar, furar *gír.* **Ex:** O plano naufragou. **A:** ter sucesso. **3** desaparecer, extinguir-se, acabar. **Ex:** Naufragaram todas as possibilidades de promoção.

naufrágio *sm* **1** soçobro. **2** fracasso, insucesso, frustração. **A:** sucesso. **3** decadência, queda, ruína. **A:** progresso.

náufrago *sm+adj* naufragado.

náusea *sf* **1** *Med.* enjôo. **2** nojo, repulsa, aversão, repugnância.

nauseabundo V. nauseante.

nauseante *adj m+f* **1** nauseabundo, enjoativo. **2** nojento, repugnante, repulsivo, nauseabundo.

nausear *vtd, vi+vpr* enjoar(-se), enojar(-se), engulhar.

nauta *sm* marinheiro, marujo, marítimo, navegante.

náutica *sf* navegação.

náutico V. naval.

naval *adj m+f* náutico, marítimo.

navalha *s m+f Pop.* barbeiro (motorista).

navalhar *vtd* **1** cortar, retalhar, talhar (com navalha). **2** *Fig.* magoar, ofender, ferir.

nave *sf* **1** *Poét.* navio, barco, embarcação. **2** nave espacial, astronave, cosmonave. **3** *Fig.* templo, igreja.

navegação *sf* **1** náutica. **2** comércio marítimo.

navegador *sm* marinheiro, marujo, navegante, marítimo, nauta.

navegante V. navegador.

navegar *vtd* singrar, sulcar, atravessar, percorrer. **Ex:** Navegar os oceanos, o espaço sideral.

navio *sm* embarcação, nau, barco; *A VAPOR* vapor, paquete. * Navio cargueiro: navio de carga, cargueiro.

nazismo *sm Hist.* hitlerismo.

neblina *sf* **1** nevoeiro, cerração, névoa. **2** escuridão, trevas *pl.* **A:** luz.

nebuloso *adj* **1** nevoento. **Ex:** A estrada nebulosa atrapalha a viagem. **A:** claro. **2** *CÉU, DIA* nublado, encoberto, fechado. **A:** sereno. **3** opaco, turvo. **Ex:** Águas nebulosas. **A:** transparente. **4** confuso, enigmático, ininteligível. **Ex:** O texto é nebuloso. **A:** claro. **5** indistinto, vago, impreciso. **Ex:** Ao longe, avistou um vulto nebuloso. **A:** distinto.

necessário **1** essencial, indispensável, fundamental. **A:** secundário. **2** inevitável, forçoso, obrigatório. **A:** desnecessário. **3** útil, proveitoso, vantajoso. **A:** inútil.

necessidade *sf* **1** indispensabilidade. **A:** dispensabilidade. **2** miséria, pobreza, penúria. **A:** fartura. **3** obrigação, dever. **4** carência, precisão. **Ex:** Necessidade de amor.

necessitado *sm+adj* **1** miserável, pobre, indigente. **Ex:** Ajuda aos necessitados. **A:** rico. *part+adj* **2** carente, precisado. **Ex:** As crianças são necessitadas de carinho.

necessitar *vtd+vti* **1** precisar, carecer *pop*, demandar, exigir. **Ex:** Necessito ajuda; necessitam de dinheiro. *vtd* **2** precisar, dever, ter de. **Ex:** Necessita esforçar-se mais.

necrologia V. necrológio.

necrológio *sm* obituário, necrologia, mortalidade.

necrópole *sf* cemitério, campo-santo, carneiro.

necropsia *sf Med. Impr.* autópsia, autopsia.

necrosar *vtd+vpr Med.* gangrenar(-se), esfacelar(-se).

necrose *sf Med.* gangrena, esfácelo.

néctar *sm Fig.* delícia, deleite, prazer, gosto.

nédio *adj* lustroso, brilhante, luzidio, reluzente. **A:** fosco.

nefando *adj* **1** abominável, odioso, detestável. **A:** adorável. **2** sacrílego, herético, ímpio. **A:** pio.

nefasto *adj* **1** de mau agouro: agourento, sinistro, infausto. **A:** propício. **2** danoso, nocivo, prejudicial. **A:** benéfico.

negaça *sf* **1** isca, chamariz, engodo. **2** engano, tapeação *pop*, logro. **3** negação, recusa, rejeição. **A:** aceitação. **4** sedução, encanto, atração.

negação *sf* **1** negativa. **A:** afirmação. **2** recusa, rejeição, desprezo. **A:** aceitação. **3** inaptidão, incompetência, incapacidade. **A:** aptidão. **4** carência, falta, ausência.

negacear *vtd* **1** enganar, tapear *pop*, lograr. **2** negar, recusar, rejeitar. **A:** aceitar. **3** seduzir, encantar, atrair.

negar *vtd* **1** contestar, contradizer, refutar. **Ex:** As provas negam a declaração da testemunha; não posso negar o que você disse. **A:** afirmar. **2** recusar, denegar, negacear. **Ex:** Negar ajuda. **A:** oferecer. **3** desmentir, desconhecer, denegar. **Ex:** O acusado negou que tivesse roubado as jóias. **A:** reconhecer. **4** proibir, vetar, impedir. **Ex:** Negar a entrada. **A:** autorizar. **5** renunciar a, desertar de, abjurar. **Ex:** O herege negou a fé cristã. *vpr* **6** recusar-se, opor-se, escusar-se. **Ex:** Negou-se a sair do carro. **A:** aceitar.

negativa *sf* **1** negação. **A:** afirmativa. **2** recusa, rejeição, negação. **A:** aceitação.

negativo *adj* **1** que exprime negação. **Ex:** Resposta negativa. **2** contrário, desfavorável, inconveniente. **Ex:** Condições negativas. **3** prejudicial, danoso, contraproducente. **Ex:** Procedimentos negativos. **4** pessimista, derrotista, cético. **Ex:** Pensamentos negativos atrapalham nossa vida. **5** nulo, ineficaz, vão. **Ex:** Empenho negativo. **6** proibitivo. **Ex:** Regra negativa. **7** suspensivo, restritivo, suspensório. **Ex:** Voto negativo. *adv* **8** *Pop.* não. **Ex:** Quer sair comigo? Negativo! **A:** positivo (acepções **1**, **2**, **3**, **4** e **8**); eficaz (acepção **5**).

negligência *sf* **1** descuido, desleixo, relaxo. **A:** diligência. **2** preguiça, indolência, vagabundagem. **A:** atividade. **3** grosseria, desatenção, desconsideração. **A:** Tratar alguém com negligência. **A:** atenção.

negligenciar *vtd* descuidar de, desleixar, descurar. **Ex:** Negligenciar seus deveres. **A:** cuidar de.

negligente *adj m+f* **1** descuidado, desleixado, relaxado. **A:** diligente. **2** preguiçoso, indolente, vagabundo. **A:** trabalhador.

nego *sm Fam.* amigo, companheiro, colega, camarada. **A:** inimigo.

negociação V. negócio.

negociante *s m+f* comerciante, mercador, mercante.

negociar *vti+vi* **1** comerciar, traficar, mercadejar. **Ex:** Negocia com carros usados. *vtd* **2** vender, alienar. **Ex:** Negociou a fazenda com o milionário. **A:** comprar. **3** comprar, adquirir. **Ex:** Negociei o automóvel. **A:** vender. **4** ajustar, contratar, pactuar. **Ex:** Negociar as condições de um acordo; negociar a paz.

negociata *sf* marmelada, mamata, ladroeira, ladroagem.

negócio *sm* **1** comércio, mercado, tráfico. **Ex:** Negócio de produtos alimentícios. **2** negociação, transação, operação comercial. **Ex:** Manter negócios com o Exterior. **3** acordo, contrato, ajuste, negociação. **4** loja, estabelecimento, casa comercial. **5** empresa, firma, companhia. **6** questão, pendência, conflito. **Ex:** Resolver um negócio. **7** *Pop.* coisa, objeto. **Ex:** Quer me passar aquele negócio ali, por favor? **8** *Pop.* coisa, troço *pop*, joça *gír.* **Ex:** Como se chama esse negócio?

negra *sf* **1** preta. **A:** branca. **2** escrava, serva, cativa. **A:** liberta. **3** *Fig.* partida decisiva.

negrada *sf* **1** negraria, negralhada. **2** *Pop.* pessoal, turma, gente. **Ex:** E então, negrada?

negralhada V. negrada.

negraria V. negrada.

negrejar *vi* escurecer, enegrecer-se, denegrir-se. **A:** branquear.

negridão V. negrura.

negro *sm* **1** *INDIVÍDUO* preto. **A:** branco. **2** escravo, servo, cativo. **A:** liberto. **3** *Poét.* escuro, escuridão, trevas *pl.* **A:** claridade. *sm+adj* **4** *COR* preto. **Ex:** O negro é a ausência de cor; panos negros. **A:** branco. *adj* **5** escuro, sombrio, obscuro. **A:** claro. **6** *Fig.* sinistro, lúgubre, sombrio. **A:** alegre. **7** *Fig.* pavoroso, horroroso, ameaçador.

negror V. negrura.

negrume *sm* **1** e **2** V. negrura. **3** cerração, nevoeiro, neblina. **3** *Fig.* tristeza, infelicidade, melancolia. **A:** alegria.

negrura *sf* **1** negridão, negror, negrume. **A:** brancura. **2** escuridão, obscuridade, trevas *pl,* negrume. **A:** claridade. **3** *Fig.* erro, falta, falha. **A:** acerto.

nem *conj adit* **1** e não, também não. **Ex:** Não fui à sua casa, nem telefonei. **2** sequer, nem sequer, nem ao menos. **Ex:** Era tão egoísta que nem visitou a amiga doente. **3** e sem. **Ex:** Sem lenço nem documento.

nenê *sm Fam.* bebê, neném, criancinha.

neném V. nenê.

nenhum *pron indef* **1** nem um. **2** qualquer. Ex: O seu amor pelos filhos é maior que o de nenhum outro pai. **3** nulo. Ex: Assunto de nenhuma importância.

neófito *sm* **1** *Ecles.* noviço. **2** novato, principiante, aprendiz. **A:** veterano.

neolatino *adj Ling.* românico, latino, romano. Ex: O francês e o português são idiomas neolatinos.

neologismo *sm* modernismo (da linguagem). **A:** arcaísmo.

néon V. neônio.

neonato *sm Med.* recém-nascido.

neônio *sm Quím.* néon.

neoplasma *sm Med.* tumor, cisto, quisto, abscesso.

nepotismo *sm* parentelismo, favorecimento, apadrinhamento, afilhadismo.

nerval V. neural.

nervo *sm* **1** *Fig.* força, robustez, vigor. **A:** fraqueza. **2** *Fig.* essência, substância, natureza. **3** *Encad.* V. nervura.

nervosidade V. nervosismo.

nervosismo *sm* irritação, mau humor, neurastenia *pop*, nervoso, nervosidade.

nervoso *sm* **1** V. nervosismo. *adj* **2** neural, nerval. **3** irritado, agitado, impaciente. **A:** calmo. **4** *Fig.* forte, robusto, vigoroso. **A:** fraco.

nervura *sf* **1** *Bot.* apenas a do meio da folha: talo. **2** *Encad.* saliência transversal nas lombadas dos livros encadernados: nervo.

néscio *sm+adj* **1** imbecil, estúpido, tolo, burro *fig*. **A:** esperto.

nesga *sf DE TERRA* faixa.

netos *sm pl* descendentes, pósteros, sucessores, vindouros. **A:** avós.

neural V. nervoso.

neuralgia *sf Med.* nevralgia.

neurálgico *adj Med.* nevrálgico.

neurastenia *sf Pop.* mau humor, irritação, nervosismo, nervoso. **A:** bom humor.

neurastênico *adj Pop.* irritado, nervoso, agitado, impaciente. **A:** calmo.

neurite *sf Med.* nevrite.

neurologia *sf Med.* nevrologia.

neurológico *adj Med.* nevrológico.

neurologista *s m+f Med.* nevrologista.

neurose *sf Med.* nevrose.

neurótico *adj Med.* nevrótico.

neutral V. neutro.

neutralidade *sf* **1** imparcialidade, isenção, justiça. Ex: Julgar com neutralidade. **A:** parcialidade. **2** insensibilidade, indiferença, frieza. **A:** sensibilidade.

neutralizar *vtd* anular, inutilizar, destruir, aniquilar. Ex: Esta substância neutraliza o veneno da cobra.

neutro *adj* **1** neutral. Ex: Manteve-se neutro na disputa. **2** imparcial, justo, isento, neutral. Ex: O juiz foi neutro. **A:** parcial. **3** insensível, indiferente, frio, neutral. **A:** sensível. **4** indefinido, vago, impreciso. **A:** definido.

nevado *part+adj* **1** coberto de neve: nevoso, nevoento. Ex: As regiões nevadas atraíam os esquiadores. **2** *Fig.* branco, alvo, níveo. Ex: Pele nevada. **A:** negro. **3** *Fig.* gélido, gelado, frígido. Ex: Ar nevado. **A:** quente.

nevar *vtd* **1** cobrir, recobrir (de neve). **2** *Fig.* gelar, esfriar, resfriar. **A:** aquecer. *vtd, vi+vpr* **3** *Fig.* embranquecer(-se), branquear, alvejar. **A:** enegrecer(-se).

neve *sf* **1** *Fig.* brancura, alvura, candura. **A:** negrura. **2** *Fig.* gelo, frio (intenso). **A:** calor. **3** *Fig.* cãs *pl*, cabelos brancos *pl*.

névoa *sf* **1** bruma, neblina, nevoeiro. **2** *Fig.* incerteza, mistério, segredo. Ex: As névoas do destino.

nevoar *vtd+vpr* enevoar(-se), anuviar(-se), nublar(-se), encobrir(-se). **A:** desenevoar(-se).

nevoeiro *sm* **1** neblina, cerração, névoa. **2** *Fig.* escuridão, sombra, trevas *pl*. **A:** claridade.

nevoento *adj* **1** nebuloso. Ex: À noite, a rua ficava escura, nevoenta e perigosa. **2** *Fig.* obscuro, incompreensível, misterioso. **A:** claro. **3** V. nevado.

nevoso V. nevado.

nevralgia V. neuralgia.

nevrálgico V. neurálgico.

nevrite V. neurite.

nevrologia V. neurologia.

nevrológico V. neurológico.

nevrologista V. neurologista.

nevrose V. neurose.

nevrótico V. neurótico.

nexo *sm* **1** ligação, conexão, vínculo. **2** lógica, coerência, congruência. **Ex:** Palavras sem nexo. **A:** incoerência.

nhandu *sm Ornit.* ema, *nandu.*

nicho *sm* **1** *EM GERAL* vão, cavidade, abertura; *PARA IMAGENS RELIGIOSAS* edícula. **2** *EM ARMÁRIO, ESTANTE* compartimento, divisão, repartição.

niilismo *sm* **1** aniquilamento, extermínio, destruição. **2** descrença absoluta.

nimbo *sm* auréola, halo, resplendor. **Ex:** Os nimbos dos anjinhos.

nimboso *adj* nublado, enevoado, nebuloso, encoberto. **Ex:** Dia nimboso. **A:** claro.

ninar *vtd* **1** embalar, acalentar. **Ex:** Ninar o bebê. *vi* **2** falando-se de crianças: dormir, nanar *inf*. **A:** despertar.

ninfa *sf* **1** *Entom.* crisálida, pupa, crisálide. **2** *Fig.* mulher bonita: beldade, bela, deusa *fig*. **A:** bruxa.

ninfomania *sf Med.* furor uterino, afrodisia (feminina).

ninguém *pron* nenhuma pessoa. **Ex:** Ninguém compareceu à reunião. **A:** todos.

ninhada *sf* **1** filhotes *pl*. **Ex:** A ninhada da gata. **2** *Fam.* filharada *pop*. **Ex:** A ninhada da nossa vizinha perturba todo mundo.

ninharia *sf* bagatela, mixaria, insignificância, futilidade.

ninho *sm* **1** habitação (de aves). **2** abrigo, refúgio, esconderijo. **3** covil, antro. **Ex:** Ninho de ladrões. **4** pátria, terra natal, torrão natal. **5** lar, casa, residência. **Ex:** Abandonou o ninho aos 18 anos.

nipônico *sm+adj* japonês.

níquel *sm Pop.* trocado, troco, dinheiro miúdo.

nitidez *sf* **1** limpidez, clareza, transparência. **A:** opacidade. **2** brilho, cintilação, fulgor. **A:** obscuridade. **3** limpeza, asseio, higiene. **A:** sujeira. **4** clareza, compreensibilidade, facilidade. **A:** confusão.

nítido *adj* **1** límpido, claro, cristalino. **A:** opaco. **2** brilhante, cintilante, fulgurante. **A:** obscuro. **3** limpo, asseado, higiênico. **A:** sujo. **4** claro, compreensível, fácil. **A:** confuso.

nitrido *sm* relincho, rincho, nitrir.

nitrir *sm* **1** V. nitrido. *vi* **2** relinchar, rinchar.

nitro *sm Quím.* salitre *pop*, nitrato de potássio.

nível *sm* **1** *Fig.* estado, situação, condição. **Ex:** O nível intelectual dos alunos deve melhorar. **2** *Fig.* gabarito, categoria, qualidade. **Ex:** Apartamentos de alto nível.

nivelar *vtd+vpr* **1** aplanar(-se), aplainar(-se), igualar(-se). **Ex:** Nivelar um terreno. **2** equiparar(-se), igualar(-se), comparar(-se). **Ex:** Não nivele as propostas, algumas são melhores que as outras. **A:** diferenciar(-se).

níveo *adj* alvo, branco, cândido, nevado. **A:** negro.

nó *sm* **1** laço, laçada. **2** *Anat.* e *Bot.* articulação (dos dedos, das folhas). **3** *Lit.* enredo, intriga, entrecho. **Ex:** O nó do romance. **4** *Fig.* obstáculo, estorvo, empecilho. **5** *Fig.* vínculo, ligação, laço. **Ex:** O nó do amor os unia.

nobiliário V. nobiliarquia.

nobiliarquia *sf* **1** tratado ou livro sobre os nobres: nobiliário. **2** V. nobreza.

nobilitar *vtd+vpr* enobrecer(-se), engrandecer(-se), honrar(-se), dignificar(-se). **A:** desonrar(-se).

nobre *s m+f* **1** aristocrata, fidalgo. **A:** plebeu. *adj m+f* **2** aristocrático, fidalgo, cavalheiresco. **A:** plebeu. **3** elevado, grande, grandioso. **Ex:** Sentimentos nobres. **A:** vil. **4** ilustre, eminente, distinto. **Ex:** Os nobres colegas do Senado. **A:** obscuro. **5** generoso, magnânimo, liberal. **Ex:** Coração nobre. **A:** mesquinho. **6** majestoso, imponente, austero. **Ex:** Entramos naquele nobre salão. **A:** simples.

nobreza *sf* **1** aristocracia, fidalguia, nobiliarquia. **A:** plebe. **2** elevação, grandeza, grandiosidade. **A:** vileza. **3** generosidade, magnanimidade, liberalidade. **A:** mesquinhez. **4** majestade, imponência, austeridade. **A:** simplicidade.

noção *sf* **1** idéia, conhecimento. **Ex:** Agora tenho noção do que devo fazer. *sf pl* **2** rudimentos, princípios, fundamentos. **Ex:** Ter noções de uma língua.

nocivo *adj* danoso, prejudicial, maléfico, daninho. **A:** benéfico.

noctâmbulo *sm+adj* **1** V. notívago. **2** sonâmbulo.

noctívago V. notívago.

nódoa *sf* 1 mancha, mácula, laivo. **Ex:** Nódoas de gordura. 2 *Fig.* desonra, infâmia, descrédito. **A:** honra.

nodoar *vtd+vpr* 1 enodoar(-se), manchar (-se), sujar(-se). **A:** limpar(-se). 2 *Fig.* desonrar(-se), infamar(-se), degradar(-se). **A:** honrar(-se).

nodoso *adj* saliente, proeminente, protuberante.

nódulo *sm* 1 nozinho. 2 *Anat.* gânglio, inchaço, tumefação.

noitada *sf* 1 V. noite. 2 insônia, vigília. 3 farra, gandaia, folia (noturna). **Ex:** Aquelas noitadas regadas a uísque estragavam sua saúde. 4 serão, trabalho noturno.

noite *sf* 1 *ESPAÇO DE TEMPO* noitada. **Ex:** Passamos noites agradáveis. **A:** dia. 2 escuridão, trevas *pl*, obscuridade. **A:** claridade. 3 *Fig.* ignorância, desconhecimento. **A:** conhecimento. 4 *Fig.* dor, sofrimento, tristeza. **A:** prazer.

noiva *sf* nubente, prometida, esposa.

noivado *sm* esponsais *pl*.

noivo *sm* nubente, esposo.

nojento *adj* repugnante, asqueroso, repulsivo, torpe. **A:** atraente.

nojo *sm* 1 repugnância, asco, repulsa. 2 náusea, enjôo. 3 mágoa, pesar, dor. **A:** prazer.

nômade *sm* 1 cigano. *adj* 2 errante, errático, vagabundo. **A:** Povos nômades. **A:** sedentário.

nome *sm* 1 denominação, título, designação. 2 apelido, alcunha, epíteto. 3 prenome, nome de batismo. 4 sobrenome, cognome. 5 reputação, fama, conceito. 6 nome feio, palavrão, obscenidade.

nomeada *sf* fama, celebridade, renome, reputação. **A:** obscuridade.

nomear *vtd* 1 indicar, apontar, designar. **Ex:** Nomear um representante. 2 criar, instituir, instaurar. **Ex:** Nomear uma comissão. *vtd+vpr* 3 chamar(-se), denominar(-se), intitular(-se).

nomenclatura *sf* 1 terminologia. **Ex:** A nomenclatura da engenharia. 2 vocabulário (de nomes). 3 lista, relação, catálogo.

nongentésimo V. noningentésimo.

noningentésimo *num* nongentésimo.

norma *sf* 1 regra, preceito, princípio. 2 exemplo, modelo, padrão.

normal *adj m+f* 1 regular. 2 comum, banal, ordinário. 3 exemplar, modelar. **A:** anormal (acepções 1 e 2).

normalidade *sf* regularidade. **A:** anormalidade.

normalizar *vtd+vpr* regularizar(-se). **Ex:** A situação normalizou-se.

norte *sm* 1 **A:** sul. 2 *Fig.* rumo, direção, orientação.

norte-americano *sm+adj* ianque, estadunidense, americano.

nortear *vtd+vpr* orientar(-se), guiar(-se), conduzir(-se). **A:** desnortear(-se).

nortista *s e adj m+f* do norte. **A:** sulista.

nós *pron pess* a gente *fam*.

nosocômio *sm* hospital.

nostalgia *sf* saudade.

nostálgico *adj* saudoso.

nota *sf* 1 anotação, lembrete, apontamento. 2 marca, sinal. 3 *ESCOLAR* média. **Ex:** Tirar notas altas. 4 cédula. **Ex:** Paguei o lanche com uma nota de dez. 5 comunicado, comunicação, notícia. **Ex:** Uma pequena nota no jornal de hoje anunciou seu casamento. 6 *MUSICAL* som. 7 conta, fatura. **Ex:** Foi muito alta a nota do restaurante. 8 atenção, observação, reparo. **Ex:** Fatos dignos de nota. 9 crítica, censura, observação. **Ex:** Fez notas sobre as falhas do meu trabalho. **A:** elogio. 10 *Pop.* dinheiro, grana *gír*, gaita *gír*. **Ex:** Ganhou uma nota pelo trabalho.

notabilizar *vtd+vpr* destacar(-se), distinguir(-se), evidenciar(-se), salientar(-se), sobressair(-se).

notado V. notável.

notar *vtd* 1 anotar, apontar, registrar. 2 marcar, assinalar, sinalar. 3 perceber, atentar, reparar em. **Ex:** Notei sua presença. 4 rascunhar, esboçar, delinear. 5 criticar, censurar, advertir. **Ex:** Notaram o seu mau procedimento. **A:** elogiar.

notário *sm* tabelião, escrivão *pop*.

notável *adj m+f* 1 ilustre, importante, eminente. **Ex:** Personagens notáveis. **A:** obscuro. 2 extraordinário, considerável, significativo. **Ex:** O paciente apresentou uma notável melhora de saúde. **A:** insignificante.

notícia *sf* **1** nova, novidade. **2** informação, conhecimento, informe. **3** comunicado, comunicação, aviso. **4** resumo, síntese, sinopse. **5** nota, observação, apontamento.

noticiar *vtd* **1** anunciar, avisar, comunicar. **2** divulgar, difundir, publicar.

noticiário *sm* jornal, telejornal, noticioso.

noticioso V. noticiário.

notificar *vtd* **1** comunicar, avisar, informar. **2** *Dir.* citar, intimar, emprazar.

notívago *sm+adj* noctâmbulo, noturno, *noctívago*. **Ex:** Animais notívagos.

notoriedade *sf* fama, celebridade, renome, popularidade. **A:** obscuridade.

notório *adj* público, conhecido, sabido, manifesto. **A:** desconhecido.

noturno *adj* da noite. **A:** diurno.

nova V. novidade.

novato *sm* **1** aprendiz, principiante, noviço. **2** *EM ESCOLA* calouro, bicho *gír.* **A:** veterano. *adj* **3** ingênuo, inexperiente, inocente. **A:** malicioso.

novela *sf* **1** narrativa, história, romance. **2** telenovela. **3** intriga, mexerico, fuxico.

noveleiro V. novelista.

novelesco *adj* romanesco, fabuloso, fantástico, fictício.

novelista *s m+f* **1** noveleiro. **Ex:** O novelista escreveu uma história de grande sucesso. **2** mexeriqueiro, fuxiqueiro, fofoqueiro *pop.*

novelo *sm Fig.* confusão, embrulhada, desordem, labirinto.

noviciado *sm* aprendizagem, aprendizado, estágio, tirocínio.

noviciar *vti* estrear, iniciar-se, começar em. **Ex:** O menino noviciou nas artes plásticas por influência dos pais.

noviço *sm* **1** *Ecles.* neófito. **2** aprendiz, novato, principiante. **A:** veterano. *adj* **3** inexperiente, novato, imperito. **A:** experiente.

novidade *sf* **1** notícia, nova. **2** inovação, revolução. **Ex:** O artista introduziu novidades na pintura. **3** imprevisto, dificuldade, contratempo. **Ex:** O jogo transcorreu sem novidades. **4** originalidade, singularidade, estranheza. **A:** banalidade.

novilho *sm Zootec.* bezerro, vitelo, garrote.

novilúnio *sm Astr.* lua nova.

novo *adj* **1** recente, moderno, fresco. **A:** antigo. **2** moço, jovem, juvenil. **A:** velho. **3** inédito, desconhecido, inaudito. **Ex:** Novas teorias. **A:** conhecido. **4** original, singular, estranho. **A:** banal. **5** inexperiente, principiante, imperito. **A:** experiente. **6** mudado, reformado, emendado.

nu *sm* **1** *Bel.-art.* nu artístico. **Ex:** O artista pintou nus célebres. *adj* **2** despido, desnudo, pelado. **A:** vestido. **3** descalço. **Ex:** Caminhava com os pés nus. **A:** calçado. **4** descoberto, exposto. **Ex:** Testa nua. **A:** coberto. **5** *TERRENO* sem vegetação: escalvado, estéril, árido. **6** desfolhado. **Ex:** Árvore nua. **7** desenfeitado, simples, desataviado. **Ex:** A empregada dormia num quarto nu e apertado. **A:** enfeitado. **8** privado, desprovido, destituído. **Ex:** Nu de interesse pelo trabalho. **A:** provido. **9** evidente, claro, patente. **Ex:** Verdade nua e crua. **A:** oculto. **10** simples, natural, singelo. **A:** afetado.

nuança *sf* matiz, nuance, gradação. **Ex:** Nuança de cores, de sentido.

nuance V. nuança.

nubente *s m+f HOMEM* noivo; *MULHER* noiva, prometida, esposa.

núbil *adj m+f* em idade de casar: casadouro, casadeiro, casadoiro.

nublado *part+adj* **1** *CÉU, DIA* enevoado, encoberto, fechado. **A:** claro. **2** triste, aflito, preocupado. **A:** alegre.

nublar *vtd+vpr* **1** *CÉU, DIA* anuviar(-se), encobrir(-se), escurecer(-se). **A:** desanuviar(-se). **2** entristecer(-se), afligir(-se), magoar(-se). **A:** alegrar(-se).

nuca *sf Anat.* cangote, cachaço, toutiço, cogote.

nuclear *adj m+f Fís.* atômico. **Ex:** Energia nuclear, bomba nuclear.

núcleo *sm* **1** centro. **Ex:** O núcleo da célula. **2** centro, sede, eixo. **Ex:** O exército atacou a cidade, que era o núcleo da rebelião.

nudez *sf* **1** nudeza. **Ex:** A nudez da mulher ofendia as crianças. **2** privação, falta, carência, ausência. **A:** abundância. **3** simplicidade, singeleza, naturalidade. **A:** afetação.

nudeza V. nudez.

nulidade *sf* **1** invalidade, invalidez. **A:** validade. **2** frivolidade, futilidade, insignificância. **A:** seriedade. **3** ninharia, mixaria, bagatela. **4** *INDIVÍDUO* joão-ninguém, zero *fig.* **Ex:** Fulano é uma nulidade, um imprestável.

nulificar *vtd* anular, invalidar, cancelar, revogar. **A:** validar.

nulo *adj* **1** nenhum. **Ex:** Sua importância é nula. **2** inválido. **Ex:** Voto nulo. **A:** válido. **3** inútil, vão, ineficaz. **Ex:** Seu empenho foi nulo. **A:** útil. **4** incapaz, inábil, inapto. **A:** capaz. **5** frívolo, fútil, vão. **A:** sério. **6** preguiçoso, apático, indolente. **A:** ativo.

numeral V. numérico.

numerar *vtd* **1** indicar por números: enumerar. **Ex:** Numerou as caixas de 1 a 6 e guardou-as no armário. **2** calcular, contar, computar. **Ex:** É impossível numerar quantas estrelas há no céu. **3** incluir, inserir, colocar. **Ex:** Numeram-no entre os homens mais influentes da política.

numerário *sm* dinheiro, moeda.

numérico *adj* numeral.

número *sm* **1** *Mat.* algarismo, cifra. **2** total, conta, soma. **3** quantidade, parte, porção. **Ex:** O número dos candidatos aprovados. **4** abundância, monte, quantidade. **5** multidão, turma, povo. **6** *DE ESPETÁCULO* quadro, cena, esquete. **7** exemplar. **Ex:** O número 100 da revista esgotou em dois dias. **8** fascículo. **9** classe, categoria, rol. **Ex:** Ele não está incluído no número dos irresponsáveis. **10** *Poét.* e *Lit.* harmonia, cadência. **Ex:** O número das palavras de uma oração. Número fracionário *Mat.*: número quebrado.

numeroso *adj* **1** abundante, copioso, farto. **A:** escasso. **2** *Poét.* e *Lit.* harmonioso, cadenciado, compassado. **A:** descompassado.

numismata *s m+f* monetário. **Ex:** O numismata coleciona moedas, estudando-as.

nunca *adv* jamais, em tempo algum, em tempo nenhum. **A:** sempre.

núncio *sm* mensageiro, emissário, portavoz, enviado.

núpcias *sf pl* casamento *sing*, matrimônio *sing*, enlace *sing*, boda *sing*. **A:** divórcio *sing*.

nutrição *sf* **1** ato ou efeito de nutrir: nutrimento, alimentação. **2** aquilo que nutre: alimento, sustento, nutrimento.

nutrido *part+adj* gordo, robusto, forte, farto. **A:** magro.

nutriente V. nutritivo.

nutrimento V. nutrição.

nutrir *vtd+vpr* **1** alimentar(-se), sustentar (-se), manter(-se). **Ex:** O fazendeiro nutria os cavalos; os náufragos nutriam-se apenas de frutas e peixe. *vtd* **2** educar, instruir, ensinar. **3** estimular, alimentar, promover. **A:** desestimular. **4** *NO ÍNTIMO* sentir, guardar, trazer. **Ex:** Nutria por ele grande admiração.

nutritivo *adj* nutriente, alimentício, alimentar. **Ex:** Substâncias nutritivas.

nutriz *sf Poét.* ama, ama-de-leite, babá (que amamenta).

nuvem *sf* **1** *Fig.* escuridão, obscuridade, trevas *pl.* **A:** claridade. **2** *Fig.* monte, torrente, enxurrada *fig.* **Ex:** Uma nuvem de insetos penetrou nas casas. **3** *Fig.* tristeza, mágoa, pesar. **A:** alegria.

O

o *pron dem m* **1** aquele. **Ex:** Lembrou-se de Carlos, o que era seu vizinho. **2** aquilo. **Ex:** Diga-me o que está pensando. *pron pess obl m* **3** ele. **Ex:** Convidei-o para a festa.

oásis *sm, sing+pl Fig.* alívio, consolo, refrigério, prazer.

obcecação *sf* **1** ofuscação. **2** *Fig.* cegueira, loucura, perturbação. **A:** lucidez.

obcecar *vtd* **1** cegar, ofuscar. **2** *Fig.* cegar, alucinar, enlouquecer, perturbar.

obedecer *vti* **1** seguir, ouvir, escutar. **Ex:** Obedeça a seus pais. **2** cumprir, executar, desempenhar. **Ex:** Obedecer a ordens superiores. **3** respeitar, cumprir, acatar. **Ex:** Obedecer à lei. **4** ceder, submeter-se, curvar-se. **Ex:** Obedecer à vontade de alguém. **A:** desobedecer (nas quatro acepções).

obediência *sf* submissão, sujeição, disciplina, respeito. **A:** desobediência.

obediente *adj m+f* submisso, disciplinado, respeitoso, dócil. **A:** desobediente.

obesidade *sf* gordura, adiposidade, banha, adipose. **A:** magreza.

obeso *adj* **1** gordo, adiposo, balofo. **A:** magro. **2** barrigudo, pançudo *pop*, ventrudo.

óbice *sm* obstáculo, impedimento, embaraço, estorvo.

óbito *sm* morte, falecimento, desaparecimento, passamento. **A:** nascimento.

obituário *sm* necrológio, necrologia, mortalidade.

objeção *sf* **1** oposição, rejeição, resistência. **A:** apoio. **2** contestação, contradição, réplica. **A:** aceitação. **3** obstáculo, problema, impedimento. **Ex:** A falta de dinheiro não era objeção aos seus planos.

objetar *vtd+vti* **1** opor-se a, rejeitar, contrapor-se a. **Ex:** Objetou o encerramento da reunião. **A:** apoiar. **2** contrapor, refutar, contestar. **A:** aceitar.

objetivar *vtd* **1** pretender, tencionar, planejar. **Ex:** Os sócios objetivam realizar uma assembléia. **2** materializar, concretizar.

objetivo *sm* **1** meta, finalidade, alvo *fig*, objeto. **Ex:** Tem o sucesso como objetivo. *adj* **2** prático, lógico, racional. **Ex:** Dados objetivos. **A:** subjetivo. **3** imparcial, isento, neutro. **A:** parcial.

objeto *sm* **1** coisa. **Ex:** Pôs os objetos na caixa. **2** assunto, matéria, tema. **3** V. objetivo.

oblação *sf* **1** *Rel.* oferenda, sacrifício. **2** dádiva, oferta, oferecimento.

oblíquo *adj* **1** transversal, diagonal, enviesado. **2** inclinado, pendente, declive. **3** sinuoso, tortuoso, curvo. **4** *Fig.* malicioso, ardiloso, astuto. **A:** ingênuo.

obliterar *vtd* **1** suprimir, eliminar, excluir. **A:** incluir. **2** apagar, extinguir. **3** *Med.* entupir, tapar, fechar. **Ex:** Obliterar um canal. **A:** desentupir.

oblongo *adj* **1** alongado. **2** oval, ovular, ovóide.

óbolo *sm* esmola, donativo.

obra *sf* **1** ação, ato, feito. **2** resultado, produto, fruto. **3** *Mús.* composição. **4** *Lit.* e *Bel.-art.* trabalho, produção. **5** construção, edifício, prédio. **6** defecação, evacuação, dejeção.

obrar *vtd* **1** executar, realizar, fazer. **2** tramar, armar, maquinar. *vti* **3** labutar, lidar, trabalhar. **Ex:** Obrar com as mãos. *vi* **4** agir, proceder, atuar. **5** *Pop.* defecar, evacuar, cagar *vulg*.

obreira *sf* **1** operária, trabalhadora. **2** *Entom.* operária, abelha-operária.

obreiro *sm* operário, trabalhador, empregado, artífice.

obrigação *sf* 1 dever, incumbência, encargo. 2 trabalho, ofício, emprego. 3 favor, gentileza, fineza. **Ex:** Não lhe devo obrigação nenhuma. 4 *Contab.* débito, despesa, dívida. **A:** crédito.

obrigado *part+adj* 1 agradecido, grato, reconhecido. **A:** ingrato. 2 necessário, forçoso, obrigatório. **A:** desnecessário.

obrigar *vtd* 1 forçar, constranger, coagir. **A:** desobrigar. 2 empenhar, comprometer. **Ex:** Obrigar a palavra. **A:** desempenhar. 3 estimular, impelir, incitar. **A:** desestimular. 4 atrair, cativar, seduzir. **A:** afastar. *vtd+vpr* 5 endividar(-se), empenhar(-se). **A:** desobrigar-se. *vpr* 6 responsabilizar-se por, garantir, afiançar. 7 prometer, comprometer-se a, ficar de. **Ex:** Obrigou-se a retornar imediatamente.

obrigatório *adj* forçoso, necessário, imprescindível, impreterível. **A:** opcional.

obscenidade *sf* 1 indecência, imoralidade, pouca-vergonha. **A:** decência. 2 palavrão, nome feio. **Ex:** O bêbado entrou, dizendo obscenidades.

obsceno *adj* indecente, indecoroso, imoral, sórdido, sujo. **A:** decente.

obscurecer *vtd, vi+vpr* 1 escurecer(-se), toldar(-se), ensombrar(-se). **A:** clarear. 2 confundir(-se), embaralhar(-se), baralhar(-se). **Ex:** A dor obscureceu suas idéias. 3 *Fig.* entristecer(-se), magoar(-se), afligir(-se). **A:** alegrar(-se). *vtd* 4 perturbar, cegar, obcecar. **Ex:** Obscurecer a mente de alguém. 5 ofuscar, sobrepujar, suplantar. **Ex:** Sua participação no concurso obscureceu os demais concorrentes.

obscuridade *sf* 1 escuridão, trevas *pl*, negrume. **A:** claridade. 2 confusão, ambigüidade, incerteza. **Ex:** A obscuridade de um texto. **A:** clareza. 3 anonimato, esquecimento. **Ex:** O poeta não conseguia saltar da obscuridade para a fama. **A:** celebridade.

obscuro *adj* 1 escuro, sombrio, tenebroso. **A:** claro. 2 incompreensível, confuso, ininteligível. **A:** claro. 3 desconhecido, anônimo. **A:** conhecido. 4 indistinto, indefinido, vago. **A:** distinto. 5 oculto, secreto, escondido. **A:** claro.

obsedar *vtd* 1 afligir, atormentar, angustiar. **Ex:** Essa idéia me obseda. 2 importunar, perturbar, incomodar. **Ex:** Obsedar os vizinhos.

obsequiar *vtd* 1 favorecer, ajudar, beneficiar. **A:** desfavorecer. 2 presentear, brindar, mimosear.

obséquio *sm* favor, fineza, gentileza.

obsequioso *adj* 1 prestativo, serviçal, prestadio. **A:** egoísta. 2 amável, gentil, delicado. **A:** grosso.

observação *sf* 1 cumprimento, obediência, prática, observância. **Ex:** A observação dos preceitos religiosos. **A:** desobediência. 2 contemplação, admiração. 3 estudo, exame, análise. 4 advertência, crítica, repreenda. **Ex:** Fazer uma observação sobre alguém. **A:** elogio. 5 nota, anotação, comentário.

observância V. observação.

observar *vtd* 1 admirar, contemplar, olhar. **Ex:** Observar a paisagem. 2 notar, perceber, ver. **Ex:** Observei que estava cansada. 3 espiar, espreitar, espionar. **Ex:** Os agentes secretos observavam os inimigos. 4 cumprir, obedecer a, respeitar. **Ex:** Observar as leis. **A:** descumprir. 5 estudar, examinar, analisar. 6 advertir, criticar, repreender. **A:** elogiar.

observatório *sm* mirante.

obsessão *sf* 1 tormento, perseguição, opressão. 2 mania, fixação, idéia fixa.

obsesso *part+adj* atormentado, perseguido, importunado, oprimido.

obsoleto *adj* desusado, antiquado, arcaico, antigo. **A:** moderno.

obstáculo *sm* impedimento, embaraço, empecilho, transtorno, dificuldade.

obstar *vtd+vti* 1 impedir, embaraçar, estorvar. **A:** facilitar. *vti* 2 opor-se, contrapor-se, objetar a. **Ex:** Obstou à implantação do sistema. **A:** apoiar.

obstetra *s m+f Med.* tocólogo.

obstetrícia *sf Med.* tocologia.

obstinação *sf* 1 perseverança, persistência, tenacidade. **A:** inconstância. 2 mania, paixão, fanatismo. **A:** indiferença.

obstinado *adj* 1 perseverante, persistente, tenaz. **A:** inconstante. 2 maníaco, apaixonado, fanático. **A:** indiferente. **3** intransigente, inflexível, irredutível. **A:** transigente.

obstinar-se *vpr* teimar, persistir, perseverar, aferrar-se. **A:** desistir de.

obstrução *sf* **1** entupimento, bloqueio, fechamento. **2** *Med.* entupimento, oclusão, opilação. **A:** desobstrução (nas duas acepções).

obstruir *vtd* **1** *CAMINHO, PASSAGEM* bloquear, fechar, entupir. **2** impedir, atrapalhar, estorvar. **A:** desobstruir (nas duas acepções).

obtemperar *vti+vi* obedecer, sujeitar-se, submeter-se, ceder. **A:** desobedecer.

obtenção *sf* consecução, conseguimento, conquista, aquisição. **A:** perda.

obter *vtd* alcançar, conseguir, conquistar, ganhar. **Ex:** Obteve o que desejava; obteve a ajuda necessária. **A:** perder.

obturar *vtd* **1** *DENTE* chumbar *pop.* **2** entupir, obstruir, tapar, fechar. **A:** desobstruir.

obtuso *adj* **1** *OBJETO* arredondado, rombo, rombudo. **A:** agudo. **2** *INDIVÍDUO* estúpido, burro *fig*, tapado. **A:** inteligente.

obumbração *sf* **1** escurecimento. **A:** clareação. **2** escuridão, sombra, trevas *pl.* **A:** claridade. **3** *Fig.* paixão, obstinação, mania.

obumbrar *vtd+vpr* **1** escurecer(-se), ensombrar(-se), enegrecer(-se). **A:** clarear. **2** nublar(-se), anuviar(-se), encobrir(-se). **A:** desanuviar(-se). *vtd* **3** *Fig.* obcecar, enlouquecer, desvairar.

obviar *vtd+vti* **1** remediar, reparar, consertar. **Ex:** Obviar um (ou a um) mal. **2** evitar, fugir a, desviar-se de. *vti* **3** opor-se, objetar, contrapor-se a. **A:** apoiar.

óbvio *adj* **1** claro, evidente, patente. **Ex:** Por motivos óbvios, não posso aceitar seu convite. **A:** obscuro. **2** indiscutível, incontestável, irrefutável. **Ex:** Conclusão óbvia. **A:** discutível.

ocasião *sf* **1** oportunidade, ensejo, lance. **Ex:** Aproveite a ocasião. **2** circunstância, situação, estado. **Ex:** Em certas ocasiões, perde o controle.

ocasional *adj m+f* casual, eventual, acidental, fortuito. **A:** previsto.

ocasionar *vtd+vti* **1** causar, provocar, motivar. **Ex:** Isso ocasionou a nossa desistência; você nos ocasionará muitos problemas com tal procedimento. *vpr* **2** acontecer, ocorrer, realizar-se.

ocaso *sm* **1** *Astr.* poente, pôr-do-sol, crepúsculo. **2** *Geogr.* ocidente, oeste, poente. **A:** oriente. **3** *Fig.* decadência, declínio, ruína. **Ex:** Ocaso de um império. **A:** ascensão. **4** *Fig.* fim, final, término. **Ex:** O ocaso da vida. **A:** início.

oceânico *adj* marítimo, marinho, pelágico. **A:** terrestre.

oceano *sm* **1** mar, pélago. **2** *Fig.* imensidão, imensidade, monte. **Ex:** O ladrão escondeu-se naquele oceano de árvores e arbustos.

ocidental *s e adj m+f* do ocidente. **Ex:** Alguns ocidentais se interessam pelas religiões do oriente; o hemisfério ocidental. **A:** oriental.

ocidente *sm Geogr.* oeste, poente, ocaso. **A:** oriente.

ócio *sm* **1** descanso, repouso, folga. **2** lazer, tempo livre, vagar. **3** preguiça, indolência, moleza, ociosidade. **4** vadiagem, vagabundagem, vadiação, ociosidade. **A:** trabalho (acepções **1**, **2** e **4**); atividade (acepção **3**).

ociosidade V. ócio.

ocioso *adj* **1** preguiçoso, indolente, mole. **A:** ativo. **2** vadio, vagabundo, desocupado. **A:** ocupado. **3** improdutivo, inútil, vão. **Ex:** Debate ocioso. **A:** produtivo. **4** supérfluo, desnecessário, dispensável. **Ex:** Coisas ociosas. **A:** essencial.

oclusão *sf* **1** fechamento. **A:** abertura. **2** *Med.* obstrução, entupimento, opilação. **A:** desobstrução.

oco *adj* **1** vazio, vácuo, vão. **A:** cheio. **2** escavado, cavado, côncavo. **A:** convexo. **3** *Fig.* frívolo, insignificante, reles. **A:** importante.

ocorrência *sf* **1** fato, acontecimento, evento. **2** circunstância, ocasião, situação.

ocorrer *vti+vi* **1** acontecer, suceder, dar-se, verificar-se. **Ex:** Ocorreram acidentes graves; ocorreu-me um fato interessante. *vti* **2** vir à mente: acudir, acorrer. **Ex:** Agora não me ocorre o nome do livro.

octangular V. octogonal.

octingentésimo *num* octogentésimo.

octogentésimo V. octingentésimo.

octogonal *adj m+f Geom.* octangular, octógono, oitavado.

octógono V. octogonal.

ocular *adj m+f* **1** óptico, ótico. **2** *TESTEMUNHA* presencial. **Ex:** Testemunha ocular de um crime.

oculista *s m+f* **1** *Med.* oftalmologista. **2** fabricante ou vendedor de óculos: óptico, ótico.

ocultar *vtd+vpr* **1** esconder(-se), encobrir(-se). **Ex:** Ocultou os doces no armário; ocultou-se na mata. **A:** mostrar(-se). *vtd* **2** disfarçar, dissimular, encobrir. **Ex:** Ocultou a raiva que sentia. **A:** manifestar. **3** sonegar, esconder, guardar. **Ex:** Ocultar informações, bens. **A:** mostrar.

oculto *adj* **1** escondido, encoberto, escuso. **A:** patente. **2** desconhecido, ignorado, incógnito. **A:** conhecido. **3** secreto, misterioso, esotérico *fig.* **A:** público.

ocupação *sf* **1** posse. **2** emprego, profissão, ofício. **3** trabalho, serviço, atividade. **A:** ociosidade. **4** *Mil.* invasão, conquista, tomada. **A:** desocupação.

ocupar *vtd* **1** apoderar-se, apossar-se, apropriar-se de. **Ex:** Os exploradores ocupavam grandes extensões de terras. **A:** desfazer-se de. **2** exercer, desempenhar. **Ex:** Ocupar um cargo, uma função. **3** levar, consumir, exigir. **Ex:** Essa atividade ocupa todo o nosso tempo. **4** *Mil.* invadir, conquistar, tomar. **Ex:** O inimigo ocupou as cidades da fronteira. **A:** desocupar. **5** tomar, encher, preencher. **Ex:** Os quadros ocupavam toda a parede do quarto. **6** empregar, aproveitar, usar. **Ex:** Ocupar bem os horários de lazer. *vpr* **7** cuidar, tratar, tomar conta de. **Ex:** Ocupar-se das crianças. **A:** abandonar. **8** dedicar-se, entregar-se, empenhar-se. **Ex:** Ocupar-se dos estudos.

ode *sf* poema, poesia, hino.

odiar *vtd* **1** detestar, abominar, execrar. **A:** amar. *vpr* **2** detestar-se, abominar-se. **A:** amar-se.

odiável V. odioso.

odiento *adj* rancoroso. **A:** afetuoso.

ódio *sm* **1** rancor, raiva, gana. **A:** amor. **2** aversão, antipatia, repulsa. **A:** simpatia.

odioso *adj* detestável, abominável, execrável, repelente, odiável. **A:** adorável.

odontologista *s m+f* dentista, cirurgião-dentista, odontólogo.

odontólogo V. odontologista.

odor *sm* **1** *EM GERAL* cheiro, olor. **2** *AGRADÁVEL* perfume, aroma, fragrância. **A:** fedor.

odorante *adj m+f* cheiroso, perfumado, aromático, odorífero, odorífico. **A:** fétido.

odorífero V. odorante.

odorífico V. odorante.

odre *sm* **1** saco de couro (para líquidos). **2** *Pop.* beberrão, esponja *fig.*, pau-d'água *pop.*

oeste *sm Geogr.* ocidente, poente, ocaso. **A:** leste.

ofegante *adj m+f* **1** esbaforido, arquejante, esbofado. **2** cansado, exausto, esgotado. **A:** descansado.

ofegar *vi* arquejar, arfar, anelar, esbaforir-se.

ofego *sm* **1** arquejo, arfagem, anelação. **2** cansaço, exaustão, esgotamento. **A:** descanso.

ofender *vtd* **1** insultar, ultrajar, afrontar. *vtd+vpr* **2** magoar(-se), melindrar(-se), ferir(-se). **3** escandalizar(-se), indignar(-se), revoltar(-se). **4** ferir(-se), lesar(-se), machucar(-se).

ofensa *sf* **1** insulto, ultraje, afronta. **2** mágoa, ressentimento, melindre. **3** pecado, transgressão, falta.

ofensiva *sf* ataque, investida, assalto, acometida. **A:** defensiva.

ofensivo *adj* **1** agressivo. **A:** defensivo. **2** danoso, prejudicial, nocivo. **A:** benéfico.

oferecer *vtd* **1** presentear, ofertar, brindar, dar. **Ex:** Ofereceu balas às crianças. **2** dedicar, ofertar, consagrar. **Ex:** Ofereceu a canção à namorada. **3** apresentar, expor, mostrar. **Ex:** Oferecer um espetáculo. **4** proporcionar, facultar, possibilitar. **Ex:** As oportunidades que a vida nos oferece. **5** imolar, sacrificar, vitimar. **Ex:** Os antigos ofereciam animais aos deuses. *vpr* **6** dar-se, entregar-se, ofertar-se. **Ex:** Ofereceu-se ao marido. **7** apresentar-se, propor-se, prestar-se. **Ex:** O padre ofereceu-se como refém. **8** arriscar-se, expor-se, aventurar-se. **Ex:** Oferecer-se a um perigo.

oferecimento *sm* **1** V. oferta. **2** *EM LIVRO, ETC.* dedicatória.

oferenda *sf* **1** *Rel.* oferta, sacrifício, oblação. **2** V. oferta.

oferta *sf* **1** oferecimento, oferenda, presente, dádiva. **2** V. oferenda.

ofertar V. oferecer.

oficial *sm* **1** empregado, funcionário. **2** operário, trabalhador, obreiro. *adj m+f* **3** público. **Ex:** Cargos oficiais. **A:** privado. **4** solene, formal, cerimonioso. **A:** informal.

oficina *sf* laboratório, gabinete. * Oficina mecânica: garagem, garage.

ofício *sm* **1** cargo, emprego, função. **Ex:** Ofício público. **2** trabalho, profissão, ganha-pão. **Ex:** Ofício de padeiro. **3** encargo, incumbência, missão. **Ex:** Seu ofício é resolver esse problema.

oficioso *adj* **1** prestativo, serviçal, obsequioso. **2** confidencial, particular, privado. **Ex:** Informação oficiosa. **A:** oficial.

ofídio *sm* cobra, serpente, víbora, áspide.

oftalmologista *s m+f Med.* oculista.

ofuscação *sf* **1** *DA VISÃO* ofuscamento, deslumbramento, escurecimento. **2** *Fig.* deslumbramento, fascínio, encantamento, ofuscamento.

ofuscamento V. ofuscação.

ofuscar *vtd* **1** *LUZ* cegar, deslumbrar, encandear. **Ex:** Bateu o carro quando os faróis do ônibus o ofuscaram. **2** encobrir, ocultar, esconder. **Ex:** A névoa ofuscava o castelo. **A:** descobrir. **3** *Fig.* suplantar, superar, sobrepujar. **Ex:** Sua beleza ofuscava a das outras moças. *vtd+vpr* **4** escurecer, obscurecer(-se), toldar(-se). **A:** clarear. **5** *Fig.* deslumbrar(-se), fascinar(-se), encantar(-se).

oiro V. ouro.

oitavado V. octogonal.

oiteiro V. outeiro.

ojeriza *sf* aversão, antipatia, repulsa, ódio. **A:** simpatia.

oleado *sm* encerado, lona (impermeabilizada).

olear *vtd* azeitar, untar, besuntar, ungir.

oleicultor *sm Agr.* olivicultor.

oleicultura *sf Agr.* olivicultura.

óleo *sm* **1** *DE OLIVA, ALGODÃO, SOJA, ETC.* azeite. **2** gordura, unto, graxa. **3** pintura (a óleo). **Ex:** De que pintor é esse óleo magnífico? * Óleo essencial ou óleo volátil *Farm.*: essência. * Óleo de rícino: óleo de mamona.

oleoso *adj* gorduroso, untuoso, engordurado, gordo.

olfação V. olfato.

olfato *sm HUMANO* olfação; *DE ANIMAL* faro, vento, ventas *pl.*

olhada V. olhadela.

olhadela *sf Pop.* olhada, espiada.

olhar *sm* **1** visão, vista, olho. *vtd, vti+vpr* **2** contemplar(-se), mirar(-se), fitar(-se). **Ex:** Olhou a rua; olhamos para cima e vimos o avião; ao levantar, olhava-se no espelho. *vtd* **3** examinar, observar, estudar. **Ex:** Olhar as estrelas. **4** julgar, considerar, reputar. **Ex:** Olhava as atitudes do amigo como falta de consideração. *vtd+vti* **5** considerar, pesar, avaliar. **Ex:** Olhe o que vai fazer para não se arrepender depois; olhava para o futuro com esperança. **6** cuidar de, velar por, tomar conta de. **Ex:** Olhava as crianças da vizinha; Deus olha por nós.

olheiro *sm* **1** vigia. **2** nascente, fonte, manancial (de água).

olho *sm* **1** olhar, vista, visão. **Ex:** Voltou os olhos para o céu. **2** buraco da agulha. **3** *DO QUEIJO, DE MASSAS* furo, orifício, buraco. **4** *Bot.* broto, rebento, renovo. **Ex:** Olhos de batata, cenoura, cebola. **5** olho-d'água, lacrimal. **6** *Fig.* atenção, cuidado, cautela. **A:** descuido. * Olho de lince ou olho de águia: visão penetrante. * Olho gordo *Pop.*: inveja, ciúme. * Olho vivo: esperteza, inteligência, sagacidade.

olho-d'água V. olho.

Olimpíadas *sf Esp.* Jogos Olímpicos.

olímpico *adj* **1** *Fig.* divino, celeste, sobrenatural. **A:** terreno. **2** *Fig.* sublime, excelente, magnífico. **A:** ruim.

oliva *sf* **1** *Bot.* azeitona. **2** *Bot.* oliveira.

olival V. oliveiral.

olivedo V. oliveiral.

oliveira V. oliva.

oliveiral *sm Agr.* olival, olivedo.

olivicultor 444 ontem

olivicultor *sm Agr.* oleicultor.
olivicultura *sf Agr.* oleicultura.
olmeiro V. olmo.
olmo *sm Bot.* olmeiro, ulmo.
olor *sm* 1 *Poét.* cheiro, odor. 2 *Poét.* perfume, aroma, fragrância. **A:** fedor.
oloroso *adj Poét.* perfumado, cheiroso, aromático, odorante. **A:** fétido.
olvidar *vtd* 1 desaprender, esquecer. **A:** aprender. *vtd+vpr* 2 esquecer(-se), deslembrar(-se). **A:** lembrar(-se).
olvido *sm* 1 esquecimento, deslembrança. **A:** lembrança. 2 *Poét.* descanso, repouso, ócio.
ombrear *vti+vpr* equiparar-se, comparar-se, igualar-se, nivelar-se. **Ex:** Não pode ombrear (ou ombrear-se) com o irmão.
ombreira *sf* 1 *DE PORTA OU JANELA* batente, umbral. 2 entrada, porta, portal.
ombro *sm* 1 *Anat.* espádua, espalda *ant.* 2 *Fig.* força, energia, vigor. **A:** fraqueza. 3 *Fig.* esforço, aplicação, empenho. **A:** negligência.
omeleta (ê) V. omelete.
omelete (é) *sf* fritada, omeleta.
omissão *sf* 1 falha, lacuna, imperfeição. **A:** qualidade. 2 esquecimento, preterição. 3 descuido, desleixo, negligência. **A:** cuidado.
omisso *adj* 1 falho, defeituoso, imperfeito. **A:** perfeito. 2 descuidado, desleixado, negligente. **A:** cuidadoso.
omitir *vtd* 1 pular, excluir, esquecer. **Ex:** No depoimento, a testemunha omitiu alguns detalhes que poderiam implicar seus amigos. **A:** incluir. 2 descuidar de, desleixar, negligenciar. **Ex:** Omitiu alguns passos essenciais do processo, e fracassou. **A:** cuidar de. 3 esquecer, postergar, preterir. **Ex:** Quando fez a lista, omitiu convidados importantes. *vpr* 4 eximir-se, esquivar-se, furtar-se. **Ex:** Presenciou toda aquela injustiça, e assim mesmo omitiu-se quando lhe pediram ajuda.
omoplata *sf Anat.* escápula.
onça *sf* 1 *Zool.* onça-pintada, jaguar. *adj m+f* 2 valente, corajoso, destemido. **A:** covarde. * Ficar uma onça: enfurecer-se, zangar-se, irritar-se. **A:** acalmar-se.

onça-pintada V. onça.
onda *sf* 1 vaga. 2 ondulação. **Ex:** As ondas dos seus cabelos. 3 *Fig.* torrente, afluência, abundância. **Ex:** Uma onda de crianças entrou correndo no estádio. 4 *Fig.* agitação, tumulto, rebuliço. **A:** ordem. 5 *Fig.* confusão, embrulhada, complicação. 6 *Gír.* fingimento, dissimulação, falsidade. **Ex:** Não acredito nisso, é pura onda. 7 *Gír.* barato, curtição. **Ex:** É a maior onda, cara!
onde *adv* 1 em que lugar. **Ex:** Não sei onde está minha carteira; onde você estava quando a procurei? *pron rel* 2 em que, no qual, na qual. **Ex:** Esta é a casa onde moravam nossos avós.
ondeado V. ondulado.
ondeante V. ondulado.
ondear *vtd+vi* 1 ondular. **Ex:** Ondear os cabelos. 2 agitar(-se), tremular, ondular. **Ex:** O vento ondeia as bandeiras; o estandarte da tropa ondeava. *vi* 3 serpentear, ziguezaguear, ondular. **Ex:** O rio ondeia na planície. 4 propagar-se, difundir-se, ondular. **Ex:** O som ondeia pelo ar.
ondulado *adj* 1 ondeado. **Ex:** Superfície ondulada. **A:** liso. 2 ondeante, ondulante, ondulatório, onduloso. **Ex:** Movimento ondulado.
ondulante V. ondulado.
ondular V. ondear.
ondulatório V. ondulado.
onduloso V. ondulado.
onerar *vtd* 1 sobrecarregar, carregar, sobrepesar. **A:** aliviar. 2 oprimir, molestar, vexar.
oneroso *adj* 1 pesado, dispendioso, custoso. **A:** barato. 2 incômodo, desagradável, aborrecido. **A:** agradável. 3 árduo, penoso, duro. **A:** fácil.
ônibus *sm, sing+pl* coletivo. * Ônibus elétrico: trólebus.
onipotente *sm* 1 (*em maiús.*) Deus, o Senhor, o Todo-poderoso. *adj m+f* 2 todo-poderoso.
onipresença *sf* ubiquidade, ubiquação.
onipresente *adj m+f* ubíquo.
ontem *adv* 1 no dia anterior. 2 antigamente, dantes, outrora. **A:** hoje (nas duas acepções).

ônus *sm, sing+pl* **1** carga, peso. **2** obrigação, dever, responsabilidade. **3** imposto, tributo, encargo (altos).

opaco *adj* **1** fosco, turvo. **A:** transparente. **2** escuro, sombrio, obscuro. **Ex:** A mata fechada e opaca.

opalescente V. opalino.

opalino *adj* opalescente. **Ex:** Nuvens opalinas, leitosas e azuladas.

opção *sf* **1** escolha, preferência, predileção. **Ex:** Qual a sua opção? **2** escolha, alternativa, possibilidade. **Ex:** Não tenho opção, preciso aceitar tudo como está. **A:** imposição.

opcional *adj* facultativo, dispensável, arbitrário. **A:** obrigatório.

open (ingl.: ôpen) V. *open market*.

open market (ingl.: ôpen márket) *sm Fin.* mercado aberto, *open*.

operação *sf* **1** *Med.* cirurgia, intervenção cirúrgica. **2** *Mat.* cálculo, conta. **3** *Com.* negócio, transação, comércio.**3** *Mil.* manobra, exercício.

operador *sm Med.* cirurgião.

operar *vtd* **1** executar, fazer, realizar, efetuar. **Ex:** O gerente operou uma importante mudança na loja. **2** utilizar, manobrar, manejar. **Ex:** Operar um equipamento. *vti+vi* **3** agir, atuar, trabalhar. **Ex:** A empresa vai operar no ramo da construção civil. *vpr* **4** acontecer, realizar-se, suceder.

operária *sf* **1** obreira, trabalhadora. **2** *Entom.* obreira, abelha-operária.

operário *sm* obreiro, trabalhador, artífice, empregado.

opérculo *sm Med.* tampão.

operoso *adj* **1** diligente, esforçado, trabalhador. **A:** negligente. **2** difícil, penoso, trabalhoso. **A:** fácil.

opilação *sf* **1** *Med.* obstrução, entupimento, oclusão. **A:** desopilação. **2** *Med.* amarelão *bras*, ancilostomose, ancilostomíase.

opilar *vtd Med.* obstruir, entupir, embaraçar, empachar. **A:** desopilar.

opinar *vtd* julgar, achar, considerar, entender.

opinativo *adj* discutível, duvidoso, incerto, contestável. **A:** indiscutível.

opinião *sf* **1** conceito, idéia, ponto de vista. **Ex:** Discorda de minhas opiniões sobre o assunto. **2** parecer, avaliação, juízo. **Ex:** A opinião de um especialista. **3** presunção, suposição, hipótese. **Ex:** Sua opinião de que nosso time vai ganhar é absurda. **4** capricho, teimosia, teima. **Ex:** Menina de muita opinião.

oponente *s m+f* **1** adversário, rival, competidor, opositor. **A:** aliado. *adj m+f* **2** contrário, oposto, antagônico, opositor.

opor *vtd+vpr* impugnar, objetar, obstar-se, contrapor-se a. **A:** apoiar.

oportunidade *sf* **1** ensejo, ocasião, lance, conjuntura. **2** apropriação, adequação, conveniência. **A:** inoportunidade.

oportuno *adj* **1** *NO TEMPO* tempestivo. **2** apropriado, adequado, conveniente. **A:** inoportuno (nas duas acepções).

oposição *sf* **1** dificuldade, impedimento, obstáculo. **2** objeção, negação, resistência. **Ex:** Declarou sua oposição ao plano. **A:** apoio. **3** discordância, contraste, divergência. **Ex:** A oposição entre termos diferentes. **A:** concordância. **4** *Polít.* **Ex:** A oposição conseguiu a maioria na assembléia. **A:** situação.

opositor V. oponente.

oposto *sm* **1** contrário, inverso. **Ex:** Fiz o oposto do que me ordenaram. *adj* **2** contrário, inverso, antagônico. **3** discordante, contrastante, divergente. **A:** concordante.

opressão *sf* **1** tirania, prepotência, violência. **A:** benevolência. **2** humilhação, vexame, afronta. **3** abatimento, prostração, fraqueza. **A:** energia. **4** asfixia, sufocação, afogamento.

opressivo V. opressor.

opressor *sm* **1** tirano, déspota, ditador. *sm+adj* **2** prepotente, dominador. *adj* **3** opressivo, oprimente.

oprimente V. opressor.

oprimir *vtd* **1** tiranizar, dominar. **2** humilhar, vexar, afrontar. **3** apertar, pressionar, comprimir. **A:** desapertar. **4** sobrecarregar, carregar, onerar. **A:** desoprimir. **5** afligir, atormentar, molestar. **6** destruir, aniquilar, esmagar.

opróbrio *sm* **1** abjeção, vileza, torpeza. **A:** dignidade. **2** vergonha, desonra, infâmia. **A:** honra. **3** afronta, injúria, ofensa. **A:** elogio.

optar *vtd+vti* escolher, preferir, decidir-se por, eleger. **Ex:** Optaram abandonar a casa; optaram pela segunda proposta; optar entre dois perigos.

óptica *sf* **1** *Fís. ótica.* **2** *Fig.* ponto de vista, perspectiva, conceito, *ótica.* **Ex:** Na óptica dos mais velhos.

óptico *sm* **1** fabricante ou vendedor de óculos: oculista, *ótico.* *adj* **2** ocular, *ótico.* **Ex:** Nervo óptico.

opulência *sf* **1** riqueza. **A:** pobreza. **2** exuberância, abundância, fartura. **A:** escassez. **3** grandeza, magnificência, esplendor. **A:** modéstia. **4** luxo, pompa, fausto. **A:** singeleza. **5** corpulência, obesidade. **A:** magreza.

opulentar *vtd+vpr* **1** engrandecer(-se), ampliar(-se), aumentar. **A:** escassear. **2** enriquecer(-se). **A:** empobrecer(-se).

opulento *adj* **1** rico, abastado, endinheirado. **A:** pobre. **2** exuberante, abundante, farto. **Ex:** Flora opulenta. **A:** pobre. **3** grande, magnífico, esplêndido. **A:** modesto. **4** luxuoso, pomposo, faustoso. **Ex:** Vivia num opulento castelo nas montanhas. **A:** singelo. **5** encorpado, forte, desenvolvido. **Ex:** Mulheres opulentas. **A:** franzino.

opúsculo *sm* folheto, brochura.

ora *adv* **1** agora, neste instante, neste momento. *conj coord* **2** agora, ou, já. **Ex:** Ora nos dá toda a atenção, ora nos ignora. * Por ora: por enquanto, até agora.

oração *sf* **1** *Gram.* proposição, sentença. **2** *Rel.* prece, reza, súplica. **3** *Ret.* discurso, fala, elocução. **4** *Rel.* sermão, pregação, prédica.

oráculo *sm* profecia, previsão, predição, prognóstico.

oral *adj m+f* **1** relativo à boca: bucal. **2** verbal. **Ex:** Tradição oral, exame oral. **A:** escrito. **3** expresso pela voz: vocal, verbal.

orar *vti+vi* **1** rezar. **Ex:** Orou ao santo de sua devoção; estavam na igreja, orando. *vi* **2** discursar, falar (em público).

oratória *sf Ret.* retórica, eloquência.

oratório *sm* capela, edícula.

orbe *sm* **1** globo, globo terrestre, terra. **2** planeta, astro, corpo celeste. **3** mundo, universo.

orbicular *adj m+f* **1** em forma de esfera: esférico, globular, redondo. **2** em forma de círculo: circular, redondo, encíclico.

órbita *sf* **1** *Anat.* cavidade ocular. **2** *Fig.* campo, âmbito, esfera. **Ex:** Órbita de ação. * Fora de órbita: louco, doido, maluco.

orçamental V. orçamentário.

orçamentário *adj* orçamental. **Ex:** Previsão orçamentária.

orçamento *sm* cálculo, cômputo, estimativa, avaliação.

orçar *vtd* **1** calcular, computar, estimar. *vti* **2** beirar. **Ex:** O homem orça por seus 40 anos. **3** chegar a, montar a, alcançar. **Ex:** O valor da despesa orçava a muitos milhões.

ordeiro *adj* **1** pacífico, pacato, sossegado. **A:** desordeiro. **2** organizado, metódico, diligente. **Ex:** Estudante ordeiro. **A:** desorganizado.

ordem *sf* **1** arrumação, arranjo, disposição, ordenação. **Ex:** O chefe aprovou a ordem dos objetos no armário; aqui está tudo em ordem. **A:** desordem. **2** disciplina, organização. **Ex:** Mantenha a ordem na sala de aula. **A:** indisciplina. **3** determinação, mando, prescrição, ordenação. **Ex:** Obedecer às ordens do patrão. **4** tipo, categoria, espécie. **Ex:** Tivemos problemas de toda ordem. **5** *SOCIAL* classe, posição, hierarquia. **Ex:** A ordem dos militares. **6** *Ecles.* confraria, congregação, comunidade. **Ex:** A ordem dos Franciscanos. **7** companhia, sociedade, grupo. **Ex:** Uma ordem de cavalaria. **8** *Com.* encomenda, pedido. **9** lei, regra, norma. **10** série, sequência, sucessão. **Ex:** Houve uma ordem de fatos desagradáveis.

ordenação *sf* ato de pôr em ordem: ordenamento, arrumação, disposição, organização, arranjo. **Ex:** Interrompemos a ordenação dos livros por falta de tempo. **A:** desarrumação.

ordenado *sm* **1** salário, remuneração, vencimento. *part+adj* **2** *COISA* metódico, organizado, sistemático. **Ex:** Trabalho ordenado. **A:** desordenado.

ordenamento V. ordenação.

ordenança *sf* **1** *Mil.* regimento, lei, regulamento. *s m+f* **2** *Mil.* soldado, praça.

ordenar *vtd* **1** arrumar, arranjar, dispor. **A:** desordenar. *vtd, vti+vi* **2** mandar, determinar, prescrever. **Ex:** Ordenou a sua expulsão do grupo; ordenaram à empregada que limpasse a cozinha; o rei ordenou, e deve ser obedecido.

ordenhar *vtd* mungir. **Ex:** Ordenhar vacas, cabras.

ordinário *sm* **1** canalha, patife, verme. *adj* **2** habitual, usual, comum. **Ex:** Fatos ordinários. **A:** incomum. **3** freqüente, regular, repetido. **Ex:** Esse tipo de comemoração é ordinária por aqui. **A:** raro. **4** fajuto, vagabundo, ruim. **Ex:** Serviu-nos um uísque ordinário, mas jurou que era escocês legítimo. **A:** bom. **5** medíocre, péssimo, vulgar. **Ex:** Trabalho ordinário. **A:** ótimo. **6** vil, baixo, reles. **Ex:** Sujeito ordinário. **A:** nobre. **7** grosseiro, mal-educado, indelicado. **A:** gentil.

orégano *sm Bot.* orégão.

orégão V. orégano.

orelha *sf Anat.* ouvido.

orelhão *sm* **1** puxão de orelhas. **2** *Med.* caxumba, parotidite, trasorelho. **3** telefone público.

orelhudo *sm* **1** *Zool. Pop.* morcego. *adj* **2** *Pop.* estúpido, tapado, burro *fig.* **A:** inteligente. **3** teimoso, obstinado, cabeçudo.

orfanato *sm* **1** estado de órfão: orfandade. **2** asilo. **3** *Fig.* abandono, desamparo, desproteção, orfandade. **A:** amparo.

orfandade V. orfanato.

órfão *adj* **1** *Fig.* abandonado, desamparado, desprotegido. **A:** amparado. **2** *Fig.* privado, carente, desprovido. **Ex:** Órfão de recursos. **A:** farto.

orgânico *adj* **1** animal. **A:** inorgânico. **2** vegetal. **A:** inorgânico. **3** fundamental, básico, essencial. **A:** secundário.

organismo *sm* **1** *Fisiol.* corpo. **Ex:** Isso faz mal ao organismo. **2** e **3** V. organização.

organização *sf* **1** ordem, arrumação, arranjo. **Ex:** Terminamos hoje a organização dos arquivos. **A:** desorganização. **2** estrutura, conformação, organismo. **Ex:** A complexa organização de um ser vivo. **3** entidade, associação, sociedade, organismo. **Ex:** Organizações internacionais como a ONU.

organizar *vtd* **1** arrumar, arranjar, ordenar. **A:** desorganizar. *vpr* **2** constituir-se, formar-se, compor-se.

órgão *sm* **1** *DE MECANISMO* peça, parte. **2** jornal, periódico, gazeta. **3** revista, magazine. **4** intermediário, representante, meio. **Ex:** Esse político foi o órgão da insatisfação popular.

orgasmo *sm* gozo, gozação.

orgia *sf* **1** bacanal, suruba, surubada. **2** *Fig.* desordem, caos, anarquia. **3** *Fig.* desperdício, esbanjamento, dissipação. **Ex:** Fizeram uma orgia na verba. **A:** economia. **4** *Fig.* profusão, abundância, fartura. **Ex:** Uma orgia de cores e formas. **A:** escassez.

orgíaco *adj* orgiástico, bacanal, devasso, bacântico.

orgiástico V. orgíaco.

orgulhar *vtd+vpr* envaidecer(-se), ensoberbecer(-se), assoberbar(-se), enfatuar(-se). **A:** envergonhar(-se).

orgulho *sm* **1** amor-próprio, dignidade, brio. **2** *EXAGERADO* vaidade, presunção, arrogância. **A:** humildade.

orgulhoso *adj* **1** digno, honrado, brioso. **2** *EXAGERADAMENTE* vaidoso, presunçoso, arrogante. **A:** humilde.

orientação *sf* **1** direção, guia, rumo, norte *fig.* **2** tendência, inclinação, disposição. **Ex:** Seu pronunciamento revelou a orientação direitista do partido.

orientador *sm* **1** mestre, guia, dirigente. **2** professor, educador, mentor.

oriental *s e adj m+f* do oriente. **Ex:** Os orientais gostam de meditação; o hemisfério oriental. **A:** ocidental.

orientar *vtd* **1** conduzir, encaminhar, dirigir. **Ex:** Orientamos os viajantes até o aeroporto. **A:** desorientar. **2** *MORALMENTE* guiar, aconselhar, encaminhar. **Ex:** Os pais devem orientar as crianças. **A:** desorientar. *vpr* **3** guiar-se, regular-se, governar-se. **Ex:** Orientava-se pelos conselhos dos mais velhos. **4** dirigir-se, ir, encaminhar-se. **Ex:** Orientar-se para a saída.

oriente *sm* leste, levante, este, nascente. **A:** ocidente.

orifício *sm* **1** buraco, furo, abertura. **2** *Anat.* ducto, canal, conduto.

origem *sf* **1** começo, princípio, início. **Ex:** A origem da religião cristã. **2** fim. **2** procedência, proveniência. **Ex:** Produtos de origem japonesa. **3** naturalidade, nacionalidade. **Ex:** A cantora é de origem portuguesa. **4** ascendência, linhagem, estirpe. **Ex:** Ela é de origem nobre. **5** causa, motivo, razão. **Ex:** Seu erro foi a origem do fracasso de nosso plano. **A:** efeito.

original *sm* **1** modelo, protótipo, paradigma. **A:** cópia. *adj m+f* **2** primitivo, primeiro, primordial. **Ex:** Pecado original. **3** autêntico, verdadeiro, genuíno. **Ex:** Assinatura original. **A:** falso. **4** inédito, novo, desconhecido. **Ex:** O roteiro deste filme não é original. **A:** conhecido. **5** esquisito, extravagante, excêntrico. **Ex:** Pessoa original. **A:** normal. **6** genial, extraordinário, admirável. **Ex:** Mas que idéia mais original! **A:** comum.

originalidade *sf* **1** esquisitice, extravagância, excentricidade. **A:** normalidade. **2** novidade, singularidade. **A:** banalidade.

originar *vtd* **1** causar, provocar, ocasionar; *FRUTOS, RESULTADOS* gerar, dar, produzir. *vpr* **2** derivar, vir, provir de. **Ex:** Essa palavra origina-se do inglês.

originário *adj* **1** *COISA* oriundo, proveniente, procedente. **Ex:** Planta originária da Ásia. **2** *PESSOA* descendente. **Ex:** É originário de família pobre. **3** *PESSOA* oriundo, nativo, natural. **Ex:** Papai é originário da Espanha. **4** original, primitivo, primordial. **A:** derivado.

orilha *sf* borda, beira, margem, orla. **Ex:** A orilha da estrada.

oriundo V. originário.

orla *sf* **1** borda, rebordo, orladura. **2** margem, beira, orladura. **Ex:** A orla do rio. **3** enfeite que contorna algo: cercadura, barra, guarnição. **4** *DE TECIDO* fímbria, borda, beira.

orladura V. orla.

orlar *vtd* **1** enfeitar em volta: debruar, guarnecer, adornar. **2** margear, ladear, marginar. **3** circundar, cercar, rodear.

ornamentação V. ornamento.

ornamentar *vtd+vpr* enfeitar(-se), adornar(-se), adereçar(-se), embelezar(-se), ornar(-se). **A:** desenfeitar(-se).

ornamento *sm* **1** *ATO* ornamentação. **2** enfeite, adorno, ornato.

ornar *vtd+vpr* **1** V. ornamentar. *vtd* **2** glorificar, engrandecer, enobrecer. **A:** humilhar.

ornato *sm* enfeite, adorno, ornamento, adereço.

ornear V. ornejar.

ornejar *vi* zurrar, ornear, azurrar *pop.*

ornejo *sm* zurro.

orquestra *sf* *Mús.* filarmônica, sinfônica.

orquestrar *vtd* **1** *Mús.* instrumentar. *vtd+vpr* **2** *Fig.* combinar(-se), harmonizar(-se), coadunar(-se). **A:** desarmonizar(-se).

ortodoxia *sf* **1** qualidade de ortodoxo. **A:** heterodoxia. **2** rigor, rigidez, severidade. **A:** flexibilidade.

ortodoxo *sm+adj* **1** que segue a ortodoxia. **A:** heterodoxo. *adj* **2** rigoroso, rígido, severo. **A:** flexível.

ortografar *vtd* escrever, grafar (corretamente).

ortografia *sf* **1** *Gram.* escrita correta. **A:** cacografia. **2** *Gram.* maneira de escrever as palavras: grafia.

orvalhar *vtd+vi* **1** rociar. **Ex:** A umidade da noite orvalhou as plantas; ao amanhecer, orvalhava. *vtd* **2** borrifar, respingar, aspergir. *vtd+vpr* **3** molhar(-se), umedecer(-se), banhar(-se). **A:** secar(-se). *vi* **4** chuviscar, garoar, peneirar.

orvalho *sm* **1** rocio, aljôfar, aljofre. **2** chuvisco, garoa, chuvisqueiro.

oscilação *sf* **1** balanço, balouço, embalo. **2** alteração, mudança, variação. **Ex:** Oscilação de temperatura. **3** hesitação, vacilação, dúvida. **A:** decisão.

oscilar *vtd+vi* **1** balançar, baloiçar, abalançar. **Ex:** O vento oscilava as roupas do varal; o pêndulo oscilava, fazendo ruído. *vti* **2** alterar-se, variar, passar. **Ex:** Seu humor oscilava da maior euforia à extrema depressão. *vti+vi* **3** hesitar, vacilar, titu-

bear. **Ex:** Oscilar entre uma coisa e outra;
é decidido, nunca oscila. **A:** decidir-se.

oscular *vtd* beijar.

ósculo *sm* beijo.

ossada *sf* **1** porção de ossos: ossaria. **2** esqueleto, carcaça, ossatura, arcabouço. **Ex:**
Os cientistas encontraram ossadas de animais pré-históricos. **3** restos *pl*, destroços *pl*,
escombros *pl*. **Ex:** A ossada de um barco.

ossaria V. ossada e ossuário.

ossatura *sf* **1** V. ossada. **2** arcabouço, armação, estrutura. **Ex:** A ossatura de um edifício. **3** estrutura, organização, disposição.
Ex: A ossatura de uma história.

osso *sm Fig.* dificuldade, problema, empecilho, estorvo.

ossuário *sm* depósito de ossos humanos: ossaria, carneiro.

ostensivo *adj* visível, evidente, claro, patente, ostensório. **A:** oculto.

ostensório V. ostensivo.

ostentação *sf* **1** alarde, exibição. **2** luxo,
pompa, suntuosidade. **A:** singeleza. **3** vaidade, presunção, vanglória. **A:** modéstia.

ostentar *vtd* **1** exibir, alardear, pompear.
Ex: A princesa ostentava suas jóias. *vpr* **2**
exibir luxo: pompear, luxar, garrir. **3** mostrar-se, gabar-se, exibir-se.

ostentoso *adj* **1** luxuoso, pomposo, suntuoso. **A:** singelo. **2** vaidoso, presunçoso, afetado. **A:** modesto.

ostracismo *sm* **1** *Hist.* desterro, banimento,
exílio. **A:** repatriação. **2** expulsão, exclusão, proscrição. **A:** admissão.

otário *sm+adj Pop.* tonto, tolo, simplório,
ingênuo. **A:** espertalhão.

ótica V. óptica.

ótico *adj* **1** auditivo. **2** *DA VISÃO* V. óptico.

otimismo *sm* esperança. **A:** pessimismo.

otimista *adj m+f* esperançoso. **A:** pessimista.

ótimo *adj* excelente, superior, sublime, perfeito. **A:** péssimo.

otomano *sm+adj* turco.

ou *conj coord* **1** quando repetida: ora, já,
quer. **Ex:** Ou usa roupas extravagantes, ou
fala o que não deve, mas sempre dá vexame. **2** isto é. **Ex:** Falaremos sobre a eloqüência, ou a arte de bem falar.

ourela *sf* **1** beira, beirada, borda. **Ex:** A casa
ficava na ourela da floresta. **2** enfeite no
contorno ou beirada: debrum, guarnição,
orla.

ouriçar *vtd, vi+vpr* **1** eriçar(-se), arrepiar(-se),
levantar(-se). *vpr* **2** *Gír.* agitar-se, animar-se,
entusiasmar-se. **A:** desanimar-se.

ouriço-cacheiro *sm Zool.* porco-espinho
impr.

ouro *sm* **1** oiro. **Ex:** Anéis de ouro. **2** dinheiro, gaita *gír*, arame *pop*, oiro. **3** *Fig.*
riqueza, opulência, oiro. **A:** pobreza.

ouro-pretano *s e adj m+f* de Ouro Preto
(MG): ouro-pretense.

ouro-pretense V. ouro-pretano.

ousadia *sf* **1** coragem, bravura, valentia. **A:**
covardia. **2** atrevimento, insolência, petulância. **A:** respeito.

ousado *adj* **1** corajoso, bravo, destemido.
Ex: O ousado cavaleiro salvou a heroína.
A: covarde. **2** atrevido, insolente, petulan-
te. **Ex:** Sujeitinho ousado. **A:** respeitoso.

ousar *vtd* **1** atrever-se, arriscar-se, aventurar-se a. **Ex:** Ousou enfrentar o inimigo,
que era mais poderoso. **2** tentar, empreender, intentar. **Ex:** Ousou a escalada de uma
altíssima montanha.

outdoor (ingl.: autdór) *sm* cartaz.

outeiro *sm* colina, morro, elevação, oiteiro.

outonal *adj m+f* outonal. **Ex:** Temperatura
outonal.

outoniço V. outonal.

outono *sm Fig.* decadência, declínio, ruína,
derrocada. **A:** ascensão.

outorga *sf* **1** concessão, cessão. **A:** recusa. **2**
permissão, consentimento, licença. **A:**
negação.

outorgar *vtd* **1** conceder, dar, conferir. **Ex:**
Outorgar privilégios. **A:** recusar. *vtd+vti* **2**
concordar com, permitir, consentir em.
Ex: Outorgar uma solicitação; ele não outorga com nossa partida. **A:** negar.

outrem *pron indef* **1** outro, outra pessoa. **2**
outros, outras pessoas. **Ex:** Não respeitava
as opiniões de outrem.

outro *pron indef* **1** diferente, diverso, distinto. **Ex:** Nossa situação já é outra. **A:** mesmo. **2** novo, segundo. **Ex:** Deu-lhe um outro conselho. **3** imediato, seguinte, poste-

rior. **Ex:** Chegarão de uma hora para a outra. *pron indef pl* **4** demais, restantes. **Ex:** Meus irmãos estão aí, mas os outros ainda não chegaram.

outrora *adv* antigamente, antes, noutro tempo. **Ex:** Outrora éramos mais ricos.

outrossim *adv* também, além disso, ainda, além do mais. **Ex:** Ofereceu-nos abrigo, ajuda e outrossim a sua compreensão.

ouvido *sm* **1** *Anat.* orelha. **2** audição. **Ex:** Ela tem bom ouvido.

ouvir *vtd+vi* **1** escutar. **Ex:** Ouvi quase tudo; pobre vovó, já não ouve. *vtd* **2** *CONSELHO, ETC.* atender, seguir, escutar. **Ex:** Ouça os mais velhos. **3** *Dir.* interrogar, inquirir. **Ex:** Ouvir uma testemunha. **4** *EM AUDIÊNCIA* atender, receber. **Ex:** O presidente ouvirá os embaixadores agora.

ovação *sf* aclamação, aplauso, aprovação, saudação. **A:** vaia.

ovacionar *vtd* aclamar, aplaudir, aprovar, saudar. **A:** vaiar.

oval *adj* ovular, ovóide, oblongo.

ovelha *sf* **1** carneira. **2** *Ecles. Fig.* paroquiano. **Ex:** O padre cuida muito bem de suas ovelhas. **A:** pastor.

ovelhum V. ovino.

over (ingl.: ôver) V. *overnight*.

overdose (ingl.: overdôuz) *sf* **1** superdose. **2** *Fig.* excesso, exagero. **Ex:** Às vezes, a

overdose de notícias sobre um mesmo assunto aborrece os leitores. **Obs.:** É muito mais comum a pronúncia aportuguesada (*overdóze*).

overnight (ingl.: overnáit) *sm Fin. over.* **Ex:** Aplicar no *overnight*.

oviário *sm* **1** V. ovil. **2** malhada, rebanho (de ovelhas).

ovil *sm* oviário, redil, aprisco, curral (de ovinos).

ovino *sm* **1** carneiro; *NOVO* cordeiro; *FÊMEA* ovelha. *adj* **2** ovelhum. **Ex:** O fazendeiro criava gado ovino.

ovo *sm* **1** *Fig.* princípio, origem, germe *fig. sm pl* **2** *Vulg.* testículos, bagos *vulg.*

ovóide V. oval.

ovular V. oval.

oxalá *interj* tomara, quem dera.

oxidar *vtd+vpr* enferrujar(-se), oxigenar (-se). **Ex:** A umidade oxidou os talheres; as peças da máquina oxidaram-se. **A:** desenferrujar(-se).

óxido *sm* ferrugem.

oxigenar *vtd* **1** *CABELOS* clarear, descolorir, tingir. **2** *Fig.* fortalecer, revigorar, fortificar. **A:** enfraquecer. *vtd+vpr* **3** V. oxidar.

oxítono *adj Gram.* agudo. **Ex:** "Vovó" é palavra oxítona.

P

pá *sf Gír.* monte, montão, batelada, enxurrada *fig.* **Ex:** Tenho uma pá de amigos.

paca *sm+adj* **1** *Fig.* bobo, boboca, tolo, idiota. **A:** sabido. *adv* **2** *Gír.* muito, bastante. **Ex:** Gostei paca do filme. **A:** pouco.

pacato *adj* pacífico, sossegado, tranqüilo, sereno. **Ex:** Pessoa pacata; lugar pacato. **A:** agitado.

pachola *s m+f* **1** preguiçoso, vagabundo, indolente. **A:** trabalhador. *adj m+f* **2** presunçoso, pretensioso, vaidoso. **A:** modesto.

pacholice *sf* **1** preguiça, vagabundagem, indolência. **A:** atividade. **2** presunção, pretensão, vaidade. **A:** modéstia.

pachorra *sf* **1** lentidão, vagareza, lerdeza. **A:** rapidez. **2** paciência, resignação, conformação. **A:** revolta.

pachorrento *adj* **1** lento, vagaroso, lerdo. **A:** rápido. **2** paciente, resignado, conformado. **A:** revoltado.

paciência *sf* **1** calma, tranqüilidade, serenidade. **A:** impaciência. **2** V. pachorra. **3** perseverança, persistência, constância. **4** meticulosidade, precisão, escrúpulo. **A:** superficialidade.

paciente *s m+f* **1** *Med.* doente, enfermo. *adj m+f* **2** calmo, tranqüilo, sereno. **A:** impaciente. **3** V. pachorrento. **4** perseverante, persistente, constante. **Ex:** Trabalhador paciente. **5** meticuloso, minucioso, preciso. **Ex:** Trabalho paciente. **A:** superficial. **6** que sofre uma ação. **A:** agente.

pacificar *vtd+vpr* acalmar(-se), tranqüilizar(-se), serenar(-se), apaziguar(-se). **A:** intranqüilizar(-se).

pacífico *adj* **1** calmo, tranqüilo, sereno. **A:** briguento. **2** incontestável, indiscutível, irrefutável. **Ex:** Ponto pacífico. **A:** contestável.

paço *sm* **1** *LUGAR* palácio, corte (de rei ou bispo). **2** *PESSOAS* corte, cortesãos *pl*, palacianos *pl*.

paçoca *sf Fig.* misturada, miscelânea, confusão, salada.

pacote *sm* **1** embrulho, fardo, trouxa. **2** *Econ.* e *Polít.* medidas *pl*, decretos *pl*. *sm pl* **3** *Gír.* dinheiro *sing*, grana *gír sing*, cobre *pop sing*.

pacto *sm* acordo, trato, ajuste, convenção.

pactuar *vtd* **1** tratar, combinar, ajustar. **Ex:** Os presos pactuaram a fuga. *vti* **2** condescender, transigir, contemporizar com. **Ex:** Não pactuaremos com o inimigo.

padaria *sf* **1** panificadora, panificação. **2** *Vulg.* nádegas *pl*, traseiro *pop*, bunda *vulg*.

padecer *vtd, vti+vi* **1** sofrer. **Ex:** Padece uma (ou de uma) doença cardíaca; há meses que padece. *vtd* **2** suportar, tolerar, agüentar. **Ex:** Não padece ofensas.

padecimento *sm* **1** sofrimento, tormento, pena. **A:** prazer. **2** doença, enfermidade, moléstia.

padieira *sf* verga, torça, torçado (de porta ou janela).

padiola *sf* **1** maca. **2** *Liturg.* andor, charola.

padrão *sm* **1** *DE PESOS E MEDIDAS* medida, módulo. **2** modelo, exemplo, norma. **Ex:** O costureiro copiava o padrão europeu. **3** qualidade, categoria, gabarito. **Ex:** Apartamento de alto padrão. **4** desenho. **Ex:** Os padrões de um tecido.

padre *sm* sacerdote, clérigo, presbítero, eclesiástico. * Santo Padre *Rel.*: Papa, Pontífice, Sumo Pontífice.

padrear *vi* procriar, reproduzir-se, multiplicar-se. **Obs.:** Usa-se para cavalos, burros, etc.

padre-nosso *sm Rel.* pai-nosso.

padrim V. padrinho.

padrinho *sm* **1** padrim *pop.* **Ex:** Padrinho de casamento, de batismo. **2** *DE FORMATURA* paraninfo. **3** *Fig.* patrono, defensor, padroeiro, protetor.

padroeiro V. padrinho.

padronizar *vtd* estandardizar.

paetê *sm* lantejoula, lantejoila, lentejoula.

paga *sf* **1** V. pagamento. **2** recompensa, retribuição.

pagamento *sm* **1** paga, satisfação, pago. **2** remuneração, ordenado, salário. **3** prestação, parcela, cota.

paganismo *sm* **1** idolatria. **2** politeísmo. **A:** monoteísmo. **3** pagãos *pl*, infiéis *pl*, gentios *pl*.

pagão *sm+adj* **1** idólatra, gentio. **2** politeísta. **A:** monoteísta.

pagar *vtd* **1** *DÍVIDA, COMPROMISSO* satisfazer. **2** custear, bancar, financiar. **Ex:** Pagou os estudos do filho. **3** compensar, contrabalançar, contrapesar. **Ex:** Tantos elogios não pagam o esforço que fiz. **4** *PROMESSA* cumprir, realizar, satisfazer. **A:** descumprir. *vtd+vti* **5** recompensar, gratificar, premiar. **6** retribuir. **Ex:** Pagar na mesma moeda. **7** expiar, resgatar, reparar. **Ex:** Pagar os pecados, pelos erros dos outros. *vpr* **8** indenizar-se, ressarcir-se, reembolsar-se.

página *sf* **1** face. **Ex:** Página de uma folha de papel. **2** passagem, trecho, fragmento. **Ex:** Ler as mais belas páginas da literatura. **3** *Fig.* episódio, evento, fato. **Ex:** Uma das páginas mais importantes da nossa História.

pago V. pagamento.

pagode *sm* **1** templo (asiático). **Ex:** Pagode chinês. **2** farra, folia, pândega. **3** zombaria, gozação, troça. **4** baile, dança.

pagodear *vti+vi* **1** zombar, gozar, caçoar de. **Ex:** Pagodear dos inimigos. *vi* **2** farrear, foliar, pandegar.

pai *sm* **1** genitor, progenitor, gerador. **A:** filho. **2** papai, papá *inf.* **3** criador, autor, inventor. **Ex:** O pai da medicina moderna; o pai da lâmpada elétrica. **4** protetor, defensor, patrono. **5** *Fig.* causa, motivo, razão. **Ex:** O desrespeito é o pai do mau atendimento. **6** cacique, morubixaba, chefe. **Ex:** Os guerreiros da tribo consultaram o pai. **7** (*em maiús.*) Deus, Senhor, Todo-poderoso. *sm pl* **8** antepassados, ascendentes, ancestrais.

pai-de-todos *sm Pop.* médio, dedo médio.

pai-dos-burros *sm Gír.* dicionário, glossário, vocabulário, léxico.

pai-nosso V. padre-nosso.

painel *sm* **1** *Pint.* quadro, pintura. **2** *Fig.* cena, panorama, visão. **Ex:** O painel da sociedade nacional.

paiol *sm* **1** celeiro, tulha, granel. **2** *Mil.* e *Náut.* depósito.

pairar *vti+vi* **1** planar, adejar sobre. **Ex:** Os condores pairavam sobre as montanhas. **2** ameaçar, estar iminente. **Ex:** Um perigo terrível paira sobre nós.

país *sm* **1** nação. **Ex:** Os países da América. **2** pátria, terra natal, nação. **Ex:** Amo o meu país. **3** região, terra, território. **Ex:** O explorador viajou até o país dos canibais.

paisagem *sf* panorama, vista.

paisano *sm+adj* **1** civil. **A:** militar. **2** conterrâneo, compatriota, patrício. **A:** estrangeiro.

paixão *sf* **1** amor, afeto, atração. **Ex:** Sua paixão por ela acabou. **2** entusiasmo, arrebatamento, ardor. **Ex:** Trabalhava com paixão. **A:** desânimo. **3** fanatismo, obstinação, mania. **Ex:** Tem paixão por automóveis. **A:** indiferença. **4** sofrimento, tormento, dor. **A:** prazer. **5** (*em maiús.*) Martírio (de Cristo). **6** parcialidade, injustiça, iniqüidade. **Ex:** Julgar um caso com paixão. **A:** imparcialidade.

pajé *sm* **1** *INDÍGENA* feiticeiro, bruxo. **2** *Por ext.* curandeiro, benzedeiro, benzedor.

pajear *vtd* **1** adular, bajular, lisonjear. **A:** criticar. **2** cuidar, tratar, tomar conta de. **Ex:** Pajear crianças; você já é bem grandinho para ser pajeado.

pajelança *sf* **1** benzedura. **2** bruxaria, feitiçaria, mandinga.

pajem *sm* **1** *Hist.* escudeiro, donzel. *sf* **2** babá, ama-seca.

pala *sf* **1** *DE ANEL, PEDRA PRECIOSA* engaste. **2** *Hist.* manto, capa. **Ex:** A pala das mulheres romanas. **3** *Pop.* mentira, lorota, patranha, peta. *sm* **4** poncho, capa, ponche.

palacete V. palácio.

palaciano *sm+adj* **1** cortesão, áulico. **Ex:** Os palacianos ficavam bajulando o rei; os hábitos palacianos. *adj* **2** cortês, delicado, gentil. **A:** descortês.

palácio *sm* **1** paço. **2** mansão, palacete, casarão. **Ex:** Ela mora num palácio no bairro mais chique da cidade. **A:** casebre.

paladar *sm* **1** *Anat.* V. palato. **2** *SENTIDO* gosto, gustação, palato. **3** gosto, sabor. **Ex:** Sua comida tem bom paladar.

paladino *sm* **1** cavaleiro, cavaleiro andante. **2** *Fig.* defensor, protetor, campeão. **Ex:** Paladino da justiça.

palanque *sm* estrado, tablado.

palato *sm* **1** *Anat.* paladar, céu da boca. **2** V. paladar.

palavra *sf* **1** *Gram.* vocábulo, termo, dicção. **2** afirmação, asserção, afirmativa. **3** declaração, manifestação, testemunho. **4** promessa. **Ex:** Não cumpre a palavra. **5** discurso, fala, oração.

palavrão *sm* nome feio, obscenidade, nome. **Ex:** Esse desbocado diz muitos palavrões.

palavreado *sm* **1** lábia, astúcia, manha, palavrório. **Ex:** Enganou-a com seu palavreado. **2** falatório, falação, conversa *pop*, palavrório. **Ex:** Ninguém dá mais atenção ao palavreado desse político.

palavrear *vti* **1** falar, conversar, dialogar. **Ex:** Estava palavreando com os visitantes. *vi* **2** tagarelar, papaguear, parolar.

palavrório V. palavreado.

palco *sm* **1** *Teat.* tablado. **2** *Fig.* arte de representar: teatro. **3** *Fig.* cenário, teatro. **Ex:** A cidade foi palco de uma rebelião.

palerma *s e adj m+f* idiota, imbecil, tolo, parvo. **A:** esperto.

palermice *sf* idiotice, imbecilidade, tolice, asneira. **A:** esperteza.

palestra *sf* **1** conversa, diálogo, papo *pop*. **2** conferência, preleção, discurso. **Ex:** Palestra sobre economia.

palestrar *vti+vi* **1** conversar, dialogar, papear *pop*, palestrear. **Ex:** Ficamos na varanda, palestrando sobre futebol. **A:** calar. **2** conferenciar, prelecionar, discorrer, pa-

lestrear. **Ex:** O cientista palestrou sobre as viagens espaciais.

palestrear V. palestrar.

paletó *sm* casaco.

palha *sf* *Fig.* ninharia, bagatela, insignificância, mixaria. * Puxar uma palha *Pop.*: dormir, repousar, deitar-se.

palhaçada *sf* farsa, arlequinada, bufonaria, truanice.

palhaço *sm* **1** arlequim, bufão, farsante. **2** *Pop.* bobo, trouxa, pato *pop*. **Ex:** Fazer alguém de palhaço.

palheta *sf* *Mús.* plectro. **Ex:** Tocar guitarra com palheta.

palhoça *sf* **1** cabana (coberta de palha). **2** casebre, choça, choupana. **A:** mansão.

paliar *vtd* **1** disfarçar, encobrir, acobertar. **Ex:** Tentou paliar os erros cometidos. **A:** revelar. **2** atenuar, abrandar, amenizar. **Ex:** Paliar um problema, a dor. **A:** agravar.

paliativo *adj* *Farm.* anódino. **Ex:** Medicamento paliativo.

paliçada *sf* **1** estacada, tapume (de estacas). **2** *PARA LUTAS, TORNEIOS* liça, arena, campo.

pálido *adj* **1** lívido, esquálido, cadavérico. **A:** corado. **2** *COLORIDO* descorado, desbotado, esmaecido. **Ex:** Azul pálido. **3** tênue, suave, fraco. **Ex:** Brilho pálido. **A:** forte. **4** *Fig.* inexpressivo, insosso, insípido. **Ex:** Fez uma pálida descrição da paisagem. **A:** expressivo.

pálio *sm* **1** dossel, baldaquim, sobrecéu. **2** *Ant.* manto, capa.

palito *sm* *Fig.* magrelo, magricela, bacalhau *fig*, lingüiça *fig*. **A:** gordo.

palma *sf* **1** *Bot.* palmeira. **2** *Anat.* palma da mão. **3** *Fig.* triunfo, vitória, êxito. **A:** derrota. *sf pl* **4** aplauso *sing*.

palmar *adj m+f* *ERRO* crasso, grosseiro, evidente, grande. **A:** pequeno.

palmear *vtd+vi* **1** aplaudir, ovacionar, bater palmas. **A:** vaiar. *vtd* **2** V. palmilhar.

palmeira *sf* *Bot.* palma.

palmilhar *vtd* percorrer, trilhar, andar por, palmear. **Ex:** Palmilhar caminhos desconhecidos.

palpar *vtd* apalpar, tocar, tatear.

palpável adj m+f **1** tangível, concreto, tátil. **A:** impalpável. **2** *Fig.* claro, evidente, óbvio. **Ex:** Aquela atitude foi uma demonstração palpável do amor que sentia pela esposa. **A:** incerto.

palpitação sf **1** batimento, pulsação, tiquetaque, palpite. **2** estremecimento, tremor, tremedeira *pop.*

palpitante adj m+f **1** trêmulo. **2** *Fig.* emocionante, eletrizante *fig*, arrebatador. **Ex:** Filme palpitante. **A:** monótono. **3** *Fig.* atual, moderno, contemporâneo. **Ex:** Assunto palpitante. **A:** ultrapassado.

palpitar vi **1** bater, pulsar, latejar. **2** agitar-se, ondular, tremular. **Ex:** A chama da vela palpitava. vtd **3** pressentir, intuir, supor.

palpite sm **1** pressentimento, intuição, premonição, sensação. **2** V. palpitação.

palrador sm+adj tagarela, falador, gárrulo. **A:** calado.

palrar vtd **1** dizer, proferir, pronunciar. **A:** calar. vi **2** tagarelar, palavrear, papaguear. **3** conversar, falar, papear *pop.* **A:** calar.

palude sm charco, pântano, brejo, lamaçal.

paludoso adj pantanoso, encharcado, alagadiço, aguacento. **A:** seco.

pamonha s e adj m+f **1** moleirão, molenga, molóide. **A:** trabalhador. **2** bobalhão, pateta, tolo. **A:** esperto.

panamenho sm+adj do Panamá (América): panamense.

panamense V. panamenho.

panca sf *Gír.* pose, afetação.

pança sf *Pop.* barriga, ventre, abdome, bucho *pop.*

pancada sf **1** batida, colisão, choque. **2** paulada, cacetada, bordoada. **3** chuvarada, aguaceiro, temporal. **4** pulsação, palpitação, latejo. s e adj m+f **5** *Pop.* maluco, louco, doido.

pancadaria sf **1** surra, sova, coça. **2** tumulto, quebra-pau *gír*, desordem.

pançudo adj **1** *Pop.* barrigudo, ventrudo, abdominoso. **2** *Pop.* parasita, aproveitador, explorador.

pandarecos sm pl *Pop.* pedaços, cacos, fragmentos, lascas. * Em pandarecos: em pedaços; *Fig.* exausto, cansado, esgotado; *Fig.* abatido, humilhado, vexado.

pândega sf **1** folia, baderna, farra. **2** grupo reunido para comer e beber: comezaina *pop*, patuscada.

pandegar vi *Pop.* farrear, badernar, foliar, patuscar.

pândego sm+adj **1** farrista, boêmio, gandaieiro *pop.* adj **2** engraçado, alegre, divertido. **A:** sério.

pandeiro sm *Mús.* adufe.

pandemônio sm tumulto, balbúrdia, confusão, rebuliço. **A:** ordem.

pandorga sf papagaio, pipa, quadrado, arraia.

panegírico sm **1** discurso em louvor: apologia, elogio. **2** elogio, louvor, aplauso. **A:** crítica. adj **3** que elogia: elogioso, laudatório, apologético. **Ex:** Discurso panegírico.

panela sf **1** *Gír.* cárie. **2** *Gír.* V. panelinha.

panelinha sf **1** *Pej.* panela. **Ex:** Quem não pertencesse à panelinha não poderia vencer o concurso. **2** *Pej.* bando, corja, malta.

panfletário sm **1** panfletista, escritor (de panfletos). adj **2** *Fig.* violento, agressivo, ofensivo. **Ex:** Texto panfletário; discurso panfletário. **A:** moderado.

panfletista V. panfletário.

panfleto sm **1** libelo. **Ex:** O escritor publicou um panfleto no qual criticava a sociedade. **2** folheto. **Ex:** Os cabos eleitorais distribuíam panfletos com o programa político do candidato.

pânico sm pavor, terror, medo, horror.

panificação V. panificadora.

panificadora sf padaria, panificação.

pano sm tecido, estofo, fazenda, tela.

panorama sm **1** paisagem, vista. **Ex:** Daqui avistamos um lindo panorama. **2** *Fig.* síntese, resumo, compêndio. **Ex:** O livro mostra-nos um panorama da arte brasileira.

pantanal V. pântano.

pântano sm charco, atoleiro, banhado, pantanal.

pantanoso adj alagadiço, charcoso, encharcado, aguacento. **A:** seco.

pantomima sf **1** mímica. **2** *Fig.* engodo, embuste, tapeação *pop.*

pantufa sf chinelo, pantufo.

pantufo V. pantufa.

pão *sm Fig.* alimento, sustento, alimentação, subsistência. **Ex:** O pão de cada dia.

pão-durismo *sm Pop.* avareza, sovinice, mesquinhez, mesquinharia. **A:** prodigalidade.

pão-duro *sm+adj Pop.* avarento, sovina, mesquinho, avaro. **A:** pródigo.

papa *sf* **1** mingau. *sm* **2** (*em maiús.*) *Rel.* Pontífice, Santo Padre, Sumo Pontífice.

papá *sm* **1** *Inf.* pai, papai. **2** *Inf.* alimento, comida, prato.

papada *sf* **1** gordura (no pescoço). **2** *DO BOI* barbela, papeira.

papado *sm Rel.* pontificado.

papa-formigas *sm, sing+pl Zool.* tamanduá.

papagaiar V. papaguear.

papagaio *sm* **1** *Ornit.* louro *pop.* **2** pipa, quadrado, arraia. **3** *Fig.* tagarela, falador, gralha *fig.* **4** vaso usado pelos pacientes do sexo masculino, para urinar sem sair do leito: compadre, urinol.

papaguear *vi* tagarelar, taramelar, palrar, papagaiar, garrir.

papai *sm* pai, papá *inf.*

papaia *sf* **1** *Bot. FRUTO* mamão. **2** *Bot. PLANTA* mamoeiro.

papal *adj m+f Rel.* pontifício, pontifical.

papão *sm Folc.* bicho-papão, cuca *inf*, boitatá *folc*, bitu *inf.*

papar *vtd+vi* **1** *Inf.* comer. *vtd* **2** *Pop.* ganhar, conseguir, abiscoitar *pop.* **A:** perder. **3** *Pop.* extorquir, tomar, roubar. **4** *Vulg.* fazer amor com, comer *vulg*, transar *pop.* **Ex:** Papou a vizinha.

paparicar *vtd* **1** mimar, acariciar, afagar. **A:** maltratar. **2** beliscar, lambiscar *pop*, debicar. **Ex:** Ficou assistindo televisão, paparicando docinhos.

paparicos *sm pl* **1** mimos, carícias, cuidados. **2** guloseimas, gulodices, petiscos.

papa-vento *sm Herp.* camaleão.

papear *vti+vi* **1** *Pop.* conversar, falar, dialogar. **Ex:** Papeou um pouco comigo e saiu. **A:** calar. *vi* **2** tagarelar, papaguear, taramelar. **3** *AVES* cantar, chilrear, gorjear.

papeira *sf* **1** papada, barbela. **Ex:** Os bovinos têm papeira. **2** *Med.* bócio, papo.

papel *sm* **1** *Teat.*, *Telev.* e *Cin.* parte. **Ex:** Esse ator está muito bem no papel de vilão. **2** atribuição, função, obrigação. **Ex:** Seu papel é cuidar de seus filhos. **3** atitude, comportamento, conduta. **Ex:** Mas que papel vergonhoso! **4** *Fin.* ação, título. **Ex:** Os papéis da nossa empresa estão com boa cotação. *sm pl* **5** V. papelada. * Papel-carbono: carbono.

papelada *sf* **1** papéis *pl.* **Ex:** Tire essa papelada da mesa. **2** documentação, papéis *pl*, documentos *pl.* **Ex:** Perdi minha papelada.

papelão *sm* **1** cartão. **Ex:** Caixa de papelão. **2** *Pop.* fiasco, rata, gafe. **Ex:** Que papelão você fez! **3** *Fig.* paspalhão, bobalhão, palerma. **A:** esperto.

papeleta *sf* cartaz, anúncio.

papista *adj m+f* católico. **Obs.:** Termo usado pelos protestantes.

papo *sm* **1** *Med.* bócio, papeira. **2** *Pop.* estômago. **3** *Pop.* prosa, fanfarronice, gabolice. **4** *Pop.* conversa, diálogo, conversação. **5** *EM ROUPA MALFEITA* fole, saco. **Ex:** A costureira arrumou os papos do vestido de mamãe. * Bater papo: conversar, falar, papear *pop.* * Papo-furado *Gír.* conversa fiada *pop*, conversa mole *pop*, lero-lero.

papudo *sm* **1** fanfarrão, gabola, farofeiro *pop. adj* **2** bojudo, arredondado, saliente.

paquera *sf* **1** *Gír.* paqueração. **Ex:** Não é nada sério, apenas uma paquera. **2** *Gír.* paquerador. **Ex:** Ela cansou de ser perseguida por aqueles paqueras.

paqueração V. paquera.

paquerador V. paquera.

paquerar *vtd+vi Gír.* namorar.

paquete *sm* **1** *Náut.* vapor, navio a vapor. **2** *Pop.* menstruação, regras *pl*, lua *pop.*

par *sm* **1** *DE PESSOAS, CERTAS AVES* casal. **Ex:** Os pares dançam no salão; um par de canários. **2** *DE BOIS, CAVALOS, BURROS* parelha, junta. **3** *DE COISAS* parelha. **Ex:** Um par de mesas. **4** parceiro, companheiro. **Ex:** Ele é meu par. *adj m+f* **5** divisível por dois. **Ex:** Número par. **A:** ímpar. **6** igual, semelhante, parelho. **Ex:** Beleza sem par. **A:** desigual.

para *prep* quando usada para indicar permanência no lugar, ou com pessoas: a. **Ex:** Foi para a Europa; não conte nada para ninguém, por favor; entregue este pacote para o porteiro.

parabenizar *vtd* cumprimentar, congratular, felicitar.

parabéns *sm pl* cumprimentos, congratulações, felicitações. **A:** pêsames.

parábola *sf* alegoria, metáfora, símbolo, representação.

parada *sf* **1** lugar onde se pára: paragem. **2** suspensão, cessação, interrupção. **Ex:** A parada de um processo. **A:** continuação. **3** ponto. **Ex:** Tomei o ônibus na parada em frente à minha casa. **4** demora, pausa, espera. **Ex:** A parada entre um trem e outro é de 3 minutos. **5** interrupção, pausa, intervalo. **Ex:** Uma parada de duas horas na competição. **6** aposta, ajuste, jogo. **Ex:** Topar uma parada. **7** estada, permanência, estação. **Ex:** Minha parada naquela cidade durou dois dias. **8** *Mil.* desfile. **Ex:** A parada de 7 de setembro. **9** *Mil.* alinhamento, perfilamento, forma. **Ex:** Parada das tropas para revista.

paradeiro *sm* localização. **Ex:** Ninguém conhece o seu paradeiro.

paradigma *sm* modelo, padrão, exemplo, protótipo.

paradisíaco *adj* divino, celestial, delicioso, magnífico.

parado *part+adj* imóvel, inerte, estático, fixo. **A:** móvel.

paradoxal *adj m+f* contraditório, disparatado, absurdo, incoerente. **A:** coerente.

paradoxo *sm* contra-senso, contradição, disparate, incoerência. **A:** coerência.

parafernália *sf* **1** equipamento, instrumentos *pl*, utensílios *pl*. **2** acessórios *pl*, pertences *pl*, objetos *pl*.

paráfrase *sf* explicação, interpretação, esclarecimento, comentário.

parafrasear *vtd* explicar, interpretar, esclarecer, comentar.

parafusar *vtd* **1** aparafusar, atarraxar, tarraxar. **A:** desparafusar. *vti+vi* **2** *Fig.* meditar, refletir, matutar. **Ex:** Parafusar sobre um assunto.

paragem *sf* **1** interrupção, suspensão, parada. **A:** continuação. **2** lugar onde se pára: parada.

parágrafo *sm* alínea, inciso, subdivisão.

paraíso *sm* **1** éden. **2** *Fig.* céu, glória, bem-aventurança. **A:** inferno.

paralelismo *sm* correspondência, conformidade, proporção, correlação. **A:** discordância.

paralelo *sm* **1** comparação, confronto, cotejo. *adj* **2** correspondente, semelhante, correlato. **A:** discordante.

paralisação *sf* **1** parada, suspensão, interrupção. **Ex:** A paralisação de um processo. **A:** continuação. **2** greve, parede.

paralisar *vtd+vpr* **1** entorpecer(-se), entrevar(-se), adormecer. **A:** desentorpecer(-se). **2** *NO ESPAÇO* parar, imobilizar(-se), estacionar. **A:** mover(-se). **3** *NO TEMPO* estagnar(-se), interromper(-se), parar. **A:** prosseguir.

paralisia *sf* **1** entorpecimento, torpor, dormência. **2** estagnação, imobilidade, marasmo. **A:** progresso.

paralítico *sm+adj* entrevado.

paramentar *vtd+vpr* aparamentar(-se), enfeitar(-se), adornar(-se), ornar(-se). **A:** desenfeitar(-se).

paramento *sm* **1** enfeite, adorno, ornamento. *sm pl* **2** *Ecles.* vestes, vestimentas, trajes.

parâmetro *sm* modelo, padrão, medida, paradigma.

paraninfar *vtd* apadrinhar.

paraninfo *sm* **1** padrinho (de formatura). **2** *Fig.* patrono, protetor, defensor.

parapeito *sm* peitoril, resguardo.

parar *vtd* **1** *NO ESPAÇO* deter, sustar, estacar; *VEÍCULO* estacionar. **Ex:** A polícia parou os suspeitos para interrogá-los; parei o carro aí em frente. **2** *NO TEMPO* suspender, interromper, cessar. **Ex:** Parar o trabalho. **A:** prosseguir. *vti* **3** cessar, desistir, deixar de. **Ex:** Pare de tentar me convencer, já tenho opinião formada. **A:** continuar a. *vti+vi* **4** ficar, permanecer, demorar-se. **Ex:** Não pára em casa. **A:** sair. *vti, vi+vpr* **5** deter-se, estacionar, estacar. **Ex:** O cortejo parou. **A:** prosseguir. *vi* **6** termi-

nar, acabar, parar. **Ex:** A chuva já parou.
A: prosseguir. **7** *RELÓGIO* funcionar.

parasita *s e adj m+f* **1** *Bot.* e *Zool.* animal ou vegetal que vive do sangue ou da seiva de outro: parasito. *sm+f* **2** *Fig.* parasito, aproveitador, vampiro *fig.*

parasitar *vtd Fig.* explorar, aproveitar-se de.

parasito V. parasita.

parati *sm* cachaça, pinga, caninha, aguardente.

parceiro *sm* **1** par, companheiro. *sm+adj* **2** sócio, associado, societário. **Ex:** Parceiro comercial. *adj* **3** parelho, semelhante, igual. **A:** diferente.

parcela *sf* **1** fragmento, pedaço, fração. **2** *DE DOCUMENTO* cláusula, artigo, verba. **3** *Com.* prestação, quota, cota. **Ex:** Comprou a geladeira em três parcelas.

parceria *sf* sociedade, associação.

parcial *adj m+f* **1** incompleto, imperfeito, limitado. **Ex:** Vitória parcial. **A:** total. **2** injusto, faccioso, iníquo. **Ex:** Júri parcial. **A:** imparcial.

parcialidade *sf* **1** *AO JULGAR* injustiça, favor, iniqüidade. **A:** imparcialidade. **2** facção, partido, divisão.

parcimônia *sf* **1** economia, moderação, poupança. **A:** esbanjamento. **2** modéstia, simplicidade, frugalidade. **A:** opulência.

parcimonioso V. parco.

parco *adj* **1** econômico, moderado, parcimonioso, frugal. **A:** Indivíduo parco. **A:** esbanjador. **2** modesto, simples, frugal. **Ex:** Parca refeição. **A:** opulento. **3** escasso, minguado, limitado. **Ex:** Parcos recursos. **A:** abundante.

pardo *sm* **1** mulato, cabra, mestiço (de branco e negro). *adj* **2** mulato, fulo, fula. **3** marrom, castanho.

parecença *sf* semelhança, similitude, analogia, afinidade. **A:** diferença.

parecer *sm* **1** opinião, avaliação, julgamento. **Ex:** O parecer dos técnicos. **2** fisionomia, feições *pl*, rosto. **3** aparência, aspecto, fachada. *vlig+vti* **4** semelhar(-se), assemelhar(-se), assimilar(-se). **Ex:** Esse cão parece um lobo; ela se parece comigo. **A:** di-

ferenciar(-se). *vti* **5** figurar-se, afigurar-se. **Ex:** Isto me parece equivocado.

parecido *part+adj* semelhante, similar, afim, análogo. **A:** diferente.

paredão *sm* muro alto: muralha.

parede *sf* **1** *Constr.* muro. **2** *Constr.* tapume, taipa, tabique. **3** greve, paralisação.

paredista *s e adj m+f* grevista.

parelha *sf DE COISAS* par; *DE BOIS, CAVALOS, BURROS* par, junta.

parelho *adj* **1** igual, semelhante, par. **A:** diferente. **2** uniforme, invariável, regular. **A:** variável.

parentalha V. parentela.

parente *adj m+f* **1** *Fig.* semelhante, parecido, análogo. **A:** diferente. *sm pl* **2** V. parentela.

parentela *sf* parentes *pl*, familiares *pl*, parentalha, gente.

parentelismo *sm* nepotismo, apadrinhamento, afilhadismo, favorecimento.

parentesco *sm* **1** afinidade. **Ex:** Não tenho parentesco com o famoso escritor. **2** *Fig.* semelhança, analogia, similitude. **A:** diferença.

parêntese *sm* **1** *Gram.* parêntesis. **2** *Fig.* divagação, digressão. **3** *Fig.* aparte, interrupção, interpelação. **Ex:** Devo fazer um parênteses. * Parênteses retos: colchetes.

parêntesis V. parêntese.

páreo *sm* **1** *Hip.* corrida, carreira. **2** *Fig.* disputa, competição, concurso. **Ex:** Seu time já está fora do páreo.

parição *sf* parto (de animais).

paridade *sf* **1** igualdade, identidade. **2** semelhança, afinidade, analogia. **A:** diferença (nas duas acepções).

parir *vtd+vi* **1** dar à luz. *vtd* **2** *Fig.* gerar, produzir, criar.

parlamentar *s m+f* **1** *Polít.* deputado. *vti+vi* **2** conferenciar, debater, discutir. **Ex:** Parlamentar sobre um assunto.

parlamento *sm* congresso, assembléia, câmara.

pároco *sm* cura, vigário *pop.*

paródia *sf* imitação, cópia, plágio, arremedo.

parodiar *vtd* imitar, copiar, plagiar, arremedar.

parola *sf* 1 palavreado, falatório, conversa *pop.* 2 tagarelice, loquacidade, parolagem, garrulice.

parolar *vi* tagarelar, palavrear, papaguear, taramelar.

paróquia *sf Ecles.* freguesia.

paroquiano *sm Ecles.* freguês.

parotidite *sf Med.* caxumba, orelhão, trasorelho.

paroxismo *sm Med.* e *Fig.* auge, ápice, máximo, cúmulo.

parque *sm* bosque, jardim.

parreira *sf Bot.* videira, vide.

parte *sf* 1 porção, pedaço, fragmento. A: todo. 2 cota, quinhão, alíquota. A: Todos os sócios receberam sua parte dos lucros. 3 *DE UMA OBRA* divisão. 4 *Mec.* peça. 5 função, atribuição, dever. Ex: Cada um deve fazer a sua parte. 6 participação. Ex: Não teve parte no assalto ao banco. 7 *Teat., Telev.* e *Cin.* papel. 8 lugar, local, bandas *pl*. Ex: Transferiu-se para outra parte. 9 direção, rumo, bandas *pl*. Ex: A fumaça vinha da parte da floresta. 10 *Dir.* queixa, denúncia, reclamação. Ex: Dar parte de um crime. 11 comunicação, comunicado, aviso. 12 partido, facção, lado. Ex: Defende a sua parte com unhas e dentes. * À parte: avulso, em separado. * Ter (ou tomar) parte em: participar de.

parteira *sf* comadre *fam.*

parteiro *sm Med.* obstetra, tocólogo.

partição *sf* divisão, separação, subdivisão, repartição. A: união.

participação *sf* 1 parte. Ex: Qual a sua participação no trabalho? 2 comunicação, comunicado, aviso.

participar *vtd* 1 comunicar, informar, avisar, noticiar. *vti* 2 ter parte em, tomar parte em.

partícula *sf* 1 corpúsculo. 2 parte, porção, fragmento (minúsculos).

particular *adj m+f* 1 peculiar, próprio, específico. Ex: Qualidades particulares da humanidade. A: geral. 2 íntimo, privado, privativo. Ex: É assunto particular, não se intrometa. A: público. 3 excepcional, extraordinário, singular. Ex: Inteligência particular. A: comum. *sm pl* 4 detalhes, pormenores, minúcias.

particularidade *sf* 1 peculiaridade, propriedade. A: generalidade. 2 detalhe, pormenor, minúcia. 3 faceta, aspecto, característica.

particularizar *vtd+vpr* 1 caracterizar(-se), especializar(-se), singularizar(-se). A: generalizar(-se). *vpr* 2 destacar-se, salientar-se, sobressair.

partida *sf* 1 saída, retirada. A: chegada. 2 *Esp.* jogo. Ex: Partida de futebol. 3 *Com.* remessa, porção, quantidade. Ex: Comprar uma partida de café.

partidário *sm* correligionário, seguidor, adepto, sectário. A: adversário.

partidarismo *sm* proselitismo, sectarismo.

partido *sm* 1 facção, divisão, grupo. Ex: Partido político. 2 vantagem, proveito, benefício. Ex: Tirar partido da situação. A: desvantagem.

partilha *sf* 1 divisão, repartição, distribuição. 2 quinhão, cota, parte. Ex: Cada um recebeu a sua partilha.

partilhar *vtd* 1 dividir, repartir, distribuir. Ex: Partilhar os bens. *vtd+vti* 2 compartilhar, participar, compartir. Ex: Partilho a (ou da) esperança dos outros na vitória.

partir *vtd* 1 dividir, repartir, subdividir. A: unir. *vtd+vpr* 2 fender(-se), rachar(-se), gretar(-se). Ex: A parede partiu-se com o terremoto. 3 quebrar(-se), despedaçar(-se), espatifar(-se). Ex: A empregada partiu os pratos ao deixá-los cair. *vti* 4 basear-se, fundamentar-se, apoiar-se. Ex: Partimos do pressuposto que tudo é possível. *vi+vpr* 5 ir, sair, dirigir-se. Ex: Partiu para a Europa. A: voltar. 6 ir embora, retirar-se, ausentar-se. Ex: Ele já partiu, não perca tempo procurando-o. A: ficar.

parto *sm* 1 *DE ANIMAIS* parição. 2 *Por ext.* invenção, criação, concepção. * Parto extemporâneo *Med.* e *Vet.*: aborto.

parvo *sm+adj* 1 idiota, palerma, tolo. A: esperto. *adj* 2 pequeno, reduzido, diminuto. A: grande.

parvoíce *sf* 1 idiotice, tolice, estupidez. A: esperteza. 2 loucura, insensatez, imprudência. A: prudência.

pascal adj m+f Relativo à Páscoa: pascoal. **Ex:** Época pascal.

pascer V. pastar.

pascoal V. pascal.

pasmaceira sf 1 Pop. assombro, surpresa, pasmo. 2 Pop. monotonia, tédio, chateação. **Ex:** Sua vida ia na mesma pasmaceira de sempre. **A:** diversão.

pasmado V. pasmo.

pasmar vtd+vpr assombrar(-se), admirar (-se), surpreender(-se), espantar(-se). **Ex:** A notícia o pasmou.

pasmo sm 1 assombro, admiração, surpresa. 2 atônito, estupefato, boquiaberto, pasmado.

paspalhão V. paspalho.

paspalho sm+adj paspalhão, bobalhão, palerma, pateta, bestalhão. **A:** esperto.

passada sf 1 passo. 2 pulo. **Ex:** Vamos ao cinema, mas antes daremos uma passada na casa de um amigo.

passadeira sf tapete (longo e estreito).

passadiço sm 1 passagem, corredor, galeria (de comunicação). adj 2 passageiro, transitório, efêmero. **A:** permanente.

passado sm 1 tempo passado. **A:** presente. 2 Gram. pretérito. **A:** presente. part+adj 3 decorrido, anterior, pretérito. **Ex:** Mês passado. **A:** vindouro. 4 velho, idoso, ancião. **A:** jovem. 5 CARNE, ETC. cozido, assado, frito. **Ex:** Bife bem passado. **A:** cru. 6 surpreso, estupefato, aturdido. **Ex:** Fiquei passado com o que aconteceu.

passageiro sm+adj 1 viajante, viandante. **Ex:** O trem levava poucos passageiros. adj 2 transitório, breve, fugaz. **A:** duradouro. 3 insignificante, à-toa, leve. **A:** importante.

passagem sf 1 DE TEMPO transcurso, decurso. 2 transição, mudança, trânsito. **Ex:** A passagem da adolescência para a idade adulta. 3 transferência, transmissão, entrega. **Ex:** Passagem de cargo. 4 corredor, passadiço, galeria. 5 bilhete. **Ex:** Passagem de trem. 6 tarifa. **Ex:** A passagem de ônibus aumentou ontem. 7 trecho, fragmento, extrato. **Ex:** Uma passagem do texto. 8 acontecimento, fato, episódio. **Ex:** Sua história tem passagens interessantes.

passamanes sm pl fitas, galões, debruns.

passa-moleque sm 1 deslealdade, traição, infidelidade. **A:** lealdade. 2 logro, engano, embuste.

passaporte sm 1 salvo-conduto, salvaguarda. 2 Fam. licença, liberdade, permissão. **Ex:** O pai deu-lhe passaporte para fazer o que quisesse.

passar vtd 1 atravessar, cruzar, cortar. **Ex:** Passar o rio. 2 transferir, transmitir, entregar. **Ex:** Passou o cargo. 3 pular, galgar. **Ex:** Passar um obstáculo. 4 padecer, sofrer, sentir. **Ex:** Passar dificuldades. 5 expedir, mandar, transmitir. **Ex:** Passar uma mensagem. 6 levar, ter, viver. **Ex:** Passavam uma vida de rei. 7 coar, filtrar. **Ex:** Passar o café. vlig+vi 8 DE SAÚDE estar, achar-se. **Ex:** Como passou a noite? vti 9 exceder, ultrapassar, extrapolar. **Ex:** Passar dos limites. vti+vi 10 transitar, andar por, percorrer. **Ex:** Passar por um lugar. vi+vpr 11 TEMPO decorrer, transcorrer, perpassar. **Ex:** Passaram-se alguns anos, e ela retornou à cidade. 12 acontecer, suceder, ocorrer. **Ex:** Vamos ver o que se passa ali. 13 bandear(-se) para. **Ex:** O traidor passou(-se) para o lado do adversário.

passarada sf passaredo, passarinhada. **Ex:** Cuidamos da passarada do jardim.

passaredo V. passarada.

passarinhada V. passarada.

passarinhar vtd+vi 1 Vulg. bolinar. vi 2 vadiar, vagabundear, preguiçar. **A:** trabalhar.

passarinho V. pássaro.

pássaro sm passarinho, ave.

passatempo sm divertimento, diversão, recreação, entretenimento.

passável adj m+f razoável, sofrível, aceitável, suficiente. **Ex:** Não foi excelente nem péssimo, apenas passável.

passe sm 1 licença, permissão, autorização. **A:** proibição. 2 bilhete. **Ex:** Passe de ônibus. 3 Esp. arremesso, lançamento, lance. **Ex:** Um passe errado pode estragar um jogo.

passear vi andar, caminhar, marchar, jornadear.

passeata *sf* 1 V. passeio. 2 marcha, protesto, manifestação. **Ex:** Os policiais acompanhavam a passeata.

passeio *sm* 1 excursão, giro, viagem, passeata. 2 calçada.

passional *adj m+f* 1 apaixonado, caloroso, intenso. **A:** frio. 2 impulsivo, irracional, arrebatado.

passível *adj m+f* sujeito, suscetível, capaz, susceptível. **Ex:** O plano é passível de alterações.

passivo *adj* indiferente, apático, desanimado, inativo. **A:** ativo.

passo *sm* 1 passada. 2 andamento, marcha, andar. **Ex:** Nesse passo, acabaremos logo o trabalho. 3 *DE OBRA* passagem, trecho, fragmento. 4 *Geogr.* passagem, desfiladeiro, estreito. 5 ato, decisão, procedimento. **Ex:** Passo acertado, mau passo. 6 caso, fato, acontecimento. **Ex:** Há passos interessantes nessa história. 7 pegada, rastro, pista. 8 conjuntura, situação, condição. * Primeiro passo: iniciativa. * Marcar passo *Fig.*: estagnar-se, parar, paralisar-se. **Ex:** Marcar passo na carreira. **A:** progredir. * Ao passo que: 1 à medida que, segundo. **Ex:** Atendia os clientes ao passo que chegavam. 2 enquanto. **Ex:** Ele teve êxito, ao passo que os outros fracassaram.

pasta *sf* 1 massa. 2 carteira. 3 ministério, cargo, posição (de ministro). **Ex:** Ainda não sabemos quem ocupará a pasta da economia.

pastagem V. pasto.

pastar *vtd* 1 pastorear, apascentar, pascer. **Ex:** O fazendeiro pasta o gado. *vtd+vi* 2 pascer. **Ex:** O cavalo pastava o capim da fazenda; enquanto o gado pastava, os empregados cuidavam das galinhas. *vi* 3 *Fig.* penar, sofrer.

pasticho *sm* plágio, imitação, cópia, paródia (ruim, malfeita).

pasto *sm* 1 pastagem, invernada, engorda. 2 alimento, comida, alimentação. 3 satisfação, alegria, prazer. **A:** pesar.

pastor *sm* 1 guardador (de gado). 2 *Rel.* ministro, sacerdote (protestante). 3 *Zootec.* garanhão, rufião, reprodutor (eqüino).

pastoral *sm* 1 *Rel.* circular, carta circular (do bispo aos padres e fiéis). 2 *Lit.* poesia pastoril, écloga, idílio, égloga. *adj m+f* 3 e 4 V. pastoril.

pastorar V. pastorear.

pastorear *vtd* 1 apascentar, pascer, pastorar, pastar. **Ex:** Pastorear o rebanho. 2 *Fig.* guiar, orientar, dirigir, pastorar. **Ex:** Pastorear os fiéis.

pastoril *adj m+f* 1 pastoral. **Ex:** Atividade pastoril. 2 campestre, rural, bucólico, pastoral. **Ex:** Cenas da vida pastoral. **A:** urbano.

pastoso *adj* viscoso, pegajoso, visguento, grudento.

pata *sf* 1 pé (de animal). 2 *Pej.* mão. **Ex:** Tire suas patas de mim! 3 *Pej.* pé (humano). **Ex:** Não limpou as patas antes de entrar na sala.

patacoada *sf* 1 tolice, asneira, absurdo. **Ex:** Não diga patacoadas! 2 gracejo, brincadeira, graça. 3 mentira, lorota, história. **Ex:** Ninguém acredita mais em suas patacoadas. 4 vaidade, ostentação, exibição. **A:** modéstia.

patada *sf* 1 coice. 2 *Fig.* grosseria, indelicadeza, malcriação. 3 *Fam.* ingratidão. **A:** gratidão.

patagão *sm+adj Geogr.* da Patagônia (Argentina): patagônio.

patagônio V. patagão.

patamar *sm* tabuleiro.

patavina *sf* nada, bulhufas *pl*, coisa nenhuma. **Ex:** Não entendi patavina.

patente *sf* 1 registro, título. **Ex:** Ter a patente de uma invenção. 2 *Mil.* posto, graduação. **Ex:** Patente de general. *adj m+f* 3 evidente, claro, manifesto. **Ex:** Seu descontentamento é patente. **A:** oculto. 4 aberto, acessível, livre. **Ex:** Entrada patente. **A:** impedido.

patentear *vtd* 1 registrar. **Ex:** Patentear uma invenção. 2 abrir, franquear, desimpedir. **Ex:** Patentear a entrada. *vtd+vpr* 3 mostrar(-se), revelar(-se), manifestar(-se). **Ex:** Patenteou-se sua intenção de nos prejudicar. **A:** ocultar(-se).

paternal V. paterno.

paternidade *sf* autoria, criação, invenção, lavra. **Ex:** A paternidade de uma obra.

paterno *adj* **1** paternal. **Ex:** Amor paterno. **2** *Fig.* afetuoso, amoroso, carinhoso, paternal. **A:** severo. **3** relativo aos pais: pátrio. **Ex:** Autoridade paterna. **4** relativo à pátria: pátrio, nacional, nativo. **A:** estrangeiro.

pateta *s e adj m+f* tolo, idiota, bobo, palerma. **A:** sabido.

patetar V. patetear.

patetear *vi* dizer patetices: disparatar, desatinar, despropositar, delirar, patetar.

patetice *sf* tolice, idiotice, besteira, palermice. **A:** esperteza.

patético *adj* comovente, tocante, enternecedor, triste.

patíbulo *sm* cadafalso, forca.

patifaria *sf* safadeza, sacanagem, velhacaria, tratantada.

patife *sm+adj* **1** safado, sacana, velhaco, tratante. **2** covarde, medroso, temeroso. **A:** corajoso.

pátio *sm* **1** átrio, vestíbulo. **2** *DE IGREJA* adro, terreiro, quintal.

pato *sm Pop. Fig.* bobo, tolo, tonto, otário *pop.* **A:** esperto.

patogênese V. patogenia.

patogenesia V. patogenia.

patogenético V. patogênico.

patogenia *sf Med.* estudo da origem das doenças: patogênese, patogenesia.

patogênico *adj Med.* relativo à patogenia: patógeno, patogenético.

patógeno V. patogênico.

patológico *adj Fig.* doentio, mórbido, anormal, excessivo. **Ex:** Medo patológico.

patota *sf* **1** *Gír.* turma, pessoal, grupo. **Ex:** Reunir a patota. **2** *EM JOGO* trapaça, fraude, falcatrua.

patranha *sf* mentira, invenção, lorota, história.

patrão *sm* **1** *DE EMPRESA* empregador, chefe. **A:** empregado. **2** *DE CASA* dono, proprietário, senhor. **A:** criado. **3** *Fig.* patrono, protetor, defensor.

pátria *sf* terra natal, país, nação, torrão natal.

patriarcal *sf* **1** *Rel.* sé patriarcal. *adj m+f* **2** *Fig.* respeitável, venerando, venerável. **3** *Fig.* clemente, bondoso, complacente. **A:** inclemente.

patrício *sm+adj* **1** compatriota, conterrâneo, concidadão. **A:** estrangeiro. *sm* **2** nobre, aristocrata, fidalgo. **A:** plebeu. *adj* **3** nobre, aristocrático, fidalgo. **A:** plebeu.

patrimônio *sm* **1** herança, legado, deixa. **Ex:** O patrimônio do falecido foi dividido entre os filhos. **2** *DE EMPRESA* capital, haveres *pl*, bens *pl*. **3** *Fig.* riqueza, bagagem *fig.* **Ex:** Patrimônio cultural.

pátrio *adj* **1** natal, nativo. **Ex:** Terra pátria. **2** nacional, vernáculo, nativo. **3** relativo aos pais: paterno. **Ex:** Pátrio poder.

patriota *s m+f* **1** nacionalista. **2** compatriota, conterrâneo, patrício. **A:** estrangeiro.

patriótico *adj* cívico, nacionalista. **A:** impatriótico.

patriotismo *sm* civismo, nacionalismo, civilismo.

patroa *sf* **1** *DE EMPRESA* empregadora, chefe. **A:** empregada. **2** *DE CASA* dona, proprietária, senhora. **A:** criada. **3** *Pop.* esposa, mulher.

patrocinador *sm* **1** protetor, defensor, padroeiro. **2** *Telev. e Rád.* anunciante. **Ex:** Interrompemos o programa para as mensagens dos nossos patrocinadores.

patrocinar *vtd* **1** auxiliar, proteger, favorecer, patronear. **Ex:** O partido patrocinou o movimento. **A:** combater. **2** *Telev. e Rád.* custear, pagar. **Ex:** A empresa patrocina várias novelas da emisssora.

patrocínio *sm* **1** auxílio, proteção, favor, patronato. **A:** combate. **2** *Telev. e Rád.* custeio, pagamento, custeamento.

patrona *sf* **1** V. patrono. **2** cartucheira.

patronato V. patrocínio.

patronear *vtd* **1** chefiar, comandar, dirigir, reger. **2** V. patrocinar.

patrono *sm* **1** defensor, protetor, campeão, padrinho *fig.* **2** advogado.

patrulha *sf* **1** *ATO* patrulhamento. **Ex:** Realizar a patrulha da rua. **2** grupo de patrulheiros: ronda.

patrulhamento V. patrulha.

patrulhar *vtd+vi* rondar. **Ex:** Patrulhar a cidade.

patuá *sm* escapulário, bentinhos *pl*.

patuscada *sf* **1** farra, baderna, folia. **2** grupo reunido para comer e beber: comezaina *pop.*

patuscar *vi* farrear, badernar, foliar, pandegar.

pau *sm* **1** madeira, madeiro, lenho. **2** cacete, porrete, bordão. **3** cajado, bordão, bastão. **4** vara, varapau. **5** *DA BANDEIRA* mastro, haste. **6** surra, sova, esfrega. **7** *Vulg.* pênis, membro, pinto *vulg.* * A dar com pau: à larga, em grande quantidade, com fartura. * Levar pau: ser reprovado. **A:** passar. * Meter o pau em: **1** bater em, surrar, espancar. **Ex:** Meteu o pau no filho. **2** criticar, censurar, falar mal de. **Ex:** Meteu o pau no comportamento do colega. **A:** elogiar. **3** reprovar, desqualificar, desclassificar. **A:** aprovar. **4** esbanjar, gastar, desperdiçar. **Ex:** Meteu o pau na fortuna da família.

pau-brasil *sm Bot.* brasil.

pau-d'água *sm Pop.* beberrão, esponja *fig*, gambá *pop.*

paulada *sf* bordoada, cacetada, pancada, porrada.

paulatino *adj* lento, vagaroso, moroso, lerdo. **A:** rápido.

paulificar *vtd* importunar, chatear, amolar, aborrecer.

pauperismo *sm* miséria, penúria, indigência, pobreza. **A:** riqueza.

pausa *sf* **1** interrupção, intervalo, folga. **2** lentidão, vagar, morosidade. **A:** rapidez.

pausar *vtd* **1** desacelerar, retardar, atrasar. **Ex:** O chefe mandou pausar o processo, pois estávamos indo muito rápido. **A:** acelerar. **2** atrasar, retardar, demorar. **Ex:** Pausou a decisão, para pensar melhor nas opções. **A:** adiantar. *vi* **3** parar, interromper-se, cessar (momentaneamente). **A:** continuar.

pauta *sf* **1** lista, relação, catálogo. **2** tarifa, tabela, lista de preços. **3** roteiro. **Ex:** Os apresentadores do programa seguiam a pauta elaborada pelo diretor. **4** *Mús.* pentagrama.

pautado *part+adj* metódico, regular, organizado, ordenado. **A:** irregular.

pautar *vtd* **1** riscar, traçar, tracejar. **Ex:** Pautar uma folha. **2** relacionar, listar, enumerar. **Ex:** Pautou todos os passos do plano. *vtd+vpr* **3** modelar(-se), regular(-se), amoldar(-se). **Ex:** Pautou seu comportamento pela doutrina do seu mestre; pautar-se pelo exemplo dos pais.

pavês *sm* escudo, égide (grandes e largos).

pavesar V. empavesar.

pavilhão *sm* **1** barraca, tenda. **2** quiosque, banca. **3** bandeira, estandarte, pendão. **4** caramanchão, pérgola, pérgola. **5** *DA CAMA* dossel, baldaquim, sobrecéu.

pavimentação V. pavimento.

pavimentar *vtd RUAS* calçar, calcetar, empedrar; *CASAS, ETC.* assoalhar, soalhar; *COM LAJES* lajear.

pavimento *sm* **1** *DE CASA, ETC.* chão, piso, assoalho. **Ex:** A empregada encerou o pavimento. **2** *DE RUA, ETC.* pavimentação. **Ex:** A prefeitura refez o pavimento de nosso bairro. **3** andar, piso. **Ex:** Nossos amigos moram no último pavimento do edifício.

pavio *sm* torcida, mecha.

pavonada *sf* **1** vaidade, presunção, ostentação. **2** prosa, fanfarronada, gabolice.

pavonear *vtd* **1** ostentar, exibir, alardear. **Ex:** Envaidecido, pavoneava seu carro novo. *vtd+vpr* **2** enfeitar(-se), adornar(-se), ornamentar(-se). **Ex:** Pavonearam as crianças para a festa. *vpr* **3** vangloriar-se, gabar-se, envaidecer-se, empavonar-se. **Ex:** Pavoneia-se de suas qualidades. **A:** envergonhar-se.

pavor *sm* terror, horror, medo, susto.

pavoroso *adj* horroroso, medonho, assustador, horripilante. **A:** encantador.

paz *sf* **1** tranqüilidade pública. **Ex:** Paz entre as nações. **A:** guerra. **2** calma, tranqüilidade, serenidade. **Ex:** Paz interior. **A:** intranqüilidade. **3** concórdia, harmonia, amizade. **Ex:** Na aldeia, havia paz entre as famílias. **A:** discórdia. **4** silêncio, quietude, sossego. **Ex:** A paz da floresta foi interrompida pelos caçadores. **A:** agitação.

pé *sm* **1** *Anat.* pata *pej.* **2** *Zool.* pata. **Ex:** Os pés do cachorro. **3** *DE OBJETOS* pedestal, base, suporte. **4** *Bot.* órgão de sustentação:

DE FLOR pedicelo, pedúnculo, haste; *DE FRUTO* pedúnculo, haste, engaço; *DE FOLHA* talo, pecíolo, haste. **5** *DE MONTANHA* sopé, falda, base. **A:** topo. **6** *Arquit.* pilar, coluna. **7** *Fig.* estado, situação, condição. **Ex:** Em que pé está a negociação? **8** *Fig.* motivo, razão, pretexto. * Ao pé de: junto de, perto de, ao lado de. **A:** longe de. * Assentar pé: firmar-se, consolidar-se, estabilizar-se. * Bater o pé: teimar, insistir, persistir. **A:** desistir. * Dar no pé *Pop.*: fugir, escapulir, escapar. * Entrar com o pé direito: sair-se bem, ter boa sorte. * Entrar com o pé esquerdo: sair-se mal, dar-se mal. * Meter os pés pelas mãos: atrapalhar-se, desorientar-se, confundir-se; dar uma de, dar uma rata. * Pegar no pé de *Gír.*: cismar, implicar com, encarnar em *gír.* **Ex:** Esse chato agora pegou no meu pé. * Sem pés nem cabeça: absurdo, descabido, despropositado. * Tirar o pé da lama (ou do lodo): progredir, prosperar, melhorar (de vida, de posição). **Ex:** Com o prêmio da loteria, tirou o pé da lama.

peanha *sf* pedestal, base, suporte, pé.

peão *sm* **1** pedestre. **Ex:** Os peões atravessavam a rua com atenção. **2** *Mil.* soldado de infantaria. **3** empregado, trabalhador (rural). **4** *Por ext.* plebeu, pé-de-chinelo, pobretão. **A:** rico.

pear *vtd* **1** prender (animal) com peia: travar. **2** *Fig.* atrapalhar, estorvar, embaraçar.

peça *sf* **1** pedaço, porção, parte. **2** *Mec.* parte. **Ex:** Trocou as peças da máquina. **3** *DE CERTOS JOGOS* pedra. **Ex:** As peças do jogo de xadrez. **4** artefato, produto, artigo. **5** *Teat.* texto. **6** *Mús.* obra, composição. **7** *Lit.* e *Bel.-art.* trabalho, obra, produção. **8** engano, trapaça, engodo. **Ex:** Pregar peças. **9** *DE CASA* cômodo, aposento, quarto. **10** móvel. **11** jóia.

pecado *sm* **1** *Rel.* culpa, falta. **2** delito, transgressão, falta, infração.

pecar *vti+vi* **1** errar. **Ex:** Suas palavras pecam contra a boa educação. *vti* **2** transgredir, desrespeitar, violar. **Ex:** Pecar contra uma lei.

pecari *sm Zool.* caititu, cateto.

pechincha *sf* **1** *ATO* regateio. **2** achado, vinha *fam.* **Ex:** Esse produto é uma pechincha. **3** vantagem, conveniência, proveito. **A:** desvantagem. **4** ganho, lucro, rendimento. **A:** prejuízo.

pechinchar *vtd+vi* **1** regatear. **Ex:** Pechinchou o valor da mercadoria; quando vai às compras, nunca pechincha. *vtd* **2** ganhar, alcançar, obter. **A:** perder.

pecíolo *sm Bot.* órgão de sustentação da folha: talo, pé, haste.

peco *adj* **1** *FRUTO* seco, chocho, murcho. **A:** viçoso. **2** *INDIVÍDUO* estúpido, ignorante, bronco. **A:** inteligente.

peçonha *sf* **1** veneno, tóxico. **2** *Fig.* malícia, maldade, perversidade. **A:** bondade.

peçonhento *adj* **1** venenoso, tóxico. **2** *Fig.* malicioso, malvado, perverso. **A:** bondoso.

pecuário V. pecuarista.

pecuarista *sm+f* pecuário, criador (de gado).

peculato *sm Dir.* desvio.

peculiar *adj m+f* característico, particular, especial, privativo.

peculiaridade *sf* particularidade, faceta, aspecto, face.

pecúlio *sm* **1** poupança, economias *pl*, pé-de-meia. **2** patrimônio, bens *pl*, riqueza.

pecúnia *sf* dinheiro, grana *gír*, gaita *gír*, bronze *pop.*

pedaço *sm* **1** fragmento, porção, parte. **2** naco, bocado, fatia. **3** *DE TEXTO* trecho, passagem, fragmento. **4** *DE TEMPO* intervalo, período, espaço. **5** *Pop.* beldade, bela, deusa *fig.* **Ex:** Ela é um pedaço.

pedagogia *sf* educação, instrução, ensino.

pedagógico *adj* didático, educativo, instrutivo.

pedagogo *sm* educador, instrutor, professor, mestre. **A:** aluno.

pé-d'água *sm* chuvarada, aguaceiro, toró, temporal.

pedante *adj m+f* afetado, presunçoso, pretensioso, pernóstico. **A:** simples.

pedantismo *sm* **1** afetação, presunção, pretensão, pernosticismo. **A:** simplicidade. **2** formalismo, academicismo.

pé-de-chinelo *sm Gír.* pé-rapado, pobretão, peão, plebeu. **A:** grã-fino.

pé-de-meia *sm* economias *pl*, poupança, pecúlio, reservas *pl*.

pé-de-pato *sm* nadadeira (de mergulhador).

pederasta *sm* sodomita, homossexual (masculino), bicha *vulg*, veado *vulg*. **A:** heterossexual.

pederastia *sf* sodomia, homossexualismo, homossexualidade, inversão. **Ex:** A pederastia é o homossexualismo masculino. **A:** heterossexualidade.

pederneira *sf* pedra-de-fogo, sílex, sílice.

pedestal *sm* **1** suporte, base, pé, peanha; **2** *DE COLUNA OU ESTÁTUA* base.

pedestre *s m+f* **1** peão. **Ex:** Os pedestres atravessam a rua. *adj m+f* **2** *Fig.* humilde, modesto, singelo. **A:** luxuoso.

pedicelo *sm Bot.* órgão de sustentação: *DA FLOR* pedúnculo, pé, haste; *DO CACHO DE UVA* engaço.

pedicura V. pedicure.

pedicure *sf* calista, *pedicura*.

pedido *sm* **1** petição, solicitação, requerimento. **2** súplica, rogo, clamor. **3** *Com.* encomenda, ordem.

pedinte *s m+f* mendigo, mendicante, esmoleiro, esmoler *pop*.

pedir *vtd* **1** solicitar, requerer, demandar. **Ex:** Pedir informações. **2** implorar, suplicar, clamar. **Ex:** Pedir clemência. **3** exigir, reclamar, requerer. **Ex:** Pedir satisfações. **4** requerer, precisar de, demandar. **Ex:** O sucesso pede esforço dos participantes. *vti* **5** interceder por, suplicar por, intervir em favor de. **Ex:** O povo pedia pelo condenado. *vi* **6** orar, rezar.

pedra *sf* **1** seixo, calhau; *GRANDE* rocha, pedregulho, fraga. **2** rocha, rochedo, penedo. **3** *Med.* cálculo. **Ex:** Pedra nos rins. **4** *DE TÚMULO* lápide, campa, lousa tumular. **5** granizo, saraiva, pedrisco. **6** *DE CERTOS JOGOS* peça. **Ex:** Pedras de dama, de xadrez. **7** quadro-negro, lousa, quadro. * Pedra angular *Fig.*: fundamento, base, alicerce. * Pedra de amolar: esmeril, amoladeira, rebolo. * Pedra filosofal *Fig.*: mistério, segredo, enigma. * Pedra preciosa: gema.

pedrada *sf Fig.* insulto, ofensa, injúria, ultraje. **A:** elogio.

pedra-de-fogo V. pederneira.

pedraria *sf* jóias *pl*.

pedrento V. pedregoso.

pedregoso *adj* pedroso, pedrento, lapidoso. **Ex:** O caminho pedregoso machucava nossos pés.

pedregulho *sm* **1** pedra grande: rocha, penedo, fraga. **Ex:** Os ladrões de estrada escondiam-se atrás dos pedregulhos. **2** pedrinhas *pl*, seixos *pl*, calhaus *pl*. **Ex:** O pedregulho retirado do leito dos rios.

pedreiro *sm Ornit.* joão-de-barro, forneiro.

pedreiro-livre *sm* maçom, mação.

pedrisco *sm Meteor.* chuva de pedra, granizo, saraiva, saraivada, pedra.

pedroso V. pedregoso.

pedúnculo *sm Bot.* órgão de sustentação: *DE FLOR* pedicelo, pé, haste; *DE FRUTO* pé, haste, engaço.

pé-frio *sm Pop.* azarado, caipora, infeliz, desventurado. **A:** pé-quente.

pega *sf* **1** aderência, adesão, ligação. *sm* **2** discussão, briga, bate-boca. **3** *Gír.* corrida, disputa, carreira. **Ex:** Assistimos ao pega pela televisão. **4** V. pega-pega.

pegada *sf* rastro, pista, rasto, vestígio.

pegadiço *adj* **1** e **2** V. pegajoso. **3** *Fig.* contagioso, contagiante, transmissível.

pegado *part+adj* **1** agarrado, apanhado, pego. **Ex:** Tinha pegado as malas, mas esqueceu da fruta. **A:** soltado. **2** próximo, vizinho, contíguo. **Ex:** Seu terreno é pegado ao meu. **A:** afastado. **3** íntimo, chegado. **Ex:** Amigos pegados.

pegador *sm* **1** esconde-esconde. **2** V. pega-pega.

pegajoso *adj* **1** viscoso, grudento, visguento, pegadiço. **2** *Fig.* chato, importuno, cacete *gír*, pegadiço *fig*. **Ex:** Sujeito pegajoso. **A:** agradável.

pega-pega *sm* **1** pegador, pique. **Ex:** Brincar de pega-pega. **2** *Pop.* pega, rolo *pop*, bafafá *pop*, quebra-pau *gír*.

pegar *vtd, vi+vpr* **1** colar, grudar(-se), pregar. **Ex:** As crianças pegaram estrelas de papel laminado nas paredes; o adesivo não pega no vidro do carro. **A:** despegar(-se).

vtd+vti **2** agarrar, segurar, apanhar. **Ex:** Pegue suas coisas e saia; pegou na arma e atirou. **A:** soltar. *vtd* **3** contrair, adquirir, apanhar. **Ex:** Pegar uma doença, um hábito. **4** assumir, incumbir-se de, aceitar. **Ex:** Pegar um trabalho. **A:** recusar. **5** surpreender, flagrar *pop*. **Ex:** Peguei o ladrão com a mão na massa. **6** pescar, fisgar, perceber (rapidamente). **Ex:** Ainda não peguei o que você quis dizer com isso. *vti* **7** tocar, apalpar, palpar. **Ex:** Pegue no tecido e veja como é macio. **8** pôr-se, começar, principiar. **Ex:** Pegou a falar como uma matraca. **A:** parar. **9** confinar, avizinhar, limitar-se. **Ex:** Nossa fazenda pega com a estrada. *vti, vi+vpr* **10** agarrar-se, prender-se, fixar-se. **Ex:** O açúcar pegou no fundo do copo. **A:** soltar-se. *vi* **11** generalizar-se, difundir-se, vulgarizar-se. **Ex:** Essa moda não pegou. *vpr* **12** brigar, bater-se, lutar.

pego (é) *sm* **1** ponto mais fundo de um lago, rio: fundão. **2** abismo, precipício, voragem.

pego (ê) ou (é) V. pegado.

peia *sf* **1** correia para amarrar os pés dos animais, impedindo-os de andar: trava, travão, entrave. **2** *Fig.* empecilho, impedimento, obstáculo. **3** chicote, açoite, chibata.

peita *sf* suborno, corrupção, compra.

peitar *vtd* **1** subornar, corromper, comprar. **2** enfrentar, desafiar, encarar. **Ex:** Peitar um adversário mais forte. **A:** fugir de. **3** *Ant.* pagar, satisfazer.

peitilho V. peito.

peito *sm* **1** *Anat.* tórax, torso. **2** seio, mama, teta. **3** *DE ROUPA* peitilho. **4** *Fig.* coragem, valor, bravura. **Ex:** Precisa ter peito para fazer isso. **A:** medo. * Abrir o peito: abrir-se, desabafar, desafogar-se. **Ex:** Abriu o peito com os amigos. **A:** fechar-se. * De peito aberto: com franqueza, com sinceridade. * Do peito: íntimo, chegado, querido. **Ex:** Amigo do peito.

peitoril *sm* parapeito, resguardo.

peitudo *sm+adj* valentão, bamba.

pejar *vtd* **1** encher, carregar, abarrotar. **A:** esvaziar. *vtd+vpr* **2** obstruir(-se), atrapalhar(-se), embaraçar(-se). **Ex:** Seu carro está pejando a entrada de nossa garagem. **A:** desobstruir(-se). *vi* **3** engravidar, em-

prenhar, embarrigar. *vpr* **4** envergonhar-se, corar. **Ex:** Pejou-se de errar tantas vezes. **A:** orgulhar-se.

pejo *sm* **1** pudor, vergonha, acanhamento. **A:** despudor. **2** estorvo, impedimento, obstáculo.

péla *sf* **1** bola, pelota. **2** *Fig.* zombaria, gozação, joguete.

pelado *part+adj* **1** nu, despido, desnudo. **A:** vestido. **2** calvo, liso, glabro. **A:** peludo. **3** *Fig.* pobre, necessitado, miserável. **A:** rico. **4** *Fam.* esperto, astuto, finório. **A:** tolo.

peladura *sf* **1** calvície, alopecia. **2** susto, sobressalto.

pelagem *sf* *Zool.* pelame, pêlo. **Ex:** A pelagem dos carneiros.

pelágico *adj* oceânico, marítimo, marinho. **A:** terrestre.

pélago *sm* **1** oceano, mar. **2** *Fig.* imensidão, imensidade, mar *fig.* **Ex:** Vivia num pélago de problemas.

pelame V. pelagem.

pelanca *sf* muxiba.

pelancudo *adj* muxibento, enrugado, encarquilhado.

pelar *vtd* **1** tirar a pele de: despelar, esfolar, escorchar. **2** tirar a casca de: descascar, descortiçar, escorchar. **3** roubar, furtar, depenar *fam*. *vtd+vpr* **4** depilar(-se), raspar(-se), rapar(-se). *vpr* **5** *Fig.* adorar, amar, gostar de. **Ex:** Pela-se por doces.

pelaria V. peleteria.

pele *sf* **1** *Anat.* derme, derma, couro. **2** *Fam.* camada superficial da pele: epiderme, película, cutícula. **3** tez, cútis. **4** *DE ANIMAL* couro. **5** *Bot.* casca. * Salvar a pele: salvar-se, safar-se, livrar-se.

pelego *sm* *Fig.* servil, adulador, capacho *fig*, puxa-saco *vulg*.

peleja *sf* **1** combate, luta, batalha. **2** briga, desavença, discórdia. **A:** harmonia. **3** *Pop.* luta, labuta, lida.

pelejar *vtd, vti+vi* **1** combater, lutar, batalhar. *vti+vi* **2** *DOUTRINA, IDÉIA* discutir, defender, sustentar. *vi* **3** teimar, insistir, obstinar-se.

peleria V. peleteria.

peleteria *sf* pelaria, peleria. **Ex:** Uma peleteria fabrica artigos de pele, ou vende peles.

pele-vermelha *s e adj m+f Etnol.* índio, indígena, aborígene (da América do Norte).

película *sf* 1 *Anat.* camada externa da pele: epiderme, cutícula. 2 *Fot. e Cin.* filme (o material usado para fotos e filmagens). **Ex:** O rolo de película é muito caro. 3 *Cin.* a seqüência de imagens filmadas: filme, fita. **Ex:** Neste cinema exibirão um festival de películas italianas.

pelintra *s e adj m+f* 1 maltrapilho, esfarrapado, farrapo. 2 janota, catita *fam*, casquilho.

pêlo *sm* 1 cabelo (de animais e do homem, exceto na cabeça). 2 *EM TECIDO* felpa. 3 *Bot.* lanugem, lã. **Ex:** O pêlo de certos frutos. * Em pêlo: nu, desnudo, despido. **A:** vestido.

peloso V. peludo.

pelota *sf* bola, péla.

pelotão *sm Fig.* multidão, massa, turma, legião.

pelotiqueiro *sm* saltimbanco, bufão, palhaço, truão.

peludo *adj* peloso, cabeludo, hirsuto, piloso. **A:** careca.

pelve *sf Anat.* bacia, pélvis.

pélvis V. pelve.

pena *sf* 1 *Ornit.* pluma. **Ex:** Pena de galinha. 2 *DE ESCREVER* pluma. 3 *Fig.* autor, escritor. 4 castigo, punição, corretivo. **Ex:** Receber uma pena severa. **A:** recompensa. 5 compaixão, dó, piedade. **Ex:** Tenho pena dela. **A:** indiferença. 6 sofrimento, dor, tormento. **A:** prazer. 7 tristeza, mágoa, pesar. **A:** prazer. * Pena de morte: pena capital, morte.

penacho *sm* 1 *Zool.* crista. **Ex:** O penacho das aves. 2 cocar. **Ex:** Os penachos dos índios. 3 coma. **Ex:** O penacho do chapéu.

penal V. pênalti.

penalidade *sf* pena, castigo, punição, corretivo. **A:** prêmio. * Penalidade máxima V. pênalti.

penalizar *vtd+vpr* afligir(-se), angustiar (-se), torturar(-se), magoar(-se).

pênalti *sm Fut.* penalidade máxima, penal.

penar *vtd+vi* 1 sofrer, padecer. *vtd, vi+vpr* 2 afligir(-se), atribular(-se), agoniar(-se). *vtd* 3 *PECADOS* expiar, pagar, resgatar.

penca *sf* 1 *Bot.* cacho, racemo, racimo. 2 *Pop.* narigão, bicanca *pop*, beque *pop*. 3 *Fig.* monte, porção, batelada. **Ex:** Ter uma penca de amigos.

pendão *sm* 1 bandeira, estandarte, pavilhão. 2 flâmula, bandeirola, bandeirinha. 3 *Fig.* divisa, emblema, símbolo.

pendência *sf* 1 briga, rixa, desavença, pendenga *pop*. **A:** acordo. 2 *Dir.* litígio, demanda, causa.

pendenga *sf* 1 *Pop.* briga, discussão, bateboca. 2 V. pendência.

pendente *adj m+f* 1 pendurado, suspenso, pêndulo. 2 inclinado, oblíquo, aclive. **A:** reto. 3 dependente, vinculado, subordinado. **Ex:** A classificação estava pendente do resultado do jogo. **A:** independente. 4 iminente, próximo, prestes. **A:** Risco pendente. 5 não decidido. **Ex:** Assuntos pendentes. **A:** resolvido.

pender *vtd* 1 inclinar, tombar, descair. **Ex:** Pender o corpo para a frente. **A:** levantar. *vti* 2 tender, propender, inclinar-se. **Ex:** Esse aluno pende para a matemática. *vi* 3 cair, descair, baixar. **Ex:** Deixou pender os braços, desanimado. **A:** levantar-se. 4 depender-se, pendurar-se, suspender-se. *vpr* 5 encostar-se, apoiar-se, escorar-se. **Ex:** Sentiu tonturas e pendeu-se ao muro. **A:** desencostar-se.

pendor *sm* 1 declive, inclinação, vertente. 2 *Fig.* inclinação, vocação, tendência. **Ex:** Ter pendor para as artes.

pêndula V. pêndulo.

pendular *vtd* 1 balançar, balouçar. *vi* 2 oscilar, balançar-se, balouçar. *adj m+f* 3 oscilante. **Ex:** Movimentos pendulares.

pêndulo *sm* 1 *DE RELÓGIO* pêndula *pop*. *adj* 2 V. pendente.

pendura *sf* ato de pendurar: dependura, suspensão. * Estar na pendura *Gír.*: estar duro, estar na pindaíba *pop*.

pendurado V. pendente.

pendurar *vtd+vpr* 1 dependurar(-se), suspender(-se). **Ex:** Pendurou as roupas no cabide. *vtd* 2 *Pop.* pôr no prego, penhorar, empenhar. **Ex:** Pendurar as jóias da família. **A:** desempenhar.

penduricalho *sm* **1** pingente, balangandã, badulaque. **2** *Hum.* condecoração, medalha, insígnia.

penedia V. penedo.

penedo *sm* **1** rochedo, penhasco, penedia. **2** pedra grande: rocha, pedregulho, fraga.

peneira *sf* **1** crivo, joeira, ciranda. **2** garoa, chuvisco, chuvisqueiro.

peneirar *vtd* **1** crivar, joeirar, cirandar. **2** *Fig.* selecionar, escolher, separar. **Ex:** Peneire melhor seus amigos para não se decepcionar. *vi* **3** garoar, chuviscar, borrifar.

penetração *sf* **1** traspasse, traspassamento, trespasse. **2** entrada, introdução. **A:** saída. **3** *Fig.* esperteza, astúcia, sagacidade. **A:** ingenuidade.

penetrante *adj m+f* **1** que penetra: penetrador. **2** *Fig.* doloroso, pungente, lancinante. **3** *Fig.* profundo, intenso, forte. **A:** brando. **4** *Fig.* esperto, astuto, sagaz. **A:** ingênuo.

penetrar *vtd* **1** atravessar, varar, traspassar. **Ex:** A faca penetrou o corpo do inimigo. **2** *SENTIMENTOS* tomar, invadir, possuir. **Ex:** A tristeza penetrou seu coração. **3** compreender, entender, perceber. **Ex:** Penetrar um mistério. *vtd+vti* **4** entrar, ingressar, introduzir-se em. **Ex:** As águas da enchente penetraram as casas próximas; a luz do sol penetrava na sala. **A:** sair de. *vti* **5** embrenhar-se, entranhar-se, aprofundar-se. **Ex:** Penetrou na selva. *vpr* **6** *DE SENTIMENTOS* tomar-se, encher-se, possuir-se.

pênfigo *sm Med.* fogo-selvagem.

penha V. penhasco.

penhasco *sm* rochedo, penha, penedo, fraga.

penhor *sm* **1** *Dir.* fiança, caução, hipoteca. **2** *Fig.* prova, garantia, segurança. **Ex:** Isso não vale como penhor de sua honestidade.

penhorar *vtd* **1** hipotecar, empenhar, pendurar *pop.* **A:** desempenhar. **2** garantir, assegurar, certificar.

penico *sm Fam.* urinol, vaso, bacio, bacia.

pênis *sm, sing+pl Anat.* falo, membro, pinto *vulg,* cacete *vulg.*

penitência *sf* **1** arrependimento, remorso, contrição. **A:** impenitência. **2** expiação. **3** castigo, pena, punição. **A:** recompensa. **4** tormento, sofrimento, dor. **A:** prazer.

penitenciar *vtd* **1** castigar, penalizar, punir. **A:** recompensar. *vpr* **2** castigar-se, disciplinar-se, mortificar-se. **Ex:** Jejuou para penitenciar-se.

penitenciária *sf* prisão, presídio, cadeia, cárcere.

penitente *adj m+f* arrependido, contrito. **Ex:** Criminoso penitente. **A:** impenitente.

penoso *adj* **1** doloroso, doído, lancinante. **2** incômodo, desagradável, aborrecido. **A:** agradável. **3** duro, sofrido, árduo. **Ex:** Trabalho penoso. **A:** fácil.

pensador *sm* filósofo.

pensamento *sm* **1** raciocínio, reflexão, consideração. **2** fantasia, devaneio, sonho. **Ex:** Perdeu-se em pensamentos. **3** cabeça, lembrança, memória. **Ex:** Aquilo não me sai do pensamento. **4** intenção, intento, propósito. **Ex:** Seu pensamento era partir imediatamente. **5** alma, espírito, mente. **Ex:** O fato perturbou-lhe o pensamento. **6** mensagem, significado, idéia. **Ex:** O pensamento de uma obra literária. **7** V. pensar.

pensão *sf* **1** renda, rendimento, ordenado. **Ex:** Pensão vitalícia. **2** hotel (pequeno). **3** *Fig.* encargo, obrigação, responsabilidade.

pensar *sm* **1** opinião, conceito, ponto de vista, pensamento. **Ex:** Seguiu o pensar dos pais. **2** prudência, cautela, cuidado. **A:** imprudência. *vtd* **3** supor, crer, acreditar. **Ex:** Penso que tudo se resolverá em breve. *vti+vi* **4** meditar, refletir, cogitar, matutar. **Ex:** Não conseguia pensar em mais nada além da viagem; pensou durante uns minutos e respondeu.

pensativo *adj* **1** concentrado, absorto, meditativo. **2** preocupado, apreensivo, ansioso. **A:** despreocupado.

pênsil *adj m+f* suspenso, pendurado, levantado. **Ex:** Ponte pênsil.

pensionato *sm* internato.

penso *sm* **1** *Med.* curativo. *adj* **2** inclinado, caído, tombado. **A:** levantado.

penteadeira *sf* toucador.

penteado *sm* toucado.

penteador *sm* cabeleireiro.

pentear vtd compor, alisar, desemaranhar, desembaraçar. **A:** despentear.

pentelhar vtd Vulg. chatear, amolar, aborrecer, importunar.

pentelho sm 1 Vulg. pêlo (que fica no pente). 2 Vulg. pêlo pubiano. 3 Vulg. chato, importuno, sarna pop.

penugem sf Zool. lanugem, felpa.

penumbra sf meia-luz.

penúria sf 1 privação, falta, carência. 2 miséria, indigência, pobreza (extrema). **A:** abastança (nas duas acepções).

pepineiro V. pepino.

pepino sm 1 Bot. ÁRVORE pepineiro. 2 Pop. Fig. problema, dificuldade, abacaxi gír.

pequena sf 1 Pop. moça, jovem, rapariga p. us. 2 namorada, garota, xodó.

pequenez sf 1 pequeneza. **A:** grandeza. 2 infância, meninice, puerícia. **A:** velhice. 3 Fig. baixeza, mesquinhez, vileza. **A:** nobreza.

pequeneza V. pequenez.

pequenino V. pequerrucho.

pequeno sm 1 V. pequerrucho. 2 namorado, namoro, xodó. adj 3 exíguo, reduzido, apertado. **Ex:** Quarto pequeno. **A:** grande. 4 curto, reduzido, breve. **Ex:** Ruas pequenas. **A:** grande. 5 limitado, escasso, restrito. **A:** Os camponeses vendiam sua pequena produção agrícola nas feiras. **A:** grande. 6 miúdo, diminuto, minúsculo. **Ex:** Usava um vestido de pequenas bolinhas pretas. **A:** grande. 7 baixo. **Ex:** Pessoa pequena. **A:** alto. 8 novo. **Ex:** Quando eu era pequeno, um doce custava um centavo. **A:** adulto. 9 insignificante, reduzido, irrisório. **Ex:** Pequeno salário. **A:** grande. 10 Fig. baixo, mesquinho, vil. **A:** nobre.

pé-quente sm Pop. sortudo. **A:** pé-frio.

pequerrucho sm 1 menino, garoto, criança, pequeno. adj 2 pequenino, minúsculo, diminuto. **A:** gigante.

peralta s m+f 1 almofadinha pop e ant, janota, casquilho. 2 vadio, vagabundo, preguiçoso. s e adj m+f 3 travesso, traquinas, arteiro.

peraltear vi vagabundear, vadiar, preguiçar, mandriar. **A:** trabalhar.

peraltice sf 1 janotice, faceirice, garridice. **A:** deselegância. 2 vadiagem, vagabundagem, ócio. **A:** trabalho. 3 travessura, traquinagem, diabrura.

perambeira sf abismo, precipício, despenhadeiro, abisso, pirambeira.

perambular vi errar, vagar, vaguear, vadiar.

perante prep ante, diante de, na presença de.

pé-rapado sm pobretão, pé-de-chinelo gír, peão, plebeu. **A:** grã-fino.

percalço sm 1 ganho, lucro, rendimento. **A:** perda. 2 vantagem, proveito, interesse. **A:** desvantagem. 3 contratempo, transtorno, dificuldade. **Ex:** Vencer os percalços da vida.

perceber vtd 1 notar, observar, apreender. **Ex:** Percebi uma certa tristeza em seu olhar. 2 compreender, entender, alcançar. **Ex:** Ela não percebia a importância daqueles atos. 3 RAPIDAMENTE pescar, pegar, fisgar. 4 AO LONGE enxergar, avistar, distinguir. **Ex:** Percebíamos um vulto do outro lado da rua. 5 ouvir, escutar. 6 SALÁRIO, ETC. receber, auferir, ganhar. **Ex:** Percebe tantos dólares mensais.

percentagem V. porcentagem.

percentual V. porcentagem.

percepção sf compreensão, entendimento, apreensão.

percha V. guta-percha.

percorrer vtd 1 correr, andar por, caminhar. **Ex:** Percorreu alguns quilômetros a pé. 2 examinar, estudar, pesquisar.

percurso sm 1 trajeto, caminho, itinerário. **Ex:** Não conversou comigo até o fim do percurso. 2 movimento, deslocamento, movimentação. **Ex:** O percurso dos astros.

percussão sf 1 batida, pancada, batimento. 2 colisão, trombada, batida.

percutir vtd 1 bater em. **Ex:** Os indígenas percutiam os tambores. vti 2 repercutir, refletir-se, reverberar. **Ex:** O ruído percutiu no salão.

perda sf 1 extravio, descaminho, sumiço. **Ex:** A perda dos documentos. **A:** encontro. 2 prejuízo, dano. **Ex:** As perdas dos comerciantes foram grandes. **A:** ganho. 3 privação, supressão, ausência. **Ex:** A perda de memória foi causada pelo golpe que recebeu na cabeça. **4** morte, falecimento, óbito. **Ex:** Lamentamos a perda de seu pai. **A:** nascimento.

perdão *sm DE ERROS* desculpa, absolvição, indulto; *DE PECADOS* remissão, absolvição. **A:** condenação.

perder *vtd* **1** ficar sem. **Ex:** Perdeu dinheiro. **A:** ganhar. **2** ser derrotado em. **Ex:** Perdi a disputa. **A:** ganhar. **3** *TEMPO* desperdiçar. **4** esbanjar, dissipar, desperdiçar. **Ex:** Perder dinheiro com bobagens. *vtd+vpr* **5** arruinar(-se), estragar(-se), danificar(-se). **Ex:** A geada perdeu a plantação; perdeu-se todo o estoque da loja. **6** corromper(-se), perverter(-se), depravar(-se). **Ex:** As más companhias perderam-no. **A:** regenerar(-se). **7** desgraçar(-se), infelicitar(-se). *vpr* **8** desaparecer, sumir, extraviar-se. **Ex:** Perdeu-se toda a sua bagagem. **9** desorientar-se, desnortear-se, extraviar-se, transviar-se. **A:** orientar-se. **10** atrapalhar-se, confundir-se, atarantar-se. **Ex:** Perdeu-se ao discursar para o público.

perdição *sf* **1** ruína, dano, estrago. **2** *Rel.* danação, condenação, maldição. **3** desonra, descrédito, vergonha. **A:** honra. **4** devassidão, libertinagem, imoralidade. **A:** castidade. **5** *Fam.* tentação. **Ex:** Seu bolo de chocolate é uma perdição.

perdida *sf* prostituta, meretriz, puta *vulg*, rameira.

perdido *part+adj* **1** devasso, libertino, imoral. **Ex:** Mulher perdida. **A:** casto. **2** frito *pop*, arruinado. **Ex:** Não estudei, estou perdido! **3** apaixonado, enamorado, gamado *gír*. **Ex:** Estava perdido pela moça.

perdoar *vtd* **1** *ERROS* desculpar, relevar, absolver; *PECADOS* remitir, remir, absolver. **A:** condenar. **2** poupar, respeitar. **Ex:** Sua raiva não perdoa ninguém, nem os inocentes.

perdulário *sm+adj* pródigo, gastador, esbanjador, dissipador. **A.** econômico.

perdurar *vi* **1** *MUITO TEMPO* durar, conservar-se, manter-se. **2** persistir, continuar, permanecer.

pereba *sf* **1** *Med.* ferida, chaga, úlcera. **2** *Med.* e *Vet.* sarna, escabiose, já-começa

fam. **3** *Med.* abscesso, apostema, cisto. **Obs.:** Nas três acepções, existem as variantes *bereba, bereva* e *pereva*.

perecer *vi* **1** *COISA* acabar, terminar, findar. **A:** começar. **2** *PESSOA* morrer, falecer, expirar. **A:** nascer.

perecimento *sm* **1** término, final, extinção. **A:** início. **2** esgotamento, exaustão, fadiga. **A:** descanso.

peregrinação *sf* **1** *Rel.* romaria. **2** viagem, jornada.

peregrinar *vti+vi* **1** *Rel.* ir em romaria. **2** viajar, jornadear.

peregrino *sm* **1** *Rel.* romeiro. *adj* **2** estrangeiro, forasteiro, estranho. **A:** nacional. **3** excepcional, extraordinário, raro. **A:** comum.

peremptório *adj* decisivo, terminante, categórico, taxativo. **A:** incerto.

perenal V. perene.

perene *adj m+f* **1** duradouro, durável, longo, perenal. **A:** passageiro. **2** eterno, perpétuo, infinito, perenal. **A:** passageiro. **3** incessante, ininterrupto, contínuo, perenal. **A:** intermitente.

perenizar *vtd+vpr* eternizar(-se), perpetuar(-se).

pererecar *vi* **1** desnortear-se, desorientar-se, perder-se. **A:** orientar-se. **2** *BOLA, PIÃO, ETC.* saltar, pular, quicar.

perereco *sm* *Pop.* confusão, fuzuê, rolo *pop*, quebra-pau *gír*.

pereva V. pereba.

perfazer *vtd* **1** concluir, terminar, finalizar. **Ex:** Perfazer um trabalho. **A:** iniciar. **2** completar, inteirar, atingir. **Ex:** Perfazer uma quantia.

perfeição *sf* **1** primor, apuro, esmero, requinte. **Ex:** A perfeição da linguagem. **A:** imperfeição. **2** perícia, maestria, habilidade. **Ex:** O pintor trabalhou com perfeição. **A:** imperícia.

perfeito *sm* **1** *Gram.* pretérito perfeito. *adj* **2** completo, acabado, total. **3** impecável, esmerado, primoroso. **4** genial *gír*, ótimo, excelente. **A:** imperfeito (acepções **2** e **3**).

perfídia *sf* deslealdade, infidelidade, falsidade, traição. **A:** lealdade.

pérfido *adj* desleal, infiel, falso, traidor. **A:** leal.

perfil *sm* **1** contorno. **Ex:** O perfil de um objeto. **2** descrição, representação, retrato. **Ex:** Escrever o perfil de alguém. **3** *Mil.* ato de perfilar: perfilamento, alinhamento, forma, formatura. **Ex:** O perfil dos tanques, dos soldados.

perfilamento V. perfil.

perfilar *vtd Mil.* formar, alinhar, enfileirar, alar. **Ex:** Perfilar as tropas.

perfilhação *sf Dir.* adoção, legitimação, filiação.

perfilhar *vtd* **1** *Dir.* adotar, legitimar, filiar. **2** adotar, seguir, abraçar. **Ex:** Perfilhar uma doutrina. *vi* **3** *Bot.* germinar, desabrochar, brotar.

performance (ingl.: performánce) *sf* **1** exibição, apresentação, espetáculo. **Ex:** Aplaudiram a *performance* do artista. **2** *Mec.* eficiência, rendimento, produção. **Ex:** A *performance* do equipamento estava aquém de nossas necessidades, por isso o devolvemos à oficina.

perfumado *part+adj* cheiroso, aromático, odorífero, odorífico, perfumoso. **A:** fétido.

perfumar *vtd+vpr* aromatizar(-se), aromar(-se), embalsamar(-se).

perfumaria *sf Fam.* ninharia, bagatela, insignificância, mixaria.

perfume *sm* aroma, fragrância, odor, olor *poét.* **A:** fedor.

perfumoso V. perfumado.

perfuração *sf* **1** *ATO* escavação, abertura, furagem. **Ex:** A perfuração dos poços foi concluída ontem. **2** *RESULTADO* furo, buraco, orifício. **Ex:** A parede apresentava perfurações de bala.

perfuradora V. perfuratriz.

perfurar *vtd* furar, cavar, esburacar, escavar.

perfuratriz *sf Mec.* perfuradora.

pérgola V. pérgula.

pérgula *sf* caramanchão, pavilhão, *pérgola.*

pergunta *sf* **1** interrogação, indagação, questão. **Ex:** Não respondeu à minha pergunta. **A:** resposta. **2** questão, quesito, item. **Ex:** A prova era extensa, com muitas perguntas dissertativas.

perguntar *vtd+vti* **1** interrogar, indagar, interpelar. **Ex:** Perguntaram os suspeitos; perguntou os motivos que o levaram a abandonar o cargo; perguntou-me coisas que eu desconhecia. **A:** responder. *vtd* **2** indagar, investigar, sondar. **Ex:** Perguntou se ela gostaria de ajuda.

perícia *sf* **1** experiência, prática, tarimba. **2** habilidade, competência, capacidade. **3** *Dir.* vistoria, exame, inspeção. **A:** imperícia (acepções 1 e 2).

periclitar V. perigar.

periélio *sm Astr.* **A:** afélio.

periferia *sf* **1** perímetro, contorno, âmbito; *DE FIGURA CIRCULAR* circunferência, circuito. **2** *DA CIDADE* **Ex:** Moramos na periferia de São Paulo. **A:** centro.

perífrase *sf* circunlocução, circunlóquio, rodeio, giro (de palavras).

perigalho *sm* pelanca, muxiba (do pescoço, do queixo).

perigar *vti+vi* periclitar, correr perigo.

perigeu *sm Astr.* ponto da órbita de um astro ao redor da Terra, em que tal astro se encontra mais próximo do centro do planeta **A:** apogeu.

perigo *sm* risco, aventura.

perigoso *adj* arriscado, temerário, ousado, audacioso. **Ex:** Missão perigosa. **A:** seguro.

perímetro V. periferia.

periódico *sm* **1** jornal, gazeta, folha. *adj* **2** cíclico, intermitente, recorrente.

período *sm* **1** ciclo, fase, etapa. **2** *Gram.* frase, oração, proposição.

peripécia *sf* **1** *Lit.* lance, lanço, acontecimento. **2** aventura, incidente, imprevisto.

perito *sm* **1** especialista, prático, entendido. **2** *Contab.* auditor. *adj* **3** experiente, prático, versado. **4** hábil, competente, capaz. **A:** imperito (acepções 3 e 4).

perjurar *vtd* **1** rejeitar, desertar de, abjurar. **Ex:** Perjurar uma doutrina. **A:** aderir a. *vti+vi* **2** jurar falso, mentir.

perjúrio *sm* juramento falso.

perjuro *sm* **1** quem jura falso: falsário. *adj* **2** mentiroso, falso, fementido.

perlongar *vtd* costear, navegar (junto da costa). **Ex:** O barco perlonga o rio.

permanecer *vlig* **1** ficar, continuar, conservar-se. **Ex:** Permaneceu alegre todo o tempo. *vti+vi* **2** demorar-se, ficar, estacionar. **Ex:** Permaneceu dois dias em casa. *vi* **3**

continuar, manter-se, conservar-se, persistir. **Ex:** Ele morreu, mas sua fama permanece. **A:** acabar. **4** seguido de infinitivo com *prep* **a** ou gerúndio: ficar, demorar-se, quedar-se. **Ex:** Permanecemos esperando (ou a esperar).

permanência *sf* **1** estada, demora. **Ex:** Sua permanência na Europa foi breve, mas rica em experiências. **2** constância, prosseguimento, persistência. **Ex:** A permanência dessa situação não é boa para nós. **A:** inconstância.

permanente *adj m+f* **1** constante, contínuo, ininterrupto. **A:** inconstante. **2** duradouro, durável, perene. **A:** passageiro. **3** definitivo, final, último. **A:** provisório.

permear *vtd* **1** furar, atravessar, transpassar. **Ex:** Pregos permeavam a tábua. *vtd+vti* **2** entremear(-se), intercalar(-se), interpor(-se). **Ex:** O orador permeia palavras amistosas entre críticas construtivas e opiniões radicais.

permissão *sf* autorização, licença, consentimento, aprovação. **A:** proibição.

permissível *adj m+f* admissível, lícito, tolerável, aceitável. **A:** inadmissível.

permissivo *adj* tolerante, indulgente, condescendente, transigente. **Ex:** Sociedade permissiva. **A:** intolerante.

permitir *vtd* **1** consentir, deixar, autorizar. **Ex:** Não permitimos a entrada de estranhos. **A:** proibir. **2** admitir, tolerar, comportar. **Ex:** Não permite abusos por parte dos empregados. **3** possibilitar, proporcionar, facultar. **Ex:** O progresso da ciência permitiu o prolongamento da vida.

permuta *sf* troca, barganha, câmbio, berganha, permutação.

permutação V. permuta.

permutar *vtd* trocar, barganhar, cambiar, berganhar.

perna *sf* **1** *FINA* cambito, gambito, caniço *gír.* **2** suporte, apoio, base. **3** *DE LETRA* haste. * Com uma perna às costas: com facilidade. * Passar a perna em: trapacear, enganar, ludibriar.

pernada *sf* **1** passada, passo (largo). **2** caminhada, marcha, jornada. **3** *Fam.* pontapé,

chute. **4** rasteira. **Ex:** Derrubou o adversário com uma pernada.

pernicioso *adj* nocivo, danoso, mau, maléfico. **A:** benéfico.

pernilongo *sm Entom.* mosquito, muriçoca.

pernoitamento V. pernoite.

pernoitar *vti+vi* pousar. **Ex:** Pernoitou num hotel à beira da estrada.

pernoite *sm* **1** *ATO* dormida, pernoitamento. **2** lugar onde se pernoita: pousada, pouso.

pernosticidade V. pernosticismo.

pernosticismo *sm* afetação, presunção, pretensão, pedantismo, pernosticidade. **A:** modéstia.

pernóstico *adj Pop.* afetado, presunçoso, pretensioso, pedante. **A:** modesto.

peroração *sf Ret.* epílogo, conclusão, final, fecho. **A:** prólogo.

perorar *vi Ret.* terminar, concluir-se, fechar, acabar. **A:** iniciar.

perpassar *vti* **1** passar por, percorrer, andar por. **Ex:** Perpassamos pelas ruas desertas do bairro. **2** roçar, resvalar. **Ex:** O vento perpassava por seus cabelos. *vi* **3** passar, transcorrer, decorrer.

perpetrar *vtd* **1** *ATO CONDENÁVEL* cometer, praticar. **Ex:** Perpetrar um crime. **2** *QUALQUER ATO* realizar, fazer, executar.

perpetuar *vtd+vpr* **1** eternizar(-se), perenizar(-se); *PESSOA* imortalizar(-se). *vtd* **2** reproduzir, propagar. **Ex:** Os animais perpetuaram a espécie. *vpr* **3** reproduzir-se, procriar. **Ex:** Os animais perpetuaram-se. **4** transmitir-se, passar. **Ex:** Essas características perpetuam-se de geração para geração.

perpétuo *adj* **1** eterno, infinito, infindo. **A:** passageiro. **2** incessante, contínuo, ininterrupto. **Ex:** Movimento perpétuo. **A:** interrompido. **3** imutável, inalterável, invariável. **Ex:** Hábitos perpétuos. **A:** mutável. **4** vitalício. **Ex:** Presidente perpétuo do clube.

perplexidade *sf* **1** indecisão, hesitação, vacilação. **A:** decisão. **2** pasmo, assombro, surpresa.

perplexo *adj* **1** indeciso, hesitante, vacilante. **A:** decidido. **2** atônito, pasmado, estupefato.

perquirir *vtd* indagar, investigar, averiguar, inquirir.

perrengue *adj m+f* **1** fraco, frouxo, mole. **A:** forte. **2** covarde, medroso, frouxo. **A:** corajoso. **3** ruim, imprestável, inútil. **A:** útil. **4** teimoso, obstinado, birrento.

perrice *sf* **1** *Pop.* teimosia, persistência, teima. **2** birra, irritação, mau humor. **A:** bom humor. **3** pirraça, provocação, acinte.

perro (ê) *sm* **1** cão, cachorro. **2** *Fig.* canalha, patife, tratante. **3** emperrado, duro. **Ex:** A janela está perra, não abre. **4** *Pop.* teimoso, cabeçudo, persistente.

persa *s m+f* **1** pérsio, persiano. **Ex:** Os persas ergueram um império. *adj m+f* **2** pérsico, pérsio, persiano. **Ex:** A religião persa.

perscrutar *vtd* investigar, sondar, indagar, averiguar.

persecução V. perseguição.

perseguição *sf* acossamento, encalço, caça, persecução.

perseguir *vtd* **1** seguir, acossar, acuar. **2** atormentar, torturar, martirizar. **3** aborrecer, incomodar, importunar. **A:** agradar. **4** castigar, condenar, punir. **A:** recompensar.

perseverança *sf* persistência, obstinação, constância, firmeza. **A:** inconstância.

perseverante *adj m+f* persistente, obstinado, constante, firme. **A:** inconstante.

perseverar *vti+vi* **1** persistir, obstinar-se, teimar. **Ex:** Perseverar em seus ideais. **A:** desistir. *vi* **2** continuar, perdurar, persistir. **Ex:** Seu estado de fraqueza perseverou, apesar do tratamento.

persiano V. persa.

pérsico V. persa.

persignar-se *vpr* benzer-se.

pérsio V. persa.

persistência *sf* perseverança, teimosia, insistência, constância.

persistente *adj m+f* perseverante, teimoso, insistente, constante.

persistir *vti+vi* **1** perseverar, insistir, teimar. **A:** desistir. *vi* **2** continuar, perdurar, manter-se. **Ex:** Os problemas persistem. *vlig* **3** permanecer, continuar, conservar-se. **Ex:** A situação persiste inalterável.

personagem *s m+f* **1** personalidade, celebridade, figura, vulto. **Ex:** Os grandes personagens da História do Brasil. **2** *Lit.* herói, protagonista. **Ex:** Os personagens de um romance.

personalidade *sf* **1** V. personagem. **2** pessoalidade.

personalizar *vtd* **1** V. personificar. **2** nomear, indicar, apontar. **Ex:** Fez críticas ao grupo, sem personalizar os culpados.

personificação *sf* **1** modelo, exemplo, expressão. **Ex:** Ela é a personificação da gentileza. **2** *Ret.* prosopopéia. **Ex:** A personificação de seres inanimados é um recurso dos escritores.

personificar *vtd* **1** atribuir qualidades humanas a: personalizar. **Ex:** As fábulas personificam os animais, fazendo-os falar. **2** representar através de uma pessoa: pessoalizar. **Ex:** O artista personificou as virtudes e defeitos do homem. **3** simbolizar, representar, encarnar. **Ex:** Ele personifica a luta dos camponeses.

perspectiva *sf* **1** panorama, vista, paisagem. **2** aspecto, ponto de vista, ângulo. **Ex:** Nessa perspectiva, as coisas parecem mais fáceis. **3** possibilidade, probabilidade, expectativa. **Ex:** Há perspectiva de melhora no futuro. **A:** impossibilidade.

perspicácia *sf* esperteza, inteligência, sagacidade, astúcia. **A:** obtusidade.

perspicaz *adj m+f* esperto, inteligente, sagaz, astuto. **A:** obtuso.

perspirar *vi Med.* transpirar, suar, exsudar.

persuadir *vtd* **1** convencer, aconselhar, compenetrar. **Ex:** Persuadiu o filho de que devia estudar mais. **A:** dissuadir. **2** induzir, levar, instigar. **Ex:** O juiz persuadiu os assaltantes a abandonar a casa. *vpr* **3** convencer-se, certificar-se, compenetrar-se. **Ex:** Persuadiu-se de que estava tudo certo. **A:** dissuadir-se. **4** decidir-se, resolver-se, determinar-se. **Ex:** Persuadiu-se a mudar de vida.

persuasão *sf* convencimento, convicção, certeza. **A:** dissuasão.

persuasivo *adj* convincente, eloqüente. **Ex:** Conversa persuasiva. **A:** dissuasivo.

pertença *sf* **1** atribuição, alçada, competência. **2** *DE ATUAÇÃO* âmbito, campo, esfera. *sf pl* **3** V. pertences.

pertences *sm pl* 1 acessórios, pertenças. **Ex:** Comprou pertences para a feijoada. 2 bens, coisas, objetos. **Ex:** Guardou seus pertences no cofre.

pertencer *vti* 1 ser de. **Ex:** Os pacotes pertencem àquela moça de verde. 2 caber, competir, tocar. **Ex:** Esses serviços pertencem ao Estado. 3 referir-se, concernir, relacionar-se. **Ex:** Esses dados pertencem ao ano de 1990. 4 interessar, tocar, dizer respeito a. **Ex:** Esse assunto não lhe pertence.

pertinácia *sf* teimosia, persistência, obstinação, teima.

pertinaz *adj m+f* teimoso, persistente, obstinado, cabeçudo.

pertinente *adj m+f* 1 pertencente, concernente, relativo. 2 apropriado, adequado, conveniente. **A:** despropositado.

perto *adj m+f* 1 próximo, vizinho, chegado. **Ex:** Mudou-se para uma cidade perto. **A:** afastado. *adv* 2 próximo, junto. **Ex:** Moramos perto. **A:** longe. * Perto de: 1 junto de, ao lado de, ao pé de. **Ex:** Estamos perto da saída. **A:** longe de. 2 quase, cerca de, aproximadamente. **Ex:** Comprou perto de dez quilos de arroz.

perturbação *sf* 1 transtorno, desordem, desarranjo. **A:** ordem. 2 comoção, choque, abalo. 3 agitação, inquietação, preocupação. **A:** tranquilidade. 4 perplexidade, hesitação, indecisão. **A:** certeza.

perturbar *vtd* 1 transtornar, desordenar, desarranjar. **Ex:** Perturbar a ordem pública. **A:** ordenar. 2 comover, impressionar, emocionar. *vtd+vpr* 3 agitar(-se), inquietar(-se), preocupar(-se). **A:** tranquilizar(-se). 4 atrapalhar(-se), confundir(-se), embaraçar(-se). 5 envergonhar(-se), acanhar(-se), encabular(-se). **A:** desinibir(-se).

perua *sf Autom.* caminhonete.

peruar *vtd* 1 cortejar, galantear, lisonjear. 2 olhar, espiar, observar.

peruca *sf* cabeleira (postiça).

pervagar *vtd* atravessar, cruzar, cortar, passar por.

perversão *sf* depravação, devassidão, corrupção, imoralidade. **A:** pureza.

perverso *adj* malvado, mau, cruel, desumano. **A:** bondoso.

perverter *vtd+vpr* 1 corromper(-se), depravar(-se), desmoralizar(-se). **Ex:** A vida das ruas perverteu a menina. **A:** regenerar (-se). *vtd* 2 desvirtuar, deturpar, desnaturar. **Ex:** O repórter perverteu as nossas declarações. 3 transtornar, perturbar, desorganizar. **Ex:** Perverter a ordem. **A:** arranjar.

pervertido *part+adj* depravado, libertino, devasso, imoral. **A:** puro.

pesadelo *sm* 1 sonho mau. 2 desinteresse, apatia, marasmo, apatia. **A:** interesse. 3 *Fig.* tormento, angústia, aflição. **A:** prazer.

pesado *adj* 1 que pesa muito. **Ex:** Carga pesada. **A:** leve. 2 lento, vagaroso, lerdo. **A:** rápido. 3 difícil, trabalhoso, árduo. **Ex:** Serviço pesado. **A:** leve. 4 deselegante, desengonçado, desgracioso. **Ex:** As pesadas linhas do edifício. **A:** gracioso. 5 *Pop.* difícil de digerir. **Ex:** Comida pesada. **A:** leve. 6 *Pop.* azarado, desventurado, infeliz. **A:** sortudo. 7 grosseiro, obsceno, sujo. **Ex:** Anedota pesada. **A:** decente. 8 *BISCOITO, BOLO, PÃO* cru, mal cozido, abetumado.

pêsames *sm pl* condolências, sentimentos. **A:** parabéns.

pesar *sm* 1 desgosto, tristeza, mágoa. **A:** alegria. 2 arrependimento, remorso, contrição. *vtd* 3 *COM BALANÇA* abalançar. 4 estudar, considerar, ponderar. **Ex:** Pesei bem todas as alternativas. *vti* 5 recair, incidir. **Ex:** Pesava sobre ele toda a responsabilidade. 6 influenciar, influir, agir sobre. **Ex:** Sua opinião não pesará em minhas decisões. *vi* 7 importar, interessar. **Ex:** O que realmente pesa é minha consciência.

pesaroso *adj* 1 triste, desgostoso, magoado. **A:** alegre. 2 arrependido, contrito.

pesca *sf* 1 pescaria. 2 *Fig.* pesquisa, investigação, averiguação.

pescar *vtd* 1 *PEIXES* apanhar, pegar. 2 compreender, entender, fisgar. **Ex:** Já pesquei o real significado de sua declaração. 3 *Fig.* pesquisar, investigar, averiguar. *vi* 4 *Pop.* cochilar, cabecear, toscanejar. **Ex:** Cansado, passou a viagem toda pescando.

pescaria V. pesca.

pescoção *sm* 1 *Pop.* safanão, cachação, pancada (no pescoço). 2 tapa, tabefe, bolacha *fig.*

pescoço *sm* 1 *Anat.* colo. 2 *Anat. Por ext.* garganta, goela, fauce. 3 *Fig.* gargalo, colo. **Ex:** O pescoço da garrafa.

peso *sm* 1 carga, fardo, volume. 2 *Fig.* incômodo, opressão, fardo *fig.* **Ex:** Peso na consciência. 3 *Fig.* mérito, valor, importância. **Ex:** Obra de pouco peso. 4 *Fig.* importância, prestígio, influência. **Ex:** Político de peso. **A:** insignificância. 5 *Fig.* azar, urucubaca *pop*, má sorte. **A:** sorte.

pespegar *vtd+vti* 1 *Fam.* impingir, pregar. **Ex:** O vendedor desonesto pespegava mentiras aos clientes. 2 dar, desferir, assentar. **Ex:** Pespegou-lhe um tapa.

pespontar *vtd* 1 pespontear, coser (a pesponto). *vti* 2 envaidecer-se, orgulhar-se, vangloriar-se. **Ex:** Pesponta de suas qualidades.

pespontear V. pespontar.

pesquisa *sf* 1 busca, investigação, indagação. 2 exame, análise, estudo.

pesquisar *vtd* 1 investigar, indagar, inquirir. **Ex:** Pesquisar a origem das palavras. 2 informar-se, inteirar-se, avisar-se. **Ex:** Pesquisaram os antecedentes dos suspeitos.

pessimismo *sm* derrotismo, ceticismo. **A:** otimismo.

pessimista *s e adj m+f* derrotista, cético. **A:** otimista.

péssimo *adj* malíssimo. **A:** ótimo.

pessoa *sf* 1 homem, indivíduo, ser. 2 personagem, personalidade, vulto. * Em pessoa: pessoalmente.

pessoal *sm* 1 funcionários *pl*, empregados *pl*, quadro. **Ex:** O pessoal da fábrica. 2 turma, gente, galera *gír.* **Ex:** Oi, pessoal! *adj m+f* 3 individual, particular, específico. **Ex:** Seu estilo pessoal é muito marcante. **A:** universal. 4 exclusivo, particular, privativo. **Ex:** Produtos de higiene pessoal. 5 *Gram.* pessoal. **Ex:** Verbos pessoais. **A:** impessoal.

pessoalidade V. personalidade.

pessoalizar V. personificar.

pestana *sf Anat.* cílio. * Queimar as pestanas: estudar muito, lucubrar. * Tirar uma

pestana: tirar uma soneca, cochilar, dormitar.

pestanejar *vi* 1 piscar. **Ex:** Observava-nos sem pestanejar. 2 *ESTRELAS* cintilar, reluzir, brilhar.

pestanejo *sm* piscadela.

peste *sf* 1 *Med.* pestilência, epidemia. 2 *Fig.* praga. **Ex:** Esse menino é uma peste!

pestear V. empestear.

pesticida *sm+adj* praguicida.

pestilência *sf* 1 *Med.* V. peste. 2 fedor, fedentina, mau cheiro. **A:** perfume.

pestilento *adj* 1 insalubre, doentio, nocivo. **Ex:** Ar pestilento. **A:** saudável. 2 fétido, fedorento, podre. **Ex:** Lugar pestilento. **A:** cheiroso.

peta *sf* mentira, lorota, invenção, história.

petardo *sm* bomba, explosivo.

peteleco *sm Pop.* piparote.

petição *sf* 1 pedido, solicitação, requerimento. 2 *FORMAL, POR ESCRITO* requerimento. **Ex:** Entregou a petição ao funcionário público. 3 súplica, pedido, rogo.

petiscar *vtd+vi* beliscar, debicar, lambiscar *pop.* **Ex:** Estou engordando porque petisco o dia inteiro.

petisco *sm* guloseima, iguaria, pitéu *fam*, gulodice.

petiz *sm* 1 *Fam.* menino, guri *pop*, garoto. *adj m+f* 2 *Fam.* pequeno, novo, jovem. **A:** adulto.

petizada *sf Fam.* criançada, meninada, gurizada *pop*, garotada.

petrechar V. apetrechar.

petrechos V. apetrechos.

pétreo *adj* 1 de pedra: petroso. 2 *Fig.* duro, resistente, rígido. **A:** mole. 3 *Fig.* insensível, desumano, frio. **Ex:** Coração pétreo. **A:** sensível.

petrificar *vtd+vpr* 1 tornar(-se) em pedra: empedernir(-se), lapidificar(-se). 2 *Fig.* insensibilizar(-se), desumanizar(-se), empedrar(-se). **Ex:** A dor petrificou-lhe a alma. **A:** sensibilizar(-se). 3 *Fig.* paralisar(-se), aterrorizar(-se), assombrar(-se). **Ex:** O medo petrificou as crianças.

petroso V. pétreo.

petulância *sf* atrevimento, insolência, desaforo, descaramento, irreverência. **A:** respeito.

petulante *adj m+f* atrevido, insolente, desaforado, descarado, irreverente. **A:** respeitoso.

pevide *sf Bot.* semente (pequena e chata). **Ex:** As pevides do melão, da abóbora.

pez *sm* breu, piche. * Pez mineral: betume.

pia *sf DO BANHEIRO* lavabo, lavatório.

piá *sm* menino, garoto, guri *pop*, fedelho.

piada *sf* 1 *DE AVE* pio, piado, pipilo. 2 *Pop.* anedota, chiste, pilhéria *pop*.

piadista *s m+f Pop.* anedotista.

piado V. piada.

pião *sm PEQUENO* piorra, pitorra.

piar *vi* 1 *AVE* pipilar, pipiar. 2 *Gír.* conversar, falar, dialogar.

pica *sf Vulg.* pênis, membro, pinto *vulg*, cacete *vulg*.

picada *sf* 1 *DE INSETO* ferroada, aguilhoada, mordida; *DE AVE* bicada; *DE COBRA* mordida, mordedura. 2 ferida, ferimento, lesão. **Ex:** Picada de agulha. 3 *NA MATA* pique, trilha, atalho. 4 *Pop.* pontada, fisgada. **Obs.:** Nas acepções 1 e 2, existe também a forma *picadura*.

picadura V. picada.

picante *adj m+f* 1 apimentado. 2 acre, amargo. **A:** doce. 3 *Fig.* irônico, mordaz, sarcástico. 4 *Fig.* malicioso, brejeiro, maroto.

picão V. picareta.

picape V. pick-up.

picar *vtd* 1 *INSETO* ferroar, aguilhoar, morder; *AVE* bicar, pinicar; *COBRA* morder. 2 *Cul.* cortar. **Ex:** Pique os tomates e tire as sementes. 3 *Fig.* incentivar, incitar, provocar. **A:** desestimular. *vtd+vpr* 4 espetar (-se), ferir(-se), machucar(-se). **Ex:** Picou-se com a agulha. *vtd+vi* 5 pinicar, pruir, prurir. **Ex:** Essa lã pica a pele.

picardia *sf* 1 patifaria, safadeza, sacanagem. 2 desfeita, insulto, afronta. **A:** homenagem. 3 pirraça, provocação, acinte.

picaresco *adj* cômico, ridículo, burlesco, pícaro.

picareta *sf* 1 *FERRAMENTA* picão. *s m+f* 2 *PESSOA* vigarista, trapaceiro, embusteiro.

picaretagem *sf* vigarice, trapaça, embuste, fraude.

pícaro *adj* 1 ardiloso, astuto, matreiro. **A:** ingênuo. 2 inteligente, sagaz, perspicaz. **A:** obtuso. 3 V. picaresco.

pichar *vtd* 1 escrever, desenhar em. **Ex:** Picharam o nosso muro. 2 criticar, censurar, espinafrar *pop*. **Ex:** Vivia pichando os políticos. **A:** elogiar.

piche V. pez.

pick-up (ingl.: picáp) *sm* 1 *Radiotécn.* toca-discos. 2 caminhonete, picape, caminhoneta.

pico *sm* 1 *DE MONTANHA* cume, topo, cimo. **A:** sopé. 2 bico, ponta, extremidade. 3 espinho, abrolho, acúleo. 4 máximo, auge, pico. **Ex:** Pico de produção. 5 agitação, movimento, pique. **Ex:** Toma o ônibus fora dos horários de pico.

pictórico V. pitoresco.

picuinha *sf* 1 piada, brincadeira, graça. 2 provocação, pirraça, acinte.

pidão *sm+adj* pidonho.

pidonho V. pidão.

piedade *sf* 1 *Rel.* devoção, religiosidade. 2 compaixão, pena, dó.

piedoso *adj* 1 devoto, religioso, pio. **A:** ímpio. 2 clemente, humano, misericordioso. **A:** impiedoso.

piegas *adj m+f, sing+pl* sentimental.

pieguice *sf* sentimentalismo, frescura.

pífano V. pífaro.

pifar *vi Gír.* quebrar, avariar-se. **Ex:** O motor pifou.

pífaro *sm Mús.* flauta, pífano.

pífio *adj Pop.* insignificante, reles, vil, àtoa. **A:** importante.

pigmentação *sf* coloração, cor, colorido.

pigmentar *vtd* 1 colorir, pintar, tingir. **A:** descolorir. *vpr* 2 colorir-se, tingir-se.

pigmeu *sm Pej.* anão, nanico, tampinha, baixinho. **A:** gigante.

pilantra *s e adj m+f* 1 trapaceiro, embusteiro, impostor. *adj m+f* 2 pelintra, janota, catita *fam*.

pilantragem *sf* trapaça, embuste, fraude, falcatrua.

pilão *sm* almofariz, gral.

pilar *sm* 1 *Arquit.* coluna, pé. 2 *Fig.* apoio, base, suporte. **Ex:** Os pilares da democracia. *vtd* 3 moer, esmagar, triturar (no pilão). 4 descascar, debulhar (no pilão).

pileque *sm* bebedeira, embriaguez, porre *pop*, carraspana *pop*. **A:** sobriedade.

pilha *sf* 1 monte, montão, acúmulo. **Ex:** Uma pilha de livros. 2 *Eletr.* bateria. 3 pilhagem, saque, roubo, depredação.

pilhagem V. pilha.

pilhar *vtd* 1 saquear, roubar, depredar. 2 agarrar, pegar, apanhar. **A:** largar. 3 surpreender, flagrar *pop*, pegar em flagrante. 4 conseguir, obter, alcançar. **A:** perder.

pilhéria *sf Pop.* graça, piada, chiste, gracejo.

pilhérico *adj* 1 engraçado, espirituoso, alegre. **A:** sério. 2 irônico, zombeteiro, sarcástico.

piloso *adj* peludo, peloso, cabeludo, hirsuto. **A:** careca.

pilotar *vtd* 1 *AUTOMÓVEL, AVIÃO* dirigir, guiar; *NAVIO* marear, manobrar. 2 *Fig.* chefiar, comandar, capitanear.

piloto *sm Fig.* chefe, comandante, condutor, guia.

pílula *sf* 1 *Farm.* comprimido, tablóide. 2 *Pop.* engano, farsa, mentira.

pimenta *sf* 1 *Bot.* pimenteira. 2 *Fig.* malícia, brejeirice, sal *fig.* **Ex:** A pimenta de uma história.

pimpão *sm+adj* 1 fanfarrão, valentão, gabola. 2 janota, casquilho, catita *fam.*

pimpolho *sm* 1 menino, garoto, guri *pop.* 2 *Bot.* sarmento, vide, ramo (de videira). 3 *Bot.* rebento, broto, renovo.

pináculo *sm* 1 ponto mais alto: *DE EDIFÍCIO* píncaro; *DE MONTE* cume, topo, pico, píncaro. **A:** sopé. 2 *Fig.* auge, apogeu, máximo.

píncaro V. pináculo.

pincel *sm* 1 *GRANDE* broxa. 2 *Fig.* pintura. 3 *Fig.* pintor.

pinchar *vtd+vpr* 1 jogar(-se), atirar(-se), lançar(-se). **Ex:** Pinchar pedras; pinchou-se na lagoa. *vi* 2 pular, saltar, saltitar. **Ex:** Pinchar de alegria.

pincho *sm* pulo, salto, cambalhota, cabriola.

pindaíba *sf Pop.* dureza, quebradeira, lisura *gír*, prontidão.

pinga *sf Pop.* cachaça, cana, bagaceira, aguardente.

pingar *vtd* 1 borrifar, respingar, aspergir. *vtd+vi* 2 gotejar, destilar, estilar. *vi* 3 chuviscar, garoar, peneirar.

pingente *sm* 1 brinco, argola. 2 pendurícalho, badulaque, balangandã.

pingo *sm* 1 gota, lágrima; *DE SUOR, ORVALHO* gota, baga; *DE LAMA* salpico. 2 *Por ext.* pouco, pouquinho, grão. **Ex:** Não tem um pingo de vergonha.

pinguço *sm+adj* bêbado, cachaceiro, beberrão, pau-d'água *pop*.

pingue-pongue *sm Esp.* tênis de mesa.

pinha *sf* 1 *Bot.* fruta-do-conde, ata. 2 *Pop.* e *Hum.* cabeça, crânio, coco *pop.* 3 *Fig.* aglomeração, acúmulo, monte. **Ex:** Pinha de coisas.

pinhal V. pinheiral.

pinheiral *sm* pinhal.

pinheiro V. pinho.

pinho *sm* 1 *Bot.* pinheiro. 2 *Pop.* viola, violão.

pinicar *vtd* 1 *AVE* bicar, picar. 2 beliscar, estorcegar, estortegar. 3 esporear, esporar, acicatar. **Ex:** Pinicar o cavalo. *vtd+vi* 4 picar, pruir, prurir. **Ex:** O tecido é áspero e pinica.

pino *sm* 1 *Astr.* zênite, apogeu. **A:** nadir. 2 *Fig.* auge, máximo, ápice. * A pino: a prumo. **Ex:** Sol a pino.

pinóia *sf Pop.* ninharia, mixaria, bagatela, insignificância.

pinote *sm* 1 salto, corcovo. 2 salto, pulo, pirueta. * Dar no pinote *Gír.*: fugir, escapulir, dar no pé *pop*.

pinotear *vi* espinotear. **Ex:** O cavalo pinoteou.

pinta *sf* 1 mancha, nódoa, salpico. 2 *NA PELE* sinal. 3 *Pop.* aparência, apresentação, aspecto. **Ex:** Fulano tem boa pinta. 4 *Gír.* sinal, indício, indicação. **Ex:** Dar pinta.

pintainho V. pinto.

pintalgar *vtd* mosquear, salpicar, sarapintar, salpintar. **Ex:** O chão do ateliê era todo pintalgado com manchas azuis e vermelhas.

pintar *vtd* 1 colorir, tingir, colorar. **A:** descolorir. 2 descrever, retratar, representar.

Ex: Pintou o cenário com detalhes. *vtd+vpr* **3** maquiar(-se), maquilar(-se). **Ex:** Pintou-se para a festa com discrição. *vi* **4** *Pop.* surgir, aparecer. **Ex:** Pintou uma boa oportunidade. **A:** desaparecer.

pintinho V. pinto.

pinto *sm* **1** *BEM NOVO* pintinho, pintainho. **2** *Vulg.* pênis, membro, cacete *vulg.*

pintura *sf* **1** quadro, tela, painel. **2** descrição, retrato, representação. **3** maquiagem, maquilagem.

pio *sm* **1** piado, pipilo, pipio. **Ex:** O pio do pardal. **2** *INSTRUMENTO* assobio, apito, assovio. *adj* **3** piedoso, devoto, religioso. **A:** ímpio. **4** caridoso, caritativo, beneficente.

piolhada V. piolheira.

piolhama V. piolheira.

piolheira *sf* **1** porção de piolhos: piolhada, piolhama. **2** *Fig.* chiqueiro *fig*, pocilga *gír*, cloaca *fig.* **Ex:** Ela vive numa piolheira.

piolhento *adj* **1** piolhoso. **2** *Fig.* imundo, porco, sujo. **A:** limpo.

piolhoso V. piolhento.

pioneiro *sm* **1** explorador. **2** precursor, iniciador, batedor *fig.* **Ex:** O pioneiro dos transplantes de coração no Brasil.

pior *adj m+f* **1** inferior. *adv* **2** mais mal. **A:** melhor (nas duas acepções). * Levar a pior: perder, ser derrotado. **A:** levar a melhor.

piora *sf* pioria, pioramento, agravamento. **A:** melhora.

pioramento V. piora.

piorar *vtd+vi* agravar(-se). **Ex:** O acidente piorou suas condições de saúde; nossa vida piorou muito. **A:** melhorar.

pioria V. piora.

piorra (ô) *sf* pitorra, pião pequeno.

pipa *sf* **1** barrica, tonel, barril. **2** *BRINQUEDO* papagaio, quadrado, arraia. **3** *Pop.* beberrão, pau-d'água *pop*, esponja *fig.*

piparote *sm* peteleco *pop.*

pipi *sm* **1** *Inf.* urina, xixi *fam*, mijo *vulg.* **2** *Inf.* pênis, pinto *vulg* (de menino). **3** *Inf.* vulva, vagina (de menina). * Fazer pipi: fazer xixi, urinar, mijar *vulg.*

pipiar V. pipilar.

pipilar *sm* **1** pio, pipilo, pipio, pipiar. **Ex:** Agrada-me o pipilar dos passarinhos. *vi* **2** piar, pipiar. **Ex:** Os canários pipilavam nas gaiolas.

pipilo V. pipilar.

pipio V. pipilar.

pipocar *vi* rebentar, estalar, estourar, empipocar. **Ex:** Nas festas juninas pipocam rojões.

pique *sm* **1** pegador, pega-pega. **Ex:** As crianças brincavam de pique no pátio. **2** *Gír.* garra, força, fibra *fig.* **Ex:** Ela não tem pique. **3** máximo, auge, pico. **Ex:** O valor das cotações atingiu o pique. **4** agitação, movimento, pico. **Ex:** Os horários de maior pico no trânsito da cidade. **5** *NA MATA* picada, trilha, atalho. **6** lança. **7** pirraça, provocação, acinte. * A pique de: a ponto de, quase. **Ex:** Estava a pique de separar-se do marido. * Ir a pique *Náut.*: afundar, naufragar, soçobrar. * Meter a pique *Náut.*: afundar.

piquenique *sm* convescote *p. us.*

pira *sf* **1** fogueira. *sm* **2** usado na expressão: * Dar o pira: fugir, escapulir, dar no pé *pop.*

pirambeira V. perambeira.

piramidal *adj m+f Fig.* extraordinário, excepcional, incomum, colossal. **A:** comum.

piranha *sf Gír.* prostituta, meretriz, rameira, puta *vulg.*

pirão *sm* angu.

pirar *vi+vpr* **1** *Pop.* fugir, escapar, escapulir. **2** *Pop.* endoidar, enlouquecer, desvairar-se.

pirata *sm* **1** corsário, ladrão do mar. **2** *Por ext.* ladrão, gatuno, larápio. **3** malandro, patife, tratante.

pirataria *sf* **1** corso. **2** *Por ext.* roubo, furto, rapina. **3** malandragem, patifaria, tratantada.

piratear *vtd* **1** *Por ext.* roubar, furtar, afanar *gír.* **2** *PRODUTOS* falsificar, adulterar, contrafazer. **Ex:** Piratearam o último disco daquele cantor.

pirilampo *sm Entom.* vaga-lume, caga-fogo, caga-lume, luze-luze *pop.*

piromaníaco *sm+adj* incendiário.

pirose *sf Med.* azia, acidez.

pirotécnico *sm* fabricante de fogos: fogueteiro.

pirraça *sf* 1 provocação, acinte, picuinha. 2 desfeita, afronta, insulto. **A:** homenagem.

pirralhada *sf* criançada, garotada, meninada, gurizada *pop*.

pirralho *sm* 1 garoto, menino, guri *pop*, fedelho. 2 nanico, baixinho, baixote. **A:** gigante.

pirueta *sf* 1 giro, rodopio, volta (sobre um pé). 2 pulo, salto, cambalhota.

piruetar *vi* 1 girar, rodopiar, virar (sobre um pé). 2 pular, saltar.

pirulito *sm Fig.* magrelo, magricela, palito *fig*, lingüiça *fig*. **A:** gordo.

pisa *sf* 1 V. pisada. 2 *Fam.* surra, sova, coça, esfrega.

pisada *sf* 1 pegada, rasto, pista. 2 pisadela.

pisadela V. pisada.

pisadura *sf* contusão, marca, sinal, mossa.

pisar *vtd* 1 calcar, pisotear, espezinhar. 2 amassar, esmagar, macerar. 3 moer, triturar, pulverizar. 4 desprezar, menosprezar, espezinhar. 5 contundir, marcar, machucar. *vi* 6 andar, caminhar, marchar. **Ex:** Pisava leve para não acordá-la.

piscadela *sf* pestanejo.

piscar *vtd* 1 *OLHOS* abrir e fechar. *vi* 2 pestanejar. **Ex:** Estava com sono, e piscava sem parar. 3 *ESTRELAS* cintilar, brilhar, reluzir.

piso *sm* 1 chão, assoalho, pavimento. **Ex:** Piso de ladrilhos. 2 andar, pavimento. **Ex:** O apartamento fica no terceiro piso. 3 piso salarial.

pisotear *vtd* 1 pisar, calcar, espezinhar. 2 *Fig.* humilhar, degradar, vexar.

pista *sf* 1 pegada, rastro, vestígio. 2 encalço, procura, cola. **Ex:** Os policiais estão na pista dos ladrões. 3 *Fig.* indicação, sinal, indício. **Ex:** Dê-nos uma pista. 4 *Hip.* raia. **Ex:** Os cavalos correram em pista de areia. 5 *DE ESTRADA OU AEROPORTO* pista de rolamento.

pistola *sf* 1 arma, garrucha. 2 *Vulg.* pênis, falo, pinto *vulg*.

pistolão *sm* recomendação, cartucho *pop*, empenho, proteção. **Ex:** Sem pistolão não conseguirá esse emprego.

pistoleiro *sm* 1 bandido, criminoso, malfeitor. 2 capanga, jagunço, cabra.

pitada *sf* 1 ponta. **Ex:** Uma pitada de sal. 2 V. pito.

pitar *vtd+vi* fumar.

piteira *sf* 1 *Bot.* agave. 2 bebedeira, embriaguez, pileque. **A:** sobriedade. 3 boquilha, biqueira. **Ex:** A piteira do cigarro.

pitéu *sm Fam.* petisco, guloseima, iguaria, acepipe.

pítia V. pitonisa.

pito *sm* 1 cachimbo. 2 *S* cigarro. 3 repreensão, bronca *pop*, sabão, pitada. **A:** elogio.

pitomba *sf Gír.* tapa, bofetada, tabefe *pop*, bolacha *fig*.

pitonisa *sf* 1 *Hist.* sacerdotisa de Apolo: pítia. 2 profetisa, adivinha, sibila.

pitoresco *adj* 1 referente à pintura: pictórico. 2 original, diferente, exótico.

pitorra (ô) V. piorra.

pitu *sm Zool.* camarão.

pivô *sm* 1 *Fig.* base, suporte, pé. 2 *Fig.* causa, motivo, razão. **Ex:** Pivô de um crime.

pixaim *sm* 1 carapinha, pixainho, carrapicho. *adj m+f* 2 encarapinhado, pixainho.

pixainho V. pixaim.

placa *sf* 1 *DE METAL* lâmina, chapa, folha. 2 *DE VEÍCULO* chapa. 3 *Pop.* condecoração, medalha, insígnia.

placar *sm Esp.* contagem, pontuação, escore. **Ex:** O placar do jogo foi 0 a 0.

placidez *sf* 1 calma, tranqüilidade, paz. **A:** agitação. 2 calma, calmaria, bonança. **A:** tormenta.

plácido *adj* 1 calmo, tranqüilo, pacífico. **Ex:** Pessoa plácida, lugar plácido. **A:** agitado. 2 calmo, sereno, bonançoso. **Ex:** Navegávamos em plácidas águas. **A:** tormentoso.

plaga *sf* 1 região, país, terra. 2 praia, beira-mar.

plagiar *vtd* imitar, copiar, parodiar, arremedar (obra de arte).

plagiário *sm* imitador, copista.

plágio *sm* imitação, cópia, paródia, arremedo (de obra artística).

plaino *sm* 1 planície, planura, campina. *adj* 2 plano, liso, raso. **A:** acidentado.

planalto *sm Geogr.* chapada, platô, altiplano, planura.

planar *vti+vi* pairar, adejar sobre.

planear V. planejar.

planejar *vtd* 1 projetar, traçar, desenhar, planear. **Ex:** Planejar uma construção. 2 pretender, tencionar, intentar, planear. **Ex:** Planejo viajar mês que vem. 3 idealizar, imaginar, programar, planear. **Ex:** Os militares planejaram a invasão do território inimigo.

planeta *sm Astr.* astro, corpo celeste (sem luz própria).

plangente *adj m+f* 1 choroso, lastimoso, lacrimoso. **A:** risonho. 2 triste, lamuriento, queixoso. **A:** alegre.

planície *sf Geogr.* planura, campina, plaino, plano.

planificar *vtd* 1 projetar, traçar, desenhar. **Ex:** Planificar um edifício. 2 programar, imaginar, idear. **Ex:** Planificar uma viagem.

plano *sm* 1 superfície plana. 2 planta, desenho, traçado. **Ex:** O plano de uma casa. 3 projeto, programa, esquema. **Ex:** Plano de fuga. 4 intento, intenção, desígnio. **Ex:** Seu plano é convencê-la a sair. 5 lugar, condição, situação. **Ex:** Colocar algo em primeiro plano. 6 V. planície. *adj* 7 liso, raso, chão, plaino. **Ex:** Superfície plana. **A:** irregular. 8 *Fig.* claro, compreensível, acessível. **A:** confuso.

planta *sf* 1 *Bot.* vegetal. 2 *Anat.* sola. 3 desenho, traçado, plano. **Ex:** A planta da casa.

plantação *sf* 1 *ATO* cultivo, lavoura, lavra, plantio. 2 *TERRENO* roça, roçado, plantio.

plantar *vtd* 1 cultivar, semear. **Ex:** Plantar café. 2 cultivar, lavrar, arar. **Ex:** Plantamos alguns alqueires. 3 fincar, enterrar, cravar. **Ex:** Plantou uma estaca no terreno. 4 criar, fundar, estabelecer. **Ex:** Os portugueses plantaram colônias na África. 5 incutir, inspirar, infundir. **Ex:** Plantou a desconfiança no coração dos homens. *vpr* 6 parar, estacionar, estacar. **Ex:** Plantou-se ali e não queria sair de jeito nenhum.

plantio V. plantação.

plântula *sf Bot.* embrião, germe, gérmen.

planura *sf* 1 *Geogr.* planície, campina, plaino. 2 *Geogr.* planalto, chapada, platô.

plasmar *vtd* 1 esculpir, modelar, moldar. **Ex:** Plasmou um ídolo de barro. *vtd+vpr* 2 formar(-se), constituir(-se), compor(-se). **Ex:** Nessa época, plasmou-se a civilização egípcia.

plástico *adj* maleável, elástico, dúctil. **Ex:** Materiais plásticos. **A:** rígido.

plataforma *sf Polít.* programa. **Ex:** A plataforma dos candidatos.

platéia *sf* 1 *LOCAL* auditório, anfiteatro. **Ex:** Não havia ninguém na platéia. 2 *PESSOAS* público, assistência, audiência. **Ex:** A platéia vaiou o espetáculo.

platô *sm Geogr.* planalto, chapada, altiplano, planura.

platônico *adj AMOR* ideal, casto, espiritual, puro. **A:** carnal.

plausível *adj m+f* razoável, acreditável, possível, verossímil. **Ex:** Pretextos plausíveis. **A:** inacreditável.

plebe *sf* 1 povo, vulgo. 2 populacho, ralé, gentalha. **A:** alta.

plebeu *sm* 1 peão, pé-de-chinelo *gír.*, pobre. **A:** rico. *adj* 2 popular. 3 *Pej.* ordinário, vulgar, grosseiro. **A:** distinto.

plectro *sm* 1 *Mús.* palheta. **Ex:** Tocar violão com o plectro. 2 *Fig.* inspiração, estro.

plêiade *sf* 1 *Fig.* grupo, reunião, ajuntamento (de pessoas ilustres). *sf pl* 2 (*em maiús.*) *Astr.* Sete-estrelo *pop.*

pleitear *vtd* 1 *Dir.* litigiar, demandar, litigar. 2 disputar, concorrer a, competir por. **Ex:** Pleitear uma vaga na faculdade. 3 defender, sustentar, afirmar. **Ex:** Pleitear suas razões.

pleito *sm* 1 *Dir.* litígio, demanda, causa. 2 debate, discussão, mesa-redonda. 3 *Polít.* eleição.

plenário *sm* 1 tribunal, conselho, júri. 2 assembléia, convenção, reunião. *adj* 3 pleno, inteiro, completo. **A:** parcial.

plenilúnio *sm* lua cheia.

plenitude *sf* inteireza, totalidade, integridade. **Ex:** Na plenitude da beleza. **A:** parcialidade.

pleno *adj* 1 cheio, repleto, abarrotado. **Ex:** Cesta plena de frutas. **A:** vazio. 2 total, inteiro, absoluto. **Ex:** Força plena. **A:** parcial. **3** completo, acabado, perfeito. **A:** incompleto.

pleonasmo *sm* **1** redundância. **2** inutilidade, superfluidade. **A:** utilidade.

pleonástico *adj* **1** redundante. **2** inútil, supérfluo, desnecessário. **A:** útil.

pleuris V. pleurite.

pleurisia V. pleurite.

pleurite *sf Med.* pleurisia, pleuris.

plissar *vtd* preguear, franzir, vincar. **Ex:** Plissar uma saia.

pluma *sf* **1** *Ornit.* pena. **Ex:** Pluma de avestruz. **2** *DE ESCREVER* pena.

plúmbeo *adj* cor de chumbo: cinza, cinzento, lívido.

plural *sm e adj m+f Gram.* número plural. **A:** singular.

pluralidade *sf* **1** maioria, maior parte, maior número. **A:** minoria. **2** multiplicidade, abundância, profusão. **A:** escassez.

pluralizar *vtd* multiplicar, aumentar, ampliar, avultar (em número).

plurilíngüe *adj m+f* poliglota. **Ex:** Um livro plurilíngüe, escrito em 6 idiomas; secretária plurilíngüe, que fala várias línguas.

plutônico *adj Geol.* ígneo.

pluvioso *adj Poét.* chuvoso. **Ex:** A estação pluviosa. **A:** seco.

pneu V. pneumático.

pneumático *sm Autom.* pneu.

pó *sm* **1** poeira. **2** *FINO* polvilho. **3** rapé, tabaco (para cheirar). **4** *Gír.* cocaína, coca (em pó). **5** *Fig.* ninharia, bagatela, insignificância. * Morder o pó: cair por terra; morrer, falecer, perecer.

pobre *s e adj m+f* **1** miserável, necessitado, indigente. **A:** rico. *s m+f* **2** mendigo, pedinte, mendicante. *adj m+f* **3** mísero, coitado, infeliz. **Ex:** Pobre criança. **A:** feliz. **4** falto, carente, desprovido. **A:** Pobre de criatividade. **A:** farto. **5** infértil, árido, estéril. **Ex:** Solo pobre. **A:** fértil.

pobretão *sm* plebeu, pé-rapado, pé-de-chinelo *gír*, peão. **A:** grã-fino.

pobreza *sf* **1** miséria, penúria, indigência. **A:** riqueza. **2** falta, carência, escassez. **A:** fartura. **3** infertilidade, aridez, esterilidade.

A: fertilidade. **4** pobres *pl*, indigentes *pl*, miseráveis *pl*. **A:** ricos *pl*.

poção *sf* **1** *Farm.* xarope, remédio. **2** filtro, elixir. **Ex:** Poção mágica.

pocilga *sf* **1** chiqueiro, chafurda. **Ex:** Os porcos estão na pocilga. **2** *Gír.* lugar sujo: chiqueiro *fig*, espelunca, cloaca *fig*. **Ex:** Vamos limpar essa pocilga.

poço *sm* **1** cisterna, cacimba. **2** abismo, precipício, voragem.

poda *sf* podadura, monda, mondadura, limpa.

podadura V. poda.

podar *vtd Agr.* mondar, limpar.

poder *sm* **1** influência, prestígio, ascendência. **2** capacidade, competência, faculdade. **Ex:** Tem o poder de cativar as pessoas. **3** comando, governo, mando. **Ex:** O ditador manteve-se no poder por muitas décadas. **4** eficácia, eficiência, virtude. **Ex:** O poder do pensamento positivo. **A:** ineficácia. **5** jurisdição, alçada, atribuição. *sm pl* **6** mandato. *vtd* **7** ter capacidade para. **Ex:** Um peso desses pode estragar a balança. **8** ter permissão para. **Ex:** Ele não pode sair.

poderio *sm* autoridade, domínio, comando, poder.

poderoso *adj* **1** influente, importante, prestigioso. **Ex:** Políticos poderosos. **A:** insignificante. **2** forte, possante, potente. **Ex:** Músculos poderosos. **A:** fraco. **3** eficaz, eficiente, enérgico. **Ex:** Remédio poderoso. **A:** ineficaz. *sm pl* **4** grandes. **Ex:** Alguns poderosos pensam ser maiores que Deus.

podre *sm* **1** *Fig.* fraco, fraqueza. *sm pl* **2** defeitos, imperfeições, vícios. **Ex:** Conheço todos os seus podres. **A:** qualidades. *adj m+f* **3** putrefato, estragado, deteriorado, pútrido. **A:** incorrupto. **4** fétido, pestilento, fedorento. **A:** cheiroso. **5** *Fig.* pervertido, corrupto, depravado. **A:** puro.

podridão *sf* **1** putrefação, deterioração, decomposição. **2** *Fig.* perversão, corrupção, depravação. **A:** pureza.

poeira *sf* **1** pó. **Ex:** Há muita poeira na estrada. **2** chão, solo, terra. **3** *Fam.* presunção, vaidade, ostentação. **A:** modéstia.

poema *sm* poesia, verso, ode.

poente sm 1 Astr. ocaso, pôr-do-sol, crepús-culo. 2 Geogr. ocidente, oeste, ocaso. A: nascente.

poesia sf 1 arte de escrever versos: poética. Ex: Curso de poesia. 2 OBRA poema, ver-so. Ex: Lia suas poesias para os filhos. 3 inspiração, estro, musa fig. 4 beleza, en-canto, graça. Ex: A poesia deste lugar nos comove.

poeta sm vate, bardo.

poetar vi fazer versos: trovar, versificar, poetizar, versejar.

poética V. poesia.

poético adj Fig. elevado, sublime, delicado, espiritual. A: material.

poetizar V. poetar.

pois conj coord. 1 porque, visto que, já que. Ex: Podemos sair, pois a chuva parou. 2 logo, portanto, por conseguinte. Ex: É pre-ciso, pois, muita cautela. 3 pois então, nesse caso, diante disso. Ex: Você está cansado? Pois vá dormir! 4 mas, contudo, porém. Ex: Você tem muita sorte! Pois eu, sou um pé-frio.

polaco V. polonês.

polarizar vtd concentrar, centralizar, juntar, reunir. Ex: A cidade polariza as maiores indústrias da região.

poldro sm potro.

polegar sm Anat. dedo polegar, mata-piolho pop, pólice.

polêmica sf controvérsia, debate, disputa, questão.

polemicar V. polemizar.

polemizar vi debater, polemicar.

polia sf Mec. roldana.

pólice V. polegar.

polícia sf 1 segurança pública. sm 2 V. poli-cial.

policial s m+f polícia, guarda policial.

policiar vtd 1 vigiar, guardar, fiscalizar. 2 proteger, defender, salvaguardar. vtd+vpr 3 conter(-se), controlar(-se), dominar(-se). A: descontrolar(-se).

policromático adj policromo, multicolorido, multicor, multicolor. A: monocromático.

policromo V. policromático.

polidez sf gentileza, cortesia, educação, de-licadeza. A: impolidez.

polido part+adj 1 lustroso, brilhante, luzi-dio. A: fosco. 2 gentil, cortês, educado. A: impolido.

poligamia sf estado de quem tem mais de um cônjuge. A: monogamia.

poligâmico adj Ex: Tribos poligâmicas. A: monogâmico.

polígamo sm+adj Ex: O polígamo foi pre-so; sociedades polígamas. A: monógamo.

poliglota adj m+f plurilíngüe. Ex: Texto poliglota, escrito em várias lín-guas; ele é uma pessoa poliglota, fala 7 idiomas.

polimento sm lustro, brilho, lustre, verniz.

polir vtd 1 lustrar, brunir, envernizar. A: embaciar. 2 aprimorar, aperfeiçoar, melho-rar. Ex: Polir o texto. vtd+vpr 3 civilizar (-se), educar(-se), instruir(-se). A: embru-tecer(-se).

polissilábico V. polissílabo.

polissílabo adj Gram. que tem mais de 3 sílabas: polissilábico.

politeísmo sm paganismo. A: monoteísmo.

politeísta s e adj m+f pagão. A: monoteísta.

política sf 1 ciência política. 2 Fig. astúcia, manha, malícia. 3 Fig. cortesia, gentileza, fineza. A: grosseria.

politicagem sf Pej. má política, ou grupo de maus políticos: politicalha.

politicalha V. politicagem.

político sm 1 estadista. sm+adj 2 Fig. esper-to, astuto, manhoso. adj 3 Fig. cortês, gen-til, fino. A: grosseiro.

pólo sm 1 extremo, extremidade, ponta. 2 guia, orientação, norte fig.

polonês sm+adj da Polônia (Europa): pola-co.

polpa sf 1 Bot. mesocarpo. 2 Anat. polpa dentária. 3 carne (sem ossos ou gordura). 4 Fig. importância, valor, mérito.

polposo V. polpudo.

polpudo adj 1 carnudo, roliço, polposo. A: magro. 2 NEGÓCIO rendoso, lucrativo, rentável. A: desvantajoso. 3 VALOR con-siderável, vultoso, grande. Ex: Receber uma polpuda herança.

poltrão sm+adj covarde, medroso, pusilâ-nime, fracalhão. A: valente.

poltronaria *sf* covardia, medo, temor, fraqueza, pusilanimidade. **A:** valentia.

poluir *vtd* **1** sujar, manchar, emporcalhar. **A:** limpar. *vtd+vpr* **2** desonrar(-se), degradar(-se), macular(-se). **A:** honrar(-se).

polvilhar *vtd* empoar, farinar, enfarinhar, pulverizar.

polvilho *sm* **1** pó (fino). **2** fécula, amido.

polvorosa *sf Pop.* alvoroço, agitação, rebuliço, confusão. **A:** calma.

pomada *sf* **1** *Fig.* mentira, lorota, história. **A:** verdade. **2** *Fig.* vaidade, presunção, pretensão. **A:** humildade.

pomo *sm* **1** *Bot.* fruto, fruta. **2** *Poét.* seio, mama.

pomo-de-adão *sm Anat.* gogó *pop*, adão.

pompa *sf* **1** luxo, ostentação, fausto. **A:** singeleza. **2** afetação, pedantismo, presunção. **A:** naturalidade.

pompear *vtd* **1** exibir, ostentar, alardear. **2** *vi* exibir pompa: ostentar-se, luxar, garrir.

pomposo *adj* **1** luxuoso, ostentoso, faustoso. **Ex:** Cerimônia pomposa. **A:** singelo. **2** afetado, empolado, pedante. **Ex:** Falava empregando termos pomposos. **A:** natural.

ponche V. poncho.

poncho *sm* capa, pala, *ponche*.

ponderação *sf* **1** meditação, reflexão, raciocínio. **Ex:** Só tomava uma atitude depois de longas ponderações. **2** sensatez, juízo, prudência. **Ex:** Agir com ponderação. **A:** imponderação. **3** importância, peso, seriedade. **Ex:** Assunto de muita ponderação. **A:** insignificância.

ponderado *part+adj* sensato, ajuizado, prudente, sisudo. **A:** imponderado.

ponderar *vtd* **1** examinar, avaliar, pesar. **Ex:** Ponderar as alternativas. **2** alegar, expor, citar. **Ex:** Ponderou que tal procedimento era ilegal. *vti+vi* **3** pensar, meditar, refletir, maturar. **Ex:** Pondere antes de agir; ponderar sobre alguma coisa.

ponta *sf* **1** bico, extremidade. **Ex:** Ponta da faca. **2** extremidade, extremo, fim. **Ex:** Moramos na ponta da praia. **3** vértice, topo, cimo. **Ex:** A ponta da pirâmide. **A:** base. **4** canto, ângulo, aresta. **Ex:** A ponta da mesa. **5** *DE CIGARRO, CHARUTO* guimba *pop*, bagana *gír*. **6** *Teat.*, *Cin.* e *Telev.*

figuração. **Ex:** Fez uma ponta na novela. **7** pitada. **Ex:** Uma ponta de sal. **8** chifre, corno, galho. **Ex:** As pontas do touro. * Saber na ponta da língua: saber de cor, conhecer perfeitamente.

pontada *sf* **1** batida, golpe (com ponta). **2** fisgada. **Ex:** Sentiu uma pontada na perna.

ponta-direita *sf* **1** *Fut.* extrema-direita (a posição). *sm* **2** *Fut.* extrema-direita (o jogador).

ponta-esquerda *sf* **1** *Fut.* extrema-esquerda (a posição). *sm* **2** *Fut.* extrema-esquerda (o jogador).

pontalete *sm* escora, esteio, espeque, esbirro.

pontapé *sm* **1** chute, pernada. **2** *Fig.* ingratidão. **A:** gratidão. **3** *Fig.* ofensa, insulto, afronta. **4** *Fig.* contratempo, revés, transtorno. **5** *Fig.* desastre, acidente, sinistro.

pontaria *sf* **1** mira. **Ex:** Fez pontaria e disparou a arma. **2** *Fig.* alvo, objetivo, fim.

ponte *sf Fig.* ligação, conexão, relação, vínculo. **Ex:** O livro faz uma ponte entre duas épocas importantes deste século.

pontear *vtd* **1** pontilhar. **2** alinhavar, coser. **3** *Mús.* dedilhar, tanger, tocar (instrumentos de corda).

ponteira *sf* biqueira. **Ex:** O menino fincou a ponteira do guarda-chuva na terra.

ponteiro *sm DE RELÓGIO, BÚSSOLA* agulha, mão, apontador, indicador.

pontiagudo *adj* pontudo, bicudo, agudo, aguçado. **A:** rombudo.

pontificado *sm Rel.* papado.

pontifical V. pontifício.

pontífice *sm* **1** *Rel.* bispo, prelado. **2** (*em maiús.*) *Rel.* Papa, Santo Padre, Sumo Pontífice.

pontifício *adj Rel.* papal, pontifical.

pontilhar *vtd* pontear.

ponto *sm* **1** *Gram.* V. ponto final. **2** lugar, local, sítio. **Ex:** Vamos nos encontrar naquele ponto. **3** assunto, tema, questão. **Ex:** Temos pontos a discutir. **4** *DE TEMPO* momento, instante, minuto. **Ex:** Nesse ponto, ela chegou. **5** *DE ÔNIBUS* parada. **Ex:** Descerei no próximo ponto. **6** situação, estado, condição. **Ex:** Em que ponto está o trabalho? **7** *Esp.* tento. **8** livro de ponto.

Ex: Assinar o ponto. **9** cartão de ponto. **Ex:** Bater o ponto. **10** *Fig.* V. ponto final. * Ponto culminante *Fig.*: auge, apogeu, ápice. **Ex:** O ponto culminante da discussão. * Ponto de exclamação *Gram.*: ponto de admiração. * Ponto de vista *Fig.*: perspectiva, conceito, ótica. **Ex:** Sob vários pontos de vista, você está enganado. * Ponto final: *EM LINHA DE ÔNIBUS* terminal; *Gram.* ponto; *Fig.* fim, termo, ponto. * Ponto por ponto: detalhadamente, minuciosamente. * A ponto de: quase, a pique de. **Ex:** Estava a ponto de desesperar-se. * Dormir no ponto *Fam.*: dormir de touca *fam*, bobear *pop*, cochilar *fam.* * Entregar os pontos: dar-se por vencido. **A:** resistir. * Não dar ponto sem nó: ser interesseiro.

pontuação *sf Esp.* placar, contagem, escore.

pontual *adj m+f* **1** exato, preciso, rigoroso. **2** fiel. **A:** impontual (nas duas acepções).

pontualidade *sf* **1** exatidão, precisão, rigor. **2** fidelidade. **A:** impontualidade (nas duas acepções).

pontudo *adj* **1** pontiagudo, bicudo, agudo. **A:** rombudo. **2** áspero, rugoso, escabroso. **Ex:** Superfície pontuda. **A:** liso. **3** agressivo, ofensivo, ríspido. **Ex:** Resposta pontuda. **A:** gentil.

popa *sf Náut.* parte posterior do navio. **A:** proa.

popança *sf Pop.* nádegas *pl*, traseiro *pop*, bumbum *pop*, bunda *vulg.*

população *sf* povo, gente, habitantes *pl.*

populacho *sm* ralé, gentalha, plebe, vulgo. **A:** nata.

popular *adj m+f* **1** referente ao povo: público. **Ex:** Um movimento popular pela dignidade nacional. **2** plebeu. **3** famoso, célebre, renomado. **A:** desconhecido. **4** amado, adorado, querido. **A:** impopular. **5** democrático, democrata, liberal. **A:** ditatorial.

popularidade *sf* fama, celebridade, renome, glória. **A:** obscuridade.

popularizar *vtd+vpr* **1** vulgarizar(-se), divulgar(-se), difundir(-se). **Ex:** A telenovela popularizou o uso de certas expressões; esse corte de cabelo popularizou-se entre os jovens. **2** democratizar(-se).

por *prep* **1** em expressões, ou referindo-se a preços: a. **Ex:** Devolveu-nos as caixas, uma por uma; comprar carne por tantos reais o quilo. **2** através de. **Ex:** Passamos por um vale para chegar à aldeia. * Por que: pelo qual, pela qual, pelos quais, pelas quais. **Ex:** São dificuldades por que devemos passar.

pôr *vtd* **1** colocar, depor, depositar. **Ex:** Pôs as caixas sobre o balcão. **A:** tirar. **2** assentar, firmar, fixar. **Ex:** Pôr o pé no chão. **A:** tirar. **3** deitar, reclinar, pousar. **Ex:** Pôr a cabeça no travesseiro. **A:** tirar. **4** introduzir, enfiar, inserir. **Ex:** Pôs a carta na caixa do correio. **A:** tirar. **5** *ROUPAS* vestir, colocar; *LUVAS* calçar, vestir; *SAPATOS* calçar. **A:** tirar. **6** arrumar, preparar, dispor. **Ex:** Pôr a mesa. **A:** tirar. **7** incluir, inserir, colocar. **Ex:** Pôs itens numa relação. **A:** excluir. **8** *ASSINATURA* apor, aplicar, dar. **9** *FOGO* atear, tacar *pop*, atacar *pop.* **Ex:** O menino pôs fogo nos papéis. **10** guardar, depositar. **Ex:** Pôr dinheiro no banco. **A:** tirar. **11** aplicar, investir, empregar. **Ex:** Pôr dinheiro na poupança. **12** confiar, entregar, recomendar. **Ex:** Ponho meu futuro em suas mãos. **13** deixar, tornar, transformar em. **Ex:** Assim você me pôs maluco. **14** inspirar, infundir, incutir. **Ex:** Pôs medo nas crianças com suas histórias. **15** concentrar, aplicar, colocar. **Ex:** Pus todo meu empenho nesse empreendimento. **16** traduzir, verter, trasladar. **Ex:** Ponha as orações abaixo em inglês. *vtd+vti* **17** imputar, atribuir, acusar de. **Ex:** Só põe defeitos no meu trabalho; pôs a culpa no irmão. **18** *NOME, APELIDO* dar, atribuir. **Ex:** Puseram-lhe um apelido carinhoso. **19** dirigir, voltar, virar. **Ex:** Ao pôr os olhos nela, apaixonou-se. *vtd+vi* **20** botar. **Ex:** A galinha pôs um ovo. *vtd+vpr* **21** colocar(-se), postar(-se). **Ex:** Pôs-se à saída do edifício. **A:** sair. *vpr* **22** começar, principiar, iniciar. **Ex:** Pôs-se a correr. **23** *ASTRO* desaparecer, sumir. **Ex:** Pôs-se o sol. **24** supor-se, imaginar-se, colocar-se. **Ex:** Ponha-se no meu lugar.

porcalhão *sm+adj* **1** homem sujo: porco, sujo, imundo. **2** quem trabalha mal: trapalhão, porco.

porção *sf* **1** fração, pedaço, parcela. **2** ração, dose, quantidade. **Ex:** Porção de arroz. **3** punhado, mancheia, mão-cheia. **Ex:** Acrescente uma porção de salsa picada. **4** monte, montão, batelada. **Ex:** Comprou uma porção de presentes.

porcaria *sf* **1** sujeira, imundície, sujidade. **A:** limpeza. **2** droga *gír*, bomba *fam*, lixo. **Ex:** Esse filme é uma porcaria. **3** palavrão, nome feio, obscenidade.

porcentagem *sf* percentagem, percentual, alíquota.

porco *sm* **1** *Zool.* suíno. *sm+adj* **2** e **3** V. porcalhão. *adj* **4** sujo, imundo, desasseado. **Ex:** Casa porca. **A:** limpo. **5** obsceno, indecente, imoral. **Ex:** História porca. **A:** decente.

porco-espinho *sm Zool. Impr.* ouriço-cacheiro.

porejar *vtd* **1** suar, verter, ressumar. **Ex:** As paredes da cozinha porejavam umidade. *vi* **2** brotar, manar, sair. **Ex:** O suor poreja na testa dos atletas.

porém *conj coord* **1** mas, contudo, todavia, entretanto. *sm* **2** obstáculo, estorvo, empecilho. **Ex:** Sempre surge um porém que complica nossa vida. **3** defeito, senão, problema. **Ex:** Há um porém em sua apresentação.

porfia *sf* **1** discussão, bate-boca, briga. **2** perseverança, obstinação, teimosia. **3** rivalidade, antagonismo, competição.

porfiar *vtd* **1** competir por, disputar, pleitear. **Ex:** Muitos candidatos porfiavam uma só vaga. *vti* **2** teimar, perseverar, obstinar-se. **Ex:** Porfiar num erro. **3** competir, rivalizar, concorrer com. **Ex:** Nosso lutador porfiará com adversários de vários países. *vti+vi* **4** discutir, brigar, contender. **Ex:** Os deputados porfiavam no parlamento.

pormenor *sm* detalhe, minúcia, particularidade, minudência.

pormenorizar *vtd* detalhar, particularizar, esmiuçar, destrinchar. **A:** generalizar.

pornografia *sf* devassidão, indecência, imoralidade, obscenidade. **A:** pureza.

pornográfico *adj* devasso, indecente, imoral, obsceno. **A:** puro.

poro *sm* furo, orifício, buraco, abertura.

porquanto V. porque.

porque *conj coord* visto que, uma vez que, porquanto, já que. **Ex:** Ela faltou às aulas porque estava doente. **Obs.:** Para sinônimos de *por que*, V. por.

porquê *sm* causa, motivo, razão, princípio. **Ex:** Saber o porquê de alguma coisa. **A:** resultado.

porqueira *sf* **1** chiqueiro, pocilga, chafurda. **Ex:** Os porcos estão na porqueira. **2** *Fig.* casa suja: chiqueiro *fig*, espelunca, pocilga *fig*. **3** sujeira, imundície, sujidade. **A:** limpeza.

porquinho-da-índia *sm Zool.* cobaia.

porra (ó) *sf Vulg.* sêmen, esperma, semente.

porrada *sf* **1** paulada, cacetada, bordoada. **2** soco, murro, sopapo. **3** *Fig.* monte, batelada, montão. **Ex:** Temos uma porrada de caixas para guardar.

porre (ó) *sm Pop.* pileque, bebedeira, embriaguez, carraspana *pop*. **A:** sobriedade.

porretada *sf* paulada, cacetada, bordoada, porrada.

porrete *sm* pau, cacete, bordão, moca.

porta *sf* **1** *Fig.* ingresso, entrada, acesso. **Ex:** A alfabetização é uma porta para a informação. **2** *Fig.* solução, saída, expediente. **Ex:** Aquilo foi uma porta para seus problemas.

porta-bandeira *s m+f* porta-estandarte. **Ex:** O porta-bandeira do regimento; a porta-bandeira da escola de samba.

porta-chaves *sm sing+pl* chaveiro.

porta-cigarros *sm sing+pl* cigarreira.

portador *sm* mensageiro, emissário, enviado, delegado.

porta-estandarte V. porta-bandeira.

porta-jóias *sm, sing+pl* guarda-jóias, escrínio.

portal *sm Arquit.* pórtico, entrada, vestíbulo.

porta-lápis *sm, sing+pl* lapiseira.

porta-malas *sm, sing+pl Autom.* bagageiro.

portanto *conj coord* por isso, por conseguinte, logo, conseqüentemente. **Ex:** Você trabalhou bastante, portanto o mérito é todo seu.

portar *vtd* **1** levar, carregar, transportar. **Ex:** Portava consigo uma caixa. *vpr* **2** comportar-se, proceder, agir. **Ex:** Seu filho portou-se muito bem.

portaria *sf* saguão, vestíbulo, *hall*.

porta-seios *sm sing+pl* sutiã, corpinho.

portátil *adj m+f* manual, maneiro. **Ex:** Televisor portátil.

porta-voz *sm* **1** *INSTRUMENTO* megafone, buzina, megafone. **2** *INDIVÍDUO* mensageiro, embaixador, enviado.

porte (ó) *sm* **1** postura, atitude, posição. **Ex:** Porte elegante. **2** estatura, altura. **3** comportamento, conduta, procedimento. **Ex:** Seu porte é condenável. **4** aparência, aspecto, ar. **Ex:** Ela tem um belo porte. **5** ato de portar: condução, carregamento, transporte. **6** o preço do transporte: frete. **7** tonelagem, capacidade. **Ex:** Navio de grande porte. **8** *Fig.* importância, valor, peso. **Ex:** Problemas de pequeno porte.

porteira *sf OBJETO* cancela.

portento *sm* **1** *COISA* maravilha, fenômeno, milagre. **2** *PESSOA* gênio, prodígio.

pórtico *sm* **1** *Arquit.* átrio, pátio. **2** *Arquit.* portal, entrada, vestíbulo.

porto *sm* **1** baía, enseada, angra. **2** *Fig.* abrigo, refúgio, guarida.

porto-riquenho *sm+adj* de Porto-Rico (América Central): porto-riquense.

porto-riquense V. porto-riquenho.

português *sm+adj* de Portugal (Europa): luso, lusitano, lusíada.

portuguesismo *sm Ling.* lusitanismo, lusismo.

porventura *adv* talvez, por acaso, acaso, quiçá.

porvir *sm* futuro, amanhã. **A:** passado.

pose (ô) *sf* **1** postura, posição, porte. **Ex:** Ficou numa pose incômoda. **2** panca *gír*, afetação. **Ex:** Só tem pose, é um pobre coitado.

posfácio *sm Lit.* epílogo, conclusão, fecho. **A:** prefácio.

posição *sf* **1** localização, colocação, posicionamento. **Ex:** A posição do acampamento. **2** disposição, arrumação, arranjo. **Ex:** Quis mudar a posição dos quadros. **3** *DO CORPO* postura, pose, atitude. **4** *SO-*

CIAL categoria, hierarquia, graduação. **Ex:** Alguém de sua posição deveria comportar-se melhor. **5** situação, condição, estado. **Ex:** Assim, você me coloca numa posição delicada. **6** lugar. **Ex:** Ficamos na terceira posição no torneio de basquete.

posicionar *vtd* colocar, situar, localizar, locar. **Ex:** Posicionou a estante onde não atrapalhasse a passagem.

positivar *vtd+vpr* **1** realizar(-se), concretizar(-se), efetivar(-se). **Ex:** Meu sonho positivou-se. *vtd* **2** confirmar, comprovar, ratificar. **Ex:** Os dados positivam nossa teoria.

positivo *adj* **1** afirmativo. **Ex:** Resposta positiva. **2** favorável, conveniente, propício. **Ex:** Condições positivas. **3** benéfico, proveitoso, construtivo. **Ex:** Crítica positiva. **4** otimista, esperançoso. **Ex:** Pensamento positivo. **5** real, concreto, efetivo. **6** categórico, taxativo, claro. *adv* **7** *Pop.* sim. **Ex:** Você comprou o aparelho? Positivo, comprei ontem. **A:** negativo (acepções **1**, **2**, **3**, **4** e **7**); hipotético (acepção **5**); duvidoso (acepção **6**).

pospor *vtd* **1** pôr depois. **A:** prepor. **2** adiar, protelar, diferir. **Ex:** Pospor um prazo. **A:** antecipar. **3** desprezar, preterir, desprezar. **Ex:** Pospôs os preparativos, que considerava desnecessários. **A:** considerar.

possante *adj m+f* forte, robusto, vigoroso, poderoso. **A:** fraco.

posse *sf* **1** retenção, gozo. **Ex:** Posse de um objeto. **2** uso, usufruto, desfrute. **Ex:** Posse de um direito. **3** investidura. **Ex:** Hoje foi o dia da posse do governador. *sf pl* **4** bens, haveres, propriedades. **Ex:** Perdeu todas as suas posses na enchente. **5** recursos, meios (financeiros). **Ex:** Pessoa de posses. **6** capacidade *sing*, aptidão *sing*, competência *sing*. **A:** incapacidade sing.

possessão *sf* colônia, domínio. **Ex:** As possessões da Inglaterra.

possesso *sm+adj* **1** possuído (pelo demônio). *adj* **2** furioso, irritado, enfurecido. **Ex:** Ficou possessa quando soube da traição. **A:** calmo.

possibilidade *sf* **1** probabilidade, verossimilhança, perspectiva. **A:** impossibilidade. *sf pl* **2** posses, bens, haveres.

possibilitar *vtd* facultar, proporcionar, conceder, facilitar. **Ex:** Este telescópio possibilita uma melhor observação das estrelas. **A:** impossibilitar.

possível *adj m+f* **1** praticável, realizável, exeqüível. **A:** impossível. **2** acreditável, crível, verossímil. **A:** impossível. **3** virtual, potencial. **Ex:** Temia os possíveis inimigos. **A:** real.

possuir *vtd* **1** ter. **Ex:** Possui uma casa. **2** conter, encerrar, compreender. **Ex:** Este manual possui soluções para nossos problemas. **3** gozar, desfrutar, usufruir de. **Ex:** Possuir boa saúde. **4** *EMOCIONALMENTE* dominar, empolgar, emocionar. **Ex:** O desejo de vingança o possuía. **5** *SEXUALMENTE* fazer amor com, transar com, traçar *pop*. *vpr* **6** encher-se, tomar-se, ser invadido. **Ex:** Possuiu-se de mágoa pelo que aconteceu.

posta *sf* **1** fatia, pedaço, naco. **Ex:** Uma posta de carne e outra de peixe. **2** correio (repartição).

postar *vtd+vpr* colocar(-se), pôr(-se). **Ex:** As pessoas postaram-se à entrada do prédio.

poste *sm DE MADEIRA* estaca, pau.

postergar *vtd* **1** desprezar, desconsiderar, preterir. **Ex:** Postergou a necessidade de estudar mais, e foi reprovado. **A:** considerar. **2** omitir, esquecer, preterir. **Ex:** Postergar detalhes. **3** desrespeitar, transgredir, infringir. **Ex:** Postergar a lei, as normas. **A:** respeitar.

posteridade *sf* **1** descendência, prole, geração. **A:** ascendência. **2** gerações futuras *pl*. **3** glória, fama, celebridade (futuras).

posterior *sm* **1** *Pop*. nádegas *pl*, traseiro *pop*, bunda *vulg*. *adj m+f* **2** *NO TEMPO* seguinte, próximo, ulterior. **3** *NO ESPAÇO* traseiro. **A:** anterior (acepções **2** e **3**).

postiço *adj* artificial. **Ex:** Unha postiça.

posto *sm* **1** localização, posicionamento, colocação. **2** cargo, função, ofício. *part+adj* **3** colocado. **A:** tirado. *conj sub* **4** V. posto

que. * Posto que: embora, ainda que, se bem que, conquanto.

postulado *sm* hipótese, suposição, conjectura, pressuposto.

postular *vtd* **1** pedir, solicitar, requerer. **2** implorar, suplicar, rogar.

postura *sf* **1** posição, porte, atitude. **2** aspecto, aparência, apresentação.

pote *sm* jarro, vaso, cântaro, ânfora *antig*; *PARA AZEITE* talha.

potência *sf* **1** força, robustez, vigor. **A:** impotência. **2** poder, força, influência. **3** autoridade, mando, comando. **4** eficácia, eficiência, efeito. **A:** ineficácia. **5** *DA ALMA* faculdade, capacidade, poder. **6** força, agente, causa (que gera movimentos).

potencial *sm* **1** potencialidade, capacidade, competência. **Ex:** Ela tem muito potencial criativo. **A:** incapacidade. *adj m+f* **2** virtual, possível. **A:** real.

potencialidade V. potencial.

potentado *sm* **1** soberano, monarca, rei. **2** *Por ext.* pessoa influente: potestade.

potente *adj m+f* **1** forte, robusto, vigoroso. **A:** impotente. **2** poderoso, importante, influente. **A:** insignificante. **3** eficaz, eficiente, enérgico. **A:** ineficaz. **4** violento, impetuoso, forte. **Ex:** Potentes ventos derrubaram algumas árvores.

potestade *sf* **1** poder, poderio, autoridade. **2** V. potentado.

potoca *sf* mentira, lorota, história, peta.

potoqueiro *sm+adj* mentiroso, loroteiro.

potro *sm* poldro.

pouco *sm* **1** pequena quantidade. **Ex:** Dême um pouco de açúcar, por favor. **2** bagatela, ninharia, mixaria. *pron indef* **3** parco, escasso, minguado. *adv* **4** em pequena quantidade, insuficientemente. **5** pouco tempo. **Ex:** Chegou há pouco. **A:** muito (acepções **3** a **5**). * Pouco a pouco: aos poucos, gradualmente. * Há pouco: agora mesmo, ainda agora, agorinha *pop*.

pouca-vergonha *sf* **1** imoralidade, indecência, obscenidade. **A:** decência. **2** patifaria, safadeza, sacanagem.

poupança *sf* **1** economia, parcimônia, frugalidade. **A:** desperdício. **2** economias *pl*, pé-de-meia *sing*, pecúlio *sing*. **Ex:** Não gastaremos nossa poupança com isso. **3** *Fam.* avareza, mesquinhez, sovinice. **A:** generosidade.

poupar *vtd* **1** economizar, guardar, amealhar. **Ex:** Poupar dinheiro. **A:** gastar. **2** respeitar, perdoar. **Ex:** As doenças não poupam ninguém. **3** livrar, salvar, preservar. **Ex:** Poupou-me do sofrimento. *vtd+vti* **4** evitar, impedir. **Ex:** Sua visita poupou-me o trabalho de ir até sua casa devolver os livros. *vpr* **5** esquivar-se, eximir-se, fugir a. **Ex:** O vagabundo poupa-se ao trabalho.

pousada *sf* **1** albergue, hospedaria, estalagem. **2** domicílio, residência, morada. **3** lugar onde se pernoita: pernoite, pouso.

pousar *vtd* **1** pôr, colocar, descansar. **A:** tirar. *vti+vi* **2** *Aeron. NA TERRA* aterrar, aterrissar; *NO MAR* amerissar, amarar. **A:** decolar. **3** *Astronáut. NA LUA* alunar, alunissar. **4** pernoitar.

pouso *sm* **1** *Aeron. NA TERRA* aterragem, aterrissagem; *NO MAR* amerissagem, amaragem. **A:** decolagem. **2** *Astronáut. NA LUA* alunissagem, alunagem. **3** V. pousada.

povaréu *sm* **1** multidão, massa, gentarada *pop.* **2** ralé, gentalha, populacho. **A:** elite.

povo *sm* **1** nação, gente. **Ex:** Povo brasileiro. **2** população, habitantes *pl,* povoação. **Ex:** O povo de São Paulo. **3** plebe, vulgo. **Ex:** Ele não gosta de se misturar com o povo.

povoação *sf* **1** povoamento. **Ex:** A povoação da fronteira ocorreu sem incidentes. **A:** despovoação. **2** V. povoado. **3** V. povo.

povoado *sm* lugarejo, aldeia, vila, povoação, arraial.

povoador *sm* colono.

povoamento V. povoação.

povoar *vtd* habitar, ocupar. **A:** despovoar.

praça *sf* **1** largo. **2** mercado, feira. **3** cidade. **Ex:** O vendedor trabalha em várias praças no interior. **4** *Mil.* alistamento, recrutamento. **5** fortaleza, fortificação, forte. **6** *Fig.* ostentação, alarde, exibição. *sm* **7** *Mil.* soldado, militar, guerreiro. * Assentar (ou sentar) praça: alistar-se, recrutar-se, engajar-se. * Fazer praça de: ostentar, alardear, exibir.

prado *sm* **1** pasto, pastagem, ervaçal. **2** campo, campina, campanha. **3** hipódromo, turfe, pista.

praga *sf* **1** maldição, jura, imprecação. **Ex:** Rogar pragas. **A:** bênção. **2** calamidade, desgraça, flagelo. **3** *Fig.* peste. **Ex:** Seu filho é uma praga!

pragmática *sf* **1** etiqueta, formalidade, protocolo. **2** prática, costume, praxe.

pragmático *adj* **1** usual, costumeiro, corriqueiro. **A:** incomum. **2** objetivo, prático, sensato. **A:** subjetivo.

praguejar *vti* **1** maldizer, amaldiçoar, maldiçoar. **A:** bendizer. *vi* **2** xingar.

praguicida *sm+adj* pesticida.

praia *sf* beira-mar.

praiano *sm* caiçara *sp.*

prancha *sf* **1** tábua (grande, larga). **2** *Pop.* pé grande: lancha *pop.*

prantear *vtd* **1** chorar, lamentar, lastimar. **Ex:** Prantear as perdas sofridas. **A:** aplaudir. *vi* **2** chorar, lacrimejar, lagrimejar. **A:** rir. *vpr* **3** queixar-se, lamentar-se, lastimar-se. **Ex:** Pranteou-se mais do que as outras filhas do morto. **A:** regozijar-se.

pranto *sm* **1** choro, lágrimas *pl.* **A:** riso. **2** queixa, lamento, lamentação.

prataria *sf* baixela, aparelho, serviço (de prata).

prateado *part+adj* argenteo, argênteo.

prateleira *sf* estante, armário.

prática *sf* **1** técnica. **A:** teoria. **2** experiência, perícia, tarimba. **A:** inexperiência. **3** praxe, costume, uso. **4** exercício, desempenho, atividade. **Ex:** A prática da advocacia.

praticar *vtd* **1** realizar, fazer, executar. **Ex:** Os escoteiros praticam boas ações. **2** *CRIME* cometer, perpetrar. **3** *FUNÇÃO, PROFISSÃO* exercer, desempenhar, executar. *vi* **4** treinar, exercitar-se, adestrar-se.

praticável *adj* *m+f* possível, realizável, exeqüível, factível. **A:** impraticável.

prático *sm* **1** especialista, perito, entendido. *adj* **2** empírico, experimental. **Ex:** Método prático. **A:** teórico. **3** experiente, experimentado, perito. **A:** inexperiente. **4** funcional. **Ex:** Roupas práticas. **5** pragmático, objetivo, sensato. **Ex:** Pessoa prática. **A:** subjetivo.

prato *sm* iguaria, comida. **Ex:** O prato de hoje é especialidade da casa.

praxe *sf* prática, uso, costume, hábito.

prazenteiro *adj* **1** alegre, festivo, jovial, prazeroso. **A:** triste. **2** simpático, amável, gentil. **A:** antipático.

prazer *sm* **1** alegria, contentamento, deleite. **Ex:** O prazer de descansar à sombra de uma árvore. **A:** desprazer. **2** *SEXUAL* gozo. **3** agrado, satisfação, aprazimento. **Ex:** Temos o prazer de informar que será inaugurada mais uma loja neste bairro. **4** divertimento, diversão, distração. **Ex:** Nossa meta é o prazer dos nossos clientes. *vti* **5** agradar, satisfazer, aprazer. **Ex:** Praz-me saber que tudo acabou bem.

prazeroso V. prazenteiro.

prazo *sm* termo. **Ex:** O prazo do contrato.

preamar *sf* maré-cheia, maré alta, montante, influxo. **A:** baixa-mar.

preâmbulo *sm* **1** *Lit.* prefácio, introdução, prólogo. **A:** epílogo. **2** *Mús.* abertura, prelúdio, introdução.

preanunciar V. prenunciar.

precário *adj* **1** instável, incerto, indefinido. **Ex:** Situação precária. **A:** estável. **2** delicado, frágil, fraco. **Ex:** Saúde precária. **A:** robusto. **3** escasso, minguado, insuficiente. **Ex:** Iluminação precária.

precatado V. precavido.

precatar V. precaver.

precaução *sf* **1** cautela, cuidado, prevenção. **A:** descuido. **2** providência, medida. **Ex:** O governo tomará precauções.

precaver *vtd+vpr* prevenir(-se), acautelar (-se), resguardar(-se), precatar(-se). **A:** desprevenir(-se).

precavido *part+adj* cauteloso, prevenido, prudente, cauto, precatado. **A:** desprevenido.

prece *sf* **1** *Rel.* oração, reza, súplica. **2** *Por ext.* súplica, clamor, pedido.

precedência *sf* **1** antecedência, anterioridade, precessão. **A:** subseqüência. **2** preferência, primazia, prioridade. **Ex:** Ter precedência sobre os outros.

precedente *adj m+f* antecedente, anterior, preliminar, prévio. **A:** subseqüente.

preceder *vtd+vti* anteceder, antecipar-se a, antepor-se a. **Ex:** Os ventos precediam as (ou às) tempestades. **A:** suceder.

preceito *sm* **1** ordem, prescrição, determinação. **2** norma, regra, princípio. **3** ensinamento, doutrina, cânon.

preceituar *vtd* prescrever, ordenar, determinar, impor.

preceptor *sm* mestre, mentor, educador, professor. **A:** aluno.

precessão V. precedência.

preciosidade *sf* **1** *QUALIDADE* valor, custo, raridade. **Ex:** A preciosidade desses móveis do século XIX. **A:** banalidade. **2** *OBJETO* raridade. **Ex:** Este livro é uma preciosidade.

precioso *adj* **1** valioso, custoso, caro. **Ex:** Objetos preciosos. **A:** banal. **2** fino, raro, excelente. **Ex:** Bebidas preciosas. **A:** ordinário. **3** afetado, pretensioso, pedante. **Ex:** Estilo precioso. **A:** simples.

precipício *sm* **1** despenhadeiro, abismo, voragem; *À BEIRA-MAR* falésia. **2** *Fig.* perdição, ruína, desgraça.

precipitação *sf* **1** imprudência, leviandade, irreflexão. **A:** ponderação. **2** pressa, impaciência, urgência. **A:** tranqüilidade.

precipitado *part+adj* **1** impensado, imprudente, leviano. **Ex:** Decisão precipitada. **A:** ponderado. **2** apressado, impaciente, pressuroso. **A:** tranqüilo.

precipitar *vtd* **1** antecipar, adiantar. **Ex:** Precipitar a viagem. **A:** adiar. **2** acelerar, apressar, adiantar. **Ex:** Precipitar o processo. **A:** atrasar. *vtd+vpr* **3** *DE PRECIPÍCIO* despenhar(-se). **4** atirar(-se), jogar(-se), lançar(-se). **Ex:** Precipitou uma pedra no lago; precipitou-se contra o adversário.

precisão *sf* **1** carência, necessidade. **Ex:** Sua precisão de carinho é muito grande. **2** necessidade, urgência, indispensabilidade. **A:** dispensabilidade. **3** exatidão, correção, justeza. **A:** imprecisão. **4** concisão, brevidade, laconismo. **Ex:** A precisão de um texto. **A:** prolixidade. **5** distinção, clareza, definição. **A:** imprecisão.

precisar *vtd* **1** especificar, particularizar, individualizar. **Ex:** Para ser atendido, deve precisar melhor o que deseja. **2** dever, necessitar, ter de. **Ex:** Precisa dar mais atenção aos filhos. *vtd+vti* **3** necessitar, carecer *pop*, demandar, exigir. **Ex:** Preciso ajuda (ou de ajuda).

preciso *adj* **1** necessário, obrigatório, inevitável. **A:** desnecessário. **2** exato, certo, justo. **Ex:** Cálculos precisos. **A:** impreciso. **3** conciso, sucinto, resumido. **Ex:** Estilo preciso. **A:** prolixo. **4** distinto, claro, definido. **Ex:** Imagem precisa. **A:** impreciso. **5** certeiro, correto, certo. **Ex:** Tiro preciso. **A:** errado.

preclaro *adj* **1** ilustre, notável, brilhante. **A:** obscuro. **2** belo, lindo, formoso. **A:** feio.

preço *sm* **1** valor, custo, valia. **2** castigo, punição, pena. **3** recompensa, prêmio, retribuição. **4** importância, merecimento, mérito.

precoce *adj m+f* prematuro, temporão, imaturo. **A:** tardio.

precocidade *sf* prematuridade, imaturidade.

preconceber *vtd* planejar, idealizar, imaginar, programar.

preconceito *sm* **1** prejuízo, prevenção. **Ex:** Preconceito religioso. **2** superstição, crendice, prejuízo.

preconizar *vtd* **1** aconselhar, recomendar, indicar. **Ex:** Preconizou mudanças na empresa. **2** apregoar, proclamar, divulgar. **3** exaltar, elogiar, louvar. **A:** criticar.

precursor *sm* **1** V. predecessor. **2** pioneiro, iniciador, batedor *fig*. **Ex:** Os precursores da arte moderna no Brasil.

predecessor *sm* antecessor, precursor. **A:** sucessor.

predestinado *sm Rel.* santo, bem-aventurado, beato.

predestinar *vtd* destinar, fadar, preordenar. **Ex:** Sua desatenção predestinou-o ao fracasso.

predeterminar *vtd* preestabelecer, predispor, preordenar, prefixar.

prédica *sf* pregação, sermão, homilia, predicação.

predicação V. prédica.

predicado *sm* **1** atributo, característica, propriedade. **2** dom, virtude, prenda. **Ex:** Entre seus muitos predicados, destaca-se a linda voz.

predição *sf* profecia, previsão, adivinhação, presságio.

predicar *vtd* **1** aconselhar, indicar, recomendar. **A:** desaconselhar. *vi* **2** *Rel.* pregar, doutrinar.

predileção *sf* **1** preferência, escolha, opção. **Ex:** A cor de sua predileção é o azul. **2** favoritismo, preferência, simpatia. **Ex:** Os chefes não devem ter predileção por nenhum empregado.

predileto *sm+adj* **1** favorito, preferido, querido. **Ex:** Os poderosos defendem seus prediletos. *adj* **2** preferido. **Ex:** Sua comida predileta é a pizza.

prédio *sm* edifício, imóvel, construção, edificação.

predispor *vtd* preparar, preestabelecer, predeterminar, preordenar.

predisposição *sf* tendência, propensão, inclinação, queda. **Ex:** Tem predisposição para as artes.

predizer *vtd* profetizar, prever, adivinhar, pressagiar.

predominação V. predomínio.

predominância V. predomínio.

predominante *adj m+f* preponderante, dominante, prevalecente, principal.

predominar *vti+vi* **1** prevalecer, preponderar, primar. **Ex:** Nesta região, predominam as famílias de imigrantes. **2** destacar-se, sobressair, ressaltar. **Ex:** No quadro predominam as cores quentes.

predomínio *sm* **1** preponderância, supremacia, predominância, predominação. **2** influência, ascendência, domínio.

preeminência *sf* **1** predomínio, preponderância, primazia. **2** superioridade, excelência, elevação. **A:** inferioridade.

preeminente *adj m+f* **1** predominante, preponderante, prevalecente. **2** superior, excelente, elevado. **A:** inferior. **3** distinto, eminente, notável. **Ex:** Um preeminente cientista. **A:** obscuro.

preencher *vtd* **1** completar, encher, perfazer. **Ex:** Preencha os espaços em branco. **2**

rechear, abarrotar, atestar. **A:** esvaziar. **3** satisfazer, cumprir, observar. **Ex:** Preencher exigências. **4** desempenhar, cumprir, executar. **Ex:** Preencher suas funções.

preestabelecer *vtd* predeterminar, predispor, estabelecer, prefixar.

prefácio *sm Lit.* prólogo, introdução, preâmbulo, prelúdio. **A:** posfácio.

prefeitura *sf* municipalidade.

preferência *sf* **1** escolha, opção, predileção. **Ex:** Use a camisa de sua preferência. **2** predileção, simpatia, favoritismo. **Ex:** O diretor escondia sua preferência por alguns funcionários. **3** primazia, prioridade, preferência. **Ex:** A mãe tinha preferência sobre o pai.

preferido *sm+adj* **1** predileto, protegido, querido. **Ex:** Os preferidos da rainha gozavam de amplos direitos. *part+adj* **2** predileto, favorito. **Ex:** É minha cantora preferida.

preferir *vtd* **1** antepor. **Ex:** Preferiu fugir a enfrentar os problemas. **2** escolher, optar por, decidir-se por. **Ex:** Preferiram mudar para um bairro mais próximo.

prefigurar *vtd* **1** pressupor, imaginar, supor. *vpr* **2** parecer, figurar-se, afigurar-se. **Ex:** Prefigura-se-me que sua decisão foi equivocada.

prefixar *vtd* predeterminar, preestabelecer, estabelecer, preordenar. **Ex:** Prefixar um valor.

prega *sf* **1** dobra, vinco, ruga. **2** *DO TERRENO* depressão, vale, baixos *pl.*

pregação *sf* **1** *Rel.* sermão, prédica, homilia. **2** *Fam.* repreensão, bronca *pop*, lavada *fig.* **A:** elogio. **3** lengalenga, ladainha, cantilena *fam.* **4** *Pop.* canseira, exaustão, fadiga. **Ex:** Estou numa pregação que não consigo nem andar. **A:** descanso.

pregador *sm* **1** *Rel.* apóstolo, evangelizador, missionário. **2** *Fig.* divulgador, missionário *fig.* **Ex:** Os pregadores da liberdade econômica.

pregão *sm* **1** divulgação, anúncio, proclamação. *sm pl* **2** proclamas, banhos (de casamento).

pregar *vtd* **1** prender, fixar, afixar. **A:** despregar. **2** cravar, fincar, enfiar. **A:** desen-

cravar. **3** unir, ligar, juntar. **A:** separar. **4** evangelizar, apostolar, propagar. **Ex:** Pregar uma religião. **5** preconizar, aconselhar, recomendar. **6** fitar, fixar, cravar. **Ex:** Pregou os olhos na janela. *vtd+vti* **7** dar, acertar, desferir. **Ex:** Pregou-lhe um sopapo. **8** impingir, pespegar. **Ex:** Pregou-nos uma mentira. *vtd+vi* **9** colar, grudar, pegar. **A:** descolar. *vi* **10** *Rel.* predicar, doutrinar. **Ex:** Os apóstolos pregavam. **11** cansar-se, extenuar-se, fatigar-se. **Ex:** O jogador pregou, não conseguia mais correr. **A:** descansar.

prego *sm* **1** taxa, brocha; *DE FERRADURA OU PARA CRUCIFICAR* cravo. **2** *Fam.* e *Pop.* casa de penhores. **3** *Pop.* cansaço, canseira, exaustão. **A:** descanso. **4** *Pop.* bebedeira, pileque, porre *pop.* **A:** sobriedade. ***** Pôr no prego *Fig.*: penhorar, empenhar, pendurar. **A:** desempenhar.

pregoar V. apregoar.

preguear *vtd* **1** franzir, vincar, plissar. **Ex:** Preguear um vestido. *vtd+vpr* **2** enrugar (-se), franzir(-se), encrespar(-se). **Ex:** Pregueou a testa. **A:** alisar(-se).

preguiça *sf* **1** ócio, vagabundagem, indolência. **A:** atividade. **2** negligência, desleixo, lentidão. **A:** diligência. **3** *Zool.* bicho-preguiça.

preguiçar *vi* vadiar, vagabundear, gandaiar *pop*, flautear. **A:** trabalhar.

preguiçosa *sf* espreguiçadeira.

preguiçoso *sm+adj* vadio, vagabundo, indolente, gandaieiro *pop.* **A:** trabalhador.

preito *sm* **1** homenagem, honra, cortesia. **2** dependência, sujeição, submissão. **A:** independência.

prejudicar *vtd* **1** lesar, danificar, estragar. **2** ferrar *pop.* **Ex:** Prejudicar os adversários. **3** atrapalhar, dificultar, estorvar. **Ex:** A névoa prejudica nossa visão da estrada. **A:** facilitar.

prejudicial *adj m+f* danoso, maléfico, nocivo, negativo. **A:** benéfico.

prejuízo *sm* **1** dano, estrago, detrimento. **2** *Com.* perda. **A:** lucro. **3** preconceito, prevenção. **Ex:** Prejuízo racial. **4** crendice, superstição, preconceito.

prelada *sf Ecles.* madre superiora, superiora, prioresa, abadessa.

prelado *sm Ecles.* superior, prior, abade.

preleção *sf* aula, lição.

prelecionador *sm* professor, educador, mestre, instrutor. **A:** aluno.

prelecionar *vtd* **1** ensinar, educar, instruir. **Ex:** Preleciona alunos de todas as idades. **2** lecionar, ensinar. **Ex:** Preleciona matemática. *vti+vi* **3** discursar sobre, falar de, tratar de. **Ex:** Prelecionar sobre economia.

prelibar *vtd* experimentar, provar, desfrutar, usufruir de. **Ex:** Prelibava regalias com as quais nem sonhava.

preliminar *sm* **1** prefácio, prólogo, introdução. **A:** epílogo. *adj m+f* **2** prévio, anterior, antecedente, liminar. **A:** posterior.

prélio *sm* batalha, combate, luta, peleja.

prelo *sm Tip.* prensa, imprensa, impressora.

prelúdio *sm* **1** *Lit.* introdução, prólogo, prefácio. **A:** epílogo. **2** *Mús.* abertura, introdução, preâmbulo. **3** prenúncio, anúncio, prognóstico.

prematuro *adj* **1** precoce, temporão, imaturo. **A:** tardio. **2** *Fig.* frustrado, fracassado, malogrado. **A:** bem-sucedido.

premeditar *vtd* preparar, planejar, imaginar, programar (antecipadamente). **Ex:** Premeditar um crime.

premente *adj m+f* urgente. **Ex:** Assunto premente.

premer *vtd+vpr* comprimir(-se), apertar(-se), espremer(-se), calcar(-se). **A:** descomprimir(-se).

premiar *vtd* **1** gratificar, laurear, galardoar. **Ex:** Premiaram os vencedores. **2** recompensar, pagar, remunerar. **Ex:** Os resultados premiaram nossa luta. **A:** castigar (nas duas acepções).

prêmio *sm* **1** gratificação, recompensa, remuneração. **A:** castigo. **2** lucro, ganho, rendimento. **A:** prejuízo.

premissa *sf Filos.* antecedente.

premonição *sf* pressentimento, intuição, palpite, sensação.

premunir *vtd+vpr* precaver(-se), prevenir (-se), acautelar(-se), resguardar(-se). **A:** desprevenir(-se).

prenda *sf* **1** presente, brinde, regalo. **2** qualidade, dom, predicado. **3** habilidade, aptidão, capacidade.

prendado *part+adj* habilidoso, hábil, apto, capaz. **Ex:** Moça prendada. **A:** inapto.

prendar *vtd* **1** *PRESENTES* presentear, brindar, regalar. **2** *QUALIDADES, DONS* dotar, prover, fadar. **Ex:** Deus prendou-a com uma beleza angelical.

prender *vtd* **1** ligar, unir, juntar. **Ex:** Prender os pedaços com cola. **A:** separar. **2** atar, amarrar, ligar. **A:** desprender. **3** pregar, fixar, segurar. **Ex:** Prendeu o cartaz no quadro de avisos com duas tachinhas. **A:** soltar. **4** aprisionar, encarcerar, deter. **Ex:** Prenderam o ladrão. **A:** libertar. **5** atrapalhar, tolher, embaraçar. **Ex:** Essas roupas prendem os movimentos. **6** atrair, cativar, seduzir. **Ex:** Tais assuntos nos prendem. **A:** afastar. *vtd+vpr* **7** ligar(-se), vincular(-se), relacionar(-se). **Ex:** Suas idéias prendem-se a teorias ultrapassadas. **A:** desligar(-se).

prenha V. prenhe.

prenhe *adj m+f* **1** *Zool.* e *Pej.* grávida, pejada, *prenha*. **2** *Fig.* cheio, repleto, pleno. **A:** vazio.

prenhez *sf Zool.* e *Pej.* gravidez, gestação. **Ex:** A prenhez de uma ovelha.

prenome *sm* nome de batismo, nome.

prensa *sf* **1** prelo, impressora, imprensa. **2** *Fig.* repreensão, bronca *pop*, decomposstura. **Ex:** Levou uma prensa do pai.

prensar *vtd* **1** imprensar. **2** apertar, esmagar, espremer. **A:** desapertar.

prenunciação V. prenúncio.

prenunciar *vtd* prognosticar, pressagiar, profetizar, vaticinar, preanunciar.

prenúncio *sm* prognóstico, presságio, profecia, vaticínio, prenunciação.

preocupação *sf* apreensão, aflição, inquietação, receio. **A:** despreocupação.

preocupado *part+adj* apreensivo, aflito, inquieto, receoso. **A:** despreocupado.

preocupar *vtd* **1** interessar, atrair, cativar. **Ex:** Esse tipo de evento esportivo não me preocupa. **A:** desinteressar. *vtd+vpr* **2** afligir(-se), inquietar(-se), perturbar(-se). **A:** despreocupar(-se).

preordenar *vtd* **1** predeterminar, preestabelecer, prefixar. **2** predestinar, destinar, fadar.

preparação V. preparo e preparado.

preparado *sm* **1** *Quím.* produto, preparação. **2** *Farm.* remédio, medicamento, droga, preparação.

preparar *vtd* **1** predispor, preestabelecer, predeterminar. **2** planejar, imaginar, maquinar. **Ex:** Os ladrões prepararam um assalto ao banco. *vtd+vpr* **3** aprontar(-se), dispor(-se), aprestar(-se). **4** habilitar(-se), capacitar(-se). **Ex:** Esse curso prepara os alunos para a profissão. **A:** inabilitar(-se). *vpr* **5** vestir-se, trocar-se, arrumar-se *fam.* **Ex:** Preparar-se para uma festa. **6** prevenir-se, precaver-se, acautelar-se. **A:** desprevenir-se.

preparativo *sm* V. preparo. *adj* V. preparatório.

preparatório *adj* preparativo, prévio, preliminar. **Ex:** Fase preparatória.

preparo *sm* **1** preparação, preparativo, disposição, apresto. **2** competência, aptidão, capacidade. **Ex:** Ele não tem preparo suficiente para essa função.

preponderância *sf* predomínio, supremacia, primazia, predominância.

preponderante *adj m+f* predominante, dominante, principal, prevalecente.

preponderar *vti+vi* predominar, prevalecer, vencer, primar. **Ex:** Naqueles tempos, a razão preponderava sobre o coração.

prepor *vtd* **1** antepor. **A:** pospor. **2** preferir, optar por, decidir-se por. **3** nomear, designar, escolher.

prepotência *sf* **1** poder, influência, importância. **A:** insignificância. **2** tirania, opressão, despotismo.

prepotente *adj m+f* **1** poderoso, influente, importante. **A:** insignificante. **2** tirano, opressor, despótico.

prerrogativa *sf* direito, privilégio, regalia, faculdade. **A:** dever.

presa *sf* **1** captura, aprisionamento, detenção. **A:** soltura. **2** apreensão, tomada, sequestro. **3** *DE GUERRA* espólio, despojo. **4** canino, dente canino. **5** *DE AVE DE RAPINA* garra, unha, gadanho.

presbítero *sm* **1** *Ecles.* sacerdote, padre, eclesiástico. **2** *Ecles.* bispo (presbiteriano).

presciência *sf* previdência, precaução, prudência, cautela. **A:** imprevidência.

presciente *adj m+f* previdente, precavido, prudente, cauteloso. **A:** imprevidente.

prescindir *vti* **1** dispensar, renunciar a, escusar. **Ex:** Ela prescindiu de nossa cooperação. **A:** precisar de. **2** alhear-se, apartar-se, abstrair. **Ex:** Prescindia da realidade, vivendo num mundo de ilusões.

prescrever *vtd* **1** determinar, estabelecer, preceituar. **Ex:** O juiz prescreveu a pena do condenado. **2** *Med.* receitar, indicar, formular. **Ex:** O médico prescreveu um comprimido. **3** fixar, estipular, marcar. **Ex:** O chefe prescreveu o prazo para a implantação do novo sistema. *vi* **4** *Dir.* caducar, anular-se, invalidar-se. **Ex:** Nosso contrato prescreveu ano passado.

prescrição *sf* **1** preceito, determinação, ordem, disposição.

presença *sf* **1** comparecimento, vinda, aparecimento. **Ex:** O que conta é sua presença em nossa festa. **A:** ausência. **2** aparência, aspecto, apresentação. **Ex:** Boa presença. **3** porte, postura, talhe. **Ex:** Presença elegante.

presencial *adj m+f* ocular. **Ex:** Testemunha presencial.

presenciar *vtd* **1** assistir a, testemunhar, comparecer. **Ex:** Presenciamos uma cena chocante. **2** observar, analisar, examinar.

presente *sm* **1** tempo presente. **A:** passado. **2** espectador, assistente. **Ex:** Os presentes adoraram a apresentação do músico. **3** testemunha, espectador. **Ex:** Os presentes ficaram horrorizados com a cena. **4** brinde, mimo, regalo. *adj m+f* **5** atual, corrente. **A:** passado.

presentear *vtd* brindar, ofertar, mimosear, obsequiar.

presepada *sf* fanfarronice, prosa, gabolice, farofa.

preservar *vtd* **1** guardar, acondicionar. **Ex:** Preserve os sucos no refrigerador. **2** conservar, manter, guardar. **Ex:** Preservou as lembranças da viagem. **A:** perder. *vtd+vpr* **3** proteger(-se), defender(-se), resguardar(-se). **Ex:** Queria preservar os filhos dos perigos do mundo. **A:** expor(-se).

preservativo *sm* camisa-de-vênus, camisinha.

presidente *sm* chefe, dirigente, comandante, regente.

presidiário V. preso.

presídio *sm* prisão, cadeia, penitenciária, xadrez *pop.*

presidir *vtd* chefiar, dirigir, comandar, reger.

preso *sm* **1** detento, prisioneiro, detido; *EM PRESÍDIO* presidiário. *part+adj* **2** ligado, unido, junto. **A:** separado. **3** atado, amarrado, ligado. **A:** solto. **4** aprisionado, encarcerado, detido. **A:** liberto.

pressa *sf* **1** rapidez, velocidade, ligeireza. **A:** lentidão. **2** afobação, afã, azáfama. **Ex:** A pressa era tanta que saiu sem apagar as luzes. **3** urgência, emergência. **Ex:** Assunto de pressa. **4** imprudência, precipitação, irreflexão. **Ex:** Agir com pressa é muito arriscado. **A:** prudência. **5** impaciência, ansiedade, sofreguidão. **A:** paciência.

pressagiar *vtd* prever, profetizar, predizer, prognosticar. **Ex:** O mago pressagiou a vitória na batalha.

presságio *sm* **1** previsão, profecia, predição. **2** indício, sinal, indicação. **Ex:** Os soldados viram o fato como presságio da morte do imperador.

pressão *sf* **1** aperto, compressão. **A:** descompressão. **2** coação, constrangimento, imposição.

pressentimento *sm* intuição, premonição, sensação, palpite.

pressentir *vtd* **1** prever, predizer, adivinhar. **2** supor, presumir, suspeitar. **3** perceber, sentir, avistar.

pressupor *vtd* supor, presumir, calcular, pensar. **Ex:** Pressuponho que tudo dará certo.

pressuposição V. pressuposto.

pressuposto *sm* **1** suposição, hipótese, conjetura, pressuposição. *adj* **2** suposto, hipotético, fictício. **A:** real.

pressuroso *adj* **1** apressado, afoito, precipitado. **A:** tranqüilo. **2** irrequieto, inquieto,

agitado. **A:** calmo. **3** ativo, diligente, esforçado. **A:** negligente.

prestação *sf* parcela, quota, cota, pagamento. **Ex:** Pagar as prestações do carro.

prestadio V. prestativo.

prestar *vtd* **1** apresentar, mostrar, exibir. **Ex:** Prestar contas. **2** dar, fornecer, ministrar. **Ex:** Prestar informações, ajuda. **3** render, tributar, ofertar. **Ex:** Prestar culto a Deus; prestaram a última homenagem ao ídolo. *vti+vi* **4** servir. **Ex:** Esse inútil não presta para nada; isso não presta. *vpr* **5** *COISA* servir. **Ex:** Este equipamento não se presta à utilização doméstica. **6** *PESSOA* transigir, condescender, concordar com. **Ex:** Não me presto a esse tipo de serviço.

prestativo *adj* prestimoso, obsequioso, prestante, serviçal, prestadio. **Ex:** Pessoa prestativa. **A:** egoísta.

prestes *adj m+f, sing+pl* **1** disposto, pronto, preparado. **2** iminente, próximo, pendente. **3** rápido, veloz, ligeiro, presto. **A:** lento.

presteza *sf* rapidez, prontidão, desembaraço, agilidade. **Ex:** Agiu com presteza e salvou a todos.

prestidigitação *sf* ilusionismo, mágica.

prestidigitador *sm* ilusionista, mágico.

prestígio *sm* **1** encanto, atração, fascínio. **A:** repulsa. **2** importância, influência, crédito. **Ex:** O prestígio de um homem de negócios. **A:** insignificância.

prestigioso *adj* **1** encantador, atraente, fascinante. **A:** repulsivo. **2** importante, influente, poderoso. **A:** insignificante.

préstimo *sm* **1** serventia, utilidade, uso. **Ex:** Objetos sem préstimo. **A:** inutilidade. *sm pl* **2** serviço *sing*, ajuda *sing*, assistência *sing*. **Ex:** Contratou os préstimos de um grande advogado.

prestimoso V. prestativo.

préstito *sm* cortejo, séqüito, acompanhamento, procissão.

presto V. prestes.

presumido V. presunçoso.

presumir *vtd* **1** imaginar, supor, acreditar. **Ex:** Presumo que ele seja o primo de Luísa. **2** pressupor, prever, calcular. **Ex:** Presumo que logo acabaremos nossa missão.

vti+vi 3 envaidecer-se, orgulhar-se, vangloriar-se. **Ex:** Presumem de suas riquezas; ele nunca será humilde, só presume. **A:** envergonhar-se.

presunção *sf* 1 suposição, suspeita, hipótese. 2 pretensão, orgulho, vaidade, afetação. **A:** humildade.

presunçoso *adj* pretensioso, orgulhoso, vaidoso, presumido. **A:** humilde.

presunto *sm* 1 COZIDO fiambre. 2 *Gír.* cadáver, corpo, defunto.

pretejar *vi* enegrecer, negrejar, escurecer, denegrir. **A:** branquear.

pretendente *s m+f* aspirante, candidato, requerente, concorrente.

pretender *vtd* 1 planejar, tencionar, projetar. **Ex:** Pretendia sair pela manhã, mas não ouviu o despertador tocar. 2 desejar, querer, almejar. **Ex:** Se pretende fama e glória, lute por elas. 3 reclamar, reivindicar, exigir. **Ex:** Os empregados pretendem aumento de salário. 4 solicitar, pedir, requerer. **Ex:** Pretender um emprego. 5 alegar, pretextar, desculpar. **Ex:** O criminoso pretendeu insanidade temporária. 6 afirmar, sustentar, defender. **Ex:** Alguns estudiosos pretendem que os objetos encontrados sejam de origem egípcia. *vpr* 7 julgar-se, considerar-se, achar-se. **Ex:** Pretende-se um grande filósofo, mas não é.

pretendida *sf* noiva, prometida, nubente.

pretensão *sf* 1 presunção, orgulho, vaidade. **A:** modéstia. 2 aspiração, desejo, anseio. **Ex:** Quais as suas pretensões nesta empresa? 3 reivindicação, solicitação, requerimento. **Ex:** Atenderam às pretensões dos grevistas.

pretensioso *adj* 1 presunçoso, orgulhoso, vaidoso. **Ex:** Homem pretensioso. **A:** modesto. 2 falso, artificioso, forçado. **Ex:** Estilo pretensioso. **A:** simples.

pretenso *adj* suposto, imaginado, hipotético. **Ex:** O pretenso autor do crime foi preso ontem.

preterir *vtd* 1 desprezar, desconsiderar, ignorar. **Ex:** Ouviu todas as propostas, sem preterir nenhuma. **A:** considerar. 2 omitir, esquecer, postergar. **Ex:** Em sua lista, preteriu nomes essenciais para a pesquisa. 3

ultrapassar, exceder, passar de. **Ex:** Preterir os limites.

pretérito *sm* 1 *Gram.* passado. **A:** presente. *adj* 2 passado, anterior, decorrido. **Ex:** Ano pretérito. **A:** futuro.

pretextar *vtd* alegar, desculpar, pretender.

pretexto *sm* alegação, desculpa, evasiva, subterfúgio.

preto *sm* 1 INDIVÍDUO negro. **A:** branco. *sm+adj* 2 COR negro. **Ex:** Roupa preta; chegou vestido de preto. **A:** branco. *adj* 3 *Pop.* difícil, complicado, delicado. **Ex:** A situação está preta. **A:** fácil.

prevalecente *adj m+f* preponderante, predominante, dominante, principal.

prevalecer *vti+vi* 1 predominar, preponderar, primar. **Ex:** Aqui, o que prevalece é o bom senso. *vpr* 2 aproveitar-se, valer-se, abusar de. **Ex:** Prevaleceu-se da familiaridade com o chefe para conseguir a promoção.

prevalência *sf* superioridade, preponderância, predomínio, primazia.

prevaricação *sf* 1 abuso, excesso, exagero. 2 adultério, traição, infidelidade.

prevaricar *vtd+vi* 1 corromper(-se), perverter(-se), transviar(-se). **Ex:** Esses maus exemplos prevaricam as crianças. **A:** regenerar-se. *vti* 2 descumprir, falhar a, faltar a. **Ex:** Prevaricar aos deveres do cargo. *vi* 3 cometer adultério: trair, adulterar. 4 abusar, exceder-se, exagerar. **Ex:** Os ditadores prevaricam. **A:** conter-se.

prevenção *sf* 1 preparação, disposição, preparativo. 2 precaução, cuidado, cautela. **A:** descuido. 3 preconceito, prejuízo.

prevenido *part+adj* cuidadoso, cauteloso, prudente, precavido. **A:** desprevenido.

prevenir *vtd* 1 evitar, impedir, obstar. **Ex:** Aumentaram a segurança para prevenir roubos. 2 chegar antes de: preceder, anteceder, antecipar-se a. **Ex:** Nosso ônibus preveniu os demais. **A:** suceder. 3 preparar, aprontar, aprestar. *vtd+vti* 4 avisar, informar, comunicar. **Ex:** Preveni-o do perigo. *vtd+vpr* 5 precaver(-se), acautelar(-se), resguardar(-se). **A:** desprevenir(-se).

prever *vtd* 1 calcular, antecipar, antever. **Ex:** Os prisioneiros não previam o que poderia lhes acontecer. **2** profetizar, predizer, pressagiar. **Ex:** O mago previu o acidente. **3** supor, presumir, pressupor. **Ex:** Prevejo as conseqüências de seus atos.

previdência *sf* cautela, prudência, precaução, cuidado. **A:** imprevidência.

previdente *adj m+f* cauteloso, prudente, precavido, cuidadoso. **A:** imprevidente.

prévio *adj* **1** anterior, antecedente, precedente. **A:** posterior. **2** preliminar, preparativo, preparatório.

previsão *sf* **1** predição, profecia, prognóstico. **2** precaução, prevenção, cautela. **A:** descuido.

prezado *part+adj* caro, estimado, querido, amado. **A:** odiado.

prezar *vtd* **1** amar, apreciar, gostar de. **A:** odiar. **2** estimar, considerar, respeitar. **A:** desprezar. *vpr* **3** respeitar-se. **Ex:** Alguém que se preza não se rebaixaria a esse ponto. **A:** desprezar-se. **4** orgulhar-se, envaidecer-se, vangloriar-se. **Ex:** Prezo-me de ter recebido esse prêmio. **A:** envergonhar-se.

primado V. primazia.

primar *vti+vi* **1** prevalecer, predominar, preponderar. *vti* **2** destacar-se, sobressair, distinguir-se. **Ex:** Ela não prima pela inteligência. **3** esmerar-se, aprimorar-se, caprichar. **Ex:** Prima nas artes plásticas. **A:** relaxar.

primário *sm* **1** primeiro grau. **Ex:** Nossos filhos ainda estão no primário. *adj* **2** primeiro, precedente, antecedente. **A:** posterior. **3** fundamental, principal, básico. **A:** secundário. **4** rudimentar, elementar, simples. **Ex:** Suas idéias são um pouco primárias. **A:** complexo.

primavera *sf* **1** *Poét.* ano. **Ex:** Ontem fez vinte primaveras. **2** *Bot.* buganvília. **3** *Fig.* juventude, mocidade, adolescência. **A:** velhice. **4** *Fig.* início, princípio, aurora *fig.* **A:** final.

primaveral V. primaveril.

primaveril *adj m+f* primaveral. **Ex:** Época primaveril.

primazia *sf* **1** anterioridade, antecedência, precedência. **A:** subseqüência. **2** preponderância, predomínio, prevalência, primado. **3** superioridade, excelência, primado.

A: inferioridade. **4** inimizade, rivalidade, antagonismo. **A:** amizade.

primeiro *adj.* **1** primo. **A:** último. **2** anterior, precedente, antecedente. **A:** posterior. **3** básico, essencial, fundamental. **Ex:** Gênero de primeira necessidade. **A:** secundário. **4** elementar, primário, rudimentar. **A:** complexo. **5** mais importante: principal. **Ex:** A primeira bailarina. **6** primitivo, original, primordial. *adv* **7** primeiramente, antes de tudo. **Ex:** Eu saí primeiro. * De primeiro: outrora, antes, antigamente.

primitivo *adj* **1** inicial, original, primordial. **Ex:** O significado primitivo de uma palavra. **2** rude, tosco, rudimentar. **Ex:** Instrumentos primitivos. **A:** sofisticado.

primo *adj* **1** primeiro. **A:** último. **2** ótimo, excelente, superior. **A:** péssimo.

primor *sm* **1** esmero, perfeição, apuro. **A:** desleixo. **2** beleza, graça, formosura. **A:** feiúra.

primordial *adj m+f* **1** primitivo, primeiro, original. **Ex:** Os cientistas encontraram fósseis da vegetação primordial da região. **2** principal, fundamental, essencial. **Ex:** Passos primordiais para o sucesso do plano. **A:** dispensável.

primórdio *sm* princípio, origem, início, começo. **Ex:** Nos primórdios da civilização. **A:** final.

primoroso *adj* excelente, esmerado, perfeito, apurado. **Ex:** Trabalho primoroso. **A:** desleixado.

principal *sm* **1** *Ecles.* superior, prior, prelado. **2** chefe, dirigente, comandante. **3** valor aplicado: capital. **Ex:** Principal mais juros. *adj m+f* **4** mais importante: primeiro. **Ex:** O principal escritor brasileiro da atualidade. **5** essencial, fundamental, básico. **Ex:** Pontos principais. **A:** dispensável. **6** predominante, preponderante, prevalecente.

principesco *adj* opulento, luxuoso, suntuoso, faustoso. **Ex:** Festas principescas. **A:** simples.

principiante *s m+f* **1** aprendiz, novato, noviço. **A:** mestre. *adj m+f* **2** incipiente, nascente, embrionário *fig.* **A:** desenvolvido.

principiar *vtd, vti+vi* começar, iniciar(-se). **A:** terminar.

princípio *sm* **1** começo, início, abertura. **A:** término. **2** razão, causa, origem. **Ex:** A organização é o princípio da sociedade. **3** regra, lei, preceito. **Ex:** Princípios morais. **4** máxima, conceito, sentença. **Ex:** Os princípios de uma ciência. *sm pl* **5** rudimentos, noções, fundamentos.

prior *sm Ecles.* prelado, superior, abade.

prioresa *sf Ecles.* madre superiora, superiora, prelada, abadessa.

prioridade *sf* **1** anterioridade, antecedência, precedência. **A:** subseqüência. **2** preferência, prevalência, primazia. **Ex:** Os idosos têm prioridade nesta repartição.

prisão *sf* **1** captura, detenção, aprisionamento. **A:** libertação. **2** cadeia, cárcere, xadrez *pop.* **3** laço, ligação, vínculo (físico ou moral). **4** grilhão *fig*, dominação, cativeiro *fig.* **Ex:** A prisão do receio impedia-nos de arriscar. * Prisão de ventre *Med.*: constipação intestinal.

prisioneiro *sm+adj* preso, cativo.

prisma *sm Fig.* ponto de vista, perspectiva, ângulo, conceito.

privação *sf* **1** carência, falta, escassez. **A:** abundância. **2** perda, supressão, ausência. **Ex:** A privação da fala foi decorrente do grande choque emocional. **3** abstenção, abstinência, continência.

privada *sf* latrina, cloaca, sentina.

privado *part+adj* **1** particular, privativo, íntimo. **A:** público. **2** confidencial, sigiloso, reservado. **A:** público. **3** desprovido, carente, destituído. **A:** farto.

privar *vtd+vti* **1** despojar, desempossar, destituir. **Ex:** Privar alguém de seus direitos. **A:** empossar. *vti* **2** conviver com, tratar com, freqüentar. **Ex:** Ela priva com gente poderosa. *vpr* **3** abster-se de, renunciar a, abandonar. **Ex:** Privar-se de algumas boas coisas da vida.

privativo *adj* exclusivo, reservado, restrito, especial. **Ex:** Este carro é de uso privativo da empresa.

privilegiado *part+adj* **1** único, singular, excepcional. **Ex:** País privilegiado. **2** superior, elevado, excelente. **Ex:** Tem uma inteligência privilegiada. **A:** comum (nas duas acepções).

privilégio *sm* direito, prerrogativa, faculdade. **A:** dever. **2** regalia, distinção, vantagem. **3** permissão, autorização, licença.

pró *sm* **1** vantagem, proveito, benefício. **A:** desvantagem. *adv* **2** a favor. **A:** contra.

proa *sf* **1** *Náut.* parte dianteira do navio. **A:** popa. **2** *Por ext. DE QUALQUER OBJETO* frente, dianteira. **A:** traseira. **3** *Fig.* orgulho, presunção, arrogância. **A:** humildade.

probabilidade *sf* possibilidade, perspectiva, verossimilhança, expectativa. **Ex:** A probabilidade de ganharmos é muito grande. **A:** improbabilidade.

probidade *sf* honestidade, integridade, honradez, correção. **A:** improbidade.

problema *sm* **1** *Mat.* questão. **2** dificuldade, pepino *fig*, abacaxi *gír.* **3** mistério, enigma, segredo.

problemático *adj* **1** difícil, delicado, embaraçoso. **Ex:** Situação problemática. **A:** fácil. **2** incerto, duvidoso, improvável. **A:** provável.

probo *adj* honesto, íntegro, honrado, correto. **A:** ímprobo.

procedência *sf* **1** proveniência, origem. **Ex:** Artigos de procedência estrangeira. **2** lógica, razão, fundamento. **A:** improcedência.

procedente *adj m+f* **1** proveniente, originário, oriundo. **2** lógico, racional, fundado. **A:** improcedente.

proceder *sm* **1** V. procedimento. *vti* **2** derivar, originar-se, vir de. **Ex:** A prática procede do treino. **3** descender, nascer, provir de. **Ex:** Ela procede de uma importante família. **4** fazer, executar, realizar. **Ex:** Os técnicos procederam à análise do material. *vi* **5** comportar-se, agir, portar-se. **Ex:** Procedeu muito bem durante o julgamento. **6** agir, atuar, obrar. **Ex:** Procedia pensando em todas as alternativas. **7** prosseguir, continuar, avançar. **Ex:** A operação procede. **A:** parar.

procedimento *sm* **1** comportamento, conduta, porte, proceder. **Ex:** Condenaram seu procedimento desleal. **2** processo, método, sistema. **Ex:** Este é o procedimento para se chegar aos valores corretos.

procela *sf* **1** tempestade, tormenta, temporal (no mar). **A:** calmaria. **2** *Fig.* tumulto, agitação, rebuliço. **A:** ordem.

proceloso *adj MAR* tempestuoso, tormentoso, agitado, borrascoso. **A:** calmo.

processar *vtd* **1** *Dir.* autuar. **2** *DOCUMENTOS* verificar, conferir, aferir.

processo *sm* **1** método, sistema, técnica. **Ex:** O processo para a obtenção dessa substância é muito simples. **2** curso, passagem, decurso. **Ex:** O processo do tempo. **3** *Dir.* ação, demanda, litígio. **Ex:** Responder a um processo por difamação. **4** *Dir.* autos *pl.* **Ex:** Anexar um documento ao processo.

procissão *sf* cortejo, séquito, acompanhamento, comitiva.

proclamas *sm pl* banhos, pregões (de casamento). **Obs.:** Também usado no *sing.*

proclamar *vtd* **1** anunciar, divulgar, publicar. **Ex:** Proclamar um acontecimento. **2** *LEIS* promulgar, decretar, publicar. **3** eleger, nomear, aclamar. **Ex:** Proclamaram-no imperador. *vpr* **4** arvorar-se em, eleger-se. **Ex:** Proclamou-se comandante.

procrastinar *vtd* adiar, atrasar, protelar, prorrogar. **A:** antecipar.

procriação *sf* geração, concepção.

procriar *vtd* **1** gerar, conceber. **Ex:** A gata procriou três filhotes. *vi* **2** reproduzir-se, multiplicar-se. **Ex:** Os animais procriam.

procura *sf* **1** busca, caça, cata. **2** investigação, pesquisa, indagação. **Ex:** A procura de uma vacina. **3** *Econ.* demanda. **Ex:** Artigos de grande procura ficaram mais caros. **A:** oferta.

procuração *sf* mandato, representação, delegação.

procurador *sm* representante, mandatário, delegado, deputado.

procurar *vtd* **1** buscar, caçar, catar. **2** tentar, intentar, buscar. **Ex:** Procure não faltar mais. **3** pedir, solicitar, requerer. **Ex:** Procurar emprego. **4** esforçar-se, empenhar-se, lutar para. **Ex:** Nossa organização procura o bem-estar social. **5** investigar, pesquisar, indagar. **Ex:** Os médicos procuram as causas da doença.

prodigalidade *sf* **1** desperdício, esbanjamento, dissipação. **A:** economia. **2** generosidade, liberalidade, magnanimidade. **A:** mesquinhez. **3** abundância, fartura, profusão. **A:** escassez.

prodigalizar *vtd* **1** desperdiçar, esbanjar, dissipar, prodigar. **Ex:** Prodigalizou sua fortuna com mulheres. **A:** economizar. **2** dar com generosidade: larguear, despender, liberalizar, prodigar. **Ex:** Prodigalizava favores. **A:** economizar. **3** arriscar, expor, aventurar, prodigar. **Ex:** Prodigalizar a vida.

prodigar V. prodigalizar.

prodígio *sm* **1** *COISA* fenômeno, milagre, maravilha. **2** *PESSOA* gênio, portento.

prodigioso *adj* **1** miraculoso, milagroso, maravilhoso. **2** extraordinário, surpreendente, espantoso. **A:** banal.

pródigo *adj* **1** gastador, esbanjador, perdulário. **A:** econômico. **2** generoso, liberal, magnânimo. **A:** mesquinhez.

produção *sf* **1** fabricação, manufatura, montagem. **2** criação, formação, geração. **3** *Lit.* e *Bel.-art.* obra, trabalho. **4** apresentação, exibição, mostra. **Ex:** A produção de testemunhas.

producente *adj m+f* lógico, procedente, fundado, coerente. **Ex:** Provas producentes. **A:** improcedente.

produtividade *sf* fertilidade, fecundidade, uberdade, feracidade. **A:** improdutividade.

produtivo *adj* **1** fértil, fecundo, rico. **Ex:** Terras produtivas. **2** proveitoso, útil, frutífero. **Ex:** Esforços produtivos. **A:** improdutivo (nas duas acepções).

produto *sm* **1** artefato, artigo, peça. **2** resultado, conseqüência, efeito. **A:** causa. **3** *Com.* renda, lucro, rendimento. **A:** prejuízo.

produtor *sm* **1** formador, gerador. **2** autor, criador, inventor.

produzir *vtd* **1** *FRUTOS, RESULTADOS* frutificar, dar, gerar. **2** fabricar, manufaturar, montar. **Ex:** Nossa empresa produz componentes eletrônicos. **3** causar, originar, ocasionar. **Ex:** A falta de higiene produz enfermidades. **4** criar, formar, gerar. **Ex:** Esta escola produz grandes gênios. **5** compor, redigir, escrever. **Ex:** Produziu contos e uma peça de teatro. **6** render. **Ex:** A loja produz muito lucro. **7** mostrar, apresentar, exibir. **Ex:** Produzir provas. **A:** ocultar. *vpr* **8** acontecer, realizar-se, ocorrer. **Ex:** Produziram-se fatos assombrosos.

proeminência *sf* **1** relevo, saliência, protuberância. **2** *DO TERRENO* elevação, colina, morro. **3** superioridade, excelência, elevação. **A:** inferioridade.

proeminente *adj m+f* **1** alto, elevado, erguido. **Ex:** Local proeminente. **A:** baixo. **2** saliente, saltado, protuberante. **Ex:** Tem os ossos do rosto proeminentes. **3** superior, excelente, sublime. **A:** inferior.

proeza *sf* façanha, feito, aventura, lance.

profanar *vtd* **1** *ALGO SAGRADO* violar; *QUALQUER COISA* desonrar, manchar, macular. **Ex:** Profanar um templo; profanar o bom nome de alguém. **2** ofender, insultar, ultrajar.

profano *adj* **1** não sagrado. **Ex:** Música profana. **A:** sacro. **2** mundano, terreno, material. **A:** espiritual. **3** herético, ímpio, descrente. **A:** pio.

profecia *sf* **1** previsão, predição, oráculo, prognóstico. **2** *Fig.* hipótese, suposição, pressuposto.

proferir *vtd* **1** pronunciar, dizer, falar. **Ex:** Proferia as palavras erradamente. **2** decretar, determinar, deliberar. **Ex:** O juiz proferiu a sentença.

professar *vtd* **1** adotar, seguir, abraçar. **Ex:** Professar uma religião, uma doutrina. **A:** renegar. **2** *PROFISSÃO* praticar, exercer, desempenhar. **Ex:** Professar a medicina.

professor *sm* mestre, educador, instrutor, preceptor. **A:** aluno. * Professor titular: catedrático.

professorado *sm* **1** cargo ou funções de professor: magistério, docência, ensino. **2** corpo docente, magistério, professores *pl.*

professorar *vtd* **1** ensinar, lecionar. **Ex:** Ela professora inglês. *vi* **2** lecionar. **Ex:** Em que escola sua mãe professora?

profeta *sm* adivinho, vidente, vate, agoureiro.

profético *adj* fatídico.

profetisa *sf* adivinha, pitonisa, sibila.

profetizar *vtd* predizer, prever, pressagiar, adivinhar. **Ex:** A cartomante profetizou que ela se casaria em breve.

proficiência *sf* **1** competência, capacidade, habilidade. **A:** incompetência. **2** vantagem, lucro, proveito. **A:** desvantagem.

proficiente *adj m+f* **1** competente, capaz, hábil. **A:** incompetente. **2** vantajoso, lucrativo, proveitoso, profícuo. **A:** desvantajoso.

profícuo V. proficiente.

profissão *sf* ocupação, trabalho, ofício, emprego.

profundeza V. profundidade.

profundidade *sf* **1** fundura, profundeza, fundo, profundo. **Ex:** A profundidade do mar. **2** *Fig.* íntimo, interior, profundeza. **Ex:** A profundidade do espírito.

profundo *sm* **1** V. profundidade. **2** *Fig.* mar, oceano, águas *pl.* **3** *Fig.* inferno, abismo, trevas *pl.* **A:** céu. *adj* **4** *MAR, LAGO* fundo, alto. **A:** raso. **5** fundo, cavado, encovado. **Ex:** Estrias profundas. **6** importante, significativo, considerável. **Ex:** Profundas mudanças. **A:** superficial. **7** *COLORIDO* intenso, forte, carregado. **Ex:** Azul profundo. **8** intenso, forte, violento. **Ex:** Dor profunda. **A:** brando. **9** incompreensível, imperscrutável, insondável. **Ex:** Enigma profundo. **A:** compreensível.

profusão *sf* **1** fartura, abundância, abastança. **A:** escassez. **2** desperdício, esbanjamento, dissipação. **A:** economia.

profuso *adj* **1** farto, abundante, copioso. **A:** escasso. **2** gastador, esbanjador, perdulário. **A:** econômico. **3** prolixo, redundante, difuso. **A:** conciso.

progênie *sf* **1** origem, procedência, proveniência. **2** descendência, prole, geração. **A:** ascendência.

progenitor *sm* **1** ascendente, antepassado, ancestral. **A:** descendente. **2** pai, genitor. **A:** filho.

prognosticar *vtd* **1** prever, predizer, agourar. **2** supor, conjeturar, presumir.

prognóstico *sm* **1** previsão, predição, agouro. **2** suposição, conjetura, presunção.

programa *sm* **1** plano, projeto, esquema. **2** *Polít.* plataforma. **Ex:** O programa dos candidatos a prefeito. **3** *DE TELEVISÃO* espetáculo, apresentação, *show*. **4** *Pop.* passeio, distração, diversão. **Ex:** Agradeço o convite, mas já tenho programa para hoje.

programar *vtd* planejar, idealizar, imaginar, projetar.

progredir *vi* **1** avançar, prosseguir, adiantar-se. **Ex:** A caravana progredia. **A:** retroceder. **2** desenvolver-se, prosperar, evoluir. **Ex:** A sociedade progride a todo vapor. **A:** regredir.

progressão *sf* **1** sucessão, seqüência, série, encadeamento. **Ex:** A progressão das etapas de um processo. **2** V. progresso.

progressista *adj m+f* desenvolvido, adiantado, civilizado, próspero. **A:** atrasado.

progressivo *adj* gradual, gradativo.

progresso *sm* **1** avanço, prosseguimento, adiantamento. **Ex:** O progresso do cortejo. **A:** retrocesso. **2** curso, seguimento, marcha, progressão. **Ex:** O progresso dos acontecimentos. **3** desenvolvimento, evolução, avanço. **Ex:** O progresso da ciência. **A:** atraso.

proibir *vtd* impedir, interditar, desautorizar, coibir, vedar. **A:** permitir.

projeção *sf* **1** arremesso, lançamento, lanço. **2** saliência, relevo, protuberância. **3** *Fig.* importância, prestígio, crédito. **Ex:** Com seu trabalho, alcançou projeção internacional. **A:** insignificância.

projetar *vtd* **1** planejar, idealizar, imaginar. *vtd+vpr* **2** atirar(-se), jogar(-se), lançar (-se), arremessar(-se). *vpr* **3** prolongar-se, estender-se, estirar-se. **Ex:** As sombras projetavam-se na parede.

projetil V. projétil.

projétil *sm* bala, *projetil*.

projeto *sm* **1** plano, programa, esquema. **2** intento, intenção, propósito.

prol *sm* lucro, proveito, vantagem, interesse. * Em prol de: em favor de.

prolação *sf* **1** pronúncia, pronunciação, articulação. **2** adiamento, atraso, demora. **A:** adiantamento.

prole *sf* descendência, geração, filhos *pl*, progênie. **A:** ascendência.

proletário *sm* operário, trabalhador, obreiro, empregado.

proliferar *vi* **1** procriar, reproduzir-se, multiplicar-se. **2** propagar-se, multiplicar-se, generalizar-se. **Ex:** Aqui proliferam os maus hábitos.

prolífero V. prolífico.

prolífico *adj* fértil, fecundo, produtivo, prolífero. **Ex:** Roedores são animais prolíficos. **A:** estéril.

prolixidade *sf* redundância, difusão. **A:** concisão.

prolixo *adj* **1** longo, prolongado, duradouro. **A:** breve. **2** tedioso, aborrecido, enfadonho. **A:** divertido. **3** *INDIVÍDUO* falador, tagarela, loquaz. **A:** lacônico. **4** longo, redundante, difuso. **Ex:** Texto prolixo. **A:** conciso. **5** excessivo, exagerado, superabundante. **A:** moderado.

prólogo *sm* *Lit.* introdução, prefácio, preâmbulo, prelúdio. **A:** epílogo.

prolongar *vtd* **1** alongar, encompridar, estirar. **Ex:** Prolongar distâncias. **A:** encurtar. **2** adiar, protelar, prorrogar. **A:** antecipar. *vtd+vpr* **3** *NO TEMPO* prorrogar(-se), alongar(-se), dilatar(-se). **Ex:** Prolongaram o prazo. **A:** reduzir(-se). *vpr* **4** durar, continuar, estender-se. **Ex:** A conversa prolongou-se por mais uma hora. **A:** cessar.

promessa *sf* **1** voto, juramento. **2** compromisso, obrigação. **Ex:** Ela saiu, mas com a promessa de voltar antes da meia-noite.

prometedor V. promissor.

prometer *vtd* **1** comprometer-se, obrigar-se a, ficar de. **Ex:** Prometeu telefonar assim que chegasse. **2** prenunciar, anunciar, preanunciar. **Ex:** A previsão do tempo promete queda de temperatura. *vi* **3** ser promissor. **Ex:** Esse menino promete!

prometida *sf* noiva, nubente, esposa.

promiscuidade *sf* confusão, desordem, mistura, bagunça *gír.* **A:** ordem.

promíscuo *adj* confuso, indistinto, misturado, bagunçado *gír.* **A:** ordenado.

promissor *adj* **1** que promete: prometedor, promitente. **2** próspero, esperançoso, auspicioso. **Ex:** Futuro promissor. **A:** agourento.

promitente V. promissor.

promoção *sf* **1** incentivo, incremento, fomento. **Ex:** Com essa medida, o governo quer a promoção das atividades industriais. **2** *A UM CARGO* ascensão, elevação.

promover *vtd* **1** incentivar, incrementar, fomentar. **2** provocar, causar, originar. **Ex:** Promover inimizade. **3** elevar. **Ex:** O chefe promoveu-o. **4** *Dir.* solicitar, requerer, propor.

promulgar *vtd* **1** *LEIS* decretar, proclamar, publicar. **2** publicar, divulgar, difundir.

pronominal *adj m+f Gram.* reflexivo.

prontidão *sf* **1** presteza, rapidez, desembaraço, agilidade. **2** *Pop.* dureza, lisura *gír*, pindaíba *pop*.

prontificar *vtd* **1** aprontar, preparar, dispor. *vpr* **2** oferecer-se, apresentar-se, prestar-se. **Ex:** Prontificou-se a ajudá-la.

pronto *adj* **1** acabado, concluído, terminado. **Ex:** O serviço está pronto. **A:** inacabado. **2** disposto, preparado, capaz. **Ex:** Pronto para o que der e vier. **3** imediato, instantâneo, rápido. **Ex:** Pronto resultado. **4** ativo, desembaraçado, esperto. **A:** lento. **5** *Pop.* duro, quebrado, liso. *adv* **6** V. de pronto. * De pronto: pronto, prontamente, com prontidão. **Ex:** Respondeu de pronto.

prontuário *sm* **1** manual, vade-mécum. **2** ficha, registro. **Ex:** Prontuário médico.

pronúncia *sf* pronunciação, articulação, dicção, prolação.

pronunciação V. pronúncia.

pronunciado *part+adj* claro, acentuado, distinto, destacado. **Ex:** Ela tem um sotaque carioca bem pronunciado.

pronunciamento *sm* **1** declaração, manifestação, exposição. **Ex:** Fez um pronunciamento aos companheiros. **2** rebelião, revolta, insurreição.

pronunciar *vtd* **1** proferir, dizer, articular *fon*. **Ex:** Pronuncia as palavras corretamente. **2** decretar, determinar, deliberar. **Ex:** O júri pronunciou a sentença. **3** ler, dizer, proferir. **Ex:** Pronunciar um discurso. **4** acentuar, salientar, ressaltar. **Ex:** Essa roupa pronuncia as formas de seu corpo. *vpr* **5** exprimir-se, expressar-se, falar. **Ex:** Manifestar-se sobre um assunto. **6** revoltar-se, insurgir-se, rebelar-se. **A:** pacificar-se.

propaganda *sf* **1** *ARTE* publicidade. **2** anúncio, publicidade, reclamo. **Ex:** Vimos pela TV uma propaganda muito interessante.

propagar *vtd+vpr* **1** espalhar(-se), alastrar(-se), difundir(-se). **Ex:** A epidemia propagou-se. **2** popularizar(-se), vulgarizar(-se), generalizar(-se). **Ex:** Propagar notícias.

propalar *vtd* divulgar, difundir, apregoar, espalhar. **Ex:** O filósofo propalava suas idéias.

proparoxítono (cs) *adj Gram.* esdrúxulo *desus*.

propelir *vtd* impelir, empurrar, compelir, arremessar. **A:** puxar.

propender *vti* **1** inclinar-se. **Ex:** Propender para o lado. **2** tender, inclinar-se, pender. **Ex:** Propende para as artes.

propensão *sf* **1** inclinação. **2** tendência, vocação, inclinação. **Ex:** Propensão para a música.

propenso *adj* **1** inclinado, pendente, oblíquo. **A:** reto. **2** favorável, propício, benéfico. **A:** desfavorável.

propiciar *vtd* **1** permitir, possibilitar. **Ex:** A falta de preparo do adversário propiciou a nossa vitória. *vtd+vti* **2** proporcionar, conceder, facultar. **Ex:** A vida propiciou grandes alegrias.

propício *adj* **1** favorável, próspero, benéfico. **Ex:** Previsão propícia. **A:** desfavorável. **2** adequado, apropriado, oportuno. **A:** inadequado.

propina *sf* gratificação, gorjeta, molhadela *pop*.

propor *vtd* **1** apresentar, submeter (à apreciação). **Ex:** Propor um plano. **2** sugerir, lembrar. **Ex:** Propôs que mudássemos de atitude. *vpr* **3** oferecer-se, apresentar-se, prestar-se. **Ex:** Propôs-se a nos auxiliar. **4** pretender, intentar, tencionar. **Ex:** Propôs-se contar o que acontecera.

proporção *sf* **1** comparação, cotejo, confronto. **2** dimensão, extensão, tamanho. **3** harmonia, elegância, simetria. **A:** desproporção. *sf pl* **4** dimensão, extensão, tamanho. **5** importância, peso, gravidade.

proporcionado V. proporcional.

proporcional *adj m+f* proporcionado, simétrico, igual, regular, harmonioso. **A:** desproporcional.

proporcionar *vtd+vti* 1 possibilitar, propiciar, facultar. **Ex:** Na fazenda, proporcionaram-nos horas agradáveis. *vtd+vpr* 2 adequar(-se), adaptar(-se), ajustar(-se). **A:** desajustar(-se).

proposição *sf* 1 V. proposta. 2 *Gram.* oração, sentença. 3 máxima, sentença, conceito. 4 tese. 5 *Lóg.* expressão que pode ser verdadeira ou falsa: enunciação.

propositado V. proposital.

proposital *adj m+f* intencional, voluntário, premeditado, propositado. **A:** involuntário.

propósito *sm* 1 intento, intenção, plano. 2 juízo, prudência, bom senso. **A:** imprudência. 3 decisão, resolução, deliberação.* De propósito: por querer, de caso pensado.

proposta *sf* 1 proposição, sugestão. **Ex:** Aceitara sua proposta de negociação. 2 *Polít.* moção. **Ex:** As propostas dos deputados.

propriedade *sf* 1 característica, particularidade, peculiaridade. 2 virtude, faculdade. **Ex:** Propriedades medicinais. 3 fazenda, herdade.

proprietário *sm* 1 dono, senhor, patrão. 2 *DE PRÉDIO ALUGADO* senhorio, locador, arrendador. **A:** inquilino.

próprio *adj* 1 peculiar, característico, particular. **Ex:** Essas palavras são próprias da linguagem infantil. 2 apropriado, adequado, conveniente. **A:** impróprio. 3 *NO TEMPO* oportuno. **A:** impróprio. 4 exato, preciso, determinado. **A:** impróprio. 5 mesmo. **Ex:** Ela própria fez isso. 6 textual, exato, fiel. **Ex:** Falou-nos sobre o livro usando as próprias palavras do autor.

propugnar *vtd* 1 defender, advogar. **Ex:** Propugnar a sua fé. *vti* 2 lutar, combater, batalhar.

propulsar *vtd* 1 rechaçar, repelir, repulsar. 2 *Fig.* estimular, impulsionar, incitar. **A:** desestimular.

prorrogar *vtd* 1 adiar, protelar, diferir. **Ex:** Prorrogar uma decisão. **A:** antecipar. *vtd+vpr* 2 alongar(-se), prolongar(-se),

aumentar. **Ex:** Prorrogar o prazo. **A:** reduzir(-se).

prorromper *vti* 1 irromper, brotar, romper. **Ex:** Prorromper em lágrimas. *vi* 2 irromper, estourar, começar (repentinamente). **Ex:** Prorrompeu um tumulto nas ruas.

prosa *sf* 1 *Lit.* modo natural de escrever ou falar. **Ex:** Escrevia em prosa. **A:** verso. 2 conversa, papo *pop*, diálogo. **Ex:** Teve uns minutos de prosa com a vizinha e voltou para casa. 3 *Pop.* lábia, astúcia, manha. **A:** ingenuidade. 4 vaidade, pretensão, orgulho, prosápia. 5 fanfarronada, bravata, gabolice, prosápia. *sm+adj* 6 fanfarrão, gabola, ferrabrás.

prosaico *adj* 1 trivial, comum, banal. **Ex:** Assunto prosaico. **A:** incomum. 2 vulgar, rasteiro, baixo. **A:** elevado.

prosápia V. prosa.

prosar V. prosear.

proscrever *vtd* 1 exilar, banir, desterrar. **Ex:** A justiça proscreveu o terrorista. **A:** repatriar. 2 expulsar, excluir, cortar. **Ex:** Proscreveram-no do grupo. **A:** admitir. 3 abolir, extinguir, revogar. **Ex:** O ditador proscreveu as liberdades pessoais. 4 condenar, reprovar, desaprovar. **Ex:** Proscrever um costume. **A:** aprovar.

proscrição *sf* 1 exílio, banimento, desterro. **A:** repatriação. 2 expulsão, eliminação, corte. **A:** admissão. 3 abolição, extinção, revogação. 4 condenação, reprovação, desaprovação. **A:** aprovação.

prosear *vti+vi* 1 conversar, papear *pop*, falar, prosar. **Ex:** Prosear com alguém; só proseia, não trabalha. *vi* 2 gabar-se, vangloriar-se, fanfarronar.

proselitismo *sm* partidarismo, sectarismo.

prosélito *sm* adepto, seguidor, partidário, sectário. **A:** adversário.

prosopopéia *sf* 1 *Ret.* personificação. 2 *Fig.* falatório, palavreado, discurso *fam*.

prospecto *sm* 1 aspecto, vista, perspectiva, *prospecto*. 2 projeto, plano, programa, *prospecto*. 3 bula de remédio, *prospecto*.

prosperar *vtd* 1 melhorar. **Ex:** A atenção prospera o seu desempenho. **A:** piorar. *vi* 2 progredir, desenvolver-se, crescer. **Ex:** Nossa família prosperou. **A:** regredir.

prosperidade *sf* **1** fortuna, felicidade, ventura. **A:** desventura. **2** progresso, desenvolvimento, crescimento. **A:** retrocesso.

próspero *adj* **1** afortunado, feliz, venturoso. **A:** desventurado. **2** adiantado, desenvolvido, civilizado. **Ex:** Países prósperos. **A:** atrasado. **3** favorável, propício, benéfico. **A:** desfavorável.

prospero V. prospecto.

prosseguir *vtd+vti* **1** continuar, perseverar, persistir em. **Ex:** Ela prosseguiu o serviço; prosseguíamos na análise dos dados. *vi* **2** continuar, avançar, progredir. **Ex:** O plano prossegue. **A:** parar (nas duas acepções).

prosternar V. prostrar.

prostíbulo *sm* bordel, lupanar, puteiro *vulg*, harém *fig*.

prostituição *sf* meretrício.

prostituir *vtd+vpr* **1** degenerar(-se), perverter(-se), depravar(-se). **A:** regenerar(-se). **2** desonrar(-se), degradar(-se), infamar(-se). **A:** honrar(-se). *vpr* **3** vender-se.

prostituta *sf* meretriz, rameira, vaca *fig*, puta *vulg*.

prostração *sf* fraqueza, debilidade, abatimento, enfraquecimento. **A:** força.

prostrar *vtd* **1** derrubar, derribar, abater, prosternar. **Ex:** Na luta, prostrou o inimigo. **2** subjugar, submeter, dominar, prosternar. *vtd+vpr* **3** enfraquecer(-se), debilitar(-se), abater(-se). **A:** fortalecer(-se). *vpr* **4** curvar-se, abaixar-se, prosternar-se. **A:** levantar-se. **5** humilhar-se, rebaixar-se, degradar-se. **A:** engrandecer-se.

protagonista *s m+f* personagem principal; *SÓ PARA HOMEM* herói; *SÓ PARA MULHER* heroína.

proteção *sf* **1** defesa, salvaguarda. **A:** ataque. **2** ajuda, auxílio, socorro. **3** abrigo, resguardo, agasalho. **A:** desabrigo. **4** patrocínio, favor, amparo. **Ex:** Estava sob a proteção do rei.

proteger **1** defender, salvaguardar. **A:** atacar. **2** ajudar, auxiliar, socorrer. **3** abrigar, resguardar, cobrir. **A:** expor. **4** apoiar, recomendar, patrocinar. **A:** combater. **5** apadrinhar, favorecer, amparar.

protegido *sm* afilhado, favorito, predileto, preferido.

protelar *vtd* adiar, atrasar, prorrogar, prolongar. **A:** antecipar.

protestante *s e adj m+f* luterano, crente *pej*.

protestantismo *sm* **1** *Rel.* luteranismo. **2** *Rel.* protestantes *pl*. **Ex:** O protestantismo manifestou-se contra a nova lei.

protestar *vtd* **1** afirmar, assegurar, jurar. *vti+vi* **2** reclamar, queixar-se.

protesto *sm* reclamação, queixa.

protetor *sm+adj* **1** defensor, defendente. **A:** atacante. *sm* **2** patrono, campeão, padrinho *fig*.

protocolo *sm* etiqueta, formalidade, cerimônia, cerimonial.

protótipo *sm* modelo, padrão, exemplo, ideal. **Ex:** Ela é o protótipo da mulher moderna.

protuberância *sf* saliência, proeminência, relevo, projeção.

protuberante *adj m+f* saliente, proeminente, saltado, ressaltado.

prova *sf* **1** sinal, indício, testemunho. **2** confirmação, testemunho, fé. **3** ensaio, experiência, tentativa. **4** concurso, competição, certame. **5** V. provação.

provação *sf* prova, aperto, risco, perigo.

provar *vtd* **1** demonstrar, comprovar, confirmar. **2** experimentar, ensaiar. **3** sofrer, padecer, passar.

provável *adj m+f* **1** possível, praticável, realizável. **2** acreditável, admissível, verossímil. **A:** improvável (nas duas acepções).

provecto *adj* **1** experiente, exímio, abalizado. **A:** inexperiente. **2** velho, idoso, ancião. **A:** jovem.

proveito *sm* **1** lucro, ganho, rendimento. **A:** prejuízo. **2** vantagem, benefício, interesse. **A:** desvantagem.

proveitoso *adj* **1** lucrativo, rendoso, rentável. **A:** prejudicial. **2** vantajoso, benéfico, favorável. **A:** desvantajoso.

proveniência *sf* procedência, origem, fonte.

proveniente *adj m+f* procedente, resultante, oriundo, originário. **A:** improcedente.

provento *sm* **1** rendimento, lucro, renda. **A:** prejuízo. *sm pl* **2** honorários, vencimentos, pagamento *sing*. **Ex:** Os proventos de um profissional liberal.

prover *vtd* **1** arrumar, ordenar, dispor, providenciar. **A:** desarrumar. **2** dotar, favorecer, prendar. **Ex:** A Natureza o proveu de grandes talentos. **3** abastecer, munir, sortir. **A:** desprover. *vti* **4** acudir, socorrer, auxiliar. **Ex:** Prover às necessidades de alguém. *vpr* **5** abastecer-se, munir-se, sortir-se.

proverbial *adj* **1** conhecido, famoso, notório, sabido. **A:** desconhecido.

provérbio *sm* ditado, adágio, dito, refrão.

providência *sf* **1** previdência, cautela, cuidado. **2** acontecimento, fato, caso (feliz).

providencial *adj m+f* oportuno, feliz, adequado, apropriado.

providenciar V. prover.

provido *part+adj* cheio, munido, dotado. **Ex:** Provido de sorte. **A:** desprovido.

provimento V. provisão.

provinciano *adj* **1** *Fig.* atrasado, antiquado, retrógrado. **Ex:** Hábitos provincianos. **A:** moderno. **2** *Fig.* ingênuo, simples, simplório. **A:** esperto.

provindo *adj* procedente, proveniente, originário, oriundo.

provir *vti* **1** vir, derivar, proceder de. **Ex:** Sua força provém da fé. **2** descender, nascer, proceder de. **Ex:** Provém de uma família tradicional. **3** resultar, advir. **Ex:** Seu sucesso provém do esforço.

provisão *sf* **1** provimento, abastecimento, fornecimento, aprovisionamento. **A:** desprovimento. **2** abundância, fartura, profusão. **A:** escassez. *sf pl* **3** mantimentos, víveres, alimentos; *PARA VIAGEM* farnel *sing*, merenda *sing*.

provisório *adj* passageiro, temporário, transitório, interino. **A:** permanente.

provocação *sf* **1** desafio, instigação, repto. **2** estímulo, incentivo, fomentação. **A:** desestímulo.

provocar *vtd* **1** causar, ocasionar, motivar. **Ex:** O descontentamento popular provocou a renúncia do ministro. **A:** impedir. **2** atrair, chamar, suscitar. **Ex:** Seu descaso provocou a raiva dos outros. **3** desafiar, instigar, incitar. **Ex:** Provocar os inimigos. **4** estimular, incentivar, fomentar. **Ex:** Provocar uma revolta. **A:** desestimular.

proxeneta (cs ... ê) *s m+f HOMEM* alcoviteiro, cafetão, rufião; *MULHER* alcoviteira, cafetina, caftina.

proximidade *sf* **1** vizinhança. **A:** afastamento. **2** iminência. **Ex:** A proximidade das eleições. *sf pl* **3** imediações, arredores, vizinhança *sing*.

próximo *sm* **1** semelhante. **Ex:** Respeitar o próximo. *adj* **2** vizinho, adjacente, chegado. **A:** distante. **3** seguinte, subseqüente, posterior. **Ex:** No próximo mês. **A:** anterior. *adv* **4** perto, junto. **Ex:** Ele mora aqui próximo. **A:** longe.

prudência *sf* **1** sensatez, juízo, ponderação. **A:** imprudência. **2** cautela, precaução, cuidado. **A:** imprudência. **3** moderação, comedimento, sobriedade. **A:** imoderação.

prudente *adj m+f* **1** sensato, ajuizado, ponderado. **A:** imprudente. **2** cauteloso, precavido, cuidadoso. **A:** imprudente. **3** moderado, comedido, sóbrio. **A:** imoderado.

pruir V. prurir.

prumo *sm* **1** escora, esteio, espeque. **2** sensatez, juízo, discernimento. **A:** insensatez. **3** elegância, alinho, aprumo. **A:** relaxo. * A prumo: verticalmente, perpendicularmente; a pino.

prurido *sm* **1** coceira, comichão, já-começa *fam.* **2** *Fig.* desejo, tentação, vontade. **3** *Fig.* impaciência, ansiedade, sofreguidão. **A:** paciência.

prurir *vtd+vi* picar, pinicar, comichar, pruir.

psicopata *s e adj m+f* doente mental, demente, louco.

psicopatia V. psicose.

psicose *sf Med.* psicopatia, doença mental.

psique *sf* alma, espírito, mente.

psiquiatra *s m+f Med.* alienista, psiquiatro.

psiquiatro V. psiquiatra.

psíquico *adj* anímico.

pua *sf* **1** bico, ponta, extremidade (aguçada). **2** verruma, broca. **3** *Zool.* ferrão, aguilhão, acúleo. **4** *Pop.* embriaguez, bebedeira, pileque. **A:** sobriedade.

pubiano *adj* púbico. **Ex:** Pêlos pubianos.

púbico V. pubiano.

publicação *sf* **1** divulgação, difusão, vulgarização. **2** livro. **3** folheto, brochura, opúsculo.

publicar *vtd* **1** divulgar, difundir, vulgarizar. **Ex:** Publicar idéias entre os jovens. **2** editar, imprimir, editorar. **Ex:** Publicar um jornal, um livro.

publicidade *sf* **1** *ARTE* propaganda. **2** anúncio, propaganda, reclame. **Ex:** Uma publicidade de sabonete.

público *sm* **1** povo. **2** platéia, assistência, auditório. *adj* **3** relativo ao povo: popular. **Ex:** A opinião pública. **4** coletivo, geral, comum. **A:** Hospital público. **A:** particular. **5** conhecido, notório, sabido. **A:** desconhecido.

pudente *adj m+f* pudico, recatado, modesto, decente. **A:** impudente.

pudicícia *sf* **1** pudor, recato, modéstia. **2** pureza, castidade, inocência. **A:** impudicícia (nas duas acepções).

pudico *adj* **1** recatado, modesto, decente. **A:** impudico. **2** tímido, acanhado, embaraçado. **A:** desembaraçado. **3** puro, casto, inocente. **A:** impudico.

pudor *sm* recato, vergonha, modéstia, seriedade. **A:** despudor.

puerícia *sf* infância, meninice. **A:** velhice.

pueril *adj m+f* **1** infantil, infante. **A:** adulto. **2** fútil, frívolo, vão. **A:** importante.

puerilidade *sf* **1** infantilidade, criancice, imaturidade. **A:** maturidade. **2** futilidade, frivolidade, insignificância. **A:** importância.

pugilismo *sm Esp.* boxe.

pugilista *s m+f* boxeador, boxador, boxista.

pugna *sf* combate, luta, briga, confronto.

pugnar *vti* **1** defender, sustentar, pleitear. **Ex:** Pugnar por suas convicções. *vti+vi* **2** combater, lutar, batalhar contra. **Ex:** Pugnar com os inimigos; os exércitos ainda pugnam. **3** empenhar-se, labutar, batalhar para. **Ex:** Pugnar pela vitória. *vi* **4** discutir, brigar, disputar. **Ex:** As vizinhas pugnaram por causa das crianças.

puir *vtd* desgastar, gastar, consumir, corroer.

pujança *sf* **1** força, potência, vigor. **A:** fraqueza. **2** poder, influência, importância. **A:** insignificância. **3** bravura, coragem, valor. **A:** covardia. **4** *DA VEGETAÇÃO* exuberância, viço, abundância.

pujante *adj m+f* **1** forte, possante, vigoroso. **A:** fraco. **2** poderoso, influente, importante. **A:** insignificante. **3** bravo, corajoso, valoroso. **A:** covarde. **4** *VEGETAÇÃO* exuberante, viçoso, abundante.

pular *vtd* **1** transpor, passar, galgar. **Ex:** Pular o muro. **2** omitir, deixar, esquecer. **Ex:** Leu todos os itens da lista, pulando um. *vi* **3** saltar. **4** crescer, desenvolver-se, medrar.

pulha *sm* **1** canalha, patife, tratante. *sf* **2** gracejo, troça, gozação. **3** mentira, lorota, história. *adj m+f* **4** desprezível, vil, miserável. **A:** nobre. **5** desleixado, relaxado, desmazelado. **A:** cuidadoso.

pulmão *sm Anat.* bofe *pop.*

pulo *sm* **1** salto, pinote. **2** passada. **Ex:** Amanhã dou um pulo aí na sua casa.

púlpito *sm* **1** tribuna. **2** *Fig.* eloqüência, oratória, retórica (religiosa).

pulsação *sf* **1** *Med.* batimento, pulso, palpitação. **2** latejo, palpitação, pancada.

pulsar *vi* **1** bater, palpitar, latejar. **2** ofegar, arquejar, arfar. *vtd* **3** *P. us.* impelir, impulsionar, empurrar. **A:** puxar.

pulseira *sf* bracelete.

pulso *sm* **1** *Med.* batimento, pulsação, palpitação. **2** *Anat.* punho, munheca. **3** *Fig.* força, caráter, fibra *fig.* **Ex:** Não teve pulso para controlar o grupo.

pulular *vti* **1** irromper, surgir, brotar. **Ex:** Pululavam sugestões de todos os membros. *vi* **2** ferver, formigar, fervilhar. **Ex:** Aqui pululam os turistas. **3** *Bot.* brotar, germinar, rebentar.

pulverizar *vtd* **1** triturar, moer, esmigalhar. **Ex:** Pulverizou o comprimido para dá-lo à criança. **2** polvilhar, empoar, enfarinhar. **Ex:** Pulverizar o bolo com açúcar. **3** *Fig.* derrotar, bater, desbaratar. **Ex:** Os soldados pulverizaram o exército invasor. **A:** perder de. **4** *Fig.* destruir, acabar com, aniquilar. **Ex:** Seus oponentes pulverizaram suas teorias.

puncionar V. pungir.

pundonor *sm* amor-próprio, honradez, decoro, brio. **A:** desonra.

pundonoroso *adj* honrado, digno, decoroso, brioso. **A:** desonrado.

punga *sm* **1** V. punguista. *adj m+f* **2** ruim, inútil, imprestável. **A:** útil.

pungente *adj m+f* **1** agudo, pontudo, pontiagudo. **A:** rombudo. **2** doloroso, doído, lancinante. **Ex:** Dor pungente.

pungir *vtd* **1** picar, espetar, ferir, puncionar. **2** *Fig.* estimular, incentivar, encorajar. **A:** desestimular. **3** *Fig.* afligir, angustiar, agoniar. **A:** aliviar.

punguear *vtd Gír.* bater a carteira de.

punguista *s m+f Gír.* batedor de carteiras, punga.

punhada *sf* murro, soco, sopapo.

punhado *sm* **1** porção, mancheia, mão-cheia. **Ex:** Pegou um punhado de balas e distribuiu entre as crianças. **2** grupo, conjunto. **Ex:** Um punhado de gente compareceu à festa.

punho *sm Anat.* pulso, munheca.

punição *sf* pena, castigo, penitência, corretivo. **A:** recompensa.

punir *vtd* castigar, corrigir, penitenciar, reprimir. **A:** recompensar.

pupa *sf Entom.* crisálida, ninfa, crisálide.

pupila *sf Anat.* menina do olho.

pupilo *sm* **1** *Dir.* tutelado. **A:** tutor. **2** aluno, estudante, discípulo. **A:** professor. **3** protegido, afilhado, favorito.

pureza *sf* **1** genuinidade. **A:** impureza. **2** inocência, ingenuidade, candura. **A:** malícia. **3** castidade, virtude, virgindade. **A:** impureza. **4** limpidez, transparência, lucidez. **A:** opacidade. **5** *DA LINGUAGEM* correção, perfeição, elegância. **A:** incorreção. **6** *DE SOM* nitidez, sonoridade, limpidez.

purgante *sm* **1** *Farm.* purgativo; *BRANDO* laxante, laxativo. **2** *Pop.* chatice, chateação, xarope *pop. adj m+f* **3** *Farm.* purgativo, purgatório.

purgar *vtd* **1** purificar, depurar, limpar. **Ex:** Purgar uma substância. **2** desembaraçar, livrar, safar. **Ex:** A polícia quer purgar a cidade dos marginais. **3** pagar, resgatar, expiar. **Ex:** Purguei todos os meus pecados fazendo aquele trabalho.

purgativo V. purgante.

purgatório V. purgante.

purificar *vtd+vpr* **1** depurar(-se), purgar(-se), limpar(-se). **A:** sujar(-se). *vpr* **2** *MORALMENTE* emendar-se, regenerar-se, reabilitar-se. **A:** degenerar-se.

puritano *adj Fig.* rígido, severo, intolerante, intransigente (moralmente). **A:** liberal.

puro *adj* **1** sem mistura: genuíno. **A:** impuro. **2** inocente, ingênuo, cândido. **Ex:** Ela tem o coração puro. **A:** malicioso. **3** casto, virtuoso, imaculado. **Ex:** Moça pura. **A:** impuro. **4** límpido, cristalino, transparente. **Ex:** A água pura da fonte. **A:** turvo. **5** completo, total, cabal. **Ex:** É a pura verdade. **A:** incompleto. **6** correto, irrepreensível, impecável. **Ex:** Estilo puro, linguagem pura. **A:** imperfeito. **7** limpo, asseado, lavado. **A:** sujo. **8** *Quím.* absoluto. **9** *SOM* nítido, sonoro, límpido.

púrpura *sf e adj m+f* vermelho, purpúreo, escarlate, rubro, encarnado.

purpúreo V. púrpura.

pururuca *adj m+f* quebradiço, quebrável, duro, frágil. **A:** maleável.

pusilânime *sm+adj* medroso, covarde, maricas, poltrão. **A:** valente.

pústula *sf* **1** *Fig.* depravação, devassidão, vício. **A:** castidade. **2** *Fig.* canalha, patife, verme.

puta *sf Vulg.* prostituta, meretriz, mundana, rameira.

putaria *sf Vulg.* libertinagem, depravação, devassidão, libidinagem. **A:** castidade.

puteiro *sm Vulg.* prostíbulo, bordel, lupanar.

putrefação *sf* **1** *ATO* apodrecimento. **2** *ESTADO* podridão, deterioração, decomposição.

putrefato V. pútrido.

putrefazer *vtd, vi+vpr* apodrecer, deteriorar(-se), estragar(-se), decompor(-se). **Ex:** O calor putrefez os alimentos; a comida putrefez(-se).

pútrido *adj* **1** podre, deteriorado, estragado, putrefato. **A:** incorrupto. **2** pestilento, fétido, fedorento. **A:** cheiroso.

puxa V. puxa-puxa.

puxada *sf* **1** puxão. **2** tirada, estirão, caminhada (longa). **Ex:** Uma puxada de três quilômetros.

puxado *part+adj* **1** *NO VESTIR* alinhado, elegante, aprumado. **A:** desleixado. **2** *Fam.* caro, custoso, salgado *pop.* **Ex:** Comprou a prazo, pois à vista ficaria muito puxado. **A:** barato. **3** *Fig.* cansativo, exaustivo, fatigante. **Ex:** Trabalho puxado. **A:** leve. **4** *Fig.* difícil, complicado, trabalhoso. **Ex:** A prova mais puxada é a de matemática. **A:** fácil.

puxador *sm* asa, alça, argola.

puxão *sm* **1** puxada. **2** empurrão, safanão, tranco.

puxa-puxa *sm* puxa, quebra-queixo.

puxar *vtd* **1** tirar. **Ex:** Puxou a maçaneta. **2** sacar. **Ex:** Puxou o revólver. **3** arrastar, levar, trazer. **Ex:** Puxaram o armário para o canto do quarto. **4** arrancar, tirar, extrair.

Ex: Puxou o prego da parede. **5** esticar, retesar, entesar. **Ex:** Puxar a corda. **A:** afrouxar. **6** *CABELOS, PÊLOS, ETC.* arrepelar, arrancar, tirar. **Ex:** O bebê puxou os meus cabelos. **7** começar, iniciar, principiar. **Ex:** Puxou conversa com o estranho. **8** *ENERGIA* consumir, gastar, despender. **A:** economizar. **9** *Gír. AUTOMÓVEIS* roubar, furtar, surrupiar. *vtd+vti* **10** sair a. **Ex:** Puxou o pai (ou ao pai). *vti* **11** tender, inclinar-se, pender. **Ex:** Seu filho puxa para a pintura; o temperamento da garota puxa para o melancólico. **12** aproximar-se de, tirar para. **Ex:** Seus cabelos puxam para o ruivo.

puxa-saco *s e adj m+f Vulg.* bajulador, adulador, servil, lisonjeador.

puxa-saquismo *sm Vulg.* bajulação, adulação, lisonja, badalação *gír.* **A:** crítica.

puxo *sm Med.* tenesmo.

Q

quadra *sf* **1** quarteirão. **Ex:** Ela mudou-se para outra quadra. **2** *Lit.* quarteto. **3** *Esp.* campo. **Ex:** Quadra de tênis, de futebol de salão. **4** *Fig.* época, tempo, fase. **Ex:** Foi uma quadra feliz de minha vida.

quadrado *sm* **1** *Geom.* quadrilátero regular. **2** *BRINQUEDO* pipa, papagaio, arraia. *sm+adj* **3** *Gír.* careta, antiquado, retrógrado.

quadradura V. quadratura.

quadragenário *sm+adj* quarentão *pop.*

quadrangulado V. quadrangular.

quadrangular *adj m+f Geom.* quadrangulado.

quadrante *sm* mostrador (do relógio).

quadrar *vti* **1** condizer, convir, calhar. *vpr* **2** ajustar-se, adaptar-se, acomodar-se. **A:** desajustar-se.

quadratura *sf* moldura, caixilho, quadradura.

quadriênio *sm* quatriênio.

quadris *sm pl Anat.* ancas, cadeiras.

quadrilateral V. quadrilátero.

quadrilátero *sm* **1** *Geom.* tetrágono; *COM OS 4 LADOS IGUAIS* quadrado. *adj* **2** *Geom.* quadrilateral.

quadrilha *sf* **1** *DE LADRÕES* bando, corja, malta. **2** *Folc.* contradança.

quadrissilábico V. quadrissílabo.

quadrissílabo *adj Gram.* que tem quatro sílabas: quadrissilábico.

quadro *sm* **1** *Pint.* pintura, tela, painel. **2** lousa, quadro-negro. **3** tabela, esquema. **4** lista, relação, elenco. **5** *Esp.* time, equipe, esquadra. **6** *Teat.* e *TV* esquete. **7** *DE EMPRESA* pessoal, funcionários *pl*, empregados *pl*. **8** *DE CLUBE* sócios *pl*, associados *pl*, membros *pl*. **9** *DE INSTRUMENTOS* painel. **10** *Fig.* panorama, cena, visão.

quadro-negro V. quadro.

quadrúpede *sm+adj Fig.* estúpido, bruto, cavalgadura *fig*, besta *fig*.

quadruplicar *vtd, vi+vpr* redobrar(-se), reduplicar(-se).

qual *pron rel+inter* **1** que. **Ex:** Não sabia qual camisa escolher; que tipo você prefere? *conj* **2** como, tal qual. **Ex:** Tratou-me qual um estranho. *interj* **3** pois sim! * O qual: que.

qualidade *sf* **1** propriedade, poder, virtude. **Ex:** Qualidades medicinais. **2** tipo, espécie, classe. **3** posição, condição, cargo. **Ex:** Na qualidade de presidente, decidiu tudo sozinho. **4** característica, atributo, peculiaridade. **5** dote, dom, predicado. **Ex:** Pessoa de muitas qualidades. **6** caráter, temperamento, índole.

qualificado *part+adj* **1** competente, capaz, hábil. **2** *OPERÁRIO* especializado. **A:** desqualificado (nas duas acepções).

qualificar *vtd* **1** aprovar, classificar. **Ex:** Os juízes qualificaram apenas um candidato. **2** avaliar, apreciar, julgar. *vtd+vpr* **3** denominar(-se), classificar(-se), chamar(-se). **Ex:** Qualificaram-no de louco. *vpr* **4** classificar-se, passar. **Ex:** Qualificar-se num concurso.

qualquer *pron indef* **1** um, algum. **Ex:** Chegarei qualquer dia desses. **2** uma, alguma. **Ex:** Há qualquer coisa errada aqui. **3** nenhum. **Ex:** Sua aplicação é maior que a de qualquer outro aluno.

quando *adv* **1** no momento em que. **Ex:** Quando cheguei, ela saiu. *conj* **2** se, caso. **Ex:** Avise-me quando acontecer algo estranho. **3** ainda que, mesmo que, embora. **Ex:** Quando tivessem as melhores intenções, prejudicaram-no. **4** apesar de que. **Ex:** Fiz-lhe companhia na festa, quando não gosto de muito barulho. **5** ao passo que, enquanto que. **Ex:** Ele fica com os méritos, quando nós fazemos todo o trabalho. *pron rel* **6** no qual, na qual, nas quais, nos quais. **Ex:** Isso aconteceu numa época quando as pessoas eram mais felizes. * Quando muito: se tanto. **Ex:** Não li o livro inteiro, quando muito os dois primeiros capítulos. * De quando em quando: de vez em quando, de tempos em tempos, vez por outra. **Ex:** Venha nos visitar de quando em quando.

quantia *sf* **1** soma, importância, montante. **Ex:** Pagamos uma quantia considerável por esses presentes. **2** quantidade.

quantidade *sf* **1** quantia. **2** porção, parte, dose. **3** *DE PESSOAS* multidão, turba, povo. **4** *DE COISAS* monte, batelada, montão.

quanto *adv* **1** como. **Ex:** Quanto te procurei por aí! **2** quão. **Ex:** Quanto bela é sua filha? * Quanto a: com respeito a, em relação a. **Ex:** Quanto ao seu caso, nada podemos fazer.

quão V. quanto.

quarar V. corar.

quarentão V. quadragenário.

quarentena *sf* isolamento. **Ex:** O doente ficou de quarentena.

quarteirão *sm* quadra. **Ex:** Percorremos vários quarteirões a pé.

quartel *sm* **1** *Mat.* quarto, quarta parte. **2** *Mil.* caserna, aquartelamento. **3** *Fig.* época, período, fase. **4** moradia, residência, domicílio. **5** proteção, abrigo, amparo. **Ex:** Dar quartel a alguém.

quarteto *sm Lit.* quadra.

quartinha *sf* moringa, bilha, moringue.

quarto *sm* **1** *Mat.* quartel, quarta parte. **2** quarto de hora. **Ex:** Falta um quarto para as duas. **3** dormitório, aposento, alcova. *sm pl* **4** *Zool.* ancas, garupa *sing*.

quase *adv* **1** perto de, próximo de. **Ex:** Está quase na hora de terminar. **2** aproximadamente, cerca de, mais ou menos. **Ex:** São quase vinte pessoas no grupo. **3** por pouco. **Ex:** Quase não escapou.

quatriênio V. quadriênio.

que *adv* **1** quanto, quão, como. **Ex:** Que inteligente essa menina! *pron rel+inter* **2** qual. **Ex:** Às vezes não sei que alternativa

assinalar; que doce vamos comer? *pron rel* **3** o qual, a qual, os quais, as quais. **Ex:** Vi um filme que me emocionou muito. **4** o que, aquilo que. **Ex:** Não sei que fazer, estou confuso; não sei que foi feito dele. *prep* **5** com certos verbos: de. **Ex:** Tenho que sair imediatamente.

quê *sm* **1** algo, alguma coisa. **Ex:** Há um quê de fantástico nisso. **2** problema, dificuldade, complicação.

quebra *sf* **1** quebramento. **2** *Med.* fratura, ruptura, fragmentação. **3** interrupção. **Ex:** Quebra de sigilo. **4** violação, transgressão, infração. **Ex:** Quebra das regras. **A:** obediência. **5** *Com.* falência, bancarrota, falimento. **6** ruga, vinco, dobra.

quebra-cabeça *sm Pop.* preocupação, inquietação, apreensão. **2** problema, questão. **3** enigma, charada, adivinhação.

quebrada *sf DE MONTANHA* encosta, vertente, declive, pendor.

quebradeira *sf* **1** fraqueza, abatimento, prostração, quebreira. **A:** energia. **2** falta de dinheiro: dureza, pindaíba *pop*, lisura *gír*.

quebradiço *adj* frágil, quebrável. **A:** inquebrável.

quebrado *part+adj* duro, liso *gír*, pronto *pop*. **Ex:** Perdi todo meu dinheiro, estou quebrado. **A:** endinheirado.

quebradura *sf Med. Pop.* hérnia, ruptura.

quebra-luz *sm* abajur, abaixa-luz.

quebramento V. quebra.

quebrantamento *sm* **1** abatimento, fraqueza, debilidade, quebranto. **A:** força. **2** transgressão, desobediência, violação. **A:** obediência.

quebrantar *vtd* **1** dominar, domar, vencer. **Ex:** Quebrantar a ira de alguém. **2** transgredir, desobedecer, violar. **A:** obedecer. **3** derrubar, arrasar, demolir. **Ex:** Quebrantar um muro. **A:** erguer. *vtd+vpr* **4** debilitar (-se), enfraquecer(-se), abater(-se). **A:** fortalecer(-se).

quebranto *sm* **1** mau-olhado, enguiço. **2** V. quebrantamento.

quebra-pau *sm* **1** *Gír.* discussão, briga, bate-boca. **2** *Gír.* rolo, confusão, bafafá *pop*.

quebra-queixo *sm* puxa-puxa, puxa.

quebrar *vtd, vi+vpr* **1** partir(-se), despeda-çar(-se), romper(-se). **Ex:** O menino que-brou a vidraça com a bola; o copo que-brou(-se). *vtd* **2** *Med.* fraturar, romper. **Ex:** Quebrou a perna. **3** inutilizar, estragar, da-nificar. **Ex:** O bebê quebrou o brinquedo. **4** interromper, cortar, suspender. **Ex:** Que-brar o silêncio. **5** infringir, violar, desres-peitar. **Ex:** Quebrar um contrato. **A:** res-peitar. **6** *PALAVRA, PROMESSA* faltar com, descumprir. **A:** cumprir. **7** *ESQUINA* dobrar, virar, contornar. **8** vencer, dominar, domar. **Ex:** O cerco quebrou a resistência do inimigo. **9** vincar, enrugar, preguear. *vi* **10** *Com.* falir, arruinar-se, arrebentar. **Ex:** A firma quebrou. **11** *LUZ, SOM* refletir-se, refratar-se, desviar-se. **12** pifar. **Ex:** O apa-relho quebrou.

quebreira V. quebradeira.

queda *sf* **1** caída, tombo. **2** V. queda-d'água. **3** desabamento, desmoronamento, derroca-da. **4** *DE MONTANHA* declive, vertente, inclinação. **5** *MORAL* erro, pecado, culpa. **6** tendência, vocação, jeito. **Ex:** Tem queda para os esportes. **7** decadência, declínio, ruína. **A:** progresso. **8** *DE ROUPA* caimen-to. **Ex:** O paletó tem queda perfeita.

queda-d'água *sf Geogr.* cascata, cachoeira, salto, catarata, queda.

quedar *vti+vpr* **1** parar, estacionar, estacar. **A:** mover-se. **2** demorar-se, deter-se, per-manecer. *vlig* **3** ficar, permanecer, demorar-se. **Ex:** Quedamos cantando (ou a cantar).

quede V. cadê.

quedê V. cadê.

quedo *adj* **1** parado, imóvel, estacionário. **A:** móvel. **2** calmo, quieto, tranqüilo. **A:** agita-do. **3** vagaroso, lento, lerdo. **A:** rápido.

queima *sf* **1** queimadura, queimação. **2** com-bustão, cremação, incineração, queimação. **3** *Com.* liquidação, liqüidação. **4** V. quei-mada.

queimação *sf* **1** e **2** V. queima. **3** amolação, aborrecimento, incômodo. * Queimação no estômago: azia, acidez, pirose.

queimada *sf* **1** queima (na mata). **Ex:** Fazer queimada é errado. **2** corso, cardume (de sardinhas).

queimar *vtd* **1** incendiar, acender, inflamar. **2** incinerar, carbonizar, cremar. **3** *Com.* li-quidar, liqüidar. **Ex:** Queimaram todo o es-toque da loja. *vtd+vpr* **4** crestar(-se), tos-tar(-se), requeimar(-se). **5** bronzear(-se), tostar(-se), escurecer(-se). **Ex:** Queimava a pele ao sol; queimou-se bastante na praia. *vi+vpr* **6** escaldar, arder, abrasar-se. **7** *FUSÍVEL, LÂMPADA* fundir-se, inutilizar-se. *vpr* **8** irritar-se, zangar-se, aborrecer-se. **Ex:** Queimou-se com a brincadeira.

queixa *sf* **1** lamentação, lamento, lamúria, queixume. **2** insatisfação, descontentamen-to, desagrado. **A:** satisfação. **3** reclamação, protesto. **4** *Dir.* denúncia, acusação, que-rela.

queixada *sf Anat.* e *Zool.* mandíbula, maxi-la inferior.

queixar-se *vpr* **1** lamentar-se, lamuriar-se, lastimar-se. **A:** rejubilar-se. **2** reclamar, protestar. **3** *Dir.* querelar contra. **Ex:** Quei-xar-se de alguém no tribunal.

queixo *sm Anat.* mento.

queixoso *sm* **1** *Dir.* querelante. *adj* **2** choro-so, lamentoso, lastimoso. **A:** alegre. **3** ofen-dido, magoado, sentido.

queixudo *adj Pop.* teimoso, turrão, cabeçu-do, obstinado.

queixume *sm* **1** *Dir.* querela. **2** V. queixa.

quem *pron rel* **1** o que, a que, os que, as que. **Ex:** Da nossa brincadeira participa quem quer. **2** o qual, a qual, os quais, as quais. **Ex:** Não tinha ninguém com quem conver-sar. *pron indef* **3** alguém que. **Ex:** Quem fala o que quer, ouve o que não quer.

quenga *sf Vulg.* prostituta, meretriz, ramei-ra, mulher da rua.

quengo *sm* **1** *Pop.* cabeça, crânio, coco *pop.* **2** *Fig.* *Pop.* inteligência, talento, gênio.

quente *adj m+f* **1** cálido. **2** *COLORIDO* vi-vo, brilhante, forte. **Ex:** O vermelho é uma cor quente. **3** caloroso, cordial, afetuoso. **Ex:** Quente acolhida. **4** entusiástico, ani-mado, vivo. **Ex:** A torcida quente. **5** *SE-XUALMENTE* fogoso, ardente, sensual. **6** ardido, picante, apimentado. **A:** frio (acep-ções **1** a **5**).

quentura *sf* **1** calor, calidez. **A:** frio.

quer *conj coord* usada repetida: ou, ora, já. **Ex:** Quer queira, quer não, você vai.

querela *sf* **1** *Dir.* queixa, denúncia, acusação. **2** debate, controvérsia, disputa.

querelante *s m+f Dir.* queixoso.

querelar *vti* **1** *Dir.* queixar-se de. **Ex:** Querelar contra uma empresa no tribunal. *vpr* **2** lamentar-se, lastimar-se, queixar-se. **A:** regozijar-se.

querena V. quilha.

querença V. querer.

querer *sm* **1** desejo, vontade, querença. **2** afeição, afeto, benquerença, querença. **A:** desafeição. *vtd* **3** desejar, pretender, apetecer. **Ex:** Quero esta blusa. **4** almejar, aspirar a, ansiar por. **Ex:** Quer o sucesso a qualquer preço. **5** pretender, tencionar, intentar. **Ex:** Quero partir ainda hoje. **6** exigir, ordenar, mandar. **Ex:** Quero que saiam daqui agora. **7** prestar-se, condescender, concordar em. **Ex:** Se você quiser me ouvir, não teremos mais problemas. **8** ter a bondade de, fazer o favor de. **Ex:** Queira se retirar. **9** necessitar, precisar de, exigir. **Ex:** Seu estado de saúde quer cuidado redobrado. **10** *PREÇO* cobrar, pedir por. **Ex:** Quanto quer por esse tapete? *vtd+vti* **11** amar, gostar de, estimar. **Ex:** Quero muito nossa terra; queria-lhe muito, mas tinha medo de confessar. **A:** detestar.

quesito *sm* **1** e **2** V. questão. **3** requisito, condição, exigência. **Ex:** Preencheu todos os quesitos necessários, e foi aprovado.

questão *sf* **1** pergunta, interrogação, indagação, quesito. **A:** resposta. **2** pergunta, item, quesito. **Ex:** Não sabia a resposta da questão número 5 da prova de matemática. **3** tema, assunto, argumento. **Ex:** Questão a ser discutida. **4** *Mat.* problema. **5** *Dir.* demanda, litígio, pleito. **6** desentendimento, desavença, discórdia. **A:** entendimento. **7** controvérsia, debate, polêmica. **A:** acordo.

questionar *vtd* **1** discutir, contestar, refutar. **Ex:** Sempre questionava as minhas decisões. **A:** admitir. *vti+vi* **2** discutir, brigar, altercar.

questionário *sm* **1** questões *pl*, perguntas *pl*. **2** *Dir.* interrogatório, inquérito, inquirição.

quiçá *adv* talvez, porventura, por acaso, quem sabe.

quicar *vi* pular, saltar. **Ex:** A bola quicou e entrou na cesta.

quietar *vtd, vi+vpr* acalmar(-se), aquietar (-se), serenar(-se), tranqüilizar(-se). **A:** inquietar(-se).

quieto *adj* **1** imóvel, parado, estático. **Ex:** Fique quieto, não se mova! **A:** móvel. **2** calmo, sereno, tranqüilo. **Ex:** Pessoa quieta. **A:** inquieto. **3** silencioso, sossegado. **Ex:** Este lugar é bem quieto. **A:** agitado. **4** disciplinado, obediente, dócil. **Ex:** Ele é quieto, mas o irmão menor é muito levado. **A:** inquieto.

quietude *sf* **1** calma, serenidade, tranqüilidade. **2** silêncio, sossego. **A:** agitação.

quilate *sm Fig.* categoria, qualidade, grau, gabarito. **Ex:** Suas obras têm um elevado quilate artístico.

quilha *sf Náut.* querena, carena.

quilo V. quilograma.

quilograma *sm* quilo.

quimbanda *sm* terreiro, tenda de macumba.

quimera *sf* sonho, utopia, fantasia, ficção. **A:** realidade.

quimérico *adj* utópico, fantástico, fictício, ilusório. **A:** real.

quina *sf* aresta, canto, ângulo, esquina. **Ex:** A quina da mesa.

qüindênio V. quinzena.

quindim *sm* **1** graça, graciosidade, faceirice. **A:** deselegância. **2** meiguice, doçura, ternura. **A:** rudeza.

quinhão *sm* **1** parte, quota, parcela. **Ex:** Cada um recebeu o seu quinhão. **2** destino, sorte, sina.

qüinquagenário *sm+adj* cinqüentão *pop.*

qüinqüênio *sm* lustro.

quinquilharia *sf* bugiganga, miudeza, bagatela, ninharia.

quintal *sm* **1** jardim, horto. **Ex:** Estava no quintal, regando as margaridas. **2** horta. **Ex:** Plantava alface no quintal.

quinzena *sf* qüindênio.

quiosque *sm* banca, barraquinha, pavilhão.

qüiproquó *sm* equívoco, confusão, engano, erro.

quirela V. quirera.

quirera *sf* **1** quirela, sanga, farelo grosso. *sf pl* **2** troco *sing*, trocado *sing*, dinheiro miúdo *sing*.

quisto *sm Med.* tumor, *cisto*.

quitação *sf* **1** remissão, desobrigação. **2** recibo.

quitar *vtd* **1** *DE DÍVIDA OU OBRIGAÇÃO* desobrigar, remitir. **2** evitar, poupar. **3** isentar, liberar, eximir. **A:** obrigar. *vpr* **4** desvencilhar-se, desembaraçar-se, livrar-se. **Ex:** Quitou-se daquelas pessoas que o importunavam.

quite *adj m+f* **1** *DE DÍVIDA OU OBRIGAÇÃO* livre, desobrigado, isento. **A:** obrigado. **2** livre, desembaraçado, isento. **A:** preso.

quitute *sm* iguaria, petisco, guloseima, pitéu.

quizila *sf* **1** antipatia, aversão, ojeriza. **A:** simpatia. **2** tédio, aborrecimento, chateação. **A:** diversão. **3** rixa, briga, desavença. **A:** amizade. **Obs.:** Nas três acepções, existe a variante *quizília*.

quizilar *vtd, vi+vpr* **1** entediar(-se), aborrecer(-se), chatear(-se). **A:** divertir(-se). **2** zangar(-se), irritar(-se), enfurecer(-se). **A:** acalmar(-se).

quizília V. quizila.

quizumba *sf Gír.* confusão, bode, fuzuê, rolo *pop.*

quociente *sm Mat.* cociente.

quota V. cota.

quotidiano V. cotidiano.

quotizar V. cotar.

R

rã *sf Zool.* jia.

rabada *sf* **1** *DE BOI, PORCO* rabo, cauda. **2** V. rabeira.

rabear *vi* rebolar, saracotear, requebrar, gingar.

rabeca *sf Mús.* violino, rebeca.

rabeira *sf* **1** *Autom.* traseira. **A:** frente. *sm* **2** rabada, último (numa fila ou corrida).

rabi V. rabino.

rabicho *sm* **1** trança (pendente da nuca). **2** *Pop.* amor, paixão, atração. **Ex:** Tinha um rabicho por ele.

rabicó *adj m+f* cotó, suro. **Ex:** Gato rabicó.

rabino *sm* **1** rabi, doutor (da lei judaica). **2** sacerdote (judaico).

rabiscador *sm Pej.* mau escritor: escrevinhador, escrevedor, borrador *fam*, escriba *fam*.

rabiscar *vtd+vi* **1** garatujar. **2** escrever mal ou às pressas: escrevinhar.

rabisco *sm* **1** risco, garatuja. **2** desenho malfeito: garatuja, gatafunhos *pl*.

rabo *sm* **1** cauda. **Ex:** O rabo do cavalo, do foguete. **2** *Pop.* nádegas *pl*, traseiro, bunda *vulg*.

raboso V. rabudo.

rabudo *sm* **1** *Pop.* diabo, demônio, capeta. *adj* **2** raboso. **Ex:** Macaco rabudo. **3** *Gír.* sortudo, afortunado, felizardo. **Ex:** Que sujeito rabudo, caiu do telhado e quase não se machucou! **A:** azarado.

rabugeira V. rabugem.

rabugem *sf* **1** *Vet.* rabugeira, sarna, escabiose (de porcos e cães). **2** *Fig.* rabugice, impertinência, mau humor, ranhetice.

rabugento *adj* impertinente, ranzinza, ranheta, mal-humorado. **A:** bem-humorado.

rabugice V. rabugem.

raça *sf* **1** estirpe, linhagem, geração. **2** categoria, classe, qualidade. **3** decisão, coragem, determinação. **Ex:** Vencer o jogo com raça. **A:** indecisão.

ração *sf* **1** porção, quinhão, quota (de alimento). **Ex:** Os soldados recebiam uma ração diária. **2** comida, alimento (para animais). **Ex:** Ração para cachorro.

racemo *sm Bot.* penca, cacho, racimo.

racha *sf* **1** fenda, fresta, greta, rachadura. **2** estilhaço, lasca, fragmento. **3** *Fig.* cisma, divisão, dissidência. **Ex:** Há uma racha no partido. **4** *Vulg.* vulva. *sm* **5** corrida (pelas ruas). **Ex:** Os jovens que assistiam ao racha ficaram feridos quando houve a batida.

rachadura V. racha.

rachar *vtd, vi+vpr* **1** fender(-se), gretar(-se), partir(-se). **2** estilhaçar(-se), fragmentar (-se), lascar(-se). *vtd* **3** dividir, repartir, partir. **Ex:** Rachar a conta.

racimo V. racemo.

raciocinar *vti* **1** discorrer sobre, tratar de, falar de, razoar sobre. **Ex:** O orador raciocinava sobre o assunto. *vi* **2** pensar, refletir, ponderar, razoar. **Ex:** Ele não raciocina antes de agir.

raciocínio *sm* **1** pensamento, reflexão, ponderação. **2** juízo, critério, discernimento. **A:** insensatez.

racional *sm e adj m+f* **1** que raciocina. **Ex:** Os racionais deveriam respeitar mais os animais; o homem é um ser racional. *adj m+f* **2** lógico, coerente, procedente. **Ex:** Não foi uma atitude racional de sua parte. **A:** irracional (nas duas acepções).

racionar *vtd* **1** dividir, distribuir, repartir (em rações). **2** controlar, dosar, limitar. **Ex:** Os habitantes da cidade precisaram racionar o consumo de energia elétrica.

racionável V. razoável.

radiante *adj m+f* **1** brilhante, fulgurante, resplandecente, radioso. **2** *Fig.* alegre, esfuziante, exultante, radioso. **Ex:** Ficou radiante com a notícia. **A:** triste.

radiar *vtd* **1** irradiar, emitir, difundir, raiar. **Ex:** As estrelas radiam luz. **2** aureolar, coroar. *vi* **3** cintilar, brilhar, resplandecer, raiar.

radiatividade V. radioatividade.

radiativo V. radioativo.

radicado *part+adj Fig.* inveterado, crônico, repetido, entranhado. **Ex:** Costumes radicados no grupo. **A:** eventual.

radical *sm* **1** *Gram.* raiz. *s e adj m+f* **2** radicalista, extremista. *adj m+f* **3** fundamental, básico, necessário. **A:** secundário. **4** drástico, enérgico, completo. **A:** Reforma radical. **A:** brando.

radicalista V. radical.

radicar *vtd+vpr* **1** arraigar(-se), enraizar (-se), firmar(-se). **Ex:** Radicar um hábito entre os jovens. **A:** extinguir(-se). *vpr* **2** *PLANTA* arraigar, enraizar-se. **3** *NUM LOCAL* estabelecer-se, fixar-se, firmar-se. **A:** partir.

rádio V. radiodifusão.

radioatividade *sf Fís.* radiatividade.

radioativo *adj Fís.* radiativo.

radiocomunicação V. radiodifusão.

radiodifusão *sf* radiocomunicação, rádio.

radiograma *sm* aerograma.

radiopatrulha *sf* viatura.

radioso V. radiante.

raia *sf* **1** risca, lista, banda. **2** *Hip.* pista. **3** fronteira, divisa, estremadura. **4** limite, confins *pl*, fronteira. **Ex:** Nas raias da ignorância. **5** *Ictiol.* Arraia. * Fugir da raia *Fig.*: desistir, render-se, ceder. **A:** persistir.

raiar *vtd* **1** riscar, listrar, listar. **2** V. radiar. *vti* **3** aproximar-se, avizinhar-se de, tocar. **Ex:** Suas idéias raiam pelo impossível. *vi* **4** V. radiar. **5** despontar, nascer, surgir. **Ex:** O sol raiou; raia a esperança. **A:** desaparecer.

rainha *sf* **1** soberana, imperatriz. **2** *NO BARALHO E NO XADREZ* dama. **3** *Entom.* abelha-mestra, abelha-mãe.

raio *sm* **1** luz, brilho, clarão. **2** relâmpago, faísca, corisco. **3** indício, sinal, indicação. **Ex:** Um raio de alegria.

raiva *sf* **1** *Vet.* e *Med.* hidrofobia, danação, moléstia *pop.* **2** fúria, zanga, cólera. **A:** calma. **3** ódio, rancor, aversão. **A:** simpatia.

raivento V. raivoso.

raivoso *adj* **1** *Vet.* e *Med.* hidrófobo, danado, louco. **2** furioso, zangado, colérico, raivento. **A:** calmo.

raiz *sf* **1** *Bot.* estirpe. **2** *Gram.* radical. **3** base, pé, suporte. **4** *Fig.* origem, princípio, causa. **Ex:** O sucesso é a raiz da inveja alheia. **5** *Fig.* laço, vínculo, ligação (moral). **Ex:** Raízes familiares.

raizada V. raizame.

raizama V. raizame.

raizame *sm* conjunto ou grande quantidade de raízes: raizada, raizama.

rajada *sf* **1** *DE VENTO* lufada, lufa. **2** *DE METRALHADORA* tiros *pl*, disparos *pl*.

rajar *vtd* **1** riscar, listrar, listar. **2** entremear, intercalar, intervalar.

ralador V. ralo.

ralar *vtd* **1** moer, triturar, esmigalhar. **2** corroer, gastar, carcomer. *vtd+vpr* **3** afligir (-se), atormentar(-se), torturar(-se). **A:** deliciar(-se).

ralé *sf* plebe, gentalha, populacho, escória. **A:** elite.

ralear *vtd, vi+vpr* rarear, rarefazer(-se). **A:** espessar(-se).

ralhar *vti+vi* repreender, censurar, criticar, bronquear *pop.* **Ex:** Ralhou com as crianças; o rabugento vive ralhando. **A:** elogiar.

ralho *sm* **1** repreensão, censura, bronca *pop.* **A:** elogio. **2** discussão, briga, bate-boca.

ralo *sm* **1** ralador. *adj* **2** raro. **Ex:** Barba rala; sopa rala. **A:** espesso.

rama V. ramada.

ramada *sf* **1** ramagem, rama, ramalhada, ramaria. **Ex:** Cortou a ramada da árvore. **2** caramanchão, pérgula, latada.

ramagem V. ramada.

ramal *sm* **1** ramificação, ramo, subdivisão. **Ex:** Um ramal de uma família. **2** coisas atravessadas pelo mesmo fio: enfiada, fiada, fieira. **Ex:** Ramal de pérolas.

ramalhada *sf* **1** V. ramada. **2** sussurro, murmúrio, rumorejo (do vento nos ramos).

ramalhar vi susurrar, murmurar, rumorejar, murmurinhar (o vento nos ramos).

ramalhete V. ramo.

ramaria V. ramada.

rameira sf prostituta, meretriz, mundana, mulher da rua.

ramerrão sm rotina, rotineira. **Ex:** Não lhe agrada o ramerrão, gosta de novidades.

ramificação sf divisão, subdivisão, ramal.

ramificar vtd+vpr 1 dividir(-se), subdividir(-se). **A:** unir(-se). vpr 2 propagar-se, disseminar-se, alastrar-se.

ramo sm 1 Bot. galho. **Ex:** Os ramos da figueira. 2 ramalhete, buquê. **Ex:** Um ramo de rosas. 3 V. ramificação. 4 DE TRABALHO atividade.

rampa sf 1 aclive, descida. 2 DE RUA ladeira, descida. 3 vertente, encosta, quebrada.

rançado V. rançoso.

rancho sm 1 DE GENTE grupo, bando, turma. 2 casebre, choupana, tapera. **A:** mansão.

ranço sm 1 GOSTO ressaibo. 2 CHEIRO bafio, mofo, bolor. 3 Fig. coisa antiquada: velharia. adj 4 V. rançoso.

rancor sm 1 ódio, raiva, gana. **A:** afeto. 2 aversão, antipatia, repulsa. **A:** simpatia.

rancoroso adj odiento. **A:** afetuoso.

rançoso adj 1 ranço, rançado. **Ex:** Comida rançosa. 2 mofado, bolorento, embolorado. 3 Fig. antiquado, desusado, obsoleto. **A:** moderno. 4 Fig. monótono, insosso, maçante. **A:** interessante.

ranger vtd 1 ringir, rilhar. **Ex:** Ranger os dentes. vi 2 chiar, gemer. **Ex:** A porta rangia.

rangido sm chiado, gemido, chio.

rango sm Gír. comida, refeição, alimento, prato.

ranheta adj m+f rabugento, impertinente, ranzinza, mal-humorado. **A:** bem-humorado.

ranhetice sf impertinência, rabugice, mau humor, rabugem. **A:** bom humor.

ranho sm Pop. muco, monco, mucosidade (nasal).

ranhura sf 1 entalhe, talho, entalho. 2 rachadura, fresta, fissura.

ranzinza adj m+f Pop. rabugento, impertinente, ranheta, mal-humorado. **A:** bem-humorado.

rapa sm 1 e 2 V. raspa. 3 Fam. comilão, guloso, glutão.

rapagão sm aum marmanjo, marmanjão. **A:** menino.

rapapé sm 1 Pop. salamaleque. 2 Pop. bajulação, adulação, lisonja. **A:** crítica.

rapar V. raspar.

rapariga sf 1 Bras. prostituta, meretriz, puta vulg. 2 P. us. moça, jovem, pequena pop.

rapa-tachos s m+f, sing+pl Pop. e Fam. comilão, guloso, glutão, voraz.

rapaz sm moço, jovem, mancebo. **A:** velho.

rapaziada sf rapazio. **Ex:** Toda a rapaziada do bairro veio à festa.

rapazio V. rapaziada.

rapé sm tabaco, pó (para cheirar).

rapidez sf 1 velocidade, ligeireza, celeridade. **Ex:** A rapidez de seu pensamento nos surpreendeu. **A:** lentidão. 2 brevidade, efemeridade, fugacidade. **Ex:** A brevidade da nossa existência. **A:** durabilidade.

rápido sm 1 Geogr. corredeira, queda. **Ex:** Os rápidos do rio tornavam a viagem perigosa. adj 2 veloz, ligeiro, acelerado. **Ex:** Carro rápido. **A:** lento. 3 breve, passageiro, efêmero. **Ex:** Fez um rápido discurso e saiu. **A:** longo. 4 instantâneo, imediato, repentino. **Ex:** Sua rápida reação salvou a todos. **A:** lento. adv 5 rapidamente, velozmente. **Ex:** Ela pensa rápido. **A:** devagar.

rapina sf rapinagem, roubo, furto (violento).

rapinagem V. rapina.

rapinar vtd roubar, furtar, surrupiar, afanar gír (com violência).

raposa sf Fig. esperto, espertalhão, matreiro, astuto, raposo. **Ex:** Ele é uma raposa. **A:** simplório.

raposino adj 1 Zool. vulpino. 2 Fig. esperto, astuto, astucioso. **A:** ingênuo.

raposo V. raposa.

raptar vtd 1 PESSOA arrebatar. **Ex:** Raptaram a filha do milionário. 2 COISA arrebatar, tomar, roubar. **Ex:** Os assaltantes raptaram as jóias da mulher; os novos vizinhos raptaram nosso sossego. **A:** devolver.

rapto *sm* 1 roubo, furto, extorsão. 2 êxtase, arrebatamento, encantamento. *adj* 3 *Poét.* rápido, veloz, ligeiro. **A:** vagaroso. 4 *Poét.* extasiado, arrebatado, encantado.

raqueta (ê) V. raquete.

raquete (é) *sf* raqueta. **Ex:** Raquete de tênis.

raquítico *adj* 1 franzino, magro, fraco. **A:** forte. 2 *Fig.* limitado, reduzido, pequeno. **Ex:** Inteligência raquítica; talento raquítico. **A:** grande.

rarear *vtd+vi* 1 tornar(-se) ralo: rarefazer (-se), ralear(-se). **A:** espessar(-se). *vi* 2 faltar, escassear, minguar. **Ex:** Boas oportunidades rareiam hoje em dia. **A:** abundar.

rarefazer V. rarear.

raridade *sf* 1 *QUALIDADE* valor, preciosidade, custo. **Ex:** A raridade de uma pintura. 2 *OBJETO* preciosidade. **Ex:** Esta peça esculpida em 1800 é uma raridade.

raro *adj* 1 insólito, incomum, excepcional. **Ex:** É um caso raro; inteligência rara. **A:** habitual. 2 precioso, custoso, valioso. **Ex:** Objetos raros. **A:** vulgar. 3 escasso. **Ex:** Esses animais são muito raros. **A:** abundante. 4 ralo. **Ex:** Seus cabelos estão ficando raros. **A:** espesso. *adv* 5 raramente, dificilmente.

rasar *vtd* 1 V. rasourar. 2 encher (até as bordas). **A:** esvaziar. 3 roçar, resvalar. *vpr* 4 transbordar, derramar, extravasar.

rasca *sf* 1 *Pop.* quinhão, cota, parte (do lucro). 2 *Pop.* bebedeira, porre *pop*, pileque. **A:** sobriedade.

rascar *vtd* 1 V. raspar. 2 arranhar, esfolar, escoriar. 3 *Fig.* incomodar, perturbar, aborrecer. **A:** divertir.

rascunhar *vtd* esboçar, delinear, bosquejar, debuxar.

rascunho *sm* minuta, esboço, delineamento, borrão.

rasgadura V. rasgo.

rasgão V. rasgo.

rasgar *vtd* 1 *TECIDO* esfarrapar, esfrangalhar, esbandalhar. 2 lacerar, dilacerar, ferir. **Ex:** As cordas rasgavam sua pele. 3 *Agr.* arar, lavrar, sulcar. **Ex:** Rasgar a terra. *vtd+vpr* 4 abrir(-se), romper(-se), fender (-se). 5 afligir(-se), atormentar(-se), tortu-

rar(-se). **Ex:** A decepção rasgava sua alma. **A:** aliviar(-se).

rasgo *sm* 1 rasgão, rasgadura. 2 traço, risco, linha. 3 feito, façanha, proeza. 4 ímpeto, impulso, repente. **Ex:** Num rasgo de desespero, pôs tudo a perder.

raso *sm* 1 planície, campina, planura. *adj* 2 de pouca fundura. **Ex:** Piscina rasa. **A:** fundo. 3 liso, plano, chato. **Ex:** Superfície rasa. **A:** irregular. 4 rasteiro, baixo. **Ex:** Mato raso. **A:** alto. 5 rente, curto. **Ex:** Cabelo raso como o dos soldados.

rasourar *vtd* nivelar, igualar, aplanar, rasar.

raspa *sf* 1 de objeto que foi raspado: apara, lasca, limalha, rapa. 2 de comida, no fundo da panela: rapa. **Ex:** Deu a raspa de arroz para os gatos.

raspadela V. raspagem.

raspadura V. raspagem.

raspagem *sf* 1 raspadura, raspadela. 2 *Cir.* abrasão.

raspança *sf* repreensão, sabão, lavada *fig*, bronca *pop*. **A:** elogio.

raspão *sm* arranhão, escoriação, esfolada, arranhadura.

raspar *vtd* 1 rapar. **Ex:** Raspou a tinta antiga das paredes para pintá-las. 2 V. rasurar. *vtd+vpr* 3 depilar(-se), rapar(-se), pelar (-se). **Ex:** Raspar as pernas. *vpr* 4 *Pop.* fugir, escapulir, esgueirar-se.

rastear *vtd+vi* 1 rastrear, rastejar. **Ex:** Os cães rasteavam os bandidos. *vtd* 2 procurar, buscar, catar.

rasteira *sf* 1 pernada. 2 *Fig.* trapaça, traição, deslealdade.

rasteiro *adj* 1 rastejante. 2 raso, baixo. **Ex:** Mato rasteiro. **A:** alto. 3 vil, reles, ordinário. **A:** nobre. 4 humilde, submisso, passivo. **A:** orgulhoso.

rastejar *vtd+vi* 1 V. rastear. *vtd* 2 investigar, pesquisar, averiguar. *vi* 3 arrastar-se, rojarse. **Ex:** A cobra rastejava; ele veio rastejando, para que ninguém o visse. 4 rebaixar-se, humilhar-se, aviltar-se. **Ex:** Rastejava para conseguir a promoção. **A:** engrandecer-se.

rastelo (ê) ou (é) *sm Agr.* sedeiro, *restelo*.

rasto *sm* 1 pegada, pista, vestígio, rastro. **Ex:** O caçador seguiu o rasto do urso. 2

indício, sinal, indicação, rastro. **Ex:** Vejo um rasto de indignação em seu olhar.

rastrear V. rastear.

rastro V. rasto.

rasura *sf* **1** emenda, correção. **2** raspa, apara, lasca.

rasurar *vtd* apagar, raspar, emendar. **Ex:** Não rasure o formulário.

rata *sf* **1** ratazana. **2** gafe, fora, mancada *gír*.

ratada *sf* **1** ninhada (de ratos). **2** extravagância, excentricidade, capricho.

ratazana *sf* **1** rata. *s m+f* **2** *Pop.* ladrão, gatuno; *MULHER* ladra, ladrona.

ratear *vtd* **1** dividir, repartir (proporcionalmente). *vi* **2** *Mec.* falhar. **Ex:** O motor rateou.

ratificar *vtd* **1** validar, autenticar, legitimar. **A:** invalidar. **2** comprovar, confirmar, corroborar. **A:** negar.

rato *sm Fig.* ladrão, gatuno, larápio, ladro.

ratoeira *sf Por ext.* armadilha, cilada, ardil, arapuca *fig.*

ravina *sf* **1** enxurrada, aluvião, torrente. **2** barranco, escavação.

razão *sf* **1** inteligência, intelecto, entendimento. **2** juízo, sensatez, discernimento. **A:** insensatez. **3** motivo, causa, fundamento. **4** justificativa, pretexto, desculpa. **Ex:** Não vejo razão para sua atitude grosseira. **5** argumento, alegação, prova. **6** justiça, direito, imparcialidade. **Ex:** A razão pede que seja punido. **7** porcentagem, percentagem, taxa de juros. * Razão social *Dir.* nome usado pelo empresário em suas atividades: firma.

razoar V. raciocinar.

razoável *adj m+f* **1** lógico, coerente, procedente, racionável. **A:** ilógico. **2** aceitável, mediano, suficiente. **Ex:** Fez um trabalho razoável. **3** moderado, reduzido. **Ex:** Valor razoável. **4** excessivo. **4** acreditável, plausível, possível. **A:** inaceitável. **5** sensato, ajuizado, ponderado. **Ex:** É um homem bastante razoável. **A:** insensato.

ré *sf* **1** *Dir.* acusada. **2** *Autom.* marcha à ré.

reabilitar *vtd* **1** regenerar, recuperar. **Ex:** A punição reabilitou-o. **A:** corromper. *vpr* **2** regenerar-se, corrigir-se, emendar-se. **A:** degenerar-se.

reação *sf* **1** resposta. **Ex:** Sua reação às provocações do adversário foi imediata. **2** resistência, oposição, negação. **A:** apoio. **3** *Filos.* e *Fís.* **A:** ação. **4** *Polít.* absolutismo, despotismo, tirania. **A:** democracia. **5** *Polít.* conservadorismo, tradicionalismo, conservantismo.

reacender *vtd+vpr Fig.* reanimar(-se), reativar(-se). **Ex:** Reacenderam-se os rancores.

reacionário *sm+adj* **1** *Polít.* conservador, tradicionalista, burguês. **A:** revolucionário. *sm* **2** *Polít.* absolutista, déspota, tirano. **A:** democrata. *adj* **3** *Polít.* absolutista, despótico, tirânico. **A:** democrático.

readquirir *vtd* recuperar, reaver, recobrar, retomar. **A:** perder.

reagente *sm Quím.* reativo.

reagir *vti* **1** opor-se a, resistir a, lutar contra. **Ex:** Os operários reagiram à venda da fábrica. **A:** apoiar. *vi* **2** responder. **Ex:** Quando viu que estava encurralado, reagiu atirando-se contra o agressor.

reagravar *vtd, vi+vpr* intensificar(-se), exacerbar(-se), aumentar(-se), exasperar(-se). **Ex:** Suas dores reagravaram-se. **A:** amenizar(-se).

real *adj m+f* **1** verdadeiro, concreto, tangível. **Ex:** O mundo real. **A:** irreal. **2** régio. **Ex:** O manto real.

realçar *vtd* **1** elevar, erguer, alçar. **A:** abaixar. **2** acentuar, enfatizar, salientar. *vtd+ vpr* **3** embelezar(-se), ornamentar(-se), ornar(-se). *vpr* **4** destacar-se, distinguir-se, sobressair.

realce *sm* destaque, relevo, evidência, relevo.

realeza *sf Fig.* grandeza, grandiosidade, esplendor, magnificência. **A:** modéstia.

realidade *sf* **1** verdade. **A:** imaginação. **2** fato. **Ex:** A realidade é que não temos dinheiro suficiente. **3** vida, existência. **A:** morte.

realizar *vtd* **1** executar, efetuar, fazer. **Ex:** Realizar um trabalho. *vtd+vpr* **2** cumprir(-se), efetivar(-se). **Ex:** A profecia realizou-se. *vpr* **3** acontecer, ocorrer, suceder. **Ex:** Realizou-se a reunião.

realizável *adj m+f* possível, praticável, exeqüível, fatível. **A:** irrealizável.

reanimar *vtd+vpr* **1** reacender(-se), reativar(-se). **Ex:** O encontro reanimou a paixão que sentia por ela; a vida na floresta reanimou-se após o incêndio. *vtd* **2** fortificar, revigorar, avigorar. **A:** enfraquecer.

reaparecer *vi PESSOA, COISA* ressurgir; *COISA* renascer, voltar, renovar-se.

reassumir *vtd* recuperar, recobrar, reaver, retomar. **A:** perder.

reatar *vtd* **1** continuar, prosseguir. **A:** interromper. **2** restabelecer, restaurar, renovar. **Ex:** Os antigos amigos reataram relações.

reativar *vtd+vpr Fig.* reacender(-se), reanimar(-se). **Ex:** As lembranças reativaram o romance.

reativo V. reagente.

reaver *vtd* recuperar, recobrar, readquirir, retomar. **A:** perder.

reaviar *vtd* **1** reconduzir. **Ex:** Reaviar alguém que se perdeu. **2** encaminhar, orientar, conduzir. **A:** desencaminhar.

reavivar *vtd* **1** reacender, reanimar, reativar. **Ex:** Reavivar um sentimento. **2** relembrar, recordar, rememorar.

rebaixado *part+adj* desprezível, vil, reles, baixo. **A:** nobre.

rebaixamento *sm* **1** V. rebaixo. **2** humilhação, vexame, degradação. **A:** engrandecimento.

rebaixar *vtd* **1** abaixar, baixar, descer. **Ex:** Rebaixar a entrada da casa. **A:** elevar. *vtd+vpr* **2** humilhar(-se), curvar(-se), degradar(-se). **A:** engrandecer(-se). *vi+vpr* **3** ceder, abaixar, descer. **Ex:** O terreno rebaixou. **A:** erguer-se.

rebaixe V. rebaixo.

rebaixo *sm* **1** rebaixamento, rebaixe, abaixamento. **A:** elevação. **2** depressão, baixada, baixos *pl*.

rebanhar V. arrebanhar.

rebanho *sm* **1** manada, gado; *DE ANIMAIS PEQUENOS* fato, bando; *DE OVELHAS* malhada, oviário. **2** *Rel.* paroquianos, fiéis, crentes.

rebarba *sf* **1** quina, aresta, canto. **2** saliência, excrescência.

rebarbativo *adj* antipático, carrancudo, carregado, desagradável. **Ex:** Fez uma cara rebarbativa. **A:** simpático.

rebate *sm* **1** rebatida, rebatimento. **2** ataque, assalto, investida. **A:** defesa. **3** alarme, alarma, sinal. **Ex:** Rebate falso. **4** pressentimento, palpite, sensação. **5** escaramuça, luta, combate.

rebater *vtd* **1** repelir, rechaçar, afastar. **Ex:** Rebater os inimigos. **2** conter, reprimir, moderar. **Ex:** Rebater o desejo de vingança. **A:** liberar. **3** contestar, refutar, contrariar. **Ex:** Rebater uma afirmação. **A:** admitir. **4** desmentir, contradizer, desdizer. **Ex:** Rebater uma acusação. **A:** confirmar. **5** censurar, criticar, desaprovar. **Ex:** Rebatia a desatenção dos alunos. **A:** elogiar. **6** debelar, extinguir, eliminar. **Ex:** Rebater uma epidemia.

rebatida *sf* **1** V. rebate. **2** desmentido, negação, contradição. **A:** confirmação.

rebeca V. rabeca.

rebelar *vtd+vpr* revoltar(-se), sublevar(-se), insurgir(-se), amotinar(-se). **A:** pacificar (-se).

rebelde *s e adj m+f* **1** insurreto, revoltoso, revolucionário. **Ex:** O rei mandou prender os rebeldes; os soldados rebeldes foram derrotados pelo exército. *adj m+f* **2** desobediente, indisciplinado, insubmisso. **A:** obediente. **3** teimoso, obstinado, persistente. **4** *ANIMAL* selvagem, bravo, bravio. **A:** domesticado. **5** *Dir.* revel, contumaz.

rebeldia *sf* **1** V. rebelião. **2** teimosia, obstinação, persistência. **3** oposição, resistência, objeção. **A:** apoio. **4** *Dir.* revelia, contumácia.

rebelião *sf* revolta, sublevação, insurreição, motim, rebeldia.

rebenque *sm* chicote, chibata, açoite, relho (pequenos).

rebentação *sf* arrebentação (das ondas).

rebentar *vtd+vi* **1** romper(-se), quebrar(-se), arrebentar. *vti* **2** *Fig.* morrer, explodir, arrebentar de. **Ex:** Rebentou de emoção ao saber da notícia. *vi* **3** estalar, estourar, pipocar. **Ex:** Bombas rebentam. **4** *Bot.* desabrochar, brotar, germinar. **5** irromper, deflagrar, estourar. **Ex:** Rebentou a guerra.

6 *ONDAS* quebrar-se, rebentar, desfazer-se (em espuma).

rebento *sm* **1** *Bot.* broto, gomo, renovo, arrebento. **2** produto, fruto, conseqüência. **3** *Fam.* filho, descendente. **A:** pai.

reboar *vi* ecoar, ressoar, reverberar, repercutir.

rebocar *vtd* **1** cobrir, revestir (de reboque). **2** reboquear. **Ex:** Um carro reboca o outro; o navio rebocava um pequeno barco.

reboco V. reboque.

rebojo *sm* redemoinho, remoinho, rodamoinho, turbilhão (de água ou ar).

rebolado *sm* ginga, requebro, saracoteado, bamboleio.

rebolão *sm+adj* fanfarrão, valentão, gabola, farofeiro *pop.*

rebolar *vtd, vi+vpr* requebrar(-se), saracotear(-se), menear(-se). **Ex:** Rebolar o corpo; ela caminha rebolando.

rebolcar *vtd* **1** lançar, jogar, atirar. *vpr* **2** chafurdar, revolver-se, mergulhar. **Ex:** Os porquinhos rebolcavam no chiqueiro.

rebolo (ô) *sm* pedra de amolar, esmeril, amoladeira.

rebôo *sm* eco, ressonância, reverberação, repercussão.

reboque (ó) *sm* **1** reboco. **Ex:** Caiu todo o reboque da parede. **2** guincho. **3** *Náut.* toa, cabo, corda. * A reboque *Náut.*: à toa.

reboquear V. rebocar.

rebordosa *sf* **1** dificuldade, encrenca *gír.*, sinuca *pop.* **2** censura, repreensão, bronca *pop.*

rebotalho *sm* **1** refugo, restos *pl*, sobras *pl.* **2** ninharia, bagatela, mixaria.

rebote *sm* ricochete, rechaço.

rebrilhar *vi* resplandecer, fulgurar, reluzir, cintilar.

rebuçado *sm* caramelo, confeito, bala.

rebuçar *vtd* **1** cobrir, encobrir, velar. **Ex:** A névoa rebuçava o caminho. **A:** descobrir. *vtd+vpr* **2** cobrir o rosto até os olhos: embuçar(-se). **3** disfarçar(-se), dissimular(-se), acobertar(-se). **Ex:** Não conseguíamos rebuçar nossa decepção. **A:** revelar(-se).

rebuço *sm* **1** parte da capa que esconde o rosto: embuço. **2** fingimento, hipocrisia, dissimulação. **A:** sinceridade.

rebuliço *sm* **1** barulho, ruído, estrondo. **A:** silêncio. **2** desordem, confusão, alvoroço.

rebulir *vtd* retocar, corrigir, retificar, emendar.

rebuscar *vtd* refinar, burilar, aprimorar, requintar.

recado *sm* aviso, mensagem, comunicação, comunicado.

recaída *sf Med.* recidiva, reincidência.

recair *vti* **1** reincidir em, repetir. **Ex:** Recaiu num erro grave. **2** incidir, pesar. **Ex:** Recaía sobre ele toda a culpa.

recalcar *vtd* **1** calcar novamente: repisar. **2** concentrar, reunir, juntar. **3** refrear, conter, reprimir. **Ex:** Recalcar um sentimento. **A:** liberar. **4** insistir em, repetir, renovar. **Ex:** Recalcar um argumento.

recalcitração V. recalcitrância.

recalcitrância *sf* teimosia, insistência, teima, perseverança, recalcitração.

recalcitrante *adj m+f* teimoso, insistente, perseverante, obstinado.

recalcitrar *vtd+vti* **1** responder, retrucar, replicar (com grosseria). *vti+vi* **2** teimar, insistir, obstinar-se. **A:** desistir. *vi* **3** revoltar-se, rebelar-se, amotinar-se. **A:** pacificar-se. **4** *ANIMAL* escoicear, coicear.

recamadura V. recamo.

recamar *vtd* **1** bordar (em relevo). **2** enfeitar, adornar, ornamentar. **A:** desenfeitar. *vtd+vpr* **3** cobrir(-se), encher(-se), revestir(-se). **Ex:** Flores delicadas recamavam os campos.

recambiar *vtd* devolver, reenviar, reconduzir, reexpedir.

recamo *sm* **1** recamadura, bordado (em relevo). **2** enfeite, adorno, ornamento.

recanto *sm* esconderijo, escondedouro, recesso, escaninho.

recapitulação *sf* resumo, síntese, sumário, compêndio. **A:** desenvolvimento.

recapitular *vtd* **1** resumir, sintetizar, condensar. **A:** desenvolver. **2** rememorar, recordar, relembrar.

recatado *adj* **1** pudico, decente, pudente. **A:** despudorado. **2** modesto, despretensioso, singelo. **A:** afetado. **3** cauteloso, cuidadoso, precavido. **A:** descuidado.

recatar *vtd* **1** defender, proteger, resguardar. **A:** expor. *vpr* **2** prevenir-se, precaver-se, resguardar-se. **A:** desprevenir-se.

recato *sm* **1** pudor, vergonha, decência. **A:** despudor. **2** modéstia, despretensão, singeleza. **A:** afetação. **3** cautela, cuidado, precaução. **A:** descuido.

recavar *vtd* insistir, teimar, persistir, martelar em. **Ex:** Recavar num assunto.

recear *vtd+vti* **1** temer. *vpr* **2** preocupar-se, inquietar-se, afligir-se. **A:** despreocupar-se.

recebedor V. receptor.

receber *vtd* **1** aceitar, pegar, tomar. **Ex:** Receber um presente. **A:** recusar. **2** acolher, hospedar, abrigar. **Ex:** Receber os amigos em casa. **A:** desabrigar. **3** admitir, acolher, aceitar. **Ex:** Recebeu bem as críticas. **4** *SALÁRIO, ETC.* ganhar, perceber, auferir. **5** levar, tomar, sofrer. **Ex:** Receber um soco. **A:** dar. **6** cobrar, arrecadar, recolher. **Ex:** Receber os impostos. **A:** pagar. **7** conseguir, obter, alcançar. **Ex:** Receber favores. **A:** perder. **8** *Dir.* adir, entrar na posse de. **Ex:** Receber uma herança.

receio *sm* **1** preocupação, apreensão, ansiedade. **A:** despreocupação. **2** dúvida, suspeita, desconfiança. **A:** confiança. **3** temor, medo, pavor. **A:** coragem.

receita *sf* **1** renda, produto, rendimento. **A:** prejuízo. **2** fórmula. **Ex:** A receita de um medicamento. **3** *Fig.* conselho, advertência, aviso.

receitar *vtd* **1** *Med.* prescrever, indicar, formular. **2** *Fig.* aconselhar, advertir, avisar.

recém-nascido *sm* *Med.* neonato.

recendente *adj m+f* cheiroso, perfumado, aromático, fragrante. **A:** fétido.

recender *vtd* **1** exalar, espalhar. **Ex:** O jardim recendia um perfume maravilhoso. *vti+vi* **2** cheirar. **Ex:** Seus cabelos recendiam a rosas.

recensão *sf* **1** V. recenseamento. **2** *Lit.* resenha. **3** lista, catálogo, relação. **4** cotejo, comparação, confronto (de textos).

recenseamento *sm* **1** recensão, inventário, arrolamento. **2** censo.

recensear *vtd* **1** inventariar, arrolar, relacionar. **2** apreciar, avaliar, considerar.

recente *adj m+f* novo, fresco. **Ex:** Notícias recentes; fato recente. **A:** antigo.

receoso *adj* **1** preocupado, apreensivo, ansioso. **A:** despreocupado. **2** desconfiado, cabreiro, suspeitoso. **A:** confiante. **3** medroso, temeroso, covarde. **A:** corajoso.

recepção *sf* **1** recebimento. **Ex:** A recepção de uma carta. **A:** envio. **2** acolhimento, acolhida, recebimento. **Ex:** Ter boa recepção.

receptáculo *sm* **1** recipiente. **2** abrigo, refúgio, guarida.

receptador V. receptor.

receptar *vtd* **1** abrigar, resguardar. **A:** desabrigar. **2** *MERCADORIA ROUBADA* adquirir, receber, aceitar.

receptivo *adj* **1** impressionável, sensível, suscetível. **A:** insensível. **2** hospitaleiro, cordial, gentil.

receptor *sm+adj* **1** recebedor. *sm* **2** *DE MERCADORIA ROUBADA* receptador.

recessão *sf* **1** recuo, retrocesso, recuada. **A:** avanço. **2** *Econ.* estagnação.

recesso V. recanto.

rechaçar *vtd* **1** repelir, rebater, afastar. **2** opor-se, resistir, contrapor-se a. **A:** apoiar.

rechaço *sm* ricochete, rebote.

recheado V. recheio.

rechear *vtd* **1** encher. **Ex:** Rechear o frango. **2** abarrotar, empanturrar, atestar. **A:** esvaziar. **3** entremear, intercalar, misturar. **Ex:** Rechear um discurso com frases de efeito.

recheio *sm* enchimento, recheado.

rechinar *vi* **1** chiar, ranger. **2** silvar, sibilar, assobiar.

rechonchudo *adj* gorducho, gordo, balofo, redondo. **A:** magro.

recibo *sm* **1** *Com.* quitação. **Ex:** Recibo de compra. **2** *Gír.* troco *fam*, revide, resposta. **Ex:** Dei-lhe o recibo imediatamente, paguei na mesma moeda.

recidiva *sf* *Med.* recaída, reincidência.

recidivo *adj* reincidente, inveterado, relapso, contumaz. **Ex:** Criminoso recidivo.

recife *sm* *Geogr.* escolho, abrolho.

recinto *sm* **1** espaço, área (fechados). **2** íntimo, interior, fundo *fig*. **A:** exterior.

recipiente *sm* **1** vaso, jarro, jarra. **2** receptáculo.

reciprocar *vtd* mutuar, permutar, trocar (entre si). **Ex:** As duas comunidades reciprocavam suas mercadorias.

reciprocidade *sf* **1** correspondência, proporção, correlação. **2** troca, permuta, mútuo.

recíproco *adj* mútuo, bilateral.

récita *sf* **1** recital, declamação. **2** *Teat.* representação, apresentação, espetáculo.

recital V. récita.

recitar *vtd+vi* **1** declamar. **Ex:** Recitar versos. *vtd* **2** contar, narrar, relatar.

reclamação *sf* **1** exigência, reivindicação, pretensão. **2** oposição, clamor, objeção, reclamo. **3** queixa, lamentação, lamúria. **4** queixa, protesto.

reclamar *vtd* **1** pedir, solicitar, requerer. **2** exigir, reivindicar, pretender. *vti* **3** opor-se a, clamar contra, objetar. **Ex:** Os empregados reclamaram da decisão do gerente. **A:** apoiar. **4** queixar-se, lamentar-se, lamuriar-se. **Ex:** Reclamar de dor. *vi* **5** queixar-se, protestar.

reclame V. reclamo.

reclamo *sm* **1** V. reclamação. **2** propaganda, anúncio, publicidade, reclame.

reclinar *vtd* **1** inclinar, dobrar, curvar. **A:** levantar. *vtd+vpr* **2** encostar(-se), recostar(-se), deitar(-se). **Ex:** Reclinou a cabeça na almofada e dormiu.

reclusão *sf* **1** fechamento. **A:** abertura. **2** cárcere, prisão, cadeia. **3** retiro, isolamento, clausura.

recluso *adj* preso, encarcerado, aprisionado, detido. **A:** liberto.

recobrar *vtd* **1** recuperar, reaver, retomar. **A:** perder. *vpr* **2** recuperar-se, restabelecer-se, restaurar-se.

recobrir *vtd* revestir; *COM OURO, ETC.* folhear, folhar.

recolher *vtd* **1** juntar, reunir, ajuntar. **Ex:** Fomos ao terreiro recolher as galinhas. **A:** dispersar. **2** compilar, coligir, reunir. **Ex:** Recolher textos. **3** angariar, reunir. **Ex:** Recolher assinaturas. **4** *FRUTAS, FLORES, FOLHAS* colher, apanhar. **A:** plantar. **5** receber, cobrar, arrecadar. **A:** pagar. **6** *Náut.* colher, arriar, ferrar. **Ex:** Recolher as velas. **A:** levantar. **7** acolher, hospedar, abri-

gar. **A:** desabrigar. *vpr* **8** refugiar-se, asilar-se, abrigar-se. **9** retirar-se. **Ex:** Recolheu-se para o seu quarto.

recolhida V. recolhimento.

recolhimento *sm* **1** recolhida. **2** recato, pudor, decência. **A:** despudor. **3** abrigo, refúgio, asilo. **4** retiro espiritual.

recomeçar *vtd* reiniciar, restaurar, renovar, retravar.

recomendação *sf* **1** advertência, conselho, sugestão. **2** apresentação, abonação. **Ex:** Carta de recomendação. *sf pl* **3** cumprimentos, saudações, lembranças. **Ex:** Mande recomendações minhas ao seu pai.

recomendar *vtd+vti* **1** aconselhar, propor, sugerir. **Ex:** Os amigos recomendaram-me um bom filme; o sábio recomendou paciência. **A:** desaconselhar. **2** pedir, exigir. **Ex:** Recomendou à governanta que escolhesse bem os empregados. **3** entregar, confiar, fiar. **Ex:** Recomendar objetos a alguém. **4** encarregar de, incumbir de, delegar. **Ex:** Recomendaram-lhe a direção do grupo. **5** apresentar. **Ex:** Recomendo o amigo ao gerente.

recompensa *sf* **1** prêmio, gratificação, remuneração. **A:** castigo. **2** compensação, indenização, reparação.

recompensar *vtd* **1** premiar, gratificar, remunerar. **Ex:** Recompensou o rapaz que achou sua carteira. **A:** castigar. **2** compensar, contrabalançar, contrapesar. **Ex:** Os resultados recompensam o esforço que faremos. **3** retribuir, corresponder a. **Ex:** Os filhos recompensam o amor dos pais. *vpr* **4** indenizar-se, reparar-se, pagar-se.

recompor *vtd* **1** reconstituir, restabelecer, restaurar. **2** reorganizar, remodelar, reformar. *vtd+vpr* **3** reconciliar(-se), congraçar(-se), harmonizar(-se). **Ex:** Recompor amigos que estiveram brigados.

recôncavo *sm* **1** cavidade, buraco, cova. **2** gruta, caverna, antro. **3** enseada, baía, angra. **4** vale, depressão.

reconcentrado *adj* pensativo, concentrado, meditativo, absorto.

reconcentrar *vtd+vpr* **1** concentrar(-se), reunir(-se), juntar(-se). **A:** dispersar(-se). *vpr* **2** reforçar-se, fortalecer-se, intensificar-se. **A:** enfraquecer. **3** concentrar-se, dedicar-se, absorver-se. **Ex:** Reconcentrar-se num estudo.

reconciliar *vtd+vpr* conciliar(-se), congraçar(-se), harmonizar(-se), recongraçar(-se). **Ex:** Reconciliar os inimigos. **A:** desarmonizar(-se).

recondicionar *vtd* reformar, restaurar, consertar, reconstruir.

recôndito *sm* **1** esconderijo, recanto, esconso. **2** íntimo, interior, âmago. **Ex:** O recôndito da alma. **A:** exterior. *adj* **3** escondido, oculto, encoberto. **A:** visível. **4** desconhecido, ignorado, incógnito. **A:** conhecido.

reconduzir *vtd* **1** devolver, recambiar, reenviar. **2** reeleger. **3** reaviar. **Ex:** Reconduzi os visitantes que se perderam.

reconfortar *vtd+vpr* **1** revigorar(-se), fortalecer(-se), fortificar(-se). **A:** enfraquecer. **2** confortar(-se), consolar(-se), animar(-se). **A:** desconsolar(-se).

recongraçar V. reconciliar.

reconhecer *vtd* **1** admitir, aceitar, aprovar. **Ex:** Reconhecer a verdade. **A:** negar. **2** admitir, confessar, declarar. **Ex:** Reconheço que estava errado. **3** identificar, distinguir, discernir. **Ex:** Faz tanto tempo que não nos vimos, que ela não me reconheceu. **4** agradecer. **Ex:** Reconheceu tudo o que fizeram por ele. **5** autenticar, legalizar, certificar. **Ex:** Reconhecer a assinatura de um documento. **6** explorar, observar, analisar. **Ex:** Os batedores reconheceram o campo inimigo. **7** constatar, averiguar, apurar. **Ex:** Reconhecia a validade dos argumentos baseando-se nas declarações das testemunhas. *vpr* **8** confessar-se, declarar-se, dar-se por. **Ex:** Reconhecer-se culpado pelo erro.

reconhecido *part+adj* grato, agradecido, obrigado. **A:** ingrato.

reconhecimento *sm* **1** admissão, confissão, declaração. **2** gratidão, agradecimento. **Ex:** Em reconhecimento à sua colaboração, deram-lhe um prêmio. **A:** ingratidão. **3** autenticação, legalização, certificação. **Ex:** Reconhecimento de firma. **4** exploração, observação, análise. **Ex:** Reconheci-

mento do campo. **5** constatação, averiguação, apuração.

reconquistar *vtd* recobrar, recuperar, readquirir, retomar. **A:** perder.

reconsiderar *vtd* **1** refletir, repensar. *vi* **2** arrepender-se, recuar, mudar de idéia.

reconstituinte *sm Farm.* tônico, fortificante, tonificante.

reconstituir *vtd* **1** recompor, restabelecer, restaurar, reconstruir. **Ex:** Reconstituir uma organização. **2** fortificar, tonificar, revigorar. **Ex:** Reconstituir o doente.

reconstruir *vtd* **1** reedificar, reformar, restaurar. **Ex:** O governo reconstruiu os edifícios destruídos no bombardeio. **2** V. reconstituir.

recontar *vtd* contar, narrar, relatar, expor.

reconto *sm* conto, narração, história, narrativa.

recopilação *sf* **1** síntese, resumo, sumário. **A:** desenvolvimento. **2** compilação, coleção, seleção.

recopilar *vtd* **1** sintetizar, resumir, sumariar. **A:** desenvolver. **2** compilar, recolher, selecionar. **Ex:** Recopilamos textos de autores modernos.

recordação *sf* lembrança, memória, reminiscência.

recordar *vtd+vpr* **1** lembrar(-se). **A:** esquecer(-se). *vtd* **2** parecer, assemelhar-se, semelhar-se. **Ex:** Esta rua recorda aquela onde morávamos. **A:** diferenciar-se.

reco-reco *sm Mús.* ganzá.

recorrer *vti* **1** empregar, usar, utilizar. **Ex:** Recorrer a expedientes ilegais. **2** apelar para, invocar. **Ex:** Recorrer à lei, aos amigos. **3** *Dir.* apelar para. **Ex:** Recorrer a um tribunal superior.

recortar *vtd* **1** cortar. **Ex:** A menina recortava figuras da revista, colando-as na cartolina. **2** entremear, intercalar, misturar. **Ex:** Recortou o texto com citações de autores estrangeiros.

recostar *vtd+vpr* reclinar(-se), encostar(-se), deitar(-se). **Ex:** Recostou-se no sofá.

recosto *sm* encosto, espaldar, espalda, costas *pl*. **Ex:** O recosto da poltrona, da cadeira.

recreação V. recreio.

recrear *vtd+vpr* **1** divertir(-se), entreter(-se), distrair(-se). **A:** aborrecer(-se). **2** alegrar (-se), contentar(-se), satisfazer(-se). **A:** entristecer(-se).

recreio *sm* divertimento, diversão, entretenimento, distração, recreação.

recrescer V. recrudescer.

recriminar *vtd* **1** criticar, censurar, repreender. **A:** elogiar. **2** culpar, acusar, incriminar. **A:** inocentar.

recrudescência V. recrudescimento.

recrudescer *vi* **1** aumentar, crescer, ampliar-se, recrescer. **A:** diminuir. **2** agravar-se, intensificar-se, exacerbar-se. **A:** abrandar-se.

recrudescimento *sm* agravamento, exacerbação, intensificação, exasperação. **A:** abrandamento.

recruta *sf* novato, aprendiz, principiante, noviço. **A:** veterano.

recrutamento *sm Mil.* alistamento.

recrutar *vtd+vpr* **1** *Mil.* alistar(-se), engajar(-se), arrolar(-se). *vtd* **2** aliciar, arregimentar, reunir. **Ex:** Recrutar adeptos. **3** *GADO* arrebanhar, rebanhar, juntar. **A:** dispersar.

récua *sf* **1** *DE CAVALOS, MULAS, ETC.* manada, rebanho. **2** *Pej. DE BANDIDOS* bando, corja, malta.

recuada V. recuo.

recuar *vi* **1** retroceder, voltar, retrogradar. **A:** avançar. **2** hesitar, vacilar, titubear. **A:** decidir-se. **3** reconsiderar, arrepender-se, mudar de idéia. *vti* **4** desistir de, abandonar, renunciar a. **A:** persistir.

recuo *sm* **1** retrocesso, recuada, recessão. **A:** avanço. **2** *DE ARMA DE FOGO* coice.

recuperação *sf* **1** retomada, reconquista. **2** reabilitação, regeneração. **A:** corrupção. **3** restabelecimento, cura, restauração. **4** indenização, reembolso, ressarcimento.

recuperar *vtd* **1** reaver, retomar, recobrar. **Ex:** Recuperar a força de vontade; a polícia recuperou os objetos roubados. **A:** perder. **2** reabilitar, regenerar. **Ex:** A prisão deveria recuperar os condenados. **A:** cor-

romper. *vpr* **3** restabelecer-se, curar-se, restaurar-se. **Ex:** Estava muito fraco, mas já se recuperou. **4** indenizar-se, reembolsar-se, ressarcir-se. **Ex:** Recuperar-se das perdas.

recurso *sm* **1** meio, expediente, processo. **2** ajuda, auxílio, proteção. *sm pl* **3** bens, haveres, patrimônio *sing.* **4** *FINANCEIROS* posses, meios.

recurvado *part+adj* curvo, arqueado, encurvado, recurvo. **A:** direito.

recurvar *vtd+vpr* curvar(-se), dobrar(-se), encurvar(-se), vergar(-se). **A:** endireitar (-se).

recurvo V. recurvado.

recusar *vtd* **1** rejeitar, enjeitar, repelir. **Ex:** Recusar uma proposta. **A:** aceitar. **2** negar, denegar, negacear. **Ex:** Recusar ajuda. **A:** oferecer. *vtd+vpr* **3** opor-se, negar-se, resistir a. **A:** apoiar.

redação *sf* composição. **Ex:** Façam uma redação sobre o tema que quiserem.

redargüição *sf* **1** resposta, réplica. **A:** pergunta. **2** acusação.

redargüir *vtd+vti* **1** retrucar, responder, replicar. **A:** perguntar. **2** acusar, incriminar, culpar. **A:** inocentar.

rede *sf* **1** *DE CABELO* coifa. **2** *Fig.* cilada, armadilha, ardil.

rédea *sf* **1** brida. **2** *Fig.* direção, comando, chefia.

redemoinhar *vtd* **1** girar, virar, rodar. *vi* **2** *VENTO, ÁGUAS* remoinhar. **3** rodopiar, rodar, girar.

redemoinho *sm* **1** *DE AR* torvelinho, turbilhão. **2** *DE ÁGUA* voragem, sorvedouro, turbilhão. **Obs.:** Nas duas acepções, também existem as formas *remoinho* e *rodamoinho*.

redenção *sf Teol.* remição, salvação, libertação, resgate.

redigir *vtd* **1** escrever, compor, elaborar. **Ex:** Redigir um trabalho. **2** *CARTA* escrever.

redil *sm* ovil, aprisco, curral (de carneiros)

redimir *vtd* **1** isentar, eximir, livrar, remir. **Ex:** Redimir alguém de culpa. **2** *Teol.* remir, salvar, resgatar. *vtd+vpr* **3** libertar (-se), resgatar(-se), alforriar(-se), remir (-se). *vpr* **4** regenerar-se, recuperar-se, reabilitar-se, remir-se. **A:** degenerar-se.

redivivo *adj* **1** ressuscitado, ressurgido. **2** rejuvenescido, remoçado. **A:** envelhecido.

redobrar *vtd, vi+vpr* **1** quadruplicar(-se), reduplicar(-se). **2** aumentar, ampliar(-se), intensificar(-se). **A:** reduzir(-se). *vtd* **3** repetir, reiterar, repisar. *vi* **4** *AVES* gorjear, cantar, trinar.

redobre (ó) *sm* **1** gorjeio, canto, trinado. **2** *Fig.* fingimento, falsidade, hipocrisia. **A:** sinceridade. *adj m+f* **3** redobrado, maior. **Ex:** Ter atenção redobre no trabalho. **4** *Fig.* manhoso, ardiloso, astuto. **A:** ingênuo.

redoma *sf* campânula. **Ex:** Guardavam as jóias numa redoma.

redondezas *sf pl* proximidades, imediações, arredores, cercanias. **Ex:** Moro nas redondezas.

redondo *adj* **1** circular, orbicular, encíclico. **2** esférico, globular, globuloso. **3** curvo, curvado, encurvado. **A:** reto. **4** cilíndrico, roliço. **5** rechonchudo, balofo, gordo. **A:** magro.

redor *sm* contorno, volta, circuito, roda. * Ao redor de: em volta de, à roda de.

redução *sf* **1** limitação, restrição, diminuição. **A:** aumento. **2** abreviação, resumo, síntese. **A:** desenvolvimento. **3** *DE PREÇO* desconto, abatimento, dedução. **A:** acréscimo. **4** diminuição, encolhimento, contração. **A:** aumento.

redundância *sf* **1** excesso, exagero, superabundância. **A:** escassez. **2** prolixidade, difusão. **A:** concisão. **3** pleonasmo.

redundante *adj m+f* **1** excessivo, exagerado, superabundante. **A:** escasso. **2** prolixo, longo, difuso. **Ex:** Texto redundante. **A:** conciso. **3** pleonástico.

redundar *vti* **1** resultar em, importar, dar em. **Ex:** Às vezes, o esforço não redunda em vitória. **2** nascer, provir, resultar de. **Ex:** A felicidade não redunda só do dinheiro. *vi* **3** sobrar, abundar, sobejar. **Ex:** Para ele, redundam recursos. **A:** escassear. **4** transbordar, extravasar, entornar. **Ex:** O copo redundou.

reduplicar V. redobrar.

reduto *sm* refúgio, abrigo, proteção, trincheira *fig.*

reduzida *sf Gram.* oração reduzida (de infinitivo, gerúndio ou particípio).

reduzir *vtd* **1** limitar, restringir, diminuir. **A:** aumentar. **2** abreviar, resumir, sintetizar. **A:** desenvolver. **3** *PREÇO* abater, descontar, diminuir. **A:** aumentar. **4** transformar, converter, mudar. *vtd+vpr* **5** diminuir, encolher(-se), encurtar(-se). **A:** aumentar. **6** amenizar(-se), abrandar(-se), suavizar (-se). **A:** intensificar(-se). *vpr* **6** limitar-se, resumir-se, restringir-se.

reedificar *vtd* **1** reconstruir, reformar, restaurar. **Ex:** Reedificaram construções do início do século. **2** restabelecer, restaurar, reconstituir. **Ex:** Reedificar uma organização.

reeditar *vtd* **1** republicar, reimprimir, reeditorar. **Ex:** Reeditar um livro. **2** *Fig.* repetir, reproduzir.

reeditorar V. reeditar.

reeleger *vtd* reconduzir.

reembolsar *vtd* **1** reaver, recuperar, readquirir. **A:** perder. **2** restituir, devolver, entregar. **3** indenizar, ressarcir, compensar. *vpr* **4** indenizar-se, ressarcir-se, recuperar-se.

reembolso *sm* **1** restituição, devolução, entrega. **2** indenização, ressarcimento, compensação.

reempossar *vtd, vti+vpr* reintegrar(-se), restabelecer(-se), restituir(-se). **Ex:** Reempossaram o ministro no cargo.

reentrância *sf* concavidade, côncavo. **A:** saliência.

reenviar *vtd* devolver, recambiar, reexpedir, recambiar.

reexpedir V. reenviar.

refazer *vtd* **1** reformar, reorganizar, remodelar. **Ex:** Refazer um sistema. **2** consertar, reparar, restaurar. **Ex:** Refazer um mecanismo. **3** corrigir, emendar, retificar. **Ex:** Refazer um texto. **4** reconstruir, reedificar, restaurar. **Ex:** Refazer uma casa. **5** indenizar, reembolsar, ressarcir. **Ex:** Refazer os gastos. *vtd+vpr* **6** restabelecer(-se), restaurar(-se), reforçar(-se). **Ex:** Refez-se após uma boa noite de sono.

refego *sm* **1** *NA ROUPA* prega, dobra, vinco. **2** *NA PELE* ruga, dobra, carquilha.

refeição sf 1 EM GERAL repasto, alimento, comida; ABUNDANTE, FESTIVA banquete, festim, repasto. 2 café da manhã, desjejum. 3 almoço. 4 jantar, janta pop.

referência sf 1 citação, menção, alusão. 2 relação, respeito. Ex: Com referência ao assunto acima exposto, nada tenho a declarar. sf pl 3 informações.

referendar vtd 1 endossar, avalizar, abonar. 2 ratificar, sancionar, confirmar. A: vetar.

referente adj m+f relativo, concernente, pertinente, tocante, respeitante.

referir vtd 1 citar, mencionar, aludir a. A: omitir. 2 contar, narrar, relatar. vtd+vti 3 atribuir, imputar, culpar de. Ex: Referiram ao novo empregado a responsabilidade pelas falhas. vpr 4 aludir, mencionar, reportar-se a. 5 pertencer, concernir, relacionar-se. Ex: Os valores indicados referem-se aos juros.

referver vi 1 fermentar, levedar. 2 borbulhar, ferver. 3 Fig. exaltar-se, estimular-se, inflamar-se. A: desanimar-se.

refestelar-se vpr 1 recostar-se, deitar-se, reclinar-se. 2 deliciar-se, deleitar-se, comprazer-se. A: aborrecer-se.

refinação sf 1 ATO refinamento, purificação, depuração. 2 requinte, esmero, apuro, refinamento. A: relaxo. 3 ESTABELECIMENTO refinaria.

refinado part+adj 1 fino, elegante, requintado, chique. A: vulgar. 2 perfeito, completo, total. Ex: Um refinado canalha. A: imperfeito.

refinamento 1 e 2 V. refinação.

refinar vtd 1 purificar, depurar, apurar. Ex: Refinar uma substância. vtd+vpr 2 requintar(-se), esmerar(-se), aprimorar(-se).

refinaria V. refinação.

refletido part+adj prudente, ponderado, circunspecto, sensato, reflexivo. A: imprudente.

refletir vtd 1 SOM, LUZ ecoar, repercutir, repetir. Ex: O espelho refletia os raios luminosos. 2 exprimir, revelar, mostrar. Ex: Seus olhos refletem toda a dor que sente. A: ocultar. vtd+vpr 3 espelhar(-se), representar(-se), retratar(-se). Ex: O vidro da janela refletia a imagem do guarda; a lua reflete-se nas águas do rio. vti+vi 4 meditar, raciocinar, cogitar. Ex: Refletir sobre algo; reflita bem antes de agir. vti+vpr 5 incidir, recair. Ex: Os maus exemplos dos pais refletem sobre os filhos. vpr 6 SOM, LUZ ecoar, repercutir, reverberar. 7 repercutir, divulgar-se, ecoar. Ex: Sua falta de preparo refletiu-se entre os colegas. 8 transparecer, manifestar-se, aparecer. Ex: Seu descontentamento reflete-se em seus atos.

reflexão sf 1 eco, repercussão, reverberação. 2 prudência, juízo, sensatez. A: irreflexão. 3 meditação, raciocínio, pensamento.

reflexionar V. refletir.

reflexivo adj 1 Gram. VERBO pronominal. 2 V. refletido.

reflexo sm 1 revérbero. 2 reação, resposta. 3 cópia, imitação, reprodução. 4 Fig. representação, espelho fig, retrato fig. Ex: Seu comportamento é um reflexo de seu despreparo para a função. adj 5 refletido. 6 indireto, mediato. Ex: Influência reflexa. 7 involuntário, inconsciente, automático. Ex: Ato reflexo.

reflorescer vtd 1 florir, florescer, enflorar. Ex: A primavera refloresce os campos. vtd+vi 2 reanimar(-se), reacender(-se). Ex: Refloresce a confiança no futuro. vi 3 reflorir. Ex: O jardim refloresceu depois do inverno.

reflorir V. reflorescer.

refluir vti 1 voltar, retroceder, regressar (ao ponto de partida). Ex: Os turistas refluíram aos seus países. 2 confluir, afluir, convergir. Ex: A multidão refluiu para o saguão. A: divergir. vi 3 LÍQUIDO retroceder, voltar, regressar. Ex: A maré reflui.

refluxo sm volta, retrocesso, regresso.

refocilamento sm 1 alento, ânimo, vigor. A: desalento. 2 prazer, diversão, distração. A: aborrecimento.

refocilar vtd 1 refazer, reformar, reconstituir. vpr 2 alentar-se, animar-se, revigorar-se. A: desalentar-se. 3 divertir-se, distrair-se, recrear-se. A: aborrecer-se.

refogado sm Cul. guisado, ensopado.

refogar vtd Cul. guisar, ensopar.

refolgar vi repousar, descansar. A: cansar.

refolgo sm repouso, descanso, alívio. **A:** cansaço.

refolhar vtd disfarçar, encobrir, esconder, dissimular. **A:** revelar.

refolho sm **1** dobra, prega, vinco. **2** falsidade, fingimento, hipocrisia. **A:** sinceridade.

reforçado part+adj robusto, forte, vigoroso, musculoso. **A:** fraco.

reforçar vtd+vpr fortalecer(-se), fortificar (-se), robustecer(-se), revigorar(-se). **A:** enfraquecer.

reforço sm **1** DE OPINIÃO, ETC. defesa, apoio, amparo. **2** ajuda, auxílio, socorro. **3** Mil. tropas auxiliares pl, socorro bélico.

reforma sf **1** conserto, restauração, reparo, reformação. **2** Mil. aposentadoria, inatividade, jubilação.

reformação V. reforma.

reformar vtd **1** consertar, restaurar, reparar. vtd+vpr **2** emendar(-se), corrigir(-se), retificar(-se). **3** Mil. aposentar(-se).

refranger V. refratar.

refrão sm **1** provérbio, ditado, dito. **2** estribilho.

refratar vtd+vpr refletir(-se), refranger(-se).

refratário adj **1** rebelde, insubmisso, desobediente. **A:** submisso. **2** A UMA DOENÇA imune, resistente.

refrear vtd **1** frear, parar. **Ex:** Refrear o cavalo. **2** dominar, vencer, subjugar. **Ex:** Refrear os inimigos. vtd+vpr **3** conter(-se), reprimir(-se), moderar(-se). **Ex:** Refrear os maus instintos. **A:** descontrolar(-se).

refrega sf **1** batalha, combate, luta. **2** labuta, luta, trabalho.

refrescar vtd **1** refrigerar, esfriar, arrefecer. **A:** esquentar. vtd+vpr **2** COM LEQUE, MÃOS, ETC. abanar(-se).

refresco sm **1** refrigerante. **2** refrigério, alívio, consolo. **3** auxílio, ajuda, socorro.

refrigerador sm **1** geladeira. adj **2** V. refrigerante.

refrigerante sm **1** refresco. adj m+f **2** refrigerador, refrigerativo.

refrigerar vtd **1** V. refrescar. vtd+vpr **2** aliviar(-se), consolar(-se), amenizar(-se). **A:** agravar(-se).

refrigério V. refresco.

refugar vtd **1** rejeitar, desprezar, desdenhar. **A:** aceitar. **2** separar, escolher, apartar. **Ex:** Refugar o bom do mau.

refugiar-se vpr abrigar-se, esconder-se, resguardar-se, asilar-se.

refúgio sm **1** abrigo, esconderijo, resguardo. **2** amparo, proteção, defesa.

refugo sm resto, rebotalho, sobras pl.

refulgência sf resplendor, brilho, fulgor, clarão.

refulgente adj m+f resplandecente, luminoso, brilhante, fulgurante.

refulgir vi **1** resplandecer, brilhar, fulgurar. **2** destacar-se, distinguir-se, sobressair. **Ex:** Nosso filho refulgiu na apresentação teatral.

refundir vtd **1** refazer, corrigir, emendar. vi **2** reunir-se, juntar-se, concentrar-se. **A:** separar-se. vpr **3** transformar-se, converter-se, virar. **4** desaparecer, sumir, evaporar. **A:** aparecer.

refutar vtd **1** desmentir, contestar, contradizer. **A:** confirmar. **2** rejeitar, reprovar, opor-se a. **A:** aceitar.

rega sf regadura.

rega-bofe sm Fam. festança, folia, festão, folgança.

regaçar V. arregaçar.

regaço sm **1** colo. **2** seio, abrigo, asilo. **Ex:** O regaço da família. **3** interior, íntimo, âmago. **A:** exterior.

regalado part+adj farto, abundante, numeroso, copioso. **A:** escasso.

regalão sm comilão, glutão, guloso, comedor.

regalar vtd **1** presentear, brindar, ofertar. **2** divertir, distrair, recrear. **A:** aborrecer. vtd+vpr **3** deleitar(-se), deliciar(-se), agradar(-se). **A:** aborrecer(-se).

regalia sf direito, privilégio, prerrogativa, imunidade.

regalo sm **1** prazer, delícia, deleite. **A:** aborrecimento. **2** presente, brinde, oferta. **3** Ant. agasalho, resguardo (para as mãos).

reganhar vtd reaver, recobrar, recuperar, readquirir. **A:** perder.

regar vtd molhar, embeber, banhar, abeberar.

regatear vtd+vi **1** pechinchar. **Ex:** Regatear uma mercadoria; o preço está um pouco alto, vamos regatear. *vtd* **2** desvalorizar, depreciar, apoucar. **A:** valorizar. *vi* **3** discutir, brigar, disputar.

regateio *sm* pechincha.

regateira *sf* sirigaita.

regato *sm* ribeiro, córrego, riacho, arroio.

regedor V. regente.

regelar *vtd+vpr* congelar(-se), gelar(-se), enregelar(-se). **A:** degelar(-se).

regelo *sm* **1** congelamento. **A:** degelo. **2** *Fig.* frieza, insensibilidade, dureza. **A:** sensibilidade.

regência *sf* administração, direção, gerência, comando.

regenerar *vtd* **1** *MORALMENTE* recuperar, reabilitar. **Ex:** O castigo deve regenerar os condenados. **A:** corromper. *vtd+vpr* **2** reproduzir(-se). *vpr* **3** *MORALMENTE* corrigir-se, reabilitar-se, emendar-se. **Ex:** O pecador regenerou-se. **A:** degenerar-se.

regente *s m+f* **1** administrador, diretor, gerente. **2** *Mús.* maestro. *adj m+f* **3** regedor.

reger *vtd* **1** administrar, dirigir, gerir, comandar. **2** *Mús.* conduzir. **Ex:** Reger a orquestra. **3** *Gram.* subordinar.

região *sf* terra, território, país, área.

regime *sm* **1** direção, governo, regimento. **2** governo, sistema político. **3** processo, procedimento, sistema. **4** dieta. **5** *Gram.* complemento.

regimento *sm* **1** V. regime. **2** regulamento, estatuto, norma. **3** *Fig.* multidão, turma, aglomeração.

régio *adj* **1** relativo ao rei: real. **2** suntuoso, grandioso, pomposo. **A:** singelo.

regional *adj m+f* local.

registar V. registrar.

registo V. registro.

registrar *vtd* **1** inscrever, lançar, exarar. **2** fichar, catalogar, arrolar. **3** lembrar, marcar, assinalar. *vtd+vpr* **4** inscrever(-se), arrolar(-se), alistar(-se). **Obs.:** Nas quatro acepções, existe a variante *registar*.

registro *sm* **1** inscrição, lançamento, anotação. **2** *Com.* diário, livro, caderneta. **3** nota, anotação, apontamento. **4** ficha, prontuário. **Obs.:** Nas quatro acepções, existe a variante *registo*.

rego *sm* **1** sulco, vala. **2** sarjeta, valeta. **3** riacho, córrego, ribeiro.

regorjear *vi* gorjear, trinar, trilar, cantar.

regorjeio *sm* gorjeio, trinado, trino, trilado.

regougar *vi* resmungar, queixar-se, rezingar.

regougo *sm* resmungo, queixa, rezinga.

regozijar *vtd* **1** alegrar, contentar, satisfazer. **A:** entristecer. *vpr* **2** congratular-se, rejubilar-se, alegrar-se em. **Ex:** Regozijo-me em saber que tudo correu bem. **A:** lamentar.

regozijo *sm* alegria, contentamento, satisfação, júbilo. **A:** tristeza.

regra *sf* **1** norma, preceito, princípio. **2** exemplo, modelo, padrão. **3** economia, moderação, parcimônia. **A:** esbanjamento. **4** método, organização. **A:** desorganização. **5** comedimento. **A:** desregramento. *sf pl* **6** menstruação *sing*, mênstruo *sing*, paquete *sing*.

regrado *part+adj* **1** metódico, organizado. **A:** desorganizado. **2** moderado, econômico, parcimonioso. **A:** esbanjador. **3** comedido. **A:** desregrado.

regrar *vtd* **1** pautar. **Ex:** Regrar papéis. **2** alinhar, perfilar (com régua ou pauta). **3** dirigir, administrar, gerenciar. **4** moderar, controlar, comedir. *vtd+vpr* **5** guiar(-se), regular(-se), regulamentar(-se).

regredir *vi* retroceder, retrogradar. **A:** progredir.

regressão *sf* **1** V. regresso. **2** retrocesso. **A:** progressão.

regressar *vti+vi* retornar, voltar, tornar, retroceder. **A:** ir.

regresso *sm* volta, retorno, regressão. **A:** ida.

regulamentação V. regulamento.

regulamentar *vtd* **1** regular, regularizar. *adj m+f* **2** referente a regulamento: regimentar.

regulamento *sm* **1** regulamentação, estatuto, norma. **2** preceito, regra, prescrição.

regular *vtd* **1** dirigir, regrar, regular. **2** V. regulamentar. **3** prescrever, determinar. **4** comedir, moderar, conter. **A:** liberar. **5** graduar. **Ex:** Regular a luminosidade. *vtd+vpr* **6** V. regrar. *adj m+f* **7** legal, legítimo, lícito. **A:** irregular. **8** mediano, médio,

meão. **9** simétrico, harmonioso, harmônico. **A:** irregular.

regularidade *sf* simetria, harmonia, proporção. **A:** irregularidade.

regularizar *vtd* **1** V. regrar. *vtd+vpr* **2** nor-
malizar(-se).

regurgitar *vtd* expelir, lançar, vomitar.

rei *sm* monarca, soberano, imperador, majestade.

reimprimir *vtd* reeditar, republicar, reeditorar. **Ex:** Reimprimiram todas as obras do
autor falecido.

reinação *sf Pop.* arte, traquinagem, travessura, diabrura.

reinado *sm* **1** reino, monarquia, império. **2**
domínio, predomínio, influência.

reinar *vti+vi* **1** governar, reger, imperar. **2**
dominar, imperar, predominar. **3** grassar,
alastrar-se, espalhar-se.

reincidência *sf* **1** recidiva, recaída. **2** teimosia, obstinação, persistência.

reincidente *adj m+f* recidivo, inveterado,
contumaz, relapso. **Ex:** Infrator reincidente.

reincidir *vti+vi* recair. **Ex:** Reincidir em
erro.

reiniciar *vtd* recomeçar, restaurar, renovar,
retravar.

reino *sm* **1** reinado, monarquia, império. **2**
súditos *pl*. **Ex:** O reino pagava altos impostos à realeza. **3** *Fig.* campo, domínio,
âmbito. **Ex:** No reino da imaginação, tudo
é possível.

reintegrar *vtd, vti+vpr* reempossar(-se),
restabelecer(-se), restituir(-se). **Ex:** Reintegrar alguém num cargo, num posto.

reiterar *vtd* repetir, renovar, refazer, repisar.

reitor *sm* regente, diretor, chefe, administrador.

reitorado V. reitoria.

reitoria *sf* cargo de diretor: reitorado.

reivindicar *vtd* reclamar, exigir, requerer,
pedir.

rejeição *sf* recusa, enjeição, negação, desaprovação. **A:** aceitação.

rejeitar *vtd* **1** largar, deixar, abandonar. **2**
expelir, vomitar, regurgitar. **3** recusar, enjeitar, repelir. **A:** aceitar. **4** desaprovar, reprovar, condenar. **A:** aprovar. **5** negar, opor-se
a, recusar. **Ex:** Rejeitou sair.

rejubilação V. rejúbilo.

rejubilar *vtd* **1** alegrar, contentar, satisfazer.
A: entristecer. *vpr* **2** regozijar-se, folgar,
alegrar-se em. **Ex:** Rejubilei-me ao saber
que estavas bem de saúde. **A:** lamentar.

rejúbilo *sm* alegria, contentamento, satisfação, júbilo, rejubilação. **A:** tristeza.

rejuvenescer *vtd+vpr* remoçar(-se). **A:** envelhecer.

relação *sf* **1** relato, narração, descrição. **2**
lista, elenco, catálogo. **3** analogia, semelhança, afinidade. **4** dependência, ligação,
correlação. **5** referência, respeito. **Ex:** O
que você tem a dizer com relação aos
acontecimentos de ontem? *sf pl* **6** convivência *sing*, trato *sing*, familiaridade *sing*.
7 parentesco *sing*, afinidade *sing*.

relacionar *vtd* **1** listar, elencar, arrolar. **2** relatar, narrar, descrever. **3** comparar, confrontar, cotejar. *vpr* **4** ligar-se, correlacio-
nar-se. **5** conhecer, familiarizar-se com.

relâmpago *sm* **1** raio, corisco, faísca. **2** clarão, resplendor, cintilação.

relampaguear V. relampear.

relampear *vi* **1** coriscar, relampejar, relampaguear, coruscar. **2** cintilar, faiscar, luzir.

relampejar V. relampaguear.

relançar V. relancear.

relance *sm* relanço, lance de vista.

relancear *vtd* relançar, olhar de relance.

relapso *adj* **1** desleixado, relaxado, desmazelado. **A:** cuidadoso. **2** inveterado, reincidente, contumaz.

relar *vtd Pop.* encostar, roçar.

relatar *vtd* contar, narrar, expor, descrever.

relativo *adj* **1** concernente, referente, tocante. **2** acidental, eventual, contingente. **3** proporcional, proporcionado. **A:** desproporcional.

relato V. relação.

relator *sm* narrador.

relatório *sm* **1** exposição, relação, descrição. **2** parecer, opinião, juízo.

relaxado *part+adj* **1** bambo, frouxo, lasso,
relaxo. **A:** tenso. **2** negligente, desmazelado, desleixado. **A:** cuidadoso. **3** devasso,
depravado, libertino. **A:** casto.

relaxamento *sm* 1 bambeza, frouxidão, lassidão, relaxação. A: tensão. 2 negligência, desmazelo, desleixo, relaxo. A: cuidado.

relaxar *vtd* 1 afrouxar, bambear, distender. A: apertar. 2 abrandar, atenuar, moderar. A: aumentar. 3 perverter, degenerar, corromper. A: regenerar. *vpr* 4 desleixar-se, desmazelar-se, descuidar-se. A: esmerar-se.

relaxo V. relaxamento.

relé *sf Pop.* ralé, gentalha *pej*, escória, plebe. A: elite.

relegar *vtd* 1 banir, desterrar, expatriar. A: repatriar. 2 desprezar, rejeitar, recusar. A: considerar.

relembrar *vtd* rememorar, recordar.

relento *sm* sereno, garoa, umidade noturna.

reles *adj m+f, sing+pl* 1 ordinário, desprezível, vil. A: nobre. 2 insignificante, frívolo, vão. A: importante.

relevância *sf* 1 saliência, proeminência, relevo. A: reentrância. 2 importância, valor, monta. A: insignificância.

relevante *adj m+f* 1 saliente, proeminente, saltado. 2 importante, significativo, grave. A: insignificante.

relevar *vtd* 1 salientar, ressaltar, destacar. 2 desculpar, perdoar, absolver. A: condenar. 3 permitir, deixar, consentir em. 4 aliviar, consolar, confortar. A: oprimir. *vti+vi* 5 importar, interessar. *vpr* 6 distinguir-se, destacar-se, sobressair.

relevo *sm* 1 aresta, saliência, ressalto. A: reentrância. 2 evidência, realce, destaque.

relho *sm* açoite, chicote, chibata, flagelo.

relicário *sm* 1 lugar onde se guardam coisas sagradas: sacrário, santuário. 2 escapulário, patuá, bentinhos *pl*.

religião *sf* 1 culto, crença. 2 devoção, crença, fé. A: irreligião.

religioso *sm* 1 devoto. A: ateu. *adj* 2 piedoso, devoto, pio. A: irreligioso. 3 *Fig.* pontual. A: impontual.

relinchar *vi* rinchar, nitrir. *Ex*: O cavalo relincha.

relincho *sm* rincho, nitrido, nitrir.

relíquia *sf* 1 despojos *pl* (de santo). *sf pl* 2 ruínas, restos, destroços.

relutante *adj m+f* resistente.

relutar *vti+vi* resistir, opor-se.

reluzente *adj m+f* brilhante, cintilante, resplandecente, fúlgido.

reluzir *vi* brilhar, cintilar, resplandecer, refulgir.

relva *sf* 1 grama, erva. 2 relvado, gramado.

relvado V. relva.

relvar *vtd* cobrir de relva: gramar.

remanejar *vtd* transferir.

remanescente *sm* 1 resto, sobra, sobejo. *adj m+f* 2 restante.

remanescer *vi* restar, sobrar, ficar, sobejar.

remansado *adj* 1 vagaroso, lento, moroso. A: rápido. 2 quieto, tranquilo, calmo, remansoso. A: agitado.

remanso *sm* 1 água parada. 2 retiro. 3 quietude, tranquilidade, calma. A: agitação.

remansoso V. remansado.

remar *vi* 1 vogar. 2 nadar, boiar, flutuar. A: afundar. 3 esvoaçar, voejar, adejar.

remascar V. remastigar.

remastigar *vtd* 1 ruminar, remoer, remascar. *Ex*: As vacas remastigam seu alimento. 2 *Fig.* remoer, ruminar, reconsiderar. *Ex*: Remastiga esse assunto desde ontem.

rematar *vtd* 1 arrematar, acabar, completar. A: começar. 2 coroar, encimar, aureolar. *vpr* 3 acabar, concluir-se, findar. A: começar.

remate *sm* 1 arremate, acabamento, conclusão. A: início. 2 auge, máximo, ápice.

remedar V. arremedar.

remediar *vtd* 1 medicar. 2 abastecer, prover, munir. 3 ajudar, socorrer, auxiliar. 4 evitar, prevenir, atalhar. 5 corrigir, emendar, retificar.

remédio *sm* 1 medicamento, droga, preparado. 2 ajuda, socorro, auxílio. 3 saída, solução, expediente. 4 correção, emenda, retificação.

remedo V. arremedo.

remelão V. remeloso.

remelento V. remeloso.

remelexo *sm* requebro, ginga, rebolado, saracoteio.

remeloso *adj* remelento, remelão. *Ex*: Acordou com os olhos remelosos.

rememorar *vtd* relembrar, recordar.

remendar *vtd* **1** consertar, costurar (remen-dos). **2** *Pop.* emendar, corrigir, consertar. **Ex:** Remendou a besteira que fez.

remendo *sm Pop.* emenda, correção, retifi-cação.

remessa *sf* envio, expedição, despacho. **A:** recebimento.

remessar V. arremessar.

remesso V. arremesso.

remeter *vtd* **1** enviar, expedir, despachar. **A:** receber. **2** atacar, agredir, investir contra. *vpr* **3** referir-se, reportar-se, aludir a.

remetida V. arremetida.

remexer *vtd* **1** revolver, mexer, fuçar *fig.* **2** agitar, sacudir, balançar.

remexido *part+adj Fam.* irrequieto, traqui-nas, travesso, arteiro. **A:** comportado.

remição *sf* redenção, resgate, salvação, li-bertação.

reminiscência *sf* lembrança, recordação, memória.

remir V. redimir.

remissão *sf* **1** misericórdia, compaixão, pe-na. **A:** indiferença. **2** perdão, indulto, ab-solvição. **A:** condenação. **3** expiação. **4** inatividade, desânimo, preguiça. **A:** ener-gia. **5** remessa, envio, expedição. **A:** rece-bimento.

remitir *vtd* **1** perdoar, absolver, desculpar. **A:** condenar. **2** devolver, restituir, entregar. **3** abrandar, afrouxar, atenuar. **A:** agravar.

remoção *sf* mudança, transferência, pas-sagem.

remoçar *vtd+vpr* rejuvenescer(-se). **A:** en-velhecer.

remodelar *vtd* refazer, restaurar, reformar, modificar.

remoer *vtd* **1** ruminar, remascar, remastigar. *vtd* **2** *Fig.* ruminar, reconsiderar, matutar em. **Ex:** Remoer um assunto. **3** *Fig.* im-portunar, incomodar, aborrecer. **A:** agra-dar. *vi* **4** ruminar. **Ex:** O gado estava no pasto, remoendo.

remoinhar V. redemoinhar.

remoinho V. redemoinho.

remolhar *vtd* ensopar, encharcar, empapar, abeberar. **A:** secar.

remonta *sf* conserto, reforma, restauração, reparação.

remontar *vtd* **1** elevar, levantar, erguer. **A:** abaixar. **2** consertar, reformar, restaurar. *vti* **3** voltar, retornar, volver (no tempo). **Ex:** Remontar ao século passado.

remoque *sm* **1** zombaria, troça, gozação. **2** indireta, carapuça *fig.*, bodocada *fig.*

remorder *vtd* **1** ruminar, matutar em, refle-tir sobre. **Ex:** Remorder um assunto. *vtd+* *vpr* **2** afligir(-se), atormentar(-se), tortu-rar(-se). **A:** aliviar(-se).

remorso *sm* arrependimento, pesar, contri-ção, compunção.

remoto *adj* **1** distante, longínquo, afastado. **Ex:** Lugar remoto; tempos remotos. **A:** próximo. **2** mediato, indireto. **Ex:** Causas remotas. **A:** imediato.

remover *vtd* **1** transferir, mudar, passar. **2** afastar, desviar, distanciar. **A:** aproximar.

remuneração *sf* **1** salário, ordenado, paga-mento. **2** recompensa, prêmio, gratifica-ção. **A:** castigo.

remunerar *vtd* **1** pagar. **Ex:** Remunerar os empregados. **2** recompensar, premiar, gra-tificar. **A:** castigar.

renascença *sf* renascimento.

renascer *vi* **1** ressuscitar, reviver. **2** reapare-cer, ressurgir, voltar. **3** corrigir-se, emen-dar-se, regenerar-se. **A:** degenerar-se.

renascimento V. renascença.

renda *sf* rendimento, produto, receita; *DIÁ-RIA* féria. **A:** prejuízo.

rendar V. arrendar.

rendável V. rentável.

render *vtd* **1** vencer, dominar, submeter. **Ex:** Os soldados renderam os invasores. **2** oferecer, consagrar, dedicar. **Ex:** Render homenagens. *vpr* **3** capitular, entregar-se, submeter-se. **Ex:** O exército rendeu-se. **A:** resistir. **4** ceder, sucumbir, curvar-se. **Ex:** Rendeu-se à pressão. **A:** resistir. **5** abando-nar-se, entregar-se, sujeitar-se. **Ex:** Ren-der-se ao vício. **A:** resistir.

rendilhar *vtd* recortar, cortar.

rendimento *sm* **1** renda, lucro, produto. **A:** prejuízo. **2** *Med.* hérnia, quebradura *pop.*

rendoso *adj* lucrativo, vantajoso, rentável, produtivo, rendável. **Ex:** Negócio rendoso. **A:** desvantajoso.

renegado *sm* desertor, traidor, apóstata.

renegar *vtd* **1** renunciar a, abjurar, desertar de. **Ex:** Renegar uma crença, a lei. **A:** seguir. **2** repudiar, desprezar, menosprezar. **3** detestar, odiar, execrar. **A:** amar. **4** trair, atraiçoar. **Ex:** Renegou os próprios amigos.

renguear *vi* mancar, coxear, claudicar, capengar.

renhido *part+adj* **1** intenso, violento, encarniçado. **Ex:** Disputa renhida. **2** *Fig.* sangrento, cruento, sanguinolento. **Ex:** Luta renhida.

renhir *vtd* **1** disputar, pleitear, competir por. *vtd+vti* **2** combater, lutar, batalhar. *vti+vi* **3** discutir, brigar, altercar.

renitente *adj m+f* teimoso, obstinado, persistente, pertinaz.

renomado *adj* famoso, célebre, conhecido, popular, renomeado. **A:** obscuro.

renome *sm* **1** crédito, boa reputação, bom nome. **A:** descrédito. **2** fama, celebridade, glória. **A:** obscuridade.

renomeado V. renomado.

renova V. renovo.

renovar *vtd* **1** consertar, reparar, reformar. **2** restabelecer, restaurar, reconstituir. **3** corrigir, reformar, retificar. **4** recomeçar, reiniciar, restaurar. **5** repetir, reiterar, reprisar. **6** relembrar, recordar, rememorar. *vi* **7** *Bot.* brotar, germinar, rebentar. *vi+vpr* **8** reaparecer, ressurgir, voltar. *vpr* **9** remoçar-se, rejuvenescer-se. **A:** envelhecer. **10** regenerar-se, emendar-se, corrigir-se. **A:** degenerar-se.

renovo *sm* **1** *Bot.* broto, rebento, gomo. **2** *Fig.* descendência, prole, progênie, renova. **A:** ascendência.

renque *s m+f* fila, fileira, linha; *DE ÁRVORES* alameda, aléia.

rentável V. rendoso.

rente *adj m+f* **1** raso, curto. **Ex:** O cabelo rente dos militares. **2** próximo, vizinho, junto. **Ex:** A cabana do lenhador era rente à montanha. *adv* **3** cerce, pelo pé, pela raiz. **Ex:** Cortar rente.

renúncia *sf* **1** abdicação. **Ex:** Renúncia ao trono. **2** abandono, abjuração. **Ex:** Renúncia à fé. **3** abandono, desistência. **Ex:** Renúncia aos ideais da juventude. **4** recusa, rejeição. **A:** aceitação.

renunciar *vtd+vti* **1** *CARGO, DIREITO* abdicar. **2** *DOUTRINA, CRENÇA* renegar, abandonar, abjurar. **A:** seguir. **3** abandonar, desistir de. **Ex:** Renunciar a um ideal. **4** recusar, rejeitar, enjeitar. **A:** aceitar.

reorganizar *vtd* recompor, remodelar, reformar, refazer.

reparação *sf* **1** reparo, conserto, reforma, restauração. **2** indenização, ressarcimento, compensação. **3** satisfação, retratação.

reparar *vtd* **1** consertar, reformar, restaurar. **2** indenizar, ressarcir, compensar. **Ex:** Reparar as perdas. *vtd+vti* **3** notar, observar, perceber. *vti* **4** ligar para, importar-se com. **Ex:** Não repare na bagunça. *vpr* **5** indenizar-se, ressarcir-se, pagar-se.

reparo *sm* **1** V. reparação. **2** exame, inspeção, vistoria. **3** crítica, censura, advertência. **4** socorro, ajuda, auxílio. **5** *Mil.* trincheira, entrincheiramento.

repartição *sf* **1** partilha, divisão, distribuição. **2** seção, departamento. **3** secretaria. **4** V. repartimento.

repartimento *sm* **1** compartimento, repartição, divisão (de armário, etc.). **2** quarto, cômodo, aposento.

repartir *vtd* **1** partilhar, dividir, distribuir. *vpr* **2** dividir-se, ramificar-se, subdividir-se. **3** espalhar-se, propagar-se, disseminar-se.

repassar *vtd* **1** reler, reexaminar. **Ex:** Repassar as lições. *vtd+vpr* **2** ensopar(-se), encharcar(-se), embeber(-se). **A:** secar(-se). *vi* **3** ressumar, ressumbrar. **Ex:** As paredes repassavam umidade.

repastar *vtd* **1** apascentar, pastorear, pascer. **2** alimentar, nutrir. *vtd+vpr* **3** deliciar(-se), deleitar(-se), encantar(-se). **A:** aborrecer (-se).

repasto *sm* banquete, festim, ágape, refeição.

repatriar *vtd* deixar voltar à pátria. **A:** expatriar.

repelão *sm* **1** empurrão, encontrão, tranco, repelido. **2** ataque, investida, agressão. **A:** defesa.

repelente V. repulsivo.

repelido V. repelão.

repelir *vtd* **1** rechaçar, rebater, repulsar. **2** afastar, desviar, apartar. **A:** aproximar. **3** rejeitar, recusar, enjeitar. **A:** aceitar.

repenicar V. repicar.

repenique V. repique.

repensar *vtd* reconsiderar, refletir, repesar.

repente *sm* ímpeto, impulso, acesso, arrebatamento. * De repente: repentinamente, subitamente.

repentino *adj* súbito, imprevisto, inopinado, improviso. **A:** previsto.

repercussão *sf* reflexão, eco, reverberação.

repercutir *vtd* **1** refletir, ecoar, repetir. *vti* **2** refletir-se, divulgar-se, ecoar. **Ex:** Suas declarações repercutiram .no mundo inteiro. *vi* **3** ecoar, ressoar, reverberar.

repertório *sm* **1** compilação, coleção, conjunto. **2** almanaque, calendário, folhinha. **3** obras *pl.* **Ex:** O repertório de um cantor.

repesar V. repensar.

repetir *vtd* **1** reiterar, reprisar, repisar. **2** *LUZ, IMAGENS* refletir, reverberar; *SONS* repercutir, ecoar, ressoar.

repicar *vtd* repenicar, tocar (sinos).

repimpar *vtd+vpr* **1** *DE COMIDA* fartar(-se), empanturrar(-se), encher(-se). *vi+vpr* **2** refestelar-se, recostar-se, deitar-se.

repintar *vtd* *CORES* avivar, realçar, destacar, salientar.

repique *sm* **1** repenique, toque (dos sinos). **2** alarma, alarme, rebate.

repisar *vtd* repetir, reiterar, renovar, reprisar.

repleno V. repleto.

repleto *adj* cheio, farto, abarrotado, repleno. **A:** vazio.

réplica *sf* **1** resposta. **A:** pergunta. **2** refutação, contestação, desmentido. **A:** confirmação. **3** cópia, imitação.

replicar *vtd* **1** responder, retrucar, retorquir. **A:** perguntar. *vti* **2** contestar, refutar, objetar. **A:** confirmar.

repolhudo *adj* gordo, rechonchudo, roliço, obeso. **Ex:** Rosto repolhudo. **A:** magro.

repoltrear-se *vpr* refestelar-se, recostar-se, deitar-se, reclinar-se.

repontar *vi* despontar, nascer, surgir, aparecer. **A:** desaparecer.

repor *vtd* **1** recolocar. **A:** retirar. **2** devolver, restituir, entregar.

reportar *vtd* **1** recuar, volver, voltar (para trás). **A:** avançar. **2** atribuir, imputar, referir. **Ex:** Reporta o sucesso à sorte. *vpr* **3** referir-se a, mencionar, remeter-se a. **Ex:** O texto reporta-se a um assunto bem conhecido. **4** conter-se, controlar-se, reprimir-se. **A:** descontrolar-se.

repositório *sm* **1** depósito, armazém. **2** coleção, conjunto, repertório.

repousar *vtd+vti* **1** descansar. **A:** cansar. *vtd* **2** tranqüilizar, aliviar, acalmar. **A:** agitar. *vti* **3** basear-se, fundamentar-se, firmar-se. **Ex:** Sua teoria repousa em observações. *vi* **4** dormir, deitar-se, nanar *inf.* **5** jazer, estar sepultado.

repouso *sm* **1** descanso, folga. **2** inatividade, inércia, imobilidade. **A:** movimento. **3** tranqüilidade, sossego, quietude. **A:** agitação.

repreender *vtd* censurar, criticar, bronquear com *pop*, advertir. **A:** elogiar.

repreensão *sf* censura, crítica, bronca *pop*, advertência. **A:** elogio.

represa *sf* **1** dique, barragem, açude. **2** suspensão, interrupção, pausa. **A:** continuação. **3** repressão, contenção, coibição. **A:** liberação.

represália *sf* vingança, desforra, retaliação, desafronta. **A:** afronta.

represar *vtd* **1** suspender, interromper, parar. **A:** continuar. **2** reprimir, conter, coibir. **A:** liberar. **3** estorvar, impedir, atrapalhar. **A:** ajudar. **4** tomar, apoderar-se de, apossar-se de. **A:** desfazer-se de. *vpr* **5** acumular-se, ajuntar-se, amontoar-se.

representação *sf* **1** revelação, mostra, exibição. **A:** ocultação. **2** petição, reclamação, queixa. **3** *Teat.* interpretação, desempenho. **4** alegoria, metáfora, parábola.

representar *vtd* **1** retratar, pintar, desenhar. **2** significar, simbolizar, denotar. **3** revelar, exibir, mostrar. **A:** ocultar. **4** desempenhar, executar, exercer. **Ex:** Representa um importante papel no governo. **5** parecer, aparentar, figurar. **Ex:** A moça representa uns vinte anos.

representativo *adj* alegórico, metafórico, simbólico, figurado.

repressão *sf* contenção, proibição, coibição, comedimento.

reprimenda *sf* repreensão, censura, sabão, lavada. **A:** elogio.

reprimir *vtd+vpr* **1** conter(-se), refrear(-se), coibir(-se). **A:** descontrolar(-se). *vtd* **2** oprimir, humilhar, vexar. **3** ocultar, disfarçar, esconder. **Ex:** Reprimia os soluços enquanto falava.

reprisar *vtd* repetir, reiterar, renovar, iterar.

réprobo *adj* **1** detestado, odiado, execrado. **A:** querido. **2** malvado, mau, perverso. **A:** bondoso. **3** *Teol.* condenado. **A:** beato.

reprodução *sf* **1** procriação, multiplicação. **2** cópia, fac-símile. **A:** original. **3** fotografia, retrato, foto.

reprodutor *sm Zootec.* garanhão, rufião, pastor. **Obs.:** Sinônimos referentes apenas ao reprodutor eqüino.

reproduzir *vtd* **1** copiar, imitar. **2** descrever, retratar, delinear. **Ex:** Reproduzir uma cena. *vpr* **3** multiplicar-se, procriar. **Ex:** Os coelhos reproduzem-se rapidamente.

reprovação *sf* **1** desaprovação, crítica, condenação. **A:** aprovação. **2** repreensão, advertência, bronca *pop.* **A:** elogio. **3** *NA ESCOLA* pau, bomba *gír.* **A:** aprovação.

reprovar *vtd* **1** desaprovar, criticar, condenar. **A:** aprovar. **2** rejeitar, recusar, enjeitar. **A:** aceitar.

repto *sm* desafio, provocação, instigação.

republicar *vtd* reeditar, reimprimir, reeditorar. **Ex:** Republicar livros.

repudiar *vtd* rejeitar, recusar, desprezar, enjeitar. **A:** aceitar.

repúdio *sm* rejeição, recusa, desprezo, enjeição. **A:** aceitação.

repugnância *sf* **1** nojo, repulsa, asco. **2** antipatia, aversão, ódio. **A:** simpatia. **3** resistência, oposição, objeção. **A:** apoio.

repugnante *adj m+f* nojento, repulsivo, asqueroso, repelente. **A:** atrativo.

repugnar *vtd* **1** recusar, rejeitar, enjeitar. **A:** aceitar. *vti* **2** resistir a, opor-se a, objetar. **A:** apoiar. **3** enojar, nausear, enjoar.

repulsa *sf* **1** aversão, antipatia, ódio, repulsão. **A:** simpatia. **2** resistência, oposição, objeção. **A:** apoio.

repulsão V. repulsa.

repulsar *vtd* **1** afastar, arredar, desviar. **A:** aproximar. **2** expulsar, repelir, afastar. **Ex:** Repulsar os invasores. **3** recusar, refutar, rejeitar. **A:** aceitar. **4** repercutir, ecoar, repetir. **Ex:** Repulsar um som.

repulsivo *adj* **1** repelente, nojento, asqueroso. **A:** atraente. **2** detestável, odioso, abominável. **A:** adorável.

reputação *sf* fama, celebridade, renome, glória. **A:** obscuridade.

reputar *vtd* **1** glorificar, enobrecer, ilustrar. **Ex:** Suas qualidades reputaram o nome da família. **A:** humilhar. **2** avaliar, estimar, pesar. *vtd+vpr* **3** julgar(-se), considerar (-se), achar(-se). **Ex:** Reputa-se o melhor jogador do time.

repuxão V. repuxo.

repuxar *vtd* **1** esticar, estirar, puxar. *vi* **2** jorrar, esguichar, espirrar.

repuxo *sm* **1** puxão, repuxão, estiramento. **2** fonte, chafariz. **3** recuo, retrocesso, volta; *DE ARMA* coice.

requebrado *sm* **1** V. requebro. *part+adj* **2** sensual, lascivo, lânguido. **A:** casto.

requebrar *vtd+vpr* **1** rebolar, saracotear, menear(-se). *vtd* **2** namorar, galantear, cortejar.

requebro (ê) *sm* rebolado, ginga, requebrado, saracoteio, bamboleio.

requeimar *vtd+vpr* **1** tostar(-se), torrar(-se), crestar(-se). *vtd* **2** picar, pinicar, pruir.

requerente *s m+f* aspirante, pretendente, candidato, concorrente.

requerer *vtd* **1** pedir, solicitar, requisitar, demandar. **2** exigir, necessitar, precisar de. **Ex:** Esse trabalho requer força de vontade.

requerimento *sm* **1** pedido, solicitação, petição, requisição. **2** *FORMAL, POR ESCRITO* petição. **Ex:** A secretaria receberá os requerimentos dos alunos até sexta-feira.

requestar *vtd* galantear, namorar, cortejar.

requintado *part+adj* refinado, delicado, fino, aprimorado. **Ex:** Gosto requintado. **A:** grosseiro.

requintar *vtd* **1** aperfeiçoar, aprimorar, apurar. *vti, vi+vpr* **2** exagerar, exceder-se, abusar.

requinte *sm* **1** perfeição, esmero, primor. **A:** desleixo. **2** exagero, excesso, abuso.

requisição V. requerimento.

requisitar V. requerer.

requisito *sm* condição, exigência, quesito. **Ex:** Atender a todos os requisitos.

rescaldado *part+adj Fig.* experiente, experimentado, prático, tarimbado. **A:** inexperiente.

rescaldar *vtd* escaldar, aquecer, esquentar. **A:** esfriar.

rescaldo *sm* borralho, borralha, cinzas quentes *pl*.

rescindir *vtd* **1** *CONTRATO* anular, invalidar, quebrar. **A:** ratificar. **2** dissolver, romper, desfazer. **Ex:** Rescindir uma sociedade. **A:** manter.

rescisão *sf* **1** *DE CONTRATO* anulação, invalidação, quebra. **A:** ratificação. **2** corte, extirpação, amputação.

resenha *sf* **1** descrição, relato, narração. **2** relação, enumeração, especificação. **3** *Lit.* recensão.

resenhar *vtd* **1** descrever, relatar, narrar. **2** relacionar, enumerar, especificar.

reserva *sf* **1** discrição, recato, circunspeção. **A:** indiscrição. **2** pecúlio, economias *pl*, poupança. **3** ressalva, restrição, exceção. **Ex:** Aceitarei seu trabalho, mas com reservas. *sm* **4** substituto, suplente.

reservado *part+adj* **1** discreto, recatado, circunspeto. **A:** indiscreto. **2** fechado, introvertido, calado. **A:** expansivo. **3** particular, confidencial, privado. **A:** público. **4** oculto, escondido, encoberto. **A:** visível.

reservar *vtd* **1** guardar, conservar. **Ex:** Reservar um produto. **2** destinar, designar. **Ex:** Reservar recursos para uma atividade.

reservatório *sm* tanque, depósito (para líquidos).

resfolegar *vtd* **1** expelir, lançar, jorrar, *resfolgar*. **Ex:** O vulcão resfolegava uma fumaça negra. *vi* **2** respirar, *resfolgar*.

resfolgar V. resfolegar.

resfriado *sm Med.* gripe, constipação, defluxo, influenza, resfriamento.

resfriamento V. resfriado.

resfriar *vtd, vi+vpr* **1** esfriar(-se), arrefecer(-se). **A:** aquecer(-se). **2** desanimar (-se), esmorecer. **A:** animar(-se). *vpr* **3** gripar-se, constipar-se *pop*, endefluxar-se.

resgatar *vtd* **1** pagar, cumprir, satisfazer. **Ex:** Resgatar uma promessa. **A:** descumprir. *vtd+vpr* **2** libertar(-se), livrar(-se), redimir(-se).

resgate *sm* **1** pagamento, cumprimento, satisfação. **A:** descumprimento. **2** libertação, redenção, remição.

resguardar *vtd* **1** vigiar, guardar, defender. **2** cumprir, observar, respeitar. **Ex:** resguardar a lei. **A:** violar. **3** abrigar, agasalhar, cobrir. **A:** desabrigar. **4** defender, proteger, abrigar. *vtd+vpr* **5** prevenir(-se), precaver (-se), acautelar(-se). **A:** desprevenir(-se).

resguardo *sm* **1** parapeito, peitoril. **2** abrigo, agasalho, cobertura. **3** reserva, discrição, circunspeção. **A:** indiscrição. **4** pudor, decoro, decência. **A:** despudor. **5** cuidado, cautela, prevenção. **A:** descuido. **6** *A LEI, NORMA* cumprimento, obediência. **A:** violação. **7** *DA ESPADA* guarda.

residência *sf* domicílio, moradia, habitação, casa.

residente *s m+f* morador, habitante, cidadão.

residir *vti* **1** morar, habitar, viver em. **2** estar, existir, achar-se. **Ex:** A sabedoria reside na humildade.

resíduo *sm* **1** detrito, restos *pl*, sobras *pl*. **2** sedimento, borra, fezes *pl*. **3** *DA FUSÃO DOS METAIS* escória. *adj* **4** restante.

resignação *sf* **1** renúncia, abandono, desistência. **2** conformação, submissão, conformidade. **A:** revolta.

resignar *vtd* **1** renunciar a, deixar, desistir de. *vpr* **2** conformar-se, submeter-se. **Ex:** Resignar-se com uma tragédia.

resistência *sf* **1** solidez, dureza, rigidez. **A:** moleza. **2** defesa. **3** oposição, objeção, recusa. **A:** apoio.

resistente *adj m+f* **1** forte, sólido, duro. **A:** mole. **2** duradouro, prolongado, longo. **A:** passageiro. **3** teimoso, obstinado, persistente.

resistir vti 1 negar-se a, opor-se a, objetar. **A:** apoiar. 2 sofrer, suportar, padecer. vti+ vi 3 conservar-se, manter-se, subsistir.

resmungão adj rabugento, impertinente, ranzinza, ranheta. **A:** bem-humorado.

resmungar vtd+vi rezingar.

resmungo sm rezinga, queixa.

resolução sf 1 deliberação, propósito, desígnio. 2 decisão, determinação, firmeza. **A:** irresolução. 3 DE PROBLEMA, QUESTÃO solução, resposta.

resoluto adj 1 desfeito, dissolvido, soluto. 2 decidido, seguro, determinado. **A:** irresoluto.

resolver vtd 1 solucionar, esclarecer, explicar. **Ex:** Resolver uma questão. 2 decompor, separar, dissociar. **Ex:** Resolver uma substância. vtd, vi+vpr 3 decidir(-se), deliberar(-se), determinar(-se). **Ex:** Resolveu mudar de vida; resolveram-se a voltar para o próprio país. vpr 4 desaparecer, extinguir-se, desfazer-se.

respaldar vtd alisar, aplanar, aplainar, nivelar.

respaldo sm 1 apoio, amparo, auxílio. **Ex:** Respaldo político. **A:** desamparo. 2 espaldar, encosto, recosto. **Ex:** O respaldo da cadeira.

respe sm Pop. descompostura, repreensão, censura, bronca pop. **A:** elogio.

respectivo adj 1 particular, peculiar, específico. **A:** geral. 2 próprio, pertencente, seu.

respeitante adj m+f relativo, referente, concernente, pertinente.

respeitar vtd 1 reverenciar, honrar, venerar. **Ex:** Respeitar a mãe. **A:** desrespeitar. 2 cumprir, obedecer, seguir. **Ex:** Respeitar a lei. **A:** desrespeitar. 3 estimar, prezar, considerar. **Ex:** Respeito o valor de seu talento. 4 poupar, perdoar. **Ex:** O tempo não respeita ninguém. vti 5 tocar, interessar, pertencer. **Ex:** Nossa conversa respeita apenas a nós mesmos. vpr 6 prezar-se. **Ex:** Ela se respeita o suficiente para não aceitar uma proposta indecente como essa. **A:** rebaixar-se.

respeitável adj m+f 1 digno, honesto, venerável. **A:** desprezível. 2 Fig. importante, influente, prestigioso. **Ex:** Um político

respeitável. **A:** insignificante. 3 Fig. considerável, significativo, grande. **Ex:** Conseguiu uma fama respeitável. **A:** insignificante.

respeito sm 1 reverência, veneração, acatamento. 2 obediência, submissão, subordinação. **A:** desrespeito. 3 apreço, estima, consideração. **A:** desconsideração. 4 atenção, gentileza, cortesia. **A:** desrespeito. 5 relação, referência. **Ex:** Nada sei com respeito a isso. 6 aspecto, ponto de vista, perspectiva. sm pl 7 cumprimentos, saudações, recomendações. **Ex:** Meus respeitos à sua família. * A respeito de: sobre. **Ex:** Falar a respeito de futebol.

respeitoso adj 1 atencioso, gentil, cortês. 2 obediente, dócil, submisso. **A:** desrespeitoso (nas duas acepções).

respigar vtd compilar, coligir, reunir, recolher. **Ex:** O autor respigou textos do século passado.

respingar vtd 1 pingar, borrifar, aspergir. vi 2 pingar, gotejar.

respiração sf 1 respiro. **Ex:** Aqui a respiração é difícil. 2 fôlego. 3 hálito, bafo.

respiradoiro V. respiradouro.

respiradouro sm abertura, respiradoiro, orifício; EM FORNOS respiro.

respirar vtd 1 inalar, aspirar, inspirar. **Ex:** O bombeiro respirou fumaça durante o incêndio. 2 expelir, soltar, lançar. **Ex:** O escapamento respira gases venenosos. 3 cheirar a, recender a. **Ex:** A casa respirava jasmim. vi 4 resfolegar, resfolgar. 5 viver, existir. **A:** morrer. 6 descansar, repousar, folgar. **Ex:** Finalmente conseguimos respirar, após tantos meses de aflição.

respiro sm 1 V. respiração. 2 V. respiradouro. 3 descanso, repouso, folga.

resplandecência V. resplendor.

resplandecer vi 1 brilhar, fulgurar, reluzir. 2 Fig. destacar-se, notabilizar-se, sobressair. **Obs.** Nas duas acepções, existem as formas resplendecer e resplender.

resplendecer V. resplandecer.

resplender V. resplandecer.

resplendor sm 1 resplandecência, brilho, fulgor, clarão. 2 auréola, halo, nimbo. 3 fama, celebridade, glória. **A:** obscuridade.

respondão *adj* malcriado, mal-educado, indelicado, grosso. **A:** educado.

responder *vtd* 1 replicar, retrucar, retorquir. **A:** perguntar. *vti* 2 responsabilizar-se por. **Ex:** Responda por seus atos. *vi* 3 reagir. **Ex:** Quando é provocado, responde com violência.

responsabilidade *sf* 1 seriedade, sensatez, juízo. **A:** irresponsabilidade. 2 dever, obrigação, incumbência.

responsabilizar *vtd+vti* 1 acusar, culpar, incriminar. **Ex:** A testemunha responsabilizou-o pelo acidente. **A:** inocentar. *vpr* 2 responder por. **Ex:** Não me responsabilizo pelo comportamento dos outros. 3 condenar-se, culpar-se. **Ex:** Ele ainda se responsabiliza pelo que aconteceu. **A:** inocentar-se.

responsável *adj m+f* 1 sério, sensato, ajuizado. **Ex:** Ela é muito responsável, apesar da pouca idade. **A:** irresponsável. 2 culpado, causador. **Ex:** Ele é o responsável pela nossa desclassificação.

resposta *sf* 1 réplica. **A:** pergunta. 2 *DE PROBLEMA, QUESTÃO* solução, resolução. 3 refutação, contestação, desmentido. **A:** confirmação. 4 reação. **Ex:** Sua resposta à provocação foi rápida e violenta.

resquício *sm* 1 fragmento, lasca, estilhaço. 2 vestígio, sinal, indício. **Obs.:** Mais usado no *pl.*

ressabiado *part+adj* 1 desconfiado, arisco, cabreiro. **A:** confiante. 2 desgostoso, ressentido, magoado. **A:** alegre.

ressabiar *vi+vpr* desgostar-se, ressentir-se, magoar-se, melindrar-se.

ressabido *adj* 1 notório, conhecido, sabido. **Ex:** Caso ressabido. **A:** ignorado. 2 erudito, culto, sábio. **A:** inculto. 3 experiente, experimentado, tarimbado. **A:** inexperiente.

ressaca *sf* 1 fluxo e refluxo. 2 *DEPOIS DA BEBEDEIRA* mal-estar, indisposição, incômodo. **A:** bem-estar.

ressaibo *sm* 1 ranço. 2 desgosto, ressentimento, mágoa. **A:** alegria. 3 indício, sinal, vestígio.

ressaltar *vtd* 1 relevar, destacar, salientar. *vi* 2 sobressair, destacar-se, distinguir-se.

ressalto *sm* relevo, saliência, proeminência, aresta. **A:** reentrância.

ressalva *sf* 1 nota, observação, anotação. **Ex:** Fez ressalvas para corrigir os erros do texto. 2 exceção, reserva, restrição. **Ex:** Aceitar algo com ressalvas. 3 cláusula, artigo, disposição (restritivos). **Ex:** Ressalva num contrato.

ressalvar *vtd* 1 excetuar, excluir, isentar. **A:** incluir. *vtd+vpr* 2 eximir(-se), livrar(-se), desobrigar(-se).

ressarcimento *sm* indenização, compensação, reparação, reembolso.

ressarcir *vtd* 1 indenizar, reembolsar, compensar. *vpr* 2 indenizar-se, reembolsar-se, pagar-se.

ressecar *vtd+vpr* ressequir(-se), secar(-se).

ressentimento *sm* mágoa, desgosto, pena, melindre. **A:** prazer.

ressentir *vpr* 1 magoar-se, ofender-se, melindrar-se. 2 perceber, notar, reparar em. **Ex:** Só agora ressentiu-se da falta dos papéis.

ressequido *part+adj* 1 seco, mirrado, murcho. **A:** viçoso. 2 magro, esquelético, seco. **A:** gordo.

ressequir V. ressecar.

ressoante V. ressonante.

ressoar *vtd+vi* 1 ecoar, repercutir, ressonar, refletir(-se). **Ex:** O barulho da explosão ressoa até agora. *vi* 2 estrondear, retumbar, troar. **Obs.:** Usado apenas para sons, mesmo na acepção 1.

ressonância *sf* eco, reverberação, repercussão, reflexão (apenas de sons).

ressonante *adj m+f* estrondoso, retumbante, ruidoso, barulhento, ressoante. **A:** silencioso.

ressonar *vtd+vi* 1 V. ressoar. *vi* 2 dormir, nanar *inf.* 3 roncar, ronquejar.

ressumar *vtd* 1 verter, gotejar, repassar, *ressumbrar*. **Ex:** As paredes ressumavam umidade. 2 revelar, patentear, manifestar, *ressumbrar*. **Ex:** Sua expressão ressuma insatisfação. **A:** ocultar.

ressumbrar V. ressumar.

ressurgimento *sm* reaparecimento, volta, retorno.

ressurgir *vi* 1 *PESSOA* reaparecer, voltar; *COISA* renascer, renovar-se. **Ex:** Após uma ausência de 2 anos, ela ressurgiu; ressurgem as esperanças. **2** V. ressuscitar.

ressurreição *sf* **1** *DE COISA* ressurgimento, renascimento, renovação. **2** *DE PESSOA* ressuscitamento, renascimento.

ressuscitamento V. ressurreição.

ressuscitar *vtd* **1** *PESSOA* reviver. **Ex:** Ressuscitar alguém. **2** *COISA* restaurar, restabelecer, renovar. **Ex:** Esse fato ressuscitou a discussão. *vi* **3** reviver, renascer, ressurgir. **Ex:** Cristo ressuscitou.

restabelecer *vtd* **1** restaurar, recompor, reconstituir. *vtd+vpr* **2** reempossar(-se), reintegrar(-se), restituir(-se). **Ex:** Restabeleceu-se no cargo de diretor. *vpr* **3** recuperar-se, curar-se, recobrar-se.

restante *sm* **1** resto, sobra, remanescente. **Ex:** Pague as contas e traga o restante. *adj m+f* **2** remanescente. **Ex:** Guarde a comida restante na geladeira.

restar *vti+vi* **1** sobrar, ficar. **Ex:** Nem um salgadinho restou depois da festa. **2** sobreviver, escapar, resistir. **Ex:** Daquele acidente restou apenas um passageiro. *vi* **3** permanecer, subsistir, persistir. **Ex:** Não resta dúvida de que algo está errado.

restauração *sf* **1** restabelecimento, recomposição, reconstrução. **2** reforma, reparação, conserto. **3** restabelecimento, recuperação, cura.

restaurar *vtd* **1** restabelecer, recompor, reconstruir. **Ex:** Restaurar um império. **2** reformar, reparar, consertar. **3** reiniciar, recomeçar, renovar. *vpr* **4** restabelecer-se, recuperar-se, curar-se.

restelo (ê) ou (é) V. rastelo.

restinga *sf* escolho, recife, abrolho.

restituição *sf* **1** devolução, entrega, remissão. **2** reforma, restauração, reparação. **3** indenização, reembolso, ressarcimento.

restituir *vtd* **1** devolver, entregar, remitir. **2** reformar, restaurar, reparar. *vtd, vti+vpr* **3** reempossar(-se), reintegrar(-se), restabelecer(-se). **Ex:** O presidente restituiu os ministros a seus cargos. *vpr* **4** indenizar-se, reembolsar-se, ressarcir-se.

resto *sm* **1** restante, sobra, remanescente. **2** *Mat.* saldo. *sm pl* **3** resíduo *sing*, sobras;

DE CEREAIS farelo *sing*; *DA FUSÃO DOS METAIS* escória *sing*, fezes.

restolho *sm* restos *pl*, sobras *pl*, resíduo, detrito.

restrição *sf* **1** diminuição, redução, limitação. **A:** ampliação. **2** reserva, ressalva, exceção. **Ex:** Fazer restrições quanto ao procedimento de alguém.

restringir *vtd* **1** estreitar, apertar, contrair. **A:** alargar. **2** diminuir, reduzir, encurtar. **A:** ampliar. *vtd+vpr* **3** limitar(-se), reduzir (-se), resumir(-se). **Ex:** Sua atuação se restringe à região central da cidade. *vpr* **4** conter-se, controlar-se, moderar-se. **A:** descontrolar-se.

restrito *adj* **1** estreito, apertado, estreitado. **A:** largo. **2** diminuto, reduzido, pequeno. **A:** amplo. **3** limitado, reduzido. **A:** ilimitado. **4** *SENTIDO* estrito, preciso, rigoroso. **A:** lato.

resultado *sm* **1** conseqüência, efeito, seguimento. **A:** causa. **2** ganho, lucro, rendimento. **A:** prejuízo. **3** fim, termo, término. **A:** início.

resultar *vti* **1** importar, dar em, redundar em. **Ex:** Nosso empenho resultou em grande sucesso. **2** nascer, proceder, provir de. **Ex:** A guerra resulta do desentendimento.

resumido *part+adj* **1** sintético, sinóptico, abreviado. **A:** desenvolvido. **2** conciso, sucinto, breve. **Ex:** Discurso resumido. **A:** prolixo.

resumir *vtd* **1** sintetizar, sumariar, recopilar. **Ex:** Resumir uma história. **A:** desenvolver. **2** reduzir, encurtar, diminuir. **A:** aumentar. *vtd+vpr* **3** limitar(-se), reduzir(-se), restringir(-se). **Ex:** O trabalho se resume à coleta de dados para a pesquisa.

resumo *sm* síntese, sumário, sinopse, compêndio. **A:** desenvolvimento.

resvaladiço *sm* **1** V. resvaladouro. *adj* **2** escorregadio, escorregadiço, liso. **3** íngreme, escarpado, abrupto. **A:** plano. **4** perigoso, arriscado, temerário. **A:** seguro.

resvaladoiro V. resvaladouro.

resvaladouro *sm* **1** lugar escorregadio: resvaladiço, *resvaladoiro*. **2** declive, descida, inclinação, *resvaladoiro*. **3** despenhadeiro, precipício, abismo, *resvaladoiro*.

resvaladura V. resvalo.

resvalamento V. resvalo.

resvalar *vti* **1** roçar, perpassar por. *vti+vi* **2** escorregar, deslizar. *vi* **3** fugir, escapar, escapulir.

resvalo *sm* **1** escorregão, deslizamento, resvaladura, resvalamento. **2** declive, descida, inclinação.

retaco *adj* atarracado, socado. **A:** esguio.

retaguarda *sf* **1** traseira. **A:** vanguarda. **2** *Esp.* zaga.

retalhar *vtd* **1** cortar, talhar, recortar. **2** ferir, golpear, machucar. **3** dividir, fracionar, separar. **A:** juntar. **4** *Fig.* atormentar, afligir, penalizar.

retalheiro V. retalhista.

retalhista *sm e adj m+f Com.* varejista, retalheiro. **A:** atacadista.

retalho *sm* pedaço, parte, fragmento, fração.

retaliação *sf* vingança, desforra, represália, desafronta. **A:** ofensa.

retaliar *vtd+vi* vingar(-se), desforrar(-se), desafrontar(-se), desagravar(-se).

retardado *part+adj* lento, vagaroso, lerdo, moroso. **A:** rápido.

retardamento *sm* atraso, demora, tardança, delonga. **A:** urgência.

retardar *vtd* **1** atrasar, demorar, delongar. **A:** adiantar. **2** adiar, protelar, prorrogar. **A:** antecipar. **3** desacelerar, atrasar, demorar. **A:** acelerar. *vpr* **4** demorar, tardar, atrasarse. **A:** apressar-se.

retemperar *vtd* **1** aperfeiçoar, esmerar, apurar. **2** fortalecer, fortificar, revigorar. **A:** enfraquecer.

retenção *sf* **1** demora, delonga, atraso. **A:** urgência. **2** posse.

reter *vtd* **1** guardar, conservar, preservar. **A:** deixar. **2** segurar, agarrar, pegar. **A:** largar. **3** prender, aprisionar, deter. **A:** soltar. **4** decorar, memorizar, fixar. **A:** esquecer. *vtd+vpr* **5** conter(-se), controlar(-se), refrear (-se). **A:** descontrolar(-se). *vpr* **6** *NUM LUGAR* demorar-se, ficar, permanecer. **A:** sair. **7** parar, interromper-se, cessar. **A:** prosseguir.

retesado *part+adj* entesado, tenso, esticado, hirto. **A:** frouxo.

retesar *vtd+vpr* entesar(-se), tesar(-se), esticar(-se), estirar(-se). **A:** afrouxar(-se).

reticência *sf* silêncio.

reticente *adj m+f* reservado, calado, fechado, quieto. **A:** falador.

retidão *sf* **1** correção, honestidade, integridade. **A:** desonestidade. **2** legalidade, legitimidade, justiça. **A:** ilegalidade.

retificação *sf* correção, emenda, conserto.

retificar *vtd* **1** endireitar, alinhar, desencurvar. **A:** encurvar. **2** corrigir, emendar, consertar.

retilíneo *adj* direito, reto, direto. **A:** curvo.

retinir *vi* tilintar.

retirada *sf* **1** lucro, ganho, renda. **A:** perda. **2** partida, saída, abalada. **3** fuga, escapada, escapulida.

retirado *part+adj* **1** *PESSOA* solitário, só, sozinho. **2** *LUGAR* afastado, distante, remoto. **A:** próximo.

retirar *vtd* **1** retrair, puxar, recolher. **2** tirar. **Ex:** Retirar algo de uma caixa. **3** afastar, desviar, apartar. **A:** aproximar. **4** lucrar, ganhar, auferir. **Ex:** Retira tantos reais por mês. **A:** perder. **5** privar, despojar, destituir de. **Ex:** Retirar privilégios. *vi+vpr* **6** ausentar-se, ir-se, sair. **7** *Mil.* fugir, bater em retirada. *vpr* **8** *DO CONVÍVIO SOCIAL* isolar-se, segregar-se, afastar-se. **9** recolher-se. **Ex:** Estava com sono, e retirou-se para seus aposentos.

retiro *sm* **1** deserto, ermo, solidão. **2** remanso. **3** retiro espiritual.

reto *adj* **1** direito, retilíneo, direto. **A:** curvo. **2** vertical, ereto, aprumado. **A:** horizontal. **3** justo, imparcial, isento. **A:** injusto. **4** íntegro, honesto, honrado. **A:** desonesto.

retocar *vtd* emendar, corrigir, aperfeiçoar, aprimorar.

retomar *vtd* reconquistar, recuperar, reaver. **A:** perder.

retorcer *vtd* **1** torcer, entortar, dobrar. *vpr* **2** usar evasivas: rodear, ladear, tergiversar.

retórica *sf Ret.* oratória, eloqüência.

retórico *adj Fig.* empolado, pomposo, afetado, pretensioso. **Ex:** Texto retórico. **A:** simples.

retornar *vtd* 1 devolver, restituir, entregar. *vi* 2 regressar, voltar, tornar. **A:** partir.

retorno *sm* 1 devolução, restituição, entrega. 2 regresso, volta, regressão. **A:** ida.

retorquir *vtd* 1 replicar, retrucar, responder, *retorqüir*. 2 contestar, refutar, objetar, *retorqüir*.

retorqüir V. retorquir.

retração V. retraimento.

retraído *part+adj* reservado, introvertido, calado, fechado. **A:** extrovertido.

retraimento *sm* 1 contração, encolhimento, retração. **A:** dilatação. 2 reserva, introversão, acanhamento, timidez. **A:** extroversão.

retrair *vtd* 1 retirar, recolher, puxar. **Ex:** Retrair a mão. 2 ocultar, esconder, reprimir. **A:** revelar. *vtd+vpr* 3 contrair(-se), encolher(-se), estreitar(-se). **A:** dilatar(-se). *vpr* 4 recuar, retroceder, retrogradar. **A:** avançar. 5 afastar-se, ausentar-se, isolar-se.

retranca *sf* 1 *Fam.* economia, poupança, parcimônia. **A:** desperdício. 2 defensiva, defesa. **Ex:** É desconfiado, fica sempre na retranca. **A:** ofensiva.

retratar *vtd* 1 fotografar. 2 descrever, representar, delinear (com exatidão). *vtd+vpr* 3 refletir(-se), espelhar(-se), representar (-se). **Ex:** Essa imagem retrata bem a situação nacional do momento. *vpr* 4 reconhecer o erro: desdizer-se.

retrato *sm* 1 fotografia, foto. 2 descrição, representação, delineação (exata). 3 modelo, exemplo, padrão. **Ex:** Servir de retrato. 4 *Fig.* reflexo *fig.*, imagem, espelho *fig.* **Ex:** O retrato da juventude.

retravar *vtd* recomeçar, reiniciar, restaurar, renovar.

retribuição *sf* 1 prêmio, recompensa, remuneração. **A:** castigo. 2 *EM DINHEIRO* remuneração, pagamento, paga.

retribuir *vtd* 1 premiar, recompensar, remunerar. **A:** castigar. 2 compensar, recompensar, corresponder a. **Ex:** Retribuir um gesto de afeto; retribuiu o nosso amor.

retroceder *vi* 1 recuar, voltar, retrogradar. **A:** avançar. 2 desistir, ceder, entregar-se. **A:** persistir. 3 entrar em decadência: decair, declinar, degringolar.

retrocessão V. retrocesso.

retrocesso *sm* 1 recuo, retrocessão. 2 atraso, decadência, declínio. **A:** avanço (nas duas acepções).

retrogradar V. retroceder.

retrospeção V. retrospecto.

retrospecção V. retrospecto.

retrospecto *sm* retrospeção, retrospecção, *retrospeto*, análise (do passado).

retrospeto V. retrospecto.

retrucar *vtd+vti* replicar, responder, retorquir, redargüir.

retumbar *vi* estrondear, ribombar, ecoar, ressoar.

réu *sm Dir.* acusado.

reunião *sf* 1 *DE PESSOAS* agrupamento, grupo, ajuntamento. 2 *DE COISAS* coleção, conjunto, galeria *fig.* 3 conferência, convenção, assembléia. 4 festa, comemoração, festejo. 5 sarau, serão. 6 *Ecles.* concílio, assembléia, sínodo.

reunir *vtd+vpr* 1 unir(-se), juntar(-se), agrupar(-se). 2 conciliar(-se), congraçar (-se), reconciliar(-se). *vtd* 3 conciliar, aliar, combinar. **Ex:** Ela reúne classe e uma beleza estonteante. **A:** desunir(-se) (acepções 1 e 2).

revalidar *vtd* confirmar, comprovar, corroborar, ratificar. **A:** negar.

revanche *sf* vingança, desforra, reparação, desagravo. **A:** afronta.

revel *adj m+f* 1 rebelde, insubordinado, insubmisso. **A:** obediente. 2 teimoso, obstinado, persistente. 3 *Dir.* contumaz, rebelde.

revelação *sf* 1 manifestação, mostra, exibição. **A:** ocultação. 2 prova, testemunho, demonstração.

revelar *vtd* 1 confessar, declarar, desembuchar. **Ex:** Revelar um segredo. **A:** ocultar. *vtd+vpr* 2 manifestar(-se), mostrar (-se), patentear(-se). **Ex:** Seu olhar revela suas intenções: a paixão recolhida revelou-se. **A:** ocultar(-se).

revelia *sf* 1 rebeldia, insubordinação, insubmissão. **A:** obediência. 2 teimosia, obstinação, persistência. 3 *Dir.* contumácia, rebeldia.

rever V. revistar e revisar.

reverberação V. revérbero.

reverberar vtd **1** refletir, repetir. vi **2** brilhar, resplandecer, resplender.

revérbero sm **1** reflexo. **2** reverberação, reflexão, repetição (de luz, imagens). **3** *Poét.* brilho, resplendor, clarão.

reverdecer vtd+vi **1** enverdecer. Ex: As plantas reverdecem o quintal. **2** fortificar(-se), fortalecer(-se), revigorar(-se). A: enfraquecer. **3** rejuvenescer(-se), remoçar (-se). A: envelhecer.

reverência sf **1** ÀS COISAS SAGRADAS veneração, adoração, culto. **2** respeito, atenção, consideração. A: irreverência. **3** cumprimento, mesura, cortesia.

reverenciar vtd **1** venerar, adorar, cultuar. Ex: Reverenciar um santo. **2** respeitar, considerar, acatar. A: desrespeitar.

reverendo sm **1** padre, sacerdote, clérigo. **2** PROTESTANTE pastor, ministro.

reverente adj m+f respeitoso, atencioso, cortês, gentil. A: irreverente.

reverificar vtd conferir, cotejar, confrontar, comparar.

reversão sf **1** regresso, retorno, volta. A: ida. **2** devolução, restituição, entrega.

reverso sm **1** avesso, revés, revesso. Ex: O reverso da medalha. A: anverso. adj **2** revirado. **3** inverso, oposto, avesso. Ex: O lado reverso. **4** *Fig.* malvado, perverso, maldoso. A: bondoso.

reverter vti **1** regressar, voltar, retroceder. A: ir. **2** resultar, dar, redundar em. Ex: O esforço reverteu em sucesso.

revés sm **1** V. reverso. **2** contratempo, infortúnio, contrariedade.

revesso V. reverso.

revestimento sm capa, cobertura, invólucro, proteção.

revestir vtd encapar, envolver, cobrir; COM OURO, ETC. folhear, folhar, recobrir.

revezamento sm rodízio.

revezar vtd+vpr alternar(-se), substituir (-se). Ex: Ela reveza instantes de euforia com depressões profundas; os empregados revezaram-se.

revidar vtd **1** replicar, contestar, refutar. A: confirmar. vtd, vti+vi **2** vingar(-se), desforrar(-se), desafrontar(-se). Ex: Revidou a ofensa agredindo o adversário.

revide sm **1** réplica, contestação, refutação. A: confirmação. **2** vingança, desforra, revanche. A: afronta.

revigorar vtd+vpr fortalecer(-se), fortificar(-se), robustecer(-se), tonificar(-se). A: enfraquecer.

revirado sm **1** farnel, provisões pl, comida (para viagem). part+adj **2** V. reverso.

revirar vtd **1** remexer, revolver, mexer. Ex: Revirou as gavetas em busca dos documentos. **2** transtornar, desordenar, desorganizar. A: ordenar. vtd+vpr **3** revolver (-se), virar(-se). Ex: Revirou-se na cama. vti+vpr **4** revoltar-se, rebelar-se, voltar-se contra.

reviravolta sf **1** pirueta, pulo, cambalhota. **2** viravolta. **3** *Esp.* virada.

revisão sf correção, emenda, retificação.

revisar vtd rever, corrigir, emendar, retificar. Ex: Revisar um texto.

revisor sm *Tip.* corretor.

revista sf **1** inspeção, vistoria, exame. **2** magazine. Ex: Revista de modas.

revistar vtd **1** inspecionar, vistoriar, examinar. Ex: Revistar as tropas. **2** rever, analisar, estudar (atenciosamente).

reviver vtd **1** recordar, relembrar, rememorar. vi **2** ressuscitar, renascer. **3** renovar-se, reaparecer, resurgir.

revivificar vtd reanimar, estimular, despertar, avivar. A: desanimar.

revoada sf *Fig.* oportunidade, ocasião, lance, ensejo.

revoar vi esvoaçar, voejar, adejar.

revocar vtd **1** lembrar, recordar, evocar. Ex: Revocar o passado. **2** restituir, devolver, remitir. **3** V. revogar.

revogação sf abolição, anulação, supressão, extinção. A: confirmação.

revogar vtd abolir, anular, suprimir, extinguir, revocar. A: confirmar.

revolta sf **1** rebeldia, insubmissão, desobediência. A: submissão. **2** rebelião, levante, insurreição. **3** indignação, irritação, zanga.

revoltado part+adj **1** rebelde, revoltoso, revolucionário. **2** indignado, irritado, zangado.

revoltante adj m+f repulsivo, repugnante, repelente, nojento. A: atrativo.

revoltar *vtd+vpr* **1** amotinar(-se), rebelar (-se), sublevar(-se). **A:** pacificar(-se). **2** indignar(-se), irritar(-se), zangar(-se).

revoltear *vtd* **1** revirar, remexer, revolver. *vi+vpr* **2** revolver-se, revirar-se, virar-se.

revolto *adj* **1** revirado, remexido, revolvido. **2** curvo, encurvado, recurvado (para baixo). **3** *CABELO* desgrenhado, desalinhado, despenteado. **A:** penteado. **4** agitado, perturbado, inquieto. **A:** tranqüilo. **5** *MAR* tempestuoso, tormentoso, borrascoso. **A:** calmo.

revoltoso *sm+adj* rebelde, insurreto, revolucionário.

revolução *sf* **1** revolta, sublevação, levante. **2** agitação, perturbação, inquietação. **A:** tranqüilidade. **3** inovação, novidade.

revolucionar *vtd* **1** inovar, transformar, modificar. *vtd+vpr* **2** rebelar(-se), insurgir (-se), revoltar(-se). **A:** pacificar(-se).

revolucionário *sm+adj* **1** revoltoso, insurreto, rebelde. *adj* **2** inovador.

revoltear *vi* **1** V. revolver. **2** adejar, esvoaçar, voejar.

revolver *vtd* **1** remexer, revirar, mexer. **2** vestigar, esquadrinhar, fuçar *fig*. *vtd+vpr* **3** revirar(-se). **Ex:** Revolver os olhos. *vpr* **4** agitar-se, mover-se, revoltear.

reza *sf* oração, prece, súplica.

rezar *vti+vi* orar.

rezinga *sf* resmungo, queixa.

rezingão *adj* resmungão, rabugento, ranzinza, rezingueiro. **A:** bem-humorado.

rezingar *vtd+vi* **1** resmungar. **2** reclamar, queixar-se.

rezingueiro V. rezingão.

riacho *sm* córrego, ribeiro, regato, arroio.

riba *sf* **1** V. ribanceira. **2** *Fig.* alto, topo, cume. **A:** base.

ribanceira *sf* **1** margem elevada de rios: riba, barranco, barranceira. **2** despenhadeiro, precipício, abismo.

ribeirinho *adj* marginal. **Ex:** Populações ribeirinhas.

ribeiro *sm* regato, riacho, córrego, arroio.

ribombar *vi* estrondear, retumbar, ressoar, troar, *rimbombar*.

ribombo *sm* estrondo, estouro, estrépito, ruído, *rimbombo*.

ricaço *sm* **1** grã-fino, bacana *gír*, nababo. **A:** pobretão. *adj* **2** grã-fino, milionário. **Ex:** Fomos a uma festa ricaça. **A:** pobre.

rícino *sm Bot.* mamona, mamoneiro, carrapateira.

rico *sm* **1** homem rico. **A:** pobre. *adj* **2** abastado, abonado, endinheirado. **A:** pobre. **3** fértil, fecundo, produtivo. **Ex:** Terras ricas. **A:** infértil. **4** opulento, magnífico, principesco. **Ex:** Rico banquete. **A:** simples. **5** cheio, repleto, abundante. **Ex:** Rico de experiências. **A:** carente.

ricochetar V. ricochetear.

ricochete *sm* **1** rebote, rechaço. **2** *Fig.* retrocesso, retorno, volta. **A:** avanço.

ricochetear *vi* ricochetar, voltar.

ridicularia *sf* bagatela, ninharia, mixaria, insignificância.

ridicularizar *vtd* ironizar, satirizar, zombar de, avacalhar. **A:** elogiar.

ridículo *sm+adj* **1** brega, cafona, jeca. **A:** chique. *adj* **2** grotesco, burlesco, caricato. **3** irrisório, insignificante, exíguo. **A:** significativo.

rifa *sf* sorteio, sorteamento.

rifão *sm* provérbio, ditado, dito, adágio.

rifar *vtd* sortear. **Ex:** Rifaram várias prendas na festa.

rifle *sm* escopeta, espingarda de repetição.

rigidez *sf* **1** dureza, rijeza. **A:** moleza. **2** inflexibilidade, severidade, rigor. **A:** flexibilidade.

rígido *adj* **1** duro, rijo, teso. **A:** mole. **2** inflexível, severo, rigoroso. **A:** flexível.

rigor *sm* **1** V. rigidez. **2** crueldade, desumanidade, barbaridade. **A:** humanidade. **3** exatidão, precisão, justeza. **A:** inexatidão.

rigoroso *adj* **1** severo, austero, rígido. **A:** brando. **2** cruel, desumano, bárbaro. **A:** humano. **3** exato, preciso, justo. **A:** inexato. **4** minucioso, escrupuloso, preciso. **A:** impreciso.

rijeza *sf* **1** rigidez, dureza. **A:** moleza. **2** severidade, rigor, intransigência. **A:** brandura. **3** robustez, força, vigor. **A:** fraqueza.

rijo *adj* **1** rígido, duro, teso. **A:** mole. **2** severo, rigoroso, intransigente. **A:** brando. **3** robusto, forte, musculoso. **A:** franzino.

rilhar *vtd* **1** roer. **2** ranger, ringir. **Ex:** Rilhar os dentes.

rima *sf* **1** consonância, consoante. *sm pl* **2** versos.

rimar *vi* **1** fazer versos: versificar, trovar, poetar. *vti* **2** combinar, condizer, harmonizar-se. **Ex:** Esse gesto não rima com seus sentimentos.

rimbombar V. ribombar.

rimbombo V. ribombo.

rincão *sm* recanto, esconderijo, recesso, escondedouro.

rinchar *vi* **1** relinchar, nitrir. **2** *CARRO DE BOIS* ranger, chiar, ringir.

rincho *sm* **1** relincho, nitrido, nitrir. **2** rangido, chiado, chio.

ringir *vtd* **1** ranger, rilhar. **Ex:** Ringir os dentes. *vi* **2** V. rinchar.

ringue *sm* *Esp.* tablado.

rinha *sf* briga, luta, disputa, peleja.

rio *sm* *Fig.* torrente, abundância, enxurrada *fig*, mar *fig*. **Ex:** Um rio de lágrimas.

rio-grandense-do-sul *s e adj m+f* gaúcho, sul-rio-grandense, guasca.

ripa *sf* sarrafo, fasquia.

ripada *sf* **1** pancada, paulada, cacetada. **2** *Fig.* repreensão, censura, bronca *pop*. **A:** elogio.

ripar *vtd* **1** pregar ripas: enripar. **2** *Fig.* espancar, bater em, surrar. **3** *Fig.* criticar, censurar, desaprovar. **A:** elogiar.

riqueza *sf* **1** abastança, opulência. **2** abundância, fartura, profusão. **Ex:** Riqueza de detalhes. **A:** pobreza (nas duas acepções).

rir *vi* **1** sorrir. **A:** chorar. *vti*, *vi+vpr* **2** zombar de, ridicularizar, debochar de. **Ex:** Rir (-se) de alguém.

risada V. riso.

risca *sf* risco, traço, linha, traçado, listra, riscadura.

riscar *vtd* **1** traçar, desenhar, tracejar. **2** delinear, esboçar, rascunhar. **3** eliminar, suprimir, excluir. **A:** incluir. **4** marcar, assinalar, sinalar.

risco *sm* **1** V. risca. **2** rabisco, garatuja. **3** planta, projeto, traçado. **4** perigo.

risível *adj m+f* ridículo, caricato, cômico, burlesco.

riso *sm* **1** sorriso, risada. **A:** choro. **2** gargalhada, risada. **3** *Fig.* alegria, felicidade, contentamento. **A:** tristeza. **4** *Fig.* zombaria, gozação, chacota. **Ex:** Tudo para ele é motivo de riso.

risonho *adj* **1** sorridente. **A:** carrancudo. **2** alegre, contente, satisfeito. **A:** triste. **3** próspero, promissor, esperançoso. **Ex:** Futuro risonho. **A:** agourento.

risota *sf* *Pop.* zombaria, gozação, deboche, troça.

risote *adj m+f* zombeteiro, gozador, debochado, brincalhão.

rispidez *sf* rudeza, grosseria, indelicadeza, aspereza, rispideza. **A:** gentileza.

rispideza V. rispidez.

ríspido *adj* **1** *SOM* áspero, desagradável, agudo. **A:** suave. **2** rude, grosseiro, indelicado. **A:** gentil.

ritmado *part+adj* cadenciado, compassado, cadente.

ritmar *vtd* cadenciar, compassar.

ritmo *sm* cadência, compasso, andamento. **Ex:** Ritmo das palavras, dos movimentos. **A:** descompasso.

rito *sm* **1** religião, seita, culto. **Ex:** O rito católico. **2** *AS CERIMÔNIAS* ritual, culto, liturgia. **3** cerimonial, protocolo, etiqueta, ritual.

ritual V. rito.

rival *s e adj m+f* adversário, antagonista, inimigo, oponente. **A:** aliado.

rivalidade *sf* **1** competição, antagonismo, concorrência. **A:** coleguismo. **2** ciúmes *pl*, zelos *pl*.

rivalizar *vti* **1** competir, concorrer, disputar. **2** comparar-se, igualar-se, equiparar-se. **Ex:** Sua inteligência não rivaliza com a minha.

rixa *sf* **1** briga, discussão, contenda. **A:** conciliação. **2** discórdia, desavença, desentendimento. **A:** concórdia. **3** hostilidade, rivalidade, inimizade. **A:** amizade. **4** revolta, motim, desordem.

rixar *vi* brigar, discutir, altercar, disputar.

rixento *sm+adj* brigão, briguento. **A:** pacífico.

robô *sm* **1** autômato, andróide. **2** *Fig.* indivíduo sem vontade própria: fantoche, títere, testa-de-ferro.

robustecer *vtd+vpr* **1** fortificar(-se), fortalecer(-se), revigorar(-se). **A:** enfraquecer. *vtd* **2** confirmar, comprovar, corroborar. *vpr* **3** engrandecer-se, enobrecer-se, honrar-se. **A:** rebaixar-se.

robustez *sf* força, vigor, energia, robusteza. **A:** fraqueza.

robusteza V. robustez.

robusto *adj* **1** forte, vigoroso, atlético. **A:** fraco. **2** duro, sólido, maciço. **A:** inconsistente. **3** saudável, sadio, forte. **A:** doente. **4** firme, inabalável, imperturbável.

roca V. rocha.

roça *sf* **1** ato de roçar: roçadela. **2** roçado, plantação, plantio. **3** campo. **Ex:** Gente da roça. **A:** cidade.

roçadela V. roça.

roçado V. roça.

roçagar *vi* roçar, arrastar-se, encostar (no chão).

rocambolesco *adj* complicado, intrincado, complexo. **Ex:** História rocambolesca. **A:** simples.

roçar *vtd* **1** *MATO* cortar, derrubar. *vtd+vti* **2** resvalar, perpassar por. *vtd+vi* **3** esfregar(-se), atritar(-se), friccionar(-se). *vi* **4** V. roçagar.

roceiro *sm* **1** lavrador, agricultor, camponês. **2** caipira, matuto, sertanejo.

rocha *sf* **1** pedregulho, fraga, pedra (grande). **2** penhasco, rochedo, roca, penedo.

rochedo V. rocha.

rociar *vtd+vi* orvalhar. **Ex:** Rociar a grama; rociava toda manhã.

rocio *sm* orvalho, aljôfar, aljofre.

rococó *adj m+f* fora de moda: antiquado, ultrapassado, obsoleto, desusado. **A:** moderno.

roda *sf* **1** figura circular: disco. **2** giro, círculo, volta. **3** grupo, agrupamento, multidão. **Ex:** Uma roda de crianças assitia à cena, fascinada. **4** classe social, casta. **Ex:** Alta roda.

rodamoinho V. redemoinho.

rodar *vtd+vi* **1** girar, virar, voltear. *vtd* **2** V. rodear. **3** percorrer, correr, andar por. **Ex:** Rodou quase todo o Brasil na viagem. **4** *Cin.* filmar, cinematografar. *vi* **5** *Pop.* fracassar, dar-se mal, dançar *gír.* **A:** ter sucesso.

rodear *vtd* **1** contornar, circundar, cercar. **Ex:** As crianças rodeavam o palhaço; pedras coloridas rodeiam os canteiros. **2** ladear, evitar, fugir a. **Ex:** Rodear um assunto delicado.

rodeio *sm* **1** giro, volta, círculo. **2** *DE PALAVRAS* circunlóquio, perífrase, giro. **3** desculpa, pretexto, evasiva.

rodela *sf* **1** rodinha. **2** *Anat.* rótula.

rodilha *sf* **1** esfregão, trapo, esfregador. **2** *Fig.* pessoa vil: verme *fig*, desprezível.

rodilhar V. enrodilhar.

rodízio *sm* revezamento.

rodopiar *vi* girar, virar, voltear.

rodovia *sf* estrada de rodagem.

roer *vtd+vti* **1** cortar (com os dentes). **2** mastigar, moer, mascar. **3** corroer, carcomer, gastar. **Ex:** A ferrugem roeu os metais. **4** minar, consumir, devorar. **Ex:** O sofrimento roeu a sua saúde. **5** afligir, torturar, atormentar. **Ex:** A dor rói a alma.

rogador *sm* mediador, intermediário, medianeiro.

rogar *vtd+vti* **1** implorar, suplicar, clamar; *PROTEÇÃO* invocar. *vti* **2** pedir, interceder, suplicar por. **Ex:** Rogai por nós pecadores.

rogo *sm* pedido, súplica, clamor, petição.

rojão *sm* foguete.

rojar *vtd* **1** arrastar, puxar, trazer. *vtd+vpr* **2** arremessar(-se), atirar(-se), lançar(-se). *vi+vpr* **3** rastejar, arrastar-se.

rol *sm* lista, relação, índice, elenco.

rolagem V. rolamento.

rolamento *sm* **1** rolagem. **2** *Mec.* rolimã.

rolar *vtd+vi* **1** girar, rodar, virar. **Ex:** Os lenhadores rolaram os troncos montanha abaixo. *vi* **2** *Gír.* estender-se, prolongar-se, desenrolar-se. **Ex:** A festa rolou até de madrugada. **3** *Gír.* acontecer, ocorrer, realizar-se. **Ex:** Ontem rolou alguma coisa estranha na casa da vizinha.

roldana *sf Mec.* polia.

roleta *sf* catraca, borboleta. **Ex:** Os passageiros passam pela roleta do ônibus.

roliço *adj* **1** cilíndrico, redondo. **2** gordo, carnudo, polpudo. **A:** fino.

rolimã V. rolamento.

rolo *sm Pop.* confusão, barulho, banzé, frege, angu *pop.*

romance *sm* **1** *Lit.* novela, narrativa, história. **2** *Pop.* caso, aventura, flerte. **Ex:** Ela teve um romance com meu irmão.

romancear *vtd* **1** enfeitar, embelezar. **Ex:** Romancear os acontecimentos, uma narração, uma história. *vi* **2** fantasiar, sonhar, delirar.

romanesco *adj* **1** e **2** V. romântico. **3** fictício, fabuloso, fantástico. **Ex:** História romanesca. **A:** real.

românico V. romano.

romano *adj* **1** *DA ROMA ANTIGA* latino, ítalo. **2** *Ling.* românico, neolatino, latino. **Ex:** O latim deu origem às línguas romanas.

romântico *adj* **1** romanesco. **Ex:** Cena romântica. **2** fantasioso, sonhador, imaginativo, romanesco. **Ex:** Pessoa romântica. **3** lírico, sentimental.

romantizar *vtd* fantasiar, sonhar, imaginar, idealizar.

romaria *sf* **1** *Rel.* peregrinação. **2** multidão, turma, massa.

rombo *sm* **1** abertura, buraco, brecha. **2** arrombamento, rompimento. **3** *Pop.* desfalque, roubo, desvio. *adj* **4** rombudo, obtuso, arredondado. **A:** aguçado. **5** *Fig.* estúpido, imbecil, tapado. **A:** inteligente.

rombudo V. rombo.

romeiro *sm Rel.* peregrino.

rompante *sm* **1** arrogância, orgulho, altivez. **A:** humildade. **2** ímpeto, impulso, repente. **Ex:** Num rompante de alegria. *adj m+f* **3** arrogante, orgulhoso, altivo, rompente. **A:** humilde.

rompente V. rompante.

romper *sm* **1** nascimento, aparecimento, surgimento. **Ex:** O romper da aurora. **A:** desaparecimento. *vtd* **2** arrombar, abrir, forçar. **Ex:** A água rompeu o dique. **3** infringir, quebrar, violar. **Ex:** Romper um contrato. **A:** respeitar. **4** atravessar, furar, penetrar.

Ex: Romper um bloqueio. **5** interromper, suspender, sustar. **Ex:** Romperam as negociações. **A:** continuar. *vtd+vpr* **6** despedaçar(-se), quebrar(-se), partir(-se). **Ex:** A garrafa caiu e rompeu-se. **7** estragar(-se), rasgar(-se). **Ex:** O sapato rompeu-se com o uso. *vti* **8** irromper, prorromper, brotar. **Ex:** Romper em lágrimas. *vi* **9** *MANHÃ, DIA, SOL, ETC.* nascer, raiar, surgir. **A:** desaparecer. **10** rebentar, estourar, prorromper. **Ex:** Rompeu uma luta entre as tribos. *vpr* **11** interromper-se, parar, cessar. **A:** continuar.

rompimento *sm* **1** ruptura, quebra. **2** interrupção, suspensão, cessação. **Ex:** Rompimento de amizade. **A:** continuação.

ronca V. ronco.

roncador *sm* fanfarrão, gabola, valentão, farofeiro *pop.*

roncar *vi* **1** ronquejar, ressonar. **2** estrondear, retumbar, troar. **3** *PORCO, JAVALI* grunhir.

ronceiro *adj* **1** lento, vagaroso, lerdo. **A:** rápido. **2** indolente, preguiçoso, negligente. **A:** trabalhador.

ronco *sm* **1** *DO PORCO, JAVALI* grunhido. **2** *DO GATO* ronrom. **3** estrondo, ruído, fragor. **A:** silêncio. **4** *Pop.* bravata, fanfarronice, prosa, ronca.

ronda *sf* patrulha.

rondar *vtd+vi* **1** patrulhar. **Ex:** Rondar as ruas. *vtd* **2** vigiar, guardar, observar. **3** rodear, contornar, circundar. **Ex:** A raposa rondava o galinheiro.

ronha *sf* **1** *Vet.* sarna (de ovelhas e cavalos). **2** *Pop.* astúcia, manha, malícia. **A:** ingenuidade.

ronquejar V. roncar.

ronrom *sm* ronco (do gato).

rorejar *vtd* **1** pingar, gotejar, destilar. **2** banhar, regar, molhar. **A:** secar.

rosa *sf* **1** V. rosácea. *sf pl* **2** alegria, prazer, felicidade. **Ex:** Nem tudo são rosas. **A:** tristeza. *sm e adj m+f, sing+pl* **3** cor-de-rosa, rosado, róseo. **Ex:** Ela gosta de rosa; um tecido rosa.

rosácea *sf* rosa, vidraça (de igreja).

rosado V. rosa.

rosário *sm Fig.* sucessão, série, seqüência.

rosar-se *vpr* **1** ruborizar-se, corar, enrubescer-se. **2** envergonhar-se. **Ex:** Rosar-se de alguma coisa.

rosca *sf* **1** *DE PARAFUSO* volta, espira. **2** pão.

róseo V. rosa.

rosetar V. rosetear.

rosetear *vtd* rosetar, esporar (com a roseta das esporas).

rosnar *vtd* **1** resmungar. *vi* **2** resmungar, reclamar, queixar-se.

rosto *sm* **1** cara, face, fronte. **2** fisionomia, semblante, feições *pl*. **3** frente, dianteira, fronte. **A:** traseira. **4** *DE LIVRO* frontispício, fachada.

rostro *sm Ornit.* bico.

rota *sf* caminho, rumo, direção, destino.

rotação *sf* **1** giro, volta, circuito. **2** *DE DISCO* velocidade.

rotativo *adj* rotatório, giratório. **Ex:** Movimento rotativo.

rotatório V. rotativo.

roteiro *sm* **1** regulamento, estatuto, regimento. **2** itinerário, descrição (de viagem). **3** *TURÍSTICO* guia. **Ex:** Quando viajamos para Roma, levamos um roteiro da cidade.

rotina *sf* **1** rotineira. **Ex:** O que mais cansa nesse emprego é a rotina. **2** prática, costume, uso.

rotineira V. rotina.

rotineiro *adj* habitual, costumeiro, usual, freqüente. **A:** incomum.

roto *sm* **1** maltrapilho, esfarrapado, farrapo. **A:** janota. *adj* **2** rompido. **3** esfarrapado, rasgado, esfrangalhado. **Ex:** Vestes rotas.

rotular *vtd* **1** etiquetar. *vtd+vti* **2** classificar de, considerar, julgar. **Ex:** Sempre rotula os outros; rotularam-no de incapaz.

rótulo *sm* **1** etiqueta, letreiro. **2** *Fig.* estereótipo, lugar-comum, chavão.

rotundo *adj* **1** redondo, circular, orbicular. **2** esférico, redondo, globular. **3** cilíndrico, roliço, redondo. **4** *Fig.* gordo, obeso, rechonchudo. **A:** magro.

roubar *vtd* **1** furtar, surrupiar, afanar *gír.* **2** saquear, pilhar, despojar. **3** imitar, copiar, plagiar. **4** arrebatar, tomar, raptar. **A:** devolver.

roubo *sm* **1** furto, rapina, abafo *gír.* **2** *Pop.* exploração, especulação, agiotagem.

rouco *adj* afônico.

roufenho *adj* fanhoso, fanho, nasal, rouquenho.

round (ingl.: ráund) *sm* **1** *Esp.* assalto. **2** *Por ext.* etapa, estágio, fase.

roupa *sf* traje, veste, vestimenta, fato.

roupagem *sf* **1** conjunto de roupas: rouparia, vestes *pl*, fardagem. **2** aparência, aspecto, exterior. **A:** íntimo.

roupão *sm* chambre.

rouparia V. roupagem.

roupeiro *sm* guarda-roupa, armário.

rouquejar *vi* **1** estrondear, estourar, troar. **2** bramir, bramar, rugir.

rouquenho V. roufenho.

roxo *sm* **1** violeta. **Ex:** Ela não usa roxo. *adj* **2** violeta, violáceo. **Ex:** Flores roxas. **3** *Pop.* exagerado, desmedido, excessivo. **A:** reduzido. **4** *Pop.* ávido, desejoso, ansioso. **A:** desapegado.

rua *sf* **1** via. **2** plebe, populacho, ralé. **A:** elite.

rubéola *sf Med.* sarampo alemão.

rubor *sm* **1** vermelhidão, enrubescimento, afogueamento. **A:** palidez. **2** *Fig.* pudor, vergonha, recato. **A:** despudor.

ruborizar *vtd* **1** avermelhar, encarnar, vermelhar. *vtd+vpr* **2** corar(-se), enrubescer (-se). **A:** empalidecer. *vpr* **3** envergonhar-se, corar-se. **Ex:** Ruborizou-se ante aquelas palavras.

rubrica *sf* **1** nota, observação, anotação. **2** firma, assinatura, subscrição.

rubricar *vtd* **1** anotar, apontar, registrar. **2** firmar, assinar, subscrever.

rubro *sm+adj* **1** vermelho, encarnado, escarlate. *adj* **2** corado, ruborizado, afogueado.

ruço *sm* **1** nevoeiro, neblina, cerração. *adj* **2** grisalho. **Ex:** Cabelos ruços. **3** desbotado, pálido, desmaiado. **A:** corado.

rude *adj m+f* **1** *Agr.* inculto, maninho, baldio. **A:** cultivado. **2** ríspido, grosso, indelicado. **A:** gentil. **3** rigoroso, severo, intransigente. **A:** brando. **4** penoso, árduo, duro. **Ex:** Trabalho rude. **A:** leve. **5** áspero, rugoso, escabroso. **Ex:** Superfície rude. **A:** liso.

rudez V. rudeza.

rudeza *sf* **1** incultura, rudez. **Ex:** A rudeza do solo. **2** rispidez, grosseria, indelicadeza, rudez. **A:** gentileza. **3** rigor, severidade, intransigência, rudez. **A:** brandura.

rudimentar *adj m+f* **1** elementar, simples, primário. **Ex:** Idéias rudimentares. **A:** complexo. **2** rude, tosco, primitivo. **Ex:** Instrumentos rudimentares. **A:** sofisticado. **3** incipiente, nascente, embrionário *fig.* **Ex:** Sociedade rudimentar. **A:** desenvolvido.

rudimentos *sm pl* noções, fundamentos, princípios, á-bê-cê *sing fig.*

ruela *sf* **1** viela, travessa. **2** *Mec.* arruela.

rufião *sm* **1** alcoviteiro, cafetão, cáften. **2** namorador, galanteador, galã. **3** *Zootec.* garanhão, reprodutor (eqüino), pastor.

ruflar *vtd* **1** encrespar, eriçar, agitar (asas, penas, para levantar vôo). **2** tremular, agitar, vibrar. **Ex:** Ruflar uma bandeira.

ruga *sf* prega, dobra, vinco, carquilha. **Ex:** Ruga no rosto, num tecido.

ruge-ruge *sm Pop.* atropelo, barulho, confusão, desordem. **A:** ordem.

rugido *sm* **1** *DE ANIMAL* urro, bramido, grito. **2** *DE COISA* estrondo, ruído, ribombo.

rugir *sm* **1** V. rugido. *vtd* **2** bradar, exclamar, berrar. *vi* **3** *ANIMAIS* urrar, bramir, bramar. **4** *COISAS* estrondear, retumbar, ribombar. **Ex:** Rugem as ondas.

rugoso *adj* enrugado, encarquilhado, pregueado, engelhado. **A:** liso.

ruído *sm* **1** estrondo, barulho, rumor. **A:** silêncio. **2** fama, popularidade, glória. **A:** obscuridade. **3** boato, balela. **4** grandiosidade, pompa, fausto. **A:** simplicidade.

ruidoso *adj* **1** barulhento, estrondoso, rumoroso. **A:** silencioso. **2** grandioso, pomposo, faustoso. **A:** simples.

ruim *adj m+f* **1** malvado, perverso, malévolo. **Ex:** Sujeito ruim. **2** sinistro, funesto, infausto. **Ex:** Presságio ruim. **3** nocivo, pernicioso, danoso. **Ex:** Ambiente ruim. **4** fajuto, ordinário, inferior. **Ex:** Produtos ruins. **A:** bom (nas quatro acepções).

ruína *sf* **1** estrago, destruição, devastação. **2** decadência, declínio, queda. **A:** progresso. **3** extermínio, aniquilamento, extinção. **Ex:** A ruína das populações indígenas. *sf pl* **4** destroços, escombros, restos.

ruindade *sf* **1** maldade, perversidade, malvadeza. **A:** bondade. **2** travessura, traquinagem, diabrura.

ruinoso *adj* **1** velho, arruinado. **Ex:** Construções ruinosas. **A:** novo. **2** nocivo, maléfico, prejudicial. **A:** benéfico.

ruir *vi* desabar, desmoronar, derrocar-se, vir abaixo.

ruivo *adj* **1** amarelo-avermelhado. **2** *CABELO, PÊLO* louro-avermelhado.

rumar *vtd* **1** *Náut.* pilotar, manobrar, marear. *vti* **2** dirigir-se, ir, seguir para. **Ex:** A caravana rumou para o deserto.

ruminar *vtd* **1** remoer, remastigar, remascar. **Ex:** O gado rumina os alimentos. *vtd* **2** *Fig.* remoer, reconsiderar, matutar em. **Ex:** Há dias estou ruminando esse problema. *vi* **3** remoer. **Ex:** As vacas ruminavam no pasto.

rumo *sm* **1** direção, itinerário, caminho. **2** orientação, guia, norte *fig.*

rumor *sm* **1** ruído, barulho, estrondo. **A:** silêncio. **2** burburinho, murmurinho, bulício. **Ex:** O rumor da feira, de uma platéia. **3** boato, balela. **4** fama, renome, popularidade. **A:** obscuridade.

rumorejar *vi* **1** *COISAS* murmurejar, murmurar, sussurrar. **Ex:** Rumorejava o riacho. **2** *PESSOAS* cochichar, murmurar, sussurrar. **Ex:** Os ladrões entraram na casa, rumorejando. **A:** gritar.

rumorejo *sm* **1** murmúrio, murmurinho, sussurro. **Ex:** O rumorejo do vento nas árvores. **2** cochicho, murmúrio, sussurro. **Ex:** Daqui ouvíamos o rumorejo das meninas. **A:** grito.

rumoroso *adj* ruidoso, barulhento, estrondoso, estrepitoso. **A:** silencioso.

ruptura *sf* **1** rompimento, quebra. **2** abertura, buraco, fenda. **3** corte, interrupção, suspensão. **Ex:** Ruptura das negociações. **A:** continuação. **4** *DE CONTRATO, ACORDO* violação, infração, quebra. **A:** obediência. **5** *Med.* Hérnia, quebradura.

rural *adj m+f* **1** campestre, campesino, camponês. **Ex:** Vida rural. **A:** urbano. **2** agrícola.

rusga *sf* **1** briga, desavença, desentendimento. **2** desordem, confusão, tumulto. **A:** calma.

rusguento *adj* **1** brigão, briguento, rixento. **A:** pacífico. **2** resmungão, rabugento, impertinente. **A:** bem-humorado.

russo *sm+adj* soviético *por ext*, moscovita *por ext*.

rusticidade *sf* grosseria, indelicadeza, descortesia, malcriação. **A:** gentileza.

rústico *adj* **1** campestre, rural, campesino. **Ex:** Paisagem rústica. **A:** urbano. **2** gros-

seiro, indelicado, malcriado. **Ex:** Sujeito rústico. **A:** gentil. **3** tosco, grosseiro, malfeito. **Ex:** Os nativos usavam armas rústicas. **A:** sofisticado.

rutilação *sf* **1** lançamento, emissão, rutilo. **2** resplendor, fulgor, clarão.

rutilante *adj m+f* resplandecente, fulgurante, chamejante, brilhante, rútilo *poét*.

rutilar *vtd* **1** lançar, emitir, irradiar. **Ex:** Rutilar faíscas, chamas. *vi* **2** resplandecer, fulgurar, chamejar.

rutilo V. rutilação.

rútilo V. rutilante.

S

sabão *sm Fig.* repreensão, censura, descompostura, bronca *pop.* **A:** elogio.

sabatina *sf* **1** recapitulação (de lições). **2** *Fig.* debate, discussão, questão.

sabedor *sm* **1** V. sábio. *adj* **2** erudito, culto, letrado. **3** ciente, consciente, conhecedor. **Ex:** Sabedor de suas limitações, desistiu de concorrer. **A:** ignorante (nas três acepções).

sabedoria *sf* **1** erudição, conhecimento, cultura, saber. **A:** ignorância. **2** juízo, bom senso, discernimento, saber. **A:** insensatez. **3** *Pop.* esperteza, astúcia, manha. **A:** ingenuidade.

saber *sm* **1** e **2** V. sabedoria. *vtd* **3** conhecer. **Ex:** Ela sabe francês. **A:** ignorar. **4** compreender, entender, perceber. **Ex:** Não sei o que se passa. **5** prever, predizer, adivinhar. **Ex:** Saber o futuro. *vti* **6** ter sabor de, ter gosto de. **Ex:** Isto sabe a alho.

sabe-tudo V. sabichão.

sabichão *sm Fam.* e *Iron.* sabe-tudo.

sabido *part+adj* **1** conhecido, público, notório. **Ex:** Fato sabido de todos. **A:** desconhecido. **2** esperto, astuto, manhoso. **A:** ingênuo. **3** prudente, previdente, cauteloso. **A:** imprudente.

sábio *sm* **1** intelectual, letrado, sabedor. **A:** ignorante. *adj* **2** erudito, culto, douto. **A:** ignorante. **3** ajuizado, prudente, ponderado. **A:** desajuizado.

sabitu *sm Entom.* macho da saúva: bitu, savitu.

sabor *sm* **1** paladar, gosto (sentido). **2** gosto. **Ex:** O sabor dos alimentos. **3** graça, humor, espírito. **Ex:** História sem sabor. **4** natureza, caráter, cunho. **Ex:** Pintura de sabor moderno.

saborear *vtd* **1** degustar, provar, experimentar. *vtd+vpr* **2** deleitar-se, deliciar-se, regozijar-se com. **Ex:** Saborear um prato, a vitória; ainda me saboreio pelo sucesso de nossa equipe.

saboroso *adj* **1** gostoso, delicioso, apetitoso. **Ex:** Comida saborosa. **A:** insosso. **2** *Fig.* agradável, delicioso, deleitoso. **A:** desagradável.

sabotar *vtd* **1** danificar, estragar, quebrar. **Ex:** Sabotar uma máquina. **2** prejudicar, frustrar, atrapalhar. **Ex:** Sabotar um plano.

sabre *sm* espada curta.

sabujo *sm+adj Fig.* bajulador, adulador, servil, puxa-saco *vulg.*

saburra *sf* **1** sedimento, borra, fezes *pl.* **2** *Por ext.* casca, crosta.

saca *sf* saco.

sacada *sf* balcão, varanda.

sacana *s* e *adj m+f* **1** safado, patife, velhaco. **2** devasso, libertino, pervertido. **A:** puro.

sacanagem *sf* **1** safadeza, patifaria, velhacaria. **2** bandalheira, devassidão, libertinagem.

sacar *vtd+vti* **1** puxar. **Ex:** Sacar a espada (ou da espada). **2** tirar, arrancar, extrair. *vtd* **3** conseguir, obter, lucrar. **Ex:** Sacar vantagens de algum negócio. **A:** perder. **4** *Gír.* entender, compreender. **Ex:** Saquei tudo!

sacarídeo *sm Quím.* carboidrato, glucídio, glicídio.

sacarose *sf Quím.* açúcar.

sacerdócio *sm Fig.* missão, tarefa, incumbência, encargo.

sacerdote *sm Ecles.* padre, clérigo, presbítero, eclesiástico.

sacha *sf* capina, capinação, carpa, sachadura.

sachadura V. sacha.

sachar *vtd* **1** cavar, escavar (com o sacho). **2** capinar, carpir, mondar.

sacho *sm* enxada (estreita e pontuda).

saciado *part+adj* satisfeito, farto, cheio. **A:** ávido.

saciar *vtd* **1** *FOME, SEDE, DESEJO* satisfazer, fartar. *vpr* **2** *DE COMIDA* fartar-se, empanturrar-se, encher-se.

saciedade *sf* **1** satisfação. **2** fartura, abundância, abastamento. **A:** escassez. **3** tédio, fastio, aborrecimento. **A:** divertimento.

saco *sm* **1** saca. **2** *EM ROUPA MALFEITA* fole, papo. **3** *Vulg.* testículos *pl.* * De saco cheio *Vulg.*: farto, cheio, cansado. **Ex:** Já está de saco cheio disso. * Encher o saco de *Vulg.*: aborrecer, amolar, importunar. * Puxar o saco de *Vulg.*: bajular, adular, lamber *fig.* **A:** criticar.

sacola *sf* **1** bolsa. **2** bornal, embornal.

sacolejar *vtd* **1** sacudir, agitar, chacoalhar. **Ex:** Sacolejava o vidro de remédio. **2** rebolar, requebrar, menear. **Ex:** Sacolejar o corpo. **3** *Fig.* agitar, perturbar, tocar (profundamente). **Ex:** O acidente sacolejou-a.

sacramental *adj m+f* **1** habitual, costumeiro, usual. **A:** incomum. **2** obrigatório, forçoso, imprescindível. **A:** opcional.

sacramento *sm* **1** consagração, sagração. **2** eucaristia, comunhão.

sacrário *sm* lugar onde se guardam coisas sagradas: relicário, santuário.

sacrificar *vtd+vpr* **1** imolar(-se), vitimar(-se). *vtd* **2** imolar, renunciar a, deixar. **Ex:** Sacrifica sua liberdade em prol dos pais. *vpr* **3** imolar-se, abnegar-se. **Ex:** Sacrificou-se pelos outros.

sacrifício *sm* **1** imolação; *PELO FOGO* holocausto; *DE MUITAS VÍTIMAS* hecatombe. **2** *DE MÁRTIR* martírio, suplício. **3** abnegação, altruísmo, desprendimento. **A:** egoísmo. **4** renúncia, abandono, desistência.

sacrilégio *sm* violação, desrespeito, ofensa, ultraje.

sacro *adj* **1** sagrado, santo. **A:** profano. **2** *Fig.* respeitável, venerável.

sacrossanto *adj* sagrado, intocável, venerável, respeitável.

sacudida *sf* **1** sacudidela. **2** abanão, tranco, repelão.

sacudidela V. sacudida.

sacudido *part+adj* **1** desembaraçado, desenvolto, desinibido. **A:** embaraçado. **2** forte, robusto, saudável. **A:** franzino.

sacudir *vtd* **1** agitar, sacolejar, chacoalhar. **Ex:** Sacudiu a garrafa de champanha. **2** brandir, mover, agitar. **Ex:** Sacudiu o bastão, ameaçando-nos. **3** vibrar, estremecer, balançar. **Ex:** O terremoto sacudiu os edifícios. *vpr* **4** tremer, estremecer-se.

sádico *sm+adj* **1** sadista. **2** *Por ext.* malvado, perverso, celerado.

sadio *adj* **1** saudável, salubre, salutar. **Ex:** Atmosfera sadia. **A:** insalubre. **2** são, saudável. **Ex:** Crianças sadias. **A:** doentio.

sadista V. sádico.

safadeza *sf* **1** cinismo, desfaçatez, sem-vergonhice. **2** imoralidade, indecência, pouca-vergonha. **A:** decência.

safado *sm+adj* **1** cínico, cara-de-pau, sem-vergonha. **2** imoral, devasso, libertino. **A:** puro.

safanão *sm* **1** empurrão, tranco, esbarrão. **2** bofetão, tabefe, bolacha *fig.*

safar *vtd* **1** extrair, tirar, arrancar. **2** furtar, roubar, afanar *gír.* *vpr* **3** escapar, fugir, escapulir.

safardana V. salafrário.

safira *sf COR* azul, anil.

safra *sf* colheita (os produtos). **Ex:** O governo comprou toda a safra de arroz de nossa fazenda.

saga *sf Lit.* lenda, legenda, narrativa, fábula (escandinava).

sagacidade *sf* **1** perspicácia, inteligência, agudeza. **A:** estupidez. **2** astúcia, manha, esperteza. **A:** ingenuidade.

sagaz *adj m+f* **1** perspicaz, inteligente, agudo. **A:** estúpido. **2** astuto, manhoso, matreiro. **A:** ingênuo.

sagrado *part+adj* **1** sacro, santo. **A:** profano. **2** sacrossanto, intocável, respeitável. **Ex:** Direitos sagrados. **3** santo, virtuoso, imaculado. **Ex:** Amor sagrado. **A:** maculado.

sagrar *vtd* **1** *Rel.* abençoar, santificar, benzer. **2** venerar, respeitar, reverenciar. **A:** desrespeitar. *vtd+vpr* **3** dedicar(-se), consagrar(-se), entregar(-se). **Ex:** Sagrou su vida a cuidar das crianças; sagrou-se ao trabalho.

saguão *sm* vestíbulo, *hall*.

sagüi *sm Zool.* mico, macaco (pequeno).

saibro *sm* areia.

saibroso *adj* arenoso, areento.

saída *sf* **1** saimento. **A:** entrada. **2** *Com.* venda, vendagem, colocação. **Ex:** Produto de muita saída. **3** passeio, giro. **Ex:** Vamos dar uma saída. **4** partida, ida. **A:** vinda. **5** expediente, meio, recurso. **6** vazão, escoamento, vazante. **7** solução, resposta. **Ex:** Tenho a saída para esse problema.

saído *part+adj* **1** ausente. **A:** presente. **2** *Fam.* atrevido, petulante, descarado. **A:** reverente. **3** saliente, saltado, proeminente.

saimento *sm* **1** saída. **A:** entrada. **2** funeral, enterro, inumação. **A:** exumação. **3** atrevimento, petulância, descaramento. **A:** reverência.

sair *vti+vi* **1** ir para fora de. **Ex:** Saiu do quarto chorando. **A:** entrar. **2** partir, ausentar-se, ir-se. **Ex:** Sair do país. *vti* **3** deixar, abandonar. **Ex:** Saiu da academia. **4** demitir-se de, deixar, abandonar. **Ex:** Saiu do emprego na fábrica. **5** mudar-se, deixar, abandonar. **Ex:** O inquilino saiu do apartamento. **A:** permanecer. **6** escapar, salvar-se, livrar-se. **Ex:** Saiu ileso do desastre. **7** vir, provir, proceder de. **Ex:** O rio sai das montanhas e corre para o oceano. **8** *CURSO, ESCOLA* formar-se em, terminar, concluir. **Ex:** Saiu da faculdade. **9** puxar. **Ex:** A menina saiu à mãe, é a cara dela. **10** ultrapassar, exceder, extrapolar. **Ex:** Sair dos limites. *vti+vpr* **11** livrar-se, desembaraçar-se, safar-se. **Ex:** Você arrumou essa confusão, agora saia dela. **12** desviar-se, afastar-se, distanciar-se. **Ex:** Não saiu do assunto. *vi* **13** acontecer, ocorrer, suceder. **Ex:** Tudo saiu como planejamos. **14** raiar, nascer, despontar. **Ex:** Saiu o sol. **A:** desaparecer. *vlig* **15** tornar-se, converter-se, fazer-se. **Ex:** Mas que peste me saiu esse menino! * Sair-se mal: dar-se mal, estrepar-se, dançar *gír.*

sal *sm* **1** *Fig.* malícia, brejeirice, pimenta *fig.* **2** *Fig.* graça, espírito, humor.

salada *sf Fig.* misturada, miscelânea, bagunça *gír*, mixórdia.

saladeiro *sm* lugar onde se prepara a carne-seca: charqueada.

salafrário *sm Pop.* patife, canalha, safado, velhaco, safardana *pop.*

salamaleque *sm* rapapé *pop*, reverência, mesura, cumprimento (exagerado).

salão *sm* **1** barbearia, salão de barbeiro. **2** cabeleireiro, salão de beleza. **3** exposição, mostra, exibição. **Ex:** Salão do automóvel de 1995. * Limpar o salão *Pop.*: limpar o nariz.

salariado *sm+adj* assalariado, empregado. **A:** autônomo.

salário *sm* ordenado, pagamento, remuneração; *DIÁRIO* diária, jornal, féria; *Mil.* soldo.

saldar *vtd* pagar, liquidar, satisfazer, solver. **Ex:** Saldar uma conta, uma dívida.

saldo *sm* **1** *Mat.* resto. **2** sobra, remanescente, restante. **3** resultado, conseqüência, efeito. **A:** causa. **4** *Fig.* vingança, desforra, represália. **A:** afronta. *adj* **5** saldado, pago, liquidado.

salgado *adj* **1** com sal. **A:** insosso. **2** *Fig.* picante, malicioso, brejeiro. **3** *Pop.* caro, custoso, dispendioso. **Ex:** A compra foi um pouco salgada este mês.

salgueiro *sm Bot.* chorão, vimeiro, vime.

saliência *sf* **1** ressalto, relevo, proeminência. **A:** reentrância. **2** atrevimento, insolência, desaforo. **A:** respeito.

salientar *vtd* **1** relevar, destacar, salientar. *vpr* **2** destacar-se, distinguir-se, sobressair.

saliente *adj m+f* **1** saltado, proeminente, protuberante. **2** evidente, óbvio, claro. **A:** obscuro. **3** atrevido, insolente, desaforado. **A:** respeitoso.

salitre *sm Pop.* nitro, nitrato de potássio.

saliva *sf* cuspe, cuspo, esputo.

salivar *vtd* **1** cuspir, expectorar, expelir. **Ex:** Salivar sangue. *vi* **2** cuspir, esputar. **3** babar, espumar, escumar *pop.*

salobro *adj* com gosto de sal: *salobre.* **Ex:** Água salobra.

salobre V. salobro.

salpicar *vtd* **1** mosquear, sarapintar, pintalgar, salpintar. **Ex:** As crianças brincaram com as tintas e salpicaram todo o chão com pintas escuras. **2** *Fig.* manchar, infamar, macular. **Ex:** Salpicar o nome de alguém. **A:** honrar.

salpico *sm* pingo (de lama).

salpintar V. salpicar.

salsada *sf* misturada, miscelânea, bagunça *gír*, salada *fig*.

salseiro *sm* **1** pancada, aguaceiro, toró. **2** *Gír.* confusão, banzé, rolo *pop*.

saltado *part+adj* saliente, proeminente, protuberante, relevante.

saltar *vtd* **1** galgar, transpor, passar. **Ex:** Saltar um obstáculo. **2** omitir, deixar, esquecer. *vti* **3** *DE CAVALGADURA* apear, descer, desmontar de; *DE VEÍCULO* descer, apear de. **4** atacar, agredir, investir contra. **Ex:** Saltou sobre o inimigo. *vi* **5** pular.

salteador *sm* ladrão, bandoleiro, assaltante, bandido.

saltear *vtd* **1** assaltar, atacar, acometer. **2** roubar, saquear, furtar.

saltimbanco *sm* bufão, palhaço, pelotiqueiro, truão.

saltitante *adj m+f Fig.* irrequieto, inquieto, agitado, impaciente. **A:** quieto.

salto *sm* **1** pulo, pinote. **2** queda-d'água, cachoeira, cascata. **3** assalto, ataque, agressão. **4** transição, mudança, alteração. **Ex:** A produção da fábrica apresentou um salto de qualidade. * De um salto: de repente, repentinamente.

salubre *adj m+f* saudável, sadio, salutar, higiênico. **Ex:** Ar salubre, clima salubre. **A:** insalubre.

salubridade *sf* sanidade, higiene, limpeza. **A:** insalubridade.

salutar *adj m+f* **1** V. salubre. **2** fortificante, fortalecedor. **3** *Fig.* edificante, construtivo, edificador.

salva *sf* **1** saudação (com tiros). **2** descarga, disparo. **Ex:** Salva de vinte tiros. **3** bandeja, bacia. **4** ressalva, restrição, reserva. **Ex:** Aceitou-o com salvas.

salvação *sf* **1** salvamento. **2** *Teol.* redenção, resgate, remição.

salvadorenho *sm+adj* de El Salvador (América Central): salvatoriano.

salvadorense *s e adj m+f* de Salvador (Bahia): soteropolitano.

salvaguarda *sf* **1** proteção, defesa, segurança. **2** salvo-conduto, passaporte. **3** prevenção, cautela, precaução. **A:** descuido.

salvaguardar *vtd* **1** proteger, defender, salvar. **2** prevenir, acautelar, precaver. **A:** desprevenir.

salvamento V. salvar.

salvante *prep* exceto, menos, fora, tirante. **A:** inclusive.

salvar *vtd* **1** defender, proteger, preservar. **Ex:** Salvar de um perigo. **2** saudar, cumprimentar, cortejar. **Ex:** O povo salvava os heróis de guerra. **3** *Teol.* redimir, resgatar, remir. *vpr* **4** refugiar-se, abrigar-se, resguardar-se.

salvatoriano V. salvadorenho.

salvo *adj* **1** livre. **Ex:** Salvo de riscos, de uma doença. **2** ileso, incólume, intacto. **A:** lesado. *prep* **3** exceto, menos, fora. **A:** inclusive.

salvo-conduto *sm* salvaguarda, passaporte. **Ex:** Os estrangeiros precisavam de salvo-conduto para transitar pelo país.

samambaia *sf Bot.* feto.

samambaiaçu *sf Bot.* xaxim.

sambaqui *sm* caieira.

sanar *vtd* **1** curar, sanear, sarar (o doente). **2** sanear, remediar, reparar, corrigir. **Ex:** Sanar os erros, as falhas.

sanatório *sm* clínica (para convalescença).

sanção *sf* aprovação, confirmação, ratificação, corroboração. **A:** veto.

sancionar *vtd* aprovar, confirmar, ratificar, corroborar. **A:** vetar.

sandeu *sm+adj* louco, doido, maluco, demente.

sandice *sf* loucura, maluquice, insensatez, insanidade. **A:** sensatez.

saneamento *sm* **1** cura. **2** higiene, limpeza, asseio. **Ex:** Saneamento básico. **A:** sujeira.

sanear *vtd* **1** e **2** V. sanar. **3** *Med.* esterilizar, desinfetar, desinfeccionar. **Ex:** Sanear um ambiente. **4** tranqüilizar, acalmar, aquietar. **Ex:** Sanear os ânimos. **A:** agitar.

sanfona *sf Mús.* acordeão, harmônica, concertina, acordeom.

sanga *sf* quirera, quirela, farelo grosso.

sangrador V. sangradouro.

sangradouro *sm* escoadouro, valeta, bueiro.

sangradura V. sangria.

sangrar *vi* **1** verter sangue. **Ex:** Os feridos sangravam. *vtd* **2** verter, derramar, pingar. **Ex:** O ferimento sangrava pus. **3** debilitar, enfraquecer, abater. **A:** fortalecer. **4** *Fig.* atormentar, ferir, magoar. **5** *Fig.* extorquir, roubar, explorar. **Ex:** O vagabundo sangra a pobre da esposa; sangrar os cofres públicos.

sangrento *adj* **1** ensangüentado, sanguinolento. **Ex:** Estava com o braço todo sangrento. **2** sanguinolento, cruento, encarniçado. **Ex** Batalha sangrenta. **A:** incruento.

sangria *sf* **1** sangradura. **2** *Cir.* flebotomia. **3** *Pop.* extorsão, roubo, ladroeira.

sangue *sm* **1** seiva. **2** *Fig.* vida, existência. **3** *Fig.* família, ascendência, linhagem. **Ex:** Ele ama o seu próprio sangue. * Sangue azul: nobreza, fidalguia, aristocracia. * Dar o sangue *Fig.*: dedicar-se, entregar-se.

sangue-frio *sm* **1** serenidade, calma, tranqüilidade. **A:** intranqüilidade. **2** frieza, crueldade, dureza. **A:** humanidade.

sanguessuga *sf* **1** *Zool.* bicha. **2** *Fig.* parasita, aproveitador, vampiro *fig.*

sanguinário *adj* **1** cruel, desumano, impiedoso, *sangüinário*. **Ex:** Carrasco sanguinário. **A:** humano. **2** que gosta de ver sangue: sanguinolento, *sangüinário*.

sangüinário V. sanguinário.

sangüíneo V. sangüíneo.

sangüíneo *adj* **1** do sangue: *sangüíneo*. **Ex:** Circulação sangüínea. **2** vermelho, rubro, escarlate, *sangüíneo*.

sanguinolento V. sangrento e sanguinário.

sanha *sf* raiva, fúria, ira, ódio.

sanhoso *adj* agressivo, irritadiço, colérico, irascível. **A:** calmo.

sanidade *sf* higiene, limpeza, salubridade. **A:** insalubridade.

sanitário *sm* **1** banheiro, toalete, WC. *adj* **2** higiênico, saudável, salubre. **A:** insalubre.

santanário *sm* carola, beato, fanático. **A:** descrente.

santidade *sf* **1** virtude, pureza, castidade. **A:** impureza. **2** bondade, caridade, benevolência. **A:** maldade.

santificar *vtd* **1** *Rel.* canonizar. **2** reverenciar, adorar, venerar. **Ex:** Santificar o nome de Deus.

santo *adj* **1** sacro, sagrado. **A:** profano. **2** sacrossanto, intocável, respeitável. **Ex:** Direito santo. **3** virtuoso, imaculado, puro. **Ex:** Coração santo. **A:** impuro. **4** bondoso, caridoso, benevolente. **Ex:** Santa criatura. **A:** mau. **5** V. são.

santuário *sm* **1** capela, ermida. **2** lugar onde se guardam coisas sagradas: sacrário, relicário. **3** *Fig.* íntimo, interior, fundo. **Ex:** O santuário da nossa alma. **A:** exterior.

são *adj* **1** sadio, saudável. **A:** doente. **2** salubre, salutar, saudável. **Ex:** Ar são. **A:** insalubre. **3** curado. **Ex:** Agora estou são. **4** ileso, incólume, indene. **Ex:** São e salvo. **A:** lesado. **5** correto, justo, íntegro. **A:** desonrado. **6** puro, imaculado, virtuoso. **A:** impuro. **7** santo. **Obs.:** A forma *santo* é usada antes de nomes que começam por vogal ou *h*, e *são* nos demais casos. **Ex:** Santo Antônio, São Pedro.

saparia *sf* *Fig.* cambada, corja, bando, malta.

sapata *sf* *Mec.* e *Constr.* base, suporte, apoio.

sapatão *sm* *Vulg.* lésbica, homossexual (feminina). **A:** heterossexual.

sapato *sm* calçado.

sapear *vtd* **1** assistir a, observar, olhar (sem tomar parte). **Ex:** Lá do quinto andar, ficamos sapeando o movimento da rua. **2** espreitar, espiar, espionar.

sapeca *sf* **1** chamusco, chamuscadura, tostadura, sapecação. *adj m+f* **2** travesso, levado, arteiro. **Ex:** Criança sapeca. **A:** comportado.

sapecar *vtd* **1** chamuscar, tostar, crestar. *vtd+vti* **2** dar, desferir, assentar. **Ex:** Sapecou-lhe um beijo.

sapiência *sf* sabedoria, erudição, conhecimento, saber. **A:** ignorância.

sapiente *adj m+f* sabedor, sábio, erudito, culto. **A:** ignorante.

sapinho *sm* *Med.* afta, ulceração, sapinhos *pl.*

sapinhos V. sapinho.

saque *sm* 1 pilhagem, depredação, pilha, saqueio. 2 roubo, furto, abafo *gír*, saqueio. 3 *Esp.* serviço.

saquear *vtd* 1 pilhar, depredar, roubar. **Ex:** Os invasores saquearam a cidade. 2 roubar, furtar, surrupiar. **Ex:** Saquear a fortuna de alguém.

saqueio V. saque.

sarabanda *sf* 1 cambalhota, salto, cabriola. 2 tumulto, agitação, desordem. **A:** ordem.

sarabatana *sf* 1 buzina, trombeta, corneta. 2 megafone, porta-voz. 3 zarabatana.

saracoteado *sm* rebolado, ginga, requebrado, meneio, saracoteio.

saracotear *vtd* 1 menear, rebolar, requebrar. **Ex:** Saracoteava o corpo. *vi+vpr* 2 gingar, rebolar, requebrar-se. **Ex:** Lá vem ela, saracoteando.

saracoteio V. saracoteado.

sarado *part+adj* 1 *Gír.* esperto, sabido, astuto. **A:** ingênuo. 2 *Gír.* corajoso, valente, destemido. **A:** covarde. 3 comilão, guloso, voraz.

saraiva *sf* 1 chuva de pedra, granizo, pedrisco, saraivada. 2 *Fig.* saraivada, chuva *fig*, monte, enxurrada *fig*. **Ex:** Uma saraiva de acusações marcou a campanha política.

saraivada V. saraiva.

sarampo alemão *sm Med.* rubéola.

sarapatel *sm Fig.* balbúrdia, confusão, desordem, rebuliço. **A:** ordem.

sarapintar *vtd* salpicar, mosquear, pintalgar, salpintar. **Ex:** A parede está toda sarapintada de manchinhas verdes.

sarar *vtd* 1 *O DOENTE* curar, sanar, sanear; *A DOENÇA* curar, debelar. 2 *Med.* purificar, sanear, desinfetar. *vti+vi* 3 curar-se, restabelecer-se, recuperar-se. **Ex:** Sarou da gripe; finalmente, ela sarou. *vi* 4 cicatrizar-se, fechar-se, secar. **Ex:** A ferida sarou.

sarará *s e adj m+f* 1 albino, aça. *adj m+f* 2 tagarela, falador, linguarudo.

sarau V. serão.

sarça *sf* 1 *Bot.* espinheiro, silva. 2 matagal, brenha, mata.

sarcasmo *sm* ironia, zombaria, deboche, gozação. **A:** elogio.

sarcástico *adj* irônico, zombeteiro, mordaz, escarnecedor. **A:** elogioso.

sarcófago *sm Por ext.* túmulo, tumba, sepulcro, sepultura.

sardento *adj* sardo, sardoso. **Ex:** Rosto sardento.

sardo V. sardento.

sardônico *adj* sarcástico, irônico, forçado, falso (na expressão *riso sardônico*). **A:** espontâneo.

sardoso V. sardento.

sarigüê *sm Zool.* gambá.

sarjeta *sf* 1 valeta, rego. 2 *Fig.* desonra, degradação, indignidade. **A:** honra.

sarmento *sm Bot.* vide, ramo (de videira).

sarna *sf* 1 *Med.* e *Vet. EM GERAL* escabiose, já-começa *fam*; *DE CÃO* gafeira, morrinha; *DE CAVALOS, OVELHAS* ronha. 2 *Pop.* chato, impertinente, pentelho *vulg*.

sarnento *adj* 1 *EM GERAL* sarnoso, escabioso; *CÃO* gafento, gafeirento. 2 rançoso, ranço, rançado.

sarnoso V. sarnento.

sarraceno *sm Por ext.* mouro, árabe, muçulmano *impr*, moiro.

sarrafo *sm* ripa, fasquia.

sarro *sm* 1 *EM GARRAFAS* tártaro. 2 *EM GERAL* sedimento, borra, depósito. 3 *Gír.* barato. **Ex:** Ela é um sarro. * Tirar um sarro de *Gír.*: gozar, debochar, zombar de.

satã V. satanás.

satanás *sm* diabo, demônio, capeta, tinhoso, satã.

satânico *adj* 1 diabólico, demoníaco, infernal. **A:** angelical. 2 *Fig.* terrível, infernal, insuportável. **Ex:** Dor satânica; barulho satânico.

satélite *sm* 1 *Astr.* lua. 2 guarda-costas, segurança. 3 capanga, jagunço, cabra.

sátira *sf* ironia, zombaria, gozação, deboche.

satiríase *sf Med.* afrodisia (masculina).

satírico *adj* irônico, zombeteiro, gozador, mordaz.

satirizar *vtd+vi* ironizar, ridicularizar, zombar, censurar. **A:** elogiar.

sátiro *sm* 1 *Mit.* fauno, silvano. 2 *Fig.* tarado, libertino, pervertido.

satisfação *sf* 1 alegria, contentamento, felicidade. **A:** insatisfação. 2 justificativa, explicação, desculpa. **Ex:** Não lhe devo sa tisfação. **3** pagamento, paga. **Ex:** Satisfação de uma dívida.

satisfatório adj suficiente, bastante, aceitável, adequado. **A:** insatisfatório.

satisfazer vtd **1** obedecer, observar, respeitar. **Ex:** Satisfazer um contrato. **A:** desrespeitar. **2** DÍVIDA pagar, liqüidar, saldar. **3** FOME, SEDE, DESEJO saciar, fartar. vtd+vti **4** cumprir, desempenhar, realizar. **Ex:** Satisfazer a vontade de alguém. **A:** descumprir. vtd+vpr **5** contentar(-se), alegrar(-se), rejubilar(-se). **A:** descontentar (-se). vi **6** bastar. vpr **7** saciar-se, fartar-se, empanturrar-se.

satisfeito adj **1** realizado, executado, efetuado. **2** saciado, farto, cheio. **A:** ávido. **3** feliz, alegre, contente. **A:** insatisfeito.

saturar vtd **1** fartar, saciar, satisfazer. **Ex:** Saturar o estômago. vtd+vpr **2** impregnar(-se), encher(-se), tomar(-se). **Ex:** O ar saturou-se daquele perfume. vpr **3** fartar-se, cansar-se, encher-se. **Ex:** Já me saturei disso.

saudação sf cumprimento, reverência, mesura.

saudade sf nostalgia.

saudar vtd **1** cumprimentar, cortejar, salvar. **2** aclamar, aplaudir, ovacionar. **A:** vaiar.

saudável adj m+f **1** sadio, salubre, salutar. **Ex:** Ambiente saudável. **A:** insalubre. **2** são, sadio. **Ex:** Ela tem filhos saudáveis. **A:** doente. **3** Por ext. útil, benéfico, proveitoso. **Ex:** Leitura saudável. **A:** inútil.

saúde sf **1** vigor, força, robustez. **A:** doença. **2** brinde, saudação.

saudoso adj nostálgico.

saúva sf Entom. MACHO bitu, sabitu, savitu; FÊMEA ALADA içá, tanajura; EM GERAL cabeçuda.

savitu V. sabitu.

saxão sm+adj **1** Hist. saxônio. **2** Por ext. inglês, britânico.

saxônio V. saxão.

sazão sf **1** estação do ano. **2** para a colheita de frutos: estação, temporada, época. **Ex:** Sazão de morangos. **3** oportunidade, ocasião, ensejo.

sazonado part+adj **1** FRUTO maduro, amadurecido, maturado. **A:** verde. **2** Fig. pen-

sado, meditado, refletido. **Ex:** O plano foi bem sazonado.

sazonar vtd, vi+vpr **1** amadurecer(-se), madurar, maturar, madurecer. **2** aperfeiçoar (-se), apurar(-se), melhorar. vtd **3** COMIDA temperar, condimentar.

se conj sub caso. **Ex:** Se ele vier, avise-me.

sé sf igreja (episcopal, arquiepiscopal ou patriarcal).

seara sf **1** Agr. plantação, campo (de cereais); MADURA messe. **2** Fig. agremiação, sociedade, grêmio. sf pl **3** cereais, messes.

sebáceo adj **1** relativo a sebo: seboso, sebento. **2** gorduroso, gordo, engordurado. **3** ensebado, sujo, imundo, sebento. **A:** limpo.

sebe (é) sf cerca, tapume, tapamento, valado.

sebento V. sebáceo.

sebo (ê) sm gordura, unto, graxa.

seboso V. sebáceo.

seca (é) sf **1** secagem, enxugamento. **2** Pop. chatice, amolação, aborrecimento. **3** azar, peso, urucubaca pop. **A:** sorte.

seca (ê) sf estiagem, estiada.

secador adj **1** que seca: secante. **2** chato, importuno, cacete gír, secante.

secagem V. seca (é).

secante V. secador.

seção sf **1** segmento, parte, divisão, secção. **2** departamento, repartição, secção. **Ex:** As seções de uma empresa.

secar vtd+vpr **1** enxugar(-se), esgotar(-se). **Ex:** Secar os cabelos. **A:** molhar(-se). **2** murchar(-se), mirrar, emurchecer. **Ex:** O jardim secou. **A:** viçejar. vtd **3** importunar, amolar, incomodar. **Ex:** Não me seque! **4** azarar, infelicitar, encaiporar. **Ex:** Ele seca os amigos. **A:** felicitar. vi **5** FERIDA cicatrizar(-se), fechar(-se). **A:** abrir(-se). vi+vpr **6** definhar, emagrecer, mirrar. **Ex:** Ela secou depois da tragédia. **A:** engordar.

secção V. seção.

seccionar V. secionar.

secessão sf separação, divisão, subdivisão, corte.

secionar vtd **1** separar, cortar, dividir, seccionar. vpr **2** separar-se, dividir-se, subdividir-se, seccionar-se.

seco (ê) *adj* **1** enxuto. **A:** molhado. **2** *VEGETAL* murcho, mirrado, ressequido. **A:** viçoso. **3** magro, esquelético, descarnado. **A:** gordo. **4** *SOM* duro, áspero, penetrante. **A:** suave. **5** frio, insensível, indiferente. **Ex:** Pessoa seca. **A:** caloroso. **6** rude, ríspido, indelicado. **Ex:** Resposta seca. **A:** gentil. **7** *Pop.* ansioso, ávido, desejoso. **Ex:** Estava seco por vê-la. **8** árido, estéril, infértil. **Ex:** Terreno seco. **A:** fértil. **9** simples, nu, desenfeitado. **Ex:** Estilo seco. **A:** enfeitado. **10** *RISO* sardônico, forçado, falso. **A:** espontâneo.

secreção *sf Fisiol.* excreção, eliminação, expulsão.

secretar V. segregar.

secretaria *sf* repartição.

secretária *sf OBJETO* escrivaninha, escritório.

secretário *sm* **1** assistente, ajudante, auxiliar. **2** *Ornit.* serpentário.

secreto *adj* **1** oculto, escondido, encoberto. **A:** conhecido. **2** sigiloso, confidencial, reservado. **A:** público. **3** afastado, retirado, remoto. **A:** próximo.

sectário *sm* partidário, seguidor, adepto, correligionário. **A:** adversário.

sectarismo *sm* **1** partidarismo, proselitismo. **2** intolerância, intransigência, rigidez. **A:** tolerância.

sector V. setor.

secular *adj m+f* **1** antiquíssimo, sempiterno. **A:** recente. **2** temporal, civil, mundano. **Ex:** Poder secular. **A:** eclesiástico.

século *sm* **1** centúria, centenário. **2** época, período. **Ex:** O século dos Descobrimentos.

secundar *vtd* **1** repetir, reiterar, renovar, segundar. **2** ajudar, auxiliar, colaborar com. **3** *Pop.* responder, replicar, retrucar. **A:** perguntar.

secundário *sm* **1** segundo grau, colegial. *adj* **2** complementar, suplementar, acessório. **A:** essencial.

secura *sf* **1** sequidão. **A:** umidade. **2** sede. **Ex:** Tomou dois copos para saciar a secura. **3** rudeza, rispidez, indelicadeza. **Ex:** Responder com secura. **A:** gentileza. **4** aridez, infertilidade, esterilidade. **A:** fertilidade.

sedar *vtd* acalmar, tranqüilizar, serenar, sossegar. **A:** agitar.

sedativo *sm+adj Med.* tranqüilizante, calmante.

sede (é) *sf* **1** base, apoio, suporte. **2** centro, núcleo.

sede (ê) *sf* **1** secura. **Ex:** Dê-me água, estou com sede. **2** *Fig.* desejo, cobiça, ambição. **Ex:** Sede de poder. **A:** desapego. **3** *Fig.* ansiedade, aflição, impaciência. **A:** paciência.

sedeiro *sm Agr.* rastelo, restelo.

sedém V. sedenho.

sedenho *sm Pop.* nádegas *pl*, assento, traseiro *pop*, bunda *vulg* sedém.

sedentário *adj* **1** fixo. **Ex:** Tribos sedentárias. **A:** nômade. **2** inativo, ocioso. **A:** agitado.

sedento *adj* **1** sequioso. **2** *Fig.* ávido, desejoso, cobiçoso. **A:** desapegado.

sedição *sf* revolta, rebelião, insurreição, motim.

sedicioso *sm+adj* **1** revoltoso, rebelde, insurreto. *adj* **2** indisciplinado, desobediente, insubordinado. **A:** disciplinado.

sedimento *sm* depósito, borra, fezes *pl*.

sedoso *adj* **1** macio, delicado, suave. **A:** duro. **2** peludo, piloso, hirsuto. **A:** careca.

sedução *sf* fascínio, encanto, atração, fascinação. **A:** repulsa.

sedutor *sm* **1** conquistador, mulherengo, gavião *gír.* *adj* **2** fascinante, encantador, cativante, atraente. **A:** repulsivo.

seduzir *vtd* **1** desonrar. **Ex:** Seduzir uma menor. **2** fascinar, encantar, cativar, atrair. **Ex:** A paisagem nos seduz. **A:** afastar. **3** desencaminhar, corromper, perverter. **Ex:** A promessa de dinheiro fácil seduziu o rapaz. **A:** regenerar. **4** amotinar, revoltar, rebelar. **Ex:** Os membros do partido seduziram os camponeses. **A:** pacificar. **5** subornar, corromper, peitar. **Ex:** Seduziram funcionário.

sega (é) *sf Agr.* ceifa, segadura, segada. **A:** plantação.

segada V. sega.

segadeira *sf* ceifadeira.

segadura V. sega.

segar *vtd Agr.* ceifar, foiçar, cortar. **A:** plantar.

segmentar *vtd* cortar, dividir, separar, seccionar.

segmento *sm* parte, divisão, seção, pedaço.

segredar *vtd* **1** confidenciar. **Ex:** Segredar problemas. **A:** revelar. *vtd+vi* **2** cochichar, murmurar, sussurrar. **Ex:** Ficaram as duas segredando no canto do salão. **A:** gritar.

segredo *sm* **1** sigilo. **Ex:** Segredo profissional. **2** confidência, revelação. **3** sigilo, discrição, silêncio. **Ex:** Guardar segredo. **A:** indiscrição. **4** mistério, enigma, incógnita. **5** esconderijo, recesso, recanto. **6** solitária. **Ex:** O preso rebelde foi mandado para o segredo.

segregar *vtd* **1** *Fisiol.* secretar, expelir, excretar. **Ex:** Segregar cheiro, pus. **2** discriminar. *vtd+vpr* **3** isolar(-se), afastar(-se), apartar(-se).

seguido *part+adj* **1** contínuo, ininterrupto, continuado. **Ex:** Falou duas horas seguidas. **2** imediato, seguinte, subseqüente. **A:** anterior. **3** usado, adotado, utilizado. **Ex:** É esse o método *seguido*.

seguidor *sm* **1** partidário, adepto, correligionário. **A:** adversário. **2** *Rel.* crente, fiel, adepto.

seguimento *sm* **1** acompanhamento. **2** continuação, prosseguimento, persistência. **Ex:** O seguimento dos trabalhos. **A:** interrupção. **3** conseqüência, resultado, efeito. **A:** causa.

seguinte *adj m+f* imediato, subseqüente, posterior, próximo. **Ex:** No mês seguinte. **A:** anterior.

seguir *vtd* **1** acompanhar, escoltar, acolitar. **Ex:** Seguir o cortejo. **2** perseguir, acossar, encalçar. **Ex:** A polícia seguiu os suspeitos. **3** cumprir, respeitar, obedecer. **Ex:** Seguir as ordens, as instruções. **A:** descumprir. **4** professar, adotar, abraçar. **Ex:** Seguir uma doutrina. **A:** renegar. **5** observar, assistir, acompanhar. **Ex:** Seguimos as notícias pela televisão. **6** imitar, copiar, remedar. **Ex:** Seguir o modelo. **7** continuar, prosseguir, persistir em. **Ex:** É melhor seguir o trabalho até o final. **A:** interromper. **8** exercer, praticar, professar. **Ex:** Seguir a

advocacia. **9** percorrer, correr, andar por. **Ex:** Seguir um caminho. **10** sobrevir a, suceder. **Ex:** A tristeza seguiu a decepção. *vpr* **11** suceder-se, sobrevir, acontecer (depois). **Ex:** Seguiu-se ao temporal uma queda de temperatura. **12** resultar, proceder, advir de. **Ex:** As falhas seguiram-se da sua falta de atenção.

segundar V. secundar.

segundo *sm* **1** *Por ext.* momento, instante, minuto. **Ex:** Espere um segundo. **2** *Pugil.* ajudante, auxiliar, assistente. *sm+adj* **3** adversário, rival, competidor. **A:** aliado. *adj* **4** outro, novo. **Ex:** O técnico quer um segundo atacante no time. **5** inferior, ruim, ordinário. **Ex:** Segunda classe. **A:** superior. **6** indireto, mediato. **Ex:** Segundas intenções. **A:** direto. **7** secundário, suplementar, complementar. **A:** principal. *prep* **8** de acordo com, conforme, consoante. **Ex:** Segundo sua opinião, devemos mudar de tática. *conj sub* **9** conforme, como, consoante. **Ex:** Agimos segundo nos ordenaram. **10** à medida que, ao passo que. **Ex:** Este funcionário pinta as peças, segundo vão ficando prontas.

segurança *sf* **1** certeza, confiança, convicção. **Ex:** Tenho segurança em meus atos. **A:** insegurança. **2** firmeza, estabilidade, fixidez. **A:** instabilidade. **3** garantia, penhor, caução. *s m+f* **4** guarda, vigia, vigilante **5** guarda-costas, satélite.

segurar *vtd* **1** agarrar, pegar, tomar. **A:** soltar. **2** garantir, assegurar, certificar. **Ex:** Seguro que vou ajudá-lo. **3** firmar, fixar, estabilizar. **Ex:** Segurar uma estante. *vtd+vpr* **4** apoiar(-se), arrimar(-se), encostar(-se). **Ex:** Segurou-se na mesa para não cair. **A:** desencostar(-se). **5** aferrar(-se), acorrentar(-se), prender(-se). *vpr* **6** agarrar-se. **Ex:** Segurar-se a uma corda, a uma idéia.

seguro *adj* **1** protegido, garantido, assegurado. **Ex:** Sinto-me seguro aqui. **2** convicto, convencido, certo. **Ex:** Estava seguro de que procedíamos corretamente. **3** prudente, cauteloso, circunspecto. **A:** imprudente. **4** decidido, resoluto, determinado, firme. **A:** inseguro. **5** estável, firme, fixo.

Ex: Os degraus da escada de madeira não estavam bem seguros. **A:** instável. **6** certo, indubitável, incontestável. **A:** duvidoso.

seio *sm* **1** curvatura, sinuosidade, volta. **2** *Anat.* peito, mama, teta. **3** *Fig.* regaço, abrigo, asilo. **Ex:** Correu para o seio da família. **4** *Fig.* interior, íntimo, âmago. **A:** exterior. **5** *Fig.* intimidade, familiaridade.

seita *sf* **1** *Rel.* facção, fação. **2** *EM GERAL* grupo, partido, divisão.

seiva *sf* **1** sangue. **2** *Fig.* vigor, vitalidade, energia.

seixo *sm* calhau, pedra.

seja *conj coord* usa-se repetidamente: ou, ora, já. **Ex:** Seja um, seja outro.

sela *sf* assento (do arreio).

selar *vtd* **1** estampilhar, franquear. **2** carimbar, timbrar, marcar (com selo). **3** confirmar, ratificar, validar. **Ex:** Selar um acordo com um aperto de mãos. **4** concluir, arrematar, terminar. **5** arrear. **Ex:** Selar o cavalo. **6** calar, silenciar, emudecer. **Ex:** Selar os lábios de alguém.

seleção *sf* **1** escolha, separação, apuração. **2** *Esp.* selecionado, combinado.

selecionado *sm* V. seleção. *part+adj* V. seleto.

selecionar *vtd* escolher, separar, joeirar.

seleta *sf* *Lit.* antologia, coletânea, compilação, florilégio.

seletivo *adj* exigente, rigoroso, rígido, inflexível. **Ex:** Ele é bastante seletivo no que se refere às amizades.

seleto *adj* **1** escolhido, selecionado. **2** distinto, especial, superior, selecionado. **Ex:** Só compra frutas seletas. **A:** comum.

selim *sm* assento (de bicicleta).

selo *sm* **1** carimbo, sinete, timbre. **2** estampilha postal. **3** cunho, marca, sinal. **Ex:** Seus gestos têm o selo da inteligência.

selva *sf* **1** floresta, mata, bosque. **2** *Fig.* grande quantidade: monte, multiplicidade, abundância.

selvagem *s m+f* **1** silvícola, indígena, índio. **2** grosseirão, grosseiro, cavalgadura *fig.* **A:** cavalheiro. *adj m+f* **3** da selva: silvestre, selvático. **4** *ANIMAL* feroz, bravo, bravio. **Ex:** O leão é selvagem. **A:** manso. **5** *Bot.* bravo, silvestre. **Ex:** Roseira sel-

vagem. **6** grosseiro, indelicado, mal-educado. **A:** gentil. **7** bárbaro, primitivo, inculto. **A:** Povos selvagens. **A:** civilizado.

selvageria *sf* grosseria, brutalidade, indelicadeza, estupidez, selvajaria. **A:** gentileza.

selvajaria V. selvageria.

selvático V. selvagem.

semáforo *sm* sinaleiro, sinal, farol *sp.*

semanal *adj m+f* semanário, hebdomadário. **Ex:** Reunião semanal.

semanário *sm* **1** *PUBLICAÇÃO* hebdomadário. *adj* **2** V. semanal.

semântica *sf* *Ling.* semiótica, semiologia.

semblante *sm* **1** cara, rosto, face. **2** aparência, aspecto, fachada. **A:** interior.

sem-cerimônia *sf* **1** familiaridade, informalidade, intimidade. **A:** cerimônia. **2** descortesia, grosseria, indelicadeza. **A:** cortesia.

semeada V. sementeira.

semear *vtd* **1** plantar. **A:** colher. **2** divulgar, espalhar, propalar. **Ex:** Semear boatos, uma doutrina. **3** promover, provocar, originar. **Ex:** Semear a desconfiança.

semelhança *sf* similitude, analogia, afinidade, parecença. **A:** dessemelhança.

semelhante *sm* **1** próximo. **Ex:** Amar o seu semelhante. *adj m+f* **2** análogo, parecido, similar. **A:** dessemelhante. *pron* **3** tal, igual. **Ex:** Jamais ouvi semelhante asneira.

semelhar V. assemelhar.

sêmen *sm* **1** *Fisiol.* esperma, semente, porra *vulg.* **2** *Fig.* V. semente.

semente *sf* **1** *Bot.* grão, bago. **2** *Biol.* esperma, sêmen. **3** *Fig.* causa, origem, sêmen *fig*, germe *fig.* **Ex:** Nasceu entre eles a semente da inveja.

sementeira *sf* terreno semeado: semeada.

semestral *adj m+f* semestre, semi-anual.

semestre V. semestral.

sem-fim *adj m+f* indefinido, ilimitado, infinito, imenso. **A:** limitado.

semi-anual V. semestral.

semicircular V. semicírculo.

semicírculo *sm* **1** meia-lua. **2** transferidor. **Ex:** Traçar um ângulo com o semicírculo. *adj* **3** semicircular.

semimorto *adj* **1** inconsciente, desmaiado, exânime. **A:** consciente. **2** cansado, fatigado, exausto. **A:** descansado. **3** apagado, embaçado, fosco. **Ex:** A luz semimorta da aurora. **A:** brilhante.

seminal adj **1** do sêmen: seminário *desus.* **2** *Fig.* produtivo, fértil, profícuo. **A:** improdutivo.

seminário *sm* **1** viveiro de plantas. **2** simpósio, congresso, conferência. **3** V. seminal.

seminu adj **1** meio nu, quase nu. **2** maltrapilho, esfarrapado, andrajoso. **A:** janota.

semiologia V. semântica.

semiótica V. semântica.

semi-selvagem adj m+f **1** quase selvagem. **A:** civilizado. **2** grosseiro, rude, estúpido. **A:** educado.

semita s m+f **1** *Restr.* judeu, hebreu, israelita. adj m+f **2** *Restr.* semítico, judeu, judaico, hebraico.

semítico V. semita.

sêmola *sf* semolina, fécula (de farinha de arroz).

semolina V. sêmola.

semostração *sf* vaidade, ostentação, exibição, presunção. **A:** modéstia.

sempiterno adj **1** eterno, perpétuo, infinito. **2** duradouro, prolongado, longo. **A:** passageiro. **3** secular, antiqüíssimo. **A:** recente.

sempre adv **1** a toda a hora, a todo o momento, em todo o tempo. **A:** nunca. **2** constantemente, continuamente, sem cessar.

sem-vergonha s e adj m+f, sing+pl cínico, cara-de-pau, caradura, impudente.

sem-vergonhice *sf* **1** cinismo, caradurismo, desfaçatez, sem-vergonhismo. **2** obscenidade, indecência, imoralidade, sem-vergonhismo. **A:** vergonha.

sem-vergonhismo V. sem-vergonhice.

senão *sm* **1** defeito, problema, mas. **Ex:** Seu trabalho tem um pequeno senão. *prep* **2** exceto, menos, fora. **Ex:** Todos aplaudiram, senão ele. **A:** inclusive. *conj coord* **3** de outro modo, do contrário, de outra forma. **Ex:** Concentre-se, senão vai errar.

senda *sf* **1** trilha, atalho, vereda. **2** hábito, costume, praxe.

senectude V. senilidade.

senegalês V. senegalesco.

senegalesco adj **1** do Senegal (África): senegalês. **2** *CALOR* abrasante, abrasador. **A:** ameno.

senha *sf* aceno, sinal, gesto.

senhor *sm* **1** seu *pop*, sô *pop*. **Ex:** O senhor Pereira chegou. **2** dono, proprietário, patrão. **A:** criado. **3** soberano, chefe. **Ex:** Portugal já foi o senhor dos mares. **4** (*em maiús.*) Deus, o Todo-poderoso, o Onipotente.

senhora *sf* **1** dona, dama. **Ex:** A senhora Silva. **2** dona, proprietária, patroa. **A:** criada. **3** esposa, mulher, cônjuge. **Ex:** Sua senhora não veio? **4** soberana, chefe.

senhorear *vtd* **1** dominar, controlar, comandar. *vpr* **2** apoderar-se, apossar-se, assenhorear-se.

senhoril adj m+f distinto, nobre, elegante, aristocrático. **Ex:** Atitude senhoril. **A:** vulgar.

senhorio *sm* **1** autoridade, comando, mando. **2** posse. **3** proprietário, locador, arrendador. **A:** inquilino.

senil adj m+f **1** velho, idoso, decrépito. **A:** jovem. **2** gagá, esclerosado, caduco.

senilidade *sf* **1** velhice, idade, decrepitude, senectude. **A:** juventude. **2** demência resultante da velhice: caduquice, decrepitude.

sensabor adj m+f **1** insípido, insosso, insulso. **Ex:** Comida sensabor. **A:** saboroso. **2** *Fig.* sem graça: monótono, maçante, desenxabido. **A:** interessante.

sensaboria *sf* **1** insipidez. **2** *Fig.* monotonia. **3** contratempo, problema, revés.

sensação *sf* **1** impressão. **Ex:** Tínhamos a sensação de que alguém nos observava. **2** intuição, pressentimento, palpite. **3** emoção, comoção, abalo. **Ex:** A tragédia causou sensação.

sensacional adj m+f excepcional, extraordinário, formidável, admirável. **A:** comum.

sensatez *sf* **1** prudência, juízo, ponderação. **A:** insensatez. **2** previdência, cautela, cuidado. **A:** imprevidência. **3** lógica, coerência, nexo. **A:** insensatez.

sensato adj **1** prudente, ajuizado, ponderado. **A:** insensato. **2** cauteloso, previdente, cuidadoso. **A:** descuidado. **3** lógico, racional, coerente. **Ex:** Opinião sensata. **A:** insensato.

sensibilidade *sf* 1 suscetibilidade, delicadeza, melindre. **A:** insensibilidade. 2 V. sentimento.

sensibilizar *vtd+vpr* comover(-se), enternecer(-se), impressionar(-se), abalar(-se). **A:** insensibilizar(-se).

sensível *adj m+f* 1 suscetível, delicado, melindroso. **A:** insensível. 2 visível, evidente, patente. **A:** invisível. 3 humano, caridoso, bondoso. **A:** desumano.

senso *sm* 1 entendimento, raciocínio, razão. 2 juízo, bom senso, discernimento, tino. **A:** insensatez.

sensual *adj m+f* 1 erótico, carnal, sexual. 2 lascivo, libertino, voluptuoso. **A:** puro.

sensualidade *sf* lascívia, libertinagem, luxúria, volúpia. **A:** pureza.

sentar-se *vpr* 1 assentar-se. **A:** levantar-se. 2 fixar-se, estabelecer-se, firmar-se. **Ex:** Sentar-se num local.

sentença *sf* 1 máxima, conceito, princípio. 2 *Dir.* julgamento. 3 *Por ext.* decisão, resolução, deliberação. 4 *Gram.* oração, proposição.

sentenciar *vtd+vi* 1 *Dir.* julgar. **Ex:** O juiz ainda não sentenciou. *vtd* 2 *Dir.* condenar. **Ex:** Sentenciaram o réu a dois anos de prisão. **A:** absolver.

sentencioso *adj* sério, judicioso, grave. **Ex:** Falar em tom sentencioso.

sentido *sm* 1 significado, significação, acepção. **Ex:** O sentido de uma palavra. 2 espírito. **Ex:** Não entendi o sentido dessa brincadeira. 3 direção, rumo, orientação. **Ex:** Ir em sentido contrário. *part+adj* 4 magoado, ressentido, ofendido. 5 sensível, suscetível, delicado. 6 triste, lamurioso, plangente. **Ex:** Música sentida. **A:** alegre.

sentimental *adj m+f* 1 sensível, compassivo, enternecido. **A:** frio. 2 romântico, lírico.

sentimentalidade V. sentimentalismo.

sentimentalismo *sm* 1 *QUALIDADE* sentimentalidade. 2 pieguice, frescura.

sentimento *sm* 1 capacidade de sentir: sensibilidade. **Ex:** Sentimento artístico. **A:** insensibilidade. 2 afeto, afeição, amor. **A:**

ódio. 3 mágoa, tristeza, dor. **A:** prazer. 4 pressentimento, intuição, palpite. 5 opinião, parecer, julgamento. *sm pl* 6 caráter *sing*, temperamento *sing*, índole *sing*. **Ex:** Ter bons sentimentos. 7 pêsames, condolências. **A:** parabéns.

sentina *sf* latrina, privada, cloaca.

sentinela *sm+f* vigia, vigilante, guarda.

sentir *vtd* 1 perceber, notar, aperceber-se de. **Ex:** Senti a sua presença. 2 experimentar, passar por, gozar. **Ex:** Sentir medo, ódio. 3 reconhecer, constatar. **Ex:** Senti que estava adoecendo quando comecei a espirrar. 4 supor, presumir, pressupor. **Ex:** Sinto que tudo sairá como planejamos. 5 pressentir, adivinhar, prever. **Ex:** Sinto que algo errado acontecerá. 6 lamentar, lastimar, deplorar. **Ex:** Sinto o que lhe aconteceu, foi uma pena. *vtd+vpr* 7 magoar-se, ressentir-se, ofender-se. **Ex:** Sentiu o (ou sentiu-se do) desprezo com que foi tratado. **A:** alegrar-se. *vpr* 8 considerar-se, julgar-se, reputar-se. **Ex:** Sente-se invencível.

separar *vtd* 1 escolher, selecionar. **Ex:** Separar o arroz. 2 distinguir, diferenciar, discriminar. **Ex:** Separar o joio do trigo. 3 desunir, desavir, indispor. **Ex:** As diferenças separaram os antigos amigos. **A:** reconciliar. *vtd+vpr* 4 apartar(-se), distanciar(-se), afastar(-se). **Ex:** A guerra separou as famílias. **A:** aproximar(-se). 5 dividir(-se), subdividir(-se), partir(-se). **A:** unir(-se). 6 desligar(-se), soltar(-se), desprender(-se). **A:** ligar(-se). 7 *Dir.* divorciar(-se). **A:** casar(-se).

separatista *adj m+f* dissidente, díscolo. **A:** partidário.

septicemia *sf Med.* infecção, infeção, contaminação (generalizada).

séptico *adj* infecto, infeccionado, contaminado.

sepulcral *adj m+f* 1 tumular. **Ex:** Pedra sepulcral. 2 *Fig.* triste, fúnebre, sombrio. **A:** alegre. 3 *SOM* cavernoso, abafado, profundo. **Ex:** Voz sepulcral. **A:** agudo.

sepulcro V. sepultura.

sepultamento *sm* enterro, funeral, inumação, exéquias *pl.* **A:** exumação.

sepultar *vtd* **1** enterrar, inumar. **A:** desenterrar. **2** soterrar, aterrar, enterrar. **Ex:** A avalancha sepultou a vila. **A:** desenterrar. **3** encerrar, concluir, acabar com. **Ex:** Vamos sepultar essa discussão. **A:** continuar.

sepultura *sf* sepulcro, túmulo, jazigo, cova, campa.

sequaz *s m+f* partidário, seguidor, adepto, correligionário. **A:** adversário.

seqüela *sf* **1** seguimento, acompanhamento. **2** conseqüência, efeito, resultado. **A:** causa. **3** série, seqüência, sucessão. **4** bando, corja, malta.

seqüência *sf* **1** sucessão, série, encadeamento. **2** continuação, prosseguimento, seguimento. **A:** interrupção.

sequer *adv* ao menos, pelo menos. **Ex:** Não havia sequer uma pessoa na platéia. * Nem sequer: nem, nem ao menos. **Ex:** Sequer agradeceu aos que o ajudaram.

seqüestrar *vtd* **1** *COISAS* embargar, arrestar, confiscar. **Ex:** Seqüestrar os bens do criminoso. **A:** desembargar. **2** *PESSOAS* enclausurar, prender, reter (ilegalmente). **A:** libertar. **3** *COISAS* tomar, arrebatar, roubar. **A:** devolver.

seqüestro *sm* **1** *DE COISAS* embargo, arresto, confisco. **A:** desembargo. **2** *DE PESSOAS* prisão, retenção, detenção (ilegal). **A:** libertação.

sequidão *sf* **1** secura. **A:** umidade. **2** rudeza, rispidez, indelicadeza. **A:** gentileza. **3** desinteresse, apatia, frieza. **A:** interesse.

sequioso *adj* **1** sedento. **Ex:** Ficou sequioso depois da caminhada. **2** árido, seco. **Ex:** Região sequiosa. **3** *Fig.* ávido, cobiçoso, desejoso. **Ex:** Sequioso de fortuna. **A:** desapegado.

séquito *sm* comitiva, cortejo, acompanhamento, *séqüito*.

séqüito V. séquito.

ser *sm* **1** ente, criatura, entidade. **2** pessoa, indivíduo, homem. **3** vida, existência. *sm pl* **4** natureza *sing*, criação *sing*, mundo *sing*. *vlig* **5** ficar, tornar-se, fazer-se. **Ex:** Sou feliz quando penso em você. **6** constituir, significar. **Ex:** A vida é uma luta. *vti* **7** pertencer a. **Ex:** Isto é meu. **8** referir-se, concernir, relacionar-se. **Ex:** O caso é com você. *vi* **9** existir. **10** acontecer, ocorrer, suceder. **Ex:** O que foi? **11** estar, achar-se, encontrar-se.

serão *sm* **1** trabalho noturno: vigília. **2** sarau.

sereia *sf* **1** sirene, sirena. **2** *Fig.* mulher bela: beldade, deusa *fig*, diva *fig*. **A:** bruxa.

serelepe *sm* **1** *Zool.* esquilo, caxinguelê. *adj m+f* **2** inquieto, irrequieto, agitado. **A:** quieto. **3** esperto, vivo, astuto. **A:** ingênuo. **4** faceiro, gracioso, lindo. **A:** feio.

serenar *vtd, vi+vpr* tranqüilizar(-se), acalmar(-se), sossegar(-se), aquietar(-se). **A:** agitar(-se).

serenata *sf* seresta *pop*.

serenidade *sf* **1** calma, tranqüilidade, sossego. **A:** intranqüilidade. **2** paz, quietude, silêncio. **Ex:** A serenidade deste lugar. **A:** agitação.

sereno *sm* **1** relento, garoa, umidade noturna. *adj* **2** calmo, tranqüilo, sossegado. **A:** intranqüilo. **3** *CÉU* claro, limpo, aberto. **A:** nublado.

seresta V. serenata.

seriar *vtd* ordenar, arrumar, dispor, classificar (em série).

série *sf* **1** seqüência, sucessão, encadeamento. **2** *ESCOLAR* ano. **Ex:** Estuda na quinta série. **3** grupo, agrupamento, família.

seriedade *sf* **1** sisudez, austeridade, gravidade. **A:** leviandade. **2** gravidade, importância, monta. **A:** futilidade. **3** honestidade, honra, dignidade. **A:** desonestidade. **4** sinceridade, honestidade. **A:** falsidade. **5** sobriedade, austeridade, simplicidade.

serigrafia *sf* silk-screen.

seringação *sf* *Pop.* chateação, aborrecimento, amolação, incômodo, seringada.

seringada V. seringação.

seringador *adj* *Pop.* importuno, impertinente, chato, cacete *gír*.

seringalista V. seringueiro.

seringar *vtd* *Pop.* importunar, chatear, aborrecer, amolar.

seringueira *sf* *Bot.* árvore-da-borracha.

seringueiro *sm* seringalista.

sério *adj* **1** sisudo, austero, circunspecto. **Ex:** Sua fisionomia era muito séria. **A:** leviano. **2** grave, importante, ponderoso. **Ex:** Caso sério. **A:** fútil. **3** honesto, honrado, digno. **Ex:** Pessoa séria, confiável. **A:** desonesto. **4** sincero, verdadeiro, honesto. **Ex:** Promessa séria. **A:** falso. **5** sóbrio, austero, simples. **Ex:** Roupas sérias.

sermão *sm* **1** prédica, pregação, homilia. **2** repreensão, censura, discurso *fam.* **Ex:** Não me venha com sermão!

seroso *adj* com soro: soroso.

seroterapia V. soroterapia.

serpear *vi* ziguezaguear, serpentear, colear, serpentar.

serpentar V. serpear.

serpentário *sm* **1** *Ornit.* secretário. **2** viveiro de cobras.

serpente *sf Zool.* cobra, víbora, áspide.

serpentear V. serpear.

serpentina *sf* candelabro, lustre, lampadário.

serra *sf* **1** monte, montanha. **2** cordilheira, serrania, cadeia de montanhas.

serradura V. serragem.

serragem *sf* serradura, farelo. **Ex:** O chão estava coberto de serragem.

serralho *sm* **1** harém. **2** *Fig.* prostíbulo, bordel, lupanar.

serrania *sf* cordilheira, espinhaço, serra, cadeia de montanhas.

serrano *sm* **1** habitante das serras: montanhês, serrão. *adj* **2** próprio da serra: montanhês, montano. **Ex:** A paisagem serrana. **3** montês, montanhês, montesino. **Ex:** As cabras serranas são diferentes das domésticas.

serrão V. serrano.

serro (ê) *sm Geogr.* espinhaço, aresta (de monte).

sertanejo *sm* **1** caipira, caboclo, matuto. *adj* **2** *Fig.* urde, descortês, rústico. **A:** educado.

sertanista *sm Hist.* bandeirante.

servente V. servidor.

serventia *sf* **1** utilidade, préstimo, uso. **Ex:** Isso não tem serventia. **2** V. servidão.

serviçal V. servidor.

serviço *sm* **1** emprego, trabalho, ocupação. **Ex:** Largar o serviço. **2** préstimos *pl*, ajuda, assistência. **Ex:** Precisarei de serviço profissional para resolver o problema. **3** aparelho, baixela. **Ex:** Serviço de jantar. **4** passagem, passadiço. **Ex:** Elevador de serviço. **5** *Esp.* saque. **6** despacho, feitiçaria, macumba.

servidão *sf* **1** escravidão, serventia. **A:** liberdade. **2** dependência, sujeição, submissão.

servidor *sm* **1** criado, empregado, serviçal, servente. **A:** patrão. *adj* **2** prestativo, prestimoso, serviçal, obsequioso. **A:** egoísta. * Servidor público: funcionário.

servil *adj m+f* **1** baixo, vil, reles. **A:** elevado. **2** subserviente, bajulador, adulador. **A:** orgulhoso.

servilismo *sm* subserviência, bajulação, adulação, submissão. **A:** orgulho.

servir *vtd* **1** prestar serviços a. **Ex:** Os criados servem os patrões. **2** dar, fornecer, oferecer. **Ex:** Servir o jantar. **3** desempenhar, exercer, praticar. **Ex:** Servir um ofício. *vti* **4** causar, provocar, ocasionar. **Ex:** O fracasso do inimigo serviu de alegria. **5** convir, quadrar. **Ex:** Essa resposta não lhe serve. **6** prestar-se. **Ex:** Este produto serve para muitas coisas. *vti+vi* **7** prestar. **Ex:** Você não serve para o trabalho; isso não serve. *vpr* **8** usar, valer-se de, utilizar. **Ex:** Serviu-se de uma faca para cortar o bolo.

servo *sm* **1** escravo, cativo. **A:** liberto. **2** criado, empregado, servidor. **A:** patrão.

sessão *sf* reunião, assembléia, conferência, convenção.

sessentão V. sexagenário.

sestro *sm* **1** cacoete, tique, mania. **2** manha, malícia, astúcia. **A:** ingenuidade. *adj* **3** esquerdo, canhoto. **A:** destro. **4** *Fig.* agourento, sinistro, funesto. **A:** propício.

sestroso *adj* manhoso, malicioso, astucioso, matreiro. **A:** ingênuo.

seta *sf* **1** flecha, frecha. **2** *DE RELÓGIO* ponteiro, mão, agulha.

Sete-estrelo *sm Astr. Pop.* Plêiades *pl*.

setentão V. setuagenário.

setentrional *adj m+f* boreal, ártico, hiperbóreo. **A:** meridional.

setor *sm DE ATIVIDADE* âmbito, esfera, campo, *sector*.

setuagenário *sm+adj* setentão *pop*.

seu *sm Pop.* senhor, sô *pop*. **Ex:** Seu João, seu Pedro.

seu-vizinho *sm Pop.* anular, dedo anular.

severidade *sf* 1 rigor, rigidez, inflexibilidade. **A:** flexibilidade. 2 seriedade, sisudez, gravidade. **A:** leviandade. 3 rispidez, dureza, rudeza. **A:** brandura. 4 *Lit.* e *Bel.-art.* sobriedade, austeridade, simplicidade.

severo *adj* 1 rígido, rigoroso, inflexível. **Ex:** Professor severo. **A:** flexível. 2 sério, sisudo, circunspecto. **A:** leviano. 3 ríspido, duro, rude. **Ex:** Modos severos, palavras severas. **A:** brando. 4 *Lit.* e *Bel.-art.* sóbrio, austero, simples.

sevícia *sf* maus-tratos *pl*, crueldade, malvadeza, judiação, sevícias *pl*.

seviciar *vtd* maltratar, judiar de, atormentar.

sevícias V. sevícia.

sexagenário *sm+adj* sessentão *pop*.

sexangulado V. sexangular.

sexangular *adj m+f Geom.* hexagonal, sexangulado. **Ex:** Uma figura sexangular tem seis ângulos.

sexo V. sexualidade.

sexual *adj m+f* 1 erótico, sensual, carnal. 2 voluptuoso, lascivo, libertino. **A:** puro.

sexualidade (cs) *sf* volúpia, lascívia, luxúria, libertinagem, sexo. **A:** pureza.

sezão *sf* 1 *Med.* malária, maleita, impaludismo. 2 *Med.* febre (intermitente ou periódica).

shopping (ingl.: chópin) V. *shopping center*.

shopping center (ingl.: chópin cênter) *sm Com.* centro comercial, *shopping*.

short (ingl.: chórt) *sm* calção.

show (ingl.: chôu) *sm* espetáculo, apresentação, exibição.

siamês *sm+adj* do Sião, hoje Tailândia (Ásia): tailandês.

sibila *sf* profetisa, pitonisa, adivinha.

sibilação V. sibilo.

sibilar *vi* assobiar, silvar, apitar, assoviar.

sibilo *sm* assobio, silvo, apito, assovio, sibilação.

sicário *sm* capanga, jagunço, pistoleiro, cabra.

sicuri V. sucuri.

sideral *adj m+f* 1 *DOS ASTROS* astral, estelar. 2 *DO CÉU* celeste, celestial.

sigilo *sm* 1 segredo. **Ex:** Segredo de Estado. 2 segredo, discrição, silêncio. **Ex:** Pedir sigilo sobre algo. **A:** indiscrição. 3 *Desus.* selo, carimbo, timbre.

sigiloso *adj* secreto, confidencial, reservado, íntimo. **A:** público.

significação V. significado.

significado *sm* 1 significação, sentido, acepção. 2 valor, importância, peso.

significante V. significativo.

significar *vtd* 1 querer dizer. **Ex:** O que significa esta palavra? 2 exprimir, traduzir, expressar. 3 simbolizar, representar, designar. **Ex:** O amarelo significa o ouro. 4 ser, constituir. **Ex:** Amar significa entregar-se.

significativo *adj* 1 que significa: significante. 2 expressivo, eloqüente. **A:** inexpressivo. 3 *VALOR, QUANTIA* apreciável, considerável, vultoso. **A:** irrisório.

sílaba *sf Fig.* palavra. **Ex:** Não disse uma só sílaba.

silabar *vtd+vi* soletrar.

silabário *sm* cartilha.

silenciador V. silencioso.

silenciar *vtd+vi* 1 calar(-se), emudecer. *vti* 2 omitir, pular, deixar. **Ex:** Silenciou sobre alguns detalhes.

silêncio *sm* 1 calada. **A:** ruído. 2 mudez, mutismo. 3 taciturnidade. **A:** eloqüência. 4 segredo, sigilo, discrição. **Ex:** Mantiveram silêncio sobre as mudanças. **A:** indiscrição. 5 calma, quietude, sossego. **A:** agitação.

silencioso *sm* 1 *Autom.* silenciador. *adj* 2 *LUGAR, ETC.* silente *poét.* **A:** barulhento. 3 *INDIVÍDUO* calado, quieto, mudo, silente *poét.* **A:** falador.

silente V. silencioso.

sílex *sm* pederneira, pedra-de-fogo, sílice.

silhueta *sf* 1 contorno, perfil. 2 corpo. **Ex:** Tinha uma silhueta esbelta e elegante.

sílice V. sílex.

silk-screen (ingl.: silcscrim) *sm* serigrafia.

silo *sm* celeiro, tulha, paiol, granel.

silva *sf* 1 *Bot.* sarça, espinheiro. 2 *Ant.* selva, floresta, mata.

silvano *sm Mit.* sátiro, fauno.

silvar *vi* sibilar, assobiar, apitar, assoviar.

silvestre *adj m+f* 1 da selva: selvagem, selvático. 2 *Bot.* selvagem, bravo. **Ex:** Morangos silvestres.

silvícola *s m+f* índio, indígena, aborígine, selvagem, gentio.

silvo *sm* 1 *SOM* sibilo, assobio, apito, assovio. 2 *INSTRUMENTO* assobio, apito, assovio.

sim *sm* 1 consentimento, aprovação, afirmação. *adv* 2 positivo *pop.* Ex: Ela também veio? Positivo, chegou ainda há pouco. A: não (nas duas acepções).

simbiose *sf Fig.* associação, acordo, convivência, ligação. A: separação.

simbólico *adj* alegórico, figurado, metafórico, representativo.

simbolizar *vtd* representar, significar, denotar, exprimir.

símbolo *sm* 1 alegoria, representação, metáfora. Ex: O leão é o símbolo da coragem. 2 emblema, insígnia, distintivo. Ex: O símbolo da nossa agremiação. 3 personificação, expressão, modelo. Ex: Ele é o símbolo do esporte.

simetria *sf* regularidade, harmonia, proporção, equilíbrio.

simétrico *adj* regular, harmonioso, harmônico, geométrico *fig.* A: assimétrico.

simiesco V. símio.

similar *adj m+f* semelhante, igual, parecido, símile, homogêneo. A: dissimilar.

similaridade *sf* semelhança, similitude, igualdade, parecença, símile. A: dessemelhança.

símile V. similar e similaridade.

similitude V. similaridade.

símio *sm* 1 *Zool.* macaco, mono, bugio. *adj* 2 simiesco, macaco, macacal.

simpatia *sf* 1 estima, afeição, apreço, admiração. A: antipatia. 2 *Pop.* feitiço, encantamento, mandinga.

simpático *adj* adorável, encantador, cativante, fascinante. A: antipático.

simpatizante *s m+f* admirador, fã, apreciador.

simpatizar *vti* gostar de, estimar, prezar. Ex: Simpatizo com ela. A: antipatizar.

simples *adj m+f, sing+pl* 1 homogêneo, uniforme, singelo. Ex: Mistura simples. A: composto. 2 fácil, compreensível, acessível. Ex: Texto simples. A: complexo. 3 natural, singelo, despretensioso. Ex: Estilo simples. A: afetado. 4 modesto,

humilde, pobre. Ex: Casinha simples. A: luxuoso. 5 sóbrio, parco, frugal. Ex: Refeição simples. A: opulento. 6 ingênuo, inocente, crédulo. A: esperto. 7 ignorante, inculto, analfabeto. A: culto. 8 sem mistura: puro, genuíno. A: impuro. 9 só, único. Ex: Bastava que dissesse uma simples palavra para resolver tudo. 10 mero, puro. Ex: Simples coincidência. 11 comum, ordinário, mero. Ex: É um simples empregado.

simplicidade *sf* 1 homogeneidade, uniformidade, singeleza. A: heterogeneidade. 2 facilidade, compreensibilidade. A: complexidade. 3 naturalidade, singeleza, despretensão. A: afetação. 4 modéstia, humildade, pobreza. A: luxo. 5 sobriedade, parcimônia, frugalidade. A: opulência. 6 ingenuidade, inocência, credulidade. A: esperteza. 7 ignorância. A: cultura. 8 pureza, genuinidade. A: impureza.

simplório *sm+adj* ingênuo, crédulo, tolo, inocente. A: esperto.

simpósio *sm* seminário, congresso, conferência, reunião.

simulação *sf* fingimento, dissimulação, falsidade, hipocrisia, simulacro. A: franqueza.

simulacro *sm* 1 imitação, arremedo, paródia. 2 fantasma, aparição, espectro. 3 V. simulação.

simular *vtd* 1 aparentar, fingir, afetar. Ex: Simular um acidente. 2 imitar, arremedar, remedar. Ex: Simular alguém. 3 disfarçar, dissimular, esconder. Ex: Simular o nervosismo. A: revelar.

simultaneidade *sf* sincronia, sincronismo, concomitância, coincidência.

simultâneo *adj* sincrônico, concomitante, coincidente.

sina *sf Fam.* destino, sorte, estrela *fig*, fado.

sinagoga *sf* 1 *Pop.* confusão, desordem, bagunça *gír.* A: ordem. 2 *Pop.* cabeça, crânio, coco *pop.*

sinal *sm* 1 indício, indicação, sintoma. Ex: Isto é sinal de envelhecimento. 2 aviso, prenúncio, presságio. Ex: O profeta via algumas aves como sinal de catástrofe. 3 aceno, gesto, mímica. Ex: Fez um sinal com a mão. 4 marca, pisadura, mossa. Ex:

O tapa deixou-lhe um sinal. **5** cicatriz, marca. **6** pinta (na pele). **7** semáforo, sinaleiro, farol *sp*. **8** marca, emblema, distintivo. **9** firma, assinatura (de tabelião ou oficial público). * Sinal diacrítico *Gram.*: acento.

sinalar V. assinalar.

sinaleiro *sm* semáforo, sinal, farol *sp*.

sinceridade *sf* franqueza, abertura, lealdade, lhaneza. **A:** falsidade.

sincero *adj* franco, aberto, verdadeiro, leal. **A:** falso.

síncope *sf* desmaio, desfalecimento, faniquito, chilique *pop*.

sincronia V. sincronismo.

sincrônico *adj* simultâneo, concomitante, coincidente.

sincronismo *sm* sincronia, simultaneidade, concomitância, coincidência.

sindicalizar *vtd+vpr* sindicar(-se). **Ex:** Os trabalhadores sindicalizaram-se.

sindicância *sf Dir.* devassa, inquérito, investigação, inquirição.

sindicante V. síndico.

sindicar *vtd* **1** *Dir.* inquirir, investigar, averiguar. *vtd+vpr* **2** V. sindicalizar.

sindicato *sm* corporação, associação (profissional).

síndico *sm* **1** sindicante, encarregado (de sindicância). **2** administrador.

sinete *sm* **1** selo, carimbo, timbre. **2** marca, sinal, distintivo.

sinfonia *sf* **1** *Mús.* composição. **2** *Mús.* harmonia, melodia, consonância.

sinfônica *sf Mús.* orquestra sinfônica, filarmônica.

singeleza *sf* **1** simplicidade, homogeneidade, uniformidade. **A:** heterogeneidade. **2** simplicidade, naturalidade, despretensão. **A:** afetação. **3** ingenuidade, credulidade, simplicidade. **A:** esperteza. **4** modéstia, humildade, pobreza. **A:** luxo.

singelo *adj* **1** simples, homogêneo, uniforme. **Ex:** Substância simples. **A:** composto. **2** simples, natural, despretensioso. **Ex:** Estilo singelo. **A:** afetado. **3** ingênuo, crédulo, simplório. **A:** esperto. **4** modesto, humilde, pobre. **Ex:** Vivíamos

numa singela cabana na floresta. **A:** luxuoso.

singrar *vtd* **1** *Náut.* sulcar, navegar, fender. *vi* **2** *Náut.* navegar, velejar.

singular *s e adj m+f* **1** *Gram.* número singular. **A:** plural. *adj m+f* **2** único, particular, individual. **A:** universal. **3** extraordinário, especial, raro. **Ex:** Talento singular. **A:** comum. **4** esquisito, excêntrico, extravagante. **A:** normal.

singularidade *sf* **1** particularidade, peculiaridade, especialidade. **2** esquisitice, excentricidade, extravagância. **A:** normalidade.

singularizar *vtd+vpr* **1** particularizar(-se), especializar(-se), caracterizar(-se). **A:** generalizar(-se). *vpr* **2** destacar-se, salientar-se, sobressair.

sinhaninha *sf* um tipo de passamanes: ziguezague.

sineta *sf dim* sininho, campainha, campana.

sininho V. sineta.

sinistra *sf* mão esquerda, canhota *pop*, canha *pop*. **A:** destra.

sinistro *sm* **1** perda, prejuízo, dano. **A:** ganho. **2** infortúnio, desgraça, fatalidade. **3** acidente, desastre. *adj* **4** esquerdo. **A:** destro. **5** funesto, agourento, infausto. **Ex:** Previsão sinistra. **A:** propício. **6** tétrico, fúnebre, lúgubre. **A:** alegre. **7** mau, malvado, perverso. **A:** bondoso.

sino *sm* bronze.

sínodo *sm Ecles.* concílio, assembléia, conferência, reunião.

sinônimo *sm+adj* que tem quase o mesmo (ou o mesmo) sentido. **A:** antônimo.

sinopse V. síntese.

sinóptico *adj* resumido, sintético, abreviado, *sinótico*. **A:** analítico.

sinótico V. sinóptico.

síntese *sf* **1** fusão, associação, composição. **Ex:** Síntese de elementos químicos. **2** resumo, sumário, compêndio, sinopse. **A:** análise (nas duas acepções).

sintético *adj* **1** resumido, sinótico, abreviado. **A:** analítico. **2** artificial. **Ex:** Fibras sintéticas. **A:** natural.

sintetizar *vtd* resumir, condensar, sumariar, compendiar. **A:** desenvolver.

sintoma *sm* 1 sinal, indício, indicação. **Ex:** Sua desatenção é um sintoma de cansaço. 2 presságio, prenúncio, prognóstico.

sintomático *adj* Fig. revelador, indicativo.

sintonia *sf* Fig. acordo, harmonia, concordância, congruência. **A:** desacordo.

sintonizar *vti+vi* concordar, combinar, ajustar-se, harmonizar-se. **Ex:** Suas idéias sintonizam com as minhas; os dois amigos sintonizam perfeitamente. **A:** discordar.

sinuca *sf* 1 bilhar. 2 Pop. situação difícil: impasse, apuro, beco sem saída *fig.*

sinuosidade *sf* ziguezague, curva, rodeio, tortuosidade.

sinuoso *adj* tortuoso, torto, curvo, recurvado. **Ex:** Estrada sinuosa. **A:** reto.

sirena V. sereia.

sirene *sf* sirena, sereia.

sirigaita *sf* regateira.

siriri *sm* Entom. aleluia.

sismo *sm* terremoto, abalo sísmico, tremor de terra.

sismógrafo *sm* instrumento que registra os terremotos: sismômetro.

sismômetro V. sismógrafo.

siso *sm* bom senso, juízo, discernimento, sensatez. **A:** insensatez.

sistema *sm* 1 método, técnica, processo. **Ex:** Sistema de purificação. 2 modo, maneira, forma. 3 complexo, conjunto, grupo. **Ex:** Sistema fluvial. 4 costume, hábito, prática.

sistemática *sf* 1 sistematização, organização, regularização. 2 Biol. taxinomia.

sistemático *adj* 1 metódico, organizado, ordenado. **Ex:** Trabalho sistemático. **A:** desorganizado. 2 Pop. esquisito, excêntrico, estranho. **Ex:** Sujeito sistemático. **A:** normal.

sistematização V. sistemática.

sistematizar *vtd* organizar, ordenar, regularizar, metodizar. **A:** desorganizar.

sístole *sf* Med. contração do coração. **A:** diástole.

sisudez *sf* 1 seriedade, severidade, austeridade. **A:** leviandade. 2 prudência, sensatez, ponderação. **A:** imprudência.

sisudo *adj* 1 sério, severo, austero. **A:** leviano. 2 prudente, sensato, ponderado. **A:** imprudente.

sitiar *vtd* 1 Mil. cercar, assediar, bloquear. **Ex:** Sitiaram a cidade. 2 Por ext. assediar, perseguir. **Ex:** Sitiar alguém.

sítio *sm* 1 Mil. cerco, assédio, bloqueio. 2 Por ext. assédio, perseguição. 3 lugar, local, ponto. 4 lugarejo, povoado, povoação. 5 chácara, granja. 6 terreno, terra.

sito *adj* situado, localizado. **Ex:** Empresa sita à rua tal, número tal.

situação *sf* 1 posição, localização, colocação. **Ex:** A situação de um objeto. 2 estado, condição, posição. **Ex:** Está em situação desesperadora. 3 fato, passagem, acontecimento. * Situação financeira DE PARTICULAR finanças *pl.*

situar *vtd* 1 posicionar, colocar, localizar. **Ex:** Os arqueólogos situam a antiga cidade próximo ao mar. *vpr* 2 pôr-se, colocar-se, postar-se. **Ex:** Os sentinelas situaram-se à entrada do palácio. 3 localizar-se, achar-se, ficar. **Ex:** A empresa situa-se na capital.

só *sm* 1 solitário. *adj m+f* 2 sozinho, solitário, desacompanhado. **Ex:** Fiquei só em casa. **A:** acompanhado. 3 único. **Ex:** Teve um só voto. 4 desprotegido, abandonado, desamparado. **Ex:** Sentia-se só no mundo. **A:** protegido. *adv* 5 apenas, somente, unicamente.

sô V. seu.

soalhar V. assoalhar.

soalho V. assoalho.

soar *vtd* 1 tocar, tanger. **Ex:** Soar o tambor. 2 anunciar, bater, tocar. **Ex:** O relógio soou dez horas. *vi* 3 ecoar, ressoar, repercutir. 4 SINOS badalar, bater, dobrar. 5 correr, divulgar-se, espalhar-se. **Ex:** As notícias soavam rapidamente.

sob *prep* debaixo de, por baixo de, embaixo de. **Ex:** Colocou a chave sob o capacho. **A:** sobre.

sobaco V. sovaco.

sobejar *vti+vi* sobrar, abundar, exuberar, superabundar. **Ex:** Sobejam oportunidades. **A:** faltar.

sobejo *sm* 1 sobra, resto, restante. *adj* 2 excessivo, demasiado, exorbitante. **Ex:** Sobejos elogios. **A:** escasso. 3 enorme, imenso, incalculável. **Ex:** Número sobejo de visitantes. **A:** reduzido. *adv* **4** de sobra, de sobejo.

soberania *sf* **1** poder, autoridade, mando. **2** supremacia, primazia, superioridade. **Ex:** Valorizava a soberania da mente em detrimento do coração. **A:** inferioridade.

soberano *sm* **1** rei, monarca, majestade. **2** senhor, chefe. *adj* **3** supremo, independente, absoluto. **Ex:** Poder soberano. **A:** subordinado. **4** poderoso, influente, prestigioso. **A:** insignificante. **5** magnífico, soberbo, notável. **A:** reles.

soberba *sf* arrogância, orgulho, presunção, altivez, soberbia. **A:** humildade.

soberbia V. soberba.

soberbo *adj* **1** arrogante, orgulhoso, presunçoso. **Ex:** Pessoa soberba. **A:** humilde. **2** grandioso, magnífico, esplêndido. **Ex:** Um soberbo espetáculo. **A:** modesto. **3** luxuoso, pomposo, ostentoso. **Ex:** Festa soberba. **A:** simples.

sobra *sf* **1** resto, restante, remanescente. *sf pl* **2** resíduo *sing*, restos; *DE CEREAIS* farelo *sing:* *DA FUSÃO DOS METAIS* escória *sing*, fezes.

sobraçar *vtd* **1** prender, segurar (debaixo do braço). **2** amparar, apoiar, ajudar. *vpr* **3** abraçar-se, apertar-se.

sobrado *part+adj* **1** demasiado, excessivo, demais. **A:** escasso. **2** cheio, rico, abundante. **Ex:** Sobrado de qualidades. **A:** carente.

sobrançaria *sf* arrogância, orgulho, altivez, presunção, soberbia. **A:** humildade.

sobranceiro *adj* **1** elevado, alto, proeminente. **Ex:** Lugar sobranceiro. **2** arrogante, orgulhoso, altivo, presunçoso. **A:** humilde.

sobrancelha *sf Anat.* supercílio, sobrolho.

sobranceria V. sobrançaria.

sobrar *vti+vi* **1** restar, ficar. **Ex:** Não sobrou nem um pedaço de bolo. **2** abundar, exuberar, superabundar. **Ex:** Não me sobra dinheiro. **A:** faltar.

sobre *prep* **1** em cima de, por cima de. **Ex:** Sobre a carteira estavam meus cadernos. **A:** sob. **2** a respeito de. **Ex:** Vamos falar sobre o Brasil.

sobreaviso *sm* precaução, prevenção, previ-

dência, cautela. **A:** imprevidência. * De sobreaviso: alerta.

sobrecarga *sf* sobrepeso, contrapeso.

sobrecarregar *vtd* **1** sobrepesar, agravar, oprimir. **Ex:** Sobrecarregar a carroça. **A:** aliviar. **2** aumentar, majorar, ampliar. **Ex:** Sobrecarregar os impostos. **A:** reduzir. **3** humilhar, oprimir, afrontar. **Ex:** Sobrecarregar os indefesos.

sobrecarta *sf* envelope, sobrescrito.

sobrecenho *sm* cara feia, carranca, cenho, carantonha.

sobrecéu *sm* dossel, baldaquim, pálio, baldaquino.

sobrecomum *adj m+f Gram.* substantivo que tem um só gênero, mas se refere tanto ao sexo masculino quanto ao feminino: comum-de-dois, comum de dois gêneros. **Ex:** "Criança" e "artista" são substantivos sobrecomuns.

sobrecu *sm Pop.* uropígio, bispo *fam*, mitra *pop*.

sobre-humano *adj* extraordinário, excepcional, gigantesco, incrível. **Ex:** Força sobre-humana. **A:** banal.

sobrelevar *vtd* **1** sobrepujar, ser mais alto que. **2** suplantar, vencer, superar. **Ex:** Seu entusiasmo sobreleva tudo. **3** sofrer, suportar, padecer. **Ex:** Sobrelevar uma dura missão. *vti* **4** exceder, ultrapassar, sobrepujar. **Ex:** Sua beleza sobreleva a das demais. *vtd+vpr* **5** erguer(-se), levantar(-se), elevar(-se). **A:** abaixar(-se). *vti+vpr* **6** destacar-se, notabilizar-se, sobressair. **Ex:** Sobrelevar dentre os outros. *vpr* **7** engrandecer-se, enobrecer-se, honrar-se. **A:** rebaixar-se.

sobrelotar V. superlotar.

sobremaneira *adv* sobremodo, excessivamente, muito, altamente. **A:** pouco.

sobremodo V. sobremaneira.

sobrenadar *vi* boiar, flutuar. **A:** afundar.

sobrenatural *adj m+f* **1** divino, milagroso, celestial. **A:** natural. **2** extraordinário, surpreendente, espantoso. **Ex:** Inteligência sobrenatural. **A:** banal. **3** excessivo, desmedido, demasiado. **Ex:** Esforço sobrenatural. **A:** reduzido.

sobrenome *sm* cognome, apelido.

sobrepesar *vtd* **1** sobrecarregar, agravar, oprimir. **Ex:** Sobrepesaram o veículo. **2** meditar, refletir, pensar em. **Ex:** Sobrepesar um assunto.

sobrepeso *sm* contrapeso, sobrecarga.

sobrepor *vtd* **1** colocar em cima: superpor. **2** acrescentar, juntar, adicionar, superpor. **Ex:** Sobrepôs um troféu a outros três. **A:** tirar. **3** preferir, antepor, superpor. **Ex:** Sobrepôs a namorada aos amigos. *vpr* **4** sobrevir, suceder-se, superpor-se, acontecer (depois).

sobrepujar *vtd* **1** sobrelevar, ser mais alto que. **2** vencer, superar, suplantar. **Ex:** Sobrepujar o medo. **3** ultrapassar, exceder, superar. **Ex:** Os resultados sobrepujaram as previsões; sobrepujou os adversários na corrida. *vti+vi* **4** sobressair, destacar-se, distinguir-se. **Ex:** Nosso candidato sobrepuja entre os concorrentes.

sobrescrever V. sobrescritar.

sobrescritar *vtd* **1** endereçar, sobrescrever. **Ex:** Sobrescritou a carta e selou-a. **2** dirigir, enviar, mandar. **Ex:** Sobrescritou a carta ao Presidente.

sobrescrito *sm* **1** envelope, sobrecarta. **2** endereço.

sobressair *vti+vi* destacar-se, distinguir-se, brilhar, notabilizar-se. **Ex:** Sobressair aos adversários; com seus cabelos louros, sobressaía na multidão.

sobressaltar *vtd+vpr* assustar(-se), surpreender(-se), espantar(-se), apavorar(-se). **A:** encantar(-se).

sobressalto *sm* **1** susto, assombro, espanto. **2** medo, temor, receio. **3** surpresa, assombro, admiração. **4** confusão, desordem, bagunça *gír*. **A:** ordem.

sobrestar *vtd* **1** suspender, interromper, sustar. **A:** continuar. **2** retardar, demorar, atrasar. **A:** adiantar. *vti+vi* **3** parar, deter-se, estacionar. **A:** continuar. **4** abster-se de, desistir de, renunciar a. **A:** tentar.

sobretudo *sm* **1** casaco, capote, gabardine. *adv* **2** especialmente, mormente, principalmente.

sobrevir *vti* **1** seguir-se a, suceder. **Ex:** A dor sobreveio ao esforço físico. *vi* **2** seguir-se, suceder-se, acontecer (depois).

sobreviver *vti+vi* escapar de, resistir a, restar de. **Ex:** Ninguém sobreviveu ao acidente.

sobriedade *sf* **1** moderação, comedimento, temperança. **A:** descomedimento. **2** parcimônia, simplicidade, frugalidade. **A:** opulência. **3** austeridade, seriedade, simplicidade. **4** estado de quem não se embebedou. **A:** bebedeira.

sóbrio *adj* **1** moderado, contido, comedido. **A:** descomedido. **2** parco, simples, frugal. **Ex:** Refeição sóbria. **A:** opulento. **3** austero, sério, simples. **Ex:** Roupas sóbrias e discretas. **4** quem não se embebedou. **A:** bêbado.

sobrolho *sm Anat.* sobrancelha, supercílio.

socado *part+adj* **1** escondido, metido, enfurnado. **Ex:** Ficar socado em casa. **2** atarracado, retaco. **A:** esguio.

socapa *sf* **1** disfarce, dissimulação, fingimento. **A:** franqueza. **2** manha, astúcia, esperteza. **A:** ingenuidade. * À socapa: disfarçadamente, furtivamente.

socar *vtd* **1** esmurrar, esmurraçar, sopapear, soquear. **Ex:** Socou o adversário. **2** esmagar, amassar, pisar. **Ex:** Socar café no pilão. *vpr* **3** esconder-se, meter-se, enfurnar-se. **Ex:** Socou-se no quarto.

socava *sf* cova, cavidade, buraco, escavação.

socavão *sm* gruta, lapa, furna, caverna.

socavar *vtd* cavar, escavar, cavoucar. **A:** tapar.

social *adj m+f* **1** coletivo, público, grupal. **A:** individual. **2** V. sociável.

sociável *adj m+f* **1** social. **Ex:** Não sou muito sociável, dispenso festas e reuniões. **2** cortês, gentil, amável. **A:** mal-educado.

sociedade *sf* **1** coletividade, comunidade, povo. **A:** indivíduo. **2** *EM GERAL* associação, corporação, círculo. **Ex:** Sociedade dos poetas. **3** *COMERCIAL, ETC.* empresa, companhia, firma. **4** *ESPORTIVA* agremiação, grêmio, clube. **5** parceria, associação. **Ex:** Ter sociedade com alguém num negócio. **6** convivência, convívio, familiaridade.

societário V. sócio.

sócio *sm+adj* **1** associado, parceiro, membro, societário. *sm* **2** companheiro, colega, amigo. **A:** inimigo.

soco *sm* murro, sopapo, punhada.

soçobrar *vtd* **1** afundar, submergir, meter a pique. *vi* **2** naufragar, afundar, ir a pique. **3** perder-se, arruinar-se, decair. **A:** progredir.

soçobro *sm* **1** naufrágio. **2** queda, ruína, derrocada. **A:** progresso. **3** perigo, risco.

socorrer *vtd* **1** ajudar, auxiliar, defender. **A:** desamparar. *vpr* **2** buscar, recorrer a, apelar para. **Ex:** Socorrer-se a um especialista. **3** recorrer a, empregar, valer-se de. **Ex:** Socorreu-se à violência para resolver a disputa.

socorro *sm* **1** ajuda, auxílio, assistência. **2** apoio, amparo, proteção. **A:** desamparo. **3** guincho. **Ex:** Chamamos o socorro quando o carro quebrou.

soda *sf Quím.* soda cáustica.

sodomia *sf* pederastia, homossexualismo, homossexualidade, inversão. **A:** heterossexualidade.

sodomita *s m+f* pederasta, homossexual (masculino), bicha *vulg*, veado *vulg*. **A:** heterossexual.

soer *vtd* **1** costumar, usar. **Ex:** Este aluno sói responder brilhantemente. *vi* **2** costumar. **Ex:** Aqui soem acontecer coisas estranhas.

soerguer *vtd+vpr* solevar(-se), erguer(-se), levantar(-se), alçar(-se). **A:** abaixar(-se).

soez *adj m+f* vulgar, comum, trivial, banal. **A:** invulgar.

sofisma *sm Pop.* engano, embuste, tapeação *pop*, engodo.

sofismar *vtd+vi* **1** deturpar com sofismas: sofisticar. **Ex:** Sofismar os dados. *vtd* **2** enganar, ludibriar, tapear *pop*.

sofisticado *part+adj* **1** aprimorado, refinado, requintado. **Ex:** Ambiente sofisticado. **A:** grosseiro. **2** falsificado, adulterado, contrafeito. **A:** autêntico. **3** artificial, falso, afetado. **Ex:** Seu comportamento sofisticado não nos enganou. **A:** natural.

sofisticar *vtd* **1** falsificar, adulterar, contrafazer. **Ex:** *vtd+vi* **2** V. sofismar. *vtd+vpr* **3** aprimorar(-se), aperfeiçoar(-se), requintar(-se).

sofrear *vtd* **1** *CAVALGADURA* frear, refrear, parar. *vtd+vpr* **2** conter(-se), refrear(-se), reprimir(-se). **Ex:** Sofreou o desejo de vingança que sentia; às vezes, é preciso refrear-se para não cometer loucuras.

sôfrego *adj* **1** apressado (ao comer ou beber). **2** ávido, desejoso, cobiçoso. **A:** desapegado. **3** impaciente, ansioso. **A:** paciente.

sofreguidão *sf* **1** pressa (ao comer ou beber). **2** avidez, desejo, cobiça. **A:** desapego. **3** impaciência, ansiedade. **A:** paciência.

sofrer *vtd, vti+vi* **1** padecer. **Ex:** Sofrer dores; sofrer de câncer; desde que adoeceu, sofre muito. *vtd* **2** agüentar, suportar, tolerar. **Ex:** Sofrer ofensas. **3** admitir, consentir, permitir. **Ex:** Não sofre desaforos. **4** passar, experimentar, sentir. **Ex:** Sofreu um choque ao saber do que acontecera.

sofrido *part+adj* **1** paciente, resignado, conformado. **A:** revoltado. **2** árduo, penoso, difícil. **Ex:** Vitória sofrida. **A:** fácil.

sofrimento *sm* **1** *FÍSICO* dor. **2** *MORAL* padecimento, pena, pesar. **A:** prazer. **3** amargura, angústia, aflição. **A:** alívio. **4** paciência, resignação, conformação. **A:** revolta. **5** desgraça, fatalidade, infortúnio. **A:** felicidade.

sofrível *adj m+f* **1** suportável, tolerável. **A:** insuportável. **2** razoável, mediano, aceitável. **Ex:** Seu trabalho foi considerado sofrível. **3** moderado, reduzido. **A:** excessivo.

sol *sm* **1** estrela, astro. **2** lado iluminado. **Ex:** Sentou-se ao sol. **A:** sombra. **3** luz, claridade, luminosidade. **A:** escuridão. **4** *Poét.* dia. **5** *Fig.* talento, gênio, engenho.

sola *sf* **1** *Anat.* planta (do pé). **2** *DO SAPATO* solado.

solado V. sola.

solapa *sf* **1** cova, escavação, buraco (coberto). **2** *Fig.* manha, astúcia, ardil. **A:** ingenuidade.

solapar *vtd* **1** cavar, escavar, esburacar. **A:** tampar. **2** abalar, sacudir, agitar. **3** arruinar, destruir, danificar. *vtd+vpr* **4** esconder(-se), ocultar(-se), encobrir(-se). **A:** mostrar(-se).

solar *sm* mansão, palácio, palacete, casarão. **A:** casebre.

solário *sm* terraço, varanda, balcão (para banho de sol).

solavanco *sm* tranco. **Ex:** O terreno era muito acidentado, e o automóvel dava muitos solavancos.

soldada *sf* **1** ordenado, salário, pagamento. **Ex:** A soldada dos operários, dos criados. **2** prêmio, recompensa, honra. **A:** castigo.

soldadesca *sf Pej.* tropa, exército, soldados *pl.*

soldado *sm* **1** praça *pop*, militar (sem graduação). **2** *Fig.* defensor, militante, campeão. **Ex:** Era um soldado da causa democrática. * Soldado do fogo: bombeiro.

soldar *vtd+vpr* **1** prender(-se), ligar(-se), unir(-se). **A:** separar(-se). *vpr* **2** *FERIMENTO* cicatrizar-se, fechar-se, secar.

soldo (ô) *sm Mil.* vencimento, pagamento, salário, ordenado.

soleira *sf* **1** *DA PORTA* limiar. **2** *DE CARRUAGEM* estribo, degrau.

solene *adj m+f* **1** pomposo, luxuoso, faustoso. **Ex:** Cerimônia solene. **A:** singelo. **2** sério, austero, grave. **Ex:** Tom solene. **3** afetado, pedante, presunçoso. **A:** natural.

solenidade *sf* **1** cerimônia, festividade, comemoração. **2** pompa, luxo, fausto. **A:** singeleza. **3** afetação, pedantismo, presunção. **A:** naturalidade.

solenizar *vtd* celebrar, comemorar, festejar.

solerte *adj m+f* esperto, ardiloso, astuto, manhoso. **A:** simplório.

soletrar *vtd+vi* **1** silabar. *vtd* **2** ler mal. **3** decifrar, desvendar, descobrir.

solevar V. soerguer.

solferino *sm* escarlate, encarnado, rubro, vermelho (que tende para o roxo).

solicitação *sf* **1** pedido, requerimento, requisição. **2** convocação, convite, instância.

solicitar *vtd* **1** pedir, requerer, requisitar. *vtd+vti* **2** induzir, incitar, levar a. **Ex:** Solicitou-o ao desafio. **3** convocar, convidar, instar. **Ex:** Solicitar alguém a se manifestar.

solícito *adj* **1** cuidadoso, zeloso, atencioso. **A:** negligente. **2** prestativo, prestimoso, obsequioso. **3** apreensivo, preocupado, inquieto. **A:** despreocupado.

solicitude *sf* **1** cuidado, zelo, atenção. **A:** negligência. **2** cortesia, gentileza, delicadeza. **A:** descortesia.

solidão *sf* **1** isolamento. **Ex:** Viver na solidão. **2** *LUGAR* ermo, deserto, retiro.

solidéu *sm Rel.* barrete.

solidez *sf* **1** consistência, dureza, rijeza. **A:** fragilidade. **2** firmeza. **3** *Fig.* segurança, estabilidade, firmeza. **Ex:** A solidez das instituições. **4** *Fig.* fundamento, base, razão. **5** *Fig.* certeza, garantia, segurança.

solidificar *vtd+vpr* **1** congelar(-se), gelar(-se), regelar(-se). **Ex:** A água solidificou-se. **A:** descongelar(-se). **2** coagular(-se), coalhar(-se). **Ex:** O sangue solidificou-se. **3** consolidar(-se), firmar(-se), estabilizar(-se). **Ex:** O pregador foi enviado à África para solidificar a doutrina católica. **A:** abalar(-se).

sólido *adj* **1** maciço, cheio, compacto. **A:** oco. **2** consistente, duro, rijo. **A:** frágil. **3** *ALIMENTO* consistente, substancial. **4** forte, robusto, vigoroso. **A:** fraco. **5** fundado, procedente, racional. **Ex:** Argumento sólido. **A:** infundado. **6** *Fig.* firme, inabalável, inalterável. **Ex:** Opinião sólida. **A:** frágil. **7** *Fig.* duradouro, durável, estável. **Ex:** Casamento sólido. **A:** instável.

solilóquio *sm* monólogo.

solitária *sf* **1** *Zool.* tênia. **2** segredo. **Ex:** O preso perigoso foi colocado na solitária.

solitário *sm* **1** só. **Ex:** Ele é um solitário. *adj* **2** só, sozinho, desacompanhado. **A:** acompanhado. **3** *LUGAR* deserto, ermo, desabitado. **A:** habitado.

solo *sm* **1** terra, chão. **Ex:** Fico feliz por pisar novamente o solo de minha pátria. **2** *CULTIVÁVEL* terra, terreno, campo. * Ao solo: por terra, ao chão, abaixo.

soltar *vtd+vpr* **1** desligar(-se), desprender(-se), desatar(-se). **Ex:** Soltar as cordas. **A:** ligar(-se). **2** libertar(-se), livrar(-se), liberar(-se). **Ex:** Soltaram os reféns. **A:** prender(-se). **3** descolar, despregar(-se), desgrudar(-se). **Ex:** O adesivo soltou-se da janela depois da chuva. **A:** grudar(-se). *vtd* **4** largar, deixar cair. **Ex:** Soltou os pratos quando escorregou. **5** alargar, afrouxar, folgar. **Ex:** A costureira soltou um pouco o vestido. **A:** apertar. **6** exalar, emitir, espalhar. **Ex:** As flores soltavam um perfume maravilhoso. **7** lançar, difundir, irradiar. **Ex:** A arma do extraterrestre soltava raios paralisantes. **8** emitir, dar, desprender. **Ex:** Soltar um grito. **9** dizer, proferir, pronunciar. **Ex:** Soltar insultos. **10** arremessar, atirar, lançar. **Ex:** Soltar pedras. **11** resolver, explicar, elucidar. **Ex:** Soltar um mistério.

solteirão *sm+adj* celibatário.

solteiro *sm+adj* celibatário. **A:** casado.

solto *adj* **1** desatado, desprendido, desligado. **A:** preso. **2** livre, liberto, libertado. **A:** preso. **3** licencioso, desregrado, descomedido. **Ex:** Vida solta. **A:** comedido. **4** largo, frouxo, folgado. **Ex:** Calça solta. **A:** apertado. **5** sozinho, abandonado, desamparado. **Ex:** Solto no mundo. **A:** amparado.

soltura *sf* **1** libertação, livramento, liberação. **Ex:** O juiz determinou a soltura do acusado. **A:** prisão. **2** alargamento, afrouxamento, folga. **A:** aperto. **3** desinibição, desembaraço, desenvoltura. **A:** inibição. **4** atrevimento, audácia, descaramento. **A:** respeito. **5** licenciosidade, desregramento, descomedimento. **A:** comedimento. **6** diarréia, cagaineira *vulg*, desarranjo. **7** solução, explicação, elucidação. **Ex:** A soltura de uma questão.

solução *sf* **1** solvência, dissolvência. **2** resposta, saída. **3** decisão, resolução, deliberação. **4** conclusão, desfecho, término. **A:** início. **5** interrupção, falha, espaço. **Ex:** Solução de continuidade. **6** *Quím.* dissolução.

solucionar V. solver.

soluto *adj* dissolvido, desmanchado.

solvabilidade V. solvibilidade.

solvência V. solvibilidade e solução.

solver *vtd* **1** solucionar, resolver, esclarecer, elucidar. **Ex:** Solver questões, problemas. **2** dissolver, diluir, desmanchar. **3** *CONTA, DÍVIDA* pagar, liqüidar, saldar. **4** superar, vencer, remover. **Ex:** Solver dificuldades.

solvibilidade *sf* solvabilidade, solvência. **Ex:** A solvibilidade de uma substância.

som *sm* **1** barulho, sonido. **A:** silêncio. **2** voz, fala. **3** *Fam.* música.

soma *sf* **1** *Mat.* adição. **A:** subtração. **2** *Mat.* total. **3** quantia, importância, montante. **Ex:** Recebeu uma soma considerável como prêmio. **4** *Fig.* abundância, profusão, fartura. **A:** escassez.

somar *vtd* **1** adicionar, acrescentar, aditar. **A:** subtrair. **2** importar em, atingir, chegar a. **Ex:** As perdas somam dois milhões. *vpr* **3** acrescentar-se, juntar-se, ajuntar-se. **Ex:** Somaram-se os esforços para a vitória.

somático *adj Fisiol.* corporal, corpóreo. **A:** psíquico.

sombra *sf* **1** escuridão, trevas *pl*, noite. **A:** luz. **2** vestígio, sinal, indício. **Ex:** Não vejo nem sombra dele por aqui. **3** proteção, favor, amparo. **Ex:** Ficar sob a sombra de alguém. **4** mancha, descrédito, desonra. **5** defeito, senão, problema.

sombração *sf Pop.* assombração, fantasma, aparição, espectro.

sombrear *vtd+vpr* **1** ensombrar(-se), assombrear(-se), escurecer, toldar(-se). **Ex:** O céu sombreou-se antes do temporal. **A:** clarear. *vtd* **2** entristecer, contristar, afligir, assombrear. **Ex:** A tragédia nos sombreou. **A:** alegrar. **3** manchar, desprestigiar, desonrar, assombrear. **Ex:** Sombrear a reputação de alguém. **A:** honrar. **4** disfarçar, ocultar, esconder, assombrear. **Ex:** Sombrear o medo. **A:** mostrar.

sombrinha *sf* guarda-sol, guarda-chuva (de senhoras).

sombrio *adj* **1** umbroso, sombreado, sombroso. **A:** claro. **2** sinistro, tétrico, lúbugre. **A:** alegre. **3** carrancudo, carregado, fechado. **Ex:** Expressão sombria. **A:** alegre.

sombroso V. sombrio.

somenos *adj m+f, sing+pl* **1** inferior, ínfero. **A:** superior. **2** ordinário, reles, barato. **A:** excelente.

somente *adv* apenas, só, unicamente.

sonâmbulo *sm+adj* **1** noctâmbulo. *adj* **2** absurdo, incoerente, incongruente. **A:** lógico.

sonância *sf* consonância, harmonia, melodia, música. **A:** dissonância.

sonante *adj m+f* consonante, harmonioso, melodioso, musical. **A:** dissonante.

sonata V. soneca.

sonda *sf* **1** V. sondagem. **2** *Cir.* cateter. **3** V. sondagem.

sondagem *sf* **1** sonda. **Ex:** A sondagem de petróleo. **2** *Med.* cateterismo. **3** *Fig.* pesquisa, indagação, investigação, sonda *fig.*

sondar *vtd* **1** pesquisar, indagar, investigar. **2** bisbilhotar, esquadrinhar, fuçar *fig.*

soneca *sf* **1** V. sono e sonolência.

sonegação *sf* ocultação, abafação. **A:** mostra.

sonegar *vtd* **1** esconder, ocultar, abafar. **A:** mostrar. **2** *Pop.* roubar, furtar, afanar *gír.* *vpr* **3** negar-se, recusar-se, escusar-se. **Ex:** Sonegou-se a cumprir as ordens. **A:** aceitar.

soneira V. sono e sonolência.

sonhar *vtd* **1** fantasiar, imaginar, idealizar. *vi* **2** fantasiar, delirar, divagar.

sonho *sm* **1** fantasia, ilusão, devaneio. **2** ideal, aspiração, objetivo. **Ex:** Seu sonho era ganhar a competição.

sonido *sm* **1** som, barulho. **A:** silêncio. **2** estrondo, estouro, estrépito.

sonífero *sm+adj* *Farm.* soporífero, narcótico, hipnótico, soporífico.

sono *sm* **1** sonolência, modorra, soneca, soneira *pop.* **Ex:** Estou com sono. **2** *Fig.* inércia, inatividade, imobilidade, sonolência, soneira *pop.* **A:** movimento.

sonolência *sf* **1** e **2** *Fig.* V. sono. **3** *Fig.* preguiça, indolência, apatia. **A:** energia.

sonolento *adj* **1** modorrento, dormente. **A:** desperto. **2** *Fig.* inerte, inativo, imóvel. **A:** móvel. **3** preguiçoso, indolente, apático. **A:** ativo.

sonorizar *vi* soar, ecoar, ressoar, repercutir.

sonoro *adj* **1** harmonioso, melodioso, suave, sonoroso. **A:** inarmônico. **2** estrondoso, ruidoso, barulhento, sonoroso. **Ex:** Deu uma sonora gargalhada. **A:** silencioso.

sonoroso V. sonoro.

sonsice *sf* **1** astúcia, esperteza, manha. **A:** ingenuidade. **2** disfarce, dissimulação, fingimento, sorrelfa. **A:** franqueza.

sonso *adj* astuto, esperto, ardiloso, manhoso. **A:** ingênuo.

sopa *sf Fam.* canja, moleza. **Ex:** Isso vai ser sopa.

sopapear *vtd* **1** esmurrar, socar, esmurraçar. **2** estapear, esbofetear, bofetear.

sopapo *sm* **1** murro, soco, punhada. **2** tapa, bofetão, bolacha *fig.*

sopé *sm DE MONTANHA* pé, falda, aba, base. **A:** cume.

sopeira *sf* terrina.

sopesar *vtd* **1** equilibrar, contrabalançar, compensar. **2** conter, refrear, reprimir. **A:** liberar.

sopitar *vtd* **1** adormecer, adormentar. **A:** despertar. **2** abrandar, acalmar, atenuar. **A:** agravar. **3** debilitar, enfraquecer, abater. **A:** fortalecer.

soporífero *sm+adj* **1** *Farm.* sonífero, hipnótico, narcótico, soporífico. *adj* **2** *Fig.* monótono, enfadonho, aborrecido. **A:** divertido.

soporífico V. soporífero.

soprar *vtd+vi* **1** assoprar, bafejar. *vtd* **2** inflar, encher, enfunar. **Ex:** Soprar uma bexiga. **A:** esvaziar.

sopro *sm* **1** assopro, fôlego. **2** bafo, hálito, respiração. **3** brisa, aragem, viração. **4** *Fig.* poder, força, influência. **Ex:** O sopro da coragem levou-o a enfrentar a situação.

soquear V. socar.

sordidez *sf* **1** sujeira, imundície, desasseio. **A:** limpeza. **2** baixeza, vileza, indignidade. **A:** dignidade. **3** obscenidade, imoralidade, indecência. **A:** decência. **4** avareza, mesquinhez, sovinice. **A:** generosidade.

sórdido *adj* **1** sujo, imundo, desasseado. **A:** limpo. **2** baixo, vil, desprezível. **A:** digno. **3** obsceno, imoral, indecente. **A:** decente. **4** avaro, mesquinho, avarento. **A:** generoso.

sorna (ô) *sf* **1** indolência, preguiça, vagabundagem. **A:** atividade. **2** sonolência, sono, soneira *pop.* *s e adj m+f* **3** indolente, preguiçoso, vagabundo. **A:** trabalhador.

soroso V. seroso.

soroterapia *sf Med.* seroterapia.

sorrateiro *adj* manhoso, esperto, matreiro, ardiloso. **A:** simplório.

sorrelfa V. sonsice.

sorridente *adj m+f* **1** risonho. **A:** carrancu-do. **2** alegre, contente, feliz. **A:** triste. **3** promissor, esperançoso, prometedor. **Ex:** Futuro sorridente. **A:** agourento.

sorrir *vi* **1** rir. **A:** chorar. *vti* **2** ajudar, favorecer, auxiliar. **Ex:** A sorte nos sorriu.

sorriso *sm* riso, risada. **A:** choro.

sorte *sf* **1** destino, fado, sina. **2** felicidade, ventura, boa sorte. **A:** azar. **3** acaso, coincidência, eventualidade. **Ex:** Foi pura sorte viajarmos no mesmo trem. **4** espécie, gênero, classe. **Ex:** Não me agradam coisas desta sorte. **5** modo, maneira, forma. **Ex:** Preparou-se bem, de sorte que venceu o jogo.

sorteado V. sortido.

sorteamento V. sorteio.

sortear *vtd* **1** rifar. **Ex:** Sortear prêmios. **2** V. sortir.

sorteio *sm* rifa, sorteamento.

sortido *sm* **1** sortimento, provisão, provimento. **A:** desprovimento. *part+adj* **2** abastecido, provido, munido. **A:** desprovido. **3** variado, vário, diverso. **Ex:** Doces sortidos.

sortilégio *sm* bruxaria, feitiço, mágica, encantamento.

sortimento *sm* **1** V. sortido. **2** variedade, diversidade. **Ex:** Um sortimento de muitos tipos de balas.

sortir *vtd* **1** variar, alternar, misturar, sortear. **2** abastecer, prover, munir. **A:** desprover. *vpr* **3** abastecer-se, prover-se, munir-se.

sortudo *sm* **1** pé-quente. **A:** pé-frio. *adj* **2** afortunado, felizardo, venturoso. **A:** azarado.

sorumbático *adj* triste, tristonho, melancólico, jururu. **A:** alegre.

sorvedoiro V. sorvedouro.

sorvedouro *sm* **1** redemoinho nas águas: sumidouro, tragadouro, absorvedouro, *sorvedoiro*. **Ex:** O sorvedouro tragou o barco. **2** abismo, precipício, voragem, *sorvedoiro*.

sorver *vtd* **1** beber, tomar, tragar. **Ex:** Sorvia o café. **2** absorver, chupar, sugar. **Ex:** Os panos sorviam os líquidos derramados. **3** aspirar, inalar, inspirar. **Ex:** Sorver o ar do campo faz bem à saúde. **4** tragar, engolir, devorar. **Ex:** O redemoinho sorvia os na-vios. *vpr* **5** submergir, afundar-se, imergir. **A:** emergir.

sorvete *sm* gelado.

sorvo (ô) *sm* gole, trago, golada, golo *pop.*

soslaio *sm* obliqüidade, esguelha, través, viés. * De soslaio: de lado, de esguelha, de través. **Ex:** Olhar de soslaio.

sossegado *part+adj* tranqüilo, calmo, quieto, sereno. **A:** intranqüilo.

sossegar *vtd, vi+vpr* tranqüilizar(-se), acalmar(-se), aquietar(-se), serenar(-se). **A:** intranqüilizar(-se).

sossego *sm* tranqüilidade, calma, quietude, serenidade. **A:** intranqüilidade.

sotaina *sf* **1** *Rel.* batina. *sm* **2** *Pop.* padre, sacerdote, clérigo.

sotavento *sm* *Náut.* direção para onde sopra o vento e bordo da embarcação voltado nessa direção. **A:** barlavento.

soteropolitano *sm+adj* *Desus.* salvadorense.

soterrar *vtd* enterrar, aterrar, sepultar. **Ex:** O desabamento soterrou as casas que ficavam no sopé da montanha. **A:** desenterrar.

soturno *adj* **1** tétrico, lúgubre, triste. **Ex:** Atmosfera soturna. **A:** alegre. **2** medonho, pavoroso, assustador. **Ex:** A noite, a selva era soturna. **A:** encantador. **3** *CÉU, TEMPO, DIA* carregado, sombrio, escuro. **A:** claro. **4** silencioso, calado, taciturno. **A:** falador.

sova *sf* surra, coça, esfrega, pau.

sovaco *sm* *Pop.* axila, *sobaco.*

sovar *vtd* **1** amassar. **Ex:** Sovar o pão. **2** surrar, espancar, bater em.

soverter *vi+vpr* *Pop.* desaparecer, sumir-se. **A:** aparecer.

soviético *sm+adj* *Por ext.* russo.

sovina *s e adj m+f* avarento, mesquinho, avaro, pão-duro *pop.* **A:** pródigo.

sovinaria V. sovinice.

sovinice *sf* avareza, mesquinhez, pão-durismo *pop,* mesquinharia, sovinaria. **A:** prodigalidade.

sozinho *adj* **1** só, solitário, desacompanhado. **A:** acompanhado. **2** abandonado, desamparado, desprotegido. **A:** amparado.

standard (ingl.: stândar) V. estândar.

suado *part+adj Fig.* árduo, duro, pesado, penoso. **Ex:** Trabalho suado. **A:** leve.

suador V. sudorífero.

suadouro V. sudorífero.

suão *adj* sulino, sulista. **A:** nortista.

suar *vtd* **1** gotejar, verter, ressumar. **Ex:** As paredes suavam a umidade. *vti* **2** labutar, lutar, esforçar-se por. **Ex:** Suava pelo sustento dos filhos. *vi* **3** transpirar, exsudar.

suave *adj m+f* **1** macio, delicado, brando. **Ex:** Toalha suave. **A:** áspero. **2** moderado, brando, ameno. **Ex:** Castigo suave. **A:** forte. **3** ameno, agradável, aprazível. **Ex:** Brisa suave. **A:** desagradável. **4** meigo, terno, afetuoso. **A:** rude. **5** *SOM* melodioso, harmonioso, harmônico. **A:** dissonante.

suavidade *sf* **1** maciez, delicadeza, brandura. **A:** aspereza. **2** moderação, brandura, amenidade. **A:** força. **3** meiguice, ternura, afeto. **A:** rudeza. **4** graça, graciosidade, elegância. **A:** deselegância.

suavizar *vtd+vpr* abrandar(-se), amenizar (-se), atenuar(-se), moderar(-se). **Ex:** Este remédio suavizará a dor. **A:** agravar(-se).

subalimentação V. subnutrição.

subalimentado V. subnutrido.

subalternar *vtd* **1** subordinar, submeter, sujeitar, subalternizar. *vti+vpr* **2** revezar-se, alternar-se.

subalternidade *sf* subordinação, dependência, submissão, sujeição. **A:** insubordinação.

subalternizar V. subalternar.

subalterno *sm* **1** subordinado, inferior. *adj* **2** subordinado, dependente, submisso. **A:** insubordinado.

subalugar V. sublocar.

subarrendar V. sublocar.

subconsciente *adj m+f* subliminar.

subcutâneo *adj Anat.* intercutâneo. **Ex:** Injeção subcutânea.

subdesenvolvimento *sm Por ext.* miséria, penúria, pobreza, fome.

subdividir *vtd+vpr* dividir(-se), separar (-se), partir(-se), repartir(-se). **A:** unir(-se).

subentender *vtd* supor, imaginar, admitir, pressupor.

subentendido *sm* **1** implicação. *adj* **2** implícito, tácito, escondido. **A:** explícito.

subestimar *vtd* desprezar, menosprezar, desdenhar, esnobar. **Ex:** Não subestime seus adversários, podem derrotá-lo. **A:** superestimar.

subida *sf* **1** aclive, inclinação, ladeira. **2** descida. **2** aumento, elevação, alta. **Ex:** Subida dos preços. **A:** baixa.

subido *part+adj* **1** alto, elevado, erguido. **A:** baixo. **2** excelente, ótimo, sublime. **A:** inferior. **3** *PREÇO* alto, elevado, imódico. **A:** baixo. **4** nobre, ilustre, eminente. **A:** obscuro. **5** *ESTILO* pomposo, empolado, afetado. **A:** simples.

subir *vtd* **1** elevar, erguer, alçar. **Ex:** Subimos as caixas até o sexto andar. **A:** descer. *vtd+vti* **2** escalar, galgar, trepar em. **A:** descer de. *vti+vi* **3** ascender, elevar-se, erguer-se a. **Ex:** Subiram ao topo do edifício; o elevador sobe. **A:** descer. *vi* **4** *PREÇO* elevar-se, aumentar, majorar. **Ex:** O preço do leite subiu hoje. **A:** baixar. **5** *MERCADORIA* encarecer. **Ex:** As verduras subiram por causa da geada. **A:** baratear.

súbito *adj* **1** inesperado, repentino, imprevisto, inopinado. **A:** esperado. *adv* **2** subitamente, repentinamente, de súbito.

subjetivo *adj* individual, pessoal, particular, privado. **A:** objetivo.

subjugação *sf* **1** dominação, submissão, sujeição. **2** contenção, repressão, controle. **A:** descontrole.

subjugar *vtd* **1** dominar, vencer, submeter. **Ex:** Subjugar os inimigos. **2** *ANIMAIS* jungir, emparelhar, atrelar. **A:** desjungir. **3** *ANIMAIS* domesticar, domar, amansar. *vtd+vpr* **4** conter(-se), refrear(-se), reprimir(-se). **Ex:** Subjugar os próprios sentimentos. **A:** descontrolar(-se).

subjuntivo *sm* **1** *Gram.* modo subjuntivo. *adj* **2** dependente, subordinado, ligado. **A:** independente.

sublevação *sf* rebelião, revolta, insurreição, levante.

sublevar *vtd* **1** levantar, erguer, elevar. **A:** abaixar. *vtd+vpr* **2** rebelar(-se), revoltar (-se), amotinar(-se).

sublimar *vtd* **1** purificar, depurar, apurar. *vtd+vpr* **2** engrandecer(-se), enobrecer (-se), dignificar(-se). **Ex:** Seus feitos sublimam a nação. **A:** rebaixar(-se). *vpr* **3** destacar-se, distinguir-se, sobressair.

sublime *adj m+f* **1** excelente, superior, ótimo. **Ex:** Qualidade sublime. **A:** inferior. **2** sumo, supremo, excelso. **A:** inferior. **3** magnífico, esplêndido, soberbo. **A:** modesto.

sublimidade *sf* **1** excelência, perfeição, superioridade. **A:** inferioridade. **2** magnificência, esplendor, grandiosidade. **A:** modéstia. **3** altura, elevação.

subliminar *adj m+f* subconsciente. **Ex:** Mensagem subliminar.

sublinhar *vtd* **1** grifar. **2** realçar, salientar, destacar.

sublocar *vtd* subalugar, subarrendar.

submergir *vtd, vi+vpr* **1** inundar(-se), alagar(-se), encharcar(-se). **2** imergir, afundar, mergulhar. **A:** emergir.

submersão *sf* **1** inundação, alagamento. **2** imersão, afundamento, mergulho. **A:** emersão.

submeter *vtd* **1** subordinar, subjugar, dominar. *vpr* **2** sujeitar-se, subordinar-se, render-se. **3** conformar-se, resignar-se.

subministrar *vtd* dar, prestar, fornecer, ministrar.

submissão *sf* **1** *ATO, EFEITO* subordinação, subjugação, dominação. **2** *ESTADO* obediência, dependência, sujeição. **A:** insubmissão. **3** servilismo, adulação, subserviência.

submisso *adj* **1** subordinado, obediente, dependente. **A:** insubmisso. **2** servil, adulador, subserviente.

subnutrição *sf* subalimentação, fome.

subnutrido *sm+adj* subalimentado.

subordinação *sf* dependência, submissão, sujeição, subalternidade. **A:** insubordinação.

subordinado *sm* **1** subalterno, inferior. *adj* **2** subalterno, dependente, submisso. **A:** insubordinado. **3** secundário, acessório, suplementar. **A:** principal.

subordinar *vtd* **1** submeter, sujeitar, dominar. *vpr* **2** submeter-se, sujeitar-se, render-se.

subornar *vtd* corromper, aliciar, peitar, comprar.

suborno *sm* corrupção, aliciamento, peita, compra.

sub-reptício *adj* fraudulento, doloso, desonesto, ilícito. **A:** honesto.

subscrever *vtd+vi* **1** *DOCUMENTOS, PAPÉIS* assinar, firmar, rubricar. **2** *PUBLICAÇÕES* assinar. **Ex:** Subscrever um jornal. *vtd* **3** aprovar, concordar com, assentir a. **Ex:** Não subscrevo sua atitude. **A:** desaprovar.

subscrição *sf* **1** assinatura, firma, rubrica. **2** *DE PUBLICAÇÕES* assinatura. **Ex:** Minha assinatura do jornal vale por um ano.

subscritar *vtd* assinar, subscrever, firmar, rubricar.

subscritor *sm* assinante. **Ex:** O subscritor de um jornal.

subseqüência *sf* **1** qualidade de subseqüente. **A:** precedência. **2** continuação, prosseguimento, seguimento. **A:** interrupção.

subseqüente *adj m+f* posterior, seguinte, imediato, seguido. **A:** precedente.

subserviência *sf* servilismo, adulação, bajulação, puxa-saquismo *vulg.*

subserviente *adj m+f* servil, adulador, bajulador, puxa-saco *vulg.*

subsidiar *vtd* **1** subvencionar. **2** auxiliar, ajudar, assistir. **A:** atrapalhar.

subsidiário *adj* **1** auxiliar, ajudante, assessor. **2** secundário, acessório, suplementar. **A:** essencial.

subsídio *sm* **1** subvenção. **Ex:** Subsídios para a agricultura. **2** auxílio, ajuda, assistência. **3** *Polít.* vencimento, salário, ordenado. **Ex:** O subsídio dos deputados. *sm pl* **4** dados, informações, elementos. **Ex:** Não tenho os subsídios suficientes para chegar a uma conclusão.

subsistência *sf* **1** sustento, alimentação, mantimento. **Ex:** Meios de subsistência. **2** permanência, persistência, prosseguimento. **A:** inconstância.

subsistir *vi* **1** existir, ser. **2** viver, existir. **A:** perecer. **3** persistir, manter-se, conservar-se, permanecer. **Ex:** Os amigos se vão, mas as lembranças subsistem. **A:** acabar.

substabelecer *vtd* transferir, transmitir, passar, ceder. **Ex:** Substabelecer um encargo, uma procuração.

substância *sf* **1** *Quím.* elemento. **2** essência,

natureza, âmago *fig*. **Ex**: A substância de um sentimento. **3** conteúdo, teor, assunto. **Ex**: A substância de um texto. **4** resumo, síntese, compêndio. **A**: desenvolvimento.

substancial *adj m+f* **1** substancioso, nutritivo, nutriente. **Ex**: Refeição substancial. **2** essencial, fundamental, básico. **A**: secundário. **3** considerável, grande, vultoso. **Ex**: Rendimento substancial. **A**: insignificante.

substanciar *vtd* **1** nutrir, alimentar, sustentar. **2** fortalecer, revigorar, fortificar. **A**: enfraquecer. **3** resumir, sintetizar, compendiar. **A**: desenvolver.

substancioso V. substancial.

substituição *sf* troca, mudança, permuta, câmbio.

substituir *vtd+vti* **1** trocar, mudar, permutar. *vtd* **2** suceder. **Ex**: Ele substituiu o pai, que se aposentou. **3** suprir. **Ex**: O dinheiro não substitui a falta de amor.

substituto *sm+adj* suplente.

substrato *sm* **1** *Filos*. essência. **2** base, fundamento, razão. **3** resíduo, sobras *pl*, restos *pl*.

subterfúgio *sm* desculpa, evasiva, fuga, pretexto.

subterrâneo *sm* **1** caverna, gruta, furna. **2** galeria, passagem (subterrânea). *adj* **3** subtérreo. **4** *Fig*. clandestino, escondido, furtivo. **A**: público. **5** *Fig*. ilegal, ilícito, ilegítimo. **A**: legal.

subtérreo V. subterrâneo.

subtração *sf* **1** *Mat*. diminuição. **A**: soma. **2** *Mat*. dedução, desconto, abatimento. **A**: acréscimo. **3** furto, roubo, abafo.

subtrair *vtd* **1** *Mat*. diminuir. **A**: somar. **2** *Mat*. deduzir, descontar, abater. **A**: acrescentar. **3** furtar, roubar, afanar *gír*. *vpr* **4** esquivar-se, fugir, furtar-se a. **Ex**: Subtrair-se aos compromissos.

subumano *adj* desumano, cruel, impiedoso, inumano. **A**: humano.

subúrbio *sm* arrabalde, cercanias *pl*. **Ex**: Moramos no subúrbio.

subvenção *sf* subsídio. **Ex**: Subvenção concedida pelo governo para a agricultura.

subvencionar *vtd* subsidiar. **Ex**: Subvencionar uma instituição.

subversão *sf* **1** revolta, rebelião, revolução.

2 perversão, corrupção, depravação. **A**: regeneração.

subversivo *sm+adj* revolucionário, revoltoso, rebelde, insurreto.

subverter *vtd* **1** virar, volver (de baixo para cima). **2** afundar, submergir, imergir. **A**: emergir. **3** amotinar, revoltar, rebelar. **Ex**: Os agitadores queriam subverter o povo. **A**: pacificar. *vtd+vpr* **4** perverter(-se), corromper(-se), depravar(-se). **A**: regenerar (-se).

sucata *sf* ferro-velho.

sucção *sf* **1** sugação. **2** absorção.

suceder *vti* **1** seguir, sobrevir a. **Ex**: A vitória sucedeu a uma série de derrotas. **2** substituir. **Ex**: O filho sucedeu ao pai na direção da empresa. *vti+vi* **3** acontecer, ocorrer, dar-se. **Ex**: Sucedeu algo estranho ontem; não sou culpado pelo que me sucedeu. *vti+vpr* **4** seguir-se, sobrevir, acontecer (depois). **Ex**: Às revoltas populares sucediam(-se) leis mais rigorosas.

sucedido V. sucesso.

sucessão *sf* **1** série, seqüência, encadeamento. **2** seguimento, continuação, prosseguimento. **A**: interrupção.

sucessivo *adj* consecutivo, seguido, conseguinte, ininterrupto. **Ex**: Conseguiu falar duas horas sucessivas.

sucesso *sm* **1** acontecimento, fato, evento, sucedido. **2** resultado, conclusão, desfecho. **3** resultado positivo: êxito, felicidade. **A**: insucesso.

sucessor *sm* **1** substituto, suplente. **2** *Dir*. e *Fig*. herdeiro, legatário. **Ex**: Deixou toda a fortuna para os sucessores; ele é o sucessor da doutrina do mestre.

súcia *sf* corja, bando, quadrilha, malta.

sucinto *adj* conciso, breve, resumido, curto. **A**: prolixo.

suco *sm* **1** sumo, caldo. **Ex**: Suco de frutas. **2** *Fig*. essência, substância, natureza.

suculento *adj* **1** sumarento, sumoso. **Ex**: Fruta suculenta, que tem muito suco. **2** substancial, nutritivo, nutriente. **3** gordo, gorduroso.

sucumbir *vti+vi* **1** ceder, curvar-se, dobrar-se. **Ex**: O assoalho sucumbiu com o peso do móvel; sucumbir à tentação. **A**: resistir.

vi **2** morrer, perecer, falecer. **A:** nascer.

sucuri *sf Herp.* boiúna *amaz, sicuri.*

sucursal *sf Com.* filial, agência.

sudário *sm* mortalha, lençol *ant.*

sudeste *sm e adj m+f Geogr.* sueste.

súdito *sm* **1** vassalo. **A:** soberano. *adj* **2** sujeito, submisso, subordinado. **Ex:** Súdito à nossa vontade. **A:** insubordinado.

sudorífero *sm* **1** suadouro. *adj* **2** suador.

sueste V. sudeste.

suéter *sm* malha, blusa (de malha).

suficiência *sf* **1** abastança, abastamento. **2** habilidade, competência, aptidão. **A:** insuficiência (nas duas acepções).

suficiente *adj m+f* **1** bastante. **Ex:** Temos recursos suficientes para o trabalho. **2** hábil, competente, apto. **Ex:** Funcionário suficiente. **3** razoável, aceitável, mediano. **Ex:** Resultados suficientes. **A:** insuficiente (acepções 1 e 2).

sufixo *sm Gram.* terminação, desinência. **A:** prefixo.

sufocação *sf* asfixia, abafação, estrangulamento.

sufocante *adj* abafado, abafadiço. **Ex:** Atmosfera sufocante. **A:** arejado.

sufocar *vtd* **1** asfixiar, afogar, abafar. **2** esmagar, debelar, vencer. **Ex:** Sufocar uma rebelião. **3** reprimir, conter, refrear. **Ex:** Sufocar os próprios impulsos. **A:** liberar. *vpr* **4** asfixiar-se, abafar-se.

sufragar *vtd* **1** apoiar, amparar, favorecer (pelo voto). **2** desamparar. **2** aprovar, aplaudir, anuir a (pelo voto). **A:** desaprovar.

sufrágio *sm* **1** voto. **2** apoio, amparo, favor. **A:** desamparo. **3** aprovação, aplauso, anuência. **A:** desaprovação.

sugação V. sucção.

sugador V. sugadouro.

sugadouro *sm Entom.* sugador, língua, tromba. **Ex:** O sugadouro da borboleta.

sugar *vtd* **1** chupar, chuchar. **Ex:** O bebê suga o seio materno. **2** absorver, sorver, chupar. **Ex:** A toalha da mesa sugou o líquido derramado. **3** extrair, tirar. **Ex:** O esforço sugou nossas energias. **4** extorquir, roubar, furtar. **Ex:** Sugaram o nosso dinheiro.

sugerir *vtd* **1** propor, lembrar. **Ex:** Sugeriu que fizéssemos uma votação. **2** insinuar, inspirar, instilar. **Ex:** A atitude do marido sugere a existência de uma amante.

sugestão *sf* **1** proposta, conselho, recomendação. **2** insinuação, idéia, inspiração. **3** incentivo, estímulo, incitação. **A:** desestímulo.

sugestionar *vtd* estimular, induzir, persuadir, instigar.

sugestivo *adj* insinuante, atraente, fascinante, sedutor. **A:** repelente.

suicidar-se *vpr* **1** matar-se. **2** *Fig.* causar a própria ruína: perder-se, desgraçar-se, arruinar-se.

suicídio *sm Fig.* ruína, desgraça, perdição, dano.

suíno *sm Zool.* porco.

sujar *vtd+vpr* **1** manchar(-se), emporcalhar(-se), enodoar(-se). **Ex:** As crianças sujaram-se ao brincar na areia. **2** degradar(-se), desonrar(-se), rebaixar(-se). **Ex:** Agindo assim, sujou a sua reputação. **A:** honrar (-se).

sujeição *sf* submissão, subordinação, dependência, obediência. **A:** insubmissão.

sujeira *sf* **1** imundície, sujidade, porcaria. **A:** limpeza. **2** *Fig.* sacanagem, safadeza, patifaria.

sujeitar *vtd* **1** submeter, dominar, subjugar. **Ex:** Sujeitar o inimigo. **2** refrear, conter, dominar. **Ex:** Sujeitar um impulso de vingança. **3** fixar, firmar, estabilizar. **Ex:** Sujeitar um móvel. **4** constranger, forçar, coagir. **Ex:** Sujeitar alguém a fazer o que não quer. *vpr* **5** submeter-se, subordinar-se, render-se. **6** conformar-se, resignar-se.

sujeito *sm* **1** indivíduo, pessoa, elemento. **Ex:** Quem é esse sujeito? *adj* **2** submisso, subordinado, vassalo. **A:** insubmisso. **3** dominado, escravo, escravizado. **A:** livre. **4** suscetível, passível, capaz. **Ex:** Sujeito a modificações.

sujidade *sf* **1** V. sujeira. **2** pó, poeira. **3** excremento, fezes *pl*, dejeto.

sujo *adj* **1** imundo, porco, desasseado. **A:** limpo. **2** indecente, obsceno, imoral. **Ex:** Piada suja. **A:** decente. **3** vil, indigno, desprezível. **A:** digno.

sul *sm Geogr.* meio-dia. **A:** norte.
sulcar *vtd* **1** cortar, rasgar, fender. **Ex:** Sulcar a terra. **2** *Náut.* singrar, navegar, fender. *vtd+vpr* **3** enrugar(-se), encarquilhar(-se), preguear(-se). **A:** desenrugar(-se).
sulco *sm* **1** rego, vala. **2** ruga, prega, carquilha (na pele).
sulfeto *sm Quím.* composto de enxofre:sulfureto.
sulfurar *vtd* enxofrar.
sulfúreo V. sulfuroso.
sulfureto V. sulfeto.
sulfurino *adj* amarelo-esverdeado.
sulfuroso *adj Quím.* sulfúreo. **Ex:** Substância sulfurosa.
sulino V. sulista.
sulista *s e adj m+f* sulino. **A:** nortista.
sul-rio-grandense *s e adj m+f* gaúcho, rio-grandense-do-sul, guasca.
suma *sf* **1** *Mat.* soma, adição, total. **2** resumo, síntese, compêndio. * Em suma: em resumo.
sumarento *adj* sumoso, suculento. **Ex:** Frutas sumarentas. **A:** seco.
sumariar *vtd* resumir, sintetizar, condensar, abreviar. **A:** desenvolver.
sumário *sm* **1** resumo, síntese, sinopse. **A:** desenvolvimento. **2** índice de matéria. *adj* **3** resumido, conciso, sintético. **Ex:** Texto sumário. **A:** longo. **4** simples, direto, informal. **A:** formal.
sumiço *sm* **1** *Pop.* desaparecimento, desaparição. **Ex:** O sumiço de alguém. **2** *Pop.* extravio, perda. **Ex:** Irritou-nos o sumiço dos presentes. **A:** aparecimento (nas duas acepções).
sumidade *sf* **1** *DE MONTANHA* cume, topo, crista. **A:** sopé. **2** celebridade, personagem, vulto. **Ex:** Ele é uma sumidade de nível internacional. **A:** desconhecido.
sumidoiro V. sumidouro.
sumidouro *sm* **1** sarjeta, valeta, rego, *sumidoiro*. **2** sorvedouro, voragem, tragadouro, *sumidoiro*.
sumir *vi+vpr* **1** desaparecer. **A:** aparecer. **2** ocultar-se, esconder-se, encobrir-se. **A:** mostrar-se. **3** ausentar-se, retirar-se, sair. **4** extinguir-se, acabar, desaparecer. **Ex:** Meus problemas sumiram(-se). **5** apagar-se, extinguir-se. **Ex:** A mancha sumiu.

sumo *sm* **1** suco, caldo. **Ex:** Sumo de limão, de carne. **2** cume, topo, crista. **Ex:** O sumo da montanha. **A:** sopé. **3** *Fig.* cúmulo, máximo, auge. *adj* **4** supremo, máximo, excelso. **Ex:** Sumo sacerdote. **A:** mínimo. **5** superior, elevado, excelente. **Ex:** Suma qualidade. **A:** inferior.
sumoso V. sumarento.
súmula *sf* resumo, sinopse, síntese, compêndio. **A:** desenvolvimento.
sunga *sf* calção de banho.
sungar *vtd* erguer, levantar, elevar, alçar. **A:** abaixar.
suntuosidade *sf* luxo, pompa, magnificência, fausto. **A:** modéstia.
suntuoso *adj* luxuoso, pomposo, magnificente, faustoso. **A:** modesto.
suor *sm* **1** transpiração. **2** *Fig.* labuta, lida, esforço.
superabundância *sf* **1** abundância, fartura, cópia. **2** demasia, exorbitância, excesso. **A:** escassez (nas duas acepções).
superabundante *adj m+f* **1** abundante, farto, copioso. **A:** escasso. **2** demasiado, exorbitante, excessivo. **A:** reduzido.
superabundar *vti+vi* **1** abundar, sobrar, exuberar. **Ex:** Superabundam opções. **A:** faltar. **2** transbordar, exuberar de. **Ex:** Superabundar de alegria.
superado *part+adj* obsoleto, antiquado, arcaico, antigo. **A:** moderno.
superar *vtd* **1** subjugar, sujeitar, dominar. **2** ganhar de, exceder, sobrepujar.
superávit *sm* **1** saldo credor. **2** excesso, abundância, fartura. **A:** déficit (nas duas acepções).
supercílio *sm* sobrancelha, sobrolho.
superestimar *vtd* valorizar, estimar (em excesso). **Ex:** Ele superestimou os obstáculos, e a facilidade com que resolveu o problema acabou surpreendendo-o. **A:** subestimar.
superficial *adj m+f* **1** externo, exterior. **Ex:** Ferimento superficial. **A:** profundo. **2** insignificante, leve, ligeiro. **Ex:** Fez mudanças superficiais, que não alteraram muito a situação. **A:** profundo. **3** leviano, fútil, frívolo. **A:** sério.

superfície *sf* **1** flor. **Ex:** A superfície da água. **A:** interior. **2** face, faceta. **Ex:** As superfícies de um cristal. **3** área, extensão, espaço.

superfino *adj* excelente, perfeito, superior, sublime. **A:** inferior.

supérfluo *adj* desnecessário, dispensável, escusado, inútil. **A:** essencial.

superintendência *sf* **1** administração, direção, gerência. **2** supervisão.

superintendente *s m+f* **1** administrador, dirigente, gerente. **2** supervisor.

superintender *vtd* **1** administrar, dirigir, gerir. **2** supervisionar, supervisar.

superior *sm* **1** *Ecles.* prior, prelado, abade. *adj m+f* **2** excelente, ótimo, perfeito. **A:** inferior.

superiora *sf Ecles.* madre superiora, prioresa, prelada, abadessa.

superioridade *sf* **1** excelência, perfeição, primado. **A:** inferioridade. **2** primazia, supremacia, predomínio. **Ex:** Ter superioridade sobre alguém.

superlativo *adj* **1** máximo, sumo, supremo. **A:** mínimo. **2** maravilhoso, extraordinário, espantoso. **A:** normal. **3** incomparável, inigualável, único. **A:** comum.

superlotar *vtd* sobrelotar, abarrotar, encher. **Ex:** Superlotar um veículo.

superpopulação *sf* superpovoamento.

superpor V. sobrepor.

superpovoamento V. superpopulação.

super-realismo V. surrealismo.

super-realista V. surrealista.

supersônico *sm* **1** *Aeron.* avião supersônico. *adj* **2** *Fís.* ultra-sônico.

superstição *sf* **1** crendice, preconceito, prejuízo. **2** fanatismo, obstinação, adoração. **A:** indiferença.

supervisão *sf* superintendência.

supervisar *vtd* supervisionar, superintender.

supervisionar V. supervisar.

supervisor V. superintendente.

supetão *sm* usado apenas na expressão seguinte. * De supetão: de repente, subitamente, repentinamente.

supimpa *adj m+f Pop.* excelente, ótimo, superior, perfeito. **A:** péssimo.

suplantar *vtd* **1** pisar, calcar, pisotear. **2** dominar, superar, vencer. **Ex:** Suplantar o medo. **3** exceder, ultrapassar, superar. **Ex:** Suplantou os concorrentes na disputa.

suplementar *vtd* **1** completar, complementar, inteirar. *adj m+f* **2** complementar, adicional, extraordinário, supletivo. **Ex:** Verbas suplementares.

suplemento *sm* complemento, acréscimo, aditamento, adição.

suplente *s e adj m+f* substituto.

supletivo V. suplementar.

súplica *sf* **1** rogo, pedido, clamor, suplicação. **2** *Rel.* prece, oração, reza.

suplicação V. súplica.

suplicar *vtd* **1** implorar, clamar, pedir. **Ex:** Suplicar piedade. *vti* **2** interceder por, pedir por, intervir em favor de. **Ex:** A multidão suplicava pelos condenados. *vi* **3** rogar. **Ex:** As mulheres suplicavam nas igrejas.

supliciar *vtd* **1** justiçar, executar; COM ARMA DE FOGO fuzilar. **2** martirizar, sacrificar. **Ex:** Vários santos foram supliciados. **3** afligir, atormentar, molestar.

suplício *sm* **1** tortura, tormento; DE MÁRTIR martírio, sacrifício. **2** pena de morte. **3** execução. **4** sofrimento, tormento, aflição. **Ex:** Foi um suplício assistir ao jogo. **A:** prazer.

supor *vtd* **1** presumir, acreditar, suspeitar. **Ex:** Suponho que ela seja a responsável por tudo. **2** presumir, pressupor, calcular. **Ex:** Suponho que o resultado nos será favorável. *vtd+vpr* **3** julgar(-se), considerar(-se), achar(-se). **Ex:** Ele se supõe muito talentoso.

suportar *vtd* **1** sustentar, suster, segurar. **2** tolerar, agüentar, sofrer.

suportável *adj m+f* **1** tolerável, sofrível. **2** aceitável, admissível. **A:** insuportável (nas duas acepções).

suporte *sm* apoio, sustentáculo, fulcro; DO TELEFONE gancho.

suposição *sf* hipótese, pressuposição, conjectura, suspeita.

supositivo V. suposto.

suposto *adj* **1** hipotético, pressuposto, fictício. **A:** real. **2** falso, fingido, supositivo. **A:** verdadeiro.

supra-realismo V. surrealismo.

supra-realista V. surrealista.

supra-sumo *sm* máximo, apogeu, cúmulo, ápice. **Ex:** O supra-sumo da inteligência.

supremacia *sf* preponderância, predomínio, primazia, proeminência. **Ex:** Ter supremacia sobre alguém.

supremo *adj* **1** sumo, máximo, superlativo. **Ex:** Suprema alegria. **A:** mínimo. **2** último, derradeiro, final. **Ex:** Momento supremo. **A:** inicial.

supressão *sf* **1** corte, eliminação. **A:** acréscimo. **2** *DE LEI* abolição, anulação, revogação. **A:** manutenção.

suprimento *sm* **1** abastecimento, fornecimento, provisão. **A:** desprovimento. **2** auxílio, ajuda, socorro. **3** empréstimo, mútuo.

suprimir *vtd* **1** cortar, eliminar, riscar. **Ex:** Suprimiu vários parágrafos do texto. **A:** acrescentar. **2** *LEI* abolir, anular, revogar. **A:** manter.

suprir *vtd* **1** abastecer, fornecer, prover. **A:** desprover. **2** completar, inteirar, complementar. **3** substituir. **Ex:** Isso não supre nossa carência de afeto. *vtd+vti* **4** substituir, trocar, mudar. **Ex:** Suprir uma coisa por outra.

surdez *sf* mouquidão, ensurdecimento.

surdimutismo V. surdo-mudez.

surdina *sf Mús.* abafador.

surdo *sm+adj* **1** mouco. *adj* **2** calado, silencioso, quieto. **A:** falador. **3** *SOM* inaudível, imperceptível. **A:** audível. **4** rígido, inflexível, intransigente. **Ex:** Manteve-se surdo aos meus apelos.

surdo-mudez *sf* surdimutismo.

surgimento *sm* aparecimento. **A:** sumiço.

surgir *vi* **1** aparecer. **Ex:** Ele surgiu de repente; surgiram novas dificuldades. **A:** sumir. **2** *ASTRO* despontar, apontar, nascer. **Ex:** A lua surgiu no céu. **A:** sumir. **3** *MANHÃ, DIA, AURORA* nascer, raiar, romper. **A:** sumir.

suro *adj* cotó, rabicó. **Ex:** Cachorro suro.

surpreendente *adj m+f* **1** espantoso, admirável, extraordinário. **A:** banal. **2** inesperado, imprevisto, repentino. **A:** esperado.

surpreender *vtd* **1** flagrar *pop*, pegar em flagrante. *vtd+vpr* **2** admirar(-se), assombrar(-se), espantar(-se). **Ex:** Surpreendeu-se com o resultado.

surpresa *sf* **1** admiração, assombro, espanto. **2** *DOLOROSA* abalo, choque, comoção.

surra *sf* **1** *Pop.* sova, coça, esfrega. **Ex:** Levou uma surra do pai. **2** *Esp. Gír.* derrota expressiva: banho, lavada. **Ex:** Demos uma surra no time adversário.

surrado *part+adj* gasto, batido, acabado. **Ex:** Roupas surradas. **A:** novo.

surrão *sm Pop.* porcalhão, porco, sujo, imundo.

surrar *vtd* **1** *PELES, COURO* curtir, preparar. **2** espancar, bater em, sovar. *vtd+vpr* **3** *PEÇAS DO VESTUÁRIO* gastar(-se), desgastar(-se). **Ex:** O sapato surrou-se.

surrealismo *sm Lit.* e *Bel.-art.* supra-realismo, super-realismo.

surrealista *s* e *adj m+f Lit.* e *Bel.-art.* super-realista, supra-realista.

surriada *sf Pop.* zombaria, troça, gozação, chacota.

surripiar V. surrupiar.

surrupiar *vtd Pop.* furtar, roubar, afanar *gír*, abafar *gír*, surripiar.

surtir *vtd* dar, produzir, gerar, originar. **Ex:** As medidas surtiram o efeito esperado.

surto **1** cobiça, ganância, ambição. **A:** desapego. **2** arranco, arrancada, impulso. **3** surgimento, aparecimento (repentinos). **Ex:** Surto de gripe.

suruba *sf* **1** *Pop.* porrete, cacete, pau. **2** *Vulg.* orgia, bacanal, surubada. *adj m+f* **3** bom, ótimo, excelente. **A:** péssimo.

surubada V. suruba.

sururu *sm* confusão, bode, bafafá *pop*, quebra-pau *gír*.

sus *interj* avante! vamos! adiante! eia!

susceptibilidade V. suscetibilidade.

susceptibilizar V. suscetibilizar.

susceptível V. suscetível.

suscetibilidade *sf* sensibilidade, melindre, delicadeza, *susceptibilidade*. **A:** insensibilidade.

suscetibilizar *vtd+vpr* magoar(-se), ofender (-se), melindrar(-se), *susceptibilizar (-se)*.

suscetível *adj m+f* **1** capaz, sujeito, passível, *susceptível*. **Ex:** Decisão suscetível de mudanças. **2** sensível, melindroso, delicado, *susceptível*. **A:** insensível.

suscitar *vtd* **1** produzir, provocar, originar. **Ex:** Suscitar questões. **2** sugerir, lembrar, propor. **3** *OBSTÁCULO* criar, levantar, colocar. **A:** eliminar.

suspeição V. suspeita.

suspeita *sf* **1** desconfiança, receio, suspeição. **A:** confiança. **2** hipótese, suposição, conjectura.

suspeitar *vtd* **1** supor, presumir, pressupor. **Ex:** Suspeito que o trabalho já está acabando. *vti* **2** desconfiar de, recear, duvidar de. **Ex:** Ela suspeita de qualquer estranho. **A:** confiar em.

suspeito *adj* duvidoso, equívoco, suspeitoso. **A:** insuspeito.

suspeitoso *adj* **1** V. suspeito. **2** desconfiado, receoso, cabreiro. **A:** confiante.

suspender *vtd+vpr* **1** pendurar(-se), dependurar(-se). **2** *NO TEMPO* interromper (-se), parar, cessar. **A:** continuar. *vtd* **3** reter, impedir, paralisar. **Ex:** Suspender a respiração. **4** adiar, diferir, prorrogar. **Ex:** Suspendemos o passeio. **A:** antecipar.

suspensão *sf* **1** pendura, dependura. **2** interrupção, pausa, parada. **Ex:** Suspensão dos trabalhos. **A:** continuação.

suspenso *adj* **1** pendurado, pendente, pêndulo. **2** interrompido, parado, cortado.

suspensório *sm* alça.

suspirado V. suspiroso.

suspirar *vti* **1** cobiçar, ansiar, almejar. **Ex:** Suspira por uma promoção. *vi* **2** *Poét.* sussurrar, murmurar, ciciar.

suspiro *sm* **1** gemido, lamento, lamentação. **2** cobiça, ânsia, sede *fig.* **3** *Poét.* sussurro, murmúrio, cicio. **Ex:** O suspiro do vento.

suspiroso *adj* **1** que tem suspiros: suspirado. **Ex:** Fala ofegante e suspirosa. **2** choroso, lamentoso, triste. **A:** alegre.

sussurrar *vtd+vi* **1** murmurar, cochichar, ciciar. **Ex:** O que vocês estão sussurrando? **A:** gritar. *vi* **2** murmurar, murmurejar, ru-

morejar. **Ex:** O vento sussurra quando passa por entre as árvores.

sussurro *sm* **1** murmúrio, cochicho, cicio. **Ex:** Não conseguíamos ouvir o sussurro das meninas. **A:** grito. **2** *DO VENTO, ETC.* murmúrio, murmurinho, rumorejo.

sustança V. sustância.

sustância *sf* **1** *Pop.* aquilo que alimenta: sustança. **Ex:** A carne é um alimento de sustância. **2** força, vigor, energia, sustança. **A:** fraqueza.

sustar *vtd* **1** conter, reprimir, refrear. **Ex:** Sustar o pranto. **A:** liberar. *vtd, vi+vpr* **2** parar, interromper(-se), suspender(-se). **A:** continuar.

sustenido *sm Mús.* sinal que eleva de um semitom a nota que está à sua direita. **A:** bemol.

sustentação *sf* **1** sustento, alimentação, alimento. **2** conservação, manutenção, preservação. **3** V. sustentáculo.

sustentáculo *sm* base, suporte, apoio, sustentação.

sustentar *vtd* **1** suportar, suster, segurar. **2** conservar, manter, preservar. **3** afirmar, confirmar, ratificar. **Ex:** Sustentar o que disse. **A:** negar. **4** defender, pleitear. **Ex:** Sustentar suas razões. *vtd+vpr* **5** nutrir (-se), alimentar(-se), manter(-se). *vpr* **6** continuar, prosseguir, subsistir. **Ex:** Tal situação não se sustentará por mais tempo. **A:** acabar.

sustento *sm* **1** alimento, alimentação, comida. **2** ganha-pão.

suster *vtd* **1** suportar, sustentar, segurar. **2** deter, sustar, interromper. **Ex:** Suster a marcha. **A:** prosseguir. *vtd+vpr* **3** comedir(-se), conter(-se), reprimir(-se). **A:** descontrolar (-se). **4** manter(-se), conservar(-se), continuar. **Ex:** Suster-se numa posição.

susto *sm* **1** sobressalto, assombro, espanto. **2** medo, receio, temor.

sutiã *sm* corpinho, porta-seios.

sutil *adj m+f* **1** delgado, fino, tênue. **Ex:** Folha sutil. **A:** grosso. **2** apurado, agudo, penetrante. **Ex:** Visão sutil. **3** perspicaz, engenhoso, astuto. **Ex:** Maneiras sutis. **A:** ingênuo. **4** pequeno, insignificante, minúsculo. **Ex:** Há uma sutil diferença. **A:** grande. **5** primoroso, aprimorado, apurado.

sutileza *sf* **1** finura, fineza. **A:** grossura. **2** perspicácia, engenho, astúcia. **A:** ingenuidade.

sutilizar *vtd+vpr* **1** volatilizar(-se), vapori-

zar(-se), evaporar(-se). **2** aprimorar(-se), esmerar(-se), apurar(-se).

sutura *sf Cir.* costura.

suturar *vtd Cir.* costurar.

suvenir *sm* lembrança. **Ex:** Os índios vendiam suvenires aos turistas.

T

taba *sf* aldeia, maloca, aldeamento (indígena).

tabaco *sm Bot.* **1** fumo. **2** rapé, pó (para cheirar).

tabagismo *sm Med.* tabaquismo.

tabagista *s m+f Med.* tabaquista, fumante.

tabaque V. atabaque.

tabaqueira *sf* **1** caixa para rapé: fungadeira *pop. sf pl* **2** *Pop.* ventas, narinas.

tabaquismo V. tabagismo.

tabaquista V. tabagista.

tabaréu *sm* **1** *Mil.* recruta inexperiente. **2** caipira, matuto, capiau, caboclo.

tabefe *sm Pop.* bofetada, tapa, bofetão, bolacha *fig.*

tabela *sf* **1** catálogo, índice, lista. **2** quadro, esquema. **3** *DE SERVIÇO* escala, horário. **4** *DE FRETES, PREÇOS* tarifa. * Por tabela: indiretamente.

tabelião *sm* notário, escrivão *pop.*

taberna *sf* baiúca, bodega, tasca, *taverna.*

taberneiro *sm* bodegueiro, *taverneiro.*

tabique *sm* **1** divisória, divisão. **2** biombo. **3** taipa, estuque, tapume.

tablado *sm* **1** *Teat.* palco. **2** estrado, palanque. **3** *Esp.* ringue.

tablóide *sm Farm.* comprimido, pílula.

taboca *sf* **1** *Bot.* taquara, bambu. **2** engano, logro, embuste. **3** V. tábua.

tabu *sm* **1** *Por ext.* preconceito, escrúpulo (injustificado). *adj m+f* **2** *Por ext.* proibido, vedado, interdito. **Ex:** Assuntos tabus. **A:** permitido.

tábua *sf* **1** *GRANDE, LARGA* prancha. **2** tabela, quadro. **3** índice, catálogo. **4** *Geogr.* mapa, carta, estampa. **5** *Pint.* tela. **6** mesa de jogo. **7** *Pop. A UM PEDIDO OU CONVITE* recusa, negação, taboca *pop.* **Ex:** Quis tirar a moça para dançar, mas levou uma tábua.

tabuada *sf* **1** tabela, quadro, índice. **2** *Fam.* repertório, série, compilação.

tabuado *sm* soalho, assoalho, tabulado.

tabulado V. tabuado.

tabuleiro *sm* **1** bandeja. **2** *DE ESCADA* patamar. **3** *Agr.* leira, canteiro (entre dois regos). **4** planalto, platô.

tabuleta *sf* anúncio, aviso, letreiro, sinal.

taça *sf* **1** copo, cálice. **2** *Esp.* copa, troféu, caneco *pop.*

tacada *sf* **1** pancada, cacetada, bordoada. **2** *Pop.* grande quantia: bolada.

tacanhice *sf* **1** baixeza, pequenez. **2** avareza, sovinice, mesquinhez. **A:** generosidade.

tacanho *adj* **1** baixo, pequeno. **A:** alto. **2** avarento, sovina, mesquinho. **A:** generoso. **3** manhoso, malandro, velhaco. **4** *MENTALMENTE* estreito, limitado, atrasado. **Ex:** Idéias tacanhas. **A:** aberto.

tacão *sm DO SAPATO* salto.

tacape *sm* ivirapema, tangapema, clava, maça.

tacar *vtd* **1** *Pop.* jogar, arremessar, lançar. **Ex:** Tacar uma pedra. **2** *Pop. FOGO* atear, pôr, colocar. **3** *Pop. MÃO, PÉ* meter, virar. **Ex:** Tacar a mão na cara de alguém; tacou o pé na canela do ladrão e fugiu.

tacha *sf* **1** brocha, prego. **2** mancha, nódoa, mácula. **3** *Por ext.* defeito, mácula, pecha.

tachar *vtd* acusar, qualificar, julgar, classificar. **Ex:** Foi tachado de burro.

tacho *sm* **1** caldeirão. **2** *Fam.* cozinheira.

tácito *adj* **1** *Poét.* calado, silencioso, quieto. **A:** falador. **2** implícito, subentendido. **A:** manifesto. **3** secreto, oculto, ignorado. **A:** notório.

taciturnidade *sf* **1** silêncio. **2** tristeza, melancolia. **3** solidão.

taciturno *adj* **1** calado, silencioso, quieto. **A:** loquaz. **2** tristonho, soturno, triste. **A:** alegre.

taco *sm* **1** prego de madeira: tarugo. **2** pedaço, bocado, naco.

tacômetro *sm Fís.* taquímetro.

táctil V. tátil.

tacto V. tato.

tagarela *s e adj m+f* **1** falador, palrador, gárrulo. **A:** calado. *sf* **2** tramela, taramela. **3** barulho, ruído, gritaria. **A:** silêncio.

tagarelar *vi* papear, palavrear, parolar, palrar.

tagarelice *sf* **1** parolagem, loquacidade, garrulice. **2** indiscrição.

tailandês *sm+adj* da Tailândia (Ásia): siamês.

tailleur (fr.: taiiér) *sm* costume, saia e casaco.

taipa *sf* tabique, estuque, tapume.

tal *sm* **1** *Pop.* batuta, bamba, o bom. **Ex:** Ele se acha o tal. *pron* **2** semelhante, igual. **Ex:** Tal coisa nunca existiu. **3** este, aquele, esse. **Ex:** Não conhecemos tal cavalheiro. **4** isto, isso, aquilo. **Ex:** Tal não me incomoda.

tala *sf* **1** chicote, chibata, açoite, látego. *sf pl* **2** *Fig.* apertos, dificuldades, embaraços, necessidade *sing.*

tálamo *sm* **1** leito conjugal, leito nupcial, toro *poét.* **2** bodas *pl*, núpcias *pl*, casamento.

talante *sm* **1** arbítrio, vontade, querer, desejo. **2** empenho, esforço, dedicação, diligência. * A seu talante: a seu bel-prazer; segundo sua vontade.

talão *sm* **1** *Anat.* calcanhar. **2** parte não destacável de um bloco: canhoto. **3** *Por ext.* talonário. **Ex:** Talão de cheques.

talar *vtd* **1** sulcar, arar, lavrar. **Ex:** Talar a terra. **2** assolar, devastar, arrasar, desolar.

talento *sm* **1** aptidão, habilidade, capacidade, inclinação. **2** engenho, gênio, inteligência.

talentoso *adj* **1** apto, habilidoso, capaz, hábil. **A:** inapto. **2** engenhoso, genial, inteligente.

talha *sf* **1** talhadura, corte. **2** entalhe, talho, gravura. **3** *NO JOGO* mão, cartada. **4** *PARA AZEITE* vaso, pote.

talhada *sf* **1** fatia, pedaço, bocado. **2** *Fam.* repriment, repreensão, bronca *pop.* **A:** elogio.

talhado *sm* **1** despenhadeiro, precipício, abismo. *part+adj* **2** adequado, apropriado, certo. **Ex:** É o homem talhado para essa função.

talhadura V. talha.

talhar *vtd+vi* **1** cortar, golpear. *vtd* **2** entalhar, gravar, cinzelar, esculpir. **3** *COSTUREIRA, ALFAIATE, SAPATEIRO* cortar. **Ex:** Talhar um vestido, um sapato. **4** desbastar, podar. **Ex:** Talhar a roseira. **5** distribuir, aquinhoar, arbitrar, repartir. **6** *MAÇO DE CARTAS* cortar. **7** predestinar, predispor, destinar, preparar. **Ex:** Talhar o futuro de alguém. *vi+vpr* **8** *LEITE* coalhar, coagular, decompor-se.

talhe *sm* **1** *DE PESSOA* porte, postura, talho. **2** *DE OBJETO* talho, feitio, forma. **3** *DE ROUPA* corte. **Ex:** Um vestido de talhe perfeito.

talho *sm* **1** corte, incisão, golpe. **Ex:** Tem um talho no rosto. **2** *DE ÁRVORES* poda, desbaste, corte. **3** V. talha. **4** V. talhe.

talismã *sm* **1** amuleto, mascote. **2** *Fig.* encanto, encantamento, magia.

talo *sm* **1** *Bot.* órgão de sustentação da folha: pecíolo, pé, haste. **2** *Bot.* nervura (do meio da folha). **3** *Bot.* caule, tronco, haste.

talonário V. talão.

talude *sm* rampa, escarpa, barranco, ladeira, inclinação.

taludo *adj* corpulento, encorpado, crescido, forte, grande. **A:** franzino.

talvez *adv* acaso, porventura, quiçá, quem sabe.

tamanduá *sm* **1** *Zool.* papa-formigas. **2** *Zool.* tamanduá-bandeira. **3** *Fig.* pão-duro, sovina, avarento. **A:** generoso. **4** *Fig.* mentira, lorota, peta.

tamanduá-bandeira V. tamanduá.

tamanho *sm* **1** corpo, dimensão, grandeza. *adj* **2** tão grande. **Ex:** Tamanho erro é imperdoável. **3** tão distinto, tão notável, tão valoroso. **Ex:** Tamanho herói não poderia perecer.

também *adv* **1** igualmente, da mesma forma, do mesmo modo. **Ex:** Meu trabalho foi aprovado e o seu também. **2** outrossim, além disso, ainda. **Ex:** Envio-lhes meu currículo: posso também apresentar referências. **3** realmente, aliás. **Ex:** Ela está doente: também, não é novidade nenhuma, já que bebia tanto!

tambor *sm* **1** *Mús.* caixa; *AFRICANO* tantã. **2** *EM GERAL* cilindro.

tamborete *sm* cadeira, assento (sem encosto).

tamboril V. tamborim.

tamborilar *vtd Fig.* aborrecer, perturbar, atormentar, apoquentar. **A:** divertir.

tamborim *sm Mús.* tamboril.

tampa *sf* **1** tapador. **Ex:** A tampa da caixa. **2** *DO VASO SANITÁRIO* tampo, tampão. **3** *Pop.* fechado, cerrado, tampado.

tampão *sm* **1** tampa (grande). **2** bucha. **3** rolha. **4** V. tampa. **5** *Med.* opérculo.

tampar *vtd EM GERAL* tapar; *GARRAFA* arrolhar, tampar, fechar. **A:** destampar.

tampinha *s m+f Pop.* baixinho, nanico, baixote, pirralho. **A:** gigante.

tampo *sm* **1** *Mús.* tampo harmônico. **2** V. tampa.

tamponar *vtd Med.* tapar, obstruir (com tampão).

tampouco *adv* também não. **Ex:** Não bebi nada, tampouco comi um docinho sequer.

tanajura *sf Entom.* fêmea alada da saúva: içá.

tanga *sf* biquíni.

tangapema V. tacape.

tangenciar *vtd* **1** roçar, tocar, resvalar. **2** relacionar-se com, ligar-se a, referir-se a.

tangente *sf Fam.* meio, recurso, tábua de salvação.

tanger *vtd* **1** *Mús.* tocar. **Ex:** Tanger violão. **2** *ANIMAIS* tocar, conduzir. *vti* **3** referir-se, relacionar-se, respeitar, tocar. **Ex:** Há muita controvérsia no que tange à extinção dos dinossauros. *vi* **4** soar, tinir.

tangerina *sf Bot.* mexerica, bergamota.

tangerineira *sf Bot.* mexeriqueira.

tangível *adj m+f* palpável, concreto, material, real. **A:** intangível.

tanglomanglo *sm* **1** *Pop.* malefício, bruxaria, mandinga, sortilégio. **2** *Pop.* caiporismo, azar, infelicidade, *tangolomango.*

tangolomango V. tanglomanglo.

tanque *sm* **1** reservatório, depósito. **Ex:** Tanque de gasolina, de água. **2** represa, açude. **3** *Mil.* carro de guerra, blindado.

tantã *adj m+f* **1** tonto, bobo, idiota, palerma. *sm* **2** *Mús.* tambor.

tanto *sm* **1** porção, quantia, quantidade. **Ex:** Pagarei o tanto que lhe devo amanhã. **2** extensão, tamanho, volume. *pron indef* **3** tão grande, tamanho, tal. **4** tão numeroso. *adv* **5** tão, com tanta freqüência. **6** tão, com tal força. **7** tão, de tal maneira.

tão V. tanto.

tapa *s m+f* **1** bofetada, tabefe, bolacha *fig. sf* **2** antolhos *pl*, anteolhos *pl*.

tapada *sf* **1** cercado, cerca. **2** parque (de caça).

tapado *part+adj* **1** *Fig.* estúpido, ignorante, bronco, obtuso. **A:** inteligente. **2** contínuo, ininterrupto, constante, seguido.

tapador V. tampa.

tapagem V. tapamento.

tapamento *sm* **1** ato ou efeito de tapar: tapagem. **A:** destapamento. **2** cerca, tapume, tapagem, sebe.

tapar *vtd* **1** *EM GERAL* tampar; *GARRAFA* arrolhar, tampar, fechar. **A:** destapar. **2** *ENTRADA, ABERTURA* obstruir, fechar, impedir, entupir. **A:** desobstruir. **3** cercar, murar, amurar. **4** *BOCA* calar, fechar. **A:** abrir. **5** encobrir, esconder, acobertar. **A:** revelar. *vtd+vpr* **6** abrigar(-se), cobrir(-se), resguardar(-se). *vpr* **7** estreitar-se, fechar-se, afunilar-se.

tapeação *sf Pop.* engano, logro, embuste, engodo, trapaça.

tapear *vtd+vi* **1** *Pop.* enganar, lograr, ludibriar, iludir. *vtd* **2** esbofetear, estapear.

tapeçaria *sf* **1** alcatifa, alfombra. **2** *tb Fig.* tapete. **Ex:** Sofisticadas tapeçarias pendiam das paredes; campo coberto por uma tapeçaria verde.

tapera *sf* **1** casebre, choça, maloca. **Ex:** Ela mora numa tapera na beira da estrada. **A:** palacete. *adj* **2** maluco, amalucado, tonto.

tapete *sm* **1** alcatifa, alfombra. **2** *Fig.* relva, grama.

tapir *sm Zool.* anta.

tapiti *sm Zool. NA AMÉRICA DO SUL* coelho.

tapona *sf Pop.* sopapo, tapa, bofetada, bolacha *fig*, pescoção.

tapume *sm* **1** cerca, sebe, tapamento, valado. **2** tabique, taipa, estuque.

taquara *sf Bot.* taboca; *FINA* taquari.

taquari V. taquara.

taquicardia *sf Med.* palpitação.

taquigrafar *vtd+vi* estenografar.

taquigrafia *sf* estenografia.

taquígrafo *sm* estenógrafo.

taquímetro V. tacômetro.

tara *sf* **1** falha, quebra, falta, diminuição. **2** defeito, mácula, imperfeição, mancha. **3** *MENTAL* desequilíbrio, anomalia, desvio, aberração. **4** libertinagem, depravação, perversão, degeneração.

tarado *sm+adj* **1** *MENTAL* desequilibrado, anormal. **2** libertino, depravado, pervertido, degenerado. *adj* **3** *Gír.* gamado em, fascinado por. *Ex:* Tarado por sorvete.

taramela V. tramela.

taramelar *vtd* **1** dizer, pronunciar. *vi* **2** tagarelar, matraquear, parolar.

tarântula *sf Zool.* um tipo de aranha: *tarêntula*.

tardança *sf* demora, atraso, delonga, retardamento. **A:** urgência.

tardar *vtd* **1** demorar, diferir, retardar. **A:** apressar. *vti* **2** demorar para. *Ex:* Tardou a levantar e perdeu a hora. *vti+vi* **3** demorar-se, atrasar-se.

tarde *sf* **1** entardecer. *adv* **2** tardiamente, fora de hora, inoportunamente. **A:** cedo.

tardio *adj* **1** que é fora de tempo: inoportuno, extemporâneo. **2** tardo, preguiçoso, lento, vagaroso. **A:** rápido.

tardo V. tardio.

tareco *sm* **1** travesso, traquinas, levado. **A:** comportado. *sm pl* **2** trastes, cacarecos, bagulhos.

tarefa *sf* trabalho, empreitada, missão, serviço.

tarefeiro *sm* empreiteiro.

tarêntula V. tarântula.

tarifa *sf* **1** tabela, pauta, lista de preços. **2** preço, custo.

tarimba *sf* **1** experiência, perícia, prática. **Ex:** Ele tem muita tarimba na profissão. **A:** inexperiência. **2** *Fig.* caserna, vida militar.

tarimbado *adj* experiente, perito, entendido, prático. **A:** inexperiente.

tarimbeiro *adj* grosso, bruto, rude, descortês. **A:** gentil.

tarja *sf* **1** guarnição, orla, ornato. **2** faixa, lista, risca.

tarjar *vtd* guarnecer, orlar, ornamentar.

tarjeta *sf* trinco, ferrolho.

tarrafa *sf Pes.* rede.

tarraxa *sf* **1** rosca, espiral, tarraxo. **2** cavilha, cunha, tarraxo.

tarraxar V. atarraxar.

tarraxo V. tarraxa.

tartamudear *vtd+vi* gaguejar, balbuciar.

tartamudez *sf* gagueira, gaguez.

tartamudo *sm+adj* gago, tatibitate, *por ext.*

tártaro *sm* **1** sarro, sedimento (em garrafas). **2** *Poét.* (em maiús.) Inferno.

tartaruga *sf Fig.* pessoa lenta: lesma *fig*, lerdo, lento.

tarugo V. taco.

tasca *sf* taberna, baiúca, bodega, taverna.

tataíra *sf Entom.* abelha silvestre, cagafogo.

tatalar *vtd+vi* rumorejar, sussurrar, ciciar.

tataraneto V. tetraneto.

tataravô V. tetravô.

tátaro V. tatibitate.

tatear *vtd* **1** apalpar. **2** pesquisar, investigar, indagar. **3** sondar, examinar, explorar.

tatibitate *s e adj m+f* **1** quem fala trocando letras: tátaro. **2** *Por ext.* gago, tartamudo. *adj m+f* **3** acanhado, irresoluto, tímido. **A:** decidido. **4** palerma, tolo, pateta. **A:** esperto.

tática *sf Fig.* meio, método, técnica, plano (para se conseguir alguma coisa).

tátil *adj m+f* palpável, *táctil.*

tato *sm* **1** *Med. tacto.* **2** tino, discrição, prudência, *tacto.* **A:** indiscrição. **3** conhecimento, prática, experiência. *tacto.* **A:** inexperiência.

tatuagem *sf Por ext.* marca, sinal, estigma, mácula. **Ex:** A tatuagem da vergonha.

tatuar *vtd Por ext.* marcar, estigmatizar, macular.

tauxiar *vtd* **1** embutir, marchetar. **2** *Fig.* corar, enrubescer, ruborizar.

tavão *sm Entom.* mutuca, moscardo.

taverna V. taberna.

taverneiro V. taberneiro.

tavolagem *sf* casa de jogo, cassino.

taxa *sf* **1** imposto, tributo. **2** porcentagem, razão (dos juros).

taxar *vtd* **1** tributar. **2** *PREÇO* fixar, estipular, determinar. **3** limitar, regrar, moderar. **Ex:** Taxar as despesas.

taxativo *adj* **1** restrito, limitado, estrito. **A:** amplo. **2** categórico, terminante, decisivo. **A:** incerto.

taxionomia *sf Biol.* sistemática.

tchecoslovaco *sm+adj* tcheco, *checoslovaco,* checo.

teatral *adj m+f* **1** *Fig.* espalhafatoso, exagerado, ostentoso, pomposo. **2** *Fig.* afetado, falso, estudado, fingido. **Ex:** Sempre tenta nos impressionar com seus gestos teatrais. **A:** natural.

teatro *sm* **1** anfiteatro. **2** arte de representar: palco. **Ex:** Os atores são apaixonados pelo teatro. **3** *Fig.* palco, cenário. **Ex:** Aquela loja foi teatro de um crime horrível. **4** fingimento, encenação, fita. **Ex:** Não ligue para ela, é só teatro. **5** ilusão, sonho, fantasia, quimera.

tecedor *sm* **1** V. tecelão. *sm+adj* **2** *Fig.* mexeriqueiro, fuxiqueiro, fofoqueiro *pop.*

tecedura *sf* **1** ação de tecer: tecelagem. **2** mexerico, intriga, fofoca *pop.*

tecelagem V. tecedura.

tecelão *sm* quem tece ou trabalha com tear: tecedor.

tecer *vtd* **1** urdir, tramar, entrelaçar. **2** *Lit.* compor, escrever, redigir. **Ex:** Tecer poemas, ensaios. **3** mesclar, intercalar, entremear. **4** armar, engendrar, tramar. **Ex:** Tecer intrigas, conspirações, planos. *vi* **5** intrigar, mexericar, bisbilhotar. *vpr* **6** enredar-se, emaranhar-se, enlear-se. **7** organizar-se, preparar-se, aprontar-se.

tecido *sm* **1** pano, fazenda, estofo. **2** urdidura, trama, textura.

tecla *sf* **1** *DE CERTOS APARELHOS* botão. **Ex:** Apertar uma tecla do gravador. **2** *Mús.* chave.

teclar *vi* digitar.

técnica *sf* **1** prática. **A:** teoria. **2** método, processo, maneira. **Ex:** Técnica de estudo.

técnico *sm* **1** perito, especialista, profissional. **2** *Esp.* treinador.

teco *sm Gír.* tico, pedacinho, bocado. **Ex:** Dá um teco desse chocolate!

tédio *sm* enfado, fastio, chateação, aborrecimento. **A:** diversão.

tedioso *adj* enfadonho, chato *pop*, maçante, aborrecido. **A:** divertido.

tegumento *sm* revestimento, invólucro, envoltório.

teia *sf* **1** tela, tecido, trama. **2** estrutura, organização, arranjo. **3** *Fig.* enredo, intriga, trama. **4** *Zool.* teia de aranha. **5** *Fig.* série, seqüência, cadeia. **Ex:** Uma teia de acontecimentos mudou o seu destino.

teima V. teimosia.

teimar *vtd, vti+vi* obstinar-se, insistir, porfiar, persistir em. **Ex:** Ela teima que já me deu o dinheiro; ele teima em dizer que não. **A:** desistir de.

teimosia *sf* obstinação, insistência, persistência, teima, teimosice.

teimosice V. teimosia.

teimoso *sm+adj* **1** obstinado, persistente, cabeçudo. *adj* **2** que dura muito: prolongado, insistente, demorado. **Ex:** Um ruído teimoso que incomodava todo mundo.

teipe V. videoteipe.

teiú *sm Herp.* lagarto, *teju.*

teju V. teiú.

tela *sf* **1** teia, trama, tecido. **2** *Pint. EM BRANCO* tábua; *PINTADA* quadro, pintura.

telecomandar V. teleguiar.

teleconduzir V. teleguiar.

telefonada V. telefonema.

telefonar *vti* ligar. **Ex:** Telefonou para a namorada.

telefonema *sm* ligação, telefonada *pop.* **Ex:** Dar um telefonema.

telegráfico *adj Fig. ESTILO* conciso, resumido, lacônico, sintético. **A:** prolixo.

teleguiar *vtd* telecomandar, teleconduzir.

teleimpressor *sm* 1 *APARELHO* teletipo, telex. 2 *OPERADOR* teletipista.

telejornal *sm* noticiário, jornal, noticioso.

telenovela *sf* novela.

telepatia *sf* transmissão de pensamento.

telespectador *sm* espectador.

teletipista V. teleimpressor.

teletipo V. teleimpressor.

televisão *sf* 1 *APARELHO* televisor, tevê *pop.* 2 estação de televisão.

televisar V. televisionar.

televisionar *vtd* televisar, transmitir.

televisor V. televisão.

telex V. teleimpressor.

telha *sf* 1 *Fam.* mania, veneta, capricho. 2 *Fam.* cabeça, mente. * Dar na telha: vir à mente; ter um impulso repentino.

telheiro *sm* alpendre, coberta.

telúrico *adj* terrestre, terreno, terráqueo, térreo.

tema *sm* 1 assunto, argumento, matéria. 2 *Gram.* radical. 3 *Mús.* motivo. 4 *Poét.* mote.

temer *vtd* 1 reverenciar, venerar, adorar. *vtd+vti* 2 recear. **Ex:** Temer a morte (ou da morte). *vti* 3 preocupar-se, inquietar-se, afligir-se. **Ex:** Temo pelo futuro de meus filhos. **A:** despreocupar-se.

temerário *adj* 1 imprudente, precipitado, impensado. **A:** prudente. 2 arriscado, perigoso. **A:** seguro. 3 audacioso, ousado, atrevido. 4 destemido, corajoso, bravo. **A:** covarde.

temeridade *sf* 1 imprudência, precipitação. 2 audácia, ousadia, atrevimento. 3 destemor, coragem, bravura. **A:** covardia.

temeroso *adj* 1 temível, horroroso, pavoroso, temido. 2 medroso, tímido, covarde. **A:** corajoso.

temido *adj* 1 V. temeroso. 2 corajoso, bravo, valente. **A:** medroso.

temível V. temeroso.

temor *sm* 1 medo, pavor, receio. **A:** coragem. 2 respeito, veneração, reverência. **A:** desrespeito. 3 escrúpulo, zelo, cuidado. **A:** negligência.

têmpera *sf* 1 ato ou efeito de temperar: temperamento, tempero. 2 consistência, rigidez, resistência. **A:** moleza. 3 modo, maneira, estilo. 4 *Fig. MORAL* temperamen-

to, índole, caráter. 5 *Fig.* honestidade, retidão, integridade. **A:** desonestidade.

temperado *part+adj* 1 contido, moderado, comedido. **A:** destemperado. 2 agradável, delicado, suave.

temperamental *adj* emotivo, impulsivo, apaixonado.

temperamento *sm* 1 V. têmpera. 2 *Psicol.* caráter, índole, gênio. 3 V. temperança.

temperança *sf* 1 comedimento, moderação, sobriedade. **A:** intemperança. 2 parcimônia, economia, poupança. **A:** desperdício.

temperar *vtd* 1 condimentar. 2 *SABOR* amenizar, suavizar, atenuar. 3 *INSTRUMENTO* afinar. 4 enrijecer. 5 misturar, mesclar, combinar. *vtd+vpr* 6 conter(-se), moderar(-se), controlar(-se). **A:** destemperar (-se). 7 fortalecer(-se), robustecer(-se), avigorar(-se). **A:** enfraquecer.

temperatura *sf* 1 *Med.* febre. 2 *Fig.* situação, estado, condição. 3 *Fig.* ação, atividade, movimento. 4 *Fig.* ambiente, atmosfera, clima.

tempero *sm* 1 V. têmpera. 2 condimento, especiaria. 3 remédio, paliativo, cura. 4 *Gír.* jeito, maneira, modo.

tempestade *sf* 1 *Meteor.* temporal, borrasca, tormenta. **A:** bonança. 2 agitação, desordem, tumulto. **A:** paz. 3 estrondo, estrépito, estampido.

tempestivo *adj* oportuno. **Ex:** Uma atitude tempestiva pode solucionar um impasse. **A:** intempestivo.

tempestuoso *adj* tormentoso, agitado, borrascoso, proceloso. **A:** bonançoso.

templo *sm* 1 igreja. 2 santuário.

tempo *sm* 1 época, era, período. 2 século. 3 *Meteor.* estado atmosférico. **Ex:** Mau tempo; faz tempo bom. 4 oportunidade, ocasião, ensejo. 5 prazo. 6 estação, sazão, quadra. 7 *Mús.* andamento. * Neste meio tempo: entrementes, neste ínterim, entretanto.

têmpora *sf Anat.* fonte.

temporada *sf* 1 estação, época, tempo. **Ex:** Temporada das chuvas. 2 para colheita de frutos: sazão, época, estação. **Ex:** Quis comer morangos fora da temporada. **3** *ARTÍSTICA* estação. **Ex:** Temporada teatral.

temporal *sm* **1** *Meteor.* tempestade, tormenta, borrasca. **A:** bonança. **2** vendaval, furacão. *adj* **3** e **4** V. temporário. **5** profano, mundano, terreno. **Ex:** Poder temporal. **A:** espiritual. **6** laico, secular, mundano. **Ex:** Poder temporal. **A:** clerical.

temporão *adj* precoce, prematuro, imaturo. **A:** tardio.

temporário *adj* **1** provisório, transitório, efêmero, temporal. **A:** definitivo. **2** relativo ao tempo: temporal.

temporizar *vtd* **1** adiar, atrasar, protelar. **Ex:** Temporizar uma viagem. **A:** antecipar. *vti* **2** condescender, contemporizar, transigir.

tenacidade *sf* **1** *Fig.* perseverança, persistência, constância. **2** *Fig.* avareza, mesquinhez, pão-durismo *pop.* **A:** generosidade. **3** *Fig.* apego, aferro, paixão. **A:** desinteresse.

tenaz *sf* **1** torquês. **2** pinça. *adj* **3** viscoso, pegajoso, grudento. **4** *Fig.* perseverante, persistente, constante. **5** *Fig.* avaro, mesquinho, pão-duro *pop.* **A:** generoso. **6** *Fig.* apegado, aferrado, apaixonado. **A:** desinteressado.

tenção *sf* **1** propósito, intento, desígnio. **2** assunto, tema, matéria. **3** briga, rixa, disputa. **4** devoção, veneração, adoração.

tencionar *vtd* planejar, projetar, intentar, programar.

tenda *sf* **1** *DE FEIRA, EXCURSÃO* barraca. **2** *DE ALFAIATE, FERREIRO, SAPATEIRO* oficina. **3** *DE NÔMADES* barraca, cabana. **4** quitanda, mercearia. **5** terreiro de macumba.

tendeiro *sm* **1** quitandeiro, merceeiro. **2** *Pop.* diabo, demônio, capeta.

tendência *sf* **1** propensão, inclinação, vocação. **Ex:** Tendência para a música. **2** orientação, disposição, inclinação. **Ex:** Um jornal de tendência esquerdista.

tendencioso *adj* parcial, faccioso, injusto. **Ex:** Julgamento tendencioso. **A:** imparcial.

tendente *adj* *m+f* **1** propenso, inclinado. **2** conducente.

tendepá *sm* *Pop.* briga, rixa, bate-boca, discussão.

tender *vtd* **1** estender, estirar, esticar. **Ex:** Tendeu a mão para alcançar a corda. **A:** encolher. **2** *VELA, BANDEIRA* desfraldar, enfunar, encher. *vti* **3** inclinar-se, propender, pender. **Ex:** Ela tende para a medicina. **4** dirigir-se, encaminhar-se, conduzir-se para. **Ex:** O Império Romano tendia para a ruína. **5** aproximar-se, beirar a, avizinhar-se de. **Ex:** A temperatura tende a zero. **6** destinar-se, visar a. *vpr* **7** estender-se, alargar-se, ampliar-se. **A:** diminuir.

tenebroso *adj* **1** escuro, sombrio, caliginoso. **A:** claro. **2** *Fig.* horrível, medonho, pavoroso. **3** *Fig.* vil, desprezível, infame. **A:** nobre. **4** *Fig.* perverso, desumano, cruel. **A:** humano. **5** *Fig.* penoso, aflitivo, angustiante.

tenesmo *sm* *Med.* puxo.

tênia *sf* *Zool.* solitária.

tênis de mesa *sm* *sing+pl* *Esp.* pingue-pongue.

tenro *adj* **1** macio, mole, brando. **Ex:** Carne tenra. **A:** duro. **2** jovem. **Ex:** Desde a tenra idade. **A:** velho. **3** recente, novo, fresco. **Ex:** Tenro namoro. **A:** antigo. **4** viçoso, fresco, vicejante.

tensão *sf* **1** *Eletr.* voltagem. **2** *Fig.* nervosismo, preocupação, apreensão. **A:** calma.

tenso *adj* **1** retesado, esticado, estirado. **Ex:** Músculos tensos. **A:** frouxo. **2** *Fig.* nervoso, preocupado, apreensivo. **A:** calmo.

tentação *sf* **1** impulso, ímpeto. **2** desejo, vontade. **Ex:** Não resistiu à tentação de comer um doce. **3** algo irresistível: perdição *fam.* **Ex:** Esse bolo de chocolate é uma tentação. **4** sedução, atração, fascinação.

tentador *sm* **1** diabo, demônio, satanás. *adj* **2** sedutor, atraente, fascinante. **A:** repulsivo.

tentar *vtd* **1** procurar, buscar, pretender. **Ex:** Tentar melhorar de vida. **2** experimentar, ensaiar, exercitar. **Ex:** Tentar um procedimento. **3** empregar, usar, utilizar. **Ex:** Tentar meios alternativos. **4** seduzir, atrair, fascinar. **Ex:** O diabo tenta os fiéis.

tentativa *sf* experiência, prova, experimento, ensaio.

tentear *vtd* **1** examinar, investigar, sondar. **2** apalpar, tatear. **Ex:** Tentear as paredes na escuridão. **3** tentar, experimentar, ensaiar. **Ex:** Tentear todos os meios disponíveis. **4** *Por ex.* calcular, dirigir. **Ex:** Tentear o jogo. **5** contemporizar, controlar, entreter. **Ex:** Tentear um problema.

tento *sm* **1** atenção, cuidado, juízo. **A:** negligência. **2** cálculo, conta, cômputo. **3** *Esp.* ponto, gol. **4** ficha (de jogo).

tênue *adj m+f* **1** delgado, fino. **A:** grosso. **2** sutil, delicado. **3** leve, ligeiro. **A:** pesado. **4** débil, frágil, fraco. **A:** forte. **5** insignificante, minúsculo. **A:** grande.

teor *sm* **1** *DE DOCUMENTO, ETC.* conteúdo, texto. **Ex:** O teor do discurso. **2** qualidade, espécie, tipo. **3** maneira, modo, estilo. **4** norma, sistema, regra. **5** *Quím.* de uma substância, num todo: proporção.

teoria *sf* **1** princípios *pl*, fundamentos *pl*, elementos *pl*. **A:** prática. **2** doutrina, sistema. **3** conjetura, hipótese, suposição. **A:** constatação. **4** utopia, fantasia.

teórico *adj* **1** abstrato, especulativo. **A:** prático. *sm* **2** *Fam.* sonhador, devaneador, utopista.

teorizar *vtd+vi* metodizar, regularizar.

tepidez *sf* **1** tibieza, tibiez. **2** *Fig.* frouxidão, desânimo, fraqueza. **A:** ânimo.

tépido *adj* **1** morno, tíbio. **2** *Fig.* frouxo, desanimado, fraco. **A:** animado.

ter *vtd* **1** possuir. **2** desfrutar, gozar, usufruir de. **Ex:** Ter boa saúde. **3** alcançar, obter, conseguir. **Ex:** Ter sucesso. **4** segurar, suster, agarrar. **Ex:** Ter alguém nos braços. **5** *IDADE* contar. **Ex:** Tem só dez anos. **6** *PESSOA* gerar; *ANIMAL* ou *Pej.* parir, procriar. **Ex:** Teve um só filho; minha cadelinha teve quatro filhotes. **7** *PLANTA* produzir. **Ex:** Essa árvore tem bons frutos. **8** vestir, trajar. **Ex:** Tinha um terno azul. **9** conservar, manter. **Ex:** Ter algo em segredo. **10** *SENTIMENTO, SENSAÇÃO, IMPRESSÃO* experimentar, sentir, sofrer. **Ex:** Ter medo; teve a nítida sensação de estar sendo observado. **11** admitir, concordar. **Ex:** Tenho que seu trabalho é mesmo o melhor. **12** julgar, supor. **Ex:** Tenho que nossa situação é muito confortável. **13** emitir, dizer, dar. **Ex:** Ter sempre uma palavra de apoio. *vtd+vti* **14** interessar-se

por, relacionar-se com. **Ex:** Não tenho nada com isso; o que isso tem a ver comigo? **15** abranger, conter, compreender. **Ex:** Este livro tem muitos assuntos; a garrafa tinha só meio litro de água. *vtd+vpr* **16** considerar(-se), achar(-se), julgar(-se). **Ex:** Ela o tem por amigo; tem-se por importante. *vti* **17** precisar, necessitar, ser obrigado a. **Ex:** Teve de sair. **18** com o verbo **ir**: dirigir-se, encaminhar-se. **Ex:** Foi ter à igreja. *vpr* **19** conter-se, controlar-se, refrear-se. **Ex:** Não se teve de alegria. **20** equilibrar-se, segurar-se, agarrar-se. **21** ater-se, confiar em. **Ex:** Tinha-se às ordens do patrão. * Não ter onde cair morto: não ter eira nem beira, estar na miséria, ser muito pobre. **A:** estar nadando em dinheiro.

terapeuta *s m+f Med.* médico, clínico.

terapêutica V. terapia.

terapêutico *adj* medicinal, curativo, medicamentoso, medicativo.

terapia *sf Med.* terapêutica, tratamento, medicação, cura.

teratismo *sm Med.* e *Vet.* aberração, monstro, monstruosidade.

terçã *sf Med.* febre terçã.

terçar *vtd* **1** misturar, combinar, juntar. **2** tripartir. **3** pôr em diagonal: atravessar, cruzar. *vti* **4** interceder por, intervir a favor de. **Ex:** Terçar por um amigo injustiçado. **5** lutar, brigar, combater em favor de. **Ex:** Terçou pela criação de um comitê.

terceiro *num* **1** terço. *sm* **2** terceira pessoa. **3** mediador, intercessor, medianeiro. **4** alcoviteiro.

terço *num* terceiro.

terçol *sm Med.* hordéolo.

terebintina *sf Pop.* cachaça, pinga, aguardente.

teréns *sm pl* trastes, trens.

tergiversação *sf* desculpa, evasiva, rodeio, subterfúgio.

tergiversar *vti+vi* rodear, ladear, usar evasivas.

termas *sf pl* águas termais, caldas.

termelétrico V. termoelétrico.

terminação *sf* **1** término, conclusão, fim. **A:** início. **2** limite, extremidade, extremo. **3** *Gram.* desinência.

terminal *sm* **1** fim, término, ponta, extremidade. **2** *EM LINHA DE ÔNIBUS* ponto final. *adj m+f* **3** final, último, derradeiro. **A:** inicial.

terminante *adj m+f* categórico, taxativo, absoluto, incontestável. **A:** duvidoso.

terminar *vtd* **1** acabar, concluir, completar. **A:** iniciar. *vtd+vpr* **2** delimitar(-se), demarcar(-se), limitar(-se). **Ex:** Terminar a área de atuação. *vi+vpr* **3** acabar, concluir-se, completar-se.

término *sm* **1** termo, fim, final. **2** marco, baliza, limite.

terminologia *sf* nomenclatura. **Ex:** A terminologia de uma ciência.

térmita V. térmite.

térmite *sf Zool.* cupim, bicho, *térmita*.

termo *sm* **1** marco, baliza, limite. **2** prazo. **Ex:** O termo de um contrato. **3** vocábulo, palavra, expressão. **Ex:** Incluiu termos elegantes em sua redação; não compreendo termos de economia. **4** fim, final, conclusão. **Ex:** Pôr termo a uma discussão. **5** forma, teor, conteúdo. **6** proximidade, adjacência, circunvizinhança. **7** espaço, extensão. *sm pl* **8** maneiras, modos, comportamento *sing.* **9** estado *sing,* condição *sing,* modo *sing.* **Ex:** Mantenha as conversações em bons termos. **10** estertores.

termoelétrico *adj* relativo à termoeletricidade: *termelétrico.*

termômetro *sm Fig.* indicação, sinal. **Ex:** Esses índices de desemprego são um termômetro da situação nacional.

terneiro *sm* bezerro, novilho.

terno *sm* **1** costume. **Ex:** Ele vestia um terno marrom. **2** trio, trindade, tríade. *adj* **3** meigo, doce, afetuoso. **A:** rude. **4** brando, suave. **A:** áspero. **5** triste, comovente, enternecedor.

ternura *sf* **1** meiguice, doçura, afetuosidade. **A:** rudeza. **2** afeto, carinho, carícia.

terra *sf* **1** globo terrestre. **2** solo, chão. **3** poeira, pó. **4** povoação, vila, localidade. **5** barro, argila (para escultura). **6** espaço não construído de propriedade: terreno. **7** propriedade, fazenda, herdade. **Ex:** Comprou terra (ou terras) no interior. **8** mundo, universo. **9** país, pátria, terra natal. **10** *Eletr.*

fio terra. * Cair por terra *Fig.*: fracassar, falhar, malograr-se. **Ex:** Meus planos caíram por terra. **A:** ter sucesso.

terra-a-terra *adj m+f, sing+pl* trivial, rasteiro, banal, vulgar.

terraço *sm* **1** varanda, balcão. **2** terrapleno, terreiro.

terracota *sf* cerâmica.

terral *sm* *Meteor.* vento que sopra para o mar: brisa terrestre. *adj* **2** terrestre, terreno.

terrão V. torrão.

terraplanagem V. terraplenagem.

terraplanar V. terraplenar.

terraplenagem *sf* escavação, transporte e remoção de terra para proceder a uma construção. *terraplanagem.*

terraplenar *vtd* fazer terraplenagem: *terraplanar.*

terrapleno *sm* terraço, terreiro.

térraqueo V. terrestre.

terreal V. terrestre.

terreiro *sm* **1** terraço, terrapleno. **2** quintal, pátio. **Ex:** As crianças brincam no terreiro. **3** praça, largo. **4** tenda de macumba, quimbanda.

terremoto *sm* sismo, tremor de terra, abalo sísmico.

terreno *sm* **1** terra. **Ex:** Minha propriedade tem um grande terreno. **2** *CULTIVÁVEL* campo, solo, terra. **3** *DE ATIVIDADE* setor, campo, esfera. **4** assunto, tema, objeto. *adj* **5** V. terrestre. **6** mundano, profano, material, terrestre. **A:** espiritual.

térreo *sm* **1** andar térreo. *adj* **2** V. terrestre.

terrestre *adj m+f* **1** da terra: terreno, térreo, térraqueo, terreal. **2** V. terreno.

terrificante *adj m+f* terrível, aterrador, pavoroso, assustador, terrífico.

terrificar *vtd* aterrorizar, aterrar, apavorar, assustar.

terrífico V. terrificante.

terrina *sf* sopeira.

território *sm* **1** região, área. **2** *Dir.* jurisdição, comarca.

terrível *adj m+f* **1** aterrorizante, aterrador, terrífico, terrificante. **2** imenso, enorme, colossal. **A:** minúsculo. **3** extraordinário, estranho, esquisito. **A:** comum.

terror *sm* horror, pavor, medo, pânico.

terrorista *s e adj m+f* extremista.

terrorizar V. aterrorizar.

terroso *adj* embaciado, baço, empanado. **A:** brilhante.

tesão *sm* 1 força, intensidade. 2 *Vulg.* excitação, desejo.

tesar V. entesar.

tese *sf* 1 proposição. 2 tema, assunto, matéria. * Em tese: em princípio.

teso *sm* 1 *DE MONTE* cume, cimo, topo. *adj* 2 tenso, estirado, esticado. **A:** frouxo. 3 duro. **Ex:** Chão teso. **A:** macio. 4 imóvel, fixo, parado. **Ex:** Olhar teso. 5 rijo, rígido, inteiriçado. 6 intrépido, destemido, valente. 7 íngreme, escarpado, alcantilado. **Ex:** Montanha tesa. 8 severo, áspero, ríspido. **Ex:** Palavras tesas, resposta tesa. **A:** delicado.

tesourar *vtd* 1 cortar, dilacerar. 2 *Fam.* criticar, falar mal de, censurar.

tesouro *sm* 1 riqueza. 2 *RECURSOS FINANCEIROS* fazenda, erário, finanças *pl.* 3 *ÓRGÃOS DE ARRECADAÇÃO* fisco, erário, fazenda pública. 4 coleção, coletânea, repositório. **Ex:** Tesouro da literatura portuguesa. 5 querido, amado, amor. **Ex:** Vem cá, tesouro da mamãe! 6 dicionário analógico.

tessitura *sf Fig.* organização, estrutura, composição, contextura.

testa *sf* 1 *Anat.* fronte. 2 *Fig.* frente, dianteira. **Ex:** O rei vinha à testa do grupo. 3 *Fig.* direção, gerência, administração. **Ex:** Foi colocado à testa da empresa.

testa-de-ferro *sm Fig.* títere, fantoche, autômato.

testar *vtd+vti* 1 *Dir.* e *Fig.* legar, passar, transmitir. **Ex:** Testou os bens à esposa; o século passado testou-nos grandes escritores. 2 testemunhar, atestar, asseverar. *vtd* 3 experimentar, provar, pôr à prova. **Ex:** Testar um aparelho.

teste *sm* prova, experiência, exame, verificação.

testemunha *sf* 1 espectador. **Ex:** Na rua, fui testemunha de um fato engraçado. 2 *Dir. PESSOA* depoente, declarante. 3 *Dir. COISA* testemunho, prova, testigo.

testemunhar *vtd* 1 presenciar, assistir, ver. **Ex:** Testemunhou o assalto. 2 mostrar, manifestar, revelar. **Ex:** Testemunhar tristeza. 3 confirmar, demonstrar, corroborar. **Ex:** Isso testemunha a minha afirmação. *vtd+vti* 4 testificar, atestar. **Ex:** Testemunhou o crime no tribunal; testemunhar contra alguém. *vi* 5 *Dir.* depor, declarar.

testemunho *sm* 1 *Dir.* depoimento, declaração. 2 confirmação, demonstração. **Ex:** É o testemunho de minha teoria. 3 sinal, indício, vestígio. **Ex:** Na Inglaterra encontramos muralhas como testemunho da ocupação romana.

testículo *sm Anat.* bago *vulg.*

testificar *vtd* 1 testemunhar, atestar. 2 afirmar, assegurar, asseverar.

testigo *sm Dir.* testemunho, prova.

testo (é) *adj Fam.* 1 firme, resoluto, enérgico, determinado. **A:** indeciso. 2 sério, severo.

testo (ê) *sm* 1 *PARA VASILHAS* tampa. *sm pl* 2 *Pop.* cabeça.

testudo *adj* teimoso, cabeçudo, obstinado, turrão. **A:** maleável.

tesura *sf* 1 força, vigor, rigidez. 2 orgulho, vaidade, presunção.

teta (ê) *sf HUMANA* mama, seio, peito; *ANIMAL* úbere, ubre.

tetéia *sf* 1 *Inf.* brinquedo. 2 enfeite, berloque. 3 *Fam.* gracinha, encanto, amorzinho.

teto (é) *sm* 1 *Por. ext.* telhado. 2 lar, casa, habitação. 3 *Fig.* abrigo, proteção, amparo. 4 *Pop.* cabeça, miolo, juízo. 5 *Fig.* limite.

teto (ê) *sm* bico (da teta da vaca).

tetragonal V. tetrágono.

tetrágono *sm* 1 *Geom.* quadrilátero. *adj* 2 *Geom.* tetragonal.

tetraneto *sm* filho do trineto ou da trineta: *tataraneto pop.*

tetrassilábico V. tetrassílabo.

tetrassílabo *adj* que tem quatro sílabas: tetrassilábico.

tetravô *sm* pai do trisavô ou da trisavó: *tataravô pop.*

tétrico *adj* 1 fúnebre, lúgubre, sinistro. **A:** alegre. 2 medonho, horrível, pavoroso. **A:** encantador. 3 rígido, severo. **A:** brando.

teu *pron poss* seu.

teutônico *adj* germânico, alemão.

tevê V. televisão.

texto *sm* **1** redação. **Ex:** Os alunos entregaram seus textos à professora. **2** transcrição. **Ex:** Este é o texto da fita.

textual *adj m+f* reproduzido, transcrito, citado (fielmente). **Ex:** Palavras textuais.

textura *sf* **1** urdidura, fiação, trama. **2** *Geol.* aspecto miscroscópico da rocha: estrutura.

tez *sf* **1** *Anat.* cútis, pele (humana). **2** *Anat.* camada superficial da pele (apenas do rosto): epiderme, cutícula.

tia *sf* **1** titia *inf* e *fam.* **2** *Fam.* solteirona, titia. * Ficar para tia (ou titia): encalhar, não casar.

tíade *sf* bacante, mênade, sacerdotisa (de Baco).

tiara *sf Rel.* mitra, coroa (do papa).

tíbia *sf* **1** *Anat.* canela. **2** *Poét.* flauta, pífaro.

tibiez V. tibieza.

tibieza *sf* **1** tepidez. **2** fraqueza, frouxidão, moleza. **3** força. **3** desânimo, frieza, indiferença. **A:** ânimo. **Obs.:** Nas três acepções, existe a forma *tibiez*.

tíbio *adj* **1** morno, tépido. **2** fraco, frouxo, mole. **A:** forte. **3** desanimado, frio, indiferente. **A:** animado.

tibum V. tibungo.

tibungar *vi* mergulhar, afundar-se, cair na água.

tibungo *sm+interj* **1** onomatopéia de queda na água: tibum. **2** mergulho, imersão, submersão. **A:** emersão.

tição *sm* **1** brasa. **2** *Fig.* preto, negro. **3** *Pop.* diabo, demônio, capeta.

ticar *vtd COM TIQUE* marcar, assinalar.

tico *sm* **1** bocado, pedacinho. **2** V. tique.

tiete *s m+f* fã, admirador.

tigrado *adj* tigrino, tigre. **Ex:** Um gato tigrado.

tigre *sm* **1** *Fig.* homem cruel: carrasco *fig. adj* **2** V. tigrado.

tigrino *adj* **1** V. tigrado. **2** *Fig.* sanguinário, cruel, desumano. **A:** humano.

tijolo *sm Fig.* livro volumoso: calhamaço.

tijuca V. tijuco.

tijucal V. tijuco.

tijuco *sm* **1** atoleiro, charco, pântano, tijucal. **2** lama, lodo, barro, tijuca.

tijupá *sm* choupana, choça, palhoça, rancho.

tilintar *vi* retinir.

timão *sm* **1** *Náut.* barra do leme, roda do leme. **2** *Náut., por ext.* leme. **3** *Fig.* direção, comando, controle.

timbale *sm* **1** *Mús.* tímpano. **2** *Mús.* tambor de cavalaria.

timbrar *vtd* **1** carimbar. **2** taxar, qualificar, chamar. **Ex:** Timbrou-o de ladrão. *vti* **3** orgulhar-se, envaidecer-se, ufanar-se de. **Ex:** Timbra de seus feitos. **A:** envergonhar-se.

timbre *sm* **1** carimbo, sinete, selo. **Ex:** O timbre do tabelião. **2** insígnia, emblema, distintivo. **3** marca, sinal. **4** questão, honra, gala. **Ex:** Faz timbre de vingar-se. **5** remate, arremate, auge. **Ex:** O timbre de uma façanha. **6** tom, tonalidade. **Ex:** O timbre de uma voz.

time *sm* **1** *Esp.* equipe, esquadra, quadro. **2** *Pop.* turma, grupo, multidão.

timidez *sf* **1** acanhamento, vergonha, acanho. **A:** desenvoltura. **2** receio, medo, temor. **A:** audácia. **3** fraqueza, debilidade, frouxidão. **A:** força.

tímido *adj* **1** acanhado, envergonhado, encabulado. **A:** desembaraçado. **2** receoso, medroso, temeroso. **A:** audacioso. **3** fraco, débil, frouxo. **A:** forte.

timoneiro *sm Fig.* guia, condutor, chefe, orientador.

timorato *adj* **1** covarde, medroso, receoso. **A:** corajoso. **2** escrupuloso, inseguro, hesitante. **A:** decidido.

tímpano *sm* **1** *Mús.* timbale. *sm pl* **2** *Anat.* ouvidos.

tina *sf* **1** cuba. **2** banheira.

tingido V. tinto.

tingidura V. tintura.

tingir *vtd* **1** pintar, colorir, corar. **2** ruborizar. **Ex:** A vergonha tingiu o seu rosto. **3** escurecer. **Ex:** As nuvens carregadas tingiram o céu. **4** manchar, sujar. **Ex:** O sangue jorrou e tingiu as roupas do médico. *vpr* **5** colorir-se. **Ex:** Ao entardecer, o céu tingia-se de vermelho.

tinha *sf Fig.* mácula, defeito, vício, pecha.

tinhoso *sm* **1** diabo, demônio, satanás. *adj* **2** repugnante, nojento, asqueroso. **3** teimoso, obstinado, turrão.

tinido sm zunido.

tinir vi 1 soar. 2 retinir. 3 OUVIDOS zunir, zoar. 4 DE FRIO, DE MEDO tiritar, tremer. 5 atordoar-se, aturdir-se.

tino sm 1 juízo, discernimento, sensatez. A: insensatez. 2 tato, discrição, circunspeção. A: indiscrição. 3 prudência, cautela, cuidado. A: imprudência. 4 intuição, faro fig, instinto. Ex: Tino comercial.

tinta sf 1 tintura. 2 laivos pl, traço, sinal. Ex: Uma tinta de desprezo. 3 matiz, tom, colorido.

tintura sf 1 ato ou efeito de tingir: tingidura. 2 tinta. 3 Fig. laivos pl, traço, sinal.

tio sm 1 titio inf e fam. 2 Fam. solteirão, titio. Ex: Ficou pra titio.

típico adj 1 característico, distintivo, peculiar. Ex: Comida típica italiana. A: atípico. 2 alegórico, simbólico, representativo.

tipiti sm Fig. situação difícil: aperto, embaraço, apuros pl, sinuca pop.

tipo sm 1 modelo, exemplar, exemplo. 2 categoria, espécie, qualidade. Ex: Na loja, víamos aparelhos de vários tipos. 3 sujeito, pessoa, indivíduo. Ex: Quem é esse tipo? 4 símbolo, representação, imagem. Ex: A balança é o tipo da justiça. 5 Tip. letra, caráter tipográfico.

tipografia sf imprensa.

tipóia sf rede de dormir (pequena).

tique sm 1 cacoete, trejeito, sestro. 2 DE CONFERÊNCIA marca, sinal.

tique-taque sm 1 DO RELÓGIO tiquetique. 2 DO CORAÇÃO palpitação, pulsação, palpite.

tique-tique V. tique-taque.

tiquinho sm dim pedacinho, bocadinho, pouquinho.

tira sf 1 faixa, fita. 2 filete, friso. 3 lista, listra, risca. sm 4 Gír. policial, guarda.

tiracolo sm boldrié.

tirada sf 1 ato ou efeito de tirar: tiragem. 2 exportação. 3 puxada, estirão, caminhada (longa). Ex: Depois de uma tirada como essa, vamos descansar umas duas horas. 4 Pop. rasgo, ímpeto. Ex: Texto cheio de tiradas sarcásticas.

tiradeira sf Pes. espinhel, espinel.

tiragem sf 1 V. tirada. 2 DE LIVRO, ETC. impressão, edição.

tirania sf 1 despotismo, absolutismo, ditadura. A: democracia. 2 opressão, prepotência, violência. A: benevolência.

tirânico adj 1 despótico, absolutista, tirano. A: democrático. 2 opressivo, prepotente, violento. A: benevolente.

tiranizar vtd 1 oprimir, maltratar, vexar. vpr 2 castigar-se, punir-se, mortificar-se.

tirano sm 1 déspota, ditador. A: democrata. adj 2 V. tirânico. sm+adj 3 opressor, prepotente, desalmado.

tirante sm 1 tira que prende a cavalgadura à carroça: correia, tiro. prep 2 exceto, salvo, menos. Ex: Encontramos todos os livros, tirante o de química.

tira-prosa sm Pop. valentão, brigão.

tirar vtd 1 extrair, arrancar. Ex: Tirar um dente. 2 puxar, sacar, arrancar. Ex: Tirou o revólver e disparou. 3 retirar. Ex: Tirou o chapéu da caixa. 4 SAPATOS, LUVAS descalçar; ROUPAS despir. 5 diminuir, subtrair. Ex: Tirar dez de vinte. 6 apagar, extinguir. Ex: Tirar manchas. 7 eliminar, suprimir, excluir. Ex: Tirar as partes supérfluas de um texto. 8 Tip. editar, imprimir, estampar. 9 alcançar, obter, conseguir. Ex: Tirar boas notas; tirar proveito da situação. 10 colher, tomar, pegar. Ex: Posso tirar um bombom? 11 concluir, deduzir, inferir. Ex: Tirar opiniões de um debate. 12 copiar, transcrever, reproduzir. Ex: Tirar alguns parágrafos de um livro como exemplo. 13 convidar. Ex: Tirou-a para dançar. 14 expulsar. Ex: Os seguranças vão tirá-lo da sala. 15 privar, despojar, espoliar. Ex: Tirou-lhe todos os pertences. 16 FOTOGRAFIA bater. 17 arremessar, atirar, jogar. Ex: Tiraram pedras em nós. 18 arrecadar, pedir, cobrar. Ex: Tirar impostos e taxas. 19 furtar, roubar. Ex: Tirar as jóias de alguém. 20 dissuadir, demover, despersuadir. Ex: Tirar alguém de um projeto. vtd+vti 21 puxar, arrastar. Ex: Os cavalos tiram a carroça. vtd+vpr 22 afastar(-se), apartar(-se), desviar(-se). Ex: Tirar os filhos do mau caminho. 23 libertar(-se), livrar(-se), soltar(-se). Ex: Tirar os amigos de apuros; tirar-se de encrencas. *vti* 24 aproximar-se de, puxar para. **Ex:** Esta cor tira ao (ou para o) vermelho. *vi* 25 *COM ARMA* atirar, dar tiros. *vpr* 26 sair, retirar-se, arredar-se.

tira-teimas *sm sing+pl* 1 *Pop.* desengano. 2 *Fam.* dicionário, glossário, pai-dos-burros *gír.*

tireóide *sf* 1 *Anat.* uma glândula do corpo humano: tiróide. *adj m+f* 2 *Anat.* referente a essa glândula: tireóideo.

tireóideo V. tireóide.

tiririca *adj m+f Fam.* irritado, furioso, zangado, aborrecido. **Ex:** Seu pai vai ficar tiririca com isso.

tiritar *vi DE FRIO, DE MEDO* tremer, tinir.

tiro *sm* 1 *ARMA DE FOGO* disparo, explosão. 2 bala, projétil. 3 alcance, distância (de tiro). 4 *Fig.* referência picante: sarcasmo, zombaria, troça. 5 *Fig.* explosão, ímpeto, impulso. 6 tirante, correia. 7 *Fut.* chute. 8 *Mil.* tiro-de-guerra.

tiro-de-guerra V. tiro.

tirocínio *sm* 1 aprendizado, aprendizagem, estágio. **Ex:** Quando terminar o tirocínio, você receberá o diploma. 2 prática, exercício. **Ex:** Anos de tirocínio na medicina. 3 experiência, prática, tarimba. **A:** inexperiência.

tiróide V. tireóide.

tiroteio *sm* 1 fuzilaria. 2 *Fig.* escaramuça, discussão, briga.

tisana *sf Farm.* infusão.

tísica *sf* 1 *Med.* hética, definhamento. 2 *Med.* tuberculose pulmonar, hética.

tísico *sm+adj Med.* tuberculoso, hético, héctico.

tisnar *vtd* 1 *COM CARVÃO, FUMO* enegrecer. 2 queimar, tostar, crestar. *vtd+vpr* 3 macular(-se), manchar(-se), denegrir(-se). **Ex:** Tisnar a reputação de alguém. **A:** limpar.

titã *sm tb Fig.* gigante, colosso. **Ex:** Um titã da literatura.

titânico *adj* 1 gigantesco, colossal, imenso. **A:** minúsculo. 2 *Fig.* sobre-humano, extraordinário, incomum. **Ex:** Força titânica. **A:** comum.

títere *sm* 1 marionete, fantoche, bonifrate. 2 *Pop.* palhaço, bobo, bufão. 3 *Fig.* pessoa

sem vontade própria: testa-de-ferro, fantoche, autômato.

titia V. tia.

titica *sf* 1 *Pop.* cocô, excremento. 2 *Fig.* coisa insignificante: ninharia, mixaria, bagatela.

titilação *sf* cócegas *pl*, comichão, prurido.

titilar *vtd+vi* 1 comichar, prurir, pruir. *vtd* 2 *Fig.* lisonjear, adular, bajular. *vi* 3 palpitar, estremecer, agitar-se.

titio V. tio.

titubeação *sf* vacilação, hesitação, indecisão, titubeio. **A:** decisão.

titubeante *adj m+f* 1 vacilante, hesitante, indeciso. **A:** decidido. 2 cambaleante. **A:** firme.

titubear *vti+vi* 1 vacilar, hesitar, duvidar. **A:** decidir-se. *vi* 2 cambalear, tropeçar, cambetear.

titubeio V. titubeação.

titular *s e adj m+f* 1 nobre, fidalgo. **A:** plebeu. 2 dono, senhor, possuidor. 3 *EM CARGO* efetivo. **A:** substituto. *adj* 4 honorário, nominal. *vtd* 5 intitular, denominar, nomear. 6 registrar, exarar. 7 chamar, apelidar, denominar. **Ex:** Titular alguém de tolo.

título *sm* 1 inscrição, letreiro, rótulo. 2 designação, qualificação, denominação. **Ex:** Receber o título de chefe. 3 reputação, renome, fama. 4 intuito, intenção, objetivo. 5 causa, razão, motivo. 6 documento, escritura. 7 papel, letra.

toa *sf Náut.* reboque, cabo, corda. * À toa: a esmo, ao acaso; sem pensar; desocupado, vagabundo; *Náut.* a reboque.

toada *sf* 1 *Folc.* modinha, modo, cantiga. **Ex:** Cantou uma toada para a garota. 2 ruído, som, barulho. 3 boato, rumor, balela. 4 canto, entoação. 5 maneira, modo, jeito. **Ex:** Isso não pode ser feito nessa toada. 6 *Fig.* monotonia, repetição. 7 ritmo, marcha. **Ex:** Andava em toada lenta.

toalete *sm* 1 toucador. 2 banheiro. *sf* 3 traje, veste, vestimenta.

toar *vti* 1 agradar, convir, aprazer. **Ex:** Suas declarações não me toaram. 2 combinar, condizer, adaptar-se. **Ex:** Colocou um vestido que toava com seus olhos azuis. *vi* 3 soar, ressoar. **4** estrondear, retumbar, trovejar.

toca *sf* **1** *DE ANIMAL* covil, furna, antro. **2** *Fig.* casebre, tugúrio, choupana. **A:** mansão. **3** *Fig.* esconderijo, refúgio, abrigo.

toca-discos *sm sing+pl Radiotécn.* pick-up.

tocador *sm* **1** arrieiro, almocreve. **2** músico, musicista, instrumentista.

tocaia *sf* emboscada, cilada, espera.

tocaiar *vtd* **1** emboscar, atocaiar. *vi* **2** emboscar-se.

tocante *adj m+f* **1** comovente, enternecedor, emocionante. **Ex:** Uma cena tocante. **2** concernente, referente, relativo.

tocar *vtd* **1** *INSTRUMENTO* tanger, soar; *MÚSICA* executar. **Ex:** Tocar violão; tocar uma sinfonia. **2** encostar, aproximar de. **3** *ANIMAIS* tanger, conduzir. **Ex:** O fazendeiro tocava os bois. **4** expulsar. **Ex:** Tocou os meninos de casa; tocar os gatos do quintal. **5** atingir, chegar a. **Ex:** A expedição de Colombo tocou as Américas. **6** limitar-se com, confinar com. **Ex:** Seu terreno toca o meu. **7** comover, sensibilizar, impressionar. **Ex:** A cena tocou-o profundamente. **8** anunciar, bater, soar. **Ex:** O relógio tocou meia-noite. **9** avançar, levar adiante. **Ex:** Tocar um projeto. **10** *CAVALO* chicotear, esporear. *vtd+vti* **11** apalpar, palpar, pegar em. **Ex:** Tocar o chão; tocar no tecido. **12** roçar em, resvalar em. **Ex:** Minha mão tocou a dela. **13** *Náut.* entrar, fazer escala em. **Ex:** O navio tocou em Santos hoje. *vti* **14** mencionar, referir-se a. **Ex:** Já que você tocou no assunto. **15** caber (em partilha). **Ex:** Pelo testamento, tocou-lhe uma casa na praia. **16** interessar, pertencer, dizer respeito a. **Ex:** Esta conversa não lhe toca. **17** caber, competir, incumbir. **Ex:** Toca-lhe administrar a empresa. **18** chegar a, atingir, orçar. **Ex:** O número de seus vestidos toca a trinta. *vi* **19** dobrar, badalar, soar. **Ex:** Os sinos tocam. *vpr* **20** encontrar-se, aproximar-se, unir-se, pôr-se em contato. **Ex:** Os extremos se tocam. **21** ofender-se, magoar-se, melindrar-se. **Ex:** Tocou-se com os seus atos e nunca mais falou com ele. **22** perceber, notar, dar-se conta.

tocha *sf* **1** archote, facho. **2** círio, vela. **3** clarão, brilho, luz.

tocheira V. tocheiro.

tocheiro *sm* tocheira, castiçal (para tocha).

toco *sm* **1** *DE VELA* coto. **2** cacete, bordão, porrete.

tocologia *sf Med.* obstetrícia.

tocólogo *sm Med.* obstetra.

todavia *conj* ainda assim, no entanto, contudo, entretanto, porém.

todo *sm* **1** conjunto, totalidade, massa. *adj* **2** completo, integral, inteiro. *pron indef* **3** cada, qualquer. *pron indef pl* **4** todo o mundo, toda a gente, todas as pessoas. *adv* totalmente, completamente, inteiramente, integralmente.

todo-poderoso *sm* **1** (*em maiús.*) Deus, o Senhor, o Onipotente. *adj* **2** onipotente.

toga *sf* **1** *Dir.* beca. **2** *Dir. Fig.* magistratura, beca *fig.*

togado *vpr sm Dir.* magistrado, juiz.

toiça V. touça.

toicinho *sm* toucinho.

toirada V. tourada.

toireiro V. toureiro.

toiro V. touro.

toldar *vtd* **1** *COM TOLDA* cobrir. **A:** destoldar. **2** escurecer, obumbrar. **A:** clarear. **3** *MENTE* obscurecer, obcecar, cegar. *vtd+vpr* **4** *CÉU* anuviar(-se), nublar(-se), encobrir(-se). **A:** destoldar(-se). **5** turvar (-se). *vpr* **6** embriagar-se, embebedar-se.

toldo *sm* cobertura, coberta.

toleirão *sm+adj* pateta, bobalhão, bobo, tolo. **A:** esperto.

tolerante *adj m+f* indulgente, condescendente, clemente, transigente. **A:** intolerante.

tolerar *vtd* **1** transigir, condescender, contemporizar. **2** suportar, agüentar, aturar. **Ex:** Não tolero barulho. **3** admitir, consentir, permitir. **Ex:** Tolerar falhas. **A:** rejeitar.

tolerável *adj m+f* **1** suportável, sofrível. **2** aceitável, admissível. **A:** intolerável (nas duas acepções).

tolher *vtd* **1** embaraçar, estorvar, impedir. **Ex:** Tolher os movimentos. **2** opor-se a, proibir, vedar. **Ex:** Tolher atrasos. **A:** tolerar. **3** privar de. **Ex:** O chefe tolheu-o de privilégios especiais. *vtd+vpr* **4** paralisar (-se), entorpecer(-se), entrevar(-se).

tolice *sf* **1** imbecilidade, asneira, parvoíce. **A:** inteligência. **2** vaidade, orgulho, presunção.

tolo *sm+adj* **1** imbecil, parvo, palerma. **A:** espertalhão. *adj* **2** *DE COISAS* ridículo, desagradável. **3** incongruente, disparatado, insensato. **Ex:** Declarações tolas. **A:** congruente. **4** boquiaberto, espantado, pasmado. **5** infundado, improcedente, injustificado. **Ex:** Suspeitas tolas. **A:** motivado. **6** vaidoso, orgulhoso, presunçoso. **A:** humilde.

tom *sm* **1** *DE SOM* tonalidade, altura. **2** nuança, matiz, nuance. **Ex:** Havia tecidos em vários tons de verde. **3** tonalidade, coloração, colorido. **Ex:** Sua pele tinha um tom azulado. **4** *DE VOZ* inflexão, entonação, entoação. **5** sentido, teor. **Ex:** Não gostei do tom de suas declarações. **6** *MUSCULAR* tensão, vigor, elasticidade. **7** caráter, estilo, gênero. **Ex:** A peça é de tom cômico. **8** semelhança, parecença, similitude.

tomada *sf* **1** *Mil.* conquista, ocupação, invasão. **2** prisão, captura, aprisionamento.

tomar *vtd* **1** agarrar, segurar, pegar. **2** segurar, suster, suspender. **Ex:** Tomou a criança nos braços e saiu. **3** *Mil.* conquistar, ocupar, invadir. **Ex:** O exército russo tomou Berlim. **4** roubar, furtar, arrebatar. **Ex:** O ladrão tomou a bolsa da senhora. **5** utilizar, empregar, servir-se de. **Ex:** Tomou coragem e disse o que queria. **6** *LÍQUIDOS* beber; *SÓLIDOS* comer. **Ex:** Tomar um suco; tomar um sorvete. **7** *DE SENTIMENTOS* invadir, possuir, atacar. **Ex:** Uma sensação de alegria tomou sua alma. **8** aspirar, sorver. **Ex:** Tomar um pouco de ar puro. **9** exigir, pedir, requerer. **Ex:** Tomar satisfações com alguém. **10** encarregar-se de, assumir, incumbir-se de. **Ex:** Tomar a tarefa para si. **11** ocupar, encher, preencher. **Ex:** O tapete toma metade do piso. **12** consumir, levar, exigir. **Ex:** Este trabalho toma muitas horas do dia. **13** apoiar, adotar, seguir. **Ex:** Tomar um partido. **14** mostrar, apresentar, demonstrar. **Ex:** Tomou um ar de indignado. **15** interpretar, julgar, considerar. **Ex:** Ela tomará esse gesto como um elogio. *vpr* **16** *DE SENTIMENTOS* encher-se, possuir-se, ser invadido. **Ex:** Tomar-se de ódio por alguém. **17** impregnar-se, encher-se, embeber-se de.

tomara *interj* oxalá, quem dera.

tombador V. tombadouro.

tombadouro *sm DE MONTANHA* encosta, vertente, declive, tombador.

tombamento V. tombo.

tombar *vtd* **1** derrubar, demolir, abater. **Ex:** Os engenheiros tombaram o prédio abandonado. **2** erguer. **2** inventariar, registrar, catalogar. **Ex:** Tombou todos os bens da empresa. *vi* **3** cair, ruir, desabar. **Ex:** O velho edifício tombou. **4** morrer, falecer, expirar. **Ex:** Tombou na batalha. **A:** viver.

tombo *sm* **1** queda, baque, tombamento. **2** inventário, registro, catálogo.

tômbola *sf* víspora, loto.

tomo *sm* **1** volume. **Ex:** Uma enciclopédia em vários tomos. **2** parte, divisão, seção. **3** *Fig.* importância, valor, peso. **Ex:** Pessoa de grande tomo.

tona *sf* casca, película, cutícula. * À tona: à superfície, à flor da água.

tonadilha *sf Folc.* toada, modinha, moda, tono.

tonalidade *sf DE SOM* tom, altura; *DE COR* matiz, nuança, coloração.

tonante *adj m+f* **1** retumbante, estrondoso, ruidoso. **2** forte, vibrante.

tonel *sm* pipa, barril, barrica.

tonelagem *sf DE MEIOS DE TRANSPORTE* capacidade, porte. **Ex:** Um trem, um navio de grande tonelagem.

tônico *sm* **1** *Med.* fortificante, tonificante. *adj* **2** *Gram. SÍLABA* predominante, forte. **A:** átono.

tonificante V. tônico.

tonificar *vtd+vpr* fortificar(-se), fortalecer (-se), robustecer(-se), revigorar(-se). **A:** enfraquecer.

tonitruar *vt* retumbar, atroar, estrondear, troar.

tono *sm* **1** *DE VOZ* tom. **2** *Mús.* ária. **3** *Folc.* toada, moda, modinha. **4** *Fisiol.* tônus.

tonsilite *sf Med.* amidalite, amigdalite.

tonsura *sf* 1 tosquia, corte. 2 *Rel.* dos clérigos: coroa.

tonsurado *sm Rel.* clérigo, eclesiástico, sacerdote, padre.

tonsurar *vtd CABELOS, PÊLOS* tosquiar, tosar, aparar, cortar.

tontear *vi* 1 dizer tontices: desatinar, disparatar, asnear. 2 cabecear. 3 perturbar-se, titubear, hesitar. **A:** decidir-se.

tonteira *sf* 1 desatino, disparate, asneira. 2 tontura, vertigem, delíquio.

tontice V. tonteira.

tonto *sm+adj* 1 simplório, otário *pop*, ingênuo. **A:** espertalhão. 2 demente, doido, louco. *adj* 3 zonzo. 4 atônito, perplexo, atarantado.

tontura *sf* vertigem, tonteira, delíquio.

tônus V. tono.

topada *sf* 1 tropeção, tropição. 2 encontrão, esbarrão, trombada.

topar *vtd* 1 *Pop.* aceitar, enfrentar (a parada). *vtd+vti* 2 deparar(-se) com, encontrar com, achar. **Ex:** Topei com seu irmão no banco. 3 *COM O PÉ* tropeçar, tropicar, esbarrar. **Ex:** Topar numa pedra. 4 bater, tocar, chegar. **Ex:** A água topava à altura do teto. *vi* 5 *PROPOSTA* aceitar, concordar. **Ex:** Se eu quiser sair amanhã, você topa? **A:** recusar.

tope *sm* 1 choque, encontrão, batida. 2 *DE MONTANHAS* cume, cimo, topo. 3 *tb Fig.* auge, cúmulo, ápice. 4 embaraço, obstáculo, estorvo. 5 espécie, qualidade, tipo.

topetar *vti* 1 atingir, alcançar, tocar (a parte mais alta). *vi* 2 bater com a cabeça: marrar, turrar *fam*.

topete (é) *sm* 1 *Ornit.* penacho, crista, topete (ê). 2 *Fig.* atrevimento, ousadia, insolência. **A:** timidez.

topete (ê) V. topete (é).

topetudo *adj Fig.* atrevido, ousado, insolente, arrogante. **A:** tímido.

tópico *sm* 1 remédio, corretivo. 2 tema, assunto, argumento. 3 item, parte, ponto.

topo *sm* 1 cume, alto, cimo. 2 extremidade, ponta.

toque *sm* 1 contato. 2 golpe, batida, pancada. 3 som, ruído (de batida). 4 sinal, traço, indício. 5 inspiração. 6 alusão, indireta,

remoque. 7 aperto de mão. 8 *Gír.* conselho, aviso, sugestão.

tora *sf* 1 *DE MADEIRA* toro, tronco. 2 pedaço, porção, naco.

tórax *sm sing+pl Anat.* peito, torso, arcabouço.

torça *sf* verga de porta, torçado, padieira.

torção V. torça.

torção *sf* 1 torcedura, torcida. 2 *Vet.* cólica.

torcedor *sm* 1 fuso. 2 arrocho, garrote. 3 *Esp.* fã, apreciador, admirador.

torcedura *sf* 1 V. torção. 2 curva, sinuosidade, ziguezague. **A:** reta. 3 desvio, evasiva, subterfúgio. 4 *Med.* entorse, jeito. **Ex:** Torcedura no pulso.

torcer *vtd* 1 retorcer, entortar, virar. **A:** endireitar. 2 deslocar, luxar, distender. **Ex:** Torcer o pé. 3 distorcer, desvirtuar, adulterar. **Ex:** Torceu todo o sentido de minha entrevista. *vtd+vi* 4 desviar(-se), afastar (-se), apartar(-se). **Ex:** Torcer alguém de seus objetivos. **A:** aproximar(-se). *vtd+vpr* 5 dobrar(-se), curvar(-se), inclinar(-se). *vi* 6 ceder, submeter-se, sujeitar-se. *vpr* 7 contorcer-se, contrair-se. **Ex:** Torcer-se de dor. 8 ceder, render-se, entregar-se. **Ex:** Torcer-se à tentação. **A:** resistir. 9 serpentear, revolutear.

torcida *sf* 1 torção, torcedura. 2 mecha, pavio. 3 *Esp.* galera, torcedores *pl*. 4 estímulo, incentivo, encorajamento (por parte dos torcedores).

tormenta *sf* 1 tempestade, borrasca, tufão. **A:** bonança. 2 *Fig.* desordem, agitação, rebuliço. **A:** ordem.

tormento *sm* 1 aflição, dor, pena, angústia. **A:** prazer. 2 desgraça, desdita, infelicidade. **A:** ventura. 3 suplício, tortura, maustratos *pl*.

tormentoso *adj* 1 tempestuoso, borrascoso, proceloso. **Ex:** Ventos tormentosos desviaram o navio. **A:** calmo. 2 trabalhoso, difícil, árduo. **A:** fácil.

torna *sf* compensação, volta.

tornada *sf* regresso, retorno, volta, vinda. **A:** ida.

tornado *sm Meteor.* ciclone, furacão.

tornar *vtd* 1 devolver, restituir, voltar. 2 com *prep* a e verbo no infinitivo: voltar a.

Ex: Fez acusações graves e tornou a repeti-las mais tarde. **3** traduzir, verter, trasladar. *vtd+vpr* **4** converter(-se), fazer (-se). **Ex:** O menino tornou-se homem; tornei-me um bom médico. **5** transformar(-se), mudar(-se), virar. **Ex:** O feiticeiro tornou o príncipe em sapo. *vti, vi+vpr* **6** retornar, voltar, regressar. **A:** ir.

torna-viagem *sf* **1** regresso, volta, retorno. **A:** ida. **2** refugo, sobras *pl*, restos *pl*.

torneado *adj* **1** roliço, cilíndrico. **2** belo, bonito, lindo. **Ex:** Pernas torneadas. **A:** feio. **3** elegante, correto, esmerado. **Ex:** Sua redação possui parágrafos torneados. **A:** deselegante.

torneamento V. torneio.

tornear *vtd* **1** *NO TORNO* modelar, lavrar. **Ex:** Tornear uma peça. **2** arredondar. **3** circundar, contornar, rodear. **Ex:** O exército torneou as muralhas; seu pulso era torneado por várias pulseiras. **4** aprimorar, polir, aperfeiçoar. **Ex:** Tornear uma carta antes de enviá-la.

torneio *sm* **1** torneamento, modelagem. **2** elegância, correção, perfeição. **3** certame, combate, justa. **4** polêmica, controvérsia, discussão.

torniquete *sm* **1** *Mec.* torno, torno mecânico. **2** corre-corre, atrapalhação, afã. **3** dificuldade, embaraço, estorvo.

torno *sm* **1** *Mec.* torno mecânico, torniquete. **2** prego de madeira: cavilha, pino.

tornozelo *sm Anat.* artelho.

toro *sm* **1** tora. **2** *PEQUENO* cepo, cepa. **3** *Poét.* leito conjugal.

toró *sm* aguaceiro, pancada de chuva, temporal.

torpe *adj m+f* **1** obsceno, indecente, imoral. **A:** decente. **2** infame, indecoroso, vil. **A:** digno. **3** sórdido, repugnante, nojento. **A:** atraente. **4** entorpecido. **5** acanhado, embaraçado, envergonhado. **A:** desenvolto.

torpedear *vtd* **1** *Náut.* *COM TORPEDO* destruir, explodir. **2** *Fig.* trabalhar para que algo fracasse: empenhar-se, esforçar-se, diligenciar por. **Ex:** Torpedear os planos de alguém. **3** *Fig.* bombardear *fig*, atacar, massacrar. **Ex:** O promotor torpedeou a testemunha com perguntas indiscretas.

torpeza *sf* **1** obscenidade, indecência, imoralidade. **A:** decência. **2** infâmia, vileza, baixeza. **A:** nobreza. **3** sordidez, repugnância.

torpor *sm* **1** entorpecimento, dormência, adormecimento. **Ex:** Sentiu um torpor nos braços. **2** letargo, insensibilidade, indiferença. **Ex:** Devemos sair desse torpor e lutar por nossos direitos.

torquês *sf* tenaz.

torra (ó) V. torração.

torração *sf* **1** torragem, torrefação, torra. **2** *Com. DE MERCADORIAS* liquidação, queima.

torrado *sm* **1** rapé, tabaco para cheirar. *part+adj* **2** *VEGETAL* murcho, mirrado, ressequido. **A:** viçoso. **3** *Pop.* embriagado, bêbado, ébrio. **A:** sóbrio.

torragem V. torração.

torrão *sm* **1** terrão *pop*, terra (endurecida). **2** terreno, gleba, solo (para agricultura). **3** fragmento, pedaço, bocado. * Torrão natal: terra natal, pátria.

torrar *vtd* **1** *AO FOGO, AO SOL* ressequir, ressecar. **2** tostar, assar, torrefazer. **Ex:** Torrar amendoim, café. **3** *VEGETAIS* murchar, mirrar, emurchecer. **A:** vicejar. *vtd+vi* **4** *Com. MERCADORIAS* liqüidar, queimar. **5** *Pop.* importunar, aborrecer, encher. **Ex:** Não me torre com suas lamentações! **A:** divertir.

torre *sf* **1** fortaleza, fortificação. **2** campanário.

torrefação V. torração.

torrefazer *vtd* tostar, torrar, torrificar.

torrencial *adj m+f* **1** caudaloso, impetuoso, caudal. **Ex:** Rio torrencial. **2** abundante, copioso. **Ex:** Chuvas torrenciais.

torrente *sf* **1** caudal, corrente; *DA CHUVA* enxurrada. **2** abundância, copiosidade, enxurrada *fig*. **Ex:** Uma torrente de reclamações e pedidos. **3** multidão, massa, enxame *fig*. **Ex:** Uma torrente de consumidoras invadiu a loja.

tórrido *adj* muito quente: ardente, abrasador.

torrificar V. torrefazer.

torso *sm* busto, tórax, peito.

torto *adj* **1** tortuoso, torcido, curvo. **Ex:** Ruas tortas. **A:** reto. **2** oblíquo, enviesado, atravessado. **Ex:** Deixou o carro torto na garagem. **3** *Fig.* errado, injusto, enganado. **Ex:** Uma opinião torta sobre alguém. **A:** acertado. **4** *OLHO* estrábico, vesgo. **5** *Fig.* desleal, falso, infiel. **A:** leal. *adv* **6** mal, erradamente, incorretamente. **Ex:** Ele faz tudo torto. **A:** bem.

tortuosidade V. tortura.

tortuoso *adj* **1** torto, sinuoso, curvo. **Ex:** Estrada tortuosa. **A:** reto. **2** errado, injusto, enganado. **Ex:** Tem uma visão tortuosa da vida. **A:** correto.

tortura *sf* **1** suplício, martírio, tormento. **2** mágoa, amargura, dor. **A:** prazer. **3** dificuldade, impedimento, obstáculo. **4** tortuosidade, sinuosidade, ziguezague.

torturar *vtd* **1** supliciar, martirizar, atormentar. **Ex:** Os inimigos torturaram os prisioneiros. *vtd+vpr* **2** afligir(-se), angustiar(-se), atormentar(-se). **A:** deliciar(-se).

torvação *sf* **1** irritação, zanga, raiva. **A:** calma. **2** *DA ALMA* perturbação, inquietação, apreensão. **A:** quietude.

torvar *vtd, vi+vpr* **1** perturbar(-se), confundir(-se), desordenar(-se). *vi+vpr* **2** irritar-se, zangar-se, irar-se. **A:** acalmar-se.

torvelinho *sm* redemoinho, turbilhão, remoinho, rodamoinho.

torvo *adj* **1** assustador, pavoroso, medonho. **2** irritadiço, irascível, agastadiço. **A:** paciente.

tosa *sf* **1** tosquia, tosadura, tosquiadela. **2** repreensão, censura, bronca *pop*. **A:** elogio. **3** surra, coça, sova.

tosadura V. tosa.

tosar *vtd LÃ, CABELOS* tosquiar, cortar, aparar, tonsurar.

toscanejar *vi* cochilar, pescar *pop*, cabecear.

tosco *adj* **1** rude, rústico, grosseiro. **A:** refinado. **2** inculto, ignorante. **Ex:** O povo tosco do interior. **A:** culto. **3** malfeito, grosseiro, imperfeito. **Ex:** Vivia numa tosca cabana de madeira. **A:** bem-feito. **4** baixo, vulgar, ordinário, vil. **Ex:** Suas maneiras toscas afastaram os vizinhos.

tosquia *sf* **1** V. tosa. **2** crítica, censura, desaprovação. **A:** aprovação.

tosquiadela V. tosa.

tosquiar *vtd* **1** *LÃ, CABELOS* tosar, aparar, cortar. **2** despojar, espoliar, privar. **Ex:** Os ladrões tosquiaram a vítima. **3** criticar, censurar, desaprovar. **Ex:** Tosquiar o trabalho alheio.

tostado *part+adj* trigueiro, moreno, bronzeado, triguenho.

tostão *sm Fig.* dinheiro. * Não valer um tostão: não valer nada.

tostar *vtd+vpr* **1** torrar(-se), crestar(-se), queimar(-se). **2** bronzear(-se), queimar (-se). **A:** O sol tostou sua pele; tostou-se na praia.

total *sm* **1** soma, montante, totalidade. *adj* **2** completo, inteiro, integral. **A:** parcial.

totalidade V. total.

totalizar *vtd* perfazer, somar.

touca *sf* turbante. * Dormir de touca *Fam.*: dormir no ponto *fam*, bobear *pop*, cochilar *fam*.

touça *sf* moita, touceira, *toiça*.

toucado *sm* penteado.

toucador *sm* penteadeira.

toucar *vtd* **1** *CABELOS* pentear, compor. **2** encimar, coroar, cingir. *vtd+vpr* enfeitar (-se), adornar(-se), ornamentar(-se).

touceira V. touça.

toucinho V. toicinho.

toupeira *sf Fig.* tapado, estúpido, ignorante, burro.

tourada *sf* corrida de touros, *toirada*.

toureador V. toureiro.

tourear *vtd* **1** correr, combater (touros na arena). **2** perseguir, atacar, zombar de.

toureiro *sm* toureador, *toireiro*.

touro *sm* boi não castrado: marruá, *toiro*.

toutiço *sm* **1** nuca, cachaço, cangote. **2** cabeça.

tóxico *sm* **1** veneno, peçonha. **2** droga, entorpecente, narcótico. *adj* **3** venenoso, peçonhento.

toxicômano *sm* viciado.

trabalhador *sm* **1** empregado, operário, obreiro. *adj* **2** ativo, laborioso, diligente. **A:** indolente.

trabalhão *sm* trabalheira *fam*, corre-corre, lida, azáfama.

trabalhar *vtd* 1 *EM GERAL* manipular, manusear. **Ex:** Trabalhar metais; *A TERRA* lavrar, arar, sulcar. 2 aperfeiçoar, melhorar, esmerar. **Ex:** Trabalhar um texto. *vti* 3 negociar em, comerciar, mercadejar. **Ex:** A loja trabalha com materiais de construção. *vti+vi* 4 empenhar-se, esforçar-se, lidar. *vi* 5 funcionar, mover-se, andar. **Ex:** O motor não está trabalhando.

trabalheira V. trabalhão.

trabalho *sm* 1 tarefa, serviço, ocupação. 2 esforço, labuta, lida. **Ex:** Isso requer muito trabalho. 3 esmero, cuidado, capricho. 4 obra, produção, composição. **Ex:** O famoso pintor expôs seus maiores trabalhos. 5 preocupação, inquietação, apreensão. **Ex:** Dar trabalho para os pais. 6 feitiçaria, bruxaria, mandinga. *sm pl* 7 *DE CORPORAÇÃO* discussões, deliberações, exames. **Ex:** O presidente deu início aos trabalhos. 8 aflições, penas, pesares. 9 empreendimentos, empresas.

trabalhoso *adj* árduo, custoso, difícil, cansativo. **A:** fácil.

trabucada *sf* estrondo, ruído, fragor, barulho.

trabucar *vtd* 1 revolver, agitar, remexer. *vi* 2 estrondear, estrepitar. 3 trabalhar muito: labutar, lidar, afadigar-se.

trabuco *sm* bacamarte.

traçado *sm* 1 traço, risco, linha. 2 planta, desenho, plano. **Ex:** O traçado de um edifício.

tração *sf* 1 puxão, puxada. 2 deslocamento.

traçar *vtd* 1 riscar, desenhar, descrever. **Ex:** Traçar linhas no papel. 2 demarcar, marcar, assinalar. **Ex:** Traçar os limites da propriedade no mapa. 3 projetar, imaginar, idealizar. **Ex:** Traçar planos futuros. 4 maquinar, tramar, armar. **Ex:** Traçar uma conspiração política. 5 escrever, redigir, compor. **Ex:** Traço estas linhas para desculpar-me pelo ocorrido. 6 *Fam.* devorar, comer, beber (avidamente). **Ex:** O que me oferecerem eu traço! 7 *Pop.* transar com. 8 referindo-se a traças: roer, cortar, comer.

tracejar *vtd* 1 delinear, planejar, projetar. 2 descrever. *vi* 3 riscar, traçar.

traço *sm* 1 risco, traçado, linha. 2 aspecto, aparência. **Ex:** Ter um traço de dignidade. 3 vestígio, sinal, indício. **Ex:** Há traços de mercúrio na água do rio. *sm pl* 4 feições, fisionomia *sing.* **Ex:** Tem os mesmos traços da mãe.

traço-de-união *sm Gram.* hífen.

tradição *sf* 1 hábito, costume, uso, prática. 2 história, mito, lenda. 3 lembrança, memória, recordação.

tradicional *adj m+f* 1 habitual, costumeiro, usado. 2 clássico. **Ex:** A gramática tradicional. **A:** moderno.

tradicionalista *s e adj m+f Polít.* conservador, reacionário, burguês. **A:** revolucionário.

trado *sm* verruma.

tradução *sf* 1 *ESCRITA* versão; *ORAL* interpretação. 2 explicação, explanação, elucidação. 3 demonstração, manifestação, revelação. 4 representação, símbolo.

tradutor *sm* intérprete.

traduzir *vtd* 1 *POR ESCRITO* verter; *ORALMENTE* interpretar. 2 explicar, explanar, elucidar. **Ex:** Não soube traduzir seus sentimentos em palavras. 3 demonstrar, manifestar, revelar. **Ex:** Esse ato traduz a sua necessidade de afirmação. 4 representar, simbolizar, significar. *vpr* 5 manifestar-se, transparecer, aparecer. **Ex:** Sua raiva traduzia-se em seu olhar.

trafegar *vtd* 1 negociar em, comerciar, traficar. 2 percorrer, passar por, andar por. *vi* 3 *Bras.* transitar. **Ex:** Não automóveis trafegam. 4 labutar, lidar, afadigar-se.

tráfego *sm* 1 *Com.* tráfico, comércio, negócio. 2 afã, lida, labuta. 3 *Bras.* trânsito.

traficância *sf Pop.* negociata, falcatrua.

traficante *sm e adj m+f* 1 embusteiro, trapaceiro, fraudador. 2 comerciante, mercador, negociante.

traficar *vti+vi* comerciar, negociar, trafegar, mercadejar.

tráfico *sm* 1 comércio, negociação, tráfego. 2 contrabando. **Ex:** Tráfico de cocaína.

tragadoiro V. tragadouro.

tragadouro *sm* sorvedouro, absorvedouro, *tragadoiro*.

tragar *vtd* 1 *LÍQUIDO* beber, engolir. 2 alimentos, sem mastigar: devorar, engolir. 3 absorver, sorver. 4 aspirar, inalar. **Ex:** Tragar o perfume das rosas. 5 crer, acreditar em. **Ex:** Não consigo tragar essa história absurda. 6 tolerar, suportar, agüentar. **Ex:** Tragar ofensas.

tragédia *sf* 1 *Teat.* **A:** comédia. 2 catástrofe, desgraça, desastre, calamidade.

trágico *sm+adj* 1 *Teat.* **A:** cômico. *adj* 2 catastrófico, desastroso, calamitoso, funesto.

trago *sm* 1 gole, sorvo, hausto. 2 aflição, angústia, aborrecimento.

traição *sf* 1 infidelidade, deslealdade, falsidade. **A:** fidelidade. 2 emboscada, cilada. **Ex:** Fui pego à traição.

traiçoeiro *adj* traidor, desleal, falso, infiel. **A:** leal.

traidor *sm* 1 judas *fig.* 2 *Mil.* desertor, trânsfuga. *adj* 3 V. traiçoeiro.

trair *vtd* 1 atraiçoar. 2 enganar, iludir, ludibriar. 3 delatar, denunciar, entregar. **Ex:** Trair os companheiros. *vtd+vpr* 4 revelar (-se), manifestar(-se). **Ex:** Seus olhos traíam o que ela sentia.

trajar *vtd* 1 vestir, usar, trazer. *vti+vpr* 2 vestir-se. **Ex:** Os dois irmãos trajavam de preto; trajar-se de noiva. 3 *Fig.* cobrir-se, revestir-se. **Ex:** Os campos trajavam de flores amarelas; as árvores trajam-se de frutas.

traje *sm* veste, roupa, vestimenta, vestuário, *trajo*.

trajeto *sm* caminho, itinerário, percurso, trajetória.

trajetória *sf* 1 caminho, estrada, trajeto. 2 carreira, vida. **Ex:** A brilhante trajetória de um político.

trajo V. traje.

tralha *sf* 1 *DE REDE* malha. 2 cacarecos *pl*, bagulhos *pl*, trastes *pl*, bugigangas *pl*.

trama *sf* 1 urdidura, tecido, textura. 2 *Fig.* tramóia, intriga, enredo. 3 *Fig.* conspiração, conluio, conjuração. 4 *Fig.* ardil, artimanha, astúcia. 5 *Fig.* falcatrua, ladroeira, roubalheira.

tramar *vtd* 1 urdir, tecer, entretecer. 2 armar, inventar, maquinar. **Ex:** Tramar uma história. 3 intrigar, enredar. 4 conjurar, maquinar. **Ex:** Tramar uma revolta popular.

trambolhão *sm* 1 *Pop.* queda, tombo. 2 *Fam.* contratempo, revés, transtorno. 3 decadência, ruína, declínio.

trambolho *sm* 1 molho, enfiada. 2 empecilho, embaraço, estorvo.

tramela *sf* 1 *taramela. s e adj m+f* 2 tagarela, linguarudo, falador.

trâmite *sm* 1 caminho, via, estrada. *sm pl* 2 *Dir.* vias, meios, processos legais.

tramóia *sf* 1 intriga, trama, enredo. 2 ardil, artimanha, artifício, cambalacho.

tramontana *sf* 1 *Astr.* estrela polar. 2 direção, rumo, orientação, norte *fig.* * Perder a tramontana: desnortear-se, perder-se, extraviar-se.

trampolina *sf Pop.* embuste, trapaça, cambalacho, velhacaria.

trampolinagem V. trampolina.

trampolinar *vi Pop.* trapacear, ludibriar, enganar, burlar.

trampolineiro *sm+adj* embusteiro, trapaceiro, velhaco, impostor.

tranca *sf* 1 *Fig.* obstáculo, impedimento, peia. *s m+f* 2 sovina, avarento, pão-duro. 3 sacana, patife, velhaco.

trança *sf* 1 *FIOS, CABELOS* trançado. 2 *Fig.* tramóia, intriga, maquinação.

trançado V. trança.

trancafiar *vtd* encarcerar, prender, deter, aprisionar.

trancar *vtd* 1 fechar, segurar, travar. **A:** abrir. 2 encarcerar, trancafiar, prender. **A:** libertar. 3 *DOCUMENTO* cancelar, invalidar, anular. **Ex:** Trancar uma matrícula, uma procuração. 4 concluir, encerrar, terminar. **Ex:** Trancar um debate. *vpr* 5 fechar-se, enclausurar-se, encerrar-se.

trançar *vtd* entrançar, entrelaçar, entretecer, entremear. **A:** destrançar.

tranco *sm* 1 *DE CAVALO* salto. 2 solavanco. 3 abalo, choque, comoção. **Ex:** Sofreu um tranco ao saber da morte do amigo. 4 empurrão, safanão, esbarrão.

tranqueira *sf Mil.* trincheira, entrincheiramento; *PROVISÓRIA* barricada; *DE PAUS* estacada, barreira.

tranqüilidade *sf* **1** calma, serenidade, quietação. **2** paz, sossego. **A:** intranqüilidade.

tranqüilizante *sm+adj Med.* calmante, sedativo.

tranqüilizar *vtd+vpr* acalmar(-se), serenar(-se), sossegar(-se). **A:** agitar(-se).

tranqüilo *adj* **1** calmo, sereno, quieto. **2** pacato, pacífico, sossegado.

transa *sf* **1** *Gír.* trama, acordo, conluio. **2** *Gír.* relação sexual, cópula, transação *gír.*

transação *sf* **1** ajuste, combinação, acordo. **2** negócio, comércio, operação comercial. **3** V. transa

transacionar *vi* **1** negociar, comerciar. **2** combinar, contratar, ajustar.

transar *vtd* **1** *Gír.* combinar, ajustar, contratar. *vti+vi* **2** *Gír.* fazer amor, copular, ter relações sexuais com.

transbordar *vtd+vi* **1** expandir(-se), espalhar(-se), estender(-se), *trasbordar*. **2** *trasbordar*, extravasar, derramar, entornar. **Ex:** A sopa transbordou o prato; o rio transbordou. *vti* **3** exuberar, superabundar de. **Ex:** Transbordar de alegria. *vi* **4** sobrar, sobejar, superabundar. **A:** faltar. **5** passar dos limites: descontrolar-se, descomedir-se.

transcendente *adj m+f* **1** sublime, elevado, superior. **A:** baixo. **2** metafísico.

transcender *vtd+vti* **1** exceder, superar, sobrepujar. **Ex:** Transcender as limitações dos adversários. *vti* **2** sobressair, destacar-se, distinguir-se. **Ex:** Ela transcende em beleza e graça.

transcorrer *vtd* **1** transpor, passar, cruzar. **Ex:** Os alpinistas transcorreram a montanha. *vi* **2** decorrer, passar, perpassar. **Ex:** Transcorreram vários dias até que chegasse a resposta ao meu pedido.

transcrever *vtd* copiar, transladar, reproduzir.

transcrição *sf* cópia, translado, reprodução, transcrito.

transcrito V. transcrição.

transcurso *sm DE TEMPO* decurso, passagem.

transe *sm* **1** lance, perigo, risco. **2** *MORAL* agonia, aflição, angústia. **3** combate, luta, conflito. **4** falecimento, morte.

transeunte *s m+f* **1** passante, viandante, caminhante. **2** pedestre. *adj m+f* **3** passageiro, transitório, provisório.

transferência *sf* **1** mudança, transporte, deslocamento. **2** transmissão, passagem, entrega. **3** adiamento, diferimento, procrastinação.

transferidor *sm Geom.* instrumento para medir ou traçar ângulos: semicírculo.

transferir *vtd+vpr* **1** mudar(-se), transportar(-se), deslocar(-se). **Ex:** A empresa transferiu-se para o interior do País. *vtd* **2** transmitir, passar, entregar. **Ex:** Transferir poderes, cargos. **3** adiar, diferir, espaçar. **Ex:** Transferir o espetáculo, a data de entrega.

transfiguração V. transformação.

transfigurar *vtd+vpr* transformar(-se), alterar(-se), mudar(-se).

transfixar *vtd* varar, perfurar, atravessar.

transformação *sf* **1** mudança, metamorfose, transfiguração. **2** alteração, modificação, variação.

transformar *vtd+vpr* **1** mudar(-se), metamorfosear(-se), transfigurar(-se). **Ex:** Transformar ferro em ouro, o criminoso em vítima; a larva transformou-se numa linda borboleta. *vtd* **2** alterar, modificar, variar. **Ex:** Transformar o ambiente. *vpr* **3** disfarçar-se, dissimular-se.

transformista *s m+f* travesti.

trânsfuga *s m+f* **1** *Mil.* desertor, traidor. **2** *Polít.* vira-casaca, oportunista. **3** *Rel.* apóstata.

transfúgio *sm* **1** *Mil.* deserção, traição. **2** *Polít.* oportunismo. **3** *Rel.* apostasia, abjuração.

transfugir *vti Mil.* desertar de, trair.

transfundir *vtd* **1** transvasar, decantar. **2** derramar, difundir, espalhar. *vpr* **3** transformar-se, metamorfosear-se, mudar-se.

transfusão *sf Med.* transfusão de sangue.

transgredir *vtd* **1** atravessar, ultrapassar, passar além de. **2** infringir, desrespeitar, desobedecer. **Ex:** Transgredir a lei, os regulamentos. **A:** respeitar.

transgressão *sf* infração, desrespeito, desobediência, violação. **A:** respeito.

transgressor *sm+adj* infrator.

transição *sf* **1** passagem, mudança, trânsito. **Ex:** A transição para a democracia. **2** trajetória, rota, trajeto.

transigência *sf* tolerância, condescendência, indulgência, contemporização. **A:** intransigência.

transigente *adj m+f* tolerante, condescendente, indulgente. **A:** intransigente.

transigir *vti+vi* **1** condescender, ceder, contemporizar. **Ex:** O pai não transige com suas rebeldias. **A:** opor-se. **2** conciliar, compor, harmonizar. **Ex:** Transigir interesses diversos.

transistor V. transístor.

transístor *sm Elet.* um tipo de dispositivo: transistor.

transitar *vtd+vti* percorrer, trilhar, passar por, caminhar por. **Ex:** Transitar os campos (ou pelos campos).

transitivo V. transitório.

trânsito *sm* **1** trajeto, percurso, rota. **2** passagem, mudança, trânsito. **Ex:** Trânsito da saúde para a enfermidade. **3** *EM SENTIDO GERAL* movimento, freqüência, circulação. **Ex:** Havia muito trânsito de vendedores ambulantes naquele dia. **4** *DE VEÍCULOS E PEDESTRES* tráfego, tráfico. **Ex:** Devemos obedecer às leis de trânsito. **5** acesso, aceitação. **Ex:** Ter trânsito na cúpula da administração; essa teoria tem trânsito entre os estudiosos das artes.

transitório *adj* **1** breve, passageiro, efêmero. **A:** duradouro. **2** mortal. **A:** imortal.

translação V. trasladação.

transladação V. trasladação.

transladar V. trasladar.

translado V. traslado.

transliterar *vtd* transcrever, representar. **Ex:** Transliterar um texto japonês no alfabeto português.

translúcido *adj* transparente, diáfano. **A:** opaco.

transluzir *vti+vi* **1** transparecer, mostrar-se. *vti* **2** concluir-se, deduzir-se. **Ex:** Transluz disso que todo o nosso esforço foi em vão.

vpr **3** manifestar-se, revelar-se, refletir-se. **Ex:** Em seu rosto transluzia-se a raiva que sentia do amigo.

transmigração *sf* **1** *ENTRE REGIÕES* mudança, passagem. **Ex:** Transmigração da Europa para o Brasil. **2** *Rel.* metempsicose.

transmigrar *vti+vi* **1** *ENTRE REGIÕES* mudar, passar. *vpr* **2** transferir-se, mudar-se, mudar. **Ex:** Transmigrou-se para outro estado.

transmissível *adj m+f DOENÇA* contagioso, contagiante.

transmissora *sf* estação (de rádio ou televisão).

transmitir *vtd* **1** transportar, conduzir. **2** *DOENÇAS* contagiar, passar, propagar. **Ex:** Transmitir gripe para alguém. **3** comunicar, notificar, contar. **Ex:** Transmitir notícias. **4** enviar, mandar, expedir. **Ex:** Transmitir uma mensagem. **A:** receber. **5** exalar, emitir, espirar. **Ex:** Estas flores transmitem um perfume suave. *vpr* **6** propagar-se, disseminar-se, difundir-se.

transmudar V. transmutar.

transmutar *vtd+vpr* **1** alterar(-se), modificar(-se), mudar(-se). **Ex:** O sofrimento transmutou-a. **2** transformar(-se), metamorfosear(-se), converter(-se). **Ex:** Os alquimistas queriam transmutar o ferro em ouro.

transparecer *vti* **1** mostrar-se, transluzir. *vi* **2** manifestar-se, revelar-se, refletir-se.

transparente *adj m+f* **1** diáfano, translúcido. **Ex:** Roupas transparentes. **A:** opaco. **2** claro, evidente, óbvio. **Ex:** É transparente a sua falta de preparo para o cargo. **A:** obscuro.

transpassar V. traspassar.

transpiração *sf* suor.

transpirar *vti* **1** exalar. **2** transparecer, revelar-se, manifestar-se. **Ex:** A sua incompetência transpira de suas declarações. *vti+vi* **3** divulgar-se, espalhar-se, difundir-se. **Ex:** A notícia transpirou rapidamente. *vi* **4** suar, exsudar.

transplantação V. transplante.

transplantar *vtd* **1** mudar, transferir, transportar. **Ex:** Transplantar uma roseira; os médicos transplantaram o coração da jovem para outro paciente. **2** traduzir, verter, trasladar. *vpr* **3** *Fam.* mudar-se, transferir-se, mudar. Ex: Transplantou-se para outro bairro.

transplante *sm Med.* transplantação. Ex: Transplante de fígado, de rins, de córneas.

transpor *vtd* **1** ultrapassar, exceder, transcender. Ex: Essa questão transpõe o conhecimento científico. **2** transferir, transmitir. **3** galgar, saltar, escalar. Ex: Transpor uma montanha, um muro. **4** inverter, deslocar, mover. **5** *OBSTÁCULOS* vencer. *vpr* **6** *ASTROS* pôr-se, esconder-se, desaparecer. Ex: O sol transpôs-se no horizonte.

transportação V. transporte.

transportar *vtd* **1** conduzir, levar, carregar. **2** *SENTIDO* transpor, inverter, mudar. **3** traduzir, verter, trasladar. *vtd+vpr* **4** extasiar(-se), arrebatar(-se), enlevar(-se). **A:** desanimar(-se). *vpr* **5** *MENTALMENTE* referir-se, remontar.

transporte *sm* **1** condução, carregamento, transportação. **2** êxtase, arrebatamento, enlevo.

transposição *sf* inversão, deslocamento, mudança, troca.

transtornar *vtd* **1** desordenar, desorganizar, perturbar. **A:** ordenar. **2** confundir, atrapalhar, estorvar. **3** desorientar, desencaminhar, corromper. **A:** regenerar. *vtd+vpr* **4** desfigurar(-se), demudar(-se), alterar(-se). **5** perturbar(-se), afligir(-se), inquietar (-se). **A:** acalmar(-se).

transtorno *sm* **1** desorganização, desarranjo, desordem. **A:** ordem. **2** contrariedade, decepção, contratempo. **3** *MENTAL* perturbação, aflição, inquietação. **A:** calma.

transubstanciar *vtd+vpr* transformar(-se), converter(-se), mudar(-se), metamorfosear(-se). Ex: Transubstanciar água em vinho.

transudar *vtd* **1** derramar, verter, despejar. *vti* **2** coar-se. **3** transparecer, transluzir, revelar-se. *vti+vi* **4** suar, transpirar, exsudar.

transvasar *vtd* decantar, trasfegar, *trasvasar*.

transvazar *vtd+vpr* entornar(-se), verter (-se), despejar(-se), derramar(-se).

transversal *adj m+f* **1** diagonal, oblíquo, atravessado, transverso. **A:** reto. **2** colateral, paralelo.

transverso V. transversal.

transverter *vtd* **1** transtornar, perturbar, desorganizar. **2** converter, transformar, mudar. **3** traduzir, verter, trasladar.

transviar *vtd+vpr* **1** extraviar(-se), desencaminhar(-se), desorientar(-se). **A:** orientar. **2** *MORALMENTE* corromper(-se), perverter(-se), perder(-se), depravar(-se).

transvio *sm* **1** extravio, descaminho, desorientação. **2** *MORAL* corrupção, perversão, depravação.

trapaça *sf* dolo, fraude, falcatrua, logro, trapaçaria.

trapaçaria V. trapaça.

trapacear *vtd+vi* fraudar, lograr, burlar, enganar.

trapaceiro *sm+adj* embusteiro, impostor, fraudador.

trapalhada *sf* **1** confusão, desordem, bagunça *gír.* **2** trapaça, embuste, fraude.

trapalhão *sm+adj* quem trabalha mal: porcalhão, porco.

trapeira *sf* **1** *PARA CAÇA* armadilha, arapuca. **2** água-furtada, lucerna, lucarna.

trapiche *sm* armazém, depósito.

trapo *sm* **1** farrapo, frangalho, andrajo. **2** esfregão, rodilha. * Estar um trapo: estar cansado, esgotado.

traque *sm* **1** estouro, estrépito. **2** *Vulg.* ventosidade, peido.

traquejado *part+adj* experiente, perito, conhecedor, exercitado. **A:** inexperiente.

traquejar *vtd* **1** perseguir, encalçar, seguir. **2** exercitar, praticar, treinar.

traquejo *sm Pop.* prática, experiência, vivência, exercício.

traquina V. traquinas.

traquinagem *sf* travessura, diabrura, arte, traquinice.

traquinas *s e adj m+f, sing+pl* travesso, buliçoso, arteiro, *traquina*. **A:** comportado.

traquinice V. traquinagem.

trás *adv* atrás, detrás, após, depois. *prep* atrás de, detrás de, após, depois de.

trasbordar V. transbordar.

traseira *sf* retaguarda; *DE VEÍCULO* rabeira. **A:** frente.

traseiro *sm* **1** *Pop.* nádegas *pl*, rabo *pop*, bumbum, bunda *vulg*. *adj* **2** posterior. **Ex:** Parte traseira. **A:** frontal.

trasfegar V. transvasar.

trasladação *sf* **1** translação, transporte, *transladação*. **2** tradução, versão. **3** *Ret.* metáfora.

trasladar *vtd* **1** transportar, levar, mudar, *transladar*. **2** traduzir, verter. **3** adiar, transferir, deferir. **4** copiar, transcrever, reproduzir, *transladar*. *vpr* **5** transferir-se, mudar-se, passar, *transladar-se*. **6** retratar-se, mostrar-se, manifestar-se, *transladar-se*.

traslado *sm* **1** translação, transporte, *translado*. **2** cópia, reprodução, transcrição. **3** modelo, exemplo. **4** retrato, imagem, figura.

trasorelho *sm Med.* caxumba, parotidite, orelhão.

traspassação V. traspasse.

traspassamento V. traspasse.

traspassar *vtd* **1** passar para além: *trespassar, transpassar*, transpor. **2** *DE LADO A LADO* varar, atravessar, transfixar, *trespassar*. **Ex:** Traspassar alguém com uma flecha. **3** magoar, afligir, atormentar. **4** transgredir, descumprir, violar, *transpassar*. **Ex:** Traspassar uma lei, os regulamentos. **5** traduzir, verter, transladar, *transpassar*. **Ex:** Traspassei estas poesias para nossa língua. **6** copiar, reproduzir. **7** ceder, transferir, transmitir. **Ex:** Traspassar um imóvel, um direito. **8** dar, entregar, *trespassar*. **Ex:** Traspassar a alguém o que lhe pertence. **9** esmorecer, fazer desmaiar.

traspasse *sm* **1** traspassação, traspassamento, *trespasse*, traspasso. **2** morte, falecimento. **3** subarrendamento, sublocação. **Ex:** O traspasse de um apartamento.

traspasso *sm* **1** V. traspasse. **2** agonia, tortura, tormento.

traste *sm* **1** móvel. **2** utensílio, objeto, peça (de uso doméstico). **3** *Pop. PESSOA* inútil, imprestável. **4** *Pop.* maroto, velhaco, tratante.

trasvasar V. transvasar.

tratado *sm* **1** *CIENTÍFICO, ARTÍSTICO* estudo, compêndio, ensaio. **Ex:** Um tratado de arquitetura; tratado sobre física moderna. **2** *INTERNACIONAL* pacto, acordo. **Ex:** O Tratado de Tordesilhas; os representantes da Itália e do Brasil assinaram um tratado de cooperação comercial. **3** trato, convenção, convênio.

tratamento *sm* **1** trato, convenção, convênio. **2** acolhimento, acolhida, recepção. **Ex:** Recebi um ótimo tratamento em sua casa. **3** *Med.* terapia, medicação. **Ex:** Tratamento para a bronquite. **4** alimentação, sustento. **5** título.

tratantada *sf* patifaria, velhacaria, safadeza, sacanagem.

tratante *s e adj m+f* patife, velhaco, safado, sacana.

tratar *vtd* **1** ajustar, combinar, pactuar. **Ex:** Tratar a compra de terrenos, o aluguel de uma casa. **2** alimentar, nutrir, dar de comer. **Ex:** Tratar os cães com comida especial. **3** acolher, receber, hospedar. **Ex:** Tratamos muito bem os visitantes. **4** debater, discutir, examinar. **Ex:** Trataremos esse importante assunto mais tarde. **5** *Quím.* por meio de um agente: modificar, transformar, alterar. **Ex:** Tratar uma substância com ácido. **6** praticar, usar, fazer uso de. **Ex:** Ela trata mexericos para prejudicar seus inimigos. *vtd+vti* **7** cuidar de, medicar, curar. **Ex:** Sempre tratou os (ou dos) enfermos com carinho. **8** conversar, freqüentar, conviver com. **Ex:** Ele só trata com pessoas de bom nível; não me agrada tratar pessoas falsas. **9** portar-se, comportar-se em relação a, proceder para com. **Ex:** Tratar bem ou mal as outras pessoas. **10** cuidar de, ocupar-se de, velar por. **Ex:** Cuidar dos assuntos da família. *vtd+vpr* **11** *TÍTULO, TRATAMENTO* dar(-se), chamar(-se) por. **Ex:** Dispense as formalidades, trate-me de "você"; tratam-se por "senhor", mas realmente não se respeitam. *vti* **12** *PESSOA* discorrer sobre, falar de, escrever de; *OBRA, TEXTO* referir-se a, concernir. **Ex:** O escritor trata dos problemas sociais; o livro trata da vida das abelhas. **13** esforçar-se por, empenhar-se em, cuidar de. **Ex:** Trate de estudar, porque não vou passar cola! *vpr* **14** cuidar-se, medicar-se, curar-se. **Ex:** Precisa se tratar. **15** alimentar-se, nutrir-se, comer.

tratável *adj m+f* gentil, cortês, sociável, afável. **A:** intratável.

trato *sm* **1** tratamento, cuidado. **Ex:** Trato da saúde, do corpo. **2** convivência, intimidade, familiaridade. **Ex:** Ter trato com a alta sociedade. **3** comportamento, conduta, temperamento. **Ex:** Pessoa de fino trato. **4** alimentação, sustento. **5** pacto, acordo, ajuste. **Ex:** Faremos um trato com os vizinhos. **6** cortesia, educação, gentileza. **Ex:** Receber os clientes com trato. **7** *DO TEMPO* decurso, passagem, decorrer. **8** distância, intervalo. **Ex:** O trato entre dois pontos.

trauma *sm* **1** *Med.* traumatismo. **2** *Psicol.* choque, abalo, comoção.

traumatismo V. trauma.

traumatizar *vtd* **1** *Psicol.* chocar, abalar. *vpr* **2** ferir-se, machucar-se.

trautear *vtd* **1** importunar, atormentar, aborrecer. **2** repreender, censurar, criticar. **3** burlar, enganar, ludibriar. *vtd, vti+vi* **4** cantarolar.

trava *sf* **1** travamento, travação. **2** e **3** V. travão. **4** *Fig.* impedimento, obstáculo, embaraço.

travação V. trava.

travado *part+adj* **1** gago, tartamudo. **2** encarniçado, renhido. **Ex:** Guerra travada.

travamento V. trava.

travanca *sf* impedimento, embaraço, obstáculo, empecilho.

travão *sm* **1** *DE VEÍCULO* freio, breque. **2** correia para amarrar os pés dos animais, impedindo-os de andar: peia, trava, entrave. **3** peça metálica presa às rédeas, inserida na boca dos animais de montaria ou tração: freio, truma.

travar *vtd* **1** *PEÇAS DE MADEIRA* encadear, pegar, prender. **2** *VEÍCULO* frear,

brecar, enfrear; *CAVALGADURA, ANIMAL DE TRAÇÃO* pear. **3** impedir, tolher, atrapalhar. **Ex:** Travar os movimentos. **4** *FIOS* entrelaçar, entretecer, entremear. **5** *CONVERSA, AMIZADE* principiar, começar, encetar. **6** obstruir, entupir, atravancar. **Ex:** Uma pedra travava a saída da caverna. **7** *LUTA, ETC.* disputar, empenhar-se em. **Ex:** Travar batalhas, discussões. *vtd+vti* **8** agarrar, segurar, pegar. **Ex:** Travar alguém pelo braço. *vtd+vpr* **9** cruzar(-se), encruzar(-se). **Ex:** Travar as pernas. *vti+vi* **10** amargar. **Ex:** Esta fruta trava.

trave *sf Constr.* viga.

través *sm* **1** esguelha, soslaio, viés. **2** flanco, lado, lateral. **3** *DE MADEIRA* travessa, viga. * De través: de lado, de esguelha.

travessa *sf* **1** *DE MADEIRA* través, viga. **2** *DA PORTA* verga, padieira. **3** rua estreita: beco, viela. **4** travessia, passagem cruzamento. **5** *Fer.* dormente.

travesseiro *sm* almofada, coxim.

travessia *sf* travessa, cruzamento, passagem.

travesso (é) *adj* **1** atravessado, enviesado, transversal. **A:** reto. **2** colateral, lateral. **3** oposto, contrário. **A:** favorável.

travesso (ê) *adj* traquinas, endiabrado, arteiro, irrequieto. **A:** comportado.

travessura *sf* traquinagem, diabrura, arte, maldade.

travesti *sm* **1** transformista. **2** *Por ext.* disfarce.

travo *sm* amargor, adstringência.

trazer *vtd* **1** conduzir, transportar. **A:** levar. **2** transmitir, enviar. **Ex:** A televisão traz informações. **3** acompanhar, guiar, encaminhar. **Ex:** Trouxe o filho para o hospital. **4** portar, carregar. **Ex:** Trazer um cheque. **5** dar, oferecer, ofertar. **Ex:** Trazer um presente para o amigo. **6** atrair, chamar. **Ex:** A briga trouxe os vizinhos para a janela. **A:** afastar. **7** ter (consigo), portar, levar. **Ex:** Ele traz sempre o bloquinho de anotações. **8** causar, acarretar, ocasionar. **Ex:** O dinheiro não traz felicidade. **9** apresentar, exibir, ostentar. **Ex:** Traz no rosto o frescor da juventude. **10** sentir, ter. **Ex:** Traz no coração a amargura. **11** usar, vestir, trajar.

Ex: A modelo traz um elegante vestido azul. **12** *POR TRANSMISSÃO* herdar, receber, obter. **Ex:** Seus filhos trazem muitas coisas dos avós.

trecho *sm* **1** *DE TEMPO* espaço, intervalo. **2** extensão, distância, pedaço. **Ex:** Um trecho de estrada asfaltada. **3** *DE OBRA LITERÁRIA* excerto, extrato, passagem.

treco *sm* **1** *Pop.* aquilo que não se sabe nomear: troço, trem. **2** mal-estar, indisposição, achaque. **A:** disposição.

trêfego *adj* **1** travesso, inquieto, buliçoso. **A:** quieto. **2** astuto, manhoso, ardiloso.

trégua *sf* **1** *Mil.* armistício, suspensão, interrupção (de hostilidades). **2** *DO TRABALHO* descanso, repouso, pausa. **3** férias *pl*.

treinador *sm Esp.* técnico.

treinamento V. treino.

treinar *vtd* **1** adestrar, exercitar, habilitar. **Ex:** Treinar atletas para a competição; treinar animais para o circo. *vi* **2** exercitar-se, praticar. **Ex:** Treinar para as Olimpíadas.

treino *sm* **1** treinamento, adestramento, exercícios *pl*. **2** *Por ext.* destreza, habilidade, rapidez.

treita V. treta.

treiteiro V. treteiro.

trejeito *sm* **1** gesto, movimento. **2** careta, momice, esgar. **3** prestidigitação. **4** tique.

trela *sf* **1** *Fig.* bate-papo, conversa, tagarelice. **2** *Fig.* liberdade, licença, permissão. **3** *Fig.* traquinagem, travessura, diabrura. ***** Dar trela: conversar com; dar confiança, dar liberdade. **Ex:** Deu trela para o estranho e precisou ouvir muita conversa fiada.

treler *vti* **1** tagarelar, parolar. *vi* **2** intrometer-se, meter-se, ingerir-se.

trem *sm* **1** *Fer.* comboio. **2** mobília, móveis *pl*. **3** bagagem, malas *pl*. **4** comitiva, séquito, cortejo. **5** *DE COZINHA* bateria, utensílios *pl*, apetrechos *pl*. **6** pessoa inútil: traste, imprestável. **7** carruagem. **8** roupa, traje, vestimenta. *sm pl* **9** coisas, objetos, trastes.

tremedeira V. tremor e tremura.

tremelicar *vi* tiritar, tremer.

tremelicoso V. trêmulo.

tremeluzir *vi LUZ* bruxulear, cintilar, tremular, tremer.

tremendo *adj* **1** horrível, terrível, horroroso. **2** formidável, espantoso, extraordinário. **3** respeitável.

tremer *vtd* **1** estremecer, sacudir, balançar. **Ex:** A explosão tremeu a terra. **2** recear, temer. **Ex:** Treme o futuro. *vti+vi* **3** tiritar. **Ex:** Tremer de frio; tremer de susto. **4** abalar-se, estremecer, agitar-se. *vi* **5** *BANDEIRA* tremular, ondular, ondear. **6** *LUZ* bruxulear, cintilar, tremeluzir.

tremido *sm* **1** tremor, tremura, tremedeira. *pop. part+adj* **2** trêmulo, vacilante, hesitante. **3** *Fam.* arriscado, perigoso, duvidoso.

tremor *sm* **1** tremura, tremedeira *pop*, tremido. **2** temor, medo, receio. ***** Tremor de terra: terremoto, sismo, abalo sísmico.

tremular *vtd* **1** mover, agitar, vibrar. **Ex:** O soldado tremulava uma bandeira branca. *vi* **2** agitar-se, mexer-se, vibrar. **Ex:** O estandarte do inimigo tremulava ao longe. **3** *LUZ* bruxulear, cintilar, tremeluzir. **4** hesitar, vacilar, titubear. **A:** decidir-se. **5** *SOM* ressoar, vibrar, ecoar.

trêmulo *adj* **1** que treme: tremelicoso. **2** hesitante, vacilante, indeciso. **A:** decidido. **3** *LUZ* bruxuleante, cintilante, tremeluzente.

tremura *sf* **1** tremor, tremedeira *pop. sf pl* **2** angústias, aflições, transes. **3** susto *sing*, sobressalto *sing*.

trepada *sf* **1** encosta, declive, ladeira. **2** *Vulg.* cópula carnal: transa *gír*, coito, bimbada *vulg*.

trepanação *sf Cir.* perfuração de um osso: trépano. **Ex:** Trepanação do crânio.

trépano V. trepanação.

trepar *vtd, vti+vi* **1** subir, alçar-se, içar-se. **A:** descer. *vti+vi* **2** *Vulg.* copular, transar *gír*, fazer amor com. *vti+vi* **3** diz-se de plantas: ascender, subir.

trepidar *vti+vi* **1** hesitar, vacilar, titubear. **Ex:** Nunca trepida quando precisa tomar uma decisão; trepidei em aceitar a proposta. **A:** decidir-se. *vi* **2** tremer, estremecer, vibrar. **Ex:** O piso trepida quando caminhamos; o carro está trepidando muito. **3**

DE MEDO, SUSTO tremer. **Ex:** Trepidou ao ver o assassino.

tréplica *sf* resposta, redargüição.

treplicar *vtd+vi* **1** responder, retrucar, redargüir. *vtd* **2** refutar, rebater, contestar.

tresandar *vtd* **1** fazer recuar: desandar. **2** confundir, perturbar, transtornar. *vti+vi* feder, cheirar mal, exalar (mau cheiro). **Ex:** Tresandar a alho; aquele lugar tresandava.

tresdobrar *vtd* **1** triplicar. *vi* **2** triplicar-se.

tresdobro *sm* triplo.

tresloucado *sm+adj* desvairado, louco, maluco, demente. **A:** sensato.

tresloucar *vtd+vi* desvairar(-se), enlouquecer, amalucar(-se), alucinar(-se).

tresmalhar *vtd* **1** afugentar, dispersar, espalhar. **A:** juntar. *vi+vpr* **2** dispersar-se, espalhar-se, fugir. **3** perder-se, extraviar-se, desgarrar-se.

trespassar V. traspassar.

trespasse V. traspasse.

tresvariado *adj* delirante, alucinado, insano, desvairado. **A:** sensato.

tresvariar *vi* delirar, desvairar-se, tresloucar, alucinar-se.

tresvario *sm* delírio, desvario, alucinação, desatino. **A:** sensatez.

treta *sf* **1** *Esgr.* destreza, treita. **2** ardil, artimanha, sutileza, treita.

treteiro *sm+adj* **1** ardiloso, astucioso, astuto, treiteiro. **A:** simplório. **2** encrenqueiro, brigão.

trevas *sf pl* **1** escuridão *sing*, caligem *sing*. **A:** luz. **2** noite *sing*. **3** ignorância *sing*. **4** inferno *sing*, abismo *sing*.

tríada V. tríade.

tríade *sf* **1** trindade, trio, trinca, *tríada*. **2** *Mús.* acorde de três sons: *tríada*.

triangular *adj m+f* trígono.

triângulo *sm* **1** *Geom.* trígono. **2** *Fig.* triângulo amoroso.

tribofe *sm* **1** *Gír.* conchavo (em corrida de cavalos). **2** trapaça, falcatrua, fraude.

tribulação *sf* aflição, adversidade, sofrimento, amargura.

tribuna *sf* **1** púlpito. **2** palanque. **3** *Fig.* eloqüência, oratória.

tribunal *sm* **1** foro, fórum. **2** conselho, júri, jurados *pl*.

tribuno *sm* orador.

tributar *vtd* **1** taxar. **2** dedicar, prestar, render. **Ex:** Tributar homenagens aos veteranos. *vpr* **3** contribuir, cotizar-se, quotizar-se.

tributário *sm* **1** *Geogr.* RIO afluente. **2** contribuinte. **3** vassalo, dependente, subordinado. **Ex:** Estado tributário de um império.

tributo *sm* **1** imposto, taxa. **2** contribuição. **3** homenagem, honra, cortesia. **Ex:** Prestar tributos a alguém.

tricotar *vi* tricotear, fazer tricô.

tricotear V. tricotar.

trigal *sm* *Agr.* seara.

trigueiro *adj* moreno, bronzeado, amorenado, triguenho. **A:** pálido.

triguenho V. trigueiro.

trilar V. trinar.

trilateral *adj m+f* que tem três lados: trilátero.

trilátero V. trilateral.

trilha *sf* **1** rastro, vestígio, rasto, pista. **Ex:** Os caçadores seguiram a trilha da onça. **2** vereda, senda, trilho. **Ex:** Esta trilha vai dar na beira do rio. **3** exemplo, modelo, norma. **Ex:** Seguiremos a trilha dos mais sábios.

trilhado *part+adj* **1** trivial, banal, comum. **2** notório, conhecido, sabido.

trilhar *vtd* **1** *Agr.* debulhar, esbagoar. **2** *Agr.* moer, triturar, macerar. **3** pisar, bater, calcar. **4** percorrer, andar por, palmilhar; *NAVIO* navegar. **Ex:** Trilhar caminhos perigosos; trilhar os sete mares. **5** *EXEMPLO, NORMA* seguir.

trilho *sm* **1** trilha, vereda, senda. **2** norma, exemplo, modelo. **3** *Fer.* carril. **4** rasto, rastro, trilha.

trilo V. trino.

trilogia V. trio.

trimestral *adj m+f* trimestre.

trimestre V. trimestral.

trinado V. trino.

trinar *vtd+vi* gorjear, gargantear, trilar, cantar.

trinca *sf* **1** rachadura, fenda, fresta. **2** arranhão. **3** trio, tríade, trindade.

trincado *part+adj Fig.* malicioso, esperto, malandro, ardiloso.

trincar *vtd* 1 *COM OS DENTES* cortar, partir, apertar. 2 morder, abocanhar, dentar. *vtd+vi* 3 *Pop.* comer, mastigar, petiscar. 4 cortar, picar, recortar. **Ex:** Trincar papéis. *vi* 5 estalar, rachar, quebrar-se. **Ex:** O vaso trincou. 6 tinir, tilintar. *vpr* 7 desesperar-se, zangar-se, irar-se.

trincha *sf* 1 pincel (largo). 2 pedaço, fatia, posta. **Ex:** Uma trincha de frango.

trinchar *vtd CARNE* fatiar, cortar, partir.

trincheira *sf* 1 *Mil.* entrincheiramento, tranqueira; *PROVISÓRIA* barricada; *DE PAUS* estacada, barreira. 2 *Fig.* proteção, abrigo, reduto.

trinco *sm* 1 ferrolho, fecho, tarjeta. 2 estalo, estalido (com os dedos). 3 *Fig.* luxo, esmero, requinte.

trindade V. trio.

trino *sm* trinado, gorjeio, trilo, garganteio.

trintão V. trintenário.

trintenário *sm+adj* trintão *pop.*

trio *sm* trinca, trindade, trilogia, tríade.

tripa *sf DE ANIMAL* intestino.

tripé V. tripeça.

tripeça V. tripé.

triplicar *vtd, vi+vpr* tresdobrar.

tríplice V. triplo.

triplo *num* 1 tríplice. *sm* 2 tresdobro.

tripudiar *vi* 1 sapatear, dançar, bailar. 2 exultar, alegrar-se, regozijar-se. *vti+vi* 3 *EM CRIME, IMORALIDADE* chafurdar, atolar-se, viver em. **Ex:** Tripudia numa vida de devassidão.

tripúdio *sm* 1 dança, sapateado. 2 libertinagem, devassidão, sem-vergonhice. **A:** pureza.

tripulação *sf Náut.* e *Aeron.* equipagem, guarnição.

tripulante *s* e *adj m+f Náut.* marinheiro, marujo, marítimo.

tripular *vtd* 1 *Náut.* e *Aeron.* equipar. 2 *Náut.* e *Aeron.* pilotar, dirigir.

triscado *adj Pop.* embriagado, bêbedo, chumbado, ébrio. **A:** sóbrio.

triscar *vti+vi* 1 discutir, brigar, questionar. 2 fofocar, mexericar, intrigar. *vi* 3 roçar, resvalar.

trissilábico V. trissílabo.

trissílabo *adj Gram.* que tem três sílabas: trissilábico.

triste *adj* 1 tristonho, melancólico, jururu. **A:** alegre. 2 pesaroso, magoado, sentido. 3 deprimido. 4 sombrio, obscuro. 5 lúgubre, sinistro, funesto. **A:** alegre. 6 lastimoso, choroso. 7 insignificante, ridículo, mesquinho. **A:** generoso. 8 *Fig.* mau, genioso, ruim. **Ex:** Esse menino é triste, nunca obedece aos pais.

tristeza *sf* 1 infelicidade, melancolia. **A:** alegria. 2 pesar, mágoa, aflição. 3 depressão.

tristonho *adj* 1 V. triste. 2 medonho, tétrico, lúgubre.

triturar *vtd* 1 moer, pulverizar, macerar. 2 bater em, surrar, espancar. 3 afligir, angustiar, magoar. 4 destruir, arrasar, aniquilar.

triunfador V. triunfante.

triunfante *adj m+f* 1 vencedor, vitorioso, triunfador. 2 apoteótico, glorioso. **Ex:** Entrada triunfante. 3 alegre, radiante, esfuziante. 4 esplendoroso, pomposo, faustoso.

triunfar *vti+vi* 1 vencer, ganhar, prevalecer. **A:** perder. 2 exultar, alegrar-se. **Ex:** Triunfava pelo sucesso na disputa. 3 vangloriar-se, gloriar-se, jactar-se. **Ex:** Triunfar de suas habilidades.

triunfo *sm* 1 vitória, êxito. **A:** derrota. 2 júbilo, alegria, regozijo. 3 apoteose, glória. 4 esplendor, pompa, fausto. 5 *EM DISPUTA* superioridade, vantagem. **A:** desvantagem. 6 aclamação, ovação, aplauso. **A:** vaias *pl.*

trivial *sm* 1 comida caseira. *adj m+f* 2 comum, corriqueiro, banal. **Ex:** Assunto trivial. 3 medíocre, baixo, ordinário. 4 usado, corrente.

triz *sm* quase nada. * Por um triz: por pouco, por um fio.

troada *sf* estrondo, estouro, estrépito, troar.

troar *sm* 1 V. troada. *vi* 2 estrondear, retumbar, ressoar. 3 bradar, gritar, clamar. **Ex:** Troar contra a injustiça.

troca *sf* 1 permuta, barganha. 2 confusão. **Ex:** A troca dos nomes das pessoas sempre traz problemas. 3 transformação, alteração, mudança. 4 substituição. **Ex:** Gastei muito com a troca das peças do carro.

troça sf 1 Pop. zombaria, mofa, gozação, escárnio. 2 farra, pândega, orgia. 3 PESA-DA gracejo, chalaça.

trocadilho sm jogo de palavras, equívoco.

trocado V. troco.

trocador sm cobrador de ônibus.

trocar vtd 1 permutar, barganhar, cambiar. Ex: Quero trocar estes livros por algo de meu interesse. 2 confundir, misturar. Ex: Trocar os nomes das pessoas. 3 converter, transformar, alterar. vtd+vti 4 substituir, mudar. Ex: Trocar um namorado pelo outro. vpr 5 vestir-se, mudar de roupa. Ex: Trocar-se para ir a uma festa.

troçar vtd+vti 1 zombar, gozar, escarnecer. 2 gracejar, chalacear.

trocista s e adj m+f zombeteiro, gozador, brincalhão, escarnecedor.

troco sm 1 trocado, níquel, dinheiro miúdo. 2 Fam. resposta, revide, réplica. Ex: Ela me ofendeu, mas dei-lhe o troco. 3 troca, permuta, barganha.

troço (ó) sm 1 Pop. coisa, joça gír. negócio pop. 2 IMPRESTÁVEL traste, porcaria. 3 Pop. desmaio, xilique pop, faniquito fam.

troço (ô) sm 1 pau. 2 DE PESSOAS grupo, multidão, bando. 3 Vulg. cocô inf e pop, excremento, fezes pl.

troféu sm 1 despojos pl, presa, espólio (do inimigo vencido). 2 sinal de vitória: taça, medalha. 3 vitória, triunfo, êxito. A: fracasso.

trole sm carruagem.

trólebus sm sing+pl ônibus elétrico.

tromba sf 1 Zool. focinho, focinheira. 2 Entom. sugadouro, sugador, língua. Ex: As borboletas possuem tromba. 3 Ant. trombeta, trompa. 4 Fig. Pej. cara, nariz.

trombada sf colisão, batida, choque, encontrão.

trombar vi colidir, bater, chocar-se, esbarrar.

trombeta sf Mús. trompa, corneta, clarim.

trombetear vtd 1 apregoar, alardear, gabar-se de. Ex: Fica trombeteando seus próprios méritos. vi 2 tagarelar, papear, parolar.

trombicar-se V. trumbicar-se.

trombudo adj carrancudo, mal-encarado, emburrado, aborrecido. A: risonho.

trompa sf 1 Mús. trombeta, corneta, clarim. 2 Anat. trompa de Falópio.

tronco sm 1 Bot. caule, fuste, haste. 2 Bot. cepo, cepa. 3 Anat. corpo. 4 estirpe, linhagem, progênie. Ex: O tronco dos reis da Espanha. 5 Náut. mastro, árvore. adj 6 truncado, mutilado. 7 estúpido, bronco, grosso.

troncudo adj robusto, forte, corpulento, atlético. A: franzino.

trono sm Fig. autoridade, poder, domínio, comando.

tropa sf 1 Mil. exército, soldados pl. 2 multidão, bando, aglomeração. 3 ANIMAIS DE CARGA caravana.

tropeção sm topada, tropição.

tropeçar vti+vi 1 COM O PÉ topar, esbarrar, tropicar. vti 2 errar. Ex: Tropeçaram em várias questões da prova. 3 cair, incorrer, incidir (em erro). 4 hesitar, vacilar, titubear. A: decidir-se.

tropeço sm Fig. dificuldade, obstáculo, embaraço, empecilho.

trôpego adj coxo, manco, capenga, manquitola.

tropel sm 1 multidão, aglomeração, turba. 2 balbúrdia, confusão, tumulto, tropelia. A: ordem. 3 estrépito, barulho, ruído.

tropelia sf 1 V. tropel. 2 ardil, artimanha, truque. 3 traquinagem, travessura, arte.

tropical adj m+f CALOR abrasador, tórrido, intenso, senegalesco.

tropição V. tropeção.

tropicar V. tropeçar.

trote sm POR TELEFONE, DE ESTUDANTES zombaria, brincadeira, gozação, troça.

trouxa sf 1 DE ROUPAS fardo, pacote, embrulho. s e adj m+f 2 tolo, ingênuo, otário.

trova sf 1 cantiga, canção. 2 quadra popular.

trovador sm menestrel, bardo.

trovão sm 1 trovoada, trovejar. 2 estrondo, estampido, ribombo.

trovar vtd+vi cantar, poetar.

trovejar sm 1 trovão, trovoada. 2 estrondo, estampido, ribombo. vtd 3 trovoar, gritar, berrar. vi 4 trovoar, estrondear, ribombar. 5 gritar, berrar, bradar.

trovoada *sf* 1 trovão. 2 tempestade com trovões. 3 estrondo, ribombo, estampido. 4 discussão, bate-boca, altercação. 5 algazarra, gritaria, berreiro.

trovoar V. trovejar.

truanice *sf* palhaçada, bufonaria, farsa, arlequinada.

truão *sm* 1 bufão, palhaço, saltimbanco. 2 bobo, bobo da corte.

trucidar *vtd* massacrar, chacinar, assassinar.

truco V. truque.

truculência *sf* violência, atrocidade, crueldade, ferocidade. **A:** bondade.

truculento *adj* violento, atroz, cruel, feroz. **A:** bondoso.

trumbicar-se *vpr* *Pop. trombicar-se*, estrepar-se, dar-se mal, quebrar a cara.

truncado *part+adj* incompleto, mutilado, inacabado, cortado.

truncar *vtd* 1 decepar, cortar. 2 mutilar. 3 *PARTE DE UMA OBRA* omitir.

trunfo *sm* 1 *Fam.* pessoa importante ou influente: figurão, mandachuva. 2 *Fig.* vantagem.

truque *sm* 1 *JOGO DE CARTAS truco.* 2 ardil, artimanha, golpe.

tu *pron pes* você.

tubagem V. tubulação.

tubarão *sm* 1 *Ictiol.* esqualo. 2 comerciante ganancioso: explorador, aproveitador.

tuberculose *sf* *Med.* tuberculose pulmonar, tísica, hética.

tuberculoso *sm+adj* *Med.* tísico, hético.

tubiforme V. tubular.

tubo *sm* 1 cano, ducto. 2 *Anat.* canal, conduto, ducto.

tubulação *sf* tubagem.

tubulado V. tubular.

tubular *adj m+f* tubiforme, tubulado, tubuloso.

tubuloso V. tubular.

tudo *pron indef* todas as coisas, a totalidade. **A:** nada.

tufão *sm* furacão, vendaval, ciclone.

tufar *vi+vpr* 1 inchar, estufar, intumescer. **A:** desinchar. *vi* 2 amuar-se, emburrar, zangar-se. *vi+vpr* 3 envaidecer-se, orgulhar-se, inchar-se. **A:** envergonhar-se.

tufo *sm* 1 *DE PLANTAS* touceira; *DE PÊLOS* floco, porção. 2 proeminência, montículo, saliência.

tugúrio *sm* 1 casebre, maloca, tapera. **A:** palacete. 2 refúgio, abrigo, esconderijo.

tuiuiú *sm* *Ornit.* jaburu.

tule *sm* filó.

tulha *sf* celeiro, paiol, granel.

tumba *sf* 1 sepultura, sepulcro, túmulo. 2 caixão, esquife, féretro.

tumefacto *adj* inchado, intumescido, estufado, *tumefato.*

tumefato V. tumefacto.

tumefazer *vtd+vpr* inchar(-se), intumescer(-se), estufar(-se), tumeficar(-se). **A:** desinchar(-se).

tumeficar V. tumefazer.

tumidez *sf* 1 inchação, intumescimento. 2 proeminência, saliência, elevação.

túmido *adj* 1 intumescido, inchado, túrgido. 2 vaidoso, orgulhoso, arrogante.

tumor *sm* *Med.* inchaço, inchação, cisto, abscesso.

tumular *vtd* 1 sepultar, enterrar, inumar. **A:** exumar. *adj m+f* 2 sepulcral. **Ex:** Pedra tumular. 3 *Fig.* triste, fúnebre, sombrio. **A:** alegre.

túmulo *sm* sepulcro, sepultura, jazigo, cova.

tumulto *sm* 1 alvoroço, rebuliço, barafunda. 2 confusão, desordem, agitação. **A:** ordem. 3 discórdia, rixa, divergência. 4 *MORAL* inquietação, nervosismo, perturbação. **A:** calma.

tumultuar *vtd* 1 agitar, amotinar, alvoroçar. *vi* 2 agitar-se, amotinar-se, alvoroçar-se. 3 efervescer, revolver-se, ferver. **Ex:** Em sua mente tumultuavam os desejos de vingança. 4 *CONFUSAMENTE* disseminar-se, espalhar-se, expandir-se.

tumultuário *adj* 1 ruidoso, barulhento. 2 desordenado, confuso, desconexo. **Ex:** Pensamentos tumultuários. 3 amotinado, sublevado, rebelado. **Ex:** Os camponeses tumultuários preocupavam os latifundiários. 4 agitado, revolto, transtornado.

tunda *sf* 1 sova, surra, espancamento. 2 crítica, censura, reprovação severa.

túnel *sm* passagem subterrânea.

tungada *sf* choque, pancada, batida, golpe.

tungar *vtd* **1** agredir, surrar, espancar. **2** enganar, ludibriar, iludir. *vi* **3** teimar, cismar, porfiar.

tungstênio *sm Quím.* volfrâmio.

túnica *sf Anat.* e *Bot.* membrana, envoltório, invólucro, camada externa.

tupinambá *sm Fig.* chefão, mandachuva.

tupiniquim *s e adj m+f Hum.* brasileiro.

turba *sf* **1** multidão, aglomeração. **2** povo, massas *pl*, população.

turbante *sm FEMININO* touca, toucado.

turbar *vtd* **1** desordenar, revolver, revirar. **2** *O JUÍZO* perturbar, transtornar, confundir. *vtd+vpr* **3** turvar(-se), escurecer(-se), toldar(-se). **4** perturbar(-se), afligir(-se), inquietar(-se).

turbilhão *sm* **1** *DE AR* redemoinho, torvelinho, rodamoinho. **2** *DE ÁGUA* redemoinho, voragem, sorvedouro. **3** tropel, tropelia.

turbilhonar *vi* redemoinhar, remoinhar.

turbulência *sf* **1** alvoroço, reboliço, arruaça. **2** agitação, inquietação, preocupação. **A:** tranqüilidade.

turbulento *adj* **1** agitado, inquieto, irrequieto. **A:** tranqüilo. **2** revoltoso, amotinado, sublevado. **Ex:** A multidão turbulenta invadiu o palácio.

turco *sm+adj* **1** otomano. **2** *Pop. Impr.* árabe, sírio.

turfe *sm* **1** *LOCAL* hipódromo, prado, pista. **2** *ESPORTE* hipismo.

turgescência V. turgidez.

turgescente V. túrgido.

turgidez *sf* turgescência, tumidez, inchação, intumescimento.

túrgido *adj* turgescente, túmido, inchado, intumescido.

turíbulo *sm Rel.* incensório.

turma *sf* **1** *EM GERAL* gente, pessoal, galera *gír.* **2** *ESTUDANTES* classe, sala. **3** *TRABALHADORES* turno. **Ex:** A turma da manhã acaba de chegar à fábrica. **4** multidão, bando, massa.

turno *sm* **1** *TRABALHADORES* turma. **2** *Por ext. DE ESCOLA* período. **Ex:** Estudo no turno da noite. **3** ordem, vez, hora. **Ex:**

Vamos vigiar o acampamento em três turnos.

turra *sf* **1** testada, pancada (com a testa). **2** teima, teimosia, cisma. **A:** docilidade. **3** altercação, briga, disputa. *sm+adj* **4** turrão, teimoso, cabeçudo.

turrão V. turra.

turrar *vti+vi* **1** altercar, brigar, discutir. *vi* **2** teimar, caturrar. **3** *Fam.* marrar, bater com a testa.

turvação *sf* **1** turvamento, turvo. **2** perturbação, aflição, inquietação. **A:** serenidade.

turvamento V. turvação.

turvar *vtd+vpr* **1** escurecer(-se), toldar(-se), embaciar(-se). **A:** clarear. **2** perturbar(-se), afligir(-se), transtornar(-se).

turvo *sm* **1** V. turvação. *adj* **2** opaco. **A:** cristalino. **3** baço, embaciado. **A:** brilhante. **4** *CÉU* nublado, encoberto, enevoado. **A:** claro. **5** perturbado, agitado, inquieto. **A:** sereno. **6** confuso, atônito, perplexo.

tuta-e-meia V. tutaméia.

tutaméia *sf Fam.* mixaria, ninharia, bagatela, tuta-e-meia. **Ex:** Comprei esta calça por uma tutaméia.

tutano *sm* **1** *Anat.* medula, miolo (dos ossos). **2** *Fig.* essência, âmago, íntimo. **3** *Fig. Fam.* inteligência. **Ex:** Esse tem tutano: conseguiu convencer o pai.

tutela *sf* **1** *Dir.* tutoria. **Ex:** Estar sob a tutela dos pais. **2** amparo, proteção, abrigo. **Ex:** Ficou sob a tutela dos amigos. **3** dependência, sujeição vexatória. **Ex:** Impuseram tutela aos vencidos.

tutelar *vtd* **1** *Dir.* tutorar. **2** amparar, proteger, abrigar. *adj m+f* protetor, defensor.

tutor *sm* **1** *Dir.* curador. **2** protetor, defensor, patrono.

tutorar V. tutelar.

tutoria V. tutela.

tutu *sm* **1** ungüi. **2** *Pop.* dinheiro, grana *gír.*

tuxaua *sm* **1** cacique, morubixaba. **2** *Pej.* chefão, mandachuva, chefe político.

tzar *sm czar.*

tzarina *sf czarina.*

tzarismo *sm czarismo.*

U

ubá *sf* igara, canoa, bote, barco.

uberdade *sf* 1 *DA TERRA* fertilidade, fecundidade, produtividade. **A:** infertilidade. 2 abundância, fartura. **A:** escassez. 3 riqueza, opulência. **A:** pobreza.

úbere *sm* 1 *DE ANIMAIS* teta, *úbero, ubre*. *adj m+f* 2 fértil, fecundo, produtivo. **A:** infértil. 3 abundante, farto, copioso. **A:** escasso. 4 rico, opulento. **A:** pobre.

úbero V. úbere.

ubiquação V. ubiqüidade.

ubiqüidade *sf* onipresença, ubiquação.

ubíquo *adj* onipresente.

ubre V. úbere.

uca *sf Gír.* aguardente, caninha, cachaça, pinga.

ufanar *vtd* 1 envaidecer, desvanecer. 2 alegrar, rejubilar, regozijar. *vpr* 3 envaidecer-se, orgulhar-se, gloriar-se. 4 alegrar-se, rejubilar-se, regozijar-se.

ufania *sf* vaidade, orgulho, desvanecimento.

ufano *adj* 1 vaidoso, envaidecido, desvanecido, ufanoso. 2 brioso, soberbo, altivo.

ufanoso V. ufano.

uiara V. iara.

uivar *sm* 1 uivo, ululo. *vi* 2 uivar, ulul020. 3 *Fig.* gritar, berrar, esbravejar.

uivo *sm* 1 uivar, ululo. 2 grito, berro, vociferação.

úlcera *sf* 1 *Med.* ulceração. 2 *Por ext. Pop.* chaga, ferida. 3 *Fig. MORAL* pecado, mácula, mancha.

ulcerar *vtd* 1 chagar. 2 *Fig.* magoar, afligir, atormentar. 3 *Fig.* corromper, perverter, adulterar. *vi+vpr* chagar-se.

ulmo *sm Bot.* olmo, olmeiro.

ulterior *adj m+f* posterior, seguinte, futuro, próximo. **A:** anterior.

ultimar *vtd* 1 terminar, acabar, concluir. **A:** começar. 2 *NEGÓCIO* fechar, ajustar, combinar. **A:** desfazer. *vpr* 3 terminar, acabar, concluir-se.

últimas *sf pl* 1 limite *sing*, extremo *sing*. 2 penúria *sing*, miséria *sing*, indigência *sing*. 3 momento decisivo *sing*, hora H *sing*. 4 agonia *sing*. 5 *Pop.* novas, novidades, notícias recentes. * Estar nas últimas: estar moribundo; estar na miséria.

último *adj* 1 final, derradeiro. **Ex:** A última vez. **A:** primeiro. 2 extremo. **Ex:** O último recurso. 3 moderníssimo, recentíssimo. **Ex:** Automóvel último tipo. **A:** arcaico. 4 restante. 5 atual, presente, de hoje. **Ex:** Última moda. 6 definitivo, decisivo, irrevogável. **Ex:** Última decisão.

ultrajar *vtd* 1 ofender, afrontar, insultar. 2 difamar, caluniar, infamar.

ultraje *sm* 1 ofensa, afronta, insulto. 2 difamação, calúnia.

ultramar *sm+adv* 1 além-mar. *sm* 2 azul ultramar.

ultrapassar *vtd* 1 transpor, superar, atravessar. 2 *LIMITES* exceder, extrapolar, sair de.

ultra-sônico *adj Fís.* supersônico.

ululação V. ulular.

ulular *sm* 1 uivo, ululo, ululação. *vtd* 2 *Fig.* gritar, berrar, clamar. *vi* 3 uivar, ganir. 4 *Fig.* gemer, lamentar-se, lastimar-se.

ululo V. ulular.

um *num* 1 primeiro. *art ind m* 2 algum, qualquer. **Ex:** Um rato roeu minhas roupas. 3 certo, determinado. **Ex:** Um dia, voltaram para casa. *adj* 4 uno, único, singular. *pron ind* 5 alguém, alguma pessoa. **Ex:** Ouvi dizer que um permaneceu lutando até o fim.

umbela *sf* 1 guarda-chuva, sombrinha, chapéu. 2 *Bot. umbrela*.

umbigo *sm Anat.* embigo.

umbral *sm* 1 *DE PORTA OU JANELA* batente, ombreira. 2 entrada, portal, porta.

umbrela V. umbela.

umbroso *adj* 1 sombrio, sombroso, sombreado. **A:** claro. 2 copado, frondoso, frondejante. **Ex:** Árvore umbrosa.

umectar *vtd Med.* umedecer, molhar.

umedecer *vtd+vpr* molhar(-se), banhar(-se), embeber(-se).

umidade *sf* 1 aquosidade. 2 relento, sereno, orvalho.

úmido *adj* 1 aquoso. 2 orvalhado, molhado.

unânime *adj* 1 geral, universal, coletivo. **A:** particular. 2 uniforme, uníssono, concorde. **A:** discordante.

unanimidade *sf* 1 generalidade, universalidade. 2 uniformidade, concordância, consonância. **A:** discordância.

undécimo *num* décimo primeiro; *FRAÇÃO* onze avos.

ungir *vtd+vpr* 1 untar(-se). *vtd* 2 friccionar, esfregar, fomentar. 3 sagrar, consagrar. 4 molhar, umedecer, umectar. **A:** secar.

ungüento *sm Farm.* emplasto, emplastro, *ingüento*.

ungüi *sm Pop. COMIDA* tutu.

úngula *sf Anat.* unha.

unha *sf* 1 *Anat.* úngula. 2 de certos animais: casco; *DE AVE DE RAPINA* garra, gadanho; *DE CARANGUEJO* pé, pata. 3 calo, calosidade, unhamento, pisadura (dos arreios). *sf pl* 4 *Fig.* garras *fig*, poder, domínio. **Ex:** Cair nas unhas dos ladrões.

unhaca *s m+f Pop.* avarento, sovina, mesquinho, pão-duro.

unhaço V. unhada.

unhada *sf* arranhão, unhaço.

unha-de-fome *sm Pop.* pão-duro, avarento, sovina, mesquinho. **A:** mão-aberta.

unhar *vtd* 1 arranhar, ferir (com as unhas). 2 *Fig.* roubar, afanar, furtar. *vi* 3 *Gír.* fugir, dar no pé. *vpr* 4 arranhar-se, ferir-se.

união *sf* 1 junção, ligação, reunião, ajuntamento. **A:** desunião. 2 adesão, harmonia, concórdia. **A:** discórdia. 3 casamento, matrimônio, consórcio. 4 *DE ANIMAIS* cópula, coito. 5 aliança, pacto, acordo. 6 laço,

vínculo, ligação. 7 sociedade, reunião, associação.

único *adj* 1 singular, só, uno, um. **A:** múltiplo. 2 excepcional. 3 inigualável. 4 curioso, original, diferente.

unicolor *adj m+f* monocromático, monocromo. **A:** multicor.

unidade *sf* 1 número um. 2 uniformidade, homogeneidade, conformidade. **A:** heterogeneidade. 3 união, coesão. **Ex:** A unidade de todos os esforços para um fim comum. **A:** desunião.

unificar *vtd+vpr* unir(-se), juntar(-se), reunir(-se).

uniforme *sm* 1 farda, fardamento. *adj* 2 simples, homogêneo. **A:** composto. 3 idêntico, igual, semelhante. **A:** diferente. 4 invariável, imutável, regular. **Ex:** Movimento uniforme. **A:** mutável. 5 *NO TOM* monótono. **A:** variado.

uniformidade *sf* 1 simplicidade, homogeneidade. **A:** heterogeneidade. 2 igualdade, semelhança, parecença. **A:** diferença. 3 imutabilidade, regularidade. **A:** mutabilidade. 4 *DE TOM* monotonia. **A:** variação.

uniformizar *vtd+vpr* 1 igualar(-se), padronizar(-se). **A:** variar. 2 fardar(-se), vestir (-se).

unigênito *sm* 1 filho único. 2 (*em maiús.*) Cristo.

unir *vtd* 1 unificar. 2 ligar, juntar. 3 anexar, agregar, incluir. 4 aproximar, ajuntar. 5 conciliar, harmonizar. 6 associar. 7 casar. 8 colar, grudar, pregar. 9 comunicar, ligar. 10 *Quím.* combinar, reagir. *vi* 11 fechar, aderir, juntar. *vpr* 12 unificar-se. 13 ligar-se. 14 aproximar-se. 15 conciliar-se, harmonizar-se. 16 associar-se. 17 casar-se, desposar-se.

unissonância *sf* 1 conformidade, harmonia, uniformidade. 2 monotonia.

unissonante V. uníssono.

uníssono *sm* 1 conformidade, harmonia. *adj* 2 unissonante. 3 conforme, harmonioso.

universal *adj m+f* 1 geral, comum, coletivo, universo. **A:** individual. 2 *CONHECIMENTO* eclético, amplo, vasto. 3 internacional, mundial. **A:** nacional.

universalidade V. universidade.

universalizar *vtd* **1** generalizar. *vpr* **2** generalizar-se, espalhar-se, disseminar-se.

universidade *sf* **1** universalidade, generalidade, totalidade. **2** faculdades *pl*.

universo *sm* **1** mundo. **2** cosmo, cosmos. **3** humanidade. **4** Terra, orbe. **5** *Fig.* todo, inteiro. *adj* **6** V. universal.

unívoco *adj* **1** homogêneo. **A:** heterogêneo. **2** uníssono, unissonante.

uno *adj* único, singular, indivisível, indiviso. **A:** múltiplo.

untar *vtd* **1** friccionar, esfregar, fomentar. **2** besuntar, engordurar. *vtd+vpr* **3** ungir(-se).

unto *sm* **1** *DE PORCO* banha, gordura. **2** *Por ext.* gordura, graxa, sebo. **3** ungüento.

untuoso *adj* **1** gorduroso, engordurado, besuntado. **2** escorregadio, liso, escorregadiço.

urbanidade *sf* cortesia, gentileza, delicadeza, civilidade. **A:** grosseria.

urbanizar *vtd* civilizar, educar, polir.

urbano *adj* **1** relativo a cidade: citadino. **A:** rural. **2** cortês, gentil, civilizado. **A:** grosseiro.

urbe *sf* cidade.

urdir *vtd* **1** tecer, fiar, entrelaçar. **2** *VINGANÇA, INTRIGAS* tramar, armar, enredar. **3** imaginar, sonhar, fantasiar.

urente V. urticante.

urgência *sf* **1** iminência. **2** pressa, aperto, impaciência. **A:** calma. **3** pressão, coação. **4** emergência, necessidade.

urgente *adj m+f* **1** iminente, próximo, prestes. **2** premente. **3** apressado, impaciente, afobado. **A:** calmo. **4** indispensável, imprescindível, forçoso. **A:** dispensável.

urgir *vtd* **1** forçar, obrigar, coagir. **2** perseguir, acossar, ir no encalço de. **3** empurrar, impelir, compelir. **4** exigir, reclamar, reivindicar. *vti* **5** instar, insistir, teimar com. **Ex:** Urgiram com ele para que viesse à festa. *vi* **6** ser urgente ou estar iminente: instar. **7** ser indispensável.

urina *sf* pipi *inf*, xixi *fam*, mijo *vulg*.

urinar *vtd, vi+vpr* fazer pipi *inf*, fazer xixi *fam*, mijar *vulg*.

urinol *sm* penico *fam*, vaso, bacio, bacia.

urna *sf* **1** caixão, esquife. **2** urna funerária. **3** escrutínio, urna eleitoral. *sf pl* **4** eleições.

uropígio *sm* *Zool.* sobrecu *pop*, bispo *fam*, mitra *pop*.

urrar *vtd+vi* **1** rugir, bramir. **2** berrar, gritar, bradar.

urro *sm* **1** rugido, bramido. **2** berro, grito, brado.

ursada *sf Pop.* deslealdade, traição (por parte de amigo).

urticante *adj m+f* picante, ardente, abrasador, urente.

urucu V. urucum.

urucubaca *sf Pop.* azar, má sorte, peso *fig*, caiporismo. **A:** sorte.

urucum *sm Bot.* fruto usado para fabricação de corante: urucu.

urupuca V. arapuca.

usado *part+adj* **1** usual, habitual, costumeiro. **Ex:** Este procedimento é bastante usado na cidade. **2** gasto, roto. **Ex:** Sapato usado. **3** acostumado, habituado, afeito. **Ex:** Usado aos longos períodos de exercício.

usança *sf* **1** uso, costume, hábito. **2** praxe, prática.

usar *vtd, vti+vpr* **1** utilizar, empregar, servir-se de. **Ex:** Usar um instrumento. *vtd* **2** costumar. **Ex:** Usamos falar muito ao telefone. **3** praticar, exercer, desempenhar. **4** vestir, trajar, trazer. **Ex:** Usar uma camisa.

uso *sm* **1** utilização, emprego, aplicação. **2** costume, hábito, usança. **3** prática, exercício, desempenho. **4** moda. **5** utilidade, serventia, préstimo. **Ex:** Isto não tem uso para nada.

usual *adj m+f* costumeiro, habitual, freqüente, usado. **A:** raro.

usufruir *vtd+vti* desfrutar, gozar, fruir.

usufruto *sm* desfrute, gozo, fruição.

usura *sf* **1** *Econ.* juro de capital. **2** juro excessivo. **3** ágio, agiotagem, especulação. **4** mesquinhez, avareza, sovinice. **A:** generosidade. **5** ambição, ganância, avidez. **A:** desapego.

usurar *vi* agiotar, emprestar com ágio.

usurário *sm+adj* **1** agiota, especulador. *adj* **2** mesquinho, avaro, sovina. **A:** generoso. **3** ambicioso, ganancioso, ávido. **A:** desapegado.

usurpar *vtd* **1** tomar, apossar-se de, apoderar-se de (à força, com fraude). **2** *REI* destronar.

utensílio *sm* **1** instrumento, ferramenta. **2** objeto, peça. **3** utilidade, apetrecho, petrecho. **Ex:** Utensílios domésticos.

útero *sm Anat.* madre, matriz *pop*, ventre *pop*.

útil *sm* **1** utilidade. **Ex:** Unir o útil ao agradável. *adj* **2** aproveitável, vantajoso, proveitoso. **A:** inútil. **3** conveniente, adequado, válido. **4** *DIA* de trabalho. **A:** feriado.

utilidade *sf* **1** qualidade de útil. **2** serventia, uso, aplicação. **Ex:** A utilidade de um instrumento. **3** vantagem. **Ex:** Qual é a utilidade da mudança de casa, se estamos bem acomodados aqui? **4** utensílio, apetrecho, petrecho. **Ex:** Utilidades domésticas.

utilitário *sm* veículo utilitário: **1** jipe. **2** caminhonete.

utilização *sf* uso, emprego, aplicação.

utilizar *vtd* **1** usar, empregar, aplicar. **2** ganhar, lucrar. *vpr* **3** servir-se de, usar, tirar vantagem de.

utopia *sf* fantasia, quimera, ilusão, sonho. **A:** realidade.

utópico *adj* ideal, fantasioso, ilusório, quimérico. **A:** real.

úvula *sf Anat.* campainha.

V

vaca *sf* **1** *Pop.* vaquinha. **Ex:** Fazer uma vaca para comprar algo. **2** *Vulg.* galinha *fig*, vagabunda, libertina.

vacância *sf* tempo em que um cargo ou emprego fica vago: vagância, vagatura, vacatura, vaga, vagação.

vacante *adj m+f CARGO, EMPREGO* vago, vagante.

vacatura V. vacância.

vacilação *sf* **1** balanço, oscilação, balouço. **2** hesitação, indecisão, dúvida. **A:** certeza.

vacilante *adj m+f* **1** oscilante, trêmulo, vacilatório. **A:** firme. **2** instável. **A:** estável. **3** hesitante, indeciso, perplexo. **A:** decidido. **4** precário, incerto. **5** volúvel, inconstante. **A:** constante.

vacilar *vtd* **1** abalar, estremecer, sacudir. *vti+vi* **2** balançar, balancear, oscilar. **3** hesitar, titubear, duvidar. **A:** decidir-se.

vacilatório V. vacilante.

vacina *sf Med.* e *Vet.* vacinação.

vacinação V. vacina.

vacinar *vtd* **1** *Med.* e *Vet.* imunizar. **2** *Fig.* defender, preservar, proteger. **Ex:** A orientação dos pais vacinou-o contra as más influências.

vacuidade *sf* **1** V. vácuo. **2** inabilidade, incompetência, inaptidão. **A:** habilidade. **3** *Fig.* vaidade, futilidade, frivolidade.

vacum *sm* e *adj m+f* bovino.

vácuo *sm* **1** vazio, vão, lacuna, vacuidade. **2** enfado, vazio (espiritual). *adj* **3** vazio, livre, desocupado. **A:** ocupado.

vade-mécum *sm* manual (pequeno e prático).

vadiação V. vadiagem.

vadiagem *sf* vadiação, vagabundagem, ócio, gandaia. **A:** trabalho.

vadiar *vi* **1** perambular, errar, vagabundear. **Ex:** Fica vadiando por aí depois da aula. **2** viver na ociosidade: vagabundear, preguiçar, mandriar. **A:** trabalhar. **3** brincar, divertir-se, entreter-se.

vadio *sm+adj* **1** vagabundo, preguiçoso, mandrião. **A:** trabalhador. *adj* **2** ocioso, desocupado. **A:** atarefado.

vaga *sf* **1** onda. **2** multidão, tropel, turba. ? agitação, tumulto, confusão. **A:** paz. **4** V vacância. **5** lugar (vazio ou disponível) **Ex:** Ainda há vagas em todos os hotéis d cidade; várias pessoas concorrerão à vag no ministério.

vagabundagem V. vadiagem.

vagabundear V. vadiar.

vagabundo *sm+adj* **1** V. vadio. **2** nômade errante, vagamundo. **A:** sedentário. *adj* . volúvel, inconstante, instável. **A:** constan te. **4** ordinário, grosseiro, medíocre. **Ex** Uma calça de tecido vagabundo. **A:** bom.

vagação V. vacância.

vagalhão *sm aum* escarcéu, onda (no ma agitado).

vaga-lume *sm* **1** *Entom.* pirilampo, caga-lu me, caga-fogo. **2** empregado dos cinemas lanterninha.

vagamundo V. vagabundo.

vagância V. vacância.

vagante V. vacante.

vagar *sm* **1** vagareza, lentidão, lerdeza. **Ex** Executou a sua tarefa com bastante vaga **A:** rapidez. **2** descanso, lazer, ócio. **A:** tra balho. *vtd* **3** correr, percorrer. **Ex:** Vagar mundo em busca de aventura. **4** desocupa *vti* **5** ocupar-se, entregar-se, dedicar-s **Ex:** Vagar à religião, ao estudo dos idi mas. *vti+vi* **6** circular, espalhar-se, difun dir-se. **7** errar, vaguear, perambular. **8** d socupar-se, ficar vago. **9** boiar, flutuar. **Ex** Vagar ao sabor das ondas.

vagarento V. vagaroso.

vagareza V. vagar.

vagaroso *adj* **1** lento, lerdo, moroso, vagarento. **A:** veloz. **2** pausado, sereno, calmo. **Ex:** O professor falava de modo vagaroso. **A:** agitado. **3** vacilante, hesitante, irresoluto. **A:** decidido.

vagatura V. vacância.

vagem *sf* **1** feijão verde. **2** fruto de qualquer leguminosa: legume.

vagido V. vagir.

vagina *sf Anat.* vulva, boceta *vulg.*

vagir *sm* **1** choro, pranto, vagido. **A:** riso. **2** lamento, lamúria, gemido. *vi* **3** chorar, prantear, lacrimejar. **A:** rir. **4** lamentar-se, lamuriar-se, gemer.

vago *adj* **1** errante, nômade, vagabundo. **A:** sedentário. **2** inconstante, volúvel, instável. **A:** constante. **3** incerto, indeterminado, impreciso. **A:** certo. **4** confuso, indefinido, indistinto. **A:** distinto. **5** desocupado, vazio, devoluto. **A:** ocupado. **6** desabitado, deserto, despovoado. **A:** habitado.

vagueação *sf* **1** vadiagem, vagabundagem, ociosidade. **A:** trabalho. **2** peregrinação. **3** devaneio, divagação, sonho.

vaguear *vti+vi* **1** errar, perambular, zanzar. **2** devanear, divagar, sonhar. **3** boiar, flutuar. *vi* **4** passear.

vaia *sf* apupo, assuada, corriola. **A:** ovação.

vaiar *vtd+vi* apupar. **A:** ovacionar.

vaidade *sf* **1** orgulho, presunção, vanglória. **A:** modéstia. **2** futilidade, frivolidade.

vaidoso *adj* **1** orgulhoso, presunçoso, afetado. **A:** modéstia. **2** fútil, frívolo.

vaivém *sm* **1** *Hist. Mil.* aríete. **2** balanço, oscilação, balouço. **3** revés, contratempo, infortúnio.

vala *sf* **1** rego, fosso, valeta, sarjeta. **2** leito (de rio seco). **3** sepultura, túmulo, sepulcro (na expressão *vala comum*).

valar *vtd* **1** escavar, abrir (vala). **2** cercar, rodear, circundar (de valas). **3** defender, fortificar, proteger.

vale *sm* **1** depressão. **2** várzea, vargem *pop.* **3** adiantamento, pagamento (antecipado).

valentão *sm+adj* **1** bamba, peitudo. **2** fanfarrão, farofeiro *pop*, gabola.

valente *sm* **1** valentão, bamba. *adj m+f* **2** corajoso, destemido, intrépido. **A:** covarde. **3** forte, vigoroso, robusto. **A:** fraco.

valentia *sf* **1** coragem, destemor, intrepidez. **A:** covardia. **2** força, vigor, robustez. **A:** fraqueza.

valer *vtd* **1** significar, querer dizer. **Ex:** A palavra "jactância" vale vaidade. **2** custar. *vtd+vi* **3** merecer, ser digno de, ter direito a. **Ex:** Não vale o sal que come. *vti* **4** aproveitar, servir. **5** atrair, granjear, trazer. **Ex:** Sua teimosia valeu-lhe muitos aborrecimentos. **6** acudir, auxiliar, ajudar. **Ex:** Valei-me Deus! *vpr* **7** aproveitar-se, servir-se, utilizar-se de. **Ex:** Valer-se das fraquezas alheias.

valeta V. vala.

valete *sm* conde (no baralho).

valetudinário *adj* **1** franzino, fraco, débil. **A:** robusto. **2** adoentado, combalido, enfermiço. **A:** saudável.

valia V. valor.

validade *sf* validez, valor, legitimidade, valimento. **A:** invalidade.

validar *vtd* legitimar, legalizar.

validez V. validade.

valido *sm* **1** protegido, favorito, afilhado. **Ex:** Os validos da rainha. *part+adj* **2** estimado, amado, querido. **A:** odiado.

válido *adj* **1** legítimo, legal. **A:** inválido. **2** certo, correto, acertado. **A:** errôneo. **3** são, saudável, robusto. **A:** inválido. **4** valioso, proveitoso, útil. **A:** inútil.

valimento *sm* **1** valia, valor. **2** préstimo, merecimento, mérito. **3** importância, influência, poder. **A:** insignificância.

valioso *adj* **1** precioso, custoso, caro. **A:** precioso. **2** válido, útil, proveitoso. **A:** inválido. **3** digno, merecedor. **A:** indigno. **4** importante, influente, poderoso. **A:** insignificante.

valisa *sf* maleta, *valise*.

valise V. valisa.

valor *sm* **1** custo, preço, valia. **2** utilidade, serventia, préstimo, valia. **3** valentia, coragem, bravura. **A:** covardia. **4** merecimento, mérito, valia. *sm pl* **5** *Econ.* títulos.

valoroso *adj* **1** destemido, corajoso, intrépido. **A:** covarde. **2** enérgico, forte, eficaz. **A:** ineficaz.

valva *sf Zool.* concha, búzio.

vampiro *sm* **1** *Zool.* morcego hematófago. **2** *Fig.* parasita, aproveitador, chupim.

vandalismo *sm* depredação, destruição.

vândalo *sm* **1** *Fig.* bárbaro, selvagem. **2** *Fig.* destruidor, depredador.

vanglória *sf* presunção, vaidade, orgulho, jactância. **A:** humildade.

vangloriar-se *vpr* envaidecer-se, orgulhar-se, presumir-se, jactar-se. **A:** envergonhar-se.

vanglorioso *adj* vaidoso, orgulhoso, presunçoso, jactancioso. **A:** humilde.

vanguarda *sf* **1** *Mil.* cabeça de ponte. **2** dianteira, frente. **A:** retaguarda.

vantagem *sf* **1** superioridade, primazia, preeminência. **A:** desvantagem. **2** benefício, lucro, proveito. **A:** desvantagem. **3** vitória, triunfo, vencimento. **A:** derrota.

vantajoso *adj* lucrativo, proveitoso, útil, profícuo. **A:** desvantajoso.

vão *sm* **1** vazio, espaço, lacuna. *adj* **2** vazio, oco, vácuo. **3** fútil, frívolo, leviano. **A:** sério. **4** inútil, ineficaz, ineficiente. **A:** útil.

vapor *sm* **1** eflúvio, emanação, exalação. **2** *Náut.* navio a vapor, paquete.

vaporar V. vaporizar.

vaporizar *vtd+vpr* evaporar(-se), volatilizar (-se), gaseificar(-se), vaporar(-se).

vaporoso *adj* **1** tênue, sutil, fino. **A:** grosso. **2** diáfano, transparente. **A:** opaco. **3** obscuro, incompreensível, enigmático. **A:** simples. **4** fantástico, inacreditável, incrível. **A:** banal. **5** vaidoso, presunçoso, orgulhoso. **A:** modesto.

vaquinha V. vaca.

vara *sf* **1** vareta, varinha. **2** ramo, galho (delgado). **3** cajado, bordão, báculo. **4** castigo, punição, correção. **A:** recompensa. **5** *Dir.* jurisdição. **6** *DE PORCOS* bando, manada.

varanda *sf* **1** sacada, balcão. **2** terraço.

varandado *sm* alpendre (em casa de campo).

varão *sm* homem. **A:** mulher.

varapau *sm* **1** pau, vara. **2** cajado, bordão, báculo. *s m+f* **3** magricela, palito *fig*, magrelo. **A:** gordo.

varar *vtd* **1** açoitar, bater, fustigar. **2** atravessar, furar, trespassar. **Ex:** A flecha varou o braço do soldado. *vtd+vti* **3** trans-

por, galgar, atravessar. *vti* **4** embrenhar-se, entranhar-se, meter-se.

vareja V. varejeira.

varejar *vtd* **1** derrubar, derribar, colher (frutas, com vara). **2** medir (tecidos, com vara). **3** revistar, inspecionar. **Ex:** A polícia varejou todas as casas à procura dos ladrões. **4** jogar fora, atirar, arremessar (para longe). **5** assolar, devastar, arrasar. **Ex:** A aviação inimiga varejou a capital.

varejeira *sf+adj Zool.* vareja (mosca).

varejista *sm e adj m+f Com.* retalhista, retalheiro. **A:** atacadista.

varejo *sm* **1** *Com.* **A:** atacado. **2** inspeção, revista, investigação (do fisco). **3** *Fig.* repreensão, censura, admoestação, reprimenda. * Vender a varejo: vender a retalho.

vareta *sf* **1** varinha, bastonete. **2** perna (do compasso).

vargem V. várzea.

variação *sf* **1** variedade. **2** mudança, modificação, alteração. **3** *Gram.* flexão, inflexão.

variado *part+adj* **1** diferente, diverso, vário, variante. **2** inconstante, volúvel, instável, variante. **A:** constante. **3** alucinado, delirante, louco.

variante *sf* **1** variação, diversidade. *adj m+f* **2** e **3** V. variado.

variar *vtd, vti, vi+vpr* **1** mudar, alterar(-se), modificar(-se). *vtd* **2** diversificar, diferenciar. **3** *COLORIDO* variegar, matizar, diversificar. *vti+vi* **4** discrepar, divergir, discordar. **A:** concordar. *vi* **5** desviar-se, mudar de direção. **6** alucinar-se, enlouquecer, desvairar.

variável *adj m+f* inconstante, mutável, instável, mudável. **A:** constante.

varicela *sf Med.* catapora.

variedade *sf* **1** variação. **2** multiplicidade. **3** diversidade, variante. **4** inconstância, instabilidade. **5** tipo, espécie, gênero. **Ex:** Temos cinco variedades de plantas.

variegado *adj* **1** matizado, multicolorido, diversicolor, vário. **2** V. variado. **3** alternado, revezado.

variegar V. variar.

vário adj 1 V. variegado. 2 diferente, diverso, variegado. A: igual. 3 inconstante, variável, mutável. A: constante. 4 buliçoso, inquieto, irrequieto. A: quieto. 5 perplexo, hesitante, indeciso. A: decidido. *pron ind pl* 6 muitos, diversos.

varíola sf Med. bexiga pop.

varonil adj m+f 1 viril, masculino, másculo. A: feminil. 2 destemido, valoroso, valente. A: covarde. 3 forte, robusto, rijo. A: fraco. 4 heróico, grandioso, épico. A: banal.

varredura sf varrida, varrição.

varrer vtd+vi 1 limpar (com vassoura). **Ex:** A empregada varreu a cozinha; ela estava no quintal, varrendo. vtd 2 roçar, resvalar, passar rente a. 3 devastar, assolar, arrasar. **Ex:** O furacão varreu a costa. 4 esvaziar, exaurir, esgotar. 5 dispersar, debandar, espalhar. **Ex:** Varrer os manifestantes. 6 empurrar, impelir, impulsionar. A: puxar. vtd+vpr 7 apagar(-se), desvanecer(-se), dissipar(-se). **Ex:** Varrer algo da memória.

varrição V. varredura.

varrida V. varredura.

várzea sf 1 vargem pop, planície (na beira de rios). 2 campina (cultivada).

vascolejar vtd 1 sacolejar, agitar, chacoalhar. **Ex:** Vascolejar uma garrafa de champanha. 2 Fig. perturbar, inquietar, preocupar. A: tranqüilizar.

vasculhar vtd 1 pesquisar, investigar, analisar. 2 esquadrinhar, esmiuçar.

vasilha sf 1 vasilhame impr. 2 tonel, barril, pipa.

vasilhame V. vasilha.

vaso sm 1 jarro, jarra, recipiente. 2 invólucro, envoltório. 3 urinol, penico fam, bacia. 4 navio, embarcação, barco. 5 Anat. conduto, canal, meato. 6 privada, latrina.

vassalagem sf 1 Fig. submissão, sujeição, obediência. A: insubmissão. 2 Fig. homenagem, tributo, honra.

vassalo sm 1 súdito. A: soberano. adj 2 subordinado, dependente, tributário. 3 submisso, dócil, dependente. A: insubmisso.

vastidão sf 1 amplidão, extensão, amplitude. 2 imensidão, grandeza. 3 importância, magnitude, relevo. A: insignificância.

vasto adj 1 amplo, largo, dilatado. A: pequeno. 2 imenso, enorme, gigantesco. A: minúsculo. 3 importante, relevante, considerável. A: insignificante. 4 Fig. CONHECIMENTO abrangente, variado, múltiplo.

vate sm 1 profeta, adivinho, vidente, vaticinador. 2 poeta, bardo.

vaticinação V. vaticínio.

vaticinador V. vate.

vaticinar vtd profetizar, adivinhar, predizer, agourar.

vaticínio sm profecia, previsão, predição, vaticinação.

vau sm 1 baixio, banco. 2 Fig. ensejo, oportunidade, ocasião.

vaza-barris sm, sing+pl Fig. Pop. desperdício, esbanjamento, dissipação, ruína (de valores materiais). A: economia.

vazamento V. vazão.

vazante sf 1 refluxo, maré baixa, baixa-mar. A: preamar. 2 V. vazão.

vazão sf 1 ato ou efeito de vazar: vazamento. 2 escoamento, vazante, saída. 3 DE MERCADORIAS consumo, venda, demanda. 4 Fig. solução, resposta, resolução.

vazar vtd 1 verter, derramar, despejar. **Ex:** Vazar o ferro fundido no molde. 2 furar, perfurar. 3 cavar, escavar. **Ex:** Vazar uma peça de madeira. 4 esvaziar. 5 RIO desaguar, despejar. **Ex:** Muitos rios vazam suas águas no mar. vi 6 escoar, escorrer, esvair-se. 7 MARÉ baixar, refluir. 8 esvaziar-se. 9 sair, retirar-se, partir.

vazio sm 1 vácuo, espaço, vacuidade. adj 2 vácuo, vão, oco. A: cheio. 3 LUGAR vago, desabitado, desocupado. A: ocupado. 4 frívolo, vão, insignificante. **Ex:** Palavras vazias. A: importante. 5 despejado, derramado. 6 destituído, falto, privado. **Ex:** Vazio de compaixão. A: provido.

veado sm 1 Zool. cervo, corço. 2 Vulg. bicha, pederasta, homossexual. A: heterossexual.

vector V. vetor.

veda V. vedação.

vedação sf 1 veda, estancamento, estanque. 2 cerca, tapume, sebe.

vedar vtd 1 proibir, impedir, desautorizar. A: permitir. 2 estorvar, tolher, atrapalhar. A: facilitar. 3 *LÍQUIDO* estancar, deter. 4 fechar, tapar, cerrar. A: abrir.

vedete sf Cin. e Teat. estrela.

veemência sf 1 impetuosidade, intensidade, violência. 2 *AO FALAR OU ESCREVER* entusiasmo. 3 força, energia, vigor. 4 fervor, ardor.

veemente adj m+f 1 impetuoso, intenso, violento. A: brando. 2 caloroso, entusiástico, animado. A: frio. 3 vivo, forte, vívido. 4 enérgico, arrojado, vigoroso. 5 fervoroso, ardoroso.

vegetal sm Bot. planta.

vegetar vtd 1 alimentar, nutrir. vti+vi 2 viver como um vegetal (sem emoções, etc.). vi 3 crescer, desenvolver-se, florescer. 4 Fig. fervilhar, abundar, pulular.

vegetativo adj involuntário, inconsciente.

veia sf 1 Anat. vaso. 2 Bot. nervura (das folhas). 3 Fig. tendência, aptidão, vocação. Ex: Veia artística, veia política. 4 caráter, temperamento, conduta. Ex: Veia criminosa.

veicular vtd 1 transportar, levar, conduzir. 2 difundir, divulgar, apregoar.

veículo sm 1 carro, automóvel, viatura. 2 Med. e Fig. transmissor, portador. Ex: Veículo de doenças; veículo de inovações artísticas. 3 Farm. excipiente líquido. 4 meio de comunicação.

veio sm 1 Miner. filão. Ex: Veio de ouro. 2 riacho, ribeirão, regato. 3 Mec. eixo, árvore. 4 fundamento, essência, natureza.

vela sf 1 Náut. veleiro, barco a vela. 2 círio, lume. 3 V. vigília. 4 Mec. vela de ignição.

velar vtd+vpr 1 encobrir(-se), ocultar(-se), esconder(-se). A: mostrar(-se). vtd 2 empanar, ensombrar. 3 Fot. inutilizar (filme virgem). 4 vigiar. 5 patrocinar, favorecer, ajudar. vtd+vpr 6 cobrir(-se) (com véu). vti+vi 7 vigiar, ficar de guarda. vpr 8 CÉU, TEMPO nublar-se, anuviar-se, toldar-se. A: desanuviar-se.

veleidade sf 1 capricho, extravagância, excentricidade. 2 leviandade, frivolidade, futilidade. A: seriedade. 3 utopia, fantasia,

quimera. 4 volubilidade, inconstância. A: constância.

veleiro sm 1 Náut. barco a vela. adj 2 ligeiro, veloz, rápido, célere. A: vagaroso.

velejar vi navegar.

velhacada V. velhacaria.

velhacagem V. velhacaria.

velhacaria sf patifaria, safadeza, sacanagem, velhacada, velhacagem.

velhaco sm+adj 1 patife, safado, sacana. 2 traiçoeiro, fraudulento. 3 devasso, libertino, licencioso. A: puro.

velharia sf 1 traste, peça de museu. 2 arcaísmo. A: neologismo. 3 velhos pl.

velhice sf 1 senilidade, idade. A: juventude. 2 antiguidade, antigüidade.

velho sm 1 idoso, ancião. A: jovem. 2 Fam. pai. adj 3 idoso. A: jovem. 4 antigo. A: novo. 5 vetusto. 6 antiquado, arcaico, obsoleto. A: moderno. 7 gasto, batido, desgastado (pelo uso). Ex: Vestido velho. A: novo.

velocidade sf rapidez, ligeireza, celeridade, presteza. A: lentidão.

veloz adj m+f rápido, ligeiro, acelerado, célere. A: lento.

veludoso V. aveludado.

venal adj 1 Anat. venoso. 2 corrupto, corruptível, venal. A: íntegro.

vencedor sm+adj vitorioso, ganhador.

vencer vtd 1 derrotar, ganhar de, triunfar de. A: perder de. 2 conter, refrear, controlar. Ex: Vencer o desânimo. A: liberar. 3 desfazer, destruir, superar. Ex: Vencer obstáculos. 4 executar, realizar, efetuar. Ex: Vencer todas as tarefas. 5 *ORDENADO, SALÁRIO* ganhar, auferir, receber. 6 percorrer, cobrir, andar. Ex: Vencer vinte quilômetros de distância. 7 dominar, subjugar. Ex: O cansaço o venceu. 8 domar, domesticar, amansar. Ex: Vencer um animal. 9 convencer, persuadir. Ex: Seus motivos me venceram. vti+vi 10 ganhar, triunfar. A: perder. vi+vpr 11 *PRAZO* terminar, acabar, findar. vpr 12 conter-se, refrear-se, controlar-se. A: descontrolar-se.

vencimento sm 1 vitória, triunfo. 2 Com. expiração, final, término (do prazo). 3 salário, ordenado, ganho.

venda *sf* **1** *Com.* vendagem, saída, colocação. **A:** compra. **2** mercearia, empório, armazém. **3** bar, botequim, taberna. **4** faixa (para cobrir os olhos).

vendagem V. venda.

vendar *vtd* **1** cobrir, tapar (com venda). **Ex:** Vendar os olhos. **2** cegar, obscurecer, turvar.

vendaval *sm* **1** furacão, borrasca, temporal. **2** *Fig.* turbilhão, torvelinho. **Ex:** Vendaval de emoções.

vendeiro *sm* **1** merceeiro. **2** taberneiro, taverneiro.

vender *vtd* **1** alienar. **Ex:** Vender automóveis, televisores, roupas. **2** negociar com, comerciar com. **Ex:** Minha loja vende apenas tecidos. **3** ceder. **Ex:** Vender uma idéia. **4** denunciar, delatar, trair, entregar. **Ex:** Vender os próprios companheiros. **5** sacrificar. **Ex:** Vender a própria alma por riquezas. **6** ter, mostrar, ostentar (em abundância). **Ex:** Vender saúde. *vpr* **7** deixar-se subornar. **8** prostituir-se. **9** mudar (de lado ou partido). **Ex:** Vender-se ao inimigo.

vendido *part+adj* **1** subornado, corrompido, peitado. **A:** incorrupto. **2** *Pop.* corrompido, transviado, degenerado. **A:** regenerado.

vendilhão *sm* ambulante, camelô.

veneno *sm* **1** peçonha, tóxico. **2** *Fig.* malícia, maldade, perversidade. **A:** bondade. **3** *Pop.* vírus. **Ex:** O veneno da gripe. **4** *Bras.* cachaça, bebida, pinga.

venenoso *adj* **1** peçonhento, tóxico. **Ex:** Substância venenosa. **2** que faz mal à saúde: insalubre, deletério. **A:** salubre. **3** maledicente, perverso, malévolo. **Ex:** Língua venenosa. **A:** benévolo.

venera *sf* **1** *Mil.* insígnia, divisa. **2** *Mil.* condecoração, medalha, crachá.

veneração *sf* **1** reverência, respeito, acatamento. **2** culto, adoração, devoção.

venerando V. venerável.

venerar *vtd* **1** reverenciar, respeitar, acatar. **A:** desrespeitar. **2** cultuar, adorar, devotar-se a.

venerável *adj m+f* respeitável, venerando, digno, honesto. **A:** desprezível.

venéreo *adj* **1** erótico, sensual. **2** *DOENÇA* sexual.

veneta *sf* **1** ataque, acesso de loucura. **2** impulso, ímpeto. **3** capricho, mania, telha *fam.*, extravagância. * Dar na veneta: vir à mente; ter um impulso repentino.

vênia *sf* **1** licença, permissão, autorização, consentimento. **2** mesura, reverência, cumprimento. **3** desculpa, perdão, indulgência, indulto.

venial *adj m+f* *PECADO* leve, perdoável, desculpável.

venoso *adj* *Anat.* venal.

venta *sf* **1** narina, fossa nasal. *sf pl* **2** nariz *sing*, narinas. **3** cara *sing*, rosto *sing*, face *sing*. **Ex:** Deu-lhe um murro nas ventas. **4** V. vento.

ventar *vti* **1** aparecer, surgir, manifestar-se (de repente). **2** favorecer, ajudar, auxiliar. *vi* **3** *VENTO* soprar.

ventarola *sf* leque, abano, abanador, abanico.

ventilação *sf* **1** arejamento. **2** debate, discussão. **3** cogitação, imaginação.

ventilar *vtd* **1** arejar, refrescar. **2** debater, discutir, agitar. **Ex:** Ventilar um tema polêmico. **3** cogitar, imaginar. **Ex:** Ventilar todas as hipóteses. *vpr* **4** abanar-se, refrescar-se.

vento *sm* **1** *Meteor.* corrente de ar. **2** ar, atmosfera. **3** V. ventosidade. **4** *Poét.* sorte, fado, destino. **5** *DE ANIMAL* faro, olfato, ventas *pl.* **6** *Fig.* influência, força, poder. **7** *Fig.* frivolidade, futilidade, leviandade. **A:** seriedade. **8** *Fig.* vaidade, presunção, orgulho. **A:** humildade.

ventoinha *sf* **1** cata-vento. **2** *Fig.* pessoa volúvel: cata-vento.

ventosa *sf* *Zool.* sugadouro (de animal aquático).

ventosidade *sf* gases *pl*, flatulência, flato, vento.

ventoso *adj* **1** *Fig.* fútil, vão, frívolo. **A:** sério. **2** *Fig.* arrogante, presunçoso, orgulhoso. **A:** humilde.

ventre *sm* **1** *Anat.* abdome, abdômen. **2** *Anat.* barriga, pança *pop.* **3** *Anat. Pop.* útero. **4** bojo. **5** interior, âmago, íntimo, seio.

ventrudo *adj* barrigudo, pançudo *pop*, abdominoso.

ventura *sf* 1 sorte, destino, sina *fam*. 2 sorte, boa sorte, felicidade. **A:** azar. 3 risco, perigo.

venturoso *adj* 1 felizardo, feliz, afortunado, ditoso. 2 arriscado, perigoso, ousado, aventuroso. **Ex:** Um plano venturoso.

ver *vtd* 1 avistar, enxergar. **Ex:** Não vejo nada. 2 distinguir, divisar, entrever. **Ex:** Vimos nossos pais ao longe. 3 notar, observar, perceber, reparar. **Ex:** Vi que você não se sentia bem. 4 prever, predizer, adivinhar. **Ex:** Os mágicos reais viram a queda do Império. 5 assistir, presenciar. **Ex:** Vimos a prisão do bandido. 6 visitar. **Ex:** Ela vê a avó todos os dias no hospital. 7 avaliar, calcular. **Ex:** Veja só o que fez! 8 conhecer. 9 ler. 10 recordar, lembrar. *vi* 11 enxergar. **Ex:** Ele já não vê mais, está muito velho. *vpr* 12 contemplar-se, mirar-se, avistar-se. **Ex:** Viu-se no espelho. 13 *EM LUGAR* achar-se, encontrar-se.

veracidade *sf* verdade, exatidão, realidade, efetividade.

verão *sm* estio.

veraz *adj m+f* 1 que diz a verdade: franco, honesto. 2 verdadeiro, verídico, real, autêntico.

verba *sf* 1 *DE DOCUMENTO* cláusula, artigo, parágrafo. 2 registro, apontamento, anotação, nota. 3 quantia, soma em dinheiro. 4 *Por ext.* dinheiro.

verbal *adj m+f* 1 oral. **Ex:** Prova verbal. **A:** escrito. 2 expresso pela voz: vocal, oral.

verbalismo V. verborragia.

verberar *vtd* 1 açoitar, chicotear, fustigar. *vtd+vti* 2 censurar, criticar, reprovar. **A:** aprovar.

verbete *sm* 1 apontamento, nota, anotação. 2 ficha. 3 *DE DICIONÁRIO* entrada.

verbo *sm* 1 palavra, vocábulo. 2 expressão, elocução. 3 *Rel.* segunda pessoa da Santíssima Trindade: Filho, Jesus Cristo. * Soltar o verbo *Fig.*: desabafar, desembuchar, desafogar-se.

verborragia *sf Pej.* palavrório, palavreado, verborréia, verbalismo.

verborréia V. verborragia.

verboso *adj* 1 que fala muito: loquaz, prolixo, tagarela, falador. 2 que fala com facilidade: eloqüente, loquaz, facundo.

verdade *sf* 1 veracidade. **A:** mentira. 2 realidade. **A:** imaginação. 3 sinceridade, boa fé, honestidade. 4 autenticidade, genuinidade. 5 máxima, lei, axioma. **Ex:** As verdades da física. **A:** hipótese.

verdadeiro *sf* 1 verdade, realidade. **A:** imaginação. *adj* 2 verídico, veraz, vero. **A:** falso. 3 real, efetivo. **A:** fictício. 4 sincero, honesto, fiel. **A:** falso. 5 autêntico, genuíno, legítimo. **A:** falsificado.

verde *sm* 1 vegetação. 2 V. verdor. *adj* 3 viçoso, fresco. 4 *FRUTO* imaturo, verdoengo, verdolengo. **A:** maduro. 5 *PESSOA* inexperiente, imperito, inexperto. **Ex:** Ela ainda está verde para esse trabalho. **A:** experiente. 6 tenro, delicado.

verdoengo *adj* 1 esverdeado. 2 V. verde.

verdolengo V. verde.

verdor *sm* 1 verde, verdura. 2 viço, vigor, força. 3 inexperiência, imperícia. **A:** experiência.

verdugo *sm* 1 algoz, carrasco, executor. 2 *Fig.* tirano, mandão, déspota.

verdura *sf* 1 verde, verdor. 2 hortaliça, legume, erva. 3 plantas *pl*, vegetais *pl*. 4 inexperiência, inabilidade, imperícia (da juventude).

vereador *sm Polít.* edil.

vereda *sf* 1 atalho, senda, trilha. 2 rumo, direção, caminho, orientação.

veredicto *sm Dir.* sentença, veredito *pop*. 2 *Por ext.* decisão, julgamento, resolução, opinião.

veredito V. veredicto.

verga *sf* 1 vara, vareta. 2 barra (de metal). 3 *DE PORTA OU JANELA* padieira, torça, torçado. 4 *Vulg.* pênis.

vergalho *sm* 1 açoite, chicote, látego, flagelo. 2 *Pop.* patife, tratante, velhaco, safado.

vergar *vtd+vpr* 1 curvar(-se), encurvar(-se), envergar(-se). **A:** endireitar(-se). *vtd* 2 submeter, sujeitar, subjugar. 3 humilhar, abater. *vti* 4 ceder, dobrar-se, inclinar-se (com o peso de algo). *vti+vi* 5 ceder, submeter-se. *vi+vpr* 6 submeter-se, sujeitar-se, humilhar-se.

vergasta *sf* **1** açoite, chicote, azorrague, flagelo. **2** chibata.

vergastar *vtd* **1** chibatar, zurzir. **2** açoitar, chicotear, flagelar.

vergonha *sf* **1** pudor, recato, pejo, pundonor. **2** vexame. **3** desonra, descrédito, desdouro. **4** timidez, acanhamento, embaraço. **A:** desembaraço.

vergonhoso *adj* **1** impudico, obsceno, despudorado. **A:** pudico. **2** tímido, acanhado, embaraçado. **A:** desembaraçado. **3** indigno, indecente, indecoroso. **A:** digno.

verídico *adj* **1** verdadeiro, vero, veraz. **2** autêntico, genuíno, puro. **3** real. **Ex:** Filme baseado em história verídica.

verificar *vtd* **1** investigar, pesquisar, averiguar, inquirir. **2** comprovar, certificar-se de. **Ex:** Os detetives verificaram a realidade dos fatos. **3** confirmar, corroborar, convalidar. *vpr* **4** cumprir-se, realizar-se, acontecer, dar-se. **Ex:** Naquele ano, verificou-se a diminuição das vendas.

verme *sm* **1** *Zool.* helminto, helminte. **2** *Pop.* larva. **3** canalha, velhaco, patife, biltre.

vermelhão *sm* DO ROSTO rubor, enrubescimento, vermelhidão, afogueamento. **A:** palidez.

vermelhar V. avermelhar.

vermelhidão V. vermelhão.

vermelho *sm+adj* **1** rubro, escarlate, encarnado. *adj* **2** afogueado, corado, ruborizado. **3** soviético, russo. **Ex:** Exército vermelho. **4** *Por ext.* revolucionário, subversivo. **5** *Por ext.* comunista.

vermicida *sm* vermífugo.

vermífugo V. vermicida.

vernaculidade *sf* purismo, pureza, correção da linguagem.

vernáculo *sm* **1** língua pátria. *adj* **2** nacional, pátrio. **Ex:** Língua vernácula; costumes vernáculos. **A:** estrangeiro. **3** referindo-se à linguagem: castiço, puro, correto. **A:** errado.

verniz *sm* **1** polimento, lustro, lustre. **2** polidez, educação, elegância superficial. **3** camada superficial. **Ex:** Um homem rude com um verniz de civilização.

verossímil *adj* *m+f* **1** verossimilhante. **2** possível, provável, plausível, admissível. **A:** inverossímil.

verossimilhante V. verossímil.

verruga *sf* Med. berruga pop.

verruma *sf* **1** trado. **2** broca, pua.

verrumar *vtd* **1** furar, perfurar (com verruma). **2** afligir, inquietar, torturar, atormentar. **3** *Pop.* cogitar, imaginar, pensar, matutar.

versado *part+adj* perito, prático, experimentado, conhecedor. **Ex:** Versado em mecânica de automóveis. **A:** imperito.

versão *sf* **1** tradução. **2** interpretação, explicação. **Ex:** Cada acusado deu a sua versão dos fatos. **3** boato, rumores *pl*, balela, diz-que-diz. **4** *Astr.* revolução, curso.

versar *vtd* **1** exercitar, praticar, executar. **2** estudar, examinar, analisar. **3** considerar, ponderar, avaliar. **4** verter, despejar, derramar (de um vaso para outro). *vti* **5** referir-se a, falar de, tratar de. **Ex:** O texto versa sobre a situação indígena.

versátil *adj* *m+f* **1** volúvel, inconstante, vário, mutável. **2** eclético. **Ex:** Um profissional versátil; um artista versátil.

versejar V. versificar.

versificar *vtd* **1** pôr em verso: metrificar, versejar. *vi* **2** fazer versos: poetar, trovar, versejar. **3** *Pej.* fazer maus versos: versejar.

verso *sm* **1** poesia. **2** poema. **3** *Pop.* quadra, estrofe (de quatro versos). **4** reverso. **A:** anverso.

versus (lat.) *prep* contra.

vertente *sf* **1** DE MONTANHA declive, encosta, pendente, quebrada, descida. **2** DO TELHADO inclinação.

verter *vtd* **1** derramar, entornar, vazar. **2** difundir, espalhar, espargir, esparzir. **3** sangrar (outra pessoa). **4** traduzir. *vti* **5** brotar, derivar, manar, nascer. **6** *RIO* desaguar, desembocar. *vi* **7** transbordar.

vertical *adj* *m+f* aprumado, direito, ereto. **A:** horizontal.

vértice *sm* ápice, cume, topo, sumidade, pináculo. **Ex:** O vértice da montanha. **A:** base.

vertigem *sf* **1** Med. atordoamento, tontura. **2** Med. desmaio, síncope, delíquio, desfalecimento. **3** loucura momentânea. **4** tentação súbita.

vertiginoso *adj* **1** *Fig.* velocíssimo, frenético, impetuoso. **Ex:** A alta vertiginosa dos preços. **2** alucinante, enlouquecedor, estonteante.

verve *sf ARTÍSTICA* imaginação, inspiração, estro.

vesgo *sm+adj* estrábico, zarolho, caolho.

vesguice *sf* estrabismo.

vesícula *sf Med.* bolha, empola.

vésper *sm* **1** *Pop.* (*em maiús.*) Vênus. **2** ocidente, oeste, poente. **A:** oriente.

véspera *sf* **1** tarde. **2** dia anterior. *sf pl* **3** época anterior a algum fato: proximidades.

vesperal *sf* matinê. **Ex:** Vesperal de sábado.

veste *sf* vestimenta, roupa, traje, vestuário, indumentária.

vestíbulo *sm* **1** átrio. **2** saguão, *hall.* **3** pátio. **4** pórtico, portal, entrada.

vestido *sm* veste, vestimenta (feminina).

vestígio *sm* **1** pegada, rasto, pista. **2** indício, sinal, traço. *sm pl* **3** resquícios, restos, resíduos.

vestimenta *sf* **1** V. veste. **2** revestimento, cobertura, capa. **Ex:** Admirava o campo com sua vestimenta de flores.

vestir *vtd+vpr* **1** cobrir(-se), enroupar(-se), agasalhar(-se). **Ex:** Vista-se, meu filho, está frio lá fora! **A:** despir(-se). *vtd* **2** costurar, talhar roupa para. **Ex:** Ela veste as mulheres da alta sociedade. **3** *LUVAS* calçar, pôr; *ROUPAS* pôr, colocar. **A:** tirar. **4** revestir, forrar, atapetar. **Ex:** Mandou vestir a sala com carpete. **5** trajar, usar, envergar. **Ex:** Vestia um longo azul. *vtd+vpr* **6** esconder(-se), ocultar(-se), encobrir(-se). **A:** mostrar(-se). *vpr* **7** cobrir-se, revestir-se. **Ex:** Os campos vestiram-se de flores.

vestuário V. veste.

vetar *vtd* **1** *Polít.* opor o veto (a uma lei). **A:** sancionar. **2** *Por ext.* proibir, interditar, impedir. **Ex:** Vetaram a sua participação nos trabalhos. **A:** autorizar.

veterano *sm+adj* **1** *Mil.* soldado reformado. **2** *Por ext.* aluno dos últimos anos de faculdade ou academia militar. **A:** calouro. **3** *Por ext. EM PROFISSÃO* experiente, ex-

perimentado, traquejado. **Ex:** Dentista veterano.

veto *sm* **1** *Polít.* ato de vetar (uma lei). **A:** sanção. **2** *Por ext.* proibição, impedimento, oposição, suspensão.

vetor *sm+adj Med.* portador, hospedeiro intermediário, *vector* (de doença).

vetusto *adj* **1** muito velho, antiquíssimo, antigo, antediluviano *fig.* **2** respeitável, venerável (pela idade). **3** deteriorado, gasto, roto (pelo tempo).

véu *sm* **1** mantilha. **2** cortina, cortinado. **3** *Por ext.* aparência, verniz *fig.* **4** trevas *pl*, escuridão. **5** angústia, aflição, tormento.

vexação V. vexame.

vexame *sm* **1** ato ou efeito de vexar: vexação. **2** vergonha, desonra, desdouro. **3** afronta, humilhação. **4** pressa.

vexar *vtd* **1** afligir, atormentar, molestar, oprimir. **2** afrontar, humilhar. *vtd+vpr* **3** envergonhar(-se), acanhar(-se), inibir(-se). **A:** desinibir(-se). **4** apressar(-se).

vexatório *adj* **1** vergonhoso, desonroso. **2** humilhante.

vez *sf* **1** oportunidade, ocasião, ensejo. **2** turno, hora. **Ex:** Agora é sua vez de cuidar das crianças. **3** tempo, momento oportuno. **4** dose, porção, quinhão. **5** alternativa, opção, escolha. * Às vezes, por vezes ou de vez em quando: de quando em quando. * Em vez de: em lugar de. * Uma vez: outrora, antigamente; certo dia, em certa ocasião. **Ex:** Era uma vez uma linda princesa; uma vez, precisei ficar em casa. * Uma vez que: visto que, já que, como. **Ex:** Uma vez que está doente, não virá.

vezo *sm* **1** hábito, costume (bom ou mau). **2** V. vício.

via *sf* **1** caminho, estrada, rua. **2** direção, rumo, rota, linha. **3** meio, modo, maneira, jeito. **4** *Anat.* canal, duto, conduto. **5** *DE DOCUMENTO* cópia, exemplar. *prep* **6** por meio de, através de. **Ex:** Transmissão via Embratel. * Via férrea: ferrovia, estrada de ferro.

viaduto *sm Constr.* elevado.

Via-láctea *sf Astr.* Caminho de Santiago, Galáxia.

viagem *sf* jornada.

viajante *s e adj m+f* **1** passageiro, viandante. *sm* **2** *Pop.* caixeiro-viajante.

viajar *vtd* **1** percorrer, correr, andar por. **Ex:** Viajou todo o Brasil. *vti+vi* **2** jornadear. **Ex:** Viajaremos amanhã. *vi* **3** *Gír.* delirar, desvairar, alucinar-se. **4** *Fig.* sonhar, imaginar, fantasiar.

vianda *sf* **1** alimento, comida. **2** carne.

viandante *s e adj m+f* **1** viajante, passageiro. **2** transeunte.

viatura *sf* **1** veículo, automóvel, carro. **2** meio de transporte. **3** radiopatrulha.

viável *adj m+f* **1** desimpedido, transitável, livre. **Ex:** Estrada viável. **2** realizável, exeqüível, possível. **Ex:** Este plano não é viável.

víbora *sf* **1** *Herp.* serpente, áspide, cobra (européia ou asiática). **2** *Fig.* mulher geniosa: megera, cascavel *fig*, jararaca *pop*.

vibração *sf* **1** balanço, oscilação, estremecimento, tremor. **2** *Fig.* animação, entusiasmo, agitação. **Ex:** A vibração da torcida.

vibrar *vtd* **1** agitar, brandir, balançar, sacudir. **2** tocar, tanger, dedilhar. **Ex:** Vibrar as cordas de um violão. **3** *GOLPE* desferir, dar, pespegar, assentar. *vti+vi* **4** estremecer, tremer, balançar. **Ex:** As paredes vibravam durante o terremoto. **5** comover-se, condoer-se, sensibilizar-se. *vi* **6** palpitar, pulsar, bater. **7** soar, ecoar. **Ex:** Um grito de mulher vibrou na escuridão. **8** trepidar. **Ex:** O automóvel vibrava nas ruas calçadas com paralelepípedos.

viçar *vi* **1** vicejar, florescer. **2** desenvolver-se, crescer. **3** alastrar-se, medrar, espalhar-se.

vicejante V. viçoso.

vicejar *vtd* **1** brotar, germinar, lançar, produzir. *vi* **2** viçar, florescer.

vice-versa *loc lat* **1** reciprocamente, mutuamente, uns aos outros. **2** às avessas, em sentido inverso.

viciado *sm* **1** toxicômano. *part+adj* **2** corrupto, impuro, pervertido, contaminado. **3** adulterado, falsificado, contrafeito.

viciar *vtd* **1** causar dependência. **Ex:** O cigarro vicia. **2** corromper, perverter, contaminar, seduzir. **3** *OBJETO, DOCUMENTO* adulterar, falsificar, contrafazer. **4** *INS-TRUMENTOS, APARELHOS* alterar, modificar, adulterar. **Ex:** Viciar a balança; viciar os dados. **5** estragar, deteriorar, apodrecer. **Ex:** O calor viciou os alimentos. **6** *Dir.* anular, cancelar. *vpr* **7** corromper-se, perverter-se, prostituir-se, depravar-se.

vicinal *adj m+f* vizinho, próximo, limítrofe, contíguo. **A:** afastado.

vício *sm* **1** defeito, imperfeição, eiva. **A:** qualidade. **2** maldade, perversidade. **A:** virtude. **3** mania, vezo, mau hábito. **4** libertinagem, depravação, devassidão. **A:** pureza. **5** falha, erro, falta.

vicioso *adj* **1** defeituoso, imperfeito, falho. **A:** perfeito. **2** corrupto, depravado, pervertido, desmoralizado. **A:** virtuoso. **3** falsificado, adulterado, contrafeito. **A:** autêntico.

vicissitude *sf* **1** alternativa. **2** eventualidade, acaso, contingência. **3** revés, contratempo, contrariedade. **4** alteração, mudança, transformação. **5** instabilidade. **A:** estabilidade.

viço *sm* **1** *DE PLANTA* frescor, vigor, verdor. **2** *Por ext.* vigor, força, robustez. **A:** fraqueza.

viçoso *adj* **1** *VEGETAL* luxuriante, vicejante. **2** *Fig.* inexperiente, imperito, inexperto. **A:** experiente.

vida *sf* **1** existência. **A:** morte. **2** flora, fauna. **Ex:** Biólogo especialista em vida marinha. **3** biografia, memórias *pl*. **Ex:** Escrever a vida de uma cantora famosa. **4** emprego, profissão, atividade. **Ex:** Vida monástica; vida de artista. **5** vigor, energia, vitalidade. **A:** fraqueza. **6** animação, entusiasmo, ânimo. **A:** desânimo. **7** sustento, subsistência. **Ex:** É preciso trabalhar pela vida. **8** essência, substância.

vide *sf* **1** *Bot.* videira, vinha. **2** *Bot.* sarmento, ramo (de videira).

videira V. vide.

vidente *s e adj m+f* **1** adivinho, profeta. *adj m+f* **2** perspicaz, sagaz, esperto. **A:** ingênuo.

vídeo *sm* **1** *Por ext.* televisão, televisor. **2** videocassete.

videocassete V. vídeo.

videoteipe *sm* teipe, fita magnética.

vidoeiro *sm Bot.* bétula.

vidrar *vtd+vpr* **1** embaciar, embaçar(-se), empanar(-se). **A:** polir(-se). *vti+vi* **2** *Gír.* gamar por, enamorar-se de, apaixonar-se por. **Ex:** Vidrei naquela garota. **3** *Gír.* adorar, encantar-se com, enlevar-se com. **Ex:** Vidrou pelo vestido da irmã.

vidrilhos *sm pl* miçangas, contas, avelórios.

vidro *sm* frasco, garrafinha.

viela *sf* **1** travessa, ruela. **2** beco.

viés *sm* esguelha, soslaio, través, enviés.

viga *sf Constr.* trave.

vigarice *sf* trapaça, embuste, fraude, logro.

vigário *sm Pop.* pároco, cura.

vigarista *s m+f* **1** ladrão, gatuno. **2** trapaceiro, embusteiro, velhaco. *sf* **3** prostituta, rameira, vaca *fig.*

vigência V. vigor.

viger V. vigorar.

vigia *sf* **1** V. vigilância. **2** torre de vigia: atalaia, guarita. **3** espreita. *sm* **4** vigilante, guarda, sentinela.

vigiar *vtd* **1** guardar, velar por. **2** *SEM SER VISTO* espreitar, espiar, espionar. **3** *ATENTAMENTE* atentar em, observar. *vi* **4** velar. *vpr* **5** acautelar-se, precaver-se, prevenir-se.

vigilância *sf* **1** ato ou efeito de vigiar(-se): vigia. **2** atenção, observação atenta. **3** cautela, cuidado, precaução. **A:** descuido. **4** zelo, diligência, dedicação. **A:** negligência.

vigilante *s m+f* **1** vigia, guarda, sentinela. *adj m+f* **2** atento. **3** cauteloso, cuidadoso, precavido. **A:** incauto. **4** zeloso, diligente, dedicado. **A:** negligente.

vigília *sf* **1** insônia. **2** ação de velar: vela, velamento. **3** *Rel.* véspera. **4** atenção, zelo, desvelo. **A:** desatenção. **5** trabalho intelectual noturno: lucubração, elucubração.

vigor *sm* **1** força, robustez, energia. **A:** fraqueza. **2** energia, ânimo, atividade. **3** *DE PLANTA* viço, frescor, verdor. **4** *DE LEI* vigência, valor.

vigorar *vtd+vi* **1** fortalecer(-se), fortificar (-se), robustecer(-se). **A:** enfraquecer(-se). *vti+vi* **2** viger, estar em vigor. **Ex:** Esta lei vigorará a partir do ano que vem.

vigoroso *adj* **1** forte, robusto. **A:** fraco. **2** ativo, enérgico, eficaz. **3** expressivo, vivo. **Ex:** Uma pintura vigorosa.

vil *sm* **1** verme *fig*, desprezível. *adj m+f* **2** barato. **3** baixo, reles, ordinário. **4** mesquinho, miserável, insignificante. **A:** significativo. **5** desprezível, abjeto. **6** indigno, infame, torpe. **A:** digno.

vila *sf* **1** povoação, burgo. **2** casa de campo.

vilanagem V. vilania.

vilania *sf* **1** vileza, vilanagem, baixeza, sordidez. **A:** nobreza. **2** mesquinhez, avareza, sovinice. **A:** generosidade.

vilão *sm* **1** camponês, plebeu. **2** verme *fig*, vil, desprezível. *adj* **3** camponês. **4** *Fig.* rústico, plebeu, rude. **5** *Fig.* grosseiro, grosso, descortês. **6** *Fig.* abjeto, desprezível, vil. **A:** nobre.

vileza V. vilania.

vilipendiar *vtd* desprezar, menosprezar, desdenhar, subestimar. **A:** prezar.

vilipêndio *sm* desprezo, menosprezo, desdém, descaso. **A:** consideração.

vime V. vimeiro.

vimeiro *sm Bot.* chorão, salgueiro, vime.

vincar *vtd* **1** preguear, franzir. **2** *Fig.* acentuar, marcar, frisar, salientar.

vinco *sm* **1** dobra, prega, ruga. **2** sulco, estria.

vincular *vtd* **1** apertar, atar, cingir. **A:** desapertar. **2** obrigar, forçar, sujeitar. *vtd+vpr* **3** *FÍSICA OU MORALMENTE* ligar(-se), prender(-se), unir(-se). **A:** desvincular (-se). *vpr* **4** eternizar-se, perpetuar-se, imortalizar-se.

vínculo *sm* **1** ligação, união, relação (também moral). **2** obrigação, ônus, gravame.

vinda *sf* regresso, volta, retorno. **A:** ida.

vindicar *vtd* **1** *Dir.* reclamar, requerer, reivindicar (restituição). **2** justificar, explicar, desculpar. **3** reaver, recobrar, recuperar. **A:** perder.

vindima *sf* **1** *DE UVAS* colheita, apanha. **2** aquisição, obtenção, conquista, granjeio.

vindimar *vtd+vi* **1** *UVAS* colher, apanhar. *vtd* **2** *Pop.* dizimar, destruir, dar cabo de. **3** assassinar, matar.

vindoiro V. vindouro.

vindouro *adj* 1 futuro, *vindoiro*. A: passado. *sm pl* 2 descendentes, netos, pósteros. A: ascendentes.

vingança *sf* 1 desforra, desafronta, represália. A: afronta. 2 castigo, punição, pena. A: prêmio.

vingar *vtd+vpr* 1 desforrar(-se), desafrontar(-se), despicar(-se). *vtd* 2 compensar, recompensar, ressarcir. 3 castigar, punir, corrigir. A: premiar. 4 atingir, conseguir, chegar a. *vti+vi* 5 crescer, desenvolver-se, prosperar.

vingativo *adj* rancoroso.

vinha *sf* 1 plantação de videiras: vinhedo, vinhal. 2 *Bot.* videira, vide. 3 *Fam.* pechincha, achado.

vinhal V. vinha.

vinhedo V. vinha.

vinho *sm Fig.* bebedeira, embriaguez, pileque, porre *pop.* A: sobriedade.

vinténs *sm pl* dinheiro *sing*, pecúlio *sing*, bens.

violação *sf* 1 infração, transgressão, desrespeito. A: respeito. 2 estupro, abuso, defloramento. 3 *ALGO SAGRADO* profanação, maculação.

violáceo V. violeta.

violar *vtd* 1 infringir, transgredir, desrespeitar. A: respeitar. 2 estuprar, violentar, desvirginar. 3 *ALGO SAGRADO* profanar; *QUALQUER COISA* macular, desonrar, manchar. 4 *SEGREDOS* revelar, confessar, declarar. A: ocultar.

violência *sf* 1 ímpeto, impetuosidade, força. 2 agressividade, irritabilidade. 3 intensidade, veemência, ardor. 4 brutalidade. 5 *Dir.* coação, constrangimento.

violentar *vtd* 1 *Dir.* coagir, constranger, obrigar. 2 V. violar. 3 arrombar, forçar, arrebentar. Ex: Violentar uma porta, uma janela. 4 alterar, inverter, distorcer. Ex: Violentar o sentido de uma declaração.

violento *adj* 1 impetuoso, forte. 2 agressivo, colérico, irascível. A: calmo. 3 agitado, tumultuoso. 4 intenso, veemente, ardente. 5 bruto. 6 acidental. Ex: Morte violenta.

violeta *sm* 1 roxo. *adj m+f* 2 violáceo, roxo.

violinista V. violino.

violino *sm* 1 *Mús.* rabeca. 2 *Mús.* violinista. Ex: Meu tio é o primeiro violino da orquestra.

viperino *adj* 1 *Fig.* maldizente, mordaz, sarcástico. Ex: Língua viperina. 2 *Fig.* maléfico, perverso, maldoso. A: bondoso.

vir *vti+vi* 1 chegar. 2 regressar, retornar, voltar. A: ir. 3 *À MEMÓRIA, AO PENSAMENTO* acudir, ocorrer. Ex: Repentinamente veio-me a lembrança daqueles dias. 4 acontecer, ocorrer, realizar-se. Ex: O melhor veio em seguida. *vti* 5 descender de. 6 originar-se, proceder, provir de. Ex: O português vem do latim. *vlig* 7 conservar-se, manter-se, continuar. 8 aparecer, apresentar-se, comparecer. Ex: Que venham os lutadores! 9 andar, caminhar. Ex: Ele vinha pela rua, calmamente. *vi* 10 chegar (a ocasião, o tempo). Ex: Veio a primavera, e com ela a chuva. 11 acudir, socorrer. Ex: O guarda veio quando ela gritou por socorro.

vira-bosta *sm* 1 *Ornit.* chupim. 2 *Entom.* escaravelho.

viração *sf* aragem, brisa, sopro, bafejo.

vira-casaca *s m+f* oportunista, camaleão *fig.*

virada *sf* 1 *Esp.* reviravolta (numa competição). 2 *DE MORRO* declive, vertente, quebrada.

virar *vtd* 1 voltar, volver. A: desvirar. 2 *DO AVESSO* revirar. A: desvirar. 3 *NUMA DIREÇÃO* apontar, dirigir, voltar, volver. Ex: Virou a cabeça em nossa direção. 4 *LÍQUIDO* despejar, entornar, verter. 5 *BEBENDO* emborcar, entornar, despejar. 6 dobrar, contornar, quebrar. Ex: Virar a esquina. 7 girar, rodar. Ex: Virar a maçaneta. *vtd+vi* 8 *DE CABEÇA PARA BAIXO* emborcar(-se). *vlig* 9 transformar-se em, tornar-se. Ex: Aquela menininha virou uma bela moça. *vi* 10 mudar, transformar-se. Ex: A situação política virou; o tempo virou com a chegada da frente fria. *vpr* 11 *NUMA DIREÇÃO* voltar-se. Ex: Ao ouvir o chamado, ele se virou. 12 rebelar-se, revoltar-se, insurgir-se. 13 *Pop.* arranjar-se (para resolver um problema, sair de uma situação difícil). Ex: Você não me deu ouvidos, agora precisa se virar sozinho.

viravolta *sf* **1** subterfúgio, rodeio. **3** reviravolta.

virgem *sf* **1** donzela. **2** *Por ext.* moça, senhorita, solteira. *adj m+f* **3** casto, puro, virginal. **A:** impuro. **4** ingênuo, inocente, crédulo. **A:** malicioso. **5** singelo, simples, natural. **A:** afetado. **6** isento, livre, desprovido. **7** *SELVA, MATO* inexplorado. **8** *TERRA, TERRENO* inculto.

virginal V. virgem.

virgindade *sf* **1** castidade, pureza. **2** ingenuidade, inocência. **3** singeleza, simplicidade, naturalidade.

viril *adj m+f* **1** varonil, másculo, masculino. **A:** feminino. **2** enérgico, forte, vigoroso. **A:** fraco.

virilidade *sf* **1** masculinidade, hombridade. **A:** feminilidade. **2** energia, força, vigor. **A:** fraqueza.

virtual *adj m+f* **1** potencial, possível. **Ex:** Perigo virtual. **A:** real. **2** possível, realizável, exeqüível. **A:** impossível.

virtude *sf* **1** bondade. **2** retidão, perfeição. **A:** vício. **3** valor, coragem, destemor. **4** austeridade. **5** castidade, pureza. **6** propriedade, característica. **Ex:** Virtudes medicinais. **7** eficácia, eficiência, força. **A:** ineficácia.

virtuose V. virtuoso.

virtuoso *sm* **1** pessoa com técnica artística perfeita: virtuose. *adj* **2** bom. **3** correto, reto, perfeito. **4** valoroso, corajoso, destemido. **5** austero. **6** casto, puro. **7** eficaz, eficiente, forte. **A:** ineficaz.

virulento *adj* **1** venenoso, peçonhento. **2** *Fig.* rancoroso, odiento. **3** *Fig.* violento, furioso, áspero.

visagem *sf* **1** careta, momice. **2** V. visão. **3** *Pop.* gesto, trejeito, movimento.

visão *sf* **1** vista. **2** fantasma, espectro, assombração, visagem. **3** quimera, fantasia, ilusão. **4** ponto de vista, perspectiva, aspecto. *sm* **5** *Zool.* visom.

visar *vtd* **1** olhar (numa direção). **2** *ARMA DE FOGO* mirar, apontar. *vtd+vti* **3** pretender, objetivar, intentar. **Ex:** Visar o progresso (ou ao progresso) do país. *vi* dispor-se, propor-se a.

vis-à-vis (fr.: vizaví) *adv* frente a frente, cara a cara, face a face.

víscera *sf* **1** *Anat.* órgão interno: entranha. *sf pl* **2** *Anat.* conjunto dos órgãos do abdome ou tórax: entranhas, intestinos. **3** *Fig.* interior, íntimo, âmago.

visceral *adj m+f* **1** *Anat.* esplâncnico. **2** *Fig.* intenso, profundo, entranhado. **Ex:** Necessidade visceral.

visco *sm* **1** *Bot.* cogumelo. **2** *visgo.* **3** isca, chamariz, engodo.

viscoso *adj* pegajoso, grudento, visguento.

viseira *sf* **1** pala de boné. **2** *Pop.* aspecto, aparência, fachada. **3** carranca, cara feia, carantonha.

visgo V. visco.

visguento V. viscoso.

visionário *sm* **1** sonhador, idealista, utopista. *adj* **2** sonhador, idealista, utópico. **A:** realista (nas duas acepções).

visita *sf* **1** *ATO* visitação. **2** *PESSOA* visitante. **3** inspeção, vistoria, revista.

visitação V. visita.

visitante V. visita.

visitar *vtd* **1** *PESSOAS* ir ver, ir encontrar. **2** *LUGARES* viajar por, percorrer, ir conhecer. **3** inspecionar, vistoriar, revistar.

visível *adj m+f* **1** aparente, perceptível. **A:** invisível. **2** claro, evidente, patente. **A:** obscuro. **3** conhecido, notório, sabido. **A:** desconhecido.

vislumbrar *vtd* **1** entrever, avistar, divisar. **2** supor, presumir, calcular. *vi* **3** despontar, apontar, surgir.

vislumbre *sm* **1** luz fraca. **2** reflexo. **3** suposição, hipótese, presunção. **4** semelhança, parecença. **A:** dessemelhança. **5** vestígio, indício, sinal.

visom V. visão.

víspora *sf* loto, tômbola.

vista *sf* **1** visão. **2** olhos *pl.* **3** paisagem, panorama. **4** desígnio, intenção, objetivo. **5** ponto de vista, aspecto, perspectiva.

visto *sm* **1** assinatura, abonação, autenticação. *part+adj* **2** aceito, recebido. **3** considerado, reputado, conceituado. * Visto que: desde que, porque, já que. **Ex:** Ficaremos em casa, visto que não temos dinheiro.

vistoria *sf* inspeção, revista, exame.

vistoriar *vtd* inspecionar, revistar, examinar.

vistoso *adj* **1** atraente, encantador, sedutor. **2** ostentoso, pomposo, faustoso. **A:** modesto. **3** admirável, notável.

visualizar *vtd* imaginar, conceber, figurar (mentalmente).

vital *adj m+f* **1** fortificante. **2** essencial, fundamental, primário. **A:** dispensável.

vitalício *adj* perpétuo. **Ex:** Cargo vitalício.

vitalidade *sf* vigor, energia, força, vida.

vitalizar *vtd* revigorar, fortalecer, fortificar, tonificar. **A:** desvitalizar.

vitelo *sm* novilho, bezerro.

vítima *sf Fig.* sofredor, mártir *fig.* **Ex:** Ele apronta das suas, depois se faz de vítima.

vitimar *vtd+vpr* **1** sacrificar(-se), imolar (-se). *vtd* **2** danificar, prejudicar, molestar.

vitória *sf* **1** triunfo, vencimento, vantagem. **2** sucesso, êxito.

vitorioso *adj* **1** triunfante, vencedor. **2** bemsucedido. **A:** fracassado.

vítreo *adj* **1** referente ao vidro: hialino. **2** transparente, límpido, cristalino. **A:** turvo.

vitrina *sf* **1** a vidraça das lojas: montra. **2** móvel onde se expõem as mercadorias: mostrador, mostruário.

vitrola *sf* toca-discos.

vituperar *vtd* **1** injuriar, insultar, ofender. **2** aviltar, desprezar, menosprezar. **3** desaprovar, censurar, condenar. **A:** aprovar.

vitupério *sm* **1** injúria, insulto, ofensa. **2** vergonha, infâmia, baixeza. **A:** nobreza.

viuvez *sf* **1** *Fig.* solidão. **2** *Fig.* desconsolo, desalento, desânimo. **A:** consolo. **3** *Fig.* privação, carência, falta. **A:** fartura.

viúvo *adj* **1** *Fig.* só, solitário. **2** *Fig.* desconsolado, desanimado, abatido. **3** *Fig.* privado, carente, desprovido. **A:** farto.

vivacidade *sf* **1** atividade, intensidade, energia. **2** esperteza, sagacidade, engenhosidade. **3** brilho, brilhantismo.

vivaz *adj m+f* **1** ativo, forte, enérgico. **2** esperto, sagaz, engenhoso. **3** brilhante. **4** duradouro.

viveiro *sm* **1** *PEIXES* aquário; *AVES* aviário. **2** *PLANTAS* sementeira, canteiro. **3** *GRANDE QUANTIDADE* enxame, acumulação.

vivência *sf* **1** existência. **2** modo de vida. **3** comportamento, temperamento, conduta. **4** experiência, escola, aprendizado.

viver *sm* **1** vida. *vtd* **2** apreciar, gozar, aproveitar (a vida). *vti* **3** morar, residir, habitar. **Ex:** Vive na América. **4** nutrir-se, alimentar-se, sustentar-se. **Ex:** Vive de comida natural. **5** durar, conservar-se, perdurar. **Ex:** Esses fatos vivem em minha memória. *vti+vi* **6** conviver com, freqüentar. **Ex:** Vive com a alta sociedade. *vi* **7** existir, ter vida. **A:** morrer. **8** comportar-se, portar-se. **Ex:** Vive de maneira austera.

víveres *sm pl* mantimentos, alimentos, provisões, comida *sing.*

vívido *adj* **1** vivaz. **2** brilhante, fulgurante, luminoso. **3** ardente, vivo, fervoroso. **4** expressivo.

vivificar *vtd* animar, alentar, reanimar. **2** ativar, intensificar, reforçar. **A:** enfraquecer.

vivo *sm* **1** Ser vivo. *adj* **2** animado. **A:** desanimado. **3** agitado, irrequieto, vivaz. **A:** sossegado. **4** esperto, matreiro, astuto. **A:** ingênuo. **5** fervoroso, ardente, impetuoso. **6** eficaz, eficiente. **A:** ineficaz. **7** apressado, acelerado, rápido. **8** forte, intenso, penetrante. **A:** suave.

vizinhança *sf* **1** proximidade. **A:** afastamento. **2** adjacência, contigüidade. **A:** afastamento. **3** vizinhos *pl.* **4** arredores *pl*, proximidades *pl*, imediações *pl.* **5** semelhança, analogia, afinidade. **A:** diferença.

vizinhar V. avizinhar.

vizinho *sm* **1** morador, habitante, residente. *adj* **2** próximo, chegado, perto. **A:** afastado. **3** limítrofe, confinante, contíguo. **A:** afastado. **4** análogo, semelhante, afim. **A:** diferente.

voador *adj* **1** *QUE VOA* voante, volante, volátil. **2** rápido, veloz, ligeiro. **A:** vagaroso.

voante *adj m+f* **1** V. voador. **2** passageiro, transitório, efêmero. **A:** permanente.

voar *vti+vi* **1** levantar vôo, alçar vôo. **2** planar. **3** *DE AVIÃO* viajar. **Ex:** Voei para a Europa. **4** correr. **Ex:** Ao ver o cachorro, o gato saiu voando. **5** explodir, estourar, rebentar. **Ex:** A bomba fez o automóvel voar pelos ares. *vi* **6** divulgar-se, espalhar-se, disseminar-se (rapidamente). **Ex:** As notícias voam. **7** desaparecer, sumir, dissipar-se. **8** *TEMPO* passar, decorrer, transcorrer.

vocabulário *sm* glossário, léxico, dicionário; *DE NOMES* nomenclatura.

vocábulo *sf* palavra, termo; *NO DICIONÁRIO* voz, verbete, entrada.

vocação *sf* **1** chamado, chamamento. **2** *Teol.* predestinação, escolha, chamamento. **3** inclinação, tendência, queda. **Ex:** Vocação para a medicina. **4** talento, aptidão. **Ex:** Vocação para a música.

vocal *adj m+f* expresso pela voz: oral, verbal.

você *pron de trat* tu.

vociferar *vtd+vi* bradar, berrar, gritar, clamar.

voejar *vi* esvoaçar, adejar.

voejo *sm* adejo.

voga *sf* **1** fama, popularidade, celebridade. **2** renome, reputação. **3** moda, onda, uso.

vogar *vtd* **1** navegar, cruzar (mares). *vti+vi* **2** derivar, deslizar (sobre a água). *vi* **3** remar. **4** velejar, navegar à vela. **5** boiar, flutuar. **6** divulgar-se, propalar-se, espalhar-se. **7** *LEI* vigorar, estar em vigor, valer.

volante *sm* **1** *Autom.* direção. **2** motorista, condutor. **3** impresso (para jogos). *adj* **4** V. voador. **5** móvel, mutável. **6** V. volátil. **7** errante, nômade, vagabundo. **A:** sedentário. **8** instável, movediço. **A:** estável.

volátil *sm* **1** ave, pássaro. *adj* **2** V. voador. **3** volúvel, inconstante, volante. **A:** constante.

volatilizar *vtd, vi+vpr* vaporizar(-se), evaporar(-se), gaseificar(-se).

vôlei *sm Esp.* voleibol.

voleibol V. vôlei.

volfrâmio *sm Quím.* tungstênio.

volição *sf Filos.* vontade, querer, desejo.

volta *sf* **1** regresso, retorno. **A:** ida. **2** giro, circuito. **3** circunferência. **4** passeio, giro. **5** resposta, réplica. **6** troco. **7** reviravolta. **8** sinuosidade, curva. **9** *DE ESPIRAL* rosca, curva. **10** *DE RIO* meandro, curva, sinuosidade. **11** restituição, devolução. **12** laço, laçada.

voltagem *sf Eletr.* tensão.

voltar *vtd* **1** virar, volver. **2** *DO AVESSO* revirar. **3** *NUMA DIREÇÃO* apontar, virar, dirigir. **4** aplicar, dirigir, encaminhar. **Ex:** Voltar a atenção para alguma coisa. **5** devolver, restituir. **6** *TROCO, SALDO* dar, devolver. *vti* **7** reaparecer, ressurgir. **8** recomeçar, tornar a. **Ex:** Voltou a chover. **9** *DE RUMO OU DIREÇÃO* mudar. *vti+vi* **10** regressar, retornar. **A:** ir. **11** retroceder, recuar. **A:** avançar. *vi* **12** girar, voltear. *vpr* **13** *NUMA DIREÇÃO* virar-se. **14** apelar, dirigir-se, recorrer. **Ex:** Voltar-se a instâncias superiores.

voltear *vtd* **1** rodear, contornar. **2** girar, virar. *vti* **3** adejar, esvoaçar, voejar. *vi* **4** girar, virar, rodopiar.

volubilidade *sf* inconstância, instabilidade. **A:** constância.

volume *sm* **1** livro. **2** tomo. **3** embrulho, pacote, fardo. **4** tamanho, corpulência, grandeza. **5** *DE SOM* intensidade. **6** *DE RECIPIENTE* capacidade.

volumoso *adj* **1** grande, corpulento. **2** *SOM* intenso, forte, alto.

voluntariedade *sf* **1** espontaneidade. **2** capricho, teima, excentricidade.

voluntário *adj* **1** espontâneo. **2** instintivo, impensado. **A:** involuntário.

voluntarioso *adj* caprichoso, teimoso, excêntrico.

volúpia *sf* **1** deleite, gozo, prazer, voluptuosidade. **2** luxúria, sensualidade, lascívia, voluptuosidade. **A:** castidade.

voluptuosidade V. volúpia.

voluptuoso *adj* **1** prazeiroso, delicioso, deleitoso. **2** sensual, lascivo, libidinoso. **A:** casto.

voluta *sf Arquit.* ornato do capitel: espiral.

volúvel *adj m+f* inconstante, instável. **A:** constante.

volver *vtd* **1** virar, voltar. **2** agitar, revolver, mexer. *vti+vpr* **3** regressar, voltar, retornar. **A:** ir. *vi+vpr* **4** decorrer, passar, transcorrer.

vomição V. vômito.

vomitado V. vômito.

vomitar *vtd* **1** expelir, lançar, golfar. **2** jorrar, verter, esguichar. **3** sujar, emporcalhar, conspurcar (com vômito). **4** *OFENSAS* proferir, dizer, pronunciar. *vi* 5 lançar. **Ex:** Passou mal e vomitou.

vômito *sm* vomitado, lanço, vomição.

vontade *sf* 1 desejo, querer. 2 intenção, intento, propósito. 3 energia, ânimo, força. **Ex:** Bater em alguém com vontade. 4 capricho, desejo, extravagância. 5 arbítrio, mando. 6 gosto, prazer, deleite. 7 apetite. 8 necessidade, precisão, carência. 9 interesse, desvelo, atenção. 10 resolução, decisão, desígnio. * De boa vontade: de bom grado, voluntariamente. * De má vontade: de mau grado.

vôo *sm* 1 adejo, voejo. 2 êxtase, arrebatamento, encantamento.

voracidade *sf* 1 gula, glutonaria, avidez. 2 *Fig.* ambição, ganância, sofreguidão. **A:** desapego.

voragem *sf* 1 sorvedouro, sumidouro. 2 turbilhão, vórtice, redemoinho, remoinho. 3 abismo.

voraz *adj m+f* 1 devorador. 2 ávido, comilão, glutão. 3 insaciável, incansável. 4 destrutivo, destruidor. 5 *Fig.* ambicioso, ganancioso, ávido. **Ex:** Um executivo voraz. **A:** desapegado.

vórtice *sm* 1 redemoinho, rodamoinho, turbilhão. 2 furacão, tufão.

vós *pron pes* vocês.

votação *sf* escrutínio.

votar *vtd* 1 julgar, avaliar (por voto). **Ex:** O Congresso votará a lei amanhã. 2 devotar, consagrar, sacrificar. **Ex:** Votar a vida à religião. 3 dedicar, aplicar, empregar. **Ex:** Votar muitas horas ao trabalho. *vtd+vti* 4 eleger, escolher. **Ex:** Votar o governador (ou no governador); votar pela anulação. *vpr* 5 dedicar-se, entregar-se, aplicar-se.

voto *sm* 1 sufrágio. 2 promessa, juramento. 3 desejo. **Ex:** Meus sinceros votos de um Feliz Natal. 4 *A DEUS* súplica, suplicação. 5 parecer, opinião, avaliação. **Ex:** O voto dos jurados.

vovó V. avó.

vovô V. avô.

voz *sf* 1 fala. 2 linguagem. 3 grito, clamor, reivindicação. 4 conselho, advertência, sugestão. **Ex:** A voz da sabedoria. 5 boato,

rumor, balela. 6 opinião, parecer, voto. **Ex:** A voz do povo é a voz de Deus. 7 palavra, vocábulo, termo.

vozear *sm* 1 grito, clamor, brado. *vtd+vi* 2 gritar, clamar, bradar.

vozearia V. vozerio.

vozerio *sm* algazarra, gritaria, berreiro, vozearia. **A:** silêncio.

vulcânico *adj Fig.* ardente, impetuoso, intenso, fogoso.

vulcanizar *vtd* 1 *PNEU* recauchutar. 2 calcinar, abrasar. *vtd+vpr* 3 entusiasmar(-se), exaltar(-se), excitar(-se).

vulgar *sm* 1 vernáculo, língua pátria. *adj* 2 comum, ordinário, trivial. **A:** invulgar. 3 reles, baixo, obsceno. **A:** nobre.

vulgaridade *sf* 1 trivialidade, banalidade, vulgarismo. 2 baixeza, obscenidade, vileza. **A:** nobreza.

vulgarismo V. vulgaridade.

vulgarizar *vtd+vpr* 1 popularizar(-se), divulgar(-se), difundir(-se). 2 envilecer (-se), aviltar(-se), depravar(-se).

vulgo *sm* 1 povo, plebe. 2 ralé, populacho, gentalha. **A:** nata. *adv* 3 na língua vulgar, vulgarmente. **Ex:** João da Silva, vulgo Fulaninho.

vulnerar *vtd* 1 ferir, machucar. 2 ofender, magoar, melindrar.

vulpino *adj* 1 *Zool.* raposino. 2 *Fig.* esperto, astuto, manhoso. **A:** tolo.

vulto *sm* 1 fisionomia, rosto, semblante. 2 figura, corpo, corporatura. **Ex:** Ao longe, distinguíamos o vulto de um homem. 3 volume, massa, grandeza. **Ex:** O vulto das águas do rio. 4 importância, peso, gravidade. **Ex:** Uma resolução de vulto. 5 pessoa importante: celebridade, personagem, figura. **Ex:** Os grandes vultos da História do Brasil. 6 consideração, ponderação.

vultoso *adj* 1 volumoso, grande, avultado. **A:** pequeno. 2 importante, sério, grave. **Ex:** Problema vultoso. **A:** insignificante. 3 considerável, grande, gordo *fig.* **Ex:** Quantia vultosa. **A:** insignificante.

vulva *sf Anat.* vagina, boceta *vulg.*

X

xacoco *adj* desenxabido, sem graça, insípido, insosso.

xadrez *sm* **1** *TECIDO* quadriculado. **2** mosaico. **3** *Pop.* xilindró *gír.* prisão, cadeia.

xadrezar V. enxadrezar.

xadrezista V. enxadrista.

xará *sm+f Gír.* **1** homônimo. **2** cara. **Ex:** E aí, xará?

xaropada *sf* **1** *Farm.* xarope, tisana. **2** *Pop.* chatice, chateação, amolação.

xarope *sm* **1** *Farm.* tisana, xaropada. **2** calda. **3** *Pop.* chatice, chateação, maçada. *adj* **4** *Pop.* chato, cacete, importuno.

xaroposo *adj Fig.* chato, enfadonho, aborrecido, maçante. **A:** divertido.

xaveco *sm* **1** *COISA* ninharia, mixaria, insignificância; *PESSOA* joão-ninguém, nulidade, pé-rapado. **2** *Gír.* sacanagem, patifaria, velhacaria.

xaxim *sm Bot.* samambaiaçu.

xeique V. xeque.

xepa *sf Pop.* sobras *pl*, restos *pl*, refugo, migalhas *pl* (de comida).

xeque *sm* **1** xeique, chefe (árabe). **2** *Fig.* perigo, risco. **3** *Fig.* contratempo, transtorno, contrariedade. * Pôr em xeque: pôr em dúvida; pôr em risco.

xeque-mate *sm* mate. **Ex:** Dar xeque-mate.

xereta *sm+f* enxerido, bisbilhoteiro, intrometido, metido.

xeretar *vtd* **1** bajular, adular, badalar *gír.* *vi* **2** bisbilhotar, intrometer-se, meter-se, xeretear.

xeretear V. xeretar.

xerocar *vtd* xerocopiar, copiar, xeroxar.

xerocópia *sf* xerox.

xerocopiar V. xerocar.

xerografia *sf* **1** *PROCESSO* xerox, xérox. **2** *A CÓPIA OBTIDA* xerocópia, xerox, xérox.

xerox V. xerocópia.

xérox V. xerografia.

xeroxar V. xerocar.

xexéu *sm* **1** *Ornit.* japim. **2** *Gír.* fedor, fedentina, catinga. **A:** perfume.

xícara *sf* chávena.

xifópagos *sm pl* **1** *Med.* irmãos siameses. **2** *Fig.* amigos inseparáveis, irmãos siameses.

xilindró *sm Gír.* cana, xadrez, cadeia, prisão.

xilografia V. xilogravura.

xilógrafo *sm* quem faz xilogravura: xilogravador.

xilogravador V. xilógrafo.

xilogravura *sf* gravura em relevo sobre madeira: xilografia.

xingar *vtd* **1** insultar, destratar, ofender. *vi* **2** praguejar.

xixi *sm Fam.* pipi, urina, mijo *vulg.* * Fazer xixi: fazer pipi, urinar, mijar *vulg.*

xixica *sf Pop.* caixinha, gorjeta, propina, gratificação.

xodó *sm* **1** namoro, galanteio, chamego. **2** *HOMEM* namorado; *MULHER* namorada, mina *pop*, garota *pop*. **3** paixão, preferência, menina dos olhos. **4** intriga, mexerico, tramóia.

xucrice *sf* grosseria, estupidez, indelicadeza, rudeza, xucrismo.

xucrismo V. xucrice.

xucro *adj* **1** *ANIMAL* bravo, bravio, selvagem, indomado. **2** *PESSOA* inexperiente, imperito, novato, leigo. **3** grosso, estúpido, indelicado, rude.

xurumbambos *sm pl* badulaques, cacarecos, trastes.

W

warrant (ingl.: uórrant) *sm Dir.* e *Com.* garantia (de mercadoria depositada).

warrantar (uorrantar) *vtd Dir.* e *Com.* garantir (mercadoria depositada).

water-closet (ingl.: uóter clôset) *sm* WC, banheiro, sanitário.

WC V. *water-closet.*

Z

zabumba *sm+f* bombo, bumbo.

zabumbar *vtd* **1** atordoar, aturdir, perturbar. **2** apregoar, divulgar, propalar. **3** bater, surrar, espancar.

zaga *sf Esp.* retaguarda.

zagaia V. azagaia.

zagueiro *sm Esp.* beque.

zaino *adj* **1** *CAVALO* castanho-escuro. **2** falso, fingido, dissimulado. **A:** sincero.

zanga *sf* **1** aborrecimento, amolação, chateação. **2** fúria, raiva, ira. **3** desavença, briga, rixa. **A:** acordo.

zangão *sm* **1** *Entom.* abelhão, *zângão.* **2** *Fig.* parasita, aproveitador, explorador. **3** *Fig.* importuno, chato, cacete.

zângão V. zangão.

zangar *vtd* **1** aborrecer, chatear, amolar. *vtd+vpr* **2** irar(-se), enfurecer(-se), irritar(-se). **A:** acalmar(-se).

zanzar *vi* vaguear, vagabundear, perambular.

zarabatana *sf* sarabatana.

zaragata *sf Pop.* desordem, confusão, bagunça *gír,* algazarra.

zarolho *sm+adj* estrábico, vesgo, caolho.

zarpar *vi* **1** *Náut.* partir. **A:** atracar. **2** *Pop.* fugir, escapulir, escapar.

zebra *sf Fig.* estúpido, ignorante, burro *fig,* zebróide *fig.* **A:** inteligente.

zebrar *vtd* listrar, listar, raiar, riscar.

zebróide V. zebra.

zéfiro *sm* brisa, aragem, bafagem.

zelar *vtd+vti* **1** cuidar de, velar, olhar por. **2** interessar-se por, dedicar-se a, aplicar-se a.

zelo *sm* **1** cuidado, atenção. **A:** desatenção. **2** interesse, dedicação, diligência. **A:** negligência. *sm pl* **3** ciúmes.

zeloso *adj* **1** cuidadoso, atencioso. **A:** desatencioso. **2** interessado, dedicado, diligente. **A:** negligente. **3** ciumento, cioso.

zênite *sm* **1** *Astr.* apogeu, pino. **A:** nadir. **2** *Fig.* máximo, ápice, auge.

zepelim *sm Aeron.* dirigível.

zé-povinho *sm* **1** homem do povo. **2** ralé, gentalha, zé-povo, populacho. **A:** elite.

zé-povo V. zé-povinho.

zero *sm* **1** *Mat.* cifra. **2** *Fig. COISA* nada, bagatela, ninharia; *PESSOA* nulidade, joão-ninguém.

ziguezague *sm* **1** sinuosidade, tortuosidade, curva. **2** um tipo de passamanes: sinhaninha.

ziguezaguear *vi* serpentear, serpear, colear, serpentar.

ziguezigue *sm Fig.* traquinas, levado, arteiro, travesso.

zimbório *sm Arquit.* domo, cúpula.

zimbrar *vtd* **1** açoitar, fustigar, flagelar. *vi* **2** *Náut.* balançar, jogar, baloçar.

zimbro *sm* orvalho, sereno, relento, rocio.

zinabre V. azinhavre.

zíngaro *sm* cigano.

zíper *sm* fecho ecler.

zoada V. zumbido.

zoar V. zumbir.

zoeira V. zumbido.

zombar *vti+vi* caçoar, gozar, escarnecer, chacotear, zombetear de.

zombaria *sf* gozação, escárnio, chacota, troça.

zombeirão V. zombeteiro.

zombetear V. zombar.

zombeteiro *adj* gozador, brincalhão, debochado, zombeirão.

zona *sf* **1** faixa, cinta, banda. **2** região, área, ponto. **3** *Gír.* baderna, confusão, desordem. **A:** ordem. **4** *Pop.* meretrício, brega *ne.* **5** *Med.* V. zoster.

zonzeira *sf* vertigem, tontura, tonteira.

zonzo *adj* tonto, atordoado, grogue, estonteado.

zôo V. zoológico.

zoológico *sm* jardim zoológico, zôo.

zorra *sf Gír.* confusão, desordem, baderna,
bagunça *gír.* **A:** ordem.

zoster *sm* **1** *Med.* herpes-zoster, zona. **2**
faixa, cinta, tira.

zumbido *sm* **1** zunido, zunzum, zunimento,
zoada. **2** zoeira, zoada, barulheira, gritaria.

zumbir *vi* zunir, zoar.

zunido V. zumbido.

zunimento V. zumbido.

zunir V. zumbir.

zunzum *sm* **1** V. zumbido. **2** boato, mexerico, fofoca.

zureta *sm+f* **1** maluco, doido, adoidado. **2**
genioso, irascível, irritadiço. **A:** calmo.

zurrar *vi* ornejar, ornear, azurrar *pop.*

zurro *sm* ornejo.

zurzidela *sf* **1** surra, sova, espancamento. **2**
crítica, censura, reprovação. **A:** aprovação.

zurzir *vtd* **1** açoitar, fustigar, vergastar. **2**
bater, espancar, surrar. **3** criticar, censurar,
reprovar. **A:** aprovar. **4** magoar, afligir,
atormentar.

HOMÔNIMOS
E
PARÔNIMOS

HOMÔNIMOS E PARÔNIMOS

Nota 1: O timbre aberto ou fechado das vogais *E* e *O* é indicado entre parênteses.
Nota 2: Em alguns casos, o verbete é homônimo de uma palavra e parônimo de outra. Por isso, os termos marcados com (*) são parônimos entre si.
Nota 3: Os tempos verbais entre parênteses podem ser o presente do indicativo, imperativo ou outros. Quando puder existir confusão ou ambiguidade, constará também o nome do tempo verbal. **Ex:** (ele bebera = mais-que-perfeito).

a *art def f.* **Ex:** A casa, a família.
  à *contr* da *prep* **a** com o *art def f* **a. Ex:** Fui à rua.
  há *flex v* haver. **Ex:** Há estrelas no céu.
  ah *interj.* **Ex:** Ah, aí está você!
abitar V. **habitar.**
abobar-se *v* abobalhar-se, tornar-se bobo (*).
  aboubar-se *v* encher-se de boubas, um tipo de doença (*).
abolçar, bolçar *v* jogar fora; vomitar.
  abolsar, bolsar *v* dar forma de bolso (ou bolsa).
abordo (ô) *sm* ato de abordar, abordagem.
  abordo (ó) *flex v* abordar (eu abordo).
  a bordo *adv Náut.* e *Aeron.* na embarcação, no avião.
aborto (ô) *sm* ato de abortar.
  aborto (ó) *flex v* abortar (eu aborto).
abrolho (ô) *sm* rochedo, escolho.
  abrolho (ó) *flex v* abrolhar (eu abrolho).
aça *adj m+f* albino.
  assa *flex v* assar (ele assa).
acarreto (ê) *sm* ato de acarretar.
  acarreto (é) *flex v* acarretar (eu acarreto).
acender *v* pôr fogo em; ligar.
  ascender *v* subir.
acensão *sf* ato de acender, acendimento.
  ascensão *sf* ato de ascender, subida.
acenso V. **assenso.**
acento *sm* maior intensidade de uma sílaba.

assento *sm* cadeira; *flex v* assentar (eu assento).
acerca (ê) *adv* perto; cerca.
  acerca (é) *flex v* acercar (ele acerca).
acerto *sm* ato ou efeito de acertar.
  acerto (é) *flex v* acertar (eu acerto).
  asserto (ê) *sm* afirmação.
acessório *sm* complemento; *adj* secundário; auxiliar.
  assessório *adj* referente a assessor.
aceta V. **asceta.**
acetar *v* azedar.
  assetar *v* ferir com seta; martirizar.
acético *adj* referente a vinagre.
  ascético *adj* devoto, místico.
  asséptico *adj* relativo à assepsia, livre de germes.
acha *sf* lenha.
  acha *flex v* achar (ele acha).
ache *sm* manto.
  ache *flex v* achar (que ele ache).
  axe (cs) *sm* eixo.
  axe *sm* ferimento em crianças.
acidente *sm* imprevisto; desastre (*).
  acedente *adj m+f* que acede, que concorda (*).
acistia *sf Med.* ausência de bexiga urinária.
  assistia *flex v* assistir (eu assistia).
aço *sm* liga de ferro e carbono.
  asso *flex v* assar (eu asso).
açodar *v* apressar (*).

açudar *v* represar em açude (*).

acórdão *sm Dir.* decisão.

   acordam *flex v* acordar (eles acordam).

acordo (ô) *sm* ajuste; contrato; pacto.

   acordo (ó) *flex v* acordar (eu acordo).

açores (ó) *flex v* açorar (que tu açores).

   Açores *np Geogr.* um arquipélago.

acosso (ô) *sm* ato de acossar, acossamento, perseguição.

   acosso (ó) *flex v* acossar (eu acosso).

acosto (ô) *sm* ato de acostar.

   acosto (ó) *flex v* acostar (eu acosto).

açular *v* incitar (cão) a morder (*).

   assolar *v* destruir; arrasar (*).

aderece (ê) *sm* enfeite, adereço.

   aderece (é) *flex v* adereçar (que ele aderece).

adereço (ê) *sm* enfeite, adorno.

   adereço (é) *flex v* adereçar (eu adereço).

adicto *adj* afeiçoado; dependente.

   ádito *sm* câmara secreta (em templo antigo); entrada.

adivinha *sf* mulher que adivinha; *flex v* adivinhar (ela adivinha).

   advinha *flex v* advir (advinha o fato que).

adobe (ô) *sm* tijolo (cru, seco ao sol).

   adobe (ó) *flex v* adobar (que eu adobe).

adorno (ô) *sm* enfeite, adereço.

   adorno (ó) *flex v* adornar (eu adorno).

afear *v* tornar feio (*).

   afiar *v* tornar afiado (*).

aferro (ê) *sm* ato de aferrar, obstinação.

   aferro (é) *flex v* aferrar (eu aferro).

afim *adj* que tem afinidade.

   a fim na expressão **a fim de** (= para, com o propósito de).

afogo (ô) *sm* ato de afogar, afogamento.

   afogo (ó) *flex v* afogar (eu afogo).

afresco (ê) *sm* uma técnica de pintura.

   afresco (é) *flex v* afrescar (eu afresco).

agarrochar *v* ferir com garrocha; incitar (*).

   agarruchar *v* apertar ou atar com garrucha (*).

agência *sf* escritório; sucursal, filial.

   agencia *flex v* agenciar (ele agencia).

agora *adv* neste momento.

ágora *sf Hist.* praça das antigas cidades gregas.

agorentar *v* encurtar (*).

   agourentar *v* fazer mau agouro (*).

agorento *flex v* agorentar (eu agorento) (*).

   agourento *adj* de mau agouro (*).

ah V. **a**

ai *sm* lamentação, gemido; *interj* exprime dor.

   aí *adv* nesse lugar.

álea *sf* aléia, fileira de arbustos ou árvores.

   aliá *sf* elefanta.

   alia *flex v* aliar (ele alia).

algoso (ô) *adj* cheio de algas.

   algozo (ó) *flex v* algozar (eu algozo).

algozes (ô) *sm pl* de algoz, carrasco.

   algozes (ó) *flex v* algozar (que tu algozes).

aliás *adv* do contrário; além disso.

   aliás *sf pl* de aliá, elefanta.

   alias *flex v* aliar (tu alias).

alisar *v* tornar liso.

   alizar *sm* tipo de guarnição de madeira.

almoço (ô) *sm* primeira refeição substancial do dia.

   almoço (ó) *flex v* almoçar (eu almoço).

alo V. **halo**.

alude *sm* avalancha.

   alude *flex v* aludir (ele alude).

aluguéis *sm pl* de aluguel.

   alugueis (ê) *flex v* alugar (que vós alugueis).

alvoroço, alvoroto (ô) *sm* agitação; pressa; tumulto.

   alvoroço, alvoroto (ó) *flex v* alvoroçar, alvorotar (eu alvoroço, eu alvoroto).

amaçar *v* massagear.

   amassar *v* converter em massa; amarrotar; achatar.

amalocar *v* juntar em maloca (*).

   amalucar *v* deixar maluco, endoidecer (*).

amarra *sf Náut.* corrente.

   amarra *flex v* amarrar (ele amarra).

amem *flex v* amar (que eles amem).

   amém *interj Rel.* assim seja.

   ámen o mesmo que **amém**.

amorar *v* afugentar; esconder (*).

   amurar *v* cercar de muros (*).

angústia *sf* aflição, ânsia; sofrimento.

   angustia *flex v* angustiar (ele angustia).

ansa *sf Poét.* asa (de pássaro).

hansa *sf Hist.* associação comercial entre cidades medievais.

ante- *pref* indica anterioridade, o que vem antes (*).

anti- *pref* indica contrariedade, oposição (*).

antegosto (ô) *sm* o mesmo que **antegozo**.

antegosto (ó) *flex v* antegostar (eu antegosto).

antegozo (ô) *sm* gozo, prazer antecipado.

antegozo (ó) *flex v* antegozar (eu antegozo).

anticéptico *adj* contrário ao ceticismo.

anti-séptico *adj* relativo à anti-sepsia; desinfetante.

antojo (ô) *sm* ato de pôr diante dos olhos; visão enganosa; nojo.

antojo (ó) *flex v* antojar (eu antojo).

antolho (ô) *sm* o mesmo que **antolho**.

antolho (ó) *flex v* antolhar (eu antolho).

anúncio *sm* aviso; propaganda.

anuncio *flex v* anunciar (eu anuncio).

ânus *sm Anat.* orifício no final do intestino que expele os excrementos (*).

anos *sm pl* de **ano** (*).

aparte *sm* interrupção de um orador no meio do discurso.

aparte *flex v* apartar (que ele aparte).

à parte *loc adv* em separado.

apedido *sm* seção de um jornal onde se publicam matérias pagas ou a pedido dos interessados.

a pedido *loc adv* atendendo ao pedido (de alguém).

apego (ê) *sm* obstinação; afeição.

apego (é) *flex v* apegar (eu apego).

apelo (ê) *sm* chamamento.

apelo (é) *flex v* apelar (eu apelo).

aperto (ê) *sm* ato ou efeito de apertar; angústia; dificuldade.

aperto (é) *flex v* apertar (eu aperto).

apodo (ô) *sm* alcunha.

apodo (ó) *flex v* apodar (eu apodo).

ápodo *adj* que não tem hastes (vegetais).

aposto (ô) *adj* posto sobre; aumentado, acrescentado; *sm Gram.* um dos termos acessórios da oração.

aposto (ó) *flex v* apostar (eu aposto).

apreçar *v* perguntar ou ajustar o preço.

apressar *v* dar pressa a; acelerar; abreviar.

apreço *sm* estima, consideração.

apresso (ê) *sm* pressa.

apresso *flex v* apressar (eu apresso).

aquele *pron dem m.*

àquele *contr* da *prep* **a** com o *pron dem m* **aquele**.

aquilo *pron dem.*

àquilo *contr* da *prep* **a** com o *pron dem* **aquilo**.

área *sf* superfície plana limitada; medida de superfície; esfera, campo (*).

ária *sf Mús.* peça para uma só voz (*).

arem V. **harém**.

arpear *v* arpoar, ferir com arpão.

harpear *v* tocar harpa.

arpejar *v* produzir arpejos.

harpejar *v* o mesmo que **harpear**.

arpejo *sm Mús.* execução rápida e sucessiva das notas de um acorde.

arpejo (é) *flex v* arpejar (eu arpejo).

harpejo (é) *flex v* harpejar (eu harpejo).

arrear *v* pôr arreios em (*).

arriar *v* descer, abaixar (*).

arrefecer *v* esfriar; perder a energia (*).

arrefeçar *v* vender a preço baixo (*).

arremedo (ê) *sm* imitação.

arremedo (é) *flex v* arremedar (eu arremedo).

arrochada *sf* pancada com arrocho.

arroxada *adj f* de arroxado, arroxeado.

arrochar *v* apertar com arrocho.

arroxar *v* tornar roxo.

arrogo (ó) *flex v* arrogar (eu arrogo).

a rogo (ô) *loc adv* a pedido.

arrojo (ô) *sm* ato de arrojar, arremesso; ousadia.

arrojo (ó) *flex v* arrojar (eu arrojo).

arrolho (ô) *sm* ato de arrolhar.

arrolho (ó) *flex v* arrolhar (eu arrolho).

arrolo (ô) *sm* arrulho, canto dos pombos.

arrolo (ó) *flex v* arrolar (eu arrolo).

arroto (ô) *sm* eructação, ato de arrotar.

arroto (ó) *flex v* arrotar (eu arroto).

ás *sm* carta de baralho de um ponto só; perito; exímio.

às *contr* da *prep* **a** com o *art def fpl* **as**.

asa *sf* membro superior das aves.

aza *flex v* azar (ele aza).

asado *adj* alado.

azado *adj* propício, oportuno.
asar V. **azar**.
ascenso V. **assenso**.
asceta *s m+f* quem se dedica à ascese; monge, eremita.
  asseta *flex v* assetar (ele asseta).
  aceta *flex v* acetar (ele aceta).
ascético V. **acético**.
asia V. **azia**.
Ásia V. **azia**.
asinha *sf* pequena asa; *adv Ant.* depressa.
  azinha *sf Bot.* fruto da azinheira.
assenso *sm* assentimento, consentimento.
  ascenso *sm* ascensão, subida.
  acenso *sm Hist.* oficial romano subalterno.
assento V. **acento**.
asséptico V. **acético**
asserto V. **acerto**.
asseta V. **asceta**.
assetar V. **acetar**.
assoar *v* limpar (o nariz) (*).
  assuar *v* vaiar (*).
assopro (ô) *sm* sopro.
  assopro (ó) *flex v* assoprar (eu assopro).
astilha *sf* lasca, estilhaço.
  hastilha *sf* pequena haste.
ata *sf* registro escrito de reunião.
  ata *flex v* atar (ele ata).
aterro (ê) *sm* ato ou efeito de aterrar; terreno aterrado.
  aterro (é) *flex v* aterrar (eu aterro).
ato *sm* ação; conduta; cerimônia; documento.
  ato *flex v* atar (eu ato).
à-toa *adj* irrefletido; inútil; fácil; insignificante.
  à toa *loc adv* ao acaso; inutilmente.

atoa *flex v* atoar (ele atoa).
atorar *v* cortar madeira em toros (*).
  aturar *v* suportar, tolerar, agüentar (*).
atropelo (ê) *sm* atropelamento; confusão.
  atropelo (é) *flex v* atropelar (eu atropelo).
áugure *sm Hist.* sacerdote romano que fazia previsões.
  augure *flex v* augurar (que eu augure).
auspício *sm* agouro, presságio.
  auspicio *flex v* auspiciar (eu auspicio).
autópsia *sf Med.* exame de um cadáver.
  autopsia *flex v* autopsiar (ele autopsia).
auxílio *sm* ajuda; socorro.
  auxilio *flex v* auxiliar (eu auxilio).
ave *sf* pássaro.
  ave *interj* salve!
avessas (ê) *adj fpl* de **avesso**, contrário, oposto.
  avessas (é) *sf pl* coisas opostas.
avezinha *sf dim* pequena ave (*).
  avizinha *flex v* avizinhar (ele avizinha) (*).
avícola *sf* casa de aves. *adj* referente a ave (*).
  avícula *sf dim* avezinha (*).
à-vontade *sm* naturalidade, desembaraço.
  à vontade *loc adv* a bel-prazer.
azar *sm* falta de sorte; infortúnio; acaso.
  azar *v* motivar, dar ensejo.
  asar *v* guarnecer de asas.
azebre (ê) *sm* azinhavre.
  azebre (é) *flex v* azebrar (que ele azebre).
azedas (ê) *sf pl* de **azeda**, uma espécie de erva.
  azedas (é) *flex v* azedar (tu azedas).
azia *sf Med.* pirose, queimação.
  asia *flex v* asir (ele asia).
  Ásia *np Geogr.* o continente asiático.

B

baba *sf* saliva.

babá *sf* ama-seca.

babéis *sf pl* de **babel**, confusão.

babeis *flex v* babar (que vós babeis).

babugem *sf* baba; ninharia.

babujem *flex v* babujar (que eles babujem).

bacelo (ê) *sm* vide, vara de videira.

bacelo (é) *flex v* bacelar (eu bacelo).

baia *sf* compartimento das cavalariças.

baía *sf* Geogr. golfo, enseada.

Bahia *np* Geogr. estado brasileiro.

balbúcie *sf* dificuldade para pronunciar.

balbucie *flex v* balbuciar (que ele balbucie).

balsa *sf* embarcação.

balça *sf* mata espessa; cerca viva.

balseiro *sm* quem pilota balsa, barqueiro.

balceiro *adj* silvestre.

barra *sf* pedaço de metal longo e estreito.

barra *flex v* barrar (ele barra).

batéis *sm pl* de **batel**, bote.

bateis *flex v* bater (vós bateis).

batocar *v* pôr ou fechar com batoque (*).

batucar *v* fazer batucada, dançar o batuque (*).

bebera (ê) *flex v* beber (ele bebera = mais-que-perfeito).

bebera (é) *flex v* beberar (ele bebera).

beberes (ê) *sm pl* bebes, bebidas. *flex v* beber (quando tu beberes).

beberes (é) *flex v* beberar (que tu beberes).

bem-dito *part+adj* dito bem.

bendito *adj* abençoado, bento.

bem-dizer *v* dizer bem.

bendizer *v* abençoar.

besta (ê) *sf* quadrúpede; tolo, simplório; presunçoso.

besta (é) *sf* tipo de arma antiga.

boba (ô) *sf* mulher boba; *adj f* de **bobo**, tolo (*).

boba (ó) *flex v* bobar (ele boba).

bouba *sf* Med. espécie de doença (*).

bobo (ô) *sm* homem bobo. *adj* tolo, tonto.

bobo (ó) *flex v* bobar (eu bobo).

boca (ô) *sf* entrada do tubo digestivo; entrada; abertura.

boca (ó) *flex v* bocar (eu boco).

boça (ó) *sf* Náut. cabo, corda, corrente.

bossa (ó) *sf* inchaço; vocação.

bocal *sm* abertura de certos objetos: castiçal, vaso, etc. (*).

bucal *adj* referente à boca (*).

bofar *v* golfar; arrotar (*).

bufar *v* soprar o ar pela boca ou nariz (*).

bofete (ê) *sm* tapa, tabefe (*).

bufete (ê) *sm* aparador (móvel); serviço de comes e bebes (bufê) (*).

bojo (ô) *sm* barriga (de objeto); âmago, parte mais íntima.

bojo (ó) *flex v* bojar (eu bojo).

bola (ó) *sf* esfera.

bola (ó) *flex v* bolar (ele bola).

bolçar V. **abolçar**.

bolsar V. **abolsar**.

boleta (ê) *sf* Med. bolota, fruto do carvalho.

boleta (é) *flex v* boletar (ele boleta).

bolhar *v* borbulhar (*).

bulhar *v* fazer desordem (*).

bolo (ô) *sm* iguaria de massa, feita com farinha, ovos, açúcar e outros ingredientes.

bolo (ó) *flex v* bolar (eu bolo).

bolso (ô) *sm* algibeira.

bolso (ó) *flex v* bolsar (eu bolso).

bordéis *sm pl* de **bordel**, prostíbulo.

bordeis *flex v* bordar (que vós bordeis).

bordo (ô) *sm* Bot. espécie de árvore.

bordo (ó) *sm* ato de bordejar. *flex v* bordar (eu bordo).

borra (ô) *sf* sedimento.

borra (ó) *flex v* borrar (ele borra).

borrão *sm* mancha, nódoa; rascunho (*).

burrão *sm aum* burro grande (*).

borrego (ê) *sm* cordeiro com menos de um ano (*).

borrego (é) *flex v* borregar (eu borrego).

burrego (é) *sm* burrico (*).

bota (ó) *sf* tipo de calçado.

bota (ô) *sf Zool.* fêmea do boto.

boto (ô) *sm Zool.* mamífero cetáceo, peixe-boto.

boto (ó) *flex v* botar (eu boto).

branqueado *part+adj* esbranquiçado, tornado branco (*).

branquiado *adj Zool.* que tem brânquias (*).

brocha (ó) *sf* prego curto e chato, tacha.

broxa (ó) *sf* pincel largo; *Vulg.* impotente.

brochar *v* pregar brochas, tachas.

broxar *v* pintar com broxa; *Vulg.* perder a potência sexual.

broto (ô) *sm Bot.* rebento, renovo; *Fig.* moça, rapaz; namorado, namorada.

broto (ó) *flex v* brotar (eu broto).

bucho *sm Zool.* e *Pop.* estômago.

buxo *sm Bot.* uma espécie de arbusto.

C

caça *sf* ato de caçar, caçada; perseguição.
  cassa *sf* um tipo de tecido.
  cassa *flex v* cassar (ele cassa).
caçada *sf* ato ou efeito de caçar, caça.
  cassada *part+adj f* de **cassado**, anulado.
caçar *v* perseguir (animais selvagens).
  cassar *v* anular, cancelar.
cace *flex v* caçar (cace!).
  casse *flex v* cassar (casse!).
cacha V. **caixa**.
cacho *sm* conjunto de flores ou frutos ligados.
  caxo *sm* moeda de ouro.
cachola *sf Pop.* cabeça (*).
  caixola *sf dim* caixinha, caixa pequena (*)
caço *sm* frigideira de barro com cabo; *flex v* caçar (eu caço).
  casso *flex v* cassar (eu casso); *adj* nulo, anulado.
caixa *sf* receptáculo com várias formas (quadrada, retangular), feito de materiais diversos (papelão, madeira, etc.); *sm* funcionário responsável pelo caixa (*).
  cacha *sf Ant.* manha, ardil, estratagema (*).
  caxa *sf* antiga moeda asiática (*).
caixão *sm aum* caixa grande; ataúde, féretro (*).
  cachão *sm* borbotão, jorro, golfada (*).
  caxão *sm* alfândega, aduana (*).
caixeiro *sm* balconista; entregador (de encomendas) (*).
  cacheiro *sm* cacete; *adj* que se esconde (*).
caixeta (ê) *sf dim* caixinha, caixa pequena (*).
  cacheta (ê) *sf* um jogo de cartas (*).
  cacheta (é) *flex v* cachetar (ele cacheta).
calafate (ê) *sm* ato ou efeito de calafetar, calafetação, calafetagem.
  calafeto (é) *flex v* calafetar (eu calafeto).

cale *sm* rego ou calha de madeira onde passa água; *flex v* calar (que ele cale) (*).
  cáli *sm Quím.* carbonato de potássio vindo das cinzas da madeira (*).
caminha *sf dim* cama pequena.
  caminha *flex v* caminhar (ele caminha).
canela *sf Bot.* tipo de árvore e sua casca; *Anat.* parte da perna entre o joelho e o pé.
  canela *flex v* canelar (ele canela).
canelo (ê) *sm Anat.* canela.
  canelo (é) *flex v* canelar (eu canelo).
canhota (ô) *sf* a mão esquerda.
  canhota (ó) *adj f* de **canhoto**.
canonisa *sf* feminino de cônego.
  canoniza *flex v* canonizar (ele canoniza).
caqui *sm Bot.* o fruto do caquizeiro.
  cáqui *sm* cor de barro; tecido dessa cor.
carapeta (ê) *sf* piãozinho que se roda com os dedos; mentira.
  carapeta (é) *flex v* carapetar (ele carapeta).
cardeais *sm pl Rel.* de **cardeal**.
  cardeais *flex v* cardear (vós cardeais).
cardeal *sm Rel.* prelado; *Ornit.* um tipo de pássaro; *adj* principal, fundamental (*).
  cardial *adj* relativo ou pertencente à cárdia, cardíaco (*).
carear *v* atrair; conduzir, levar (*).
  cariar *v* ficar cariado, criar cárie (*).
carrego (ê) *sm* ato ou efeito de carregar, carregamento.
  carrego (é) *flex v* carregar (eu carrego).
carreta (ê) *sf* carrinho com duas rodas.
  carreta (é) *flex v* carretar (ele carreta).
carretéis *sm pl* de **carretel**, bobina.
  carreteis *flex v* carretar (que vós carreteis).
cartucho *sm* invólucro de papel ou cartão; estojo que contém a carga numa arma de fogo.

cartuxo *sm Rel.* religioso da ordem Cartuxa.

cateto (é) *sm Geom.* um dos lados adjacentes ao ângulo reto, num triângulo retângulo.

catete (ê) *sm Bot.* catete, espécie de milho miúdo; *Zool.* caititu, mamífero brasileiro.

cear *v* fazer a ceia (*).

ciar *v* remar para trás; ter ciúmes de (*).

siar *v* fechar as asas, para descer mais rapidamente (*).

cecear *v* pronunciar o s e o z apoiando a ponta da língua nos dentes (*).

ciciar *v* rumorejar levemente (*).

ceco V. **seco**.

ceda V. **seda**.

cedente V. **sedente**.

cede V. **sede**.

cedimento V. **sedimento**.

cedo (ê) *adv* antes da hora; de madrugada.

cedo (ê) *flex v* ceder (eu cedo).

sedo (é) *flex v* sedar (eu sedo).

cegar *v* deixar cego.

segar *v* ceifar, cortar.

ceia *sf* refeição noturna.

ceia *flex v* cear (ele ceia).

cela *sf* cubículo onde ficam os presos; onde dormem as freiras.

sela (é) *sf* assento onde monta o cavaleiro; *flex v* selar (ele sela).

celha (ê) *sf* cílio; *Por ext.* sobrancelha.

selha (ê) *sf* vaso redondo, de madeira e com bordas baixas.

cem *num* uma centena.

sem *prep* que indica falta, exclusão, exceção, etc.

Sem *np* um dos filhos de Noé.

cena *sf* unidade de ação de uma peça teatral ou filme; palco; acontecimento dramático ou cômico.

sena *sf* carta de baralho, dado ou peça de dominó com seis pontos; *Bot.* uma espécie de leguminosa.

ceno V. **seno**.

censo *sm* recenseamento, dados estatísticos e sua obtenção.

senso *sm* sentido; siso, juízo.

censório *adj* relativo ou pertencente à censura ou ao censor.

sensório *adj* relativo à sensibilidade.

censual *adj* relativo ou pertencente ao censo.

sensual *adj* relativo aos sentidos ou à sensualidade; erótico; libidinoso.

cento *sm*+*num* uma centena.

sento *flex v* sentar (eu me sento).

cepa (ê) *sf* tronco de videira.

cepa (é) *sf Bot.* cebola.

céptico *sm*+*adj* que duvida de tudo, descrente.

séptico *adj* que provoca putrefação; que contém germes.

cerca, cercas (ê) *sf e sf pl* muro, sebe.

cerca, cercas (é) *flex v* cercar (ele cerca, tu cercas).

cerco (ê) *sm* ação de cercar, lugar cercado.

cerco (é) *flex v* cercar (eu cerco).

cereal *sm Bot.* nome comum a várias plantas, cujas sementes são transformadas em farinha comestível (*).

cirial *sm* castiçal alto (*).

céreo V. **sério**.

cério V. **sério**.

cerrar *v* fechar.

serrar *v* cortar com serra.

cerro *sm Geogr.* colina.

cerro (é) *flex v* cerrar (eu cerro).

serro (ê) *sm Geogr.* espinhaço.

serro (é) *flex v* serrar (eu serro).

cerva (ê) *sf Zool.* a fêmea do cervo (= veado).

serva (é) *sf* feminino de servo: escrava, serviçal.

cessão *sf* ato de ceder: entrega, desistência, etc.

sessão *sf* espaço de tempo que dura uma reunião, congresso, etc.; cada uma das exibições de uma peça de teatro ou filme.

secção, seção *sf* parte, divisão; departamento de empresa, repartição, etc.

cesta (ê) *sf* cesto, recipiente de fibra ou outros materiais (*).

sesta (é) *sf* hora de descanso depois do almoço (*).

sexta (ê) *num f* de **sexto**; *sf* sexta-feira.

cesto (ê) *sm* o mesmo que **cesta**.

cesto (é) *sm Ant.* luva de couro usada por atletas; cinto.

sexto (ê) *num* ordinal e fracionário referente a seis.

cevar *v* alimentar, nutrir; engordar.

sevar *v* sovar (mandioca).

chá *sf Bot.* tipo de árvore, suas folhas e a infusão preparada com elas; também qualquer infusão medicinal.

xá *sm Hist.* soberano persa.

chácara *sf* fazenda.

xácara *sf Lit.* narrativa em verso.

chama *sf* labareda; claridade forte; *Fig.* paixão, amor.

chama *flex v* chamar (ele chama).

cheque *sm Com.* ordem de pagamento.

xeque *sm* príncipe ou chefe de tribo árabe; lance do jogo de xadrez.

choco (ô) *sm* ato de chocar ovos, incubação; *adj* chocado; podre.

choco (ó) *flex v* chocar (eu choco).

choro (ô) *sm* ato de chorar, pranto; lamentação.

choro (ó) *flex v* chorar (eu choro).

cidra *sf Bot.* o fruto da cidreira.

sidra *sf* vinho de maçã.

cilício *sm* tipo de penitência; *Fig.* sofrimento.

silício *sm Quím.* elemento químico.

cimentar *v* ligar ou pavimentar com cimento (*).

cementar *v Metal.* provocar a formação de uma liga, aquecendo-se os constituintes a uma temperatura menor que a temperatura de fusão (*).

sementar *v* semear (*).

cimento *sm* substância em pó, usada para construções (*).

cemento *sm* substância com a qual se rodeia um objeto para cementá-lo (*).

semento *flex v* sementar (eu semento) (*).

cínico *sm+adj* que tem cinismo, impudente.

sínico *adj* chinês.

cinta *sf* faixa; cinto; cintura.

sinta *flex v* sentir (que ele sinta).

cinto *sm* cinta, cinturão.

sinto *flex v* sentir (eu sinto).

círio *sm* vela (geralmente grande).

sírio *sm+adj* da Síria, país da Ásia.

cita *sf* citação.

cita *flex v* citar (ele oita).

sita *adj f* de **sito**: localizada, situada.

cita *s Hist.* indivíduo dos citas, povo nômade da Antigüidade. *adj* referente aos citas.

cito *flex v* citar (eu cito).

sito *adj* localizado, situado.

côa *sf* coação, coerção.

côa, côas *flex v* coar (ele côa, tu côas).

coa, coas *contr* da *prep* **com** com o *art def f* **a** e o *art def fpl* **as**, respectivamente.

cocho (ô) *sm* tabuleiro para cal; tipo de vasilha para água ou comida do gado.

coxo (ô) *sm+adj* manco.

coco (ó) *sm Biol.* bactéria de forma arredondada.

coco (ô) *sm Bot.* fruto do coqueiro; *Fig.* cabeça.

coleta (é) *sf* ato de coletar; arrecadação.

coleta (é) *flex v* coletar (ele coleta).

colete (é) *sm* peça do vestuário sem mangas ou gola.

colete (é) *flex v* coletar (que ele colete).

colher (é) *sm* o talher (para sopas, etc.).

colher (ê) *v* apanhar (flores, frutas); arrecadar; pegar; surpreender.

colmo (ô) *sm Bot.* caule das gramíneas; palha para cobrir cabanas.

colmo (ó) *flex v* colmar (eu colmo).

começo (ê) *sm* início, princípio.

começo (é) *flex v* começar (eu começo).

comprido *adj* longo; alto; de longa duração (*).

cumprido *part+adj* desempenhado, realizado; satisfeito (desejo) (*).

comprimento *sm* extensão; dimensão longitudinal (*).

cumprimento *sm* saudação; desempenho, realização; satisfação (de um desejo) (*).

concertar *v* pôr em boa ordem; ajustar; harmonizar.

consertar *v* pôr em bom estado (o que estava avariado), reparar; remediar, corrigir.

concerto (ê) *sm* ato ou efeito de concertar; harmonia; *Mús.* composição extensa para um instrumento, acompanhado de orquestra.

conserto (ê) *sm* ato ou efeito de consertar; reparação; correção.

concerto (é) *flex v* concertar (eu concerto).

conserto (é) *flex v* consertar (eu conserto).

conforto (ô) *sm* comodidade; consolo.

conforto (ó) *flex v* confortar (eu conforto).

consolar *v* aliviar o sofrimento de (*).

consular *adj* relativo a cônsul ou consulado (*).

consolo (ô) *sm* ato ou efeito de consolar, consolação.

consolo (ó) *flex v* consolar (eu consolo).

contorno (ô) *sm* linha que delimita um corpo exteriormente.

contorno (ó) *flex v* contornar (eu contorno).

contracto, contrato *adj* contraído.

contrato *sm* acordo; ajuste.

convecção *Fís.* processo de transmissão de calor em fluidos (*).

convicção *sf* certeza (*).

copo-d'água *sm* lanche.

copo de água (= copo com água).

copo-de-leite *sm Bot.* uma espécie de planta.

copo de leite (= copo com leite).

cor (ô) *sf* coloração.

cor (ó) *sm Ant.* coração. Usado na expressão **de cor**: de memória.

cores (ô) *sf pl* de **cor**.

cores (ó) *flex v* corar (não cores!)

corço *sm Zool.* mamífero ruminante.

corso *sm* desfile de carruagens; *sm+adj* da Córsega, ilha da Europa.

coringa V. **curinga**.

coro (ô) *sm Mús.* conjunto de cantores; refrão; *Rel.* parte da igreja (*).

coro (ó) *flex v* corar (eu coro); *sm* antiga medida hebraica.

couro *sm* pele espessa ou curtida, de certos animais (*)

corte (ó) *sm* ato ou efeito de cortar(-se), talho.

corte (ô) *sf* residência do monarca; pessoas que cercam o soberano.

cosedura *sf* ato de coser, costurar; costura.

cozedura *sf* ato de cozer, cozinhar; cozimento.

coser *v* costurar.

cozer *v* cozinhar.

costear *v Náut.* navegar próximo à costa de (*).

custear *v* pagar as despesas de (*).

coto (ó) *sm Mús.* instrumento musical japonês.

coto (ô) *sm* resto de vela; resto de membro amputado (*).

cotó *adj* que tem braço, perna ou rabo mutilado.

Couto *np* sobrenome (*).

couto *sm Ant.* terra privilegiada; medida antiga (*).

covo (ô) *adj* côncavo, cavado.

covo (ó) *sm* tipo de armadilha de pesca.

cozedura V. **cosedura**.

cozer V. **coser**.

creste (ê) *flex v* crer (tu creste).

creste (é) *flex v* crestar (creste!)

cura *sm* padre, pároco.

cura *flex v* curar (ele cura).

curinga *sm* uma das cartas do baralho (*).

coringa *sf* pequena vela de forma triangular (*).

custear V. **costear**

cutia *sf Zool.* mamífero brasileiro (*).

cotia *sf Náut.* tipo de embarcação usada no Oceano Índico (*).

cutícula *sf* epiderme; película que se solta da pele ao redor das unhas (*).

cotícula *sf* pedra de toque do ouro e da prata (*).

cutícula *adj m+f* que vive na pele (*).

D

decente *adj* correto; que tem bons costumes (*).

discente *adj* relativo a alunos, estudantes (*).

descente *sf* descida; *adj* que desce.

decerto (é) *adv* certamente, com certeza (*).

disserto (é) *flex v* dissertar (eu disserto) (*).

decoro (ô) *sm* compostura; decência.

decoro (ó) *flex v* decorar (eu decoro).

deferente V. diferente.

deferir *v* atender (pedido) (*).

diferir *v* adiar; divergir, ser diferente (*).

degelo (ê) *sm* ato ou efeito de degelar, descongelamento.

degelo (é) *flex v* degelar (eu degelo).

degradado *part+adj* aviltado; estragado (*).

degredado *part+adj* exilado, desterrado (*).

degradar *v* aviltar; estragar (*)

degredar *v* exilar, desterrar.

degredo (ê) *sm* exílio, desterro.

degredo (é) *flex v* degredar (eu degredo).

delação *sf* denúncia; traição (*).

dilação *sf* adiamento; demora (*).

delatar *v* denunciar; trair (*).

dilatar *v* aumentar o volume de; ampliar (*).

demais *adv* excessivamente, em demasia.

de mais *loc adv* estranho, anormal; a mais.

demos (ê) *sm pl* de **demo**: diabos; *Hist.* povoações da Grécia antiga.

demos (é) *flex v* dar (nós demos).

desafogo (ô) *sm* ato ou efeito de desafogar; alívio, desabafo; abastança.

desafogo (ó) *flex v* desafogar (eu desafogo).

desapego (ê) *sm* falta de apego; desinteresse.

desapego (é) *flex v* desapegar (eu desapego).

desasado *part+adj* que tem asas caídas ou partidas; desancado.

desazado *adj* desajeitado, inepto.

descrição *sf* ato de descrever; narração; exposição; relação (*).

discrição *sf* recato; discernimento; prudência (*).

descriminar *v* inocentar (de crime) (*).

discriminar *v* distinguir; especificar; separar (*).

desembolso (ô) *sm* ato de desembolsar, despesa, gasto.

desembolso (ó) *flex v* desembolsar (eu desembolso).

desempoçar *v* tirar de poço ou poça.

desempossar *v* despojar; privar; fazer largar.

desespero (ê) *sm* ato ou efeito de desesperar: desesperação.

desespero (é) *flex v* desesperar (eu desespero).

desfear *v* afear, tornar feio (*).

desfiar *v* desfazer em fios; *Fig.* esmiuçar (*).

desferir *v* acertar, dar (um golpe) (*).

disferir *v* aumentar; dilatar (*).

desgosto (ô) *sm* desprazer; aversão; mágoa.

desgosto (ó) *flex v* desgostar (eu desgosto).

desgoverno (ê) *sm* mau governo; desregramento.

desgoverno (é) *flex v* desgovernar (eu desgoverno).

despensa *sf* parte da casa onde se guardam os alimentos.

dispensa *sf* ato de dispensar; licença; desobrigação; demissão (*).

desprezo (ê) *sm* desdém.

desprezo (é) *flex v* desprezar (eu desprezo).

dessabor *sm* falta de sabor (*).

dissabor *sm* aborrecimento, desgosto, desprazer (*).

desse (é) *flex v* dar (que eu desse).

desse (ê) *contr* da *prep* **de** com o *pron dem m* **esse**.

dessecar *v* tornar totalmente seco (*).

dissecar *v Anat.* separar as partes de um cadáver; *Fig.* examinar minuciosamente (*).

deste (é) *flex v* dar (tu deste).

deste (ê) *contr* da *prep* **de** com o *pron dem m* **este**.

desterro (ê) *sm* ato de desterrar, banimento, exílio.

desterro (é) *flex v* desterrar (eu desterro).

devagar *adv* lentamente (*).

divagar *v* sair do assunto; fantasiar; vaguear (*).

deveras (é) *flex v* dever (tu deveras).

deveras (é) *adv* realmente; muito.

devido *part+adj* que se deve. Usado na expressão **devido a**: por causa de (*).

divido *flex v* dividir (eu divido) (*).

diferente *adj* diverso (*).

deferente *adj* cortês, educado; reverente, respeitador (*).

distinto *adj* diverso; notável; elegante, fino (*).

destinto *part+adj* desbotado, descorado (*).

dobro (ô) *sm* duplo, quantidade duas vezes maior.

dobro (ó) *flex v* dobrar (eu dobro).

doe *flex v* doar (doe!).

dói *flex v* doer (isso dói).

doem (ô) *flex v* doar (doem!).

doem (ó) *flex v* doer (essas coisas doem).

dose (ó) *sf* quantidade invariável de uma substância que forma um medicamento, etc.; porção de remédio, bebida, etc., que se toma de uma vez.

dose *flex v* dosar (dose!).

doze (ô) *num* uma dúzia.

E

é *flex v* ser (ele é).

eh *interj* para chamar a atenção.

editora (ô) *sf* empresa que edita livros ou revistas.

editora (ó) *flex v* editorar (ele editora).

eh V. **é**.

ele (é) *sm* nome da letra L.

ele (ê) *pron pes*.

elícito *adj* atraído, aliciado (*).

ilícito *adj* ilegítimo; ilegal (*).

eludir V. **iludir**.

em *prep* indica idéia de lugar, estado, jeito de ser, tempo, etc.

hem *interj* indica espanto, indignação, ou pede para se repetir algo que foi dito.

embicar *v* esbarrar; dirigir-se, ir (*).

imbicar *v* aportar, abeirar; encaminhar (*).

embolso (ô) *sm* ato de embolsar; recebimento; pagamento.

embolso (ó) *flex v* embolsar (eu embolso).

emergência *sf* ação de emergir; situação crítica (*).

imergência *sf* ação de imergir, imersão (*).

emergente *adj* que emerge (*).

imergente *adj* que imerge, que afunda (*).

emergir *v* sair de onde estava mergulhado (*).

imergir *v* mergulhar, afundar (*).

emersão *sf* ato de emergir (*).

imersão *sf* ato de imergir, mergulho (*).

emigrar *v* sair de um país para se fixar em outro (*).

imigrar *v* entrar num país estrangeiro para nele se fixar (*).

eminência *sf* elevação; superioridade, excelência; saliência (*).

iminência *sf* ameaça imediata (*).

eminente *adj* elevado; superior, excelente; saliente (*).

iminente *adj* que está prestes a acontecer (*).

emissão *sf* ação de emitir; expedição, envio (*).

imissão *sf* ação de imitir (*).

imisção *sf* intromissão, ingerência (*).

emitir *v* expedir, enviar; pronunciar, dizer (*).

imitir *v* fazer entrar, colocar para dentro (*).

empar *v* sustentar a videira com estacas (*).

impar *v* ofegar; desdenhar (*).

ímpar *adj* que não é divisível por dois; desigual; sem-par (*).

empoçar *v* colocar em poço ou poça.

empossar *v* dar posse (de um cargo, etc.) a alguém.

emprego (ê) *sm* uso, utilização; cargo, ocupação.

emprego (é) *flex v* empregar (eu emprego).

encosto (ô) *sm* lugar ao qual se encosta; apoio.

encosto (ó) *flex v* encostar (eu encosto).

endereço (ê) *sm* sobrescrito; residência; local onde se situa uma empresa, etc.

endereço (é) *flex v* endereçar (eu endereço).

enfear *v* tornar feio (*).

enfiar *v* introduzir, colocar (*).

enfestar *v* dobrar pelo meio, no sentido da largura; aumentar; aborrecer, entediar (*).

infestar *v* assolar, devastar; existir em grande quantidade (*).

enformar *v* colocar em fôrma; dar forma a (*).

informar *v* dar informação sobre; comunicar; avisar; noticiar (*).

enojo (ô) *sm* nojo, náusea; aborrecimento; tédio.

enojo (ó) *flex v* enojar (eu enojo).

enredo (ê) *sm* trama (de história); mexerico, intriga.

enredo (é) *flex v* enredar (eu enredo).

entender *v* compreender (*).

intender *v* exercer vigilância sobre, superintender (*).

entrava *flex v* entrar (eu entrava, ele entrava = imperfeito do indicativo).

entrava *flex v* entravar (ele entrava = presente do indicativo).

enumerável *adj* que se pode numerar; contável (*).

inumerável *adj* que não se pode numerar; incontável, muito numeroso (*).

envolta (ó) *sf* mistura; desordem.

envolta (ô) *adj f de* **envolto**: envolvida.

em volta (ó) *loc adv* ao redor.

enxerto (ê) *sm* ato de enxertar; introdução de uma parte viva de uma planta em outro vegetal, para que a mesma se desenvolva.

enxerto (é) *flex v* enxertar (eu enxerto).

eqüino *adj* relativo a cavalos.

equino *sm Arquit.* moldura curva, sob ábaco de capitel dórico.

era *sf* época, tempo; época geológica.

era *flex v* ser (eu era, ele era).

hera *sf Bot.* planta trepadeira.

erro (ê) *sm* ato ou efeito de errar; incorreção; falha; engano.

erro (é) *flex v* errar (eu erro).

esboço (ô) *sm* rascunho; resumo, sinopse.

esboço (ó) *flex v* esboçar (eu esboço).

esforço (ô) *sm* mobilização de todas as forças de um ser para alcançar um objetivo; energia; ânimo.

esforço (ó) *flex v* esforçar (eu esforço).

esgoto (ô) *sm* encanamento onde se despejam águas e dejetos.

esgoto (ó) *flex v* esgotar (eu esgoto).

esoterismo *sm Filos.* doutrina que apregoa a transmissão dos ensinamentos apenas a um número restrito de iniciados; *Por ext.* ocultismo.

exoterismo *sm Filos.* doutrina que apregoa a transmissão dos ensinamentos a um público irrestrito.

esotérico *adj* relativo ao esoterismo.

exotérico *adj* relativo ao exoterismo.

espectador *sm* quem assiste a um fato, testemunha; quem assiste a um espetáculo.

expectador *sm* quem está na expectativa.

esperto (é) *adj* inteligente; vivo; desperto.

experto (é) *sm+adj* perito, especialista.

espia *s m+f* espião; sentinela; cabo que se amarra no alto de mastros para equilibrá-los.

espia *flex v* espiar (ele espia).

expia *flex v* expiar (ele expia).

espiar *v* espionar; observar; vigiar.

expiar *v* pagar (pecados); sofrer, padecer.

espirar *v* exalar, emanar; respirar.

expirar *v* exalar; morrer, dar o último suspiro; terminar.

essa (é) *sf* estrado, na igreja, onde se coloca um cadáver; catafalco.

essa (é) *pron dem f.*

esse (é) *sm* o nome da letra S.

esse (ê) *pron dem m.*

está *flex v* estar (ele está).

esta (é) *pron dem f.*

este (é) *sm* leste.

este (ê) *pron dem m.*

esterno *sm Anat.* osso dianteiro do peito.

externo *adj* exterior, de fora.

hesterno *adj* referente ao dia de ontem.

estofar *v* guarnecer ou cobrir de estofo (*).

estufar *v* colocar ou aquecer em estufa; *Cul.* cozinhar a carne refogada a fogo lento (*).

estrato *sm Meteor.* tipo de nuvem baixa.

extrato *sm* trecho, fragmento (de texto); resumo; perfume; reprodução; *Com.* informativo de movimentação bancária.

estrear *v* apresentar um espetáculo pela primeira vez; utilizar algo pela primeira vez (*).

estriar *v* guarnecer com estrias; riscar (*).

estropear *v* fazer tropel (*).

estrupiar *v* mutilar (*tb Fig.*); aleijar; cansar (*).

estropício *sm* prejuízo, dano (*).

estrupício *sm Pop.* algazarra; grande quantidade; besteira, tolice; coisa grande e que atrapalha (*).

ética *sf Filos.* ciência que estuda os valores morais do comportamento humano; o conjunto desses valores.

ética *adj f de* **ético**: relativa à ética.

héctica, **hética** *sf Med.* definhamento; tísica, tuberculose.

F

faceta (ê) *sf* superfície de cristal ou pedra preciosa; *Fig.* face, aspecto.

faceta (é) *flex v* facetar (ele faceta).

facho *sm* archote (*).

faixo *flex v* faixar (eu faixo) (*).

faixa *sf* tira; atadura; porção de terra estreita e longa (*).

facha *sf Ant.* facho; acha, pedaço de madeira; face, cara (*).

faixear *v Carp.* rodear com faixa de madeira (*).

fachear *v* trabalhar à luz de facho; quebrar-se, lascar-se (*).

fardéis *sm pl* de **fardel**, saco de provisões; merenda.

fardeis *flex v* fardar (que vós fardeis).

feixe *sm* molho, porção de objetos reunidos num só grupo (*).

feche (é) *flex v* fechar (que eu feche) (*).

ferrete, ferretes (ê) *sm e sm pl* ferro de marcar gado; *Fig.* estigma, mácula.

ferrete, ferretes (é) *flex v* ferretar (que eu ferrete, que tu ferretes).

festo (ê) *sm* largura de um tecido; dobra em tecido no sentido da largura.

festo (é) *sm* festança; *Poét.* festivo, alegre.

fez (é) *sf sing* de **fezes**, excrementos; *sm* barrete oriental.

fez (ê) *flex v* fazer (ele fez).

folha (ô) *sf Bot.* um dos órgãos das plantas; pedaço de papel; lista, relação, etc.

folha (ó) *flex v* folhar (ele folha).

folho (ô) *sm* pregas do vestuário.

folho (ó) *flex v* folhar (eu folho).

fora (ô) *flex v* ser ou ir (eu fora).

fora (ó) *adv* para fora, exteriormente; *interj* saia!

fôrma *sf* peça onde se assam bolos, tortas; molde.

forma (ó) *sf* configuração; *Por ext.* maneira, modo; estado, condição; boa forma física, etc.

forma (ó) *flex v* formar (ele forma).

foro (ó) *sm* praça pública.

foro (ô) *sm Dir.* tribunal; pensão.

forro (ô) *sm* material com que se enche ou reforça alguma coisa por dentro; *adj* livre, liberto.

forro (ó) *flex v* forrar (eu forro).

fósseis *sm pl* de **fóssil**, vestígio de animais ou plantas de eras geológicas passadas.

fôsseis *flex v* ser ou ir (se vós fôsseis).

fosso (ô) *sm* escavação; cova (*).

fosso (ó) *flex v* fossar (eu fosso)(*).

foço (ó) *flex v* foçar (eu foço) (*).

fouce *sf var* de **foice**, instrumento para ceifar (*).

fosse *flex v* ser ou ir (se eu fosse) (*).

fuzil *sm* carabina, tipo de arma de fogo.

fúsil *adj* que pode ser fundido.

G

gás *sm* vapor, fluido gasoso.

  gaz *sm* medida de extensão usada na Índia.

gasear *v* atacar com gases.

  gazear *v* cantar (garça, andorinha); fazer gazeta, faltar às aulas.

gê V. **jê**.

giba *sf* corcova.

  jiba *sf Bot.* um tipo de erva medicinal.

giga V. **jiga**.

gingo *sm* ato de gingar, rebolado.

  jingo *sm* cachimbo.

gólfão *sm Geogr.* golfo; *Bot.* uma espécie de lírio-d'água (*).

  golfam *flex v* golfar (eles golfam) (*).

gosto (ô) *sm* paladar; sabor.

  gosto (ó) *flex v* gostar (eu gosto).

goteira *sf* calha; telha de beiral; buraco no teto por onde cai água quando chove (*).

  guteira *sf Bot.* um tipo de árvore (*).

governo (ê) *sm* ato ou efeito de governar: direção, condução, etc.

  governo (é) *flex v* governar (eu governo).

gozo (ô) *sm* prazer; posse, usufruto; orgasmo.

  gozo (ó) *flex v* gozar (eu gozo).

graça *sf* elegância, beleza; favor; perdão.

  grassa *flex v* grassar (ele grassa).

granéis *sm pl* de **granel**, celeiro.

  graneis *flex v* granar (que vós graneis).

grotesco *adj* ridículo; caricato.

  grutesco *adj* relativo a gruta.

guache *sm* espécie de tinta e a pintura feita com ela.

  guaxe *sm Ornit.* espécie de pássaro.

guizo *sm* bola de metal, oca e furada, com um pedaço de metal dentro, que ressoa quando sacudida.

  guiso *flex v* guisar (eu guiso).

H

há V. **a.**

habitar *v* morar, viver em.

  abitar *v Náut.* prender na abita (peça da proa).

halo *sm Meteor.* círculo luminoso que envolve o Sol e a Lua; auréola.

  alo *flex v* alar (eu alo).

harém *sm* serralho, local onde ficam as esposas do sultão.

  arem *flex v* arar (que eles arem).

harpa *sf Mús.* um instrumento de cordas.

  arpa *flex v* arpar (ele arpa).

harpear V. **arpear.**

harpejar V. **arpejar.**

harpejo (ê), **harpejo** (é) V. **arpejo.**

hastilha V. **astilha.**

héctica V. **ética.**

hem V. **em.**

hera V. **era.**

hesterno V. **esterno.**

história *sf* conto; narrativa; a vida dos povos, da humanidade, através dos tempos.

historia *flex v* historiar (ele historia).

hora (ó) *sf* divisão do tempo.

  ora (ó) *flex v* orar (ele ora).

  ora (ó) *adv* agora.

horal V. **oral.**

horário *sm* tabela de horas; *adj* relativo a horas.

  orário *sm* lenço utilizado pelos antigos romanos.

horto (ô) *sm* jardim.

  horto (ó) *flex v* hortar (eu horto).

  orto (ó) *sm Astr.* nascer de um astro; *Poét.* nascimento, origem.

hostiário *sm* caixa onde se guardam hóstias.

  ostiário *sm* empregado que fechava e abria as portas do templo.

houve V. **ouve.**

hum V. **um.**

huno V. **uno.**

hurra *sm+interj* grito de saudação.

  urra *flex v* urrar (ele urra).

I

iço *flex v* içar (eu iço).

isso *pron dem.*

iludir *v* enganar, ludibriar (*).

  eludir *v* evitar habilmente (*).

ímã *sm Fís.* magneto, objeto que atrai outros de metal.

  imã *sm Rel.* ministro da religião muçulmana.

imbicar V. **embicar**.

imergência V. **emergência**.

imergente V. **emergente**.

imergir V. **emergir**.

imersão V. **emersão**.

imigrar V. **emigrar**.

iminência. V. **eminência**.

iminente V. **eminente**.

imisção V. **emissão**.

imissão V. **emissão**.

imitir V. **emitir**.

impar V. **empar**.

ímpar V. **empar**.

incerto *sm+adj* aquele (ou aquilo) que não é certo, mas duvidoso, inconstante.

  inserto *part v* inserir: inserido.

incipiente *adj m+f* principiante, iniciante.

insipiente *adj m+f* ignorante.

indochinês *sm+adj* referente à Indochina, região da Ásia.

  indo-chinês *adj* referente aos indianos e chineses.

infestar V. **enfestar**.

infligir *v* aplicar, impor.

  infringir *v* desrespeitar, transgredir.

informar V. **enformar.**

infringir V. **infligir.**

insolação *sf* exposição ao sol (*).

  insulação *sf* ato ou efeito de insular; isolamento (*).

insolar *v* expor ao sol (*).

  insular *v* ilhar; isolar; *adj* relativo à ilha (*).

intenção *sf* intento, propósito.

  intensão *sf* intensidade; aumento de tensão.

intender V. **entender**.

intercessão *sf* ato de interceder, intervenção a favor de alguém.

  intersecção *sf* cruzamento; corte.

interesse (ê) *sm* proveito; vantagem.

  interesse (é) *flex v* interessar (que ele interesse).

inumerável V. **enumerável**.

J

jê *s m+f Etnol.* indivíduo dos jês, um grupo tribal brasileiro; *adj* relativo aos jês.

gê *sm* o nome da letra G.

jiba V. **giba**.

jiga *sf Mús.* um tipo de dança; *Teat.* farsa que se apresentava entre os atos de uma peça maior.

giga *sf* canastra; *Mús.* um tipo de dança.

jingo V. **gingo**.

jogo *sm* atividade organizada com regras que definem o ganhador ou perdedor; brinquedo; passatempo.

jogo *flex v* jogar (eu jogo).

L

laçada *sf* nó corrediço.

lassada *part f v* lassar: afrouxada.

laçar *v* prender com laço.

lassar *v* afrouxar, tornar lasso.

laço *sm* nó; laçada.

lasso *adj* frouxo, largado.

lanceta (ê) *sm Med.* instrumento cirúrgico.

lanceta (é) *flex v* lancetar (ele lanceta).

lenimento *sm* aquilo que suaviza (*).

linimento *sm Farm.* medicamento para fricção (*).

leonês *sm+adj* referente ao antigo reino e à região de Leão (Espanha) (*).

lionês *sm+adj* relativo à cidade francesa de Lião (*).

leste (ê) *sm Geogr.* este.

leste (ê) *flex v* ler (tu leste).

léu *sm* vagar, ensejo. Usado na expressão **ao léu**: à vontade; à toa.

leu *flex v* ler (ele leu).

lisa *sf* cachaça.

lisa *adj f* de **liso**.

liza *flex v* lizar (ele liza).

lise *sf Med.* destruição das células; redução lenta dos sintomas de uma doença.

lize *flex v* lizar (que eu lize).

liso *adj* que tem superfície plana, etc.

lizo *flex v* lizar (eu lizo).

livre *adj m+f* liberto; solto.

livre *flex v* livrar (que ele nos livre).

loba (ô) *sf Zool.* fêmea do lobo.

loba (ó) *sf Med.* tumor.

lobo (ô) *sm Zool.* mamífero europeu.

lobo (ó) *sm Anat.* parte arredondada e saliente de um órgão.

lodo (ô) *sm* lama.

lodo (ó) *sm Bot.* um tipo de árvore.

logro (ô) *sm* engano, ardil, fraude, etc.

logro (ó) *flex v* lograr (eu logro).

loto (ó) *sm Bot.* lótus; jogo de azar brasileiro.

loto (ó) *flex v* lotar (eu loto).

loto (ô) *sm* víspora, tipo de jogo de origem italiana.

M

maça *sf* clava, arma antiga.
  massa *sf* pasta.
maçagem *sf* ato de maçar o linho.
  massagem *sf* Med. forma de terapia.
maçudo *adj* monótono, aborrecido, chato.
  massudo *adj* volumoso; corpulento.
malogro (ô) *sm* revés.
  malogro (ó) *flex v* malograr (eu malogro).
marroaz *adj* teimoso.
  marruás *sm pl* de **marruá**, touro.
meada *sf* porção de fios (*).
  miada *sf* miado, o miar dos gatos (*).
meado *sm* meio, parte média. *adj* dividido
  ao meio (*).
  miado *sm* o miar dos gatos (*).
mear *v* dividir ao meio (*).
  miar *v* dar miados (*).
mecha (é) *sf* torcida; porção de cabelos
  tingidos de cor diferente dos demais.
  mexa (ê) *flex v* mexer (mexa! que ele
  mexa).
medo (ê) *sm* temor, receio.
  medo (é) *sm* indivíduo dos medos, povo
  do Oriente Médio. *adj* relativo ao povo dos
  medos.
meia, meias *sf e sf pl* peça do vestuário que
  cobre os pés e parte da perna.
  meia, meias *flex v* mear (ele meia, tu
  meias).
mesinha *sf dim* mesa pequena.
  mezinha *sf* medicamento caseiro.
meta (é) *sf* objetivo, fim; limite (que marca
  o final de uma corrida).
  meta (ê) *flex v* meter (meta! que ele meta).
moça (ô) *sf* mulher jovem.
  mossa (ó) *sf* marca de pancada.

mossa (ó) *flex v* mossar (ele mossa).
mocho *sm* Ornit. uma ave noturna.
  mocho (ó) *flex v* mochar (eu mocho).
moço (ô) *sm* homem jovem, rapaz; *adj* jovem, novo.
  mosso (ó) *flex v* mossar (eu mosso).
modelo (ê) *sm* objeto que é reproduzido
  através da imitação, padrão para algo.
  modelo (é) *flex v* modelar (eu modelo).
mofo (ô) *sm* bolor; cheiro de lugar úmido e
  abafado.
  mofo (ó) *flex v* mofar (eu mofo).
molho (ô) *sm* caldo.
  molho (ó) *sm* pequeno feixe.
  molho (ó) *flex v* molhar (eu molho).
montezinho *sm dim* montículo, pequeno
  monte.
  montesinho *adj* montanhês.
moral *sf* moralidade; *sm* ânimo, entusiasmo; *adj* relativo à moral (*).
  mural *sm* pintura mural; *adj* referente a
  muro (*).
morar *v* habitar, viver em (*).
  murar *v* cercar de muros (*).
morcegão *sm aum* morcego grande.
  morsegão *sm* bocado.
morcegar *v* explorar, tomar partido de
  alguém.
  morsegar *v* mordiscar.
morro (ô) *sm* colina.
  morro (ó) *flex v* morrer (eu morro).
mortal *s* o ser humano; *adj* que leva à
  morte, letal; que pode morrer (*).
  murtal *sm* terreno coberto de murtas (*).
mosca (ô) *sf* Entom. inseto doméstico.
  mosca (ó) *flex v* moscar (ele mosca).

N

namoro (ô) *sm* ato de namorar.

namoro (ó) *flex v* namorar (eu namoro).

noção *sf* conhecimento, idéia; informação (*).

nução *sf* consentimento, anuência (*).

noz *sf Bot.* fruto da nogueira.

nós *pron pes.*

nós *sm pl* de **nó**, laço.

notação *sf* ato ou efeito de notar(*).

nutação *sf* vacilação, oscilação(*).

O

ó *sm* o nome da letra O.

ó *interj* usada para chamar alguém e muitos outros sentimentos.

o *art def m.* **Ex:** O pai, o cachorro.

oh *interj* indica surpresa, alegria, espanto, e outros sentimentos.

oca (ó) *sf* cabana indígena; *Bot.* uma espécie de planta.

oca (ô) *adj f* de **oco**, vazio.

óptico *sm+adj* relativo à visão.

ótico *adj* relativo ao ouvido.

ora V. **hora**.

oral *adj* relativo à boca; verbal.

horal *adj* referente a horas.

orário V. **horário**.

orto V. **horto**.

osso *sm* parte dura que forma os esqueletos (*).

ouço *flex v* ouvir (eu ouço) (*).

ouve *flex v* ouvir (ele ouve).

houve *flex v* haver (houve festas).

ovídeo *sm+adj* referente a carneiros, ovelhas (*).

Ovídio *np* (*).

ovular *adj* referente a ovo; *Anat.* relativo a óvulo (*).

uvular *adj Anat.* referente à úvula (*).

P

paço *sm* palácio.

passo *sm* passada, ato de caminhar; *adj* passado, seco (fruta); *adv* devagar, lentamente.

passo *flex v* passar (eu passo).

papa *sm* pontífice; *sf* farinha cozida em água ou leite; pasta.

papa *flex v* papar (ele papa).

papá *sm* papai.

papéis *sm pl* de **papel**.

papeis *flex v* papar (que vós papeis).

para *prep* indica várias relações, como direção, destino, fim, etc.

pára *flex v* parar (ele pára).

paz *sf* ausência de guerras, lutas ou discórdias; tranquilidade.

pás *sf pl* de **pá**.

passe *sm* licença, permissão; passagem de ônibus ou metrô.

passe *flex v* passar (passe! que eu passe).

pasce *flex v* pascer (ele pasce).

pastéis *sm pl* de **pastel**.

pasteis *flex v* pastar (que vós pasteis).

peão *sm* trabalhador braçal (*).

pião *sm* brinquedo que gira (*).

pear *v* prender com peia (*).

piar *v* dar pios (*).

pega (ê) *sf Ornit.* espécie de pássaro.

pega *flex v* pegar (ele pega).

pegada *sf* marca de passo, rastro.

pegada *part v* pegar: apanhada; tomada.

pego (é) *sm* pélago, abismo marítimo.

pego (é) *flex v* pegar (eu pego).

pego (é) ou (ê) *part v* pegar: pegado.

pela, pelas (ê) *contr* da *prep* **per** com o *art def f* **a** e o *art def fpl* **as**, respectivamente.

péla *sf* bola de borracha.

péla, pélas (é) *flex v* pelar (ele péla, tu pélas).

pêlo, pêlos *sm e sm pl* cabelo da pele.

pelo, pelos (ê) *contr* da *prep* **per** com o *art def m* **o** e o *art def mpl* **os**, respectivamente.

pélo (é) *flex v* pelar (eu pélo).

peloso *adj* peludo (*).

piloso *adj* pubescente (*).

penico *sm* urinol (*).

pinico *flex v* pinicar (eu pinico) (*).

pêra *sf* uma fruta.

pera (ê) *prep Ant.* para.

péra (é) *sf Ant.* pedra.

pesar *sm* mágoa, desgosto.

pesar *v* medir o peso.

peso (ê) *sm Fís.* força que age sobre os corpos na superfície e resulta da atração universal; *Pop.* massa de um objeto, etc.

peso (é) *flex v* pesar (eu peso).

pez *sm* piche.

pés *sm pl* de **pé**.

piloto (ô) *sm* condutor (de avião, etc.).

piloto (ó) *flex v* pilotar (eu piloto).

poça (ó) *sm* cova rasa com água.

possa (ó) *flex v* poder (que ele possa).

poço *sm* cova profunda, de onde se retira água, petróleo, etc.

posso (ó) *flex v* poder (eu posso).

pode (ó) *flex v* poder (ele pode).

pôde *flex v* poder (ele pôde = perfeito do indicativo)

poder *sm* poderio, domínio, etc.; *v* ter a faculdade de, permissão para, direito de, correr o risco de, etc. (*).

puder *flex v* poder (quando eu puder) (*).

poetisa *sf* feminino de **poeta**.

poetiza *flex v* poetizar (ela poetiza).

pola, polas (ô) *contr* da *prep* **por** com o *art def f* **a** e o *art def fpl* **as**, respectivamente.

póla *sf* surra.

pôla *sf Bot.* ramo novo, rebento.

polar *adj* relativo ao pólo (*).

pólo *sm* extremidade; *Esp.* um jogo.

pôlo *sm Zool.* falcão ou gavião jovem.

polo, polos (ô) *contr* da *prep* **por** com o *art def m* **o** e o *art def mpl* **os**, respectivamente.

pomos *sm pl* de **pomo**: frutos, frutas.

pomos *flex v* pôr (nós pomos).

pontoar *v* marcar com pontos (*).

pontuar *v* empregar pontuação em (*).

popa (ô) *sf Náut.* parte posterior do navio (*).

popa (ó) *sm* sacerdote de categoria inferior, nos templos romanos.

poupa *flex v* poupar (ele poupa) (*).

pôr *v* colocar.

por *prep* com vários significados.

porque *conj* (causal ou explicativa) por motivo de, por causa de, etc. Usada em orações relativas. **Ex:** Fiz aquilo porque precisava muito de ajuda.

porquê *sm* razão, motivo. **Ex:** Ninguém sabe o porquê de tudo.

por que *prep* **por** + *pron* **que** por que motivo, por que razão. Usado no início da interrogação ou em orações relativas (equivalendo a **pelo qual, pela qual**, etc.). **Ex:** Por que você não veio? Esta é a rua por que passo todos os dias.

por quê *prep* **por** + *pron* **quê** por que motivo, por que razão. Usado no final da interrogação. **Ex:** Você não veio por quê?

posto (ô) *sm* cargo; lugar, etc.

posto (ô) *part v* pôr: colocado.

posto (ó) *flex v* postar (eu posto).

precinta, precinto *sf* e *sm* cinta, faixa.

pressinta, pressinto *flex v* pressentir (que ele pressinta; eu pressinto).

presa (ê) *sf* dente de animal; presidiária; caça, etc.

preza (é) *flex v* prezar (ele preza).

presa (é) *flex v* presar (ele presa).

presa (ê) *part f v* prender: aprisionada; unida, etc.

presar *v* aprisionar, prender.

prezar *v* estimar, respeitar.

prescrever *v* determinar; receitar; estipular; caducar, perder validade.

proscrever *v* exilar; expulsar; abolir; condenar.

preso (ê) *sm+adj, part v* prender: ligado; encarcerado, etc.

prezo (é) *flex v* prezar (eu prezo).

profetisa *sf* feminino de **profeta**.

profetiza *flex v* profetizar (ele profetiza).

proscrever V. prescrever.

pudendo *adj* aquilo de que se deve ter vergonha (*).

podendo *ger v* poder (*).

pular V. **polar**.

pule, pules *flex v* polir (ele pule, tu pules).

pule, pules *flex v* pular (pule! não pules!).

pulo *sm* salto.

pulo *flex v* pular (eu pulo).

pulo *flex v* polir (eu pulo).

Q

que *pron inter, pron rel, adv, prep, conj coord, conj sub, part expl* com vários usos. Nas demais funções, usa-se **quê**.

quê *sm* alguma coisa; qualquer coisa; o nome da letra Q; *interj*, indicando espanto, surpresa.

queda (é) *sf* ato ou efeito de cair; tombo.

queda (ê) *adj f* de **quedo**, quieto.

R

rabugem *sf* tipo de sarna canina; mau humor.

rabujem *flex v* rabujar (que eles rabujem).

racha *sf* fenda, greta.

racha *flex v* rachar (ele racha).

raxa *sf* pano.

radícula *sf dim* pequena raiz (*).

radícola *adj* que vive nas raízes de um vegetal (*).

ratificar V. retificar.

razão *sf* juízo; causa, motivo, etc.

rasão *sm Port.* alqueirão, alqueire grande.

reboco *sm* argamassa para revestimento de paredes, etc.

reboco (ó) *flex v* rebocar (eu reboco).

recinto *sm* espaço fechado; sala, etc.

ressinto *flex v* ressentir (eu ressinto).

recomeço (ê) *sm* ato ou efeito de recomeçar; reinício.

recomeço (é) *flex v* recomeçar (eu recomeço).

recosto (ô) *sm* encosto.

recosto (ó) *flex v* recostar (eu recosto).

recrear *v* divertir (*).

recriar *v* criar de novo, reinventar (*).

reembolso (ô) *sm* ato ou efeito de reembolsar, pagamento de uma dívida.

reembolso (ó) *flex v* reembolsar (eu reembolso).

refogar *v* pôr para ferver em gordura.

refugar *v* rejeitar, recusar.

refresco (ê) *sm* aquilo que refresca; suco de frutas; *Fig.* alívio, consolo; *Fig.* auxílio, ajuda.

refresco (é) *flex v* refrescar (eu refresco).

rego (ê) *sm* vala, sulco por onde corre água.

rego (é) *flex v* regar (eu rego).

Rego (ê) *np* sobrenome.

reis *sm pl* de rei.

réis *sm pl* de real, antiga moeda brasileira.

relevo (ê) *sm* ato ou efeito de relevar; saliência; escultura, gravar em relevo; *Geogr.* diferenças de nível da superfície.

relevo (é) *flex v* relevar (eu relevo).

remição *sf* ato ou efeito de remir; redenção; resgate; quitação.

remissão *sf* ato ou efeito de remitir; perdão, clemência; ação de remeter.

renovo (ô) *sm Bot.* rebento, broto.

renovo *flex v* renovar (eu renovo).

reses (ê) *sf pl* de rês, cabeça de gado.

rezes (é) *flex v* rezar (que tu rezes).

reso (ê) *sm Zool.* espécie de macaco.

rezo (é) *flex v* rezar (eu rezo).

retificar *v* corrigir (*).

ratificar *v* confirmar (*).

retorno (ô) *sm* volta, regresso.

retorno (ó) *flex v* retornar (eu retorno).

reveses (é) *sm pl* de revés, infortúnio.

revezes (é) *flex v* revezar (que tu revezes).

revolta (ó) *sf* rebelião; insurreição.

revolta (ô) *adj f* de revolto: revolvida, remexida.

revolta (ó) *flex v* revoltar (isso revolta).

revolto (ô) *adj* revolvido, remexido.

revolto (ó) *flex v* revoltar (eu revolto).

ringue *sm* quadrilátero cercado por cordas, utilizado para lutas (*).

rinque *sm* espaço utilizado para patinação (*).

roçar *v* resvalar, tocar de leve (*).

ruçar *v* tornar ruço, pardacento (*).

rocha (ó) *sf* pedra grande; penedo; etc.

roxa (ô) *adj f* de roxo.

rocio *sm* orvalho.

rocio *flex v* rociar (eu rocio).

rodo (ô) *sm* utensílio de madeira para puxar água, etc.

rodo (ó) *flex v* rodar (eu rodo).

rogo (ô) *sm* pedido. Usado na expressão **a**

rogo: a pedido.
rogo (ó) *flex v* rogar (eu rogo).
roído V. **ruído**
rola (ô) *sf Ornit.* uma ave; *Vulg.* pênis.
rola (ó) *flex v* rolar (ela rola).
rolo (ô) *sm* objeto cilíndrico e alongado;
  Pop. confusão, etc.
rolo (ó) *flex v* rolar (eu rolo).
rota (ó) *sf* rumo, trajetória.

rota (ô) *adj f* de **roto**, rasgado.
rota (ó) *flex v* rotar (ele rota).
ruçar V. **roçar**.
ruído *sm* barulho (*).
roído *part v* roer (*).
russo *sm* indivíduo da Rússia; sua língua;
  adj relativo à Rússia.
ruço *adj* grisalho; desbotado.

S

sabiá *sm Ornit.* ave brasileira.
  sábia *adj f* de **sábio**, erudito.
  sabia *flex v* saber (ele sabia).
seca (é) *flex v* secar (ele seca).
  seca (ê) *sf* estiagem; *adj f* de **seco**, ressecado.
seção, secção V. cessão.
seco (é) *flex v* secar (eu seco).
  seco (ê) *adj* ressecado.
  ceco (é) *sm Anat.* parte inicial do intestino grosso.
seda (ê) *sf* tipo de tecido.
  seda (é) *flex v* sedar (ele seda).
  ceda (é) *flex v* ceder (que ele ceda).
sede (ê) *sf* necessidade ou desejo de beber (*).
  sede (é) *sf* casa principal de uma empresa, etc.
  sede (ê) *flex v* ser (sede!).
  cede (é) *flex v* ceder (ele cede) (*).
sedente *adj* sedento, sequioso.
  cedente *sm Com.* aquele que cede.
sedimento *sm* depósito que se forma num líquido; camada de material que as águas deixam ao se retirar.
  cedimento *m* ato de ceder: entrega, desistência, etc.
segredo (ê) *sm* o que não pode ser revelado; confidência; mistério; etc.
  segredo (é) *flex v* segredar (eu segredo).
seio *sm Anat.* glândula mamária; *Geogr.* enseada; curvatura; *Fig.* centro, âmago, etc.
  ceio *flex v* cear (eu ceio).
sementar V. **cimentar**.
semento V. **cimento**.
serão *sm* trabalho noturno.
  serão *flex v* ser (eles serão).
seres (ê) *sm pl* de **ser**, ser vivo, ente.
  seres (ê) *flex v* ser (seres tu).
  Ceres (é) *np Mit.* deusa romana.

sério *adj* sisudo, austero; importante, grave; honesto, honrado; sincero, verdadeiro (*).
  céreo *adj* de cera; da cor da cera (*).
  cério *sm* um elemento químico (*).
serra *sf* instrumento para serrar; *Geogr.* cordilheira.
  cerra *flex v* cerrar (ele cerra).
  serrado *part v* serrar: cortado com serra.
  cerrado *sm* tipo de vegetação do Brasil Central; *adj* espesso.
serraria *sf* estabelecimento onde se corta madeira.
  serraria *flex v* serrar (eu serraria).
  cerraria *flex v* cerrar (ele cerraria).
sessão V. **cessão**.
sesta V. **cesta**.
sexta V. **cesta**.
siar V. **cear**.
sinão *sm aum* sino grande (*).
  senão *sm* defeito; *conj* aliás, de outro modo; porém; *prep* exceto, menos; a não ser (*).
sismo *sm* terremoto, tremor de terra.
  cismo *flex v* cismar (eu cismo).
sito V. **cito**.
soar *v* fazer sons (*).
  suar *v* transpirar (*).
sobre (ô) *prep* em cima de.
  sobre (ó) *flex v* sobrar (que ele sobre).
soco (ô) *sm* murro.
  soco (ó) *sm* tamanco.
  socó *sm Ornit.* tipo de ave.
soem (ô) *flex v* soar (que eles soem).
  soem (ó) *flex v* soer (eles soem).
sóis *sm pl* de **sol**.
  sois *flex v* ser (vós sois).
  soes *flex v* soar (que tu soes).
soldo (ô) *sm* pagamento dos soldados.
  soldo (ó) *flex v* soldar (eu soldo).

solista *s Mús.* quem toca sozinho (*).
  sulista *s e adj m+f* do sul, relativo ao sul (*).
somem *flex v* somar (que eles somem).
  somem *flex v* sumir (eles somem).
sopor *sm* sono pesado; estado comatoso (*).
  supor *v* presumir, conjeturar (*).
soporado *adj* que tem sopor (*).
  supurado *part* de **supurar** (*).

soro (ô) *sm* líquido integrante do leite e do sangue.
  soro (ó) *flex v* sorar (eu soro).
sortido *sm* sortimento; *adj* variado (*).
  surtido *part v* surtir: resultado (*).
sortir *v* abastecer, aprovisionar (*).
  surtir *v* resultar (*).
sossego *sm* tranqüilidade; paz; quietude.
  sossego *flex v* sossegar (eu sossego).

T

tacha *sf* prego; mancha.
  taxa *sf* imposto.
tachar *v* censurar, acusar.
  taxar *v* cobrar imposto.
tacho *sm* vaso largo e raso, de barro ou
  cobre.
  tacho *flex v* tachar (eu tacho).
  taxo *sm Bot.* um tipo de árvore.
  taxo *flex v* taxar (eu taxo).
tampouco *adv* também não. **Ex:** Ele não
  estudou a matéria, tampouco fez os exercícios pedidos.
  tão pouco *adj* pouco modificado pelo *adv*
  tão. **Ex:** Ele comeu tão pouco que ficou
  debilitado.
tempero (ê) *sm* condimento.
  tempero (é) *flex v* temperar (eu tempero).
tenção *sf* intento, intenção.
  tensão *sf* agitação; corre-corre; *Fís.* voltagem.
tender *v* estender; ter tendência para,
  propender.
  tênder *sm* pernil de porco defumado.
terça (ê) *sf* terça-feira; *num f* de **terço**, terceiro.
  terça (é) *flex v* terçar (ele terça).
terço (ê) *sm* terça parte do rosário; terça
  parte de qualquer coisa; *num* terceiro.
  terso (é) *adj* puro, limpo.
  terço (é) *flex v* terçar (eu terço).
teste (é) *sm* experimentação, prova.
  teste (é) *flex v* testar (teste! que ele teste).
tetânico V. **titânico**.
texto (ê) *sm* palavras escritas (de um autor,
  de um livro, etc.).
  testo (é) *sm* tampa de vasilhas.
  testo (é) *flex v* testar (eu testo).
teta (ê) *sf Anat.* glândula mamária; *Zool.*
  úbere.
  teta (é) letra do alfabeto grego.

teto (é) *sm* parte superior, interna, de uma
  casa ou cômodo; habitação; *Fig.* limite.
  teto (ê) *sm* bico da teta da vaca.
titânico *adj* relativo a titã; gigantesco,
  imenso (*).
  tetânico *adj Med.* relativo ao tétano (*).
toco *sm* parte de uma árvore que fica na
  terra após o corte; coto de vela (*).
  touco *flex v* toucar (eu touco) (*).
toda (ô) *adj f e pron indef f* de **todo**.
  toda (ó) *sf Ornit.* um tipo de pássaro.
toldo (ô) *sm* cobertura para proteger do sol
  e da chuva.
  toldo (ó) *flex v* toldar (eu toldo).
tonéis *sm pl* de **tonel**, barril.
  toneis *flex v* tonar (que vós toneis).
topo (ô) *sm* cume, cimo.
  topo (ó) *flex v* topar (eu topo).
torço V. **torso**.
torno (ô) *sm* torno mecânico; cavilha, pino.
  torno (ó) *flex v* tornar (eu torno).
torrão *sm* pedaço de terra endurecida (*).
  turrão *sm+adj* teimoso, cabeçudo (*).
torrar *v* tostar, queimar (*).
  turrar *v* teimar (*).
torre (ô) *sf* edifício alto; fortaleza.
  torre (ó) *flex v* torrar (que eu torre).
torso (ô) *sm Anat.* tronco.
  torço (ô) *flex v* torcer (eu torço).
torvar *v* confundir (*).
  turvar *v* tornar turvo ou opaco (*).
tráfego *sm Com.* tráfico, comércio; labuta;
  Bras. trânsito (*).
  trafego *flex v* trafegar (eu trafego).
tráfico *sm* tráfego, comércio; contrabando (*).
  trafico *flex v* traficar (eu trafico).
trafegar *v* traficar, comerciar; percorrer,
  passar por; *Bras.* transitar; labutar (*).

traficar v trafegar, comerciar; contrabandear (*).

transbordo (ô) sm ato de transbordar, transbordamento, derramamento, etc.

transbordo (ó) flex v transbordar (eu transbordo).

transtorno (ô) sm desordem; contratempo; perturbação mental.

transtorno (ó) flex v transtornar (eu transtorno).

transvasar v decantar, passar de um vaso para outro.

transvazar v entornar, derramar.

trás adv atrás, depois; prep atrás de, depois de.

traz flex v trazer (ele traz).

travesso (ê) adj irrequieto, traquinas.

travesso (é) adj atravessado, enviesado; colateral; oposto.

troço (ô) sm pau; grupo, multidão; Vulg. cocô.

troço (ó) sm Pop. coisa; traste; figurão.

troço (ó) flex v troçar (eu troço).

tropeço (ê) sm Fig. dificuldade, empecilho.

tropeço (é) flex v tropeçar (eu tropeço).

turra sf pancada com a testa; teimosia; briga; sm+adj teimoso.

turra flex v turrar (ele turra).

turrão V. **torrão**.

turvar V. **torvar**.

U

um num primeiro; art ind algum; certo, determinado; adj uno, único; pron ind alguém.

hum interj indica dúvida, desconfiança, impaciência.

uno adj único, singular, indivisível.

huno sm Hist. indivíduo dos hunos, povo da Antigüidade; adj relativo aos hunos.

urra V. **hurra**.

V

vadear *v* atravessar a vau (*).
  vadiar *v* vagabundear (*).
vale *sm* depressão; tipo de documento.
  vale *flex v* valer (ele vale).
vasa *sf* lodo.
  vaza *flex v* vazar (ele vaza).
vaso *sm* tipo de recipiente.
  vazo *flex v* vazar (eu vazo).
veação *sf* caça de animais selvagens (*).
  viação *sf* serviço de veículos (*).
vede (é) *flex v* vedar (vede!).
  vede (ê) *flex v* ver (vede!).
veio *sm Miner.* filão.
  veio *flex v* vir (ele veio).
venda (ê) *sf* faixa (cobrindo os olhos, por exemplo).
  venda (ê) *flex v* vender (que ele venda).
verão *sm* estação do ano.
  verão *flex v* ver (eles verão).

veraz *adj* franco, honesto, que diz a verdade; verídico.
  verás *flex v* ver (tu verás).
verso *sm* cada uma das linhas de um poema; poesia; parte de trás.
  verso *flex v* versar (eu verso).
vez *sf* ocasião; oportunidade.
  vês *flex v* ver (tu vês).
via *sf* estrada, caminho.
  via *flex v* ver (ele via).
viagem *sf* ato de ir para outro lugar (distante).
  viajem *flex v* viajar (que eles viajem).
volto (ó) *flex v* voltar (eu volto).
  volto (ô) *part v* volver.
voz *sf* som emitido pela boca; fala.
  vós *pron pes.*
vote (ó) *flex v* votar (vote!).
  vote (ô) *interj* indica repulsa.

X

xá V. chá.

xácara V. chácara.

Z

zangam *flex v* zangar (eles zangam).
zângão *sm Zool.* o mesmo que *zangão*, o macho da abelha.
zebra (ê) *sf Zool.* mamífero africano.

zebra (é) *flex v* zebrar (zebra! ele zebra).
zelo (ê) *sm* cuidado, atenção.
zelo (é) *flex v* zelar (eu zelo).

Michaelis
Pequeno Dicionário
Italiano-Português/Português-Italiano
- mais de 36.000 verbetes
- definições claras e precisas
- divisão silábica dos verbetes em
  italiano e português
- fonética do italiano e do português
- expressões idiomáticas, provérbios e
  gírias
- tabelas de conjugação dos verbos
  regulares e irregulares

720 páginas/formato 11 x 15 cm

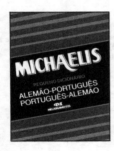

Michaelis
Pequeno Dicionário
Alemão-Português/Português-Alemão
- mais de 36.000 verbetes
- definições claras e precisas
- divisão silábica dos verbetes em
  alemão e em português
- fonética do alemão e do português
- expressões idiomáticas, provérbios e
  gírias
- tabelas de conjugação dos verbos
  regulares e irregulares

646 páginas/formato 11 x 15 cm

Melhoramentos Minidicionário da Língua Portuguesa

- 24.000 verbetes com divisão silábica
- conjugação dos verbos irregulares
- plurais dos verbetes compostos
- vocábulos estrangeiros já consagrados pelo uso
- sinônimos, antônimos e superlativos absolutos sintéticos
- apêndice de gramática e de conhecimentos gerais

580 páginas/formato 11 x 15 cm

Melhoramentos
Minidicionário Escolar Ilustrado
da Língua Portuguesa

*dicionário especialmente elaborado para alunos do primário. Contém 3.000 palavras fundamentais do português falado no Brasil, com sua divisão silábica.

*os verbetes são apresentados em linguagem fácil e com exemplos práticos para esclarecer os diversos sentidos da palavras.

*inúmeras ilustrações detalhadas chamam a atenção e facilitam a compreensão das palavras e dos conceitos.

*em apêndice, são dadas noções de gramática, além dos adjetivos pátrios, nomes coletivos, numerais cardinais e ordinais e a conjugação dos verbos auxiliares e regulares.

*apresentado em letras grandes e de fácil leitura, este dicionário é um estímulo ao aprendizado correto da língua portuguesa.

252 páginas / formato: 14 x 21 cm

Melhoramentos
Gramática Prática
da Língua Portuguesa

Este guia foi idealizado para solucionar dúvidas no estudo e uso do português contemporâneo do Brasil com exemplos das linguagens padrão e coloquial.

*Introdução ao estudo da linguagem (funções e níveis da linguagem);

* Fonética e fonologia (fonemas, encontros vocálicos e consonantais, dígrafos e estudo da sílaba);

* Ortografia (regras de ortografia, divisão silábica, acentuação gráfica e pontuação);

* Morfossintaxe (estrutura e formação de palavras, classes de palavras, coordenação, subordinação, concordância, regência, etc.);

* Semântica (signo, símbolo, figuras de palavras, figuras de pensamento, etc.);

* Apêndice (crase, figuras de sintaxe, vícios de linguagem e versificação).

*Índice remissivo dos principais temas

632 páginas / formato: 14 x 21 cm